中华人民共和国地方志丛书

花垣县志

劉凱·手書

（1986—2000）

花垣县地方志编纂委员会

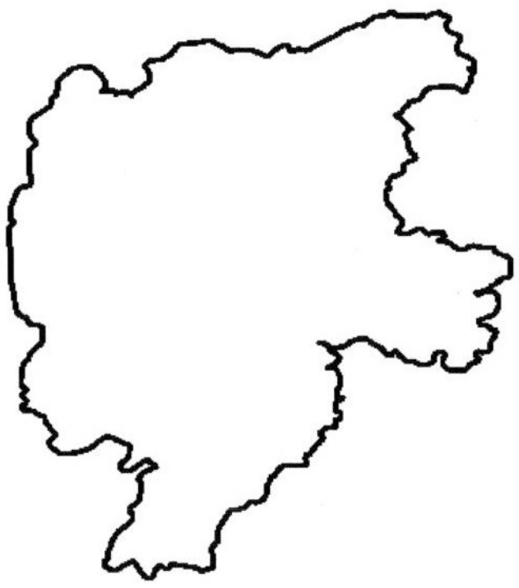

方志出版社
Publishing House of Local Records

图书在版编目(CIP)数据

花垣县志:1986～2000 / 花垣县地方志办公室编
—北京:方志出版社,2014.12
ISBN 978-7-5144-1554-4

Ⅰ.①花… Ⅱ.①花… Ⅲ.①花垣县—地方志—
1986～2000 Ⅳ.①K296.44

中国版本图书馆CIP数据核字(2015)第019191号

花垣县志(1986～2000)

编 者:花垣县地方志办公室
责任编辑:黄 彦

出 版 人:冀祥德
出 版 者:方 志 出 版 社
北京市朝阳区潘家园东里9号(国家方志馆4层)
邮编 100021
网址 http://www.fzph.org
发 行:方志出版社发行中心
(010)67110500
经 销:各地新华书店
印 刷:武汉兴德林工贸有限公司

开 本:889mm×1194mm 1/16
印 张:52.5
字 数:1173千字
版 次:2014年12月第1版 2014年12月第1次印刷
印 数:0001～3500册

ISBN 978—7—5144—1554—4/K·1273 定价:350.00元

《花垣县志(1986—2000)》
编纂委员会

(2000 年)

主　任：田茂盛

副主任：龙文高　吴兴花(女)　石治平　麻正荣

委　员：杨清泉　谢远平　吴　波　黄明琛　聂祥明　石生银
石家进　廖永忠　刘孟龙　麻正萍(女)　张顺清

(2003 年)

主　任：宛庆丰

副主任：卢向荣　石治平　杨清泉　麻宜志　王贵武　谢远平　石英伯

委　员：石生智　龙子文　吴建章　石邦文　石绍成　杨胜望
熊民藜　龙吉香　龙为民　梁正文　刘　俊(女)　石家进

(2008 年)

主　任：麻　超

副主任：石治平　麻宜志　石建军　刘孟龙　王贵武　谢远平

委　员：黄若俊(女)　石绍成　唐时华　隆发金　吴　樟　杨胜望
张垣军　龙吉香　龙为民　秧林林　万利群(女)

(2013 年)

主　任：隆立新

副主任：杨清泉　石建军　龙仕英(女)　廖昭俊　石维钧　谢远平

委　员：龙江涛　石绍峰　徐卫星　隆发金　田宗武　张　伟
张垣军　石友林　龙为民　秧林林　黄若俊(女)

花垣县人民政府地方志办公室

主　　任： 张顺清（2000～2001.12）

龙为民（2001～2013）

龙乾疆（2014～2015.7）

张明华（2015.8～　　）

副 主 任： 石兴炯（2000～2001.12）

杨　丽（女）（2000～2010.8）

宋文彤（2000～2004）

周锡绚（2005.5～2006）

吴绍德（2011.1～2015.7）

刘　艳（女）（2012.8～　　）

孔　健（女）（2015.8～　　）

工作人员： 龙艳梅（女）　杨文君（女）

王小红（女）　龙秀金（女）

龙秀娟（女）　麻红菊（女）

麻　婷（女）　石　珍（女）

吴　娟（女）

《花垣县志(1986—2000)》编辑部
总纂人员

总　　　纂： 张顺清(2000～2001.12)

龙为民(2001.12～2003.11)

石英伯(2003.12～2005.1)

谢远平(2005～　　　)

常务副总纂： 龙为民(2003.12～2013)

龙乾疆(2014～2015.7)

张明华(2015.8～　　　)

副　总　纂： 石兴炯(2000～2002)

杨　丽(女)(2003.1～2003.11)

周锡绚(2005.5～2006)

吴绍德(2011～2015.7)

孔　健(2015.8～　　　)

分卷总纂： 石英伯、谢远平(总述;中共地方组织;人民代表大会;人民政府;人民政协;群众团体)

龙为民(民政、劳动、人事;卫生、体育)

石昌生(建制、地理;人口;工业;城乡建设、环境保护;交通、邮电)

龙廷初、吴绍德(大事记;农业、乡镇企业;水利、气象;人物;附录)

石　森(经济综述;教育、科技;扶贫开发;民族)

唐启凤(女)(武装政法;经济综合管理;商业;财税、金融;文化)

《花垣县志(1986—2000)》
评审领导小组

(2003 年)

组　长：吴彦承

副组长：石伏龙　肖保林　张鸿彬　吴兴花(女)　陈壮志
　　　　石邦祥　石昌明

成　员：向　荣　吴志良　张启茂　石登志　涂文波　麻老正
　　　　龙银珍(女)　麻建锋　刘孟龙　龙延平　蒙在吉

(2008 年)

组　长：宛庆丰

副组长：麻　超　石治平　石邦祥　石登志

成　员：张鸿彬　刘亚历　张启茂　杨清泉　龙银珍(女)　龙仕英(女)
　　　　刘孟龙　张自政　龙子文　廖昭俊　龚清军

(2011 年)

组　长：彭　益

副组长：麻　超　石治平　石邦祥　石登志

成　员：杨清泉　石建军　龙仕英(女)　彭学康　李云信　龙子文
　　　　刘鸿宾　廖昭俊　王贵武　龚清军

(2013 年)

组　长：罗　明

副组长：隆立新　杨清泉　麻宜志　石登志

成　员：石建军　龙仕英(女)　彭学康　龙子文　刘鸿宾　孙继军
　　　　廖昭俊　陈忠耀　龚清军　曾春梅(女)　石维钧

《花垣县志》终审稿验收人员

湘西土家族苗族自治州人民政府地方志办公室审稿人员

熊明刚　李雄野　刘忠明　秦加生

湖南省地方志编纂委员会终审验收人员

易介南　袁勇前　隆清华　蔡素云　孟东华

搜集资料及编写人员

（以姓氏笔画为序）

万祖培	方　伟	方炳之	王　刚	王　海	王子安	王子顺
王汉琪	王永春	王亚莉	王庆林	王春华	王继之	王淑瑜
王槐莲	邓子玉	邓德海	孔　健	邓　滨	石　江	石　勇
石　蕾	石大年	石绍武	石卫东	石卫国	石云中	石玉旺
石维仁	石兰兰	石先合	石光晰	石远定	石兴正	石兴富
石远康	石征长	石昌成	石顺彪	石奇伟	石朝晖	石群莉
石新平	石登高	石建明	石怒花	石艳飞	石俊林	石莲敏
石　乾	石禄金	龙　云	龙　雨	龙文章	龙生刚	龙宁英
龙昌志	龙昌柱	龙永丰	龙永忠	龙竹君	龙志刚	龙庆军

龙秀泽　龙青茂　龙金亮　龙金星　龙长义　龙唐友　龙炳新

龙海中　龙艾清　龙建云　龙高见　龙艳梅　田　波　田　彬

田兴易　田志静　田李群　左泽银　卢官勋　甘厚生　白洪泯

刘千旺　刘亚非　刘志球　刘志中　刘昌胜　刘明华　刘明尧

刘宏斌　刘晓东　向玉凤　向国良　向宗友　向宗志　向清华

任达才　冯　卫　时荣芬　宋新明　杨　宇　杨昌文　杨昌保

杨光林　杨光勇　杨再双　杨妮慧　杨碑华　吴　峰　吴中兴

吴中华　吴天云　吴仁富　吴文建　吴吉化　吴国恩　吴志娟

吴进学　吴坤海　吴建光　吴建斌　吴建章　吴建勇　吴顺保

吴海周　吴淑萍　吴勤民　何一玲　何天池　苏建斌　张　晓

张　宪　张宏梅　张立斌　张玲祥　祝春宣　周英孝　周福琼

胡晏斌　高玉珠　郭云钦　鄢伯太　麻云明　麻荣富　麻书河

麻正姿　麻正萍　麻兴刚　麻昌成　麻昌荣　麻老益　麻秀生

麻喜华　麻老刘　麻秋生　麻明进　麻建文　麻京艳　麻学文

麻绍明　麻耀松　麻康华　麻长清　麻胜斌　施俊清　姚　敏

姚士芬　姚兴旺　贾胜君　贾思维　陶恢竹　黄国伟　黄明慧

黄道胜　黄飞泽　曾令广　曾桂章　谢芳泽　谢寒禄　谢跃斌

童德升　简隆军　傅林娟　傅冉华　鲁永林　樊世禄　蔡泽阶

管子英　葛　峰　钱书松　廖兴珍　蒋光梅　熊振新　滕召莲

序　一

花垣历史悠久。在这块神奇的土地上，生活着勤劳勇敢、不畏强暴、不甘落后的苗汉土家各族人民。2000 年 2 月，边城茶洞考古挖掘的石器证明，早在万年以前酉水支流的清水江流域就已具有相当厚重的文明程度，西周秦汉之后，花垣的文化活动更是得到长足发展。长期以来，以苗族为主体的各族人民和睦相处，写下一部部壮丽的诗篇：古老的傩戏、精美的苗绣、神奇的苗药、惊险的刀梯、旋转的秋千、雄浑的苗鼓等，为中华民族的文化宝库增添了异彩。乾嘉苗民起义，苗族革屯抗日运动等谱写了反帝、反封建新篇章。尤其是抗日战争期间，花垣为国立八中流亡学校的转移做出了不朽贡献，培育出以中华人民共和国第五任总理朱镕基为代表的众多英才。曾任中共湖南省委书记的杨正午，于新中国成立初期从茶师（现花垣三中）毕业走上工作岗位，且还孕育以石邦智、石玉珍、吴运昌为代表的本籍苗族高级领导干部，可谓人杰地灵。

花垣物华天宝。境内的双龙飞瀑、古苗河风景区、寒武纪金钉子地质公园、排吾石栏杆、夯来石林、吉卫古城、雅酉排达扣乾嘉苗民起义古战场等景区千姿百态，争奇斗艳；沈从文先生笔下的边城茶洞享誉海内外，著名画家黄永玉先生亲自设计的翠翠雕像，矗立在清水江畔的边城翠翠岛笑迎天下客；由中国书法家协会主席沈鹏先生领衔、中国当代百位书法家书写的《边城》小说全文石刻——“中国边城百家书法园”堪称当今中国一绝，这些自然及人文景观，基本形成了张家界、凤凰、边城旅游金三角；境内锰锌储量十分丰富，有“东方锰都”和“中国有色金属之乡”的美誉；优质烤烟、金秋梨、柑橘等远近闻名；交通发达，国道 209、319 和吉茶（吉首—茶洞）、张花（张家界—花垣）高速公路在县城交会，全县实现了村村通公路，已成为湖南西部的重要交通枢纽和湘、渝、黔边区人、财、物聚集地。

花垣充满活力。新中国成立之后，花垣各族人民充分享受党和国家的阳光雨露，在历届县委、县政府的领导下，尤其从本志记叙的 1986 年始，在县委书记颜学根、石昌禄、石维斌、龙爱东、刘路平、李万松、吴彦承、宛庆丰、彭益及县长石昌凡、龙友芳、石邦庭、刘昌刚、麻超的领导下，立足花垣实际，认真贯彻落实党的路线、方针、政策，团结引领全县人民开拓进取、锐意改革，实现了县域经济社会稳步发展。2012年，全县地区生产总值由1985年的7090万元增加到590588万元，增长82.3倍，其中一、二、三产业由1985年的3890万元、1322万元、1878万元增加到51090万元、391828万元、147670万元，分别增加12.1倍、295.4倍和77.6倍；财税总收入由1985年的269万元增加到65018万元，增加240.7倍；农民人均纯收入由1985年的288元增加到4354元，增加14.1倍；存款余额由1985年的1988.5万元增加到509102万元，贷款余额由1985年的3796万元增加到246346万元。同时，城乡面貌发生了巨大变化，文教卫等社会各项事业取得长足进步，全县呈现出经济发展，政治稳定，人民安居乐业的新景象。

这部县志，正是改革开放以来花垣发展变化的断代史，它既全面、准确、系统地记载了1986—2000年花垣县各族人民和各条战线投身“五个文明”建设的史实，又体现了浓厚的时代气息、鲜明的民族特色；既详略得当，纵横有序，又图文并茂，精美可观；既是一部存史、资政、教化可读性很强的百科全书，又是一笔千秋万代取之不尽、用之不竭的宝贵精神财富和无形资产。

这部县志的问世，既是1993年出版的第一部《花垣县志》的延续，更是花垣正逢盛世谱写的第二曲壮歌。编辑部同志在编修过程中历经走访搜集活材料，查阅档案文献资料，通过去粗取精、去伪存真、分门别类、认真研究，进而形成编修提纲，将篇章任务落实到人，且根据省、州地方志办公室提出的新要求，五易提纲，七易其稿，终于得以付梓出版。借此机会，我谨代表中共花垣县委，对做出默默奉献的县史志办和参与编修的同志们致以诚挚的敬意。

是为序。

2014年8月

序一作者罗明系中共花垣县委书记

序　二

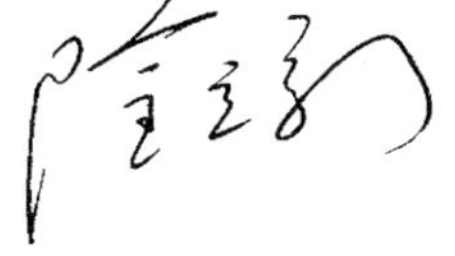

几度春秋，数易其稿；字斟句酌，精琢细磨。在各方的大力支持下，经全体编辑人员的辛勤劳动，一部全面反映花垣1986—2000年历史的续修《花垣县志》终于问世，可喜可贺。

“志，记也，积记其事也”。摆在我们面前的这部《花垣县志》，本着实事求是的态度，坚持“详而不过、略而不丢”的原则，从自然到社会、从政治到经济、从历史到现实、从人物到风貌，将花垣1986—2000年15年间的经济发展、社会进步分门别类予以综合叙述，实为解读花垣这段历史的百科全书。“治天下者以史为鉴，治郡国者以志为鉴”。此书对于指导今后花垣经济社会发展，提供了翔实的资料和历史的借鉴，其深远的历史和现实意义，将会随着时间的推移而不断显现。

15年，在人类历史的长河中只不过是浪花一朵，而在花垣的发展历史上却是不可磨灭的光辉一页。15年来，花垣各族人民在中国共产党领导下，紧紧围绕经济建设这个中心，坚持改革开放，按照科学发展观的要求，同心同德，艰苦奋斗，用自己勤劳的双手，战天斗地、辛勤耕耘，使城乡面貌发生了翻天覆地的变化，全县人民信心百倍地奔向小康。

花垣1986—2000年15年的光辉成就已载入这一史册。总结历史经验，不是为了固步自封，而是为了从中吸取教训，避免失误，进而用我们聪明才智和勤劳双手，在花垣这块神奇的土地上再绘宏图、再谱新章、再创辉煌，带领全县各族人民建成小康社会，这是历史赋予我们的神圣使命。

是为序。

2014年8月

序二作者隆立新系中共花垣县委副书记、花垣县人民政府县长

凡　例

一、本志以马克思列宁主义、毛泽东思想、邓小平理论、“三个代表”重要思想和科学发展观为指导，运用辩证唯物主义和历史唯物主义的观点、方法，实事求是，全面、客观地记载花垣县1986—2000年的自然、政治、经济、文化、社会诸方面的历史与现状。

二、本志体裁有述、记、志、传、图、表、录等，以志为主，分篇、章、节、目，横排竖写，采用现代汉语记述。

三、本志以县地为界，按类归并，事以类从，不受行政管理部门限制。

四、本志所选录人物均为2000年前在花垣县工作过的领导和各界代表性人物。其中：人物传选录已故的正处级以上领导干部和优秀人物及前志遗录人物；人物简介选录在世的正厅级以上领导干部和优秀人物。已故人物排列以卒年为序，在世人物以生年为序。

五、本志历史纪年、地理名称、机关、官职等，均依当时当地的历史习惯称呼，历史纪年注明公元，地理名称注明今地。字数较多的称谓首次出现时用全称，其后用简称（例：“中国共产党花垣县委员会”简称“中共花垣县委”）。

六、本志各类数据，一般采用县统计局资料，统计局缺失的，则采用有关部门资料。凡录用的档案及口碑资料，一般不注出处。

七、本志所用计量名称，一般采用国家法定计量单位。为叙述方便，少数计量名称沿用传统用语，如面积单位视其数量大小，分别采用公顷或亩。

八、本志所涉及人物的职务，均系当时所任之职。

九、本志上限为1986年，重大事件前志如有遗漏，本志作适当补缺；下限至2000年，为保持一些事件的连续性、完整性，个别篇章适当延长至2002年。

十、本志与前部《花垣县志》修志的间隔时间较短，前志已详述的地质、地貌等内容，本志均作从略处理。

花垣县交通旅游图

重庆市
野竹坪镇
天台山 1069
保
靖
县
岩坳岭 836
猫牙洞 571
毛沟镇
清水乡
复兴镇
花垣镇
花垣县
古苗河风景区
狮子桥
泽落坪
跃马卡
团岩坪
大梁山林场
米迫
尖坡山 674
水银乡
长乐乡
水田河镇
峨溶镇
团结镇
道二乡
龙潭镇
边城镇
洪安镇
边城古码头
边城旅游景区
茶峒
上八排古塔
凤明山 624
重
庆
市
豆腐坡 771
来倒各 816
人江墨 1042
文笔峰
老寨苗族民俗村
麻栗场镇
董马库乡
夯沙乡
雅桥乡
猫儿乡
隔扎鼓 1093
花垣河
兄弟河
清水
G319
G65
S209
S231
张花高速
吉茶高速

图例
县政府驻地
乡、镇政府驻地
行政村
自然村
景区景点、文物古迹
省界
县、市界
乡、镇界
高速公路及编号
国道及编号
省道及编号
县道
乡道
河流
水库
小型水库
电站
山峰及高程
比例尺 1：170 000
附注:图上行政区域界线,不得作为解决行政区域争议的依据。
木树乡
民乐镇
排吾乡
排碧乡
排料乡
两河乡
吉卫镇
补抽乡
雅酉镇
矮寨镇
寨阳乡
米良乡
社塘坡乡
柳薄乡
禾库镇
两林乡
盘石镇
世界寒武纪地层剖面群
小龙洞瀑布
连台山
石栏杆石林
仙人桥
四清亭
仙人洞
崇山卫城古城
大龙洞瀑布
黄瓜寨遗址
德夯国家级风景名胜区
吉茶高速
G65
S201
吉好电站
冬尾电站
吉卫农场
莲台山 965
梳子山 1248
摩天岭 1058
坝拿坡 897
腊尔山 1120
高斗情山 982
贵州省
吉首市
凤凰县

花垣县人民政府编制

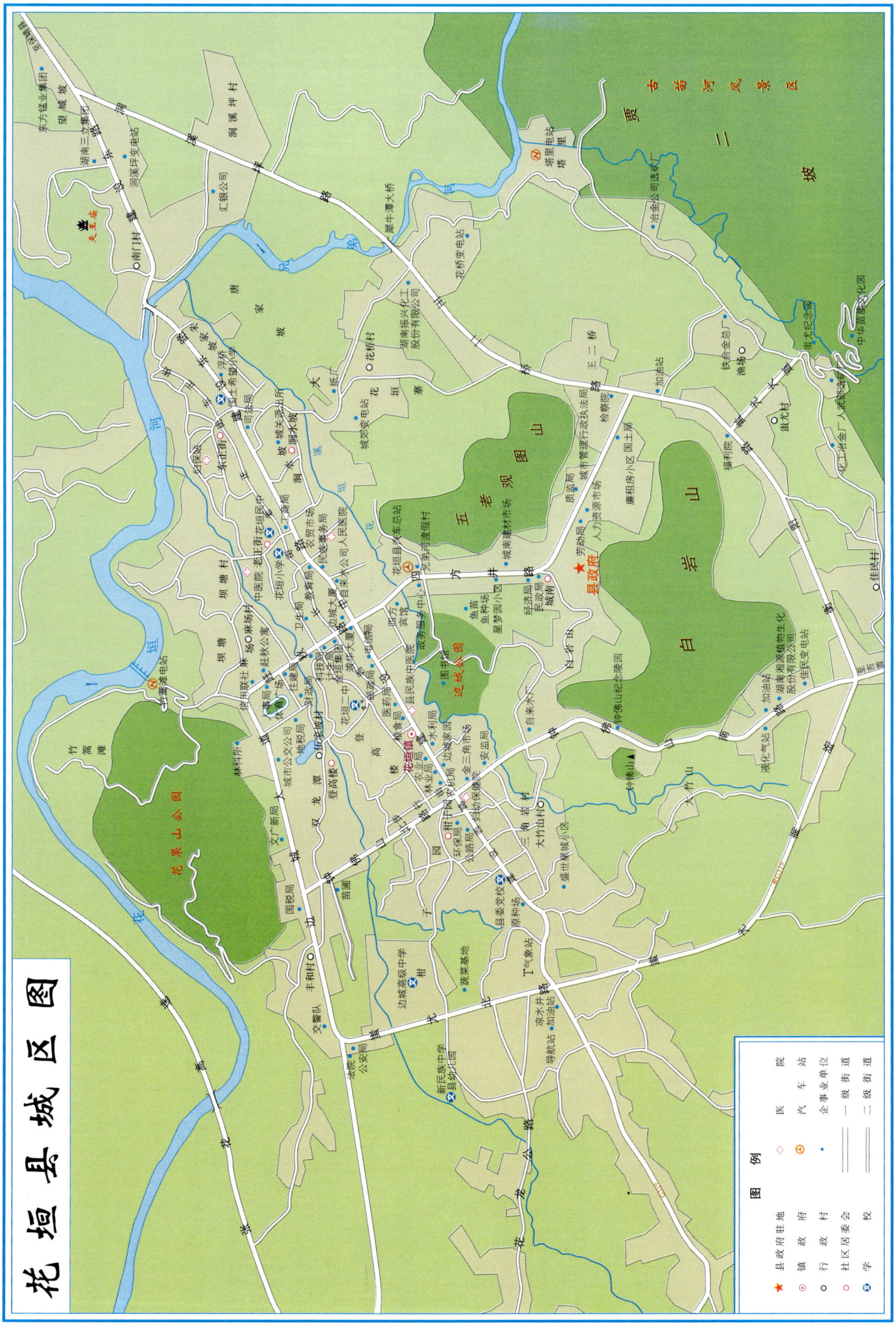
花垣县城区图
图例
县政府驻地
镇政府
行政村
社区居委会
学校
医院
汽车站
企事业单位
一级街道
二级街道
古苗河风景区
白岩山
花果山公园
边城公园
县政府
花垣镇

【县城全景】

县城全景

花垣县城　（欧勇摄）

花垣一角（姚茂祥摄）

【领导视察与调研】

2013年11月3日~5日，中共中央总书记习近平在花垣县调研武陵山区扶贫开发工作，并在花垣县排碧乡十八洞村召开农村干部和群众座谈会。（新华社提供）

中共中央总书记习近平在花垣县排碧乡十八洞村苗族村民施齐文家中同一家人促膝交谈。（新华社提供）

2001年4月7日，国务院总理朱镕基在省委书记杨正午、省长储波、州委书记彭对喜、州长武吉海等省州县领导陪同下视察花垣　（《团结报》社提供）

国务院总理朱镕基在原国立八中校址视察　（《团结报》社提供）

2012年5月26日，国务院总理温家宝在省委书记周强、省长徐守盛、州委书记何泽中、县委书记彭益等省州县领导陪同下调研花垣县扶贫攻坚工作，并在花垣县麻栗场镇立新村与村干部群众座谈。（龙艾青摄）

2011年6月1日，全国政协主席贾庆林在花垣视察（石林荣摄）

1993年12月2日，全国人大常委会副委员长布赫（前排左三）视察花垣时与县党政负责人合影。　（石英伯提供）

1994年11月17日，全国政协副主席杨汝岱（左五）视察花垣，县人大常委会主任石昌凡（左二）、县长石帮庭（左三）、政协主席向明喜（右三）等陪同。　（石英伯提供）

2011年5月20日，全国政协副主席张明榕在花垣县考察时，与花垣县领导合影　（龙艾青摄）

1991年9月，湖南省委书记熊清泉（左五）视察茶洞与州、县负责人合影。左二为州委书记郑培民、右三为县委书记石维斌、左三为人大常委会主任石昌凡、右一为政协主席向明喜　（石英伯提供）

1996年3月，省委书记王茂林在花垣农村调研 （石新征摄）

1998年4月，省委书记杨正午（右三）、省长储波（左二）在花垣工厂调研，县长（1997年10月-2000年12月）刘昌刚（左一）陪同 （石新征摄）

2005年7月18日，省委书记张春贤在三立集团公司视察（彭绍银摄）

2005年4月11日，省长周伯华在花垣茶洞调研 （张明华摄）

2009年6月24日，省长周强（右二）在花垣调研 （龙艾青摄）

1999年9月，老红军、原湖南省人大常委会副主任石邦智（前排中）在花垣度过80岁生日，县委书记刘路平率县党政负责人向石老祝贺。前排右一为县人大主任石英伯（人大第十二届 — 十三届）、左一为县政协主席向明喜（政协第三届 — 第五届）（石英伯提供）

1997年3月，省政协副主席统战部部长石玉珍在花垣调研 （石新征摄）

1998年，省委副书记郑培民在花垣调研 （石新征摄）

2015年4月19日，省委书记徐守盛在花垣农村调研　（石林荣摄）

2015年6月25日，省长杜家豪在花垣调研　（石林荣摄）

2015年4月23日，原省政协主席陈求发在花垣调研（石林荣摄）

2014年6月5日，省委副书记孙金龙在花垣农村调研　（石林荣摄）

2015年7月8日，省委常委、省委组织部部长郭开朗在花垣调研　（石林荣摄）

2011年5月12日，原花垣县委书记（1995.6–2000.5）原州人大常委会主任刘路平（中）在花垣考察调研　（龙艾青摄）

2013年5月7日，州人大常委会主任彭武长在花垣农村调研　（龙艾青摄）

县原政协主席石昌明（左二）在乡镇公路修建现场

2014年12月2日，州政协主席龙德江（左三）花垣县政协主席石登志（前排右一）视察花垣县道二乡农业示范园区（政协办提供）

州人大常委会副主任，原花垣县委书记（2000.5—2002.10）李万松视察张花高速公路施工情况　（人大办提供）

2005年6月22日，原花垣县委书记（2002.10–2007.1l）吴彦承（中）和黄永玉在边城茶洞开发现场　（张明华摄）

2009年3月5日，原花垣县委书记（2007.2–2009.7）宛庆丰在花垣农村学校“两免一补”启动现场

（龙艾青摄）

2009年9月25日，原花垣县委书记（2009.7–2013.1）彭益（左二）在花垣检查城市卫生 （龙艾青摄）

2011年9月14日，原花垣县人民政府县长（2007.2–2012.3）麻超（前右一）在花垣检查工业集中区建设

（龙艾青摄）

2013年12月，县人大常委会主任麻宜志（中）在花垣农村调研 （人大办提供）

2014年5月12日，花垣县委书记罗明（左一）、县委副书记杨清泉（右二）在补抽乡大哨村走访农户　（龙艾青摄）

2014年2月8日，花垣县人民政府县长隆立新（中）在指导城市规划　（龙艾青摄）

【自然风光】

边城全貌 （张明华摄）

边城拉拉渡 （杨秀方摄）

翠翠雕像 （欧勇摄）

边城夕照 （杨秀方摄）

百里苗疆红霞飞　（欧勇摄）

紫霞之晨　（石林荣摄）

金龙苗寨　（周建华摄）

麻栗场梯田　（石林荣摄）

古苗河风光之一　（龙秀泽摄）

古苗河风光之二　（龙秀泽摄）

道二日出　（石林荣摄）

双龙苗寨　（周建华摄）

雅西红石海　（欧勇摄）

苗寨十八洞航拍　（彭淼摄）

扑如坪田园　（石林荣摄）

尖山夕照　（张明华摄）

【城镇建设】

花垣县城日出 （张明华摄）

城北大道 （欧勇摄）

花垣全景远眺 （龙权摄）

晚霞映照下的廉租房 （张明华摄）

城区一角

城北新区　（张明华摄）

建设之中的公租房　（张明华摄）

【基础设施】

乡村公路西环线 （隆国渊摄）

张花高速 （石林荣摄）

吉茶高速高架桥 （龙恩泽摄）

花垣县城市污水处理厂

建成的县城市污水处理管网

农村电网　（石新征摄）

塔里电站供水管道　（石邦球摄）

竹篙滩电站　(石武刚摄)

牛角屯水库　(周建华摄)

农村电网改造

整治后的农村环境

【农业农村】

实施退耕还林工程，对坡耕地进行重点整治，旧貌换新颜

农村土地整治

龙须草项目

农业开发

农村坡地改梯田工程

农业综合开发　（石武刚摄）

农业园区苗汉子基地 （周建华摄）

国外专家考察粮援工程 （石新征摄）

村里通了自来水 （龙恩泽摄）

农机进农田 （石林荣摄）

联合收割机进入农村 （张顺斌摄）

蔬菜生产　（石林荣摄）

优质烟叶生产　（欧建安摄）

牧业生产大发展　（彭淼摄）

农村家庭养殖 （龙恩泽摄）

社会主义新农村 （石林荣摄）

村务公开　（龙权摄）

苗家养蚕　（龙权摄）

【工 业】

东方矿业有限公司

太丰集团 （龙恩泽摄）

湖南三立集团股份有限公司

湖南三立集团厂区

工业集中区一角 （张明华摄）

湖南振兴股份有限公司

花垣铁合金总厂

铁合金厂生产车间

电解锰车间　（欧勇摄）

工厂车间　（龙恩泽摄）

矿山复绿　（龙权摄）

省冶金厅在花垣扶贫　（石新征摄）

旺盛堂商业广场

集贸市场一角

鲜活产品销售

边城集贸市场

繁荣的乡村集贸 （龙恩泽摄）

农贸市场一角 （张明华摄）

【教　育】

国立八中花垣纪念亭

山乡希望小学

明德小学

花垣小学

雅西镇中学

边城中心小学校舍

花垣县边城高级中学

幼儿园

电脑室

语音室

营养餐进校园 （龙恩泽摄）

学生们在学习电脑 （石新征摄）

【卫 生】

花垣县人民医院全景

计生宣传进万家　（石林荣摄）

花垣县民族中医院新建古苗住院楼

排碧乡卫生院

街头义诊 （石林荣摄）

【文化体育广电】

图书馆航拍　（李邦华摄）

拔河比赛

举重冠军——谭亚运

边城巨龙舞进了澳门回归庆典 （石新征摄）

边城巨龙创始人张忠献 （石新征摄）

各类文化遗产传承人活跃在城乡
（张明华摄）

道德讲堂进机关、学校、社区和农村　（石林荣摄）

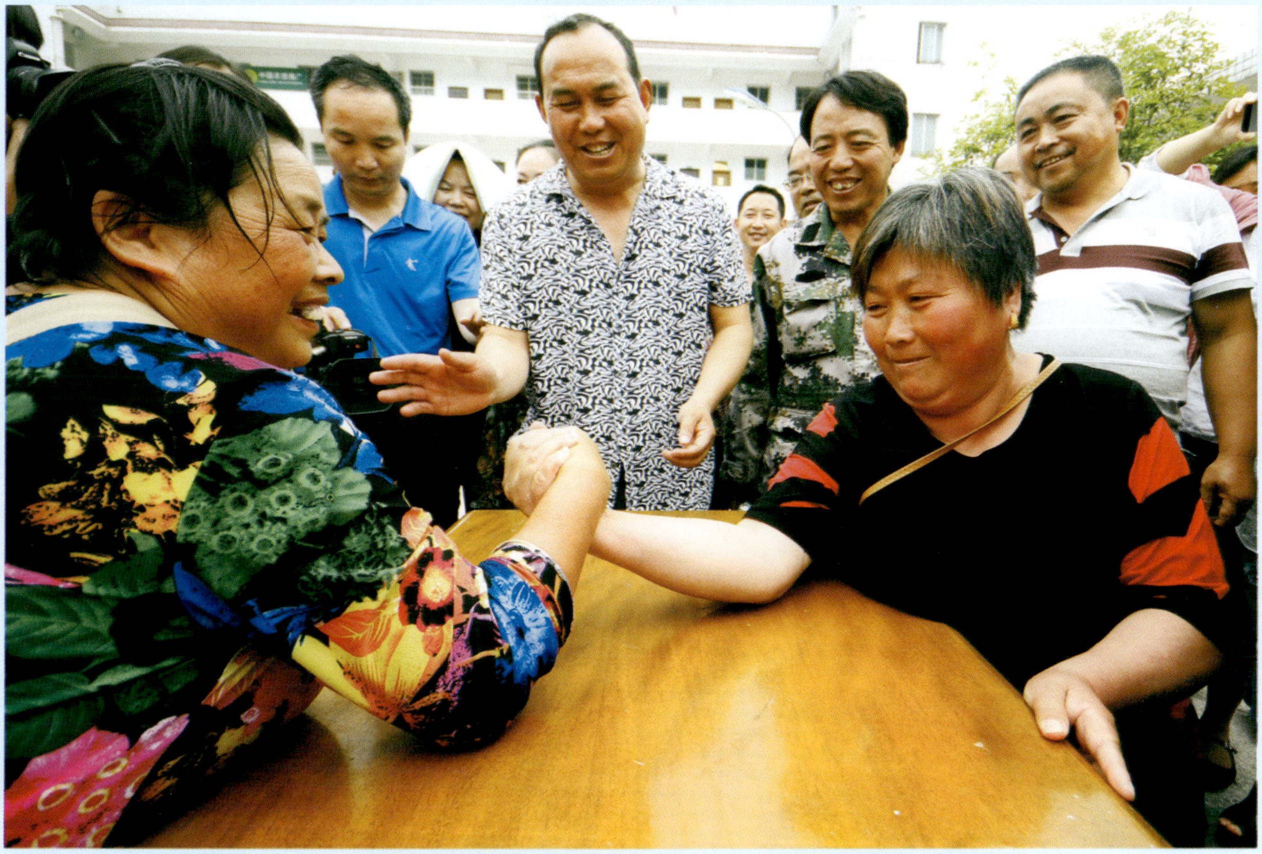

传统体育活跃群众生活　（龙恩泽摄）

【文物古迹】

东汉　铜洗（边城镇出土）

汉　铜簋
（1994年吉卫排达坝村出土）

汉　铜镳斗（1992年雅桥乡
油麻村出土）

旧石器时代　打制石器
（2011年边城药王洞
遗址出土）

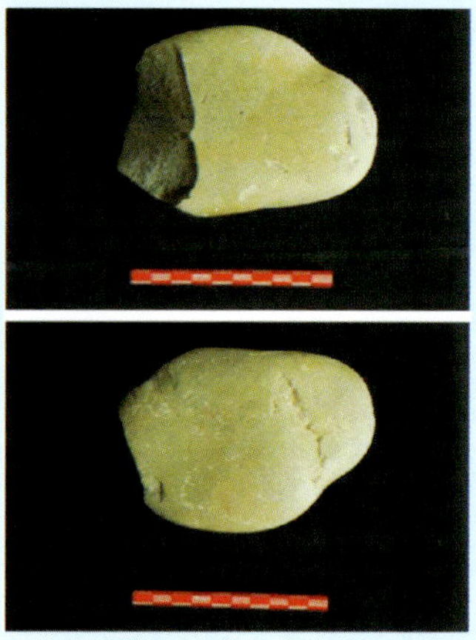

旧石器时代　打制石器
（2011年边城药王洞
遗址出土）

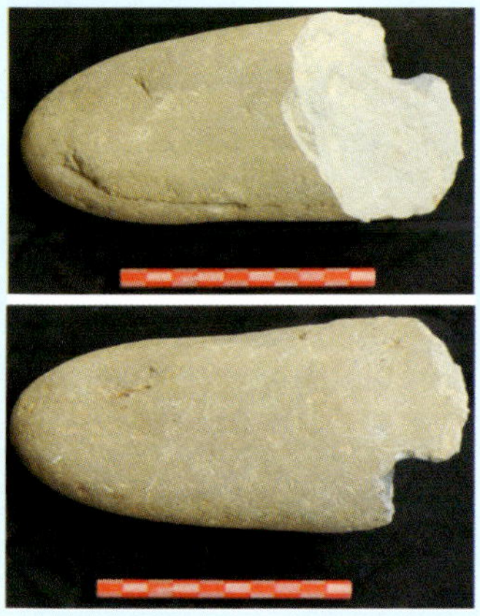

旧石器时代　打制石器
（2011年边城药王洞
遗址出土）

汉　铜编钟
（1978年道二乡
杠掰村出土）

汉　铜壶（1992年雅桥乡
油麻村出土）

汉　铜盘（1983年团结镇长
兴村出土）

旧石器时代　打制石器
（2000年边城旧石器遗址出土）

清　五品文官官服
（1992年道二乡出土）

清　五品文官官服
（1992年道二乡出土）

清　五品文官官服
（1992年道二乡出土）

原国立茶师教师楼

陶家大院古建筑　（姚茂祥摄）

【民俗风情】

排碧乡苗族蜡染　（李邦华摄）

坐火塘　（欧建安摄）

苗疆鼓韵 （周建华摄）

打花带 （周建华摄）

苗族传统项目——舞龙
（李邦华摄）

巴代文化节上的椎牛表演
（李邦华摄）

苗族的群鼓舞 （李邦华摄）

拦门酒 （石林荣摄）

苗家接亲 （姚茂祥摄）

边城龙舟赛 （周建华摄）

苗家狮子舞 （欧建安摄）

【修志掠影】

《花垣县志》（1986-2000）复审会现场

湖南省地方志委员会县志处处长尹克加在《花垣县志（1986-2000）》终审会上发言

花垣县地方志办公室全体人员合影。主任龙乾疆（前排右一）、副主任吴绍德（后排左一）、副主任刘艳（前排左一）、副主任科员龙艳梅（后排左二）、杨文君

2011年11月25日，《花垣县志》（1986-2000）志稿评审会议

2011年11月26日，《花垣县志》志稿评审会与会领导合影。 前排左起：县政协副主席吴波；县委常委、常务副县长石建军；湘西州地方志办副主任李雄野；湘西州地方志办主任熊明刚；省地方志编纂委员会县市指导处处长尹克加；湘西州政府副秘书长骆邦建；县委副书记、县长麻超；省地方志编纂委员会巡视员袁勇前；湘西州副巡视员胡万凤；县政协原主席向明喜；县人大常委会原副主任申炳煊；县委原调研员、县人大常委会原主任石英伯；县委常委、县人武部部长刘小明

目　　录

第四篇　人民代表大会

第五篇　人民政府

第六篇　人民政协

第七篇　群众团体

第八篇　武装　政法

第九篇　民政　劳动　人事

第十篇　经济综述

第十一篇　经济综合管理

第十二篇　农业　乡镇企业

第十三篇　扶贫开发

第十四篇　工　业

第十五篇　商　业

第十六篇　财税　金融

第十七篇　交通　邮电

第十八篇　城乡建设　环境保护

第十九篇　水利　气象

第二十篇　教育　科技

第二十一篇　卫生　体育

第二十二篇　文　化

第二十三篇　民　族

第二十四篇　乡镇简况

人　物

附　录

总　　述

花垣县位于北纬28°10′至28°38′、东经109°15′至109°38′的地理坐标上，地处湘、渝、黔边区，总面积1108.69平方千米，是湘西土家族苗族自治州所辖的一个山区苗族聚居县。其历史沿革秦属黔中郡，西汉置武陵郡，东汉属五溪地，三国时期先后为吴、蜀所辖，西晋属舞阳迁陵地，隋属沅陵郡，唐属溪州地，明洪武元年(1368)属崇山卫。清雍正八年(1730)设永绥协，协治在吉卫老卫城，雍正十年(1732)置永绥厅，厅治移至吉卫吉多坪；嘉庆二年(1797)升永绥厅为直隶厅，嘉庆七年(1802)厅治迁至绥靖镇(现花垣镇)。民国元年(1912)废永绥直隶厅，置永绥行政厅，民国二年(1913)改永绥行政厅为永绥县。1949年10月1日中华人民共和国成立，11月成立永绥县人民政府。1952年中央推行民族区域自治政策，鉴于“永绥”二字系清朝皇帝“赐名”，且寓含歧视苗族之意，永绥县首届第一次各界人民代表会议作出将永绥县改为花垣县的决议。1953年9月，经中央人民政府内务部批准，原永绥县以县人民政府驻地花垣镇命名为花垣县。2000年，花垣县行政区划为：8个镇，13个乡，300个村，18个居委会，年末总人口26.8万人，其中苗族人口占总人口的76.85%。

一

花垣县境呈东南高、西北低三级台阶状。西南边陲的莲花山峰顶海拔1197米，为全县最高点；北部和中部大致分布在海拔400～700米两条等高线上，为县域一、二级台阶地区；东北狮子桥河边海拔212米，为境域最低点。境内以山原地貌为主，层峦起伏，溪河交错，山川秀丽，属亚热带季风性气候，冬少严寒，夏少酷暑，四季分明。

自然资源丰富　已探明矿藏18种，其中锰矿贮量3112万吨，铅锌矿贮量1108万吨；拥有耕地24611.87公顷，林牧山地48618.83公顷；终年不断流溪河32条，水能储量11万千瓦，可开发量7.5万千瓦；植物种类达99科、262属、454种，其中名贵树种28种，尤其在雅酉等乡镇还生长着珙桐、水杉、钟萼等国家一级保护树种；野生动物上百种，水獭、狗獾、猴子、穿山甲、娃娃鱼等珍稀动物虽少可见。

自然景观绚丽　排碧寒武纪金钉子地质公园被国际地质学家研究会定为首个世界寒武纪“金钉子”地质剖面。县城城南古苗河蚩尤风景区锁在深闺人未识，大小龙洞雄奇壮观的瀑布群从绝壁悬崖飞泻而下，麻栗场“尖山似笔倒写青天一张纸”，排吾石栏杆、夯来石林鬼斧神工。

人文景观独秀 雅酉黄瓜寨是清乾隆嘉庆年间苗民领袖石三保率领苗民起义反抗清廷的策源地;民国23年(1934),著名文学大师沈从文以茶洞为背景,写就并出版了闻名于世的《边城》名著;民国33年至34年(1944—1945),国务院原总理朱镕基曾在花垣民族中学(原永绥国立第八中学)求学两年。

苗族文化厚重 由苗族龙氏第八代大巫师口述、苗族乡土文学家龙炳文整理的《古老话》可称苗族生存发展的“百科全书”。以《古老话》为基础,由田兴秀、龙炳文共同挖掘整理,湘潭大学教授雷安平主编的《苗族生成哲学研究》以一分为三的观点精辟地阐述了苗族自古以来朴素的唯物史观。苗族青年学者、中国少数民族科技学会会员吴心源收集编著的《苗族古历》,比《古埃及历》闰年的附加日为6日,精确到闰年的附加日仅为1日。苗族医药学者田兴秀编著的《苗族医药学》,摘取了世界传统医学金杯奖和国际民族医学一等奖的桂冠;苗医传人、全国民族医药学会会员吴言发,善用苗族医药治疗疑难杂症,慕名前来的湘、黔、渝边区诊治病人众多。湖南省作协会员、中国民协会员龙宁英,出版《古苗河风情》等小说、散文集多部,获沈从文文学奖。苗族服装旨在便于劳作,故具宽、松、短特点,其装饰品中的首饰、镯环、花边等多以花草虫鱼、飞禽走兽为蓝本,古朴典雅、千姿百态。苗族刺绣别具一格,尤以县民族民间工艺美术厂生产的苗族“湘西行”壁挂闻名国内外,1993年荣获全国工艺美术“百花奖”二等奖。苗族上刀梯、顶尖枪、踩铧口、摸油锅等绝技令人惊讶,还傩愿、荡秋千、擂苗鼓、舞龙狮等民俗风情使人陶醉。

二

1986—2000年,是花垣县经济社会快速发展的15年。2000年底,全县实现国内生产总值59598万元,是1985年的8.4倍,其中第一产业22728万元、第二产业21586万元、第三产业15284万元,分别是1985年的5.8倍、16.3倍和8.1倍;财税总收入由1985年的268.6万元增加到6160万元,是1985年的22.9倍;城乡居民储蓄余额由1985年的818万元增加到28308万元,是1985年的34.6倍;城乡居民人均消费水平由1985年的244元增加到1258元,是1985年的5.15倍。全县各行各业发展各具特色,各有千秋。

(一)着力夯实经济基础

推进扶贫开发 1986年、1993年和2000年国务院相继3次把花垣定为国家级重点扶持县,中共花垣县委、花垣县人民政府紧紧抓住这些机遇,逐步加大扶贫开发力度,经历“输血救济型”扶贫、“强基固本型”扶贫、“产业造血型”扶贫三个阶段。1986—1990年为“输血救济型”扶贫阶段。期间,重点开展贫困村、户调查,摸清贫困底数,制定扶贫计划,募集资金物资,解决贫困户生活困难。同时,举办农村实用技术培训班,引进良种、良法,旨在提高农民科学种田水平。1991—1998年为“强基固本型”扶贫阶段。这一阶段扶贫开发的重点是加强农村基础设施建设,改善农村生产生活条件。1999—2000年为“产业造血型”扶贫阶段。在这一阶段中,突出抓产业,建支柱,着力形成一乡一业,一村一品的支柱产业新格局,以促进农民增收致富。经过三个阶段的扶贫开发,15年间全县累计投入以工代赈资金8499.4万元,财政扶贫资金2897万元,省、州直及衡阳市对口扶贫资金3283.6万元,扶贫贷款18710万元用于扶贫开发。到2000年底,全县300个村中实现通电、通公路、通广播、通电视、通电话的“五通村”分别达300个、287个、300个、300个和241个;新建人饮工程17处,解决近3000人的饮水困难;建成超级杂交稻、烤烟、水果、山羊、蔬菜五大支柱产业基地,使农村贫困面貌发生了根本性变化,农民人均产粮由

1985年的368千克增加到429千克，农民人均纯收入由1985年的288元增加到1116元，贫困人口由1985年的13万人减少至3.5万人。

突出工业主导　1986—2000年，中共花垣县委、花垣县人民政府立足锰、铅锌矿产等资源优势，大力发展冶炼、建材等产业。到2000年底，全县工业企业由1985年的167户发展到1878户，工业总产值由1985年的2081万元增加到63328万元，是1985年的30倍，工业实现财税收入由1985年的68.65万元增加到4142万元，是1985年的60.3倍。工业经济在国民经济中所占比例发生重大变化，2000年底，其产值在工农业总产值的比重由1990年的34.8%上升到75.2%，工业强县的格局基本形成。

调整农业结构　1986年始，中共花垣县委、花垣县人民政府在稳定粮食生产、确保粮食安全的基础上，突出农业产业结构调整。1986—2000年15年间，先后建成11910.5公顷的水果、茶叶、药材基地，3400公顷的蔬菜基地，2000公顷的烟叶基地，2万头生猪、1万只山羊、3000头肉牛的畜牧基地，同时开发排吾水库、兄弟河水库网箱养鱼、栏汉养鱼和中后地区稻田养鱼，并鼓励农户发展家畜家禽。2000年底，全县饲养生猪33万头、牛5.5万头、山羊16.5万只、家禽60万羽，分别比1985年增长78.1%、60%、86.7%和64.3%；实现畜牧水产总值11833万元，比1985年增长89.1%。

商贸改革改制　1986—2000年，商贸通过国营有计划的销售向“计划内”“计划外”销售过渡，再向市场化运行的彻底改革改制，极大地激活商贸发展，繁荣了城乡市场。到2000年底，全县工商户由1985年的1843户发展到13661户，从业人员由1985年的3314人增加到27290人，注册资金由1985年的145.3万元增加到8591万元，销售总额由1985年的3826万元增加到45359万元，商业税收由1985年的192.5万元增加到682.5万元。

（二）加强基础设施建设

改善交通设施　中共花垣县委、花垣县人民政府把公路建设作为治穷致富的主要工程项目来抓，在1970年花垣成为全省第一个社社通公路县、1977年又成为全省第一个社社通客班车县的基础上，1990年始，交通建设向村村通公路目标迈进。到2000年底，累计投入通村公路建设资金874万元，修成通村公路71条201千米，使全县行政村通公路率达91%，名列全州第一。

加快电力发展　中共花垣县委、花垣县人民政府立足县域经济发展需电量大的实际，依托丰富的水资源优势，采取自发电、外引电双管齐下的措施，大力发展电力。1986—2000年，下寨河、小龙洞等电站和城郊、团结等变电站相继建成投入运行，且城乡电网得以大规模扩张改造，形成以外引电为主、自发电为辅的电力运行新格局，实现城乡用电同网同价。2000年底，全县外引电、自发电总量达52816千瓦时，是1985年的14.1倍，县域经济社会发展的电力瓶颈基本得到改善。

扩大电信覆盖　20世纪80年代末，全县仅有市话470多户，平均每百人0.3部。1994—1996年，全县先后开通了5000门程控电话、部分模拟移动电话和数字移动电话。到2000年底，全县21个乡镇和300个村中的24个村开通了程控电话，程控电话从5000门发展到16000门，移动电话从1996年的460户发展到6514户，形成了程控电话、移动电话、无线寻呼、数字通信、语言信息等现代通信网络，通信能力大幅度提高，国际互联网得以广泛运用。

（三）大力发展社会事业

发展教育事业　1990年全县普及初等教育，初中“四率”（入学、巩固、辍学、合格）分别为84.1%、92.1%、7.39%和86.8%。1995年，初中综合效益评估居全州榜首。着力改善教学条件，1995—2000年累计投入资金1800万元，新建、改建校舍129306平方米，全县中小学校舍面积达250200平方米，比1985年增长75.2%，其中初中校舍面积61044平方米，促进了教育事业的发展。2000年底，全县小学“四率”分别为99%、98.8%、

0.9%和99.8%,成为全州小学教学的亮点。

发展科技事业 1986—2000年,全县围绕粮油、矿产、果菜、药材、畜禽、烟叶、林木、建材八大领域,组织实施科技项目96项,其中15项列入国家、省级"星火计划",完成投资3000万元,引进开发出新产品35个。期间,1987年以毛振凡牵头研发的"马肝泥土壤改良"项目对三角岩乡龙洞村8.3公顷水稻进行配方施肥实验,平均亩产稻谷529千克,比改良前的1986年亩均增产271千克;1998年,县政府组织实施的"千亩杂交玉米高产示范项目"平均亩产431.9千克,比常规栽培平均亩产增长12%。科技队伍日益壮大,到2000年底,全县拥有各类专业技术人员4709人,其中副高级72人、中级1502人、初级3135人,为县域经济社会发展奠定了科技人才基础。

发展文化事业 中共花垣县委、花垣县人民政府积极组织传播新时期先进文化,以广播、电视等为载体,坚持用科学的理论武装人,用优秀的作品鼓舞人、用正确的舆论引导人、用高尚的精神塑造人。挖掘、发扬光大民族优秀传统文化,以"四月八""五月端午龙舟赛"八月立秋"赶秋节"等为平台,充分展现"上刀梯""顶尖枪"等苗家绝技和"荡秋千""擂苗鼓""接龙舞"等民俗风情。通过这些文化活动的传承,丰富广大人民群众的文化生活,引导广大人民群众健康向上谋发展。

发展卫生事业 中共花垣县委、花垣县人民政府把治穷先治病、健康奔小康作为大事来抓。到2000年底,累计投入资金150万元,新建、改建乡医院20016.9平方米,全县医院病床由1985年的475张增加到544张,医务人员由1985年的957人增加到1123人,县乡医院普遍装备B超等现代医疗设备。由于医疗、医药条件的改善,1986—2000年间,全县连续14年无血丝虫、疟疾和小儿麻痹症病例发生,12年无百日咳、白喉病例发生,10年无破伤风、麻疹病例发生,5年无出血热、钩端螺旋体病例发生;产妇新法接生率由1989年的20.63%上升到1998年的96.71%,孕产妇死亡率由1989年的19.79/万下降到1998年的6.4/万,婴儿死亡率由1989年的70.11‰下降到1998年34.85‰,孕产妇及婴儿系统管理达85%。人民群众的健康水平普遍提高,全县人均寿命从1985年的67.23岁增加到70.89岁。

推行计划生育 从20世纪80年代起,中共花垣县委、花垣县人民政府坚持"两种生产"一起抓,力求实现"少生快富奔小康"的目标。历经了"急风暴雨"的行政推动向"和风细雨"的说服教育、再向"春风化雨"的优质服务等工作方法的逐步改进,不断促进人们生育观念的转变,使计划生育工作步入法制化、规范化的轨道。至2000年底,全县人口出生率基本稳定在15‰以下,实现了人口再生产由以往的"高出生""高死亡""高增长"向"低出生""低死亡""低增长"过渡,人口质量不断提高。

三

1986—2000年,全县经济体制改革、党的建设、社会主义精神文明建设和民主法制建设全面推进,取得明显成效。

深化经济体制改革 1987年,中共花垣县委(以下简称县委)派出21支工作队深入乡镇协助抓农村双层经营体制的完善,全县所有农户均与村集体签订土地承包经营合同。1988年10月,根据中央、省、州统一部署,县委下发《关于延长农村土地承包期的通知》,明确规定农户承包土地权属不变,且顺延土地承包期30年。是年,县委、县政府在国营商业部门推行承包责任制,全县21家商业企业实行承包经营。同时,为探索工业企业所有权与经营权分开,推行厂长(经理)责任制,理顺党、政、企关系,确立厂长(经理)在企业的中心地位,县委、县政府成立企业改革领导小组,组建工作组进驻县糖酒厂创办改革试点,然后在全县推开。1992年10

月，县第七次党代会决定以劳动人事、工资、社保三项制度改革为企业改革重点。通过付诸实施，加快工业企业经营机制转换，把企业推向市场，使之逐步成为自主经营、自负盈亏、自我发展、自我约束的社会主义商品生产者和经营者。同时，在国营商业部门推行"经营放开、价格放开、分配放开、用工放开"改革，相继进行租赁、承包、拍卖、买断职工工龄等深层次改革，并大力发展商业服务业，使全县商业形成了多种经济成分、多渠道、少环节的商品流通体制，繁荣了商品市场。1994年，县委贯彻中共中央《关于建立社会主义市场经济体制的决定》，按照"改革、改组、改制"和集中人力、物力、财力办大企业，放开搞活小企业的要求，结合花垣县实际，先后组建东方锰业集团、湖南三立集团、金垣电力集团，形成在市场具有较强竞争力的优势产业和拳头产品，并通过产权改革、资产重组、结构调整，放开搞活一批小型企业。1998年，县委八届三次全会通过《关于跨世纪国有企业改革和发展若干问题的决定》，加快企业改革改制进程。到2000年底，全县组建8家股份制企业，依法破产1家企业，租赁经营2家企业，未改制企业由1999年的18户下降到7户。此外，县委、县政府还抓了乡镇财政体制改革、粮油供销体制改革、物价体制改革、公产住房改革等一系列配套改革，特别是乡镇财政体制改革成效明显，2000年，全县乡镇财政收入由1986年的151万元增加到1992万元，是1986年的13.19倍，其中花垣镇于1997年就在全州乡镇级率先突破财政收入过千万元的大关，达1217万元。这些改革的不断深化，使全县各行业稳步迈入社会主义市场经济轨道。

加强党的建设 在思想建设上，1986—1988年，县委对男年满55岁、女年满50岁，文化程度均为高中、中专的近500名中共党员集中进行理论培训。1988—1996年，县委坚持以中共十三届四中、五中全会精神、邓小平南方重要讲话、中共中央《关于建立社会主义市场经济体制的决定》等为主要教材，先后集中办培训班12期，累计3000多人次接受理论教育培训。1997—1999年，为深入贯彻落实党的十五大精神，县委安排在州、县党校培训辅导员32名，抽调78名科局级干部与辅导员一道，组成4个宣讲团奔赴各乡镇巡回宣讲党的十五大精神，使十五大精神进一步深入人心。2000年6—8月，按照上级的统一安排，县委组织"四大家"领导班子成员开展为期两个多月的"讲学习、讲政治、讲正气""三讲"教育，并分"学习提高、自我剖析、开展批评、整改建制"四个阶段进行思想整顿。通过以上形式的培训、整顿，党员干部的思想进一步纯洁，观念进一步更新，焕发出崭新的精神风貌，团结带领全县各族人民奋力开拓谋发展。在组织建设上，把发展党员，吸收新鲜血液，永葆党组织充满生机与活力作为党建的首要任务来抓。到2000年底，全县党员发展到10327人，比1985年底的7010人增加3317人。为加强对党员队伍的教育管理，县委在坚持用"三会一课""民主评议党员"等制度教育管理党员的同时，针对新形势下流动党员、企业下岗党员、破产企业党员增多的实际，责成县委组织部出台《流动党员管理办法》《下岗职工党员管理办法》《破产企业党员管理办法》等文件，加强对这些党员的教育管理。尤其是1990年，县委在全县推行党员层次化目标管理，这一经验受到中共湖南省委的充分肯定，中共湘西州委决定在全州推广。同时，县委把加强领导班子建设作为党建的关键问题来抓，先后下发《花垣县跨世纪领导干部培养选拔工程》《关于培养跨世纪人才的决定》等文件，坚持以"四化"(革命化、年轻化、知识化、专业化)方针和德才兼备原则选拔任用领导干部，并在具体操作中逐步完善民主推荐、组织考察、县委常委票决、任前张榜公示等程序，防止选人用人上的不正之风。到2000年底，全县县级领导干部达43人，其中以苗族为主的少数民族干部36人；科局级领导干部达1051人，其中以苗族为主的少数民族干部908人，基本适应少数民族县的工作需要。在作风建设上，县委先后出台《关于进一步改进党政机关作风的若干规定》《关于党政机关干部改进作风，深入基层调查研究，参加生产劳动的决定》《关于进一步改善党群干群关系的若干意见》，对加强作风建设提出明确的要求，并在党政机关开展刹“三风”(干部赌博风、公款吃喝风、公款摆阔风)，兴“三风”(调查研究之风、艰苦创业之风、勤俭节约之风)活动。这些文件和活动的付诸实施，促进党政机关作风明显好转。与此同时，强化党性党风党纪教育，着力增强党员遵守党纪党规的自觉性；出台《领导干部离任审计制度》《领导干部诫勉谈话制度》等制度性文件，做到用制度管理领导干部；坚持年度民主测评县级、乡局级主要实职领导干部，加强对领导干部的监督；严肃查处党员违纪案件，1986—2000 年，全县共立案调查党员违纪案件 389 件，结案 346 件，处分违纪党员 283 人，严肃了党的纪律，纯洁了党员队伍，促进了党风好转。

推进精神文明建设 根据中共中央《关于加强社会主义精神文明建设的决定》，县委、县政府在组建班子、加强对社会主义精神文明建设领导的基础上，先后出台《关于“四五”期间加强社会主义精神文明建设的意见》《关于各乡镇、县直局以上单位两个文明建设目标管理责任制》《关于创建文明单位、文明企业、文明学校、文明乡(镇)村活动的实施方案》等文件，特别是“双文明目标管理责任制”，把物质文明和精神文明建设的各项内容量化分解到乡镇和县直局以上单位，年终考核对达标的单位由县委、县政府给予表彰奖励，促进全县的两个文明建设。

健全民主法制 在民主建设上，严格执行重大事项决策的县委常委民主集中制；贯彻落实确保人民当家作主和接受群众监督的人民代表大会制、人大常委会监督“一府两院”制，以及政协委员参政议政、民主监督制；不断完善选拔任用领导干部的民主推荐和任前公示等制度。通过这些制度的约束规范，实现决策的民主化、科学化，充分调动人民当家作主的积极性。在法制建设上，县委先后印发《关于加强依法治县的决定》《关于花垣县“长安工程”实施方案》《关于加强社会治安综合治理目标管理的意见》等文件，且从 1994 年始推行社会治安综合治理“一票否决制”，进一步强化各级各部门维护社会稳定的责任。同时，加大基本法律法规宣传力度，相继开展“二五”“三五”“四五”普法活动。注重政法公安队伍集中开展社会治安综合治理统一行动，健全护村队、护厂队、护校队等群众自治组织，实行联防联治、群防群治，充分发挥以专政机关为龙头，以群众自治组织为纽带，以广大人民群众为依托的综合治理作用。1996—2000 年，通过“金剑行动”“春雷行动”“旋风行动”“打黑除恶”“扫六害”“缉枪治爆”等专项斗争，严厉打击各类犯罪分子。到 2000 年底，共侦破各类刑事案件 3620 起，破案率为 84.4%，其中大要案 1010 起，侦破 918 起，破案率为 90%；共摧毁犯罪团伙 614 个，抓获各类犯罪嫌疑人 5161 人，挽回直接经济损失 337.85 万元，为县域经济社会发展营造良好的社会环境。

大 事 记

1986 年

2月25日　花垣县在前中后三种不同地区设置茶洞、团结、三角岩、龙潭、民乐、麻栗场、吉卫7个基层供销社。

4月　花垣县经农牧渔业部驻县工作组报请国务院扶贫办批准，被列为全国老、少、边、穷地区使用发展粮食生产专项资金县。

5月6日　县人民政府落实移民政策，将移民按户口性质迁回。属居民户口的恢复居民户口，属农业户口的迁回原籍仍为农业户口。

5月　在湖南省首届少数民族传统体育运动会上，花垣县代表队荣获团体总分第一名。

5月13日　县人民政府设立县城乡建设委员会。

5月16日(农历4月8日)　花垣县首届苗族传统节日“四月八”纪念活动在吉卫镇扎高都(地名)举行。中央顾问委员会委员曹里怀、中国人民武装警察部队政委李振军、国家民委副主任吴向必、湖南省顾问委员会副主任陈郁发、湖南省人大常委会副主任石邦智、湘西自治州州委书记杨正午、州长石玉珍出席开幕式。

5月25日　县人民武装部改为地方建制，吉首军分区党委与花垣县委、县政府正式办理交接手续。

6月19日　经省民政厅批准撤销麻栗场乡，建立麻栗场镇。

10月25日　湘、鄂、川、黔四省边区14县第19届工商行政协作会在花垣县城召开。

11月8日　全县义务兵家属统一实行优待金制度。优待金由民政部门统一管理，年终发放到义务兵家属。

12月10—12日　湖南省冶金系统对口扶贫联席会议在花垣县城举行。会议确定由省冶金厅牵头，一名副厅长专抓，各扶贫单位副职组成扶贫领导小组，督促扶贫项目、资金、技术、物资落实到位，分期帮助花垣培训企业管理技术人才。

1987 年

3月3—9日　政协花垣县第二届委员会第一次会议在县城举行，大会选举产生县政协第二届委员会主席、副主席、常务委员会委员。麻兴汉当选县政协主席。

3月4—10日　花垣县第十届人民代表大会第一次会议在县城举行，大会选举产生第十届县人大常委会主任、副主任及其常委、县人民政府县长、副县长以及县人民法院院长、县人民检察院检察长。石昌凡当选县人大常委会主任，石昌禄当选县人民政府县长。

3月22日　由湖南、四川两省合资共建的峨河大桥破土动工。桥长139米、宽8.5米、高18.6米，1990年2月竣工通车。

3月24日　县委五届四次全会通过《关于"四五"期间加强社会主义精神文明建设的意见》的决议。

是月　全县春季连续干旱，县境10座水库和118口山塘脱水，9条溪河断流，11家县办企业、65家乡镇企业和1318家个体私营企业因缺水缺电被迫停产；农业受旱面积严重，稻田脱水8333公顷。

4月23日　县境雅西、补抽、吉卫、民乐、两河、猫儿、排碧、麻栗场等8个乡镇遭受冰雹、暴雨袭击。94个村、351个组、7251户受灾。

4月29日　县人民政府与省爱国卫生运动委员会签订农村改水合同书。

5月24日　农牧渔业部部长何康到花垣县视察工作。

6月1日　县人民政府常务会议决定，由县财政投资70万元修建长500米、宽60米的赶秋路大街。

6月11—15日　经省、州水电工程技术专家对小排吾水库防渗堵漏工程进行检测鉴定，水库正常蓄水量923万立方米，达到防渗保安要求，验收合格。

7月3日　省财政厅对贫困县实行财政提前拨补政策，县长石昌禄与省财政厅签订提前3年拨补责任书，每年拨补278万元。

8月，花垣县民委干部麻明进搜集绘编的12开本《苗族装饰艺术》画册，由湖南美术出版社发行。该画册全面、系统地介绍了湘西、黔东和川南等地区苗族刺绣胸花、衣袖、裤脚、背裙、围裙、鞋帽、披肩及日用绣品的帐檐、围床等纹模三百余例，并对苗绣的渊源历史、风格特点及图案设计、技法、配色特别是七大类二十多种针脚技法作了详细推介。

9月1日下午4时　三角岩乡南门村手扶拖拉机驾驶员宋某某违章开车，在长乐知青场路段滑下8米多高的深沟内，造成5人死亡、6人重伤、4人轻伤的重大交通事故。宋某某于1988年8月被判处有期徒刑3年。

9月9日　全国政协民族组组长马信一行19人到花垣县考察民族政策执行情况。

10月7日　花垣县经省畜牧厅同意被列为全省14个疫情普查试点县之一。按照农牧渔业部的部署，全面开展畜禽疫病大普查。

是月　两河乡路桥村夯务寨因暴发急性脑膜炎，村民龙万树、龙老三染病死亡。

11月8—22日　省冶金规划设计院一行9人来花垣帮助开展铅锌矿开发可行性研究。经过调查论证，确定耐子堡矿段为重点开发区域。

12月25—26日　省冶金系统对口扶贫第二次联系会议在花垣县城举行。

是月，县人民政府设立县国土管理局。

1988年

3月1日　中国农科院副院长梁克用带领作物栽培专家组到花垣县考察4000公顷玉米丰收计划开发项目落实情况。

4月1—5日　中共花垣县第六次代表大会在

县城举行，会议听取和审议通过县委、县纪委工作报告的决议，选举产生中共花垣县第六届委员会委员、县委常委、县委副书记、县委书记；选举产生县纪律检查委员会常委、副书记、书记。颜学根当选县委书记。

5月4日　经州人民政府批准，将茶洞镇长老坟村划为茶园坪和长老坟两个行政村；两河乡两河村划为两河、石华两个行政村。

5月13日　全县城乡首次颁发居民身份证。

6月8日　县纸厂扩建工程“1880”生产线正式实施。

8月1日　县人民政府制定《关于农村五保户供养办法若干规定》，对孤寡老人实行“保吃、保穿、保住、保医、保后事处理”的制度。

9月5日　县人民政府对在塔里电站、小排吾水库、兄弟河水库、下寨河电站等工程施工中的死亡、伤残人员分别实行一次性补助、按月补助和长期补助的政策。

9月5日　县委组建企业改革试点工作组，从县委办、组织部、县总工会抽调人员在县糖酒厂开展企业改革试点工作。

9月7日22时—8日凌晨2时　全县遭受暴雨袭击，山洪暴发，水淹民房273栋，倒塌21栋，冲毁稻田73公顷，水利设施被毁严重。造成2人死亡，1人下落不明，3人重伤，直接经济损失3718万元。

11月3日　县人民政府与省水电厅签订《农村电气化达标承包合同书》。

1989年

1月23日　县人民政府召开全县“见义勇为与犯罪分子作斗争”表彰会，表彰滕久春等14名敢于伸张正气、见义勇为与犯罪分子作斗争的基层党支部书记和村干部。

2月26日　撤销县劳动人事局，设立县人事局和县劳动局。

2月28日　省直机关扶贫工作队共38人分九个组分别到花垣县排碧、排料、董马库、雅西、补抽、民乐6个乡镇和县铁合金总厂、电石厂、电解锰厂驻点扶贫。

3月31日　湘川黔边区4地州17县（市）社会治安综合治理联席会议在花垣县城召开。

4月19日　省委副书记、省人大常委会主任刘夫生到花垣办扶贫联系点。

4月20—24日　联合国粮食计划署项目评估团和国内专家组到花垣，对《花垣县农业综合开发模拟实验实施方案》进行考察、论证后认可。

4月24日　湘川黔三省边区民族教育研究会第三届年会在花垣县城召开。

6月12日　经省民政厅批准，三角岩乡并入花垣镇。

6月18日　县委、县人民政府决定，将县人民体育广场迁往花垣镇麻场村新体育广场，原体育广场改建为县城农贸市场。

11月22日　县人民政府行文，将县对外经济办公室更名为花垣县对外经济贸易委员会。

1990年

1月9日　县人民政府确定雅西乡黄瓜寨等44个文物点为县级文物保护单位。

1月15日　县委组建社教工作团，分赴全县20个乡镇开展社会主义思想教育工作。

2月4日　吉首军分区、花垣县武装部和县人民政府共同划定军事设防地域。

2月14—21日　政协花垣县第三届委员会第一次会议在县城举行，会议选举产生政协花垣县第三届委员会主席、副主席和常务委员。向明喜当选县政协主席。

2月16—21日　花垣县第十一届人民代表大会第一次会议在县城举行，会议选举产生花垣县第十一届人大常委会主任、副主任和常务委员，县人民政府县长、副县长以及县人民法院院长、县人民检察院检察长。石昌凡当选县人大常委会主任，龙友芳当选县人民政府县长。

4月25日　县人民政府发出公告，县城规划控制区为：东至望城洞溪坪；南至塔里、佳民、马其洛；西至凉水井、大云盘、烽火屯；北至坝塘、麻场。以行政村界为准，在控制区内进行新建和改建住宅者，必须报经县城市规划管理部门审查批准。

6月6—10日　中共湖南省委副书记、省人大常委会主任刘夫生一行到花垣县深入15个乡镇、厂矿企业进行调查研究并撰写了《贫困地区要着力解决主要矛盾》的调查报告。

7月6日　县委、县政府下发《关于开展学习雅桥精神大搞农田水利建设的决定》，号召全县学习雅桥“自力更生，艰苦奋斗，团结协作，无私奉献”的精神，大搞农田水利基本建设。

7月22日　麻栗场镇沙坪村手扶拖拉机手龙某某行车违规带人于广车水库上坡处翻车掉入12.6米高的坎下水库中，造成3人死亡、2人重伤、3人轻伤的重大交通事故。

12月16—17日　县委六届六次全会在县城举行，讨论通过关于“抓水脱贫、抓电起步、抓矿振兴、抓山致富”经济发展思路的决议。

1991年

1月10日　花垣县获国务院授予1990年度“全国粮食生产先进单位”荣誉称号。

2月1日　县委常委扩大会议讨论通过全县国民经济及社会发展十年规划和“八五”计划。

3月16日　县委行文设立县国防教育委员会，与县人民武装委员会合署办公，县委副书记龙友芳任主任。

3月25日　县委、县人民政府作出《关于加速“八五”期间山地综合开发的决定》。

5月29日　县委行文，将县铅锌矿定为正科级全民所有制企业，归口县经委管理。

是月　民乐中心完小组织400多名学生坐船春游清水江，因船上蓬架倒塌，造成40多名学生落水，2人死亡。

6月　湖南省人民政府批准花垣县为农村电气化县。

7月1日　县委召开建党70周年庆祝大会，为石永规等104名连续15年担任村党支部书记的基层老干部颁发荣誉证书。

7月1—16日　全县连降大雨，总降水量达337毫米，冲垮水利设施811处，吉卫镇杉木冲水库50多万立方米蓄水因水库潜力井底被击穿而全部漏光，下游村民紧急撤离。

7月2日　县糖酒厂并入吉首湘泉酒总厂，改名为湘泉酒总厂花垣分厂，属湘西自治州管局级单位。

7月18日　双龙潭大桥开工建设，桥长126米、宽20米、高18米，总造价210万元，1993年7月竣工。

是月　在全国少数民族传统体育运动会上，花垣县被国家民委、国家体委授予“全国民族体育先进县”称号。

8月28日　涟源钢铁厂捐赠48万元扶持吉卫镇螺丝懂村，解决修街道、农贸市场和通水、通电问题。

9月4—5日　省委书记熊清泉深入茶洞镇、花垣镇、麻栗场镇、兄弟河大坝调研，与基层干部和群众座谈，并在麻栗场镇老寨村视察时亲笔题词："打起苗鼓唱新歌，老寨盛开文明花。"

9月7日　县人民政府行文，实施世界银行贷款结核病控制项目，并制定《1990—2000年结核病防治规划工作目标》。

10月12日　在全县推行乡镇农民农业技术人员由县农业部门统一评定技术职称。

11月　县女子龙舟队代表湖南省参加全国第四届少数民族传统体育运动会，获全国女子龙舟赛冠军。花垣县被国家体委、国家民委授予"全国民族体育先进集体"荣誉称号。

11月19日　粮援项目"3779"工程在雅桥乡大坳工地现场举行开工典礼，农业部副部长陈耀邦到会讲话，并题词："搞好农田基本建设，造福子孙万代。"

12月10日　经省民政厅批准，将补抽乡划分为补抽乡和大龙洞乡。从补抽乡划出大龙洞、高岩、桃子、牛角、兴中五个行政村新设大龙洞乡，乡人民政府设在兴中村的粮仓自然寨。其余各村行政区划不变。

12月20日　县委、县政府行文，对毛振凡等4名专业技术干部颁发有突出贡献专业技术人员证书，按月发给津贴费、书报费和图书资料费。

12月　县委对行政性公司、企业性事业单位逐步进行转体，有计划有步骤地与财政脱钩。

1992年

1月中旬　日本国农林水产省和日本国际协力事业团到花垣考察，认定长乐乡为日本国农牧畜综合发展技术援助"湘西南支山脉农牧畜综合开发典型示范区"。

5月　湘、川、黔三省边区联防协调工作会议在花垣茶洞镇举行，研究联防及有关依法调解边界纠纷问题。

7月20—8月13日　全县持续24天高温酷热天气，最高气温达摄氏40℃，滴雨未下，9333公顷农作物受旱，局部无收。

8月15日　花垣镇遭龙卷风袭击、袭面22平方千米，风力12级，风速32米/秒，持续13分钟，同时下冰雹大雨，冰雹直径2.2厘米，倒塌房屋5栋，压死1人，伤3人，667公顷农作物受灾，供电中断。

9月7日　县公安局刑侦股受命出警，行车至钟佛山脚下桥头发生车祸，田宗云、姚建平、龙志凡、李祥安4名干警不幸因公殉职。

10月20—23日　中共花垣县第七次代表大会在县城召开，会议选举产生中共花垣县第七届委员会委员和纪律检查委员会，七届一次全会选举产生县委常委、副书记、书记，选举产生县纪律检查委员会常委、副书记、书记。龙爱东当选县委书记。

11月24—29日　县政协第四届委员会第一次会议在县城召开。会议选举产生政协花垣县第四届委员会主席、副主席及其常委。向明喜当选县政协主席。

11月26—30日　花垣县第十二届人民代表大会第一次会议在县城召开，会议选举产生县第十二届人大常委会主任、副主任、常务委员；县人民政府县长、副县长；县人民法院院长，县人民检察院检察长。石昌凡当选县人大常委会主任，石邦庭当选县人民政府县长。

1993 年

2月　中华人民共和国成立以来首部《花垣县志》公开出版发行。

3月初　省委副书记孙文盛到花垣县排料乡视察药材基地，并为基地题词："造好管好上规模，育林护林争效益。"

3月13日下午3时　麻栗场、雅桥、排吾、吉卫四个乡镇遭受特大冰雹袭击，打坏民房3247栋、9728间，倒塌民房24栋，重伤5人，轻伤19人，打死牲畜28头、鸡鸭345羽，损坏农作物667公顷，直接经济损失150万元。

5月5日　县人民政府发放减轻农民负担卡。规定农民对卡外负担有权抵制。

5月15日　省委副书记、省人大常委会主任刘夫生到花垣县调研经济开发情况。

7月31日　全县遭受暴雨洪水袭击，冲垮房屋51栋，冲走船舶211只，死亡3人，伤108人，冲走家畜670头，6家企业被淹，15家企业被迫停产。

8月6—8日　"93中国湖南花垣苗族赶秋节暨经贸洽谈会"在县城举行。中央、省、州有关领导及毗邻的贵州、湖北、重庆等省市贵宾、客商及各族群众共2万余人参加盛会。

8月7日　中共中央候补委员、国家民委主任赵延年到花垣考察。指出：在新形势下，结合县里实际贯彻落实《中华人民共和国民族区域自治法》，自觉把民族工作渗透到各项工作中，民委部门要为民族经济的发展作出贡献。

9月18日　钟佛山大桥工程举行奠基仪式，设计桥长214米、宽13米、高29米，投资556万元，1995年8月竣工。

9月18—20日　湖南省地矿局在花垣县召开李梅铅锌矿勘探验收现场会。

11月16日　湖南省副省长周伯华带领省政府办公厅、省经委、省财政厅、省工商银行等省直单位负责人在湘西州人民政府州长向世林陪同下，到花垣视察铁合金总厂和化工厂。

11月22日　中央候补委员、省政协副主席、省委统战部部长石玉珍到花垣走访几家县属工业，指出要争取资金，加快工业发展。

12月　县委、县政府行文，设立县政府接待处；县矿管办升格为矿管局，由股级升为科级。

1994 年

2月22—28日　法国巴黎博物馆馆长郭安和巴黎东方语言学院教授、世界著名学者班巴诺先生在文化部、中央电视台、香港《国际贸易导报》专家陪同下，专程到花垣进行为期6天的苗族民间文化艺术考察。

4月15日　花垣县雅桥乡籍军旅书画家吴瑞珍用楷、草、隶、篆四种字体书写1000余个小寿字，组成长、宽各两米的大寿字，作为中国礼品献给朝鲜人民共和国主席金日成82岁寿礼，受到金日成高度评价与赞赏。礼品被珍藏于妙香山友谊馆。

6月26日　花垣县5000门程控电话建成开通。

8月9—10日　中共湖南省委书记王茂林到花垣县考察经济工作。要求县化工总厂尽快论证项目资金上报省扶贫办等部门，同时明确指示省直有关部门要大力支持。

9月14日　花垣县麻栗场镇麻栗场村子化寨发现2号病患者18例，死亡1例。县委、县政府主要领导连夜赶到现场，公安部门抽调20人把守入口要道，控制人员进出，医疗部门抽派医务人员对病患者实行封闭式治疗，经过半个月努力，成功控制疫情蔓延。

9月16日　花垣县长乐乡打罗坪村因水井污染造成4个村民小组54户、132人感染伤寒病，其中62人重伤寒。县委、县政府主管领导带7名医务人员驻村治疗。为根除伤寒病源，由县财政拨款1万元用于防治工作，5万元修建水井，改善饮水条件。

10月8日　上海贝尔公司无偿援助40万元，扶持龙潭中心小学新建贝尔育才楼。

10月23日　中共湖南省委副书记、省长陈邦柱与副省长郑培民带领省直有关部门负责人到花垣视察工作，指出：当前花垣要抓好能源开发、资源开发和班子建设三个方面工作。

11月17日　全国政协副主席杨汝岱在省政协副主席、省委统战部长石玉珍，州委书记石昌禄的陪同下到花垣视察茶洞边城，并作出三条指示：切实抓好党建工作；着力抓好扶贫攻坚；加强民族团结。

11月28日　衡阳市委、市政府扶持花垣县修建佳民至望城环城路破土动工，该路设计长5.2千米、宽30米，造价1965万元，并命名为“衡阳路”。

1995年

2月　湘、黔、川三省边区花垣、松桃和秀山三县按照治安联防共管的协议，联手开展边区严打，打击各类犯罪活动。

4月13—15日　全县连续遭受三次暴雨和冰雹袭击。冰雹最大直径2.8厘米，雅桥、猫儿、龙潭、民乐、排吾、麻栗场、排碧、董马库、茶洞等9个乡镇受灾。

4月15日　中共湖南省委常委、省委秘书长胡彪和省农村部、以工代赈办负责人到花垣县雅桥、龙潭、大河坪、茶洞等乡镇了解灾情，慰问灾民。

5月31日　全县普降暴雨，平均降雨量168毫米，山洪暴发，河水陡涨，大面积受灾。

8月7—8日　湖南省民族地区扶贫开发经济研讨会在花垣县城举行。省人大常委会委员、副秘书长傅学俭主持研讨会，会上收到研讨文章42篇，会后编印《扶贫、治贫、脱贫·扶贫攻坚论文集》一书。

8月中旬　县委、县政府在县城举行中国抗日战争暨世界反法西斯战争胜利50周年纪念活动报告会。

8月27日下午9时　县境内腊尔铺至长乐距209国道2.5千米处，发生一起重大交通事故，4人死亡，2人重伤，1人轻伤。肇事司机被判处有期徒刑3年。

9月12日晚　排碧乡发生一起重大凶杀案。排碧村6组4个村民被杀害，至2000年底尚未破案。

9月18—19日　中共衡阳市委书记颜永盛和副市长陈新文及市委办、市政府办等有关部门负责人共15人到花垣了解对口扶贫情况。

9月22日　湖南省人大常委会、湖南医科大学等单位共15人到花垣驻乡镇、学校、医院开展对口扶贫工作。

10月22日　湖南省人民政府省长杨正午、副省长周伯华带领省直有关部门负责人到花垣现场办公。

11月22日　湖南省军区司令员庞学强到花垣县视察人民武装工作。

12月　县卫生局退休干部田兴秀编著的《苗族医学》由云南民族出版社出版，全书共30万字。

12月25日　香港苗圃行动资助委员会基础教育考察团到县考察农村基础教育情况，捐资164万元，新建10所希望小学，资助1000名失学儿童重返校园。

1996年

1月30日　花垣县被列入湖南省工商银行信贷资产良性循环试点县。

3月6日　中共湖南省委书记王茂林到花垣县进行“百乡千村万户”农村大调查。指出：扶贫工作要处理好富县与富民的关系，把工作重点放在特贫村，放在千家万户的脱贫上。

4月12日　湖南省政协副主席、省委统战部部长石玉珍，湖南省民委主任石昌禄和勤隆湖南房地产开发公司董事长杨源、前进集团公司总经理邱影新到花垣考察扶贫项目实施情况，了解道二乡勤隆光彩学校教学楼建设情况。杨源董事长当场表态再捐30万元，解决师生宿舍楼。同时为龙潭镇龙门村捐款15万元兴建勤隆光彩培训中心。

4月20日凌晨2时　县公安局破获一起跨省吸毒、贩毒团伙。抓获毒贩4人。

4月25日　中共衡阳市委发出《关于支持花垣实施“八七”扶贫攻坚计划的通知》，表明支持花垣通电、通水、通路、通视、通播工程建设。

5月7日　县蔬菜生产办公室更名为县蔬菜局，为正科级事业单位，归口县财办管理；县矿产资源管理局更名为县地质矿产资源管理局。

6月17日　中共湖南省委副书记储波到花垣县视察锰一厂、化工厂、振兴化工厂、铁合金总厂和团结镇。

7月8日上午　吉首市万溶江乡司机田某某驾驶一辆双排座农用运输车载客27人，从吉首开往吉卫赶场，途经大龙洞乡大龙坡夯麻急弯时翻下54.5米深谷的牛角河内，造成4人死亡，2人重伤，16人轻伤的重大交通事故。肇事司机被判处有期徒刑3年，缓刑4年。

7月1—3日和13—14日　境内两次普降暴雨，平均降雨量160毫米，最高降雨量187.7毫米。县境内山洪暴发，河水猛涨，16个乡镇受灾。洪水淹死2人，损坏房屋1200栋，3700间，倒塌90栋，造成直接经济损失1200万元。15日，省委书记王茂林、省长杨正午代表省委、省政府向花垣县委、县政府发来抗洪救灾慰问电。19日，省委副书记胡彪，省政协副主席、省委统战部长石玉珍带领省直有关单位负责人前来花垣察看灾情，慰问灾民。

7月21日　县人民政府集中农业技术人员在道二、龙潭对水稻细菌性褐条病进行会诊，发现病蔸率90%以上，病株率100%。随后对当时发病的667公顷稻田及时采取措施，控制蔓延。

7月22日　全县发现1000公顷油茶林遭到油茶毒蛾危害，其中麻栗场、排碧、董马库、长乐、窝勺5个乡镇13个村200公顷油茶叶片被吃光。

7月27日　茶洞镇南太村民张鹏夫妇捐资10万元，修建南太至长老坟公路3.5千米。

7月28日上午9时　长乐乡桃花村4组村民吴某某违章驾驶一辆无照盘式拖拉机载客7人，在一碗水路段下坡转弯处翻下50多米深沟，当场死亡3人，重伤2人，轻伤2人。

8月15日　湖南省人大常委会副主任董志文到花垣视察扶贫攻坚和抗灾自救工作。

8月24日　中共衡阳市委副书记钟名智到县检查花垣、茶洞、团结、道二、龙潭、猫儿、民乐等7个乡镇对口扶贫工作。

9月18日　四方井大桥工程动工兴建。该桥长114米，高33米，宽22.5米，造价560万元，1998年9月竣工。

10月16日　省支教工作组一行17人到花垣县茶洞、团结两镇中心完小驻校开展为期一年的支教工作。

11月18日　花垣县“长江防护林”工程经省级专家组验收合格，总面积核实率96.2％，质量合格率98.8％，人工植苗合格率95.8％，低效林改造合格率100％，幼林扶育合格率100％。共投入资金444.8万元。

11月19日　中国华录湖南东方文化投资股份有限公司无偿为花垣县20所中、小学捐赠25万元的教学音响设备和放像机、松下彩电及教学磁带。

12月18日　县委选派53名优秀青年干部到边远特贫村担任扶贫攻坚指导员。

1997年

1月6—7日　全县普降大雪，积雪近40厘米，压断大小树木3万余株，压断高压线路3千米，交通中断10余小时，直接经济损失100余万元。

4月23日　上海市工艺品进出口公司菲利普莫生斯洲集团、中国邮政电信总局为花垣捐赠希望书库13个，价值42900元。

5月7日　茶洞镇红卫电站防洪便道工程施工中发生滑坡塌方，当场压死施工人员2人，重伤1人。

6月20日　湘西自治州环保局派专家到花垣对保靖县毛沟冶炼厂因污染花垣问题进行实地检测，认定毛沟冶炼厂应赔偿下瓦水村15.5公顷烟叶被污染所造成的损失。

8月10日　湖南省长杨正午、副省长周伯华率省政府办公厅、省计委、财政厅、经贸委、扶贫办、工商行负责人到花垣县考察。

8月18日　由县锰矿、锰一厂、锰业供销有限公司、长沙市众和贸易有限公司联合组建的湖南东方锰业集团股份有限公司挂牌运作。

10月23日　县康华锰矿猫儿矿区发生一起矿井塌方事故，5人死亡，2人重伤。

10月25—29日　中共花垣县第九次代表大会在县城召开，会议选举产生中共花垣县第九届委员会和县纪律检查委员会。九届一次全会上选举产生县委书记、副书记、常委和中共花垣县纪律检查委员会书记、副书记及其常委。刘路平当选为县委书记。

11月15日　粮援项目“3779”工程经联合国粮食计划署和农业部技术专家组到县实地检查验收花垣实施“3779”工程情况，经检查，达标合格通过。

12月7—10日　县政协第五届委员会第一次会议在县城召开，选举产生政协花垣县第五届委员会主席、副主席及其常委。向明喜当选为县政协主席。

12月8—12日　县第十三届人民代表大会第一次会议在县城召开，会议选举产生县人大常委会主任、副主任，常委委员；县人民政府县长、副县长；县人民法院院长、县人民检察院检察长。石英伯当选为县人大常委会主任，刘昌刚当选为县人民政府县长。

12月20日　县人民政府颁发《花垣县矿产资源开发管理暂行规定》，对矿产资源开发作出16条具体规定。

是月　设立县招商局、县外资外援办；县劳动服务公司更名为县就业管理服务局；县建筑设计室更名为县建筑设计院；县检察院设立渎职犯罪侦查局；县农村合作经济管理科更名为县农村合作经济管理局；设立县“110”报警台。

1998年

2月5日　县境麻栗场、排碧、大龙洞、团结、龙潭5个乡镇生猪耕牛发生5号病(即口蹄疫)。县政府立即成立县“五号病”防治指挥部,发布《封锁令》,在边境交通要道设临时检疫关卡8处,关闭7个市场,8个肉食行。对疫区1499头病牛,421头病猪、100只病羊进行捕杀,实行火化处理;组织畜牧兽医人员深入疫区,对未感染牲畜实行一次性药剂注射防治,控制了疫情蔓延。同时,发动机关干部捐资80余万元帮助疫区受灾户购买耕牛或耕整机。

3月30日　县政府决定启动城南开发区建设工程。工程占地约5平方千米,投入资金2.2亿元。

4月18—19日　中共湖南省委书记王茂林到花垣县视察工作,并深入乡、镇、村、组、户和厂矿企业了解对口扶贫和企业发展情况。

4月20日　“3779”粮援工程后续管理工作由县粮援办分别移交给县农业、林业、水利、交通等业务部门和项目区内所涉乡镇管理。

6月15日　花垣镇获湖南省人民政府授予全省“百强镇”称号。

6月29日　设立县委督查室、县政府督查室,履行县委、县政府决策督查、督办职能。

10月15日　全县启动全国第二轮延长土地承包期工作。该轮承包按照原有权属直接顺延承包期一定30年不变。增人不增地,减人不减地,凡转蓝印居民户口者的土地仍由原承包户延包。

10月31日　衡阳市政协、市卫生局组织医学专家教授到花垣实行对口扶贫。开展义诊手术示范和疑难病会诊工作,举办医学专题讲座,捐赠医疗设备等扶贫活动。

12月11日　湖南省人大常委会副主任、衡阳市委书记颜永盛一行到花垣考察工作,深入到长乐乡卧岔那扶贫联系村、湖南三立集团、牛牛保健品公司、湖南东方锰业集团及茶洞、团结、龙潭、道二等乡镇调查研究,了解农村教育情况,并为花垣教育事业捐赠100万元。

12月29日　县工商局与邵东开发商签约共同投资300万元改造城关农贸市场;县民贸二局与怀化开发商签约共同投资2000万元新建花垣边贸市场。

12月　县设立人民政府办公室驻长沙办事处、县公安局侦察大队、县房地产管理局、县宗教事务局、城南建设发展总公司。

1999年

6月1日　湖南省政协常委、省基督教三自爱国会常务副主席赵元灏牧师到花垣与县政府协商原天主教遗留房地产有关事宜。

6月5日　民兵工作调整改革在城乡进行。在乡镇和县直企事业单位设立人民武装部,配备武装专干抓民兵工作。

6月22—29日　全县连降大暴雨,累计降雨188.8毫米,洪水淹没房屋3500余栋,倒塌房屋103栋,压死3人。

6月30日　县政府在一号会议室首次对花垣县国有土地使用权进行公开拍卖出让。

10月10日　16户国有企业改革工作结束,其中4户实行股份制,1户实行租赁制,5户进行拍卖,4户推行两个买断,2户破产处理。

10月15—18日　全县首届农民运动会在县城举行。男、女各21个队、924人参加比赛。

是月　湘、渝、鄂、黔四省(市)边区第三十三届工商行政管理协作会议在花垣县城召开。

11月5日　中共湖南省委书记杨正午率省委办公厅、省计委、省交通厅、省扶贫办、省以工代赈办负责人到花垣实地考察三立集团、边贸市场、城南异地脱贫试验区和尖岩、金新片口粮田建设基地。

11月15日上午7时　花垣镇政府综合楼施工工地旁发生一起倒墙事故。花小学生李某、李某某、邱某3人在施工防护墙外个体饮食店小吃时,施工升降机绊倒防护墙,李某当场被压死,其余2人受重伤。事发后,县政府、建委、教委、花小等单位负责人赶到现场,抢救伤员,慰问死者家属,安排处理后事,责成施工队一次性补偿8万元,保险公司及时兑现人寿保险费。

12月4—31日　政协花垣县委员会组织县直13个参与单位,抽调27名干部配合全州开展百村扶贫大调查,深入11个乡镇、13个行政村进行调研,写出调查报告14篇共5万余字,为州、县领导科学决策扶贫工作提供依据。

12月下旬　县委党史办编写的《中共花垣党史大事记》出版发行。

2000年

1月18日　全州最大民营股份制企业——湖南振兴化工股份有限责任公司挂牌成立。

2月17日　县委、县政府授予石宝珍等10名国家公务员为全县“十佳公仆”,授予周纯江等10名厂长经理为全县“十佳企业家”;授予毛振凡等10名科技干部为全县“十佳科技工作者”;授予石长生等10名农民为全县“十佳专业大户”。

2月　湘西自治州、花垣县文物专家联合考查组在茶洞发现清代、明代、两晋、汉代新石器以及万年前地层近千件斧、罐、骨针、网坠打制石器,填补了清水江流域旧石器时代考古学的空白,对研究苗族史有一定考证价值。

4月26日　花垣县志续修编纂委员会成立,全县第二轮续志工作启动。

5月初　全县20个居民委员会经过省、州检查验收组按省定级标准进行检查验收,确定一级居委会2个,二级居委会4个,三级居委会7个,未达标的居委会7个。

6月15日　长乐至花垣载客中巴车在长乐知青场路段坠下垂直高度3.8米深坎燃烧爆炸,造成7人死亡,35人烧伤,其中重度烧伤11人。事发后,县委、县政府成立“6·15”事故救治领导小组和义务献血委员会,县直1100多名干部职工投入义务献血和捐款救治活动。

11月8日　经湖南省民政厅批准,撤销雅西乡,设立雅酉镇。

是日　湖南金垣电力集团股份有限责任公司挂牌成立。

12月　设立花垣县食品监督管理局。

是月　县卫生局退休干部田兴秀编著的“苗族医药篇”被收录于《中国少数民族医药大全》,由内蒙古科技出版社出版,全书15万字。

第一篇　建置　地理

第一章　区域　建置

第一节　地理位置

花垣位于北纬28°10′－28°38′，东经109°15′－109°38′的地理坐标上，地处云贵高原东部边缘，在湖南西部，湘西土家族苗族自治州西北角。南北长49.5千米，东西宽38.5千米，全县总面积1108.69平方千米。东与保靖县夯沙乡为界，东南与吉首市阳孟村、德夯村毗邻，南与凤凰县两林乡相连，西南与贵州省松桃县芭茅乡接壤，西与贵州省松桃县木树乡隔河相望，西北与重庆市秀山县洪安镇、峨溶乡一衣带水，北与保靖县毛沟镇、清水乡一水之隔，东北与保靖县复兴镇、水田镇相接。

第二节　建置沿革

花垣地域，秦属黔中郡。西汉时划黔中郡部分地区置武陵郡，花垣北半部属迁陵县，南半部属辰阳县，两县同属武陵郡。东汉时，属五溪地。三国时期，先为蜀国所有，后为吴国所属，均属辰阳县。晋时属舞阳迁陵地，宋齐时属郢州辰阳地，梁时属卢州地，陈为沅陵郡。隋朝，北半部属大乡县，南半部属沅陵县，均属沅陵郡。唐属溪州地。五代十国后晋天福五年（940）属辰州地。宋熙宁年间（1068—1077）属辰州泸溪郡。元朝二十年（1283）后，南半部属辰州泸溪县，北半部属永保土司。明洪武元年（1368）设崇山卫，后改为崇山千户所。30年后，革崇山千户所，置镇溪军民千户所，分镇溪崇山124寨为十里，自高岩河分界，下四里为今吉首地，上六里为今花垣县域，旧称“六里苗地”。清雍正八年（1730），设六里同知，管理全境行政事务，隶属辰州府。清雍正十年（1732）改六里为永绥厅，治所设在今吉卫吉多坪。清嘉庆二年（1797）升永绥厅为永绥直隶厅。清嘉庆七年（1802）厅治迁花垣（今县城）。

民国元年（1912），改永绥直隶厅为永绥行政厅。次年，改为永绥县。属辰沅道所辖。民国11年(1922)，湖南道制撤销，县直属于省。民国24年(1935)，设湘西绥靖处，永绥属之。民国25年(1936)，湖南省划为4个行政督察区，永绥属第三区。民国26年，全省又划为9个行政督察区，永绥属第四区。民国29年(1940)，全省划为10个行政督察区，永绥属第九区。

1949年10月，中华人民共和国成立，同年11月永绥和平解放，属沅陵专区。1952年成立湘西苗族自治区，永绥隶属之。1953年9月，永绥县改为花垣县。1955年，湘西苗族自治区改为苗族自治州，1957年，成立湘西土家族苗族自治州，花垣仍为所辖。

第三节　行政区划

1986年后，花垣县逐年对部分区域进行调整，变更情况如下：1987年，全县292个村调整为293个，19个居委会调整为18个，84个居民小组调整为80个。1988年，行政村调整为295个，居民小组调整为82个。1989年6月撤销三角岩乡，将其行政区域(25个村，134个村民小组)并入花垣镇，全县14个乡调整为13个。1990年，行政村调整为298个，2066个村民小组调整为2051个，居民小组调整为84个。1991年1月设置大龙洞乡，全县将13个乡调整为14个乡，17个居委会。1994年，全县298个村调整为299个，村民小组调整为2048个。1996年，居委会调整为20个，居民小组调整为75个。1999年，行政村调整为300个。2000年11月，雅酉乡撤乡设镇，全县7个镇调整为8个镇。至2000年，全县共辖8个镇、13个乡、300个村、20个居委会。镇、乡分别为花垣镇、团结镇、茶洞镇、龙潭镇、民乐镇、麻栗场镇、吉卫镇、雅酉镇、长乐乡、大河坪乡、道二乡、猫儿乡、两河乡、雅桥乡、排吾乡、补抽乡、窝勺乡、排碧乡、排料乡、大龙洞乡、董马库乡。

花垣县1987—2000年新建制乡镇村一览表

表1-1-1

时　间	乡　镇	原　乡	原　村	新分村	合并乡镇	撤乡设镇	新分乡镇
1987.2	排碧乡		马安村	飞虫村			
1988.5	两河乡		两河村	石华村			
	茶洞镇		长老坟村	茶园坪村			
1989.6	三角岩乡	三角岩乡			花垣镇		
1990.9	麻栗场镇		沙坪村	沿坝村			
	排料乡		桃花村	让烈村			
	长乐乡		桃花村	雀儿庄村			
1991	补抽乡						大龙洞乡
1994	团结镇		长兴村	老王寨村			
1999	团结镇		中寨村	桐木村			
2000.6	雅酉乡					雅酉镇	

第二章 自然环境

第一节 地质 地貌

一、地 质

（一）地层

县境露出的地层有元古界板溪群，下古生界震旦系、寒武系、奥陶系和新生界第四系。以寒武系和第四系露出最广，板溪群分布最少。境内地层总厚度5765.75米。

板溪群 板溪群为县境出露最老的地层，分布于西南部的猫儿唐家湾和民乐水田及两河石花、盐井一带，总厚度730～920米。按岩性特征，自上而下分为马底驿组和五强溪组。马底驿组出露厚度大于700米，五强溪组厚度30～220米。

震旦系 分布于猫儿唐家湾和两河牛星一带，呈北东南西条带状分布，分下、上二统。下统为南沱组，上统为陡山沱组、灯影组。南沱组厚度189～408米，陡山沱组厚度124～162米，灯影组厚度34～44米。

寒武系 寒武系分布广泛，发育齐全，厚1823～3446米，分为下统和中上统。下统厚830～1055米，分牛碲塘组、杷榔组、清虚洞组。牛蹄塘组厚279～285米，杷榔组厚160米，清虚洞组厚391～610米。上统厚993.34～1048.52米，中统厚772～959米。排碧寒武纪年代地质剖面形成于6～15亿年地质时期，属中一上寒武地质层剖面，是解决全球寒武系分统建阶的理想地区之一。

奥陶系 奥陶系厚417～718米，分下、中、上三统。下统厚34～622米，中统厚63～121米，上统厚8～36米。

第四系 第四系广泛分布于各系地层之上，厚0～10米。主要岩性为残坡积层，上部为棕色黏土、砂质黏土、砂质壤土，下部为砂层、沙砾石层。

（二）构造

花垣县位于东部新华夏系构造三个一级隆起带、南西端武陵山二级隆起地带的中段，为构造中常区，以断裂构造为主，褶皱平缓。影响较大的构造运动有雪峰运动、加里东运动和燕山运动。燕山运动产生了北北东、北东向的褶皱，形成县境地质构造的基本骨架，以后的历次运动在此种基本骨架的形迹上继续发展。

褶皱 摩天岭背斜，位于水田—两河一线，北东端于火木冲附近倾没，南西端延入贵州松桃县境，走向长约16千米，轴向30～40度。雅西—补抽向斜，位于雅西—补抽一线，南西端延入凤凰县境，北东端于补抽乡米沟附近被断层切割而消失。走向17千米，轴向25度左右。麻栗场倒转背斜，位于张刀—鸡坡岭一线，南西端于排碧乡张刀附近倾没，北东端延入保靖县境，走向长约20千米。排碧向斜，位于排碧—董马库一线。北东端延至保靖县境，南西端延至吉首市境，走向长约11千米，轴向30度左右。吉峒坪—白岩背斜、龙潭—杉木冲向斜、铅藏—丰塘背斜，位于团结、茶洞、龙潭、猫儿4乡镇邻接地带，沿走向长约6～10千米，轴向30～60度。

断层 花垣—茶洞张扭性断裂带，位于县内西北部，由西部伸入县境，作北北东向延伸，经茶洞和团结下瓦水及花垣镇入保靖；上老王寨田湾压扭逆冲断层，位于县境西北部，由西部伸入县内，经猫儿田湾三角坪至团结上老王寨作北东向延伸；上潮水两河口压扭性掩断层，位于县内西北部，由西部经上潮水杆子坪两河口伸入县境；王陆冲下洞乍张扭性断层，由西部经下洞乍鱼塘王陆冲伸入县境；两河—长乐压扭性断裂带，由南西伸入县内，作北东至北北东延伸，经两河果尔溜潮窝坝长乐米迫至保靖；盐井子腊压扭性逆冲断层，位于县内西部，由南西伸入县内，经盐井磨子子腊，作北北东向延伸；雅西麻栗场压扭性断裂，县内长约44千米，走向30度左右，倾向南东120～130度，倾角34～60度，挤压破碎强烈，断层角砾岩发育，破碎带宽20～50米，水平断距和垂直断距约1000余米。

二、地 貌

（一）地貌形成

县境各种地貌通过内外地质营力相互作用，彼此消长，长期演化而成。震旦纪时（距今5.7～7.5亿年）因雪峰运动使两河水田一带的板溪群地层抬出水面。早震旦纪时，县境大部分淹伏于海水之下。下古生代加里东期时（距今4.05亿～5.7亿年），地壳相对稳定，堆积了一套属寒武系—奥陶系的浅海相碳酸盐岩及泥质页岩。由于加里东运动使全县奥陶系以上的志留系至第三系地壳缺夹，基本结束了海洋环境，上升为陆地。中生化燕山期时（距今约0.67亿—1.37亿年），地壳运动席卷全县，使地层受北西和南东向的侧压及南北向的扭力作用，形成了北北东—北东—北东东向弧形构造的基本骨架。新生代喜马拉雅山期时（距今0.15亿～0.6亿年），县境地壳呈长期缓慢间歇性不等量上升。现代地貌的基本形态，由内外地壳营力塑造而成。

（二）地貌特征

花垣县地势由东南向西北倾斜，东、南、西部高，中部较缓，北部敞开，近似一围椅形。大致在海拔400米和700米两条等高线将县境分为三级台阶，呈阶梯状过渡。境内有海拔1000米以上的山峰141座，其中135座分布于南部和东部，6座分布于西部。西南边境的莲花山峰顶海拔1197米，为全县最高点，东北狮子桥花垣河边海拔212米，为最低点。最大相对高差985米，地势比降平均为24％。因地质构造及岩性的影响，形成复杂的地形，整个地势由南西至北东按中山原（中山）、中低山原（中低山）、低山及丘岗平原递降。境内地貌类型多样，有山原、山地、丘陵、岗地、平原等，以山原为主，占全县总面积的60.63％；山地占21.92％，丘陵占2.05％，岗地占2.92％，平原占11.3％，水面占1.17％。各类地貌的组合状况，南部属中山原区，中部属中低山原区，西部属岗平区。境域岩溶十分发育，由于碳酸盐分布广泛，全县形成各种溶蚀谷地、溶蚀洼地、漏斗、溶洞、石笋、溶沟、地下暗河等岩溶地貌。

（三）地貌类型

平原 平原分为堆积平原与岩溶平原。堆积平原分布于花垣河、兄弟河、牛角河沿岸，面积为18.59平方千米，占全县总面积的1.68％，海拔高度300～700米，相对高度小于10米，地面坡度小于5度，土层厚1～5米。岩溶平原多分布于河流或峰林之间，面积106.46平方千米，占全县总面积9.62％。

岗地 主要分布于西北部，面积32.58平方千米，占全县总面积的2.93％，海拔高度不等，相对高度10～60米，坡度5～15度，地形高低起伏不大，均割微弱。按相对高度、坡度和生产利用条件，可分为低岗地与高岗地。低岗地分布于花垣镇、团结、茶洞、大河坪、道二等乡镇，面积13.14平方千米，占岗地总面积的40.3％，相对高度10～30米，坡度5～10度，土层约0.5～3米；高岗地分布于长乐、花垣镇、团结、大河坪、茶洞、道二等乡镇，面积19.44平方千米，占岗地总面积的59.7％，相对高度30～60米，坡度10～15度，土层约0.4～1米。

丘陵 主要分布于花垣河南岸的花垣镇、团结、茶洞等乡镇，中部的道二、长乐乡有小面积分布，面积22.78平方千米，占全县总面积的2.05％，海拔高度不均，相对高度60～200米，坡度15～25度。地势呈丘状起伏，由单一的白云岩组成，按相对高度和坡度分为低、高丘陵两个亚类。白云岩低丘陵，面积14.65平方千米，占丘陵总面积的

64.5%，相对高度60～150米，坡度15～20度，土壤多为红色石灰土，土层约40～80厘米；白云岩高丘陵，面积8.08平方千米，相对高度150～200米，坡度20～25度，丘体脉络较白云岩低丘陵明显，丘顶圆浑，多呈包子状，土层约30～60厘米。

山原　分布在海拔400米以上台面的大部分地区，面积672.17平方千米，占全县总面积的60.63%。因海拔高度不同，分为中低山原和中山原两类。中低山原分布于中部及西部，海拔400～700米，相对高度60米，坡度15度，面积230.06平方千米，占山原总面积的34.23%；中山原分布于东部、南部及西部的太阳山区，东部及南部在一个台面上，西部的太阳山中山原为中部低山原与西北部岗平区所包抄，面积442.11平方千米，占山原总面积的65.77%，原面呈丘岗状起伏，切割较浅，海拔高度大于700米，相对高度60米，坡度15度。

山地　主要分布于摩天岭、莲台山、长潭山、阎王坡、豆腐坡、岩板坪将军山、紫云山等地区，面积243.03平方千米，占全县总面积的21.92%。山地的切割密度不同，生态条件呈垂直性差异。按形态特征分为低山、中低山、中山。低山分布于西北的茶洞、大河坪、团结镇的岩板坪将军山、紫云山一带，中低山分布于长潭山、阎王坡、豆腐坡一带，中山分布于西南部摩天岭和中部莲台山两个地区。

(四)地貌分区

西北岗平区　本区位于县境西北部，呈西东向带状分布，包括花垣镇与大河坪乡的全部及团结、茶洞两镇的大部分区域，面积108.14平方千米，占全县总面积的9.75%。其地貌类型组合为：溪谷平原占全区6.09%；侵蚀溶蚀平原占17.45%；溶蚀平原占14.19%；溶蚀洼地占0.32%；低岗地占8.22%；高岗地占11.98%；低丘陵占12.51%；高丘陵占6.89%；低山占19.28%；水面占3.07%。地势较平坦开阔，光、热、水、土条件较好，气候温和。

中部中低山原区　位于县域中部及西南一角，包括道二、龙潭全部和雅桥、长乐、窝勺、麻栗场、猫儿、民乐的大部分及花垣镇、团结、茶洞、两河等乡镇的少部分区域，面积473.4平方千米，占全县总面积的42.7%。其地貌类型组合为：溪谷平原占全区的1.84%；侵蚀溶蚀平原占5.4%；溶蚀平原占2.43%；溶蚀槽谷占0.34%；溶蚀洼地占0.9%；高岗地占0.13%；中低山占17.94%；岗状低山原占12.38%；丘状中低山原占36.22%；丘状中山原占18.86%；水面占1.05%。地势除向西南敞开一喇叭口外，其余各部较高，呈丘岗起伏，中部为半封闭式盆地。海拔400～700米，光、热、水、土条件较好，田土集中连片，矿产资源丰富。

南部中山平原　位于县区南部，包括排碧、排料、董马库、排吾、吉卫、补抽、雅酉等乡镇全部，两河乡的大部，麻栗场、民乐、猫儿、雅桥4乡镇的少部分区域，面积527.15平方千米，占全县总面积的47.55%。其地貌类型组合为：溪谷平原占0.63%；侵蚀溶蚀平原占2.5%；侵蚀平原占0.82%；溶蚀槽谷占0.48%；溶蚀洼地占1.72%；中山占26.03%；岗状中山原占20.95%；丘状中山原占63.98%；水面占0.89%。地势呈高—平—高—低状，中山与中山原呈二次反复按序排列，海拔700～1100米，岩溶发育，干旱严重，光热偏低，土壤自然肥力较高。

第二节　气　候

全县属亚热带季风性气候。冬少严寒、夏少酷暑，四季分明。温光偏少，热量不足；降水充沛，分布不均；垂直差异大，小气候明显。

一、气候要素

日照　县境日照时数分布为：西北最多，为

1200～1400小时；中部最少，为950～990小时；东南部为1010～1060小时。日照的各月分配也不一致，夏秋季日照适中，冬春季日照偏少，100小时以上的月份，西北部在5—10月，中部在7—9月，东南部在7—10月。因各地日照时数存在差异，太阳辐射亦不同。西北部全年太阳辐射值为90.05千卡/平方厘米，中部为77.55千卡/平方厘米，东南部为80.92千卡/平方厘米。

花垣县不同地区日照时数、太阳辐射值表

表1-2-2

地点	项目＼月份	1	2	3	4	5	6	7	8	9	10	11	12	全年
县气象站海拔341米	日照时数(小时)	51	46.1	67.8	94.8	102.9	132	208	207.1	145	111.4	75.9	59	1301
	太阳总辐射值千卡/平方厘米	3.88	4.1	5.97	7.8	8.68	9.84	13.11	12.73	9.24	7.05	4.82	3.83	91.05
州旱科所海拔515米	日照时数(小时)	29.8	44.2	56.6	60.1	87.6	94.1	152.1	137.5	94.7	98.1	53.9	45.2	953.9
	太阳总辐射值千卡/平方厘米	3.19	4.09	5.54	6.35	7.97	8.25	10.77	9.83	7.33	6.66	4.11	3.46	77.55
县吉卫农场海拔830米	日照时数(小时)	58.6	42.5	60.3	76.2	76.1	87	157.9	159.6	111.7	98.9	75	56	1059.8
	太阳总辐射值千卡/平方厘米	4.07	4.09	5.68	6.99	7.43	7.9	10.95	10.68	7.92	6.66	4.72	3.83	80.92

气温　受全球气候变暖大环境影响，1980年，县境平均气温有所提高，达14℃～18℃，比1950年提高0.2℃。全县分西北部、中部、东南部3个气温区，一年中最热月为7月，最冷月为1月，2000年花垣镇极端高温达39.3℃，吉卫镇为低温区域，极端低温至-9℃，县境高低温相差48.3℃。一日最高温度出现在15～16时，最低出现在日出之前，高低之差12℃～15℃。以9—10月日差最大，中部地区达14℃。因地势、海拔不同，全境气温由西北向东南递减，分三个不同气候区。西北部气温区：海拔在400米以下，包括花垣、茶洞、团结、大河坪、长乐等5个乡镇的全部、大部或一部，年平均气温为16℃～17℃，日温差9℃。中部气温区：分布在县境海拔400～700米之间的长乐、花垣镇、团结、茶洞、窝勺、道二、龙潭、雅桥、排吾、猫儿、民乐、两河、麻栗场、吉卫13个乡镇的全部、大部或一部，年平均气温为15℃～16℃，日温差10℃。东南部的长乐、麻栗场、吉卫、雅酉、民乐等14个乡镇海拔在700米以上的中山台地，年均气温13—14.3℃，日温差7.2℃。此外，县境有两个暖中心，即两河和大河坪谷地，年平均气温17℃～17.5℃；有两个冷中心，即太阳山和吉卫一带，年平均气温13.5℃～14℃。

花垣县各地月平均气温表

表1-2-3　　单位：℃

地名	海拔高度(米)	1月	2月	3月	4月	5月	6月	7月	8月	9月	10月	11月	12月
茶　洞	300	5.2	6.5	11.3	17.0	20.7	25.9	29.0	28.3	23.3	17.7	12.6	7.3

续表

地名	海拔高度（米）	1月	2月	3月	4月	5月	6月	7月	8月	9月	10月	11月	12月
县气象站	341	4.5	5.8	10.6	16.2	20.2	25.0	28.0	27.4	22.3	16.8	11.4	6.8
两　河	350	4.4	6.0	11.2	16.8	20.8	25.5	28.6	28.3	23.1	17.5	11.8	7.1
龙　潭	501	3.7	5.0	9.7	15.5	19.6	24.4	27.7	27.0	21.8	16.4	10.8	6.2
州旱科所	515	3.1	4.5	9.4	15.0	19.1	24.0	27.2	26.3	21.1	15.9	10.2	5.2
排　料	685	2.0	3.2	8.0	13.7	17.8	23.2	25.1	25.5	20.2	14.8	9.3	4.6
麻栗场	710	2.9	4.2	8.6	14.5	18.4	23.5	26.5	26.1	21.1	15.8	10.2	5.1
董马库	750	1.8	2.8	8.1	14.2	18.5	23.8	26.9	26.1	20.8	15.4	9.7	4.5
县吉卫农场	830	1.7	2.8	7.6	13.3	17.4	22.5	25.3	24.7	19.6	14.3	8.9	4.4

湿度　境内以山原地貌为主，山高谷深，高差悬殊，各地湿度不尽一致。年平均相对湿度为82%，高为5、6、10、11月份，为83%～84%，低为1、2、7、9、12月份，为81%，其余月份均为82%。极端最小相对湿度是6—7月份，为23%～24%，3月份为4%。其余各月在10%～19%之间。县境年平均总蒸发量为962毫米，基本与温、光同季。7—8月份蒸发量最大，在148～156毫米之间；1月份最小，为30毫米；2月份和12月份为35毫米，3月份和11月份为50毫米左右，其余月份在70～110毫米之间。全年蒸发量小于降水量的31%。冬季(12月—2月)蒸发与降水量虽然基本平衡，但蒸发量仍小于降水量。

降水　县境降水量有3个不均：地域上分布不均，全县各地年降水量在1200～1700毫米，分布规律随地势升高而降水量增多；季节上分配不均，降水量夏多冬少。4—10月均在100毫米以上，其中5—6月在200毫米以上，11—3月在100毫米以下，其中12—1月仅30毫米左右；年际分配不均，近25年中，平均年降水1420.9毫米，最多的1996年达1629.6毫米，最少的1994年仅1091.3毫米，变幅达538.3毫米。不同地区雨季时间为：西北部一般从4月17日开始到7月10日结束，持续86天，整个降水量为640.8毫米，占全年总降水量的45%。中部从4月21日开始到8月13日结束，持续116天，降水量为869毫米，占全年总降水量的57%。东南部从4月19日开始到7月16日结束，持续89天，降水量为817.6毫米，占全年降水量的51%。

风　全境多为东北风，7月份以南风居多。全年风向频率为12%，1、2、3、12月份最大，为15%～16%；6、7、8月份较小，为8%～9%。其余月份在11%～13%之间。全年风速平均为1.3米/秒，2、3、4、7月最大，为1.4米/秒。其余月份为1.0～1.2米/秒。四季均有大风出现的可能，春夏两季为多。

云　有积云、碎雨云、层积云、高层云、卷云，以高层云为常见，厚云、雨云和卷云少见。年平均总云量为8成(占视野以上整个天空80%)，其中1—6月在8成以上，7—12月在8成以下。年平均低云量为4.4成，各月在3.9～4.9成之间，春夏稍多于秋天。

雾　年平均为70天，各月均有5～7天的雾日，秋冬为6～8天，春夏为3～4天。

花垣县各地月降水量

表1-2-4　　单位:毫米

地　名	海拔高度（米）	1月	2月	3月	4月	5月	6月	7月	8月	9月	10月	11月	12月
茶　洞	300	29.0	35.9	69.4	156.2	195.2	202.3	156.8	134.6	103.2	108.7	60.5	32.6
县气象站	341	38.0	46.3	80.1	171.7	208.4	211.6	168.0	159.1	111.1	118.2	68.8	35.9
两　河	350	14.3	25.9	59.0	138.5	232.3	222.8	166.4	126.9	80.1	79.4	66.5	15.2
龙　潭	501	35.1	43.3	38.9	162.9	213.1	228.1	176.7	134.2	117.4	137.6	71.4	34.3
道　二	515	52.5	49.8	87.8	192.1	256.8	236.2	219.7	130.0	142.6	120.6	63.8	38.0
排　料	685	23.9	56.5	91.4	154.6	261.0	243.0	143.6	143.0	105.3	111.0	56.1	33.8
麻栗场	710	25.3	45.5	109.4	169.6	243.5	250.7	166.3	140.3	111.0	139.3	83.1	50.2
董马库	750	29.7	41.3	74.2	155.4	168.9	284.5	137.7	147.6	109.9	113.0	62.4	40.6
吉　卫	830	45.5	48.41	80.7	173.0	249.1	260.8	185.9	175.9	125.4	129.7	82.5	44.3

二、气候特征

温光偏少、热量不足　年均气温比周边保靖、吉首、松桃、秀山四县市偏低0.1℃～0.4℃。350米以下的地区大于或等于0℃的积温为6050.8℃；大于或等于10℃的积温为5100.1℃，均比周边县市少。年极端最低温度为1989年1月，仅15.5℃～18.5℃。

雨量充沛、分布不均　年降水量，多年平均为1363.8毫米，除吉首市外，比周边保靖、秀山、松桃县偏多22～108毫米。最多的1996年曾达1629.6毫米，最少的1994年也有1091.3毫米。年降水量多年季节分布不均，明显体现在4—6月为550.6毫米，占年降水量的40%；7—9月为440.5毫米，占年降水的32%；其他6个月为372.7毫米，仅占年降水量的30%。

垂直差异大、小气候明显　境域三级台阶式的山原地貌，使热量和降水明显呈垂直地带分布，形成三个差异明显的气候区域。一般气温、无霜期自北向南递减，降水量则自北向南递增。海拔每升高100米，年平均气温降低0.52℃，无霜期缩短5天，年降水量增加37毫米。县域地形复杂，还形成明显的地方小气候。两河乡海拔比花垣镇高10米，年均气温反而高0.5℃，降水少200毫米。

花垣县四季起止日期表

表1-2-5

季节/日期/地区	春		夏		秋		冬	
	起止月日	历期（天）	起止月日	历期（天）	起止月日	历期（天）	起止月日	历期（天）
西北岗平区	3.16～5.26	72	5.27～9.12	109	9.13～11.19	68	11.20～3.15	116
中部中低山原区	3.26～5.26	62	5.27～8.24	90	8.25～11.1	69	11.2～3.25	144
南部中山原区	4.6～6.8	64	6.9～8.6	59	8.7～10.29	84	10.30～4.5	158

第三节　土　壤

一、成土母质

境内有白云岩(包括灰质白云岩、泥质白云岩、硅质白云岩)风化物所发育的土壤48049公顷,占土壤总面积的52.54%。在海拔高、土层厚、植被好的区域也可发育成为黄红壤、黄壤等地带性土壤,呈浅灰黄泥、浅灰泥、灰黄泥、灰泥。稻田为鸭屎泥、青泥、烂泥田。旱土为黄红土、马肝泥、灰黄土、岩壳土。

石灰岩(包括薄层灰岩、中厚层灰岩、白云质灰岩、紫红色瘤状灰岩、硅质灰岩、钙质页岩)属风化物所发育的土壤,有28394公顷,占土壤总面积的31.12%。地带性土壤白云岩风化物发育山地有黑色石灰土、红色石灰土等;旱地有岩壳土、灰扁沙土、红灰土、黄红灰土、灰黄土等;稻田有灰泥、灰黄泥和部分鸭屎泥、青泥、烂泥田等。

板页岩风化物(包括紫红色板页岩、沙质板页、砾质页岩、砂页岩、硅质页岩等风化物)所发育的土壤面积为13725公顷,占土壤总面积的15%。山地有板页岩黄红壤、板页岩黄壤;旱土有红渣子土、黄红岩渣土、黄泥土等;稻田为岩渣子田、各种扁沙泥、黄泥田等。

砂砾岩风化物所发育的土壤有711公顷,占土壤总面积的0.78%。山地为砂岩黄壤,旱土为黄沙土,稻田为黄沙泥。

河流冲积物所发育的土壤为212公顷,占土壤总面积的0.23%。土层厚度变化较大,质地近河床的沙性重,远河床的泥性重,俗称河沙泥或潮泥。

四纪红土(古河流冲积物)所发育的土壤为289公顷,占土壤总面积的0.33%,多为山地土壤和旱土。

二、土壤类别

1981年县域第二次土壤普查,境内土壤分为5个土类,13个亚类,44个土属(其中稻田23个,旱土10个,山地11个),144个土种(其中水稻74个、旱土28个、山地42个)。

(一)水稻土

全县有水稻土面积10076公顷,占土壤总面积的10.62%,可分为淹育型、潴育型、渗育型、潜育型、沼泽型、矿毒型6个亚类。

淹育型　全县有4231公顷,占水稻土面积的41.96%。可分7个土属,一般质地为黏壤,厚约10厘米左右,分布在山岗、山腰、冲垄上部的高岸田。地下水位低,水源缺乏,灌溉条件差,大部分为天水田,耕作层浅,耕作年代短,部分为新开田,熟化程度低,属低产田。

潴育型　全县有4963公顷,占水稻土面积的49.26%,水利条件好,受水作用强,心土层不易透水,有较厚的淋淀积层。主要分布在宽谷坝子、河谷盆地、丘陵、缓丘和低中山下部,水耕时间较长,熟化程度高,肥力较协调,是比较稳产高产的水稻田。

渗育型　全县有42公顷,占水稻土面积的0.41%,土壤受水的下渗漂洗作用较强,使土层中某一层或全层的铁锰和盐基物质淋失,二氧化硅析出,而发白发散,分下渗、倒渗两个土层,多分布于溪河旁和水源较好的排水田。

潜育型　全县有514公顷,占水稻土面积的5.15%,可分3个土层,土体常年受地下水影响而渍水,犁底层下湿闭不透氧,土壤处于还原状况。分布于地势低洼、沿山坡脚、冲垄地段。有机质分解慢,潜在养分高,有效养分低,养分不协调,供肥性能差,为低产的冷浸田、锈水田。

沼泽型　全县有318公顷,占水稻土面积的3.15%。长期渍水,土体全层潜育,土粒分散,烂糊,无犁底层,只有烂泥田一个土层,主要分布于地势低洼地带。

矿毒型 全县有9公顷，占水稻土面积的0.07%，分布于民乐、猫儿、龙潭、团结等乡镇矿区附近。

（二）黑色石灰土

全县有689公顷，占土壤总面积的0.72%，零星分布于石山山顶，岩壁缝隙或谷地中较低的洼地。碳酸钙淋溶微弱，土色黑暗，质地黏重，团粒或核粒状构造发育，PH达7.5以上，呈碱性反映，土层一般较薄，有机质、氮素中等，磷素较缺，钾素较丰，适宜柏木生长。

（三）红色石灰土

全县有43929公顷，占土壤总面积的46.33%，有2个土层，常见于山麓坡地或山间谷地，排水良好，碳酸钙淋溶作用明显，剖面呈石灰反映，PH6～7.5，土层较厚，质地黏重，呈棕色至黄棕色，部分地方为鲜黄或鲜红色，中性至微酸性，有机质和钾中等，磷素较缺，土壤保水、肥力强，供肥性差。

（四）红壤土

全县有5775公顷，占土壤总面积的6.09%，垂直分布于海拔300～700米之间，为古河流冲积物母质发育，脱硅富铝化作用强烈，颜色棕红，强酸性，土层深厚，耕层较浅，质地重壤。土壤肥力和作物产量均低。具体可分为红壤、黄红壤、红壤性土3个亚类。红壤亚类：全县有104公顷，占红壤土面积的1.81%，为红壤与黄壤过渡型，心土层深厚，耕层16～20厘米，质地黏重，PH5.5～6.4，有机质氮、钾含量低，磷素极缺。黄红壤亚类：全县有5436公顷，占红壤土面积的94.11%，土体多为风化岩渣碎片，土层较浅，颜色红紫及棕黄，酸性至微酸性，土壤肥力低。红壤性亚类：全县有235公顷，占红壤土面积的4.08%，分布在海拔400米以下板页岩地区，水土流失严重，土层较浅。

（五）黄壤土

全县有34327公顷，占土壤总面积的36.22%。垂直分布于黄红壤之上，剖面呈黄色至蜡黄色，土层深厚，质地中壤至轻黏，酸性反应，有机质、氮钾中等，磷素缺乏。

三、土壤分布

县境土壤垂直分布明显，水平分布有差异，由低到高呈现红壤—黄红壤—黄壤的分布规律，大致是海拔400米以下为红壤，400～700米为黄红壤，700米以上为黄壤。按县农业土壤分区，全县分为四个农业土壤区。

酸性红壤：其PH值在6～6.5之间，黏性重，大多分布在丘陵地区。花垣镇、团结镇、茶洞镇、大河坪乡、长乐乡、窝勺乡、龙潭镇、道二乡、雅桥乡、麻栗场镇、民乐镇、两河乡等乡镇均有分布。

黄红壤：为石灰岩风化后所成，这类土壤较疏松肥沃，主要分布在地处山地的茶洞镇、窝勺乡、龙潭镇、道二乡、雅桥乡、排吾乡、麻栗场镇、排碧乡、排料乡、吉卫镇、补抽乡、雅酉镇等区域。

砂质壤：由页岩风化后所成，这类土壤疏松但含石片多，不耐干旱。主要分布在麻栗场镇、排吾乡、雅桥乡、排碧乡、民乐镇、两河乡、猫儿乡、吉卫镇等区域。

西北岗平石灰土、红壤、水稻土区：占全县土地总面积的13.84%，耕地占20.04%，水稻土占15.03%。该区以红壤为主，占82.09%，少数700米以下山峰也有少量黄壤分布，仅占17.9%，耕作土壤多为马肝泥、马肝土。中部中低山原石灰土、红壤、黄壤、水稻土区：占全县土地总面积的34.35%，耕地占38.62%，水稻土占33.56%。该区土壤为红壤向黄壤过渡地段，以黄壤为主，占61.06%，红壤占38.94%。耕作土壤多为马肝泥、灰泥田、鸭屎泥、马肝土、红灰土等。太阳山中山原区：在西北岗平区突起，与中部中低山原、南部中山原相邻，地势比中部中低山原高，占全县土地面积的6.09%，耕地占3.5%，水稻土占3.47%。该区以黄壤分布较多，占75.13%，红壤只占24.87%。耕作土壤多为黄马肝泥，灰黄泥田，马肝土，灰黄土等。南部中山原石灰土、黄壤、水稻土区：占全县土地面积45.72%，耕地占37.84%，水稻土占47.94%。该区土壤基本为黄壤，占97.59%，红壤仅在切割很深的高岩河峡谷地段有少量分布，占

2.41%。耕作土壤多为黄马肝泥、灰黄泥、灰黄土、石渣黄土等。

第四节 植 被

县域有山原、山地、丘陵、岗地、平原等。以山原为主，层峦起伏，溪河交错，冬少严寒，夏少酷暑，四季分明，适合各种植被生长。其中，森林植被属中亚热带北缘常绿阔叶林华中区系，原生植被群落已基本破坏，取而代之的是次生林和人工林。

一、木本植物

山地常绿阔叶林：香樟、银杏、楠木、檬子、木姜子、小叶青杠、棕榈、油茶、柑橘等。

山地常绿、落叶、阔叶混交林：黑壳楠、水青杠、泡桐、香樟、枫香、栾树、漆树、乌柏、马桑、猴栗等。

中山针叶、阔叶混交林：杉木、马尾松、三尖杉、圆柏、鹅掌楸、檫木、厚朴、杜鹃等。

二、草本藤木植物

香附子、川谷米、蒲公英、文蒿、半边莲、车前草、曼陀罗花、紫苏、当归、土参、猕猴桃、金银花、玫瑰、虎耳草、荠菜、黄连、牡丹、何首乌、猪鼻孔、姜黄、天门冬、麦冬、半夏等。

三、蕨类植物

铁丝草、倒挂草、金蕨、石苇、贯众、骨碎补、水龙骨、凤尾蕨等。

四、苔藓植物

平苔、葫芦苔、长砂苔、暗鳞苔、地钱、提灯藓等。

五、花 草

木本花：桂花、栀子花、梅花、紫荆花、芙蓉花、茉莉花、月季花、木槿花、绣球花、木笔花、瑞香花、梦花、铁脚花、海棠花、西府海棠、金丝海棠、铁脚海棠、樱花等。

草本花：菊花、凤仙花、兰花、水仙花、牡丹花、大莉菊、芍药、十样锦、鸡冠花、珍珠梅、苍兰、秋葵、蜻蜓花、鞋子花、五月菊、竹节梅、秋海棠、荃花、三月花、四季海棠、旱莲、荷花、龙爪、玉簪花、月月红、清明花、七姊妹、爬壁儿、篆字莲等。

以上木本、草本、藤本、蕨类、苔藓等，加上地衣、真菌植物、藻类植物，组成不同森林植物群落分布各地，有一定外貌、季相和生态因素及一定演替规律。其结构一般都有乔木层、灌木层、草木层、苔藓，还有层间植物和蕨类植物，覆盖面大，生命力强，大都属于次生演替。

20世纪90年代后，随着县内铅锌矿、锰矿的开发，团结耐子堡、半坡老王寨，茶洞火焰土、白岩，龙潭李梅、各弄、土地，民乐水田、两河桐木，猫儿唐家、洞里、太阳山、排吾大猫这些矿区的地貌和植被遭到严重破坏，树木被砍伐，草地被践踏，到处被废弃的尾矿所覆盖，水土流失严重。

第五节 气象灾害

1986年7月31日下午2时19分，雅西乡、花垣县城附近发生重大灾害性天气，局部区域发生雷雨、大风、冰雹。短时降雨达58.8毫米，大风9～10级，冰雹直径1厘米，密度121粒/平方米。造成雷击死亡1人，受灾总面积达2013公顷，减产285公顷，绝收18公顷，损坏房屋32间，断高压线一处，停电7小时。

1987年4月23日下午6时05～25分，6月6

日2时47分～3时57分，8时～17时，县内前、中、后部分乡镇两次三段发生雷雨、冰雹、大风、暴雨，对人民生命财产造成严重影响。死亡3人，重伤2人，轻伤21人；损坏房屋919栋，倒塌房屋2栋；受灾总面积4610公顷，其中玉米、小麦、水稻、油菜等作物损失严重，对林业、畜牧业、农业基础设施建设造成严重影响，前后共10个乡镇受灾。

从1987年12月到1988年6月，县内21个乡镇发生冬春连旱；6月22日—8月18日，又发生夏秋连旱；加上9月7日的特大暴雨，县内损失极其惨重，受灾累计总面积33333公顷，涉及农业、林业、畜牧业、水利、电力、矿业、城建等行业。前期的干旱，使农业、工业无法生产，人畜饮水困难；后期的特大暴雨造成垮塌、水灾和地质灾害，水稻严重失收，累计损失过亿元。

1989年5月11日0时56分～4时10分，县内15个乡镇遭受大风、冰雹、暴雨袭击；6月22日—8月18日全县21个乡镇受旱。农业累计受灾面积16000公顷。

1990年5月13日16～17时，排碧村及附近几个村遭受冰雹袭击，造成受灾总面积133公顷。7月21日—9月20日，全县夏秋连旱，农业受灾总面积8000公顷，减产6700公顷，涉及林业、畜牧、水利等，累计损失5000多万元。

1991年3月7日下午2时43分～8日凌晨1时，花垣镇、团结、大河坪、茶洞、龙潭、道二、窝勺、长乐等8个乡镇相继受大风、雷雨、冰雹袭击，农业受灾总面积3400公顷。7月1日—16日全县有19个乡镇因洪涝造成农业受灾总面积4580公顷，冲垮山塘、公路、田土坎和倒电杆等不计其数。

1992年4月21日夜间，大河坪、团结、龙潭、花垣、长乐5个乡镇受大暴雨袭击，雨量110毫米。6月14日长乐乡受暴雨袭击（雨量81.5毫米）。8月15日17时01分～17时14分，花垣镇城区18个村受大风（风速32米/秒）、冰雹（直径22毫米）袭击。8月23日—12月24日，全县秋冬连旱。这四次重大灾害性天气造成农业受灾总面积7300公顷，死亡1人，重伤1人，轻伤4人，损坏房屋、树木、竹子、家用电器等不计其数。

1993年3月13日下午2时40分～3时20分，麻栗场、排吾、雅桥等乡镇遭受冰雹（直径45毫米）、大风（20米/秒）袭击；7月31日和8月6日全县遭受两次大暴雨（大于100毫米）袭击。21个乡镇均有不同程度损失，累计农业受灾13300公顷，林业6700公顷，畜牧业死牛154头，死猪348头，冲走鱼苗1000万尾，水利、交通等损失严重。

1995年1月2日—6日全县出现冰冻，对林业危害较大。4月13日21时～14日5时30分，茶洞、雅桥、排吾、麻栗场、排碧、排料、董马库等乡镇遭受冰雹袭击。5月2日4时30分～8时，雅酉、补抽、大龙洞等乡镇遭受暴雨袭击，死亡1人。5月31日—6月1日，麻栗场、吉卫、补抽、雅酉、长乐、大河坪、茶洞、龙潭等乡镇受暴雨袭击。6月29日—7月1日全县遭受大暴雨袭击。这五次灾害性天气造成农业16000公顷、林业3300公顷受灾，损坏房屋1000多间，死猪5000头，交通受阻。

1996年7月2日—3日，全县21个乡镇普降暴雨到大暴雨，雨量140毫米。7月14日又遭受暴雨（雨量88.4毫米）袭击。全县农业损失惨重，受灾2.78万公顷，损坏房屋3610间，倒房280间，死亡2人，有15家企业受损，直接和间接经济损失近亿元。

1997年8月10日—9月18日，全县出现秋旱，水稻受灾2000公顷。9月1日16时50分，排料乡遭冰雹、大风、雷雨袭击，死亡1人，重伤3人，电力设备损失严重。

1998年3月20—26日，全县受倒春寒和寒潮天气影响，小麦、油菜、烤烟等深受其害。5月7—8日，全县17个乡镇受大暴雨（雨量100～150毫米）袭击；7月3日1时～10时，麻栗场、董马库、窝勺、长乐、花垣镇、道二等出现大暴雨（雨量115毫米）。这两次暴雨对水利设施破坏极大，全县累计受灾面积18000公顷，重灾16000公顷，烤烟等受损严重，损坏标准烤烟箱2000个。

1999年6月22日—7月2日，县内相继遭受连续性暴雨袭击，总雨量402.7毫米，日最大雨量

121.6毫米，造成山洪暴发，泥石流发生，各行业均受损失。7月8日，21个乡镇普降大暴雨(雨量124.8毫米)，损失惨重。这几次暴雨造成农业受损14000公顷，林业损失树苗1190万株，畜牧业死猪、牛、羊63头，冲走鱼苗2.1亿尾，倒断电线杆410根、电信杆1891根，共计损失1.2亿元。

2000年1月30日—2月10日，21个乡镇发生冰冻灾害，后面地区受灾严重。6月22日花垣镇、窝勺、麻栗场、雅桥、道二、团结等乡镇普降大暴雨(最大雨量158.6毫米)。6月26日—8月1日，全县21个乡镇受夏旱影响。8月12日20时10分，花垣镇、麻栗场、团结遭受雷击灾害，局部损失严重。这些灾害性天气对全县造成重大损失，暴雨和雷击共造成6人死亡，农业受灾总面积20000公顷、林业损失苗木74万株，死牛20头，死猪100头。干旱造成200多口山塘干涸，断流小河100条，经济损失2000多万元。

第三章 自然资源

第一节 土地资源

1989年，根据国务院国发〔1984〕70号文件精神和湖南省、湘西自治州人民政府的部署，花垣县按照国家《土地利用现状调查技术规程》，对全县土地资源进行认真调查，摸清了各类土地资源的底数。按照全国土地资源分类标准，县内土地资源分为7个一级地类，30个二级地类，共112587.88公顷：耕地32623.09公顷，其中灌溉水田9213.21公顷，望天田6453.88公顷，旱土15718.93公顷，菜地1237.07公顷；园地187.79公顷，其中果园176.69公顷，茶园10.79公顷，其他园地0.31公顷；林地48618.83公顷，其中有林地31226.87公顷，疏林地2235.94公顷，未成林造林地8663.28公顷，苗圃20.32公顷；城镇、村及工矿用地3453.79公顷，其中城镇307.94公顷，农村居民用地2955.04公顷，独立工矿用地98.22公顷，特殊用地92.59公顷；交通用地463.85公顷，其中公路254.84公顷，农村道路209.01公顷；水域1975.59公顷，其中河流水面764.29公顷，水库水面268.32公顷，坑塘水面162.34公顷，滩涂315.98公顷，沟渠445.29公顷，水工建筑物13.97公顷；未利用土地25232.5公顷，其中荒草地12011.99公顷，裸岩石砾地1655.11公顷，田土坎11470.99公顷，沙地4.62公顷，裸土67.44公顷；其他未利用地22.44公顷。

第二节 水资源

一、水总量与水质

县境河流分别属酉水和武水两个水系，其干流长大于5千米的有32条，其中属于酉水水系25条、武水水系7条。地下水有雅酉、排碧、长乐、渔塘、团结5个较大的富水区。较大的地下河15条，每年水资源总量16亿立方米，多年平均径流深865毫米，相应径流量约9.59亿立方米，年径流系数0.6，年人均水量0.44万立方米，稻田亩均0.62

万立方米，均高于全国全省平均水平。地下水多为重碳酸钙和重碳酸镁型水，少数地段为重碳酸氯化钙钠镁型水或重碳酸镁钙钠型水。水质物理化学特性良好，各种离子成分未超过饮水标准，无色、无味、矿化程度低，总硬度小于20度，为较好的饮用、农田灌溉和工业用水。

二、河流

县境河流属沅水支流，分酉水水系和武水水系，在境内流域面积为1108.69平方千米，其干流长大于5千米的32条，总长432千米，其中属于酉水水系25条，流域面积799平方千米；属于武水水系7条，流域面积309.09平方千米。因均系山区河流，水陡流急，加之降水充沛，地下水分布广泛，储量丰富，大多数河流终年不竭。

花垣河　位于县境西北部，系酉水的一级支流，发源于贵州省松桃县，于狮子桥注入保靖县。县境河长71.8千米，流域面积336平方千米，占全县河流总流域面积的32.99%，年均径流量22.55亿立方米，水能蕴藏量4.35万千瓦。有长于5千米的支流12条，河的坡降平缓。部分河段可通航，河床水面为县内最低平面。年均水温24℃，含沙量为0.211千克/立方米，洪水期为0.288千克/立方米，枯水期为0.15千克/立方米。20世纪90年代后，选矿企业将矿渣排入浮桥下游河段河中，使河床增高，水质严重污染。

兄弟河　位于县境东南部，系花垣河的一级支流，发源于排吾摩天岭一带，斜穿县境中北部，在县城五拱桥注入花垣河。河长45.6千米，流域面积443平方千米，占全县总流域面积的39.3%。年均径流量为3.87亿立方米，水能蕴藏量3.7万千瓦，年均水温22.5℃，每立方米含沙量0.201千克，洪水期为0.281千克，枯水季节为0.14千克。有大于5千米支流13条，河谷狭窄，落差集中，河谷附近出露基岩为白云岩，岩溶不甚发育，地质条件较好，县城居民生活用水及一些企业的生产用水均取自于该河，其流域被划为饮用水源保护区。

牛角河　位于县境南部，为武水水系峒河干流上段，发源于雅西，汇于矮寨，注入吉首市。境内河长21.4千米，流域面积309.69平方千米，占全县总流域面积的25.55%。年平均流量2.7亿立方米，水能蕴藏量3.29万千瓦。年平均水温18℃，含沙量为0.19千克/立方米，洪水季节为0.254千克/立方米，枯水季节为0.113千克/立方米。有大于5千米的支流7条，河流深切作用十分强烈，在河谷两岸1千米范围内，高差达四五百米。流域面积内降水充沛，岩溶发育强烈，瀑布、跌水随处可见。

花垣县干流长于5千米的河流一览表

表1-3-6

编号	水系	河流名称等级				河源标高（米）	河口标高（米）	河长（千米）	平均坡降（‰）	流域面积（平方千米）	多年平均流量（万立方米）	多年平均径流量（万立方米）	落差（米）	理论蓄能（千瓦）
		1	2	3	4									
1	酉水	花垣河	（干）			324	225	71.8	1.71	356	71.46	225500	140	34450
2			坝塘河			570	245	9.86	22.3	16.1	0.43	1368	220	460
3			瓦水河			580	245	9.5	21.1	18.8	0.5	1576	200	490
4			老王庄河			870	255	10.81	40.47	34.2	0.92	2905	437	1970
5			稿和河			685	263	5.61	30.5	18.1	0.47	1486	171	390

续表

编号	水系	河流名称等级				河源标高(米)	河口标高(米)	河长(千米)	平均坡降(‰)	流域面积(平方千米)	多年平均流量(万立方米)	多年平均径流量(万立方米)	落差(米)	理论蓄能(千瓦)
		1	2	3	4									
6			板栗河			420	294	5.74	11.7	12.4	0.32	1023	67	100
7			八排河			945	298	8.89	61.53	13.0	0.36	1129	547	970
8			潮水河			945	311	9.01	49.89	18.0	0.49	1554	450	1080
9			坝务河			635	318	6.22	64.47	10.1	0.27	847	401	530
10			两河河			1011	323	11.1	22.65	40.1	1.07	3392	251	1320
11			牛星河			840	325	8.17	36.8	18.6	0.51	1607	301	750
12			排碧拉河			909	485	10.09	30.1	22.2	0.63	1984	304	940
13			兄弟河	(干)		1020	225	45.6	10.33	443	12.25	38660	471	28300
14				大竹山河		771	230	8.91	27.28	11	0.3	955	243	360
15				州上平河		700	255	5.39	65.63	12.9	0.35	1097	354	610
16				长乐河		700	350	8.85	39.89	15.8	0.43	1367	353	740
17				道二河		735	415	12.3	12.59	31.8	0.87	2795	155	660
18				阿坝河		920	435	8.9	28.7	24.4	0.67	2107	255	840
19				瓦落河		595	455	18.87	4.7	118.6	3.24	10223	89	1410
20					龙潭河	865	462	16.02	10.44	33.3	0.92	29.04	167	750
21				各鱼河		765	463	8.34	21.24	9.8	0.27	849	177	230
22				下坝河		1030	470	10	34.94	27.6	0.77	2424	349	1320
23				子腊河		915	503	11.18	13.8	17	0.47	1484	154	350
24				五龙冲河		795	514	11.05	27.6	25.6	0.73	2294	305	1090
25				石栏杆河		960	527	7.64	35.9	17.5	0.5	1569	274	670
26	武水	峒河				1050	268	31.45	15.98	310.5	8.62	27196	503	21270
27			帕湾河			905	269	15.41	35.9	61.3	1.71	5386	553	4640
28				夯界河		885	287	8.27	55.4	30	0.83	2613	458	1860
29			两叉河			830	315	10.44	43.3	32.2	0.9	2854	452	2000
30			东卫河			1054	390	9.33	70.7	18.9	0.53	1659	660	1720
31			油麻河			860	687	6.89	18.9	16	0.46	1459	130	290
32			排料河			870	285	10.4	65.2	11.9	0.33	1041	678	1100

三、溶洞水

县境岩溶十分发育，地下水丰富，主要分布在雅西、排碧、长乐、渔塘、团结5个富水区。雅西富水区包括补抽至雅西一带，属雅西宽缓向斜，出露地层为奥陶系下统厚层灰岩，汇水面约49平方千米。发育地下河5条，最大流量1240升/秒，最小流量282.25升/秒。排碧富水区包括排碧、排料、董马库3个乡区域，构造上属于排碧向斜，四周高、中间低，微向南西方向倾斜的宽向斜，汇水面73平方千米，向斜核部由北向南平行发育2条地下河，长5.4千米和10.7千米，流量54.83升/秒和500升/秒，水埋藏深20～100米。长乐富水区包括长乐和窝勺，为一单斜构造，主要由奥陶系中下统厚层灰岩及少量娄山关群白云岩组成，汇水面积约49平方千米，发育3条地下河，流量分别为219升/秒、474.6升/秒、300升/秒。渔塘富水区，分布于猫儿乡渔塘、铅厂一带，属丰塘—铅厂背斜的两翼及杉木坪—龙潭向斜的南东翼，汇水面积约59平方千米，发育地下河一条，长约5.8千米，流量24.77升/秒。团结富水区，位于吉峒坪一带，属团结背斜的南东翼，汇水面积约22平方千米，发育4条地下河，流量分别为310升/秒、109.34升/秒、359.49升/秒、175升/秒。20世纪90年代中期，由于团结一带开矿和建铅锌浮选厂，植被遭到破坏，地下水严重污染。

四、泉　井

县境泉井分布于20个乡镇，共267口，昼夜汇总流量531312立方米，最多的麻栗场镇，有25口，最少是道二乡仅2口。1981年，县农业区划水文地质调查组对境内214口泉井进行调查，汇总流量6202.18升/秒，最大流量800升/秒，最小流量0.021升/秒。水埋藏深5～80米，最深的可达100米以上。流量大于5升/秒的97口，下降泉82口，上升泉15口。境内妇孺皆知的水井有3口：花垣镇城南的涧水坡井，距县城0.3千米，泉水清澈明净，甘美可口，长年不衰；排吾乡的梅花井，多孔流出，沸腾向上，形成梅花；民乐镇潮水溪井，一夜四潮，流量365升/秒，潮起时迸发出闷雷和气笛般的轰鸣声，大于原流量三四倍，持续1～2小时。

第三节　野生动植物资源

一、野生动物

县境沟壑纵横，气候温和，适应多种动物生存繁殖。由于20世纪80年代连年砍伐，森林锐减，又因农药的使用，野生动物日渐稀少。

哺乳类　多栖息于深山密林中，有野狗、山狸（大、小灵猫，亦名九尾狐）、野猫（豹猫）、野兔、野猪、山羊、麝、獐子、水獭、黄鼠狼、白面、田棒头、刺猪、狗獾子、穿山甲、野猴、飞鼠等。这些动物有的进村寨觅食，如野狗、野猫等，有的常侵害山地庄稼，如野猪、野兔、山羊、白面等，且多为昼伏夜行找寻食物。

鸟类　主要有鹰、鹞、猫头鹰、飞虎（形如猫头鹰、羽毛有虎纹，体大如中人）、野鸡、锦鸡、寒鸡、竹鸡、秧鸡、鸽子、白鹤、鹭鸶、青庄、翠雀、蓝翡翠（打鱼郎）、喜鹊、画眉、八哥、松鸦和棕背伯劳（沙和尚）、斑鸡、啄木鸟、寿带鸟（梁山伯、祝英台）、白头翁、山喳子、安雀（鹌鹑）、老鸹（乌鸦）、麻雀、野鸭、凫、野鸬鹚等，还有春来秋返的候鸟阳雀（杜鹃）、立夏雀、布谷鸟、燕子等，亦在境内筑巢、生卵孵雏。这些鸟类，有的以各种昆虫为食，如各种候鸟、啄木鸟、八哥、喜鹊等；有的以鼠类和小动物为食，如鹰、鹞、猫头鹰等，对农业、林业生产起到积极的保护作用。20世纪70年代，农村为防鼠害，用剧毒农药“1059”浸泡花生仁、谷子等撒在土里，乌鸦、喜鹊、麻雀食后即亡，至20世纪末，这三种鸟基本绝迹。

鱼类　种类较多，可分有鳞和无鳞两种。有鳞鱼有鲫鱼、鲤鱼、草鱼、青鱼、油鱼、石郎、马咀、白条、羊角鱼、黄灰宅、水刁子、黄尾子、亮眼漂、麻杆子等。无鳞鱼有鲇鱼、鳜鱼、黄鳝、白鳝、刚鳅、泥鳅等。

爬行类 常见的有乌梢蛇、菜花蛇、王侯蛇、银环蛇、青竹标、土恶蛇、五步蛇、眼镜蛇、风骚蛇及两栖动物团鱼、娃娃鱼(大鲵)等。娃娃鱼因叫声如儿啼而故名,多产于兄弟河下游及牛角河一高岩河一带。头扁圆、口大眼小,有四肢及扁平的尾巴、背部呈深褐色,腹部呈灰白色,均有斑,体重者达5千克以上。

二、野生植物

境内野生植物名目繁多,叫得出名称的有:吴芋、青皮、矮地茶、胡花椒、小橘红、金银花、野菊花、白芨、夜交藤、徐长青、白勺、海蚌含珠、首乌、淮山、金果览、白前、百荷、云洋霍、黄精、夏枯草、仙含草、紫草、灵芝菌、侧柏、冬桑、淡竹、刺黄连、十大功劳、松花粉、苍耳子、活风、黑芝麻、金尖子、白头翁、半夏、瓜蒌、香附子、白花菌陈、蒲公英、扁蓄、天葵子、野花、石韦、刘寄奴、苏叶、艾、土桂皮、山木通、石菖蒲、茜草(薤白)、商陆、白药片、枝子、来胡子、黄柏、续断、麦冬、天冬、元参、木瓜、白术、党参、大通草、小通草、生地、岩八味、水防风、女贞子、固子、龙胆草、草乌、南星、常山、土苓、白部、勾藤、茯苓、沙参、一点血、一口血、双山虎、赶山鞭、珍珠饭、半边莲、水芹菜、白辣蓼、大金刀、小金芥等。

第四节 森林资源

一、林地

1987年全县林业用地面积63660公顷,其中有林地面积31620公顷,灌木林地面积6546.67公顷,未成林造林地86.66公顷,宜林荒山荒地18166.67公顷,退耕还林2846.67公顷,其他无林地4393.33公顷。由于逐步重视人工造林和封山育林,灌木林地面积不断增加,森林覆盖率上升到34.42%。在有林地中:用材林17640公顷,占55.79%(杉木2540公顷,马尾松10893.33公顷,阔叶树886.66公顷,柏木3326.86公顷);经济林13826.7公顷,占43.73%;防护林146.44公顷,占0.46%;竹林6.66公顷,占0.02%。

1995年,全县林业用地面积55206.66公顷,占总面积的49.8%,比1987年减少8453.33公顷。有林地面积增加1540公顷,增长4.87%;疏林地减少426.66公顷,减少15.09%;灌木林地增加3160公顷,增长48.27%;未成林造林地增加1926.66公顷,增长43.85%;宜林荒山荒地减少17540公顷,减少96.52%;其他无林地7060公顷;森林覆盖率逐步回升到41.5%。在有林地面积中,用材林12333.3公顷,占37.19%(杉木3060公顷,占24.8%,马尾松8200公顷,占32.75%);薪炭林386.66公顷,占1.16%;防护林9526.7公顷,占28.73%;特用林53.33公顷,占0.17%。与1987年相比,用材林减少5306.66公顷,经济林减少2966.7公顷,防护林增加9526.66公顷,薪炭林增加386.66公顷,特用林增加53.33公顷。

1999年,全县林地与1995年持平。

二、林木蓄积量

林业工作实施“以封为主,封、造、管、改、抚、节相结合”的营林方针,全县林木蓄积量逐年回升。

1987年,全县活立木总蓄积量降低至27.31万立方米。在总蓄积量中,林分蓄积量17.71万立方米,占64.85%;疏林地蓄积量4.15万立方米,占15.2%;散生木蓄积量1.32万立方米,占4.8%,四旁树蓄积量4.13万立方米,占15.1%。总蓄积量中按林种分:用材林17.7万立方米,占64.81%,防护林0.01万立方米,占0.04%。按起源分:人工林蓄积量5.99万立方米,占21.93%;天然林21.32万立方米,占78.07%。21个乡镇以排碧乡蓄积量最多(3.49 万立方米)，占全县总蓄积量的 12.78%，其次麻栗场镇 2.93 万立方米，最少的大河坪乡仅 0.35 万立方米。

1995 年，全县活立木总蓄积量上升到 47.37 万立方米。在总蓄积量中，林分蓄积量 36.5 万立方米，占 77.05%；疏林地蓄积量 2.53 万立方米，占 5.34%；四旁树蓄积量 7.58 万立方米，占 16%。总蓄积量中按林种分：用材林 28.6 万立方米，占 60.38%；防护林 7.44 万立方米，占 15.71%；薪炭林 0.26 万立方米，占 0.55%；特用林 0.2 万立方米，占 0.41%。按起源分：人工林蓄积量 3.22 万立方米，占 6.8%；天然林 44.15 万立方米，占 93.2%。21 个乡镇以两河乡活立木蓄积量最多(18.99 万立方米)，占全县总蓄积量的 19%，其次是排碧乡 6.08 万立方米，最少为大龙洞乡 0.38 万立方米。

1999 年，全县活立木总蓄积量 69.32 万立方米，较 1987 年净增 42.01 万立方米，比 1995 年净增 21.95 万立方米。在总蓄积量中，林分蓄积量 55.45 万立方米，占 80.0%；疏林地蓄积量 3.18 万立方米，占 4.59%；散生木蓄积量 0.98 万立方米，占 1.41%；四旁树蓄积量 9.71 万立方米，占 14.0%。总蓄积量中按林种分：用材林 44.36 万立方米，占 63.98%；防护林 10.54 万立方米，占 15.21%；薪炭林 0.3 万立方米，占 0.44%；特用林 0.25 万立方米，占 0.37%。

三、森林植物

1987 年县境植物种类较多，但原生植物不复存在，森林树种有 99 科、263 属、454 种。主要常绿乔木有松科、杉科、桐科、山茶科、壳斗科、樟科等；主要落叶乔木有蔷薇科、四照花科、金缕梅科、楝科、槭科、漆科、榆科、大戟科等；主要用材树种有杉木、马尾松、柏木、香椿、泡桐、檫木、樟树等；主要淀粉类有板栗、银杏、麻栎等；油脂类有油桐、油茶、乌桕、核桃、仿栗、三尖杉等；主要鞣科类有盐肤木、马桑、云实、化香等；主要芳香油类有樟树、山苍子、木姜子、山胡椒、牡荆等；主要糖料类有银糖槭、枣、柿、金樱子、刺梨、君适子、乌饭等；主要纤维类有构皮树、野桐、粗糠柴、瑞香等；主要肥料类有马桑、鞘柄木、化香、胡枝子等；主要药用类有杜仲、黄柏等。县境森林植物种类因受成木母岩和海拔的影响，垂直分布较明显。北区，柏木为主要树种，柑橘、慈竹较多；中区，马尾松和油茶混交林及马尾松纯林为主，落叶果树较多；南区，以落叶阔叶树为主。

1995 年县林业部门对全县森林植物开展了一次大调查，与 1987 年的森林植物调查结果相同。

四、经济林

县境内有经济林 10860 公顷，占有林地面积的 32.75%。其中油桐林 1100 公顷，油茶林 8053.3 公顷，黄柏 560 公顷，杜仲 226.66 公顷，还有漆树、五倍子、板栗、柿、枣、花红等干、浆果树种，面积 920 公顷。经济林产品收入以 1999 年为例，年收入 161 万元，占当年林业总收入 593 万元的 27.15%。当年油桐籽产量 680 吨，油茶籽产量 760 吨。

油桐　1986 年，全县有油桐面积 1413.3 公顷，其中果期油桐 1033.3 公顷，果前油桐 380 公顷，另有 20 世纪 80 年代所造的与粮食作物间作的油桐林 3333.3 公顷(幼林仍作旱土统计)。油桐的分布除花垣镇、大河坪乡、龙潭镇、道二乡外，其余 17 个乡镇均有，以两河乡最多(506.6 公顷)，其次为补抽乡(173.3 公顷)，雅桥乡最少(1.13 公顷)。全县油桐产量 125.2 吨，每公顷 112.5 千克，产值 60.01万元。油桐林的管理其幼林多与粮食作物间作，实行以耕代抚，部分桐林由于年久失垦，天牛蛀干，死亡较多。1988 年 11 月，县委、县政府作出“五年消灭宜林荒山，十年绿化花垣”的决定，为保存油桐面积、提高产量，全县连续三年垦复油桐面积 6933.3 公顷。1990 年全县油桐产量达 165 吨，比 1987 年增长 31.78%。1991—1992 年，随着市场行情的变化，全县油桐生产走入低谷，许多油桐主产区发生毁桐种粮、种经济作物现象。1993 年为消灭宜林荒山攻坚年，全县植播油桐 545.6 公顷，以两河乡 210 公顷为最多。1995 年县境油桐林仅1100公顷,比1987年减少313.33公顷。全县21个乡镇除道二乡、麻栗场镇、吉卫镇无油桐分布外,其余18个乡镇均有分布,仍以两河乡为多,面积较1987年减少26.66公顷,其次是茶洞镇180公顷,最少为花垣镇仅0.7公顷。1996年始,全县启动油桐低效林改造项目,采取补植、垦复、追肥、防治病虫等措施,改造油桐低效林。1998年县林业局从保靖县调进葡萄桐种造林,县经委驻两河乡扶贫工作队从泸溪县调良种1万余斤,改良该乡的油桐品种。1996—2000年全县改造低效油桐林436.2公顷,2000年全县油桐产量达680吨,比1987年增长443.13%。

油茶 1987年全县有油茶林面积11960公顷,占经济林总数的86.53%。面积在2000公顷以上的有长乐乡,666.66公顷以上的有排吾、雅桥、民乐、猫儿、补抽、吉卫等6个乡镇。茶油历年产量在3000~7000担之间,每公顷产油1537.5千克。油茶管理均为荒芜林,边远区林况不佳,品种良莠混杂,病虫害较多,且乱砍滥伐油茶现象时有发生。为扭转这一被动局面,县公安局、林业局联合下发《关于严禁砍伐油茶林的紧急通知》,并对乱砍滥伐油茶林问题进行查处,同时开展油茶林垦复,至1988年全县共垦复油茶林2000公顷。1990年民乐镇直播油茶籽3500千克,造林111.9公顷。1995年县林业局从桃江调进油茶嫁接苗4.68万株,在麻栗场镇新寨村进行低效林改造。当年全县油茶林面积8053.3公顷,较1987年减少3906.7公顷,最少的排料乡仅2.5公顷。当年全县茶油产量为192吨,平均每公顷产油22.5千克。2000年县林业局在雅桥乡高标准栽植优良油茶41.6公顷,在窝勺乡夯渡村新造16.8公顷,生长良好。

漆树 1986—1987年,全县成片漆树273.66公顷,占经济林总数的1.98%。这些漆树多为20世纪80年代新造,集中分布于雅西、两河、排料、补抽4个乡镇。1987年全县生漆产量为30000千克,产值90万元。雅西乡为全县漆树重点乡,有漆树237.4公顷,占全县总量的86.75%,是生漆主要产区,建有一个县、乡联营的漆树林场,营造速生丰产漆树133.3公顷。1986—1990年,雅西漆科站推广育苗、速生丰产栽培等技术,促进了全县漆树开发,5年间共营造漆林174.3公顷。期间,1986年始,生漆生产实行自主经营,议价议销,每50千克价格2500元以上。1990年后,由于漆树科研告一段落,投资中断,漆树基地守业艰难,无力防治病虫以及毁漆林营造其他林木,致使成片漆林毁于一旦。1995年,县境成片漆树除雅西乡保留17公顷外,其余只有零星分布。1999年生漆价格上升到每50千克8000元以上,2000年雅西镇排腊村新造漆树、香椿混交林66.6公顷。

板栗 1986年,全县有板栗树37171株,多散生于村寨四旁,成片面积仅35.86公顷,常年产量2387.1担,中心产区为东部排碧乡(8公顷)、排料乡(0.73公顷)、董马库乡(21公顷),占总面积的82.9%。由农户自主经营,议价议销。1987—1994年全县新造板栗林1333.3公顷。1995年全县成片板栗面积43.93公顷,比1987年增加0.8公顷,仍以散生"四旁"为主,产量25吨。成片分布由1987年的长乐、排吾、排碧、排料、董马库、两河6个乡(镇)扩大到团结、大河坪、长乐、窝勺、道二、排碧、董马库、两河、雅西9个乡(镇),面积最大的为董马库乡(16.13公顷),其次为雅西乡(10.66公顷),最少为道二乡(0.2公顷)。1996—2000年全县新造板栗林254.66公顷,2000年产量为53吨。

柿子 花垣县是湘西自治州第二大产柿区之一。1986年全县柿子产量为493吨,集中产区有团结、花垣、龙潭、窝勺、茶洞等乡镇,以房屋四旁柿树产量为主。1987—1991年,在柿树的集中产区营造了腰带柿、火柿、日本甜柿40公顷。1995年全县保存成片柿林5.4公顷,均在团结镇。由于经营管理粗放,柿林病虫害严重,造成大面积柿树死亡。2000年全县仅产鲜柿121.5吨。

木本药材 县内药用植物品种繁多,资源丰富。木本主要有黄柏、杜仲、厚朴3种,简称"三木"药材。1986-1987年"六五"森林资源调查时,县境"三木"药材为零星分布,无成片林。1990年在排料乡金龙村营造2.3公顷杜仲林,1991—1995

年全县"三木"药材迅速发展。1995 年黄柏面积 557.93 公顷，杜仲 223.4 公顷，以排料乡面积最大(362.2 公顷)，第二是猫儿乡(143 公顷)，第三是董马库乡(62.53 公顷)。1991 年 4 月排料乡兴建一个药材总场，实行"自愿入股、统一管理、按股分红"，取得成功。1993 年湖南省省长陈邦柱和省委副书记孙文盛先后到该乡视察药材基地时，分别作了"山上发展药材大有可为"和"造好管好上规模，育林护林争效益"的题词。1996 年全县"三木"药材产量达 10 吨。随后几年受市场制约，全县毁林改种现象普遍，2000 年县境"三木"药材产值仅 5 万元。

五、野生珍稀动植物

1987 年，县境有一定数量野生珍稀动植物，其中：国家二级保护动物有穿山甲、水獭、娃娃鱼(大鲵)；国家三级保护动物有野鸭、鹌鹑、黄鼬、野鸡、蛇类、蛙类等。国家二级保护植物有银杏、鹅掌楸、香果、篦子三尖杉、杜仲等 5 种。雅西黄瓜山有大面积成片自然分布的鹅掌楸次生林，其中有古鹅掌楸 271 株、古银杏 7 株。国家三级保护植物有厚朴、凹叶厚朴、白辛树、半枫荷、银鹊树、红花木莲、华榛等 7 种。另外，龙潭镇古老桥村有一株树龄在八百年以上的檫树，胸径 3.71 米，高达 35 米，占地 1.1 亩，被列为全国檫树王。1995 年，县境野生珍稀动物中，有国家二级保护动物穿山甲、水獭、娃娃鱼，国家三级保护动物野鸭、鹌鹑、黄鼬、野鸡、蛇类、蛙类等。国家二级保护野生珍稀植物有篦子三尖杉、香果树、杜仲、银杏、鹅掌楸、榉木等 6 种，国家三级保护植物有檫木、山拐枣、南方红豆杉、红椿、绒毛皂夹荚、中华五加、厚朴、凹叶厚朴、白辛树、半枫荷、银鹊树、红花木莲、华榛、山拐枣、五味子、黄皮树等 16 种。排吾乡辽求村和补抽乡吉久村有古银杏。

花垣县 1987 年、1995 年、1999 年用材林面积、蓄积统计表

表 1-3-7　　单位：公顷、万立方米

调查年度	用材林		杉　木		马尾松		阔叶树		柏　木	
	面积	蓄积	面积	蓄积	面积	蓄积	面积	蓄积	面积	蓄积
1987	16306.6	17.70	2540	2.36	4826.6	13.12	886.6	1.33	3326.6	0.89
1995	12333.3	28.6	3060	6.02	8200	21.06	360	1.20	713.3	0.32
1999	12700	44.36	3140	9.18	8446.6	33.11	393.3	1.68	720	0.39

第五节　矿产资源

中华人民共和国成立后，多次进行矿藏资源勘察，县境已知矿藏有铁、锰、钒、铅、锌、镉、钼、铜、汞、磷、滑石、石煤、黏土(陶土)、石灰岩、白云岩、方解石、重晶石等十多种，其中大型矿床 2 处，小型矿床 4 处，矿点 28 处、矿化点 15 处。

一、黑色金属

铁　分布于雅桥、排吾大铁厂一带，附于第四系黄土层中，呈团块状或透镜状产出，直径 0.012 米，主要是褐铁矿，次为赤铁矿、黄铁矿。

锰 矿床位于民乐、猫儿、排吾、两河4乡镇交界处的摩天岭背斜南东翼,属沉积型。矿体赋予震旦系下统南沱砂岩组上段含锰岩系中,呈层状产出。矿体在平面上呈一椭圆形,长4000米,宽1800米,自下而上分为两个矿层,一矿层厚度0.89～1.05米,平均0.97米;二矿层最大厚度7.41米,平均2.82米,储量3112万吨,居全国第三位。

钒 分布于排吾乡火木冲至两河乡九龙坡一带,出露长约17千米。矿体赋存于寒武系下统牛蹄塘组底部黑色炭质页岩及硅质岩中,属沉积型,分上下两矿层,上矿层厚0.88～5.56米,下矿层厚0.45～3.02米。

二、有色金属

铅锌矿 县境铅锌矿分布已知9处,其中渔塘铅锌矿为大型矿床,排吾、大铁厂、杉木冲铅锌矿为小型矿床,其余为矿化点。渔塘铅锌矿北起龙潭李梅,南至民乐谷哨,面积约80平方千米,分为李梅、芭茅寨、土地坪、渔塘、老虎冲5个矿段。矿体呈似层状与透镜状,属低温热液型。矿化石厚度最大达200余米,矿层一般为1～5层,个别可达10余层之多。单层矿体厚度1～2米,矿体累计厚度2.1～5.3米。储量500万吨。小排吾铅锌矿分布于大排吾至瓦贺一带,面积约18平方千米,为一单斜层,呈似层状、透镜状、脉状产出,厚为0～3米。大铁厂铅锌矿在吉卫镇大老排至大铁厂一带,面积约0.5平方千米,呈似层状、透镜状产出,含矿1～2层,第一层厚0.5～2.64米,第二层厚2.29～3.74米。矿体不连续,厚度、品位变化很大。杉木冲铅锌矿位于吉卫镇杉木冲至过水一带,面积约1.5平方千米,呈透镜状产出,矿化带长1800米。厚0～15米,一般为5～10米。含矿1～4层,矿体不连续。

钼矿 县域有钼矿两处,一处位于猫儿乡洞里至丰塘一带,另一处位于民乐镇谷哨一带,矿区面积共24.8平方千米,矿体均呈似层状产出,前者含矿层厚1～12.44米,后者矿体厚度1.82～15.55米。

铜、汞 县内铜、汞矿仅为矿化点,已知矿化点10处,其中铜矿化点3处,铜汞矿化点1处,汞矿化点6处。

三、固体燃料矿藏

县域固体燃料矿主要是石煤,地质上称为高碳质页岩,分布于摩天岭南东翼,排吾乡火木冲至两河乡九龙坡一带,走向长约17千米。石煤层为薄、中厚层碳质页岩,具有高灰分高硫、低热质的特点,发热量为834～953千卡/千克。

四、建筑材料及其他矿藏

滑石 分布于雅桥乡田塘至排吾乡董马一带,矿石带长约3000米,宽约80米,为一单斜层,呈鸡窝状产出。矿体中夹有未经蚀变的白云岩色裹体及石英团块,矿体露头较少,地表多被浮土覆盖,仅大兴附近有小部分出露。矿石为白、肉红、灰绿等色,质软光滑,属热液变质型。

重晶石 分布于团结镇癞子堡、龙潭镇土地坪等地,呈团块状及裹状产出。矿石为白、灰黄、紫红色,属低温液型。

磷 分布于排吾乡火木冲、上龙门、大猫、小盐井、上磨子一带,呈结核状产出,矿层厚0.7～3.5米,属沉积型。

石灰石 县境分布广泛,以团结、猫儿、麻栗场、排吾、长乐等乡镇的石灰岩质量为最好。矿化岩厚120～210米,符合作冶金熔剂,制电石、合成纤维、合成橡胶、玻璃、水泥等用料。

白云岩 县境分布广泛,主要产于寒武系地层中,其次在震旦系上统及奥陶系下统,以寒武系中上统娄山关群上部的白云岩质量为最好,该层分布于道二、民乐、麻栗场等乡镇,厚达数百米。

方解石 分布于排碧、排料、董马库、麻栗场4乡镇一带。质坚硬发光,呈白色小四方形,储量十分丰富。

黏土(陶土) 分布于龙潭镇广东坪、猫儿乡磨子寨等地,产于第四系残坡积层中,由岩石风化而成,呈灰白色。

第二篇　人　口

第一章　人口状况

第一节　人口总量与分布

一、人口总量

1959—1960 年，因自然灾害，县境人民生活极度困难，人口出现负增长。1961 年后，人口逐年回升。至 1978 年，人口年均自然增长率达 32.49‰。1985 年起，县内人口增长步入第三个出生高峰期，当年总人口为 217697 人。

1986 年后，全县人口出生率稳定控制在 20‰以内，并持续降至 1999 年的 13.94‰。人口再生产类型在经历了长期的"高出生、高死亡、高增长"过渡型之后，开始向"低出生、低死亡、低增长"的现代型转变。2000 年末总人口为 268684 人，比 1986 年增加 50987 人，年均增加 3399 人，年均增长 14.13‰。

花垣县 1985—2000 年人口总量发展变动表

表 2-1-8　　　　单位：人

年　份	人口数	逐年增长‰	年　份	人口数	逐年增长‰
1985	217697		1993	246746	11.40
1986	220559	13.15	1994	251364	18.72
1987	223662	14.07	1995	254369	11.95
1988	228993	23.84	1996	257925	13.98
1989	232864	16.90	1997	260823	11.24
1990	235832	12.75	1998	263220	9.19
1991	239535	15.70	1999	265838	9.95
1992	243965	18.49	2000	268684	10.71

县内人口变动大体经历了两个阶段:第一阶段(1986—1989 年)。1986 年初全县总人口为 217697 人,1989 年发展到 232864 人,净增 15157 人,年均增加 3792 人,年人口平均增长率为 16.98‰。这一时期人口的较快增长,既受第二个高峰期的惯性影响,又受到少数民族地区开展计划生育工作难度较大的制约。

第二阶段(1990—2000 年)。1990 年以后随着《湖南省计划生育条例》的贯彻实施,人口增长速度逐步得到控制。全县总人口从 1989 年底的 232864 人,发展到 2000 年末的 268684 人,净增 35820 人,年均增加 3256 人,年均增长率下降到 13.09‰。

二、人口分布

全县人口分布按地貌可划分为四个综合区,即西北部岗平区、中部低山原区、南部中山原区、太阳山区。

西北部岗平区:总面积为 153.47 平方千米,占全县总面积的 13.84%。包含花垣镇、团结镇(除半坡村)、大河坪乡、茶洞镇(除南太、白岩、火焰土、长老坟、茶园坪、磨老 6 个村),共计 87742 人,占总人口的 32.66%。

中部低山原区:总面积为 379.96 平方千米,占全县总面积的 34.27%。包含长乐乡、窝勺乡、道二乡、雅桥乡、龙潭镇(除李梅、土地 2 个村)、民乐镇(除响水村)、猫儿乡(除太阳山、杉木、唐家 3 个村)和麻栗场镇的沙科、老寨、立新、金牛、新科、尖岩、新桥、彭湖、登高坪、望高坡、各鱼、新寨 12 个村,共计 86768 人,占总人口的 32.29%。

南部中山原区:总面积为 507.28 平方千米,占全县总面积的 45.76%。包含排碧乡、排料乡、董马库乡、吉卫镇、补抽乡、雅酉镇、排吾乡、两河乡、大龙洞乡以及民乐镇的响水村、麻栗场镇的麻栗场、排达鲁、广车、沿坝、沙坪、溜豆和黄土坡 7 个村,共计 86868 人,占总人口的 32.33%。

太阳山区:总面积为 67.98 平方千米,占全县总面积的 6.13%。包含团结镇的半坡村、龙潭镇的李梅、土地两个村以及猫儿乡的太阳山、杉木和田湾三个村,共计 7306 人,占总人口的 2.72%。

花垣县 1986—2000 年人口地区分布表

表 2-1-9　　单位:人

乡镇名	1986 年		1990 年		1995 年		2000 年		2000 年比 1986 年增长 %
	人口数	结构	人口数	结构	人口数	结构	人口数	结构	
总　计	220559	100	235832	100	254369	100	268684	100	21.82
花垣镇	14029	6.36	36208	15.35	44396	17.45	50716	18.88	61.55
三角岩	17365	7.87							
长　乐	12410	5.63	12997	5.51	13321	5.24	13738	5.11	10.70
窝　勺	8594	3.90	8999	3.82	9479	3.73	9568	3.56	11.33
团　结	15314	6.94	16569	7.02	17539	6.90	18277	6.80	19.35
大河坪	6281	2.85	6629	2.81	6869	2.70	7113	2.65	13.25
茶　洞	14438	6.54	14988	6.36	15359	6.04	15720	5.85	8.88
吉　卫	13849	6.28	14467	6.14	15618	6.14	16230	6.04	17.19

续表

乡镇名	1986年		1990年		1995年		2000年		2000年比1986年增长%
	人口数	结构	人口数	结构	人口数	结构	人口数	结构	
补　抽	10977	4.98	11714	4.97	9483	3.73	9762	3.63	16.96
大龙洞					2942	1.16	3077	1.15	
雅　西	6137	2.78	6537	2.77	6842	2.69	7332	2.73	19.47
龙　潭	11905	5.40	12552	5.32	13272	5.22	13818	5.14	16.07
道　二	8446	3.83	8800	3.73	9110	3.58	9447	3.52	11.85
雅　桥	7035	3.19	7454	3.16	7740	3.04	7986	2.97	13.52
排　吾	7272	3.30	7570	3.21	8042	3.16	8435	3.14	15.99
麻栗场	12580	5.70	13350	5.66	14170	5.57	14990	5.58	19.16
排　碧	7881	3.57	8287	3.51	8785	3.45	9201	3.42	16.75
排　料	5708	2.59	5852	2.48	6128	2.41	6314	2.35	10.62
董马库	8751	3.97	9329	3.96	9966	3.92	10330	3.84	18.04
民　乐	11149	5.05	11892	5.04	12472	4.90	13158	4.90	18.02
两　河	9034	4.10	9686	4.11	10234	4.02	10655	3.97	17.94
猫　儿	11404	5.17	11952	5.07	12602	4.95	12817	4.77	12.39

人口密度　1990年末，全县人口密度为每平方千米212.84人。2000年末，人口密度为每平方千米242.34人。其中：西北部岗平区每平方千米572人，中部低山原区每平方千米228人，南部中山原区每平方千米171人，太阳山区每平方千米107人。人口密度因地貌海拔高度而异，高海拔地区小于低海拔地区。

城镇户口和农村户口人口分布　全县除花垣镇外，其他20个乡镇人口户口结构均呈下降趋势。15年中净增48125人，其中近20000人增加到花垣镇。原因为：20世纪80年代后，一些原居住在农村的农民进城经商；一些干部职工的家属按政策由农业人口转为非农业人口进城定居；1993年，县公安局推出一批非农蓝印户口，一部分人购买了城镇蓝印户口，致使全县人口分布向县城移动。

2000年，全县进行第五次人口普查，居住在城镇的人口为35270人（不含新建雅酉镇人口），比1990年第四次人口普查的19394人净增15876人，增长5.63%。乡村人口218279人，占总人口的86.09%，比1990年下降1.49%。

第二节　人口结构

一、年龄结构

1990年第四次人口普查，全县总人口为235832人（包括外来人口，不包括外出人口，下同）。总人口中0—14岁为84963人，占36.3%。65岁以上人口为13990人，占5.9%。2000年第五次人口普查，全县总人口为253750人。总人口中0～14岁人口为70004人,占28.02%。65岁以上人口为18826人,占7.42%。与1990年第四次人口普查相比,少年人口系数降低2.32%,老年人口系数上升1.45%,老少比例上升6.8%。根据国际通用的衡量总人口发展态势,县内人口年龄结构已由成年型中期进入了成年型晚期,人口老龄化进程正在逐步加快。

二、性别结构

1990年第四次人口普查,全县总人口中男性人口为120338人,占51.4%;女性人口为113970人,占48.6%;人口性别比105.58(女性为100)。2000年第五次人口普查,全县总人口中,男性人口为132071人,占52.04%;女性人口为121679人,占47.96%;人口性别比为108.54(女性为100)。近10年来人口出生性别比男性比重偏大。

花垣县1991—2000年人口出生性别比例表

表2-1-10　　单位:人

年　份	人口数	男	女	性别比(%)
1991	5560	2909	2651	109.73
1992	5702	2884	2818	102.34
1993	5301	2838	2463	115.23
1994	5025	2613	2412	108.33
1995	4796	2577	2219	116.13
1996	4150	2264	1886	120.04
1997	3674	1969	1705	115.48
1998	3725	2050	1675	122.39
1999	2499	1410	1089	129.48
2000	3543	1996	1547	129.02

三、职业结构

随着全县产业结构的不断调整,行业间的人口结构也在变化。总趋势是第一产业人口逐渐减少,第二产业、第三产业人口则相对增多。2000年,全县第一产业人口占在业人口总数的85.41%,比1990年下降3.17个百分点;第二产业人口占在业人口总数的5.56%,比1990年上升1.54个百分点;第三产业人口占在业人口总数的8.94%,比1990年上升1.63个百分点。

2000年,全县在业人口中,各类专业技术人员占3.06%;国家机关党群组织、企事业单位负责人占0.68%;农、林、牧、渔业劳动者占85.29%,呈下降趋势。其他职业人口都有不同程度的上升。智力型在业人口占在业人口总数的5.90%,体力型在业人口占在业总人口的94.10%。

四、民族结构

1985～1987年间,为落实党的民族政策,国家对少数民族在升学、生育等方面给予一定的照顾。一些符合条件的汉族居民可随其母或上一辈亲属更改自己的民族,经县民委批准,一些人由原来的汉族更改为苗族或土家族,因而民族结构发生一些变化。1982年全国第三次人口普查,全县总人口208086人,其中汉族人口47903人,占23%;苗族人口152349人,占73.2%;土家人口7798人,占3.7%;其他民族36人,占0.1%。1990年全国第四次人口普查,全县总人口234308人,其中汉族人口45340人，占19.4%，比1982年减少2563人；苗族人口175602人，占74.9%，比1982年增加23253人；土家族人口13009人，占5.6%，比1982年增加5211人；其他民族357人，比1982年增加321人，占0.1%。2000年全国第五次人口普查，全县总人口253750人，其中汉族人口45414人，占17.9%，比1982年增加74人；苗族人口192138人，占75.7%，比1982年增加16536人；土家族人口15355人，占6.1%，比1982年增加2346人；其他民族843人，比1982年增加486人，占0.3%。18年间，民族结构发生一些变化，汉族比例下降，少数民族比例上升。客观原因是部分汉族居民更改为苗族或土家族，主观因素是在少数民族中开展计划生育工作难度大。

第三节　人口素质

一、身体素质

1994年秋，对全县33所学校7～18岁的19584名学生进行形态、机能、素质测试及体格检查。小学生生长发育基本符合一般生长发育规律：发育水平随年龄增长而升高；体重发育女性始终低于男性，初期相近。体形为中躯型偏差，其特点是偏于矮胖。心率均值随年龄增加而下降，血压随年龄增加而增大。不同性别之间差异明显，男性的均值增加明显大于女性。

花垣县1994年青少年儿童四种疾病患病调查统计表

表2－1－11

疾病名称	检出情况					
	城镇		农村		合计	
	人数(个)	患病率(%)	人数(个)	患病率(%)	人数(个)	患病率(%)
柱侧弯	7	0.37	13	0.70	20	1.07
沙眼	297	15.90	687	36.79	984	52.69
视力低下	160	8.57	41	2.20	201	10.77
龋齿	722	38.66	585	31.33	1307	69.99

全县姿势性侧弯患病率为1.07%，明显低于全国2.3%～14.1%的标准。沙眼患病率低于20世纪80年代全国抽样调查指标，农村患病率高于城镇2.3倍。视力低下患病率低于全国水平，城镇明显高于农村。龋齿患病率与1982年全国29个省、市、自治区抽样调查资料比较，低于全国平均水平。

二、文化素质

1982年全国第三次人口普查，全县人口中接受高等教育的586人，占0.28%；接受中等教育的11395人，占5.4%；接受初中教育的27634人，占13.2%；接受小学教育的68174人，占32.7%。

1990年全国第四次人口普查，全县人口中接受高等教育的1195人，占1.06%；接受中等教育的15086人，占5.2%；接受小学教育的91837人，占15.3%。

2000年全国第五次人口普查,全县人口中接受大学(大专以上)教育的2924人,占1.15%;接受高中(含中专)教育的21150人,占8.33%;接受初中教育的68457人,占26.98%;接受小学教育的109102人,占43.00%。

与1990年全国第四次人口普查相比,2000年每10万人中具有大学教育程度的由495人上升到1152人;具有高中教育程度的由6434人上升到8335人;具有初中教育程度的由16498人上升到26978人;具有小学教育程度的由39193上升到43000人;15岁以上文盲人口为24876人,文盲率由22.12%下降到13.62%,下降8.5%。

花垣县1990年与2000年人口文化教育程度统计表

表2-1-12　　　　单位:人

年　份	6岁以上人口文化教育状况					15岁以上文盲率(%)
	大专及以上	中专及高中	初　中	小　学	文　盲	
1990	1159	15086	38640	91837	58116	22.12
2000	2924	21150	68457	109102	24876	13.62

三、生命素质

1990年,全县婴儿死亡率为45.62‰,1岁平均预期寿命为69.65岁,15岁以上人口识字率为77.88%。2000年全县婴儿死亡率为31.33%,1岁平均预期寿命为70.89岁,15岁以上人口识字率为86.38%。与1990年相比,0周岁死亡率下降14.29‰,1岁平均预期寿命提高1.24岁,15岁以上人口识字率提高8.5%。

第四节　家　庭

一、家庭人口数

1986年,全县户平人口4.6人,其中农业户户平人口4.75人,非农业户户平人口3.5人,农业户平人口高于非农业户平人口。

随着计划生育政策的实施,人口增长速度减慢。1990年,全县户平人口4.3人,其中农业户户平人口4.5人,非农业户平人口3.3人,亦是农业户户平人口高于非农业户平人口。

1995年,全县户平人口仍呈下降趋势。年末,全县户平人口4.08人,其中农业户平人口4.4人,非农业户平人口2.95人,农业户平人口仍高于非农业户平人口。

2000年,全县户平人口与1995年持平,仍为4.08人,其中农业户平人口4.4人,非农业户平人口2.96人,农业户平人口依然高于非农业户平人口。

二、家庭人口构成

农村家庭多为两代同堂,即父母与子女。子女成家后多与父母分居,即使住房不够,也另起炉灶。父母随小儿满崽居住,年老时由随居者赡养,财产由其继承。亦有情况特殊,若几兄弟中,其中后成家者,不论其排行第几,父母均随其居住,财产由其继承。无儿有女家庭,则招上门女婿,财产由女儿继承。随父母居住的家庭多为三代同堂,四代同堂少见。

城镇家庭两代同堂为多,儿女成家后与父母分居，因生活习惯及观念上的差异，又因有固定的收入，父母在生活能自理的情况下，一般都习惯老两口独居。只是在节假日，子女到父母家聚餐。这类父母系有固定收入、有独居条件的家庭，不涉及赡养问题，财产一般由子女共享继承权。父母没有生活来源的家庭，父母的赡养一般由子女分担。也有父母随小儿满崽居住的情况，此种情况其赡养及财产继承与农村家庭相同。

三、家庭生活水平

城镇居民的消费水平逐年提高，吃、穿、用、住、行等各方面都有很大改善，必需型生活资料在提高质量的基础上，所占比重呈下降趋势，享受型生活资料所占比重逐年上升。2000 年城镇居民人均生活消费支出 2911 元，比 1993 年增长 1.6 倍，年递增 12.7%。农村居民人均纯收入由 1986 年 269 元增加到 1990 年的 325 元，1995 年增加到 743 元，2000 年增加到 1116 元。“七五”时期年均增长 3.9%，“八五”时期年均增长 18.0%，“九五”时期年均增长 8.5%。随着收入水平的提高，农村居民生活水平和消费观念发生重大变化。2000 年，农村居民家庭人均生活消费支出达 981 元，比 1986 年增加 2.9 倍，年均增长 9.5%。吃饭穿衣向多样化发展，农民开始由吃饱向吃好转变；穿着由“一衣多季”向“一季多衣”转变。农村家庭对电器的拥有从无到有，从少到多，普及程度迅速提高。2000 年，全县每百户农村居民拥有电视机 63 台，电风扇 10 台，影碟机 11 台，洗衣机 3 台。

第二章 计划生育

1986—1993 年，花垣县计划生育领导机构称花垣县计划生育工作领导小组，由 1 名县委副书记任组长，分管计划生育的县人大常委会副主任、政府副县长和政协副主席为副组长。1994 年，领导小组更名为中共花垣县委计划生育领导小组，组长改由县委副书记、县长担任。领导小组的职能是督促各级党委、政府贯彻计划生育方针政策，决策部署全县计划生育重大工作任务。

县计划生育行政机构初称县计划生育委员会（简称计生委），2000 年改称县计划生育工作局（简称计生局）。20 世纪 80 年代后期，全县的计划生育工作进入普遍开展和不断完善的时期。到 2000 年底，全县总人口为 268684 人，自然增长率从 1986 年的 13.15‰降至 2000 年的 10.17‰，人口出生率从 1991 年的 24.3‰降至 2000 年的 12.9‰。

第一节 政策法规

一、生育政策

1984 年 9 月，中共花垣县委、花垣县人民政府下发《关于计划生育工作若干问题的规定》，提倡一对夫妇只生育一个孩子；符合下列条件之一，生育间隔达三年以上，经批准可生育第二个孩子：①农村村民（包括菜农和吃定销粮的干部职工），夫妇一方是少数民族的；②夫妇双方为国家、集体单位干部职工和吃商品粮的城镇居民，经县级以上医院诊断证明，第一个孩子有非遗传性疾病或有严重生理缺陷不能成长为正常劳动力的；③婚后五年不孕，带、收养一个孩子后有生育能力的;④再婚后夫妇一方只有一个孩子,另一方无子女的;⑤独生子与独生女结婚的。文件还规定,夫妇双方再婚前各有一个孩子,但均依法判随前妻前夫和再婚夫妇中的一方系有两个孩子的丧偶者,另一方系初婚的,可照顾再生育一个孩子。农村的汉族夫妇除符合上述情况可生育二孩外,符合以下情况,也可有计划地生育二孩:男方到有女无儿家庭结婚落户的;夫妇一方两代系独生子女的;兄弟中只有一人生育一孩子,其兄弟丧失生育能力的;长期居住在边远山区方圆五华里无人家的单家独户;烈士的独生子女或二等乙级以上残废军人;夫妇一方系非遗传性残疾,或因公致残丧失劳动能力,只生育一个女孩的;兄弟中都只生育一个女孩的,可照顾其中一个生第二孩。

1987年3月10日,中共花垣县委、花垣县人民政府颁发《关于贯彻实行州委、州政府〈关于计划生育的若干规定〉的实施细则》,在继续提倡晚婚、晚育、少生、优生的同时,对生育政策作了适当调整,主要是:少数民族夫妇中,一方是干部职工或城镇居民,另一方是农民的,允许生二胎;独生子与独生女结婚,只生育一个女孩或夫妇有一方是少数民族的,允许生二胎;再婚夫妇一方原已有两个孩子,均依法判随前配偶,新组合的家庭无子女的,允许再生一胎;夫妇双方一方是少数民族,一方是汉族的,一律执行少数民族的生育政策。

根据以上生育政策,1987—1990年间,一批县直机关干部、企事业单位职工有计划地生育了二胎。1994—1996年这批集中出生的人口陆续到达入学年龄,给县城各小学带来巨大压力,师资、校舍一度紧缺。

1990年1月1日,《湖南省计划生育条例》(以下简称《条例》)正式实施。《条例》提倡一对夫妻只生育一个孩子,规定任何情况下禁止生育第三个孩子;夫妻均系农民,必须有一方是少数民族,方可生育第二胎;不论何种性质的户口,再婚夫妇原各有一个孩子,或一方已有两个孩子,不管孩子依法判随哪一方,再婚后禁止再生育孩子。干部职工和城镇居民中,除第一孩有非遗传性疾病,经州县计划生育技术鉴定为病残儿,可以生育第二胎和有一方是农民且系少数民族方可生育第二胎外,其他情况不允许生育第二胎。同时还规定,凡以前规定与本《条例》相抵触的生育政策一律以本《条例》为准。

二、奖罚政策

1990年,《湖南省计划生育条例》颁布实施以前,花垣县计划生育的奖罚标准主要依据花发〔1984〕127号《关于计划生育工作若干问题的规定》和花发〔1987〕4号《关于贯彻实行州委、州政府〈关于计划生育工作若干规定〉的实施细则》,1990年1月1日以后按《湖南省计划生育条例》的有关规定执行。

奖励与优待 干部职工夫妇晚婚的,各增加婚假10天(1987年3月1日以后增至12天);晚育增加产假1个月,在产假期间领取独生子女证的延长产假两个月。领取"独生子女证"后从当年开始至子女年满14周岁止,每年发给独生子女保健费40元,1988年始增至每年80元,并一次性奖励300元。凡独生子女可凭证优先入托入学、就医就业,单位在分配住房时给予照顾。独生子女父母是国家工作人员或企事业单位职工的,退休后增发本人标准工资5%的补助费。对农村独生子女家庭优先给予社会救济、开发项目给予优先安排。干部职工按规定落实节育措施的,上环休息5天;男扎休息10天,补助营养费30元;人工流产休息14天;引产休息30天。休息期间,工资照发,不影响考勤和评奖。对农村独生子女户和两女结扎户实行养老保险,每户投保400元,其中县财政承担200元,乡镇和投保对象各承担100元。

处罚与限制 干部职工不按计划生育规定强行生育二胎和多胎的,给予党纪、政纪处分,是招聘干部的一律解聘。1990年后,国家工作人员、企事业单位职工超生孩子的,给予撤职、降级直至开除处分。城镇居民和农村村民强行生育二胎的,一次性罚款400元,1990年后改为征收计划外生育费200～500元。强行生育三胎以上的,一次性罚款

800元。1990年后违反生育政策规定超生一个孩子的，干部职工和个体工商户分别按本人年工资和上年纯收入的1.5倍征收计划外生育费，年纯收入不足2000元，按2000元计征；农民和城镇居民无业人员分别按本村、年度人均纯收入的1.5倍至2倍征收。继续超生的，按超生第一个孩子征收的金额加倍征收。对散布谣言，挑拨是非，侮辱、威胁或打击报复计划生育工作人员、计划生育积极分子和溺害女婴等违法行为予以制裁，构成犯罪的依法追究刑事责任。干部、医务人员有徇私舞弊、乱发准生证、做假节育手术、出具假节育证明、擅自进行胎儿性别鉴定或人工授精的，每次罚款200元，并给予党纪政纪处分。1990年后改为罚款500～3000元，并视情节轻重给予警告直至开除处分。为计划外生育人员提供躲避场所的，处以400～800元的罚款。

三、其他政策

节育措施　未安排生育的育龄妇女要求采取药具避孕；已生育一个孩子的夫妇，以女方上节育环为主；已生育两个孩子的夫妇，一方必须结扎。

亲属责任制　1993年4月，县内实行计划生育亲属责任制，对外出躲避计划生育的对象，乡（镇）人民政府责成其家属在规定时间内找回，逾期未回者，视同违反计划生育政策，处以罚款直至收回其责任田土。1997年夏季，全县找回外躲户170户。1998年，此规定停止执行。

第二节　宣传教育

1985年始，为使计划生育基本国策深入人心，全县采取多种形式宣传人口理论、计划生育政策法规和避孕节育、优生优育等基础知识。

1985年10月，成立“县计划生育宣传技术指导站”，配宣传专职干部1人。1997—1998年，全县21个乡（镇）分期分批配齐了29英寸彩色电视机、影碟机、放像机等设备，实现了计划生育宣传手段现代化。

文艺宣传　1986年，全县共建立计划生育文艺创作小组19个，创作人员95人，县乡组建文艺宣传队20个，人员达310人，当年共创作计划生育剧本4个。县、乡文艺宣传队每年在重大节日进行巡回演出。1999年始，县计生委、县文化局和县苗歌协会每年春节都开展计划生育苗歌、山歌宣传活动。

宣传品发行　1986年，县计生委与县文化馆联合创办《计划生育报》，1990年停刊。1991年，县计生委将《湖南省计划生育条例》及有关政策法规印成小册子20000份，分发到全县城乡。1997年，全县发行省计划生育宣传中心印制的宣传资料5000份。《湖南人口报》的发行量逐年增加，从1986年的32份增至2000年的780份。

1997年始，重点宣传县计划生育委员会副主任晏玲玲的先进事迹。晏玲玲系长沙市人，主治医师，30年如一日服务苗乡，工作出色，受到国家和省、州计划生育委员会的表彰。

第三节　计生管理与服务

一、计生管理

对乡（镇）实行目标管理和考核，各乡（镇）人民政府每年与县人民政府签订责任书，年终进行考核评估排队，奖优罚劣。对人口失控、计划生育问题严重的单位实行“一票否决”或列为重点管理单位。被否决乡(镇)的党委书记、乡(镇)长就地免职;被列为重点管理单位乡(镇)的党委书记、乡(镇长)连同分管的领导和计划生育专职干部下浮一个档次的工资,取消评奖评优资格,时间为一年。从1992年计划生育工作实行乡(镇)评估排队至2000年,全县累计有32个次乡(镇)被评为先进单位,17个次乡(镇)被“一票否决”或重点管理。

花垣县1992—2000年计划生育管理考核情况表

表2-2-13

年　　度	先　进　单　位	被否决或重点管理
1992	龙潭镇、大河坪乡	无
1993	龙潭镇、大河坪乡、道二乡	董马库乡(重管)、雅酉镇(重管)、长乐乡(否决)
1994	龙潭镇(红旗单位)、茶洞镇、大河坪乡、雅桥乡	窝勺乡(重管)、大龙洞乡(重管)
1995	排料乡、雅桥乡、窝勺乡	道二乡(重管)、两河乡(重管)、 猫儿乡(重管)、董马库乡(重管)
1996	龙潭镇、民乐镇、吉卫镇、窝勺乡	猫儿乡(否决)、雅桥乡(否决)、董马库乡(重管)
1997	龙潭镇(红旗单位)、民乐镇、吉卫镇	两河乡(重管)
1998	龙潭镇、排碧乡、道二乡、雅酉乡	长乐乡(重管)、排吾乡(重管)
1999	雅酉乡、补抽乡、排碧乡、龙潭镇	道二乡(重管)
2000	雅酉镇、补抽乡、龙潭镇、猫儿乡、长乐乡	排碧乡(重管)

集中统一行动　1991年开展计划生育工作突击活动,全县各级干部深入基层做群众工作。1993年始,全县每年都开展春、夏、秋、冬四次计划生育集中统一行动,简称“春突”“夏突”“秋突”“冬突”。1997年4—5月开展的集中统一行动,是1993年以来规模最大的一次。县民族医院、县中医院、县妇幼保健站和县计生服务站共抽调56名医生组成12个手术分队,在20个乡镇巡回手术服务,县直单位共出动62台车给予支持。一年内,全县共落实各种节育手术5412例。

计生综合治理　1996年始,全县把计划生育综合治理列入计划生育工作目标管理和考核的内容之一。按照省、州要求,把县计生委、县公安局、县工商局、县建委、县卫生局、县劳动局、县民政局7个部门列为计划生育综合治理责任部门,2000年增加县财政局作为第8个责任部门。各责任部门每年初与县人民政府签订计划生育综合治理目标责任书,年终由省、州进行考核评比。各责任部门的主要职责是:县计生委组织流动人员查环查孕,实施节育手术,严格控制手术并发症发生率,把好全县二胎生育证发放关;县公安局在办理暂住证和暂住登记时,要查验流动人口计划生育证明;工商局在发放营业执照时,要查验申办人员的“流动人口计划生育证明”;县建委与施工单位承建法人签订计划生育管理合同时,要查验施工人员的“流动人口计划生育证明”,查验城镇房屋承租人的计划生育证明;县卫生局要正确提供节育证明和病残儿证明,杜绝非法鉴定胎儿性别、做假节育手术和非法摘取宫内节育器,接收孕产妇时,要检查有无生育证;县劳动局在办理招工手续时,要严格审查计划生育情况;县民政局要依法准确办理结婚登记手续和收养手续,对因节育手术事故丧失劳动能力、导致生活困难的农民和城镇居民中的无业人员要安排社会救济;县财政局要按省定标准安排计划生育事业经费投入，确保计划生育预算经费和专项经费及时到位。经省考核评估，花垣县的计划生育综合治理到位率由1996年的60.08％提高到1999年的90.46％。

整治弄虚作假　1999年始，对虚报节育手术、瞒报计划外和多孩出生等弄虚作假问题进行整治，开展"打假治水"活动，在县、乡(镇)设立举报箱和举报电话，鼓励群众举报违法违纪行为；对弄虚作假的单位，视情节轻重给予责任人以经济处罚和党纪政纪处分。通过治理，弄虚作假现象得到有效遏制。

推行村为主　1997年，花垣县开始探索计划生育村为主工作方法，并在民乐镇、补抽乡试点。同年4、5月间先后在这两个乡镇召开全县计划生育村为主现场会，推介先进经验。县计划生育领导小组先后下发《关于推行计划生育工作以村为主的决定》《花垣县1997年计划生育村为主行动方案》，村为主工作随即在全县铺开。在推行村为主过程中，村一级建立计划生育领导机构，选配女计划生育专干，落实报酬(每月10～20元)，落实村干部计划生育工作责任。经省计生委调查评估，1997年，全县村为主比率为33.89％，1998年上升到50.35％，1999年达66.67％，2000年提高到73.34％。实行村为主，发挥了村级组织在计划生育工作中的主体作用，提高了计划生育基层基础管理水平，推进了计划生育工作重心由乡镇向村一级下移，被称为计划生育工作的"第二次战略转移"。

扶贫开发与计划生育相结合　1995年3月，县委、县政府制定《花垣县扶贫攻坚规划》，明确要求计生部门"要把实行计划生育与扶贫结合起来，积极开展人口与计划生育基础知识教育，努力降低人口自然增长率"。1996年12月县委下发《关于尽快解决农村贫困人口温饱问题的实施意见》，要求各级党委、政府要坚持扶贫开发与计划生育相结合，提高人口素质，尽快改变农村越穷越生、越生越穷的恶性循环状况。要求在扶贫开发工作中优先扶持独生子女户和两女结扎户，并制定免除贫困户粮食定购任务的优惠政策。1997年6月，县委、县政府正式出台《关于做好扶贫开发与计划生育相结合工作的意见》，明确对农村独生子女户、两女结扎户和其他模范实行计划生育的贫困户的扶贫优惠、优先和优待政策。对特贫的计划生育户，由扶贫办和计生部门核准后，适当减免农业税和粮食定购任务三年；对两女结扎户和独生子女户免收农业特产税三年，减半征收村提留和乡统筹费三年。文件还确定"先节育、后扶贫，先脱贫、后生育"的原则。对严重违反计划生育政策生育多孩的贫困户，不予扶贫支持。还明确扶贫开发、计划生育、农业农村、宣传、共青团、妇联、计生协会等相关部门的职责。对建整扶贫村进行计划生育评估排队，把扶贫开发与计划生育相结合工作上升为政府行为，增强了各部门协作管理计划生育工作的联动性。1997年，全县扶贫资金总投入达5122.5万元，其中为1065户独生子女户、两女结扎户安排脱贫致富项目291个，优先解决扶贫资金及贷款65万元，优先传授致富技术2769人次，优先安排就业265人，安排免费入学儿童605人。全县独生子女户、两女结扎户共减免农业税4.6882万元，减免上交提留款3.314万元，减免农业特产税1.989万元，为971户两女结扎户办理了养老保险。2000年7月，县计生局、县计生协会、县扶贫开发办、县农业银行、县建整扶贫办、县财政局、县民委联合下发《关于做好扶贫开发与计划生育相结合进村入户工作的通知》，把对计生贫困户的扶贫优惠政策和各部门职责进一步具体化。增加优先安排计生贫困户民族医疗减免费、民族义务教育助学金和县财政按农业税实际入库数一定比例预算安排计生贫困户补助资金，共选出尚未脱贫的106户独生子女户和1346户两女结扎户作为第二批重点扶贫对象，在全县形成了党政总揽，扶贫开发办、计生局、建整办三家主抓，以建整扶贫工作队为主力军，各部门共同参与的扶贫开发与计划生育相结合的工作新格局。

违纪查处　1999年，县委决定从计生委、组织部、纪检监察、劳动、人事部门抽调人员合署办公，重点清查1990年以来干部职工违反计划生育政策的行为。全县共清理出1990年以来超计划生育而未处理到位的干部职工56人。截至2000年12月,全县共查处违纪生育的干部职工43人,其中开除公职39人,自动离职2人,经济处罚2人。

二、计生服务

服务网络 1986年10月,建立县计划生育技术服务站,站址设在花垣镇西长街128号原县政府招待所一间20平方米房内,配有3名技术人员。至1988年底,共实施节育手术1930例,占同期全县落实节育手术总数的42%。1988年,县计划生育技术服务站扩建到40平方米,设康复床位15张,技术人员增至7人。1991年,新建一栋计划生育综合大楼,集宣传、培训、技术服务、药具物资管理于一体,面积达1600平方米。有康复床位40张,内设咨询、门诊、康复、化验、B超、心电图、优生遗传检测室,拥有日本进口B超机、万能手术床、九孔无影灯设备。1997年添置了优生遗传检测仪、红外光治疗仪、乳腺诊断仪等设备,技术人员增至15人。由于成绩突出,1997年至2000年该站连续四年被省计生委确认为甲级计划生育服务站。

1988年,茶洞镇建立花垣县第一所乡镇计划生育服务所。至1993年,全县21个乡镇全部建立计划生育服务所,各所配备2名手术医生,全县形成了以县站为中心、以乡(镇)所为依托的计划生育技术服务网络。1997—1998年,21个乡(镇)服务所统一配备了B超机和红外光治疗仪。到2000年底止,全县共有10个乡(镇)服务所经州验收评为甲级服务所。

技术服务 县、乡计划生育服务站、所按照"面向基层、坚持经常、方便群众、服务上门"的方针,为育龄夫妇提供计划生育技术服务。乡(镇)服务所未建立以前,县站主要采取派技术力量分散到乡(镇)和组织流动手术队巡回手术的形式开展技术服务,1990年县站10名技术人员共计下乡557天,做手术1563例。全县80%以上的节育手术由县乡计划生育服务机构承担。

建设"国策楼" 1997年8月,补抽乡率先建成集计划生育办公室、人口学校、协会活动室、技术服务室于一体的综合大楼,时称"国策楼"。至2000年底,除排吾、两河乡外,共有19个乡镇新建或改建成"国策楼",其中新建11栋,改建8栋,二层以上楼房15栋,平房4栋,总建筑面积达5499平方米,共投入资金235.43万元,其中县、乡投入215.43万元。

花垣县1991—2000年计划生育工作主要指标情况表

表2-2-14

年度	总人口	出生率(‰)	计生率(‰)	多孩率(‰)	综合节育(‰)	村为主比率(‰)	综合治理到位(‰)	全省排名
1991	239535	23.12	48.72	26.28	72.91	未考核	未考核	14
1992	243965	19.51	45.69	14.8	86.95	未考核	未考核	11
1993	246746	17.55	66.87	9.49	90.09	未考核	未考核	11
1994	251364	18.5	65.79	7.18	88.99	未考核	未考核	11
1995	254369	14.9	69.98	6.68	89.91	未考核	未考核	17
1996	257925	14.08	73.64	6.27	92.77	未考核	未考核	17
1997	260823	12.99	81.52	3.1	未考核	未考核	未考核	16
1998	263220	12.76	82.23	2.00	未考核	未考核	未考核	15
1999	265838	12	83.73	2.7	未考核	未考核	未考核	15
2000	268684	11	91.68	1.37	未考核	未考核	未考核	

第四节　计生干部队伍

一、计生干部状况

1979年，全县21个乡（镇）均配备计划生育专职干部。至1998年，在岗的县、乡计划生育专职工作人员共43人。1991—1995年，又招收103名全民合同制工人充实计划生育工作队伍。1993年，县计划生育委员会成员增至13人。1997年4月，全县各村配齐35岁左右的女性计划生育专职人员。至此，县乡（镇）计划生育工作队伍基本保持稳定。

二、计生干部待遇

1998年2月，中共湘西州委、湘西州人民政府规定，县（市）计生委主任政绩突出，经考核符合条件的可享受副县级待遇；在乡镇计生专干工作岗位工作满三年以上，经考核工作成效显著的可享受副乡级待遇。据此规定，县计生委主任孟宪鸣1999年4月被任命为县人民政府助理调研员。1991—2000年，全县乡（镇）计划生育专干中，共有10人被提拔，其中3人任党委副书记，7人任副乡（镇）长。

1997年以前，乡（镇）计划生育手术医生的工资由乡（镇）财政解决，1997年以后改由县财政统一解决。县、乡（镇）计划生育专职工作人员的岗位津贴，1998年以前为每月30元，1998年后增至每月60元。村计划生育专干的报酬从1997年始为每月20元，其中县、乡（镇）各解决10元，年终还可与村主干同样享受报酬。

三、计生干部学习培训

1994年始，各乡（镇）利用人口学校对村组干部进行不定期培训；乡（镇）计生办建立月例会制度，在每月月底对村干进行业务培训。1997年，全县计生系统开始开展学历教育，鼓励进修学习。至2000年，共有6人通过函授学习获得大专学历。1986—2000年，县计生委采取集中培训或以会代训的方式多次对乡镇计生工作人员进行短期培训，其中培训乡（镇）计生专干和手术医生1300余人次。

第五节　计划生育协会

一、组织建设

1988年3月19日，花垣县计划生育协会成立，选出首届理事会理事53名，县人大常委会主任麻胜超任名誉会长，县人民政府副县长蔡安家任会长。年底全县有协会组织2个，会员186人。第二届理事会于1993年5月换届产生，全县协会组织发展到444个，拥有会员16275人，占全县总人口的6.67%。1999年3月第三届理事会产生，选举出理事105人，常务理事27人，全县协会组织发展到452个，会员增至19850人，共建立会员小组957个，建立会员联系户1985户。全县基本形成了上下贯通、左右相连的协会工作网络，计划生育协会发展成为全县最大的社会团体。

二、编制与经费

县计划生育协会成立时，设事业编1名，人员和办公机构挂靠县计生委。1998年，花垣县人民政府下发《关于加强计划生育协会工作的意见》规定，县协会常务副会长和秘书长设专职人员，分别享受正、副科级待遇。县协会的活动经费，1988—1998年每年由财政安排3000～6000元不等。

1999年、2000年分别增加到3万元、6万元。

三、主要活动

宣传教育 各级计生协会配合计生委和有关部门运用图片展览、书法比赛、独生子女演唱会、计划生育演讲等形式开展人口与计划生育基础知识教育;运用电影、幻灯、广播、宣传车等工具进行计划生育、优生优育优教知识宣传教育。1988年,茶洞镇计生协会组织18名歌手自编节目,采取山歌、苗歌、三棒鼓等群众喜闻乐见的形式宣传计划生育政策法规和优生优育知识。1991年,县计生协会开展自制计划生育幻灯片比赛,全县共制幻灯片100余盒,放映700场次;各乡镇计生协会在墟场搭建歌台,自编苗歌山歌1000多首,演唱400多场次,利用宣传车宣传《湖南省计划生育条例》1000多次。1999年和2000年县计生协会开展"五二九"(中国计生协会成立纪念日)第一、二次会员集中活动,分别编印发放《计划生育苗歌山歌集》400册,宣传协会章程、新修改的《湖南省计划生育条例》和《中共中央国务院关于加强人口与计划生育工作稳定低生育水平的决定》,展出展板16块。

配合抓计生 计生协会会员来自社会各界人士,多为基层的"五老"(老党员、老干部、老模范、老职工、老知识分子)、生产骨干、致富能手和计划生育积极分子,他们既长期生活在基层,与群众有着密切的关系,又教子女、带亲戚,带头实行计划生育。茶洞镇协会理事吴兴武自愿终生只生一个孩子,并主动接受了节育手术。县计生协会副会长李健英的长女1988年按照当时州委、州政府制定的计划生育政策,可以生育第二孩,在李健英的说服下,放弃了二孩指标,李健英的两个儿子都带头领取了独生子女证。

开展服务活动 在春耕春种和秋收大忙季节,农村计生协会会员组织帮工队,义务为计划生育对象户做农活;在对象手术和康复期间,协会会员前往看望和慰问,对生活有困难的,协会组织募捐,帮助对象渡过难关。协会还关心照顾"五保"老人。1988年,茶洞镇计生协会向全镇干部群众发出"大家都来关心五保老人"的倡议书,逢年过节给老人送礼品礼金。各级协会积极为群众提供致富信息,开展实用技术培训,帮助群众脱贫致富。1992年,窝勺乡卧坝村计生协会会长杨再友养兔致富后,组织农户发展养兔业,向农户传授养殖技术,上门搞疫防服务,带动10多户人家脱了贫。1997年,道二乡紫霞村计生协会组织群众学习畜牧技术知识,倡导养猪致富,1998年全村形成了以养猪为主的支柱产业,养猪收入占村人均收入的50%。1999年,县计生协会与县妇联联合开展农村实用技术培训,在县党校、长乐乡、雅桥乡、龙潭镇、花垣镇巡回办培训班,共培训育龄妇女400余人次。

协调农村两女结扎户养老保险事宜 1992年始,县计生协会与县保险公司、县民政局联合开展农村两女结扎户养老保险工作。至2000年12月底止,全县共投保971户,投保金额30万元。

四、协会整顿

1997年,中国计生协会提出利用三年左右的时间对村级协会组织进行整顿。花垣县于1999年4月成立了由县委副书记田茂盛任组长的村级协会组织整顿领导小组,开始村级协会组织整顿工作。整顿会员队伍,对会员进行重新登记,劝退不合格会员,改善会员结构,确保协会队伍的纯洁性、先进性;整顿协会组织,选好一名德高望重的会长,一名常务副会长,一名办事能力强的秘书长,健全规章制度,增强活动能力,达到"组织健全,活动经常,搞好服务,形成风尚"的标准。到2000年12月止,全县村级协会整顿面达65%,乡、村两级共调整常务副会长110人,劝退不合格会员5265人,新发展会员5741人。整顿后全县协会会员发展到25532人,占总人口的9.5%,其中"五老"会员1427人,占会员人数的5.6%;干部会员2396人,占9.4%;经济能人会员3405人,占13.3%;育龄群众会员18304人,占71.7%,会员结构趋于合理。

第三篇　中共地方组织

第一章　中共花垣县委员会

第一节　领导成员

中国共产党花垣县委员会是花垣县最高领导机关。县委历届领导班子由党员代表大会选举产生，书记、副书记、常委由各届的第一次全体会议选举产生，特殊情况由中国共产党湘西土家族苗族自治州委员会任命。

1986—2000年15年间，中共花垣县委员会先后经历了第六、第七、第八三届领导班子换届。第六届领导班子颜学根任县委书记，石昌禄、龙友芳任县委副书记，石邦庭等10人任县委常委。届中，中共湘西自治州委先后任命龙爱东、龚汝恒为县委副书记。1989年10月，颜学根调离花垣，中共湘西自治州委先后任命石昌禄、石维斌为县委书记。中共湘西自治州委还任命省直下派的罗文聘等3人为挂职的县委副书记。第七届领导班子龙爱东任县委书记，石邦庭、龚汝恒、梁秋松任县委副书记，龙志成等7人任县委常委。届中，中共湘西自治州委先后任命石英伯、刘路平等5人为县委副书记，石邦祥等7人为县委常委。龙爱东调走后，中共湘西自治州委任命刘路平为县委书记。中共湘西自治州委还任命省、州和衡阳市派来的5人为挂职县委副书记，1人为挂职县委常委。第八届领导班子刘路平任县委书记，刘昌刚、石建秋、田茂盛、石昌明任县委副书记，龙文高等7人任县委常委。届中的2002年1月，中共湘西自治州委任命石伏龙、刘世树为县委副书记。刘路平调走后，中共湘西自治州委任命李万松为县委书记，省直徐水辉、州直向八一、衡阳市谢根银继续挂任县委副书记。中共湘西自治州委还任命省直下派的余雄、杨宏伟、谢卫国为挂职县委副书记，许剑鸣为挂职县委常委。

中共花垣县委第五届至第八届书记、副书记、常委任职表

表 3-1-15

届别	姓名	性别	民族	籍贯	职务	任职时间	备注
五届	颜学根	男	汉族	株洲	书记	1986.1～1988.4	
	石昌凡	男	苗族	花垣	副书记	1986.1～1988.4	
	龙友芳	男	苗族	凤凰	副书记	1986.1～1988.4	
	石昌禄	男	苗族	花垣	副书记	1986.10～1988.4	
	罗文聘	男	汉族		副书记	1988.1～1988.4	挂职
	宋典元	男	汉族		副书记	1987.11～1988.4	挂职
	石邦庭	男	苗族	花垣	常委	1986.1～1988.4	
	向明喜	男	苗族	花垣	常委	1986.1～1988.4	
	龙爱东	男	苗族	花垣	常委	1986.1～1988.4	
	石家仁	男	苗族	花垣	常委	1986.1～1988.4	
	龚汝恒	男	汉族	江西樟树	常委	1986.1～1988.4	
	麻应新	男	苗族	花垣	常委	1986.1～1988.4	
	吴运顺	男	苗族	花垣	常委	1986.6～1988.4	
	屈辉庭	男	土家族	花垣	常委	1986.8～1988.4	
六届	颜学根	男	汉族	株洲	书记	1988.4～1989.11	
	石昌禄	男	苗族	花垣	副书记 书记	1988.4～1989.11 1989.11～1990.5	
	石维斌	男	苗族	花垣	书记	1990.5～1992.9	
	龙友芳	男	苗族	凤凰	副书记	1988.4～1992.9	
	石邦庭	男	苗族	花垣	常委	1988.4～1992.9	
	龙爱东	男	苗族	花垣	常委 副书记 书记	1988.4～1989.8 1989.9～1992.9 1992.9～1992.10	
	龚汝恒	男	汉族	江西樟树	常委 副书记	1988.4～1989.12 1989.12～1992.10	
	麻应新	男	苗族	花垣	常委	1988.4～1990.3	
	吴运顺	男	苗族	花垣	常委	1988.4～1989.12	
	屈辉庭	男	土家族	花垣	常委	1988.4～1992.9	
	罗文聘	男	汉族		副书记	1988.4～1989.7	挂职
	宋典元	男	汉族		副书记	1988.4～1989.7	挂职
	满益华	男	土家族	花垣	常委	1989.12～1992.9	
	姚云江	男	苗族	花垣	常委	1989.12～1992.9	

续表

届别	姓名	性别	民族	籍贯	职务	任职时间	备注
六届	龙志成	男	苗族	花垣	常委	1990.3～1992.9	
	石英伯	男	苗族	花垣	常委	1990.4～1992.9	
	陈其华	男	汉族	桃源	副书记	1990.9～1992.10	挂职
七届	龙爱东	男	苗族	花垣	书记	1992.9～1995.6	
	刘路平	男	汉族	武汉	副书记 书记	1994.1～1995.6 1995.6～1997.10	
	石邦庭	男	苗族	花垣	副书记	1992.10～1997.8	
	龚汝恒	男	汉族	江西樟树	副书记	1992.10～1995.12	
	梁秋松	男	苗族	保靖	副书记	1992.10～1993.8	
	龙志成	男	苗族	花垣	常委	1992.10～1994.12	
	向心国	男	土家族	古丈	常委	1992.10～1996.2	
	姚云江	男	苗族	花垣	常委	1992.10～1994.1	
	满益华	男	土家族	花垣	常委	1992.10～1997.10	
	屈辉庭	男	土家族	花垣	常委	1992.10～1997.9	
	石英伯	男	苗族	花垣	常委 副书记	1992.10～1994.12 1994.12～1996.3	
	石仕泉	男	苗族	花垣	常委	1992.10～1997.9	
	石邦祥	男	苗族	花垣	常委	1994.4～1995.12	
	颜学毛	男	汉族	南县	副书记	1994.5～1996.4	挂职
	石昌明	男	苗族	花垣	常委 副书记	1994.12～1997.10 1997.9～1997.10	
	彭秀彪	男	土家族	永顺	常委	1994.12～1995.12	
	贺鹏程	男	汉族	衡阳	副书记	1995.6～1996.9	挂职
	石建秋	男	苗族	花垣	副书记	1995.8～1997.10	
	李光盛	男	汉族	花垣	副书记	1995.12～1997.9	
	田茂盛	男	土家族	保靖	副书记	1995.12～1997.10	
	黄光锦	男	土家族	龙山	常委	1995.12～1997.9	
	刘昌刚	男	苗族	花垣	常委 副书记	1995.12～1997.8 1997.8～1997.10	
	吴兴花	女	苗族	花垣	常委	1996.2～1997.10	
	徐水辉	男	汉族		副书记	1996.3～1998.10	挂职
	向八一	女	土家族	吉首	副书记	1996.6～1997.10	挂职

续表

届别	姓名	性别	民族	籍贯	职务	任职时间	备注
七届	谢根银	男	汉族	祁阳	副书记	1996.9～1997.10	挂职
	杨自力	男	汉族		常委	1996.11～1997.7	挂职
	石伏龙	男	苗族	花垣	常委	1997.5～2000	
	许剑鸣	男	汉族		常委	1997.7～1997.10	
	龙文高	男	苗族	花垣	常委	1997.9～1997.10	
	刘世树	男	土家族	龙山	常委	1997.9～2000	
八届	刘路平	男	汉族	武汉	书记	1997.10～2000.5	
	李万松	男	汉族	花垣	书记	2000.5～2000.12	
	刘昌刚	男	苗族	花垣	副书记	1997.10～2000.12	
	石建秋	男	苗族	花垣	副书记	1997.10～2000.12	
	田茂盛	男	土家族	保靖	副书记	1997.10～2000.10	
	石昌明	男	苗族	花垣	副书记	1997.10～2000.12	
	谢根银	男	汉族	祁阳	副书记	1997.10～1998.9	挂职
	龙文高	男	苗族	花垣	常委	1997.10～2000.12	
	石伏龙	男	苗族	花垣	常委	1997.10～2000.12	
	刘世树	男	土家族	龙山	常委	1997.10～2000.12	
	吴兴花	女	苗族	花垣	常委	1997.10～2000.12	
	石仕泉	男	苗族	花垣	常委	1997.10～2000.12	
	石治平	男	苗族	花垣	常委	1997.10～2000.12	
	屈辉庭	男	土家族	花垣	常委	1997.10～1999.10	
	徐水辉	男	汉族		副书记	1997.10～1999.10	挂职
	向八一	女	土家	吉首市	副书记	1997.10～1998.7	挂职
	许剑鸣	男	汉族		常委	1997.10～1999.7	挂职
	余雄	男	汉族	长沙市	副书记	1997.11～2000.2	挂职
	杨宏伟	男	汉族		常委 副书记	1998.9～2000.1 2000.1～2000.12	挂职
	谢卫国	男	汉族		副书记	2000.1～2000.12	挂职

第二节　工作部门

1950 年 5 月，中共永绥县委工作机构有秘书处(室)、组织部、宣传部、纪律检查委员会，共有干部 7 人。1952 年，秘书处改为办公室。1953 年，中共永绥县委员会改为中共花垣县委员会。1956 年，县委工作部门增加，设办公室、组织部、宣传部、农村工作部、财贸工作部、工业交通部、文化教育部、监察委员会、直属机关党总支、报社，共有干部 63 人。1958 年，成立县委党校。1960 年，县直机关党总支改为县直属机关党委。1961年，增设编制委员会。1962年，实行“精兵简政”，县委机关保留办公室、组织部、宣传部、监委会、直属机关党委、编委、党校，共有干部41人。1963年，恢复农村工作部、财贸工交部、编委划归县人委。1968年3月，成立县革命委员会，下设办事组、政治工作组、生产指挥组、人民保卫组，履行县委原工作部门职能。1973年，县委工作部门逐步恢复，设办公室、组织部、宣传部、五七干校、对台办（时称333办公室）、档案馆。1977年12月成立县委纪律检查委员会。1979年，恢复直属机关党委。1980年，建立统战部，成立信访科。1982年，增设党史资料征集研究办公室、政法办公室，信访科改为信访办公室。1983年机构改革，纪检会从县委工作部门划出，升格为中共花垣县纪律检查委员会。同年，增设老干部工作局。1984年，政法办公室改为政法委员会。至1985年底，县委机关工作部门有办公室、组织部、宣传部、统战部、政法委员会、直属机关党委、档案局、机要科、党史办、信访办、党校、对台办公室、老干部工作局，共有干部67人。

1986年后，中共花垣县委共有县委办公室、组织部、宣传部、统战部、政法委员会5个工作部门，分别履行“三个服务”（为领导服务、为基层服务、为群众服务），干部教育、管理、使用，舆论导向，联谊社会各界，维护社会稳定等职能。其中：县委办公室内设直属机关党委、机要科、督查室、保密局，协调管理党史研究室、档案局；组织部内设办公室、直属机关工委，协调管理党校、老干局、编制办、工会、妇联、团县委；宣传部内设办公室、文明办、对外宣传办、文化产业办，协调管理广电局、文化局、文联、新华书店；统战部内设办公室，协调管理民族局、宗教局、对台办、侨务办、工商联；政法委内设办公室、综治办，协调管理法院、检察院、公安局、司法局。

第三节　常委会议

1986年2月14日，县委书记颜学根主持召开县委常委会议。会议传达《中共中央关于加强物质文明和精神文明建设的意见》，决定召开有全体县级干部、乡镇党委书记、乡镇长、县直局以上单位党政正职和全县村党支部书记参加的“三级干部”会议贯彻落实中央1号文件精神。

1986年7月6日中午，县委书记颜学根主持召开县委常委会议。会议专题听取并研究兄弟河水电工程淹没区搬迁问题，决定采取三条措施把这项工作抓到位：一、以县委办行文成立花垣县兄弟河水电工程淹没搬迁指挥部，明确由县委副书记、县长石昌凡任指挥长专抓；二、抽调石光林、吴光祥等6人为指挥部办公室人员抓综合协调；三、要求8月1日起启动搬迁工作，1987年3月底前完成搬迁工作任务。

1986年10月27日晚，县委书记颜学根主持召开县委常委会议。会议传达州委召开的经济开发工作会议精神，决定以县委名义行文成立县经济开发领导小组，县委书记颜学根任组长，县政府2位副县长任副组长，农委等相关单位领导为成员，领导小组下设办公室，专抓全县经济开发综合协调工作。

1986年11月11日晚，县委书记颜学根主持召开县委常委会议。会议传达州委召开的县、乡两级人大换届工作会议精神，并就县政协换届进行研究。会议决定：一、以县委办名义行文成立2个领导小组，一个是县乡两级人大换届领导小组，人大常委会主任石昌凡任组长，3位县级领导任副组长，相关单位领导为成员，下设办公室专抓；一个是县政协换届领导小组，县委组织部长龙爱东任组长，统战部长和一位政协副主席任副组长，相关单位领导为成员，下设办公室专抓。二、召开两天有乡镇党委书记、乡镇长、人大主席团主席，县直局级单位党政正职参加的会议部署换届工作。

1987年1月12日，县委书记颜学根主持召开县委常委会议。会议就如何加强全县社会主义精神文明建设进行专题研究，决定召开一次县委工作会议部署全县精神文明建设工作，并以县委名义出台《中共花垣县委关于加强全县社会主义精神文明建设的决定》。

1987年3月10日，县委书记颜学根主持召开县委常委会议。会议审查通过《关于加强全县社会主义精神文明建设的意见》，确定以县委名义正式行文下发，并就做好县人大、县政府、县政协换届落选人员思想政治工作及其岗位是否变动作了安排部署。

1988年4月25日，县委书记颜学根主持召开县委常委会议。会议讨论并通过《县委常委工作规则》；研究部分单位增编问题，确定人大办增编2人，政府办增编4人，政协办增编1人，政法委增编1人，经委增编2人。

1988年8月30日，县委副书记石昌禄受县委书记颜学根委托主持召开县委常委会议。会议传达全州制止乱砍滥伐林木紧急会议精神，结合花垣实际，形成“加强领导、部门配合、抽调100人用1个月时间刹住乱砍滥伐林木歪风”的决议。

1988年11月19日，县委书记颜学根主持召开县委常委会议。会议传达州委召开的组工、宣传、政治体制改革会议精神，侧重就政治体制改革进行研究，决定办好糖酒厂试点，摸索政企分开经验，推动全县政治体制改革。

1989年8月16日，县委书记颜学根主持召开县委常委会议。会议传达州委召开的清理干部职工违规营建私房会议精神，作出以县委办、县政府办出台《关于坚决贯彻执行州办发〔1989〕20号文件有关问题的实施意见》的决定，并明确由县纪委牵头抓落实。

1990年6月20日上午，县委书记石维斌主持召开县委常委会议。会议传达省、州召开的严厉打击刑事犯罪、确保社会政治稳定的会议精神，决定以县政府名义印制《关于严厉打击刑事犯罪的公告》广为张贴宣传。

1990年6月20日下午，县委书记石维斌主持召开县委常委会议。会议就加强县委自身建设进行讨论，并原则通过以县委文件发出《关于加强县委自身建设的若干规定》和《县委常委议事规则》。

1990年11月9日，县委书记石维斌主持召开县委常委会议。会议传达全州山地开发会议精神，并结合花垣实际，作出以县委文件出台《关于加速“八五期间”全县山地开发的决定》。

1991年7月27日，县委书记石维斌主持召开县委常委会议。会议专题听取全县广播电视建设工作情况汇报，作出以县委、县政府文件出台《关于加强农村广播电视建设的决定》。

1992年11月3日，县委副书记龚汝恒受县委书记委托主持召开县委常委会议。会议专题听取和研究全县经济工作情况，作出以县委、县政府文件出台《关于发展第三产业，把农民推向市场的决定》。

1993年11月24日，县委书记龙爱东主持召开县委常委会议。会议专题听取全县反腐倡廉工作情况汇报，作出以县委文件出台《关于反腐倡廉的实施意见》《关于严禁干部请客送礼的规定》《关于干部廉洁自律的若干规定》《关于加强干部作风建设的意见》的决定。

1994年6月14日，县委书记龙爱东主持召开县委常委会议。会议专题听取关于企业党建工作的情况汇报，作出以县委文件出台《关于保证企业党组织参与企业重大问题决策的规定》的决定。

1994年8月11日，县委书记龙爱东主持召开县委常委会议。会议专题听取全县财政工作情况汇报，作出以县政府文件出台《花垣县行政事业性收费罚没收入和专项收费管理办法》的决定。

1994年9月23日，县委书记龙爱东主持召开县委常委会议。会议传达全州机构改革会议精神，作出以县委文件出台《关于花垣县县级党政机构改革方案的实施意见》的决定。

1995年2月18日，县委书记龙爱东主持召开县委常委会议。会议听取全县工业发展情况汇报，作出以县委、县政府文件出台《关于近期发展我县工业的意见》的决定。

1995年3月26日，县委副书记石邦庭受县委书记龙爱东委托主持召开县委常委会议。会议专题研究全县扶贫攻坚工作，通过县人大常委会《关于“四六”扶贫攻坚的决议》。

1995年4月18日，县委副书记刘路平受县委书记龙爱东委托主持召开县委常委会议。会议专题研究向孔繁森学习和加快民主集中制进程等问题，作出以县委、县政府文件出台《关于向孔繁森学习的决定》《关于加强民主集中制建设的决定》。

1995年4月28日，县委副书记刘路平受县委书记龙爱东委托主持召开县委常委会议。会议听取全县机构改革和编制工作情况汇报，作出以县委、县政府文件出台《关于推进机构改革进一步强化编制工作的决定》。

1995年8月14日，县委书记刘路平主持召开县委常委会议。会议听取全县工业工作情况汇报，作出以县委、县政府文件出台《关于加快工业发展的意见》的决定。

1997年6月4日，县委书记刘路平主持召开县委常委会议。会议听取全县发展个体私营经济问题的汇报，作出以县委、县政府文件出台《关于进一步放开政策搞活经济的若干规定》及以县政府文件出台《关于鼓励外商投资的若干规定》的决定。

1998年3月7日，县委副书记刘昌刚受县委书记刘路平委托主持召开县委常委会议。会议听取全县财税工作情况汇报，作出以县政府文件出台《关于财政两项改革的意见》的决定。

1998年7月16日，县委书记刘路平主持召开县委常委会议。会议听取全县民营经济发展情况汇报，作出以县委、县政府文件出台《关于发展民营经济的若干意见》的决定。

1999年4月26日，县委书记刘路平主持召开县委常委会议。会议听取全县民营经济发展情况汇报，作出以县委、县政府文件出台《关于民营经济发展规划(1999—2001)》的决定。

1999年9月3日，县委副书记刘昌刚受县委书记刘路平委托主持召开县委常委(扩大)会议。会议听取全县民营经济工作情况汇报，作出以县委、县政府文件出台《关于国有企业改革改制实施方案》的决定。

1999年11月1日，县委书记刘路平主持召开县委常委会议。会议听取振兴化工总厂改制工作情况汇报，原则同意县政府《关于振兴化工总厂改制实施方案》。

1999年11月9日，县委书记刘路平主持召开县委常委会议。会议听取全县民营经济小区结构定位问题情况汇报，原则同意以县委、县政府文件出台《关于我县民营经济小区产业结构定位若干问题的意见》。

1999年11月9日，县委书记刘路平主持召开县委常委会议。会议听取全县农村人才培养工作情况汇报，作出以县委、县政府文件出台《关于农村人才队伍开发与管理的实施意见》的决定。

2000年3月14日，县委书记刘路平主持召开县委常委会议。会议专题听取全县经济发展情况汇报，作出以县委、县政府文件出台《关于2000—2005年我县经济结构调整的意见》的决定。

第二章　党的代表大会

1988年4月—1997年10月，中共花垣县相继召开第六、第七、第八届3次代表大会。其代表结构分别为：第六次代表大会代表总数229名，其中苗族173名，占75.5%，汉族40名，占17.6%，土家族15名,占6.5%,其他民族1名,占0.4%;男196名,占85.6%,女33名,占14.4%;专业技术人员44名,占19.2%,领导干部138名,占60.3%,先进模范47名,占20.5%;大专以上文化59名,占25.8%,中专高中文化88名,占38.4%,初中以下文化82名,占35.8%。第七次代表大会代表总数250名,其中少数民族203名,占81.2%,汉族47名,占18.8%;男203名,占81.2%,女47名,占18.8%;专业技术人员45名,占18%,领导干部158名,占63.2%,先进模范47名,占18.8%;大专以上文化61人,占24.4%,中专高中文化114名,占45.6%,初中以下文化75名,占30%。第八次代表大会代表总数264名,其中少数民族223名,占84.5%,汉族41名,占15.5%;男209名,占79.17%,女55名,占20.83%;专业技术人员52名,占19.7%,领导干部163名,占61.7%,先进模范49名,占18.6%;大专以上文化108名,占40.91%,中专高中文化100名,占37.88%,初中以下文化56名,占21.21%。

第一节　中共花垣县第六次代表大会

1988年4月1—5日中共花垣县第六次代表大会在县城召开,出席会议代表229人。县委书记颜学根作了题为《团结在党的十三大旗帜下,把我县的改革和建设推向前进》的工作报告。报告提出:1990年实现工农业总产值1.4亿元,比1987年增长52%,其中工业总产值和农业总产值各7000万元;粮食总产量8000万千克;农民人均纯收入400元以上;财政收入800万元;基本解决人民群众的温饱问题。与会代表讨论并通过县委工作报告的决议。选举产生中共花垣县第六届委员会和县纪律检查委员会。4月6日,在县委六届一次全会上,颜学根、石昌禄、龙友芳、石邦庭、龙爱东、龚汝恒、麻应新、吴运顺、屈辉庭当选为县委常委,选举颜学根为书记,石昌禄、龙友芳为副书记。在纪委全会上,选举纪委常委5名,吴周光当选为书记,彭学明、彭延森为副书记。本届届中颜学根调离花垣后,中共湘西州委(以下简称州委)任命石昌禄为中共花垣县委书记。1990年5月石昌禄调州委工作后,州委任命石维斌为中共花垣县委书记。1992年9月,石维斌调州中级法院工作后,州委任命龙爱东为中共花垣县委书记。州委还先后任命龚汝恒、陈其华(挂职)为县委副书记,罗文聘、宋典元继续留任挂职副书记,免去吴运顺、麻应新县委常委职务,任命满益华、龙志成、姚云江、石英伯为县委常委。县纪委书记吴周光调县人大常委会工作后,州委任命龙志成为县纪委书记。

第二节　中共花垣县第七次代表大会

1992年10月20—23日中共花垣县第七次代表大会在县城召开,出席会议代表250名。县委书记龙爱东作了题为《认真贯彻党的十四大精神,为尽快实现稳定脱贫奔小康而奋斗》的工作报告。报告提出三年奋斗目标:国民生产总值实现2.4亿元,年递增10.21%;国民收入实现2.1亿元,年递增10.16%;工农业总产值实现4.5亿元,年递增12.02%,力争达到5亿元,其中农业总产值1.8亿元,年递增7.66%,力争达2亿元;工业总产值2.5亿元,年递增15.89%,力争达到3亿元;财政收入2500万元,年递增21.32%,力争达到3000万元;粮食总产量0.9亿千克,力争达到1亿千克;农民人均纯收入700元；社会商品零售总额1.1亿元，年递增8.12%；外贸供货总额1500万元，年递增31.48%；全县计划生育率达到80%以上，多孩率控制在10%以内，已婚育龄夫妇有效节育率在80%以上，人口出生率控制在20‰以内；党的建设进一步加强，党风明显好转；社会主义精神文明建设和民主法制建设取得较大成就；基础设施建设有较大的发展，城镇面貌明显改观。与会代表讨论并通过县委工作报告的决议，选举产生中共花垣县第七届委员会和县纪律检查委员会。在10月24日的县委七届一次全会上，选举龙爱东、石邦庭、龚汝恒、梁秋松、龙志成、向心国、姚云江、满益华、屈辉庭、石英伯、石仕泉为县委常委，龙爱东当选为书记，石邦庭、龚汝恒、梁秋松为副书记。在纪委全会上，选举纪委常委5名，龙志成当选为书记，刘烈顺、敖立胜为副书记。本届届中梁秋松调州教委工作后，州委任命刘路平为县委副书记；1995年5月龙爱东调州委工作后，州委任命刘路平为县委书记；州委还先后任命石英伯、石建秋、李光盛、田茂盛、颜学毛(挂职)、贺鹏程(挂职)、谢根银(挂职)、徐水辉(挂职)、向八一(挂职)为县委副书记，任命石昌明、吴兴花、石邦祥、彭秀彪、黄光锦、刘昌刚、杨自力(挂职)、石伏龙为县委常委；龙志成调州运输公司工作后，州委任命向心国为县纪委书记；向心国调任县委调研员后，州委任命吴兴花为县纪委书记。

第三节　中共花垣县第八次代表大会

1997年10月25—28日，中共花垣县第八次代表大会在县城召开，出席会议代表264人。县委书记刘路平作题为《用实际行动贯彻落实党的十五大精神，为振兴我县经济加快脱贫致富奔小康步伐而奋斗》的工作报告。报告提出1997年10月—2002年10月五年的奋斗目标：国民生产总值实现7.5亿元，年递增15.5%，其中1、2、3产业增加值分别为2.3亿元、3.6亿元、1.6亿元，分别增长9.3%、21.5%和15.4%；工农业总产值13.3亿元，年递增14.9%，其中农业总产值3.3亿元，年递增8.6%，工业总产值10亿元，年递增17.7%；乡镇企业总产值7.9亿元，年递增21.9%；财政收入1.2亿元，年递增17.2%；粮食总产量1.2亿千克，年递增3.7%；农民人均纯收入1600元，年递增11%；社会商品零售总额4.3亿元，年递增15%；外贸总额5亿元，年递增14.8%；个体私营经济2.6万户以上，从业人员6.5万人左右；固定资产投资五年总和6亿元以上；全县贫困户稳定脱贫，40%以上家庭达到小康水平；全县人口出生率控制在12‰以内。为实现上述奋斗目标，县委决定实施农业为基础、工业为主导、增强财政实力、消除贫困、科教兴县、基础设施、开放带动、可持续发展等8大战略。大会审议通过县委工作报告的决议，选举产生中共花垣县第八届委员会和县纪律检查委员会。在县委八届一次全会上，选举刘路平、刘昌刚、石建秋、田茂盛、石昌明、龙文高、石伏龙、刘世树、吴兴花、石仕泉、石治平、屈辉庭为县委常委；刘路平当选为书记，刘昌刚、石建秋、田茂盛、石昌明当选为副书记。在纪委全会上，选举纪委常委7名，石伏龙当选为纪委书记，刘明尧、田茂友、刘世竹为副书记。本届届中，2000年5月刘路平调州委工作后，州委任命李万松为县委书记；之后州委先后任命石邦祥、杨宏伟(挂职)、谢卫国(挂职)、余雄(挂职)为县委副书记，谢根银、徐水辉、向八一继续留任挂职副书记，任命许剑鸣(挂职)、向荣、张鸿彬为县委常委。

第三章　重大决策

第一节　加强干部队伍建设

在作风建设方面：1986 年 2 月县委制定《关于进一步改进党政机关作风的若干规定》；1989 年 12 月作出《关于党政机关干部改进作风，深入基层调查研究，参加生产劳动的决定》；1998 年下发《关于进一步改善党群干群关系的若干意见》，要求共产党员和党政机关干部立党为公，廉洁从政，勤政为民，推行政务、村务公开制度，强化民主监督机制，加深党与群众的鱼水关系。是年冬，为用实际行动改进干部作风，县委决定组织一次千名干部会战吉卫排涝工程活动，要求县“五大家”班子成员和县直副科级以上单位及吉卫镇全体干部职工分期分批带被子、带伙食、带工具到吉卫农场参加排涝工程施工劳动。经县直单位和吉卫镇干部职工及吉卫镇受益村群众两个多月的共同努力，如期完成了排涝工程任务，解决吉卫镇白岩、水洋、古牛、葫芦、白果、各屯、农场“六村一场”150 公顷良田的涝灾问题，受到群众的好评。在思想建设方面：组织干部学习中共中央《关于经济体制改革的决定》，学习《邓小平文选》和邓小平南方重要讲话要点，学习孔繁森的先进事迹；开展生产力标准和如何实践“三个有利于”的大讨论，促进干部解放思想，自觉执行中共十一届三中全会以来的路线、方针和政策。在培养选拔干部方面：1995 年 6 月县委制订了《花垣县跨世纪领导干部培训选拔工程》；1999 年 10 月 18 日县委八届三次全会通过《关于培养跨世纪人才的决定》，选拔了一批德才兼备的优秀干部，并采取多种措施加以培养锻炼。在纠正不正之风方面：1997 年 5 月，在党政机关开展刹“三风”（公款摆阔风、公款吃喝风、干部赌博风），兴“三风”（调查研究之风、艰苦创业之风、勤俭节约之风）为主要内容的机关干部作风整顿。通过整顿，干部作风明显改进。2000 年 6 月 18 日—8 月 18 日在县级干部中开展“讲学习、讲政治、讲正气”的三讲教育。县级干部“三讲”教育结束后，又在县直局以上单位和各乡镇党委开展“三讲”教育，进一步解决干部队伍中思想不纯、作风不纯的问题。

第二节　加强精神文明建设

县委认真贯彻中共中央《关于加强社会主义精神文明建设的决定》。1987 年 3 月县委五届四次全会通过《关于“四五”期间加强社会主义精神文明建设的意见》，对全县的社会主义精神文明建设作出全面部署。1989 年制定争创文明单位和双文明户的创建规划，全面开展创建文明单位和双文明户活动，促进社会主义精神文明建设。1991 年县委制定《各乡镇、县直局以上单位两个文明建设目标管理责任制》，将物质文明和精神文明建设的各项目标管理项目加以量化分解下达到乡镇和县直局以上单位，年终考核对达标的单位给予奖励。1998 年县委成立精神文明建设指导委员会，下设办公室，制订《关于创建文明单位、文明机关、文明企业、文明学校、文明乡（镇）村活动的实施方案》，每年年终进行验收，评出文明单位，由县委、县政府授予文明单位称号。

第三节 开展农村社会主义思想教育

根据中共湖南省委1989年下发《关于在农村深入开展社会主义思想教育的决定》，县委从1990年到1992年在全县农村开展社会主义思想教育（简称社教）。县委成立了社教领导小组，县委书记石昌禄、石维斌先后担任组长，副书记龚汝恒为副组长，22位县级干部为领导成员。三年间从县直机关抽调干部1157人、从农村选拔45名回乡知青、中共湖南省委下派队员87人、中共湘西州委下派队员186人，先后在21个乡镇、238个村开展社教。“社教”的主要任务是：用社会主义思想占领农村阵地；完善统分结合的双层经营体制，发展和壮大社会主义集体经济；加强农村基层组织建设，充分发挥党支部在两个文明建设中的战斗堡垒作用和共产党员的先锋模范作用；办好农业，抓好扶贫。每期“社教”分四步进行：第一步是学习教育、提高认识、统一思想；第二步是完善双层经营，壮大集体经济，解决农民急需解决的问题；第三步是民主评议党员，进行组织整顿和建设；第四步是制定两个文明建设规划，落实整改措施，建立健全规章制度。社教中以中共十三届五中全会文件为教材，坚持以思想教育为主、正面教育为主、自我教育为主，不整干部、不整群众；坚持“两个文明”一起抓，把思想教育与加强基层组织建设和整顿农村社会秩序相结合、与推广新的科学技术相结合、与完善农村家庭联产承包责任制相结合、与扶贫攻坚相结合、与为群众办实事相结合。三年共培训建党积极分子3440人，发展党员522人，调整村党支部书记131人，选配村主任298人；新签土地承包合同23617份，收回“农转非”、外迁户、自然消亡户田土981公顷；“社教”村办企业114个，开发山地2823公顷；整修水渠226万米，修通村公路252千米，实施人饮工程483处，新架输电线路170千米；普及农村实用技术，“双杂”良种普及率达100%。

第四节 确定经济发展思路

1987年，县第六次党代会在三年工作指导思想中提出：加强以农田水利为主的农业基础设施建设、服务体系建设和新上项目工程建设，尽快开发矿产、农副产品和干鲜果品资源，加大投入，增加产出，力争好的经济效益。1990年12月，县委六届六次全会在研究花垣的资源优势和治穷脱贫任务时，确定“抓水脱贫，抓电起步，抓矿振兴，抓山致富”的“四抓”经济发展思路。为加快教育发展步伐，1997年10月，县第八次党代会在“四抓”的基础上补充提出“抓教兴县”，使花垣经济发展思路为“抓水脱贫，抓电起步，抓矿振兴，抓山致富，抓教兴县”。“五抓”思路的确定，形成花垣经济发展的基本框架，明确花垣一定时期的主攻方向，推动全县经济发展。

第五节 推进经济体制改革

农业方面：1987年，县委派出21个工作队110人分赴21个乡镇完善农村双层经营体制，全县所有农户都与村集体签订了土地承包经营合同,延长土地承包期15年。1998年10月,县委下发《关于延长农村土地承包期的通知》,开始第二轮土地承包。农户原承包土地的权属不变,直接顺延承包期30年。农村经济体制的完善和稳定,调动了农民的生产积极性。

商业方面:1988年,在商业部门推行承包经营责任制,全县21家商业企业实行承包经营。1992年,全面推行国营商业"四放开",即:扩大经营范围和调整经营方式的经营放开;价值和供求规律自行定价的价格放开;职工收入与经济效益、效率挂钩的分配放开;推行劳动合同化管理的用工放开。之后在商业部门全面推进租赁、承包、拍卖、买断工龄等商业改革,同时大力发展个体商业服务业,建立了多种经济成分、多渠道、少环节的商品流通体制,加快了商品流通速度。

工业方面:1988年1月,县委成立深化企业改革领导小组,9月组建工作组在县糖酒厂办改革试点,然后在全县推广。本次改革的重点是实行企业所有权与经营权分开,推行厂长承包经营责任制,理顺党、政、企关系,确定厂长在企业中的中心地位。1992年10月,县第七次党代会决定工业企业改革的重点是进行劳动人事、工资分配、社会保险三项制度改革,加快经营机制转换,把企业推向市场,使之逐步成为自主经营、自负盈亏、自我发展、自我约束的社会主义商品生产者和经营者。1994年,县委贯彻中共中央《关于建立社会主义市场经济体制若干问题的决定》,按照"改革、改组、改制"的要求,建立现代企业制度,盘活企业资产存量和优化重组,实施集团战略,以适应社会主义市场经济体制。先后组建东方锰业集团、湖南三立集团、金垣电力集团,形成拳头产品和优势产业。同时根据中央关于企业改革"抓大放小"的要求,通过产权改革、资产重组、结构调整,放开搞活一批小型企业。1998年县委八届三次全会通过《关于跨世纪国有企业改革和发展若干问题的决定》,就企业产权转让、依法破产、租赁经营、职工安置、债务处置、整体推进、部门服务等方面作了规定。设立企业改革改制办公室,专抓企业改革,加快企业改革步伐。到2000年底,全县建立8家股份制企业,破产1家企业,租赁2家企业。未改制的国有企业由1999年的18户下降到7户。

第六节　维护社会稳定

1988年推行社会治安综合治理责任制,动员各单位和社会力量维护社会秩序稳定。1989年召开见义勇为与犯罪分子作斗争的先进分子表彰大会,表彰腾久春等14位见义勇为先进个人,树立正气,打击邪气。1989年春夏之交北京发生政治风波期间,县委及时传达中共中央精神,成立稳定局势的领导班子,组建维护稳定局势的队伍,维护社会秩序与经济秩序的稳定。1990—1993年,先后开展扫除"六害"(卖淫嫖娼、制作传播淫秽物品、拐卖妇女儿童、聚众赌博、谋财害命、贩卖毒品)活动,打击制售假冒伪劣商品的违法行为,打击车匪路霸,维护社会秩序的稳定。1994年推行社会治安综合治理一票否决制,凡社会治安综合治理未达到要求的乡镇及县直单位主要负责人和分管领导当年不得提拔、不得受奖、不得调动。1995年实施《花垣县长安工程行动方案》,加大社会治安综合治理力度。1996年县委作出《关于加强依法治县的决定》,要求各级党组织加强民主法制教育,增强公民法制观念,依法行政,维护社会政治稳定,自觉把各项事业逐步纳入法制管理轨道。1997年开展"维护全县社会政治稳定,打击严重刑事犯罪和经济犯罪,整治重点地区、重点路段和重点部位"的集中统一行动。到11月底,共摧毁各类犯罪团伙44个181人,破获各类刑事案件185起,破案率为

87.2%，并收容审查犯罪嫌疑人360人。1998年推行“四项制度，三个责任”（即“实行领导责任制、党委研究综治工作例会制、热点问题部门负责制和重点地区派出工作组制”以及“领导负责、部门负责、干部负责”），有效地维护社会稳定。全县重大案件较1997年下降46.2%，各类违法人员较1997年下降46.7%。1999年县委、县人民政府出台《关于维护全县社会政治稳定的意见》，进一步明确属地管理原则，增强各级做好维稳工作的责任感和紧迫感，使全县刑事发案、治安案件较1998年分别下降1.04%和8.3%。2000年，维稳工作强化“三为主”（即以村为主、以居委会为主、以单位为主），充分发挥群防群治作用。到6月底，各类刑事发案较1999年同期下降34.4%，其中重大、特大刑事案分别比1999年同期下降35.5%和33.3%。

第七节　发展教科文卫体事业

县委始终把教育放在优先发展的位置。1986年县委工作会议提出学校实现“一无两有”（校校无危房、班班有教室、学生人人有课桌椅）的工作目标。1993年作出《关于加强普及九年义务教育的决定》。1997年确定“抓教兴县”的思路。按照上述思路，动员各方面力量，筹集物资、资金改造危房，引进资金新建校舍，改善办学条件；制订普及九年义务教育规划（简称“普九”），全县21个乡镇分三批于2001年实现“普九”目标；深化教育体制改革，合理调整学校布局，推行校长负责制、教师聘任制，扩大办学自主权；注重农村扫除青壮年文盲工作。2000年全县有各类学校238所，在校学生45221人，教学人员2206人，新建和改建学校38所，定点中学10所，“普九”经省验收达标，扫除青壮年文盲的目标基本实现。在科技推广上，建立以农业技术推广中心为龙头、以科技示范户为网点的农业技术推广网络，广泛培训农民技术员，使每个农民掌握一两门适用的农业新技术。2000年全县有各类科研机构9个，科研技术人员5225人。在文化方面，发掘民族传统文化，加强农村放映队伍建设，组建群众表演团体。到2000年底，全县有放映队伍14个，表演团体8个，各类文化活动场所135个，活跃了城乡群众文化。同时加大广播电视村村通工作力度，建成豆腐坡广播电视差转台，加强乡镇广播事业建设，实施村村通播通视工程。2000年全县300个村实现通播通视，充分发挥了新闻媒体的宣传教育作用。在卫生方面，大力加强乡镇卫生院建设，建立村卫生室，实行医疗体制改革，发展个体医疗，卫生事业有很大发展。到2000年有各类医疗机构33个，其中县直5个，编制床位528张，卫技人员902人，村卫生室282所。在体育方面，重点发展民族体育，开展体育竞赛活动，取得较好成绩，使花垣县先后被评为全省农村体育先进县和全国民族体育先进县。

第四章　组织建设

1950年3月，县委组织部与宣传部、纪律检查委员和秘书处（室）同时设立为县委工作机构。1968年3月，县革命委员会成立，组织部等县委工作机构的职能被政治工作组等机构取代。1973年，组织部恢复为县委工作机构。1985年底，组织部等14个单位被定为县委工作部门。1987年11

月,县委组织部内设办公室、干部组、组织组,有行政编制15人。1994年11月,县直属机关党委并入县委组织部,保留牌子。1996年3月,县委组织部机关核定行政编制16名,机关后勤服务人员核定事业编制1名。内设办公室、干部组、农村党建组、县直党建组四个组室。1996年11月,县委组织部内设机构增设参照国家公务员制度管理工作办公室,核定行政编制2名。1998年4月,增设党员电化教育中心为组织部下属二级机构,核定事业编制3名,其中地财编制1名,自收自支编制2名。至2000年底,县委组织部内设机构和人员编制未变。

第一节　党组织发展

1985年底全县有基层党委27个,党总支21个,党支部552个。1986年后,随着党员数量的增加及机构的增设,党的基层组织数量也逐步增多。1999年11月,太丰有限责任公司、吉宏选矿有限责任公司和狮子桥选矿厂等三家私营企业建立了党支部。2000年3月成立湖南振兴化工股份有限公司党委。到2000年底,全县共有基层党委38个,分别是:花垣镇党委、团结镇党委、茶洞镇党委、麻栗场镇党委、民乐镇党委、龙潭镇党委、吉卫镇党委、雅酉镇党委、道二乡党委、猫儿乡党委、雅桥乡党委、排吾乡党委、排碧乡党委、排料乡党委、董马库乡党委、大河坪乡党委、补抽乡党委、大龙洞乡党委、长乐乡党委、窝勺乡党委、两河乡党委和直属机关党委、农办党委、经委党委、财办党委、教育局党委、公安局党委、卫生局党委、交通局党委、建设局党委、水利局党委、信用联社党委、湖南东方锰业集团公司党委、湖南三立集团公司党委、金垣电力集团公司党委、铁合金总厂党委、花垣锰一厂党委、湖南振兴化工股份有限公司党委;党总支23个;党支部610个。基层党支部中,农业系统312个,工业系统78个,交通系统11个,建筑业2个,商业系统36个,卫生系统14个,金融系统2个,机关团体124个,其他31个。另外,县人大、县政府、县政协仍保持设立党组不变,贯彻县委的决定。

1986—2000年15年间,花垣县共有37个次党组织和59人次中共党员受到中共湘西自治州委以上党组织表彰。

第二节　党员发展

1985年底全县有党员7010人,到1990年底发展到7912人,年均增加180人。1990年9月中共中央组织部印发《中国共产党发展党员工作细则(试行)》,进一步规范发展党员工作。1991—1995年,全县共发展党员1432人,其中工作在农村、企业生产第一线的有859人,占发展总数的60%;专业技术人员有147人,占10.3%;由共青团组织推荐入党的有165人,占11.5%。1996—2000年共发展党员1673人,35岁以下的占92%,高中以上文化占94%。到2000年底全县共有党员10327人,其中男性8896人,女性1431人;汉族2156人,以苗族为主的少数民族8171人;大专以上文化的1141人,中专文化的1362人,高中文化的1746人,初中文化2652人,小学以下文化2972人,文盲454人。

第三节　党员教育管理

1986—1988年党员的教育管理主要是坚持"三会一课"(即党员大会、党支部委员会、民主生活会和党课)制度和一年两次3天以上的集中培训。1988年12月中共中央批转中央组织部《关于建立民主评议党员制度的意见》以后,民主评议党员制度成为花垣县党内的一项经常性制度。1989—2000年底全县各级党组织坚持民主评议党员制度,先后表彰优秀党员5071人次、处置不合格党员401人。

1990年中共花垣县委在全县推行党员层次化目标管理,并专门制定《中国共产党党员手册》。通过一年的运行效果良好。这一党员管理经验受到中共湖南省委的充分肯定,并在湘西州全面推广。是年,县委还在全县党员和群众中连续开展三年社会主义思想教育活动,引导广大党员和干部群众爱党、爱国、爱社会主义。

1995年始,县委组织部在全县国有企业开展"党员责任小区"活动,各企业以党支部为单位划定责任区,以一名党员联系3名以上职工的办法,将责任区内的各项工作实行包干责任制,年内进行数次大小考核,年度予以评比表彰。1996年党员电化教育开始起步之后,21个乡镇党委和县直各战线党委都配备电视机和放像机,县委组织部还设置了专干和电教片库,以便进行管理。1997年县有线电视台开辟《党教天地》栏目,每周播出两次,每次15分钟。随着经济体制改革的不断深入,流动党员数量逐渐增多,企业出现下岗职工党员和破产企业职工党员。1998年县委组织部出台《流动党员管理办法》《下岗职工党员管理办法》和《破产企业党员管理办法》,规范了党员的管理。1999—2000年,村村通广播电视工程竣工,全县95%以上的村都配备党员电化教育设备。在党员电化教育中,县委始终坚持电化教育与农业科技实用技术培训相结合,走党员电教科技扶贫之路,使农村党员掌握1—2门农业实用科技。2000年在党员领导干部中开展"讲学习、讲政治、讲正气"的"三讲"教育和党性党风党纪教育,引导党员领导干部立党为公,执政为民。

第四节　领导班子建设

1986—1994年,主要是采取单位或领导提名推荐,组织部考察等形式选拔党政领导干部。1995年始,按照中共中央颁布的《党政领导干部选拔任用工作暂行条例》的要求,对科级领导干部和县级后备干部实行民主推荐。民主推荐分为群众推荐和组织推荐两种类型,组织人事部门根据工作需要和职位要求确定考察对象时把民主推荐的结果作为重要依据之一。实行民主推荐扩大了选拔干部工作的民主,增强了选拔干部工作的透明度,有效地遏制选人用人上的不正之风。1996年出台《领导干部离任审计制度》和《领导干部诫勉谈话制度》。是年,县委坚持德才兼备、任人唯贤的干部路线,根据干部革命化、年轻化、知识化、专业化的要求选拔领导干部。每年都从德、能、勤、绩、廉五个方面全面考察干部,每两年从县直机关企事业单位选派年轻优秀干部到乡镇任科技副职。到2000年共选派干部7批147人。在干部人事制度改革上,1997年12月—2000年底先后公开选拔科局级领导干部3次18人。1999年后,凡提拔的干部都实行公示制。2000年县委在县检察院等单位创办干部竞争上岗试点,并对选拔的局级单位领导实行试用一年的制度。到2000年底,全县共有县级领导干部43人,其中少数民族干部36人;科局级干部1051人,基本适应民族地区工作需要。

专记:县级干部“三讲”教育

根据中共中央的指示和中共湖南省委的部署,中共花垣县委、县人大常委会、县人民政府、政协花垣县委员会(简称“四大家”)以及县纪律检查委员会、县委组织部、县委宣传部、县检察院、县法院、县公安局于2000年6月开展“讲学习、讲政治、讲正气”的三讲教育,重点是在县“四大家”领导班子中开展“三讲”教育。中共湖南省委派出以怀化市政协副主席吴元谋为组长的省、州委巡视组驻花垣指导。这次“三讲”教育以邓小平理论和中共十五大精神为指针,以整风精神认真解决县级领导班子及其成员的党性党风党纪方面存在的问题,确保县级干部在思想上有明显提高、政治上有明显进步、作风上有明显转变、纪律上有明显增强。“三讲”教育从6月18日起至8月18日,共分四个阶段进行:第一阶段为思想发动、学习提高,主要是学习文件,提高认识;第二阶段为自我剖析、听取意见,主要是“三讲”教育对象对照文件,听取党内外群众意见,撰写自我剖析材料,查找党性党风党纪方面存在的问题;第三阶段为交流思想、开展批评,主要是各家党组织召开高标准民主生活会,“三讲”教育对象自我批评,与会同志开展批评;第四阶段为认真整改、巩固成果,主要是针对“三讲”教育过程中各家自查出来的问题和群众反映的意见制定整改方案。整改方案分为:立即整改、限期整改、长期整改等内容。县委常委整改方案中立即整改的有9个问题,限期整改的有4个问题,长期整改的有3个问题。县委成立了整改班子,整改的问题责任到人逐个抓落实。两个月的县级干部“三讲”教育共有40名县级干部参加。县级干部“三讲”教育结束后,从9月开始到12月在县直局级单位和各乡镇开展“三讲”教育,进一步解决干部队伍中存在的党性不纯的问题,以增强干部队伍整体素质。

第五章　思想建设

1950年3月,县委宣传部与秘书处(室)、组织部、纪律检查委员会同时设立为县委工作机构。1968年3月,县革命委员会成立,县委宣传部等县委工作机构的职能被办事处、政治工作组等机构取代。1973年,县委宣传部与组织部等单位恢复为县委工作机构。1985年底,县委宣传部等14个单位被确立为县委工作部门。1995年,县委宣传部机关核定行政编制9名,其中部长1名、副部长2名,核定机关后勤服务人员事业编制1名。至2000年底,县委宣传部内设的办公室、文明办、对外宣传办、文化产业办,人员编制一直未变。

第一节　宣传队伍建设

1986—1987年重点配齐宣传队伍。全县有20个乡镇文化站配备了专职干部,20个乡镇配备了党委宣传委员。培养了理论党课教员、苗歌山歌手、文艺宣传队伍,人员达845人。培训宣传干部120人。1988—1990年重点抓理论骨干的培训,举办理论骨干学习班43期,共轮训县、乡、村、组理论宣传员5377人,开办基层党校26所,培训基层党课教员209名。1991年重点抓新闻骨干的培训,培训业余通讯员150名，被州级以上新闻单位聘为特约记者及通讯员的有40名。1992—1993年完成各主要企业政工人员职称评定工作，培训思想政治工作者518人次。1994—1995年推荐一批青年宣传政工干部到省、州专业学校深造，并对县内134名宣传文化干部进行业务培训，进一步提高宣传思想政治工作队伍的素质。1996—1999年，县委切实加强宣传思想队伍政治教育和作风建设，宣传队伍的作风大为改变，兴起调查研究、艰苦奋斗和勤俭节约的良好风气。2000年贯彻落实《中共中央关于加强和改进思想政治工作的若干意见》，全县21个乡镇、县直机关副科级以上单位和规模以上企业单位新配宣传委员（干事）和政工人员146人，建立一支相对稳定的宣传思想工作队伍。

第二节　社会宣传

政策宣传　1986—1987年突出对六届全国人大四次会议、中共十二届六中全会决议和中共十三大精神的宣传，组织编写宣传文艺节目17个、苗歌山歌200余首、稿件210篇。请中共湘西州委宣传部领导为全县400多名副科级以上干部作《珍惜发展安定团结的政治局面》的形势报告。1988—1989年开展经济体制改革和生产力标准以及“坚持四项基本原则，反对资产阶级自由化”的宣传教育。组织经济体制改革报告会19场，开展有5042人参加的经济体制改革知识竞赛活动；举办经济发展形势和国际形势报告会30场次。1989年春夏之交北京发生政治风波期间，为加强正面宣传，印发《中共中央、国务院告全体共产党员和全国人民书》1600份，发行人民日报社论《旗帜鲜明地反对动乱》1200册，组织播放《血与火的考验》录像128场次，全县形成旗帜鲜明地反对资产阶级自由化的浓烈氛围。1990—1991年以中共十三届四中、五中、六中全会精神为指导，围绕“一要稳定、二要鼓劲”的原则和毛泽东主席为雷锋题词发表27周年之际，在全县开展国情教育和社会主义思想教育。印发《农村社会主义思想教育讲话》《国情读本》《关于社会主义若干问题学习纲要》等宣传学习资料16800册，培训党课教员209人，上课394场次，作形势报告205次。1992年重点宣传邓小平“南方重要讲话”和中共十四大精神。县委宣传部印发《邓小平南巡讲话学习辅导资料》4600册，《党的十四大精神宣传学习提纲》1600份，运用广播、电视、墙报、黑板报、苗歌山歌等在全县进行广泛宣传；抽调30名理论教员组成宣讲团，分别深入21个乡镇和县直90多个单位进行宣传。1993—1994年重点开展有中国特色社会主义理论和市场经济知识宣传教育。举办科级干部、中青年干部、厂长经理等培训班8期，参学人员达600多名，举办形势报告及讲座54次，使广大干部群众掌握市场经济知识，推进企业改革。1996年宣传中共中央《关于加强社会主义精神文明建设若干重要问题的决定》，印发宣传教育资料6000余册，推进社会主义精神文明建设。1997—1998年，重点宣传邓小平“一国两制”的伟大构想、中共十五大精神和《香港特别行政区基本法》，结合学习邓小平理论深入开展“四进四入”（进乡村入农户、进工厂入班组、进学校入课堂、进街道入居民）、“三主义”（爱国主义、社会主义、集体主义）、“三德”（社会公德、职业道德、家庭美德）、“三观”（世界观、人生观、价值观）教育活动。1999—2000年，针对“法轮功”传入花垣，宣传部和政法委积极开展宣传引导工作，揭露邪教“法轮功”的反动真相，警示全县人民予以坚决抵制，开展崇尚科学教育，举办《崇尚科学、反对迷信》科普图片展览，发放实用技术资料5400册。

典型宣传　1995年组织开展“学习孔繁森做人民公仆”教育活动，促进干部改进作风，全县有146名干部自觉到边远贫困乡镇和基层单位工作，有347名机关领导主动到联系村抓扶贫工作，有61名教师下到边远山区支教。1986—1989年，重点宣传全县农村改革、企业改革和经济建设中涌现的先进典型，在州级以上报刊电台发表新闻稿件1656篇。县电视台创办《苗语新闻》专栏，播出新闻761条。1990—1993年围绕农村社会主义思想教育、科技兴农、基层组织建设、扶贫攻坚和为民办实事等组织采写新闻稿件，被州级以上报刊电台采用稿件2750篇。1991年县委宣传部突出扩大花垣知名度的宣传，制定新闻报道奖励政策，邀请州、省、中央媒体记者40多人次，对花垣改革开放和经济建设的成就进行采访报道。共组织上稿1238篇，其中州级报刊及电视台采用960篇，省级报刊及电视台采用210篇，中央报刊及电视台采用68篇；还拍摄了《奔向明天》《流出苗山的河》《崛起的花垣》等专题录像广泛宣传。1994—2000年新闻宣传重点抓了扩大对外开放、生态环境保护、农村扶贫攻坚、干部转变作风、迎香港回归、湘西州庆40周年、企业改革改制、农业产业化、经济建设与花垣经济环境改善、花垣解放50周年等专题，采写一批先进典型人物、先进典型单位的稿件在各级党报党刊和电视台广泛宣传。“全国五一劳动奖章”获得者隆老留、人民的好公仆石远华、农田水利基本建设先进单位雅桥乡等先进典型在《团结报》等党报刊载。拍摄了《碧水蓝天》《敢在穷山闯富路》《今日紫霞村》《再造一个花垣城》《花垣辉煌五十年》等专题，展示花垣扶贫攻坚和改革开放的各项成果。

对外宣传 1989年县委成立对外宣传领导小组，配外宣干部专抓对外宣传工作。向港、澳、台同胞和国际友人推介花垣自然资源、人文景观、民族文化、旅游景点、风土民情、各项建设新成就以及招商引资的优惠政策，让花垣走向世界，让世界了解花垣。对外宣传中，加强与中央、省级外宣媒体的联系，1991年邀请外宣媒体记者8人，到茶洞、麻栗场、排碧等地进行民族风情采访。组织力量收集整理苗族傩文化资料40多万字，撰写论文9篇。1995—1996年深入全县各乡镇进行旅游资源调查，实地拍摄了大龙洞、小龙洞、排吾石栏杆、边城茶洞、兄弟河大坝、老寨村民族民间文艺活动等自然风光及民族风情录像片和摄影图片，并制成光碟、影集等外宣资料，作为县委、县政府外事活动的馈赠品。1997年由民间艺人张忠献主持制作的一条长199.7米共99节的长龙(即边城巨龙)在各级媒体专题报道，充分展示花垣深厚的民族民间文化艺术底蕴。1989—2000年在外宣报刊、电视台发表新闻稿件241篇，《故乡有条兄弟河》《茶洞》《走向深圳》等文章在1992年《人民日报》海外版发表。

第三节 干部理论学习

1986—1988年县委对在职干部(男55岁、女50岁以下，高中和中专文化程度)开展为期三年的正规化理论教育。县委宣传部采取短期脱产或半脱产集中培训及深入到各单位进行辅导等形式，组织学习《马克思主义哲学》《政治经济学》《科学社会主义》《中国革命史》等。经州委统一考试全县有476人合格，合格率97.5%，被评为全州“干部正规化理论教育”先进县。组织全县干部学习中共十三大精神，开展社会主义初级阶段理论教育，印发中共十三大文件问题解答资料1500份，举办短期轮训班轮训副科级以上干部256名。1988—1991年，组织干部学习中共十三届四中、五中全会文件和《马克思主义哲学纲要》《关于社会主义若干问题》《江泽民“七一”讲话》等文献，举办轮训班6期，培训545人，印发学习资料5800份，2342名干部和40多名县级干部参加考试全部合格。1992—1993年，组织全县各级干部学习邓小平南方重要讲话和《邓小平文选》第三卷以及中共十四大文件。

编印了《加快改革步伐，建设社会主义市场经济体制》《坚持“两手抓”、两手都要硬的方针》等8个专题材料进行宣传，培训科级干部433人。开展以“什么是社会主义、怎样建设社会主义”“如何实践‘三个有利于’的思想”为主题的大讨论，并结合花垣实际，对“企业进市场、政府怎么办”“贫困山区如何更好更快地走向市场”等涉及全县改革发展问题进行深入探讨，并对全县科级干部进行理论考试。1994—1996年，组织干部重点学习《中共中央关于建立社会主义市场经济体制若干问题的决定》和中共十四届四中、五中全会文件，办干部培训班9期，培训1804人。围绕“解放思想、实事求是”和制定全县经济发展战略进行讨论，进一步端正领导干部对建立社会主义市场经济体制的认识。1997—1999年，以学习贯彻中共十五大精神为重点，组织编写《世纪之交的中国与花垣》《高举邓小平理论旗帜不动摇》《学习初级阶段理论，准确把握基本国情》《实践的总结，理论的突破》《抓住机遇，加快发展，把花垣的事业全面推向二十一世纪》5个专题材料，供各级干部学习参考。分别在州委党校、县委党校培训学习党的十五大文件辅导员32名，抽调78名领导干部与32名辅导员组成26支小分队、四个宣讲团，奔赴各乡镇和县直各单位进行宣讲，并分6个考点对科级领导干部进行党的十五大知识考试。组织干部结合花垣实际，开展理论研讨。县委书记刘路平撰写的调研文章《论扶贫攻坚的效益观》在《光明日报》发表。2000年后重点开展“三个代表”重要思想学习。组织全县干部学习江泽民“三个代表”重要思想论述、加入世贸组织（WTO）有关知识和西部开发政策。通过学习，使广大干部认识到“三个代表”重要思想与马克思列宁主义、毛泽东思想、邓小平理论一脉相承，是新形势下马克思列宁主义的新发展，提高广大干部实践“三个代表”重要思想的自觉性。

第四节　精神文明创建活动

1986—1989年精神文明创建活动以“讲文明、讲卫生”为主要内容，并评选双文明单位。1987年3月在董马库乡墟场及让乍村创办文明墟场文明村建设试点，总结经验向全县推广。先后三次开展检查评比，共表彰文明建设先进单位68个、文明墟场3个。1990年表彰学雷锋标兵10人、文明村10个、文明机关（乡镇）20个、优秀思想政治工作者86人、五好家庭户200户、双文明户800户。1991年县委制定《各乡镇、县直局以上单位两个文明建设目标管理责任制》，逐级签订双文明建设责任书，实行目标管理。对乡镇实行物质文明和精神文明双百分制管理；县直部门实行的百分制，根据其职能设置相应目标管理项目。物质文明主要设置农业（农村）、工业、财税、基础设施建设、农民人均纯收、建整扶贫等六个方面的管理目标；精神文明主要设置组织建设、思想建设、作风建设、民主法制建设、文化教育、卫生体育、计划生育等七个方面的管理目标。每个方面又分若干个小项进行量化，明确检查验收指标，年底考核验收达标单位由县委、县人民政府给予表彰奖励。责任制的建立，把精神文明建设与物质文明建设摆在同等位置上，有力地推进了精神文明建设。1992年进一步加强文化市场整顿，净化社会环境。清理文化经营户43户、录像厅24家、印刷厂1家，收缴非法书刊1858册、图片6962张，销毁迷信活动用具588副。开展“四讲三反对”（讲奉献、讲职业道德、讲艰苦奋斗、讲密切联系群众，反对个人主义、反对拜金主义、反对享乐主义）为主题的教育活动，并建立以花垣镇花桥村为试点的工农兵共建文明示范小区。以爱国主义优秀影片汇映月活动为载体，广泛开展爱国主义教育。组织干部群众观看《南京大屠杀》影片，观众达1万多人。1997年开展创建文明城市活动，以整顿市场、搞好城市建设为重点，加强城市卫生、交通秩序等管理，提倡遵守市民公约，争当文明市民。1986—2000年，在创建文明乡镇村、文明单位、文明家庭、文明行业、文明城市和警民共建等活动中，共评出86个文明村，16个文明乡镇；县级文明单位110个，州级文明单位30个，省级文明单位5个；县级文明标兵单位18个，五好家庭户2400户，双文明户4600户，遵纪守法户1800户，科技示范户108户；成立学雷锋活动小组633个，16011人参加小组活动，涌现先进集体37个，先进个人92人；省级文明警民共建单位1个，州级文明共建单位3个。

第六章　纪检监察

1950年，中共永绥县委纪律检查委员会成立；1953年9月，随县名的更改，中共永绥县委纪律检查委员会更名为中共花垣县委纪律检查委员会；1956年2月，中共花垣县委纪律检查委员会更名为中共花垣县委监察委员会；1966年“文化大革命”开始后，中共花垣县委监察委员会机构撤销，其业务由县委组织部办理；1977年12月，恢复中共花垣县委纪律检查委员会；1983年10月，中共花垣县委纪律检查委员会升格为中共花垣县纪律检查委员会，受同级县委和上级纪委的双重领导。1988年，花垣县监察局成立；1993年3月，花垣县监察局与中共花垣县纪律检查委员会合署办公，实行两块牌子一套人马。

第一节　党性党风党纪教育

1986年全县开展整党活动，着力端正党风，对党员干部进行党性党风党纪教育。同时，对群众反映强烈的偷漏税款、干部职工违规营建私房、乱砍滥伐林木等问题进行治理，共清出379个单位(含个体户)偷漏税款27.9万元，追缴入库26.658万元；共清出干部职工违规建私房262栋，其中未经批准擅自占地建房162栋，超征地面积建房88栋，违反城镇规划建房12栋，清理后，均分别按有关规定作了处理；共处理乱砍滥伐案件20起，补交育林基金540元，罚款3443元。同年8月，结合整党，召开全县党性党风党纪教育经验交流会，进一步推动整党活动的开展。1987年县纪委组织全县党员收看《先锋颂》《公仆》等电教片，进行党的基本路线教育、国情教育和宗旨教育，同时在全县范围内开展“争先创优”活动，树立猫儿乡果河村党支部和县农机局党支部两个先进典型在全县广为宣传。3月，抽调64位干部分成13个小组，对全县21个乡镇、46个局级单位党组织和340名副科级党员干部的党性党风党纪情况进行检查；12月，县纪委组织5个小组对全县乡镇领导班子的党性党风党纪状况进行考核。1988年组织全县副科级以上干部学习中共十三届三中全会精神和《关于党内政治生活若干准则》，县纪委将14名干部分成7个组，包片定岗，负责指导全县21个乡镇和49个县直局级单位的党内监督工作。1989年春夏之交，针对北京发生政治风波问题，根据州委的要求，对党员干部进行坚持四项基本原则教育，并按要求做内部清理工作，对4名有关人员分别作出严肃处理，进一步纯洁干部队伍。1990年组织全县副科级以上党员干部学习《中共中央纪委关于共产党员在经济方面违法违纪党纪处分的若干规定(试行)》《中共中央纪委关于对妨碍违纪案件查处的党组织和党员纪律处分的规定(试行)》,并对学习情况进行测试,参试人员平均98.4分。县纪委牵头组织以反腐倡廉和防止和平演变为主题的演讲会,到会党员4000多人次。在县民族广播站开辟党风党纪教育苗语专题节目。狠抓正面典型教育,总结推广排吾乡、两河乡、花垣镇抓党性党风党纪教育的经验。1991年全县各级党校和党员活动室共上党课2396堂次,播放党纪教育片513场次,组织开展纪念建党70周年党的知识竞赛活动。1992年全县举办党员培训班538期,上党课1700余堂次,受教育党员7998人,占全县党员总数的99.2%;7月开展"党教月"活动,通过苗歌、山歌、三棒鼓等群众喜闻乐见的形式,对党员干部进行党性党风党纪教育。

1993年重点对党员干部进行廉洁自律教育,组织各乡镇、县直局以上单位召开高标准的民主生活会。全县38名副县级以上干部有37名参加民主生活会;86个乡镇局级单位有79个召开民主生活会;900名副科级以上干部有820名参加了民主生活会。1994年县纪委、组织部、宣传部、党校先后举办副科级以上党员干部培训班4期,参训人员580人次。全县乡镇、县直局级单位党组织按照县纪委的要求,组织广大党员观看《贿赂忧思录》《沉没警示录》《焦裕禄》《心泉》等电教片,对党员进行正反典型教育。同时,县纪委对县委出台的《关于廉洁自律六条规定》《关于制止利用红白喜事大搞请客送礼的规定》《关于禁止打牌赌博的规定》的落实情况进行督促检查,狠抓廉政制度的落实。1995年县委先后下发《关于加强党的建设》《关于向孔繁森同志学习》等文件,进一步加强党的思想建设、组织建设和作风建设,加强对党员干部的宗旨教育。1996年组织全县副科级以上干部参加政务公开知识考试,参考率90%,及格率100%。1997年突出艰苦奋斗和廉洁从政教育,狠刹公款吃喝玩乐风,进一步清退干部多占公房。通过教育整顿,全县局以上单位完善接待制度116项,49个乡局级单位恢复了机关食堂;共清退干部多占公房33套。1998年重点开展"反腐治奢,艰苦奋斗"为主题的教育活动。1999年继续开展廉洁从政教育,在县有线电视台开辟《风纪论坛》专栏。通过教育,有9个单位12名党政领导上交礼金2.07万元,5个单位9名领导拒收礼品1420件,折合人民币1.725万元。2000年县纪委组织举行了"勤廉之光"文艺晚会、"党在我心中"演讲比赛,组织党员干部观看《生死抉择》警示教育片,学习《邓小平论党风廉政建设和反腐败》《邓小平论领导干部廉洁自律》《党风廉政建设责任制文件选编》《警惕腐败》等书籍,增强党员干部的勤政廉政意识。

第二节　纪检信访

县纪委、县监督局机关内设信访室,专门办理群众信访,公开信访举报电话,实行书记、局长信访接待日制度,努力提高办理群众信访的工作效率,对群众信访坚持直查快办,基本做到件件有着落,事事有回音。1986年接受群众信访119件次,办结113件次。1987年接受群众信访92件次,办结89件,信访立案18件,结案18件。1988年接受群众信访66件次,办结63件,信访立案13件,结案13件。1989年接受群众信访126件次,办结124件,信访立案15件,结案15件。1990年接受群众信访410件次,办结408件,信访立案39件,结案37件。1991年接受群众信访690件次,办结654件,信访立案189件,结案175件。1992年接受群众信访587件次,办结564件,信访立案15件,结案13件。1993年5月,县城3户个体户到县纪委相继上访,反映乱收费问题严重,难以维持生计。

对此,纪委责成信访室牵头,从工商、物价、税务等相关职能部门抽调人员组成清理乱收费工作组,开展了为期一个月的清理工作,对全县113个单位、602个收费项目进行清理。清出违规收费项目102个,收缴违规金额4.95万元。当年接受群众信访96件次,办结96件,信访立案21件,结案21件。1994年接受群众信访145件次,办结145件,信访立案8件,结案8件。1995年接受群众信访20件次,办结20件。1996年接受群众信访96件次,办结85件,信访立案46件,结案41件。1997年接受群众信访121件次,办结121件,信访立案12件,结案9件。

1998年,县纪委针对群众信访反映党政机关讲排场、抖阔气,大兴土木建楼房、搞装修、以考察为名出国(境)浪费国家钱财等问题进行清理。通过清理,共取消5栋办公楼新建计划,压缩4栋新建的办公楼投资,取消5栋办公楼装修计划,节省开支136万元;取消常规性会议5个,压缩会议8个,节省开支8万余元;取消出国(境)考察13人,节省开支28.6万元。当年接受群众信访66件次,办结66件,信访立案43件,结案43件。1999年,县纪委对群众信访反映县直单位存在违规集资建房和干部多处购买公房等问题进行清查,共清出违规超面积集资建房单位4个,处以罚金3.5万元,清退干部有私房又购公房16套,清退干部有私房又参与集资建房2套,清退干部多处购公房7套。当年接受群众信访138件次,办结138件,信访立案46件,结案45件。2000年接受群众信访127件次,办结127件,信访立案82件,结案81件。1986—2000年,全县纪检组织共接受群众信访2899件次,办结2513件,信访立案547件,结案520件。

第三节　案件查处

1986年立案35件,结案26件,处理违纪人员10人;1987年立案19件,结案26件(含1986年余案),处理违纪人员16人;1988年立案12件,结案12件,处理违纪人员12人;1989年立案30件,结案30件,处理违纪人员30人;1990年立案45件,结案43件,处理违纪人员43人;1991年立案27件,结案27件,处理违纪人员27人;1992年立案23件,结案23件,处理违纪人员22人;1993年立案32件,结案10件,处理违纪人员12人;1994年立案15件,结案10件,处理违纪人员10人;1995年立案9件,结案5件,处理违纪人员5人;1996年立案46件,结案41件,处理违纪人员6人;1997年立案12件,结案9件,处理违纪人员6人;1998年立案24件,结案24件,处理违纪人员24人;1999年立案22件,结案22件,处理违纪人员22人;2000年立案38件,结案38件,处理违纪人员38人。1986—2000年,全县纪检组织共立案调查党员违纪案件389件,结案346件,处理违纪人员283人。所处理的人员中,开除党籍87人,留党察看28人,撤销党内职务5人,党内严重警告60人,党内警告44人,其他处理59人。

在查处党员违纪案件过程中,县纪委狠抓重大典型案例的突破,以警示广大党员。1989年8至10月,县纪委根据县委关于狠刹党员领导干部违规营建私房的部署,以纪委牵头,从监察局、法院、检察院、工商、税务等部门抽调8人组成两个组,分别对群众反映强烈的1名金融部门副职,1名企业负责人违规营建私房的问题进行立案调查。经过两个多月的调查取证,报县委常委审批,给予金融部门副职留党察看一年的处分,给予企业负责人开除党籍的处分,并在县政府大礼堂召开乡镇和县直部委办局负责人大会,公开宣布处分决定,在全县产生强烈的反响,有力地遏制党员干部违规营建私房的歪风。另外,在1987年对新中国成立以来查处的案件进行复查，复查案件134件，结案率达98.5%，保障党员的合法权利和案件查处的正确性、严肃性。

第四节　纠正不正之风

1986年对乱发钱物、用公款请客送礼、拖欠公款、侵占公物、城镇干部建私房进行清理。清出乱发钱物7件，金额7558元，实物222件，折币7614元，涉及221人，已全部纠正。清出111人用公款请客送礼共3970元，90人主动退礼、补款。清出长期拖欠公款42121元，涉及204人，有201人主动归还借款共36980元。清出侵占公物579件，涉及148人，已全部退还。清理城镇干部营建私房，对违反规定的分别作了处理，责令停建4户，补办手续5户，收回7户多占的耕地，6户补交土地补偿费，对18户处以罚金共11549元，拆除建筑物1栋。清出乱借乱贷、挪用公款、短款、承包拖欠公款共52人，金额129489.15元，没收房屋1栋，退地1774.4平方米。1988年县委、县政府对喜庆宴请的规模作明确规定。1991年县纪委廉政办对全县用公款吃喝进行大整顿。通过整顿，全县有48个单位建立了机关食堂皇，43个单位实行接待费单独列项，公款吃喝风得以制止。1993—1994年清出党政机关办企业共41家，参与经商办企业的干部427人，并作出停办、转办、脱钩等处理。1994年县委重申喜庆宴请规模的规定。1997年开展以“刹三风”“兴三风”为主要内容的机关作风整顿工作。全县恢复机关食堂49个，116个单位完善接待制度，136个单位制定禁赌制度，下基层搞调查研究办实事746人次，其中县处级领导干部38人，撰写调研文章29篇，现场解决具体问题16个，为基层解决资金74.26万元。经过集中整顿，机关作风明显转变。1998—1999年，继续抓党政机关厉行节约，狠刹奢侈浪费之风，全县有53个单位恢复机关食堂，101个单位实行接待费单独立项，84个单位实行定点接待。到1999年底，县纪委组织人员对60个单位的接待开支情况进行督查，这60个单位共支付接待费138.35万元，比1998年下降18.4%。2000年重点清理领导干部用公款配备私人住宅电脑和支付上网费用等问题。经清理，未发现领导干部有以上不良行为。

第五节　监察业务

查处行政案件　县监察局成立后，1994年始开展案件查处工作，当年立案17件，结案10件，处理违纪人员10人；1995年立案4件，结案3件，处理违纪人员3人；1996年立案14件，结案14件，处理违纪人员14人；1997年立案2件，结案2件，处理违纪人员2人；1998年立案22件，结案22件，处理违纪人员22人；1999年立案55件，结案55件，处理违纪人员55人；2000年立案27件，结案27件，处理违纪人员27人。1994—2000年，县监察局共行政立案141件，结案133件，处理违纪人员133人，其中开除公职63人，开除留用察看6人，辞退3人，降级7人，记大过22人，记过16人，警告4人，除名4人，其他处理8人。

执法监察　1988—2000年，县监察局陆续开展各种执法监察工作，共对83项事项进行了执法监察。

清理党政机关干部违规违纪建私房　1988年始，清理党政机关干部违规违纪建私房、购房问题，发现违规建房231户。1990年和1995年，再次对党政机关干部违规违纪建私房、购房问题进行清理，至1997年清理整顿结束，共清退公房33套，超面积建房补缴税费1.952万元。

整顿医药市场 1995年开始清理整顿医药市场，通过清理，取缔无证诊所14家、无证药店2家，责令4家药店停业整顿，限期整顿2家，没收药械823种、假药109盒。1999年对49家有证照但不具备经营条件的诊所、药店进行停业整顿，关闭了37家无证照和超范围经营的药店、诊所，查处违犯《中华人民共和国医药法》案件41件，没收非法经营医药医疗器具850种、药品34种，下调68种药品价格，并处以罚款12.26万元。2000年取缔无证照、证照不全及违法经营的医药医疗店铺10家，查处违犯《中华人民共和国医药法》案件37件，没收非法经营的药品、医疗器具1800余种，并处以罚款2.8万元。

清退公费配置的移动电话 1996年，对公费为乡、科级以上领导干部配置的234部移动电话进行全部清退处理。

整顿粮食市场 1999年，查处非法收购粮食的个体户23户，没收非法收购的粮食11.7吨，并处以罚款6600元。2000年，办理粮食经营注册变更登记手续240户，查处非法收购、运输、经营粮食案件5件，没收非法经营的粮食7000千克。

减轻农民和企业负担工作监察 2000年春，县监察局组织农业局、生资公司等职能部门深入基层开展农资打假活动，共对12家生产、销售不合格农资产品的企业和经营户进行整改，立案查处销售假冒伪劣农资产品的案件5件，为农户挽回直接经济损失75.8万元。是年，县监察局在做好乡村统筹提留款收取监察工作，确保农民负担控制在5‰以内的同时，于春、秋开学之际，先后5次组织减负办、教育局等职能部门对学校收费情况进行执法检查，发现部分学校违规收费3项，金额15万元，当即进行了整改，并责令违规学校将违规收取的15万元全部退还学生。此外，县监察局从这年起对县域骨干企业实行挂牌保护，共挂牌保护骨干企业12户，为受保护企业减轻各种不合理负担218万元。

廉政建设 1997年底，县监察局开始在各乡镇和县直局以上单位推行办事公开制度，增强了权力运行的透明度。1998年，有11名党政干部上交礼金礼品，总价值5800元。1999年，县长刘昌刚在办理父亲丧事中，把非亲友所送的礼金、踏花被全部交公。2000年，共有56名党政干部拒收、上交礼品90件，总价值5.535万元；有19名党政干部上交礼金6.85万元。

第七章　政法工作

1981年8月，县委政法办公室改为县委政法委员会，时有编制4人。1982年县委明确县委副书记袁仕传兼政法委主任，宁仲惠任副主任，吴运顺、麻楚茂、薛运阳、杨世文为委员。1990年9月成立花垣县社会治安综合治理领导小组，由县委书记石维斌任组长，1991年8月改为花垣县社会治安综合治理委员会，县委书记龙爱东任主任，下设办公室，并从检察院、法院、司法局借编3人与县委政法委合署办公。1995年机构改革后，县委政法委员会设有办公室、综治室、政治工作室，核定编制7人，设书记1名、副书记2名。

县委政法委员会自1981年8月成立到2000年底，共查处危害国家安全案件15起，破获各类刑事案件5478起，捣毁犯罪团伙878个，抓获犯罪嫌疑人7192名，挽回经济损失1287万元。在社会治安综合治理和维护稳定工作中，组织开展大型的严打专项斗争4次，重大整治42次，安全大检查145次，民间纠纷大排查15次，并狠抓政法队伍建设，不断提高政法队伍的政治业务素质。

第一节　严打整治

县委政法委员会自1981年成立后，先后组织4次大的严打整治专项斗争。1983年8月—1986年7月，按照中央统一部署，开展为期3年的严厉打击严重刑事犯罪斗争，抓获各类犯罪分子661名，破各类刑事案件355起。1989年，开展以打击拐卖妇女儿童、嫖娼卖淫、聚众赌博为重点的扫除“六害”专项斗争，共立拐卖妇女儿童案66起，抓获案犯212名，查处赌博案件157起711人，有效遏制治安乱源和刑事案件的高发势头。当年还开展“经打”专项斗争，严厉打击贪污、贿赂、投机倒把等严重经济犯罪，全县立3万元以上大案5起，32名经济违法犯罪人员自首坦白，交代违法犯罪金额12.767万元，退赃19.1308万元。1991年4月，对治安问题复杂的团结矿区实行重点整治，摧毁犯罪团伙8个47人，破获各类刑事案件45起，抓获案犯33名。1993年3月开展“三打两整一查禁”统一行动，即打击车匪路霸和重大盗窃、打击拐卖妇女儿童犯罪、整顿重点地区和路段治安秩序、整顿交通秩序和查禁卖淫嫖娼。实施代号为“金剑行动”“畅安工程”“正风行动”三个战役，共摧毁犯罪团伙77个，抓获各类违法人员284名，纠正各类交通违章456起，清除路障785处，查获卖淫团伙5个，查处强迫、引诱妇女卖淫案件4起。同年，组织全县政法干警和党政干部1528人开展集中整治农村社会治安统一行动，确立13种打击对象。开展“零点行动”“子夜行动”，以及整治集镇社会治安为主的“夏季攻势”等行动，集中搜捕抓获一批违法犯罪分子，有力地打击犯罪分子的嚣张气焰。1998年先后发生“1·11”龙潭矿区执法队伍被炸案，“4·1”枪杀计生干部案，“5·21”县政府爆炸案，“9·1”政法干警枪支被抢案和“9·20”劫车杀人案等恶性案件，严重影响全县社会稳定。在县委的领导下，县政法委采取果断措施，开展了夏季严打整治，一举破获了“4·1”杀害计生工作人员的特大杀人案，“9·1”抢枪案和“9·20”劫车杀人案。1983—2000年共查处卖淫嫖娼人员370对，赌博人员4570人次，查处吸、贩毒人员313人，铲除种植罂粟3215株，收缴各类毒品1.5千克。

第二节　缉枪治爆

20世纪80年代，涉枪、涉爆违法现象有所回升，特别是90年代，持枪杀人、抢劫杀人、抢劫、爆炸等严重暴力犯罪突出。从1985年开始，县政法委多次组织开展“缉枪治爆”行动，共收缴各类枪支13700支，其中仿真枪221支。收缴炸药134.2吨、雷管101500余发、导火索126100米，取缔非法生产烟花爆竹作坊27家，捣毁造枪窝点7个。1999年8月17日，县公安局破获一制贩仿真枪团伙，收缴仿真枪51支，以及大量的半成品和造枪工具。

第三节　社会治安综合治理

1981年6月，中共中央明确提出社会治安综合治理方针。为抓好贯彻落实，1982年9月，县政法委召开第一次社会治安综合治理大会，全面部署和开展社会治安综合治理工作。1988年始，以县委行文在全县全面推行社会治安综合治理责任制。为加强社会治安综合治理工作，1990年9月成立花垣县社会治安综合治理领导小组，1991年8月改为花垣县社会治安综合治理委员会(简称县综治委)，设综合治理办公室，与县政法委合署办公。同年，县综治委转发《花垣县社会治安综合治理实施细则》和《花垣县社会治安综合治理领导责任制》，各乡镇党政一把手首次与县委、县人民政府签订社会治安综合治理目标管理责任书。各乡镇村(居)及乡镇直单位都建立社会治安综合治理领导小组，村(居)调委会、治保会进一步健全，并逐步建立治安巡逻队、护村(护厂、护校、护院)队等群众组织，成立安置帮教领导小组。在农村、集镇广泛开展“三评一帮”(评五好家庭户、双文明户、遵纪守法户、帮教轻微违法人员)和创“安全文明小区”活动，为预防违法犯罪和遏制治安乱源发挥了积极作用，“评三户”工作在全州得到推介。1994年6月，县委、县人民政府转发《湖南省社会治安综合治理委员会一票否决权制实施办法(试行)》。1998年，县综治办探索综治工作新路子，分别在排碧乡马鞍村、县工商银行、花垣镇老正街居委会创办“三为主”试点，全面推进社会治安以村为主、以单位为主、以居委会为主，在农村实行村主任、组长、家长负责制，进一步把综合治理落实到最基层。1999年州委、州人民政府出台的《关于切实加强社会治安综合治理基层工作意见》，进一步明确领导责任和一、二、三责任人，严格实行“一票否决”制。当年，经检查验收，全县有6个乡镇、5个县直单位获得州、县表彰，1个乡镇、2个县直单位被重点管理，1个单位被“一票否决”。2000年，全县无“重点管理”和“一票否决”单位及乡镇，综治工作名列全州第一名，受到州委、州政府表彰。

第四节　维护社会稳定

1994年成立花垣县维护稳定工作领导小组，由县委书记龙爱东任组长，日常工作由政法委负责落实。1995年1—6月，通过开展“春季严打”，集中时间、集中人员扫除“黄、赌、毒”，以及重点整治收缴土枪治安管制刀具等行动，共摧毁各类犯罪团伙10个84人，破获各类刑事案件164起；查封录像放映厅6家，缴获淫秽录像带6本，查获卖淫嫖娼人员23名，查获参赌人员327名，端掉聚赌窝点17个，收缴赌资4.2万元，罚款9.3万元，没收苹果机24台；收缴土枪1187支，治安管制刀具1364把，炸药1848公斤，雷管1500发，导火索1450米。按照州委、州政府《“九五”普法工作意见》，广为宣传《中华人民共和国刑法》等基本法律法规，组织全县乡(镇)、县直局级单位副科以上干部“二五”普法统考，着力增强全民法律意识。1996年集中整顿治安混乱地区、单位和重点路段167个。1997年，把加强隐蔽战线斗争作为维护社会稳定的大事来抓，共收集各类情报信息18条，其中政情2条、社情16条，发现并及时消除群体性闹事苗头11起，取缔“门徒会”等邪教组织8个，查获“门徒会”成员85人，其中治安拘留4人。突出人民调解工作，共受理各类民事案件311件，审结269件，审结率达86.5%，其中调解结案207件，占结案总数的75.1%；排查各类纠纷苗头612件，调处各类民间纠纷612件，调解成功598件，成功率为97%。1998年对龙潭、团结矿区实行重点整治，使矿区的治安秩序明显好转。1999年维稳工作推行属地管理，落实三个责任（领导责任、部门责任、个人责任），加大不稳定因素整治力度，有效地维护全县社会稳定。1—12月，全县无反革命政治事件，无罢工、罢课、群体性非法集会、游行事件；共立各类刑事案件190起；受理查处各类治安案件313起，较1998年339起下降8.3%。2000年1—6月，维护社会稳定工作实行“五抓五到位”，即抓思想认识，确保领导重视到位；抓责任落实，确保奖罚到位；抓基层基础，确保“三为主”到位；抓严打整治，确保消除隐患到位；抓督促检查，确保综治维稳工作到位。通过这些举措，半年共立各类刑事案件84起，其中重大刑事案20起，特大刑事案8起，分别较1999年同期下降34.4%、35.5%和33.3%；受理各类治安案件147起，同比下降17%。至2000年底，维稳工作共排查出各类矛盾纠纷13340起，调处13008起，有效地防止了民转刑和重大群体性等危害社会稳定的事件发生，维护了全县社会政治稳定，促进了经济发展。

第五节　政法队伍建设

为提高广大政法干警的政治思想和业务素质，纯洁政法队伍，提高战斗力，县政法委不断加强政法队伍自身建设，从严要求，坚持不懈地开展政法队伍教育整顿工作。特别是在1991年开展社会主义思想教育整顿工作中，对呈现出来的10个重点对象全部上了专案，清调出不适合政法工作的人员5名。2000年开展“讲学习，讲政治，讲正气”三讲活动和业务考核活动，开展“争当人民满意的政法干警”和“争创人民满意的政法单位”活动，配合组织部对28名骨干进行考察，提拔18名干警，对10名干警实行岗位轮换，查处违法违纪案件12件12人，先后有24个先进股、所、队、室和21名干警被省以上单位表彰奖励。

第八章　统战工作

1980年，始设县委统战部为县委工作机构。1985年底，县委统战部等14个单位被定为县委工作部门。1987年11月至2000年底，统战部内设办公室，机关有行政编制4个，在编人员4人，先后有田仁杰、麻昌元、吴志良任部长。

第一节　非党人士统战工作

中国人民政治协商会议花垣县第二届委员会安排非中共党员人士119人，占委员总数的70.37%；非党人士副主席2人，占副主席总数50%；常委19人，占常委总数的57.9%。政协花垣县第三届委员会安排党外人士123人，占64.7%，非党人士副主席4人，占57%；常委21

人，占63.6%。政协花垣县第四届委员会安排党外人士112人，占65%；非党人士副主席4人，占57%；常委15人，占55%。政协花垣县第五届委员会安排党外人士115名，占60.85%；非党人士副主席4人，占57%；常委17人，占58%。

花垣县第十届人民代表大会有44名党外人士当选县人大代表，占代表总数的20.2%；党外人士罗时芳当选县人大常委会副主任，吴凤梅、李杰当选人大常委会委员。花垣县第十一届人民代表大会有49名党外人士当选县人大代表，占代表总数的22.2%；党外人士罗时芳再次当选县人大常委会副主任。在1991年6月9日县第十一届人大第二次会议上，党外人士谭子玉当选副县长。花垣县第十二届人民代表大会有51名党外人士当选县人大代表，占代表总数的22.8%；党外人士刘翼当选县人大常委会副主任，王力平当选自治州第九届人民代表大会代表。花垣县第十三届人民代表大会有48名党外人士当选县人大代表，占代表总数的26.5%，党外人士麻玉贤当选县人大常委会副主任。

1986—2000年，先后推荐田渊为湘西自治州人大常委会副主任、州政协副主席、全国政协第七届常务委员，李遨夫任湘西自治州人民政府副州长。傅洪胤、全祥林、龙泽全、黄月芝、刘定一、麻玉贤、沈伟彦、张民治等当选为省、州人大代表，李义和当选省政协委员。期间，1988年推荐黄崇本、何世碧、石成业、龙兰美、秧初兴、龙仕科、肖良栋、刘熙涛、龙子良、龙文峰、伍乾良、田永兴、刘定一、孙玉林、杨胜珍、张嗣俊、黄月芝、何其安、沈光辉等21人为州六届政协委员（李义和为常委）；1990年增补陈文博、苏益胜、郭云钦、麻玉贤4人为州政协委员。

1991—2000年，县委根据《中共中央关于坚持和完善中国共产党领导的多党合作与政治协商制度的意见》《中共湖南省委关于印发〈湖南省跨世纪党外领导干部培养选拔工程〉的通知》《中共湘西州委关于湘西自治州跨世纪党外领导干部培养选拔工作规划的通知》等文件精神，制定《花垣县跨世纪党外领导干部培养选拔管理办法》，明确县人大、县政府、县政协要确保现有的非党领导干部配备职数；政府职能部门、司法机关和各乡镇人民政府要配齐党外副职；县直有关单位和部门要继续聘请党外干部担任特约检察员、陪审员、监察员、审计员和教育督导员；各社会团体、工商联的班子中，党外人士应占多数，要在党外成员中形成以45岁左右为主体的菱形梯次结构；以省、州社会主义学院为阵地培训党外干部五个目标。这些措施的推行，进一步加大非党干部培养、选拔、任用力度。到2000年底，共举荐安排非党人士担任实职领导54人，其中副州级领导2人，副县级领导6人，正科级领导2人，副科级领导44人。

第二节　统战、宗教政策实施

统战政策实施　凡具有参政议政能力的统战对象全部举荐担任不同的社会职务，恢复统战对象的政治地位。1988年8月16日成立“黄埔同学会花垣联络组”，1989年按照省黄埔同学会关于一县之内达15名会员以上可以建立“黄埔同学会”组织的要求，根据花垣尚有20名黄埔同学的实际，将联络组改为“花垣县黄埔同学会”。同年11月17日成立“花垣县台胞亲属联谊会”，选举7名台属组成联谊理事会，恢复统战对象网络组织机构。

宗教政策实施　花垣县内佛教、道教、天主教、基督教均有信教人员及活动，但活动场所不多，只有茶洞茅庵和花垣镇钟佛山两处较有香火，其余香火时断时续。1998年成立县宗教局，王华祥任局长。执行宗教信仰自由政策，尊重信教群众正当的宗教信仰自由，杜绝宗教秘密地下活动，合理安排宗教活动场所，保障宗教正常活动。教育信教人员不参加“法轮功”邪教组织，不干预行政、司法、学校和社会公共教育，不准妨碍生产和社会秩序，不准诈骗钱财，不准吸收未满18岁的少年入教。

第三节　非公有制经济人士统战工作

随着县内非公有制经济迅速发展，按照“团结、帮助、引导、教育”的方针开展非公有制经济人士统战工作。1995年成立“光彩事业”推动委员会，由县委统战部部长麻昌元任主任，引进外地和动员本县非公有制经济人士扶贫建校，救助失学儿童、修公路、帮助贫困村办企业、支援灾区恢复生产等社会公益事业。1997年起先后由县委统战部副部长吴裕辉、龙乾疆兼任县工商联党组书记，建立工商联执委例会制度和非公有制经济知名人士学习制度，发挥党的政治思想工作优势，做好非公有制经济人士的思想工作。2000年始在省州社会主义学院和县行政干部学校培训非公有制经济人士，开展“致富思源、富而思进”和“爱国、敬业、守法”教育。当年培训非公有制经济人士20人。

第四节　对台事务

1973年，始设对台办（时称333办公室）为县委工作部门。1984年机构改革，将“中共花垣县委对台工作领导小组办公室”改名为“中共花垣县委台湾工作办公室”，列入县委直属单位，归口县委统战部管理。1986年，将对台办公室调整为县委统战部直属二级机构，定编2人，实有2人。1991年成立的花垣县人民政府台湾事务办公室与县委台湾工作办公室合署办公。2001年，中共花垣县委台湾工作办公室（花垣县人民政府台湾事务办公室）被列为副科级机构，归口县委统战部管理，核定行政编制2名，其中主任1名，办事员1名。

1986—2000年，县对台办共印发宣传资料663份，举行报告会163场，受教育30多万人次；召开台属座谈会18次，召开台属会议61次，办宣传窗63期，走访台属687次，发慰问信859份；采写稿件493篇，其中台办石光晰、麻正萍等采写的《同胞兄弟台湾连》《台湾姑娘变成苗家女》《公婆山下的情思》《月是故乡明》《每逢佳节倍思亲》《苗家牛角琴》《苗家盾牌舞》等稿件在中央电视台国际频道、《人民日报》海外版等13家对外新闻宣传媒体发表398篇，在湖南电视台、《团结报》等7个新闻刊物发表31篇，在县电视台播放64篇，促进海峡两岸同胞的交往和联系，引来台胞回大陆投资办企业。尤其是1998年组织全县干部学习《中国台湾问题》一书，并在县级干部中进行对台方针政策知识考试。

1986—1987年，对台办开展台属与台胞的联络工作主要是以指导台属与台胞通信为主。自1998年台湾国民党当局开放台湾居民赴大陆探亲后，两岸人士交往日趋频繁，对台办加强接待工作。至2000年底，通信由1986年86人增加到410人，入台信件由67件增加到848件。对台办还组织17名台属去香港与亲人相会，5名去台湾与亲人相会；共接待探亲、旅游、参观、考察的台胞359人次，上门拜访20次，到车站机场接送131人次，开座谈会152人次，设宴招待53次，组织就近就地参观72次，为台胞排忧解难51次，帮助寻亲访友83人次，找到亲人121人，办理台胞台属信访229件

507人次;帮助5名台属出具证明,办理公证文书,共领回在台遗产70万元,维护台属的正当权益;帮助67户台属建房。县台办赠给台胞张家界画册210册、织锦壁挂6幅、茶洞边城风光影集200多册等等。台属赠给台胞工艺美术品373件、湘绣被面173床、苗族服饰及香酸鱼等土特产品5851千克。先后有19名台胞给家乡捐赠31.6万元兴办公益事业,田焕儒等4名台胞给家乡赠送谷种、菜种、县志、竹业生产图纸。台胞给家属资金400万元,汇款238万元,送金玉首饰780件、金戒指356枚、金耳环5663副、金项链152条、各种衣服481件、彩电231台、手表858块、玉镯81支、玛瑙手圈18副、摩托车32辆。

1986年将原在税务局做临时工的台属伍庆庆安置在县锰矿厂工作,退休后其女儿黄耳利被安排在自来水厂工作。台属饶德宗原在县广播站做临时工,落实政策后转为正式干部,不久提拔任县糖酒厂厂长、县劳动服务公司经理、外贸公司经理(科级)。1999年3月,饶德宗接管濒临倒闭的二九电化厂,逐步发展成为有3.5亿资产的湖南振兴化工股份有限公司,被中共湖南省委、省人民政府授予湖南省乡镇企业明星企业称号。至2000年共为台属撤销原判1人,撤销管制4人,纠正错戴帽4人,平反昭雪1人,恢复公职1人,下放农村收回53人,落实房产3栋31间,为2户被抄家的台属清退财产,退赔资金1800元;为7名无依孤老台属和8名台属子女转居民户口;为27名台属子女安排工作,有39名德才兼备的台属被委以重任,其中选为县人大代表3名,州县政协委员14名,部委办局负责人9名,厂长经理6名,股室负责人7名。

第九章　其他党务

第一节　党史编研

一、机构

1980年县委设置征史修志办公室,从事党史、县志征集编研工作。1981年1月花垣县地方志编纂领导小组办公室成立,开始编写《花垣县志》。1983年10月党史、县志分设,成立党史资料征集办公室,主要从事党史资料的搜集和党史宣传。1990年5月县志领导小组更名为县志编纂委员会。1993年县志工作由党史办兼抓。1994年机构改革,党史资料征集办公室与县志办实行两块牌子一套班子,定编6人,履行征史修志职责。1996年县委成立党史联络组,由县委领导、离退休老干部和有关部门负责人共19人组成,县直各战线和各乡镇也相应成立党史联络小组32个、92人,全县形成了党史联络工作网络。

二、党史资料征集

1987—1990年重点征集民主革命时期的历史资料,形成文稿156篇,计35.9万字,其中抗日战争和解放战争史料9篇2.7万字,剿匪资料70篇15万字。1988年搜集土地革命时期资料1篇,约0.26万字;抗日时期资料5篇,0.86万字;解放战争时期资料1篇,0.23万字;花垣解放、筹粮支前、建党建政时期资料14篇,2.6万字;剿匪反霸时期资料12篇,1.9万字;另有跨时期的英烈传记资料14篇,约4.3万字。1991年后重点征集社会主义时期的历史资料。1993年征集编研社会主义时期党史资料共5个专题、80多篇,24万字。征集完成全县第二批老干部回忆录共39篇30余万字。1995年为纪念中国抗日战争和世界反法西斯战争胜利50周年，公开出版了《花垣回忆录》一书共20余万字。1999年编辑《中共花垣党史大事记》并印刷成书，该书记录1926—1998年中共花垣党组织开展活动的大事，历时73年，共计19万字。2000年与州党史办合编《湘西春秋》第五辑，收集花垣资料30多篇，25万字。该书通过对社会主义革命和建设时期历史的追溯，展示广大中共党员和人民群众改天换地的战斗风貌和奉献精神，再现领导干部与人民群众的鱼水之情。同时，还编辑出版《湘西苗民革屯史录》（修订本）、《花垣县剿匪故事》《沸腾的花垣》等史料丛书，会同有关部门编写工运、农运、青运、妇运等专史。到2001年，先后搜集民主革命时期和社会主义时期的各种专题资料2000余万字，编写各类专题100多个。此外，为省人大常委会原副主任（老红军）石邦智回忆录《红星岁月》提供了10万字的历史资料。

三、史志宣传

20世纪90年代初在钟佛山修建抗日战争和抗美援朝烈士纪念陵园，将全县抗日战争和抗美援朝中英勇牺牲的烈士英名镌刻成碑文。县城的花小、东风小学（后改为国土希望小学）等学校，以传统清明节祭祖的形式，先后在此举行6次大的扫墓活动，参加学生达8000多人次，对青少年进行爱国主义和国际主义教育，使该陵园成为对青少年进行爱国主义和国际主义教育的基地。同时在全县发行了《中国共产党简史》《湖南党史月刊》（后更名《湘潮》）《湖南革命史词典》《湖南党史大事年表》《三湘之最》《湘西州志》《情满三湘》《解放湘西》《湘西抗日纪实》等刊物；县党史研究室和县志办编辑成书的《花垣英烈》《花垣解放》《湘西苗民革屯史录》（修订本）《花垣县志》《花垣党史大事年表》《花垣县剿匪故事》《中共花垣党史大事记》《沸腾的花垣》等史料丛书均在全县广为发行。此外，发行老红军石邦智回忆录《红星岁月》200多册。通过史料丛书的宣传发行，达到存史、资政、教化的目的。

第二节　档案工作

1973年，始设县档案馆为县委工作部门。1985年，档案局被列为县委工作部门。1987年11月，档案局列入县一级事业机构，档案馆属档案局领导下的二级事业机构，配备事业编制6人。1995年底，档案局干部职工从10人增加到12人。1996年2月，档案局和档案馆实行局馆合一，改为事业单位，核定事业编制12名。1988年底，档案局有干部职工10人。至2000年，档案局（馆）人员编制未变。

一、档案收集

档案收集工作从1960年初开始，至当年12月共收集《永绥厅志》（同治木刻版本）6卷，《苗防备览》4卷，《永绥厅志》（宣统版本）12卷等民族史志书刊共59册，名人字画110多张，历史资料280多件。1963年，接收机关档案室移交长期保管档案55卷，永久保管档案146卷，其他1卷。“文化大革命”期间，移交和收集工作停滞。1980年，在全县范围内恢复开展收集活动。到1983年，共收集新中国成立以来历史文书资料400多件、27万多字，实物5件。到1985年，收集和接收机关档案室移交68个全宗档案1559卷，其中科技档案24卷，专业档案303卷，声像档案17卷，文书档案1215卷。同年，移交原人民公社1959—1984年文书档案资料进馆3825卷册。1992年，再次接收各乡镇1985—1991年文书档案3036卷、机关文书档案3636卷入库。1993年，档案资料的移交和收集工作步入正轨。2000年，县档案馆接收县财政局移交1953年查田定产土地档案资料541册10万多份。到2000年底，县档案馆馆藏档案全宗115个，馆藏档案资料30305卷册。各门类、载体档案资料有:历史档案533卷册,机关文书档案(解放后)23008卷,科技档案24卷,专业档案454卷,实物档案4件,图书报刊资料6282册,排架长度为357.4米。

二、档案整理

20世纪50年代后期以清点历史档案为主,促进机关文书档案的清理,并制定机关档案室年初整理好上年档案资料和移交制度。60年代中期,整理积压散存文件材料归档。70年代初期,以“精、轻、清”的原则,整理馆、室藏机关文书档案。80年代初期,将馆、室藏档案资料改平放卷为竖放卷。1985年后,逐年培训档案业务人员,对积压散存各种门类、载体文件材料进行分期分批整理。1989年,按照《图书分类法》和《档案分类法》,安排专人对馆藏散存图书、报刊资料进行系统规范化整理。2000年,全县馆、室藏档案资料84569卷册,且全宗划定较科学,档案整理、卷目设置、档号编排较规范美观,便于现代化管理和查阅利用。

历史档案整理 1957年,对民国时期档案进行清点,装订275册。20世纪60年代初期,整理民族地区历史资料及民国16年至28年(1927—1939),中共地下党组织在永绥(现花垣)地区两次活动资料。1985年,翻整明清时期历史档案及民族史话、地方风情等方面资料489卷入库。1986—1990年,再度整理民国时期资料399卷入库。1992—1998年,整理民族地区历史资料415卷。2000年,整理民族史话、地方风情等方面资料48卷入库。

文书档案整理 20世纪50年代开始整理各部、委、办、局(科)1949—1959年积压散存文书材料1846卷移交进馆。随后多次召开整理机关文书档案工作现场会议。1964年,以县农业局为试点,集中县直机关档案室工作人员对该局1950—1959年的机关文书档案2266份材料进行逐份鉴定,剔除无保存价值材料387份,重新立卷139卷。1970—1972年,从“战备”出发,坚持“少而精”“少而全”的原则,全面清理机关文书档案,毁掉一批资料。1978年后,对县馆馆藏2570卷机关文书档案和室藏机关文书档案重新进行整理。1985年,部署整理新中国成立后乡镇和1958—1984年原人民公社社镇文书档案,规范化整理乡镇、社镇文书档案3344卷进县馆,馆藏机关文书档案全宗单位共达115个计21142卷。1991年,对馆室藏各种门类、载体全部档案案卷,由3个档号卷皮改为5个档号卷皮。1992年,全县再次集中各乡镇文秘工作人员分期分批整理乡镇1985—1991年文书档案3036卷进县馆。此后,县档案局和各机关档案室逐年规范整理本级文书档案,形成制度化。1993—1995年,整理文书档案8819卷。1996年,整理文书档案1895卷。1997—2000年,整理文书档案5641卷。

科技档案整理 到1985年初,共整理科技档案1370卷,图纸40193张,照片32册,胶卷5卷,资料1720册。1988年后,以厂矿企业为重点,巡回上门服务。至1994年,共整理科技档案4157卷,图纸6159张,照片42册,胶卷11卷,资料808册。1995—1998年,整理科技档案796卷,图纸3821张,照片35册,胶卷15卷,资料405册。1999—2000年,整理科技档案412卷,图纸1587张,照片18册,胶卷10卷,资料398册。

专业档案整理 1985年前,对移交接收进馆散存的土地普查、房屋普查、地名普查、工业普查、人口普查及照片等专业档案进行整理。共整理专业档案454卷,照片档案42卷、胶卷11卷。1985年后,再次对1983—1984年的专业档案进行翻整,做到了规范化、标准化。2000年,县财政局把积压散存具有重要历史保存价值的541册10万多份查田定产资料移交进县馆。

会计档案整理 1985年在全县38个核算单位中建立32个清理小组,组织180多人对会计档案进行规范化清点整理,结束了30年来会计档案混乱局面。1986—1989年,清点整理会计档案4819卷,资料1085册,报表2184张。1991—1998年,清点整理会计档案3121卷,资料875册,报表2748张。1999—2000年,清理会计档案788卷,资料 328 册，报表 651 张。

图书、报刊资料整理 1989 年安排两名档案专业干部负责清点整理建馆以来接收进馆散存的图书报刊资料，统一书签，分别按类编号，编制检索工具，共整理图书报刊资料 6046 册。1990 年后，指定专人专管图书报刊资料，负责接待查阅，负责整理当年接收进馆的图书报刊资料。1991 年，整理图书、报刊资料 2105 卷。1992—1995 年，整理图书、报刊资料 1201 卷。1996 年，整理图书、报刊资料 85 卷。1997—2000 年，整理图书、报刊资料 518 卷。

实物档案整理 1988 年整理实物档案印章 209 枚。1992—1995 年，整理实物档案印章 95 枚，苗族服饰 1 件。1998 年整理实物档案印章 35 枚。1999—2000 年，整理实物档案印章 54 枚，苗族服饰 2 件。

三、档案分类

从 1985 年起，逐步对馆、室藏档案资料进行规范化、标准化、科学化分类。共分为：历史档案、机关文书档案、科技档案、专业档案、会计档案、实物档案、图书报刊资料共 7 个大类。并在每个类中，又分若干个小类。

历史档案 有明清档案类、民国政权档案类、史志档案类、族谱档案类。

文书档案 有上级文书档案类、本级文书档案类、下级文书档案类。在这三类文书档案中，按照各机关单位内设机构的具体情况，又分有若干小类：党务文书档案类、工青妇文书档案类、办公室综合文书档案类、政工人事文书档案类、业务各股室文书档案类（机关内设多少业务股室，就分多少类）、财务会计文书档案类、后勤文书档案类。

科技档案 有产品类、科研课题类、基建项目类、设备仪器类。按其部件、结构、阶段等又分若干小类。

专业档案 有照片档案类、艺术档案类、新闻宣传报道档案类、学校档案类、审计档案类、诉讼档案类、商标档案类、土地档案类、医药卫生档案类、房产档案类、地名档案类、工业普查档案类、人口普查档案类等。

会计档案 有会计年报表类、季报表类、会计账本类、会计凭证类、会计其他资料类。

图书资料 有马列著作类、综合性图书资料类；哲学、政治图书资料类、经济图书资料类、军事民事图书资料类；科技、文教、卫生图书资料类；历史、地理图书资料类；报刊资料类共 7 个大类。并在每个大类中，又分若干个小类。

报刊资料 有《中央人民日报》（后改名《人民日报》）、《湖南日报》《团结报》《花垣报》共 4 种。

四、档案管理

档案监督管理 1986 年在全县范围内开展建国后第一次会计档案清理工作，组成 32 个清理小组，动员 180 多名财会人员参加，由档案学会馆员讲授账本、凭证、报表和其他会计资料销毁暂行办法和立卷、整理、归档、编目的具体规定，清理工作以试点带动全面，同年 9 月结束。对清理后的 38 个单位进行检查评比验收，发给合格证书，并评选 12 个先进集体和 30 个先进个人，评选出出席省人代会代表 1 人。对条件尚未成熟的机关档案室，采取请上来和派专人到单位档案室进行现场辅导的办法进行督促。1987 年推行档案管理规范化，将局（馆）干部分成两支队伍，一支抓基层档案室的业务监督指导，一支抓馆内业务建设，全面促进馆、室业务建设，县直 98 个档案室编制各种档案分类大纲对文件材料进行整理立卷，38 个档案室按照规范化标准收集整理立卷档案归档 876 卷。档案馆全面清理建馆以来的图书报刊资料 6046 卷册，共分 7 个大类，72 个小类，并登记编目 7 本，做到按类存放，类标醒目，便于查找利用。

依法管理档案 1987 年 9 月《中华人民共和国档案法》颁布实施，县委随即下发了《关于认真组织学习宣传贯彻落实[中华人民共和国档案法]的通知》，并翻印《中华人民共和国档案法》200 份，编写宣传资料 100 多份，分发全县各机关乡镇和企事业单位广为张贴宣传；培训 200 多人的宣传队伍，利用通俗语言,以苗歌、黑板报、墙报、宣传窗、广播等形式,向全县各族人民宣传《中华人民共和国档案法》。1988年纪念《中华人民共和国档案法》颁布一周年,县档案局与电影院联合制作幻灯片,于影前投放13场,全县12.2万多人受到《档案法》的教育。1992年建立档案执法监督检查员队伍。1993年抽查10个乡镇档案室、10个机关档案室、5个企业档案室。抽查结果有领导班子和规章制度的占100%;在设备建设方面,有档案室、档案柜、缝纫机、装订机、电风扇、吸尘器、去湿机、灭火器的占85%;有安全保护四大措施的占95%。

档案达标管理 1987年3月,开展档案室上等达标定级活动,并印发有关达标定级升级资料。1988年2月,聘请5名评审员。同年10月,评审员对全县申报的15个机关档案室进行考核。在考核工作中,采取听、查、议形式,逐项逐条进行考评,县直机关和乡镇15个综合档案室都达到省三级标准。县档案馆由州档案局考评验收,达到省三级档案馆标准。此后至2000年,年年开展达标定级升级活动,有力地促进档案馆、室在行政领导、基础设施、业务建设、档案资料的开发开放利用,逐步实现档案工作标准化、规范化、科学化、现代化的管理目标。

2000年,县直机关、企事业单位综合档案室中,升为省一级的9个,升为省二级的33个,定为省三级的76个。

档案保管保护 1987年,针对国家档案局印发的《档案库房技术管理暂行规定》,县里开展了一次档案库房大检查,以促进馆、室保管工作的进一步完善。此后,机关档案室先后购置档案装箱901个,室内外设有温度计、灭火器、电风扇、吸尘器、去湿机等设备,卷柜内放有防虫药品。坚持经常性的科学管理,定期检查档案,保持档案及装具处于安全、整洁、卫生、完好的状态。对档案资料霉变褪色、尘污、虫蛀、鼠咬、破损的及时进行托裱修复抢救。1993年对机关档案室的调查结果表明,基本符合库房技术管理规定的占25%,完全符合库房技术管理规定的占75%。

五、档案开发利用

档案鉴定 1980年始,档案工作纠正过去在鉴定中"左"的错误作法,禁止销毁档案,对于需要销毁的档案,按全宗单位编制销毁清册,经鉴定委员会审查,报送县委批准后,才能予以销毁。1985年,在对乡、镇积存的档案整理中,对无科学和历史保存价值的档案资料经鉴定后剔除214份。1994年4月,在整理地方志办公室档案入库过程中,剔除重份和无历史保存价值的资料435份。中共十一届三中全会后,注重档案资料信息资源的开发开放利用工作,把死档变为活档案,面向社会鉴定开放档案8513卷。

档案检索 民国时期,编制《案卷编存簿》和《另辑编存簿》。20世纪50年代后期,编制《卷内目录》及《案卷目录》。1960年增编《卷柜档案资料存放登记卡》《资料目录》《著录目录》《档案全引目录》《民国时期文书档案全引目录》,并绘制有《库房档案存放示意图》。1979年,为开拓档案检索,将《档案资料目录》分为《上级文书档案全引目录》及《本级文书档案全引目录》。中共十一届三中全会以后检索工具已由建馆初期的"单一化"《案卷目录》逐步发展为"多样化",检索系统较为完善。至2000年,馆内编制有档案资料检索工具47种204本,其中档案资料案卷目录113本,档案资料全引目录91本,目录式检索工具474本,卡片式检索工具2种,计1945张,文章叙述式检索工具7件,计81.5万字。

档案编研 清朝民国时期,县内无编研资料记载。新中国成立后,注重编研各类有参考价值的资料汇编和简介。中共十一届三中全会以后,选定编研项目,确定专人编写,从1984—1990年期间,编研有关《台账》《检索工具》《中国共产党湖南省花垣县党组织史料》《中共花垣县历届党员代表大会及县委简介》《花垣县人民政府历届人民代表大会及县人大、政府简介》《花垣南下干部名录》《永绥清朝民国时期同知、县长名录》《花垣县灾情录》等9种共240余万字。

档案利用　新中国成立后，县内档案资料为机关用于审干、肃反、指挥生产、解决民事纠纷等服务。“文化大革命”期间，档案资料多用于内部考查干部、清理职工队伍和人事任免。中共十一届三中全会以后，档案资料利用逐渐扩大，档案文书资料为县各级领导决策工作、经济建设、编史修志、科技研究、落实政策、民事纠纷诸方面提供可靠具有重要价值的依据和佐证。县农业局编写《花垣县农业志》查阅档案资料332卷，抄录313卷、283万字。1986年，档案对外开放，为单位或个人在房屋、土地、财产、债权、债务、学历、工龄和解决民事纠纷等方面提供可靠的依据。同年，县落实政策办公室查阅档案资料纠正“冤、假、错”案和“改右”对象284人，落实“文化大革命”时期处理民族资产阶级政策14人，同时还落实了知青、移民职工资金、投诚起义人员政策。至1988年底，共查阅资料228卷215万字，落实政策1256人。1995年，进馆档案657卷，查阅卷次586卷，利用率60%。利用档案文书资料解决了两河、民乐两乡镇与贵州松桃县虎渡口电站水库淹没纠纷问题，挽回经济损失2.1万元。1996年县信访局查阅征用土地的档案资料20卷9万字，按政策规定责成以2000元低价征用农民承包田的猫儿乡政府增加农民征地补偿款。1999—2000年，县志办编写1万多字的《花垣党史大事记》查阅档案资料189卷206万字。2000年，为续修《花垣县志》，查阅档案资料397卷425万字。

第三节　党校教育

一、机构

1954年6月根据党的建设需要，中共花垣县委设立县党训班。1958年12月改为中共花垣县委党校（简称县委党校），由县委领导兼任校长，配备2名工作人员，在县委组织部内办公，负责每年的党员和入党积极分子培训工作，没有专门校址和专职教师。1966年6月“文化大革命”开始，县委党校被撤销。1968年11月成立县“五七”干校，校址先后设在县农科所、吉卫农场、龙鼻嘴州旱粮科研所。1971年4月改为花垣县“五七”干校。“文化大革命”结束后，“五七”干校作为县委干部培训基地仍保留了一段时间。1978年6月中共花垣县委决定撤销县“五七”干校，同时恢复中共花垣县委党校。校址在花垣镇建设西路80号，占地面积10005平方米。党校恢复后主要举办短期干部培训班。1983年首届干部文化班的开办，使党校教育开始走上正规化。1984年举办首届干部中专班，按全省要求统一招生，统一班次、学制、课程内容、教材和考试考核。2000年5月县委党校加挂花垣县行政干部学校、花垣县民族干部学校、花垣县农村基层干部学校的牌子，承担行政干部、少数民族干部、农村基层干部（主要是村干部）的培训任务，县委党校成为花垣县干部培训中心。

二、领导班子及师资队伍建设

领导班子建设　1978年，中共中央明文规定：“党校校长一般由同级党委书记或副书记兼任。”自此，县委党校一直由县委分管党群的副书记兼任第一校长。1985年，中共花垣县委决定撤销县委党校党委，同时设立党校校务委员会。实行校务委员会（简称校委会）领导体制。校委会由校长、副校长、校务委员组成。校委会组成人员由县委任命。校委会在校长主持下，全面领导党校工作。

师资队伍建设　县委党校一直重视师资队伍建设，严把教师调入关。校委会每年都有计划地选派教师参加省、州党校举办的师资培训班学习，组织集体备课会备课，组织教师参加教学比赛。鼓励支持尚未达到本科学历的教师参加函授学习。根据教学、科研需要，有计划地组织安排教师带着教学、科研课题，深入农村、厂矿、机关、学校进行社会调查，增强教师理论联系实际、解决实际问题的能力，提高课堂教学水平。从党校的培训对象和教育特点出发，党校特聘了由县领导、各部门领导和相关专家为主体的11位校外兼职教师，使党校的师资队伍更好地适应党校教育的要求。1984—2000年，党校始终保持着一支与各个不同时期培训对象和培训规模相适应的师资队伍。1987—2000年，党校教师有3人被评聘为高级讲师，有8人被评聘为讲师，有9人被评聘为助理讲师。2000年底，党校有专(兼)职教师11人，占全校教职工总数的57.6%；在职教师中有高级讲师2人，讲师4人，助理讲师3人；经济及管理专业教师占教师总数的37%。

三、基础设施建设

1985年以前，由于县财力不足，县委党校大都沿用“五七”干校的旧房作校舍。校舍简陋、阴暗潮湿且危房多，内部设施也很落后，参加学习或培训的学员常有二三十人通铺同宿一室。1985年省财政厅下拨2万元基建专款，为党校教职工建宿舍楼，加上党校多方筹集资金，于1987年建成一栋三层十二套共648平方米的教职工宿舍楼；1991年建成一栋四层十一间共540平方米的教学办公楼；1995年新建食堂一栋260平方米。三个基建项目共投入资金37.8万元。其中：省财政先后两次拨款共12万元，县财政配套拨款25.6万元，自筹0.2万元。

1997年5月，县委决定解决党校建设经费30万元。1998年9月18日，县委副书记、县长刘昌刚和县委副书记、县委党校第一校长田茂盛带领县直有关部门负责人到县委党校现场办公，研究党校三年(1998—2000年)建设规划。1998年新修一栋三层三十间共1050平方米的学员宿舍楼。1999年10月18日县委书记刘路平在县委党校召开县委常委会议，解决党校建设经费40多万元。2000年新修一栋四层八间725平方米的教学楼；新修校门，硬化一个标准篮球场、羽毛球场和600平方米的人行大道，拆除1000多平方米的危房、旧房，并按规划进行高标准的绿化、美化；购置一定数量的教学和生活配套设施。1996年至2000年，党校基础设施建设共投入资金134.59万元。其中：省财政20万元，县财政50.9万元，捐资32.3万元，党校自筹22.3万元。

四、干部培训教育

1984年起，党校教育由以往的大规模短期培训为主转向正规化培训为主。党校干部培训主要是两大类型：即规范化轮训、培训和学历提升教育。到2000年底16年间，党校干部教育经历两个阶段。

1984—1990年，主要开展干部培训和中专学历教育。这一阶段的培训对象有45岁以下未达到中专文化的干部、建党对象、村党支书记、村主任。连续办五届干部中专班，共培训干部224人；举办8期建党对象培训班，共培训建党对象1066人次；举办5期农村党支部书记培训班，共培训1500多人次。1989年省委党校函授学院在花垣建立工作站，首届办函授大专班一个，招收学员40名。

1991—2000年，开展干部培训、轮训和大专以上学历教育。这一阶段的主要任务是党校学历教育和提升干部文化水平。根据《中国共产党党校工作暂行条例》第三章第十九条关于“中青年党员干部在被提升或提名选举到上级领导岗位前，应具有相应党校的培训班毕业学历”的规定，党校轮训、培训的重点对象是：乡镇党委副书记、委员、副乡镇长和县直机关副科(局)长，企事业单位和农村基层党支部书记、村主任，县直机关和乡镇党务或政工干部、建党对象和其他适合党校培训的干部，45岁以下未取得大专以上文凭的干部。班次设置有：科级干部进修班，中青年干部培训班，各部门干部培训班，村党支部书记为主体的村(街道居委会)干部培训班，建党对象培训班。10年共计办班61期，轮训、培训6775人次。为干部大专以上学历教育，办六届函授大专班(学员245名)和一届函授本科班(学员51名)。2000年开设中共湖南省委党校函授学院花垣本科函授辅导站。

五、教学和科研

自中共十一届三中全会起到2000年底22年间，党校教学坚持“学习理论，联系实际，提高认识，增强党性”的方针，理论联系实际，把理论学习和研究改革开放中出现的新情况新问题结合起来。每期中青年干部班都安排时间组织学员深入实际调查研究，写出调研报告，提高学员解决实际问题的能力。党校组织教师面向社会、面向国际国内和本地在改革开放中出现的重大理论问题及实际问题进行科学研究。重点研究党校教育、教学改革和管理的有关问题，改革开放中出现的重大理论和实践问题，邓小平社会主义市场经济理论与实践问题，扶贫攻坚，党的建设等。这一时期先后有43人次在国家部级单位和省、州、县发表论文68篇，其中12篇被编入公开出版发行的书、刊中。党校副校长、高级讲师张志文撰写的《进一步认清新时期党的建设的形势和任务》在全省基层党校优秀教材、基层党组织优秀党课教案评选中，被省委宣传部评为优秀教案一等奖；党校校委会委员、高级政工师陶恢竹撰写的《“村为主”是贫困地区计生工作的必由之路》在国家计生委《人口与计划生育》杂志上发表。“九五”期末，县委党校形成的关于人才和产业结构调整问题的研究材料，为县委、县政府确定“十五”计划和工作思路提供参考。

第四节　编制工作

1961年，始设编制委员会为县委工作机构。1963年，编制委员会划为县人委工作机构。“文化大革命”期间的1968年3月，县革命委员会成立，编制委员会的职能被新设的机构取代。1985年，恢复编制委员会。1988年，编制委员会机关内设办公室，核定编制4名，实有工作人员3人。1990年，增编1名，实有工作人员4名。1994年，花垣县编制委员会更名为花垣县机构编制委员会。1997年，增设事业单位登记管理办公室，增编2名，实有工作人员6人。1998年，增加后勤事业编制1名。至2000年底，编制办内设机构和人员编制未变。

1986年，县直党政群机关核定编制489人，实有493人；公检法司核定编制187人，实有181人；21个乡镇机关核定编制386人，实有402人。1987年，县委、县政府下发《关于加强机构编制和干部队伍管理的通知》，明确规定县直各机关单位和群众团体，不得以任何理由再增加新的机构、提高机构级别、扩大编制。1990年，对全县机构、编制、人员、工资基金进行全面清理，落实机构编制经常性管理措施。1991年，对全县党政群机关事业单位的机构编制实行冻结。1993年对全县机构编制进行全面清查，为机构改革作准备。1994年实施县级机构改革。1995年，党政群机关及事业单位定职能任务、定机构、定编制。1996年，县委、县政府下发《关于进一步加强机构编制管理工作的通知》，机构编制管理更加规范化。随着改革开放的不断深入和各项事业的发展，根据上级的有关要求，对县直机构的机构编制作必要的调整。1997年在县编委设立事业单位登记管理办公室。1999年，对县乡镇机关事业单位人员实行分流和清退临时工，共清退临时人员246人，分流富余人员17人。到2000年底，县直党政群机关副局级以上机构55个，核定编制578名，实有576人；21个乡镇核定编制417名，实有417人；公检法司核定编制184名，实有174人；8个转体事业单位核定编制73名，实有87人；4个转为经济实体机构核定编制35名，实有35人；全县691个事业单位核定编制5676名，实有6330人。

第五节 老干部工作

花垣县委老干部局原为县委组织部老干办。1983年升格为正局级行政机构，称中共花垣县委老干部工作局，归口县委组织部管理。1985年下设老干部管理所，1995年更名为老干部活动中心。同年县委老干部工作局更名为县老干部工作局，属事业单位。2000年根据省、州有关文件精神，更名为县委老干部局，恢复行政性质。有编制6人，设立正副局长职位。

老干部场所建设 1984年，县委、县政府投资23万元，在县城建设中路修建老干活动楼和两栋8套老干宿舍楼，同年老干局搬到活动楼上班。1987年一些爱好门球的老干部多方筹措资金3万元修建花垣第一个门球场。至此老干部活动场所基本具备。1991年县委老干部局投资13万元在县人民医院住院部修建老干科，以方便老干部看病就医。

老干部人数动态 1991年县委老干部局管理服务对象仅限于1949年9月30日前参加工作的离休老干部。即1982年前离休干部18人，其中老红军1人(1994年去世)，老八路5人(1986年去世1人)。之后，解放战争时期参加革命工作的64人陆续办理离休手续，1998年享受离休待遇的干部全部办完离休手续，至此共有离休干部70人。由于离休老干相继去世，到2000年底实有离休干部54人。1992年，根据上级指示，副县级(含享受待遇)以上退休干部纳入老干部局管理服务范围，当年管理的退休干部38人。至2000年，共有66位副县级(含享受待遇)以上干部办理退休手续，办完退休手续的老干部有的先后去世，当年实有副县级以上的退休干部52人。

老干部学习教育 老干部管理工作机构建立后，老干部的思想政治教育是工作的重点。从1982年起规定每月10日为老干部学习日，并作为制度坚持下来。老干局利用学习日组织老干部学习党和国家的方针、政策。每年春节期间还请县委、县政府的主要领导讲话或听取县情通报及国内外形势报告。1991年组建老干部学习小组，通过定期或不定期开展小组学习活动达到互相学习、共同提高的目的。同年组织老干参观北京、南京、上海、杭州、苏州、无锡、武汉。1992年又组织老干参观襄阳、西安、成都、重庆，开阔了老干眼界，确保在不同时期参加工作的老干部政治坚定，思想常新，永葆革命青春。

老干部管理服务 1996年着手解决离休老干的离休费问题。1997年始，为方便组织老干部开展活动，老干局先后成立书法研究会、老年京剧小组、钓鱼小组、门球协会、诗词学会、苗歌协会。从1998年起组织老年门球队参加全州“长寿杯”老年门球巡迴赛，活跃老干部的文体生活，使老干部老有所教、老有所医、老有所为、老有所乐。2000年离休干部的离休费全部纳入人事和劳动社保统筹，医疗费全部纳入医疗保险，不足部分由财政负责，彻底解决了离休干部的就医、养老问题。

第四篇 人民代表大会

第一章 人大代表

第一节 代表产生

1986年底—1987年初，县第九届人大常委会主持直接差额选举产生第十届县人民代表大会代表。全县划分97个选区，依法登记选民130470人，由各选区选民和各党政、各人民团体提名推荐代表候选人，经反复酝酿、讨论、协商，确定正式代表候选人名单，张榜公布后，于1987年1月3—5日为选举日，分别在各选区采取无记名投票的方式举行直接差额选举。这次选举共有118658名选民参加投票，选出县人大代表217名，经代表资格审查委员会审查，所选出的代表资格有效。

1989年12月，县第十届人大常委会主持直接差额选举产生第十一届县人民代表大会代表。全县划分107个选区，依法登记选民141955人，由各选区选民10人以上联名和各党政、各人民团体提名推荐人大代表候选人，经过"三上三下"反复酝酿协商，确定正式代表候选人名单，张榜公布后，于同年12月21—24日为选举日，分别在各选区采取无记名投票方式举行直接差额选举。这次选举共有129945名选民参加投票，选出县人大代表221名，经代表资格审查委员会审查，所选出的代表资格有效。

1992年11月，县第十一届人大常委会主持直接差额选举产生第十二届县人民代表大会代表。按照《湖南省县级以下人民代表大会代表直接选举细则》等规定，全县划分109个选区，依法登记选民150664人，并将湖南省人大常委会分配给花垣县应选的第十二届人民代表大会代表名额226名（留机动1名）分配到各个选区，由各党政、各人民团体推荐和选民10人以上联名推荐代表候选人，经过反复酝酿协商，确定正式代表候选人，于选举日前5天张榜公布。同年11月5—7日为选举日，各选区采取无记名投票方式举行了直接差额选举。参加这次投票选举的选民141371人，选出花垣县第十二届人民代表大会代表225名，经花垣县第十一届人大常委会代表资格审查委员会审查,花垣县第十二届人民代表大会代表224名资格有效。花垣县第十二届人民代表大会第二次会议后,因工作需要,5名代表调离本行政区,经第十二届人大常委会第十六次会议决定,分别在排碧、大河坪等5个选区补选第十二届县人大代表5名。

1997年11月,县第十二届人大常委会主持直接差额选举产生第十三届县人民代表大会代表。全县划分97个选区,依法登记选民170713人,并将湖南省人大常委会分配给花垣县应选的第十三届县人民代表大会代表名额181名全部分配到各个选区,由各选区党政、各人民团体推荐和选民10人以上联名推荐代表候选人,经过反复酝酿协商,确定正式代表候选人278名,于选举日前5天张榜公布。同年11月25—27日为选举日,各选区采取无记名投票方式,举行了直接差额选举。参加这次投票选举的选民156339人,选出花垣县第十三届人民代表大会代表181名,经花垣县第十二届人大常委会代表资格审查委员会审查,所选181名代表资格有效。

第二节　代表构成

1986年底至1997年11月,花垣县共选举产生第十、第十一、第十二、第十三届人大代表。其代表结构分别为:

第十届人大代表217名,其中苗族155名,占71.4%,汉族43名,占19.8%,土家族18名,占8.29%,其他民族1名,占0.46%;男性182名,占83.9%,女性35名,占16.1%;中共党员173名,占79.7%,非中共党员44名,占20.3%;农民109名,占50.2%,公务员102名,占47%,社会各界人士6名,占2.76%;大专以上文化程度28名,占12.9%,中专高中文化程度65名,占30%,初中以下文化程度124名,占57.1%。

第十一届人大代表221名,其中苗族155名,占70.1%,汉族43名,占19.5%,土家族22名,占9.95%,其他民族1名,占0.45%;男性177名,占80.1%,女性44名,占19.9%;中共党员172名,占77.8%,非中共党员49名,占22.2%;农民114名,占51.6%,公务员98名,占44.3%,社会各界人士9名,占4.07%;大专以上文化程度24名,占10.9%,中专高中文化程度150名,占67.9%,初中以下文化程度47名,占21.3%。

第十二届人大代表224名,其中苗族116名,占51.8%,汉族87名,占38.8%,土家族21名,占9.38%;男性184名,占82.1%,女性40名,占17.9%;中共党员173名,占77.2%,非中共党员51名,占22.8%;农民114名,占50.9%,公务员108名,占48.2%,社会各界人士2名,占0.89%;大专以上文化程度41名,占18.3%,中专高中文化程度43名,占19.2%,初中以下文化程度140名,占62.5%。

第十三届人大代表181名,其中苗族136名,占75.1%,汉族24名,占13.3%,土家族21名,占11.6%;男性141名,占77.9%,女性40名,占22.1%;中共党员133名,占73.5%,非中共党员48名,占26.5%;农民102名,占56.4%,公务员67名,占37%,社会各界人士12名,占6.63%;大专以上文化程度43名,占23.8%,中专高中文化程度73名,占40.3%,初中以下文化程度65名,占35.9%。

花垣县第十届至第十三届人民代表大会代表结构表

表4－1－16

结构		届别	十届	十一届	十二届	十三届
代表总数			217	221	224	181
民族	苗族	人	155	155	116	136
		%	71.4	70.1	51.8	75.1
	汉族	人	43	43	87	24
		%	19.8	19.5	38.8	13.3
	土家族	人	18	22	21	21
		%	8.3	9.95	9.4	11.6
	其他	人	1	1		
		%	0.5	0.45		
性别	男	人	182	177	184	141
		%	83.9	80.1	82.1	77.9
	女	人	35	44	40	40
		%	16.1	19.9	17.9	22.1
政治面貌	中共党员	人	173	172	173	133
		%	79.7	77.8	77.2	73.5
	非中共党员	人	44	49	51	48
		%	20.3	22.2	22.8	26.5
职业	农民	人	109	114	114	102
		%	50.2	51.6	50.9	56.4
	公务员	人	102	98	108	67
		%	47	44.3	48.2	37
	其他	人	6	9	2	12
		%	2.8	4.1	0.9	6.6
文化	大专以上	人	28	24	41	43
		%	12.9	10.8	18.3	23.8
	中专高中	人	65	150	43	73
		%	30	67.9	19.2	40.3
	初中以下	人	124	47	140	65
		%	57.1	21.3	62.5	35.9

第二章 代表大会

第一节 花垣县第九届人民代表大会第三次会议

1986年3月27—30日,花垣县第九届人民代表大会第三次会议在县城召开。会议应到代表218名,因病因事请假25人,实到193人。会议听取、审议通过县人大、县政府、县法院、县检察院的工作报告,县计委关于花垣县1985年国民经济、社会发展计划执行情况和1986年国民经济、社会发展计划安排意见的报告,县财政局关于全县1985年财政决算和1986年财政预算草案的报告,并作出《关于防止乱摊派、乱收费,合理确定农民负担的决议》。

第二节 花垣县第十届人民代表大会

1987年3月4—9日,花垣县第十届人民代表大会第一次会议在县城召开。会议应到代表217名,因病因事请假12名,实到205名。会议听取和审议县第九届人大常委会、县政府、县法院、县检察院的工作报告和县计委关于花垣县1987年国民经济和社会发展计划及县财政局关于1986年财政决算和1987年财政预算的报告,并作出"全县工人、农民、知识分子和一切拥护社会主义的劳动者要同心同德,埋头苦干,为在本年度实现工农业总产值9880万元,粮食总产量8000万千克,财政收入400万元,农民人均增收30元,人口自然增长率控制在12‰的目标而奋斗"的决议。大会选举石昌凡(苗族)为花垣县第十届人大常委会主任,王秀武(土家族)、申炳煊、向心国(土家族)、罗时芳(女)为副主任,陈清波等10人为人大常委会委员;选举石昌禄(苗族)为花垣县人民政府县长,石邦庭(苗族)、刘伟民、向明喜(苗族)、宋新美(苗族)、蔡安家为副县长;选举石仕泉(苗族)为花垣县人民法院院长,石维斌(苗族)为花垣县人民检察院检察长。本届人大还分别于1987年12月、1988年4月、1989年5月召开第二、第三、第四次人民代表大会,其中第二次人民代表大会以选举出席湘西土家族苗族自治州第八届人民代表大会代表为主要任务,依法选举石昌禄等30人为湘西土家族苗族自治州第八届人民代表大会代表。

第三节 花垣县第十一届人民代表大会

1990年2月16—21日,花垣县第十一届人民代表大会第一次会议在县城召开。会议应到代表221名,因病因事请假8名,缺席6名,实到207名。会议听取和审议县第十届人大常委会、县政府、县法院、县检察院的工作报告以及县计委关于1989年国民经济社会发展计划执行情况和1990年国民经济社会发展计划的报告，县财政局1989年财政决算和1990年财政预算的报告，并作出“全县工人、农民、知识分子和干部，人民警察和民兵，人民团体和一切爱国人士要坚决贯彻落实中共十三届四中、五中全会精神，坚持四项基本原则，坚持改进作风，坚持发扬自力更生、艰苦奋斗精神，为在三年内实现国内生产总值和国民收入每年分别递增6%、8%，粮食总产量每年递增5%，农民人均纯收入每年递增40元，财政收入1992年达1500万元，人口自然增长率控制在12‰的目标而作出积极贡献”的决议。大会选举石昌凡（苗族）为花垣县第十一届人大常委会主任，王秀武（土家族）、申炳煊、石邦全（苗族）、吴周光（苗族）、蔡安家、罗时芳（女）为副主任，陈清波等9人为人大常委会委员；选举龙友芳（苗族）为花垣县人民政府县长，石邦庭（苗族）、龙县文（苗族）、龙银富（苗族）、麻应新（苗族）为副县长，谢明鉴为科技副县长；选举施进成（苗族）为花垣县人民法院院长，石维斌（苗族）为花垣县人民检察院检察长。1991年2月，省直下派的干部谢子惠被任命为挂职副县长。本届人大还分别于1991年3月、1992年3月召开第二、第三次人民代表大会，其中第二次人民代表大会选举谭子玉为花垣县人民政府副县长，石昌凡为湘西州第八届人民代表大会代表，麻树席为花垣县第十一届人大常委会委员。

第四节　花垣县第十二届人民代表大会

1992年11月26—30日，花垣县第十二届人民代表大会第一次会议在县城召开。会议应到代表224名，实到224名。会议听取和审议县十一届人大常委会、县政府、县法院、县检察院的工作报告，以及县计委关于花垣县国民经济“八五”计划和1992年国民经济及社会发展计划执行情况的报告，县财政局关于花垣县1992年财政预算执行情况和1993年县财政预算的报告，并作出“全县各级各部门要坚持实事求是，坚持群众路线，坚持转变职能改进作风，坚决克服官僚主义和形式主义，努力为基层为群众服务，为在1995年实现县内生产总值2.4亿元，国民收入2.1亿元，工农业总产值4.3亿元，财政收入2500万元，粮食总产量0.9亿千克，农民人均纯收入700元，人口自然增长率控制在12‰的目标而加倍工作”的决议。大会选举石昌凡（苗族）为花垣县第十二届人大常委会主任，吴周光（苗族）、石邦全（苗族）、石维松（苗族）、吴云珍（女、苗族）、刘翼为副主任，石维林等11人为人大常委会委员；选举石邦庭（苗族）为花垣县人民政府县长，龙银富（苗族）、李光盛、麻菊珍（女、苗族）、谭子玉为副县长，谢子惠为科技副县长；选举施进成（苗族）为花垣县人民法院院长，石建秋（苗族）为花垣县人民检察院检察长；选举石邦庭等34人为湘西土家族苗族自治州第九届人民代表大会代表。本届人大还分别于1993年12月、1995年1月、1996年1月、1997年1月召开第二、第三、第四、第五次人民代表大会，其中第三次人民代表大会选举叶立典等3人为湘西土家族苗族自治州第九届人民代表大会代表；第四次人民代表大会补选石英伯（苗族）为花垣县第十二届人大常委会主任，麻秀贵（苗族）为花垣县人民法院院长，王锡祥为花垣县人民检察院检察长。

第五节　花垣县第十三届人民代表大会

1997年12月8—12日，花垣县第十三届人民代表大会第一次会议在县城召开。会议应到代表181名，实到181名。会议听取和审议县十二届人大常委会、县政府、县法院、县检察院的工作报告，县计委关于花垣县1993—1997年国民经济、社会发展计划执行情况和1998年计划安排的报告，县财政局关于1993—1997年财政预算执行情况和1998年财政预算初步安排的报告，审议通过花垣县第十三届人民代表大会第一次会议选举办法，并作出“全县各级各部门和各族人民要高举邓小平理论伟大旗帜，认真实施农业稳县、工业富县、商业活县、开放强县、科教兴县、依法治县的基本战略和抓水脱贫、抓电起步、抓矿振兴、抓山致富、抓教兴县的基本思路，到2002年全县实现国民生产总值7.5亿元，工农业总产值13.3亿元，财政收入1.2亿元，粮食总产量12万吨，农民人均纯收入1600元，人口自然增长率控制12‰的目标，把一个美丽富饶的花垣带入辉煌的21世纪”的决议。大会选举石英伯(苗族)为花垣县第十三届人大常委会主任，龙银富(苗族)、吴周光(苗族)、石维松(苗族)、吴云珍(女、苗族)、麻昌元(苗族)、麻玉贤(女、苗族)为副主任，王子顺(苗族)等10人为人大常委会委员；选举刘昌刚(苗族)为花垣县人民政府县长，石登富(苗族)、龙文高(苗族)、吴志良(苗族)、麻老正(苗族)、谭子玉为副县长，张森林为科技副县长；选举麻秀贵(苗族)为花垣县人民法院院长，王锡祥为花垣县人民检察院检察长；选举刘路平等35人为湘西土家族苗族自治州第十届人民代表大会代表。1998年12月、2000年1月，本届人大还先后召开了第二和第三次人民代表大会。

第三章　县人大常务委员会

第一节　领导成员

按照《中华人民共和国地方各级人民代表大会和地方各级人民政府组织法》第十四条的规定，从1980年12月花垣县第八届人民代表大会起，到1997年12月花垣县第十三届人民代表大会止，每届县人大第一次会议都选举产生县人大常委会，为县人民代表大会的常设机关，对人民代表大会负责并报告工作。县人大常委会的任期：1993年3月29日前，为每届3年，1993年3月29日第八届全国人民代表大会第一次会议通过的《中华人民共和国宪法修正案》颁布后，为每届5年。从1992年12月举行的县第十二届人民代表大会起，县人大常委会实际进入了每届5年的任期。从1987年3月到1997年12月，县人大共进行第十、第十一、第十二、第十三届共四次换届。其领导班子成员分别为：第十届主任石昌凡，副主任王秀武、申炳煊、向心国、罗时芳；第十一届主任石昌凡，副主任王秀武、申炳煊、石邦全、吴周光、蔡安家、罗时芳；第十二届主任石昌凡、石英伯(1996年2月接任)，副主任吴周光、石邦全、石维松、吴云珍、刘翼；第十三届主任石英伯，副主任龙银富、吴周光、石维松、吴云珍、麻昌元、麻玉贤。

花垣县1984—2000年人大常委会主任、副主任任职表

表4-3-17

届别	姓　名	性　别	族　别	政治面貌	职务	籍贯	任职时间	备　注
九届	麻胜超	男	苗族	中共党员	主任	花垣县	1984.12～1987.2	
	王秀武	男	土家族	中共党员	副主任	花垣县	1984.12～1987.2	
	石邦生	男	苗族	中共党员	副主任	花垣县	1984.12～1987.2	
	向心国	男	土家族	中共党员	副主任	古丈县	1984.12～1987.2	
	罗时芳	女	汉族	非党	副主任	保靖县	1984.12～1987.2	
十届	石昌凡	男	苗族	中共党员	主任	花垣县	1987.3～1990.1	
	申炳煊	男	汉族	中共党员	副主任	河北省秦皇岛市	1987.3～1990.1	
	王秀武	男	土家族	中共党员	副主任	花垣县	1987.3～1990.1	连任
	向心国	男	土家族	中共党员	副主任	古丈县	1987.3～1990.1	连任
	罗时芳	女	汉族	非党	副主任	保靖县	1987.3～1990.1	连任
十一届	石昌凡	男	苗族	中共党员	主任	花垣县	1990.2～1992.10	连任
	王秀武	男	土家族	中共党员	副主任	花垣县	1990.2～1992.10	连任
	申炳煊	男	汉族	中共党员	副主任	河北省秦皇岛市	1990.2～1992.10	连任
	石邦全	男	苗族	中共党员	副主任	花垣县	1990.2～1992.10	
	吴周光	男	苗族	中共党员	副主任	花垣县	1990.2～1992.10	
	蔡安家	男	汉族	中共党员	副主任	泸溪县	1990.2～1992.10	
	罗时芳	女	汉族	非党	副主任	保靖县	1990.2～1992.10	连任
十二届	石昌凡	男	苗族	中共党员	主任	花垣县	1992.11～1996.1	连任
	石英伯	男	苗族	中共党员	主任	花垣县	1996.2～1997.11	本届第四次会补选
	吴周光	男	苗族	中共党员	副主任	花垣县	1992.11～1997.11	连任
	石邦全	男	苗族	中共党员	副主任	花垣县	1992.11～1997.11	连任
	石维松	男	苗族	中共党员	副主任	花垣县	1992.11～1997.11	
	吴云珍	女	苗族	中共党员	副主任	花垣县	1992.11～1997.11	
	刘　翼	男	汉族	非党	副主任	保靖县	1992.11～1997.11	
十三届	石英伯	男	苗族	中共党员	主任	花垣县	1997.12～2000.12	连任
	龙银富	男	苗族	中共党员	副主任	花垣县	1997.12～2000.12	
	吴周光	男	苗族	中共党员	副主任	花垣县	1997.12～2000.12	连任
	石维松	男	苗族	中共党员	副主任	花垣县	1997.12～2000.12	连任
	吴云珍	女	苗族	中共党员	副主任	花垣县	1997.12～2000.12	连任
	麻昌元	男	苗族	中共党员	副主任	花垣县	1997.12～2000.12	
	麻玉贤	女	苗族	非党	副主任	花垣县	1997.12～2000.12	

第二节　工作部门

花垣县人大常委会自1980年12月成立后，办事机构逐步健全，工作人员不断充实。

县第八届人大常委会第一次会议，决定设立办公室为人大常委会的办事机构，配备3名工作联络员办理人大常委会的日常事务。届末，人大常委会机关共有干部10人。县第九届人大常委会办事机构在第八届基础上，增设选举任免联络、法制、财政经济、教科文卫工作委员会。到第十届、第十一届，县人大常委会办事机构保持不变，机关干部人数不断增加。第九、第十、第十一届届末，县人大常委会机关干部分别为16人、18人、19人。县第十二届人大常委会办事机构在第十一届基础上，增设民族侨务外事工作委员会。届末，县人大常委会机关共有干部职工20人。县第十三届人大常委会办事机构在第十二届基础上，增设农经、城乡建设环境保护工作委员会；原法制工作委员会更名为内务司法工作委员会。届末，县人大常委会机关共有干部职工24人。

花垣县人大常委会自1980年12月成立到2002年8月，一直与县委、县政协共一栋办公楼办公，人大机关办公室总面积仅90多个平方米。在县委统一部署下，1998年筹资建设新办公楼。经多方努力，历时近4年，在城南新区建成建筑面积为1800平方米的县人大常委会机关办公楼。2002年9月，县人大常委会迁入新办公楼办公，办公条件全面改善。

第三节　常委会议

1989年11月4日，根据中华人民共和国地方组织法、选举法的有关规定和省委、州委的换届选举工作会议精神。石昌凡主任主持召开花垣县十届人大常委会第二十一次会议，决定从1989年11月初至1990年2月20日，在全县范围内进行县、乡(镇)两级人大换届选举工作。

1993年3月26日，根据《人民检察院乡(镇)检察室工作条例(试行)》的规定，石昌凡主任主持召开县十二届人大常委会第三次会议，决定批准民乐镇、龙潭镇、团结镇设置人民检察室。

1993年3月26日，石昌凡主任主持召开花垣县第十二届人大常委会第三次会议，审议县人民政府《关于提请审议修订调整我县实施九年义务教育规划的报告》。会议决定批准这个报告。

1993年3月27日，石昌凡主任主持召开花垣县第十二届人大常委会第三次会议，审议县人民政府提交的《花垣县城总体规划修编方案》。会议认为，《方案》基本符合花垣县县城建设实际情况，决定同意这个《方案》，按程序报上级政府审批。

1993年7月28日，根据《人民检察院乡(镇)检察室工作条例(试行)》的规定，石昌凡主任主持召开县十二届人大常委会第五次会议，决定批准花垣镇、两河乡设置人民检察室。

1993年11月16日，石昌凡主任主持召开花垣县第十二届人民代表大会常务委员会第七次会议，审议县人民政府《关于调整1993年财政预算的报告》。会议决定批准这个报告。

1998年10月30日，石英伯主任主持召开花垣县第十三届人民代表大会常务委员会第六次会议，审议县财政局局长麻正荣所作的《关于1998年财政预算执行及部分预算支出项目调整的报告》和县人大常委会财政经济工作委员会《关于1998年部分支出预算项目调整的审查报告》。会议同意县人大常委会财政经济工作委员会的审查报告，决定批准《关于1998年财政预算执行及部分预算支出项目调整的报告》。

1998年12月24日，石英伯主任主持召开花垣县第十三届人民代表大会常务委员会第七次会议。会议对促进县政府、县法院、县检察院依法行政、依法司法和组成人员的廉政、勤政建设，推动全县各项工作的发展进行讨论，并决定从1998年起，对本级人民代表大会常务委员会任命的县政府、县法院、县检察院的组成人员实行年度向人大述职报告。

1999年4月29日，吴周光副主任受石英伯主任委托主持召开花垣县第十三届人民代表大会常务委员会第九次会议，听取和审议县财政局局长麻正荣受县人民政府委托所作的《关于1998年财政决算的报告》。会议同意县人大常委会财政经济工作委员会的审查报告。根据花垣县第十三届人民代表大会第二次会议授权，决定批准《花垣县1998年财政决算的报告》。

1999年4月30日，石英伯主任主持召开花垣县第十三届人民代表大会常务委员会第九次会议，听取和审议花垣县教育局局长龙吉香受县人民政府委托所作的《关于提请审议调整我县"普九"规划的报告》。经审定，决定批准花垣县人民政府《关于提请审议调整我县"普九"规划的报告》。这次会议还对加强社会主义民主法制建设进行专题研究，作出《关于开展依法治县的决定》。

第四章　职权行使

1986—2000年，花垣县第九至第十三届人民代表大会期间，其常委会根据《中华人民共和国地方组织法》关于地方人大常委会每两个月至少举行一次会议的规定，召开会议审议决定本县重大事项，行使《中华人民共和国宪法》和《中华人民共和国地方组织法》所赋予的决定权、任免权、监督权等职权。每次会议都邀请县政府主要领导，县政协主要领导，公、检、法主要领导，以及政府有关工作部门负责人列席。县第十二届人大常委会始，每次会议都增邀部分乡镇人大主席团主席列席。

第一节　重大事项决议决定

1986年5月，花垣县第九届人大常委会第五次会议作出《关于组织县人大代表评议公、检、法工作的决定》，制定了参评的人大代表先在辖区深入调研，掌握公、检、法工作情况；准备评议材料，确定中心发言人；公、检、法三家主要领导分别在评议会上汇报工作，代表逐一评议；县人大与会领导归纳代表意见，肯定成绩，指出不足，提出整改意见的评议方案。同年底，始对公安局案件侦破、检察院案件起诉、法院案件判决的效能与公正以及警风警纪情况举行人大代表评议会。州人大法工委主任李天姣等4人到会指导，全州7县(市)人大分管法制工作的副主任按州人大的要求全部列席。会后，州人大在全州推介花垣县人大代表评议公、检、法工作的经验。

1989年6月20日，花垣县第十届人大常委会第十七次会议听取县人民政府关于改善全县办学条件，加大义务教育投入，在1992年全面普及初等教育的汇报后，各位委员审议认为，全县学校危房多,教室和课桌椅缺少,师资不足,实验设备不全,图书缺乏,活动场所不够,按"一无两有"(无危房,班班有教室,学生人人有课桌椅)的最低条件尚未达到,要在1992年实现全县普及初等教育的可能性不大。为此,县人大常委会抽调9名县人大代表组成三个组,深入全县各乡镇学校开展三个多月的专题调研活动,形成调查报告。经本届人大常委会第十八次会议研究,于同年10月作出《关于花垣县1997年普及初等教育的决定》。

1991年3月,县人大常委会根据代表在第十一届人民代表大会第二次会议上提出《关于保护兄弟河水资源不受污染的建议》,组织4名县人大代表深入兄弟河沿岸开展调查,发现兄弟河上游沿岸办有1家硫化锌选厂,其未达标的污水排入河内,污染兄弟河水水源。对此,本届人大常委会第八次会议专题研究,作出《关于禁止在兄弟河沿岸新上锰锌加工项目的决定》。

1994年8月28日,县第十二届人大常委会第九次会议根据本届人民代表大会第二次会议代表提出"企业管理不善,经济效益不佳"的问题进行专题研究,作出《关于加强企业管理,提高经济效益的决定》。县政府按照《决定》的要求,组织人员帮助企业清理物资、资金,健全规章制度,解决企业内部长期挪用公款、资金管理混乱等问题。仅花垣化工厂在本次清理工作中就收回外流资金50万元,钢材30吨。

1998年6月24日,花垣县第十三届人大常委第三次会议根据人事制度改革的新要求,作出《关于改革人事任免办法的决定》。《决定》共6章33条,对人大人事任免提出"六个必须"的基本要求。即:提请干部任免单位必须填写干部任免呈报表一式三份,于人大常委会会议召开前7日报县人大选举任免联络工作委员会;被提请任命的干部必须参加任命前举行的法律测试;被提请任命的干部必须在人大常委会会议表决前发表施政演说;被提请任命的干部必须自收到人大常委会颁发常委会主任签署的任命书之日起方能行使职权;被任命的干部每年年终必须向人大常委会提交书面述职报告,并经人大常委会审阅后将意见反馈述职者;被任命的干部必须接受人大常委会的述职评议。1999年4月30日,本届人大常委会第九次会议作出《关于依法治县的决议》,对依法治县工作中如何统一思想,加强领导,健全制度,强化监督,依法行政,公正司法,努力维护法律尊严提出明确要求。本次会议还作出《关于批准花垣县"普九"规划报告的决议》,确定2000年全县达到"普九"要求,迎接省人民政府全面验收。同年12月16日,本届人大常委会第十三次会议审议批准《花垣县城城区管理规定》,并作出原《(花垣县城暂行管理办法)停止执行的决议》。

第二节　国家工作人员任免

花垣县人大常委会按照"革命化、年轻化、知识化、专业化"方针和德才兼备原则,行使法律赋予地方人大常委会的人事任免权,并采取无记名投票表决的方式,任免本级国家机关工作人员。

县第九届人大常委会任免本级国家机关工作人员57名,其中县人大常委会工作人员任职4名,免职4名;县人民政府组成人员任职15名,免职15名;县人民法院法官任职6名,免职5名;县人民检察院检察官任职5名,免职3名。

县第十届人大常委会任免本级国家机关工作人员116名,其中县人大常委会工作人员任职7名,免职5名;县人民政府组成人员任职38名,免职37名;县人民法院法官任职7名,免职3名;县人民检察院检察官任职11名,免职8名。

县第十一届人大常委会任免本级国家机关工作人员128名,其中县人大常委会工作人员任职9

名，免职9名；县人民政府组成人员任职40名，免职39名；县人民法院法官任职10名，免职6名；县人民检察院检察官任职9名，免职6名。

县第十二届人大常委会任免本级国家机关工作人员113名，其中县人大常委会工作人员任职6名，免职4名；县人民政府组成人员免职30名，提请任职36名，其中1名被提请担任县农口系统局长的干部，因平时生活不够检点，有作风问题，赞成票未达半数，故任职35名；县人民法院法官免职8名，提请任职16名，其中1名被提请担任县司法机关庭领导职务的干部，因有经济问题，赞成票未达半数，故任职15名；县人民检察院检察官任职12名，免职3名。

1997年12月至2000年底，县第十三届人大常委会任免本级国家机关工作人员86名，其中县人大常委会工作人员任职8名，免职8名；县人民政府组成人员任职28名，免职8名；县人民法院法官任职13名，免职6名；县人民检察院检察官任职11名，免职4名。

第三节 依法监督法律实施

花垣县人大常委会在组织宣传《中华人民共和国宪法》《中华人民共和国刑事诉讼法》《中华人民共和国民事诉讼法》《中华人民共和国选举法》《中华人民共和国代表法》《中华人民共和国义务教育法》《中华人民共和国土地管理法》《湖南省计划生育条例》等基本法律法规，着力增强公民法制意识的基础上，把工作重点放在监督法律实施上，大力加强执法检查，努力维护司法公正，以实际行动优化全县经济社会发展法制环境。

1986年9月28日，花垣县第九届人大常委会第十六次会议根据群众反映本年度稻谷种子差、发芽率低、抽穗参差不齐、颗粒少、造成大减产的问题，予以专题研究，决定从农口战线抽出县人大代表5人组成检查组，以县人大常委会分管农经工作的副主任任组长，深入县农业局种子公司和民乐、团结、麻栗场、猫儿、排吾等乡镇种子销售点及部分农户，对执行《中华人民共和国种子法》的情况进行检查。经检查，群众反映的问题基本属实，其症结主要是部分种子销售点以盈利为目的，与外地非制种人员将混合的种子当良种出售，使购买这批种子的农户遭受极大损失。检查结束，县人大常委会将执法检查查出的问题向县政府反馈后，县政府立即召开有关职能部门负责人会议，研究形成了《关于加强种子管理，堵住乱进种子渠道，规范种子销售点，坚决打击销售假种子坑农害农的非法行为的通知》，以县政府办名义行文下发全县。同时，狠抓反面典型，对参与购进假种子进入销售渠道，造成农户受到损失的一名县直机关干部给予降薪一级的处理。

1987年6月10日，花垣县第十届人大常委会第三次会议研究，决定组织县人大代表和县教育局、县财政局等单位的领导共14人，分成两个组，深入团结、大河坪、道二、猫儿、吉卫等13个乡镇，对全县执行《中华人民共和国义务教育法》的情况进行专题检查。从6月13—18日，经过为期一周的检查，检查组的总体印象是：全县中小学危房多、教室缺、宿舍少、条件差，离《中华人民共和国义务教育法》的要求还有很大的差距。县人大常委会根据检查组的检查情况，综合向县政府提出："进一步提高对教育的认识，优先发展教育事业；完善各项制度，加强学校管理；加大教育投入，改善办学条件；优化学校布局，提高教育质量"的建议。县政府根据县人大常委会的建议，及时下拨专款26万元，解决了排吾、麻栗场中心完小和猫儿豆子、茶洞小寨等小学的危房问题。同年8月,县政府又戴帽下拨专款10万元,解决了茶洞板栗小学、道二排楼小学等11所小学的学生缺少桌椅的问题。

1991年7月中旬,花垣县第十一届人大常委会第十次会议研究,决定组织8名县人大代表、4名卫生防疫执法人员共12人分成两个组,突出对县城128家食品加工、经销单位及其从业人员执行《中华人民共和国食品卫生法》的情况进行检查。检查发现,28家食品加工厂存在证照不全、设备简陋、卫生条件差等问题;5家食品经销摊点的过期变质食品极为严重。检查组当即依法吊销4家食品加工厂的营业执照,取缔3家果子露摊点经销权,限期7家饮食店停业整改,销毁变质的啤酒7件、龙牌酱油34瓶。同时,责令7名从业人员进行身体健康状况检查。

1997年5月上旬,花垣县第十二届人大常委会组织县人大代表16名,以分管城建的县人大副主任带队,对县城区域内执行《中华人民共和国城市规划法》的情况进行检查。检查发现:部分部门领导城市规划意识淡薄,对搞好城市规划配合不力;城市管理不力,脏乱差堵现象严重;城市建设投入不足,必要的公共设施配套未到位;城内街道两旁绿化重植轻管,人为破坏严重,林荫树成活率不高;城市项目建设招投标缺乏透明度等等。据此,县人大常委会根据检查组提供的情况,综合向县政府提出:"提高各级领导对城市规划的认识,支持城市规划工作;大力开展创建文明县城活动,彻底解决县城脏乱差堵问题;明确各职能部门职责,加强和规范县城管理;加大投入,加强硬件基础设施及配套公共设施建设;切实增加环卫工人数量,添置必要的环卫装备;健全建筑工程招投标机制,增强城建项目招投标透明度"的建议。县政府及时召开相关职能部门负责人会议,研究制定《县城管理条例》和《创建文明县城的实施方案》,并分步实施。同年底,不仅临街占道经营的摊点全部拆除,而且规范营运车辆管理,同时整修老街及下水道,添置洒水车1台,装运垃圾的盘式拖拉机2台,增加环卫工人25名。

1998—2000年,花垣县第十三届人大常委会围绕全县贯彻落实《中华人民共和国环境保护法》《中华人民共和国建筑法》《中华人民共和国药品管理法》和司法部门公正与效率的情况开展执法大检查。期间,组织县人大代表及环保等相关部门负责人,开展以治理两河(花垣河、兄弟河)污染为主题的环保世纪行活动。通过12次环保执法检查,关闭了难以治理的选厂14家,责令企业投入治污费6000多万元。1999年8月,本届人大常委会组织6名县人大代表依据《中华人民共和国建筑法》对县城在建的54栋房屋及工程队情况进行检查,从中发现有的工程队不具资质,有的房屋建筑质量差等问题。为此,县人大常委会建议县政府予以处理。县政府根据县人大的建议,从城建、工商、国土、技术监督等职能部门抽出人员进行调查核实处理,共发《整改通知书》19份,责令停止房屋建筑1栋,拆除在建的劣质房屋2栋,注销不具资质的工程队2个,同时完善招投标制度,规范建筑市场。2000年4月,县人大常委会组织12名县人大代表深入矿区开展执法检查,发现无证办厂、开采、用地和环境污染等问题极为严重,遂向县政府提出整改建议。县政府根据县人大常委会的建议,从环保、国土、矿管、工商、税务、公安等18个职能部门抽出142人组成矿山整顿队伍,开展为期两个月的矿山整顿。共关停选矿企业6家,封闭非法开采的矿洞12个,处理非法占地案100件。同年5月23日,本届人大常委会在组织3名县人大代表开展《中华人民共和国药品管理法》执法检查的当天,对查出的27种计156千克劣质、变质、假药等伪劣药品,监督县医药局在县城城东一碗水处的垃圾场当场烧毁。

第四节　议案督办

县第九届人民代表大会第三次会议收到代表提出减轻农民负担的议案1件，建议、批评和意见81件。据此，县九届人大常委会第二十一次会议专题研究，对减轻农民负担的1件议案作出《关于防止乱收费、乱摊派，合理确定农民负担的决议》；对81件建议、批评和意见，转政府办责成有关职能部门办理。到同年7月20日，81件建议、批评和意见全部办理完毕。

县第十届人民代表大会第一至四次会议收到代表提出的建议、批评和意见237件，在规定时间内，办理234件，办结率为98.3%。其中1989年5月12—15日本届人民代表大会第四次会议收到代表提出的议案9件，建议、批评和意见90件。经议案审查委员会审议，9件议案不属本级人大职权范围事项，故改为代表建议、批评和意见，并当场向代表说明，使本次会议代表提出的建议、批评和意见共为99件，经县人大常委会归类后，转政府办分别送各职能部门办理。到同年8月30日，99件代表建议、批评和意见办理97件，办结率为97.9%。尚有2件因需资金量大，县财政暂时无力办到，承办单位已书面向代表作出解释，取得代表谅解。

县第十一届人民代表大会第一至三次会议收到代表提出并经审议立案的议案1件，建议、批评和意见248件，在规定时间内，办理246件，办结率为99%。其中1991年3月9—12日本届人民代表大会第二次会议收到代表提出的议案24件，建议、批评和意见38件。24件议案经议案审查委员会审议，仅龙潭、排吾代表团提出的《关于兄弟河水库库区综合开发问题》1件议案予以立案，经县人大常委会3月20日作出《关于综合开发利用兄弟河水库库区资源的决议》，并建议县政府详细调查，制定科学的规划予以实施外，其余23件议案不属本级人大职权范围事项，故改为代表建议、批评和意见，使本次会议代表提出的建议、批评和意见共为61件，并由县人大常委会转县政府办交有关职能部门办理。到同年9月10日止，61件建议、批评和意见全部办理完毕。

县第十二届人民代表大会第一至五次会议收到代表提出的建议、批评和意见372件，在规定时间内，办理372件，办结率为100%。其中1995年1月12—15日本届人民代表大会第三次会议代表提出建议、批评和意见56件。县人大常委会针对其中15件涉及农村用电、水库淹没区移民补偿、农田水利、人畜饮水等问题，组织人大联工委、县政府办、县农办深入水利部门督查督办，促成15件热点问题的解决。同时，对其余41件代表建议、批评和意见，转县政府办交有关职能部门办理，并在规定时间内全部办结。

县第十三届人民代表大会第一至三次会议代表提出建议、批评和意见170件，办理168件，办结率为98%。其中1998年12月30日—1999年1月2日本届人民代表大会第二次会议代表提出《关于拆除花垣小学危房，新建教学楼的建议》，经本届县人大常委会第六次会议专题研究，成立以县人大分管教育的副主任任组长，相关职能部门领导为成员的领导小组，组织人员深入实地，开展为期一周的调查，写出专题调查报告，请县政府分管教育的副县长、县教育局领导参加花垣小学危房问题调查汇报会，使县政府把花垣小学危房改建列入重要议事日程。同年3月下旬，县人民政府县长刘昌刚根据县人大的调查建议，带领县政府分管教育的副县长、县政府办、县教育局、县财政局等单位的领导，深入花垣小学现场办公，当场敲定花垣小学危房改建方案。经多方努力，共筹集资金118万元，历时7个月，修建了一幢2350平方米的教学楼，改善了花垣小学的办学条件。

第五节　调查与视察

县第九届人大至十三届人大期间，县人大常委会先后组织人大代表围绕县人大及其常委会的决议、决定贯彻执行情况和人民群众普遍关心的问题，以及经济建设中的重大事项、重点工程等，依法开展调查与视察活动。

1986年1月4—8日，县第九届人大常委会针对群众反映团结镇农民负担过重的问题，根据《中共中央、国务院关于制止向农民乱派款、乱收费的(通知)》精神，决定组成由县人大常委会副主任王秀武任组长，4名县人大代表为成员的调查组，对团结镇农民负担情况进行专题调查。经调查，团结镇14161人农业人口1985年人均口粮319千克、纯收入256元，其农民人均承担村组干部补贴、集资建校等五项负担之和为：稻谷5千克、人民币4.66元，分别占农民人均口粮、纯收入总数的1.6%、1.8%。此外，全镇每个农业劳动力年均派义务工的以劳代资费达30元。据此，调查组向团结镇反馈其农民负担总体未违反有关政策法规的结论，并建议该镇适当减少农民以劳代资的义务工，加大税费征收政策法规宣传力度，引导农民自觉上缴应缴的税费。团结镇根据人大代表的调查建议，切实制定了减少农民以劳代资义务公的实施方案，以公告的形式广为张贴，接受农民监督。

1987年11月初，群众反映团结氧化锌矿山存在采矿秩序混乱，矿产资源破坏严重，安全事故频发等问题。为解决这个问题，县第十届人大常委会于11月20日召开本届人大常委会第六次会议进行专题研究，决定抽出县人大代表10人，团结镇人大代表10人，共20人交叉组成两个代表视察组，对团结矿山执行《中华人民共和国矿产资源法》的情况进行专项视察。经为期三天的视察发现：团结8个氧化锌矿山，每天来自三省(湘、川、黔)七县(花垣、保靖、龙山、凤凰、松桃、秀山、邵东)的挑矿者均在3000人以上，且矿洞遍布，炮声震天；乱挖滥采，采富弃贫；植被遭毁，沙石裸露；事故频发，时有伤亡，到了极为严重的程度。据1986年7月—1987年11月的安全事故统计，该矿山共发生安全事故13起，死伤达17人，其中死8人，伤9人。视察后，视察组及时形成视察报告，向县、镇两级政府反馈，引起高度重视。县政府立即召开政府常务会议，研究成立整顿团结矿山开采秩序领导小组，制定关闭、清理、整顿团结矿山开采秩序具体措施，并发布《花垣县人民政府关于对团结矿山停产整顿两个月的公告》，在专门召开的团结、茶洞、龙潭、大河坪3镇1乡负责人会议上分发的同时广为张贴。同时，从团结、龙潭等乡镇和公、检、法、司、环保等职能部门抽调48人组成团结矿山开采秩序整顿队伍，进驻该矿山进行为期两个月的整顿。经整顿，团结矿山的开采秩序明显好转。

1991年秋，县第十一届人大常委会组织115人的县乡人大代表视察组，对全县21个乡镇扶贫开发资金的使用和效果情况进行专项视察。通过视察，澄清了全县“七五”期间扶贫开发资金使用和效果情况，并就扶贫开发资金管理不严等问题向县政府提出整改建议。县政府根据代表视察组的建议，采取分块审计、健全制度等措施，规范了全县扶贫开发资金的使用管理。

1996年11月20日，县第十二届人大常委会召开第二十六次会议，决定组织26名县人大代表，分五个视察小组，对全县1993—1995年以工代赈项目实施情况进行专题视察。视察结果表明，1993—1995年，国家投入花垣县以工代赈资金1620.5万元，其中水利、水毁、改水、低产田改造项目320.5万元，农村通电项目80万元，农村道路项目315.5万元，农村邮电通讯项目43万元，异地脱贫项目120万元，畜牧业开发项目11.7万元，滚动发展项目(有偿使用)330万元。三年间，实施竣工项目114项，总投入1450.5万元；在建项目5项，总投入170万元。同时，代表视察发现，在以工代赈项目实施过程中，存在资金投放不均，多的乡镇在100万元以上，少的乡镇仅10多万元；资金使用管理不严，有的乡镇改变了以工代赈项目用途；资金投放透明度不高，跟踪检查监督不力等问题。对此，县人大常委会根据代表视察结果，形成《加强以工代赈项目督查，规范以工代赈资金管理的意见》向县政府反馈。县政府极为重视，从监察、审计、以工代赈等职能部门抽调人员，组成两个督查组，对以工代赈资金使用管理情况开展了为期半个月的督查，并公开通报以工代赈资金使用管理优劣情况，以县政府办名义下发《关于进一步加强以工代赈资金使用管理的通知》，使全县以工代赈资金使用管理步入正轨。

专记：联系各级人大代表

1986年始，县人大常委会采取印发代表专用信封，寄送县人大编辑的《公报》，邀请县内出席全国、省、州人代会代表传达会议精神，定期走访代表等形式，加强同县内全国八届人大代表龙寿红（女，苗族），省七届人大代表麻胜超，八届人大代表石昌凡、麻玉贤（女，苗族），九届人大代表石英伯、麻建成（女，苗族），以及州、县人大代表的联系。1988年起，先后7次分期分批组织人大代表赴北京、重庆、长沙等地学习考察，借鉴外地人大工作经验。1999年11月在县城召开人大代表经验交流会，表彰先进代表小组3个，优秀代表7名。到2000年底，共印发专用信封3万多个，寄送《公报》3400多份，邀请县内出席上级人代会代表传达会议精神12次，走访代表5460人次。

第五篇　人民政府

第一章　机　构

第一节　领导成员

1987 年 3 月至 1997 年 12 月，县人民政府共进行了第十、第十一、第十二、第十三届领导班子换届。领导班子成员分别为：

第十届人代会选举产生石昌禄为县长，石邦庭、刘伟民、向明喜、宋新美、蔡安家为副县长；罗文聘、莫胜元、龙齐成、谢明鉴为挂职副县长。

第十一届人代会选举产生龙友芳为县长，石邦庭、龙县文、龙银富、麻应新为副县长；谢明鉴为挂职科技副县长；届中的 1991 年 2 月，谢子惠被任命为挂职副县长；同年 3 月，召开十一届人代会第二次会议，选举产生谭子玉为副县长。

第十二届人代会选举产生石邦庭为县长，龙银富、李光盛、麻菊珍、谭子玉为副县长，谢子惠为挂职科技副县长；届中的 1993 年 10 月、1994 年 3 月、1995 年 6 月和 12 月、1996 年 3 月和 9 月、1997 年 3 月，先后任命赵永基(挂职)、彭光盛(挂职)、汤正齐(挂职)、刘正荣、石昌明、龙文高、周南海、张森林(挂职)、张家志为副县长。

第十三届人代会选举产生刘昌刚为县长，石登富、龙文高、吴志良、麻老正、谭子玉为副县长，张森林为挂职科技副县长；届中的 1998 年 3 月和 6 月，先后任命省直挂职干部熊小华、曾树山为挂职副县长。

第二节　工作部门

1949 年 11 月成立永绥县人民政府下设的秘书室是县政府办的前身；1953 年 9 月，永绥县改名为花垣县，永绥县人民政府秘书室随县名的变更改为花垣县人民政府秘书室；1955 年，花垣县人民政府改称花垣县人民委员会，其秘书室仍保持不变；1956年，花垣县人民委员会秘书室更名为花垣县人民委员会办公室；1966年“文化大革命”开始，人民委员会陷于瘫痪，其办公室不复存在；1968年3月成立花垣县革命委员会，下设花垣县革命委员会办公室；1980年，撤销县革命委员会，成立县人民政府，恢复花垣县人民政府办公室；1995年12月，县编办根据上年度机构改革相关规定，重新设定县政府办内设机构和人员编制，内设机构为秘书室、综合信息调研室、城镇工作室、法制办公室、体改办公室、房改办公室、侨务办公室、行政管理科、纪检监察室、对外接待处，核定行政编制28名(含县政府领导6名)，核定机关后勤事业编制9名；1996年至1998年，县政府办相继增设后勤科、督查室、驻长沙办事处、信息产业中心4个内设机构，共增加事业编制7名。至2000年，县政府办内设机构未变，其编制41个，其中行政编制31个，事业编10个，实有人数29人。

1986—2000年，县政府工作部门的名称既不断演变又逐步增多。1986年5月，县教育委员会更名为县教育局，县城乡建设环境保护局分设为城乡建设委员会和环境保护局。1987年1月，县老龄问题委员会更名为县老龄工作委员会。2月，成立县对外贸易公司。3月，成立县国土管理局。4月，县二轻工业局更名为轻纺工业局。1988年2月，县监察局成立，撤销县劳动人事局，设立县劳动局、县人事局。6月，县社会文化管理委员会成立。11月，县对外经济办公室更名为县对外经济贸易委员会，县文物管理委员会成立。1994年1月，撤销县退休费用统筹管理委员会，成立县社会保险管理委员会。9月，撤销县税务局，成立县国家税务局和县地方税务局。

1994年进行党政机关机构改革。这次机构改革的指导思想是，按照政企职责分开和精简统一效能的原则，切实做到转变职能，理顺关系，精兵简政，提高效率，建立起有中国特色的适应社会主义市场经济体制的行政管理体制。通过改革，县政府工作部门调整为32个。其中政府组成单位22个，即县政府办公室，县经委、县计委、县建委、县监察局、县公安局、县司法局、县民政局、县财政局、县人事局、县劳动局、县农业局、县林业局、县水利电力局、县文化局、县卫生局、县审计局、县民委、县科委、县计生委、县教委、县交通委；非政府组成单位10个，即县乡镇企业经济委员会、县财贸委员会、县农业委员会、县统计局、县工商局、县国土局、县粮食局、县环境保护局、县物价局、县地方税务局；行政局转为事业单位7个，即县农机局、县档案局、县体委、县外经委、县畜牧水产局、县矿产资源管理局、县广播电视局；转为经济实体4个，即县轻纺工业局、县民贸局、县物资局、县医药局；升格单位1个，即县技术监督局升为正局级机构，归口县经济委员会管理。之后，政府机构设置又发生变化。1995年3月，成立县计划物价委员会、县建设局、县科学技术局、县教育局、县交通局、县水利水电局、县计划生育局、县农村工作办公室、县财贸工作办公室、县乡镇企业局、县地方税务局、县农业机械管理局。同时撤销县计划委员会、交通委员会、水利电力局、计划生育委员会、农业委员会、财贸委员会、乡镇企业经济委员会、农业机械服务公司。5月，县轻纺工业局转为轻纺工业总公司，县民族贸易局转为商业集团总公司，县医药管理局转为县医药总公司。12月，撤销县计划物价委员会，同时成立县计划委员会、县物价局。1996年5月，县蔬菜办公室更名为县蔬菜局，县矿产资源管理局更名为县地质矿产局。1998年9月，县邮电局分为县邮政局、县电信局。1999年7月，县电信局分为县电信局、县移动通信公司。

至2000年底，县政府的工作部门有31个，其中政府组成局22个，即县政府办公室、县计委、县经委、县建委、县科技局、县教育局、县计划生育局、县公安局、县司法局、县民政局、县财政局、县人事局、县劳动局、县交通局、县农业局、县林业局、县水利局、县文化局、县卫生局、县监察局、县审计局、县民委；非政府组成单位9个，即县农村办、县财贸办、县乡镇企业局、县统计局、县国土局、县粮食局、县环保局、县物价局、县药品监督管理局。转体为事业单位的有8个正局级单位:县档案局、县广播电视局、县体委、县畜牧水产局、县矿产资源管理局、县外经局、县老干局、县农机局。正局级事业单位11个:县经管局、县公路局、县进修学校、县党校、县成人中专,县开发办、县党史办、县蔬菜局、县供销联社、县移民局、县外资外援办。实行双重领导,以县级以上主管部门领导为主的单位19个:工商银行、建设银行、农业银行、农发行、邮政局、电信局、移动通信公司、烟草专卖局、人寿保险公司、财产保险公司、汽车站、国税局、地税局、气象局、新华书店、石油公司、导航站、工商局、质量技术监督局。

第二章　重要会议

第一节　政府常务会议

1987年5月21日,县长石昌禄主持召开县政府常务会议,专题听取县人民政府若干工作制度汇报,决定出台《花垣县人民政府若干工作制度》。

1987年8月7日,县长石昌禄主持召开县政府常务会议,专题研究整顿矿山秩序、加强矿山管理问题,决定成立矿山秩序整顿领导小组、一律取缔无证开采。

1988年8月2日,县长石昌禄主持召开县政府常务会议,专题研究城市建设有关问题,决定集中力量建设伍家坡大街(赶秋路)、修建坝塘溪大桥(双龙潭大桥)连结县招待所至新体育广场道路。

1988年8月2日,县长石昌禄主持召开县政府常务会议,专题研究下寨河库区移民搬迁及淹没补偿问题,决定成立花垣县移民办公室负责全县库区移民搬迁及淹没补偿工作。

1988年11月11日,县长石昌禄主持召开县政府常务会议,专题听取关于三角岩乡与花垣镇合并的论证报告,原则同意三角岩乡与花垣镇合并。

1988年12月8日,县长石昌禄主持召开县政府常务会议,专题听取落实国家教委下达的"星火计划"、推进教育改革工作汇报,决定成立县成人教育领导小组,设立人民教育基金会。

1989年6月19日,县长石昌禄主持召开县政府常务会议,专题研究体育广场搬迁及农贸市场建设问题,决定把原西门口体育广场迁至城北,在原址修建农贸市场。

1990年1月7日,县长石昌禄主持召开县政府常务会议,专题研究社会主义思想教育工作,决定从县直机关各单位抽调150多人组建花垣县社会主义思想教育工作团,深入基层开展社教工作。

1990年3月12日,县长龙友芳主持召开县政府常务会议,专题研究政府工作制度和廉政建设,决定出台《花垣县人民政府工作规则》和《花垣县人民政府领导成员带头廉洁奉公的若干规定》。

1991年2月5日,县长龙友芳主持召开县政府常务会议,听取粮援工作汇报,决定成立县粮援指挥部,下设办公室为常设机构。

1991年8月1日,县长龙友芳主持召开县政府常务会议,专题研究县冶金化工厂和县铁合金厂合并问题,决定同意两厂合并。

1992年11月3日,常务副县长向兴国受县长委托主持召开县政府常务会议,专题研究大病医疗保险问题,决定出台《花垣县大病医疗保险试行办法》。

1992年11月20日,县长石邦庭主持召开县政府常务会议,专题研究关于国民经济和社会发展计划，原则同意《花垣县国民经济和社会发展“八五”计划纲要(草案)》。

1993年1月9日，县长石邦庭主持召开县政府常务会议，专题听取举办首届苗族“赶秋节”情况汇报，决定于立秋期间举办首届“中国湖南湘西花垣苗族赶秋节”。

1993年4月20日，县长石邦庭主持召开县政府常务会议，专题研究计划生育工作，决定出台《关于计划生育工作的有关规定》。

1993年5月20日，县长石邦庭主持召开县政府常务会议，专题研究项目优惠政策及发展个体私营经济的若干规定，决定出台《关于推进对外开放若干政策的规定》《关于加快个体私营经济发展的若干规定》。

1993年11月6日，县长石邦庭主持召开县政府常务会议，专题听取消除“两病”工作，决定成立花垣县消除碘缺乏病领导小组和消除脊髓灰质炎强化免疫日活动指挥部，实行两块牌子，一套人马，从1993—1995年开展消除脊髓灰质炎强化免疫日活动，到2000年消除碘缺乏病。

1994年3月22日，县长石邦庭主持召开县政府常务会议，专题听取房改工作情况汇报，决定出台《花垣县出售公有住房办法》。

1994年12月9日，县长石邦庭主持召开县政府常务会议，专题研究扶贫攻坚工作，决定出台《花垣县四六扶贫攻坚暨稳定脱贫计划》。

1995年12月6日，县长石邦庭主持召开县政府常务会议，专题听取“县城城南区控制性详细规划”的情况汇报，原则同意“规划”，适时开发城南。

1996年7月1日，县长石邦庭主持召开县政府常务会议，专题听取个体私营经济发展情况汇报，决定成立县个体私营经济协会。

1997年1月24日，县长石邦庭主持召开县政府常务会议，专题研究锰矿企业从县城迁出的问题，决定将位于县城中心年产万吨的电解金属锰技改工程迁出县城。

1998年1月14日，县长刘昌刚主持召开县政府常务会议，专题研究县人民政府工作规则，决定出台《花垣县人民政府工作规则》《花垣县人民政府常务会议、县长办公会议工作规则》《花垣县人民政府组成人员行为规范》。

1998年3月2日，县长刘昌刚主持召开政府常务会议，专题听取教育工作情况汇报，决定深化教育体制改革(实行校长负责制、教师聘任制、结构工资制、工作目标责任制)，并规范学校名称(县民中恢复为县一中、花垣镇职中更名为县五中、花垣镇一小更名为花垣镇中心完小、花小更名为花垣县第一完全小学、国土小学收归县管命名为花垣县第二完全小学)。

1998年4月6日，县长刘昌刚主持召开县政府常务会议，听取县政府办关于设立驻长沙办事处的情况汇报，决定成立花垣县政府驻长沙办事处。

1998年4月6日，县长刘昌刚主持召开县政府常务会议，听取城南开发情况汇报，决定一手抓征地、一手抓规划、一手抓资金，稳步推进城南开发。

1998年5月25日，县长刘昌刚主持召开县政府常务会议，专题研究县政府人事工作制度，决定此后副科级以下人员由非财政口子进入财政口子的由县政府常务会议研究决定，副科级以上人员进入财政口子由县委研究决定，并出台《花垣县人民政府人事工作制度》。

1998年6月23日，县长刘昌刚主持召开县政府常务会议，针对县城“脏、乱、差、堵”问题，专门听取城镇工作汇报，决定出台《花垣县城目标管理责任制实施意见》。

1998年6月23日，县长刘昌刚主持召开县政府常务会议，专题听取粮食流通体制改革情况汇报，决定出台《花垣县粮食流通体制改革方案》。

1998年9月8日，县长刘昌刚主持召开县政府常务会议，专题研究湖南东方锰业集团股份有限公司和湖南三立集团股份有限公司承包经营问题，决定东方锰业集团花垣县境内所属企业和三立集团所属公司(不含松散型公司)从1998年1月1日至2002年12月31日实行承包经营。

1998年12月3日，县长刘昌刚主持召开县政府常务会议，专题研究“商业活县”战略，决定把县生资公司至四方井路建成一个集百货、轻纺、建材、生资、饮食、娱乐为一体的边贸大市场。

1999年3月22日，县长刘昌刚主持召开县政府常务会议，专题听取财政工作汇报，决定出台《花垣县行政事业单位经费管理办法》《花垣县乡镇财政体制改革补充规定》和《花垣县预算外资金管理办法的补充规定》。

1999年3月22日，县长刘昌刚主持召开县政府常务会议，专题听取乡镇企业工作情况汇报，决定对乡镇企业实行租赁承包、破产、拍卖、股份制改造等多种形式的改革改制，以搞活乡镇企业。

1999年4月3日，县长刘昌刚主持召开县政府常务会议，专题听取全县农网改造情况汇报，决定成立以县长为组长的农网改造领导小组，下设专门办公室，推进农网改造。

1999年5月19日，县长刘昌刚主持召开县政府常务会议，专题研究民营经济工作，决定把民营经济作为县域经济发展主体战略来抓，成立以县长为组长、县四大家相关领导和县直相关单位主要负责人为成员的领导小组，领导小组下设民营经济工作办公室，负责全县民营经济的综合、协调和指导工作。

1999年10月14日，县长刘昌刚主持召开县政府常务会议，专题研究城镇职工基本医疗保险制度改革，决定成立花垣县医疗保险基金管理中心，为副科级全额拨款事业单位。

1999年10月14日，县长刘昌刚主持召开县政府常务会议，专题听取信息产业工作情况汇报，决定成立花垣县信息产业化领导小组，下设信息产业中心为办事机构，负责全县信息产业化建设的规划、指导、协调管理。

1999年10月20日，县长刘昌刚主持召开县政府常务会议，专题研究花垣振兴化工厂改制，决定对该厂实行买断职工工龄和股份制改造。

2000年3月16日，县长刘昌刚主持召开县政府常务会议，专题听取了财税工作情况汇报，作出成立县农税局(副科级机构)，隶属县财政局管理；成立国有资产经营公司，挂靠国资局管理的决定。

2000年3月16日，县长刘昌刚主持召开县政府常务会议，专题听取了组建花垣县药品监督管理局有关问题的汇报，作出同意撤销“花垣县医药管理局”“医药行政管理办公室”，组建县药品监督管理局主管全县药品监督的决定。

2000年7月25日，县长刘昌刚主持召开县政府常务会议，专题听取了花垣县国民经济与社会发展“十五”计划情况汇报，原则通过《花垣县国民经济与社会发展“十五”计划和2012年远景目标纲要》。

2000年7月25日，县长刘昌刚主持召开县政府常务会议，专题听取县城内出租车经营管理情况汇报，决定出台《花垣县出租汽车经营权拍卖意见规则》和《花垣县出租汽车经营权拍卖办法》。

2000年9月29日，县长刘昌刚主持召开县政府常务会议，专题听取开发古苗河生态保护区的情况汇报，决定将花垣镇花桥村、佳民村、洞溪坪村和朝料村，道二乡美惹村，窝勺乡下寨河村，长乐乡老后坪村、黄莲沟村、水坪村地界距县城中心三千米，面积3333公顷左右范围，列为花垣县古苗河生态保护区。

2000年11月6日，县长刘昌刚主持召开县政府常务会议，会议按照抓大集团化、放小民营化、改制普遍化的企业发展思路，专题听取组建湘西矿业集团的情况汇报，作出以湖南三立集团股份有限公司为主，联合湖南东方锰业集团股份有限公司、花垣县铁合金总厂组建湖南湘西矿业集团有限责任公司的决定。

2000年11月22日，县长刘昌刚主持召开县政府常务会议，会议专题研究企业改革改制工作，决定出台《花垣县国有企业改革改制工作方案》。

第二节　县长办公会议

1993年3月8日，县长石邦庭主持召开县长办公会议，决定在全县启动“蓝印户口”工作。

1993年3月21日，县长石邦庭主持召开县长办公会议，决定制订《花垣县农村实现“2000年人人享有卫生保健”和花垣县1993—1997年初级卫生保健目标责任书》，到1997年卫生投入占财政总支出的8%。

1993年4月4日，县长石邦庭主持召开县长办公会议，决定对体育场馆临街门面实行免除五年税费、提供使用权20年的优惠政策，以引资筹建体育场馆看台。

1994年5月7日，副县长李光盛、谭子玉主持召开县长办公会议，专题研究经委、农委工作关系协调问题。会议决定，按照县人民政府领导分工，水利电力的发供由谭子玉主管，人财物由李光盛主管。水的调度，在正常水位线上由调度人员优化调度，在临界线上水的调度必须向两位副县长报告。电力调度，由经委、农委、水电、三电办组成综合班子，总体由谭子玉副县长负责。凡带全局性的问题，经委、农委要协商沟通，搞好请示汇报。

1994年5月25日，县长石邦庭主持召开县长办公会议，决定加大投入，对农村卫生院危房实行改造、实施好结核病防治项目和妇幼联援建项目。

1994年5月31日，县长石邦庭主持召开县长办公会议，决定加大环保法规宣传力度；制订环保治理规划，先易后难分期治理，限期治理；严格审批新项目上马；加强排污费的征收。

1994年6月2日，常务副县长向心国主持召开县长办公会议，决定推进金融体制改革，组建中国农业发展银行花垣支行，县农行要按照上级要求搞好业务划转。

1994年7月4日，常务副县长向心国主持召开县长办公会议，决定出台《关于县直行政事业单位公费安装住宅电话的管理规定》。

1995年4月22日，县长石邦庭主持召开县长办公会议，决定县供电公司与州电力局联营代管，但要处理好库区淹没补偿及供电公司的债、权、利等问题。

1995年5月4日，县长石邦庭主持召开县长办公会议，决定加大资金筹措力度，加快衡阳路建设，搞好建制镇的规划修编，县政府办公大楼先启动第一期工程建设。

1995年6月1日，县长石邦庭主持召开县长办公会议，专题研究小排吾库区淹没问题，决定从县水电局调配人员成立一个事业编制的工作机构，专门研究解决库区淹没的相关问题。

1995年6月13日、6月29日，常务副县长石昌明主持召开县长办公会议，决定支持锰一厂年产5000吨电解锰技术改建项目，积极做好项目评估、项目信贷资金担保等工作。

1995年9月7日，县长石邦庭主持召开县长办公会议，传达全州工业会议精神，决定实行县级领导挂点联系企业，派出132人的“支帮助促”工作队，深入企业排忧解难。

1995年10月6日，县长石邦庭主持召开县长办公会议，决定成立花垣、松桃两县联合调查组，本着边区团结稳定、群众满意、合理合法的原则，处理好民乐、两河部分土地被松桃县虎渡口电站淹没补偿问题。

1996年6月10日，常务副县长石昌明主持召开县长办公会议，决定将县外贸公司与振兴化工总厂彻底分开，外贸公司归口县外经委管理，为国营正科级单位，振兴化工总厂归口县乡镇企业局管理，为乡镇企业，其企业级别按上级有关规定确定。

1996年6月14日，县长石邦庭主持召开县长办公会议，决定支持县化工厂新上制酸工程项目，县财政、国土、税务等相关单位都要在政策允许的范围内给予大力支持。

1996年7月12日，县长石邦庭主持召开县长办公会议，决定组建企业改革机构，先办试点，以点带面，全面推进股份制改造、租赁、承包、破产等多种形式的改革。

1996年10月31日，县长石邦庭主持召开县长办公会议，专题研究企业抓产促销工作。会议决定，企业可以对销售人员实行基价销售总承包或基价销售奖励和比例奖励，企业主管部门、财政、税务、审计、电力、纪检监察等部门对企业当前采取的促销、生产措施要予以保护支持，至市场形势基本好转为止。

1996年11月24日，县长石邦庭主持召开县长办公会议，决定出台《花垣县环境综合治理方案》，全面治理污染企业，该关停的坚决关停。

1997年1月11日，县长石邦庭主持召开县长办公会议，决定实施花垣锰矿年产万吨电解金属锰技改项目迁址，县建委、国土局和花垣镇政府立即抽调专人组成班子尽快开展工作，年前完成征地。

1997年4月15日，常务副县长石昌明主持召开县长办公会议，决定继续扶持县纸厂：允许其缓缴税金；排污费及其他行政事业性收费，除按规定需上交省、州的专项收费外，实行即收即返或免交；县工商银行把该厂列为重点企业予以扶持。

1997年10月30日，常务副县长龙文高主持召开县长办公会议，专题研究花垣县化工厂新上硫酸生产线和电解锌生产线的原料供应问题。会议决定，从10月30日起，县内各铅锌选矿企业生产的锌精矿一律交花垣县化工厂，价格随行就市，不许压级压价，并及时付款，拖款期最长不超过1个月。

1997年11月18日，县委副书记、代县长刘昌刚主持召开县长办公会议。会议决定：1.调整麻栗场镇中心完小学校布局，将麻栗场镇中心完小迁往麻栗场村的“上子花”，1997年底完成征地，1999年全面完工投入使用；2.推进茶洞完小新校建设，新校址地处319国道旁，新校舍面积4700平方米，限于1998年12月底前竣工，原茶洞完小产权归镇政府所有。

1997年11月25日，县委副书记、代县长刘昌刚主持召开县长办公会议，会议专题研究县供销联社擅自动用股金服务部股金跨省办企业问题。会议决定：1.县供销联社负责人必须立即停止动用股金服务部股金行为，已动用的股金限期收回；2.县供销联社应立即成立班子，从其他渠道筹集资金，全力以赴尽早、尽快将投资企业建成投产，投产一年内不能收回投资或股金服务部因资金紧张不能及时汇兑社员股金，引发不稳定或其他问题，将按有关规定追究直接责任人的责任。

1997年12月13日，常务副县长龙文高主持召开县长办公会议，决定成立以副县长吴志良为指挥长的工程指挥部，推进长乐乡那光村至窝勺乡窝坝村新修公路工程，整个工程除桥涵外，必须在1998年2月底前完工。

1998年3月30日，县长刘昌刚主持召开县长办公会议，决定成立以县长任指挥长的城南建设指挥部，指挥部下设办公室，推进城南开发建设，先成立城南拆迁工作组，马上抽调人员展开工作。

1998年4月27日，县长刘昌刚主持召开县长办公会议，决定城南开发先收土地预购金，但要定时定额。

1998年9月7日，县长刘昌刚主持召开县长办公会议，决定四方井大桥两头接线工程的道路至少按30米宽的标准实施建设；对四方井路、衡阳路工程建设实行分工负责制，分管领导要立军令状，按期向县委、县政府述职，不能如期完成任务的，将追究分管领导的责任。

1998年9月10日，县长刘昌刚主持召开县长办公会议，专题研究县交通局1996年因修建钟佛山大桥及衡阳路基础设施向建行贷款665万元的还贷问题。会议决定，县交通局除工资账户在县工行外，其余预算外资金结算户及其下属机构的预算外资金结算户都放到县建行。

1998年9月15日，县长刘昌刚主持召开县长办公会议，决定年内打通浮桥到糖酒厂的人行道，并做好路面的硬化及铺装。

1998年9月18日，县长刘昌刚主持召开县长办公会议，决定县城西门口至浮桥街道人行道铺装工作必须在9月20日前动工，10月底前按要求全部完成。

1998年11月7日，县长刘昌刚主持召开县长办公会议，专题研究城南建设中存在的问题。会议决定，城南建设征地、王二桥涵洞工程、城南搬迁、四方井倒虹吸管工程和佳民圆盘工程等实行由相关单位和负责人分头负责制，犀牛潭大桥必须11月20日前动工，承包单位必须先垫资30万元。

1998年12月3日，县长刘昌刚主持召开县长办公会议，决定建设边贸大市场，把县生资公司至四方井这一片建成一个商贸中心，并成立一个由一名副县级以上领导挂帅的开发建设班子。

1999年1月5日，县长刘昌刚主持召开县长办公会议，决定把治理“花垣河兄弟河”污染当作县政府1999年的第一件大事来抓，成立以县长任组长的“两河”治理领导小组；涉及污染的项目一律不批，坚决关闭环保不达标的选厂；年内建好环保监测站。

1999年1月29日，县长刘昌刚主持召开县长办公会议，决定拆除两栋学校危房，按国家规定标准新建四层楼2300平方米教学楼，把花垣小学建成现代教育示范学校。

1999年3月29日，县长刘昌刚主持召开县长办公会议，决定成立县域工业企业破产协调指导小组，同意县五金厂破产申请。

1999年4月23日，常务副县长龙文高主持召开县长办公会议，决定优惠边贸大市场税费，实行“一票制”征收各类税费，即项目开发的各类税费实行总包干(从报建到开发营销)，交县财政局再分解到有关税费单位，任何部门都不能在包干总数外再行征收其他税费，在同区域内、同等条件下，均可参照以上税费包干办法执行。

1999年5月13日，常务副县长龙文高主持召开县长办公会议，决定实行一票制征收生猪定点屠宰各项税费，县直相关单位抽调10人组成生猪屠宰执法监管队伍。

1999年5月20日、7月1日，县长刘昌刚主持召开县长办公会议，专题研究东锰集团、三立集团发展问题，决定两集团在完成目标管理的税收基数后，超基数部分，按一定比例进行奖励；同意按照有关文件精神对法人代表实行年薪制。

1999年8月9日，县长刘昌刚主持召开县长办公会议。会议决定：1.原则同意《花垣县花垣河、兄弟河环境污染综合治理规划实施方案》和《花垣县2000年工业污染源达标排放工作方案》；2.对“两河”污染治理负主要责任的相关企业，年内必须实现废渣不下河，到2000年必须实现达标排放；3、对兄弟河流域必须严防死守，杜绝上有污染的项目。

1999年8月10日，县长刘昌刚主持召开县长办公会议，专题研究城市建设问题。会议决定：1.将佳民圆盘直径由30米扩大到60米；2.10月底前基本拉通洞溪坪路和王二桥路；3.电力、通讯、视频电缆铺设原则上改走地下。

1999年9月12日，县长刘昌刚主持召开县长办公会议，专题研究卫生体制改革问题。会议决定：1.县财政在资金安排和调度上对卫生重点倾斜；2.9月底前，把全县预防保健机构从医疗机构中剥离出来；3.每个乡镇抓好2－3个合作医疗示范村；4.年内必须完成州下达的80所村卫生室建设任务。

1999年9月22日，县长刘昌刚主持召开县长办公会议，决定成立以县长任组长的改制指导小组，将振兴化工厂实行企业产权买断、职工工龄买断的改制。

1999年12月30日，县长刘昌刚主持召开县长办公会议，专题研究矿山管理、安全生产工作。会议决定：1.成立县矿山安全检查整顿小组；2.严禁无证、无序开采，禁采区坚决不许开采；3.安全事故实行谁主管谁负责。

1999年12月31日，常务副县长龙文高主持召开县长办公会议，专题研究公费医疗改革工作。会议决定：1.设立医疗保险中心，编制13人；2.医疗保险最高限额为2万元人民币，先试行一年；3.确定医保定点医院和定点药店。

2000年4月1日，县长刘昌刚主持召开县长办公会议，决定县里成立领导小组，建委成立指挥部或公司，几块牌子，一套人马，加快城北开发和烽火产业园及烽火通路工程建设。

2000年5月31日，县长刘昌刚主持召开县长办公会议，决定对边贸大市场实行“一条龙服务，一个窗口对外”政策，实行控查、轻税，头三年免除一切行政事业性规费。

2000年6月6日，县长刘昌刚主持召开县长办公会议，决定在县城城北修通烽火路(烽火至花果山)、凉烽路(凉水井到烽火村)、钟佛山北路(县城三岔路与烽火路垂直)，9月动工，三年内完工。

2000年6月26日，县长刘昌刚主持召开县长办公会议，决定2001年12月31日前取缔县城区所有营运的出租三轮车，客运出租车实行按运量需求有计划发展，城市客运车辆“X”号牌按实际出租投入市场计划要求，分批实行公开拍卖。

2000年10月12日，县长刘昌刚主持召开县长办公会议，决定拆除麻栗场供销社旧房，作为麻栗场小学搬迁新址，学校总造价135.8万元，确保在10月底师生在新教学楼上课。

第三节　政府全体会议

1990年3月31日，第十一届县人民政府召开第一次全体会议，县长龙友芳作了《认真贯彻六中全会精神，切实加强领导班子建设，努力肩负起历史赋予的重任》的讲话。会议要求：用整风精神贯彻中共十三届六中全会精神，建立高效、求实、团结战斗的各级领导班子。一是把政府工作自觉地置于党的领导之下；二是不断加强廉政建设；三是牢固树立过紧日子的思想；四是切实转变工作作风；五是着力抓好当前的各项工作；六是建设团结战斗、廉洁奉公、求实创新的政府。

1990年7月11日，第十一届县人民政府召开第二次全体会议暨经济工作会议，县长龙友芳作了《振奋精神，坚定信心，千方百计完成和超额完成今年的各项任务》的讲话。会议要求：认清形势，克服思想疲软；立足抗灾，夺取今年农业丰收；强化管理，努力提高企业素质；用好政策，切实搞活商业流通；抓好稳定，为经济发展提供良好环境；搞好服务，切实加强对经济工作的领导；围绕中心，做好教育卫生广电等工作。

1996年7月27日，第十二届县人民政府召开全体(扩大)会议，县长石邦庭作了《振奋精神，深化改革，加快发展，为全面完成今年各项任务而努力奋斗》的讲话。会议要求：认真组织群众救灾抗灾，夺取农业增产增收；转变思想观念、深化企业改革；做好农业发展大文章，积极推进农村改革；广泛深入发动群众，推动冬季农业上水平；组织扶贫攻坚新攻势，动员干群闹经济；围绕扶贫攻坚中心，搞好服务，推动自身建设。

1986—2000年花垣县人民政府县长、副县长任职表

表5-2-18

姓名	性别	民族	籍贯	职务	任职时间	备注
石昌凡	男	苗族	花垣	县长	1986.1～1986.8	
石昌禄	男	苗族	花垣	县长	1987.3～1989.11	
龙友芳	男	苗族	凤凰	县长	1990.2～1992.9	

续表

姓 名	性 别	民 族	籍 贯	职 务	任 职 时 间	备 注
石邦庭	男	苗族	花垣	县长	1992.11～1997.8	
刘昌刚	男	苗族	花垣	县长	1997.10～2000.12	
向明喜	男	苗族	花垣	副县长	1986.1～1990.12	
麻兴汉	男	苗族	花垣	副县长	1986.1～1987.3	
刘伟民	男	汉族	衡山	副县长	1986.1～1990.2	
唐茂金	男	汉族		副县长	1986.1～1986.3	
刘林森	男	汉族	长沙	副县长	1986.1～1987.3	
石邦庭	男	苗族	花垣	副县长	1992.9～1992.11	
蔡安家	男	汉族	泸溪	副县长	1986.1～1990.2	
周政坤	男	汉族		副县长	1986.1～1986.12	挂职
罗文聘	男	汉族		副县长	1987.11～1988.2	挂职
宋新美	男	苗族	花垣	副县长	1987.3～1990.2	
莫胜元	男	汉族		副县长	1987.4～1988.5	挂职
龙齐成	男	汉族	桃源	副县长	1987.6～1988.12	挂职
龙县文	男	苗族	花垣	副县长	1990.2～1992.9	
龙银富	男	苗族	花垣	副县长	1990.2～1997.11	
麻应新	男	苗族	花垣	副县长	1990.2～1992.9	
谢明鉴	男	汉族	四川遂宁	副县长	1990.3～1991.2	挂职
向心国	男	土家族	古丈	副县长	1990.4～1994.12	
谭子玉	男	汉族	花垣	副县长	1991.3～2000.12	
谢子惠	男	汉族	望城	副县长	1991.12～1993.12	挂职
李光盛	男	汉族	花垣	副县长	1992.11～1995.12	
麻菊珍	女	苗族	花垣	副县长	1992.11～1995.12	
赵永基	男	汉族	双峰	副县长	1993.11～1995.12	挂职
彭光盛	男	土家族	吉首	副县长	1994.3～1996.6	挂职
汤正齐	男	汉族	衡阳	副县长	1995.7～1996.9	挂职
刘正荣	男	苗族	花垣	副县长	1996.4～1997.12	
石昌明	男	苗族	花垣	副县长	1995.1～1997.9	
龙文高	男	苗族	花垣	副县长	1995.12～2000.12	
周南海	男	汉族	江西	副县长	1996.3～1997.12	
张森林	男	汉族	常宁	副县长	1996.9～1998.7	挂职

续表

姓 名	性 别	民 族	籍 贯	职 务	任 职 时 间	备 注
张家志	男	土家族	保靖	副县长	1997.3～1997.10	
石登富	男	苗族	花垣	副县长	1997.12～2000.12	
吴志良	男	苗族	花垣	副县长	1997.12～2000.12	
麻老正	男	苗族	花垣	副县长	1997.12～2000.12	
熊小华	女	汉族	长沙	副县长	1998.3～2000.3	挂职
曾树山	男	汉族		副县长	1998.6～2000.7	挂职

第三章　施政纪要

第一节　产业结构调整

县人民政府高度重视农业经济工作，加强农业基础，把发展粮食生产作为解决群众温饱和稳定农村的根本问题来抓，在农业经济工作中坚持走科技兴农之路。大力推广杂交水稻和杂交玉米优良品种，推广“双两大”(水稻生产中的两段育秧，大蔸大行)“旱育秧”“玉米肥球育苗”等新技术。1988 年实施了 6667 公顷玉米、6667 公顷水稻科研丰产区的“双十丰收计划”。抓住省定花垣县为商品粮生产基地县的机遇，加强和完善花垣镇、道二乡、补抽乡、猫儿乡、长乐乡、茶洞镇、吉卫镇、麻栗场镇、龙潭镇、雅桥乡、团结镇、民乐镇等 12 个乡镇为主的商品粮基地建设，使粮食逐年增产。认真贯彻“决不放松粮食生产，积极发展多种经济”的方针，逐步调整农业产业结构。大力发展油菜、花生、烟叶、水果、蔬菜、药材等经济作物和猪、牛、羊、鱼等养殖业，逐步形成了以稻谷、玉米、红薯为主的粮食作物种植业，以烟叶、蔬菜为主的经济作物种植业，以花生、油菜、油茶为主的油料种植业，以杜仲、黄柏为主的药材种植业，以金秋梨、椪柑、猕猴桃为主的小水果业，以养猪、牛、羊为主的畜牧业和稻田模式化养鱼、水库养鱼为主的水产业，农业产业结构逐步趋向合理。1990 年成立“长江中上游防护林体系建设”领导小组，全县规划造林 20000 公顷，按照“高起点、高效益、大规模”的要求，以实现“生态效益、经济效益、社会效益”为目标，实行封、管、造、改、抚、节并重的经营方针，加快绿化荒山进程。1991 年，县委、县政府提出在稳定增收的基础上，按市场经济的要求，把以粮食生产为主的传统农业结构逐步向“粮食—经济—农产品系列加工”的多元结构方向发展，以科技为先导，发展优质高产高效农业，推进农业技术进步，把全县农业经济提高到一个新的水平。以市场为导向，建立各种专业村、专业户和一乡一品、一村一品的产业基地，推动农业产业化发展。到 2000 年底，全县开发山地1.1万公顷，种植经济作物 14667 公顷，建立各种专业村 59 个；养猪 29.83 万头，羊 13.9 万只，家禽80.6万羽，实现水产养殖产量 2200 吨；农林牧渔业总产值 35393 万元、粮食总产 9903 吨，按当年价分别比 1985 年增长536.9％和 35％。

第二节　扶贫开发

1986年和1993年国务院两次把花垣确定为国家重点扶持的贫困县，县人民政府抓住机遇，加大了扶贫开发力度。1986年，县政府组织干部对全县的贫困情况作了全面调查，制订了1986—2000年花垣县经济发展治穷脱贫规划，论证开发项目24个，引进“双杂”良种，举办各种农技培训班，推广先进农业生产技术，发展粮食生产，实施多种经营，逐步解决人民的温饱问题。1991年3月，县政府作出了《关于加速“八五”期间山地综合开发的决定》。围绕山地综合开发，实行长短结合，以短养长，提出三年内发展6700公顷油菜、3400公顷花生、6700公顷红薯、3400公顷烟叶等四个见效快的项目；开发3400公顷板栗、3400公顷三木药材、2000公顷柰李、670公顷椪柑、1340公顷蚕桑、340公顷茶叶、年产10万只商品兔、270公顷水面养鱼等八个中长期项目，为农民建立稳定增收的支柱产业。1994年，根据国家“八七”扶贫攻坚的决定，制定了“四六”扶贫攻坚规划，即从1994—1997年，用4年时间解决6万人的温饱问题。1996年12月，县委、县政府印发了《关于尽快解决农村贫困人口温饱问题的实施意见》，确定101个贫困村为重点，把扶贫任务分解到村，把扶贫措施落实到户。建立了扶贫责任制，县直单位定点扶贫，对口扶贫，群众不脱贫，扶贫单位不脱钩，加快了治穷脱贫进程。1998年，县委、县政府制定了《花垣县1998—2000年扶贫攻坚计划》，明确了决战贫困必须以通电、通路、通水、通广播、通电视、通电话为重点。1986—2000年，先后投入以工代赈资金8499.4万元，财政扶贫资金2897万元，省直及衡阳市对口扶贫资金3283.6万元，扶贫贷款18710万元，建立了烤烟、水果、山羊、蔬菜等农业支柱产业。农村基础设施得到改善，全县300个村通电、通公路、通广播、通电视和通电话的村分别达到300个、287个、300个、300个和241个。新建人饮工程17处，解决了2800人的饮水困难。农民人均产粮由1985年的368千克增加到429千克，农民人均纯收入由1985年的288元增加到1116元，贫困人口由13万人减少到3.5万人。

第三节　农田水利建设

为解决群众温饱，县人民政府狠抓农田水利建设。1986—1990年完成了兄弟河水电工程、小排吾水库坝址区岩溶防渗堵漏工程、小型水库防渗维修配套和病险库治理工程；用以工代赈资金修建人饮工程，解决人畜饮水困难。抓住世界粮食计划署援助项目的有利时机，大搞水利综合开发，以小排吾水库为水源，进一步配套完善小排吾灌区灌溉系统，实施旱改水、坡改梯，新增灌面2480.4公顷。1998—2000年，实施口粮田建设，合理规划，因地制宜，进行旱改水、坡改梯、低产田改造和灌区工程配套完善。连片实施了吉卫排涝、麻栗场广车水库配套完善、雅桥田塘西水东调、民乐坝务水库群配套、茶洞红卫提引联合配套等规模大、系统性强、效益好的样板工程。到2000年，全县年均蓄、引、提水量达1.3亿立方米，有效灌面9933公顷，旱涝保收面积8467公顷，农业人口人均旱涝保收面积0.036公顷(0.54亩)，解决7万人的饮水困难。

第四节 发展地方工业

县人民政府总结过去发展地方工业的经验教训,研究花垣的资源优势,以自然资源为依托,以市场为导向,以新科技为先导,大力发展地方工业。开发锰锌为龙头的矿产资源和红薯淀粉、肉食等为主的农产品资源。到20世纪90年代初,形成以锰锌开发为龙头的冶金化工、建材、轻纺、食品四大产业支柱的县办工业体系,建成一批骨干企业。1996年12月,县委七届五次全会按照"改革、改组、改制"的要求,确定"抓大集团化,放小民营化"的思路,大力调整工业结构;以产权制度改革为重点,盘活企业资产存量和优化重组,对24户国有小型企业采取租赁、拍卖、兼并、破产等多种形式进行改革。先后组建东方锰业集团、湖南三立集团、湖南金垣电力集团,将集体企业振兴化工厂改制为股份制民营企业,五金工具厂依法破产,逐步形成多种经济成分并存的工业企业格局。到2000年,全县具有年产锰矿35万吨,日采铅锌矿石5800吨,年产硅锰合金1万吨、四氧化三锰2000吨、电解金属锰28000吨、机制纸10000吨、花生奶蛋白3000吨、纯净水3000吨、分割猪牛羊肉2500吨的生产能力。乡以上工业企业发展到65户,从业人员12000多人,工业总产值63328万元(90年不变价),比1985年增长13.2倍。

第五节 能源开发

县人民政府把发展电力作为起步工程来抓,加大了水能资源开发力度。1986年始,续建和新建了下寨河电站、浮桥电站、佳民冲(洞口)电站、张刀电站、小龙洞电站扩容等一批小水电站。到2000年底,全县有水电站25座,装机52台共33045千瓦,比1985年增长70.5%。1999年起实施农村电网改造,到2000年共投入资金7632万元,完成17个乡镇220个村314个台区的电网改造,实行城乡用电同网同价。随着工业迅速发展,全县供电容量和供电范围不断扩大,电力缺口大,县政府决定从外地引电。先后从州电网、重庆乌江电站和贵州松桃引进电力,增加供电量,基本满足城乡工农业生产的需要。

第六节 环境保护

1986年,成立花垣县环境保护局,明确环境保护部门的职责,加强环境保护法律法规的宣传和环境监测。随着县内矿产资源的进一步开发,锰、铅锌矿的采、选、冶规模进一步扩大,生产过程中产生的"三废"(废水、废气、废渣)多数未经处理即排入环境,造成局部环境污染严重。对此,县人民政府加大环境污染综合治理力度,对新、改、扩建项目实行防治污染设施与主体工程同时设计、同时施工、同时投产使用的管理制度；对已建成投产的企业加强“三废”治理；对治理无望的企业坚决予以关闭，先后下文关闭铅锌选厂13家。1997年4月，县委、县政府作出《关于加强环境保护的决定》；1998年编制《花垣河、兄弟河流域环境污染综合治理规划》，成立“两河”污染治理和工业污染源达标排放工作领导小组，制定了《“两河”污染治理规划实施方案》和《花垣工业污染源达标排放工作方案》，对严重产生“三废”的企业督促其加强治理。到2000年底，省州县重点监控的10家工业企业投入“三废”治理资金2319.53万元，完善了渣库和废水、废气处理设施。通过治理，环境污染的现状逐步改善。

第七节　交通建设

中共花垣县第五次代表大会提出修通龙潭至雅桥，董马库至排料，团结至龙潭等断头路。1986年县人民政府按照第五次党代会的设想，以贯通断头路为重点，加强公路建设。先后修通排吾至吉卫、龙潭至雅桥、团结至龙潭、董马库至排料、吉卫至螺蛳董、猫儿至雅桥、补抽至大龙洞、长乐至窝勺、董马库至保靖水田等九条公路，形成乡乡相连的公路网络。同时，加强通村公路建设，到2000年共修通村级公路71条201千米，全县有287个村通公路，通路率达93.6%。至此，全县拥有公路126条，总长555.2千米，交通运输条件明显改善。

第八节　城镇建设

按照1983年编制的《花垣县县城总体规划》，1987年6月开始修建赶秋路。先后建成伍家坡大桥和双龙潭大桥，拉通南北走向的主要干道。1989年，县人民政府决定调整城市布局，将体育广场迁往麻场村，建设新的体育文化中心，将原体育广场改建成集贸市场，发展新的商贸区。1991年10月，县人民政府发布《关于加强县城规划建设管理的布告》，县城规划为东起望城、洞溪坪，西到凉水井、烽火屯、大营盘，南至塔里、佳民，北至坝塘、麻场。1993年按照“拓宽东西，开发南北”的城市发展思路，对原县城规划进行修编，确定县城向佳民方向发展，开发城南新区。2000年4月，城北开发总公司成立，城北新区建设开始启动。是年底，城南开发已完成投资近亿元，先后建成钟佛山大桥、四方井大桥、犀牛潭大桥，拉通四方井路、衡阳路、王二桥路、洞溪坪路、钟佛山路，且城南新区已具雏形，县城面积由1983年的1.02平方千米扩大到2000年的6平方千米。城区供水、供电、排污设施有所改善，城区管理进一步加强，市容市貌初步改观。重视乡镇集镇建设。2000—2001年，茶洞镇区建设完成投资320万元，拉通沿河大道和从文大道，改善了镇区交通；民乐镇区建设投资400万元，拉通了1140米的兴镇大街；龙潭镇区建设投资390多万元，修成长1.8千米的东西走向新街道。

第九节 发展民营经济

中共十一届三中全会以后，县人民政府解放思想，放宽政策，采取优惠措施，积极发展个体工商户。到1988年，全县个体工商户发展到3298户，从业人员3725人。1992年，县委、县政府根据中共湖南省委关于大力发展个体私营经济及“三资”企业的精神，决定放宽政策，鼓励发展个体私营企业、鼓励农民进入流通领域，把发展非公有制经济纳入脱贫致富奔小康规划。1993年，县委、县政府制定了《关于加快个体私营经济发展的若干规定》，进一步明确鼓励发展个体私营经济的优惠政策，促进了个体私营经济发展。1998年7月，县委、县政府出台《关于加快民营经济发展的若干意见》，召开民营经济工作会议，提出以更大的胆识和魄力，出台更优惠的政策，采取更过硬的措施，创造更宽松的环境，推动民营经济的发展。针对一些部门对个体私营企业乱收费、乱罚款、乱摊派(简称“三乱”)的问题，县人民政府开展治理“三乱”活动，保护个体私营企业的合法权益。2000年，全县注册个体工商户13661户，注册资金8591万元，营业额45359万元；在册私营企业107户，注册资金1.5亿元，生产总值2.2亿元。

为加速县域经济发展，县人民政府不断创造条件，扩大招商引资。1993年5月，县委、县政府制定《关于推进对外开放若干政策的规定》，对外来投资者在项目审批、投资经营方式、土地使用、税费征收等方面给予优惠。县人民政府成立招商局，专抓招商引资工作。1998年设立长沙办事处，与长沙市南区签订友好县区协议，扩大对外联系。通过办节办会，到长沙、上海、深圳等地参加经贸洽谈会，推介招商项目。到2000年底，全县共实施招商引资项目50个，引资2.95亿元，其中招商引资7600多万元，建成商业中心、边贸市场等一批骨干项目，使县城成为初具规模的湘、渝、黔三省(市)边区物资集散地。

第十节 计划生育

1986年后，县人民政府不断加大计划生育工作力度。1987年3月，县委、县政府制定了《关于贯彻州委、州政府(关于计划生育工作若干规定)的实施细则》，提倡晚婚，少生优生，一对夫妇只生一个孩子；执行准生证制度，对未经批准超生者依照法律法规给予处罚。1992年4月，县委、县政府作出《关于加强计划生育工作的规定》，要求各级党政领导把计划生育工作与经济建设摆在同等重要位置，实行计划生育工作“一票否决”制，对未完成计生工作各项指标的单位党政一把手、分管领导、计生专干当年不得提拔、调动、评先，计生工作严重失控的单位则降低相关领导和人员的一级工资。1993年4月，针对计生工作中出现的新问题，县委、县政府在1992年下发的《关于加强计划生育工作的规定》基础上，增加8项补充规定，计生管理更趋规范化。成立计生协会，推广计生工作村为主，村计生专干列为村四大主干之一。加大计生设施建设，21个乡镇建成国策楼，村有计生室，配备先进的检测设备。大力培训计生技术人员，关心妇女身体健康，对育龄妇女实行“三查一治”(查环、查孕、查病、治妇科病)。广泛开展计生宣传，增强全民计生观念。由于措施得力，有效地控制了人口过快增长。2000年，人口出生率为13.6‰，自然增长率为7.18‰，比1985年分别下降1.05‰和0.06‰。

第四章　其他政务

第一节　信访工作

1982年，县委信访科改为县委、县政府信访办公室。1994年机构改革，县信访办公室划归县委办公室和县政府办公室共同管理，以县政府办公室管理为主。1996年，根据上级要求信访办主任加任县政府办副主任。同时加强基层信访队伍建设，各乡镇、县直各战线、各单位都有一位领导抓信访工作，配专(兼)职信访干部。茶洞镇还与渝、黔边区乡镇建立信访联防联调小组，共同调处边区间的纠纷，把矛盾化解在基层。

1986年按照州信访办公室的统一部署，开展以“降低集体访，降低重复越级访，降低异常访，无赴京上访”为目标的“三降一无”活动，重点办理信访热点、难点问题，劝阻集体上访和赴京上访人员。县委、县政府高度重视，主要领导处理信访事项15件，阅批群众来信39件；对21个乡镇的信访工作实行县委常委分工负责制；授予信访办公室归口交办、直接查处、监督检查、仲裁协调、业务指导、上报下发等职权。县信访办改进工作作风，下乡巡回挂牌办公41天，深入到11个乡镇的20多个村现场接待群众144人，协调处理51起案件。1988年坚持信访工作为人民服务、为经济建设服务的宗旨，重点解决历年工程受伤和死亡职工(民工)家属的生活困难问题。信访办公室会同职能部门调查小排吾水库、红卫水库、下寨河电站、塔里电站建设中的伤亡人员情况。其中受伤37人，死亡28人，共计65人。根据有关规定协调长期补助12人，年补助资金4860元，37人一次性补助资金11560元。围绕农村完善双层经营责任制反映的问题，县信访办公室的干部下乡挂牌宣传党的政策，接受群众咨询，还到21个乡镇、37个村委会、31个村民小组和25个县直单位查处信访案件92件，回访203人。1990年以解决矛盾、调处纠纷为重点开展信访工作。民乐镇谷哨村30多名群众反映1989年与县种子公司签订玉米制种合同，因灾减产群众来县上访要求种子公司按合同补偿。信访办立案后，协调种子公司出资2.8万元补偿受灾农户。

1991年信访办实行下乡办信访制度，变群众“上访”为干部“下访”，配合乡镇办案1915件次，办结856件次，转办1059件。1992年县信访办下乡办案2601件，办结2587件。1993年进一步规范办理信访案件程序，建立健全了信访接待、登记、转办、交办、结案、回访、稳定等一系列信访工作制度，规范了信访工作，做到多年无异常上访，连续6年无到州、10年无赴省和6年无进京上访。9月在全省规范办理信访案件程序工作会上介绍了经验；年终被省评为“四无”先进县。1993年，群众反映保靖县中心乡与董马库乡接壤处设立的木材收费站收费不合理，信访立案后通过5天的调查了解，认定了该收的税费，取消了不合理的收费项目。小排吾水库管理所反映，由于枯水，每天有近400人的周边群众自发到库内开采铁矿石，损坏库底，水管所与群众关系一度紧张。县信访办通过调查后一举治理到位。“文化大革命”期间城镇面向农村的移民，多次扶老携幼到县政府上访，通过做工作，得到解决。是年建成的兄弟河水库，由于多种原因，淹没粮一直未能按时到位，龙潭镇金溶村五组派代表来县反映群众生活困难。信访办及时牵头协调相关职能部门，组织粮食9500千克、资金20万元补偿淹没区农民。1995年，贵州省松桃县虎渡口电站因淹没花垣县民乐镇田家村和两河乡石发村的田土未得到及时补偿，引发双方边区纠纷，县信访办主任刘志华多次前往松桃县政府和虎渡口电站协商，解决淹没补偿问题。1997年为解决保靖县狮子桥电站淹没花垣县航运公司和花垣镇南门村耕地的补偿问题，历经数次反复协商，终得到合理补偿。因修凤滩电站阻碍航道影响县航运公司职工生活，信访办主任刘志华进行调查并找到时任省委副书记、省长杨正午汇报得到批示，以电费提成解决职工生活费问题。1998年，县体委因建在县城内的看台球场权属问题与花垣镇蔬菜村发生纠纷、花垣镇麻场村因选举问题村民之间发生纠纷，县信访办通过大量工作，最后都得到妥善解决。原乡镇话务员文英珍等人反映程控电话开通后失去工作岗位，生活困难，经县信访办派员出面多次协商，落实了13人的一次性补助安置费258696元。县内矿产资源开采之后，因工业污染引发的群众上访案件增多，信访办加大工作力度，1999年调处团结镇漏那村的工业污染赔偿、三立集团硫酸厂泄漏二氧化硫导致9人中毒等重大信访案件，化解企业与周边群众的矛盾。2000年参与处理五金厂破产后引发的群众矛盾，参与调处锰一厂、三立集团因改制引发的矛盾，维护企业稳定，确保企业改制的顺利进行。1986—2000年的15年中，共接上级转信3335件，接待群众来访5575人次，其中立案调处的553件次全部结案。

第二节　县志编纂

新中国成立后的第一部《花垣县志》的编纂从1980年12月开始，1981年1月成立花垣县地方志编纂领导小组，先后由袁仕传、石昌凡担任组长，同时成立花垣县地方志编纂领导小组办公室。1990年5月，花垣县地方志编纂领导小组更名为花垣县地方志编纂委员会。编纂过程中适时调整充实工作人员，加强编辑部的力量，历时12年，1992年5月完稿。经县、州、省三级地方志编纂委员会审查验收合格，1993年2月由生活·读书·新知三联书店出版，共印2000册，全书60余万字。该书公开出版发行后受到省州专家学者的好评，并荣获省第二届社科成果二等奖，发挥“存史、资政、教化”的作用。

2000年根据省、州的指示精神，县委、县政府作出续修《花垣县志(1986－2000年)》的决定。当年4月县成立编纂委员会，由县委副书记田茂盛任主任，县委常委、常务副县长龙文高，县委常委、县委宣传部长吴兴花，县委常委、县委办公室主任石治平，县财政局长麻正荣任副主任，县直各战线主要负责人为委员；县直17个战线、101个单位都相应建立编纂领导小组和编写组，抽调179人组成修志队伍，举办业务培训班。7月上旬，制定《花垣县志(1986－2000)》纲目设置方案。此后，续志工作按照总体要求分步实施。

第三节　外事旅游侨务

1988年2月26日，成立“花垣县外事旅游办公室”，与本县对外经济办公室、经济技术协作办公室三块牌子一套人员。1994年11月23日，县外事旅游办公室与县对外经济贸易委员会实行两块牌子一套人员，归口县政府办公室管理。1995年12月机构改革，确定侨务办公室为县人民政府办公室内设机构，设主任1名。2002年2月，撤销县外事旅游办公室。

一、旅游资源

县内旅游资源丰富，1986—2000年期间开发力度不大，尚未形成旅游产业。县境自然景观有边城茶洞风景区、古苗河蚩尤风景区、花垣河漂流、大小龙洞瀑布群、排碧寒武纪“金钉子”地质公园、麻栗场文笔峰、排吾石栏杆等；人文景观有边城茶洞风景区、国立八中纪念园、乾嘉苗民起义领袖石三保家乡雅酉黄瓜寨、古崇山卫遗址等。

古苗河蚩尤风景区　古苗河蚩尤风景区位于县城南，距县城3千米，景区范围约30平方千米。包括古苗河蚩尤大峡谷及蚩尤山、崇山原始次森林三大块。其中古苗河蚩尤大峡谷全长13.5千米，谷中悬崖绝壁、怪石古洞、涧溪叠瀑随处可见；河水清澈见底，鱼虾成群，并有葱茂秀美的原始次森林。河谷原无路可通，人迹罕至。2000年秋，县委、县政府做出开发古苗河旅游资源的决策，成立古苗河生态旅游公司，兴建全长2.7千米的凌空栈道。是年8月，来自全国各地的原国立八中老校友一同游览古苗河，使“养在深闺人未识”的古苗河蚩尤风景区得以让人们领略其优美神韵。中国美术协会会员、省书画家协会副主席、湘西书画美术院院长邓辉楚先生对古苗河情有独钟，五次到景区览胜，创作出长63米、高68厘米的巨幅长卷山水画《古苗河图卷》。该卷在省展览馆展出期间获得成功。时任省委副书记文选德观赏后挥笔题词：“花垣古苗河，湖南新名胜。”

花垣河漂流　花垣河从贵州省松桃县流入花垣县，流经境内两河乡、民乐镇、茶洞镇、大河坪乡、团结镇、花垣镇等乡镇，全长71.8千米。从茶洞镇河段起漂，沿途经大河坪乡、团结镇、花垣镇到达县城，全长25千米。一路漂来既可观赏沿河风光，又可领略两岸苗汉人民风格各异的风土人情；漂流船时而被抛向高空，时而落入谷底，有惊无险，分外刺激。从边城茶洞起漂到花垣县城上岸，全程需5小时左右。

大小龙洞瀑布群　大小龙洞瀑布群位于大龙洞乡和排碧乡交界处，山高林密，群峰叠翠，云雾缭绕。大龙洞瀑布落差214米，形成一幅20多米宽的白色巨流，水跌潭中，响声如雷。瀑布形成的水雾山风，一团团洒落山坡上，晴天形成七彩长虹在水雾中时隐时现，绮丽迷人。小龙洞瀑布群在排碧乡黄岩村一座悬崖间，共有四条瀑布，每条相间不足百米，落差在百米左右。几条瀑布各有特色和美称：水面宽阔、气势磅礴的名为“小龙洞瀑布”；水势汹涌、响声如雷的名为“雷公瀑布”；水落如纱、含情脉脉的名为“护潭瀑布”；美姿婆娑、形态妖娆的名为“蟹将瀑布”。四条瀑布落下后汇入崖底深潭。潭水溢出又流经9个落差几米的水潭，层层叠叠，形成阶梯式的小瀑布群。此外还有高400米分五层泻下的“沟然达瀑布”，接连三次形成百米落差的“喜嬉瀑布”等。1993年，湘西自治州人民政府将大小龙洞瀑布群列为州级风景区。

排碧寒武纪年代剖面地质公园　排碧寒武纪年代地质剖面在寒武纪时期处于“江南斜坡带”的斜坡沉积带，形成于6亿～15亿年前的地质时期，属中一上寒武地质层剖面。具有露头连续、岩性单一、构造简单、化石丰富且演化明显等一系列优越地质条件，是解决全球寒武系分统建阶的理想地区之一。排碧剖面的典型性吸引了大批中外科学家，有来自美、德、法、英、俄等10多个国家的35名科学家和中国内地及台湾地区的40余名科学家前来花垣排碧剖面进行考察。在阿根廷希鲁马举行的第六次寒武系地层会议上，排碧剖面被选中参加“金钉子”评选。后被国际地层委员会以全票确定为寒武系首枚“金钉子”，并以此为底界划分了以中国地名命名的寒武系第一个“统”—“芙蓉统”、第一个“阶”—“排碧阶”。

边城茶洞风景区　茶洞镇距县城25千米，与重庆市秀山县和贵州省松桃县交界，素有“一脚踏三省”之称，是湘西四大历史名镇之一。著名文学家沈从文的小说《边城》即以该镇为背景创作而成，20世纪70年代小说《边城》改编成同名电影后，更使边城茶洞蜚声海内外。这是一座山环水绕、风景迷人且富有民族特色的边区小镇，始建于清嘉庆八年(1803)。旧时这里水路可直通常德、汉口，商贸发达，被誉为“小南京”。其自然景观水帘百尺、龙凤呈祥、酉水回澜、银泉涌翠、仙人石室、龟蛇献瑞、虹桥月影、石炉香烟等为边城八景。另有两座白塔及水门阁、绿荫阁等古迹。古城墙绕东南西北门呈鞋子形，现存有清乾隆年间修建的城墙十余丈。新中国建立前有天皇庙、马王庙、万寿宫、禹王宫四大古庙及观音堂、二神庵、昭宗祠、茅庵四大庵堂，现仅存茅庵一座。清水江绕城而过，沿江仍有保存较好的吊脚楼群。原国立茶洞师范学校曾设在这里，现为花垣县第三中学。解放战争时期，刘邓大军从茶洞渡口横渡清水江挺进大西南。考古发掘出旧石器时代以来各个时期的文物上千件，证明茶洞很早就有人类活动过。1993 年，湘西自治州人民政府将茶洞列为州级旅游风景点。

国立八中纪念园　国立八中是民国 27 年(1938)由安徽的四所临时中学和三所中等学校因避战乱合迁到湘西后组建而成的一所流亡中学，其初二部、高二部设在当时永绥县城文庙坪(今花垣民族中学)，是国立八中在湘西主要教学基地之一。日寇投降后国立八中于民国 35 年(1946)回皖。国立八中在花垣办学长达八年，培育出诸如中华人民共和国第五任国务院总理朱镕基、中国科学院院士刘庵麟、中国工程院院士肖纪美、美国哥伦比亚大学教授唐德刚等一批栋梁之材。国务院原总理朱镕基重返花垣时，曾留下“湘西一梦六十年，故园依稀别有天”的诗句，将花垣引为故园，引起国内外人士对花垣的关注。现国立八中旧址尚保存有石狮等部分文物。为缅怀国立八中历史业绩，弘扬八中文化，激励花垣各族人民奋发图强，积极投身于西部开发和扶贫攻坚，县委、县政府在国立八中原址上修建了国立八中纪念园。

二、外事侨务

县外事侨务部门围绕全县经济建设和对外开放，开展外事和侨务情况调查研究；为本县外籍华人、华侨和港澳同胞办理捐赠手续和管理捐赠工作；负责县政府领导的外事活动；审核、报批有关出国手续；负责或会同有关部门处理重大涉外事项；为侨属私营企业办实事，管理侨资企业；帮助侨眷属发展经济，逢春节、中秋、元旦等节日召开侨务座谈会，开展华侨、港澳同胞及其社团的团结友好工作，配合有关部门开展引进国外资金、技术和人才等工作。

第四节　老龄工作

1985 年 12 月花垣县老龄问题委员会成立(简称老龄委)，1987 年 1 月更名为花垣县老龄工作委员会。1989 年 6 月设立花垣县老龄工作委员会办公室，为行政二级机构，定编 3 人，经费由地方财政开支，业务归口人事局管理。1997 年 5 月县老龄委员会为县人民政府议事协调机构，由归口人事局管理改为挂靠县政府办公室。1998 年县编委核定县老龄委办公室行政编制 3 名，设主任 1 名，副主任 1 名。花垣县老龄委员会历任主任有吴通义、向心国、石昌明、龙文高等。

老龄机构及农村老年协会　1989 年下半年开始在乡镇和县直局以上单位建立老龄工作领导小组。领导小组由副乡镇长(单位副职)担任组长，相关部门的负责人及有名望的老干部为成员。年内全县 80 个县直单位和 21 个乡镇都成立老龄工作领导小组，健全老龄机构工作网络。同年 4 月，花垣县第一个农村老年人协会——团结镇峨碧村老年人协会成立，退休老干部石昌元担任会长，组织老年办公益事业。到年底，全县成立农村老年人协会 288 个。

老年人活动　1988年8月，花垣县老年人综合服务公司成立，协同有关部门制定老龄事业发展规划，发动和组织老年人投身改革开放，参与社会主义现代化建设，开展公益活动，为老年人服务。1990年4月，花垣县召开老龄工作先进单位、先进个人表彰大会，县邮电局、县粮食局、县锰矿、麻栗场镇老寨村、团结镇峨碧村、茶洞镇边城老年人协会等先进单位以及石昌元、王金昌等14名先进个人受到县人民政府表彰。1991年9月，县纪律检查委员会、监察局、司法局、法制办、老龄委组织开展老年人法律法规执行情况检查，解决不赡养老人、五保老人养老工作不够落实等问题，保护老年人的合法权益。1993年3月，全县第一个农村老年人协会创办的经济实体—民乐关龙兴发公司成立，开发锰矿、建自来水厂等，受到群众好评。1994年8月，民乐村老年人协会会长、关龙兴发公司负责人、退休干部龙通学去北京出席全国老有所为大会，荣获“老有所为”金榜奖。1995年3月，湖南省老龄委、湖南广播电视厅到花垣县拍摄团结镇峨碧村老年人协会植树造林绿化荒山和茶洞镇边城老年人协会协助政府调解民事纠纷等先进事迹，在全省广泛宣传。1995年花垣县被湖南省人民政府授予1985—1995全省老龄工作先进县称号。1997年组织全县老年人开展迎接香港回归宣传活动，茶洞镇边城老年人协会会长张忠献组织民间老艺人编织的99节巨龙，被载入《上海吉尼斯大全》。1999年9月花垣县老年人金秋艺术团成立，排练20多个文艺节目宣传党的方针政策。

第六篇　人民政协

中国人民政治协商会议花垣县委员会(简称县政协)于1984年3月成立。县政协按照《中国人民政治协商会议章程》的规定,认真履行政治协商、民主监督、参政议政的职能,在花垣县的各项建设事业中发挥了重要作用。

1984年3月31日召开的县政协第一届常委第一次会议根据《政协章程》的有关规定,决定县政协的机构设置为一办两委八个组。即办公室、学习委员会、文史资料委员会,科技、农业、财贸工交、教卫、文体、民族、祖国统一和群团组。政协机关行政编制为12人,实有工作人员13人。1987年定编17人,1992年11月—1997年8月,实有工作人员24人。1997年9月—2000年底,县政协设一办四委,即办公室、提案法制委、学习文史委、经科联谊委、民族宗教文化教育卫生体育委,实有工作人员17人。

第一章　政协委员

第一节　委员产生

县第一届政协委员由花垣县政协筹备委员会协商,按县九届人大代表数的65%安排名额进行推荐。经基层推荐,上下协商,组织考察,本人同意,筹委审核,县委常委集体讨论批准,最后确定121名委员,为人大代表总数的52.6%。从第二届起,历届政协委员都由上届的常务委员会协商决定。具体程序为:提名推荐、协商确定建议名单、常务委员会议通过、公布名单。

按照上述程序,1987年1月县政协第一届第17次常委会协商表决通过了县政协第二届委员名单,共19个界别162名委员。1990年1月县政协第二届第17次常委会协商表决通过了县政协第三届委员名单,共20个界别188名委员。1992年11月县政协第三届第19次常委会协商表决通过了县政协第四届委员名单,共19个界别187名委员。1997年12月县政协第四届第27次常委会协商表决通过了县政协第五届委员会委员名单,共15个界别189名委员。其委员任期根据1982年12月

11日中国人民政治协商会议第五届全国委员会第五次会议通过的《政协章程》规定，县级人民政协每届任期三年。1994年3月中国人民政治协商会议第八届全国委员会第二次会议修订后的《政协章程》规定，县级人民政协每届任期五年。政协花垣县委员会及其委员的任期：第一届至第三届，每届任期为三年，第四届始，每届任期为五年。

第二节　委员构成

1984年3月—1997年12月，政协花垣县相继召开第一至第五届全体委员会议。每届委员结构分别为：第一届全体委员会议出席委员139名，其中男115名，占82.73%，女24名，占17.27%；苗族55名，占39.57%，汉族70名，占50.36%，土家族12名，占8.63%，其他民族2名，占1.44%；中共党员55名，占39.57%，非中共党员84名，占60.43%；大专以上文化50名，占35.97%，中专高中文化45名，占32.37%，初中以下文化44名，占31.66%。第二届全体委员会议出席委员176名，其中男153名，占86.93%，女23名，占13.07%；苗族63名，占35.80%，汉族99名，占56.25%，土家族11名，占6.25%，其他民族3名，占1.70%；中共党员85名，占48.30%，非中共党员91名，占51.70%；大专以上文化58名，占32.95%，中专高中文化92名，占52.27%，初中以下文化26名，占14.78%。第三届全体委员会议出席委员188名，其中男160名，占85.11%，女28名，占14.89%；苗族71名，占37.76%，汉族102名，占54.25%，土家族12名，占6.38%，其他民族3名，占1.60%；中共党员93名，占49.47%，非中共党员95名，占50.53%；大专以上文化75名，占39.89%，中专高中文化97名，占51.59%，初中以下文化16名，占8.52%。第四届全体委员会议出席委员187名，其中男162名，占86.63%，女25名，占13.37%；苗族101名，占54.01%，汉族72名，占38.51%，土家族11名，占5.88%，其他民族3名，占1.60%；中共党员91名，占48.66%，非中共党员96名，占51.34%；大专以上文化77名，占41.17%，中专高中文化103名，占55.08%，初中以下文化7名，占3.75%。第五届全体委员会议出席委员189名，其中男165名，占87.30%，女24名，占12.70%；苗族104名，占55.03%，汉族69名，占36.50%，土家族13名，占6.88%，其他民族3名，占1.59%；中共党员93名，占49.21%，非中共党员96名，占50.79%；大专以上文化78名，占41.26%，中专高中文化107名，占56.61%，初中以下文化4名，占2.13%。

第三节　委员异动

县政协各届委员会产生后，由于诸多原因任期间委员时有变更。1986年6月，县政协第一届第13次会议决定增补委员2名，第14次常委会议决定取消委员资格1名。1988年3月，县政协第二届第6次常委会议决定增补委员14名。1993—1997年县政协第四届第5次、第8次、第14次、第15次和第22次常委会议决定共增补委员3名，取消委员资格2名，撤销副主席1名。1998—2000年县政协第五届第6次、第8次、第11次常委会议决定增补委员共5名。

政协花垣县第一至第五届会议委员结构表

表 6－1－19

届次	总人数	委员结构																					
		性别				民族								政治面貌				文化程度					
		男		女		苗族		汉族		土家族		其他		中共党员		非中共党员		大专以上		中专高中		初中以下	
		人	%	人	%	人	%	人	%	人	%	人	%	人	%	人	%	人	%	人	%	人	%
一	139	115	82.73	24	17.27	55	39.57	70	50.36	12	8.63	2	1.44	55	39.57	84	60.43	50	35.97	45	32.37	44	31.66
二	176	153	86.93	23	13.07	63	35.80	99	56.25	11	6.25	3	1.70	85	48.30	91	51.70	58	32.95	92	52.27	26	14.78
三	188	160	85.11	28	14.89	71	37.76	102	54.25	12	6.38	3	1.60	93	49.47	95	50.53	75	39.89	97	51.59	16	8.52
四	187	162	86.63	25	13.37	101	54.01	72	38.51	11	5.88	3	1.60	91	48.66	96	51.34	77	41.17	103	55.08	7	3.75
五	189	165	87.30	24	12.70	104	55.03	69	36.50	13	6.88	3	1.59	93	49.21	96	50.79	78	41.26	107	56.61	4	2.13

第二章　全体委员会议

第一节　第一届全体委员会议

1984 年 3 月 14—21 日，县政协在县城召开第一届第一次全体委员会议，应到委员 139 人，实到 139 人，选举产生政协花垣县第一届委员会。田渊(土家族)当选主席，刘星三、彭顺芝(女、土家族)、龙泽全(苗族)当选副主席，田渊、田仁杰、石宗万、石维林、刘星三、龙泽全、邱勇、杨中生、肖良栋、吴玉金(女)、侯祖松、张玉珍(女)、张子伟、黄崇本(女)、彭顺芝(女)、傅洪胤、童云珍(女)等 17 人当选常务委员会委员。1985 年 3 月召开的第一届第二次全体委员会议，增选李义和为副主席，李建秋、蔡安理为常务委员会委员。在 1986 年 3 月 25—31 日召开的第一届第三次全体委员会议上，增选向举百、陈自焜为常务委员会委员。第一届县政协委员会共召开三次全体会议。

第二节　第二届全体委员会议

1987 年 3 月 3—9 日，县政协在县城召开第二届第一次全体委员会议，应到委员 176 人，实到 176 人。会议学习了中共中央〔1987〕1、2、3 号文件；听取讨论了中共花垣县委负责人的讲话；听取审议县政协第一届常委会的工作报告和提案委关于提案审查报告；会议选举麻兴汉(苗族)为主席，刘星三、龙泽全(苗族)、李义和为副主席，田仁杰、石邦本、石远景、石宗万、龙泽全、龙文峰、刘邦本、刘星三、向举百、李义和、李永健、陈自焜、侯祖松、梁溶(女)、麻兴汉、麻玉贤(苗族、女)、黄文彬、覃春香(女)、傅洪胤等 19 人为常务委员会委员。全体委员应邀列席县第十届人大第一次会议，听取和讨论《政府工作报告》及其他报告，会议通过了各项决议。在1988年4月26—29日召开的第二届第二次全体委员会议上，增选石兴成为常务委员。第二届县政协委员会共召开三次全体会议。

第三节　第三届全体委员会议

1990年2月14—21日，在县城召开花垣县政协第三届第一次全体委员会议，应到委员188人，实到188人。会议听取和讨论中共花垣县委负责人的讲话，听取和审议县政协第二届常委会的工作报告及提案委员会关于上届政协提案工作及第三届第一次会议委员提案审查情况报告。会议选举向明喜（苗族）为主席，向举百、宋新美、李义和、谭子玉、龙泽全（苗族）、麻玉贤（女、苗族）为副主席，王子顺（苗族）为秘书长，王子顺、王学文、王华祥、龙文渊、龙泽全、龙秀银、石文珍（女）、石邦本、石邦科、石兴成、石进成、石宗万、石维林、田仁杰、余槐树、何其安、沈伟彦（女）、侯祖松、郭云钦、黄文彬、向明喜、向举百、刘翼、刘邦本、李义和、宋新美、陈自焜、袁伟光、麻玉贤（女）、麻兴隆、覃春香（女）、谭子玉等32人为常务委员会委员。全体委员应邀列席县第十一届人大第一次会议，听取和讨论《政府工作报告》及其他报告，会议通过了各项决议。第三届县政协委员会共召开三次全体会议。

第四节　第四届全体委员会议

1992年11月24—30日，在县城召开县政协第四届第一次全体委员会议，应到委员187人，实到187人。会议学习中共十四大有关文件，听取和讨论中共花垣县委负责人的讲话，听取和审议县政协第三届常务委员会的工作报告，听取和审议县政协第三届提案委员会提案工作情况及本次会议提案审查情况的报告。会议选举向明喜（苗族）为主席，向举百、陈文博、李杰、麻昌元（苗族）、麻玉贤（女、苗族）为副主席，王子顺（苗族）为秘书长，王力平、王子顺、王华祥、王学文、石邦科、石邦美（女）、石兴成、石远明、龙文渊、龙秀银、刘邦本、汤永平（女）、向明喜、向举百、全治中、李杰、李云坤、陈文博、陈纯梅、袁伟光、高玉珠（女）、麻文兴、麻玉贤（女）、麻昌元、黄文彬、梁成根、周建华等27人为常务委员会委员。会议通过了各项决议，全体委员应邀列席县第十二届人大第一次会议，听取和讨论《政府工作报告》及其他报告。1993年10月26日的第四届第5次常委会有2名常务委员会委员被取消资格。在1996年1月29日至2月1日召开的第四届第四次全体会议上，增选麻菊珍（女、苗族）、王力平为副主席。第四届县政协委员会共召开五次全体会议。

第五节　第五届全体委员会议

1997年12月7—10日，在县城召开县政协第五届第一次全体委员会议，应到委员189人，实到189人。会议学习贯彻中共十五大会议精神，听取和讨论中共花垣县委负责人的讲话，听取和审议县政协第四届常委会的工作报告，听取和审议县政协第四届提案委员会提案工作情况及本次会议委员提案审查报告。会议选举向明喜(苗族)为主席,麻菊珍(女、苗族)、陈文博、申鸿雁、王力平、龙秀银(苗族)、王贵武(苗族)为副主席,龙金华(苗族)为秘书长,丁符、王力平、王贵武、王华祥、王学文、田应海、申鸿雁、石森、石邦荣、石清友、龙秀银、龙宁英(女)、龙金华、向明喜、刘爱平、陈文博、汤永平(女)、肖荐椿、陈胜超、杨雅丽(女)、罗心武、晏玲玲(女)、黄明深、麻昌庭、麻春艳(女)、麻喜蓉(女)、麻菊珍(女)、廖茂云等28人为常务委员会委员。会议通过了各项决议,全体委员应邀列席县第十三届人大第一次会议,听取和讨论《政府工作报告》及其他报告。在2000年1月9—12日召开的第五届第三次全体会议上,增选晏玲玲(女)为副主席,补选黄明深为秘书长。第五届县政协委员会至2000年底共召开四次全体会议。

1984—2000年政协花垣县委员会主席、副主席任职表

表6-2-20

届别	姓名	性别	族别	政治面貌	籍贯	职务	任职时间	备注
第一届	田渊	男	土家族	非党员	花垣县	主席	1984.3～1987.11	
	刘星三	男	汉族	中共党员	新化县	副主席	1984.3～1987.11	
	彭顺芝	女	土家族	中共党员	花垣县	副主席	1984.3～1987.11	
	龙泽全	男	苗族	非党员	花垣县	副主席	1984.3～1987.11	兼职
	李义和	男	苗族	非党员	花垣县	副主席	1985.2～1987.11	兼职
第二届	麻兴汉	男	苗族	中共党员	花垣县	主席	1987.11～1990.2	
	刘星三	男	汉族	中共党员	新化县	副主席	1987.11～1990.2	
	龙泽全	男	苗族	非党员	花垣县	副主席	1987.11～1990.2	兼职
	李义和	男	苗族	非党员	花垣县	副主席	1987.11～1990.2	兼职
第三届	向明喜	男	苗族	中共党员	花垣县	主席	1990.2～1992.11	
	向举百	男	汉族	中共党员	溆浦县	副主席	1990.2～1992.11	
	宋新美	男	汉族	中共党员	花垣县	副主席	1990.2～1992.11	
	李义和	男	苗族	非党员	花垣县	副主席	1990.2～1992.11	兼职
	谭子玉	男	汉族	非党员	花垣县	副主席	1990.2～1992.11	兼职
	龙泽全	男	苗族	非党员	花垣县	副主席	1990.2～1992.11	兼职
	麻玉贤	女	苗族	非党员	花垣县	副主席	1990.2～1992.11	兼职
第四届	向明喜	男	苗族	中共党员	花垣县	主席	1992.11～1997.12	
	向举百	男	汉族	中共党员	溆浦县	副主席	1992.11～1996.1	
	陈文博	男	汉族	非党员	花垣县	副主席	1992.11～1997.12	
	李杰	男	汉族	非党员	新化县	副主席	1992.11～1997.4	兼职
	麻昌元	男	苗族	中共党员	花垣县	副主席	1992.11～1997.12	兼职
	麻玉贤	女	苗族	非党员	花垣县	副主席	1992.11～1997.12	兼职
	麻菊珍	女	苗族	中共党员	花垣县	副主席	1996.1～1997.12	
	王力平	男	汉族	非党员	沅陵	副主席	1996.1～1997.12	兼职

续表

届别	姓名	性别	族别	政治面貌	籍贯	职务	任职时间	备注
第五届	向明喜	男	苗族	中共党员	花垣县	主席	1997.12～2000.12	
	麻菊珍	女	苗族	中共党员	花垣县	副主席	1997.12～2000.12	
	陈文博	男	汉族	非党员	花垣县	副主席	1997.12～2000.12	
	申鸿雁	男	汉族	中共党员	河北秦皇岛	副主席	1997.12～2000.12	兼职
	王力平	男	汉族	非党员	沅陵	副主席	1997.12～2000.12	兼职
	龙秀银	男	苗族	非党员	花垣县	副主席	1997.12～2000.12	兼职
	王贵武	男	苗族	非党员	花垣县	副主席	1997.12～2000.12	兼职
	晏玲玲	女	汉族	非党员	醴陵	副主席	2000.1～2000.12	

第三章 职能履行

第一节 政治协商

人民政协的主要职能是政治协商和民主监督，组织参加该会的各党派、团体和各族各界人士参政议政。政治协商是对中共党委和政府的大政方针以及政治、经济、文化和社会生活中的重大问题，在决策之前进行协商和对决策执行过程中存在的重要问题进行协商。政治协商的主要形式为：

一、全体会议协商

县政协委员全体会议每年召开一次，1986—2000年共召开15次，会议期间，政协委员都列席县人代会。会上，委员就全县的大政方针、各项重要工作进行政治协商和建言献策。1992年3月召开第三届第三次全体委员会议，围绕县政府提出的“抓水脱贫、抓电起步、抓矿振兴、抓山致富”经济发展思路，政协委员与县政府及有关职能部门进行了科技兴农、矿产资源开发、畜牧业生产、小水电开发管理、兄弟河水库库水的优化调度等专题，进行协商发言。2000年1月，县政协第五届第三次会议政协委员就实现九年义务教育目标、加强山地开发、老城区改造、遏制青少年犯罪、小城镇绿化美化、缓解金牛、新科、尖岩口粮田用水矛盾和老干部工作等专题，进行了大会协商，引起了各有关方面领导的高度重视。

二、常委会议协商

县政协常委会议每季度召开一次，1986年到2000年共召开了60次会议。1987年11月，县政协召开第二届第4次常委会议，就中共花垣县委、县政府拟建味精厂(年产500吨)的方案进行协商。常委们分析当时味精市场饱和等因素，提出不宜建厂的建议。这个建议得到县委、县政府的采纳，放弃了建味精厂的方案。1994年4月，在县政协第四届第7次常委会议上，进行了加速发展非公有制经济的专题协商。中共花垣县委、县政府采纳了县政协提出的建议，及时召开了有乡镇和县直单位主要负责人参加的制止向个体工商户乱收费的会议，并出台了花发〔1994〕14号《关于加速非公有制经济发展的意见》，促进了全县非公有制经济发展。

1995年7月，县政协召开第四届第12次常委会议，协商环境保护问题。常委们就环境污染问题提出意见和建议，县政府为此召开了治理污染的专题会议，责成有关部门对有污染的企业进行处理，促使企业加大治理污染的投入。1998年3月召开的第五届第2次常委会议，常委们与中共花垣县委、县政府及有关职能部门的领导协商发展民营经济问题，受到县委的重视，当即委托县政协组织起草《花垣县发展民营经济的若干意见》，《意见》经6月26日召开的五届3次常委会议协商修改后，交中共花垣县委、县政府审议定稿。7月17日，该《意见》以花发〔1998〕12号文件下发执行。

三、主席会议协商

政协主席会议，一般每月举行一次，必要时可临时召集。1992年5月初，中共花垣县委、县政府联合拟定了《进一步放活科技人员政策的规定》、《加速工业发展的规定》和《加速发展乡镇企业的规定》等3个文件草稿，并征求县政协意见。县政协在调查的基础上，提出修改意见。5月下旬，县政协召开主席(扩大)会议进行协商。针对3个文稿的目的一致、但提法不一、条文太多、内容重复等情况，提出将3个文件合并为1个文件，并在内容上强化实施措施等建议。中共花垣县委、县政府予以采纳，把3个文稿的93条条文合并为28条，并修改了部分条文内容，以县委、县政府行文下发。1999年10月，针对部分单位和部门存在的离退休干部“活时养不起，病时医不起，死时葬不起”的问题，召开主席会议进行专题协商。通过协商，不少单位都切实解决了离退休老干部工作中存在的问题，采取措施改善离退休干部的待遇。

第二节　民主监督

一、议案监督

县政协第二届委员会委员向中共花垣县委、县政府及有关部门提建议117条。这些意见大部分被采纳。1987年下半年，政协委员参与县政府组织的税收、财务、物价大检查，提出批评意见13条，促进有关政策的进一步落实。1989年参与县政府组织的治理经济环境，整顿经济秩序的检查活动提出11条批评意见，促进县直机关的廉政建设；政协委员提出的关于加强精神文明建设的7条意见和建议，中共花垣县委采纳后，修改《关于七五期间加强社会主义精神文明建设的意见》(草案)。1990年2月，县政协针对全县水电事业存在的主要问题，组织有关委员进行考察，撰写“关于改善我县水电企业管理的建议”提案。经主席会议同意，形成主席会议建议案向县人民政府提出，县政府常务会议对此建议案进行专题研究，组建工作队帮助企业进行整改。1994年5月，就环境保护存在的问题，召开主席会议，提出增强环保意识、调整工业布局和加强环保设施建设等建议，并以建议案形式送交县政府办理。对此，中共花垣县委、县政府召开专题会议进行研究，决定关闭8家污染严重的选矿厂。

二、视察监督

县政协自1984年3月成立到1989年6年间，每年都按上级部署，结合工作实际，统一组织委员开展一次以上大型视察监督活动。1990年春播时，政协龙潭小组在龙潭镇内视察，发现在春播育秧中存在的问题向镇党委和政府提出了意见和建议，促进该镇的春耕生产。1991年7月，县政协机关委员组、医药卫生委员组和麻栗场镇委员组联合视察麻栗场镇中心卫生院，向县政府和有关部门提出重建麻栗场中心卫生院的建议，受到县政府的重视，于次年新建麻栗场中心卫生院。1999年8月4—6日，县政协、县人大各派4名委员、代表组成联合视察组。在县民营办协助下，对县城民营经济发展环境进行视察。写出《关于我县民营经济发展环境的视察报告》，经与县政府及有关职能部门协商，促使有关单位就全县民营经济发展作出支持、保护的承诺。之后，县政协、县人大会同有关部门对承诺的各职能部门进行满意程度的测评，并公布测评结果。2000年9月13—15日，县政协组织政协委员，对开展爱国卫生工作情况和创建文明县城活动进行视察。肯定好的单位，批评差的单位，并将批评意见向中共花垣县委、县政府提出。

第三节　参政议政

参政议政是1993年3月修订的《政协章程》时列入的一项主要职能。参政议政是对政治、经济、文化和社会生活中的重要问题以及人民群众普遍关心的问题，开展调查研究，反映社情民意，进行协商讨论。通过调研报告、提案、建议案或其他形式，向中国共产党和国家机关提出意见和建议。1996—2000年，县政协共组织37次大型的专题调查活动，形成调查报告86篇，从众多人们关注的热点、重点、难点问题上进行参政议政，为全县两个文明建设进诤言、献良策。1993年10月，县政协组织卫生委员组对排吾乡卫生院改革的情况进行调查，写出了调查报告，参加州政协组织的优秀调查报告评选活动获二等奖。1998年4月27日—5月14日，县政协牵头组织开展全县口粮田建设大调查，形成调查报告。6月，县政协第五届四次常委会议就口粮建设进行协商，引起县委、县政府高度重视，采纳了建议。9月，县委、县政府召开全县口粮田建设会议，提出三年建设2667公顷口粮田的奋斗目标，并确定县政协主席向明喜在麻栗场镇的金牛、新科等村组织基本口粮田建设示范。通过大搞口粮田建设，全县年内共开田141公顷，做到当年开田、当年插秧、当年受益，成为全州农田水利建设现场会的观摩现场之一。

第四章　重要活动

第一节　学习宣传

组织和推动政协委员学习，以提高委员的政治觉悟和参政议政水平，推动政协工作的顺利开展。学习内容有马克思列宁主义、毛泽东思想、邓小平理论和“三个代表”重要思想，中共中央重要文件、《政协章程》、时事政治等。1988年9月，县政协发出通知，号召政协委员深入学习中共十三大精神。1989年6月，县政协组织委员学习中共中央关于北京政治风波的指示精神，表示拥护中共中央的决定。1992年4月，县政协组织委员学习邓小平南方重要讲话。1993年11月，县政协发出文件，号召委员认真学习《邓小平文选》第三卷。1994年组织政协委员学习《中共中央关于建立社会主义市场经济体制的决定》，政协委员进一步明确了经济体制改革的指导思想、步骤、作法和目标。1997年组织政协委员学习中共十五大会议文件，围绕加快花垣经济发展这一主题，理论联系实际，写一批有价值的调研文章，对发展花垣经济提出很好的建议。2000年组织县政协机关干部和全体政协委员学习

“三个代表”重要思想，请县委宣传部的理论教员上辅导课，使政协委员加深对“三个代表”重要思想的理解。

第二节　委员提案办理

提案是政协委员履行职能的主要形式。1988年2月5日的第二届第五次常委会议决定设置县政协提案委员会。政协全体委员会议或常务委员会议期间政协委员提出的提案，经提案委审查立案后交付有关单位办理，提案委员会负责督促检查办理情况，有关办理单位将办理结果报送县政协并复函相关的委员。1989年第二届第三次全会上，工交政协委员组提出的“县城交通秩序混乱问题应及时解决”的提案引起县政府的重视，作出“铺设人行道，设置隔离墩，增设防护栏，实行人车分流”的改进方案，并拨款付诸实施。1991年第三届第二次全会后，政协委员关于《治理花垣“冒险家乐园”——团结铅锌矿山》的提案，引起县党政领导的重视，从14个相关单位和乡镇抽调52名干部组成治理队伍，由主管副县长和政法委书记带队，深入矿区进行整治。经过一个多月的整治，侦破各类案件62起，破获犯罪团伙7个，抓获犯罪嫌疑人85名，追缴偷漏税款9.3万元，矿山秩序得到有效治理。1996年1月，第四届政协委员提出的“麻栗场公路应改道”的提案，引起中共花垣县委、县政府重视，并责成有关部门尽快实施公路改道工程，该工程1996年12月破土动工，2000年6月底，一期工程的路基及路面洒油全面完工。1997年12月，县政协五届一次会议期间，龙秀银、彭延华等委员提交的《关于建立城区民营经济企业园，加快城南开发建设》的提案，引起县委、县政府的高度重视，作出开发城南的战略决策。1999年，县政协五届二次全会期间，杨秀本、郭云芝等委员提交的《关于进一步整治县城建设路，展现花垣风采》《关于进一步整治县城环境》等提案，被县委、县政府采纳，要求县建设局付诸实施，县政府督查室督查督办。到年底，县建设局投入220万元，新修建设路下水道2754米，硬化水泥路面4090平方米，更新行道树870株，拆除违章建筑物和占道经营摊点1000余处，县城环境大为改善。2000年1月，县政协五届三次会议期间，李英明、杨明英等委员提交的《关于尽快实施城北路工程计划》的提案，进入县委、县政府的决策层，县委常委予以专题研究，形成开发城北的会议纪要，成立城北开发工程指挥部，一条宽60米，长1000多米的城北环城大道于4月始规划启动。1989—2000年，县政协提案委共收到各类提案1601件，均办理完毕并复函相关的政协委员。

第三节　文史资料征编

1984年县政协开始开展文史资料的征集和编研工作。1986年征集史料139篇51.7万字；1987—1989年征集史料173篇81.4万字；1990—1992年征集各类史料293篇153.3万字；1996—2000年征集史料295篇143.6万字。1986—2000年，县政协文史资料研究委员会(简称县政协文史委)，共征集各类史料900余篇430余万字。

1986年后，县政协文史委先后会同有关部门编辑出版文史资料辑有：《花垣文史资料》1～3辑，《崇山文集》《乾嘉苗民起义资料专辑》《苗疆古镇》《城乡战争》《花垣苗族》《和衷共济话十年》《兄弟河颂》《苗山路》《委员建言集》《委员名典》等。《花垣文史资料》第二、三辑，曾先后获全省文史书刊三等奖。县政协文史委与县民族事务委员会联合编辑出版的《花垣苗族》曾在1993年9月12日受到时任全国人大常委会副委员长布赫的赞扬。至2000年，共编纂文史资料256.3万字。

1986—2000年，县政协文史委先后向湘西州政协文史委报送各类稿件121篇80余万字；报省政协文史委稿件12篇7万余字。与湘西州内、湖南省内以及重庆市、贵州省和湖北省的周边邻近县交流文史资料400册。赠送各界人士的专辑800多册。

第四节　“三胞”联谊

县政协成立后，将台湾同胞、港澳同胞、海外侨胞（简称“三胞”）联谊活动列为重要工作，并以委员中的“三胞”亲属为重点，开展“三胞”联谊活动。

县政协一至五届委员会都有“三胞”亲属委员。其中：第三届委员会安排“三胞”亲属20名任委员，占委员总数的11％；第四届委员会安排“三胞”亲属16名任委员，占8.5％，有的“三胞”亲属还当选为县政协常务委员会委员。

1986年，县政协配合有关部门为39位“三胞”亲属落实了政策。1990年，县政协发动政协委员和有关人士，为32户台胞找到大陆的亲人，其中1位台胞由于书写的地址不详，县政协花了两个多月时间，先后于龙山、永顺、保靖等县查访，终于在县内花垣镇凉水井村为其找到亲人。1990年，县政协主席和中共花垣县委办负责人，先后4次前往排吾乡竹子村走访、看望生活困难的台属委员，并捐赠钱、物，鼓励其发展种养业。

1993年，为使“台胞”亲属进一步掌握中共中央和国家对台政策以及台湾方面的情况和去台有关手续程序，县政协举办一次对台政策知识竞赛活动，开办一期赴台探亲人员培训班。当年花垣县赴台湾探亲4人次。1994年，县政协与县对台办联合摄制《月是故乡明》的电视专题片。该片通过部分台胞思乡之情的再现，激发台胞的思乡盼归深情。由于联络工作有力，增强台胞支持家乡建设的责任感和使命感。1986—2000年县政协共接待台胞回乡探亲475人次，组织欢送30余人次，召开小型座谈会20余次。1990—2000年，有16名台胞为家乡捐资12.6万元办公益事业；返县探亲的台胞共给亲属资金327万多元，办企业32家。

第七篇　群众团体

第一章　工　会

第一节　组织机构

一、县总工会

1956年11月，组建花垣县工会联合筹备委员会。次年2月，召开花垣县首届工会会员代表会议，选举产生花垣县工会第一届委员会，正式成立花垣县工会联合会。1961年6月，花垣县工会联合会更名为花垣县总工会。1966年“文化大革命”开始至1968年2月，县总工会机构瘫痪。1968年3月，由县人武部支左代表主持成立“花垣县工会代表会”。1973年1月，恢复花垣县总工会，并于同年8月启用“花垣县总工会”印章。随着新形势发展的需要，花垣县总工会（简称县总工会）的内部机构不断完善。1984年始，县总工会内设组宣部、生产生活部、办公室、工会经费审查委员会、女职工委员会、职工技协、纪检组等机构。1995年3月，县总工会下设工人文化宫，为事业单位。

二、基层工会

1985年底，全县有基层工会185个，系统联合工会7个，工会会员7119人。1986年以后，随着改革开放的不断深入，全县经济结构出现了明显的变化，乡镇企业和民营经济得以迅猛发展，工会组织建设出现了新领域和新难点。根据中央关于“哪里有职工，哪里就要建立工会组织”的要求，县总工会按照边建立边巩固边活动的工作思路，在乡镇企业和民营企业中组建工会组织。到2000年底，共在新经济组织中建立工会组织61个，其中乡镇企业29个，私营企业32个，使全县基层工会组织达246个，系统联合工会16个，工会会员9948人。

第二节　代表大会

1986年始，工会工作逐步走上规范化轨道，县工会代表大会按照工会章程如期召开。

1987年5月25—27日，在县城召开花垣县工会第七次代表大会。石维林作题为《认真学习，坚持改革，团结奋斗，开拓前进》的工作报告，会议选举产生花垣县第七届工会委员会委员7名，石维林为主席，石邦美为副主席。

1992年5月20—22日，在县城召开花垣县工会第八次代表大会。石维林作题为《认清形势，振奋精神，在深化改革中发挥工人阶级主力军作用》的工作报告。大会选举产生花垣县第八届工会委员会委员20名，石维林为主席，石邦美、吴维金为副主席。

1997年3月31日—4月1日，在县城召开花垣县工会第九次代表大会。王子顺作题为《充分发挥工人阶级主力军作用，为实现我县跨世纪宏伟目标而努力奋斗》的工作报告。大会选举产生花垣县第九届工会委员会委员15名，王子顺为主席，石邦美、石邦荣为副主席。

第三节　活　动

整组创建　1986年县总工会为加强基层组织建设，在各单位开展整顿工会组织和创建“模范职工之家”活动，整顿后全县基层工会全部达标。1997—2000年，全县新创建全国“模范职工之家”1个（湖南三立集团股份有限公司工会），省级“模范职工之家”4个（工行、邮电局、国税局、地税二分局工会）。

协会活动　1986年4月县总工会成立花垣县职工技术协会，有基层技协组织20个、技术服务队6个，群众性的技术革新和技术协作活动出现了高潮。进入20世纪90年代，工会工作围绕经济建设这一中心，服从服务于发展大局，根据工会组织的特点和优势开展富有特色的活动。1998年县总工会参与了湖南三立集团股份有限公司、东方锰业集团股份有限公司组建的全过程，其中三立集团职工投股资金600多万元，探索企业职工持股的新鲜经验。在改革改制过程中涉及利益格局的调整，工会干部深入职工中做大量的疏导、协调工作，发挥桥梁和纽带作用，协助县委、政府平息数起职工群体上访事件。在民营企业中开展评选爱企业的好员工、爱员工的好厂长（经理）的“双评双爱”活动，努力建立稳定和谐的劳动关系。

送温暖活动　在1996—1997年企业向市场经济转轨、国家实施经济结构调整的过程中，县内有部分企业处于停产半停产状态，1900多名职工下岗。县工会根据上级工会的要求，开展“进万家门，知万家情，暖万家心”的送温暖活动，建立了特困职工档案100多份并进行动态管理。为充分发扬工人阶级团结互助精神，1997年5月县总工会成立花垣县职工解困互助基金会，每个职工一次交纳会费10元，本金不动，退休或死亡、调离花垣时，退还本金，其增值部分用于特困职工无偿救助。到2000年底，共筹集本金9万多元，增值12562元，无偿救助特困职工81人次。2000年停产多年的特困企业县木材公司因欠自来水公司水费2.6万元被停止供水一年多，本来生活就十分困难的职工只有向周围居民买水，或者到很远的地方去挑水。县总工会了解这一情况后，找有关单位协商求援。经过多次协调，县林业局出资1万元，县总工会出资1000元，自来水公司免去余下的1.5万元欠费，2000年8月县木材公司恢复供水。

维权活动　县总工会通过与企业领导恳谈等办法，协助企业推进民主管理，推行厂务公开；以职代会为载体，反映职工的呼声和意愿，讨论涉及职工切身利益的重大问题。县教育局职代会还开展民主评议干部活动，对达不到60%满意率的3名干部实行免职,在维护职工的民主权利方面收到较好的效果。为普及维权知识,1999 年 3 月县总工会与县妇联联合举办全县女职工权益维护知识抢答赛。2000 年,县总工会积极帮助企业推行集体合同制度,年内基层工会与企、事业单位法人代表签订集体合同 81 份,明确了双方的权利和义务,为解决劳动纠纷奠定基础。此外,县总工会参加县劳动争议仲裁和安全事故调查,提出建议和意见 15 条均得到采纳,依法维护职工的合法权益。

1986—2000 年,经县总工会推荐被评为先进的有全国劳模 1 人(晏玲玲),省级劳模 2 人(苏宪益、吴才明),州级劳模 5 人(饶德宗、王兰英、龙成祖、麻明祥、肖荐椿)。此外,按照有关政策解决退休劳模的荣誉津贴等问题。

经常组织开展丰富多彩的群众性文体活动,如象棋、拔河、登山等。2000 年举办花垣县首届职工健身运动会,项目有健身操、跳绳、踢毽子等,活跃职工的文体生活。

第二章　共青团

第一节　组织机构

中国新民主主义青年团永绥县工作委员会(简称团县委)成立于 1950 年 3 月。1951 年 12 月,召开青年团永绥县首届代表大会选举产生了中国新民主主义青年团永绥县委员会。1953 年 9 月,永绥县更名为花垣县,团县委随县名更为中国新民主主义青年团花垣县委员会。在 1957 年 8 月下旬召开的共青团花垣县第三次代表大会中,根据团中央同年召开共青团第三次全国代表大会提出关于“将中国新民主主义青年团改为中国共产主义青年团”的统一要求,中国新民主主义青年团花垣县委员会更名为中国共产主义青年团花垣县委员会。“文化大革命”中的 1968 年 3 月,花垣县革命委员会成立,共青团组织机构被花垣县革命委员会群工组取代。1972 年 1 月,县召开共青团第七次代表大会,选举产生了共青团花垣县第七届委员会,共青团的机构和职能步入正轨。团县委编制 1952 年为 5 人,1972 年为 3 人,1985 年 4 月,中共花垣县委明文确定其编制 4 人,实有 4 人,到 2000 年仍稳定这一编制未变。其间设立花垣县青年培训中心、花垣县希望工程领导小组办公室、中国少年先锋队花垣县委员会,与团县委为一套工作班子合署办公。

团县委重视团的基层组织建设,发展新团员,经常整顿基层组织,建立健全团组织的领导班子,及时在新建企事业单位建立团组织。1950 年初,分别在县委、县政府、县公安局、县财税金融等单位建立 4 个团支部,由县委组织部管理。同年底,全县建立团支部 20 个,发展团员 475 名。到 1986 年,全县建立团组织 472 个,其中基层团委 27 个,团总支 8 个,团支部 437 个,团员达 8573 名,占全县青年总数的 19%。1990 年,全县团组织发展到 507 个,其中企业团组织发展到 30 个。1997 年,全县建立团组织 779 个,其中基层团委 39 个,团总支 16 个,团支部 730 个,团员发展到 12015 名。2000 年,全县建立团组织 804 个,其中基层团委 40 个,团总支 22 个,团支部 742 个,团员发展到 13742 名。

第二节　代表大会

1986—2000年间，全县共召开5次团员代表大会。1987年10月17日在县城召开共青团花垣县第十二次代表大会。出席会议代表198人，石荣富作《锐意改革，奋发进取，为开发振兴花垣贡献青春》的工作报告。大会审议通过了共青团花垣县第十一届委员会的工作报告，选举产生共青团花垣县第十二届委员会。石荣富为书记、毛亚雄为副书记。选举出席共青团湘西州第九次代表大会代表28名。

1990年6月23日在县城召开共青团花垣县第十三次代表大会。出席会议代表203人，毛亚雄作《解放思想，抓住机遇，努力开创我县共青团工作新局面》的工作报告。大会审议并通过了共青团花垣县第十二届委员会的工作报告，选举产生共青团花垣县第十三届委员会。选举毛亚雄、刘志球、王明艳、龙晓兰、石绍成、石建南、吴远辉为共青团花垣县第十三届委员会常委。毛亚雄为书记，刘志球为副书记。选举出席共青团湘西州第十次代表大会代表25名。

1993年6月13日在县城召开共青团花垣县第十四次代表大会。出席会议代表210人，毛亚雄作《让团旗在社会主义市场经济的主战场高高飘扬》的工作报告。大会审议并通过了共青团花垣县第十三届委员会的工作报告，选举产生共青团花垣县第十四届委员会。杨胜望为书记，龙海忠、陶燕飞为副书记。

1996年8月14日在县城召开共青团花垣县第十五次代表大会。出席会议代表260人，陶燕飞作《继往开来，再展宏图，在创世纪宏伟事业中建功育人》的工作报告。大会审议并通过了共青团花垣县第十四届委员会的工作报告，选举产生共青团花垣县第十五届委员会。选举石玲、石琼、石卫东、石建疆、贾来、陶燕飞、龚清燕、麻建锋、梁宏斌为共青团花垣县第十五届委员会常委。陶燕飞为书记，贾来、石卫东为副书记。

1999年9月22日在县城召开共青团花垣县第十六次代表大会。出席会议代表200人，符家盛作《群策群力、开拓进取、为实现富民强县奉献青春》的工作报告。大会审议并通过共青团花垣县第十五届委员会的工作报告，选举产生共青团花垣县第十六届委员会。选举石卫东、龙秀林、龙绍辉、李金艳、陈叫、符家盛、麻喜蓉为共青团花垣县第十六届委员会常委。符家盛为书记，石卫东、麻喜蓉为副书记。

第三节　活　动

1986年，团县委贯彻落实共青团全国十一届四中全会提出的"工作到支部，全团抓落实"的工作方针，积极开展党团知识、理想信念、团纪法规、形势政策和革命传统教育，全年举办团员培训班80期，培训团员5210名；举办面向未来系列知识讲座一次，参听团员达700多名；筹集经费5700元，开展"五四"青年登山大赛、青年歌手歌舞赛、团干联谊晚会、短途旅游观光、龙舟赛、县直单位团员青年文艺会演等活动，参加团员达1500多名；以共青团扶贫帮困活动为载体，成立扶贫帮困突击队218个，9490名团员和青年投入活动，扶贫帮困593户，义务投工21025个，捐款1185元，提供生产信息193条；狠抓农村实用技术培训，举办长、中、短期实用技术培训班44期，培训农村青年1330名；全县团员共为群众办好事、实事810件，其中修桥72座，修路10900米，有1600名团员为五保户、烈军属送柴1500担、洗衣380件次。

1987年，组织开展“我为家乡披绿装”活动，一万多名团员、青年义务植树55920株，参与绿化工程植树75300株。2860名团员和5850名青年积极为群众办实事、好事1356件次，其中修桥99座、修路12600米，为五保户、烈军属送柴2750担，洗衣712件次，慰问641人次。

1988年，县乡两级团委筹集资金1300多元，举办“十小”(农、林、牧、副、渔、工、商、运、建、服)开发培训班12期，培训团员5200人，并为1827户开发户建立服务卡片，使开发户人均年增收100元以上，还为贫困户帮工7756个，组织24名贫困家庭青年到北京务工。突出开展“团支部升级达标活动”，全县团支部参赛率达83%，一、二类团支部分别比1987年增加17个和58个，三类团支部比1987年减少71个。

1989年，针对北京发生政治风波，组织团员学习中共十三届四中、五中全会精神，各级团组织出黑板报、墙报112期，组织6400多名团员观看时势宣传电教片，引导广大团员维护稳定大局。还筹集资金800多元，扶持5处青年之家建设，使全县农村团组织活动场所达264处。

1990—1993年全县各级团组织深化思想教育，以“学雷锋精神，树社会新风，争做一代四有(有理想、有文化、有道德、有纪律)新人”为主题的活动，有1261人组成学雷锋服务队，帮助烈属户420户、特贫户774户、“五保户”258户。义务整修及新修道路23000多米，架桥32处，义务帮工20000余个，做好人好事15000余件，为困难户捐款8000多元。

1994年希望工程大发展，团县委组织受助学生，并制作反映花垣县教育现状和希望工程实施成果的电视专题片《同圆一个梦》参加省青少年发展基金会组织的“情系三湘失学儿童”大型活动。全年希望工程筹资3.4万元，用于救助失学儿童；筹集资金39万元，修建希望小学8所。同年全县各级团组织紧紧围绕扶贫攻坚，在全县农村开展了“万名青年学技术，千名团员带头富”活动。全县共举办各种实用技术培训班208期，参训人员达7800多人次，确定100多名青年科技示范户为科技星火带头人，组织3290名团员青年外出学技术、学管理、抓资金。组织团员青年投入“五年消灭荒山，十年绿化花垣”的活动。因团县委组织团员青年造林绿化成绩突出，1994年荣获省林业厅授予“青年造林先进单位”；1995年被团中央、全国绿化办授予“全国青年绿化先进单位”称号。

1995年响应中共湖南省委“举全省之力帮助湘西建立希望工程基金”的号召，全县共筹集希望工程基金137万元。1996—1997年希望工程结硕果，全年筹集援建希望小学资金377.7万元，本县配套资金233.74万元，援建希望小学19所，并救助贫困学生6063名。全县各级团组织围绕新时期党的中心工作，加强团的组织和思想建设，夯实和巩固团的工作基础。定期召开团委会、团支委会和团员大会，发展新团员3400名，重新组建4个基层团委，公开选拔团县委干事和基层团委书记9名。新建青年阅览室54家，丰富青年精神生活。

1998年团县委书记陶燕飞当选为全国共青团第十四次代表大会代表并出席会议。1999年，团县委围绕扶贫攻坚，组织全县团员青年实施科技项目10个，新开口粮田20公顷，完成“鱼稻双千”鱼池400口(即每亩稻田实现养鱼收入1000元，产水稻500千克)，软盘抛秧7.5公顷，建立5个青年科技图书室，培养农村青年“星火带头人”20名。广泛开展争优创先活动，有2名共青团员被团州委授予“全州十大杰出青年”荣誉称号，湖南三立集团团委被团州委授予“全州五四红旗团委”，县卫生局、县供电公司、团结镇团委和县人民医院团总支被团州委授予“全州先进基层团组织”，6名团干被团州委授予“优秀团干”荣誉称号，11名团干被团州委评为“优秀团员”。积极争取省水利厅、吉首大学、上海市三明公司、团省委、团州委等部门援建希望小学，救助特困学生。共争取资金40多万元，建设吉卫镇阿明希望小学、花垣镇花桥村小学，支助搬迁茶洞镇小学，维修学校2所，改善办学条件10所，救助特困学生5422名。

2000年，团县委以“青年志愿者植绿护绿行动”、“青年志愿者劝募行动”为载体，组织县直行政企事业单位近1000名团员植树近10000株，为县人民医院30名青年志愿者医疗服务队深入农村，开展疾病防治义诊活动提供交通工具等方便。结合“三五”普法，会同县妇联、县教育局、县司法局等部门，大力宣传《中华人民共和国未成年人保护法》《中华人民共和国预防未成年人犯罪法》，共发放宣传资料7200份，并运用广播电视、黑板报、墙报等形式宣传“两法”，在全县形成了宣传“两法”的浓厚氛围。围绕经济建设中心，积极开展“争创一流工作业绩活动”，通过这一活动的开展，全县有1名共青团员被评为“全省优秀共青团员”，花垣镇、雅桥乡团委被评为“全州先进基层团组织”，湖南三立集团股份有限公司等6个单位团委被评为全州“五四红旗团委”，4名团干被评为“全州优秀团干”，8名团员被评为“全州优秀共青团员”。扎实推进“千村兴校计划”，引进和筹集资金185万元，其中苗圃行动资金85万元，筹集社会资金100万元，重建了茶洞镇白岩村小学、麻栗场镇沙坪村小学、补抽乡米沟村小学、两河乡盐井村小学、大河坪乡大木树村小学，修建了大河坪乡绿色希望小学、长乐乡邮电希望小学、花垣镇洞溪坪村希望小学。同时，全年共下拨救助金399050元，救助特困学生1582名。

第四节 少先队工作

1986—1989年全县共有少年先锋队（简称少先队）组织245个，队员27721人，辅导员860名。1989年全县100％的小学建立少先队组织，少年儿童入队率达80％。县少委会先后6次培训少先队辅导员，评选了一大批优秀辅导员，使少先队辅导员队伍素质得到提高。全县共有340多个单位和个人受到团中央、省、州、县表彰。花垣小学教师、少先队辅导员龚清燕被评为“全国优秀少先队辅导员”，茶洞小学何玉英等6位教师荣获“全国希望工程园丁奖”。是年10月成立中国少年先锋队花垣县委员会（简称少委会），并在全县各级少先队开展“创造杯”“红领巾读书读报”“三热爱（爱党、爱国、爱军）”“学赖宁、学十佳”等活动，其中花垣小学少先队组织的“三热爱”主题活动受到省少委会的表彰。

1994年县少委会组织全县少先队开展忠心献给祖国、爱心献给社会、关心献给他人、孝心献给父母、信心留给自己的“五心”教育和培养“四有”新人的活动。花垣小学、花垣镇一小少先队员在“3·5”学雷锋纪念日、“9·9”老年节等节日到敬老院、老干所和教师家里开展“热心献社会，爱心献老师”活动。1996年开展“跨世纪少年雏鹰行动”。年内贫困乡镇学校与湘潭钢铁公司教育中心等6所学校结成“手拉手”对子。全县少先队员为灾区小学生捐款5000多元。1997年，少委会配合教育、公安部门开展以保护未成年人的身心健康和合法权益为目的、以监督检查未成年人消费品、净化全县未成人消费品市场为内容的“保护明天”联合行动，打击侵害未成年人合法权益的违法行为，改善了全县未成年人成长的社会环境。1990—2000年全县少年儿童入队率达95％。2000年全县共有少先队组织270个，队员36000人，辅导员1000名。

第三章 妇 联

第一节 组织机构

一、县妇联

花垣县妇女联合会(简称县妇联)的前身——永绥县民主妇女联合筹委会成立于1950年9月1日。1952年10月,召开永绥县首届妇女联合代表会议,选举产生第一届永绥县民主妇女联合会执行委员会,成立永绥县民主妇女联合会。1953年9月,随着永绥县更名为花垣县,永绥县民主妇女联合会更名为花垣县民主妇女联合会。1957年11月,在第二届妇女代表会议期间,根据上级指示,将花垣县民主妇女联合会改名为花垣县妇女联合会。1966年"文化大革命"开始后,妇联组织机构瘫痪,其职能被县革命委员会群工组取代。1973年6月,召开花垣县第四届妇女联合代表会议,选举产生妇女联合会常务委员会,恢复花垣县妇女联合会,并于同年8月23日以花革发〔1973〕175号文件启用花垣县妇女联合会印章。1992年8月始,县妇联定编4人,设主任1名,副主任2名,干事1名,负责办理妇联日常事务。1993年后,妇联主任、副主任职务名称改称为主席、副主席。

二、基层妇联

1986年结合全县村级班子整建,对村(居委会)妇代会进行了整建,整建后选配村(居委会)妇代会主任307人。1990年县妇联对干部年龄老化、组织瘫痪的妇女组织进行了调整完善,21个乡镇全部配备专职妇女专干。在村级妇女组织中,建立村(居委会)妇代会315个,配备妇代会主任315人。

1992年依据上级精神在党政群机关、科教文卫等事业单位筹建妇委会,同年建立妇委会35个,妇代小组22个,城镇妇女工作有了新的起色。1994年6月县政府成立县妇女儿童工作委员会,麻菊珍任组长,办公室设在县妇联。1998年在国土局、公路局、县医院等10个符合建立妇委会的单位建立了妇委会。2000年全县有乡镇妇联组织21个,村(居委会)妇代会组织316个,县直党政机关及企事业单位妇委会45个。

第二节 代表大会

1987年4月7至9日花垣县第七次妇女代表大会在县城召开,出席会议代表223人。吴云珍作题为《励精图治,锐意改革,在两个文明建设中作出贡献》的工作报告。县委副书记石昌凡出席大会并作讲话。大会选举产生县妇联第七届执行委员会委员19名,常委7名,吴云珍为县妇联主任,吴兴花为副主任。1992年8月8至9日花垣县第八次妇女代表大会在县城召开,出席会议代表207人。吴兴花作题为《适应形势,解放思想,充分发挥妇女在改革和建设中的"半边天"作用》的工作报告。县委副书记龙爱东出席大会并作讲话。大会通过《关于加强自身建设的决定》,选举产生第八届执行委员会委员21人,常委7人,吴兴花为主任,龙艳、吴莲玉为副主任。1994年9月县委任命杨明英为县妇联副主席,1995年12月县委任命龙艳为县妇联主席,1996年6月县委任命姚胜玉为县妇联副主席。1997年8月28至29日花垣县第九次妇女代表大会在县城召开，出席会议代表205人，龙艳作题为《抓住机遇，务实创新，努力开创我县妇女工作新局面》的工作报告。县委书记刘路平、县委副书记石建秋出席大会并作讲话。大会选举产生县妇联第九届执行委员会委员21人，常委7人。龙艳为主席，杨明英、姚胜玉为副主席。1999年10月县委任命吴庆春为县妇联副主席。

第三节　活　动

一、农村"双学双比"活动

1986年全县开展妇女学文化、学科学、长才智、争贡献活动(简称"双学"活动)。1989年县妇联、林业局、农业局、教育局等14个单位联合发出通知，在全县农村妇女中深入开展学文化、学技术、比成绩、比贡献竞赛活动(简称双学双比)，妇女"双学"活动随之改名为"双学双比"竞赛活动。是年7月县政府成立县农村妇女"双学双比"竞赛活动协调领导小组，先后由副县长刘伟民、龙县文、李光盛、石登富等任组长，领导小组下设办公室，办公室设在县妇联。在"双学双比"活动中相继开展了"庭院经济"竞赛、"三八绿色工程"竞赛、"巾帼扶贫行动"、"巾帼科技致富工程"等专项活动。1986—1989年组织妇女学文化、学技术，有2000名妇女脱盲，380名妇女学会织锦技术。1989年，广泛开展庭院经济竞赛活动，动员全县妇女因地制宜实施了养殖、林果、菜篮子工程。全县15000户庭院经济户中，以妇女为主体的8000户，占53%，年收入5000元以上的有6000户，5万元以上的200户。1990年涌现县级以上"双学双比"女能手108名，先进单位55个。是年起，结合实施"五年消灭荒山、十年绿化花垣"的计划，开展"三八绿色工程"竞赛活动。全县共建基地5个，面积120公顷，5.8万名妇女参加竞赛，杨泉香等28人被评为"三八绿色工程"先进个人和"绿色之星"。1991年在农村开展"识二千字，会两门技术，出双千(人均千斤粮千元纯收入)成果"活动，有3160名妇女脱盲、2670名妇女学会两门以上技术、32名妇女出双千成果。1999年县妇联举办湘西首期NPA实用技术培训班，225名妇女获得"绿色证书"。是年，道二乡织锦能手吴菊香参加全国"双学双比"十周年成果展的现场技能表演，受到朱镕基总理和全国妇联主席陈慕华亲切接见。到2000年，全县有种植、养殖、加工能手两万多名，以妇女为主经营的专业户1500余户。

在开展"巾帼扶贫行动"中，1997—2000年共举办妇女扶贫培训班125期，培训妇女2.5万人次，建立扶贫联系点4个，结对扶贫1720对，共投入扶贫资金15万元，同时开展小额信贷试点，实施"巾帼扶贫"项目3个，帮助1680名贫困妇女走上脱贫致富路。

二、城镇"巾帼建功"活动

1990年始，县妇联在城镇开展"巾帼建功"活动，县工艺美术厂厂长石梅英被授予全国"三八"红旗手，其事迹被载入专题片《我说潇湘女》。1991年在全县城镇妇女中开展做"四有"(有理想、有道德、有文化、有纪律)、"四自"(自尊、自信、自立、自强)女性，为"八五"计划建功(简称"巾帼建功")竞赛活动。县供电公司用电科女工立足岗位建功，开展了"抓线损，增效益"活动。"穆桂英"组长罗慧华率领全科45名女工，日夜巡逻在310、312、314线路上，检线路、查泄漏、抓违章，补抄了团结电石厂因计量故障而少抄的48万千瓦时电，挽回经济损失6万多元，全年通过岗位建功活动，共为公司挽回经济损失85万元，综合线损率降至6.8%，低于国家标准4.18个百分点，比1990年下降2.9个百分点，该科被省妇联授予1991年度"巾帼建功"先进单位。花垣锰矿女工车间主任付坤云立足岗位成才，带领车间一班人积极开展“技术革新”“双增双节”活动，大胆创新管理机制，做到每生产一次，设备擦拭一次，确保设备始终保持良好的运行状态，车床年定转25003小时，大大超出国家规定标准，并节约油料1000多千克，被省妇联授予“巾帼建功标兵”荣誉称号。1992年举办妇女抢答《中华人民共和国保险法》知识等培训班8期，培训妇女5400人次。同年吉卫镇无私奉献、义务赡养孤寡老人的魏金凤获省家庭文化建设活动“恩威杯”奖。1994年县妇联组织1.8万名女工参加巾帼能手竞技表演赛。1995年县政府成立城镇妇女“巾帼建功”活动领导小组，先后有副县长麻菊珍、石登富、麻老正等任组长，领导小组办公室设在县妇联，狠抓“岗位建功”“巾帼文明示范岗”“巾帼扶贫行动”和“社区服务”活动。同年县工艺美术厂女职工杨建群参加州妇联中国传统工艺技术项目表演；县妇联主席龙艳被省妇联授予“先进妇女工作者”荣誉称号。1995—2000年，全县共举办家政、电脑等培训班20多期，培训下岗女工4000多人次，受训者的50％拿到劳动部门颁发的职业技能培训结业证书，20％以上实现再就业。全县先后10次共评出县以上巾帼建功标兵280人，先进单位130多个，巾帼文明示范岗15个。

三、培养妇女干部

1985年县委制定培养选拔妇女干部第一个五年计划。1986—1987年，县妇联把培养、选拔女干部，特别是少数民族女干部作为一项突出工作来抓，组织专门力量对全县女干部的“德、能、勤、绩、廉、学”和基本情况进行调查，并完善女干部人才档案，对一批有培养前途的优秀女干部建立人才推荐卡。1988年3月，县妇联与县委组织部组成联合调查组，对全县女干部的情况进行全面的调查，形成《妇女干部培养工作亟待加强》的专题调查报告，为县委决策女干部培养工作提供有价值的参考依据。1990年，县妇联根据中央文件精神，为县委起草的《关于培养选拔妇女干部的意见》得以通过，并行文下发全县，使培养选拔妇女干部受到各级党组织的高度重视，列入重要议事日程。县妇联抓住这一机遇，按照干部“四化”标准，积极向组织人事部门推荐妇女干部。到1994年，共推荐女干部125名，其中3名被选拔为县处级干部，82名被提拔为科局级干部，还配合人事部门将2名合同制女干部转为国家正式干部。载至2000年底，全县妇女干部总数为1972名，比1995年提高67.9％。四大家县级领导班子和乡镇、县直局级领导班子中都有女干部，全县共有科级女干部125名。

四、维护妇女合法权益

1986年，县妇联设立法律顾问室，配备专干，维权工作走上正轨。1987年，县妇联认真贯彻省人大常委会通过的《湖南省保护妇女儿童合法权益的若干规定》，行文下发了贯彻《规定》的具体意见，并采取多种形式广为宣传，共翻印《规定》1000册分发到全县各级各单位，举办法制培训班3期，培训妇女骨干240名，办法制宣传栏61期。配合政法部门查出拐卖妇女儿童案件66起，人贩子111人，解救妇女儿童53人，查处人贩子13名。1988年7月，国务院颁发《女职工劳动保护规定》，为把《规定》落到实处，县妇联主动协商与县劳动人事局联合召开全县厂矿企业负责人会议，贯彻《规定》精神，并将《规定》翻印300多份发至全县行政企事业单位广为宣传，使《规定》精神深入人心，涌现出县轻工业局所属单位把执行《规定》纳入企业升级、评优考核指标，县五金厂推行女职工怀孕7个月以上和哺乳期间可不上夜班的好典型。在此基础上，县妇联不断加强法律顾问室工作，1986—1991年，法律顾问室共接待妇女群众来信来访1534件次，其中自办103件，配合政法部门办理信访涉案32起，转有关部门办理19起，代书代诉8起，有6起胜诉，通过来信来访的处理，密切妇联同妇女群众的关系。1992年，全国七届人大审议通过《中华人民共和国妇女权益保障法》，县妇联举办《中华人民共和国妇女权益保障法》《中华人民共和国婚姻法》等各类法律培训班8期，培训妇女5400人次，印发宣传资料3万多份，张贴横幅、标语200多条，编唱苗山歌350首。积极参与打拐、查禁卖淫嫖娼、打黄扫非等专项斗争，配合政法部门打击侵犯妇女儿童合法权益的犯罪分子，协助有关部门解救了4名妇女儿童。1986—2000年，共配合政法部门查出拐卖儿童的案件102起，抓获人贩子108人，先后解救妇女95人，儿童12人，查处人贩子82名。

县妇联建立健全妇联信访制度，通过处理来信、接待来访、法律咨询、代书代诉等活动，为全县妇女提供各种法律服务。1986—2000年，全县乡镇以上妇联共接待来信来访353件次，处理249件次，转办86起，代办代诉12起，结案率为95%，较好地解决了出嫁女、离婚女在土地延包中被侵权等问题，维护妇女的合法权益。

五、典型宣传

1990年县妇联拍摄专题电视片《边城女》与观众见面。1995年，联合国第四次妇女大会及非政府组织论坛在北京举办，县妇联开展"爱国杯长跑赛""万名妇女游行"等活动，庆贺第四次国际妇女代表大会在北京召开。1997年县妇联被省人事厅、省妇联评为妇联系统先进单位。1998年，县计生委副主任晏玲玲被评为全国劳动模范，县广电局局长石宝珍被评为省"三八"红旗手。历次被州级以上授予"三八红旗手"荣誉称号的6位先进妇女人物的事迹载入中华《巾帼大典》。1999年县医药公司经理覃连成被评为全国"巾帼建功"先进个人。当年县妇联举行的庆祝新中国成立50周年和迎澳门回归"巾帼秧歌"大赛实况在中央电视2台播放。

第四章　工商联

第一节　组织机构

1985年1月恢复"花垣县工商业联合会"机构（简称县工商联），定编3人，归口统战部管理。机构恢复后理清保留老会员45名。至1986年3月，发展新会员110名，企业会员4户，团体会员9户，会员总数达到168名。1989年5月茶洞分会成立。1990年花垣镇分会、麻栗场分会、团结分会、龙潭分会、民乐分会、吉卫分会成立。1992年新发展会员94名，全县会员总数达到434名，有分会7个。同年成立花垣县工商联党组。1996年8月，县总商会挂牌成立，实行工商联与总商会两块牌子一套人马。1997年工商联会员发展到632名。1999年11月成立中共花垣县工商联总支部委员会，下设三个支部。即：中共花垣县吉宏有限责任公司支部，中共花垣县太丰有限责任公司支部，中共花垣县狮子桥选矿厂支部。2000年全县清出不具备条件和名存实亡的会员264名。至此，全县工商联会员为368名，企业及团体会员10户。

第二节　代表大会

1986年3月20日，花垣县工商业联合会第五届会员代表大会筹备委员会成立。由刘星三任主任，田仁杰、田仁兴、麻文兴、傅洪胤任副主任，麻文兴兼办公室主任。5月6日，花垣县工商业联合会第五届会员代表大会在县城召开，出席大会代表68名，特邀代表4名。县委统战部长、筹委会副主任田仁杰作筹备工作报告，麻文兴作题为《同心同德，和衷共济，为花垣的腾飞作出新的贡献》的工作报告。大会选举产生执行委员18名，常委6名，傅洪胤为名誉主任，麻文兴为副主任兼任秘书长主持工作。1989年6月5日,花垣县工商业联合会第六届会员代表大会在县城召开,出席大会代表59名,田宗辉作筹备工作报告,麻文兴作题为《坚持改革开放,团结工商业界,发挥新时期工商联的积极作用》的工作报告。大会选举产生执行委员19名,常委6名,陈文博当选为主任委员,麻文兴、田宗辉当选为副主任委员。1990年增补刘福珍为执委委员,这届执委会由20人组成。1992年9月28日,花垣县工商业联合会第七届会员代表大会在县城召开,出席大会代表96名,特邀代表27名,石敦文作筹备工作报告,陈文博作题为《转变职能,促进非公有制经济健康发展》的工作报告。大会选举产生执行委员21名,常委7名,麻文兴当选主任委员,姜先芝当选副主任委员。1997年3月29日,花垣县工商业联合会第八届会员代表大会在县城召开,出席大会代表101名,特邀代表25名。吴裕辉作筹备工作报告,麻文兴作《花垣县工商业联合会第七届常务委员会工作报告》。大会选举产生执行委员22名,常委13名,龙秀银当选为会长,杨明珍(兼)、李顺禄、吴裕辉(兼)、张家驹当选为副会长,秘书长由张家驹兼任,石敦文为顾问。

第三节 活 动

1985年恢复县工商联,抓紧落实政策,平反纠正"文化大革命"期间工商业者的冤假错案。对在"文化大革命"中受到各种处理的89人,收回安排工作10人,作退休安置42人,死亡抚恤16人,补发工资16人,工资总额11088.7元,补发定息5168.36元。1986年5月县工商联第五届代表大会后,利用自身网络面广的优势,为会员提供信息和咨询,先后与13个省(市)52个县(市)的工商联进行横向联系,发出业务函件275份,搜集经济信息154条,被会员和企业采用37条,引进技术设备,签订经济合同金额151万元,为乡镇购进化肥1820吨。举办专业技术培训班3期,培训乡镇企业管理人员44人,财会人员18人,烹调技术人员55人。1987年6月针对县城蔬菜价格猛涨的问题,工商联执委深入到蔬菜公司、蔬菜村调查研究,写出关于控制蔬菜价格猛涨的建议,被县人民政府采纳,采取五条措施平抑菜价上涨,稳定蔬菜市场。对10个会员的申诉进行复查,其中3人系自动离职不属落实政策范围;1人收回作退休安置,补发工资757元;4人申诉"文化大革命"期间被抄家,清退被查抄财物4702元,补发股息107元。对6位原工商联执委及遗孀因年老生活困难年补助生活费760元。1987—1988年收集整理工商联文史资料,共计41卷28万字。1990年在会员中开展学雷锋、树新风活动,上门义务修理电器、缝纫机、补鞋等800多件次,送货上门890人次,为社会公益事业捐款2万多元。1992年以花垣镇为试点,抽调10名干部组成非公有制经济社教队,在个体私营企业中开展社会主义思想教育,编印专题材料1080份,组织会员和非公有制经济业主学习,促进非公有制经济的健康发展,全县有457户补办营业执照。1993年工商联执委就"乱收费、乱罚款、乱摊派"问题走访72户私营企业和7户乡镇企业,掌握大量的第一手材料,并形成制止"三乱"问题的建议向县委县政府汇报,引起县委、县政府重视,制定《关于发展个体私营经济的若干规定》,加快个体私营经济的发展。同年,全州发生水灾,会员为灾区捐款12420元,对口支援永顺县工商联9420元。大力开展引进技术、人才、资金活动,至1996年共为会员和会员企业提供经济技术信息190多条,被采用80多条,引进资金41万元。1995年开展"光彩事业"活动,动员会员为社会办公益事业。县工商联28次派员调查研究,论证37个项目上报州"光彩事业"推动委员会,1996年底实施3个项目,完成投资30万元,且县内会员为"光彩事业"捐款41000元。至2000年底,县内会员共为"光彩事业"捐资188.8万元。

第八篇 武装 政法

第一章 武 装

第一节 县武装部

一、机构

花垣县人民武装部的前身为县民兵支队部。1986年6月，根据中共中央、国务院、中央军委文件精神，花垣县人民武装部改归地方建制，去掉“中国人民解放军”冠名，称“湖南省花垣县人民武装部”，改正团级单位为副团级单位。其性质、任务不变，接受地方和军队双重领导，仍设军事、政工、后勤三个科。1988年始设武装委员会主任一职，由县委副书记兼任。1994年4月始由县委书记兼任武装部党委书记。

1996年4月，根据中央、国务院、中央军委文件精神，花垣县人民武装部收归军队建制，重新冠“中国人民解放军”之名，复称“中国人民解放军湖南省花垣县人民武装部”，恢复正团级单位级别，设军事、政工、后勤三个科，县委书记兼任武装部党委第一书记，其政委、正、副部长及科长等干部为中国人民解放军现役军官。2000年，花垣县人民武装部下设机构仍为军事、政工、后勤三个科。

二、机关建设

1986—1994年，县武装部办公用房和干部宿舍均为砖瓦平房，窄而阴暗。民兵训练基地、民兵武器库房和训练场地十分简陋。

1995年建成一栋4层16套房的干部宿舍楼；1996年花垣县人民武装部收归军队建制，基础设施逐年得到改善。新修水泥地面训练场、教学室和小会议室，整修食堂，民兵训练基地配齐130套高、中档铺位，建成一个集射击、投弹、战术为一体的规范化综合性训练场，通讯仓库和车库也相继建成。1998年一栋临街的民兵军事训练综合楼建成交付使用。2000年建成办公大楼和接待综合楼，硬化场地，植草皮，并对民兵武器库进行全面改造，新建六面坚固的库房和仓库宿舍，整改民兵军事训练场地、靶场和战术场；更新了办公设施，改善了办公条件，充实了民兵训练器材。

花垣县人民武装部一直按照军队的条令进行严格管理，开展清理思想、整顿作风的教育活动，强化干部职工条令意识、军人意识和职能意识,坚持以训治散,强化军姿、军容、举止和礼节训练,建立正规化的战备、训练、工作、生活秩序,纠正松、散、乱等现象,克服地方化倾向。制定部长、政委、副部长、科长、参谋、干事、仓库主任、助理员、驾驶员岗位责任制和党委会、部务会、科务会、政治教育理论学习、早操、着装、卫生制度,不断完善落实战备值班、一日生活、请示报告、请销假、财务管理、安全防患等制度。

2000年,吉首军分区在花垣县召开正规化建设经验交流现场会,花垣县人民武装部被湘西自治州委、州人民政府和吉首军分区评为"2000年人武部全面建设先进单位"。是年,分别被湖南省和湘西自治州绿化委员会授予"园林式单位"称号。

三、军地共建

1988年,花垣县人民武装部(以下简称"县人武部")从广州军区后勤部和湘西自治州农校请来技师,与县开发办、县畜牧局共同举办多项实用技术培训班10期,传授家禽人工孵化及其快速肥育方法、肉猪肉兔快速肥育技术、食用菌培植技术等,培训以民兵为主的技术骨干2100多人。1990—1995年,县人武部帮助举办各类实用技术培训班25期,培训以民兵为主的学员2250人,出技术板报10期,简报30期,并投资1.1万元充实乡镇"青年民兵之家"。以此为阵地,扩展举办各种短训班,传授水稻旱育秧、地膜覆盖、经济作物培管及黑木耳、凤尾菇、平菇等培植技术。

1990年冬,世界粮食计划署批准3779项目开工实施,雅桥乡人民武装部组织以民兵为骨干的施工队伍,以建制排为单位分配施工任务,限时按质完成,实行军事化分班作业。苦战一冬春,1991年春季完成整修中小型水库3座,修通大小渠道78条长17万米,修通乡村田间道路69万米。至1993年春,新开排灌分开、旱涝保收稻田233公顷,开发茶、桑、果园233公顷,全乡形成"渠下一片良田,渠上一片果园"的田园模式。

1991年,县人武部组织民兵参加飞机飞播造林,20个乡镇落实民兵林基地81个,营造民兵林667公顷,其中经济林267公顷。1993—1996年,县人武部组织民兵积极参加地方基础设施建设,修筑道路105条,长2085千米;修大小水渠86条,长10.8千米;架通照明线路20.5千米;实施土改田和低产田改造537公顷。

2000年,县人武部组织民兵参加"百场千里万亩"绿色通道工程建设,下发《关于成建制组织民兵植树造林的通知》,要求基层人武部组织民兵带头搞好这一集经济、生态为一体的工程林建设。武装系统组织现役军人、民兵8150人上山整地挖穴,完成深沟撩壕1200公顷,定植优质林苗木700公顷,经济林苗木500公顷。形成连片开发项目16个,其中高标准样板林4个,大河坪乡香柚34公顷、雅桥乡油茶林100公顷、民乐镇洋桐梨34公顷、茶洞镇南太村板栗山34公顷。

花垣县1988—2000年武装委员会历任主任名录

表8-1-21

年　度	主　任	地方党政职务
1988	龙友芳	县委副书记
1990	龙爱东	县委副书记
1993	石邦庭	县委副书记、县长
2000	李万松(第一主任)　刘昌刚(主任)	县委书记,县委副书记、县长

花垣县 1985—2000 年人民武装部历任部长、政委、党委书记名录

表 8－1－22

部　长	任　期	政　委	任　期	党委第一书记
陈睦政	1985.12～1986.5	颜学根	1986.5～1987.12	颜学根
刘正荣	1986.5～1994.4	屈辉庭	1986.5～1994.3	颜学根
屈辉庭	1994.4～1999.4	屈辉庭	1994.4～1999.5.3	石昌禄　石维斌　龙爱东
王建华	1999.4～2000.4	罗自汉	1995.4～1996.3	刘路平
张德华	2000.4～2000.8	郝诗康	1996.4～2000.7	刘路平
向　荣	2000.8～	张德华	2000.8～	李万松

第二节　驻　军

一、武警中队

1986 年，县武警中队隶属武警湘西自治州支队领导，同时受县委、县人民政府领导。主要担负拘禁看守、押解罪犯及执行特殊治安任务。配置中队长 1 名、指导员 1 名。至 2000 年，县武警中队的名称、编制、任务不变。

花垣县 1986—2000 年武警中队历任军事主官名录

表 8－1－23

姓　　名	任 职 时 间
麻人江	1983.1～1984.3
唐朝业	1984.3～1986.5
范建文	1986.5～1987.12
汤无敏	1987.12～1990.5
龙文昌	1990.5～1996.7
姚本文	1996.7～1997.7
王国伟	1997.7～

花垣县 1986—2000 年武警中队历任政治主官名录

表 8－1－24

姓　　名	任 职 时 间
陈俊德	1986.1～1986.6

续表

姓　　名	任 职 时 间
唐朝业	1986.6～1989.5
袁章孝	1989.5～1990.5
王真龙	1990.5～1992.3
向龙庭	1992.3～1993.1
谭一军	1993.1～1995.8
周学良	1995.8～1998.1
张　峰	1998.1～1999.12
周学良	1999.12～2000.12

看押防暴　县武警中队担负县看守所在押人犯的看守任务，10 多年间，共协同看守所成功阻止10 余起人犯逃跑事件，平息罪犯暴乱 8 起，追捕在逃犯 20 余人，连续 8 年被湖南省武警总队、湘西自治州武警支队评为先进单位。针对县城人口流动大、外来人员多、暴力犯罪和突发事件时有发生的实际，成立防暴应急分队。分队随时处于战备状态，做到招之即来，来之能战，战之能胜。1998 年 7 月 19 日，县公安局通报持枪杀人嫌疑犯石永爱潜藏在贵州省松桃县卡坪乡的一个山村里，中队长王国伟带领防暴小分队一举将石犯擒获。1986—2000 年，中队先后出动兵力 300 余人次，处置各类突发事件 40 余起。

营房建设　1997 年，县人民政府先后投入资金 100 万元进行营房、公共设施和庭院绿化建设。中队面貌得到彻底改变，营房由平房改为高大宽敞明亮的楼房，并建成一条条绿化走廊，环境幽雅，生活用品配套齐全。2000 年，逐步实现“库房设备规范化，物品标准化，放置架子化，灶具不锈钢化，行政管理科学化，一日生活制度化”的部队建设目标。

警民共建　1998 年，县武警中队与花垣小学开展共建文明学校活动，帮助学校进行爱国主义教育、国防知识教育、校园修善、校园绿化。官兵们定期同学生谈理想、讲传统、宣传法律法规，帮助学校组织学生开展“爱党、爱国、爱队旗”活动，使该校入学率、及格率、升学率均达 99% 以上，名列湘西自治州百所重点小学之首，被湖南省教育厅授予“教育质量优胜红旗单位”。是年，县武警中队与花桥村开展共建文明村寨活动，协助村里兴办文化夜校和农业适用技术培训班，先后派 5 名文化素质较好的干部、战士担任文化教员，帮助村里扫除青壮年文盲，先后举办文化、技术培训班 11 期，扫除文盲127 人，培训技术骨干 150 多人，提供致富信息 91条，其中 30 条收到良好效益。1992 年，县武警中队与雅西镇夯杜村开展共建文明村活动，挑选 4 名法律知识水平较高的干部、战士组成普法宣传小组，定期到村上法律辅导课，受教育达 1330 人次。全村有 186 户被评为“五好家庭”，246 位村民被县、乡、村评为守法先进个人。花桥、夯杜两个村共有 8 名孤寡老人，县武警中队承担照顾他们的全部任务。定期帮助买米、打柴挑水和打扫卫生，深受当地群众好评。由于警民共建成绩突出，1998—2000 年，县武警中队被国务院授予“全国民族团结进步先进集体”荣誉称号，先后两次被湘西自治州人民政府评为“警民共建先进单位”，中央、湖南省、湘西自治州广播电视台先后专题报道其先进事迹。

二、消防大队

1986 年，花垣县公安局设立消防股，编制 3 人，负责整改全县火灾隐患。履行消防监督职责。

1995年湘西自治州花垣县消防股改名为中国人民武装警察部队花垣县消防大队（正营级），隶属于州消防支队领导。配置大队长、教导员各1名。下辖消防中队（正连级），配置中队长、指导员各1名。

防火救灾

整改火灾隐患　1986年，配合县供电公司对花垣镇电源线路老化、绝缘层破裂和电气安装不符合要求等问题进行检查，共查居民1570户，整改200户，占应整改户的88%，对私拉乱接窃电的2户分别进行罚款处理。1993年，开展安全大检查，发现百货公司商场、县颐和舞厅均为龙骨架和宝丽板装修，电源线路也未穿硬质阻燃塑料套管加以保护，消防中队及时下发整改通知。1995—1998年，注重在春节、“五一”、国庆、元旦开展安全大检查，对发现火灾隐患的7家娱乐场所、2个加油站及875个重点部位下发整改通知。2000年，对33个消防安全重点单位定期检查，制定各单位防火档案。1986—2000年，花垣县开展防火安全大检查895次，发现火灾隐患2568处，下发整改通知书756份，督促整改2012处，整改率达96.8%。

灭火救灾　1986年，团结镇杨兴华家发生火灾，消防队员及时赶赴现场，扑灭大火。1989年，猫儿乡麻树林家失火，消防队员赶到，扑灭大火。1998年，花垣镇佳民319国道旁一加油站不慎失火，消防队员接警后及时赶至扑灭大火。1986—2000年，共接到火警147次，出警138次，出警率96%；抢救被困和遇险人员1025人，成功扑救火灾139次。

调查处理火灾事故　1987年3月，吉卫供销社门市部发生火灾，损失5000元，消防大队将调查、核实的火灾调查材料移交县公安机关，责任人苏某某被拘留15天，罚款30元。1989年2月6日，补抽乡兴中村1组石某某放火烧石明德家牛栏。消防队将火灾调查材料上报县人民检察院，县人民检察院以毁坏公私财产罪作出起诉，逮捕1人，治安罚款2人，其他处罚9人。是年，雅桥乡岩科村8组龙某某因私仇放火被依法逮捕。2000年，道二乡接溪村6组刘春家房子失火，造成经济损失2650元，消防队查清失火原因为供电公司高压线路老化漏电，责成供电公司共赔偿刘春3000元。1986—2000年，全县共发生火灾147起，死24人，伤108人，造成直接经济损失91.4万元。查清率为85.6%，属放火28起，电器设备使用违反安全规定102起，生活用火不慎108起。

消防管理

宣传教育　1986年，县消防股印发各种防火通知、通报、消防管理条例等规定5480份，订阅消防报纸、杂志4份，制作防火宣传牌1000块。1999年，在花垣县巡回播放《消防条例》，并把火灾案例、防火山歌录制成录音磁带发送21个乡镇，利用电教设备进行播放。1986—2000年，共举办各类培训班50余次，培训2000多人次；出动宣传车176次，发放宣传资料54321份，受教育达154562人次；共开放消防站89次，参观达23012人次。

发放许可证　1988年始，凡经营易燃易爆化学危险物品的单位，应经消防队检查合格发证管理后才能经营；对危险场所应有消防安全许可证；液化气用户应有准用证；危险品的运输应有运输证。1993年，县汽车站“大哥大”歌舞厅施工队未取得消防工程安装许可证，违章进行装修，消防队及时下发违章建筑通知书，责令停工，办证后方可施工，并对“大哥大”歌舞厅的违章行为处以罚金。2000年，团结镇一个体司机杨某无证私运柴油，被消防队发现补办了运输证才准运输。1988—2000年，共发放各类许可证715本。

建筑防火审核　1986年，对全县28个单位建筑工程项目进行地址选择审核，审核图纸22份，提出整改意见25条。1989年，共审核12个建筑防火项目，提出整改意见34条，其中有关消防设施20条，消防水源2条，防火间距2条，配合质检部门鉴定危房5栋。1996—1999年，共审核建筑防火项目105个，提出整改意见145条。2000年，消防队对23个建筑单位工程进行防火审核，对10个专审工程责令限期整改，对3个设计不规范工程打回修改设计。纠正三康公司商住楼、县电信局未经防火审核擅自施工及南山茶庄等经验收未合格擅自投入使用的行为。1986—2000年,共审核建筑防火项目218个,提出整改意见467条,其中有关消防设施280多条,消防水源132条,防火间距57条。配合质检部门鉴定危房67栋。

专项治理 1996—2000年,重点开展人员密集场所安全专项治理和违法建筑、违法工程专项治理,以及古建筑消防安全专项治理、易燃易爆场所专项治理等活动,消除各种火灾隐患5000余处。对存在问题的"333"茶楼、苗乡酒家、花垣宾馆实施强制拆除和停业整顿;对吉龙综合楼等违法建筑工程实施停工的行政处罚。

农村消防宣传 1992年后,农村消防工作广泛开展。1992—1996年,在农村设立标语、宣传窗栏、广播点等,共印制宣传标语475条,横幅109幅,发放宣传资料2794份。2000年,以茶洞镇为试点,全面开展农村消防宣传,逢场赶集以山歌对唱形式进行消防宣传。茶洞小学还将消防教育纳入教学内容。是年,全县21个乡镇派出所均设有1名消防管理员。1986—2000年,全县共培训农村消防员1340人,形成县、乡、村三级消防组织网络。

军事训练

1986年后,消防军事化训练年年开展。1986—1987年,进行灭火弹实验表演7场次,同时进行物质燃烧知识、干粉、泡沫灭火机的使用、保养、装药及几种灭火机的灭火实地训练表演,观众达2000多人次。1994年,消防重点单位的义务消防队员、消防机动队进行4场300多人次的消防表演,消防技能、军事训练演习合格率达98%。2000年,为提高官兵适应高层建筑、易燃易爆化学危险物品场所的消防能力,训练内容转为高难度的体能训练。在赶秋路的金垣调度大楼、县人民医院新楼、花垣县民爆器材仓库、佳民液化气站等8个高层建筑及场所进行攀高、排险、速滑、速跑等内容的体能训练,合格率达100%。

第三节 兵 役

一、征兵

1986—1989年,征兵工作在春、冬两季进行,县征兵领导小组组长由专职县委副书记担任,县委常委常务副县长、人武部正副部长及政委任副组长,县委办、政府办、纪委、政法委、宣传部、公安局、民政局、卫生局、交通局、教育局、各中学的负责人,以及人武部政工科、军事科和后勤科负责人为征兵领导小组成员,领导小组下设办公室,办公室设在人武部,人武部部长兼办公室主任,并设六个小组分抓征兵工作。征兵过程从宣传发动、初检初审到定兵运兵,各组织层层签订目标管理责任书,实行责任追究制,确保兵员质量,加强廉洁征兵。1990年征兵政审特别强调严防搞打砸抢的不法分子和资产阶级自由化思想严重、对党和社会主义国家不满的人混入部队。征兵启用新表册,统一使用《应征公民入伍审批表》和《应征公民入伍批准书》,体检增加对艾滋病、性病的检查项目,视力检查改为使用《标准对数视力表》。同时,为缓解退伍安置工作压力,当年春季征兵严格控制非农业人口青年的征集比例,圆满完成征兵任务,荣获湖南省征兵工作一等奖。1991年后,征兵工作改为冬季一次性征兵。1991—1999年,全县冬季征兵连续9年无大小责任事故发生。2000年冬季征兵,对全县适龄青年全面调查摸底,登记在册适龄青年543人。应征青年家长、村(居)委会、乡镇三级在《征兵工作目标管理责任书》上签字担保,县、乡、村三级政审工作人员在派出所互通政审情况,公安、政法、司法、检察、法院对双合格对象进行联审后确定名单,名单经出四榜(乡镇初检合格出一榜、县站初检合格出二榜、双合格出三榜、审批定兵后出四榜),并在县电视台公布新兵花名册和举报电报,广泛接受社会监督。是年,所送新兵入伍后无一人被退还。

二、预备役

预备役公民在军队外服兵役,并随时准备根据国家需要应召入伍服役。1986年,根据上级要求重新组建以武装部现役军官、预备役官兵为基础的新型部队。以县建营、4个镇建连、7个乡、1个大厂建排,花垣县共有1个营4个连8个排985人。从此,县预备役步入全面建设时期。8月10日,预备役部队正式列入人民解放军建制序列。1996年,预备役军官设衔三等八级。

1986年,全县预备役登记和民兵整组工作一并开展,共登记18岁适龄青年3858人。至1991年,在先后开展的矿、果、粮工程开发项目及粮援项目重点工程中,共有3000多预备役人员30580人次参加劳动与建设。

1987年,花垣县把兵役登记、民兵整组及退伍军人预备役登记核对工作同步抓。登记18岁男性公民3012人,经目测初审和病史调查确定预征对象1015人;登记预备役退伍军人1561人,其中服一类预备役524人,服二类预备役1037人,服预备役中的专业兵621人。

1988年,为加强民兵、预备役组织和干部队伍建设,根据湖南省军区要求,花垣县将民兵整组、退伍军人预备役核对、兵役登记和国防动员潜力调查四项工作结合抓。从5月初到7月底,摸清全县有预备役退伍军人1467人,其中服一类预备役489人,服二类预备役978人,服预备役退伍军人中的专业技术兵611人。

1992年6月,对预备役军官进行登记,共登记28人,并颁发证书。1994年开始给预备役军官授衔。1995年,预备役军官退出现役被确定转服预备役的人员,回地方安置部门报到时办理预备役军官登记。1996年第二次授衔。2000年,花垣县登记预备役人员2229人。是年,县预备役已发展成为拥有专业技术兵、通信兵、工程兵、步兵、炮兵在内的诸兵种合成的一支重要武装力量。

第四节 民 兵

一、组织建设

1989年6月,根据当时形势需要,从县直机关抽出100人组建民兵应急分队,由县人武部直接领导指挥。1994年,应急分队编为三个排,每个排配电台一部。年底,在县城组建一支摩托化民兵应急分队,由县人武部负责培训管理。执行任务时,由县委、县人民政府直接领导指挥。乡镇组建的应急分队,由乡镇武装部直接领导指挥,人数在20～40人不等。

1996年,成立花垣县锰矿武装部。1999年,县组建战时运输民兵连和医疗救护民兵连。6月和9月,相继在供电公司、三立集团、交通局、卫生局成立武装部,正副部长、教导员由所在单位领导兼任,报县人武部审批备案。是年,根据中共花垣县委《关于做好民兵工作调整改革的通知》规定,全县26个基层武装部配齐专武干部26名。

2000年,花垣县民兵应急分队稳定在编190人,即三立集团应急连150人,龙潭镇独立排40人。民兵专业对口组织有县交通局组建的汽车运输连81人,卫生局组建的医疗救护连51人,以电信局为主组建的通信连108人。基层基干民兵连(含应急连)干部由所属基层党政领导兼任;基层普通民兵营连排干部,由村(居)委会推荐,党委审定,武装部长任命。基干民兵编组实行小建制、大范围、多层次灵活编组,县城以连建制为单位,农村以乡镇为单位编连。普通民兵组织仍以村组为单位,一村一营;企事业单位、居委会的普通民兵人数在100人以上的编连,以下编排,班排连的起编线为3人、15人、51人。

二、军事训练

1986年始,民兵军事训练均在秋季进行。军训的共同科目有队列、射击、投弹、战术、爆破、政治教育。通信连科目为放线、收线、电话、接转、攀登固定、线头接续、军语密语、队列、射击、政治教育。是年,训练185人,合格率为100%,优秀率达96.8%。1987—1993年,共训练1455人,合格率达100%,优秀率达95.7%。1994年训练步兵110人,通信兵100人,合计210人,合格率100%,优秀率94%。1995年训练210人,合格率100%,优秀率91.3%,超额完成"八五"期间基干民兵军事训练任务。湘西自治州人民武装委员会授予花垣县人民武装部为"民兵正规化军事训练先进单位"。

1996年6月,进行民兵改组,按"便于领导,便于活动,便于执行任务"的原则,调整民兵组织,改善民兵训练结构,改进民兵编组方法,狠抓民兵应急分队和民兵专业技术分队骨干力量建设,从过去以基础训练为主,改为以应用训练为主,加重技术含量。

1997年3月,湖南省人武系统正规化建设暨以劳养武经验交流现场会在花垣县召开,216名参训民兵现场训练表演,受到广州军区、湖南省军区和与会领导的高度评价。8月,在民兵训练基地训练民兵摩托化应急分队队员68人,以战斗力为标准,加强对人员、装备、车辆管理训练,提高快速反应能力和执行任务能力。训练合格率为100%,优秀率为78%。

2000年,330名民兵参加军事训练,其中应急分队独立排40人,步兵32人,民兵干部18人,通信兵108人,汽车运输连82人,医疗救护连51人。通信分队训期最长,历时30天,主要训练共同科目和专业科目,训练合格率为100%,优秀率为65%。

三、政治工作

1986—1988年,基干民兵军事训练期间安排两天政治教育课,普通民兵半年一次,基干民兵一季一次集中上课。政治教育课主要进行时事政治、国防知识、民兵基本知识教育。同时结合每年冬季征兵,开展以国防为主要内容的爱国主义教育和人生观教育。在全面开展普法教育中,对民兵开展学法用法守法教育,利用已形成的制度开展政治工作。期间,共上政治教育课85节,受教育6098人次。

1989—1993年,县人武部利用节日开展政治思想工作,"五四"举行爱国主义教育,"七一"开展"党在我心中"活动,"八一"组织过军事日,开展拥军优属、悼英烈、学雷锋、学徐洪刚见义勇为精神活动,"十一"开展进一步认识"伟大祖国,伟大成就"活动。

1994年8月8日,花垣举办苗族赶秋节,县人武部组织民兵顺利完成保卫和守护参加表演直升机的执勤任务。1996年民兵协助县公安机关抓获各类犯罪嫌疑人31人。2000年,在"严打"整治斗争中,民兵协助公安部门收缴枪支167支,炸药1385千克,雷管2865发,导火索4032米,捣毁犯罪团伙21个,抓获在逃犯罪嫌疑人32名。同时,县人民武装部对全县基干民兵和应急分队民兵逐个进行政审,清除8名不合格人员,对5名不安心民兵工作外出经商和打工的干部予以调整,纯洁和稳定了民兵队伍。

四、以劳养武

1988年,中央财政部明文规定,各地基层武装部在抓好武装工作的同时,可根据当地实际适当开展一些经营活动,所得收益弥补民兵工作经费的不足,以推动武装工作的开展。为减轻财政负担,1989年,县人武部投资34万元,兴建一个占地面积1.02万平方米的以劳养武矿粉加工厂。

1990年始,县人武部实施招待所、军人服务社、门面出租、停车场、矿石加工厂五个项目,固定资产达280万元,累计创收270万元。1990年,团结镇民兵基地林营造柑橘苗1.8万株,间作经济作物,1991年和1992年分别实现收入1.68万元和

2.1万元。1994年，柑橘开始挂果，加上间作，收入达3.2万元，1996年收入达4.1万元。1994年，龙潭镇人武部兴办民兵粉丝厂、冰棒厂，团结镇人武部兴办铅锭厂、加油站，民乐镇人武部兴办焙烧厂，茶洞镇人武部兴办农业技术和农资服务中心，花垣镇人武部兴办冷饮厅，雅桥乡人武部开发流水养鱼，排碧乡、排料乡人武部大搞山地开发，兴办民兵林业基地等。当年以劳养武收入1万元以上的乡镇有4个，5000元以上的乡镇有5个，2000元以上的乡镇有6个。1996年县人武部矿粉厂生产锰粉1.89万吨，产值达439.3万元，上缴税费28万元，实现利润62万元。龙潭镇人武部组织民兵、退伍军人建一个占地4公顷的选矿厂，日选硫化锌矿250吨，是湘西自治州内基层人武部以劳养武规模最大的一个企业，从业人员108人，其中退伍军人85人，当年创产值715万元，利税135万元，用于民兵活动9.25万元，为16个村的民兵营订了《国防教育》《民兵生活》等杂志。团结镇人武部在长新村组织民兵兴办水泥制砖厂，创产值70万元，纯利7万元，用于民兵活动1.3万元，营部订有《团结报》《中国民兵》《民兵生活》《国防教育》等刊物，还为本村贫困户解决通水通电问题和建房537平方米。至1997年，除县人武部企业外，乡镇人武部企业达标的有15个，村级民兵营企业达标的有176个，总计拥有固定资产800万元，创产值1200万元，实现利润180万元。

由于以劳养武工作成绩突出，1993—1995年，县人武部连年被吉首军分区评为“以劳养武”先进单位。1994年，吉首军分区在花垣召开湘西自治州以劳养武现场会。1997年3月，湖南省“人武系统正规化建设暨以劳养武经验交流现场会”在花垣召开。

1998年底，县人武部响应中共中央关于禁止军队经商办企业的决定，停办矿粉加工厂。

五、抢险救灾

1986年始，县人武部每年初都要完善防火、防汛、抢险救灾等预案，分析掌握县内险情易发处，明确防患目标。成立防汛指挥所，部长任所长，办事机构设在军事科，下设通信保障、宣传、后勤保障三个组，三个科科长分别任组长。险情易发地段的乡镇组建两个抢险大队和一个预备大队，共1860人，配有电台两部，确定徒步通信员4名，负责上下联系，并配有抢险物质、车辆器材。同时把防火主要目标定在塔里电站、下寨河电站和林区、工业区。

1986年冬，长乐乡长潭村龙长友等三家失火，村党支部、民兵营发动民兵250人，帮工800个，捐款567元，帮粮食1165千克，捐送衣物棉被等250多件，献料500根，突击建造砖木结构瓦屋3栋，3家受灾户春节前搬进新居。

1987年4月，雅西乡遭受冰雹灾害，260家村民房屋被风掀歪，瓦片被冰雹打烂，乡武装部长带领450个民兵突击3天，帮助受灾户修正歪屋，换盖新瓦。民兵营长龙腾发为受灾户龙八开捐瓦3000片。

1989年春下暴雨，山洪暴发，县人武部召开专武干部紧急会议部署抢险，抽出人武干部7人下到基层险段，协助排吾乡、雅桥乡、猫儿乡、龙潭镇等武装部组织民兵2500人，清除塌方淤泥，排除堵塞，抢修垮漏276处，及时疏通干渠支渠30千米，确保农民不误农时练田插秧。

1999年7月，花垣县发生特大洪涝灾害，县人武部动员广大民兵全力投入抢险救灾，干部职工捐款7000元，发动全县广大民兵捐款捐物，投工献料，恢复交通、住房。补抽乡排当村龙老华家被滑坡泥沙砸倒，县人武部支助4000元，并发动民兵带动群众帮工帮料，组织29个有施工经验的民兵组成一支建筑队突击建房。当年腊月新房建成，龙老华家搬进新居，喜迎新年。

2000年6月15日，长乐至花垣载客中巴车在长乐知青场路段坠下3.8米高的深坎燃烧爆炸，35名伤员住进县人民医院，急需输血抢救，但该院血库库存有限，情况十分危急。县人武部领导获悉这一情况后，动员部里全体官兵带头第一批献血。

第五节 全民国防教育

1991年3月16日，成立花垣县全民国防教育委员会，与花垣县人民武装委员会合署办公，同时启用《湖南省花垣县全民国防教育委员会》和《湖南省花垣县全民国防教育委员会办公室》两枚印章。

全民国防教育委员会由县委副书记为主任，1名副县长、人民武装部部长、政委、县委办主任、宣传部长、组织部长、政法委书记、公安局长为副主任，县直相关单位领导为成员，并在全县各乡镇和县直相关单位设立国防教育活动室。1991—1993年，全县有国防教育活动室120个，推动国防教育工作全面开展。1994年3月，花垣县国防教育委员会正式挂牌办公，由县人武部、宣传部、教委抽调干部组成工作班子，其办公经费纳入财政预算。乡镇、企事业单位、中小学校设国防教育领导小组，乡镇党委副书记任组长，武装部长任副组长、宣传委员、派出所长为成员；县直单位党支部书记或厂矿企业党委副书记为组长，配3至5名领导成员。领导成员中配有专职或兼职辅导员。当年确定雅桥乡为国防教育重点乡、铁合金厂为工业战线国防教育示范厂。

是年，在墟场、集市上组织国防理论、国防常识演唱会，组织歌手编唱苗歌、山歌，并开展歌咏会、国防体育运动会、苗语国防故事会等活动。期间，百人以上参加国防教育活动的有78场次，出版《花垣国防教育》8期，黑板报245期，为群众专放国防教育片73场次。

1995年，花垣小学成立少年军校，开展国防基础知识教育活动，出军事墙报，开展军事知识竞赛、军事夏令营等活动。花垣民中高中新生入学前先进行两周军事训练，由县人武部和武警中队军官教授军事科目。1997年后，花垣县中小学校教科书目中有“国防教育读本”。21个乡镇武装部每个学期给中学生和中心小学学生上两堂国防教育课。县人武部与花垣民中、二中、四中、花垣小学结成共建对子，定期给学生讲授国防理论、国防精神。1999年4月，中国驻南大使馆被炸、邪教“法轮功”活动猖獗、“台独”分子“两国论”嚣张，县人武部联系花垣实际，开展以三大斗争为主题的国防教育活动94次，编写印发《当前形势下我国民兵的性质、任务、地位和作用》《发挥民兵组织作用，为双文明建设作贡献》等学习资料213套2000多份，分发基层人武部，组织民兵学习。专题安排362名民兵政治辅导员，在党校培训合格，并实行“教育准备会”制度，有71位党政领导给民兵上国防教育、政治理论课，民兵受国防教育面达到99%。

2000年8月1日，花垣县国防教育办公室组织党政领导干部及企业干部过军事日，吉首军分区司令员在三立集团作《企业发展与国防建设》的专题讲话，县人武部正副部长和政委分别讲解国防知识和国际军事形势。通过国防教育，团结镇10家私营企业负责人先后捐出15500元资助民兵训练。是年，花垣小学、花垣民族中学、二中、三中和三立集团被定为国防教育重点示范单位。花垣民族中学等学校利用周会课、思想品德课及课外活动时间，办国防教育黑板报180期，墙报220期，自编自演国防教育文艺节目245个，举办学解放军、学英雄故事会360场，国防知识演讲会242场，国防历史和国防精神诗歌朗诵会170场，组织观看国防教育影片150场次，观看国防电视录像370场次，撰写国防心得2万多篇。

至2000年，花垣县县直单位有国防教育领导小组55个，领导成员175人；厂矿企业有国防教育领导小组17个，领导成员85人；中小学校有国防教育领导小组35个，领导成员115人；21个乡镇都建立健全民国防教育领导小组，有领导成员105人，全县共有国防教育领导小组128个，领导成员480人。是年，县人武部部长、政委、副部长和军事科、政工科的7名同志，到四所学校讲授国防知识

9 次，为花垣民中、二中高一新生实施军事训练 400 多人，直接接受人武干部国防教育的四所共建学校学生达 4000 人，21 个乡镇中小学校直接接受专武干部国防教育的学生达 30000 余人。

第二章　公　安

1986 年底，花垣县公安局内设 7 个股室，定编 42 人，实有 45 人。其中：秘书股 7 人，治安股 8 人，预审股 5 人，刑侦股 11 人，政保股 3 人，消防股 2 人，保卫股 3 人；设局长 1 人，教导员 1 人，副局长 3 人，副教导员 1 人。直属机构 9 个，定编 44 人，实有 41 人，其中：看守所定编 5 人，城关、三角岩、茶洞、民乐、龙潭、麻栗场、吉卫、团结等 8 个派出所定编 39 人，实有 36 人。

2000 年，县公安局内设机构 16 个，定编 78 人，实有 78 人。其中：办公室 1 人，秘书股 6 人，纪检监察室 2 人，督查室 1 人，政治办 3 人，法制办 4 人，政工股 1 人，户政股 5 人，出入境管理股 3 人，政保股 2 人，刑侦大队 28 人，税侦大队 6 人，经警大队 3 人，信息通信股 1 人，治安拘留所 3 人，后勤股 9 人。直属机构 13 个，定编 98 人，实有 109 人，其中：看守所 15 人，巡警 110 大队 10 人，交警大队 23 人，林业公安 8 人，城关派出所 9 人，城郊派出所 10 人，团结派出所 6 人，茶洞派出所 4 人，民乐派出所 5 人，龙潭派出所 6 人，吉卫派出所 5 人，麻栗场派出所 4 人，排碧派出所 5 人。

第一节　治安管理

一、治安整顿专项行动

治安网络　县公安局治安股负责社会治安管理工作，主要对网络建设、派出所、危爆物品、特种行业和公共娱乐场所进行管理。1993 年 12 月后，治安股更名为治安大队。

1986 年，花垣县设有城关、城郊、茶洞、龙潭、长乐、吉卫、麻栗场、团结 8 个派出所，未设所的乡镇则配公安特派员。1987 年增设民乐、雅桥、两河、排碧、雅酉 5 个派出所，负责属地的社会治安管理。1999 年，根据湖南省、湘西自治州公安部门“集中警力、打防结合”的要求，县公安部门将花垣县 22 个派出所调整合并为吉卫、麻栗场、龙潭、民乐、排碧、茶洞、团结、三角岩、城关 9 个中心所。

治安查处　1987 年 7—8 月，花垣县开展严厉打击刑事犯罪斗争，共抓获各类犯罪分子 120 名，破获各类刑事案件 100 余起。1989 年，开展以打击拐卖妇女儿童、卖淫嫖娼、聚众赌博为重点的扫除“六害”专项斗争，共抓获各类案犯 212 名，查处赌博案件 157 起 711 人。1990 年，开展社会治安综合治理，花垣县社会治安开始好转。1991 年 4 月，对团结矿区实行重点整治，摧毁犯罪团伙 8 个 71 人，破获各类刑事案件 45 起，抓获案犯 33 名。1993 年 3 月，开展以打击车匪路霸、重大盗窃、拐卖妇女儿童犯罪活动，整顿重点地区重点路段治安秩序，整顿交通秩序和查禁卖淫嫖娼为主要内容的“三打两整一查禁”统一行动。先后实施代号为“金剑行动”“畅安工程”和“正风行动”三个战役，共抓获各类违法人员 284 名，摧毁团伙 77 个，纠正各类交通违章 456 起，清除路障 785 处，查获卖淫团伙 5 个，查处强迫、引诱妇女卖淫案件 4 起。是年，县公安干警集中整治农村社会治安的“零点行动”和“子夜行动”，搜捕一批犯罪分子，有力地打击犯罪分子的嚣张气焰。1994年6月,21个乡镇建立巡逻队或护村队,县域社会治安明显改观。1995年,根据湖南省公安厅"以乡建所"的指示,花垣县共建22个派出所、298个帮教小组,为社会治安工作夯实了组织基础。是年,湖南省开始对市、县实行"社会治安综合治理一票否决制"。9月1日县境发生抢夺公安干警枪支案,经全力侦破,一周内案犯落入法网。9月12日,排碧乡排碧村6组村民吴昌斌之妻和一儿二女在家中被杀身亡,此案至2000年底未破。1996年,集中整顿治安混乱地区、单位和重点路段167个。1997年1月初,为迎接中共十五大的召开和香港回归祖国,县委、县政府特邀湘、黔、川三省边区二县一市(松桃县、秀山县、吉首市)公安部门参加"三省边区公安工作联席会议",共商新形势下长治久安维稳大计。27日,三省边区公安工作联席会议在花垣县公安局召开。是年,清查和取缔"门徒会"组织1个,遣散入教人员85人。

1998年1月11日,县矿山整顿工作组(48人)的车队从龙潭镇李梅矿区返回途中被炸,未造成人员伤亡。案发半月内,以龙某某为首的违法犯罪团伙落入法网。5月21日,县人民政府宿舍区居民楼吴某某家被炸,造成其大女小女和大女婿受伤。其中小女吴某某伤势严重,周围民居房屋也受到不同程度的损坏。此案至2000年底未破。是月,在县内开展民间纠纷大排查、大调解。收缴土枪土炮和管制刀具,对够判劳教以上人员进行大搜捕,对违法人员组织大学习,对案件和事故多发部位及场所进行大治理,持续时间为3个月。8月18日,在龙潭镇召开公安派出所基础建设和严打整治经验交流会。是年,机动车辆维修行业由公安局统一管理。

1999年2月,县治安大队组织城关、城郊公安派出所干警,对县城电子游戏娱乐业进行全面排查、清理和整顿。查禁了一批赌博机,依法查封23家电子游戏室,查禁"水果机"19台、"熊猫"转盘机62台、"麻将机"55台、"牌机"2台、"跑马机"1台,规范了县城电游业的经营秩序。是年,县委、县政府根据县内社会治安实际,把花垣镇、排碧乡、窝勺乡新寨村、麻栗场至新寨,大河坪乡踏沙村至茶洞镇小寨村国道线段、李梅村辽窝矿洞、角弄村"414"矿洞以及民乐墟场作为重点部位进行整治。此外,确定综合治理重点部位46处,其中矿山2处,治安秩序相对较差的村22个,治安复杂路段3处、墟场19处。公安机关对城镇重点部位加强治安管理,尤其把宾馆和招待所列入重点管理,所有旅客一律凭身份证或有效证件登记住宿;对印刷刻字、废旧金属回收和机动车修理等实行专项管理;审查合格的核发特种行业和公共场所安全许可证,并不定期地进行检查;对公共娱乐场所则按照谁主管谁负责、谁出事谁负责的原则,由业主与公安机关签订治安责任状,实行片区管理、直接管理和分级管理。年内,共培训业主、服务员及保安人员800余人次,检查特殊行业场所46次,侦破治安案件18起,拘留违法人员468人。

查禁黄赌毒 2000年初,制定《清理整顿公共场所特种行业,开展扫黄、禁赌、打非和堵截乱源的行动方案》以及《加强娱乐场所管理和严厉打击卖淫嫖娼、赌博、吸毒贩毒等社会丑恶现象专项行动方案》,经县人民政府行文批转执行。3月下旬,召开"以人民满意为目的、以维护社会治安为己任"的治安整治工作会议。会后在县城开展为期一个月的治安整治专项行动,重点清理旅馆43家、公共娱乐场所27处、浴室13家、私人出租房23处、发廊13处、通宵录像场8处、电子游戏室7处,共收缴淫秽影碟光盘400余盘、土枪135支、管制刀具78把,整改各种治安隐患230处,查处各类案件17起,抓获违法犯罪人员32人,收容遣返无身份证、无暂住证、无计划生育流动人口证的"三无"坐台小姐180人。6月4日,中共湖南省委政法委书记、湖南省公安厅厅长李贻衡在县委书记李万松的陪同下,深入县公安局考察,并主持召开打击拐卖妇女儿童专项斗争工作现场办公会,研究布置行动方案。是年,全县21个乡镇先后建立村级治保会449个,1671人;巡逻队453个,4614人;建立城区联防队一支15人。这些治安组织共提供案件线索

759条，协助侦破重大案件35起，一般刑事案件467起，治安案件824起，调解民事纠纷1455起，保护案发现场105起。公安部门共查处治安案件4500余起，抓获违法犯罪人员36400人次，收缴土枪土炮、管制刀具7115件。

二、危险物品管理

1986年，县内民爆器材销售量仅为10吨，1997年达300吨。1998年后，随着锰锌等矿产资源的大规模开采，民爆器材销售量迅速攀升，到2000年，TNT炸药销售量突破2000吨。

为确保危爆物品在生产、储存、销售和使用各个环节万无一失，县公安局治安大队按照“管死、管住、管到位”的原则，采取“严格控制和主动服务相结合、统一管理与分级负责相结合、查处违法与立章建制相结合”措施进行管理。1988年，县公安局举办民用爆破器材保管员、爆破员培训班。21个乡镇和涉锰、铅锌矿的42个村及40个矿洞的爆破员共485人参加培训。通过考试，参训人员全部合格并领取爆破证。1996年，县民爆器材主管部门根据上级的统一部署，开展为期4个月的爆炸物品专项整治工作，先后对涉矿的19个乡镇133个村和县直单位进行清理，共整顿矿山32家，清理检查销售爆破器材1家、储存爆破器材25家、使用爆破器材84家；检查整顿烟花爆竹生产厂（坊）13家、仓储43家、销售289家；收缴炸药291千克、雷管550发、导火索510米、各式土枪79支、军用手榴弹1枚；依法取缔6家不合格的烟花爆竹生产作坊，查处违法人员57人；发现和整改安全隐患19处，下达整改通知书19份，签订责任状333份，制定管理规章制度444条。1997—2000年4年间，共收缴炸药23万千克、雷管20万发、导火索18万米、烟花爆竹1亿响。

三、特种行业管理

1986年始，公安机关对辖区内的旅社、印刷刻字、修理、照相、废旧、金属回收等行业实行专门管理。审查合格的发给营业执照，帮助建立规章制度，不定期派干警进行检查，发现治安漏洞及时堵塞。1997年，通过清理整顿废旧收购业25家，没收非法收购废旧金属27.8吨，取缔非法收购7家；清查27家旅店，其中不规范营业13家，制度不完善11家，容留妇女卖淫3家。2000年，全县共有特种行业198家，其中旅店业72家，印刷19家，寄卖店4家，旧货业1家，废旧收购15家，机动车修理88家。通过清查，破治安案件21起，其中赌博9起，卖淫14起，放淫秽录像1起，违反旅店管理5起，非法收购废旧金属2起，抓获违法人员36名，取缔无证经营旅店3家，发放停业整改通知书10份，收缴淫秽影碟35件，没收非法收购废旧金属9吨。

花垣县1986—2000年特种行业管理统计表

表8－2－25　　　　　　　　　　　　　　　　　　　　单位：个

年份	旅店	废旧	刻字	其他	年份	旅店	废旧	刻字	其他
1986	97	18	3		1994	48	12	9	
1987	73	25	5	6	1995	48	12		
1988	73	18	5		1996	31	12	3	印刷10
1989	79	18	5		1997	31	12		典当4
1990	79	18			1998	31	12		照相3
1991	90	18	5		1999	31	12		
1992	90	18	12		2000	31	12		
1993	50	12	9						

四、"110"报警服务

1997年7月，县公安局成立110巡逻警察防暴大队，有巡警10人，其中公安干警5人，聘用人员5人，并开通110报警电话服务台。

1998年1月7日凌晨1时30分，巡警110接到报案，在花垣县城卖炭的保靖县清水乡大陀村村民李某夫妇遭到歹徒行凶抢劫，李立即拨打110求救。几分钟后，110巡警队即到现场并组织围捕。2时左右巡警在县民族中医院门口将晏某某为首的犯罪团伙抓获归案。2月16日，110巡警大队被县委、县人民政府授予全县"十佳先进单位"。1999年县城的社会秩序进一步好转，治安形势明显改善。

2000年12月25日中午，电信局县城收费室遭到一持枪歹徒入室抢劫。3名女营业员奋起反抗并及时拨通"110"报警电话。5分钟后，"110"巡逻队赶到案发现场处置，案发后1小时案犯即落入法网。

至2000年12月，巡警大队遵循"有警必接、有灾必救、有难必帮、有险必抢"的庄严承诺，共接警4381起，出动车辆8605车次，处警4302起，其中先期处置刑事案件602起，治安案件886起；解决群众纠纷883起，救助群众1563起；处理交通事故257起，其他案件112起；盘查可疑人员3500余人，抓获各类违法犯罪分子898名；缴获仿真枪28支，子弹200余发，管制刀具100余把。

第二节　户政管理

1986—1989年，县境户政管理业务由公安局治安股负责。1987年7月1日起，开始办理边境管理登记业务。1988年，治安管理部门启动办理居民身份证业务，当年办理11200人件。1990年，县公安部门设立户政股，配户籍民警5人，基层派出所各配户籍民警1人。6月30日，进行第四次人口普查，花垣县总人口为234308人。1993年，户籍管理逐步完善建档制度，并开始按规定办理蓝印户口即为干部职工中的农业户口的家属子女用钱买农转非户口。1996年，农村户口实行城市化管理，茶洞、团结、龙潭、麻栗场、民乐、城关、三角岩7个派出所对辖区内乡镇户口输入微机管理。2000年上半年，户政管理部门对县内户口进行整顿，查出人户分离1350人，户口待定3573人，应销而未销户人口2657人，暂住人口5711人，漏统人口937人。是年7月1日，进行全国第五次人口普查，全县人口总数为253750人。9月6日，县人民政府印发《花垣县户籍管理制度改革实施方案》，通过该方案的实施，方便了人口合理、有序地流动，有利于引导农村剩余劳动力就近、有序地向小城镇转移，促进生产力的发展。年底，县公安派出所开始接管辖区内的农村户口。

1987—2000年，花垣县在1986年的基础上，共增加人口48125人，年均递增10.1%。

第三节　刑事侦查

1989年10月12日，县公安局刑侦股改为公安刑警队。1993年12月1日，公安刑警队扩建为公安刑警大队。1997年，刑警大队升格为副科级机构，具体负责刑事侦查工作，其侦查方式沿用侦查和预审分开进行。1998年3月，侦查制度改革，将侦察和预审实行"侦审合一"制。是年，县公安局预审股并入刑警大队，更名为"花垣县公安刑事警察大队"，下设"五队一室"，即重案中队(一中队)、经济案件中队(二中队)、技术中队(三中队)、城镇中队(四中队)、农村中队(五中队)和内勤调度室,配置刑警19名。

20世纪90年代起,各种社会矛盾凸现,刑事案件逐步增多。县公安主管部门结合花垣实际,适时开展专项斗争,有力地打击了各种违法犯罪活动。1992年9月7日,县公安刑警大队在前往麻栗场尖岩村勘验一起盗窃案(偷盗者触及主人设置的电网而被电击身亡)现场,因车速快和路面矿渣湿滑,不幸在钟佛山脚下桥边发生车祸,4名刑警因公殉职。1993年,县城区内连续发生4起抢劫、残害、强奸厂矿企业女职工和盗墓奸尸系列案件,引起社会各界强烈反响,县委、县政府高度重视,责成公安局及时组织侦破。至1994年4月7日第五起类似案件发生,县公安机关将此案与前系列案件并案侦查。经过日夜奋战,4月24日将作恶多端的犯罪嫌疑人杨某某(男,30岁,花垣镇佳民村人)抓获归案,系列案件告破。1996年5月2日,刑警大队参加县委、县人民政府组织的以花垣镇、茶洞镇、长乐乡为重点的统一搜捕行动,一举抓获刑事犯罪嫌疑人17名。1997年6月9日,龙潭镇供销社五金门市部石某某家500克金砖和23300元现金盗窃案被破获,抓获犯罪嫌疑人2人。下半年,刑警大队破获以袁某某、田某某为首,先后在花果山、衡阳路和"七小队"卡拉OK厅强奸、轮奸妇女9人的流氓团伙,抓获犯罪嫌疑人21名。

1998年4月1日上午,民乐镇发生凶杀案,案犯石某某用火药猎枪打死打伤2名镇政府计划生育干部后潜逃。经刑警明察暗访和内线人提供的线索,发现石犯藏匿于贵州省松桃县世昌镇的一个村寨。7月9日晚,县刑警大队在县武警的配合下,不费一枪一弹便将犯罪嫌疑人捉拿归案。后经法院审理,以故意杀人罪依法判处石某某死刑。

1998年7月10日,县公安局"涉税犯罪案件侦察大队"成立,刑警大队所受理的经济案件改由税侦大队受理。10月9日,"9·20"无名男尸案成功侦破,犯罪嫌疑人胡某某、邹某、唐某三人落入法网。

1999年初,县境道二乡排楼村连续发生9起盗窃案,群众反映强烈。3月18日,县公安刑警大队组织警力,在排楼村开展反盗窃专项斗争。干警们走家串户,深入田间地头,走访78户村民,接触群众103人次进行调查取证。3月25日,一举将以石某某为首的两个盗窃团伙破获,缴获土枪、刀具3件,作案工具2件,追缴赃款7000余元。8月17日,根据群众举报线索,县刑警大队破获以杨某某为首的制造贩运仿真枪团伙案,当场收缴仿真枪51支和大量半成品及造枪工具,案犯嫌疑人被依法惩处。

至2000年底,花垣县共发生各类刑事案件4526起,破案3820起,破案率为84.4%;大案1010起,破案918起,破案率为90.9%;共查获各类犯罪嫌疑人5161人,捣毁犯罪团伙641个,成员2870人,挽回直接经济损失337.83万元。

第四节 公安保卫

一、政治保卫

1986年4月—1989年底,境内先后查出反革命案件线索3条,破获反革命集团案件1起。1990年3月6日,湘西自治州公安局指令花垣县公安局侦破化名为"李政"的"二一九"反革命挂钩信案。3月8日在吉首市公安局政保股、泸溪县公安局政保股的通力协助下,将该案破获,犯罪嫌疑人李某某被抓捕归案。

1993年8月6日,县里举办"93中国湖南(花垣)苗族赶秋节暨经贸洽谈会",县公安局政保干警对活动场所和会场进行实地查看,结合实际对安全保卫工作方案进行修订和完善,确保各项活动的顺利进行。

1997年6月21日,为迎接香港回归,县公安政保干警举行实战演练。8月26日,为迎接中共“十五大”顺利召开,县委、县政府召开政保工作会议,决定在全县开展创建安全文明小区、安全文明村镇和安全模范单位的“三创”活动。会议提出:政保工作要落实例会制、领导负责制、工作组制、部门负责制“四制”措施,确保做到“六不准”(不准出现越级上访事件,不准出现重大的地域性、群体性械斗事件,不准出现非法集会游行示威事件,不准出现冲击围攻各级党政机关事件,不准出现影响面大的特大恶性案件,不准出现乱收费、乱罚款等加重群众负担的侵权案件)。1997年,公安政保部门依法取缔邪教组织“门徒会”分会1个,聚会点7处,治安拘留2人,罚款10人,批评教育促成悔过65人。

1999年5月5日上午8时,排碧派出所接到群众举报电话,由吉首开往龙山车牌号为湘U16158的大客车内有4名外国人沿途向人群散发宗教宣传品。派出所获悉后立即报告县公安政保部门,政保部门立即组织干警前往拦截。9时左右,该车在319国道美惹路段被拦停。政保干警上车对4名外国人进行审查,依法没收所携带的宣传品,并给予严正警告后放行。下半年,政保部门对县内“法轮功”邪教组织的53名“练功”人员进行帮教和转化工作。经过耐心细致的转化教育,邪教“法轮功”练习者均与“法轮功”邪教组织决裂。

2000年,县公安局政保股改为国内安全保卫大队,配在编专职民警2人。4月7日,县公安局国保大队举办首期内保安全兼职干警培训班,每个派出所确定1名国内安全保卫兼职干警参训。

二、经济保卫

1986年,经济文化保卫股从公安侦察股分出,负责全县经济文化保卫工作。是年,全县县直单位共有经济文化保卫组织40个,专、兼职保卫干部245人。

1993年,组建花垣县公安局经济民警大队,下设21个支队,主要担负金融部门的守库、押运和国营企业重点部位的巡逻守卫。至2000年,该大队完成10多次安全押运现金的任务,从未发生任何差错。期间,经警大队配合刑警共抓获批捕在逃犯45名、负案在逃犯68名;协助公安机关破获一般刑事案件121起,重特大案件50起,查处治安案件289起,调处民事纠纷205起。

第五节　监所管理

1990年,花垣县看守所改称花垣县公安局看守所,与预审股联合办公,业务管理属湘西自治州公安局第四科。1992年侦、审合一后,看守所成为独立部门。看守所共有监房12间,其中女监2间,可拘押犯人140名左右。配有4名专职管教民警,负责日常提审工作。1993年,县委、县政府拨款扩建3间监房。至此看守所共有监房15间,其中过渡间2间。1994－1998年,经多次对监室进行翻新改造,可拘押犯人180人。

1999年,看守所共配有民警12名,其中女民警1名。2000年5月,根据湖南省公安厅《关于调整设置看守所武警警戒哨位的通知》精神,武警执勤实行“内转外”,即武警部队所担负的看守任务由内看转为外围警戒。是年8月,看守所监管警力增至15人,其中女民警1名。监内在押人员的管理教育,日常的收押、提审、会见、巡视、看守等工作均由公安监管民警担负。2000年,花垣监所月均关押量可达200人,属中型看守所。

第六节　交通安全管理

1986年7月，花垣县成立交通警察中队，属副科级单位，配队长1人，指导员1人。下设技术组、交通安全宣传组和财务管理组。1990年，交警中队升格为正科级单位并改称“花垣县公安局交通警察大队”，下设办公室、安全宣传股、车辆管理股，配置正副大队长各1人，正副教导员各1人。

1992年，为解决麻栗场因赶场天的交通拥堵问题，县委、县政府同意增设麻栗场交警中队，后编为花垣县交警大队第二中队。1993年，按照湖南省、湘西自治州的部署，县交警大队参与以319、209国道为重点的整顿重点地区和重点路段治安秩序的“畅安工程”行动。至1997年，县境交通秩序混乱的状况基本扭转。

1998年，因麻栗场路段成功改道，县交警大队第二中队撤回县城。1999年，交警大队的执勤范围重点在县城区域内。逢茶洞墟场赶场，临时派警员前往执勤，以维护场内外的道路畅通。2000年，根据湖南省交通警察总队的指示，县委、县政府在湘、黔、渝三省市交界的茶洞镇设立交通警察茶洞中队，后编为县交警大队第二中队。由于警力增加，解决了茶洞交通拥堵的问题。

随着经济的不断发展，机动车辆和驾驶员迅速增加，2000年底，县内在册机动车为2875辆，有驾驶员3732人，分别是1986年的2.7倍和3.3倍，年均增长率分别为11%和16%。

1986—2000年，县境共发生交通事故3579起，死亡279人，伤3693人。交警部门坚持“文明执勤、热情服务”的宗旨，纠正各类违章车辆，认真查处车辆肇事事件。15年间，共纠正车辆违章110730余车次，查处肇事驾驶员275人次。

第七节　林业公安

1987年3月，花垣县林业公安股成立，全称为花垣县林业局林业公安股，配事业编5人，隶属县林业局管理，业务由县公安局指导。1990年，花垣县森林防火指挥部及其办公室成立，定编3人。后根据上级指示精神，指挥部与林业公安机构合并，编制扩大到8人。1991年，通过统一报考新招林业公安干警5人，林业公安队伍扩大到13人。1992年，根据上级有关文件精神，花垣县林业局林业公安股更名为花垣县公安局林业派出所，有8名民警首次参加公安授衔。

1992年，开展清理乱砍滥伐专项斗争，重点清查排碧乡张刀村群众滥伐林木事件。1993年全县开展治理乱砍滥伐、乱捕滥猎“两乱”专项斗争，打掉了以石某某、常某某、常某某为首的盗伐林木犯罪团伙。1994—1998年，重点开展区域性严打整治斗争，查处盗伐、滥伐和无证经营、运输木材案件。1999年，全县开展林区严打斗争，重点查处群体性滥伐雪压木案件，共收缴木材30立方米，处罚17人。2000年，共受理乱砍滥伐、乱捕滥猎案件16起，查处16起，处罚违法人员29人次，收缴木材13立方米，挽回经济损失8万余元。年底，全县创建安全文明林区7个，面积3333公顷。

第三章 检 察

1986年,花垣县人民检察院设办公室、人事股、刑事检查一股、刑事检察二股、经济检察股、法纪股、监所股等室股,配检察长一人,副检察长二人。编制28人,实有干警27人。随着经济社会发展形势需要,县检察院内设机构逐步建立健全,先后在部分乡镇和县直的税务、烟草、劳动、供销、财政等部门设立检察室。1997年,根据案件管辖的有关规定,所有检察室全部撤销。2000年底,县检察院设有11个股、室、局、队。共有干警48人,正、副检察长4人,检察员37人,法警2人,其他人员9人。

第一节 反贪污贿赂侦察

1986年初,县经济检察部门根据中央领导和最高人民检察院有关打击经济犯罪的指示,于3月召开会议传达贯彻湘西自治州打击经济犯罪会议精神,制定打击经济犯罪规划和措施。从各股室抽调12名干警,并从外单位抽调19名干部,共31人组成3个专案组,分头突击查办县交通、物资和农业三个部门的万元贪污大案。很快查清案情,使犯罪分子受到法律的制裁。8月,经济检察部门专案组走访9个单位,一举查获常德市桃园区联合贸易公司正副董事长诈骗花垣6个国营企事业单位63.2万元的案件。

1987—1989年,开展以反贪污、反受贿为重点的打击经济犯罪斗争,由反贪机构抽人组成工作组深入到群众反映强烈的县纸厂开展调查工作。经调查核实,对有贪污、受贿行为的原材料科科长熊某某予以收审。同时,对其住处进行搜查,当场搜出现金53344元,存折两本。两年间受理举报各类经济犯罪案件线索72条,查处偷税和投机倒把违法行为138人件,追缴赃款27.4575万元,手表2块。在严打高压态势下,全县有32名经济犯罪人员投案自首,交代违法犯罪金额72万余元,退赔赃款19万余元。

1988—1990年,经济检察股共受理各类案件线索187件,初查187件,立案48件53人,起诉13件16人,免诉18件19人,法院作有罪判决13件16人,为国家、集体和企业挽回经济损失103.8万元。1990年始,在县直机关设立检察室。是年,县生资公司职工举报该公司财务人员兰某某贪污公款。调查核实后,经检干警连续三次前往犯罪嫌疑人家中搜查追赃,查获赃款11272元。

1991年后,加大对贪污、贿赂及挪用公款犯罪的查处力度。采取分开调查与秘密侦查相结合,专门侦查与协助调查相结合,侦破一批经济案件,使一批经济犯罪分子受到了法律的制裁。1992年,县直机关设立检查室6个,基层检察室查处经济犯罪线索15件,立案查处5件5人。县税务检察室初查6件,立案3件,挽回损失5.535万元。县农业银行检察室经几个月的艰苦取证,查清杨某某挪用公款4万余元的犯罪事实,追回全部赃款。1993年8月5日,立案查处县建设银行三岔路储蓄所储蓄员石某挪用、贪污公款案,因涉及金额大、作案次数多、涉案人员多,县检察院决定由主管副检察长牵头，集中经济检察股的骨干，连夜突击侦破，到9月10日审结。从立案到结案，前后仅一个月时间就全部查清石作案28次、参赌11次、涉及10多人、挪用公款70524元、贪污公款45150元的犯罪事实。是年，共查获贪污案5件5人，挪用公款案4件4人，偷税案1件2人，万元以上大案3件4人。

1994年12月，根据有关规定撤销经济检察股，成立反贪污贿赂局(简称反贪局)，机构升格为副科级。其职责是对县内发生的贪污、贿赂、挪用公款等经济犯罪案件进行侦查和预审，负责对经济犯罪情况及趋势的研究、分析和开展预防职务犯罪工作。是年，经济检察工作重点是查处发生在党政机关、司法部门、行政执法部门和经济管理部门副处级以上领导干部以及万元以上的大案要案。为推动这项工作开展，县检察院设立经济犯罪案件举报中心和举报奖励基金。坚持打防并举，抓好预防犯罪工作，向有关发案单位提出检察建议10余次。先后协助县供销联社、县木材公司、县振兴化工厂等单位收回私人占用资金100多万元。1995年，县反贪部门参加湘西自治州反贪侦破战役，先后派员到县粮食局、县农行、县物资总公司和县振兴化工厂等单位上法制课，协助这些单位落实整改措施。共查处贪污案2件2人，挪用公款案6件8人，偷税案2件4人，抗税案1件2人，其他案1件1人。

1991—1995年，共受理各类经济犯罪案件线索159件，立案侦查45件48人，向法院提起公诉14件14人均作有罪判决，免予起诉5件5人，逮捕犯罪分子9人，为国家挽回经济损失176万元。

1996年共受理案件65件，立案侦查35件38人。其中：贪污案9件12人，受贿案14件14人，行贿案7件7人，挪用公款案3件3人，偷税抗税案2件2人，向法院起诉16件16人均作有罪判决，追回赃款105万元。是年6月，湘西自治州反贪工作现场会在花垣召开。1997年，为迎接香港回归祖国营造宽松安定的社会经济环境，县反贪部门全力惩治贪污贿赂等经济犯罪。1998年，结合花垣实际开展“办案质量年”活动。湖南三立集团、东方锰业集团、金垣电力集团公司和县铁合金总厂等四家骨干企业被作为预防职务犯罪工作的重点单位。对重点亏损企业进行走访，发现隐患和漏洞及时协助企业进行整章建制。共向有关单位提出检察建议75份，收到“查办一案、教育一片”的社会效果。是年，共受理贪污贿赂案件线索32件，初查32件，立案侦查2件2人，受理渎职犯罪案件线索16件，立案2件，为国家和集体挽回直接经济损失134万元。1999年，依法查办职务犯罪案件，集中力量查办大案要案。在办理花垣县烟草公司吴某某贪污、挪用和受贿51万元案件时，办案人员奔赴十多个省市有关单位调查取证，历时两年。查清吴贪污公款25万元、挪用公款25万元、受贿1万元的犯罪事实。后经花垣县人民法院审理，以贪污罪、挪用公款罪、受贿罪判处吴有期徒刑15年。此外还查获涉案金额达5万元以上的贪污案件1件1人，挪用公款金额达10万元以上的案件3件3人。

2000年，坚持“打防并举，标本兼治”方针，开展职务犯罪预防工作。县渎职犯罪侦查局深入吉卫镇、两河乡、团结镇、茶洞镇等乡镇宣传法律法规，走访亏损企业，为企业排忧解难。是年5月，对累计亏损500余万元的三立集团下属矿山精选公司实地考察，帮助查找亏损原因，并对症下药提出整改措施，使该公司在很短时间内恢复了生产。县反贪部门在查办县水泥厂业务员刘某挪用公款12万元一案时，发现该厂业务员存在借支数额大、次数多而报账数额小、次数少的现象，造成企业资金周转困难，使犯罪分子有机可乘。对此，专案组提出切实可行的整改措施，并发出检察建议书。厂方采纳后迅速进行整改，有效地防止生产资金的流失，确保生产的顺利进行，经济效益得到提高。是年，县反贪局被湘西自治州反贪局评为先进单位。

1996—2000年,县反贪部门共受理经济犯罪案件线索122件135人,立案侦查36件37人,贪污案17件18人,挪用公款案7件7人,受理渎职犯罪案件线索13件,初查13件;侦查终结后起诉7件8人,为国家和集体挽回经济损失445.4万元。

第二节　刑事检察

花垣县检察院内设刑事检察一股和刑事检察二股。刑检一股负责对刑事案件的批准或决定逮捕,刑检二股负责对刑事案件的审查起诉。

1986年,刑事检察机关配合公安机关对严重危害社会秩序、危害人民安全的杀人、放火、抢劫、强奸、投毒、重大盗窃犯、重大流氓犯等犯罪分子进行打击。对情节恶劣、民愤极大、影响极坏的重大恶性案件采取提前介入、主动出击,直接参与公安机关的侦破、预审和快速作出逮捕起诉的决定。在批捕环节上,提前介入的案件占全年总数的50%。是年下半年,对1978年以前的免诉案件进行复查。共查出免诉案件18件18人,其中反革命案件8件8人,反动党团骨干案件5件5人,抢劫杀人案件2件2人,逼死人命案件1件1人,伤害案件1件1人,盗窃案1件1人。经过复查,刑事检察机关根据中共中央和湖南省、湘西自治州有关政策,撤销10人的原免诉决定,作不诉处理。对其中一起投诚人员案作不诉处理,并建议有关部门予以甄别平反。1987年,配合公安机关开展反盗窃、反扒窃、查赌博和打击拐卖妇女的专项斗争,受理公安机关移送审批起诉案件49件56人,复核22件,全部审查结案。经审查,向法院提起公诉案件45件51人,移送湘西自治州法院1件1人,免予起诉1件1人,撤回起诉1件1人,作免予起诉处理、退回公安机关补充审查1件2人,出庭支持公诉44案次。1988年,在审查吴某某诈骗、偷税、贩卖票证一案时,发现法院的判决存在漏罪判处、量刑畸轻,检察机关及时提出抗诉,经湘西自治州法院作出二审判决,吴被加刑。1989年共受理刑事案件105件,并全部审理结束。是年,县税务局、县农业银行、县电解锰厂相继设立检察室。1990年,刑事检察工作坚持"重大案件提前介入,重点复核和个人承办,集体讨论,检察长审批"的办案制度。通过参与公安机关现场勘察、调查取证、案情分析会、提前阅卷等形式,全年共41次提前介入公安机关的侦查活动,先后对40起案件进行实地复核,调取证据材料200余份,依据事实改变了公安机关对6起案件的定性,提起抗诉4件4人,避免了错案发生。

1986—1990年,受理移送审查起诉案件487件748人,向法院提起公诉395件607人,报湘西自治州检察院起诉25件41人,免予起诉26件39人,撤回起诉1件1人作免予起诉处理,退回公安机关补充侦查4件5人,积存35件50人,受理提请逮捕和本院自侦部门移送逮捕的各类犯罪嫌疑人848人。经审查共批准逮捕和决定逮捕691人,不捕102人,退查55人,出庭支持公诉118人次。

1991年,继续贯彻"从重从快"的方针,确保花垣县社会治安秩序稳定。检察室由4个增至6个。1992年,刑检部门坚持依法从快从严惩处严重刑事犯罪的原则,把杀人、强奸、重大盗窃和持枪抢劫的暴力性案件作为检察重点。1993年,刑检部门配合县政法战线开展"321"专项行动,切实打击严重刑事犯罪分子。4月14日,刑事检察机关受理的赵某某伤害案,法院按卷宗材料定赵犯有重伤罪。在审查过程中,发现被害人袁某的伤情存在疑点,为弄清真相,刑检部门4次派员深入发案地调查复核,两次赴吉首请湘西自治州有关部门重新验定伤情,查清了被害人袁某某不是重伤而是轻微伤,便依法对被告人作出不予起诉的处理,避免了一起错案的发生。7月9日,刑检部门对县法院就万某某故意伤害(重伤)案(6月19日判决)的量刑行为提出抗诉,湘西自治州中级人民法院采纳了抗诉意见,将罪犯的刑期由1年改判为3年。1994年,刑事检察部门把严打工作重心放在查处杀人、抢劫、强奸等严重危害社会治安的案件上,实地复查案件98件,发现漏犯10人,均向公安部门提出补报建议,改变公安定性案件10件9人,作不捕决定3人,改变伤情鉴定3件。1995年,刑事检察部门积极参与"春节严打攻势"和以整顿农村社会治安为重点的专项斗争。依法追加逮捕案犯3人,追加起诉漏犯1人,提出抗诉1件1人,严惩一批车匪路霸和村痞村霸。

1991—1995年,共受理移送起诉案件463件847人,其中向县法院提起公诉349件600人(含县检察院追诉1人),报湘西自治州检察院起诉56件152人,县检察院作免诉处理33件44人,退回补充侦查17件26人,不诉讼1件2人,积存5件18人。受理提请逮捕和本院自侦部门移送逮捕的各类犯罪嫌疑人970人,经审查共批准逮捕和决定逮捕801人,不捕112人,退查67人,出庭支持公诉率为100%。

1996年,受理公安机关和自侦部门提请批捕案件142件338人。经审查,批准逮捕125件285人,无错捕、漏捕案件。受理公安机关和自侦部门移送起诉案件154件244人,向法院提起公诉105件152人。出庭支持公诉率和胜诉率均为100%。1997年,为迎接香港回归,花垣县"严打"斗争处于高压状态。1998年,加强刑事侦查、刑事审判和刑事案件执行监督。在坚持基本事实清楚、基本证据确凿的前提下,从重从快优先批捕和起诉,提前介入查处各类严重刑事犯罪案43件。坚持案件实地复核制度,全年复核率达100%。是年,法庭审判方式作重大改革,由传统的"纠问式"改为"控辩式"。1999年,刑检部门根据宪法、刑事诉讼法、民事诉讼法和行政诉讼法的有关规定,进一步加强执法监督。4月21日,县刑检部门受理团结镇老王寨选厂不服保靖县人民法院一审判决和湘西自治州人民法院二审判决的申诉案后,组织专门力量,7上矿山2下保靖多次跑吉首,反复做调查平衡和汇报请示工作,得到湘西自治州中级法院的支持,裁定该案暂缓执行,立案再审,化解老王寨民众与一审法院和二审法院干警的直接冲突。是年,依法要求公安机关说明8件应当立案侦查而不立案的理由,依法通知公安机关立案4件。对不构成犯罪或不符合逮捕、起诉条件的17人依法作出不批准逮捕决定。依法作出不予起诉5人,追加逮捕决定13人,纠正超期羁押意见16人次,提起抗诉12件。2000年1月25日,刑检部门在移送审查、起诉犯罪嫌疑人县林业局麻某贪污一案时,发现其贪污案发畏罪潜逃期间又涉嫌诈骗罪。办案人员再次深入周边县市及长沙等地调查取证。核实后,检察机关以贪污罪、诈骗罪向县人民法院提起公诉。县法院对案件进行审理后依法作出数罪判决,犯罪嫌疑人受到应有的惩罚。同年5月,刑检部门在审查批准逮捕人犯时,发现犯罪嫌疑人藤某的抢劫行为明显、情节严重。经调查取证,作出追加逮捕决定。经审查后,向县法院提起公诉,藤被依法判处有期徒刑12年。是年,共依法要求公安机关说明不立案理由并通知公安机关立案11件17人,追加逮捕7人,追加诉讼2人,要求公安机关撤案2件4人,改变公安定性6件6人,追加漏罪7条,增加新罪6条。

1996—2000年,共受理公安机关和本院自侦部门移送审查起诉案件549件982人,经审查提起公诉419件688人,报湘西自治州检察院审查起诉34件88人,不诉17件41人,退回公安机关补充侦查87件178人。共受理提请逮捕和本院自侦部门移送逮捕的各类犯罪嫌疑人1396人,经审查共批准逮捕和决定逮捕1237人,不捕168人。

第三节　渎职犯罪侦查

花垣县渎职犯罪侦查机构原称法纪检察股，1998年更名为渎职犯罪侦查局。1986—1996年期间，法纪检察股负责全县范围内侵犯公民权利、人身权利、国家工作人员渎职、重大责任事故等各类案件的侦查和预审。1997始，职责范围缩小，主要负责对国家工作人员的渎职犯罪和国家机关工作人员利用职权非法拘禁、刑讯逼供、报复陷害、非法搜查等侵犯公民人身权利的犯罪以及侵犯公民民主权利犯罪的立案侦查。

1986年，渎职犯罪侦查机关受理渎职、玩忽职守、重大责任事故案件线索4件6人。针对事故造成8人死亡，25人重伤(含1985年1件2人)，直接经济损失18.5万元的问题，决定立案侦查2件4人，起诉2人，待诉2人。查处重婚案件2件2人。1987年，法纪检察股共依法办理非法拘禁、非法侵入他人住宅、玩忽职守等重大安全事故案件23件，立案侦查6件6人，逮捕案犯2人，起诉4件4人，免诉1件1人，待查1件1人，撤案1件1人，转送外单位处理17件。1988年，共受理各类案件20件，其中责任事故7件，非法拘禁6件，非法侵入他人住宅3件，诬告陷害1件，刑讯逼供1件，报复陷害1件，其他1件，立案查处2件4人，办结后已移送起诉。1989年，法纪工作在认真查处案件线索的同时，办结1起非法拘禁他人致死的案件。1990年，初查案件线索11件，决定立案查处4件4人，均已办结并移送起诉。1991年，法纪检察股深入乡镇和县直单位开展法制宣传。初查案件线索5件，立案1件1人，免诉1件1人。1992年，受理各类案件线索5件，立案1件2人。同时深入乡镇、厂矿了解情况，开展法制宣传。1993年，受理各类案件线索18件，经初查，决定立案2件4人，向法院移送起诉2件3人，免诉1人，妥善处理不够立案的案件16件。1994年，受理案件线索12件，初查12件，立案1件1人，向法院起诉1件1人。1995年，加强对矿山的安全检查，写出《关于矿山安全生产管理的调查与思考》和《关于县铅锌矿耐子堡矿区现场检查情况的汇报》的调查报告，引起县委、县政府高度重视，组织工作组对矿山进行整顿。至1996年，法纪检察机关共受理案件线索10件13人。经初查，立案侦查3件6人，并派干警20余人次深入厂矿、企业进行安全管理检查。1997—1998年，受理渎职犯罪案件线索16件，初查16件，立案2件，移送法院判决1件，为国家和集体挽回直接经济损失136万元。1999年，共受理渎职犯罪线索3件，初查3件，立案2件。2000年，受理渎职犯罪案件线索10件，初查10件，为国家和集体挽回经济损失120万元。

第四节　其他检察

一、控告申诉检察

1986年，花垣县检察院增设接待室，并确定专人负责。是年，花垣县物资局署名“一群人”的控告信中，指控一单位领导和采购人员有贪污受贿、投机倒把行为，县检察机关立即组织力量进行查处，有关部门没收了这个单位高价出售的钢材款6万元,对直接负责人作免诉处理。全年共受理控告申诉案件128件,按照管理权限转交有关部门处理102件,检察机关自行查处26件。1987年,县检察机关加大控告申诉检察工作力量,控申工作由原来的收收转转逐步转为以办案为重点。全年共受理控告申诉案件112件,转有关部门处理62件,自行处理46件,存查4件。1988—1990年,共受理各类信访496件次,移送有关部门处理300件,自行处理196件。1991年,县检察机关设立“检察长接待日”,共受理来信来访116件次,转送有关部门办理91件次,自行处理25件次。1992—1993年,开展创建文明接待室活动。慎重对待龚某某亲属对县检察院于1992年免予起诉王某一案不服提出的申诉,并及时受理立案调查,经过阅卷和到发案地调查,查明龚某某之死是同王某在酒席上发生口角而导致双方群众的斗殴,王某砍了龚某某一刀,但这刀不是龚致死的直接原因,进一步认定对王某一案的免诉事实清楚,定性准确,处理恰当,故维持原免诉决定。经解释,龚某亲属心服口服,并表示不再申诉。2年间,县检察院接待室共接待来信来访181件次,其中直接答复55件次,转送有关部门处理110件次,立案查处16件次。1993年11月,县检察院接待室被湘西自治州检察院评为“文明接待室”。1994年初,湘西自治州控告申诉举报工作现场会在花垣召开。全年共受理来信来访108件次,转送有关部门办理62件次,其中转法纪部门查处3件,转反贪部门查处5件;直接答复6件次,初查20件次,自查12件;侦查结案6件7人,待结案3件4人,存查2件2人,起诉1件1人。是年9月,县检察院控告申诉部门被湖南省人民检察院评为“文明接待室”。1995年,办结控告申诉案件79件,化解“告急”案件10件。当年,县检察院被评为湖南省基层检察院控告申诉检察工作先进集体。1996年,受理群众来信来访150件次,直接答复85件次,转有关部门办理65件次。初查9件,立案侦查3件3人。是年,县检察院接待室在湘西自治州交叉检查验收中获得174分,名列全州第一。1997—1998年,共接待来信来访87件次,直接答复20件次,转有关部门办理19件次,初查48件次,结案率100%。1998年3月,全州控告申诉举报工作现场会在花垣县召开;8月,湖南省检察机关第五次控告申诉工作会议在花垣召开。1999年,共受理群众来信来访65件次,结案率100%。2000年,受理来信来访98件,其中举报各类案件线索24件,一般来访14件,自查40件,转有关部门办理14件。是年,县检察院接待室被湖南省人民检察院授予“文明接待室”称号。

二、监所检察

1986年,县检察院派专干对看守所进行驻所检察并设立驻所检察室,对看守所的安全防范进行65次小检查和13次大检查,向监狱管理部门提出8条检察建议,缴获各种危险物品32件,配合看守所清监检查发现贪污犯曹某某身藏存折一本,内存现金9016元,另私藏现金3500元,当即予以收缴上缴国库。1987年,查出违法行为1次,超期关押案犯1件3人,错算刑期1件1人,均予及时纠正。进行安全防范大检查14次,提审教育案犯30人次,预防哄狱闹监8人次,制服起哄闹事6人次,防止自杀苗头4人次,向监狱改造单位提出整改措施5条。1988—1990年,共开展法制教育32次,配合看守所进行检查76次,清除危险物品63件,对监管等单位提出口头纠正14次。1990年,先后2次对监外执行的人员改造情况进行检察,与监管单位一道发现一起在押犯通过看守武警传递串供纸条和一起公安干警私提经济案犯与家属会见案。1991—1993年,驻所检察室对82名监外执行和服刑人员进行监督考察。1994—1999年,驻所干警坚持“四勤四严”(即勤提审,严禁体罚人犯;勤查看,严禁白条关押;勤巡房,严惩牢头狱霸;勤查问,严禁克扣人犯伙食标准)。2000年,以对罪犯减刑、假释、保外就医监督为重点,强化刑罚执行监督工作。针对看守所存在的超期羁押等现象和监管安全方面存在的隐患，提出纠正意见，并加强对牢头狱霸的打击力度。给人犯上法制教育课22次，配合看守所清监检查41次，共办理在押人犯、保外就医人员重新犯罪案件2件，有3名罪犯分别被判处有期徒刑20年、15年和9年。

1986—2000年15年间，县检察院逐步加强驻所检察室的规范化建设，改善工作环境，加大科技投入，建立健全各项规章制度，积极争创湖南省三级检察室。2000年，花垣县检察院驻所检察室被湖南省人民检察院授予“三级检察室”称号。

三、民事行政检察

1994年，花垣县检察院设民事行政检察股，与控告申诉股合署办公。主要受理不服县人民法院一、二审判决的民事、行政、经济案件的申诉。是年，民事行政检察部门受理民事行政案件4件全部办结。1997年，县人民法院一审判决龙潭化工冶炼总厂违约败诉，应赔偿承包人64.5万元。龙潭化工冶炼总厂不服并提出申诉，县检察院民事行政检察股受理后，经审查发现一审法院认定事实有误，适用法律不当，即依法提请湘西州人民检察院抗诉。是年底，民事行政检察股独立办公。1999年5月，县人民法院对龙潭化工冶炼总厂案开庭再审，最后判决龙潭化工冶炼总厂不承担违约责任，为企业挽回经济损失64.5万元。1994—1999年，县检察院先后3次被湘西自治州人民检察院评为“先进办案单位”，2000年县检察院民事行政检察股被湖南省人民检察院评为先进办案单位。

1995—2000年，县检察院民事行政检察股共受理民事、行政申诉案件82件，其中立案审查35件，经审查提请抗诉25件，全部被湘西自治州人民检察院采纳；建议提请抗诉5件，向人民法院发检察建议5件，建议开庭再审改判12件。

四、技术检察

1996年，县检察院设立技术检察股，对有关案件进行现场勘验，收集、固定和提取与案件有关的痕迹物证并进行科学鉴定；对有关业务部门办理案件中涉及技术性问题的证据进行审查或鉴定。1986—2000年，共办理各类技术鉴定案件716件，其中法医检验436件，司法会计鉴定172件，现场勘验78件，文痕检验30件。1996—1998年县检察院技术检察股连续3年被湖南省人民检察院评为湖南省基层检察院先进集体。

第四章　审　判

第一节　机　构

1986年底，县法院设办公室、民事审判庭、刑事审判一庭、刑事审判二庭、经济审判庭等1室4庭，配院长1人，副院长1人。定编30人，实有干警28人。设茶洞、民乐、龙潭、吉卫、麻栗场、城郊、城关7个基层法庭，定编14人，实有干警12人。到2000年底，县法院设刑事审判庭、民事审判庭、经济审判庭、行政审判庭、审判监督庭、立案庭、执行庭、司法技术室、司法警察大队共9个专业机构，下辖城关、城郊、茶洞、民乐、龙潭、吉卫、麻栗场等7个中心法庭，共有在职干警64人、法官45人，其中高四级法官2人，初一级法官8人，初二级法官24人，初三级法官9人，初四级法官2人，设正副院长4人。1986—1994年，县法院院长相继为麻楚茂、石仕泉、施进成。1995—2000年，根据上级有关规定，法院院长实行异地交流，凤凰县法院院长麻秀贵调任花垣县人民法院院长。

刑事审判庭 1986年，县法院配置专职人员负责刑事审判工作。2000年底，刑事审判庭共有干警5人，其中法官4人，书记员1人。

民事审判庭 1986年，民事审判庭配置专职人员负责民事审判工作。2000年底民事审判庭共有干警4人，其中法官3人，书记员1人。

经济审判庭 1981年3月30日，县人大常委会花常发〔1981〕2号文件批准县法院设立经济审判庭。1986年起，县法院配置专职人员负责经济审判工作。到2000年底，经济审判庭共有干警3人，均为法官。

行政审判庭 1987年，县法院设立行政审判庭。2000年底行政审判庭共有干警2人，其中法官1人，书记员1人。

审判监督庭 1986年，县法院刑事审判第二庭负责审理历史遗留的冤、假、错案。1990年，刑事审判第二庭因完成历史使命而撤销，同时设立控诉申诉审判庭。1997年撤销控诉申诉审判庭，设立审判监督庭。2000年审判监督庭共有2人，均为法官。

立案庭 1997年，县法院设立立案庭，负责审定各种案件性质和立案、司法统计及信访接待工作。2000年，立案庭共有3人，均为法官。

执行庭 1993年3月，县法院设立执行庭。其主要职责是执行已经生效的案件判决书、裁定书、调解书、支付令、仲裁裁决及法律规定由人民法院执行的其他法律文书。2000年执行庭共有干警5人，其中法官2人，书记员3人。

司法警察大队 1994年4月20日，县法院设立司法警察大队。其主要职能是押解人犯、开庭值勤和参与部分执行工作。2000年司法警察大队共有警察4名。

司法技术室 1997年始，县法院设立司法技术室，配司法技术员1人。其主要职能是进行各种司法技术鉴定。

城关人民法庭 1984年成立，2000年6月前共有4名法官。是年7月，根据湖南省、湘西自治州法院有关文件规定，城关人民法庭撤销并入县法院民事审判庭。

城郊人民法庭 1978年成立。2000年6月前，共有干警4人，其中法官3人，书记员1名。是年7月，城郊人民法庭撤销并入县法院民事审判庭。

茶洞人民法庭 1954年成立，由专职审判员和人民陪审员负责民事审判及轻微刑事案件的审判。1967年该庭撤销，1973年恢复。2000年7月，茶洞人民法庭更名为团结人民法庭，庭址迁往团结镇人民政府驻地。团结人民法庭共有干警4人，其中法官1人，书记员3人。

民乐人民法庭 1954年成立，由专职审判员和人民陪审员负责民事审判及轻微刑事案件的审判。1969年该庭撤销，1973年恢复。2000年7月，民乐人民法庭撤销并入龙潭人民法庭。

龙潭人民法庭 1954年成立，由专职审判员和人民陪审员负责民事审判及轻微刑事案件的审判。1969年该庭撤销，1973年恢复。2000年底龙潭人民法庭共有干警有5人，其中法官3人，书记员2人。

吉卫人民法庭 1954年成立，由专职审判员和人民陪审员负责民事审判及轻微刑事案件的审判。1969年该庭撤销，1973年恢复。2000年吉卫人民法庭共有干警4人，其中法官2人，书记员2人。

麻栗场人民法庭 1954年成立，由专职审判员和人民陪审员负责民事审判及轻微刑事案件的审判。1969年该庭撤销，1973年恢复。2000年麻栗场人民法院共有干警4人，其中法官1人，书记员3人。

第二节　刑事审判

1986年，县法院开展严厉打击贪污、贿赂、投机倒把和刑事犯罪专项斗争，以审理刑事犯罪案件为主。1989年8月3日，起诉认定谭某某故意杀人一案。被告堂弟谭某某（双目外伤性失明，已丧失劳动能力）因经常谩骂被告并踢打房屋，被告谭某某遂起杀人之心。1989年5月26日下午2时，被告将堂弟谭某某杀死，并抛尸于天坑内。1989年8月26日，主审法官经复核证据后，宣布判处被告有期徒刑15年，剥夺政治权利5年。1992年1月14日被告何某某、田某某、吴某某合伙窜至四川省秀山县购买土制火药手枪19支，准备前往常德出售。当天下午途径花垣县城时被县公安机关抓获，缴获土制火药手枪19支，手表三块，人民币130元。庭审后，以三被告人犯有买卖枪支罪，各判处有期徒刑2年，随案赃款、赃物予以没收。1989—1992年，共受理各类刑事案件730起，审结712起，审结率达97.5%，其中审结刑事公诉案件616起，占审结的86%；审结刑事自诉案件96起，占审结的14%。

1994年8月14—15日，花垣镇宋某某、吴某某、肖某等人在县城农贸市场个体饭店寻衅滋事，打伤在饭店吃饭的保靖、花垣两县公民2人，抢得现金270元。该案起诉审理后法院以流氓罪、抢劫罪数罪并罚，判处宋某某有期徒17年，剥夺政治权利3年；判处吴某某有期徒10年，剥夺政治权利1年。1996年5月审理查明被告黄某某伙同他人盗窃花垣铅锌矿的锌精矿5.95吨，价值12230元。法庭当庭宣布判处黄有期徒刑3年，并处以罚金15000元。1993—1997年，共受理、审结各类刑事案件562起，审结率为100%，其中审结刑事公诉案件481起，占受理、审结案的87%；审结刑事自诉案件81起，占受理、审结案的13%。

1997年1月和10月，中华人民共和国分别公布并实施修改后的《中华人民共和国刑事诉讼法》和《中华人民共和国刑法》，实行审判制度改革。1998年1月20日，县法院审理被告人范某某、李某非法贩卖毒品案。经查实，两犯共同非法贩卖海洛因18克，获利9000元。庭审后，当庭宣判被告人范某某犯贩卖毒品罪，判处有期徒12年，剥夺政治权利2年；李某犯贩卖毒品罪，判处有期徒刑7年，并处以罚金5000元。是年，县法院还公开审理被告人吴某某抢劫案（吴曾因犯抢劫罪被判刑9年）。吴因病保外就医，病愈后不思悔改，在大街小巷抢劫三轮车司机和行人财物，并伙同他人盗窃弹药。庭审结束后，当庭判处吴有期徒刑20年，剥夺政治权利5年。1999年8月15日，县法院审判龙潭镇李梅村犯罪嫌疑人龙某某、刘某某、吴某某、龙某某爆炸县整顿矿山工作领导小组深入矿山办案的数辆小车案，以龙某某犯爆炸罪、非法制造爆炸物罪和非法持有枪支罪，实行数罪并罚，依法判处其有期徒刑20年，对刘某某、吴某某、龙某某分别判处有期徒刑8～9年，并对窝藏犯罪嫌疑人龙某某的龙某某、马某某各判处有期徒刑3年。1998—2000年，共受理各类刑事案件268起，审结267起，审结率达99.6%，其中审结刑事公诉案件224起，占审结的83%；审结刑事自诉案件43起，占审结案的17%。

第三节　民事审判

1986年，县法院共受理各类民事案件163起，其中婚姻纠纷案78起，占受理案件总数的47.8%；

财产权益纠纷案件33起，占受理案件总数的25%；损害赔偿案件28起，占受理案件总数的17%；其他民事案件24起，占受理案件总数的15.2%。1987年，民事案件上升，婚姻纠纷案件居于首位，财产权益纠纷案件也在增长。1988年10月20日，两河信用社以农户吴某某、吴某某等24户欠300—500元不等的贷款到期不还为由，到民乐法庭起诉，要求还贷。该庭于同年10月23—26日分别进行调解，达成还款协议，并分期执行完毕。1989年1月，张某某诉田某某伤害赔偿一案，全部卷宗只有原告的一张起诉文，所有证人证言、医生诊断证明、所花费用证明等全部由法官提取，最后调解结案。

1986—1989年，共受理各类民事案件1213起，其中婚姻纠纷案件439起，占受理案总数的36%；财产权益纠纷案378起，占受理案总数的31%；损害赔偿案件211起，占受理案总数的17%；其他民事案件185起，占受理案总数的15%。

1991年实行民事审判改革，以"谁主张，谁举证"的透明方式办案。法官根据诉状提供的事实和理由，以书面或口头的形式向原被告提出应举哪些书证、物证和人证，并说明举伪证和不举证的法律后果。经法官提示后，对当事人举不出证而又坚持起诉的案子，法院依法驳回其诉讼请求。至1992年共受理各类民事案件830起，其中婚姻纠纷282起，占受理案总数的34%；财产权益纠纷212起，占受理案总数的26%；损害赔偿纠纷案件187起，占受理案总数的23%；其他民事案件149起，占受理案总数的17%。

1993—1997年，共受理各类民事案件2307起，其中婚姻案件1038起，占受理案总数的44.99%；财产权益纠纷案件611起，占受理案总数的26.48%；损害赔偿纠纷案件336起，占受理案总数的14.57%；其他民事案件322起，占受理案总数的13.96%。1998—2000年共受理各类民事案件1449起，其中婚姻家庭纠纷案件544起，占受理案总数的37.6%；财产权益纠纷案件436起，占受理案总数的30%；损害赔偿纠纷案件301起，占受理案总数的20%；其他民事案件168起，占受理案总数的12.4%。

第四节　经济审判

1986—1990年，县经济审判庭的工作主要是为企事业单位保驾护航，为经济建设服务。审判程序上实行当事人举证与法官取证相结合，实体处理上能调解的尽量调解，调解不好的则予以判决。1990年8月22日，花垣锰一厂诉广东省珠海市西部物资总公司拖欠货款一案，县法院查清事实后组成合议庭，在广东省珠海市香州区人民法院配合下，于是年10月27日进行公开审理。后因调解达不成协议，当庭判决被告乙方珠海市物资总公司返还所欠原告甲方花垣锰一厂货款577150元，赔偿经济损失159768.66元，运费6486.24元，共计人民币743403.9元。判决生效后，一次性付清。

1991—1995年，经济审判实行"谁主张，谁举证"的改革，简便程序，减少诉累。1992年11月2日，花垣县民政塑料厂诉怀化地区被服制鞋厂货款纠纷一案。原告诉请被告返还欠款7980元，约定滞纳金37506元。经当庭双方举证查明，1990年2月12日，怀化地区被服制鞋厂委托尹某某到花垣民政塑料厂购塑料粒子6吨，价值11380元。双方约定于1990年2月底前付清货款，如逾期不付，应付5%的滞纳金。被告因资金不足，仅付3400元，尚欠7980元，原告曾多次派员催收货款未果而将其告上法院。本案在审理过程中，双方达成协议，被告于1993年3月30日一次性偿还所欠原告货款并补偿经济损失500元。约定滞纳金,原告自愿放弃。

1996—2000年,经济审判突出为企事业单位服务。1996年12月,花垣县五金厂诉益阳地区轻工工贸公司拖欠货款案。此案在起诉时,经审查,原告证据扎实,事实清楚,被告若不还原告所欠250940元货款,必将造成五金厂职工过年困难。为解企业燃眉之急,法院派两名法官陪同五金厂负责人去找被告单位经理、法人代表龙某某。在法官耐心地说服下被告终于同意用现金和部分货物作为还款。农历腊月二十八日,主审法官将10万元现金和价值6万元的物资交给县五金厂。

第五节　行政审判

花垣县行政审判始于1988年,当时尚未设立专门的行政审判机构。1990年10月1日,《中华人民共和国行政诉讼法》颁布实施。1997年,县法院正式设立行政审判庭,审理行政案件,即审理"民告官"案件。1991—2000年,县法院共受理3起行政案件。1993年2月22日,猫儿乡村民石某某诉猫儿乡政府《关于石某某与石某某梨树纠纷的处理决定》一案,经查明,原告所争梨树系原告祖辈所栽属实,但新中国成立后入社梨树转归集体所有。20世纪80年代初实行联产承包责任制时规定,零星树木在谁承包田坎或土坎内,就归谁所有。而此树长在被告的承包田坎内,理应归其所有。1993年1月28日,原告未经林业部门批准,将此树砍倒,引起纠纷。猫儿乡政府根据规定将梨树处理给被告所有。原告不服,并提出上诉,将猫儿乡政府告上法院。县法院经复核,于是年5月19日开庭审理此案。法庭在查明事实后,根据《中华人民共和国森林法》第十四条、《中华人民共和国行政诉讼法》第五十条的规定,判决维持猫儿乡政府的处理决定。

第六节　案件执行

1986—1992年,县法院所审结的案件,多为自审自执。期间,由于执行警力不足,强制执行难以到位,形成"空调白判"的法律白条,引起社会各界的强烈关注。1991年初,湖南省高级法院下发《关于清理历年(即1990年前)未执行案件的通知》。是年5月,中共湖南省委、省人大下发《关于加强人民法院执行工作的通知》。随后湖南省、湘西自治州两级法院又专门召开案件执行工作会议。要求开展集中领导、集中时间、集中力量的"三集中"执行活动。县委、县人大、县人民政府高度重视,成立以县委副书记为组长、县人大常委会副主任、副县长、政法委书记为副组长、县法院正副院长为成员的执行活动领导小组。1991年11月25日—12月15日,县领导小组抽调县法院干警40名、公安派出所干警和联防队员22人、乡(镇)及县直机关干部100名共计162人,车辆24台,20天内共执行案件500件,执行标的3.4万元。

1993年,县法院执行庭负责执行全院办理的疑难案件。1994年,司法警察大队与执行庭共同完成执行任务,使案件执行步入正轨。

1997年,最高人民法院下发《关于清理历年未执行案件的通知》。县法院根据通知精神,及时清理出1992—1997年未执行的案件50起,并成立三个执行组,10天时间将积案执行完毕,受到湘西自治州中级法院的通报表杨。

1999年9月7日,中共中央转发《中共最高人民法院党组关于解决人民法院执行难问题的报告》。县委、县政府根据文件精神，成立由县委副书记任组长，县人大、县政府和县纪委、县政法委、县法院等有关部门负责人参加的执行工作领导小组。9月14日，县执行领导小组调集公、检、法、司、城建、国土及民乐镇等单位司法干警和干部职工110人，依法执行县法院〔1998〕花行第11号判决书，强制拆除邓某某等7户村民在民乐墟场上违法修建的8间房屋，收回580平方米的公有土地。湘西自治州中级法院以《花垣县铲除钉子户，力克执行难》为题予以通报表扬。

1999年，县法院实行审执分离。凡所审结的案件，除及时清结外，有执行标的的案件，在调、裁、判法律文书生效后，全部交给执行庭执行。

第五章　司法行政

1986年底，花垣县司法局内设：办公室、法制宣教、人民调解、法律顾问、公证、财务等6个股室（处），编制29人，实有28人。设局长1人，副局长1人，基层司法员16人。

2000年底，花垣县司法局内设机构8个，定编27人，实有22人。其中：办公室2人，政工股1人，宣教股3人，基层股2人，公证处3人，法律援助中心4人，法律股2人，财务股2人，设局长1人，副局长2人。司法员定编21人，实有18人。

第一节　普法教育

一、"一五"普法教育

1986—1990年，国家实施第一个五年普法计划简称一五普法。1986年初，县司法主管部门制定全县普法工作计划。重点学习《中华人民共和国宪法》《中华人民共和国刑法》《中华人民共和国婚姻法》《中华人民共和国森林法》和《治安管理处罚条例》。1986年10月，县普法领导小组在县委党校培训县级和科级、乡镇党委、政府正副职领导干部500余人。1987年，县司法部门着重进行宪法和全国人大常委会《关于加强法制教育维护安定团结的决定》的宣传教育，以学习宪法为主要内容，宣传《中华人民共和国森林法》《中华人民共和国土地管理法》和《治安管理条例》。

1988年，根据湘西自治州普法领导小组的普法要求，结合花垣实际印发《民法通则》《土地管理法》和《治安处罚条例》的普法手册4000册，并以苗歌、山歌、广播、墙报、黑板报等形式广为宣传。

1989年，县司法主管部门根据湖南省普法领导小组、湖南省委宣传部、湖南省司法厅联合发出的湘司发〔1989〕1号文件的要求，制定了县级干部、科局级干部和一般干部职工学习16个关于经济建设的法律法规，城乡个体工商户学习其中的5个法规，农村干部群众学习3个关于促进农业发展的法律法规的多层次学习计划。同时，继续抓好以青少年为重点的普法学习活动，注重待业青年就业培训，对待业青年进行普法教育和专业法律法规教育。运用苗歌、山歌、墙报、黑板报、巡回播放普法录像磁带等进行群众性的普法教育。

一五普法期间，全县有14万人接受普法教育，占普法对象总数的80％，合格率达99％。

二、"二五"普法教育

1991年，县委、县政府批转《关于在全体公民中开展法制宣传教育的第二个五年规划》。全县81个科级单位、21个乡镇和315个村(居)委会成立了普法领导小组。把民乐镇、税务局、水泥厂和县民族中学作为第二个五年普法的试点单位。分期分批举办法制学习班50期,培训普法骨干5400人次。1992年,突出各级领导干部普法学习重点,开展宪法颁布十周年纪念活动。全县悬挂张贴普法宣传横幅标语650条,召开1次有48人参加的执法部门负责人座谈会总结普法经验。县直各单位组织干部深入农村开展《中华人民共和国税法》《中华人民共和国计生条例》《中华人民共和国义务教育法》《中华人民共和国妇女权益保障法》《中华人民共和国残疾人保障法》宣传活动。由县委宣传部牵头,组织县直有关部门领导和干部集中学习《中华人民共和国企业法》《全民所有制工业企业转换经营机制条例》《中华人民共和国工会法》《中华人民共和国环境保护法》。1993年,重点进行《中华人民共和国专利法》的学习和宣传。县委、县政府建立学习、宣传专利法领导小组并举办学习班进行专题宣传,举办"掌握专利知识,开发花垣经济"研讨会和专利知识有奖竞赛各一次。司法局协助有关部门进行《新专利法知识汇编》和《中国专利报》宣传,全年共印发宣传资料1000余份。1994年,县委中心学习组把学习法律列为重点内容之一,共上法制课5次,县领导参学率100%。是年,全县设立法制教育学校21所,村办法制教育夜校290所,培训普法骨干5000余人。

"二五"普法期间,全县参加学习人员达10万人次。

三、"三五"普法教育

1996年,县委、县政府批转县普法领导小组《关于在全体公民中开展法制宣传教育的第三个五年规划》。1997年,县委、县政府围绕"严打"斗争和依法治县开展法制宣传教育,广为宣传新的《中华人民共和国刑法》和《中华人民共和国刑事诉讼法》。共发放普法读本1460册,举办各种法制学习班47期,参学人员2865人。1998年,中共花垣县委出台《关于加强依法治县的决定》,召开依法治县动员大会。1999年初成立花垣县依法治县领导小组,加强对依法治县工作的领导。为配合这项工作,县人大常委会出台《关于依法治县的决议》,县人民政府出台《关于依法治县的实施意见》,县人民检察院出台《关于实施依法治县战略的意见》,县法院出台《关于贯彻落实依法治县的实施办法》。此外,在教育战线推行法制副校长制度,全县有35所中小学配备法制副校长,人员从司法干警中选聘。2000年,县编委确定依法治县领导小组办公室为常设机构,县委办、县政府办联合下文明确办公室的工作职责。全年发放《农民普法简易读本》5.3万册,入户率达86.8%;颁发"三五"普法合格证书1130份。

第二节　人民调解

一、调解机构

乡镇司法所　1986年,全县每个乡镇均配有1名司法助理员。1988年始,各乡镇设置司法所,由司法员负责。1996年,县编委明确21个乡镇司法所的名称和职能,并确定为副科级机构。1998年,司法所划归乡镇管理,所长由司法员兼任。2000年,县司法局推广花垣镇、龙潭镇调解中心调解民间纠纷经验,在各乡镇设立民间纠纷调解中心,会同驻乡镇派出所、法庭、国土所、林业站等部门调处民间矛盾纠纷。中心主任由副乡镇长担任,办公室设在乡镇司法所,司法助理员兼办公室主任。

村(居)委会调解委员会　1989年6月17日,国务院《人民调解委员会组织条例》(简称《条例》)颁布实施。1990年,全县316个村(居)委会均按

《条例》规定建立了调解委员会，由村(居)民选举产生委员会委员、副主任和主任委员共1800人。

司法“148”　1999年，县司法局开通“148”法律服务热线，并设立“148”应急分队。该服务热线和应急分队专门解答各类法律咨询问题，调处社会和民间的各种矛盾纠纷。

二、矛盾纠纷调解

1991年，县司法主管部门在雅酉、吉卫、民乐、两河、茶洞试行边界纠纷联防联调制度。1992年，花垣镇十字街居民龙某某怀疑自己的妻子有外遇，其妻怎么解释他都不信，遂产生自杀念头，被怀疑的另一位男人也背上思想包袱意欲自杀，龙知道后也想一死了之。正当三人处于绝望之际的生死关头，信息员把情况报告镇司法助理员。司法助理员闻讯及时赶到龙家，把三人找来做思想工作，并进行调解。经耐心教育，三人话通气散，消除了疑虑，避免一场事件的发生。1993年，县委、县政府与保靖县、凤凰县、吉首市、四川省秀山县、贵州省松桃县签订联防联调协议，组建联防联调组织，实行双边多边联席会议制度。至2000年，县境内未发生跨省纠纷和群众械斗事件。

第三节　安置帮教

县级安置帮教工作始于1990年，县司法局按照上级部门的指示精神，开展帮助刑满释放人员、解除劳动教养人员解决就业和生产、生活困难等工作。1993年，县司法局配合全县“严打”活动，开展违法人员和劳改、解除劳教人员的管理和转化工作。1997年，县司法局到吉首监狱举办服刑人员座谈会两次，听取服刑人员改造的情况汇报，解决部分服刑人员的生活困难。1998年，县社会治安综合治理委员会下文成立县刑满释放和解除劳动教养人员安置帮教工作领导小组。领导小组下设办公室，负责综合协调工作。是年9月，县司法局设立安置帮教股，负责全县安置帮教工作日常事务。各乡镇设立“两劳”(劳改、解除劳教)人员接待站，负责辖区内的安置帮教工作。1998—2000年，安置帮教工作进入规范化。

第四节　法律服务

律师事务　1986—1989年，县设立法律顾问处，有职业律师1人。1989年7月，花垣县法律顾问处更名为“花垣县律师事务所”。10月，花垣县律师事务所又更名为“湖南锦绣律师事务所”。1999年8月，县内第一家合股制律师事务所——“湖南边城律师事务所”成立。1986—2000年，花垣律师事务所共担任481件刑事案件的辩护，4562件民事案件的代理，办理非诉讼案件1570起，代写诉讼文书1992件，解答有关法律咨询和受理群众来信来访13216件，接待来人来访11290人次。在参与刑事案件辩护过程中，改变案件性质7件，从轻处罚1970件，公诉机关撤诉4起。

公证　1987年10月，县公证处配专职公证员1人。是年，县公证处推行公证联络员制度，聘请司法助理员、信息员为联络员，拓宽业务范围。1986—2000年，共办理各种公证30130件。其中：房屋买卖公证9100件，收养公证150件，遗嘱公证150件，赠予公证800件，借款公证1300件，建筑合同公证430件，劳务合同公证400件，供销合同公证100件，定权发证公证6900件，加工承揽公证

1200 件，农业承包公证 9600 件。2000 年，县公证处为政府采购、招标、拍卖和企业改制办理公证 2882 件，公证数量为 1999 年的 5.76 倍。

基层法律服务 1987 年，麻栗场镇、三角岩乡和民乐镇设立法律服务所，配备 7 名专业人员。1988 年，法律服务所增加到 9 个。1992 年，法律服务所增加到 10 个，其中花垣镇法律服务所、团结法律服务所和民乐法律服务所达到部级标准，龙潭法律服务所达到湖南省级标准。1996 年县编委下文设立 12 个法律服务所，确定 30 个事业编制。是年，县司法局重新聘请法律服务所所长，司法员不再担任法律服务所所长，实现司法所与法律服务所分离。1997 年，县司法局与重庆市秀山县司法局联合创办秀花边界法律服务所。1986—2000 年，全县实施基层法律服务 4275 件。

法律援助 县法律顾问处成立后，为经济困难的群众减、免代理费，减轻当事人诉讼负担。《中华人民共和国律师法》颁布实施后，县内律师依法为未成年人、盲聋哑人及经济困难的人员提供法律援助，承担部分民事、行政诉讼的援助工作。1986 年，广州一单位与三角岩一联合企业签订茶籽购销合同，要求公证。通过审查，发现该合同所定的茶籽质量超过有关规定，公证处将此问题提出后，甲乙双方不愿接受，公证处因此不给予公证。3 个月后，双方因质量问题发生纠纷而找公证处，经公证员调解，最后达成双方都能履行的购销协议。

1998 年，县司法局成立法律援助中心，管理县内法律援助工作，提供法律援助服务。至 2000 年，共免费办理案件 48 件，义务代写法律文书 70 多份，免收费用 4 万余元。

第九篇 民政 劳动 人事

第一章 民 政

第一节 基层自治组织建设

一、村民委员会建设

1988年10月，县人民政府首先在大河坪乡试行村民自治，初步建立了村民会议制度、村干部岗位责任制、村规民约等制度，村委会干部依章管理村务，村民有章可循。

1990年10月，全县20个乡镇进行第一届村民委员会选举，依法选出村民委员会主任298人，副主任449人，委员765人。

1993年10月，全县298个村民委员会进行第二届换届选举，依法选出村民委员会主任298人，副主任464人，委员765人，村委会成员1585人，平均年龄40岁。1994年8月，全县有156个村开展村民自治。1995年10月，全县有209个村实行村民自治，效果显著。龙潭镇李梅村在村民自治示范达标评比活动中，获湖南省模范村委会和先进示范村光荣称号，龙再昌被评为全国优秀模范村民委员会主任。雅桥乡岩科村、保楼村和民乐镇民乐村被评为湖南省村民自治达标先进单位。

1996年10月，全县进行第三届村民委员会换届选举，选出村民委员会主任299人，副主任301人，委员940人，村委会成员1525人。

1997年5月，全县299个村全部建立村务机构，实行村民自治。团结镇被省人民政府评为全省基层先进政权建设全优乡镇。1999年5月，成立"花垣县村务公开领导小组"。9月，全县280个村建立村务公开制度，把村民关注的财务收支、税费提留、计划生育、救灾款物发放等村务进行公开，接受群众监督。

1999年10月，全县进行第四届村民委员会选举，选出村民委员会主任300人，副主任444人，委员738人，村委会成员1482人。换届结束后，全县进一步完善村务管理制度，300个村全部实行村务公开，被州政府评为村务公开先进县。

至2000年，全县300个村全部开展村民自治，制定任期目标规划287个，村干部岗位责任制258个，分别设立人民调解、治安保卫、文教卫生委员会300个、293个、288个，212个村成立了互助储金会,入会农户达29020户,财务管理制度化、规范化达90%以上。

二、居民委员会建设

1991年6月,按照《中华人民共和国居民委员会组织法》程序,全县17个居委会选出主任17个,其中男10人、女7人,连选连任12人,委员51人,新进居委会班子56人。1995年,居委会开展居民自治活动,共制定居民代表会议制度、居民会议制度、学习制度、财务制度、干部守则等114个,设立调解、治保、卫生、福利委员会80个,组织居民群众开展社区服务和社区建设,维护城市稳定,实行自我教育、自我管理、自我服务。1996年,全县广泛开展以社会治安、计划生育、环境卫生、文化教育、街道维修、民事调解、法制宣传、社会福利、事故防范等9大内容为主的居民自治规范建设活动。1998年3月,居委会开展居务公开活动,建立居务公开栏20个。1999年,居委会共公开居务160次,把居民群众想知道的财务、计划生育等情况进行公开,实行民主管理,接受居民监督。2000年4月,将居委会划类管理。9月,申报一类居委会2个,二类居委会2个。10月,20个居委会进行第四次换届选举,共选出居委会主任、副主任各20人,委员102人,居委会成员62人;建立居民公约20条,干部岗位责任制20条,设立人民调解、治安保卫、公共卫生、社会福利委员会各20个。至2000年,全县居委会共组织746人开展修理、饮食、运输、经商等社区服务活动,安置364名居民就业,集体经济注册资金112万元,解决民事纠纷2820人次,修街道1360米,创建文明居委会3个,选出遵纪守法户416户、五好家庭户139户。

第二节 救灾救济

一、灾害救济

1992年8月23—12月24日,县内长乐、道二等乡镇发生旱灾113天,最高气温42℃,日照12个小时以上。全县78条河流共断流74条,33座小水库和328座塘坝全部干涸见底,827公顷水稻、104公顷冬播小麦、821公顷油菜田土开坼,167000头大小牲畜饮水极为困难。长乐乡泽乐坪、老天坪、谷坡三个村18口水井干涸17口,573户2078人挑水争水拥挤不堪,从8月27日后每天都要出动300个强劳动力到2.5千米以外挑水。道二乡由于饮水不卫生,全乡30多名应征入伍青年全部患有血丝虫病,结果无一例应征入伍。灾情发生后,县里投入抗灾款30万元,安排三部拉水车送水。购置抽水机687台,自制各种抗旱工具2879件,派出750名干部组织38754名劳动力开展抗旱自救。

1998年,从3月20日发生冰冻灾害后,分别于5月7日、7月3日、7月28日、8月17日又发生4次特大洪涝灾害,21个乡镇普遍遭受灾害袭击,冲走化肥农药18吨,粮食35.5万千克,淹死2人、耕牛9头、猪19头、鸡鸭754羽,冲毁房屋6栋,冲坏96间,21400公顷农作物受灾,成灾12400公顷,绝收7260公顷,粮食减产2200万千克,8.2万人受灾,直接损失126万元。灾情发生后,全县组织9个救灾小组,深入排吾等9个乡镇救灾,共发放救灾款100万元,救济粮16.35万吨,食品折币24.7万元,衣被3万件,转移安置296人。9—10月,全县为灾区进行赈灾募捐,共收到112个部门7931人捐款23.67万元。

1998—1999年,民政部门投入120万元,帮助352户无房户建房1056间52800平方米,解决无房户住房困难。到2000年,全县共投入560万元救灾款、121.5万千克救灾粮、4.3万件衣物,投入资金348.4万元,帮助1362户无房户建房1362栋4086间。

县境内自然灾害频繁,经常出现“春荒”和“夏荒”，部分农户生活特别困难，需要临时救济。救济对象由村组长摸底，村委会审议，乡镇批准，然后由民政部门下拨救济款救济粮。1986—2000 年，全县共发放临时救济款 442 万元，救灾粮 484 吨，棉被 5130 床，棉衣 12650 件，单衣 57 万件，木料 2400 立方米。

二、最低生活保障救济

农村最低生活保障　县内由于大灾时有发生，加之人们收入分配差距逐渐拉大，救济体制需要转入定时定量保障救济。1997 年 4 月，成立花垣县社会保障制度建设领导小组，全县 21 个乡镇相应成立了班子。5 月，建立县最低生活保障救济制度。

花垣县 1997 年农村最低生活保障救济调查统计表

表 9-1-26　　单位：户、人、个、公顷、万元、元

乡　镇	类别	农村人口	劳动力	农户	水田	旱土	农业产值（90 年不变价）	工业产值（90 年不变价）	人均纯收	人均差补
团结镇	一	16511	8882	3993	434	523	1794	2362	555	375
吉卫镇	二	15200	8622	3467	982	293	1220	229	583	478
排吾乡	三	7966	4657	1793	360	101	499	180	519	300
全　县		226940	119712	52493	10233	7020	19304	41947	527	407

全县综合确定最低生活保障线为 420 元，对收入低于 420 元的村民实行差额救助。全县低于这个标准的共有 1119 人，从 1997 年 5 月 1 日起实行救助，按县财政负担 60%、乡镇负担 30%、村负担 10% 的比例筹集资金发放。1997 年 6 月，全县第一批 14.2 万元保障金全部发放给保障对象。后由于县、乡、村保障金筹集困难，工作难以正常开展，1998 年停止发放。

城市居民最低生活保障　1997 年 8 月，按照国务院〔1997〕29 号《关于在全国建立城市居民最低生活保障制度的通知》精神，对全县居民户口生活情况进行一次调查摸底。1999 年 5 月，县人民政府制定了《花垣县城市居民最低生活保障制度实施暂行办法》，将 7 个镇、20 个居民委员会共 75 户 217 人纳入保障范围，按每人每月 156 元的标准，从 7 月 1 日起按月发放。9 月，最低生活保障对象增加到 420 人，2000 年全县共发放保障金 786240 元。

第三节　优抚　安置

一、拥军优属

1986 年花垣镇发动民兵、学生给烈军属送柴火 1500 担，为烈军属、伤残军人洗衣 380 多次，送慰问金 320 元。1987 年全县结合冬季征兵，为烈军属解决缺粮 6000 多千克，送给 66 户烈属化肥 2750 千克。猫儿乡果河村烈属王永荣家缺少劳动力，乡人民武装部部长组织 34 个民兵，借耕牛 3

头,突击2天,把其7亩稻田全部插上禾苗,并送粮食250千克。董马库乡14户烈军属买不到化肥,乡政府决定每户送尿素40千克,由乡人民武装部部长亲自送到家。道二乡人民武装部部长带领10多个民兵,给14户军属送尿素700千克。全县组织32个慰问小组,走访烈属、复员军人、现役军人家属和残疾军人13139人次,发慰问信5217封,慰问金14170元,年画5227张。1989年吉卫民中附近的1名军属患胃溃疡,急需住院动手术。民中师生闻讯后,自动捐款415.6元,粮食30千克,把病人送到医院;手术时需输血,30多个学生争相献血。民乐镇中心完小四班18个女生,分成3小组,轮流帮一个烈属送水、送柴劈柴、梳头洗衣。1990年全县263所学校全面开展拥军优属活动,4万多名师生踊跃参加,给279户烈军属送大红光荣灯14对、光荣画576幅、光荣镜屏37块、柴火12300千克、猪菜3600千克,农家肥2200多担,为烈军属做好事67856人次。1991年,全县组成278个拥军优属服务队,为608户烈军属运送农家肥,送柴送水26140担,帮工17470个,种地109公顷,使缺少劳动力的450户烈军属减少了请工负担。同时建立495个服务小组,95所中小学校28000多名师生为优抚对象运肥2160千克、送粮8700千克、帮工221374个,捐款13654元,给边防战士写慰问信109封。1995年,花垣镇花桥村与县武警中队联合开展国防教育活动。到1998年,警民共建单位由1995年的7个上升到11个,参加人数由1372人增加到3897人。花垣小学把学生分成176个小组,每组有自己的烈军属联系户,长期挂钩服务。至1998年,累计为烈军属服务15461人次。2000年,全县开展"爱心献功臣"拥军活动,共组成22个慰问小组,走访看望239名优抚对象,发放慰问金8500元。县妇联组织妇女自己动手,为入伍新兵制送鞋垫300多双。

1986—2000年,县委、县政府每年在"八一"建军节和春节间,都要组织民政等部门携带节日礼品到县人民武装部、县武警中队、县消防大队、"110"巡警队慰问全体官兵,走访因公牺牲军人家属、病故军人家属、军队离退休干部和残疾军人。组织青年学生为优抚对象打扫卫生做好事,举行座谈会等,开展多种形式的拥军优属活动,增进了军民团结。到2000年底,花垣小学先后慰问县武警中队15次,举行联欢晚会7次,写慰问信850封。

二、优待

1986年,全县适当提高现役军人优待标准,对家住农村的义务兵优待金从每年人均不足100元调整为每年人均不低于200元。县人民政府规定,从1986年起,不管是农村村民,或是城镇机关干部职工,只要成为现役军人,都一样给予优待,每年发给200元优待金。1988年,全县以村筹集优待金改为从企业提留优待金,并为义务兵家属、烈属、病故军人家属及复员退伍军人办理了财产保险。1989年,农村义务兵优待金改为以县统筹,各乡镇优待金标准调整为360元,当年兑现优待金11万元。1998年12月,按照国务院《关于加强优抚工作的通知》精神,全县对义务兵的优待金由360元调增至400元。1999年优待金由每人每年400元调增为500元。2000年,全县共为义务兵兑现优待金22.5万元。

三、抚恤

1986年,根据《军人抚恤优待条例》和《军人抚恤优待条例实施办法》精神,全县适当扩大定期定量补助面,对居住在乡村老复员军人定期定量补助占复员军人总人数的66%,对退伍军人定期定量补助54人。"双定"(定期、定量)对象增加78%,新增补助金2332元。1987年,"双定"对象增加17%。考虑到入伍时间长短和困难程度等因素,每人每月按12—15元的标准足额发放,新增补助金14832元。1988年,"双定"对象增加17%,补助金增至12.3万元,比1987年增长8.5%。1989年,"双定"对象扩面率为12%,补助金增到16.4万元。对革命家属、因公牺牲军人家属、病故军人家属"三属"户抚恤金由1988年的1.1万元增加到1.9万元,比1988年提高66%。全县有革命烈士103人,残废军人80人,其中一等残废军人4人,二等残废军人26人，三等残废军人50人。1990—1994年，除按等级发放抚恤金外，还为一等残废军人每人每月增加88元生活护理费；对3名军队退休干部实行人身保险，每人投保500元，制棺材3副。1995年，对全县烈士家属、因公牺牲军人家属、病故军人家属户，按每人每月5元的标准增加生活补助费。1999年，帮助"三属"户及定补对象解决生活困难，每人每年抚恤金2540元。2000年，对居住在乡村的革命伤残人员的伤残抚恤金在原有标准的基础上，一等伤残每人每年提高到600元，二等伤残每人每年提高到360元，三等伤残每人每年提高到150元；在职革命伤残人员的伤残保健费，一等伤残每人每年提高到180元，二、三等伤残每人每年提高到60元；烈属、因公牺牲军人家属和病故军人家属定期抚恤每人每年提高到240元。1986—2000年，全县共发放各种抚恤金320万元。

四、退伍军人安置

义务兵退伍后，民政部门对其进行登记，按照《湖南省义务兵安置条例实施细则》，对退伍军人进行就业安置。属部队军官转业到地方的，由县委组织部和县人事局统一安排在行政事业单位。复员退伍的，除少数被招聘为国家干部外，大多数被安排在国营厂矿企业当工人。农村户口义务兵主要通过向用人单位推荐、双向选择、供需双方见面等办法进行安置。1986—1992年，全县从"农转非"人口特招指标中统一安排125名农村退伍兵进厂矿企业就业，占农村退伍兵的30%。至2000年，全县共安置467名城镇退伍义务兵到县三立集团、县水泥厂、县铁合金总厂等企业就业。

为引导农村退伍军人发挥特长，拓宽就业门路，1987年民政部门与县科委在县人民武装部举办黑木耳种植和养猪技术培训班，共培训农村退伍兵101名，帮助他们掌握脱贫致富技术，当年有7名农村退伍兵靠种黑木耳脱贫。至2000年，全县有147名退伍军人办起了养殖场，16户成了养猪状元户，17人开客车，24人开办家电销售店，128人从事饮食和修理业，76人到乡镇企业工作。

县里重视发挥退伍军人的积极作用，1986—2000年，有187名担任村党支部书记，52名担任村委会主任，48名担任村治保主任、村调解主任等职务。

对在农村生活的退伍军人，政府除给予定期定量补助外，还拨专款扶助贫困退伍军人建房。1986—2000年，共拨专款49.47万元，为214户退伍军人建房214栋612间10712平方米，为34户扩建住房102间1682平方米。

第四节　社会福利

1986年，全县由集体供养的孤老、残、幼人员有465人，其中孤老441人，残疾21人，孤儿14人，供养金额7.1万元，人均152.6元。花垣镇、茶洞镇敬老院集中供养孤老13人，供养金额5150元，人均396元。随着经济条件宽松，福利事业逐步发展，各地相继办起乡镇敬老院、村办敬老院和个体敬老院集中供养鳏、寡、孤独老人。1987年，雅桥乡兴办敬老院，收养8名孤老。1988年8月，中共花垣县委、花垣县人民政府出台《关于农村五保户供养办法若干规定》，对农村五保户实行三种供养方式：村委会给五保户耕地，明确专人代耕或由五保老人亲属代耕；村委会筹粮款供养，指定专人护理；集中供养。是年，长乐乡兴办敬老院，收养一名孤老。1989年民乐镇民乐村兴办敬老院供养2名"五保户"老人；1990年董马库乡修建敬老院收养4名孤老；1991年吉卫镇吉卫村村民曾学文创办一所"花垣县吉卫镇个体敬老院"供养6名"五保户"。至此，全县有5所敬老院集中供养21名孤老、“五保”老人，供养金额8.82万元，人均176.4元。1995年，由村组提留筹集供养“五保”对象526人，每人每年食油6千克、粮食300千克、现金70元以上，单衣每年一套、棉衣裤2～3年一套、棉被3年一床。每年建军节、中秋节、春节，乡镇领导和民政干部都要带上现金，购买烟、酒、糖等节日礼品看望“五保户”，并对生活困难的“五保户”给予适当救济。1999年，由于经济实力不够，运作困难，除花垣镇、茶洞镇和吉卫个体敬老院续办外，其余相继停办。2000年，全县分散供养的“五保”对象629人；集中供养的花垣镇、茶洞镇和吉卫镇个体敬老院供养孤老、孤独、孤残人15名，年供养金额12.6万元。花垣镇敬老院是“五保户”集中供养的主要场所之一，建筑面积660平方米，院内有菜地1.2亩，空地1亩，置有石桌、石凳，花木茂盛，环境优雅。收养有6名孤寡老人，其中3名残疾人，安排有专人护理；实行集体开餐，各有居室，除了国家救济供养外，还有庭院经济作补充，每人月均供养金额85元以上。是年，全县748户792名“五保”老人全部落实了供养政策。

第五节　社会事务

一、婚姻登记

1986年，全县婚姻登记由各乡镇负责办理。办理前，婚姻登记员按《中华人民共和国婚姻法》规定的结婚条件，凭男女各自出具的婚姻状况证明、户口册、身份证件，对符合条件的，予以办理，发给“结婚证”；工本费按1986年3月湖南省《关于对结、离婚登记的通知》精神，“结婚证”每本1元，“离婚证”每本0.2元，《婚姻状况证明》和《夫妻关系证明书》每份0.1元。未达到结婚条件要求结婚的，给予解释、劝阻、推迟登记。全年登记结婚1981对，离婚2对，登记率与合格率分别为80%、85%。办理“婚姻状况证明”68份，“夫妻关系证明”13份。1987年4月，男女双方办理结婚登记时，除男满22周岁、女满20周岁的基本条件外，还要到指定的县妇幼保健站进行身体健康检查，凭健康证明办理。全年办理婚姻登记1993对，90%的结婚对象进行了婚前体检，登记率与合格率分别为85%、88%。

由于全县一半以上乡镇婚姻登记由司法员、计划生育专干或武装部长兼管，婚姻登记不够规范，违反《婚姻登记管理条例》的现象时有发生。1986—1989年因男女双方证件未齐办理登记的有127对，委托他人办理登记的84对，补办登记手续的58对，未达到年龄提前办理登记的37对。

1990年，全县加强婚姻登记管理，21个乡镇有专职婚姻登记员12人，兼职婚姻登记员9人，初步建立婚姻登记档案。1991年10月1日起，全县统一使用新式“结婚证”，同时废止旧式“结婚证”。全年申请结婚2102对，准予离婚4对，准予复婚2对，结婚登记率和合格率分别达到90%和95%。1998年，全县强化婚姻登记行政管理，设立婚姻登记股，21个乡镇重新建立工作机构和工作制度，登记员全部由民政助理担任，实行专人开票，专人收费，相互监督。工本费按《婚姻登记管理条例》，“结婚证”每本10元，“离婚证”每本5元。全年登记结婚2120对，登记率和合格率分别为91%、98%。1999年，全县进一步加强婚姻管理。3月，民政部门印制《中华人民共和国婚姻法》等资料2000份下发21个乡镇。4月，进行婚姻登记管理体制改革，将长乐、花垣、团结、窝勺、道二、龙潭6个乡镇的婚姻登记权划归县民政局，实行适度集中管理。到10月，州、县民政部门分别举办3期婚姻登记培训班，培训72人次，加强登记员业务培训，促进了严格执法，杜绝了乱发证现象。2000年，全县共登记结婚2159对，离婚81对，婚姻登记率和合格率分别为95％和100％。

二、勘界

花垣县与周边的保靖县、吉首市、凤凰县、贵州省松桃县、重庆市秀山县相邻，各县市历来都以各自认为的历史习惯线为界，常常引起边界纠纷和群众械斗。1986—1996年，因边界不清发生纠纷14起，械斗7起。1997年4月，成立花垣勘界领导小组，与周边5个县市一起，对各自县域边界进行勘定。6月，花垣县与贵州省松桃县联合进行勘界。松桃县与花垣县共同边界线有105千米，双方勘界人员经过实地踏勘，一致认为各自边界线清楚的有88.95千米，占总长的85.7％；不一致的边界线9处总长15.05千米，占边界线总长的14.3％。经两县勘界人员协商，进一步踏勘审核标线，对9处有争议的界线，报由国务院勘界办组织协调裁定，理清了两县行政区域的全部界线。1998年4月，秀山县勘界办在重庆黔江开发区与花垣县召开联席会议，两县经过互谅互让，友好协商，全部分清了秀山、花垣两县24千米边界线。1998年5月，花垣县与吉首市进行边界线勘定，双方经过室内核界和实地踏界，一致同意45.5千米的边界线为公共线，占全部边界线总长的91％。12月，经两县(市)勘界办协商，达成协议，实现行政区域边界线50千米的全线确定。1998年7月，花垣县与凤凰县勘界办进行边界勘定，经双方技术人员核图踏界，一次性划清了边界线45千米。1999年5月，花垣县与保靖县勘界办经过实地踏界，达成一致的边界线为99.8千米；12月，经反复踏界和核界，又一致确认不清楚的边界线105千米。2000年8月，经互谅互让，友好协商，花垣县人民政府代表与保靖县人民政府代表在勘界协议书上签字。至2000年，花垣县与相邻的保靖县、吉首市、秀山县、松桃县5条339千米的行政区域边界全部勘定清楚。

三、社会团体管理

1990年5月，县民政局设立“社团管理股”，配专干1人，负责全县社会团体管理。12月，对花垣县盆景协会等22个申请登记的社会团体按照“申请、审查、发证”程序进行年检，其中12个合格发证，10个注销。此后每年均进行一次年检。1993年10月，全县对所有社会团体进行分期分批整顿，对各自的宗旨、任务、活动范围、组织机构、经费来源进行审核，对不合格社会团体予以注销。一年中，有27个社会团体参加年检，24个合格，缓登2个，解散1个。1997年，强化社会团体管理和监督，对全县27个社会团体进行年检，其中20个合格、6个注销、1个解散。1998年11月，将“社会团体管理股”更名为“社会团体管理办公室”，加大社会团体和民办非公有制企业单位的监督，督促未注册登记的社会团体和民办非公有制企业单位进行注册登记，清理违法团体，增强社会团体守法意识。经过整顿，22个社会团体均合格注册，未发生违法行为。2000年12月，“社会团体管理办公室”更名为“民间组织管理局”，负责全县社会团体和民办非公有制企业单位的登记、管理和年度检查。年底，社会团体管理局对12个社会团体进行年检，共复查登记28个，其中卫生系统8个，文化类2个，均合格发证。

四、个体救助

1984年，湖南省民政厅明文恢复花垣县收容遣送站。该收容遣送站时有工作人员3名，2000平方米办公楼1栋，附属建筑及场地1900平方米。1986年全县收容流浪人员84人次，乞讨人员66人次，遣送回原籍人员150人次，其中外省35人次，州内95人次，县内30人次。1987年，收容流浪乞讨人员183人次，遣送回乡179人次，对4名无依无靠无生活来源的乞讨人员送进花垣镇敬老院供养。至2000年，全县共收容遣送1820名流浪乞讨人员，其中外省212人次，省内926人次，州内682人次，支出收容遣送费3.34万元；处理无名死尸69具，支出烧埋费18250元。

第六节　残疾人康复工作

1988年1月,花垣县残疾人联合会成立(简称县残联),属副局级事业团体,归口县民政局代管;1991年11月,单列为正科级事业团体,内设办公室、康复股、群工宣教股。1992年6月,全县21个乡镇均组建了残联。

1988年1月28日召开花垣县残疾人联合会第一次代表大会,刘伟民当选县残联主席,石远明当选县残联理事长;1991年5月18日召开花垣县残疾人联合会第二次代表大会,龙县文当选县残联主席,石远明当选县残联理事长;1998年8月13日召开花垣县残疾人联合会第三次代表大会,石登富当选县残联主席,石远明当选县残联理事长;2000年8月13日召开主席团会议,增补杨六斤(残疾人)为副主席。

1988—1995年期间,残疾人康复工作主要负责组织实施白内障复明、小儿麻痹后遗症矫治、聋儿听力语言训练、低视力康复、精神病康复等。1989始,县残联共组织实施了《残疾人事业五年工作纲要》(1989—1991年)《残疾人事业"八五"计划纲要》(1992—1995年)《残疾人事业"九五"计划纲要》(1996—2000年)。在组织残疾人到国家医疗队康复救治过程中,实施白内障复明手术4批次127人,小儿麻痹后遗症矫治手术6批次177人。开办聋儿听力语言训练培训班1期,培训聋哑儿童13名;开办学龄前智残儿童培训班1期,收训3～6周岁智残儿童48名。

1996—1998年花垣县被中国残疾人联合会列为中国残联—瑞典政府智力残疾预防与康复合作项目执行单位。在合作项目执行期间,为2701户4921名0～6岁儿童进行智力发育监测,为416名新婚育龄妇女投服碘油丸;开办合作项目智力残疾儿童康复培训班1个,培训智残儿童14名,培训智残儿童家长78名;选送15名医务、特教人员到天津、南京、福州接受中央一级培训。1998—2000年与香港中文大学骨科教授梁秉忠先生联合实施"香港关怀行动",救治骨创伤、烧伤患者145名。

国家实施"八七"扶贫攻坚计划后,县残联在全县范围内牵头与少先队、工会、共青团、妇联开展"一帮一结对"、"红领巾助残"等扶持残疾人工作。2000年5—12月,在全县范围内组织开展了残疾人康复扶贫贷款的投放工作,为全县179户残疾人投放30万元,为花垣县残联选矿厂投放90万元的康复扶贫贷款。

在县残联的组织帮助下,县内不少残疾人自强不息、自力更生、脱贫致富,其中以龙潭镇肢体残疾人张兴初的事迹最为突出。1991年5月,张兴初被中宣部、民政部、人事部、解放军总政治部、中华全国总工会、共青团中央、全国妇联、中国残疾人联合会授予"全国自强模范"荣誉称号。1995年5月,省委宣传部等组织在全省14个地区巡回演讲,张兴初在省直、地、州、市大中专学校共演讲16场次,受到各地党政军领导及社会各界的高度赞赏。

第二章　劳动和社会保障

1987年11月,县劳动局与人事局分家,为正局级机构,专司劳动就业、劳务输出、劳动安全、职工工资福利等管理职责。

第一节　劳动就业与劳动力管理

一、劳动就业

1986—1989年，为消化、安置城镇劳动力，全县推进劳动制度改革，坚持“国家、集体、个人自愿组织就业”的原则逐步缓解就业压力，维护社会稳定。县人民政府引导农村剩余劳动力走“劳务输出”之路，成立劳务输出管理机构，有组织地输转和统筹管理劳动力，共解决2326人就业。20世纪90年代初，县人民政府抓住省冶金工业厅对口扶贫花垣的契机，与湘潭钢铁集团公司、涟源钢铁集团公司等多家省内大型国有企业建立了劳务协作关系。1996年花垣县被评为全省劳务输出先进单位，省委书记王茂林专门批示要求全省各县(市)学习花垣先进作法。1998—2000年底，县人民政府先后向广东、深圳、珠海、厦门、海南、上海、北京、浙江、长沙、湘潭、涟源、衡阳、怀化等省内外60多家大中型国有、集体、中外合资企业成批和零星输出城乡劳动力8622人次，收入4681万多元，大部分输出人员实现了治穷脱贫。

花垣县(1986～2000年)劳务输出统计表

表9-2-27　　　　单位：人

年　度	输出人次	成建制输出		零星介绍输出	
		省　内	省　外	省　内	省　外
1986年	2830			695	2135
1987年	3125			768	2357
1988年	4706			606	4100
1989年	2060	60		510	1490
1990年	2611	80		530	2001
1991年	2316		105	600	1611
1992年	3086	225		861	2000
1993年	3198	198		1020	1980
1994年	2110	180		910	1020
1995年	2150	205		940	1005
1996年	1643	109		504	1030
1997年	2041	111		916	1014
1998年	2215	74		914	1227
1999年	3279	81		1118	2080
2000年	3128	150		1370	1608
合　计	40498	1473	105	12262	26658

二、劳动力管理

1986—1988年劳动力管理基本沿用计划经济体制。1989年始在县机械厂、涂料厂、纸厂、印刷厂等企业推行固定工劳动组合制,对富余人员重新组织就业,改变单一靠国有企业安置就业的局面,当年试点改革的几家企业产值和利税分别比上年同期增长77%和85%。同时,加强临时工管理,国有企、事业单位及集体、个体企业需要使用临时工三个月以上的,均须经县劳动服务公司审批。

1990—2000年间,城镇待业人员急剧增加,除城镇劳动力的正常增长外,购买"蓝印"户口需要安置的劳动力数量增多,农村剩余劳动力进城务工的规模进一步扩大,企业改革改制后推向社会和厂内待业人员逐步递增,全县就业压力加剧,需就业的劳动力达3000余人。为解决就业问题,劳动部门大力开展农村劳务输出,发展职业介绍、就业训练、劳服企业为主要支柱的就业服务体系,引导就业安置向乡镇企业、集体企业、个体工商户和自谋职业转移。通过这些举措,每年完成600人以上的安置任务。10年间,共安置城镇待业人员和失业人员9135人。

第二节　劳动监察

1986年成立劳动安全、职业卫生、矿山安全监察机构,属县劳动局二级机构。配备专职安全监察专干,人员由1人增至5人。工矿企业及有工矿企业的乡镇,每乡镇及企业有1名领导主管安全生产,企业车间、班组配备专(兼)职安全员,单位法人代表是安全生产的第一责任人,全县形成五级安全生产管理网络。建立健全了劳动安全、职业卫生、矿山安全规章制度。采取广播、电视等形式,宣传有关法律法规和政策,营造安全生产氛围。科级以上单位、各乡镇人民政府责任人与主管安全生产的副县长、县安委主任签订安全生产责任状,企业与车间、车间与班组层层签订安全生产责任书。针对矿山开采时间长,部分矿洞无序、盲目开采,矿洞之间矿界不清、多层交叉开采、洞子相互穿通、安全隐患严重的问题,劳动安全部门在抓矿山劳动安全的基础上,着力宣传《中华人民共和国安全生产法》,开展"安全生产周"活动。制作宣传版面上街摆摊宣传和运用电视、宣传车、横幅、标语、黑板报、墙报等多种形式进行宣传,全县共挂横幅28幅,张贴标语898条,办墙报、黑板报52期,制作警示牌200套,宣传画200张。通过这些宣传,进一步增强全社会的安全生产意识。

1996年劳动监察大队成立,定编3人,1998年人员到位,正式开展工作。1999年,县安全监察人员深入生产作业场所,进行为期168天的安全监察,先后深入125个厂矿、137个矿洞,发出监察意见通知书、指令书148份,查出事故隐患118处,督促整改38处,查封危险矿洞5个。现场监察中,发现团结镇耐子堡矿区616矿洞580米标高的上部存在安全隐患,安全部门及时下发安全监察指令书,并与矿山公司联合发出在危险区内禁止采矿的通告,当指令书和通告发出后不到3天时间,该处即发生大面积塌陷,避免了一起特大事故的发生。是年,共培训特种作业人员97人,受理安全事故举报5起,处理结案5起。2000年举办矿洞长、安全员培训班5期,培训学员545人;特种作业人员培训班2期,培训学员118人;查出各类安全隐患382起,下达整改指令书205份,提出整改意见619条;查封不安全矿洞28个,解决纠纷7起,取缔烟花爆竹作坊5家;查封爆竹仓库1个,收缴炸药103件,导火线1.5万米。1986—2000年,全县共培训锅炉工230人,水处理工204人,压力容器操作工153人,电工1013人,焊工275人,安全员568人,爆破工161人,劳动保护人员131人,架子工 101 人，起重工 29 人，依法取缔 69 个矿井。全县工矿企业共发生工伤死亡事故 51 起，死亡 30 人，经济损失 91 万元，无特大事故发生。共受理劳动争议案件百余起，总计处理结案 50 起。

第三节　工资福利管理

一、职工工资管理

1986 年初，县里承接上年工资改革工作，突击审批遗留的部分事业单位、集体职工的工资，全县国家机关事业单位共 4162 人的工资改革工作全面结束。下半年，对全县 102 个企业单位 3867 人的工资进行调类改标和部分职工工资升级。其中全民职工改标 2230 人，混岗人员改标 686 人，集体人员改标 951 人。为新参加工作的职工 34 人改办了新的标准工资，办理工人转正定级 82 人，新定职务套改工资 23 人。企业职工近 3000 人工资升级，于 6 月底部分企业单位发放了新工资。按规定为 130 人办理退休手续，其中干部 111 人，工人 19 人。为退休人员增加地区差补贴 458 人，为 4 名死亡职工遗属办理抚恤手续。

1989 年对全县有条件的 26 家国有企业继续实行工资总额同经济效益挂钩，挂钩面达 83.8%，发放了《工资基金管理手册》。1990 年对全民、集体 70 多家企业共 4044 名职工增（转）了一级工资，提高了 335 名新参加工作职工的工资待遇，并发放了《工资基金管理手册》，工资总额没有突破州局下达的 1339.4 万元的计划控制指标。

1993 年上半年，对全县 49 户工效挂钩企业基数进行认真核实，对 4 户新提出的工效挂钩企业基数及各项考核指标进行认真核定。到 6 月底，国有企业实行工效挂钩 24 户，占国有企业总数的 96%；集体企业实行工效挂钩 29 户，占集体企业总数的 76%；对 1992 年工效挂钩效益较好的 17 户企业及时进行了工资晋级。1994 年，全县 68 户企业全部实行了工效挂钩，共 4183 人次实行工资升级。从 10 月份开始，全县 68 家企业 4611 人实行了新的工资套改。1999 年 3 月，取消弹性工资计划，在企业单位全面推行工资指导线，企业内部分配自主权得以扩大。已执行工资指导线的企业 87 户，套改 8004 人，升级 6804 人，全县企业职工人均月工资 527.67 元。同年成立“花垣县企业经营者年薪制协调小组”，在东锰集团和三立集团首批推行年薪制，参加年薪制企业员工为 2841 人，企业法人代表年薪结算在 10 万元～20 万元之间。

二、职工福利管理

1986 年，福利工作由劳动局干部股主管，并配备了专职工作人员。当年按规定给离、退休干部职工发放生活补贴费、贡献费及提高离退休职工生活费、死亡遗属生活费，共更换离、退休证 398 本，新办离、退休手续 24 人，对 34 户 56 名遗属生活费按规定作了调整。根据离、退休人员家属住房、生活困难等情况，补发房屋维修费 3200 元，安家费 1350 元。同年在县粮食局试行医疗制度改革，规定每人每月限报销基本医药费 2.5 元。对因公负伤及离、退休人员医药费实行全额报销，其余人员则按工龄计算报销，凡工龄满 30 年以上的人员，所超部分医药费按 95% 报销；20 年以上不满 30 年的按 90% 报销；10 年以上不满 20 年的按 80% 报销；10 年以下的按 70% 报销。必须住院治疗的经局领导研究同意，可视情况给予一次性补助。通过试行，每月医药提成费 137.5 元，占提取福利费的 44%，医药费开支明显下降。1986 年继续在县粮食局开展福利医疗改革。1987 年初，为 4186 人审批办理工龄津贴，172 人核加教龄津贴，189 人办理转正定级手续，新任职务套改工资 63 人，42 名落实政策人员晋升工资，30 名老工人办理退休手续。

对1984年底以前离、退休的人员226人提高了工资待遇,全县行政事业单位1865人升级,增资额为12.3万元。全民、集体企业单位3458人升级,增资额为22783元。

第四节 社会保障

1988年县里成立社会保险机构,社会统筹工作顺利。在原定提取比例按工资总额16%上浮2%、下浮1.5%的基础上,基本达到增支户与受益户之间合理负担,解决了"吃大锅饭"和"平调"的弊端。当年为572名全民合同制工人发放《劳动手册》《养老保险基金手册》,并将养老保险单位缴纳金额上入个人账户。年底全州经验交流会在花垣召开。1990年,社会劳动保险事业社会化程度不断扩大。全县参加统筹35个单位2563人,比1989年增加2个单位10多人。应征缴统筹金86.86万元,实际征缴统筹金85.76万元,欠缴1.1万元。

1991年国务院颁布《关于企业职工养老保险制度改革的决定》,当年全县参加统筹单位65个,比1990年增加30个;统筹固定工2427人,增加621人;退休职工468人,增加151人;全民合同制工人投保单位121户,比1990年增加13户,投保1450人,增加262人;临时工投保单位31户,投保311人,两项投保率均为100%;个体户投保10人。1992—1994年,社会保险统筹工作在巩固中稳步发展。1994年实行社会保险统筹扩面,固定工统筹单位37户,参加统筹职工2491人,征缴基金193.68万元,征缴率为99.4%;合同制统筹单位127户,参加统筹职工3745人,征缴基金187.82万元,征缴率为99.7%;大病医疗统筹45户,投保人数4682人,征缴医疗金29.69万元,征缴率为120%;全县发生大病医疗162人次,支付医疗费25.39万元;参加工伤保险单位45户,投保4261人,征缴工伤保险基金14.16万元,征缴率为98%;临时工统筹单位30户,投保人数240人,征缴基金11.66万元,统筹率为100%;待保统筹单位97户,投保人数2355人,征缴基金28.31万元,征缴率为100%;全县共有7人领取失业保险金,支付救济金1962元。1995年全县有77个单位5694人参加保险,投保率达100%,征缴养老金427万元,征缴率为95%;参加社会统筹退休职工769人,支付退休费260万元;参加临时工养老保险27户165人,征缴临时工养老金7.8万元,征缴率为100%;参加大病统筹47户3811人,征缴工伤保险金11.9万元,征缴率为93%;参加失业保险统筹98户6544人,征缴基金30万元,征缴率为100%;共有126人领取失业救济金13952元。

1996年县人民政府出台《花垣县机关事业单位养老保险制度改革办法(试行)》,县人事部门成立了机关事业单位社会保险所,配有专职干部4人,机关、事业单位社会保障工作全面铺开。养老保险金根据国家、单位和个人共同负担的原则,按在职干部工资总额的30%提取,建立工作人员基本养老保险金个人账户。其个人缴纳部分以本人上年度月均工资的3%为标准,其余由单位缴纳27%划转记入工作人员个人账户作为基本养老保险社会统筹基金。至2000年,全县有120个机关事业单位参保,参保人数5800余人,参保率98%。五年时间共征收养老保险基金3600余万元,已支付养老保险金3500万元,所有离退休人员都享受了社会养老保险的各项基本待遇。

2000年1月,湘西州劳动局在花垣县试点正式启动基本医疗保险制度改革,全县国家机关、行政事业单位、国有企业基本医疗保险工作与州直部门同步进行。年底,全县有174家单位8000人参加基本医疗保险。

第三章　人　事

1987年11月，县劳动人事局分设县劳动和人事两个局，县人事局负责全县干部队伍的职称评定、考核录用、工资奖惩等人事管理工作。

第一节　干部队伍

1986年全县有国家干部3774人，其中少数民族干部2346人，占62%；妇女干部859人，占23%。干部结构比较合理，文化层次较70年代大有提高，大专院校毕业生占17%，中专文化占17.6%。55岁以上老干部213人，占5.7%。分布在党政机关1377人(其中乡镇干部389人)，事业单位1930人(其中中、小学教师1423人)；企业管理干部437人。大批大、中专毕业生分配到机关事业单位，又从社会公开招聘了部分知识青年，另有部队转业干部安置，干部队伍逐年扩大。至2000年，全县有各类干部5801人，比1986年增加54%，其中少数民族干部4691人，占81%；妇女干部1972人，占34%；大专以上文化1791人，占31%；中专文化3287人，占56%；55岁以上老干部173人，占3%。干部队伍基本实现了知识化、年轻化。这些干部分布在党政机关的有1032人(其中乡镇580人)，事业单位804人，中专及中、小学教师2659人，企业管理干部726人。

第二节　专业技术人员管理

1986年始全面铺开职称评定和专业技术人员聘用工作。评聘前，先根据实际需要设置专业技术岗位，规定岗位职责，然后在定编定员的基础上，确定各级专业技术职务的合理结构比例，符合相应条件的专业技术人员在经过评审委员会认定后，由行政领导聘用或任命。当年确定15个专业系列主管部门和五个职称评审委员会，以县人民医院为试点全面铺开。全县评聘各类专业技术人员854人，其中女性28人，少数民族482人，中级职称11人，初级职称843人。具体分类是：工程系列评聘134人，其中工程师5人；农业系列131人，其中农艺师4人；新闻、广播、体育、文艺、图书等共25人。年底前完善聘用手续和建立档案，按等级发放专业技术职务工资和浮动工资。1987年，教育界开展评聘工作，当年评聘高级讲师1人，中学高级教师(副教授级)7人，中学一级教师91人，小学高级教师210人。进入90年代后，评聘工作逐步走向经常化。1994年，乡镇企业专业技术人员开始进行评聘工作，经省、州乡镇企业系列评审委员会评审，全县聘任各类技术人员103人，其中高级经济师1人，经济师15人，会计师9人，工程师4人，助理级44人，员级30人。1998年，全县有994人申报职称，其中16人申报高级专业技术职务，经评审有206人获得职务任职资格，其中718人获得初级任职资格。同年4月，民营企业开展职称评定工作，有7人获得经济师职称。2000年10月，在农民中广泛开展技术职称评定，有10人获得农民技师职称，104人获得农民助理技师职称。至年底，全县有各类专业技术人员5416人，分布在事业单位4321人，全民企业832人，集体企业39人，乡镇企业103人，民营企业7人，农民114人；分属工程系列643人，农林水系列272人，医疗卫生系列741人，经济系列329人，教师系列2659人，会计系列121人，其他如统计、档案、图书、广电、文艺、体育等系列50人。从层次上分：高级职称61人，中级职称1446人，助理级职称2113人，员级职称1168人。

第三节　退休干部管理

1988年，县人事部门接管退休干部管理业务。在县直局以上单位成立了退管领导小组，实行以政府人事部门为指导、退休人员原所在单位为主体、退休人员自我管理和原居住地基层组织管理为辅的管理形式。县人事部门按照国家有关政策，为国家工作人员(男满60周岁，工龄25年；女满55周岁，工龄20年)办理退休审批手续，并做好安置工作。对回农村定居住房确有困难的发放房屋维修费用，对安葬、抚恤、照顾遗属等工作能及时处理到位。抚恤费以死者生前最后一个月基本退休费为标准，根据工龄长短，一次性发放6～10个月抚恤金，遗属按月发放一定数额的生活费，农村每人每月80元，城镇每人每月100元。未成年子女亦享受国家生活补助。人事部门与有关单位每年配合组织春节慰问。从福利费中安排一定资金购买慰问品，对个别家住农村、身体有病和生活有困难的则专门组织干部上门，重点走访，帮助解决具体困难。

1993年《国家公务员制度实施方案》出台，国家公务员退休条件有所变更，即：除国家另有规定外，男满60周岁，工作年限满30年的可以退休；女满55周岁，工作年限满20年的可以退休。1995年后部分单位执行了此项政策，对于提前退休的干部，离岗时还增加一个工资档次，并进入退休金总额。1999年为168人办理了退休手续。到2000年底，全县共有退休人员1543人，其中退休教师751人，占48.7%。县教育部门为此配备了专门机构和专职干部进行管理。

在每次调整在职人员工资时，对离休人员原则上按同职务在职人员平均增加水平增加离休费；对退休人员按同职务在职人员平均增资额扣除一定比例增加退休费。

第四节　人事制度改革

一、干部录用

1986—1995年，全县共选拔聘用合同制干部900余人，一般都具有高中以上文化程度，年龄在30岁以下，乡镇干部队伍结构明显改善。

1996年，全县公务员制度开始入轨运行，乡镇以上行政机关公务员过渡基本完成。当年共确定国家公务员717人，其中县级行政机关555人，乡镇行政机关162人，分流人员17人。县内有38个单位实施公务员制度(地税部门由州统一过渡，监察部门暂缓过渡)；设置调研员、助理调研员3个，正副主任科员非领导职务59个，设置其他各种职位437个；制定职位说明书870份，颁布公务员任命书360本，颁发公务员证717份。至2000年，全县共有公务员874人。党派群团及人大、政协干部参照国家公务员职务级别，在提级调资时对应执行。届时，干部竞争上岗、轮岗交流、公开招聘及回避制度也日趋完善。全县有18个单位、400个公务员进行岗位轮换，用人制度有效改善。

1997年始，全县以"五大生"（电大、夜大、业大、函大、职大）和不包分配的大、中专自费生为重点对象，先后3次向社会公开招录公务员，报考人数600人，择优录用公务员58人。1999年6月，具备中专以上文化程度和初级以上专业技术职称资格的"以工代干""以工代技"人员过渡为聘用干部，905人分两批办理聘用手续，聘期3～5年，期满后实行双向选择。1999—2001年，县人事部门帮助县中二型企业三立集团从企业内部录用经管干部30名，从技术岗位上晋升中级以上专业技术人员300名。至2000年，抽调4名经管干部到州、县人事部门代职，培养、调配、评聘专业技术人员148人，其中高级经济师1名，工程师、经济师20人，助理工程（会计、经济）师91人，员级技术人员37人。

20世纪90年代，全县初步建立人才市场，开始启动人才信息的收集、整理、贮藏、交流等工作。1999年初步建立了人才信息库，对不包分配的大、中专毕业生进行登记，为人才走向市场创造条件。至2000年，全县共为58人办理了信息交流手续。

二、干部培训

1997年成立县人才培训中心，建成教学大楼（基地），配备2名专职干部，聘请4名高级教师长年担任教学辅导员，实行公务员任职培训、专业技术干部任职培训、聘用干部聘前培训、职业道德教育培训、政工人员和公务员计算机操作培训等。

1999年，举办技术专业人员任职培训班5期，培训856人。2000年，举办培训班8期，培训1321人，其中新招干部上岗培训1期318人（含师范生98人），新晋升初、中级技术人员职业道德培训班3期426人，聘用干部聘前培训班3期532人，政工干部计算机培训1期45人。县教师进修学校每年寒暑假举办短期进修班，其他部门也开始重视专业技术人员的继续教育，帮助订阅报刊、组织外出参观，通过各种方式提高专业技术人员的综合素质。

三、干部考核和奖励

20世纪90年代以后，每年组织对专业技术人员实行岗位考核。1992年有44个单位4174名专业技术人员参加考核，其中优秀711名，称职3321名，基本称职141名，不称职1名，因故未参加当年考核51名。1998年推行客观、公正和科学评价、定量考核。有4065名专业技术人员参与任职考核，优秀等级485名，占11.8%，其中高级职称优秀有8名，优秀率13.8%；中级职称优秀有161名，优秀率12.9%；助理级优秀有204名，优秀率11.8%；技术员级优秀有112名，优秀率10.8%。称职3678名，占87.8%，不合格2名，占0.04%。1993年逐步把考核作为公务员管理的一项重要措施来抓，建立了较为规范的管理办法，对立功人员和优秀人员给予通令嘉奖，部分人员提前晋升工资或提升职务。1998年，全县参与考评单位83个，参考人员6646人，考核面100%，其中评优852人，称职5518人，不定等215人，不称职3人；评出受奖人员717人，其中通令嘉奖706人，记三等功60人，受到湘西州政府记二等功15人。1999年广泛开展"创文明机关，做满意公仆"和评选"十佳公务员""十佳科技工作者""十佳企业家"活动。采取无记名投票方式，选举产生人民满意公仆10名。县政协副主席、县计生委副主任晏玲玲被选为人民满意公仆，受到国务院和省人民政府表彰奖励。2000年，全县评选出"十佳人民公仆""十佳企业家""十佳科技工作者"，县委、县政府分别予以通令嘉奖。

第五节 工资福利

1986年全县开始实行以职务工资为主要内容的结构工资制，企业与行政事业单位脱钩，初步理顺了工资关系，解决了职级不符问题。1993年为适应经济体制改革需要，全县进行第三次工资改革。国家机关实行职级工资制，分为职务工资、级别工资、基础工资、工龄工资四个部分，以职务工资和级别工资为工资主体。职务工资按工作人员职务高低、责任轻重和工作难度大小设若干档次，最少3档，最多8档；级别工资按工作人员基本生活费，每人每月90元；工龄工资按工作人员工作年限确定，一年1元，每增加一年，加发1元工资，直到离退休时为止。事业单位根据自身特点与机关工资制度脱钩。由于经费来源不同，按全额拨款单位、差额拨款单位、自收自支单位三种不同的类型，实行不同的管理办法。全额拨款单位执行国家统一的工资制度和工资标准，工资构成中固定部分70%，活动部分30%，工资额包干，增人不增资，减人不减资，节余工资由单位自行安排；差额拨款单位按国家统一的工资标准，固定部分60%，活动部分40%；自收自支单位实行企业化管理，做到自主经营、自负盈亏，工资构成中活动部分45%。事业单位管理人员按照职员6个等级工资标准确定，专业技术人员根据各自特点确定。中小学教师从小教三级到中教高级定五个职务工资等级，农业技术人员从技术员到高级农艺师定五个职务工资等级，工程技术人员从技术员到高级工程师定四个职务工资等级，卫生技术人员从医(护、药、技)士到主任医(护、药、技)师定五个工资等级。金融系统行员按7个等级确定工资标准。会计、统计、广播、电视、图书、文艺、体育、编辑、记者等根据各自特点区别于行政有各自的工资标准。此次改革有大小193个单位7000余人按新标准套改了工资，人均增资达94元，离退休人员人均增资88元，并开始建立正常的增资制度。机关工作人员在严格考核基础上，对考核优秀和称职的每两年加一个工资档次，工作人员随职务、级别的晋升和工作年限相应增加工资，连续三年评上优秀的提前晋升一个工资档次；事业单位人员连续三年评上优秀的可越级晋升一级工资。1999年8月，国务院下达国办〔1999〕78号文件，规定从当年7月起，较大幅度增加机关公务员、公勤人员、事业单位专业技术人员工资，把原定标准由每人每月55元～470元，提高到每人每月85～720元。

1985年起实行少数民族地区津贴，按每人每月6元发放，1993年增加到每人每月20元。2000年10月，此项津贴按工龄长短发放，30年以上工龄的每人每月60元，20～29年的每人每月40元，19年以下的每人每月20元。

第十篇　经济综述

第一章　经济概况

第一节　经济规模

1986年始，花垣县委、县政府坚持“强农固本”的方针，坚持科技兴农和农业综合性开发。逐步形成以水稻、玉米和豆类为主的粮食作物种植业，以猪、牛、羊养殖为主的畜牧业，以稻田模式化为主的养鱼业，以烟叶、蔬菜为主的经济作物种植业，以花生、油菜为主的油料种植业，以柰李、金秋梨、椪柑、猕猴桃为主的小水果业，以杜仲、黄柏为主的药材种植业和用于造纸的龙须草种植业。形成粮、烟、畜、鱼、油、果、药、草八大商品生产基地，农业产业结构日趋合理，农村支柱产业初具规模。

工业经济发展速度较快。花垣工业经济主要依托矿产资源的开发利用，20世纪80年代开始起步，90年代初具规模。形成以锰、锌“两矿”开发为龙头，冶金化工、电力、建材、轻工食品四大产业为支柱的工业经济体系。1986年，县境有重工业企业61个，轻工业企业226个，全民所有制企业20个，集体所有制企业72个，私营企业极少。年产值过200万元的仅有纸厂和糖厂两家。2000年底，县境有重工业企业517个，轻工业企业1361个，国有经济企业16个，集体经济企业37个，私营经济企业1825个。锰矿石年开采量达30多万吨，日选铅锌矿石2000多吨，年产硅锰合金3万吨，硫酸6万吨，电解锰3万吨，电解锌2.8万吨，四氧化三锰2000吨，水泥9万吨、机制纸1万吨，花生奶蛋白3000吨，纯净水3000吨，分割牛、羊肉2500吨。形成2户(湖南东方锰业集团、湖南三立集团)年产值过亿元、利税过千万元，5户年产值过千万元、利税过百万元，11户年产值过300万元的企业。15年间，全县工业经济总量迅速增长，形成以湖南三立集团、湖南东方锰业集团为代表的现代工业体系。

2000年，全县工业总产值8.4亿元，与1986年同比增长25.45倍。粮食总产量由1986年的7.69万吨上升到2000年的9.90万吨，增长28.7%。农业总产值由1986年的5188万元上升到2000年的20903万元(1990年不变价)，增长3.07倍。工农业总产值超过3000万元的乡镇有团结、花垣和龙潭3个镇。

乡镇企业在县委、县政府“放宽搞活”“放水养鱼”的优惠政策支持下，逐步进入一个稳定、快速发展的阶段。2000年工业经济总产值达6.33亿元(按1990年不变价)，占工农业总产值的比例由1987年的43.2%上升到2000年的70%以上，花垣经济初显出由农业县向工业县转变的发展势头。

1986年花垣的旅游经济几乎为零。2000年，县境接待旅客超过10万人次，境外人士超100人，外汇收入达2万余美元，旅游总收入超过100万元人民币，旅游经济效果开始显现。

第二节　经济结构

花垣经济由第一产业、第二产业、第三产业构成：1986年，全县国内社会总值当年价为0.90亿元。其中第一产业产值0.64亿元，占71.11%，第二产业产值0.10亿元，占11.11%，第三产业产值0.16亿元，占17.78%；第一产业经济占县域经济的主导地位。随着改革开放的不断深入和社会经济的不断发展，县域经济结构发生较大的变化。1991年，第二产业产值达1.39亿元，首次超过传统第一产业，成为县域经济的主导产业。2000年，全县工农业总值达8.42亿元。其中：第一、第三产业产值2.09亿元，占40%；第二产业产值6.33亿元，占60%。

第三节　经济效益

1986年，全县农业总投入0.20亿元，其中生产费用0.11亿元，纯收入0.35亿元，产出比为1比2，人均173元。1990年，农业总投入0.34亿元，其中生产费用0.29亿元，纯收入0.61亿元，产出比为1比3。工业总投入0.69亿元，产出比为1比1.3。1995年，各行各业加大投入，农业突破0.4亿元，工业突破0.2亿元，工农业的产出比均在1比1.2左右。第三产业达1比2。2000年，全县工农业的产出比分别为1比1.5和1比2。第三产业达1比3以上。

花垣县1986—2000年工业投入与产出统计表

表10-1-28

年　份	工业投入(万元)	工业产出(万元)
1986	2395.37	3180.37
1987	3561.85	4801.15
1988	4932.40	6679.40
1989	7096.94	9646.74
1990	6893.9	8953.4
1991	8966	11665
1992	9391	12270

续表

年　份	工业投入(万元)	工业产出(万元)
1993	11298	18290
1994	15826	26767
1995	23883	35846
1996	29002	46575
1997	29492	48366
1998	36800	62511
1999	42589	68388
2000	56464	84145

花垣县1986—2000年主要工业项目统计表

表10－1－29

序　号	企业名称	项目名称及规模	投资金额（万元）	实施时间（年）	备　注
1	县电石厂	年产3000吨电石生产线	400	1986	
2	县纸厂	年产4000吨纸机生产线	500	1986	
3	县印刷厂	扩建印刷生产线	300	1987	
4	县锰矿	年产2000吨电解金属锰	800	1989	
5	县糖酒厂	年产5000瓶刺梨酒	200	1989	
6	县冶金公司	年产4000吨电解铅	300	1991	
7	县锰矿	年采80000吨锰矿石生产线	800	1993	
8	县水泥厂	年产44000吨水泥生产线	800	1994	
9	县工艺厂	年产10万件苗族绣花织锦	300	1989	
10	县五金厂	年产1200吨人造金刚石	280	1994	
11	县皮蛋厂	年产5万个松花皮蛋	89	1995	
12	县铅锌矿	年采10万吨硫化锌生产线	1200	1996	
13	县振兴公司	年产2000吨电解金属锰	1200	1996	
14	县纸厂	1880纸机生产线	1800	1997	
15	县铁合金厂	年产4000吨铁合金生产线	1300	1997	
16	县水泥厂	年产8.8万吨水泥立窑生产线	1100	1998	
17	湖南三立集团	年产4万吨电解锌配套尾气制酸生产线	2880	1998	
18	湖南东方锰业集团	年产5000吨电解金属锰	1500	2000	
19	县锰一厂	年产3000吨电解金属锰	1000	2000	

第四节　人民生活

20世纪80年代初，党和国家在农村实行家庭联产承包责任制(即大包干)，县境农民实现“耕者有其田”，生活水平不断提高。但由于历史的原因，加之花垣农业底子薄，许多农户仍处于贫困状态。1986年，经调查统计，人均口粮在400斤以下、人均纯收入在150元以下的竟达97000余人，占农业人口的48%。住房困难有2040户，其中无房户有366户，危房户有1061户，茅房户有612户。饮水困难的人口达19400人，饮水有困难的大牲畜3952头。农村贷款余额1040.46万元，农村人口人均负债51.76元。1980年至1986年的7年间，县委、县政府向生活困难群众发放救济款累计达421.98万元。农村流传着“生产靠贷款，生活靠救济”的无奈口头禅。许多老百姓把电视机、冰箱、洗衣机家庭三大件当成稀罕的梦想。

在国家、省、州和衡阳市及其所属区、县的全力扶持下，花垣经济建设取得了丰硕成果，人民的生产条件和生活面貌得到极大的改善。2000年，全县国内生产总值达59598万元，比1986年增长6.37倍。农民人均纯收入达1116元，比1986年增长4.15倍，比1991年增长2.45倍。全年人均生活支出981元，是1986年的4倍，1991年的2.15倍。人均住房面积达20平方米，基本消除茅房户和无房户。许多老百姓家里不仅有了彩电、冰箱、冰柜和洗衣机，不少人还买小车或大车跑运输赚钱。人民的生活水平、生活质量得到提高。1986年以前，老百姓吃的基本以素食和粗粮为主，吃肉的机会不多，过年过节能杀得起猪的农户很少。随着生产的不断发展，经济收入的逐年提高，人们的生活水平在上升。人民生活质量提高的另一重要体现是电影、电视的普及和电脑的进村入户，交通、电信的便捷。20世纪80年代初期，各乡镇虽然开通了客班车，但班次很少，一些乡镇一天只有一趟，边远村寨的农民很难赶上当天进城的班车。20世纪90年代后，虽然加开了一些班次，但还是难以满足城乡人民的需求。随着锰、锌两矿的大力开发，经济的迅速发展，花垣老百姓口袋里的钱逐渐多起来，不少人买车搞输运。公司车、私家车客运并举，车多流量大，人们乘车方便，老百姓实现了早出晚归、乡村县城一日游之梦。花垣的电信，经过20世纪90年代的多次扩容，到2000年底，交换机总容量达27488门，县境实现100%的乡镇、64%的村通电话，老百姓“不出门能知天下事”的愿望逐步实现。

第二章　经济体制改革

第一节　农村经济体制改革

1985年，全县农村开始实行第二步改革，即在稳定家庭联产承包责任制的同时，延长土地承包期30年不变。1986年，全县实行承包山、责任山和未承包的荒山统一划给农民作为责任山，时称“三山变一山”。县人民政府还规定山权归集体，林木折价给农民个人所有，由政府发放林权使用证，一定50年不变。1987年全县建立和完善农村统分结合的双层经营体制。县委、县政府从县直机关抽调110人组成21个工作队，分赴各乡镇完善双层经营体制，协助建立乡(镇)、村两级合作经济管理委员会和收回农转非户、抛荒户和死亡绝户所承包的土地。全县共收回1596户3390人的承包面积，其中稻田117.9公顷、旱土121.1公顷、山林109.9公顷。临时转包到809户2359人，其中田面积53.3公顷、土面积50.2公顷，占收回面积的43.3%。1988年，县政府实施山林定权发证到户工作。共发放《土地承包合同书》《农村集体土地承包经营权证》4.97万套，到户率达到99.5%。全面推行新的联产承包责任制后，原生产队几十年的集体积累及固定资产、生产资料、耕牛、农具等转变为村民小组对其内部农户的包干投资，实行以组核算，将各项义务及债权、债务分摊到农户，农户只享受本组的土地使用权和包干投资权。财务分组立账，并把集体积累、固定资产和生产资料造册登记、签名盖章落实到户，记入包干投资会计科目，永久保存。

田土、山林包干到户使广大农民获得到了土地，虽然所有权是集体的，但农民却拥有了自主的经营权，生产的积极性高涨，粮食产量稳步上升。1997年，全县粮食总产量达102949吨，创历史新高。

1999年，第九届全国人大二次会议通过的《中华人民共和国宪法(修正案)》，将农村集体经济组织实行家庭承包经营为基础，统分结合的双层经营体制列入了《中华人民共和国宪法》，从而确立了其法律地位。标志着从法律上保障了农民的土地承包权、生产经营权和经营收益分配权，农民在完成上交国家和集体提留任务后，其余全归自己。

第二节　工业企业改革

一、全民所有制工业企业改革

1986年，县境有全民所有制工业企业20个，其中轻工业企业14个，重工业企业6个。1988年下半年，县委、县政府成立企业改革领导小组，从县委办、县委组织部、县经委、县总工会等单位抽调干部到县糖酒厂办企业改革试点。推行厂长负责制，确立厂长在企业中的中心地位，明确企业党组织、厂长和工会的职权，进一步理顺党、政、企三者之间的关系，改变以往长期存在的党政企不分的局面。同时进一步健全职代会，加强民主管理和民主监督，发挥广大职工在企业生产经营和各项管理中的作用。这次改革未触动企业管理体制问题，对各方利益影响不大，进展比较顺利。1989年初，全民所有制企业改革基本告一段落。1990年，县境全民所有制企业为23个，其中轻工企业14个，重工企业9个。

20世纪90年代初，国家实行“拨改贷”、“利改税”的财政体制改革，从原来国家给企业拨款改为企业到银行贷款，企业向财政上交利润改为向国家纳税。为贯彻落实中共中央《全民所有制工业企业转换经营机制条例》(以下简称《条例》)。围绕搞活企业，进行用工制度、分配制度改革，1992年初，县委、县政府决定在县纸厂进行试点，6月在全县国有工业企业中推开。改革工作组坚持“能者上、平者让、庸者下”的原则。改革前企业副职由县经委任命，改革后企业副职由法人代表聘任。这次国企改革，全县新聘中层以上的干部32人，落聘19人，精简机构14人，精简非生产性人员73人。1993年，改革继续在其他全民所有制企业中进行。1995年，县委、县政府根据“抓大集团化，放小民营化”的思路，提出“抓大、放小、外引、优品、强管、固基、活策”的十四字企业改革方针，国有企业朝股份合作制与集团化方向发展，并突破行业、部门、所有制界限实行联合。是年，县境全民所有制企业26个，其中轻工企业13个，重工企业13个。1997年8月，县锰一厂与县锰矿组建“湖南东方锰业集团”，由全治中任董事长。1998年8月，县化工厂和县铅锌矿合并组建“湖南三立集团”，由苏宪益任董事长。

是年，在亚洲金融危机的影响下，该集团依然保持良好的发展势头。2000年11月，县供电公司、塔里电站、下寨河电站、兄弟河引水工程管理站组建了“湖南金垣电力集团”，由张嗣顺任董事长。组建后的3家企业为中二型国有企业，被称为湘西自治州工业的第一艘“航空母舰”。

二、县属集体企业改革

1986年，县属集体企业18个，其中重工业8个、轻工业10个。1990年，县属集体企业19个，其中重工业企业10个，轻工业企业9个。1994年，县锰一厂、五金厂实行了内部股份制。1995年，县属集体企业24个，其中轻工业9个，重工业15个。

1996年，按照湘西自治州人民政府的要求，根据“因地制宜，分类指导，形式多样”的原则，县内企业的改革提出了“大企业公司制，中等企业合作制，小型企业多形式”的总体改制思路，积极稳妥地推行了以股份合作制为主体的产权制度改革和买断工龄为特征的用工制度改革。

1999年初，根据中共中央、国务院国有工业企业改制的精神，县委、县人民政府印发了县内国有企业改制工作方案，要求全县国有企业根据实际情况，通过转让出售、租赁经营、参股经营、破产重组、买断工龄等方式盘活不良资产，以股份制、个人独资、股份合作等主要形式组建新的企业。9月，为加快企业改制进程，县委、县政府成立以县委书记为组长的企业改制领导小组，对振兴化工厂进行“两个买断”(企业买断产权、职工买断工龄)的产权制度改革。是月21日，成立了以县长为组长的改制指导小组，从县乡镇企业局、县经委、县农行、县财政局、县工商局、县劳动局、县建委等单位抽出专人，进驻该厂指导改制工作。指导小组按照《公司法》的规定，对该厂进行清资核产，确定企业的总债务，拟出产权买断方案、工龄买断方案和新公司组建方案。11月底，企业改制工作结束，企业更名为“湖南振兴化工股份有限责任公司”，性质由全民变为民营股份制。公司设立股本57954222股，每股股值1元人民币，原厂长绕德宗为公司董事长，占公司股份总额的60%，高级管理人员占20%，优秀员工占17.8%，工会法人占2.2%。公司设立由9人组成的董事会，设董事长1人，副董事长2人，执行董事1人，董事5人；监事会由7人组成，设主任1人，副主任1人，干事5人；理事会由5人组成，设总经理1人，副总经理2人。改制后的企业职工，就业实行双向选择，新企业原则上安排所有原在册职工；买断工龄的职工，以劳动合同制工人的身份与新企业签订劳动合同进入新企业就业。12月初，新企业正式挂牌运行，成为湘西自治州最早的股份制企业之一。

三、乡镇集体企业改革

1986年，全县乡镇集体企业54个，其中轻工业企业17个，重工业企业37个。1990年，全县乡镇集体所有制企业34个，其中轻工企业10个，重工企业24个。1995年，乡镇集体所有制企业43个，其中轻工企业8个，重工企业35个。1996年县内乡镇企业改革全面铺开。1999年8月，乡(镇)村集体企业实现股份制改造5个，兼并联合1个，租赁40个，拍卖4个，依法破产1个，停产1个，承包2个，改革面达88%。2000年乡镇企业达95个，改革的主要特征是由集体性质向民营化方向转变，民营化企业达90%以上，村以上集体企业基本实现民营化。

四、企业改革中出现的问题

企业在改革过程中，遇到不少的困难和问题。全县34个改革改制试点企业中，要实行“两个买断”的8个全民所有制企业只完成3个；要破产的7个企业只完成1个(县五金厂)；县纸厂等6个企业，县法院已受理了破产申请，但因其与银行、供电部门的债权债务无法协调而搁浅。要进行股份制改造的7个企业只完成3个；有6个企业因手续不健全、矛盾突出未能实现重组。由于受国际市场的制约，加上企业内部产品单一、科技含量不高、设备陈旧老化等多方面因素影响，企业改革后的效益还不明显。1999年，全县国有企业及年销售收入达

500万元以上的除三立集团同比增长93%以外，其他几家骨干企业都呈下降趋势，东锰集团下降14.8%，铁合金总厂下降57.7%，振兴化工厂下降5.5%，部分中小企业难以维持正常生产。银行与企业间的债权债务以及企业职工的安置等问题成为企业改革改制中的突出矛盾，至2000年底，全县下岗职工达900余人。

第三节 流通体制改革

一、供销系统体制改革

1987年12月，按照所有权与经营权分离的原则，供销系统20个基层供销社和县直8个专业公司实行定任务、利润、费用、资金、经营范围和联工资、联资金的“五定二联”的目标管理责任制。1988年，基层供销社按照“经营范围、经营价格、用工制度、收益分配”四放开原则实行改革改制。1989年农村代购代销店转让给当地农户经营，对边远供销分社实行利润包干，由职工自主经营，并签订责任书，一定3年。1992年，乡镇供销社日用工业品门市部推行自负盈亏、自主经营、商品铺底、利润包干的“社有民营”模式，实行定柜台、定上缴，由职工自主经营。1992年2月按照国营商业经营范围放开、价格放开、用工放开、职工收入分配放开“四放开”的原则，各基层供销社和县直各专业公司，实行社(公司)有民营的经营模式，即定柜台、定资金、定上缴，由职工自主经营。1997年12月，县供销联社与基层供销社、县直专业公司续签目标管理责任书。1999年，县供销联社通过招商引资，盘活闲置资产，建设边贸市场，利用新建商用门面，成立县边贸市场物业管理中心，安置部分职工就业。

二、民族贸易系统体制改革

1987年，按照所有权与经营权分离的原则，县民族贸易系统10个公司采取“确定基数、逐年递增、超收全留、一定三年”的承包形式进行改革。1988年1月1日，县民族贸易局与各公司签订承包经营合同书，承包期至1990年12月底。同时对边、小、亏、微的门点予以租赁或拍卖，共拍卖20个基层肉食站点，人员集中到县肉食厂公司。1992年2月，民族贸易系统按照经营范围放开、商品价格放开、用工制度放开、职工收入分配放开“四放开”原则进行承包经营。1993年，县民族贸易系统推行企业的国有牌子、国有场地、职工国营身份、职工自由组合、自主经营、自筹商品、自负盈亏、包死税费“三公、四自、一包死”的责任制经营模式。至此，零售商直接从厂家进货，三级批发站失去作用，1996年撤销百货、纺织品、副食、五交化四个批发站，公司转入经营资产。1998年商业总公司通过招商引资，开发百货、纺织品两个批发站的商用场地，盘活闲置资产建设商业中心，安置部分职工就业。纺织品、百货、五交化公司商场租赁给个体商办超级市场。原有职工有的被租赁商聘用，有的待业。2000年开始推行产权和职工身份置换改革。

三、粮油购销体制改革

财务体制改革 1986—1992年，粮油购销实行中央粮食定购、统销和议购议销并行的核算体制。即从财务上分别单独核算，实行统一管理，利润按标准进行分配。从价格上除议购议销不受限制，但不能高于市场价外，全县小麦、玉米、大豆、大米、油稻等平价粮油销售价格先后有统销价、定购价、比例价和比例加费用价。补贴办法由财政按定量和计划供应的定购价和统销价的价差拨补，这种多样价格并存的运行机制被称为“双轨制”核算体制。1993年后“双轨制”逐渐被市场调节制取代。1998年，财务体制下放到县财政，全县粮食企业的各项费用与补贴直接与县财政挂钩。

购销体制改革 1986年，取消粮食统购统销，改为合同定购。1987—1989年，粮油实行粮食收购、食油收购双包干政策。1992年,粮食购销实行集体承包或个人承包。1993年粮油购销价格基本放开,实行市场调节和国家调控,实现大流通大批发,并改坐店经营为上门服务。全县共增设购销网点27处,经营门面37个,市摊65个,形成零售、批发、期货一体化的市场经济模式。1995年,粮食经营向多种经济成分经营格局发展,从代理制企业过渡到两线运行机制,即经营单位不变,只是从财务核算上分为政策性业务管理和商业性经营。而政策性业务,主要是负责专项储备粮油和国家定购粮油的经营和各项管理工作。商业性经营逐步成为自主经营自负盈亏的经营主体。财政补贴执行国家专项储备粮油利息、费用和国家定购粮油费用补贴。1997年粮食价格全部放开,居民粮油供应证停用。1998年粮油敞开收购,即常年不停收、不拒收、不限收、不打白条、不代扣代缴。1999—2000年,共敞收农户粮食5.5万吨,销售粮食8.97万吨。

第四节　宏观调控体制改革

一、计划改革

1986年,县计划委员会(简称"县计委")设有经济综合组、基建物资组、社会发展组等业务机构。经济综合组主要负责制订中长期和年度计划,定期或不定期向县人大、县政府汇报计划执行情况(一般按一季度、半年、年底三个阶段汇报),提出下步工作方案、建议。基建物资组主要负责编制固定资产投资计划,对新建、改建、扩建基建项目依据程度要求进行审查,并按权限上报或下达基建计划;协调、平衡全县物资计划,制订计划物资分配方案。社会发展组主要负责编制科技、教育、文化、卫生、体育、广播电视等社会发展计划,负责非师范类大中专毕业生分配安置工作,管理全县"农转非"指标。是年6月,该委设立以工代赈计划申报、项目实施管理办公室。1988年8月,该委设立经济信息中心,为县二级事业机构,不占县计委编制,工作人员由县计委内部调剂安排。1993年8月,该中心配备的计算机终端实现了与国家信息中心计算机联合网联络接开通,花垣成为全州第一个终端与国家信息联网县。

"七五"时期,花垣仍实行计划管理模式。"八五""九五"计划时期,县委、县政府先后在分配制度、经济结构、流通体制等方面进行改革,市场调节逐步成为经济发展的主导因素。在管理职能上,由过去的微观经济管理转变为宏观经济管理,由直接管理为主变为间接管理为主。管理手段逐步向适应市场经济体制的方向转变,计划工作也由过去下达生产指标、分配计划物资转为加强宏观调控、开展调研、研究发展战略、管理重点项目、制订国民经济和社会发展中长期规划上来。

"七五"至"八五"计划前期,县计划主管部门下达的计划主要有经济综合指标、工农业产品生产"收购"、劳动工资、国土开发、财贸经济、科技发展、中小学招生、人口控制、固定资产投资、物资分配等计划,指标直接分解下达到乡镇和县直企事业单位。其指标纳入指令性计划管理、考核范畴。改革后,计划下达的范围逐渐缩小,且逐步由指令性变成指导性。"九五"计划期间,计划部门所制订的计划基本只对全县经济综合性指标和主要发展指标作总体计划,不再下达具体指标。

二、财政征收改革

1985年,中央财政对地方实行"划分税种、核定收支、分级包干"的财政体制。湘西州政府对花垣仍按1983年的收支决算数实行"划分收支、分级包干、超收全留、定额补贴"的政策。是年,全县财政供养人员4290人,财政收入269万元,支出1261万元,当年定额补贴479万元,并规定以后每年增长10%。1987年,定额补贴增幅改为5%。

1994 年实行分税制，按税种划分中央收入和地方收入。消费税为中央收入，增值税为中央和地方共享收入（75％上交中央财政，25％为地方收入）。中央按返还基数和各年上划“两税”情况对地方进行比例返还。计算公式为：上年度返还额加当年上划“两税”增长率乘零点二，核定 1993 年上划中央“两税”基数 835 万元，税收返还基数 804 万元，1994 年实现上划“两税”和税收返还分别为 1153 万元和 865 万元。1996 年因上划“两税”比上年减少 206 万元，“两税”返还基数被等额扣减。1997 年，中央将该项政策改为：凡低于 1993 年的上划“两税”基数，将等额扣减税返基数。

三、住房制度改革

1994 年，县人民政府成立房产改革领导小组办公室，专司房改职责。县人民政府根据国家房改政策，结合县情，制定住房改革方案（简称《方案》）。《方案》规定，县城内机关、学校、医院、行政及企事业单位的住房，除临街房、危房外，都属出售范围。房屋依质定级，以级定价。一级 645 元/平方米，二级 528 元/平方米，三级 432 元/平方米。房价除因质而异外，还因地段而异。城中心按基本价算，城郊则下浮 7.3％。同一栋楼房，房价也因楼层不同而异。以三层楼房为例：三楼为基本价；二楼上浮 4.5％；一楼下浮 3％。方案还规定，有私房（含在建）的干部职工不能购房。可以购房的干部职工又因级别、工龄的不同而享受不同的购房面积：县级干部可享受 95 平方米，科级干部可享受 75 平方米，一般干部职工可享受 65 平方米。规定范围内的住房面积，按优惠价付款 80％，超过部分则按原价付款。《方案》规定公房出售后，个人只享有 80％的产权，20％部分归公家，因而不能转卖。5 年后按规定补齐 20％房价后，全部产权归个人所有，可以进入交易市场。1999 年，全县住房制度改革全面完成，共出售公房 15.4 万平方米，有 2811 户干部职工购买住房。

第十一篇　经济综合管理

第一章　计划管理

1986—1990年，花垣县经济体制改革逐步推开，计划管理过细、过死的状况有所好转。1991—2000年期间，花垣县在企业制度、分配制度、经济结构、流通体制多方面进行全方位改革，取得重大突破，市场调节逐步成为经济发展的主导因素。在管理职能上，县人民政府由过去的微观经济管理为主变为宏观经济管理为主，由直接管理为主变为间接管理为主，管理手段逐步向适应市场经济体制的方向转变。物资管理实行计划内外物资串换经营，价格双轨制并举，加强横向经济联合，拓宽资源渠道，经营方式灵活，经济效益逐年增长。工业品、土特产、劳务输出等对外经济贸易快速发展，尤以工业品最为突出。其中，1998年花垣县出口创汇3003万美元，占湘西自治州出口创汇总额的87%；财政收入5400万元，其中外贸生产企业的创税就达3500多万元，占全县财政总收入的64.8%。到2000年底，县内东方锰业集团、三立集团、振兴化工有限公司及县铁合金总厂等企业累计实现出口创汇1亿美元以上。

第一节　计划编制

“七五”计划（1986—1990年）主要经济计划指标：到1990年，花垣县国民生产总值达到13472万元，年递增12.4%；工业总产值5200万元，年递增15%；农业总产值7200万元，年递增7.7%；财政收入540万元，年递增15%；社会商品零售总额8389万元；人口自然增长率控制在9‰以内；粮食总产量80000吨；油料7500吨；肉类总产量7800吨；生猪出栏12万头；发电量13000万千瓦时；机制纸2000吨；水泥44000吨；电解金属锰2550吨。

“八五”计划（1991—1995年）主要经济计划指标：到1995年，花垣县国民生产总值达到24000万元，年递增11.1%；第三产业产值6500万元，年递增25%；工业总产值25000万元，年递增18.6%；农业总产值18000万元，年递增7.3%；财政收入2500万元，年递增20.3%；社会商品销售总额11000万元，年递增7%；外贸出口总额1500万元，年递增33.4%；人口自然增长率控制在13‰以内；农民人均收入达到700元。

“九五”计划（1996—2000年）主要经济计划指标：到2000年，花垣县国民生产总值60000万元，年递增18%；第一产业增加值20000万元，年递增10%；第二产业增加值27000万元，年递增25.7%；第三产业增加值13000万元，年递增18.8%；工业总产值80000万元，年递增21.7%；农业总产值30000万元，年递增11.3%；社会消费品零售总额32000万元，年递增15.8%；外贸供货总值20000万元，年递增14.8%；财政收入10000万元，年递增23%；5年累计固定资产投资60000万元；人口自然增长率控制在12‰以下；农民人均纯收入达到1200元以上。

第二节　计划执行成效

1986—1990年，花垣县主要经济综合指标基本达到计划目标。1990年，国民生产总值14812万元，比1985年增长96.8%，为“七五”计划的109.9%；工业总产值5747.7万元，是1985年的2.22倍，为计划的110.5%；农业总产值5623万元，比1985年增长13%，为计划的78.1%；社会商品零售总额7847万元，比1985年增长63.3%，为计划的93.5%；财政收入1122.6万元，是1985年的4.18倍，为计划的207.9%；人口自然增长率13.5‰，超过计划4.5个千分点。建成了县农贸市场、县民族医院门诊部、县民族中学科学楼、茶洞镇自来水站等基础设施；新增冶金化工厂、1880纸机生产线、水硫酸锌等工业企业和工业生产设施；全民单位新增房屋面积9177平方米；完成小排吾水库灌区雅桥、龙潭境内各支渠道的开挖，整修改造了吉卫杉木冲水库。

1991—1995年，花垣县国民经济和社会发展速度加快，计划目标基本完成。1995年国内生产总值达到25681万元，为“八五”计划的107%；工业总产值23598.8万元，是1990年的4.1倍，为计划的94.4%；农业总产值17590万元，是1990年的3.13倍，为计划的97.7%；5年累计完成全社会固定资产投资3.75亿元，是“七五”时期的2.8倍，为计划的95%；社会消费品零售总额16236.9万元，比1990年增长47.6%；外贸供货总值达到10189万元，为计划的6.8倍；财政收入3555万元，是1990年的3.17倍，为计划的142.2%；人口自然增长率控制在12.37‰以内；发电量达到14729千瓦时，比1990年增长72.6%。建成浮桥电站、五龙冲电站、下寨河隧洞二号洞口电站和110千伏花桥变电站；完成城郊、团结两座35千伏变电站技改扩容；新建乡村公路和矿山公路108千米；完成怀化至张家界花垣段光缆线路铺设和县城电缆改造；开通县城5000门程控电话和磁卡、移动电话、无线寻呼业务，农话交换容量达到1452门；实施小排吾灌区配套工程建设，新修改建渠道180千米，整治病险库21座；建成县城区域内钟佛山大桥、伍家坡大桥、双龙潭大桥、赶秋北路、体育广场、城关集贸市场和“金三角”批发市场；改造和扩建城区供水系统，达到日供水2万吨的能力；完成“三项”科技计划11个（其中科研计划3个、星火计划3个、推广计划5个）；农业“双十”丰收计划、规范化栽培、旱育早发、“双两大”、测土配方施肥、奈李高产技术研究、龙须草开发利用、红薯粉丝生产技术，以及锰矿干式磁选、硅锰渣综合利用及中草药离子导入治疗骨质增生临床研究等项目付诸实施，都取得良好的经济和社会效益；新建和改造校舍11762平方米，其中修建希望学校17所，建筑面积9000平方米；改建县人民医院门诊部和麻栗场中心医院，实施了“妇幼保健”“计划免疫”“结核病防治”等国际、国内援助和合作项目。1995年，全县医务人员达到680人,病床552张,分别比1990年增加180人和200张。

1995—2000年,因主观上计划目标指标偏高,客观上受亚洲金融危机、国内总需求下降、市场趋冷等因素的影响,导致县内几大工矿企业的重点建设项目投产滞后,部分经济综合指标未能实现计划目标。到2000年底,完成三立集团翻番工程、东锰集团高纯电解锰新建、振兴公司扩改、209国道改线、花民公路改造、城南城北开发、县委县政府机关搬迁及邮政电信大楼、农网改造、茶洞民乐小城镇建设等重点工程;完成环境治理投入2300万元,企业达标率90%;完成造林5394公顷,建立"古苗河生态旅游保护区";实现"普九"目标,新修教学用房35791平方米。国内生产总值达到36872万元(1990年不变价),比1995年增长43.6%,为"九五"计划的61.5%;第一产业增加值13642万元,比1995年增长11.8%,为计划的68.2%;第二产业增加值15560万元,比1995年增长90.1%,为计划的57.6%;第三产业增加值7670万元,比1995年增长44.9%;工业总产值63328万元,比1995年增长121.43%,为计划的79.2%;农业总产值20903万元,比1995年增长73.3%,为计划的61.6%;社会消费品零售总额22648万元,比1995年增长39.5%,为计划的70.8%;外贸供货总值21500万元,比1995年增长111%,为计划的107.5%;财政收入6160万元,比1995年增长57.6%;5年累计完成固定资产投资80000万元,是"八五"时期的2.13倍,为计划的133.3%;人口自然增长率控制在10.17‰以内。

第二章　统　计

1986—1987年,县统计局尚未设置股室机构,仅有一个下属事业机构(农村经济调查队),编制14人。1988年,全县21个乡(镇)共有14个乡(镇)建立统计信息网络站。是年,各部门开始设立统计机构,配备专(兼)职统计员,并指定统计负责人。1990年增设法规股。1991年设办公室、社会统计股、经济统计股,同时成立花垣县电子计算站(二级机构)。统计局原则上保持原管理不变。1995年设办公室、经济统计股、社会统计股和法规股,编制9人。2000年,县统计局有行政编制10人,事业编制4人,下设综合股、工业投资股、社会科技股、农业股、法规股、计算站等6个业务股室和1个农村社会经济调查队。到年底,花垣县共有专(兼)职统计员188名,其中专职29名,兼职159名。

第一节　统计报表

一、统计内容

国民经济统计　1986年,统计执行定期报告制度,定期对国民经济核算、农村社会经济、工业、固定资产投资等进行统计。统计要求以月报、季报、年报等方式全面反映国民经济和社会发展情况。

花垣县1986—2000年国内生产总值统计表

表11-2-30　（按2000年不变价）　单位：万元

年份	国内生产总值	第一产业	第二产业	其中		第三产业
				工业	建筑业	
1986	26076	14191	4984	2623	2361	6901
1987	26700	14581	4570	2689	1881	7549
1988	24101	11062	5328	3542	1786	7711
1989	26063	12410	6135	4405	1730	7518
1990	27932	14006	5834	4398	1436	8092
1991	31382	15009	7093	5304	1789	9280
1992	33822	16568	7264	5054	2210	9990
1993	35011	17233	7287	5750	1537	10491
1994	38233	18916	9672	7526	2146	9645
1995	42186	20329	11363	10269	1094	10494
1996	45523	21438	12792	11763	1029	11293
1997	48302	21593	14857	13671	1186	11852
1998	51627	21831	17189	15979	1210	12607
1999	54988	22073	18930	17346	1584	13985
2000	59598	22728	21586	19536	2050	15284

农林牧渔业总产值统计　县内农林牧渔业涵盖面广，涉及粮食、烟叶、药材、水果、牲畜等，与此相关还派生不少企业。

花垣县1986—2000年农林牧渔业总产值统计表

表11-2-31　（1986—1990年按1980年不变价，1991—2000年按1990年不变价）　单位：万元

	1986年	1987年	1988年	1989年	1990年
农业总产值	5188	5224	4252	4986	5623
其中：1.种植业	2885	2856	2195	2285	2919
2.林　业	256	150	154	285	201
3.牧　业	1283	1422	1201	1580	1661
4.副　业	689	715	458	759	737
5.渔　业	75	81	65	77	105

续表

	1991年	1992年	1993年	1994年	1995年
农业总产值	13447	14289	14827	16087	17590
其中：1.种植业	6599	7391	7243	7636	8789
2.林　业	659	425	796	454	369
3.牧　业	4380	4672	4723	5735	6150
4.副　业	1356	1362	1651	1750	1712
5.渔　业	453	439	414	494	570
	1996年	1997年	1998年	1999年	2000年
农业总产值	18527	19304	19748	19966	20903
其中：1.种植业	8830	9442	9295	7231	9491
2.林　业	292	291	316	360	509
3.牧　业	6436	6793	7296	6934	6841
4.副　业	2349	2028	2074	2448	3057
5.渔　业	620	750	767	993	1005

工业统计　工业统计通过报表的综合分析，研究企业生产情况，反映工业生产发展的规模和速度，以及时掌握工业运行中存在的问题。

花垣县1986—2000年企业个数及总产值统计表

表11-2-32　（1986—1990年按1980年不变价，1991—2000年按1990年不变价）单位：万元

年　份	企业个数	工业总产值	
		不变价	当年价
1986	2330	3074.01	3180.37
1987	2098	3074.99	4801.15
1988	1664	4601.90	6679.40
1989	2541	5718.91	9646.74
1990	2677	5747.7	8953.4
1991	2600	13860	11665
1992	2340	14021	12270
1993	2083	18998	18290
1994	1889	22456	26767
1995	2019	28601	35846
1996	2247	37283	46575
1997	2485	41947	48366
1998	2466	50963	62511
1999	2292	53436	68388
2000	1878	63328	84148

固定资产投资统计　固定资产投资定期统计的范围为：列入固定资产投资计划的全民所有制单位建设项目，未列入投资计划的总投资5万元以上的全民、城镇集体所有制单位建设项目，农村集体所有制单位固定资产投资，农村个人固定资产投资，以及城镇工矿区个人建房投资等。

花垣县1986—2000年固定资产投资完成情况统计表

表11-2-33　　　　单位：万元

年份	本年完成	其中		
		国有单位	集体单位	城乡个体
1986	2377	1314	281	782
1987	2100	1455	244	401
1988	2509	1574	307	628
1989	2649	1350	324	975
1990	2572	1611	477	484
1991	3145	2174	404	567
1992	5960	4015	1192	753
1993	6771	3728	1862	1181
1994	10033	5558	3139	1336
1995	8541	4352	2944	1245
1996	6920	4251	1442	1227
1997	10333	7151	1969	1213
1998	10553	6567	3063	923
1999	17220	11387	4066	1767
2000	24166	16510	2470	5186

二、统计自动化建设

1986年，县统计信息实行自动化。1987年4月，由县财政拨款，购进意大利生产的M24微机一台，使用“国家统计局计算中心统一CCDOS操作系统”，用于统计报表数据处理，使县统计专业结束算盘计算历史。1993—1995年，先后购进TW386、联想486微机两台。统计计算和数据传输技术发展较快。1996年，开始运行“UCDOS通讯员”程序，进行点对点统计数据传输。1997年，国家统计局配给县一台HP586计算机。2000年10月，县计算站建立网址，进行联网通信，统计数据以“电子邮件”的形式传输。到2000年底，县统计局各项专业数据基本实现微机处理。

第二节　统计调查

一、人口抽样调查和人口普查

人口抽样调查　1987年7月，花垣县组织并实施了样本县全国1%人口抽样调查。调查活动所抽取调查的人口数占总人口数的比重为1.5%，抽样调查资料被收集于湖南省统计局汇编的《中国1987年1%人口抽样调查资料——湖南分册》。1995年12月,全国又进行一次1%人口抽样调查,花垣县未被抽中,没有组织实施这次抽样调查活动。

人口普查 1990年7月1日,花垣县参与全国第四次人口普查,成立县人口普查办公室,抽调1676名普查人员参加组织实施,从1989年10月开始到1991年12月结束。此次普查表明,截至1990年7月1日零时,花垣县总人口为234308人,比1982年(第三次人口普查)的208086人增加26222人,增长12.6%。密度为每平方千米211人,比1982年的每平方千米188人增加12人。男性人口120338人,占总人口的51.36%;女性人口113970人,占总人口的48.64%。

2000年11月1日,花垣县参与全国第五次人口普查,从1999年9月开始进入准备阶段,成立人口普查办公室,抽调近2000名普查人员参加组织实施。这次普查结果,花垣县人口253750人,比1990年第四次人口普查增加19442人,人口密度为每平方千米229人,比1990年每平方千米211人增加17人;男性人口132071人,占总人口的52.04%;女性人口121679人,占总人口的47.96%。

二、工业普查

1995年8月,花垣县开展一次工业普查活动,成立工业普查办公室,共组织近1000名人员参加普查。查清了花垣县工业企业的基本情况:花垣县乡及乡以上工业企业为84户,完成工业总产值3.04亿元,其中独立核算企业79户,年末职工人数9395人,资产总计5.7亿元,固定资产2.97亿元,全年实现工业增加值0.8亿元,产品销售收入3.14亿元,利税总额0.21亿元。村及村以下的企业1935户,完成工业总产值5452万元。

三、农业普查

1997年与全国同步开展第一次花垣县农业普查工作,成立县农业普查办公室,共组织2000多名人员参加普查,历时3年。经普查核实,花垣县耕地面积26861.3公顷,其中水田11951.3公顷,旱地14910公顷。新增48.7公顷,其中水田29.6公顷,旱地19.1公顷。粮食作物面积20380公顷,其中稻谷10059公顷,小麦2060公顷,玉米5451公顷,大豆2410公顷,薯类400公顷;经济作物8501.2公顷,其中油菜4223公顷,花生1699公顷,烟叶1619.2公顷,药材76公顷,蔬菜884公顷。养殖业存栏牛49320头,山羊89900只,猪202200头,鸡、鸭、鹅170345羽。

第三节　统计监督

1986年始,花垣县每年召开一次全县统计年报工作会议,布置国家统一部署的统计报表工作,讲解和宣传《中华人民共和国统计法》。是年,民乐供销社在编报统计报表时,将碳铵不折算上报,造成虚报,县联社对此作了通报批评。1988年立案查处县物资局瞒报工资总额及奖金、县五金厂篡改统计数据、县乡镇企业局篡改基层统计报表等违法行为。

1990—1994年,每年不定期组织有关部门对县内的统计调查对象进行统计数据质量情况抽查。

1995年,抓住《中华人民共和国统计法》纳入"三五"普法的契机,大力开展统计普法宣传活动。1998—2000年,每年举办一期统计法律、法规知识培训班,先后培训在岗统计员300多名,并开展6次全县性的统计执法大检查,对有违反统计制度行为的单位,及时下发整改通知书累计达150份,有效地消除虚报、瞒报统计数字的不良现象。为确保统计信息真实可靠,县统计局加大统计监督力度,组织各基层单位领导和统计人员深入开展统计执法大检查，查处违法行为。1999—2000年，统计执法检查组在检查中发现某企业为体现所谓“利润”，采取不进成本、不提折旧、不计利息等手段，上报统计数据虚增利润200多万元。检查组当场对该企业负责人和财务、统计人员进行批评，并责令进行纠正。通过一系列执法检查活动，提高全民统计法律意识，维护统计法律尊严，有效地遏制迟报、拒报、虚报、瞒报、伪造、篡改数据等统计违法行为，确保全县统计数据的真实性。

第四节　统计服务

1986年起，县统计部门按照专业将各种数据资料归类整理，为各部门提供服务。除整理完成国家规定的统计报表数据外，还收集人口、财政、金融、保险、城市建设、运输邮电、科技、教育和文化、卫生、体育、民政等方面的资料，统一编入每年度出版的统计年鉴。

1986年6月，整理汇编铅印出版《1981—1985年花垣县国民经济统计资料》精装本，印发140册。1991年7月，整理汇编铅印出版《1986—1990年花垣县国民经济统计资料》精装本，印发120册。从1999年开始按月编制“花垣县国民经济主要指标统计月报卡”，每月一卡，月后13日出卡，资料卡片具有准确、快捷、短小精悍的特点，对县域经济运行情况实行全面、系统的定量检查、监测和预警。2000年7月，整理汇编铅印《1991—2000年花垣县国民经济统计资料》精装本。1986—2000年，共印发700多册《花垣统计年鉴》资料，并于每年5月印制汇编出上年度的年鉴资料。

第三章　工商行政管理

1986—1987年，县工商局属县政府直属机构。1988年，县工商局内设机构有办公室、政工股、财务股、个体经济监管股、市场管理股、企业管理股、合同管理股、经济检查股、县个体劳动者协会，派出机构有城关、团结、茶洞、龙潭、民乐、麻栗场、吉卫8个工商所。1994年2月20日成立县消费者权益保护委员会。1995年5月18日成立城关市场管理所。1998年12月，工商行政管理机构实行垂直管理。1999年全面完成人员上划、分流、财产移交、债权债务处理。2000年改革后的工商行政管理体制全面运转，工、青、妇组织健全，有干部职工114人。

第一节　集贸市场

1986年前，花垣县城乡集贸市场服务设施落后，逢场赶集在公社（乡）附近马路两边摆地摊设点露天交易。1986年后，为方便城乡百姓商品交易，花垣县城乡相继修建规范化集贸市场。

1986年茶洞镇集市建成。1987年，民乐镇集市、董马库乡集市、排料乡集市、麻栗场镇生猪集市相继建成。1990年县城原体育广场改建成城关农贸市场。是年，吉卫镇、猫儿乡、大河坪乡集市建成。1992年吉卫镇螺蛳董村集市建成。1995年，麻栗场肉行、龙潭集市、道二集市建成。1996年县城工业品市场建成。1997年团结集市建成。1999年，县城商业中心、金三角市场、边贸市场建成。2000年，县城物资公司、印刷厂、宏源市场建成。1986～2000年，花垣县自建、联建和社会团体建成城乡市场集市21个，建筑面积139216.35平方米，投入建设资金5759.52万元。花垣县最大的乡镇集市团结镇集市，占地面积20000平方米，建设面积16000平方米，总投资160万元，摊位424个。最大的市场县城边贸市场占地面积23234平方米，建筑面积35000平方米，总投资1500万元，门面288个，停车场一个，住宅98套。

花垣县1986—2000年城乡集贸市场成交额情况统计表

表11-3-34

年度 \ 项目	乡镇名称	建设面积（平方米）	总投资（万元）	摊位（个）	肉摊（张）	门面（间）	停车场（平方米）	住宅（平方米）	宾馆（套）	售货台（平方米）	公平秤（台）	厕所（个）	寄存处（个）
1986	茶洞集市	4310	4310	21	80	54				24	2	1	2
1987	民乐集市	7396	7396	43	427	60					1	1	1
1987	董马库集市	1500	1335.8	8	129	35		248					
1987	麻栗场生猪行	627	627	10								1	
1987	排料集市	157	157	0.5	7								
1990	城关农贸市场	13799.8	13614.5	375.12	289	80				723	1	2	1
1990	吉卫集市	12000	8700	43.5	330	53				60	1	1	1
1990	猫儿集市	1500	1500	6									
1990	大河坪集市			1	13								
1992	螺蛳董集市	7000	6300	32	91	16	200	100				1	
1995	麻栗场肉行	1640	123	23		49							
1995	龙潭集市	5800	5600	78	340							1	
1995	道二集市	500	450	1.5	67	25						1	
1996	工业品市场	2200	2000	40									
1997	团结集市	20000	16000	160	424	140						1	
1999	商业中心	8500	16300	1060	260		338	700	30	35			
1999	金三角市场	4200	7543	1306.9	78	13						1	
1999	边贸市场	23234	35000	1500			288	1	98				
2000	物资公司市场	7000	7000	480									
2000	印刷厂市场	300	260	170									
2000	宏源市场	1000	5000	400									

花垣县 1986—2000 年市场建设、服务设施统计表

表 11－3－35

项目 年度	成交总金额（万元）	市场管理费（万元）	粮食（吨）	油脂油类（吨）	棉麻烟类（吨）	肉蛋禽类（吨）	水产类（吨）	蔬菜类（吨）	干鲜果实（吨）	大牲畜（吨）	家畜幼禽类（吨）	饲料农具种类	注明
1986	2453.5	9.4	4425.99	291.66		269.93	81.99	559.3	172.9	517	315		
1987	2895.73	19	184.6	184.6	94.68	295.8	105	632.2	128.9	618	417	41.38	
1988	3574	47.5	166.7	166.7		311.49	121.2	419.7	122.2	712	464		
1989	3261.75	43	146.7	146.6		268.4	128	217.4	829.6	817	714		
1990	3678	52	266.3	266.3	75.5	256.4	297	203.4	815.9	916	897		
1991	3978.96	45	335.1	335.1	85	238.1	319.5	172.3	712	1043	943		
1992	4484	55.6	294.7	294.7	122.9	323	11	335.6	178	1117	1034		
1993	6072	72	420	420	179	352	91	503	289.4	1361	1214		
1994	10328	79	43.4	43.4	13.8	503	26.04	239	317.7	1374	1213		
1995	13368	106	59	59	12.1	593	34	596	413	1462	1341	1.49	
1996	13687	156	89	89	39	683	81	566	514	1563	1496	0.53	
1997	20357	174	714	714	247	2152	819	891	1748	2217	1987		
1998	22335	172	862	862	250	7356	966	9550	2690	2300	2054	1464	
1999	23000	220	974	974	225	7893	1040	9850	2710	2100	1735		
2000	23100	79	824	824	237	7174	978	9247	2750	2390	2185		

第二节　交易管理

1986 年后，交易管理工作逐步规范化、法制化，制止垄断和反不正当竞争，依法查处走私贩私和各种违法经营行为。

1986 年 1 月，花垣县麻棉土畜产品公司将国家计划分配的 5096.25 千克优质棉卖给被人冒名的永顺塔卧供销社。同月，又再次将这批优质棉卖给河南虞城县云盘供销社。为此，县工商局对其处以罚款 2000 元。1987 年 6 月，某乡镇粮站将上级下拨本单位收购油菜籽的 13100 千克袋售尿素擅自抬高价格出卖，且不直接卖给交油菜籽的农民，从中非法牟利 4524 元，县工商局对其非法所得全部没收上缴财政。1986—1988 年，共查处投机违章案件 249 起，罚没金额 1.04 万元。

1989 年，花垣县粮食部门某公司安排本单位职工与外地人非法购买票值 10000 千克的粮票，并以每千克 0.64 元的价格转移粮食指标 300 千克，然后巧立名目把粮票转换成大米将账冲平。县工商局查出后，将其非法收购的粮票全部依法予以没收，并处以罚款 1000 元上缴财政。是年，取缔无照经营 108 户，查处投机违法案 15 件。

1992—1993 年初，党政机关所办经济实体共 41 户。1993 年，中央办公厅以 17 号文件转发国家经贸委《关于党政机关与所办经济实体脱钩的规定》，湖南省、湘西自治州、花垣县三级下文作了部署。县工商局根据县委、县政府安排,会同有关单位付诸实施党政机关所办经济实体脱钩工作,但由于各种原因还有部分机关与所办经济实体未完全脱离。是年,县工商局查处违章案件14起,罚没金额1.3万余元,还与有关部门联合开展“三打”(打走私贩私、打假冒伪劣、打非法出版)活动,查处各种伪劣商品35种6334件,折算金额2.4万元,并予公开销毁。

1996年,某乡镇信用社从湘西自治州生资公司购进尿素9吨,碳氨7吨,磷肥9吨,责成需要化肥的农户先到信用社办理贷款手续,然后凭贷款票据到指定的化肥经销点提货,这种经营严重违反国家专营物资管理的规定。据此,县工商局将其剩余的化肥交有关部门处理,并处以罚款1000元上缴财政。

1998年,县工商局共清出党政机关所办经济实体21个。通过整顿,是年底12个党政机关与所办实体脱钩,9个党政机关正在办理脱钩手续。

1999年,县烟草公司在没有国家烟叶调拨计划、无国家烟草专卖局统一安排的情况下,擅自与外地签订《烟叶购销合同》,购进7车烟叶总价值人民币79.72万元。烟叶购进后,该公司将此烟重新分级转手销往外地,违反了《中华人民共和国烟草专卖法》。据此,县工商局对其处以罚款7万元上缴国库。2000年,所遗留的9个党政机关所办实体全部注销。1986—2000年,县工商局共办理抵押合同130份,受理投诉案432件,调解纠纷300件,调解经济案76件,调处来信来访案25件,查处侵犯消费者权益案2件。通过执法,有效制止企业经营活动中的违法违章行为,促进经济建设的健康发展。

第三节 经济合同管理

1986年,县工商局建立健全合同管理机构,配备协管员队伍,宣传经济合同法规,检查督促经济合同的订立和履行。是年鉴证经济合同48份,鉴证金额60万元;检查经济合同52161份,金额18999.7万元;立案7起,合同金额11.6万元,争议金额15万元;结案7起,其中调解裁决5起,确认无效合同2起。1987年,鉴证合同244份,金额45.2万元;检查合同52125份,金额17247.8万元,其中不合格2份,金额18万元;立案4起,金额4.6万元,争议金额2.5万元;调解裁决3起,确认无效1起;履行合同31265起,金额9344.3万元。1988年,县工商局合同股检查145户企业,共签订经济合同2796份,订约金额15747万元,其中工业品、农副产品购销合同1895份,金额14877万元;借款合同380份,金额186万元;财产保险合同560份,金额175万元。受理合同纠纷案件5起,争议金额2.42万元,结案2起,确认无效经济合同1起,帮助4户企业挽回经济损失12万余元。

1989年,花垣县工商局经济合同仲裁委员会更名为花垣县经济合同仲裁委员会。当年共受理经济合同纠纷案35起,合同金额47.73万元,其中调解纠纷30起,裁决3起。是年检查63户企业,检查合同1307份,金额1863.08万元;监督当事人履行合同47份,金额103万元,协助当事人挽回经济损失9万元;查处违法合同1起,罚款金额800元;鉴证合同6份,金额23万元;组织企业开展重合同守信用活动,申报企业3个,均被上级批准命名;建立经济合同管理网络41个,落实41名企业合同协管员。

1991年,经济合同管理工作以抓监管为主,不断完善法律法规,逐步走向规范化、制度化,工作成效明显。是年共鉴证经济合同81份,鉴证金额63.30万元;检查78户企业合同1666份,金额1999.4万元,其中监督履行24份,金额250万元,帮助合同当事人挽回经济损失 26 万元；仲裁合同案件 1 起，确认无效合同 1 起，合同金额 14 万元；向湘西自治州申报、考核“重合同，守信用”企业 11 户，全部被核准审批授予“重合同，守信用”企业荣誉称号。1992 年，经济合同管理以搞活流通，服务企业，支持国营、集体企业，促进农村经济发展为重点。当年鉴证各类经济合同 122 份，合同金额 623.8 万元，收取合同鉴证费 1519 元；检查 68 户企业订立的经济合同 627 份，金额 8921.16 万元；咨询服务 86 次，接待咨询人员 108 人；举办经济合同法规培训班 8 期，受训 141 人；建立企业系统点 65 户，为企业追回合同欠款 6000 元；协助 16 户企业制订经济合同管理制度，使合同管理工作逐步趋于规范。

1993 年，共鉴证各类经济合同 439 份，其中建安合同 26 份，鉴证金额 771 万元，比 1992 年同期上升 2.5 倍；收取合同鉴证费 2135 元，比 1992 年同期上升 40%；调解合同纠纷 1 起，收调解费 118 元；咨询服务 59 个单位 208 人次；检查各类经济合同 1560 份，金额 1101 万元，已履行经济合同 439 份，金额 987 万元；帮助申报获准命名“重合同，守信用”企业 4 户。

1995 年完成鉴证合同 8128 份，金额 851 万元，收取合同鉴证费 16568 元；监督检查合同 8065 份，金额 1457 万元；办理企业抵押登记 19 件，被担保主债权数额 2946.2 万元，抵押物登记价值 4485.91 万元，收取登记费 10620 元；举办培训班 17 期，受训 159 人，其中法人代表 72 人；接待咨询人员 71 人次，发放宣传资料 405 册；举行宣传活动 95 次，并为县锰一厂等企业自办企业骨干培训班提供学习资料。

1996 年，共检查 52 个企业的经济合同签订履行情况，督促履行合同 8065 份，金额 1457 万元。共鉴证合同 8128 份，金额 851 万元，收取鉴证费 1.65 万元。重点加强对农副产品购销合同—烟叶订购合同的鉴证。鉴证烟草合同 7800 份，金额 300 万元。督促 39 户企业使用合同示范文本 85 本。实行办理“签订经济合同法定代表人资格证书”和《企事业法人签订经济合同授权委托书》，督促 117 户企业办理 195 本证书。通过这些措施，促进经济合同管理工作规范化、科学化。

1997 年鉴证各类经济合同 54 份，金额 569 万元。监督检查合同 83 份，金额 818 万元，宣传经济合同法律法规 3 次，举办培训班 7 期，发放宣传资料 3970 份，接待合同咨询 13 人次，为企业办理证书 12 本，发放经济合同示范文本 62 本，为消费者挽回经济损失 15 万元。销毁制售假冒“南宁”牌汽酒 80 件，假冒“杀虫王”农药 80 件，折合金额 20 余万元。

1999 年加强经济合同监管，做好企业动产抵押登记。组织企业学习《中华人民共和国担保法》和新修订的《中华人民共和国合同法》，举办合同培训班两起，培训人员 64 人，其中法人代表 24 人；检查企业签约合同 71 份，总金额 3198 万元，鉴证合同 60 件，合同履约达 95%；督促 38 户企业使用合同示范文本，发放法人资格证书 16 本；办理企业动产抵押登记 24 件，价值 6882 万元，被担保主债权额 4720 万元，按照《中华人民共和国担保法》的有关规定，有 4 件不予办理。

2000 年，合同鉴证 33 份，金额 2088 万元，办理动产抵押登记 45 件，抵押物价值 24942 万元，主债权金额 19361 万元。

第四节　个体经济管理

1986 年，花垣县个体工商业劳动者协会编制 5 人，办公经费从收取的管理费中列支。主要从事个体工商业日常业务的引导及管理工作。1987 年召开第三届代表大会，推荐、选举名誉会长和理事人员。1988年,花垣县个协3248户,会员3725人,其中城镇778户919人,农村2467户2762人,私营企业3户44人。1995年,县个体工商业者协会召开第四届八次理事会,引导个体工商业者向农副产品加工、矿产品开发加工、挖掘传统产品加工和种养业发展。1996年,个体工商业劳动者协会更名为花垣县个体劳动者私营企业协会(简称"个私协会")。1997年,个私协会开展"户户讲道德,店店无假货"活动,同时清理无照经营和流动人口计划外生育,整顿印刷业和服务修理业,打击非法出版物和色情服务。

2000年,花垣县个体工商户发展到13650户,从业人员25800人,注册资金8500万元,比1999年同期分别增加32%、24%、22%,上缴国家税金1300万元。是年,县个私协会在会员中开展自我管理、自我教育、自我服务的教育活动,筹集资金3000元,组织会员看望和慰问受自然灾害影响的私营企业和个体工商户。

第五节　商标广告管理

1990年起,商标、广告管理工作开始起步。县机械厂和县水泥厂各注册商标1个,另有6户企业注册商标9个。全年收缴虚假广告240张,查处利用虚假广告牟利1户,罚款1000元,为企业挽回经济损失7.7万元。

随着市场经济的发展,企业刊登、播映、张贴广告活动日益增多,户外广告张贴混乱。为规范管理,1991年在县域7大集贸市场建立广告栏15个,大力宣传户外广告管理办法,印制公告300份,清理消除未经审查登记擅自张贴的广告300余张。是年,商标注册登记8件。

1992年,商标注册登记10个,未注册商标4个。登记广告经营单位1个,从业人员6人,注册资金15万元,发布广告25件;户外广告登记18件,清查违章户外广告24起700张。1993年,注册商标14个,审核户外广告312件,消除乱张乱贴广告425张。

1994年设立"商标广告管理股",专司广告管理和执法,商标、广告管理工作正式步入规范化管理。县主管单位利用各种会议宣传《中华人民共和国商标法》10次,办墙报24期,县电视台播放《中华人民共和国商标法》5期,查处假冒商标、标志袋9000余个,罚款1100元;利用各种会议宣传《广告管理条例》等法规5次,办墙报28期,县电视台宣传10期,查处乱张贴广告3起845张,处以罚款2400元。是年,有效注册商标7户(其中1户续展待批)。

1996年,审查广告13起,核转注册商标证3起,为锰一厂、花生油厂两家申请代办注册商标2起。开展2次大检查,取缔3家用他人注册商标营业店,检查广告80条,废除未经审核登记的广告20条,查处违禁广告2条,虚假广告2条,罚款0.52万元。督促有线电视台换领"广告经营许可证"和办理年检手续,对印刷厂作为商标指定印刷单位资格进行考核。1997年,办理商标注册11件。组织8家大企业法人代表办理商标培训班1期,接待商标咨询27人次,选拔2户企业参加湖南省著名商标认定活动会。查处28起侵犯"三株"注册商标专用权违法行为。全年审查广告51起,检查广告800起,督促20户广告主补办登记手续,撤除未经审批擅自发布的广告8幅。

1998年,花垣县拥有注册商标单位11家,有效注册商标11件。是年,东方锰业集团的"东锰",振兴化工厂的"雪松",花垣山神酒业有限公司的"山神"和"山九王"等商标申请注册。全年共审查广告28起,检查广告600起,催促10户广告主补办登记手续,撤除未经审批的横幅广告2幅和违禁广告8幅。

2000年,花垣县注册商标16个,审查广告15起,查处乱张贴广告4起1012张。

第六节　市场服务

1996年,县工商局设立市场服务中心,编制3人,专司市场资产管理。根据1999年湘西土家族苗族自治州人民政府《关于成立湘西自治州市场服务中心的通知》等文件和县政府有关文件精神,2000年2月,花垣县市场服务中心正式成立,隶属县财办管理,为自收自支副科级事业单位,履行市场物业管理服务职能。下设办公室、财务股、政工股,编制7人,实有干部职工38人。

市场服务中心的主要职能是管理市场资产,负责提供交易场所和服务设施,开展代储、代运、信息咨询业务。管辖各类大小市场15个,占地总面积63315平方米,总建筑面积50882平方米,资产总额1460万元,负债总额731万元,资产负债率达50.07%。2000年市场服务中心共收取市场租赁费48万元,交易手续提成费12万元。

第七节　消费者权益保护

1994年9月6日,花垣县消费者权益保护委员会成立,委员单位48个,委员37人。委员单位中,行政事业单位28个,工商企业20个。此后,随工作业务量的扩大,消费者权益保护委员会的机构和人员配置逐步增加,下设秘书处,配秘书长、副秘书长及23名专职工作人员,处理日常事务。秘书处下设办公室、咨询投诉部、宣传教育部、技术质量监督部、价格监督部、卫生监督部,并明确办公地点。除办公室和咨询投诉部设在县工商局外,其余4个部分别设在技术监督局、物价局、卫生局和广播电视局,与有关职能股室合署办公。

1994年始,每年的3月15日定为消费者权益保护宣传活动日。消费者权益保护委员会成员单位上街下乡广泛深入宣传《中华人民共和国消费者权益保护法》,散发资料,张贴警示标语,并开展专项检查,打击制售假冒伪劣商品的违法行为。

2000年"3·15"活动期间,消费者权益保护委员会通过电视进行专题报道宣传,向社会发放宣传资料3500份,张贴警示信息20条;邀请湘泉酒鬼酒厂有关行业检验人员参加,向消费者当场讲解假酒鬼酒的识别方法,当众销毁假烟、假酒及假冒伪劣商品;对食品市场、农机市场、燃器具市场、电器市场、药品市场、五金交电市场、鞭炮市场等多种市场进行专项检查,查出假冒伪劣酒鬼酒12件,假冒剑南春酒2件,假冒五粮液酒7件,端掉制假酒窝点1个;查获假冒"迅达"牌霸王灶12台,假冒厦新VCD6台;当场发出书面通知查处和取缔5户无主体资格经营的药品户。消委专门设立消费者举报投诉电话"12315"。是年,共接到消费者各类投诉电话200多个,受理投诉电话150个。

1994—2000年,消费者权益保护委员会共上街宣传《中华人民共和国消费者权益保护法》11次,接受宣传11000多人次,张贴标语550幅,散发宣传资料1800册,作电视专题报道15次,受理消费者投诉485人次,其中假冒伪劣商品消费案288件,行风不正案97件,并受理电话投诉225件,累计为消费者挽回经济损失135.8万元。

第四章 审 计

1987年,县审计局内设商粮贸审计股、工交审计股、行政事业审计股、办公室,编制17人,实有干部职工12人。1994年县审计局隶属关系由财贸系统转入政府办系列。2000年在职干部职工19人,其中注册会计师3人,审计师1人,会计师1人,经济师1人,助理经济师2人,助理会计师1人。主要职能是对全县各部门、人民团体、事业单位、国营企业、基本建设单位、金融保险等机构的财政、财务收支进行审计监督。

第一节 国家审计

一、执法审计

1986年,审计水电系统供电公司和塔里电站两家单位,对乱发的钱、物作全部追回并上交财政。审计邮电局承包企业账目,发现4个职工名为借支但无手续,实为挪用国家资金11721元,责成邮电局收回。1987年,审计城郊变电站时,发现该站采购人员开假发票贪污公款1906元,县审计局将该案移交县检察院立案。

1990年,审计电解锰厂,发现该厂4人出差到广州、深圳,住高级宾馆、抽高档烟,两次乘坐飞机开支9700元,审计作出由当事人自负1300元的处理。审计交通局,发现该局购置沙发50套,发给干部职工33套,每套公款补贴286元,共补贴9438元,审计作出全部价款由个人自负、收回补贴上交财政。

1995年,对县生资公司进行审计,发现该公司1994年10月30日湖北省宜昌市化工厂吴发联以白条领取尿素差价款5万元,并弄虚作假增加销售成本、列支入账,将款项转出形成账外资金,截留隐瞒利润;又于1995年3月14日将款项转回作为集资款列账。审计还发现,该公司1994年12月将计内尿素8.33吨由平价转为议价,按每吨825元计算,牟利差价款6872.25元。审计局作出收缴尿素全部差价款,并对弄虚作假、截留隐瞒利润的问题酌情收缴1.5万元的处理。

1997年,审计出县石油公司漏税3288.66元,依法给予全额收缴。1998—2000年,共对10家企业进行审计,发现违规金额12.01万元,收缴上交财政8.76万元。

二、预算执行审计

1996年起,对同级财政预算执行情况进行审计,审计财政局时发现该局农税股“农村教育附加费”收入未纳入预算收入管理。

2000年底,对县财政局执行本级预算情况进行审计,查出该局1998年无任何手续购买小车一辆,价值20.6万元,长期挂往来账未转入固定资产;1999年卖给教育局小车一辆,漏交增值税3600元、城建税和教育费附加288元;净增固定资产100万元(不包括以前年度),漏交固定资产投资方向调节税5万元。根据《国务院关于违反财政法规处罚的暂行规定》,对县财政局漏交的税费共计5.39万元予以全额收缴。

三、金融审计

1990年,金融审计工作正式开展,主要对工商银行、建设银行、农业银行进行行业审计。在对县工商银行进行审计时,发现该行滥发、多发奖金23112元,按规定征收奖金税20421元。

1993年,审计县农业银行,审出该行在信贷等方面存在3个问题：1992年8月和1993年，该行以还款期限为3个月，并以7.5‰、19.5‰、14.5‰不等的利率，先后用信用贷款贷给县房地产信贷部18万元，该行所办的金穗实业公司14万元，共计占用信贷资金32万元，影响了信贷资金的正常发放。但鉴于该行已按期还款付息，县审计作出下不为例、免予处理的处置。1993年1月，该行集体私分自办的银垣公司房地产信贷部和企业借款经营所产生的利润7.1万元，共71名员工参与私分，人均得利1000元。县审计局根据银垣公司利润总额仅有4.3万元的实际，给予从轻处罚9000元的处理。1993年3月，该行自办经济实体新型业务部，通过储蓄所吸收半年和一年期定期储蓄存款277.4万元，月息为12‰，比规定利率8.03‰提高3.97‰，至6月底，累计发放贷款余额260万元，其中220万元月息为18.9‰，40万元月息为12‰，比规定利率9.36‰分别提高9.54‰和2.64‰，提高利率多收利息6.93万元，违反中国人民银行、监察部关于《金融稽核检查处罚规定》，按规定应予全额收缴。但考虑该行当时的实际困难，县审计局仅收缴其单位提高贷款利率所获取的非法收入1.8万元。1993年底，该行撤销自办的经济实体。

1994年，审计县建设银行的信贷资金及财务收支情况，发现该行1993年存在3个经济问题：将流动资金贷款利率从7.5‰提高到11.4‰，多收县石油公司等4个单位流动资金贷款利息2.04万元，且未纳入其单位年终决算。县审计局据此给予罚款2039元；超限额发放奖金1.44万元，且未交奖金税，县审计局据此给予收缴应补交的奖金税4942.2元；向部分贷款部门收取融资费，并账外存储，县审计局据此给予20%的罚款计9185.4元。

1995年，审计县建设银行，发现该行1994年1—4季度违反利率政策，提高利率，多收企业贷款利息2.55万元，该行房地产信贷部违反规定无依据向贷款单位收取融资费4.25万元，其中1994年收取3.72万元，1995年1—4月收取2595.50元，并于1995年6月20日才作手续费收入列账。据此，县审计局作出处理：对提高利率已收取的款项1.12万元予以收缴；对未收款项但列入待转营业收入和挂往来账的1.43万元予以调整账务，并退还贷款企业；对房地产信贷部1994年违反规定收取的融资费3.72万元予以收缴。

1997年，对农业银行进行行业审计，查出该行违纪金额1.12万元，县审计局予以全额收缴财政。

1998—2000年，共审计金融项目5个，查出违纪金额4.5万元，上交财政3.7万元。

第二节　内部审计

1987年，供销部门率先建立内部审计机构，配备专职人员，对本单位财务进行审计。在对排碧乡供销社审计时发现，该社4年账务差错，会计与保管员账务不对，其账面记载差错17笔，记账凭证与原始附件不符87笔，仓库验收单汇总差错2笔，共计差错106笔，差错金额9006.70元。通过审计调整差错后，差错额为82.62元。1988年，民贸、教委、乡镇企业局建立内部审计机构，配备专职审计干部，开展审计工作，对所属41个单位进行审计，发现违纪金额11.06万元，贪污案件三起，清退赃款800元。乡镇企业局自查贪污案一起，金额2.36万元。花垣镇服装厂原为劳动局安排待业青年所建，后交花垣镇作为镇办企业，乡镇企业局与花垣镇组织审计检查，初步核实该厂财务人员贪污2.35万元，并及时移转检察院立案查处。

1995年，粮食局内部审计发现：1994年12月支付粮贸大厦工程款30万元，预提网点建设费17.6万元，合计47.6万元，列作管理费支出；局机关重发书报费、交通费1.16万元，洗理费8958元，多发误餐费3.02万元，发放秋粮入库补助1.03万元,合计6.11万元,作管理费列支;违规金额202万元,处理上缴财政22万元。

1997—2000年,全县共有10家单位设立内部审计机构,内审人员12人。共完成审计项目87个,查出违规金额134万元。内部审计的开展,有效扩大审计监督的广度和深度,减少违法违纪案件的发生。

第三节 社会审计

1992年7月,花垣县审计师事务所成立,其主要职能是承办查证、咨询、鉴证、验资、担任审计顾问等,实行有偿服务。1993年7月,县纸厂新任厂长要求审计师事务所对该厂1993年6月底全部资产进行全面核实鉴证审计,实行账面检察与实物盘底相结合,对资产实行核实鉴证。审计后指出,该厂已出现了资不抵债和严重亏损问题,并提出建议7条,帮助查找分析存在问题的原因。是年,应纸厂聘请,审计师事务所1名审计师担任该厂审计顾问。由于该厂管理比较混乱,基建与生产分开核算,而基建"1880工程"已基本完工投入生产,一直没有办理交付使用财产手续。事务所派人指导和清理账务,从账务上办理所有遗留的基建项目财产交付使用和并账手续,编制财务报表和补做凭证21笔,清理出试产产品锡箔纸50吨,书写纸19吨,金额20余万元未入账和应由个人交出而未交又无手续的产品销售款2000余元。

1994年,受县锰矿委托,审计师事务所对该企业当年8月的资产、负债、权益进行审计鉴证。通过审计账面核实资产净额为3251.39万元,实际负债为3263.21万元,负债大于资产11.82万元,潜在亏损622.77万元。

1992—1999年,审计师事务所共完成委托项目195个,其中验资项目123个,审计项目64个,鉴证项目8个。1999年底审计师事务所撤销。

第四节 其他审计

1986—1988年,除财务收支审计外,效益审计、经营承包审计、财产鉴证审计等审计工作已在全县逐步开展。

1986年,审计县锰矿时发现,该企业1985年盈利22.51万元,其中上半年盈利1.44万元,而1986年上半年实际仅盈利4.28万元,比1985年同期减少利润10.08万元。县审计局通过对比分析发现,影响效益的主要原因是县、乡(镇)矿业相互削价,竞争销路。为此,县审计局向县政府提出由县组织统一销售、充分发挥税收贷款杠杆作用的建议,引起县人民政府重视,并付诸实施,使县域锰行业价格逐步回升。

1990年,在审计扶贫资金、物资中,通过延伸审计,发现麻栗场镇新建镇办工业资金1万元被个人挪用6200元,责成麻栗场镇政府及时收回。发现团结镇办工业议价出售钢材1990千克,获利1800元,审计后作出全部收缴非法所得的处理。

1992—1994年,主要抓保险审计、扶贫资金审计,公安、交警、外资、国土、基建审计和化工厂的资产、负债、权益审计及粮食行业亏损挂账审计等。

1996年,在行业审计中积极进行内查外调,查出蔬菜局开假发票套取现金案件一起,金额1.5万元,依照有关法规进行严肃查处。1998年,在审计过程中积极进行外部调查,查出国土局、民委、城郊粮店、经管局4个单位私设“小金库”。是年，对4个领导干部离任经济责任进行审计，查出违规金额483.73万元，其中查出小金库4起，金额10.52万元，作出上缴财政处理已上缴财政9.31万元。1999年，分别对全县的机关、事业、企业职工养老保险基金进行审计，查出社会养老保险基金管理存在一些问题，对如何管理好社会养老保险基金提出一系列切实可行的建议。是年，还对群众反映强烈的违规收费、乱收费问题进行审计检查。在对县教育局教育经费审计中，发现该局1995年上半年多收花垣县初三会考费1540元，无政策依据收取花垣县小学五年级和六年级单科考务费1.89万元，收取高考报名费时提高标准多收750元，合计多收、乱收费2.12万元。据此，县审计局责成县教育局全额收回退还学生。对县民族中医院审计时，发现该院1995年12月—1996年12月，超标准和无合法依据多收手术费、治疗费、急诊费、其他费等金额8.39万元，审计局予以全部收缴。

2000年，对幸福大桥、医药公司天然植物制品厂厂房、铁合金厂综合大楼等工程进行专项稽查。查出幸福大桥工程超支挤占扶贫资金111.15万元，其中大桥工程挤占88.60万元，接线工程挤占22.86万元。医药总公司天然植物制品厂房工程超预算投资3.2万元，欠交固定资产投资方向调节税7.08万元。铁合金厂综合大楼工程超计划投资45.06万元，欠交固定资产投资方向调节税3.42万元。是年，对县农业局、地矿局、蔬菜局等4个行政事业单位的财务收支进行审计，查出违规金额178万元。对此，县审计局作出必须纠正158万元、处以罚款20万元（其中15万元上交财政）的处理。

第五章 物价管理

1987年，花垣县物价局定编3人，其二级机构物价检查所定编3人。1991年成立茶洞物价检查所，定编3人。1992年成立县价格事务所，与县物价检查所两块牌子一套人员。1994年末在机构改革中，县物价局与县计委合并，成立花垣县计划物价委员会。1995年末，县物价局又从县计划物价委员会分离出来，为县人民政府工作局。其主要职能是按照有关法律法规，负责物价调控和综合管理工作。到2000年末，县物价局及其所属的物价检查所和价格事务所已有专业物价管理和监督检查人员16人。

第一节 价格改革

1986年始，花垣县价格改革进入全面展开和逐步深化阶段。价格改革改变了传统的价格管理体制和高度集中的以国家定价为主的价格特征，初步建立与社会主义市场经济相适应的市场调节价格机制。到2000年末，市场调节价在社会商品零售总额、农产品收购总额和生产资料销售总额中所占比重，分别达到95.9%、92.7%、94.9%，市场调节价占社会商品零售总额的比重比1986年的46.8%提高49.1个百分点。县管商品价格仅限于水、电、食盐、液化气、成品油、部分药品和烤烟收购价等。

一、农副产品价格改革

1986年，农副产品收购除粮、棉、油实行合同定购外，其他产品已全部放开。农副产品收购价格由统一定价发展到合同定购价和市场价格并存的双重价格形式。是年3月,开始对粮油实行合同定购,主要是稻谷、小麦、玉米、大豆。定购价按“倒三七”比例价(即30%按统购价,70%按原超购价)。每50千克的具体价格为中籼稻谷15.59元、小麦21.2元、玉米15.66元、大豆34元、茶油168.4元、菜油137.8元。1986年,城镇居民的粮油统销价大米每千克0.32元,菜油每千克1.56元。粮油收购中因与相邻的川黔政策上存在差异,1986—1990年,出现过“边区油菜籽价格大战”不良现象。菜子收购价一年高过一年,年平均涨幅21%。1990年“价格大战”高峰期每50千克菜子价最高达87元,高出湖南省定统一收购价16.60元。1991年县制定菜子综合收购中准价为每50千克63元,实际执行中准价仅为60元,比1990年下降27.7%,出现经营部门经营困难、农民增产不增收现象。1991年3月31日,调高粮油销售价格后对城镇居民采取补贴的办法。1995年3月粮食部门体制改革,实行人权、财权、购销权、管理权下放,不再分配收购任务,粮油的合同定购取消。1995年3月31日后,取消城镇居民粮油计划供应,市场粮油价格全面放开,结束了1954年以来粮油统购统销的历史。

二、日用工业消费品价格改革

20世纪90年代初,大部分日用工业消费品、副食品的价格已经放开,实行国家定价、国家指导价的仅剩电力、食盐、自来水、肥皂、彩电、冰箱、名牌自行车、中小学课本、名烟、名酒等不到100个品种。1992年1月起,根据湘西自治州政发〔1991〕30号《关于国合商业企业实行“四放开”改革试点的试行办法》文件精神,对日用工业消费品的零售价格除极少数品种外已全面放开。电、水价属于湘西自治州管,在价格政策中调整多次。1996年,花垣县电力价格为每千瓦时生活照明电0.38元,经营照明电0.8元,农村综合用电0.26-0.29元,普工用电0.41元,大工业用电0.335元,铁合金用电0.3元,电解系列用电0.31元。1998年8月,城镇自来水价格为每吨生活、工业用水1.05元,经营性用水1.3元。物价大幅度放开后,出现市场物价频繁波动。为加强对日用工业消费品、副食品价格的管理,县实行提价审批和备案明码标价制度,管价商品或放开商品销售时必须实行明码标价,使用物价部门统一印制的标价签,一货一签,从企业内部加强物价监督管理。连续6年在城镇开展“物价计量信得过”活动,并在1987—1993年先后评选出针织、百货、副食、生资、日杂、食杂等公司为“物价计量信得过”单位,由县人民政府授牌表彰。对城乡餐饮业开展评定等级活动,1996年参与评定等级的餐饮业达23个,1997—2000年,参与评定等级的餐饮业已达87个。

三、生产资料价格改革

1983—1985年,国家允许企业在经营和价格上存在计划内、外两种形式,即计划内物资实行平价供应,计划外物资实行议价供应“双轨制”价格。1986年以后,继续实行“平价议价双轨制”。是年,计内平价90号汽油每千克0.80元,计外高价每千克1.22元,自采高价每千克1.437元至1.542元。1988年,县物价局落实国家对计划外钢材实行最高限价,对计内钢材规定出厂价和流通环节的收费标准,规定任何单位不得随意加价和自我收费。

1989—1994年,县内对化肥、农药、农膜实行综合价。1989年县生资公司实行综合价的品种17个,结算时盈利的品种15个,虚盈金额为138090.22元,亏损的品种2个,虚亏额51326.95元,盈亏相抵虚盈额86763.27元,并将虚盈额转作下年计算价格时使用。延续此种综合价办法一直到1994年,对当时稳定农业生产资料价格、加强物价管理、推进价格改革、维护生产经营者、消费者利益起到积极作用。1993年1月,计内外并轨,全面放开钢铁产品价格。农业生产资料实行“双轨制”,对大化肥(尿素)价格管理较严,对小化肥价格管理较松直至逐步放开。

花垣县 1990—1995 年生资公司尿素销售价格情况表

表 11-5-36　　单位:元、吨

年　度	平价议价	销售数量	销售比重 %	进　价	销　售	议价高出平价 %
1990	平	1163	27.7	470～605.5	550～700	71.45～118.2
	议	3737	76.3	1045	1200	
1991	平	1800	49.4	465～698	550～800	56.3～127.3
	议	1913	50.6	1133	1250	
1992	平	2137	72.7	465～698	550～800	56.3～127.3
	议	801	27.3	1100	1250	
1993	平	790	27	698	800	8.9
	议	2133	73	1030	111.5	
1994	平	643	13.8	800～693	970～800	52.6
	议	4022	86.2	1082	1222	
1995	平	1680	41	1403～1383	1560	52.6
	议	2406	59	1772～2180	2380	

第二节 物价监督

一、制止生产资料乱涨价

1986 年 12 月,县物资公司在经营钢材、玻璃、汽油业务中,采取以平价转议价、擅自变相提价等手段提高货物价格,县物价检查所没收其非法所得 2.27万元,罚款 1000 元。1986 年 1 月、1987 年 4 月,县石油公司采取平价转议价,未按批发价供应,以及煤油混作汽油销售等手段销售成品油,县物价检查所没收其非法所得 5.24 万元,罚款 1000 元。1986 年 8 月、1987 年 5 月,县种子公司私自提价销售种子,县物价检查所没收其全部差价款 1.24 万元。1987 年 6 月、1987 年 8 月,县生资公司将平价尿素 300 吨转成议价销售给永顺县生资公司,县物价检查所没收其非法所得 2.30 万元。1987 年 5 月,县民族五金厂加价倒卖计划内生产用钢材,县物价检查所没收其非法所得 1.66 万元,罚款 500 元。1988 年 11 月,县生资公司错价销售农药甲胺磷、敌敌畏、农膜,县物价检查所没收其差价款4.01 万元。1997—1998 年,县物价检查所先后对茶洞镇、吉卫镇等 10 多个乡镇种子经营单位进行重点检查,没收错价销售种子差价款 0.2 万元。2000 年,县物价部门严肃查处错价销售种子、农膜、农药等行为,共没收差价款 3.1 万元。

二、物价检查

1986 年始,花垣县物价检查领导小组采取“宣传发动、自查自报、重点抽查、罚没款入库、整章建制”的措施,按“自查从宽、被查从严、实事求是、宽严适度”的原则开展物价大检查活动。1986—1988 年,共查出 9 个单位有违法行为,其违法金额 7.90 万元。在 1989 年物价大检查中,全县有 19 个单位自查自报物价违法违纪金额 20.37 万元,金额最大的县水电局为0.79万元，金额最小的县副食品公司为1.02元。重点抽查出县供电公司、种子公司、民族医院4个单位有物价违法问题，总金额5.82万元，被县物价部门全额没收，并处以罚款0.22万元。

1990—1995年，查处各类价格违法案件59起，违法金额达24.50万元，实行经济制裁10.84万元。1997年，查处县石油公司违法金额2.3万元，没收非法所得0.8万元。配合湘西自治州物检部门对县自来水公司水价进行检查，查出违法金额30万元，没收非法所得1.5万元。查出县人民医院和35家个体诊所、药店违价金额6万元，没收非法所得1万元，罚款0.117万元。1998年，检查窝勺乡电管站制定电价时，每度电乱摊管理费0.15元，严重增加了农民负担，引发电价纠纷。物价部门责成该乡电管站停止执行违规定价，重新制定合理电价，电价纠纷得以平息。

2000年，先后对33所中小学收费情况进行全面检查，共查出价格违法案件3件，违法金额4.12万元，作出退还原交费者4.12万元，罚款1万元的处理。查出县电信局在1998年10月、1999年12月期间，违反〔1997〕湘价重字第116号文件的规定，收取用户话机代维修附加费1.34万元，作出处罚1万元的处理。1986—2000年，共查处各类价格违法案件457起，实行经济制裁13.14万元。

三、“三乱”治理

1989年，县物价部门开始查处乱收费问题。8月，县广电局越权定价收费和乱收闭路电视安装费，被查出并没收非法所得1.46万元。12月，县民族中医院自立名目超标准收费，被查出并没收非法所得1.18万元，罚款1000元。1991年3月，县广电局越权收费和乱收闭路电视安装费，被查出并没收非法所得2.79万元，罚款2000元。1992年后，县内乱收费、乱摊派、乱罚款(简称“三乱”)现象严重，引起人民群众强烈不满。据此，县人民政府于1993年4月部署开展为期4个月的清理“三乱”工作，经历了发动、清理、自查、抽查、整改等阶段。自查面达97.4%，抽查了38个单位。1992年1月—1993年3月，查出38个单位乱收费总额21.05万元，乱摊派2.0万元，乱罚款19.22万元，违纪项目102个，违纪金额53.04万元，被县物价部门没收3.34万元。1994年10月、1995年12月、1998年11月县邮电局、电信局超标准收取电话费，分别被查出并没收非法所得10.55万元、4.07万元、1万元，清退用户56.99万元，罚款2000元。1998—2000年，每年春秋两季开学前，县物价部门对全县中小学收费情况进行抽查，3年共查处中小学收费违法案件95起，违法金额28.09万元，实行经济制裁总额30.06万元，没收0.2万元，清退27.89万元，罚款1.97万元。1999年9月，县民族中医院自立名目超标准收费，被查出并没收非法所得0.80万元。2000年，全县发放收费许可证223个，涉及收费项目400多项，收费标准3000多个。是年，县物价部门对县建设局、国土局、乡镇国土所11个单位向农民建房的收费情况进行检查，查处价格违法案件3起，违法金额13.5万元，没收非法所得2.5万元。

四、收费价格监督

1986年后，县内商品价格逐步放开。同时将行政事业性收费、服务性收费全面纳入物价管理和监督检查范围，并广为宣传。1987—1988年国家物价局印发的三批《国务院有关部门行政事业性收费管理目录》；1991—1992年国家物价局、财政部发布国务院所属34个系统、部门的收费项目和标准；1993年，湖南省物价局、湖南省财政厅发布湖南省各系统、部门的收费项目和标准，同时制定相应的管理办法。2000年末，全县发放收费许可证223个，涉及收费项目400多项，收费标准3000多个。

花垣县1986—2000年物价违法案件查处情况统计表

表11－5－37　　　　金额单位：元

年　份	案件数	违法金额	经济制裁总额	没收	清退用户	罚款	上缴财政
1986	24	73817	63823	62270	1323	230	5500
1987	95	177260	167709	93541	72974	1194	86069
1988	26	186146	80235	78125	9396	2714	69915
1989	31	220652	266685	243895	12564	10226	228737
1990	37	307500	234400	61100	171300	2000	112200
1991	19	100400	87000	43500	43500		47000
1992	12	29700	29700	8700	21000		8700
1993	11	10800	170600	33700	136700	200	33900
1994	2	5960	2360	1590	770		1590
1995	22	129250	129250	32650	96600		32650
1996	26	216970	216970	69790	130590	16590	86380
1997	152	409970	103196	65810	34086	3300	69110
1998	55	280500	280500	58300	201000	21200	79500
1999	147	138500	138500	100200	37600	700	100900
2000	720	176800	176800	76000	79900	20900	96900
合　计	1379	2464225	2147728	1029171	1049303	79254	1059051

第三节　物价补贴

1986年，继续对三类农副产品实行保护价和差额补贴，补贴分价内价外，品种不变，补贴金额每年给在职职工每人每月副食品补贴5元，县城居民每人每年肉食津贴14元，总计为22万元，由县财政拨补。1988年4月1日起，猪肉、蔬菜、粮食、鲜蛋四种副食品由暗补改为明补，对干部职工和离退休人员每人每月补贴8元。1989年县棉麻公司调入棉花供应，县财政给该单位棉花差价补贴3万元。1992年4月1日，粮食统销价提高，对国家机关、事业单位、企业单位在职职工每人每月补贴5元，对国家供应口粮并定期发给生活费的民政优抚救济对象和国家按计划供应口粮的中小学民办教师，每人每月补贴3元。1993—1995年，为平抑市场物价，县财政分别拨出6000元、1万元、2万元、4万元补贴肉食经营部门。1994年，干部职工的肉食补贴停止执行。1995—1997年，县内收购烤烟与常德、长沙烟厂实行厂销挂钩，交烟厂每50千克烟叶厂方给50～100元的扶持费，县政府将此扶持费加在不同等级烟叶的收购价里摊给烟农。1997—2000年，为增强政府调控市场的财力，征收价格调节基金235万元，用于县蔬菜基地建设和节日供应蔬菜、液化气补贴。2000年，全县收购烤烟624.21吨，收购总额587.7万元，按正价（国家定价）计算的收购总额为510.26万元，实际给烟农的扶持费77.51万元,每50千克为62.09元。

第四节 物价服务

东锰集团、三立集团、振兴化工厂、铁合金总厂等企业用电量大,电费成本占产品成本比重的68%,生产一吨电解金属锰需耗电5200千瓦时。为减轻企业负担,县物价局根据上级的规定,1986年后,对电价进行几次调整,调稳后的电价低于全省同类平均电价的15%左右,低于全县平均电价的20%左右,此举最大限度地降低了高能耗企业的电费成本。

1989—1992年,在化肥、农膜供需矛盾突出、供不应求的情况下,县物价局经报请县人民政府批准,对这些农业生产资料实行专营政策和综合价格政策。根据不同的进货渠道、进货数量、进货价格、进货费用,计算出平均进货成本,稳住销售价格,保证农民利益不受损害,并多渠道组织货源,满足农民需要,缓解供求矛盾。

1992年,县物价局针对湘、川、黔边区油菜籽收购矛盾开展调查,写出《边区价格应更灵活些》和《油菜籽"价格大战"留下的后患》的调查报告,被《湖南物价》刊用,调查报告中提出的8条建议被省政府采纳。1996、1998年,县物价局针对县供电公司出现亏损的情况进行调查,写出《我县供电亏损严重及其对策》和《对供电亏损的调查与思考》的调查报告,受到湘西自治州领导高度评价,引起有关部门关注和企业的重视。从1998年起,县物价局选择花垣镇依溪村一组吴方新等5户农户对玉米的生产成本进行定点到户调查,一定5年不变。

1992年,县价格事务所成立后逐步开展估价鉴定,到2000年,共接受涉案物品估价事务245件,估价金额2030万元,为有关部门办案出具估价鉴定245份。1999年,县物价部门先后4次去湖南省物价、电力等部门为三立、东锰和铁合金三家企业争取优惠政策,3家企业每年减少电费支出1000多万元。与6家企业建立常年价格信息联络,提供价格信息,解决价格矛盾。

2000年,县价格事务所接受县法院委托,对县内首家破产企业五金厂厂部、金刚石分厂厂房及石油公司老油库进行三期公开拍卖,拍卖成交额170余万元,高出底价40余万元。

第六章 标准计量管理

1986年,花垣县标准计量所下设办公室、业务股,有干部职工4人。1988年8月,县标准计量所更名为标准计量局,为正科级事业单位,归口县经济委员会管理。1989年5月,成立花垣县计量测试所,属县标准计量局下设的二级事业机构,核定事业编制12名。1991年11月,县标准计量局更名为县技术监督局,1994年11月,列为县人民政府直属机构。从1999年10月1日起,花垣县质量技术监督局实行省局垂直管理。2000年6月,花垣县技术监督局更名为"湖南省花垣县质量技术监督局",为湘西自治州质量技术监督局直属机构,下设办公室、监督股、标准质量股和花垣县质量技术监督检验及计量检定所。

第一节　计量管理

1986年7月1日,《中华人民共和国计量法》颁布实施,县人民政府将宣传《中华人民共和国计量法》列入花垣县普法教育内容,计量管理开始步入法制轨道。是年,对实行强制检定工作计量器具开展调查,确定衡器、天平、砝码、液体量提、米尺、食用售油机、压力表、血压计、电度表等九类器具为强制检定工作计量器具,并公布第一批强制检定工作计量器具目录(内含器具22种)。全县年检器具6000台(件),用于贸易结算和粮食、烤烟收购的计量器具受检率达100%。1987年,组织全县个体秤工集中学习和考试考核,不合格者不准制秤。是年,实施计量改制企事业单位214个,推行千克秤2008支,米尺410把,台(案)秤512台(件),计量合格个体工商户516家。改制工作结束后,计量器具强制检定工作由县计量测试所承担。授权供电公司和自来水公司分担电表、水表检测。1988年,县农机厂获"制造计量器具生产许可证",准予生产"杆秤定量砣"。1989年6月21日,县人民政府成立推行法制计量单位过渡领导小组。7月,在全县范围内禁止生产销售非法定计量单位的计量器具。同时,对液体量提实施改制,原来使用以"克""斤""两"为单位的液体量提,在1989年11月底以前全部更换成以"毫升(ml)"为单位的液体量提。

1992年,经技量局推荐,输送82人参加全国计量管理教育函授学习,经考试全部合格并获国家技术监督局颁发的结业证书。是年,县政协委员田彬给县政协四届一次会议提交《加强衡器管理,整顿市场,搞活流通,确保消费者利益》的提案,引起计量局重视,组织衡器管理大检查,规范了全县衡器标准。

1998年,县计量检定测试部门编印《质量管理手册》,内含64个制度,对检定测试工作实行全面质量管理,提出"科学、公正、准确、高效"的工作方针。是年,国务院发出通知,将由原电力工业部、邮电部等承担的用于贸易结算的电能表、电话计费器等计量器具强制检定的行政监督管理职能划入国家质量技术监督局。年底,县内建立11个计量检定标准,除分光光度计等少数项目要到县外检定外,常用计量器具均在县内检定测试。2000年,湖南省人民政府发出通知,将相同职能划入湖南省质量技术监督局,县质量技术监督局承担相应职能。

第二节　质量管理

1986年,花垣县申报优质产品3个,召开新产品鉴定会两次(鉴定4个品种)。1987年,县工艺美术厂生产的土家织锦工艺服装获轻工业部优称号。1988年,县肉食禽蛋加工厂生产的无铅松花皮蛋获轻工业部优称号。1989年,县工艺美术厂生产的苗绣低腰裙获轻工业部优称号,县锰矿电解锰厂生产的电解金属锰获工业部优称号。4月,县锰矿生产的二级品碳酸锰粉申报参加工业部优评比鉴定。1991年4月,县经济委员会和标准计量局成立"质量监督管理岗位函授培训工作领导小组",下设办公室和函授站,组织县内企事业单位200余人参加国家质量技术监督局开办的"全国质量监督管理岗位函授培训班"学习一年,1992年经统一考试,全部取得合格证。1993年,对52家工业企业的80个批次产品进行质量监督检验,合格率69.2%;对238个经销企业848个商品的897个批次进行抽样检验,合格率79%。9月1日,《中华人民共和国产品质量法》颁布实施,县举办培训班,参加学习375人,全县掀起质量管理高潮,产品质量大幅提升。是年,州、县质监部门对县内24户骨干工业企业的主要产品进行联合检查评比,产品稳定提高率达87.4%,优质产品产值率达23.8%。其中:电解金属锰、325#、425#普通硅酸盐水泥,花色钳四个产品被评为自治州质量信得过优质产品。1994年,全县工商企业普遍建立质量管理委员会和质量管理小组,12个重点生产企业和13个商业企业从事质量管理的人员达571人,占职工总数的10.2%。生产企业普遍建立质检中心或质检室,商业企业成立质检小组,开展“质量兴厂”“质量兴店”活动。全县83个生产企业的132个批次产品质量检验合格率达82.2%,其中国有企业产品合格率94.3%,个体(民营)企业产品合格率62.7%。县人民政府授予县锰一厂、县水泥厂等五家生产企业为“花垣县产品质量最佳企业”,授予县百货公司、日杂公司等五家商业企业为“商业质量信得过单位”。1995年,县经委、财办、技术监督局、乡镇企业局联合举办“质量保证体系与质量认证函授培训班”,县内55个单位共60人参加学习。是年,全县乡镇企业参加“州质量信得过产品”评定活动。1996年,在县内企业全面开展质量管理整顿验收活动,有20家企业编写《质量管理手册》。5月,全县30多家企业70多名分管质量工作的领导和质检员参加县技术监督局开办的全面质量管理培训班学习。9月,州、县联合检查组对县锰矿、县化工厂等20户企业进行全面检查验收,均获得湖南省经贸委和湖南省技术监督局颁发的“湖南省企业质量管理整顿合格企业”铜牌。1999年,县质监局组织县工业企业开展创省优质产品和省名牌产品活动。三立集团生产的锌锭、东方锰业集团生产的电解金属锰荣获湖南省优质产品奖,“东锰”牌电解金属锰荣获湖南省名牌产品称号。是年,三立集团通过ISO 9002质量体系认证,“三立”牌锌锭申报湖南省名牌产品。2000年,边城牌水泥荣获湖南省优质产品奖,东方锰业集团通过ISO 9002质量体系认证,湖南振兴化工股份有限公司申请ISO 9002质量体系认证。

第三节 标准化管理

1986年9月,县标准计量局将州标准计量局《关于执行湘西自治州一二三企业质量与标准考核评分标准的通知》转发给县内工业企业,并狠抓工业企业计量,对无标产品进行质量监督,对产品执行标准进行登记。1988年12月,《中华人民共和国标准化法》颁布实施。1989年5月,县标准计量局将《湖南省企业产品标准管理暂行办法》转发给县内企事业单位,要求各单位组织学习。7月,县标准计量局对执行《湖南省企业产品标准管理暂行办法》情况进行检查。10月,县工艺美术厂制订实施企业标准7个。12月30日,县机械厂实施Q/HJ01-89企业标准。1991年,县水泥厂标准化水平经湘西自治州技术监督局考核评定,达到湖南省企业标准化水平四级的等级标准,定为四级。县机械厂制订实施企业标准6个,县五金工具厂执行GB62906295-86国家标准,并等效采用国际标准ISO57425749-1982。县糖酒厂、水泥厂、豆蛋白质制品厂、边城农药厂、四方井酒厂等企业产品标准统一代号,编号为Q/WFAA001-92。1993年,县锰矿、锰一厂、县五金工具厂采用国外先进标准,生产电解金属锰和花色钳,取得国家“双采”验收合格证;县水泥厂采用GB175-92国家新标准(与国际接轨),生产普通硅酸盐水泥,成本下降,质量上升。全县还建立企事业单位和社会团体统一代码标志制度,有785人次参加代码颁证培训班学习。县技术监督局当年办理代码证书申请表420份,企业申报事项全部颁证。1994年,县技术监督局在全县铺开组织机构代码工作。1995年,县技术监督局开始为县内企业办理“湖南省产品标准实施证书”，到1996年，颁发证书80本，标准备案420个。12月，该局组织相关企事业单位召开“消费品使用说明化妆品通用标签”GB5296.3－1995标准宣传会。

1997年，县人民政府成立消灭无标生产领导小组，印发《花垣县消灭无标生产工作实施方案》。1998年，正式开展“消灭无标生产县”工作。为弄清无标生产现状，县技术监督局通过调查摸底发现，县内大小工业企业199家，产品238个，执行标准覆盖率仅为27.9%，其中国有企业21家，产品18个，标准覆盖率55.1%；乡镇企业15家，产品18个，标准覆盖率22.2%；村办个体企业35家，产品50个，标准覆盖率7%；三资企业8家，产品11个，标准覆盖率27.2%。针对这一问题，县政府责成县经委牵头，组织相关职能部门深入企业狠抓消灭无标生产工作。通过努力，到年底，全县79家成批量生产企业的118个成批量产品的标准覆盖率达96.6%。湘西自治州专家组考核验收后，报湖南省技术监督局核准，给花垣县颁发了“湖南省消灭无标生产县(市)验收合格证书”。1999年9月，啤酒瓶GB4544－2996强制性国家标准开始实施。1999年10月—2000年底，县内有4家企业4个产品等同(等效)采用国际和国外先进标准。东方锰业集团、三立集团、水泥厂、振兴化工厂等企业初步建立标准化体系，达到了“无标不生产，生产必有标”的要求。三立集团拥有标准560个，其中基础标准100个，管理标准126个，计量标准203个，产品及相关标准15个，质量体系及相关标准18个，试验方法标准98个。

第四节　标准化质量计量监督

1986年，花垣县开展“物价计量信得过”活动，县内有34个单位参加竞赛。综合公司中心门市部、五交化公司中心门市部、百货公司零售门市部被评为“物价计量信得过单位”；纺织品公司第二门市部、食杂公司第一门市部被评为“物价计量信得过门市部”。是年，县日杂公司购进180把千克秤，经检定不合格，被禁止销售。对县城市场度量衡器进行检查，共检器具1305件，合格1254件，合格率96%。1987年，开展计量监督执法检查，查出并没收非法定计量单位器具和残次计量器具300余台(件)，罚款1075元。1992年，查出不合格商品货值58.9万元，其中伪劣商品货值14.8万元。受理质量仲裁12起，货值48.5万元，其中县工业品公司购进安徽巢湖霉变军用鞋货值35万元；县冶金公司购进长沙电器厂劣质电焊机货值3800元；县五交化公司购进假冒伪劣电器电线货值3.8万元，经质量仲裁，全部依法挽回损失。是年，县人民政府打假领导小组成立，打假办设在县经委。9月4、5日，县经委、技术监督局、工商局等十个部门，根据省、州《关于严厉打击生产和经销假冒伪劣商品违法行为的通知》的文件精神，组织35人开展打假联合行动。10月16日，县人民政府常务副县长向心国在县城主持召开花垣县假冒伪劣商品销毁大会，对依法没收的商品进行公开销毁。为防止假冒伪劣商品进入县内，全县工商企业还普遍建立“采购、合同、验收、审核”防假冒伪劣商品的管理规章制度。11月，开展计量监督执法检查，查出并没收短秤少量杆秤127把，其他不合格计量器具39台(件)；仲裁供电电表失准案，为供电公司挽回经济损失15万元。

1993年，受理质量纠纷仲裁13起，为企业挽回经济损失19.75万元，其中县水泥厂购进不合格“机械立窑转盘”6.71万元；花桥村购进伪劣计电箱0.3万元；复混肥厂购进吉首个体商店伪劣电线电缆3.5万元；个体户唐某某购进武冈无线电厂不合格“GJF系列自控电动孵化机”0.63万元。监督检查计量器具285台(件),合格243台(件),没收非法和不合格计量器具96件。1994年,查处县物资金属公司经销14.6吨劣质钢材,麻栗场供销社经销60吨劣质复混肥,生资公司经销122吨劣质复混肥,个体户张某某经销31000米劣质电线,常德市浦沅酿酒食品厂驻花垣批发部经销400件劣质饮料;取缔两个个体造假洗发精窝点,端掉两个个体制假饮料窝点。是年,县人大、县政府组织经委、财委、技术监督局、工商局等部门成立检查组,开展《中华人民共和国产品质量法》贯彻落实情况大检查,促进24户商业企业自查商品货值440万元,查出不合格商品货值18.68万元,自行销毁伪劣商品货值达4.8万元。县技术监督局质量仲裁11起,为煤炭公司、综合商店、副食品公司和生资公司等企业挽回经济损失43.5万元。由于工作成绩突出,湘西自治州人民政府授予县技术监督局为贯彻实施《中华人民共和国产品质量法》先进单位;锰一厂为质量先进单位;百货公司为质量信得过单位。

1995年,重点开展电力计量执法大检查和卷烟市场打走私打假冒专项整顿活动。1996年,监督检查县内流通商品3650个批次,合格率72%,其中化肥合格54.2%,种子合格86.4%,饮料合格89.3%,名酒合格93.8%,饲料合格86.6%,化妆品合格59.2%,钢材合格60%,水泥合格34%。查处两个个体制售假冒化妆品窝点,罚款7500元,没收销毁全部假冒化妆品。查获县种子公司销售不合格稻种25856千克,霉变玉米种10050千克,团结、麻栗场、窝勺、道二等7个乡镇2016户农户获得补偿(每亩补40.00元)。查处岳阳正虹饲料厂在县内销售不合格饲料40吨,罚款3.8万元。委派58人参加"质量三包"培训班学习电能表售前校检技术。是年,州、县技术监督局联合深入县内26家企业开展电流表、电压表、功率因素表"三表"检查,评出"质量计量信得过单位"4家,"质量计量信得过商店"3家。年底,湖南省人大财经委、省人民政府法制局和省、州技术监督局组织对县技术监督局行政执法情况进行检查,给予高度评价。

1997年,县委宣传部、县技术监督局联合组织在县城建设路开展"创建商品质量文明街"活动,对367家商店门面进行全面的商品质量整顿,检查商品868个批次,货值2596万元。63个单位(店主)参加商品质量文明竞赛,树立"示范柜台"6个,评出先进单位10家,其中全民单位6家,集体单位1家,个体工商户3家,由县委、县政府颁授铜牌。7月,全州"创建商品质量文明街活动经验交流会"在县城召开,8县市60余人到现场观摩。是年,团县委、技术监督局、工商局等部门组织开展"保护明天"未成年人消费品监督检查联合行动,查获常德客商租用县农技推广中心场地制售假酒窝点,没收假冒酒520件,罚款1.1万元。

1998年1月25日,查获花垣镇南门村村民杨某某制售假酒窝点,没收假冒"全兴大曲""沱牌"和"董公"等白酒867件,过期啤酒687件,当即公开销毁。3月,查获两河乡马岩村三组村民龙某某非法制售稻种"固优8号"1.5万千克。8月,花垣县粮食质量争议认定办公室成立,对粮食收购中的质量纠纷进行仲裁认定。是年,查获民乐镇个体酒厂制售含敌敌畏农药白酒,造成7人中毒住院,当事人被依法没收销毁有毒白酒2500千克并罚款7000元,责令赔偿受害者医药费1131元。1999年元月,查获安化夏某某在花垣镇上瓦厂坪租用场地生产销售假冒"龙牌""凤牌"等酱油,被依法销毁假冒伪劣酱油3400千克,没收造假原材料和工具,并处以罚款2万元。是年,团县委、县技术监督局联合成立"花垣县创建优秀青少年维权活动领导小组",领导小组牵头组织县内有关商品质量监督执法单位开展创建优秀青少年维权活动,进行维护青少年合法权益商品质量专项监督检查。1998年12月—1999年5月,在全县开展"查市场、保两节"、"查农资、保农业""查建材、保建设"打假大检查。1999年10月下旬至2000年底,县技术监督局、工商局等职能部门在县内开展联合打假行动。实施联合检查26次,专项治理10次,查处商品质量违法案件99起,涉案货值566.7万元。

第七章 国土资源管理

1986 年，县内未设专门土地管理机构，各类土地分别属不同的部门管理。1987 年 3 月，县国土管理局成立，属县人民政府工作部门，下设地籍管理股、建设用地股、法规检查股、国土区划股、办公室 5 个股室，共有干部职工 13 名。1988 年增设土地管理测绘队，新增干部职工 5 人，全县 21 个、乡镇配国土员 21 名。1989 年新增干部职工 1 人。1990 年增设征地事务所，配职工 1 人。1991 年新增干部职工 2 人。1992 年增设测绘管理服务站，配干部职工 3 人。1993 年增设土地估价事务所、财务股、花垣县兴花房地产开发公司，内设机构达 11 个，新增干部职工 8 人、国土员 1 人。1994 年 4 月 22 日撤销兴花房地产开发公司，裁减干部职工 2 人。1995 年新增地产管理股，增加干部职工 2 人。1996 年新增农业区划办公室、测绘行业管理办公室和 21 个乡镇国土管理所，减少干部职工 1 人，增加国土员 5 人。1997 年新增干部职工 8 人。1998 年新增干部职工 5 人、国土员 1 人。1999 年新增土地执法监察大队，干部职工和国土员各增 1 人。2000 年新增干部职工 26 人。至此，县国土管理局共有 14 个内设机构、21 个乡镇国土管理所，共有干部职工 72 名、国土员 29 名。

第一节 土地资源基本状况

1989—1993 年，由县国土管理局牵头，开展第一次花垣县土地利用现状大调查，查明全县土地总面积 1111.13 平方千米，其中耕地面积 26983.96 公顷，园地面积 187.79 公顷，林地面积 52998.5 公顷，城镇村及工矿用地面积 3450.85 公顷，交通用地面积 463.80 公顷，水域及水利设施用地面积 1968.96 公顷，草地面积 11938.43 公顷，未利用地面积 13120.17 公顷，国有土地面积1763.37公顷。到 2000 年，花垣县耕地面积 24611.87 公顷，人均不到 0.1 公顷；城乡建设用地随着经济的发展快速增长；因植树造林和部分耕地退耕还林，林业用地总量增大，达 19308.68 公顷；未利用地 24518.20 公顷，可开发利用地 16000 公顷，其中可开发为耕地的仅 1666.6 公顷。

第二节 地籍地政管理

1989—1993 年，县国土管理局以土地利用现状大调查所掌握的材料为依据，编制 1∶10000 国际分幅土地利用现状图 58 幅，1∶1 万乡(镇)土地利用现状图 28 幅，1∶5 万县级土地利用现状图 1 幅，编制县、乡(镇)、村三级土地利用现状分类面积统计表，建立以村为单位的土地统计台账，以及村集体土地所有权权属界线认定成果档案，实现土地利用现状图件从无到有，为土地变更调查、土地利用规划、县国民经济发展规划等的编制奠定了基础。1989—1990 年，县国土管理局对县城区内单位使用国有土地进行逐宗调查、建档，共建立档案 109 宗。1992 年，县政府下发《关于花垣县城镇国有土地使用权出让、转让、出租、抵押的暂行规定》(花政发〔1992〕45号)。为全面摸清土地地类年度变化,从1995年起,县国土管理局每年度均开展土地变更调查工作,以把握土地利用的现状。1996年,县政府以花政发〔1996〕30号文件下发城关镇标准地价。1996—1998年6月,开展县城区城镇地籍调查工作,划分街坊52个,调查宗地4761宗,以街坊建立城镇地籍档案,编制7平方千米的1∶500城镇地籍图89幅,摸清县城城镇用地情况,为划定城关镇基准地价、规范城关镇一、二级土地市场管理打下基础。1992—2000年,共发放土地使用证书3000多本,处理土地权属纠纷1500多起,有效地维护土地使用者的合法权益。

第三节 国土规划

1986年,县政府部署相关部门收集国土资料,编制县国土规划。1992—1993年,完成土地详查数据及图件编制工作,并经湖南省、湘西自治州验收评为优秀成果。1996年底完成《花垣县土地利用总体规划(1997—2010年)》编制工作。1997、1998年相继完成花垣县21个乡镇土地利用总体规划编制工作。1999年、2000年完成《花垣县土地利用总体规划(1997—2010年)》修订编制工作并上报。同时先后完成《花垣县基本农田保护区规划(1997—2010年)》《花垣县土地整理规划(1997—2010年)》《花垣县城镇建设规划(1997—2010年)》编制工作。2000年将吉卫片区土地开发整理项目的论证报告上报国务院,并完善花垣县土地开发整理专项规划措施,组建土地开发整理领导班子。

第四节 建设用地管理

1992年12月7日,县政府下发《花垣县城镇国有土地使用权出让、转让、出租、抵押暂行规定》,迈出花垣县城镇国有土地使用制度改革第一步,使土地使用由无偿、无期限向有偿、有期限转变。1994年11月,县内首宗有偿出让国有土地给县铅锌矿作尾沙库用地。1995、1996年,随着国有土地的开发利用,国有企业发展及县城城南开发建设已初具规模,原县化工厂逐渐发展壮大为湖南三立集团股份有限公司。1997年2月,209国道花垣县城城南段改线征用土地8公顷得到省政府批准。1998年支持湖南东方锰业集团搬迁,经省人民政府审批征用土地13.33公顷。1999年6月,在花垣宾馆拍卖城南开发区土地14宗,总面积1781平方米,最高地价875元/平方米。1999—2000年,在发展小城镇过程中,支持茶洞镇、龙潭镇、团结镇、吉卫镇推行土地有偿有期限使用。

第五节 土地保护

1987年始,县国土管理局对各类非农业建设用地实行年度计划控制,每年初下达年度用地指标,年内各项非农业建设用地总量不得突破全年用地计划。在建设用地审批方面,收回建设用地的有关审批权，乡级人民政府仅有批准农民在非耕地上建住宅的权限，其他项目建设用地必须报县级以上人民政府审批。为减少非农业建设占用耕地，要求能用荒地的不用耕地，能用差地的不用好地。依法开征耕地占用税，收取耕地开垦费，运用经济的手段保护耕地。1996年，制定花垣县土地利用总体规划，对花垣县城镇、乡村建设用地实行总量控制，并在县内划定永久性基本农田21900公顷，对被划为基本农田的实行特殊保护。经划定的基本农田，任何单位和个人都不准随意调整，不准建永久性建筑物，不准植树、发展林果业、不准以农业结构调整为名挖塘养鱼和畜禽养殖以及其他严重破坏耕作层的生产经营活动。根据县内社会、自然环境和土地利用状况，将土地利用分为农业用地区、园林用地区、林业用地区、城镇建设用地区、乡村建设用地区、独立工矿用地区、土地整理区、其他用地区8个区，严格实行土地用途管制。2000年，加大耕地保护执法监察力度，及时制止和查处各种乱占滥用土地的违法行为，使县域耕地总量减少幅度小，人均耕地保有量稳定在1.11亩以上，确保全县粮食作物的种植需求。

第六节　矿产资源管理

1989年4月，成立花垣县矿产资源管理办公室，编制3人，负责花垣县矿业开发与管理工作。是年更名为“花垣县矿产资源管理局”，为副科级事业机构，编制增至5人。1993年升为正局级机构，归口县计委管理。内设办公室、法规股、地矿股、财务股。1996年更名为花垣县地质矿产局。2000年，地质矿产局内设办公室、法规监察股、地矿法规股、财务股、地质环境股、矿产资源管理股，干部职工13人。

矿产资源简况　县域内矿产资源丰富，有锰、锌、铅、铁、钒、钼、铜、汞、磷、滑石、重晶石、方解石、石灰岩、白云岩、陶土、石煤等。其中锰、锌、铅、重晶石、石灰岩、方解石已开采，至1996年已具有一定规模。

发放采矿许可证　县内矿产资源的开发利用，特别是锰、铅、锌矿种的开发利用，经过10多年的发展，已具一定规模，但开采秩序一度比较混乱，国营采矿和民营采矿并存，采厚弃薄现象严重，造成矿产资源大量浪费。为节约、高效利用好有限的矿产资源，1989年，县地质矿产局广泛宣传《中华人民共和国矿产资源法》，共印发宣传资料400多份，书写各种标语820多条，办矿法学习班10余期，参训人员500多人次。将县内矿资源区域划为16个采矿区，坚持保护合法采矿，取缔无证采矿，严厉打击非法采矿，严格依法管矿，较好地维护了矿区开采秩序。1989—2000年，共发放采矿许可证106个，其中金属矿种28个、非金属矿种78个。

整顿矿区秩序　矿山开采，安全隐患十分严重。1986年，县内部分矿硐无证、无序、不规范、盲目开采。氧化锌矿硐多为吊井，矿界不清，多层交叉开采，矿硐相互穿通，争矿纠纷频发。1991年，经先后多次治理，捣毁7个犯罪团伙，行政拘留和经济处罚65人，收缴各种凶器258件，补纳各种税费9万多元。是年，共清查无证经营240户，清收各种税费9.05万元，查封矿硐941个，抓获非法采矿人员30余人，没收矿石10余吨，缴获各种采矿工具100余件、炸药10多千克、雷管40余发。

1992年对矿山进行普遍整治。7、8月间，为维护排吾铁矿的采矿秩序，采取封、拆、填、罚、撵等办法，制止了一起千人滥采乱挖、破坏水库水利设施的违法行为。10月，取缔砖瓦黏土滥采乱挖、无证开采户——茶洞大桥头砖瓦场，结束了烧砖瓦、打砂石无证开采的历史。1993年初，没收矿石48吨，补缴各种税费2000余元，其中2家单位和20多人受到处罚。是年，组织上百人的队伍上山，对矿业采选和矿产品流通秩序进行一次全面清理整顿。共清理积压矿石15000余吨，收缴矿石5.5万吨、炸药200千克，炸毁矿硐44个，拆除空压机32台、工棚和各类摊点182个，撤走空压机145台、其他设备210台(件)，清收各类税费28万元，扭转了矿业无序开采的混乱局面。1995年，依法加大矿山安全生产力度，运用电视、宣传车、横幅、标语、黑板报、墙报等多种形式宣传安全生产法规，全县共悬挂横幅28幅，张贴标语898条，办墙报、黑板报52期，制作警示牌200套，宣传画200张，以增强公民安全生产意识。1996年，成立花垣县整顿矿业秩序领导小组，办公地点设在县地质矿产局。1998年，重点整治龙潭李梅矿区辽窝矿硐和团结矿区凉风硐地段。此次整治，共查封非法开采矿硐12个，炸毁存在严重安全隐患矿硐5个，撤除非法采矿的机械设备和配套附属设施11台(件)，拆除工棚17个，疏散采矿民工2680余人，没收矿石3000多吨，追缴资源补偿费5000余元。整治后各矿区民采开发秩序明显好转，国有和集体矿山企业持证率达100%。1999年3月，对矿山进行综合整治，先后查处无证开采矿硐12个，签订联采协议8份，追缴各项规费近万元。4月初，湖南省地矿厅在花垣县召开湖南省矿业秩序全面好转现场会，省地矿厅领导对花垣县矿业秩序整顿工作予以充分肯定。通过整顿，花垣成为湖南省矿业秩序全面好转的第一个达标县。是年，县安全监察人员深入生产作业场所，进行为期168天的安全监察，先后深入125个厂矿的137个矿硐，发出监察意见通知书、指令书148份，查出安全隐患118处，督促整改37处，查封危险矿硐5个。2000年，利用电视、宣传车、标语、黑板报等多种形式宣传矿产法，共张贴标语1058条，悬挂横幅578幅，办黑板报62期。

矿产资源补偿费征收　1994—2000年，在重要矿区出入口的团结苗寨湾、道二美惹村、雅桥保楼村、民乐田家村相继设立矿产品检查站，依法对运输矿产品过境的车辆进行检查，追收应缴而未缴的矿产资源规费。1994年征收7.4万元，1995年征收25万元，1998年征收267万元，1999年征收矿产资源补偿费82.2万元，2000年征收矿产资源补偿费和矿山建设费342.6万元。

第八章　物资管理

1986—1995年4月，为开拓业务便于工作联系，县物资局与县物资公司合并，归口县计划委员会。1995年5月，根据花政发文件批复，县物资局成建制转入县物资总公司，属正科级国有企业单位。所属金属材料、轻化建材、机电设备、民用爆破器材专卖、废旧金属回收、燃气燃料等专营公司仍归物资总公司管理，各项经营自主权不变。物资局成建制转体后，成立花垣县物资行业管理办公室，定编3人。1999年9月，根据文件批复，增至6人。县物资行管办属行政事业单位，行使制定行业发展规划，协助县政府及有关部门落实宏观调控措施，为企业上项目服务，履行行业统计等原物资部门所担负的行政职能。

第一节　物资供应

县内物资经营在激烈的市场竞争中经历两个阶段：

第一阶段　1986—1993年，国家逐步扩大生产企业物资购销自主权，缩小计划分配物资比重，扩大市场调节范围。县内仍坚持以计划内物资供应为主、市场调节为辅的方针，提出“双轨并举、驾驭市场、运作灵活、保障供应”的经营思路。期间，计内统配钢材3543.8吨、水泥8000余吨，提货率达100%。经营过程中，在保证计内物资供应的基础上，实行计划内外物资串换经营，价格双轨制并举，加强横向经济联系，拓宽货源渠道，经营活跃，经济效益逐年增长。1992年购进物资花费1613.3万元，销售总额1996.3万元，盈利39.9万元，创历史最高水平。

第二阶段　1994—1997年，国家实行适度从紧的宏观调控政策，放开物资流通市场，固定资产投资减少，社会物资销售量增多，物资经营受到冲击，市场占有率下降，加之计划经济时期形成的经营思想、经营方式、经营作风不适应市场经济的要求，经营失误，赊销物资额达300多万元，货款回笼慢，影响资金周转，使经营日益萎缩、效益每况愈下，4年间累计亏损280万元。

1998年后，民用爆破物品属国家计划管理物资，县物资部门会同公安部门整顿民爆物品市场经营秩序，盘活固定资产，搞好资产营运管理；放开其他物资经营市场；成立花垣县物资总公司吉首经营部，扩大市场经营范围。1998—1999年民爆物品购销量不断增多，由原购销310吨增至800余吨。1998、1999年，随着矿山的开采，县物资总公司由于业绩突出，被省物资行业办评为扭亏增盈先进单位。2000年，吉首经营部购钢材1300吨，销1200吨，购销化肥1000吨，销售额720.8万元。

第二节　仓储运输

一、物资储存

1986—1999年9月，县物资公司(局)有仓库保管人员8名，共有仓库11栋(其中：水泥、轻化、机电、火工仓库各2栋，金属库、汽车库各1栋)，总面积8082平方米，库房6232平方米，货场、货棚1850平方米。14年累计物资吞吐量138249.7吨，年均吞吐量9216.6吨。仓库利用率95%以上，发货年平均8000余笔，货差率在5%之内。

1999年10月，物资公司根据县政府改造旧城的规划，自筹资金500多万元，建设物资建材市场，建筑面积7000平方米。物资建材市场的建成，经营环境得到改善，资产得以盘活，每年纯收入60多万元。

二、物资运输

1986—1993年，县物资公司(局)有载货汽车2辆，分别属金属材料公司、轻化建材公司购置，主要承运短线、急用物资和民爆物品。随着社会车辆增多，物资经营越发不景气。1995年，物资公司、金属公司汽车出卖。随着矿业的发展，火工产品销量日趋增多。1999年，民用爆破器材专卖公司购置一台五十铃双排座车，承运雷管、导火索，送货到矿山经营点。随着运输市场的开放，物资运输主要由专运部门和社会车辆经营。

第十二篇 农业 乡镇企业

第一章 农业综述

1987年，县农村工作办公室更名为县农业委员会。随着农村双层经营体制的建立，1992年农业委员会更名为农村经济委员会。1994年县直党政群机关机构改革，县农村经济委员会改称为县农村工作办公室(简称农村办)与县委农村工作部一套人员两块牌子，内设办公室、政工股(含纪检监察室)、财务室、沼气办(后更名为能源办)、经营管理科、农业广播学校、区划办。按机构改革“定性、定员、定编”的“三定”方案要求，农村办系统定编38人，其中农村办机关13人，经营管理科25人(含乡镇财会辅导员18人)。

农业在改革开放时期，围绕深化农村改革这一主线，注重调整农村产业结构，依靠科技兴农，推广杂交良种，培训实用技术，增强农民科技素质。同时抓住国家扶贫的千载良机，综合开发利用，发展生态农业，不断提高农民收入。1983年第一次延长土地承包期15年不变。1984年贯彻州委文件精神，除集体林场和公山外，将承包山、责任山、自留山统统划为自留山，实行“三山变一山”，林木折价到户，山界划定到户，由农民个人经营管理。1987年，农村改革稳定了家庭联产承包责任制，完善了统分结合的双层经营体制。1988年完善了林业生产责任制，实行山林定权发证到户。农民有了土地承包权、生产自主权和经营收益权。1998年第二次延长土地承包期30年不变，全县53000户农户全部签订了承包合同，领取了合同证书。

2000年，全县粮食作物播种面积23750公顷，粮食总产量99003吨，比1985年增长13.97%；农民人均占有粮食390千克，比1985年增加103千克。农业总产值(90年不变价)2.09亿元，比1985年增长35.8%。农民人均纯收入由1985年的288元增加到1116元。畜牧水产总值1.18亿元，占农业总产值的36.6%，比1985年增长8.45倍。乡镇企业总产值(90年不变价)5.86亿元，比1985年增长31.46倍。完成国家税收2023万元，比1985年增长27.33倍。出口创汇1290万美元。

第一节　接受农业外援项目

花垣县接受第一个投资最大的农业外资外援项目—“WFP3779”粮援项目，系世界粮食计划署无偿援助中国武陵山区农村基础设施建设的开发项目，承诺援助花垣县小麦27199.558吨，实际到位25819.775吨，罐头34.97吨，折合人民币2626.77万元。对项目区内排吾、雅桥、龙潭、猫儿、道二五个乡镇山、水、田、林、路实行综合治理，通过改良土壤、渠系配套、植树造林、开发果茶、修筑乡村公路、培训实用技术等，进一步改善农业生产条件，发展生态农业。

一、机构

1987年，成立花垣县粮援工程项目领导小组，县政府明文确定分管农业的副县长任组长，政府办、农委各一名副主任任副组长。1989年，成立花垣县“WFP3779”粮援项目工程指挥部，设指挥长1人，副指挥长3人。指挥部下设项目办公室、农业、林业、水利、果茶、交通、财务、粮援、后勤八个组。每组由相关部门技术骨干任组长，项目区各乡镇相应建立工程指挥机构，由党委书记或乡镇长任指挥长，主管农业副乡镇长任副指挥长，乡镇农技站、林业站、水管站负责人为成员。1997年，县项目工程指挥部更名为花垣县外资外援项目办公室，内设办公室、计财工程管理股、项目监测服务中心，行使抓好项目工程的后续管理和引进新的外资外援项目职能。

二、项目筹备

粮援项目工程筹备工作得到农业部、省农业厅的支持。1987年7月在湖北武汉申请立项，1989年4月23日在县内实地考察，并全面评估。1990年10月23日在北京签订协议书，12月24日在罗马审定批准。1991年11月15日在北京确定开工时间，19日在雅桥乡大坳工地举行开工典礼。是日，农业部副部长陈耀邦出席开工典礼，并题词：“搞好农田基本建设，造福子孙万代。”省政府秘书长谢康生，省农业厅、水电厅、开发办负责人及州、县党政主要领导和2000多民工参加庆典活动。项目实施中，省、州、县党政领导多次亲临项目区检查指导工作。县里从县直有关单位抽调业务熟、懂技术、会管理的行政官员35人，专业技术人员高级职称2人、中级职称12人、初级职称28人、技术员43人，统一配备到县、乡两级项目工程指挥机构，形成一支庞大的项目管理队伍。

三、组织施工

县粮援工程项目领导小组按照《项目实施计划》要求，从农、林、水、交通等有关专业局抽调技术人员组建项目规划设计组，遵循正视矛盾、不误季节、既保项目效益、又保全面效益的原则，实地勘测设计制订项目总体规划和年度工作计划，绘制项目区现状图、总体规划图、子项目规划图和施工设计图，计算总工程量、原材料、劳动日和施工要求，为项目施工管理提供科学依据。施工中先后培训工程技术人员83人、行政管理人员35人、实用技术14441人次。实施中开展小区域的综合开发，充分利用每寸土地，在同一区域内进行山、水、田、林、路综合开发利用，对雅桥乡的岩科、大坳、沙坪，猫儿乡的新寨、果河、排腊光，龙潭镇的古老、板塘、大坪，道二乡的辽洞、紫霞等区域实行连片开发，综合利用。项目实施6年中，严格执行施工管理程序，按照“统一领导、分级管理，统一指挥、分工负责，统一规划、任务到乡(镇)，统一标准、奖罚结合”的原则，齐心协力组织实施。县级领导蹲点作样，以点代面。县长龙友芳在雅桥点上，发动干部群众坚持自力更生，大搞农田水利基本建设，投工900多万个。

四、成果效益

1991—1996年，高标准完成排吾水库支渠10.28千米改造，解决保楼、山塘、岩科、猫儿坡、干木、排乍、瓦乐7个村的稻田灌溉问题；完成五龙冲环山渠道10.6千米的复修防渗工程,解决了大兴、油麻、田塘、朋岩、朋打5个村的引水灌田问题,成为全州大搞农田水利基本建设的先进典型。并在大坳、溜槽两处各创办27公顷改土造田试点,实现了当年开田,当年插秧,当年受益,当年增产,平均亩产稻谷402.5千克。完成水库整修1处,提水坝7座,抽水机站3个,修干渠4条69.98千米,支渠62条174.92千米,修斗渠、农渠、毛渠共710条1070.42千米,修排水渠76条532.61千米,完成附属建筑64处,改善灌面2225.3公顷,新增灌面2168公顷,治理渍害田35公顷;完成旱改水915公顷,坡土改梯土913公顷,培肥地3228公顷;完成水保林900公顷,薪炭林300公顷,特种林15公顷,经济林522.6公顷;兴修乡级公路34.1千米,田间道路20.7千米,村级公路12条55.3千米,使项目区内62个村436个组11258户47411人受益,人均旱涝保收面积由0.16亩增加到0.79亩,人均产粮由376千克增加到610千克,人均纯收入由291.74元增加到459.6元,人均拥有茶园面积0.1亩,森林覆盖率由27.44%增加到49.32%,有25个村新通公路。

全项目区共实施农业工程284个组,林业工程217个组,水利工程258个组,果茶工程150个组,交通工程222个组,实现了全面开发综合利用。该项目工程1996年被农业部、水利水电部、林业部联合颁发“优良工程”证书,2000年分别获得省、州科学技委员会授予“武陵山区农业综合开发研究与利用”科学进步一等奖。施工6年间,每年都被省、州评为“优良工程”。

五、后续管理

粮援项目工程经国内外专家验收合格后,为巩固成果效益,项目区内按照谁受益谁管理的原则,乡(镇)、村、组分别制定管理制度,要求各受益户自觉遵守和执行管理办法,管护好项目成果。猫儿至雅桥、夯采至大猫的公路,是两乡矿产资源开发主要运输通道,纳入乡道管理范围。农业、林业、水利、交通等工程建设成果,由县项目办移交给相关局管理。果茶园、田间道路移交有关乡镇管理,并办理交接手续,确保项目工程永久性发挥效益。

第二节　调整产业结构

1987年花垣县第十届人民代表大会第一次会议政府工作报告中提出:“要克服小生产观念和旧的传统农业观念,强化商品生产意识,面向市场、面向社会,继续搞好农村产业结构调整,改变单一的经济结构,积极发展多种经营。”此后,调整农村产业结构成为贯穿全县农业、农村工作的主线。

1987—1990年,重点调整种植业内部结构比例关系,稳定发展粮食生产,扩大经济作物种植面积,提高经作产值在种植业中的比重。为解决经济作物与粮食作物争地矛盾,对耕作制度进行改革,采取连作、间作、套种等方式提高复种指数。水田扩大稻—油两熟和稻—麦两熟,旱土扩大油—粮、油—经、麦—薯两熟和麦—包(玉米)—薯三熟制。1990年全县粮食作物播种面积(包括复种面积)23609.7公顷,其中水稻9612.1公顷,玉米6818.2公顷,其他杂粮7062.4公顷。产业结构调整过程中,坚持走科技兴农之路,推广适用技术,实施“双丰收”计划,实现了“双杂”良种覆盖率80%以上,其中杂交水稻8000公顷,杂交玉米6666.6公顷,推广玉米地膜覆盖3333.33公顷。在耕作制度改革中,对部分山旱田改种旱粮。对冷浸田推广厢垅栽培,对低产田土进行测土配方施肥,建立了县、乡、村、组“四级”农技推广网络,促进了粮食产业稳定增产。

在稳定粮食生产的前提下积极发展多种经营。利用本地资源优势,围绕市场需求,建设油料作物、小水果、畜牧业和苎麻生产基地。1990 年全县种植花生 601 公顷、油菜 2853.6 公顷、苎麻12.9公顷，新建柑橘园 166.7 公顷，栽植李子 60 万株和柿子 1 万株。饲养生猪 24 万头，出栏肥猪 9.2 万头，耕牛年末存栏 3.9 万头，饲养山羊 4.5 万只，饲养家禽 35.9 万羽，出笼 15.4 万羽，产鱼 60 万千克，实现养殖业产值 1358 万元。

1991—1995 年，调整产业结构与扶贫攻坚相结合，重点发展高产、优质、高效农业。优化农业内部结构，把农民推向市场，根据市场需求调整开发项目，能赚钱的多种、多养、多加工、多发展，走种养加结合、工农商结合、农科教结合的路子。稻田扩种油麦，旱土扩种烟、桑，山地扩种果、药、茶，30％的耕地种经济作物和饲料作物，狠抓粮食产业开发、冬季粮油开发、畜牧水产开发、山地资源开发，促进农村经济的全面发展。

粮食产业开发主要围绕农业基础设施建设，进一步改善农业生产基本条件，建立高效生态农业，坚持科技兴农，普及科学种田。1995 年，共完成紧凑型玉米规范化栽培 5666.7 公顷，水稻规范化栽培 8333.3 公顷，杂交水稻、杂交玉米普及率 98％。粮食总播种面积 25480 公顷(包括复种面积)，其中水稻 10064 公顷，玉米 6053 公顷，红薯及其他杂粮 9363 公顷，实现粮食总产 92227 万千克。

冬季粮油开发每年都掀起冬种热潮，推行县有万亩指挥片，乡(镇)有千亩丰产示范片，村有百亩高产试验片，组有 5—10 亩科学试验田；村团支部、民兵营、妇代会组织青年、民兵、妇女大搞试验田、丰产田、示范田。1995 年冬种粮食作物 2446.7 公顷，总产 363.9 万千克；冬种油菜 5107.9 公顷，总产 693.6 万千克。

养殖产业开发主要利用草场资源发展养牛、养羊为主的草食动物，引进畜禽良种进行品种改良，完善杂交配种场、站，推广生猪人工授精和牛冷配新技术，促进畜牧业的发展。水产业主要利用山塘、水库、河道、稻田，发展水面养鱼和稻田养鱼。1995 年产鲜鱼 1140 吨，实现畜牧水产总产值 5960 万元，其中畜牧业产值 4820 万元，水产产值 1140 万元。

山地支柱产业建设实行统一规划、规模布局、连片开发、土地流转，允许土地互相转让、租赁、出让，鼓励乡(镇)村、组、联户、个人一齐上，多种经济成分并存。1995 年，全县建立前面地区以椪柑为主的柑橘生产基地，中间地区以金秋梨、猕猴桃、萘李为主的小水果生产基地，后面地区以黄柏、杜仲、厚朴“三木”为主的药材生产基地以及茶叶生产基地共 8666.7 公顷。利用粮援工程、长防工程、以工代赈工程及其他工程共造林 18000 公顷，活立木蓄积量增加到 37.37 万立方米，森林覆盖率达 41.5％。

1996—2000 年，调整产业结构与决战扶贫相结合，围绕省委提出“建设农业强省”的要求，突出农业在国民经济中的基础地位，以稳定和完善统分结合的双层经营体制为基础，实施科技兴农战略和土地流转制度，耕地逐步向种植业能手集中，荒山荒地和水面养鱼向专业户集中，实行集约经营，土地优化配置。同时抓住省定花垣县为全省商品粮生产基地县之一的机遇，对花垣、茶洞、团结、长乐、龙潭、道二、猫儿、民乐、雅桥、吉卫、补抽、麻栗场等 12 个商品粮基地乡镇加大投入，发展以优质米生产为重点的商品粮。

山地开发坚持规模开发和连片开发，进一步扩大柑橘等多种生产基地。到 2000 年，累计开发柑橘 2239.1 公顷，小水果 2866.3 公顷，茶叶 472 公顷，药材 5536.5 公顷，板栗 798.6 公顷。

畜牧水产开发着力发展肉牛、肉羊、肉鸡等畜禽。建立吉卫、麻栗场、排碧、排料、长乐等 5 个万只山羊饲养基地乡镇，猫儿、长乐、排碧、董马库、补抽、吉卫等 6 个 3000 头肉牛饲养基地乡镇，团结、吉卫、龙潭、民乐、花垣镇等 5 个 2 万头生猪饲养基地乡镇，同时开发排吾水库和兄弟河水库网厢养鱼、拦汊养鱼和稻田养鱼。到 2000 年底，全县饲养生猪 29.85 万头，耕牛 5.4 万头，山羊 13.9 万只，家禽 80 万羽，水产品产量 2200 吨，畜牧水产总产值 11833 万元。

1996—1999 年，建立雅酉、吉卫、补抽、麻栗场、道二、排料、长乐等7个200公顷烟叶生产基地乡镇和6个66.7公顷烟叶生产基地,逐步实现了烟叶生产区域化、良种化、科学化、规范化。2000年完成种烟2000公顷,收烟6万担。

第三节　口粮田建设

1986—1990年,全县口粮田建设规模不大。1991—1997年,在龙潭、道二、雅桥、排吾、猫儿等5个乡镇实施口粮田建设,完成旱改水面积1640.4公顷,坡土改梯土384.6公顷。

1998年,县委、县政府成立口粮田建设工程指挥部,决定用三年时间完成2667公顷的口粮田建设任务,实现农业人口人均旱涝保收面积增加0.6亩的工作目标。是年,在雅桥乡田塘村创办口粮田示范村,以点带面,在全县18个乡镇74个村实施修渠引水、改土造田、坡土改梯土、恢复水毁田等口粮田建设工程,当年完成改土造田356.3公顷,坡土改梯土27.2公顷。完成11个乡镇43个村812.26公顷口粮田建设项目的审查报批工作,其中旱改水785.86公顷,坡土改梯土20公顷,恢复水毁稻田6.4公顷,计划投入"以奖代补"资金138万元。

1999年,实施麻栗场镇尖岩、金牛、新科片区83.33公顷旱改水示范工程,雅桥乡排乍、瓦乐73.33公顷旱改水、66.66公顷坡土改梯土示范工程。全县完成旱改水面积268.8公顷,坡土改梯土面积98.6公顷,恢复水毁145.2公顷。完成长乐乡、道二乡、大河坪乡、龙潭镇等20个乡镇50多个村733.33公顷口粮田建设项目的规划、设计、论证、勘测上报工作,争取上级投入资金291万元。是年,州、县两级农业专家深入实地测产验收,新开稻田平均亩产446.5千克,恢复水毁田亩产418千克,坡土改梯土玉米亩产285千克,年增粮食1500吨。

2000年,继续在麻栗场镇尖岩村,雅桥乡瓦乐村实施200公顷"口粮田示范工程"。

第四节　农村合作经济管理

1984年6月,设立县农村合作经营管理站,与县经营管理科实行一套人员两块牌子,为正科级事业单位。1997年12月,更名为花垣县农村合作经济管理局。加挂花垣县减轻农民负担领导小组办公室牌子,履行管理全县农村合作经济和农民负担监督管理职能,负责乡镇经营管理业务指导。内设办公室(加挂政工股、财务股牌子)、农民负担监督管理办公室(加挂减轻农民负担领导小组办公室牌子)、农村经营体制股(加挂信访股牌子)、农村集体资产管理股、纪检组(加挂监察室牌子)。核定全额拨款事业编制13名,实有13名。

一、完善经营体制

1987年建立和完善农村统分结合的双层经营体制,建立乡(镇)、村两级合作经济管理委员会,并收回农转非户、抛荒户和死亡绝户承包的田、土、山林347.9公顷。1988年,对山林实行定权发证到户,开始第二轮土地延包30年不变,共发放《土地承包合同书》《农村集体土地承包经营权证》4.97万套,到户率达到99.5%。全面推行责任制后,实行以组核算,农户只享受本组的土地使用权和包干投资权。财务分组立账,把集体积累、固定资产和生产资料造册记入包干投资会计科目，签名盖章落实到户，永久保存。

二、财务监督管理

1986年，经管部门组织人员对21个乡镇292个村的村级财务进行一次财务清理，清出村级各项积累资金447955元(人均20元)，其中固定资产基金370465元，库存物资8964元，库存现金68526元。建账建制218个村，占应建账总数的74.4%。清出各种经济问题4837人，涉及金额344584.43元。当年兑现2556人，金额189023.48元，占应兑现总人数的52%，其中兑现粮食(包括抵债)39371千克，折价9216.3元，收回物资(包括抵债)345件，价值49460元，收回现金130347.18元。建立了以家庭经营记账为基础的会计核算体系，全县共建立完全成本核算10户，物资费用核算户和收支登记户798户，有9个经管站开展代管集体资金业务，代管集体资金172673元。

1987年开始实行财务合格证制度，经管部门组织经管干部28人分成8个小组，对三角岩、排碧、雅西、雅桥、民乐、大河坪、花垣镇、团结、猫儿9个乡镇119个村的财务进行审计，有115个村按照标准发放“财务清理合格证”，合格率达96%。实行农户记账的乡镇数下降至14个，共计704户，其中收支登记户540户(半成本核算)，物资费用核算户144户，经济效益评价户10户，农户完全成本核算8户；落实代管资金总额59.38万元(农户合同上交承包款39万元，集体积累资金13.18万元，土地管理费4.5万元，其他款2.7万元)；培训记账户32次，参训589人(含村会计137人)；上交合同兑现59.95万元，完成率为99.4%。

1989年对责任制以来的统筹提留收缴情况进行全面清理，全县除民乐不提留外，19个乡镇应缴现金515.18万元，实交377.7万元，应交粮947.24万千克，实交514.23万千克。

1997年对乡村负债情况进行一次调查，全县乡、村累计负债总额562万元，债权68万元，债权与债务的比例为1∶8，平均每个乡镇负债25万元。

1998年对全县农村集体资产进行一次全面清理，资产总额为3542.9万元。

2000年对全县21个乡镇264个村进行了村级财务清理整顿，占全县300个村的88%。按要求有209个村达标，占79%；233个村实行财务公开，占88.3%。

三、农民负担监督管理

1986年，根据《中共中央关于制止向农民乱派款、乱收费的规定》精神，开始治理乡、村对农民乱派款、乱收费。1989年，县委、县政府认真落实《中共湖南省委关于禁止向农民乱收费、乱派款的规定》，县城向农民乱收费、乱派款的势头减弱，但向农民收取基金、集资、费用等仍普遍存在。

1986—1990年，农民负担主要有上交承包合同粮食、村组提留、乡统筹三部分，具体数额除乡统筹部分由乡确定外，其余由村组确定，并与农户签订合同，年底兑现。乡镇经管站统筹代管的有6个乡镇，财政所统筹代管的有5个乡镇，村统筹统管的有5个乡镇，村、乡共管的有5个乡镇。当时集体资金主要有上交提留款(包括乡统筹款和集体提留款)，全县每年60万元。1991—1992年，农民负担主要有乡村统筹提留和社会负担两个部分，具体数额由乡镇统一确定。这两个阶段，农民承担的费用均由乡、村指派，各乡镇比例攀高，标准不一，农民交费均在年人均纯收入的15%～20%之间，农民负担过重。

1991年，国务院颁布《农民承担费用和劳务管理条例》以后，规定统筹提留比例不得超过1990年人均纯收入的5%，从此，统筹提留的比例逐年降低。当年乡村统筹提留137.23万元，占1990年纯收入的2.4%。1992年为130万元，占1991年纯收入的2%。统计数据显示农民的乡村统筹负担逐年减轻，而农民的社会负担有增无减。1991年社会负担809万元，占总负担的86%，占1990年纯收入的14.2%;1992年社会负担上升到1224万元,占1991年纯收入的18.2%。1993年开始执行三项制度,即农民负担卡制度、农民负担预决算制度和农民负担专项审计制度。取消了“社会负担”部分,加大了监控力度,堵死了乱收费、乱派款的源头,农民负担从人均纯收入的20%以上降至1.67%,每年减轻农民负担1000多万元。当年全县采取自清、自查、自纠与检查、督查、督办相结合的方式,开展一次涉农收费大清理,清出1986年以来无文件收费项目119项,各类涉农收费文件103个,收费713项。其中省级文件79个,收费634项;州级文件11个,收费45项;县级文件13个,收费34项。随即取消花政发《批转国土局、物价局、财政局关于土地补偿管理收费项目标准及资金管理和使用范围的请示》等县级文件9个27项;取消部分收费项目文件3个6项;停止发文2个6项等。年底,县政府办公室下发《关于取消和降低部分行政事业性收费项目及标准的通知》,宣布第一批取消收费和降低收费标准的项目共计101项,其中农、林、水部门10项;文、教、卫部门32项;组织、编委、人事、劳动部门22项;财委、计委10项;公、检、法部门6项;其他部门12项;降低标准9项。

1996年,统筹提留计提标准以乡镇农民人均纯收入为依据改为以村农民人均纯收入为依据计提“三提”(指村提留的公积金、公益金、管理费)、“五统”(指乡统筹用于乡、村办学的教育费附加、计划生育管理费、优抚费、民兵训练费、乡级道路建设费),克服了好村差村一个样的平均主义,公平合理地分摊农民负担。1997年、1998年,花政办发〔1997〕10号文件将统筹提留总额定为431.2万元,占全县农民人均纯收入总额的3.01%。开始执行村务公开制度,定期公开“三提”“五统”的“征、管、用”情况。1998年实行村务公开和财务公开制度。1999年取消行政事业性收费32项,取消各种基金5项,规范收费4项,降低收费标准9项。1999年开始执行“三家会审”制度,凡属涉农收费文件的出台,必须经财政、物价、减负三家共同审核、汇签方能执行,单方行文概不生效。

1999年县政府行文规定,农民负担预算标准不得超过1997年,农民负担在1997年的标准上再减少18万元,比例由人均纯收入的3.01%降为2.09%,实行一定三年(即1999—2001年)不变,农民承担费用和劳务的监督管理工作走上了规范化、制度化、标准化、法制化轨道。

至2000年底,全县共取消收费项目417项,累计查处涉农收费部门131个,清退违规资金618万元。

四、合作基金会

1992年,花垣县开始筹建农村合作基金会。花垣镇农村合作基金会于当年成立,并筹集资金20万元,1995年聚集资金270万元。1994年7月,团结镇农村合作基金会成立,1995年聚集资金100.95万元。1996年,猫儿、排吾、龙潭等6个乡镇相继建会,全县聚资总额310.8万元。是年6月,农村合作基金会花垣县联合会成立。至1999年清盘关闭止,全县合作基金会总数11个(花垣、团结、龙潭、茶洞、猫儿、排吾、雅酉、大河坪、麻栗场、雅桥10个乡镇和县联合会),聚资总额862.08万元,比1996年增加551.28万元,增长2.77倍;累计投放资金657.21万元,是1996年的3.07倍。1999年4月后,农村合作基金会开始全面清盘关闭,当年回收放款383.15万元,回收率达58.3%,兑付存款405.18万元,兑付率达47%。

2000年申请解决“再贷款”280万元,全部用于个人存款兑付。县里采取班子不散、措施不软、力度不减,坚持党政“一把手”负总责,实行“定任务、定时间、定奖罚”和坚持“谁主管谁负责”“谁放款谁负责”“谁介绍谁负责”“谁担保谁负责”的措施,加大收款力度。2000年回收投放款600.03万元,使回收率上升到91.3%,兑付存款456.9万元,使个人存款全部兑付完毕(862.08万元),兑付率为100%。

第二章　种植业

1988 年，花垣县农业局内设办公室、政工股、法规股。下设种子公司、粮作站、经作站、土肥站、植保站、农业技术推广中心、佳民园艺场、吉卫农场。派出机构有城郊、龙潭、麻栗场、吉卫 4 个片区农技站。1985 年，全县有职称的农业技术人员 85 人，其中农艺师 5 人，助理农艺师 18 人，技术员 62 人。1989 年，套改高级农艺师 2 人，农艺师 18 人，28 名乡镇农技员转为国家正式职工。1990 年增设计划财务股。1992 年增设优质农产品开发中心（简称优农中心）。1993 年佳民园艺场改体由县劳动服务公司管理，建立“转业培训基地”。1999 年乡镇农技站定编 68 人，收归县农业局管理，农业系统共有干部职工 149 人，其中行政编制 11 人，事业编制 138 人。按技术职务分类：高级农艺师 4 人，农艺师 10 人，助理农艺师 62 人，技术员 65 人，职工8 人。

第一节　粮食作物种植

县域主要粮食作物有水稻、玉米、红薯，其次是麦类和豆类作物。1986—2000 年，稻谷产量占全县粮食总产的 61.5%，玉米产量占 23.52%，红薯产量占 10.77%，其他粮食作物产量占 4.21%。

一、水稻

1986 年水稻种植面积 9933.5 公顷，总产 4.84 万吨，平均亩产 324.9 千克，比 1985 年分别增长 14%和 7.2%。1997 年，水稻种植面积 10060 公顷，总产 6.5 万吨，平均每亩 437 千克，比 1985 年分别增长 53%和 42%。水稻生产推广高产、抗病的杂交品种。海拔 700 米以下的前、中地区重点推广“汕优 63”“Ⅱ优 63”“D 优 63”等迟熟品种，700 米以上的高海拔地区重点推广“威优 46”“金优桂 99”“汕优 46”“Ⅱ优 46”“威优 64”“威优 77”“汕优 64”等早、中熟品种。1986—1988 年主要在前中地区推广“汕优 63”“金优 63”等杂交品种，种植 2666.7 公顷，占水稻种植面积的 47.1%；1989 年推广 7 个品种，种植面积 2799.3 公顷，占水稻种植面积的 28.5%。1986—1989 年，高海拔地区示范推广地膜覆盖育秧，中、低海拔地区主要推广稀播湿润秧田。期间，除高寒山区的地膜秧外，大面积推广两段育秧、双株寄插、大蔸大行的“双两大”栽培技术。1990 年推广 7 个品种，种植面积 7466 公顷，占水稻种植面积的 77.67%。1991 年推广 10 个品种，种植面积 4666.7 公顷，占水稻种植面积的 47.1%。1992 年推广 12 个品种，种植面积 6666.7 公顷，占水稻种植面积的 68.23%。1993 年推广 16 个品种，种植面积 3333.3 公顷，占水稻种植面积的 35.1%。1993 年始，推广可节省种子、提早季节、促进早发、增强根系活力、提高秧苗素质的“旱育秧”技术；根据稻田类型、养分含量、氮磷钾配比量等情况，重施底肥、早施分蘖肥、巧施穗粒肥，采用高产的测土配方施肥新技术，推广宽行窄株或宽窄行规范化栽插模式，同时狠抓病、虫、草、鼠综合防治。水稻病虫害重点抓二化螟、纵卷叶螟、稻飞虱、稻秆潜蝇、稻瘟病、纹枯病、稻曲病、赤枯病的防治,指导农民掌握基本病虫防治技术,将病虫害损失降到最低程度。1994 年推广 6 个良种,种植面积 8 666.67公顷,占水稻种植面积的89.51%。1995年推广 6 个良种,种植面积 5733.3 公顷,占水稻种植面积的 56.97%。1996 年推广 7 个良种,种植面积 6000 公顷,占水稻种植面积的 59.66%。是年,麻栗场镇尖岩村村民石光辉种植 1.2 亩"汕优63",亩产达 778.3 千克,破全州最高纪录。1997年推广 9 个良种,种植面积 6000 公顷,占水稻种植面积的 58.63%。1998 年推广种植杂交稻总面积 10060 公顷,杂交稻普及率达 98.6%。1999 年种植杂交稻总面积 10042 公顷,杂交稻普及率达 99%。2000 年种植杂交稻总面积 10240 公顷,杂交稻普及率达 99.8%,杂交水稻总产量 6 万吨。

二、玉米

全县玉米常年种植面积保持在 5800 公顷左右。其中最多的 1990 年种植面积达 6818.2 公顷,总产 22753 吨;1996 年玉米亩均单产 270.2 千克,创玉米生产最高水平。县里每年 3 月上旬召开一次各乡镇主要领导参加的玉米播种现场会,县、乡(镇)、村领导分别在各自联系点办万亩、千亩、百亩指挥片作示范,带动全县育苗移栽和规范化栽培。每年推广 4—6 个高产、抗病、株型好的当家品种,先后推广了中单 14 号、雅玉 2 号、改良 73、掖单 13号、农大 60、湘玉 10 号、华玉 4 号、豫玉 22、临奥 1号、协玉 1 号等优良品种;注重合理密植,每亩保持 3000 株左右的种植密度;坚持科学施肥,做到重施底肥,轻施苗肥,稳施秆肥,猛施穗肥。2000 年全县玉米播种面积 5620 公顷,总产 2.19 万吨。

三、红薯

全县红薯种植以海拔 600 米以下的前、中地区为主,海拔 600~800 米的后面地区较少。花垣镇、团结镇、茶洞镇等地曾有"红薯半年粮"之称。全县常年种植面积 3160 公顷,总产(按鲜薯 5∶1 折谷,下同)8821.4 吨,亩产折谷 186.1 千克。最高年产为 1998 年,种植 3760 公顷,总产 1.34 万吨,亩产折谷 237.4 千克。

四、麦类

小麦是冬种主要粮食作物,全县常年播种面积 2400 公顷左右,总产约 3030 吨,亩均 94 千克。1998 年为单产最高年份,亩均产小麦 256 千克。麦类种植的主要品种有"881""3017""82—47"、湘麦 12 号、德良小麦、湘麦 13 号、川麦 2 号、杨麦 158、"91858""21688"等。种植规格有两种形式:小麦套种玉米,五尺开厢,种 3—4 行小麦,穴距 5×6 寸,每亩播种量 5.4 千克,预留三尺,次年种两行玉米;单种,行距 1.2 尺,穴距 3×4 寸,播种量 7.8 千克。基肥每亩用磷肥 30 千克,人畜粪 1000~1500 千克,草木灰 3—4 担。追肥一般在立春前后进行,每亩施碳铵 40 千克或尿素 15 千克。

五、豆类作物

全县种植豆类作物有黄豆、绿豆、豌豆、马豆、饭豆等。除黄豆外,其余豆类系零星种植,面积逐年减少。黄豆常年播种面积 2200 公顷左右,总产 1200 余吨,每亩单产 36.27 千克。1986 年亩产 64.7 千克,总产 1493 吨,占当年粮食总产的 1.9%。品种主要是本地青皮豆、黄壳豆,也有少量农户引种早熟黄豆品种。种植规格在玉米地宽行间作,行距 40 厘米,穴距 20 厘米。以草木灰拌磷肥点播,中后期只中耕、除草、治虫,不追肥。由于玉米密度较大,黄豆光照不足,产量不高,1986—1990 年 5 年年均播种 1388.4 公顷,产量 429800 千克,平均亩产 20.64 千克。1991—1995 年年均播种面积 1721.78 公顷,总产 1221 吨,平均亩产 47.28 千克。1996—2000 年年均播种面积 2563.9 公顷,总产量 1359 吨,平均亩产 35.33 千克,其中 2000 年亩产 48.47 千克,较 1986 年亩均减少 16.23千克。

花垣县 1986—2000 年主要粮食作物播种面积产量统计表

表 12-2-38　　单位:公顷、吨

年度	粮食作物		稻谷		玉米		薯类		小麦		豆类	
	面积	产量	面积	产量	面积	产量	面积	产量	面积	产量	面积	产量
1986	20153.3	76863	9933.5	48414	5346.1	18982	1890.3	5653	1142.3	1952	1539.5	1493
1987	19956.9	73213	9932.1	49459	5476	13864	2062	6836	1183.4	2111	1157.5	867
1988	20212.1	54613	9808.7	31179	5404.9	14054	2407.9	6236	1353.1	2482	1198.5	628
1989	22010.3	58174	9816.7	33927	5618.2	14208	2636	6872	2037.7	2017	1611.9	893
1990	23609.7	76919	9612.1	42681	6818.2	22753	3274.8	6047	2789.7	4103	1432.9	1125
1991	25062.4	80683	9690.5	48112	6259.1	19083	3586.5	9233	2800.1	3287	3616.6	847
1992	25096.5	83154	9771.3	50137	6298.8	19427	3613.3	8644	2420.3	3579	2681.7	1035
1993	25578	77595	9510	42386	6450	19534	4443	11006	2170	3542	3100	1121
1994	24690.7	89093	9682.4	50757	5960	23485	3656.6	9896	2361.5	3418	2335.9	1483
1995	25480.3	92227	10064	59239	6053	18798	3860	9335	2285	3567	3173	1288
1996	25395.9	96805	10057.3	59552	5409.2	21836	3678.7	10400	3527.7	3640	2689.5	1238
1997	24330	102949	10059	65295	5451	20250	3933.3	11853	2060	3724	2170	1500
1998	24361	102453	10060	62620	5671.4	21291	3800	13500	1960	3399	2370	1644
1999	24760	92508	10380	55122	5820	19586	3610	12302	2050	3595	2900	1957
2000	23750	99003	10390	60102	5620	21915	3352	12374	1558	2598	2690	2014

第二节 经济作物种植

花垣县经济作物主要有柑橘、李子、梨子、柿子、猕猴桃、茶叶等果茶和油菜、花生、辣椒、烟叶、西瓜、甜瓜等。

1986 年全县经济作物种植面积 4737.6 公顷，1991 年增加到 8470.6 公顷，2000 年增加到 1.5 万公顷。

一、柑橘

海拔 500 米以下的花垣镇、团结镇、大河坪乡、茶洞镇是县内柑橘栽培适宜区域。1986 年柑橘以无核蜜橘为主，栽培面积发展到 466.7 公顷，挂果面积 200 公顷，产果 215 吨。1989 年全县内首次调进椪柑苗 3 万株，作为母本树栽培，同时在县原种场建立椪柑苗圃，1992 年出圃椪柑苗木 15 万株，发展椪柑 400 公顷。1994 年春，县扶贫开发办、以工代赈办从省内调进脐橙苗木在花垣镇、大河坪乡、茶洞镇栽植 200 公顷，加速了县内柑橘生产良种化进程。1996 年全县柑橘良种化栽培面积达 820 公顷，部分幼树挂果，总产 994 吨。1998 年后，重点加强柑橘培管、品种改良和保花、保果等丰产栽培技术的推广应用，提高单产和产品质量。2000 年柑橘栽培面积发展到 898.7 公顷，挂果面积增加到 466.6 公顷，果品产量上升到 2668 吨。柑橘栽培区域除原来的四个乡镇外，长乐乡发展了 15.3 公顷，大龙洞乡发展了 12.3 公顷，县内种植柑橘由原来的 4 个乡镇增加到 6 个乡镇。

二、茶叶

县内高山气候适宜种茶，排吾、窝勺、茶洞、大河坪、长乐、雅桥、猫儿等乡镇都先后种过茶叶。20世纪80年代初累计面积133.3公顷，因种植标准低，后期管理不善，到1986年，除排吾夯采村的2公顷保留下来外，其余全部改种或放荒。90年代初长乐乡、花垣镇、排吾乡三个乡镇扶贫开发种茶20公顷，因群众积极性不高，放弃后期管理，除排吾6.7公顷保留下来，其余基本改种或放荒。排吾乡土壤矿质含量高，云雾天气多，茶叶品质较好。1992年，该乡利用世界粮食计划署的无偿援助资金扩种茶园180公顷，实现村村有茶园。1995年，排吾乡茶叶成品销售量达5吨以上，但采摘加工与产品销售矛盾突出，茶叶加工靠手工作业，产品销售靠赶场摆摊，产品积压，群众毁茶种粮现象陆续发生。到1998年全乡先后毁茶种粮100公顷，2000年保留茶叶面积不足84公顷，产量不足3吨。

三、李子

李子适应性强，县境内前、中、后地区均有栽培。20世纪90年代前，鸡血李栽植数量较多，均以零星分散栽培为主，集中成片面积少，常年产果一万多担，多的年份产果两万担以上，果实酸味较重，90%以上的果实用来加工李干销售。1986年引进萘李试种，萘李果大、肉质脆甜，受到欢迎。1990年在原种场建立苗圃，先后嫁接繁殖苗木30多万株。1993年在龙潭、道二、雅桥、猫儿、窝勺等五个乡镇建立集中连片、形成规模的萘李生产基地202.7公顷。1995年产果60吨。后因管理不善，产量逐年减少。1998年，萘李大面积只开花、不结果，仅有道二乡登高村、道二村几户农民承包的萘李坚持管理，年年结果，每公顷产果15吨，最高单株产果70千克。2000年，萘李栽植逐步恢复。

四、其他水果

梨子：花垣县历来有栽培梨子的习惯，品种以本地早谷梨、香水梨、青皮梨等为主。20世纪80年代陆续引进明月、二宫白、金秋梨等日本梨品种。1986年梨子栽培面积23公顷，产量500多吨。1995年引进品质较好的金秋梨，首次在窝勺栽培，面积23.7公顷，1996年吉卫镇栽植金秋梨55.8公顷，1999年花垣镇引进滕梨栽植66.7公顷，2000年梨子栽培面积379.5公顷，产量218吨。

柿子：腰带柿、火柿两个品种在县内有悠久的栽培历史，以腰带柿数量最多，单果重300克左右。全县柿子以零星分散栽培为主，面积30公顷，常年产量150吨，尚未形成产业。传统加工一般采用石灰浸泡青果法和沤熟法，还可削皮晒干或烤干制成柿饼，是县内特产之一。

猕猴桃：猕猴桃是20世纪80年代野生培植选育的新型水果，1994年县内各乡镇先后均有栽培，以麻栗场、窝勺、排料三个乡镇栽培较早。1998—1999年吉卫、雅西、董马库先后发展133.3公顷。2000年全县栽培总面积145公顷，产量929吨。

五、油料作物

油料作物以油菜、花生为主，葵花、芝麻有少量间作套种或零星种植。1986年始油料作物种植面积逐年增加，20世纪80年代末90年代初，相继引进杂交油菜品种秦油2号、秦油3号、单杂1号、华杂3号，以及中油821、蓬莱1号、湘油11号、湘油13号、怀油23号、万油17号、中双4号、kw33等优良品种，并大面积推广育苗移栽技术，亩产由60千克提高到80千克。2000年种植面积由1990年2853.6公顷增加到4440公顷，产量由1990年的3102吨上升到6066吨。花生种植以本地小花生和芙蓉1号、芙蓉2号、海花1号等品种为主，1990年种植面积601公顷，产量567吨。花生种植面积最多的1993年面积达1930公顷，产量2791吨。

六、果用瓜

果用瓜以西瓜、甜瓜为主，1986年种植面积83公顷，总产1363吨。1987年种植75.4公顷，总产958吨。1988年种植面积91.6公顷，总产696吨。1989年种植78.1公顷，总产896吨。1990年种植65.5公顷，总产943吨。1991年种植面积151.67公顷，总产1297吨。此后因大面积推广地膜覆盖种植技术和引进推广优质杂交品种，产量大幅度提高，种植面积逐年增加。1995 年种植 164 公顷，总产 3772 吨。1997 年种植面积 170 公顷，产量 2965 吨。1999 年种植 350 公顷，总产 4200 吨。2000 年种植面积 340 公顷，产量达到 4198 吨。其中排碧乡岩锣村种植的西瓜，因味甜汁多而闻名周边县市。

花垣县 1986—2000 年主要水果生产统计表

表 12－2－39　　单位：公顷、吨

项目 年度	柑橘		茶叶		李子		梨子	
	面积	产量	面积	产量	面积	产量	面积	产量
1986		285	22.1	0.92		958	23	543
1987		299	21.7	1.0		629		472
1988		71	19.3	1.0		491		404
1989	121.8	261	18	1.0		436	25.6	408
1990		151	37.2	1.0		361		278
1991	220	569	73.3	1.0		297	13.3	221
1992	530	617	180	1.0		259	50	232
1993	747	735	130	1.2		266	9.3	197
1994	770.3	957	226.7	5.0		294	100.6	248
1995	820.7	1011	254.7	3.0		360	100.6	239
1996	820.7	994	254.7	3.0		314	100.6	233
1997	733.3	972	290	7.0		403	156.5	178
1998	866.7	1319	161	3.0		476	156.5	192
1999	898.7	2536	160	4.0		512	223.1	207
2000	898.7	2668	160	4.0		569	379.5	218

花垣县 1986—2000 年油菜、花生、蔬菜、烟叶生产统计表

表 12－2－40　　单位：公顷、吨

项目 年度	油菜		花生		蔬菜		烟叶	
	面积	产量	面积	产量	面积	产量	面积	产量
1986	1254.7	1261	1279.2	1608	1702.7	26991	229	195
1987	1386	1328	1048.7	1438	1755.7	30324	278.8	289
1988	2090.1	2145	580	698	1876.1	25314	295.1	265
1989	2017.7	1556	639.2	767	2240.2	26476	567.5	510
1990	2853.6	3102	601	567	2422.5	27745	414	366
1991	3907.1	3954	683.5	867	2611.5	27548	798.5	624

续表

项目 年度	油菜		花生		蔬菜		烟叶	
	面积	产量	面积	产量	面积	产量	面积	产量
1992	4123.9	4932	1626.9	2964	2653.9	24973	1013.3	1003
1993	3808	4589	1932	2791	2236	24484	1077	1053
1994	3879.7	4290	1589.5	2560	2092.7	27843	595.7	769
1995	5107.9	6936	1526.7	2565	2104	34186	376	564
1996	5500.7	5436	1540.3	2713	2129.3	35786	920.5	771
1997	4223	5488	1700	3060	2169	35840	1199	1600
1998	5024	6606	1116	2180	2334	38379	759	1049
1999	4600	6711	1150	2182	2290	38219	560	501
2000	4440	6066	1200	2166	2410	37366	750	923

第三节　农作物保护

县域农作物危害源主要是病、虫、鼠、草。20世纪90年代后由于城乡基本建设的兴起与工业经济的发展，废气、废渣、废水对附近农作物的污染日渐加剧，成为不可忽视的新的危害源。

一、主要病虫害

水稻病虫　1986年后，除稻飞虱、稻纵卷叶螟、稻螟虫、稻瘟病、纹枯病、赤枯病“三虫三病”外，稻曲病、稻秆潜蝇上升为主要病虫。由于防治技术不断提高，造成的损失逐年缩小。

玉米病虫　1986年前，主要是大暝、地老虎、纹枯病。1997年，由于品种更新，季节提早，冬无严寒，主要病虫变为“两病三虫”。即：纹枯病、大小叶斑病、大螟、玉米螟、蚜虫。

红薯病虫　以黑斑病、软腐病、卷叶螟为主。其次是象甲、跳甲。

小麦病虫　以象锈病、赤霉病、麦蚜虫为主，其次是黑穗病、纹枯病。

黄豆病虫　以大豆长蝽为主，其次是卷叶螟、豆蚜虫、豆芫青等。

油菜病虫　主要是菌核病、白锈病、蚜虫、猿叶虫，其次是潜叶蛾、菜青虫、叶甲虫。

蔬菜病虫　以菜青虫、软腐病为主，其次是黄条跳甲、蚜虫、猿叶虫。

柑橘病虫　以潜叶蛾、红蜘蛛、黄蜘蛛、蚧壳虫、锈壁虱、疮痂病为主，其次是天牛、剥皮虫、蚜虫、烟煤病。1992年后，随着部分带菌苗木引进，柑橘溃疡等病源传入县内，成为柑橘生产的危险性病害。团结、大河坪、花垣镇等重要柑橘产区成为疫区。

鼠害　以褐家鼠、小家鼠为主，其次是黄胸鼠、施氏屋顶鼠、黑线姬鼠、黄毛鼠等。

农田杂草　1986年后，随着稻田普遍使用氯化铵、碳铵作犁耙肥，眼子草、鸭舌草已不是主要草害，但部分稻田稗草、牛毛粘较多。旱土主要是狗尾草、黄茅草、蟋蟀草、穿心莲子草、马齿苋等杂草。

二、病虫防治

1986年后，植保机构不断完善，队伍不断扩大，县乡(镇)病虫预测预报和检疫人员逐步配齐，运转正常。病虫防治坚持“预防为主、综合防治”的方针，狠抓植物检疫、适时用药、保护和利用天敌，收到了较好的效果。1987年，全县购进敌鼠钠盐32千克，配制毒饵16吨，灭鼠面积6000公顷，灭鼠31万只，创花垣灭鼠历史之最。1988年，因前期干旱，病虫大发生时雨天过多，不利防治，防效较差，造成水稻、玉米病虫成灾0.09万公顷，减产800余吨。其余年份只有小面积的零星灾情，损失较小。

20世纪90年代后期，农药的使用起伏较大，药用量呈下滑趋势。1985年县内销售农药153.3吨。1986—2000年15年间，分别销售农药95吨、66吨、151吨、80吨、77吨、65吨、45吨、75吨、112吨、96吨、101吨、10吨、16吨、14吨、14吨。

三、农药农械

农药 稻田主要使用甲胺磷、杀虫双、杀虫单、敌敌畏、乐果、扑虱灵、吡虫啉、优乐得、富士一号、井冈霉素、托布津等；旱地主要使用杀虫单、呋喃丹、杀虫双颗粒剂、草甘膦等；果园主要使用水胺硫磷、氧化乐果、扑虱灵、速扑蚧、杀螨剂、草甘膦及一些菊酯类农药；灭鼠主要使用敌鼠钠盐和“闻到死”等药物；稻田除草剂主要使用秧田青、田草净、扑草净等。

农械 主要使用背负式“工农16型”喷雾器。1986年全县有“工农16型”喷雾器21299部，并有部分喷粉器。随着喷粉器的淘汰，到2000年全县有“工农16型”喷雾器38500部，机动喷雾器数量很少。1990—2000年使用呋喃丹、杀虫双、杀虫单等农药与化肥或泥沙混合撒施，对防治水稻螟虫、稻纵卷叶螟、稻包虫等有特效，创新了农药使用方法，减少了防治病虫的农械使用率。

第四节 农业技术推广

20世纪80年代，由省、州、县三级共投入资金45万元，在花垣修建了湘西州第一个县级农业技术推广中心，负责全县农业技术推广、技术培训等工作。

1986年后，全县农技推广工作受到国家农业部、省农业厅重视。除实施国际粮援项目和口粮田建设项目外，1988—1997年，国家农科院、北京农业大学和省、州农业部门的专家教授到花垣参与实施农业“丰收计划”项目，普及推广玉米、水稻、油菜等综合高产栽培技术。

“丰收计划”实行领导、技术员、农民三结合，10年共撰写可行性报告、实施方案、总结报告、学术论文42篇，创办示范样板196处，培训基层干部和农民28.8万人次，推广杂交水稻、杂交玉米、杂交油菜高产品种107个，累计推广面积12.3万公顷。玉米地膜覆盖栽培1万公顷，玉米间作1万公顷，配方施肥1.5万公顷，水稻厢垅栽培与开沟排潜1.3万公顷，新农药防治病、虫、鼠、草5.8万公顷，实施微肥、激素1.1万公顷，宽窄行规范化栽培5.8万公顷。

全县农业科技人员在科研和推广工作中取得了丰硕成果。1987年，县农业局农艺师郭云钦晋升为高级农艺师，先后12次获农业部、省农业厅推广成果与先进个人奖。县农业局农艺师毛振凡于1988年晋升为高级农艺师，1989年被省委授予全省“优秀共产党员”称号，1990年被评为全国农技推广先进个人，1993年享受国务院有突出贡献特殊津贴，1996年获省农业丰收计划实施二等奖。雅桥乡农技站农技员危盛华于1996年获国家农、林、水三部农业综合开发项目“优秀农民”称号；县农业局技术员伍胜华获农业部“丰收奖”。到2000年底，全县共有109人次在部、省、州农业“丰收计划”和高产竞赛项目中获奖，其中获农业部农业丰收计划实施二等奖1项，三等奖2项；获省农业丰收计划实施一等奖2项，二等奖1项，三等奖2项；获州农业丰收计划实施奖5项，高产竞赛奖3项，获县高产奖8项。

第五节　良种生产经营与管理

一、机构

1981 年成立县种子公司,与原种子管理站合并,一套人员两块牌子,在编人员 18 人,其中农艺师 2 人,助理农艺师 8 人,技术员 4 人,执法人员 4 人。有种子储存仓库、运输车辆、检验设备、选种加工机械设备和种子销售网点等固定资产近 500 万元。县种子公司主要负责良种的生产、经营和管理,与各制种农户签订制种计划和种子收购合同,查处非法制种、销售假冒伪劣种子,确保良种纯度,充分发挥杂交优势,提高单位面积产量,增加农民收入。

二、试验与示范

1986 年始,花垣县被定为湖南省玉米区试点县,每年组织玉米参试品种 20 个左右,按低海拔(300～400 米)为前面地区,中海拔(400～600 米)为中间地区,高海拔(600～800 米以上)为后面地区创办不同类型的试验和示范片,每年引进 30 个新品种进行参试。1986～2000 年,累计参试品种 311 个,从中筛选出抗病性强、适应性广、丰产性能好、适应县境内种植的优良品种 93 个。水稻主要品种有湘州 5 号、湘州 6 号、广农矮、农垦 58、矮脚南、南优 2 号和南优 3 号,亩产 400—600 千克。其中种植威优 2 号 4.2 公顷,平均亩产 520—540 千克;籼优 634.3 公顷,平均亩产 550—580 千克;籼优 463.9 公顷,平均亩产 580 千克;二优 3.9 公顷,平均亩产 650—660 千克;金优 3.9 公顷,亩产 620—660 千克;超级稻亩产 750 千克。玉米有七三单交、中单 2 号,种植 20.4 公顷,平均亩产 430 千克,雅玉 2 号亩产 450 千克,湘玉 10 号亩产 470 千克,临奥 1 号亩产 520 千克。品种试验、示范工作为不同地区选用良种提供了可靠依据,为农民增产、增收和粮食产业的发展奠定了基础。全县粮食总产量由 1985 年的 7.33 万吨上升到 2000 年的 9.9 万吨。

三、生产与经营

良种生产　20 世纪 80 年代中后期,先后在茶洞、大河坪、团结、花垣镇、长乐、龙潭、民乐、两河、猫儿等 9 个乡镇和县原种场实施杂交水稻和杂交玉米制种,累计制种面积 1946.6 公顷,其中杂交水稻 546.6 公顷,杂交玉米 1400 公顷。累计生产"双杂"种子 4260 吨,其中杂交水稻 1160 吨,杂交玉米 3100 吨。

1989 年杂交水稻制种实收面积 61.7 公顷,生产种子 152.7 吨,每亩单产 165 千克。单产最高的是茶洞镇板栗村第 11 组村民杨昌明 0.08 公顷,每亩单产 312.7 千克;全县杂交玉米制种 86.7 公顷,生产种子 175 吨,每亩单产 77.78 千克。

1990 年始,"双杂"制种逐渐减少,是年在茶洞、大河坪、长乐、县原种场等 4 个制种基地完成杂交水稻制种 111 公顷,生产种子 271.6 吨,每亩单产 120.7 千克。茶洞镇板栗村 8.3 公顷制种田,每公顷 2932.5 千克,成为全县制种高产村。该村 11 组杨昌明等 7 户制种户制种 0.59 公顷,生产种子 2761.4 千克,平均亩产 307.5 千克。全县杂交玉米制种 29.5 公顷,生产种子 8.4 万千克,每亩单产 188.7 千克。1991 年杂交水稻制种 122.7 公顷,生产种子 24.5 万千克,亩产 133.11 千克;杂交玉米制种 31 公顷,由于 7 月 15 日连续遭雨,花粉被雨水洗净,结果全部改种。1995 年大河坪乡农科村、矮车坝村完成杂交水稻制种 7.3 公顷,入库种子 41692 千克,亩产 379 千克,86 户制种户有 58 户制种 4.6 公顷,亩产达 400 千克。其中彭明富获得每亩 550 千克的最高产量,有的户仅制种一项,产值收入 2 万余元。1996 年后,由于制种与供种难以管理,县内不再制种,主要从外地调进,按计划调种供种,保证农民用种需求。

良种经营　1986—1987年良种经营由粮站供种，种子公司经营。1988年后，以县种子公司为龙头，各乡镇农技站为良种供应点，良种由种子公司统一调配，形成专卖市场。种子经营覆盖湘、黔、川三省边区28个县市。2000年后，种子供应放开，种子专管专营的模式被市场自由购销所取代。

四、种子管理

1986年始，种子的经营管理由县种子公司专营专管，执法人员负责对非法经营户和非法制种户进行检查、监督、管理。1986—1996年，共查处非法经营良种案件15起28人次，案值30余万元，挽回农民损失50余万元。1997年对饶××非法销售“双杂”种子一案，处以没收种子150余千克，罚款1000元。1998年查处两河乡农民龙××销售假良种“固优8号”，没收其假良种1.5万千克，处以罚款1300元，间接挽回农民损失13万余元。

2000年种子管理站单设，与种子公司分开办公，专司种子管理职责，办理种子经营许可证，建立销售种子档案，检查县境内经营的良种。同年成立县农业综合执法大队，加大了种子经营管理执法力度。是年《中华人民共和国种子法》颁布实施，县内良种经营管理步入法制化轨道。

第三章　养　殖　业

1986年花垣县畜牧水产局内设办公室、政工股、家畜家禽疫病防治检疫站、畜牧工作站、水产工作站、渔政管理站、鱼苗鱼种繁殖场、畜牧兽医联站8个股站室，下辖21个乡镇畜牧兽医水产工作站。1991年增设畜牧、兽医水产科教站。1992年增设畜牧兽医技术推广中心。1993年增设兽医卫生监督检验所。1998年乡镇畜牧兽医水产工作站划归乡镇统一管理，畜牧水产局负责技术指导。1999年乡镇畜牧兽医水产站收回县畜牧水产局纳入事业编制，并从收回乡镇畜牧兽医水产站人员和在有专业技术的大中专毕业生中招转34名国家干部充实乡镇各站技术队伍。是年，增设畜禽产业集团公司和畜禽良种繁殖场。2000年底，县畜牧水产局共有干部职工144人，其中县局内35人，乡镇站100人，畜牧场和鱼苗鱼种场9人。

第一节　畜　　牧

花垣县畜牧业主要有猪、牛、羊、鸡、鸭，其次是兔、犬、鹅、蜂、猫。1994年起引进少量香猪、珍珠鸡、七彩山鸡、鹌鹑、肉鸽等。1986—2000年15年间，共投入发展畜牧业资金3741.3万元，加快了畜牧生产发展。到2000年底，畜牧水产业产值由1985年的1283万元上升到11833万元，占农业总产值的比例由1985年的24.7％上升到36.6％，涌现出一批畜牧业专业大户，并向一村一品、一户一业的方向发展。

一、家畜饲养

（一）养猪

生猪生产　20世纪80年代中期，县委、县政府在三角岩、团结、大和坪三个乡和花垣、茶洞两个镇建设“三乡两镇”千户万头商品猪生产基地，发动1000户有能力和经验的农户饲养，以年内户平出栏10头肥猪为目标，畜牧局负责技术指导和饲料供应，民贸局负责收购销售。经过一年的实施，实现了既定目标,促进了全县生猪的发展,提高了生猪的商品率。1986年生猪饲养量达223007头,年末存栏137077头,其中能繁殖母猪17653头,出栏肥猪85930头,肉重4903吨。1987年生猪发展到229783头,年末存栏143005头,其中母猪19785头,年内出栏肥猪86778头,肉重5318吨。1990年生猪发展到239951头,年末存栏147264头,其中母猪18135头,出栏肥猪92687头,肉重5890吨。此后,生猪发展加快。1997年生猪发展到335263头,年末存栏202200头,其中母猪35900头,出栏肥猪133063头。2000年生猪饲养量298520头,年末存栏159800头,其中母猪20700头,出栏肥猪138720头,分别比1985年增长78.3%、70.5%、37.6%、92.5%。

生猪品种 地方品种有花垣黑猪,以龙潭、道二、猫儿、长乐、窝勺、雅桥、麻力场、吉卫等乡镇为主要产地。1987年后逐步引进新品种,黑猪逐步改良,引进良种及其杂交后代。引进良种主要有约克夏、中约克夏、长白猪、杜洛克、宁乡猪、新金猪,其中瘦肉型有大约克夏、长白猪,杜洛克;肉脂兼用型有中约克夏、新金猪;脂肪型有宁乡猪。1987年从慈利县引进大约克夏公猪6头、杜洛克公猪3头。1989年从长沙农校引进中约克夏公猪14头、母猪5头。同年省畜牧局驻龙潭扶贫工作组帮助龙潭畜牧兽医工作站建立生猪繁育改良站,有大约克夏、长白猪、杜洛克、宁乡猪等公猪各1头。2000年县种畜场建成,调进良种公猪25头,其中大约克夏23头、长白猪1头、杜洛克1头。省农业厅扶贫工作组为麻栗场镇新桥村引进桃源黑猪种公猪2头、种母猪22头。1998年全县良种公猪达183头,其中引进良种公猪153头,本地公猪30头,引进良种占种公猪总数的83.6%。

生猪繁育 县内喂养种公猪农户多为孤寡老人。1967年县肉食水产公司建立生猪良种繁殖场后,支持社、队集体饲养种公猪。2000年全县有生猪人工授精点15个,采精公猪24头,配种5000胎次,比1985年增长16倍,人工授精覆盖面达到25%,杂交改良面达88%,实现一元、二元、三元杂交改良育肥,瘦肉型白猪占据了全县城乡市场。

生猪饲养管理 传统养猪方法为“小猪要游,大猪要囚”,即小猪放牧吊架子,70~80千克左右关进猪栏圈养,饲料则以熟食稀喂,以野生猪菜和自种瓜菜、玉米、红薯、米糠、潲水等为饲料。“养猪没巧,栏干潲饱”是农民总结的养猪经验。养猪农户大都懂得去势育肥的道理,小公猪在出生一个月内,若不准备留作种用,户主就自动进行去势;小母猪未留作种用的,一般在出生后三个月左右请兽医或去势员阉割。1986年始,逐步推广生食及饲料添加剂、浓缩饲料喂猪,定期驱虫,改变传统的饲养方法,使生猪由原来的一年出栏一批提高到一年出栏2—3批,育肥速度提高了1.5倍。

(二)养牛

耕牛饲养 县内养牛有黄牛、水牛。1986—1990年发展逐年加快,但幅度不大。1986年养牛32474头,其中黄牛21922头,水牛8523头,当年产小牛4299头。1990年养牛43681头,其中黄牛27986头,水牛11478头,当年产小牛6068头。1991—1995年,牛饲养量徘徊在72000头左右。1996年发展到56383头,其中黄牛34541头,水牛14982头,当年产小牛9800头。1998年养牛58208头,其中黄牛31200头,水牛19559头,当年产小牛10112头。2000年养牛53933头,比1985年增长71.5%,年递增3.9%。

耕牛品种 黄牛以湘西黄牛为主。县内主要分布在海拔700米以上的南部中山原区,占黄牛总数的66.49%;其次是中部低山原区,占黄牛总数的22.12%。2000年全县有母黄牛7934头,占黄牛总数的30.06%。湘西黄牛的毛色有黄色、栗色、黑色;牛头短小,鼻呈粉红色,眉呈白色,腹部有淡黄色或白色,群众称为“粉咀、画眉、白漂裆”;角型为芋头角、扁担角、龙门角,佛字角或山羊八字角;蹄壳有黑蹄(铁蹄)、黄蹄(铜蹄)、黄白蹄壳;蹄壳形状有木碗蹄、八卦蹄、亲子蹄等;体型分高脚型和矮脚型,高脚型分布在雅酉镇较多,矮脚型分布在排碧、排料、董马库等乡镇一带。繁殖性能一般三年二胎。劳役力强，行动敏捷，易于调教，耐劳、耐寒、耐旱、耐热。最大挽力：公牛 270 千克，母牛 220 千克。2000 年县内存栏黄牛 26393 头，比 1985 年增长 41.4%。

水牛的全型外貌均属滨湖水牛型，毛色以瓦灰、铁青色为主，也有极少数为白色。产地主要分布在前中平原水田多的地区，山区饲养较少，水牛的常年饲养量仅占总养牛数的 26.3%。2000 年县内存栏水牛 19540 头，比 1985 年增长 14%。

牛的繁育　县内湘西黄牛除了自然交配外，还将良种公牛的冷冻颗粒精液用人工授精技术进行品种改良。每年 9、10 月配种，次年 6、7 月产犊。

牛的饲养管理　主要以放牧为主，每年有两个时期栏养。夏天气候炎热，庄稼生长旺盛，从 6 月中旬至 10 月中旬进行栏养。秋收基本结束，天气比较凉爽时予以放养。“九月重阳，放牛放羊”，就是秋季放牧的真实写照。冬天冰冻时，气候寒冷，又要栏养，以干稻草、豆秆、玉米秆叶、玉米壳、鲜红薯为饲料。而水牛栏养，冬天必须保暖，夏天每天都要把水牛牵到河、塘饮水洗澡。“冬天一间房，夏天一口塘”就是饲养水牛的关键环节。农忙期间，劳役牛既要补充精料，又要喂足饮水，同时要注重牛栏建设，做到冬暖夏凉。

（三）养羊

山羊饲养　山羊是县境畜牧业中的第三大产业，农村利用隙闲地、疏林地、林间草场养羊。1986—1991 年全县山羊饲养量在 5 万只以下。1992—1995 年，山羊饲养量直线上升，当年达到 81500 只。1996—1997 年发展最快，1997 年达到 14.49 万只。1998 年达到了 15.46 万只，出栏 7 万只，年末存栏 8.46 万只，其中能繁母羊 4.39 万只，比 1985 年分别增长 4.6 倍、12.3 倍、2.8 倍、3 倍。2000 年山羊饲养量 13.93 万只，虽比 1998 年减少 1.53 万只，但比 1985 年仍然增长 4.1 倍。

山羊品种　山羊以本地白色武雪山羊为主，另有少量黑色武雪山羊，还有极少数引进羊杂交后代。本地白色武雪山羊，体型较小，呈长方形，体质结实，头清秀，有角，蹄质结实，适应山区饲养。引进品种有成都麻羊、马头羊、波尔山羊、南江黄羊等。

山羊繁殖　山羊繁殖均为本交。羊群种羊按 1∶10—15 的公母羊比例选留，羊群不足 10 只母羊的留 1 只公羊。母羊一般年产两胎，一般为双羔和一羔，三羔较少，四羔极少。

山羊养殖开发　县内养羊传统习惯为放牧饲养。20 世纪 80 年代多为农户零星散养。90 年代，县委、县政府立足县域草场资源优势，着手扶持养羊大户，县内兴起养羊热潮。1999 年，在县委、县政府扶持下，雅桥乡村民宁学文成立花垣县大湘西山羊开发有限公司，在广州市狮子岭镇租赁 4 公顷草场建基地为山羊营销窗口，并在湘、渝、黔三省市边区设立固定山羊收购点。县畜牧局和乡镇畜牧兽医站负责技术指导，公司负责投放种羊和收购外销业务，同时对县内 10 个草食牲畜发展重点乡镇的 20 个村、200 户养羊户重点给予扶持，形成公司＋基地＋农户一条龙的山羊开发格局。

（四）养马

由于现代交通工具的迅速发展，马的运输作用被淘汰。2000 年县内只有花垣镇大云盘村鲁世国和麻场村田茂成两户各养马 1 匹，作为招揽照相业务之用。

（五）养兔

1986 年末存笼兔 387 只，年内出笼 563 只。1987 年农业部驻花垣县扶贫工作组投资 5 万元建种兔场，并引进加利福尼亚、新西兰种兔 160 只，作为繁殖种兔基地。1990 年县里把肉兔生产作为“短、平、快”的开发项目，投入 25 万元扶贫贴息贷款开发肉兔生产，引进塞北兔、新西兰兔、比利时兔和力克斯（獭）兔等。1993 年肉兔饲养量达到 41 万只，年内出笼兔 205274 只。但由于销路不畅等市场因素，肉兔生产逐年下降，到 1994 年全县存笼兔只有 1800 只，出笼 20006 只。1996 年后，兔的饲养量极少。

二、家　禽

家禽生产　县内有饲养家禽的历史习惯，是农户家庭副业收入的主要补充。1986年家禽饲养量18.5万羽，产蛋621千克。1987年农业部驻花垣县扶贫工作组扶持县畜牧场建立种鸡场，引进蛋肉兼用罗斯鸡300羽，购进孵化机一台，1988年家禽饲养发展到20.6万羽。1990年县科委引进龙岩麻鸭500羽，投放到麻栗场镇新科村饲养。是年，全县饲养量35.97万羽。1991年县大米厂、县农业局原种场各建立蛋鸭场一个，圈养龙岩麻鸭，促进县内养鸭逐步转向蛋肉兼用或肉用品种发展，饲养量达到41.82万羽。1992年饲养量达46.96万羽，1995年上升到56.58万羽，1997年发展到73.19万羽，1999年发展到82.44万羽。到2000年全县家禽饲养量80.63万羽，其中年末存笼41.03万羽，年内出笼39.6万羽；产蛋总量1352千克。

品种与繁殖　鸡的品种有本地山鸡，虽个体不大，但肉、蛋品质好，深受广大群众欢迎。引进品种有红不落、贵农黄、罗斯鸡、白洛克、桃源鸡、火鸡、药用乌骨鸡(竹丝鸡)、来航鸡(蛋鸡)、蛋肉兼用乌骨鸡、浦市木鸡(斗鸡)。鸭的品种主要是本地鸭、旱鸭(洋鸭、番鸭)，引进品种有龙岩麻鸭(蛋鸭)、滨湖麻鸭、苏州鸭、北京鸭(肉鸭)、樱桃谷鸭(肉鸭)。鹅的主要品种以本地山鹅为主，引进少量的溆浦鹅、狮子鹅。由于生活水平的提高，1994年发展了食用肉鸽、七彩山鸡、珍珠鸡、鹌鹑。家禽的繁殖，农户主要以母鸡孵化育雏，专业户则用谷孵、炕孵、孵化机孵、煤油灯孵、热水孵、电孵等，育雏主要是母鸡育雏和温室育雏。

饲养管理　农村用母鸡孵化的小鸡，一般为放养，由母鸡自带，自由觅食，喂碎玉米、碎大米。1990年后，也喂饲料厂生产的全价破碎小鸡料。谷孵、电器孵化等成批生产的小鸡，用温室育雏，用食槽喂小鸡饲料，水槽喂水。21天后，即可进行常温饲养。雏鸭、雏鹅在出壳后4—5小时绒毛干后，先教水、后教口。把雏鸭、雏鹅放在浅水中(河边或水盆)浸湿脚，让其饮水。富有经验的养鸭专业人员(俗称鸭客)用口在雏鸭身上均匀喷水，促使雏鸭互相啄食身上的水珠，俗称“教水或点水”；20小时后，喂浸泡后的大米饭，均匀撒落在竹席或薄膜上，雏鸭边吃边撒，俗称“教口”。长出粗羽时，俗称“穿褂子”，即喂食全价颗粒中鸭料。鹅的饲养管理与鸭基本相同，不同处是饲料以菜、草为主。旱鸭主要放养在庭院四周自由觅食，早晚喂饱水和食物；在羽毛未丰满时要剪翅，防其飞走。

县境气候温和，蜜源丰富，对养蜂有利。但所养都是中蜂，不能移动，分群较慢，均为农户分散私养。由于大面积使用农药，对养蜂危害较大，发展缓慢，养蜂农户多为2～3箱。2000年全县养蜂1800箱，产蜜7.2吨，比1986年分别增长1倍和80％。

养犬多为山狗。20世纪90年代始，城镇开始饲养哈巴狗、狮子狗、老龄狗等品种繁多的宠物犬。随着生产水平的提高，城内餐厅、宾馆、饭店狗肉成了佳肴。由于养犬无圈，出家门后常被人捕杀或毒死，养犬数量难以发展，2000年全县养犬5000只。

猫的饲养旨在捕鼠，城乡居民均喜爱养猫。但由于毒鼠药管理不善，猫误食中毒老鼠而死的较多，猫的发展缓慢。

三、饲　料

县境自然条件优越，饲料资源丰富。精饲料有玉米、红薯、米糠、麦麸、菜子饼、粉渣、豆渣、酒槽、酱渣等，粗饲料有稻草、玉米叶、玉米壳、麦秆、豆类、豆夹壳、玉米心、秸秆、花生藤、红薯藤、瓜类、水生饲料等，还有80多种野生青饲料。

20世纪80年代后，县内注重配合饲料、浓缩饲料、添加剂的生产和推广使用，年平均生产配合饲料2600吨左右，添加剂10吨。1993年后，除了专业户加工配合饲料外，大多使用外地调进的浓缩饲料、添加剂及鸡鸭全价颗粒料。2000年引进外地浓缩饲料品种由1991年的3种上升到16种，数量由1991年15吨上升到6000吨，分别增长4倍和400倍。主要品种有正虹、三九、金威、正大、银星、大江、岳泰、湘珠、锻华氏、康达尔等。饲料销售点由 5 个增加到 34 个。混合饲料、浓缩饲料、添加剂的推广运用，改变了传统的饲养方式，缩短了生猪育肥期，肉鸭喂全价颗粒饲料，每羽从出壳后 50 天就可达到 2 千克左右。

花垣县 1986—2000 年畜牧业发展统计表(一)

表 12-3-41　　　　单位：头

年份	猪发展数	猪年末存栏		年内出栏肥猪	牛年末存栏数				年内出栏菜牛	备注
		小计	其中：母猪		小计	其中				
						黄牛	劳役牛	能繁母牛		
1986	223007	137077	17163	85930	30445	21922	19449	12121	2029	
1987	229783	143005	19785	86778	32844	23829	20797	13577	2786	
1988	220176	136447	16301	83729	34535	24675	21458	14150	3628	
1989	233799	141228	17459	92571	36797	25915	22492	14650	3043	
1990	239951	147264	18135	92687	39462	27986	25219	15571	4219	
1991	249304	157394	13247	91910	41387	28730	25763	15919	4312	
1992	281300	176700	25800	104600	42428	29319	27177	16588	5000	
1993	282210	177200	26300	105010	38130	25345	22313	20744	5420	
1994	293900	177200	31413	116700	41701	29180	23504	27324	5803	
1995	314500	191400	36200	123200	42792	29960	29095	28890	6301	
1996	327797	202200	33100	125597	49523	34541	26934	31300	6860	
1997	335263	202200	35900	133063	49320	35109	27200	29867	7249	
1998	341100	205100	34500	136000	50759	31200	35531	31367	7449	
1999	318660	181300	38100	137360	48900	28400	34200	31200	7300	
2000	298520	159800	20700	138720	45933	26393	32650	26385	8000	

花垣县 1986—2000 年畜牧业发展统计表(二)

表 12-3-42　　　　单位：只、羽、箱、千克

年份	山羊			家兔		家禽			养蜂	
	年末存栏	其中母羊	年内出栏	年末存笼	年内出笼	年末存笼	年内出笼	蛋品产量	箱数	产量
1986	27950	14188	6888	387	563	172437	12548	621	899	4000
1987	37231	17003	8942	471	62	178705	12787	592	1028	7000
1988	32127	16561	10983	765	120	192014	14244	391	944	5610
1989	32287	15785	17124	292	185	180549	141357	820	1063	7000
1990	34668	17156	10826	4336	229	205375	154338	968	743	4090

续表

年份	山羊			家兔		家禽			养蜂	
	年末存栏	其中母羊	年内出栏	年末存笼	年内出笼	年末存笼	年内出笼	蛋品产量	箱数	产量
1991	35421	17716	12877	3838	13444	202873	215287	956	833	5018
1992	38600	22700	18600	83700	113000	237500	232150	990	1378	690
1993	38500	20550	20440	205300	205274	238000	228294	962	1460	5409
1994	44800	23900	23018	1800	20006	250681	275602	889	1518	5500
1995	55200	29400	26300	1500		286500	279334	1050	1604	5000
1996	83500	44500	51200			336800	331200	1210	1650	6422
1997	89900	67400	55000			366000	365900	1212	1680	6994
1998	84600	43900	70002			392100	387000	1300	1720	6732
1999	77200	44300	72100			422800	401600	1700	1740	7000
2000	67500	33500	71800			410300	396000	1352	1810	7200

第二节 水产

一、水产资源

水域 县内水域丰富,有花垣河、兄弟河、牛角河水系;有山塘320口,水库38座,池塘892口,适宜养鱼稻田8000公顷。

鱼类品种 县内放养的主要鱼类有鲤鱼、鲫鱼、草鱼、鲢鱼、鳙鱼、编鱼等,在稻田里放养的主要是鲤鱼。苗族地区养有一种背呈绿色的鲤鱼,俗称呆鱼或绿鱼,它具有在稻田中自行繁殖和在固定水域活动的特点,是苗族人民长期培育而形成的地方品种。野生鱼类有桂鱼、鲫鱼、鱿鱼、黄颡鱼等。引进品种有彭泽鲫、叉尾回、工程鲤等。两栖鱼类有美国青蛙、大鲵(娃娃鱼)。小水产类有泥鳅、黄鳝、虾、蟹等。

二、水产养殖

鱼苗鱼种生产 春季是鱼的繁殖时期,渔民在河流有自然繁殖地方自然孵化鱼苗后,贩鱼苗者用鱼篓挑着走乡串寨叫卖,一般当年放当年收。20世纪80年代后,县畜牧水产局建立水产工作站,并建立了鱼苗种场,鱼苗产量逐年提高。1986年鱼种场鱼苗产量80万尾,大规格鱼种3.8万尾仍是供不应求。国家农业部驻花垣扶贫工作组于1987年11月从扶贫资金中拨出10万元扩建鱼苗鱼种场,水面达1.3公顷。1989年生产鱼苗960万尾,其中人工孵化210万尾,培育夏季鱼种750万尾。1990年后发展稻田育种,成活率高,生长较快,规格整齐,是解决县内稻田、山塘、水库、池塘养鱼所需鱼种的主要途径。是年,在省水产局的支持下,从省水科所引进芙蓉鲤夏花17万尾,投放到龙潭镇11个村210户农户,放养面积34.5公顷,除因遭到严重的自然灾害造成8.13公顷无收外,其余面积都收到较好的效益,平均每亩增长鲜鱼15~20千克。在板塘村2组验收0.16公顷,共收鲜鱼60.1千克,平均亩产25千克,最大的个体重0.4千克,最小的个体重0.15千克。

稻田养鱼 县内稻田养鱼有悠久的历史,随着科学技术的发展,稻田养鱼由放苗发展到放大规格鱼种和稻田留种,产量不断提高。1990年始,推广田、凼、沟模式化稻田养鱼，实施“稻鱼”双千工程（每亩稻田产谷500公斤，实现养鱼毛收入1000元）和“稻、菜、鱼”三千工程（每亩稻田产谷500公斤，实现养鱼、种菜毛收入各1000元）。1998年雅桥乡朋岩村、民乐镇田家村、团结镇峩碧村共示范20公顷“稻鱼”双千工程，经验收每公顷产稻谷7875千克，产鲜鱼1596千克。到2000年，模式化稻田养鱼面积达200公顷，平均亩产鲜鱼102千克，最高达187.5千克。

池塘养鱼　县内常年池塘养鱼46.6公顷，一般实行草、鳙、鲢、鲤鱼苗按比例投放饲养，平均每公顷产鱼4500千克。

山塘、水库养鱼　县内山塘、水库均可养鱼，但难以管理，利用率低。

网箱养鱼　1992年初县内开始在兄弟河大坝淹没区实施新式网箱养鱼试验，同年11月验收，出水鲜鱼250千克。1993年兄弟河大坝管理所在兄弟河大坝淹没区投放50口网箱，1998年省黄金公司驻排吾扶贫工作组在小排吾水库投放30口网箱，1999年发展到50口网箱，使县内网箱养鱼达100口。由于网箱难于管理，饲养经验不足，逃鱼现象严重，网箱养鱼大起大落。到2000年，兄弟河大坝管理所仅余网箱5口。

第三节　疫病防治

一、畜禽疫病防治

疫情　县内发生的畜禽病疫有牛瘟、牛气肿疽、牛炭疽、牛出败、口蹄疫，猪瘟、猪肺疫、猪丹毒、“五号病”，鸡瘟、鸭瘟等。1987年发生狂犬病疫情，3月13日窝勺乡沙坪村6组一只狂犬在两个小时内咬伤11头牛，5头猪，1只羊，2条狗。1990年，吉卫、雅酉等乡镇先后发生4起炭疽病疫情，死牛14头，死猪12头，有15人因感染住院治疗，当时火化病牛3头，病猪2头。1991年5月20日—6月14日，排吾乡董马村发生牛出败疫情，发病耕牛20头，死亡12头，感染8人，有5人住院治疗；6月6日到14日，吉卫镇凉帽村（杉木冲）5、6、9三个组发生牛炭疽疫情，患病耕牛5头（其中水牛2头，黄牛3头），死亡2头（水牛、黄牛各1头），治愈3头；9月8日，麻栗场镇溜豆村发生羊传染性脓毒病疫情，发病195只，死亡137只。1996年6月，董马库乡板栗村一屠夫感染炭疽病毒；8月28日，麻栗场镇麻栗场村子华寨发生炭疽病疫情，死亡牲畜8头，4人感染炭疽病毒。1998年2月，麻栗场、排碧、大龙洞、团结、龙潭5个乡镇的7个村15个村民小组56户先后发生“五号病”，死亡生猪269头，全部火化处理。同时，为防止病毒扩散，防疫注射生猪2630头，设关卡拦截车辆225辆，其中拦截猪2700头、牛100头、山羊1600只、畜产品80吨。1999年4月初，全县15个乡镇51个村78个村民小组316户爆发耕牛口蹄疫，病牛1499头、猪421头、羊100只。

防治　1986年，县委、县政府坚持“防重于治，防治兼顾”的原则，全面部署猪瘟疫苗注射。1987年1月25日，全县发生狂犬病疫情，县里按照省政府《关于湖南省狂犬病防治办法》的规定，组织捕杀狂犬病患动物，对其他犬兽注射防病疫苗，对被狂犬咬伤者给予免费治疗。1988年重点抓畜禽注射和市场检疫工作。1990年加大对炭疽病的防控力度，对牛、猪、羊进行强制性免疫（注射炭疽疫苗），对疫区实行封锁消毒（用20%的漂白粉消毒），并举办了一期有18个乡镇派员参加的炭疽病防治技术培训班。1991年6月在排吾乡董马村、吉卫镇凉帽村、麻栗场镇溜豆村，1996年8月在麻栗场村等炭疽病区进行紧急防疫，对发病猪、牛、羊进行药物治疗，对牲畜栏舍和解剖场地用20%的漂白粉进行消毒处理，严禁疫区畜禽向外流动。1995年共注射猪瘟疫苗72500头剂、牛出败14500头剂、仔猪副伤寒口服16000头剂、牛炭疽疫苗2800头剂、牛气肿疽4500头剂。1996年加强对炭疽病的防控工作,全面注射炭疽病疫苗。1997年全面注射猪瘟、牛出败、羊三联苗等疫苗。1998年县里成立了防治“五号病”领导小组,由县委书记任指挥长,县长任副指挥长,多次召开会议,并颁布了县长令,指定在茶洞、民乐、雅酉、大河坪四乡镇设卡,封锁团结、龙潭、麻栗场三个市场10天,对排碧、大龙洞、团结、龙潭等5个乡镇发生“五号病”疫情地区,集中畜牧技术干部和卫生防疫站技术人员及畜牧兽医人员,深入疫区对发病牲畜和未发病牲畜分别隔离治疗、防疫注射,控制疫情蔓延。1999年4月,县防治“五号病”指挥部发布封锁令,对县境内口蹄疫疫区、疫点全部封锁,在湘、黔、川(渝)边境交通要道设立临时检疫关卡8处,严禁牲畜进出,防止病源传入和传出,关闭了吉卫、麻栗场、团结、民乐、龙潭、花垣镇、道二等七个集贸市场,封锁了长乐、吉卫、民乐、两河、雅酉、大河坪、茶洞、排碧8个牲畜交易市场进出口,出动守卡人员42人,关闭了8个肉食行,紧急调运疫苗22万毫升,消毒药品28吨,对疫区受威胁地区的牲畜进行强行免疫处理,对疫区主要通道、主要放牧场所和疫区村、组、农贸市场及牲畜栏舍全面进行消毒处理,对发病耕牛、生猪、山羊实行强制性捕杀、火化、深埋处理。县直机关发动干部职工捐款80余万元扶持疫区缺牛户购买耕牛和耕整机械,33名县级领导和113名副科级以上干部深入疫区组织农民春耕生产。2000年,“五号病”疫苗注射生猪3.11万头、耕牛2.8万头、山羊2.34万只。

二、鱼病防治

鱼的常见病主要有:鱼肠炎、鱼烂鳃、鱼出血、白头白嘴等病。防治办法主要是清整、清塘、定期消毒,用硫酸铜、敌百虫、漂白粉、高锰酸钾溶液消毒防治。

第四节　畜牧水产技术推广

1986县畜牧水产局有畜牧兽医技术干部20人,技术员11人,水产技术干部3人,其中管理畜牧师1人、兽医师1人。2000年县畜牧水产局有畜牧兽医技术人员23人、水产技术人员4人,其中畜牧师1人、兽医师2人、助理畜牧师7人、助理兽医师8人、水产助理工程师2人、技术员7人。

1987年,县里组建畜禽病疫普查队伍,以县畜牧水产局技术干部为骨干,共有乡镇领导、乡镇兽医、村组干部350人参加,对全县21个乡镇中的146个村4380户农户的29169头猪、8738头牛、6660只羊、37918羽家禽、219只兔进行了两次普查。共查出畜禽疫病24种,细菌性疫病10种,支原体病2种,畜禽寄生虫33种。普查组撰写的《花垣县畜禽疫病防治普查报告》于1990年12月经省州畜禽疫病普查领导小组验收合格。

县内畜牧兽医水产技术推广主要有5类6项,包括畜禽疫病普查1项、稻田工程化养鱼1项、猪牛品改2项、种草养畜示范1项、山羊综合饲养新技术“丰收计划”1项,其中获省农业厅三等奖1项。稻田工程化养鱼技术推广成效显著,1999年县畜牧水产局获省人民政府十二大农业工程亚华杯竞赛奖,同年花垣县被州畜牧水产局评为全州耕牛冷配品改技术推广先进县。

种草养畜　实施草地牧业开发,变自然优势为经济优势是县里发展畜牧业的重要举措。1987年8月,县畜牧水产局在吉卫镇白岩村一组和如腊村一组办种草养畜示范点,播种黑麦草及白三叶草266.7公顷,每公顷产鲜草63.75吨。种草前28户农户共养牛39头、羊74只、猪43头。至1990年牛饲养量达到了297头,年平均增加86头;山羊饲养量457只，年平均增加127只；生猪饲养量317头，年平均增加91头；牧业收入11.4万元，户平1357元。2000年退耕还牧还草工程开始启动，全县退耕还草还牧113.3公顷，其中雅西乡朝岗村33.3公顷，补抽乡大卡村66公顷，董马库乡卧大召村13.3公顷。

品种改良 全县生猪品种改良工作常抓不懈，逐步推广，引进了外地良种公猪设立配种站，推广人工采精，进行人工配种。20世纪80年代，县畜牧水产局把耕牛品种改良作为重点工作来抓。1987—1991年在民乐、董马库、长乐、排碧、龙潭、吉卫、排吾、补抽等乡镇推广牛冷冻颗粒精液人工输精配种技术（简称耕牛冷配技术），完成耕牛冷配3607头。1998年引进西门达尔、安格斯、蒙贝利亚、利木赞等黄牛和摩拉水牛冷冻颗粒精液进行人工授精。2000年完成牛冷配3024头，产仔670头。推广生猪人工配种1.17万头，产仔11.7万头。

山羊“丰收计划” 1995—1996年，县畜牧水产局与州畜牧水产局畜牧科、科学技术管理站共同实施省农业厅丰收计划指导委员会下达的推广山羊综合饲养新技术“丰收计划”项目，在排碧、长乐、麻栗场、董马库、排料、排吾、雅桥、大龙洞、补抽、吉卫、民乐、雅西、茶洞、猫儿14个乡镇实施。由20名技术骨干进村入户作技术指导，抓攻关作样板，推广氨化、微贮饲养与品种改良。1995年、1996年项目区山羊饲养量达17.5万只，山羊出栏6.4万只。

稻田养鱼 1999年花垣县被列为全省稻田工程化养鱼技术推广示范县，在团结、民乐、雅桥、麻栗场、排碧、窝勺、花垣、长乐、吉卫等9个乡镇102个村9560户农户实施1333.4公顷稻田工程化养鱼。全县共建设高标准鱼凼1250口，每公顷投放鲤鱼、草鱼苗202.5千克，年底经省水产局及怀化、张家界、自治州畜牧水产局和本县有关单位领导、专家验收，亩产鲜鱼125千克、稻谷516千克，项目区内9560户农户户平增收1210元，人平增收450元。2000年新增稻田工程化养鱼30公顷，年底经州畜牧水产局、县开发办检查验收，亩产鲜鱼112千克，亩产稻谷520千克，实现户平增收1200元。

花垣县1987—2000年畜牧水产技术推广奖励情况统计表

表12-3-43

获奖项目	获奖名称	获奖时间	项目主要完成人（授奖人）
湖南兽医中草药考察	省科学技术进步三等奖	1987年	龙胜超
畜禽疫病普查	省农业厅畜禽疫病普查三等奖	1988年	刘跃进、龙子文、龙胜超
兽药监督	省农业厅优秀兽医监督员	1992年	龙胜超
动物狂犬预防	省农业厅先进工作者	1996年	龙胜超
推广山羊综合饲养新技术“丰收计划”	省“丰收计划”三等奖	1996年	吴陆军、李万和、龙跃平、龙胜超、龙老章
兽药监督	省农业厅优秀兽医监督员	1997年	龙老章
学会工作	省科协先进个人奖	1998年	龙胜超
牛冷配改良技术推广	农业部“全国技术推广先进工作者”	1999年	龙跃平
稻田工程化养鱼技术推广	农业部“农牧渔业丰收”三等奖	1999年	吴潭富
动物防疫	省农业厅先进个人奖	2000年	龙老章

附记:畜牧兽医水产学会

1984年,花垣县畜牧兽医水产学会成立,有会员32人,其中乡镇20人,县城12人。1994年换届后有会员76人,其中乡镇38人,县城38人。1986年后,学会围绕发展畜牧水产业,组织会员开展了一系列科技服务活动,利用墟场赶集开展科技咨询5200人次,印发科普养殖技术资料48000册,举办中草药验方交流会2次,老兽医献中草药方300个。先后与县人武部、县委组织部、县妇联、团县委联合举办养殖技术培训班603期,参训44432人次。

1986年,学会成员深入农村办人工种草养畜示范点,推广种植红三叶、白三叶、黑麦草三个品种47公顷,举办养殖技术培训班8期,参训200人次。1987年深入农村生猪人工授精点和耕牛冷配点开展技术服务,办各类养殖技术培训班17期,参训792人次。1988年深入13个乡镇,推广种草养畜、牲畜品种改良、鱼苗鱼种培育和养殖技术普及,完成生猪人工授精3594胎次,耕牛冷配624头。1989年为622户养殖示范户举办养殖技术培训47期,参训4624人次。1990年全县设立生猪人工授精点16个,耕牛冷配点11个,办技术培训班11期,培训280人次,发放学习资料1220份。1991年深入到长乐、雅桥、道二、龙潭三乡一镇开展草食牲畜开发项目技术服务,聘请27名有养兔技术和牛、羊疾病诊断技术的农村青年协助开展技术服务活动,举办养牛、养羊、养兔技术培训班14期,发放科普书籍500余册,印发技术资料和典型材料800余份。1992年兴办经济实体,成立肉兔开发服务中心,引进外地良种肉兔250只。1995年举办各类养殖技术培训班13期,印发资料3000册,深入长乐乡新办养羊场进行养殖技术指导,该场年末存栏羊95只。1996年举办养殖技术培训班8期,培训农村养殖技术员300人次,山羊养殖户参加培训1000人次,印发资料2000册。1997年举办养殖技术培训10期,培训农民1000人,印发资料3000册,播放养殖电教片10次,宣传《条例》5次。1998年工作重点转为山羊开发,组织20名技术干部深入农村开办养羊技术培训班12期,参训2500人次,宣传法律法规4次,配合15个生猪人工授精点抓品种改良,兴办稻田工程化养鱼示范样板100公顷。

1999年,学会成员实施“鱼、稻、菜”三千工程(稻田亩产养鱼收入1000元,稻谷收入500公斤,蔬菜收入1000元)153公顷,对12个耕牛冷配点进行技术指导,促进耕牛品种改良工作。同年,花垣县大湘西山羊开发有限责任公司成立,畜牧兽医学会扶持该公司和养羊大户、养羊专业户发展山羊,形成公司+基地+农户,产、供、销一条龙的山羊开发新格局,山羊饲养量发展14.9万只。此外,创办生猪人工授精点20个,年度完成生猪人工授精3.5万头,良种覆盖率达25%;耕牛冷配点15个,完成耕牛冷配2074头,其中西门塔尔牛235头,利木赞牛470头,安格斯牛167头,蒙贝利亚牛42头,摩拉牛1160头,占当年应配种牛总数的24.9%;培训肉牛肉羊养殖示范户3000人次、牲畜冷配技术知识2000人次、模式化稻田养鱼1200人次、养殖技术1500人次,聘请畜牧兽医水产专家教授授课12次,组织技术人员外出学习参观8次。1998年县畜牧兽医水产学会被省科技协会授予“全省畜牧兽医水产学会先进集体”称号。

第四章 林 业

1986年县林业局内设办公室、政工股、营林股、森保站、林业公安股5个股站室,下辖国营苗圃、林科所、桐科所、漆科站、木材公司和麻栗场、城郊、民乐、吉卫、龙潭、茶洞6个片区林业站，共有干部职工31人。1989年林业公安与森保站两块牌子一套人员，包括国营苗圃、林科所、油桐科研所、雅西漆科站、城郊林业站、茶洞林业站、麻栗场林业站、民乐林业站、龙潭林业站、吉卫林业站、排碧木材检查站、城郊木材检查站，共有编制53人，实有50人。1990年营林股更名为营林站。1991年增设团结、长乐、窝勺、道二、雅桥、排吾、排碧、排料、董马库、两河、猫儿、补抽、雅西13个乡镇林业工作站，定编33人，经费从林业事业费中列支，同时增设国营苗圃川心城分圃，其为全民二级机构，经费从林业事业费中列支。1992年成立县林产品开发集团总公司，定编20人，实行企业化管理，经费独立核算自负盈亏。1995年增设林业技术推广站，人员由林业系统内调整解决。同年，按机构改革“三定”方案要求，局机关内设办公室、政工纪检(监察)股、计划财务股、营林森保股，核定行政编制10人，经费由县财政列支。年底，林业局共有干部职工129人。1996年增设花果山森林公园管理处与森科所实行两块牌子一套人员。1997年公安局林业派出所列为林业局内设机构，定编8人(含森林防火3人)，经费从林业事业费中列支。同年增设资源、林政股为林业局内设机构，所需人员由局机关内调整解决，年末林业系统实有156人。1998年，城郊林业站更名为花垣镇林业站，全县21个乡镇林业站转交给各乡镇管理，林业局负责技术指导。1999年增设大河坪乡林业站。2000年乡镇林业站收归县林业局管理，年末林业系统实有164人。

第一节　造林育林

一、林业规划

1986年1月，县林业局制定《花垣县1986—2000年林业发展规划》，按海拔将县境由南至北划分为南部中山原区(海拔701～1197米)、中部中低山原区(海拔401～700米)、北部岗平区(海拔212～400米)，确定发展油桐、漆树、柿树、板栗、刺梨、马尾松、杉木和楠竹等树种。规划建立6个林业基地，总面积14880.1公顷。2000年3月，编制《花垣县林业结构调整总体规划(2000～2005年)》，提出在保障生态效益的前提下，优化林业产业结构，发展生态林业、特色林业和高效林业，促进全县林业可持续发展。

二、采种育苗

1986年3月，在8个乡镇建立中心苗圃，播种育苗24.87公顷，秋季验收香椿、泡桐育苗，数量和质量第一次达省标。1987年确定雅西乡为全县唯一有鹅掌楸天然分布的乡，排碧、两河乡为杉木、檫木采种基地，雅桥乡、麻栗场镇为马尾松采种基地，县林科所为柏木采种基地，长乐乡为泡桐采种基地，雅西乡、龙潭镇为桤木采种基地，排碧乡为葡萄采种基地，雅西乡为漆树采种基地，董马库乡、雅西乡为香椿采种基地，采种基地总面积为402.67公顷。是年，全县桤木引种育苗首次在龙潭林业站获得成功。1991年，在雅西扎各巴交(地名)首次营造板栗采穗圃，开展“岩溶区农家篱笆资源及其改造”探讨。从福建引进萘李品种，全县定植83.67公顷，其中道二乡33.33公顷，龙潭镇19.87公顷，猫儿乡18.53公顷，雅桥乡6.86公顷。城郊林业站成功培育马尾松容器苗30万袋，比一般育苗经济效益高出16倍，成苗率达85.8%。1986年至2000年，全县累计采摘林木种子31.06吨，产出合格苗木7690.81万株。1994年，42名青年职工参加县林业局举办的技术培训，系统地学习育苗、造林、规划设计等技术。1995年营造经济林树种14个,全年改造低效林294.1公顷。在吉卫镇腊乙村、新寨村交界处的北大荒指导农民高标准营造杜仲林106.67公顷,在白岩、水洋村的白云岩贫瘠山地营造桤木、刺槐、马尾松53.33公顷。从攸县调进油茶良种霜降籽嫁接苗4.68万株,在麻栗场镇新桥村定植26.66公顷,创办油茶丰产示范片。1996年推行干鲜果类造林采用撩壕压青,生态林树种造林采用穴垦,公路绿化采用大苗的技术标准。1997年以公路沿线和河流两岸为重点,建立一百个以封山育林为主的基地林场,形成千米林带;制定油茶低产林改造实施方案,全县低效林改造8066.67公顷。1998年完成低效油茶林改造666.67公顷。在龙潭镇建立33.33公顷桤木母树林,12月开始采种,并自给有余,外销省内外。

三、造林绿化

1989年,县委、县政府作出"五年消灭荒山,十年绿化花垣"的决定,实行党委统一领导,党政齐抓共管,部门各负其责,干群全民动手,同时推行义务工、积累工造林制度,广泛发动和组织全社会力量投入造林绿化,实施历时十年的"五·十"灭荒造林绿化工程建设。1990年后,相继实施了长江中上游防护林体系建设一期工程、粮援造林工程、以工代赈退耕还林工程、"三难地"绿化工程等重点工程营造林。1993年7月花垣县通过省级消灭荒山达标验收,被州委州政府授予"全州消灭荒山工作先进单位"。1997年县境山地、村庄、矿山、道路、水域、城镇等绿化指标均达到省里提出的山区县绿化标准要求,通过省级全面绿化达标验收。2000年8月启动实施以粮代赈退耕还林工程。

1989—2000年,全县累计实施完成各项工程营造林52862.96公顷,其中人工植苗16609.43公顷,飞播造林9240公顷,直播造林600公顷,林地补植291.7公顷,封山育林21761.83公顷,低效林改造1646.67公顷,幼林抚育2713.33公顷。同时,完成四旁植树967万株,大田育苗206.33公顷,容器育苗39万袋。通过大力实施造林绿化,全县森林植被得到恢复,资源总量稳步增长,林种树种结构不断优化,生态环境明显改善。据1999年林业分类经营调查统计,全县有林地面积33160公顷,疏林地2400公顷,灌木林地9526.67公顷,未成造林地1059.33公顷,宜林荒山荒地626.67公顷;活立木总蓄积量69.32万立方米,森林覆盖率43.35%。与1987年"六五"森林资源调查结果相比,有林地面积增加1540公顷,疏林地减少426.67公顷,灌木林地增加3160公顷,未成造林地增加1926.7公顷,宜林荒山荒地减少17540公顷;活立木总蓄积量增长42.01万立方米;森林覆盖率提高9个百分点。

长防林工程 1990年6月,湖南省林业厅下发湘林营〔1990〕23号文件,将花垣县列为全省长江中下游防护林体系第一期工程(简称长防林工程)项目县,同时下达工程总体规划设计任务。7月,完成县级工程总体规划设计,设计营造林总规模为20000公顷,覆盖全县21个乡镇。县里成立了以县委书记石维斌为组长的长防林工程建设领导小组,随即在全县启动实施长防林工程。

1990—2000年,省累计下达花垣县长防林工程重点营造林任务22673.32公顷,其中人工植苗9613.33公顷,低效林改造2373.33公顷,幼林抚育2553.33公顷,封山育林8133.33公顷;下达项目资金计划444.8万元,其中国家及地方规划投资395万元,群众自筹(含乡镇、村及村民投资)49.8万元。全县实际累计完成项目投资400.5万元,投工286.5万个,实施完成长防林工程重点营造林24140公顷,为省下达计划数的106.5%,其中完成人工植苗8120公顷,封山育林11660公顷;低效林改造1646.67公顷,幼林抚育2713.33公顷。同时,采取人工植苗、播种造林等方式,实施完成长防林工程面上营造林21266.66公顷,其中人工植苗6093.33公顷,直播造林600公顷,飞播造林9240公顷,封山育林5333.33公顷。

1990—1992年，在县内17个乡镇131个村荒山荒地相对集中连片的区域实施长防林工程飞机播种造林，共规划飞播区6个，即太阳山播区、莲花山播区、老木山播区、豆腐坡播区、花垣河播区、高原高九播区。累计出动飞机64架次，飞播马尾松、柏木、黄山松种子4.62万公斤。1990年春，在豆腐坡播区(包括长乐、花垣、团结、道二、龙潭5个乡镇29个村及县畜牧场)进行试播并取得成功，完成飞播造林面积3313.33公顷。1991年，在莲花山、太阳山、老木山播区进行飞播，含盖吉卫、排吾、两河、补抽、雅酉、民乐、猫儿、茶洞8个乡镇的34个村和1个县国营林场，完成飞播有效面积2386.67公顷。1992年，在高原高九、花垣河播区进行飞播，含盖排碧、排料、董马库、茶洞、大河坪、团结、花垣镇等7个乡镇29个村，完成飞播有效面积3540公顷。1993年春—1994年冬，人工直播油松种0.42万公斤、马尾松种0.86万公斤、柏木种0.15公斤，人工栽植马尾松苗100万株，完成飞播造林地人工补播补植面积2966.66公顷。飞播后，各乡镇建立管护林场38个，由农户筹粮出资解决报酬，落实护林员128人(其中专职80人，兼职48人)。县林业局和县公安局联合颁布"关于加强飞播林管护的联合通告"下发到村组，对播区连续10年实行全面封山管护。

1990年至1997年，县林业局先后4次组织工程技术人员深入各播区开展飞播造林成效调查。据调查统计，当年，豆腐坡播区每公顷出苗9495株，莲花山播区每公顷出苗1272株，太阳山播区每公顷出苗1002株，高原高九播区每公顷出苗1399株。1996年，莲花山播区飞播马尾松、柏木平均苗高0.81米，地径1.36厘米；太阳山播区马尾松、柏木平均苗高1.14米，地径2.11厘米。1997年，高原高九播区飞播马尾松、柏木和黄柏平均苗高1.77米，平均地径2.50厘米，天然苗木平均苗高5.3米，平均地径7.11厘米，树种有杉木和杂木，每亩平均183株；老木山播区飞播马尾松、柏木苗木平均苗高0.79米，平均地径1.54厘米，天然马尾松、香椿苗木平均苗高2.86米，地径4.39厘米，每亩平均129株；花垣河播区飞播马尾松、柏木苗木平均苗高0.68米，平均地径0.99厘米，天然苗木平均苗高1.89米，平均地径2.57厘米，树种为柏木，每亩平均149株。

1991年和1993年，花垣县被国家林业部两次授予"长防林工程建设一类县"。1997年，花垣县被湖南省绿化委员会、省林业厅、省飞机播种造林指挥部评为全省飞播造林先进县。2000年，花垣县长防林工程全面通过省级检查验收，面积保存率为99.2%，面积合格率达98.6%。

粮援造林工程　1990年12月，花垣县被世界粮食援助计划署确定为粮援工程(即WEP中国3379项目)项目县。1991年启动实施龙潭片区的龙潭、道二、猫儿、雅桥、排吾5个乡镇粮援工程造林项目，工程规划造林1769公顷(其中水保林900公顷，薪炭林300公顷，特用林15公顷)，林木育苗54公顷。1993年工程竣工，建设期限3年，共实施完成工程造林1710公顷，其中1991年完成297.7公顷，1992年完成607.3公顷，1993年完成810公顷。

"三难地"绿化工程　1999年6月，完成"三难地"(难植苗、难成活、难成林)绿化工程县级规划(1999—2003年)，并启动实施工程建设。规划造林面积2794.6公顷，其中人工造林1028.6公顷，林地补植333.8公顷，封山育林1432.3公顷。1999—2000年，共实施完成工程营造林2031.5公顷，其中人工造林445.6公顷，林地补植153.6公顷，封山育林1432.3公顷。

以工代赈退耕还林绿化工程　1999年7月，完成以工代赈绿化退耕还林工程县级规划，并启动实施工程建设。工程总规划在209、319国道沿线造林面积3655.8公顷，其中人工造林181.5公顷，林地补植138.1公顷，封山育林3336.2公顷。1999—2000年，全面完成工程规划。

第二节　森林管理

一、林木采伐管理

林木采伐实行限额采伐、凭证采伐制度，每年4月按照上级下达商品材和民用材采伐计划，县林业局根据各乡镇森林资源实际，按照林木采伐量小于生长量原则分解下达采伐计划。坚持由本人申请(含采伐地块、树种、株数和完成更新造林任务等内容)，经村民小组同意，村委会签署意见，报乡镇人民政府批准办理林木采伐许可证，然后在村民组长或护林员监督下进行采伐。对农民生活烧柴等实行“四定”即定采伐时间、定采伐数量、定采伐地点、定采伐树种。对无证采伐或超限额采伐林木，按照《中华人民共和国森林法》《森林法实施细则》《湖南省林业条例》等相关法律法规予以处罚。1987年7月，县人民政府发布《关于加强森林保护坚决制止乱砍滥伐的布告》，坚决制止乱砍滥伐和盗伐林木，严禁无证木材上市交易。1988年全县木材限额采伐指标由1987年的2500立方米下降到2000立方米，并规定商品木材凭“木材上市交易证”进行买卖。关闭了9个木材交易市场，建立了105个护林队伍，封山育林13333.3公顷。县委下发《关于保护森林加强护林队伍建设的决定》，要求各乡镇、村、林场、成片林区要组织以民兵为主体的护林队伍，每年有计划地全封、半封和轮封山林。2000年全县封山育林面积13333.3公顷，封山护林面积40000公顷，有护林队298个，护林员1200人，其中专职护林员970名。

花垣县1986—2000年林木限额采伐及封山情况表

表12-4-44

年　　度	年采伐量(万立方米)	累计封山面积(公顷)
1986	0.46	14000
1987	0.29	14000
1988	0.2	14000
1989	0.35	26666.66
1990	0.17	3000
1991	0.10	38820
1992	0.15	42200
1993	0.22	44700
1994	0.07	46400
1995	0.12	48433.33
1996	0.10	48433.33
1997	0.06	48546.66
1998	0.05	48553.33
1999	0.05	48953.33
2000	0.05	50613.33

二、森林防火

1986年是花垣县有史以来森林火灾发生最严重的一年，共发生火灾20起，受损森林面积125.67公顷，其中成灾森林面积102.6公顷，烧毁林木8.1万株。1987年，县委、县政府高度重视县境的森林防火工作，11月调整了县护林防火指挥部，落实了“以防为主，积极消灭”的方针，层层签订目标管理责任书，加强了火源的管理，使当年成为无山火发生年。1988年购置森林防火消防车一辆，架通森林防火专用电话一台，防火设施得以改善。1989年县乡村层层设立防火机构，县里成立护林防火指挥部，乡镇成立护林防火领导小组，村配备护林防火联络员，形成了护林防火网络。在面积大、林分集中的乡村林场，如排碧莲台山林场等处设立瞭望台。加强野外火源管理，制定“六好”“三严禁”“五不准”“八不烧”制度（宣传发动好、群众组织好、防火林带修理好、扑火工具准备好、领导检查落实好、炼山烧山火场看守好；严禁在林地烧蜂子、严禁烧山赶野兽、严禁在山林内抽烟丢烟头；不准在林区烧火、不准在山林内点火把照路、不准在山林内烧木炭、不准在山林内烧火土灰、不准在林区砍田坎土边时乱烧；未经上级批准不烧、防火线未修好不烧、人员未组织好不烧、没有领导或指挥人员在场不烧、扑火工具没有准备好不烧、大风天气不烧、久晴不烧、无人时不烧），从根本上消除火灾隐患。1990年县境开展全民防火教育，形成了县、乡、村三级森林防火工作网络。1991年县森林防火指挥部对野外火源管理作出规定：野外火源管理实行领导负责制，具体业务由各级森林防火指挥机构和林业公安部门归口管理，每年10月至次年4月为森林防火期，在距易发生森林火灾的部位7米宽以上建防火隔离带或营造防火林带，建立护林防火瞭望哨所32个。1992年，加强乡镇一线防火工作指导，夯实森林防火基础。1993年9月是森林防火宣传月，开展了形式多样的宣传活动。由于抓得早，当年森林火灾仅上半年发生6起，下半年为零起，避免和减少了火灾损失，保护了森林资源安全。1994年层层签订责任书，强化护林员职责，印发3000余张森林防火宣传塑料画到村组。1995年11—12月，县森林防火指挥部对县境森林防火工作重申“五严禁”：严禁毁林开荒；严禁在森林内烧火土灰；严禁烧山边田土坎和林中烧蜂驱兽；严禁在林地烧纸、放鞭炮和野外丢烟头火种；严禁在林地烧火取暖、野炊、点火照明。为有效预防和控制森林火灾，提高森林自身的综合抗火效能和预防森林火灾的总体水平，编制花垣县防火林带工程规划设计方案，防火林带总长480.6千米，面积1133.3公顷，平均每亩0.28千米，为Ⅲ级火险区的规划标准。1996年3月，花垣县被林业部列为全国森林火险三级县。1997年由于防范工作到位，无森林火灾发生。1998年强化防火办业务建设，各种防火图表、制度上墙，防火档案资料单列，专柜存放，基本达到Ⅲ级火险县防火办业务建设标准。1999年开展森林火案查处月活动，共查处森林火灾案件8起，处罚火灾肇事者8人，赔偿损失、罚款共计4000元。2000年坚持森林防火“积极扑救”方针，快速反应，年度森林火灾3小时扑灭率达90%以上。

三、林业违法治理

针对乱砍滥伐、偷砍盗伐林木时有发生的实际，全县相继开展一系列查处滥伐盗伐林木和非法经营木材的专项行动。1987年3月，林业、公安、工商、税务等部门组成联合工作组深入吉卫、麻栗场、补抽、排碧、董马库、猫儿等6个乡镇，共清查7个村38个组887户，查处毁林违法案件265起，治安拘留8人，行政处罚252人，没收非法木材165立方米，追缴非法所得1.4万元。1988年重点查处雅桥、窝勺两乡严重毁林案件，逮捕1人，治安拘留6人，行政处罚31人，没收非法木材132立方米。1989年查处各类涉林案件50起，处罚违法犯罪人员130人，其中逮捕1人，治安拘留6人，收缴木材16立方米。捣毁排碧乡马鞍村13人盗伐林木团伙1个，抓捕首犯3人，行政处罚10人。1990年开展“百日侦破战役”，共查处毁林案件12起，逮捕2人，治安拘留3人，行政处罚9人，没收非法木材47立方米。1991年开展区域性整治3次，查处涉林违法犯罪案件10起，处罚违法犯罪人员12人，其中逮捕1人，治安拘留2人。1992年查处各类破坏森林案件67起，查处率93%，处罚违法人员94人，其中治安拘留3人，收缴林材84立方米。重点清查排碧乡张刀村群众滥伐林木事件，共收缴杉条、松木575根折合35立方米。整顿县城西门口和排料、董马库乡墟场3个重点木材市场，收缴非法木材49立方米。1993年开展历时9个月的治理林业"两乱"(乱砍滥伐，乱捕滥猎)专项斗争，侦破森林刑事案件2起，破获毁林犯罪团伙1个，对盗伐林木案首犯依法判处有期徒刑，共收缴盗伐、滥伐杉条600多根，松、杉圆木200多件，折合材积50立方米。1994年查办涉林违法案件106起，处罚违法犯罪人员173人，其中刑事处罚2人，劳教4人，治安拘留8人，收缴木材213立方米。1995年全县开展为期7个月的林区严打整治斗争，查处各类破坏森林资源违法案件31起，处罚违法人员45人，没收木材36立方米。1996年4—9月开展为期5个月的林业专项治理整顿活动，林区秩序明显好转。1997年开展3次区域性严打整治，年度受理并处罚违法人员30人，挽回经济损失2万余元，查处各类破坏森林案件45起，违法人员51人，收缴木材151立方米，挽回经济损失78970元。1998年开展区域性整治4次，重点查处盗伐、滥伐、无证经营、运输木材案件，挽回经济损失8万余元。1999年重点查处花垣镇花桥村群体性滥伐雪压林木案件，共收缴木材20立方米，处罚违法人员17人。2000年受理各类破坏森林案件6起，查处6起，处罚违法人员9人，挽回经济损失3万余元。

第三节　野生动植物保护

1986年撤销花垣县森林保护股，设立花垣县森林保护站。10月在县林科所、国营苗圃及团结镇、长乐乡、排碧乡林场进行首次森林植物产地检疫，调查檫木、毛竹、板栗等树种，发现病害检疫对象泡桐丛枝病和枣疯病两种。1987年初，县林业局购置了2部手摇喷雾器和青矾等常用药，组织技术人员对发生漆树叶蝉的46.67公顷漆树林和发生泡桐丛枝病的10.67公顷泡桐林进行药物防治，抑制了病虫的漫延。3—4月，开展植物检疫对象调查，查清了县境有林业部认定的检疫对象泡桐丛枝病和枣疯病，写出《花垣县森林植物检疫对象产地调查报告》，绘制了《花垣县森林植物检疫对象分布图》，划定了疫区和保护区。5月，制定《花垣县森林植物检疫的有关规定》。1988年建立团结镇森林病虫害防治基地，着手实施一病一虫档案卡，确定泡桐丛枝病、漆树叶蝉为森林植物主要病虫害，并有针对性地开展森林植物产地、调运检疫和防治科研活动。1989年开展虫情预报，以乡建立群众测报和林业干部监测相结合的情报网络，及时发布测报信息。1990年每月利用两天时间出动宣传车巡回各乡镇宣传林政法规，写标语200张，群众受教育面90%以上。

1991年开展《中华人民共和国野生动植物保护法》《湖南省野生动植物资源保护条例》等政策法规宣传，举办学习班、灌制录音带、办宣传栏、出动宣传车巡回乡镇墟场广泛宣传。林业部门与工商部门联合对野生动植物经营单位统一进行经营范围、经营种类、经营数量的清理，规定属国家保护的野生动植物不准在集贸市场上出售，饭店、招待所、餐馆不准捕杀和收购野生动物。1992年3月成立县野生动植物保护管理领导小组。4月，集中经营野生动植物及其产品的单位领导学习培训，加强了野生动植物的管护和监督。1993年花垣县森林保护站实行一套人马两块牌子，成立林业法律法规执行室。1994 年县森林保护站在排料乡建立黄柏病虫害观测点。4 月 9 日召开全县野生动植物经营加工会议，有 10 家经营户参加，与会者学习有关规定，全年依法缴纳保护基金 1 万余元，出口活蛇 23350 千克。4 月 27 日，县委书记龙爱东带领摩天岭林区和莲台山林区所辖 9 个乡镇的书记和主管领导及林业员从两河出发，步行 30 多千米，经过排吾到吉卫镇，通过边走边看边议的形式，对乱砍滥伐、乱捕滥猎现象提出具体的管护措施。6 月成立县野生动植物保护协会，下设 6 个分会，共有会员 56 人。7 月，县林科所发生毛虫为害柏木，县林业局 30 多名干部职工奋战 2 天，人工摘除虫蛹 120 多公斤并全部烧毁。

1996 年 6—7 月麻栗场镇、长乐乡发生大面积毒娥危害油茶林，面积 200 公顷。虫情报省、州林业部门后得到一定数量的药物支援，县里及时组织群众进行灭虫，控制了油茶毒娥的迁徙为害。11 月对森林植物进行产地检疫调查，全县 21 个乡镇普查林木面积 66666.7 公顷，苗圃面积 8 公顷，木材 200 多立方米，水果 1 万多千克，未发现检疫对象。1997 年经省、州林业部门重新核准，全县发放野生动植物经营许可证 8 家，比 1996 年减少 3 家。全年实施产地检疫面积 6 公顷，苗木 6 万株，调运检疫药 5 万千克，收取检疫费 0.01 万元，处罚案件 5 起，罚款 0.03 万元。3 月在长乐乡建立油茶毒娥测报点，确定一名当地护林员为虫情测报员。当年全县油茶面积 6672.13 公顷，发生虫害面积 213.3 公顷，发生率为 2.6%，防治面积 166.7 公顷，防治率为 78.1%，其中虫防面积 13.33 公顷，虫防率为 68%，未形成严重灾害。1998 年共办经营许可证 13 本，配合林政、公安人员查处林业各类刑事案件，打击毁林犯罪，查处违法案件 8 起，结案率达 95%，没收菜花蛇 1200 千克，放生 600 千克。5 月在林科所发现大蚕娥危害檫木，由于发现早、防治快，及时控制了擦木虫害。11 月建立古苗河、莲台山、摩天岭、高岩河四个县级自然保护区，面积 36666.7 公顷。1999 年 9—11 月，完成全国野生动物花垣范围普查第一期工程。2000 年新建麻栗场、道二两个病虫测报网点。6—7 月为落实州政办明电〔2000〕55 号《关于切实做好松材线虫病预防监测工作的通知》，林业局对辖区内林木进行一次普查，未发现松材线虫病。

第五章 农机具

县农业机械局的前身是农业机械服务公司。1986 年，县农机服务公司内设办公室、财会股、管理修配股，下辖农机学校、农机安全监理站、农机科研所。1988 年增设团结、龙潭、吉卫、麻栗场 4 个片区农机服务站。1989 年花编发《关于核定农机系统人员编制的通知》确定：农机服务公司 20 人、农机监理站 6 人，农机技术推广站 6 人、农机学校 8 人，龙潭、吉卫农机站各 3 人，团结、麻栗场农技站各 4 人。1994 年农业机械服务公司更名为县农业机械管理局（事业单位），内设办公室、政工股、财会股、纪检监察室、管理股 5 个股室。下设农机学校、农机推广站、农机监理站，共有干部职工 63 人，其中公务员编制 9 人，专业技术人员 35 人，工人 19 人。

县内农业机械经营管理按所有制经济性质分国家、集体和个人三种经营管理形式。20 世纪 80 年代初为农业机械发展初期，由县财政和国营农场投资建立拖拉机站，时有花垣县农业局拖拉机站、道二公社拖拉机站、吉卫公社拖拉机站等。1986 年后，随着农村经济体制改革的深化，原国家投资的柴油机抽水设备全部收归农机局管理，由县财政局投资新购进的小型柴油机抽水设备亦交县农机局统一管理。县农机局采取设备租包和直接代管的办法,开展有偿服务。个体经营管理的农用机械有集体所有承包经营,联户所有合股经营,个体所有独户经营。个体经营管理由于利益直接、注重农机具的维修保养,效益较好。2000 年全县有农机经营户 168 户,总收入 245 万元。

第一节　农机种类

县内农机种类主要有耕种机具、灌溉机具、收获机具、农副产品加工机具、农村运输机具、植保机具、养殖机具、农田基本建设机具等等。

一、耕种机具

畜力农具　花垣县畜力农具种类较多,主要有牛犁铁耙、铁木耙、木耙等,主要用于蓄力耕作,广为使用。

耕作机械　1986 年后,原引进推广的机滚船、播种机、插秧机等耕作机械,因受条件限制,逐渐被单轮和双轮耕整机代替。1987 年引进水田耕整机 19 台,在大河坪乡、团结镇试行推广使用 7 台,练田 41.66 公顷。被农民称赞"一头牛的价格,三头牛的功效。"其机型轻巧、耕作方便、适用性强,深受广大农民的喜爱。1991 年后,全县耕整机发展较快,当年发展到 694 台 6187 千瓦,1992 年 1015 台 6184 千瓦,1997 年 1037 台 5493 千瓦,1998 年 1089 台 5678 千瓦,1999 年 1169 台 5594 千瓦。1999 年 4 月,全县有 15 个乡镇爆发牲畜"五号病",1499 头耕牛发病,严重影响春耕生产,县委、县政府采取果断措施,动员全县干部职工捐资 80 余万元,为无牛耕种的农户购买耕整机和耕牛,组织农机服务队 47 个,集中农机手和农机干部职工 190 多人,深入重灾乡镇,检修机具 546 台。新购进耕整机 200 台、抽水机 42 台,帮助机耕、抽水灌田 343 公顷,解决了春耕缺牛的矛盾。2000 年耕整机发展到 1564 台 22600 千瓦,机耕面积 4000 公顷。

二、灌溉机具

灌溉机具主要是抽水机、水轮泵及其他机具,是县境山区农业生产不可缺少的抗灾工具。

传统灌溉农具　县内传统灌溉机具主要有戽盆、吸水筒等。由于制作简易、操作方便,仍为偏远山区农民在旱灾严重时使用。

提灌机械　提灌机械居山区农业机械数量之首,是农业机械化重要组成部分,主要包括抽水机、水轮泵等。在抽水机使用方面:1988 年全县遇到历史罕见的春夏秋三季连旱的严重灾情,县农机部门共出动农机技术人员 14 人,检修抽水机 504 台次,出租抽水机 75 台次,工作 2645 小时,抽水灌田 96.7 公顷。1999 年再次遇到特大旱灾,干旱面积 6666.7 公顷,全县组织调动抽水机具 1169 台投入抗旱。截至 2000 年底,全县内燃机抽水动力由 1986 年的 544 台 4359 千瓦发展到 1256 台 6046 千瓦,占全县内燃机总动力的 22.8%。在水轮泵使用方面:1986 年为充分利用零星分散的小溪小境水利资源,解决因高山阻隔、居住在边远山区的农户用电困难,县农机服务公司引进 650 瓦、2.2 千瓦和 5.5 千瓦三种微型水轮泵发电机 6 台,在麻栗场的黄土坡、望高村和猫儿乡豆子村选点安装发电,共架设输电线路 5 千米,受益 151 户。1986 年全县共有水轮泵 35 台 2118 千瓦,1987 年 41 台 2279 千瓦,1988 年 41 台 2279 千瓦,1989 年 24 台 600 千瓦,1990 年 42 台 1280 千瓦。1991 年后,原有水轮泵年久失修,小水电的发展取代了水轮泵发电。

三、收获机具

县境内的收获机具主要是打稻机、扮桶和传统收获器具。

传统收获器具　1986 年后县境内传统收割器扮桶、连枷(脱粒器具)、镰刀(收割器具)等在部分偏远山区还在使用。

机械、半机械化收获机具　联合收割机：1999年从岳阳市引进第一台小型水旱两用联合收割机并投入服务，机收面积40公顷。人力打稻机：1986年后，扮桶数量逐渐减少，人力打稻机得到推广应用，数量相应增加。1986年县境内共有人力打稻机2873台，1987年2875台，1988年3105台，1989年3362台，1990年3235台。人力打稻机主要是使用737型，该机方便灵活、体积小、脱粒干净，深受农民欢迎。此后，人力打稻机逐渐小型化。动力打稻机：是一种把内燃机或电动机（2.8千瓦）装在人力打稻机上脱粒的动力打稻机，由于价格较贵农民购买力低，县境内有人使用但未普及。改良风车：每小时车谷1500～2000千克，仅车一遍就达国家入库标准，损耗甚微，县境内广泛使用。

农副产品加工机具　传统加工机具有石碾、石堆、石磨等，随着经济社会的发展使用越来越少，取而代之的是打米机、磨粉机、粉碎机、榨油机、刨浆机、打浆机、搅拌机等动力加工机械。1986年全县有6户农民兴办红薯粉丝厂，年处理鲜薯30万千克，生产红薯淀粉6万千克，加工粉丝年收入人均4000余元。1987年茶洞农机站、县原种场各办一个红薯粉丝厂，年处理鲜薯100万千克。1992年8月动工新建佳民粉丝厂，10月淀粉生产线建成投产。1993年花垣县地方特色产品公司加大投入，狠抓红薯粉丝、粉皮生产线技术改造，实现年产值105万元；1994年购置螺旋式输送器1台，打浆机2台及配套加工机具，建成流水生产线一条，年产红薯淀粉1800吨，产品在中国食品工业新成就展示会上获“优秀新品种”奖，成为县内加工红薯第一家大企业。2000年底，全县各种农副产品加工机具达3998台23988千瓦，加工量达13.6万吨，基本实现农副产品加工机械化。

四、机械运输工具

传统农业运输工具　1986年后，传统农业运输工具如箩筐、扁担、粪箕、篓、胶轮手推车、板车等依然普遍用于农田基本建设工程及短途运输，成为不可替代的工具。

机械运输机具　农用拖拉机：1986年全县有农用拖拉机669台5523千瓦。1987—1992年全县拖拉机稳定在600台以上，1993—1996年保持在500台以上，1997—1999年保持800台以上，2000年全县拖拉机达931台8860千瓦，比1985年分别增长39％和60％。四轮运输车：四轮农用运输车主要用于运输作业，沟通城乡物质交流，提高经济效益。1986年全县拥有四轮运输车58台3844千瓦。随着城乡基建等物质运输量加大，农民可贷款购车，农用运输车发展很快。1987年农用运输车发展到98辆。1988—1994年保持在100辆以上。1996—1999年达到200多辆。2000年，全县拥有运输车319辆10201千瓦，比1985年分别增长4.5倍和1.7倍。

第二节　农机推广

1987年全县共有排灌机具675台，加工机具1076台，拖拉机708台，总动力38750马力。首次引进单轮耕整机在大河坪乡、团结镇推广示范，引起农民的极大兴趣。当年全县购机16台，完成机耕面积42公顷。1988年检修机具504台次，供应抗旱用油120吨，国有机具完成抽水灌溉97公顷。1989年州农机局在花垣县推销小型耕整机，农民每购进一台，州农机局给予每台补贴400元。1990

年完成水田机耕333公顷,机灌2193公顷,推广水田耕整机14台,引进稻种破胸催芽机2台,农机培训393人。县政府出资5万元,购买了30台(套)抽水机,使县农机公司抽水机达67台(套),完成抽水抗旱427公顷。建档立卡机车1477台,机具完好率85%。首次对200台内燃机手进行检测,坚持油料凭证领票,共发放柴油票240吨。农机校培训驾驶员95人,内燃机手299人。为农用机动车和驾驶员换发牌照558台、701人。1992年县政府投资6万元购置36台抽水机,县农机局筹集柴油100余吨投入抗旱救灾。农机安全监理站首次为153台拖拉机进行车辆保险。1993年县农机校首次开办三年制农机中专班,共有学员25人。农机监理站为拖拉机投保169台。1994—1995年加大小型农机具的推广力度,共推广耕整机37台,小型脱粒机87台。投放抽水机75台(套),交由农户自主承包管理。1996年首次在龙潭镇创办水稻生产机械化试验点,面积7公顷。成立农机安全互助会,会员156人。1997年购进农机服务车1台,培训农机操作手104人,并对投放到乡镇的农机具进行全面清理和收回、维修。1998年全县农机总动力达到4400台43050千瓦。1999年全县农机总动力达5535台51400千瓦,其中农用车、拖拉机998台,抽水机具1169台,农产品加工机具2867台,其他501台。组织调进耕整机220台、抽水机42台等价值250万元的农机物资投放市场,当年完成机耕3433公顷。首次引进小型联合收割机,完成收割水稻3公顷。2000年,50名农机技术人员深入农村开展农机服务,为农民检修保养机具1599台套,组织建设农机服务示范点,共投入机具10台套,在吉卫农场举办水稻机收服务示范点。至2000年底,农机监理工作步入正轨,当年年检拖拉机819台,审验驾驶员833人,全县仅发生5起农机安全事故。

第三节　农机管理

一、机务管理

机械养护　1986年,农机管理部门为96台手扶拖拉机改单刹为双刹,检修1256台次。1989年建立乡镇个体修理点(车间)40个,有修理人员148人,为农机保养提供服务。2000年机车完好率由1986年的80%上升到90%以上。全县农机化作业总收入达674万元,农机修理费96万元,农机销售400万元,其他收入30万元。

农机普查　1986—2000年,农机管理部门共进行15次农机大普查。1986年全县有农用机械总动力34494千瓦,其中大小拖拉机769台5522千瓦,农用动力机械2725台25126千瓦。1991年全县农用机械总动力36219千瓦,其中拖拉机619台5570千瓦,农用动力机械1018台6306千瓦。1996年全县农业总动力40726千瓦,耕整机110台242千瓦,排灌机械955台4779千瓦,其中内燃机842台3980千瓦,电动机113台799千瓦,小型拖拉机560台5024千瓦;另有打米机206台,磨面机134台,榨油机103台,打浆机103台,农用载重车218辆,大小拖车757台。到2000年,全县农用机械总动力66829千瓦,耕整机694台2550千瓦,排灌机械1265台6046千瓦,其中内燃机1096台4834千瓦,电动机169台1212千瓦,小型拖拉机931台8860千瓦。还有碾米机221台,磨面机148台,榨油机5台,打浆机101台,农用载重车168辆,大小拖车863台,推土机2台。

建档立卡　1986年,农机管理部门对全县拖拉机、大型排灌机和农用车辆均实行建档立卡。1990年对拖拉机逐机检验,建立拖拉机和驾驶员技术档案，建档立卡机车1477台，驾驶员1477人。对200名内燃机机手进行检测后全部列入个人档案，全县农机具完好率达85%。在培训机手、年检年审过程中结合做好建档立卡，为机务管理、事故处理提供依据，确保农机生产安全。2000年全县建立机车档案1250卷，机手立卡档案1250卷。农用机械、加工机械、运输机械共10500卷，机手11300卷。

二、机手管理

1986年，农机部门自筹资金8.6万元，新建教育培训楼一栋340平方米，设停车场及培训场地作农机手培训基地。基地由5名中专以上文化的农机技术干部担任授课教师，教学实习时间由原来培训时间的60%增加到80%，采取学员自费、公开招收、培训与考试结合、培训与安全监督管理相结合。当年举办驾驶员培训班3期，重点培训交通规则和内燃机原理，共培训农机手215人、农药机械手20人。1987年农机校添置5台教练车，举行农机安全月活动大会，到会机手734人，当年共培训拖拉机驾驶员207人。1988年县农机校被定为全州"四有"农机校称号，在麻栗场、团结两镇分别建立农机服务站，当年培训机手237人。1989年开展优秀驾驶员评选活动，三角岩乡拖拉机站石志文、道二乡拖拉机站吴国斌、茶洞镇拖拉机站杨代前被评为全县优秀驾驶员，当年培训驾驶员115人，其他机手37人。1990年培训驾驶员95人，内燃机手299人，电工技术47人。1991年举办违章人员学习班5期，参训502人。1992年首次为153台拖拉机办车辆保险。1993年农机校开办三年制农机班，有学员25人。同年5月农机监理站增设公安农机执勤室，为169台拖拉机办了保险。1995年培训驾驶员178人。1996年农机安全互助会成立，有会员156人。互助会为两名发生事故的机手救助3389元。1999年培训驾驶员207人。2000年全县共有拖拉机驾驶员931人，农用运输车驾驶员319人，农机修理人员174人。

三、安全监理

安全教育　农机安全监理站每年在重大法定日、传统节假日都要与公安交警部门联合出动宣传车，利用集贸市场赶集时宣传安全生产、路检路查、年检年审等法律法规知识，印制宣传资料发到乡（镇）村、组和农机维修网点，书写横幅广泛宣传，还不定期地组织县与县之间交叉检查宣传教育的情况，总结经验教训，相互取长补短。1986年到2000年，全县累计开展宣传600场次，印发宣传资料30000余份，书写标语横幅8000条，全县农机手普法率达95%以上，查车28700台次，纠正违章12000台次。

年检年审　1986年，农机监理部门加强农机安全监督管理工作，对427台机车669名驾驶员进行年检，年检年审率分别达到93%和92%，促进96台手扶拖拉机由单刹改为双刹，提高行车的保险系数。年内检查车辆1256辆，纠正违章581次，对违章人员进行了培训学习。1990年开展路检路查770台次，纠正违章566次，为农用机车和驾驶员核发牌照558台701人。1991年监理专职人员上路检查405人次，检查车辆1151台次。1996年农机监理站与农机校互相配合抓农机安全源头教育管理，有26名从事农机经营修理人员自觉到站办理证照。1997年农机监理站增加专职监理人员3人，当年机车年检率和驾驶员年审率分别达到55.2%和34.3%。1998年加大对"黑车非驾"的打击力度，使拖拉机挂牌率达73.9%。1999年进一步加大农机执法力度，检车672辆，检车率89%，审验驾驶员229人，审验率达87.4%。当年深入乡镇，开展农机安全执法检查车辆3800台次，纠正违章925次，处理车祸事故6起。2000年农机监理站配合技术监督部门、工商管理部门开展农机经营维修市场清理和专项打假，共清理农机经营网点32个，整顿修理点22处，查封没收伪劣农机具及配件98台件。对全县机车和驾驶员进行检审统考，年检年审面达90%以上。

第六章　乡镇企业

1984年花垣县社队企业局更名为花垣县乡镇企业局,1995年乡镇企业局更名为乡镇企业经济委员会,1998年乡镇企业经济委员会又更名为乡镇企业局,内设办公室、财务室、法规股、统计股四个股室,编制10人,属县财政全额拨款、参照公务员管理事业单位。2000年,县乡镇企业局内设股室未变。

1986—2000年,花垣县乡镇企业发展经历了"七五""八五""九五"时期三个发展阶段。

七五时期(1986—1990年)　主要是贯彻落实省委提出关于"鼓励和支持发展乡镇企业和家庭副业的政策不变"的规定,采取集体、个人一齐上,乡(镇)办、村办、户办、联户办"四个轮子"一起转,向一乡一业、一村一品的目标迈进,乡镇企业得到较快发展。1986年全县乡镇企业4875个,从业人员8149人,总产值1816万元,其中工业总产值1056.17万元,上缴国家税金71.4万元。1989年企业改革不断深化,推行政企分开,落实承包经营责任制,企业所有权、经营权分离,调动承包者的积极性;实行责权利结合,打破大锅饭,调动企业职工的积极性,促进乡镇企业发展。是年,乡镇企业发展到5664个,从业人员9722人,总产值2699万元,其中工业产值2401万元,上缴税金197万元。1990年全县乡镇企业发展到5559个,从业人员10704人,总产值4116万元(占农业总产值的30.7%),其中工业产值2904万元,上交税金235万元,分别比1985年增长14%、31.35%、128%、174.95%和229.13%。

八五时期(1991—1995年)　县委、县政府制定《关于大力发展乡镇企业若干政策的规定》,按照"因地制宜、分类指导、形式多样"的方针,开发矿产品加工业、农副产品加工业、商贸服务业、交通运输业、建筑建材业,为农村剩余劳力转移提供条件,加快了乡镇企业发展步伐。1991年乡镇企业优化为4566个,从业人员精简至10043人,而总产值上升到5236万元,其中工业产值3600万元,上缴税金260万元。1994年乡镇企业发展到5997个,从业人员13020人,总产值15698万元,其中工业产值9472万元,上缴税金279万元。1995年乡镇企业5865个,从业人员13224人,总产值23217万元,其中工业产值15365万元,上缴税金790万元,分别比1990年增长15.5%、23.54%、46.4%、429.09%和236.17%。

九五时期(1996—2000年)全县乡镇企业发展思路确定为:依托本地资源优势,面向市场,着力发展优势产业、产品,积极培植加工型骨干企业;加快民乐、两河、猫儿、龙潭、团结、茶洞6个工业小区和319、209国道沿线及花民公路沿线区域乡镇企业布局进程,使乡镇企业从零星分散向集中连片转移;扩大深度加工矿产品和农产品,多层次发展乡镇企业。1996年县域经济开始由农业主导经济向工业经济转变,乡镇企业亦转向工业经济为主。同时狠抓以产权制度改革为核心、以盘活存量资产为主线、以发展生产安置职工为目的的"改组、改制、改造"工作,按照"大企业公司制、中等企业合作制、小型企业多形式"的改革思路,推行以股份合作制为主的产权制度改革和买断工龄、改变职工身份的用工制度改革。当年全县乡镇企业5725个,从业人员12583人,总产值32007万元,其中工业企业产值20736万元,占总产值的64.78%。1999年,县振兴化工总厂由乡镇企业改制为民营企业,更名为湖南振兴化工有限责任公司,成为湘西自治州最大的私营企业。全县90%以上的乡镇企业完成改制工作,逐步向民营化发展。随着市场经济的日趋成熟和经济体制改革的不断深入，全县乡镇企业得到迅猛发展。到 2000 年底，全县乡镇企业发展到 7603 个，从业人员 14217 人，其中集体企业 37 个，从业人员 2352 人；个体私营企业 7566 个，从业人员 11865 人。实现年总产值达 58600 万元，其中工业产值 39252 万元，占 66.98%，完成国家税收 2020 万元，出口创汇 1290 万美元。企业个数、从业人员、产值分别比 1985 年增长 1.72 倍、1.89倍和 27.77 倍。

花垣县 1986—2000 年乡镇企业发展情况表

表 12－6－45　　单位：个、人、万元

年　度	企业个数	从业人员	总产值	其　中：工业产值	创　税	备　注
1986	4875	8149	1016	1056.17	71.4	
1987	4697	9044	1506	1369	102	
1988	5088	9455	1944	1807	134	
1989	5664	9722	2699	2401	197	
1990	5559	10704	4116	2904	235	
1991	4566	10043	5236	3600	260	
1992	4957	11350	6352	3897	319	
1993	4312	10300	9768	6600	354	
1994	5997	13020	15698	9472	279	
1995	5865	13224	23217	15365	790	
1996	5725	12583	32007	20736	1111	
1997	5998	13798	50462	12835	1176	
1998	6508	13203	58050	16493	1602.4	
1999	7664	14002	53008	12595	1992.5	
2000	7603	14217	58600	39252	2020	

第一节　民营经济

花垣县民营经济从计划经济向市场经济转轨后得到健康稳步发展。1986 年贯彻湖南省人民政府办公厅有关文件精神，着力扶持个体工商业发展，采取“三抓”举措：即抓技术培训，培养第三产业人才；抓思想教育，落实文明经营、明码标价、公平交易；抓监督管理，坚持年度经营行风大检查，保护合法经营，打击违法经商。当年全县累计注册个体工商户 2602 户，从业人员 2935 人，注册资金155.1 万元，年产值 245.3 万元，营业额 1065.3 万元。1987 年落实中发〔1987〕5 号文件精神，对农村各类自营专业户和个体经营者实行长期稳定的政策，扶持和引导农民进入流通领域。当年全县个体工商

户2857户，从业人员3285人，分别比1986年增长9.8%和1.5%；注册资金277.37万元，比1986年增长78.85%，年创产值250.4万元，营业额1197.4万元，分别比1986年增长2.1%和56.32%。1988年根据全省工商行政管理会议精神，进一步解放思想，放宽私营企业工商登记限制，放宽税收和信贷管理限制，促进全县个体工商户发展到2960户，比1987年同期增加103户，从业人员3373人，注册资金、年创产值、营业额均比1987年有所增长。1989年由于"三乱"(乱收费、乱摊派、乱罚款)现象严重，导致全县个体工商户比1988年减少542户。在国务院颁布《禁止向企业摊派的暂行条例》和省财政厅、物价厅、审计局、工商局联合下发《关于禁止向个体工商户和私营企业乱收费、乱摊派、乱罚款的通知》后，全县狠抓治理整顿和优化环境工作，为民营经济发展扫除了障碍。

1990年，根据湖南省人民政府《关于促进个体私营经济发展的通知》精神，引导个体私营经济向社会需要的行业发展。同年10月县里抽调87人组成17个检查组，对城乡个体工商户进行1个月的经营行风大检查。应检查2039户，实际检查1717户，占84.2%。通过检查评选出文明经营户88户，县政府给予表彰奖励；对无照经营和违法经营户进行整顿和处理。1991年个体私营经济逐步向规范化、制度化方向发展。为适应个体工商户迅猛发展的形势，切实加强管理队伍自身素质建设，全县城乡工商所共新增10名懂政策、精业务、能吃苦的专职管理员。当年全县个体工商户达2626户，从业人员3637人，分别比1990年增长13.3%和16%；注册资金455.6万元，比1990年增长62%。1992年省政府办公厅批转《省工商局(关于加快个体私营经济发展的意见)的通知》，11月中共湘西州委、州人民政府在吉首召开全州发展个体、私营经济工作会议，把发展计划指标分解到各县市，纳入目标管理考核内容。当年花垣县个体工商户1898户，占州分任务的68.5%，比1991年减少728户；从业人员4159人，占州分任务的86.6%，比1991年增加522人；注册资金547.4万元，比1991年增长20.1%。1993年县委、县政府把发展个体私营经济列入发展民族经济加快脱贫致富步伐的战略决策，成立非公有制经济领导小组，由县委副书记龙友芳任组长，并下发《关于发展个体私营经济的若干规定》，为发展个体私营经济营造宽松环境，个体私营经济得以迅猛发展。全县登记发照的个体工商户达4106户，从业人员6381人，分别比1992年增长116.3%和53.42%。1994年11月，州委、州政府在花垣县召开全州发展个体私营经济工作会议。当年全县个体工商户发展到5581户，从业人员8755人，注册资金1409.4万元，分别比1993年增长35.9%、52.9%和74.4%。私营企业发展到35户，从业人员695人，注册资金677.6万元，分别比1993年增长2.05倍、2.24倍和4.47倍，完成国家税收310万元。

1995年贯彻省政府《关于加快发展个体私营经济的决定》，执行全省统一的"收费卡"，制止"三乱"，为发展个体私营经济创造宽松环境。个体工商户发展到6846户，占州分任务的102%；从业人员12658人，占州分任务的107%。1996—1997年，个体私营经济进入快速发展阶段，县委成立民营经济协调领导小组，由县委副书记、县长刘昌刚任组长，领导小组下设办公室(简称民营办)，办公室设在县工商局，由工商局长兼办公室主任。6月，县委、县政府召开全县民营经济工作表彰会，总结交流经验，表彰先进，全面贯彻县委、县政府《关于进一步改善个体私营经济发展环境的决定》《花垣县个体私营经济四年发展规划的通知》。1997年底，个体工商户发展到8298户，从业人员15472人，营业总收入22495.11万元，分别比1991年增长2.19倍、3.29倍和13倍；私营企业发展到59户，从业人员1020人，年创产值550万元，分别比1991年增长28.5倍、29.6倍和69.8倍；全县个体私营经济注册资金达1837万元，比1991年增长12.7倍，其中注册资金在万元以上的有191户，比1991年增长16倍，个体私营经济发展的综合指标居湘西自治州第二位。但民营经济发展环境依然存在一些问题，主要是收费项目繁多，收费部门多达31个，个体工商户和私营企业每年上缴各种税费达83种。1998年县委、县政府把发展以民营经济为主体的县域经济作为跨世纪发展的战略重点和突破口，放宽放活民营经济，实行“三先三后”“一平”“五放宽”“八不限”政策（先开办、后完善，先发展、后规范，先放宽、后管好；公平竞争；放宽经营主体、放宽办证条件、放宽经营范围、放宽经营形式、放宽用地政策；不限发展速度、不限发展规模、不限开业条件、不限从业人员、不限雇工人数、不限经营业别、不限经营方式、不限收益分配）。通过这些举措，全县个体工商户发展到10271户，从业人员19784人，注册资金6131.6万元，年创产值4780.9万元，营业额25913万元，私营企业56户，从业人员1025人，注册资金2258万元，完成国家税收1400万元。1999年县民营办由工商局转到县政府办，由政府办主任兼办公室主任。把民营经济发展计划指标分解到各工商所，纳入“双文明”考核内容。重点引导民营经济上规模、上档次，鼓励民营企业与国有企业联营合股、兼并，鼓励下岗职工兴办民营企业，全县民营经济稳步发展。

2000年全县民营经济总量迅速提升，个体工商户发展到13665户，从业人员27290人，注册资金8591万元，营业额45359万元，比1985年分别增长3.09倍、6.79倍、535倍和36.7倍；私营企业发展到107户，从业人员3333人，注册资金11452万元，年总产值22000万元，完成国家税收2100万元。民营经济综合指标位居全州第三位。1997—1999年花垣县连续三年被中共湘西州委、州人民政府授予全州发展民营经济先进县荣誉称号。

花垣县1986—2000年民营经济情况统计表

表12-6-46 单位：万元

年度	个体工商户					私营企业				完成国家税收
	户数	从业人数	注册资金	年创产值	营业总额	个数	从业人数	注册资金	年创产值	
1986	2602	2935	155.1	245.3	1065.3					37.7
1987	2857	3285	277.4	250.4	1197.4					54.41
1988	2960	3373	353.6	741.8	1662.3					96.3
1989	2418	3341	455	296.3	1611.9	5	111	18.4	59.9	171
1990	2318	3133	279.7	314.3	1589.4	3	63	279.7	314.3	98
1991	2626	3637	455.6	302	1750	2	47	17.4	65.3	110
1992	1898	4159	547.4	771.8	1840.1	3	58	25.5	47.2	197
1993	4106	6381	808.1	1260.6	3088.5	17	308	151.8	297.4	240
1994	5581	8755	1409.4	1884.9	6381.4	35	695	677.6	584.8	310
1995	6846	12658	2746.7	2243.7	15097.9	54	904	1448.6	460	553.8
1996	8025	14200	3580	3080	28801	55	1120	1557	227	480
1997	8298	15472	4637	4369.3	22495	59	1020	1837	550	1193.1
1998	10271	19784	6131.6	4781	25913	56	1025	2258	680	1400
1999	10344	20823	6968	5066	31920	69	1175	2924	714	1484
2000	13665	27290	8591	7090	45359	107	3333	11452	22007	2100

第二节 企业门类

一、工业企业

1986年后,随着小水电资源和矿产资源的开发,促进了村级工业企业的快速发展。在建设电气化试点县的同时,按照“谁建、谁管、谁受益”和建管并举政策的引导下,掀起农村小水电建设热潮。全县21个乡镇有吉卫、补抽、雅酉、排碧、排料、排吾、雅桥、龙潭、民乐、两河、茶洞等11个乡镇兴建了小水电站,从业人员300多人,年发电量1067万千瓦小时,产值400万元,创税80万元。电力工业的发展,带动了农村加工业的兴起。1986年乡村工业企业发展到2238个,从业人员4102人,产值1056.17万元。1987年农产品加工企业发展较快,茶洞农机站、县原种场利用红薯资源创办红薯粉丝厂,年处理鲜薯100多万千克,全县有300多户农民开办红薯淀粉、酿酒等加工作坊。到1990年乡村工业企业发展到2597个,从业人员6153人,产值达2904万元,分别比1985年增长44.35%、58.58%和2.61倍。1991年花垣镇新办洞泉红薯粉丝厂,生产的红薯粉丝被列为地方特色产品开发项目,获国家民委投资40万元扶持。1992年新建佳民红薯粉丝厂并纳入地方特色产品开发项目,该项目生产线10月建成投产。1993年县地方特色产品公司成立,加大对佳民红薯粉厂的资金投入,进行技术改造,经济效益大大提高,实现产值105万元。1994年佳民红薯粉丝厂生产红薯淀粉1800吨,所加工的粉丝产品参加中国食品工业新成果展示会,获全国优秀新品种奖。

20世纪80年代末至90年代中期,民乐、两河、猫儿、龙潭、团结、雅桥等乡镇立足矿产资源优势,发展以矿业为重点的乡镇工业企业。民乐镇创办镇锰矿及锰粉厂、电解锰厂;两河乡创办锰矿及锰粉厂;猫儿乡创办丰塘钼矿选矿场、洞里铅锌矿、大土锰矿;雅桥乡创办滑石粉厂和锰粉加工厂。1992年民乐镇乡镇企业被省政府授予“省预备级企业”,1993年又被州委、州政府授予“全州十强企业”和“全州重合同守信用企业”。同年,两河乡创办电解锰厂,龙潭镇创办铅锌浮选厂,团结镇创办氧化锌厂。1994年团结镇村民肖荐椿创办吉宏浮选厂,花垣镇彭顺武创办狮子桥浮选厂。1995年团结镇邓意民兴办太丰冶炼厂。1996年振兴化工总厂定为乡镇企业,隶属乡镇企业局管理。至此,全县乡镇集体工业企业达25个,产值3533万元;村及村以下工业企业2173个,产值5646万元;城镇街道工业企业6个,产值276万元;城镇个体工业企业244个,产值519万元。1997年全县乡镇集体工业企业27个,产值3663万元;村及村以下工业企业2414个,产值6813万元;城镇街道工业企业6个,产值157万元;城镇个体工业企业261个,产值424万元。振兴化工总厂1997年被农业部授予“中二档乡镇企业”,1998年省委、省政府授予该厂“湖南乡镇明星企业”、农业部授予该厂“全国乡镇企业创外汇大户”称号,1999年农业部授予该厂厂长饶德宗为“全国优秀厂长(经理)”称号。2000年乡镇企业中工业企业2256个,从业人员6100人,产值39252万元。

二、建筑建材业

建筑施工企业 1986年县内有花垣镇、三角岩、龙潭、排吾、排料、吉卫、麻栗场、茶洞、民乐9个乡镇建筑队,共有职工543人,流动资金57万元,其中机械设备固定资产27万元。乡镇建筑队的行政和业务分别由乡镇人民政府和县建设委员会双重领导,其工作业绩由州县建委考核。年底,全县共有建筑施工队99个(其中县内农村建筑队25个),1250人,年创产值542万元,占乡镇企业总产值的30.2%。1989年清退外县建筑施工队伍。1990年全县建筑施工队78个,从业人员632人,产值1421万元，占乡镇企业总产值的2.42%，比1985年增长6.39倍。

建材业 1986年，农村砖瓦厂仍是农村民用建筑主要建材，全县尚保留18个砖瓦厂，从业人员85人，茶洞大桥头砖瓦厂较有名气。随着人民生活水平的提高，工业建设、城市建设、工程建设、民用建筑的加快，建筑工程增多，建筑材料需求量大，建材企业迅速发展。1988年县水泥厂投资150万元，在三角岩柑子园兴建了水泥预制场，产品销路广，企业越办越红火。到20世纪90年代，水泥制品逐步取代土砖土瓦，主要生产"15型"砖、"19型"砖和预制板、预制块。2000年水泥制品建材业发展到乡镇办、村办、联户办，共有建材企业430个，从业人员2150人，较有名气的有花垣镇水泥预制场，花垣镇麻场村水泥预制厂，龙潭镇龙门村水泥预制场，团结镇长新村水泥制品建材厂等。

三、商业服务业

商业企业 20世纪80年代的商业企业改革，乡镇办商业逐步解体，个体和私营企业迅速发展，农户自办商店、搞批发，巡回农村集贸市场摆摊售货。吉卫镇螺蛳董村125户有84户用缝纫机从事加工儿童、妇女服饰，品种多样化，销路好。全村由13台拖拉机发展到20辆大、小四轮车，载人装货巡回农村集贸市场跑运输、搞经商，年收入52万元，占全村总收入的60%。1986年全县商业企业1289个，从业人员1678人，社会商品零售总额2431万元。1988年商业企业1213个，从业人员1655人，社会商品零售总额3960万元。1990年县以下集体商业企业在改革中解体。乡镇供销合作社在市场竞争中转换经营机制，将农村代购代销店让出，由当地农户经营。边远供销分社实行利润包干，职工自主经营。基层供销合作社日用工业品门点推行自负盈亏、自主经营、商品铺底、利润包干民营经营责任制。在市场经济条件下，个体私营经济发展较快。1990年商业企业1066个，从业人员1681人，社会商品零售总额1912万元，比1985年增长5.22倍。1991—2000年，商业企业逐步转向民营化。2000年全县商业企业1994个，其中私营企业213个，个体商业企业1781个，从业人员2535人，社会商品零售总额4707万元，分别比1985年增长29.31%、50.98%和6.48倍。

饮食服务业 1986年全县有饮食服务业405个，从业人员467人，零售额104万元。1988年全县有饮食服务业365个，从业人员427人，零售额156万元。1990年全县有饮食服务业265个，从业人员341人，零售额197万元。1991年后随着改革开放的不断深入，城乡人民生活水平不断提高，饮食服务业发展很快，私营餐馆增多，从业人员增加。1995年城乡餐馆发展到465家，从业人员2410人，其中县城内有大小餐馆200多家，从业人员2000余人，零售额1197万元。外地经商户到县内开办了不少饮食店和具有各地不同口味的特色餐馆。2000年全县饮食服务企业732个，其中私营企业232家，个体企业500家，从业人员3197人，年零售额4437万元；集饮食娱乐为一体的近100家，从业2000多人。

四、交通运输企业

1986年后，城乡集体运输企业全部改体，个体运输专业户和私营运输业发展较快。1986年城乡货运汽车149辆，农用汽车3辆，拖拉机398台，客运大巴车16辆，面的车4辆。共有运输企业428个，从业人员456人，年创产值363万元。1988年运输业发展到615个，从业人员677人，年产值529万元。1990年运输企业703个，从业人员742人，年创产值546万元。1994年城乡货运汽车195辆，拖拉机730台，客运大巴车16辆，中巴车3辆，面的车15辆。2000年货运车264辆，农用汽车480辆，拖拉机920辆，客运大巴车8辆，中巴车6辆，面的车34辆。运输企业发展到2456个，其中私营企业100个，个体企业2356个，从业人员2784人，年创产值8783万元。

第三节　企业管理

20世纪80年代，随着农村生产责任制的完善，乡镇集体企业逐步打破“大锅饭”，建立健全人、财、物、产、供、销等各项管理制度，推行计时、计件、节能、奖励等工资制度。职工工资不用上交生产队，调动了职工积极性。乡镇行政部门权力下放，企业有了经营自主权，其利润只上交乡镇30%，其余留作分配和发展生产。县、乡两级加强了企业厂长、经理的业务培训，提高企业管理人员经营能力和职工劳动技能，同时加强村办企业、私营企业的管理，提供资金、技术、物资等项服务，帮助建立健全财务制度和岗位责任制度。1990年后，随着扶贫工作的开展，乡镇集体企业有了进一步发展，创办了矿产品开发、小水电开发、林果茶开发、农产品加工等一大批企业。为确保企业的健康发展，县、乡两级分别确定一名党政主要领导分管，抓好协调管理，优化发展环境，建立健全企业管理机构。省、州、县扶贫工作组、县扶贫开发办举办多层次企业管理人员培训班，进行现代企业管理教育，提高管理人员整体素质，抓好生产、质量、成本、营销、技术等各环节的管理，并从人、财、物、产、供、销等方面建立健全管理制度，提供人才、技术、资金、物资等项服务，帮助健全财务管理、安全生产等制度。2000年乡镇企业经济效益大大提高，年创产值58600万元，比1985年增长40.18倍，完成税收2020万元，比1985年增长133.66倍。完成出口创汇1290万美元。

第十三篇　扶贫开发

1985年4月26—30日，中共花垣县第五次代表大会提出翻番脱贫赶先进的奋斗目标。1986年6月，花垣被国务院确定为“全国首批重点扶持贫困县”。10月，农业部农业司信息处处长罗文聘带领农业部扶贫工作组进驻花垣。12月，县委、县政府制定《花垣县1986—2000年经济发展脱贫规划》。1988年3月，中国农业科学院副院长梁克用带领作物育种栽培研究所专家考察花垣落实农牧渔业部扶贫项目之一的玉米丰收计划。1989年2月，县委、县政府决定：设立扶贫开发公司；实行县级领导干部包乡镇、包项目责任制；抽调1060名领导干部和技术人员抓扶贫项目；从县直机关调86名干部充实乡镇。是月28日，省直机关38人抵花垣，分别到排碧、排料、董马库、雅酉、补抽、民乐6个乡镇和县铁合金厂、县电石厂、县电解锰厂3个厂矿进行蹲点一年的扶贫工作。1990年1月，县委、县政府组织500人分别到21个乡镇和部分厂矿企业开展社教扶贫。4月，78个县直局以上单位主要领导分别到20个乡镇60个村和8个厂矿办联系点，一定3年。6月，联合国粮食计划署和国内专家组复查认可花垣农业综合开发排灌配套整体规划和第一年施工技术设计。

1991年3月25日，县委、县政府决定综合开发山地。12月19—21日，县委召开六届七次全体（扩大）会议，提出全县工作以治穷脱贫为中心。1992年4月，县委发出《关于在全县农村开展千名党员带头致富奔小康活动的通知》，各乡镇有50户以上党员户参加致富竞赛。1993年，花垣被国务院确定为《国家八七扶贫攻坚计划》贫困县。1995年1月15日，县第十二届人民代表大会第三次会议通过县人民政府《花垣县“四六”扶贫攻坚三年致富奔小康计划》。3月26日，县委常委会议专题研究全县扶贫攻坚工作，通过了县人大常委会《关于“四六”扶贫攻坚的决议》。会议决定实行领导扶贫责任制，27名县级干部除分片区指导扶贫工作外，每人联系一个贫困村。各乡镇党政正副职各联系一个贫困村，县直各单位负责人对联系村的扶贫工作负总责。从县直机关抽调290名中、青年干部驻村扶贫，不脱贫不脱钩。21个乡镇党委书记和25个直接责任单位负责人与县政府县长签订目标管理责任书，把扶贫攻坚目标责任制作为干部考核、评比、晋升的主要依据。

1996年12月10日，县委下发《关于尽快解决农村贫困人口温饱问题的意见》，把省划定的101个扶贫村作为扶贫攻坚的主战场，抽调240名机关干部进村入户蹲点扶贫，一定3年。1998年3月25日，县委下发《1998年农村建整扶贫工作方案》。这段时间，全县由省、州、县挂点扶贫的村达150个。12月31日，县委制定《关于贯彻〈中共中央关于农业和农村工作若干重大问题的决定〉的实施意见》，提出2000年实现稳定脱贫目标。1999年，全县粮食总产量达9.9万吨。1986—2000年期间，先后有农业部、水利部、国家林业局、北京农业大学、中国农业科学院,湖南省人大常委会办公厅、省农业厅、省国土资源厅、省农业银行、共青团省委、省冶金厅、湘潭钢铁公司、涟源钢铁公司、长沙矿山研究院、长沙化学矿山设计院、湖南医科大学、省乡镇企业局、省黄金公司、省工商局、中南工业大学、省外经贸厅,中共衡阳市委、市人民政府、衡东县、衡阳县、祁阳县、衡南县、衡阳市郊区、祁东县、衡山县,中共湘西州委办公室、州民政局、州民族宾馆、州保密委、州公安局、中共湘西州委党校、吉首民师、州武警支队、州消防支队、解放军59969部队、州教委、州特殊学校,联合国粮食计划署等48个单位和港、澳、台同胞在花垣开展扶贫工作。到2000年,全县贫困人口由1986年的13.6万人减少至3.5万人;工农业总产值11.95亿元,比1986年增长12.4倍(2000年工农业总产值按90年不变价为8.42亿元,增长10.2倍);农民人均纯收入1116元,是1986年的4.1倍。是年底,全县扶贫工作转入第三轮边远特贫村扶贫阶段。

第一章　贫困调查与脱贫规划

第一节　贫困调查

1985年初,花垣县委、县政府根据中共中央、国务院和湖南省、湘西自治州的部署,决定在全县开展贫困状况大调查。从县直单位抽调180名干部组成调查组,由县委、县政府领导任组长,分管的县领导任副组长。每个乡镇抽调干部2~3人加上288个村党支部书记组成530人的调查队伍。先以乡镇为单位进行培训,随后分别深入村、组、户进行调查摸底。经过3个多月的调查,对贫困状况、贫困原因、扶贫措施和脱贫规划以乡镇写出书面调查材料报县委办、政府办综合汇总后,以县委、县政府的名义逐级上报至国务院扶贫办备案。

一、贫困特征

农民经济收入少,口粮水平低　据调查统计,1981年,全县粮食总产量42205.75吨,农民人均产粮222.5千克,平均亩产135千克。1982年为51512.25吨,农民人均产粮264.6千克,平均亩产163千克。1983年为72748吨,农民人均产粮368.9千克,平均亩产230.5千克。1984年为72957吨,农民人均产粮368.8千克,平均亩产235.4千克。1981—1984年农民年人均纯收入83元。1985年为73377.55吨,农民人均产粮367.8千克,平均亩产241.5千克。是年,全县有10282户、58884人共缺粮2000吨,人均缺粮33.96千克;全县农民人均纯收入150元以下乡镇11个,占总数的52.3%,农业户19790户,占总农户的47.28%,农业人口97599人,占农业人口总数的48.9%。农村基础设施差,农民人均旱涝保收基本农田仅0.45亩;有38个村、814个村民小组、19400人饮水困难;有771户3855人无住房,621户住茅房,3215户住危房;农民累计欠贷628万元,且无偿还能力。道二乡道二村第一村民小组22户欠贷款11036元,户平501.6元。春耕生产期间,全县缺种子、缺耕牛、缺资金、缺肥料、缺农具的“五缺”农户达11200户53860人,分别占农业总户数、农业总人口的26.76%和27%。

财政底子薄弱,入不敷出,长期靠补贴维持经济社会、活动　1952—1985年的34年中,年均财政收入为136.09万元,支出为378.78万元,上级财政每年补贴239.63万元,尚有3.06万元的缺口。工业企业结构单一,科技含量低,产品附加值低，管理水平低，加之电力“瓶颈”制约大，不能发挥应有的效益；财政收入不稳定，全县累计欠贷3000多万元，年还本付息350余万元。据1981年至1985年对集体所有制企业的统计：1981年有职工1589人，人均年工资552.86元；1982年有职工1788人，人均年工资586.4元；1983年有职工1760人，人均年工资637.5元；1984年为2580人，人均年工资798.83元；1985年为2670人，人均年工资746.44元。

农民生活困难，适龄儿童读不起书　1985年全县适龄儿童26236人，入学率93%，而边远山区入学率仅为82%；全县有校外青年30351人，文盲、半文盲4764人，占16.7%；壮年为42428人，其中文盲和半文盲为18314人，占43%。

二、贫困原因

地处偏僻，交通闭塞，信息不灵，流通不畅，产供销脱节，资金周转慢，经济效益低　花垣位于湘、川、黔三省交界处，长期以来形成封闭式的自然经济体系，加之条块分割，政社合一的行政、经济体制和统购统销、独家经营的流通体系以及集中劳动、统一分配的经营方式。生产者缺乏商品观念，习惯以传统的生产方式、简单落后的生产工具从事粗放、单一、低层次的生产经营，缺乏务工、经商的本领和开拓能力。贫困人口分布在深山区、砂石山区、高寒山区、地方病高发区、水库移民区，生产生活条件极差，使之长期处于贫困状态。

科技文化落后，人口素质差　1982年全国人口普查结果显示：全县有35.6%的文盲和半文盲，每1000人中大学生仅2.7人、中学生55人、初中生133人、小学生328人，均低于全国、全省和全州平均水平。由于文化水平低，人口素质差，科学技术知识的推广应用难度较大。同时，也束缚了文化的传播和经济的交往，阻碍了生产力水平的提高和民族经济的发展。

产业基础薄弱，经营管理水平低　长期以来，县域经济依托于种植业和养殖业，加上自身财力严重匮乏，对农业缺乏补偿能力，技术改造缓慢，农业基础设施差，抗御自然灾害能力弱，经济效益低。工业企业依靠的是某种偶然机遇建立起来的，规模小，设备差，不但不能增加地方经济积累，反而要靠财政补贴，使困难的财政雪上加霜。

工农业生产和建设上的某些错误决策，违背了少数民族地区的自然经济规律，阻碍了生产力的发展　农业生产片面强调“以粮为纲”，大搞双季稻，大种棉花；林业生产采取“少给多取”的政策；工业上则大办煤矿等，违背了花垣的客观实际，浪费了大量的人力、财力、物力，挫伤了群众的生产积极性，影响了生产力的发展。通过这次贫困情况大调查，客观地揭示了贫困原因，使花垣的贫困状况得到了上级的认可，并最终把花垣确定为国家级贫困县。

三、扶贫进程中的几次调查

山羊开发调查　为落实中共湘西州委、州政府关于“金烟银羊”的开发战略，1996年5月23日—6月3日，县政协主席向明喜、副主席麻菊珍带领政协机关及有关单位政协委员，对全县山羊开发的情况进行调查。调查期间，听取了畜牧局等县直机关的情况介绍，并深入到长乐、花垣镇、雅桥、排碧、雅酉等乡镇，走访乡村干部及养羊、贩羊大户。调查结论是：由于需大于供，市场看好和周期短、成本低，养羊是山区农户脱贫致富的好门路。政协调查组对存在的问题提出五点解决的建议：抓住机遇，改进作风，加大措施发展养羊业；抓好培训，搞好防疫，确保农民养羊增收；以户养为主，规模适度，走稳步健康发展的养羊之路；加大措施，改良羊种，提高养羊科技含量；因地制宜，全面规划，正确处理羊林关系。调查意见被县委、县政府及有关部门采纳，全县有草源条件的乡镇掀起养羊热潮。

基本口粮田建设调查　1998年5月，县政协调查组一行3人在副主席麻菊珍率领下，先后对补抽乡夯尚村、大河坪乡新街村、董马库乡夯寨村、道儿乡紫霞村、民乐镇下潮水村、茶洞镇磨老村、猫儿乡蜂塘村、麻栗场镇新桥村、长乐乡黄连沟村、吉卫镇新寨村等10个贫困村、100户农户的基本口粮田情况进行调查(每村抽样调查10户共100户)。

调查表明,10村100户共有农业人口393人,劳动力222人,耕地面积29公顷,人均耕地面积1.92亩。稻田面积13公顷,天水田8公顷,冷浸田4.9亩。旱土16公顷,三保土面积5.5公顷。人均旱涝保收面积仅0.17亩,其中已达0.5亩的有15户,有条件达到0.5亩的有33户,无水源达不到0.5亩的有34户,无耕地达不到0.5亩的有18户。

调查显示,造成贫困的主要因素:资金不足,制约了生产的发展;水源缺乏,制约了口粮田建设的发展;可开发利用的土地资源有限,制约了生产的发展;因伤残而缺乏劳力,影响生产的发展;等、靠、要思想严重,滞后了生产的发展;扶贫资金难到位,制约了口粮田建设发展。调查组向县委、县政府提出:加强领导,统一步骤,作好全盘规划;专项资金要及时发放;加强水利设施建设;政策上要给予倾斜;实施山、水、田、林、路综合治理等5点建议。建议被县委、县政府采纳,1999年,全县掀起口粮田建设高潮。

农村人畜饮水困难情况调查 2000年4月下旬,县委、县政府组建农村人畜饮水困难情况调查领导小组,县政协主席向明喜任组长,县委副书记石昌明、副县长石登富等5名副县级干部任副组长,从县直单位和乡镇抽调64名干部组成调查组,对全县农村自20世纪80年代以来已建的人畜饮水工程和现实农村人畜饮水困难状况进行全面调查。自5月初开始,调查组深入全县21个乡镇38个村和26个重点项目进行调查,至7月下旬结束。调查表明:1986—2000年的15年间,全县农村共建人畜饮水工程242处,总投入1444万元。其中,以工代赈投入502万元,县水电部门投入200万元,县扶贫开发办投入158万元,县民委投入48万元,饮水办投入55万元,售表扶贫资金投入301万元,省、州、县工作队投入110万元,村民自筹70余万元。这些工程覆盖全县21个乡镇260多个村,解决了农村16.76万人和4.54万头大牲畜饮水难的问题。但由于花垣多数乡镇地处山高水陡,又受资金和技术的制约。2000年,人饮工程只有134处在运转,损坏报废108处,占44.63%,直接经济损失达700多万元,使原本已经解决饮水难的3.88万人返回到“滴水贵如油”的时代。2000年,全县实有8.08万余人和2.14万头大牲畜处于饮水困难境地,涉及21个乡镇130个村,占农村总人口的35.2%,需建99个工程项目,预计投资3100余万元。

调查组调查结束后向县委、县政府提出:进一步加深认识,明确解决农村饮水难的使命感和紧迫感;抓住机遇积极争取项目资金;引入竞争机制,吸引外来投资;借助社会力量,发动群众自力更生;科学论证,强化建设管理,确保项目资金和工程发挥最大效益;加大财政投入力度;有偿使用,增强工程后劲;合理利用,有序开发,保持生态平衡等8条建议。县委、县政府采纳调查组意见,将全县农村人饮工程的建设与管理纳入《花垣县国民经济与社会发展“十五”计划和2012年远景目标纲要》,并分批分期实施。

第二节　脱贫规划

《花垣县1986—2000年经济发展脱贫规划》 1987年5月,县委、县政府制订的《花垣县1986—2000年经济发展脱贫规划》(简称脱贫规划)公布实施。《脱贫规划》根据“七五”“八五”“九五”三个计划时期分别定出了近、中、长期三个阶段的脱贫目标任务。近期目标任务是集中解决农民人均纯收入150元以下的特贫户、特贫村、特贫乡镇的温饱问题。农民人均纯收入由1986年的269元上升到1990年的325元，人均口粮由1986年的153千克上升到1990年的383.7千克。中期阶段的脱贫目标是到1995年，农民人均纯收入提高到356元，人均口粮421.9千克，为经济发展奠定技术、物质基础。远期阶段脱贫目标是到2000年贫困人口基本脱贫，初步致富，人均纯收入达到476元，人均口粮457.5千克，人均旱涝保收基本农田0.5亩。随着脱贫目标的实现，精神文明建设水平相应提高，科学技术不断进步，工业企业、农业企业经济效益全面提升，矿产冶金工业、食品加工工业、轻纺建材工业成为全县的支柱产业，农业产业化、专业化、社会化、商品化程度基本形成，实现全县经济腾飞。

《花垣县“四六”扶贫攻坚计划》　1995年4月，县委、县政府制定“四六”扶贫攻坚计划提出：全县从“1994年到1997年，集中人、财、物力，动员全社会力量，用4年时间，解决6万贫困人口的温饱问题，然后再用3年时间，实现稳定脱贫目标”。为确保《“四六”扶贫攻坚计划》的实施，县委、县政府以花发[1995]20号文件批转了县建整扶贫办公室《关于限期解决全县贫困人口温饱问题的意见》。确定到1997年基本解决贫困人口温饱问题，实现人均纯收入500元，人均增口粮250千克。

《花垣县1998—2000年扶贫攻坚计划》　1998年1月，根据中共湖南省委书记王茂林1996年3月6日在花垣考察扶贫攻坚情况时所作的“要正确处理富县与富民的关系，把工作重点放在特贫乡、特贫村，放在千家万户的脱贫上”的讲话精神，县委、县政府召开了县委常委会和政府常务会议，进一步调整了扶贫工作方案，重新部署了工作任务，制定了三年决战贫困的目标。《计划》要求，到2000年，全县实现国民生产总值4.5亿元，年递增14.5%；工农业总产值8.8亿元，年递增12.8%。其中工业总产值6.4亿元，年递增15.9%，农业总产值2.4亿元，年递增7.54%。乡镇企业总产值4.2亿元，年递增15%；第三产业增加值1.3亿元，年递增29.54%；民营经济发展到1.5万户，从业人员2.5万人，形成年上缴税收5万元以上的大户100户。财政收入8000万元，粮食总产量11万吨，年递增2.28%。农民人均纯收入1200元，年递增5.6%。人均旱涝保收基本农田0.53亩，人均产粮490千克。林果开发户平3亩。劳力户平1人转移到第二产业、第三产业或劳务输出。每户农民有2项以上纯收入过千元的养殖业、种植业或其他产业。解决人畜饮水问题。解决农村通电问题，实现每个自然寨通电。解决乡村通公路，实现所有行政村通公路。解决农村通播通视，架通县城至茶洞、县城至雅酉、县城至民乐、县城至排碧四条传输主线，实现100%的村通广播、通电视。解决农村通信问题，100%乡镇、80%行政村通程控电话。100%的乡镇普及九年义务教育，农村大多数青壮年劳动力熟练掌握1～2门实用技术。100%的乡镇卫生院和村卫生室达标，实现人人享有初级卫生保健，有效控制传染病的发生和流行，控制和减少地方病。解决无房户住房。人口自然增长率控制在8‰以内。围绕决战贫困的目标任务，全县扶贫攻坚分两步实施：第一步解决农村温饱，第二步实现稳定脱贫奔小康。

第二章　扶贫机构

第一节　扶贫开发工作机构

1986年10月27日，中共花垣县委常委会议决定成立花垣县经济开发领导小组，县委书记颜学根任组长,县政府副县长刘伟民、罗文骋(挂职)任副组长,农委等相关单位负责人为成员。是年11月,县政府从农业、农机、畜牧、林业等相关涉农部门抽调工作人员临时组建经济开发办公室作为领导小组的临时办事机构。1987年11月,经济开发办定为常设正科级事业单位,定事业编制5人,实有5人,经费由县财政列支,归口县农业委员会管理。1988年12月设主任1人,副主任2人。1994年县扶贫开发领导小组成员职责扩大,县委书记任领导小组组长,县委副书记、县政府县长、常务副县长、分管农业的副县长、县人大常委会副主任、县政协副主席、县人武部部长、县委办主任、县开发办主任为副组长,县政府办、县财政局、县计委、县民委、县民政局、县交通局、县农办、县农业局、县水利局、县林业局、县畜牧局、县教育局、县卫生局、县计生局、县审计局、县农业银行、县信用联社主要负责人为成员。是年4月,花垣县经济开发领导小组办公室更名为"花垣县扶贫开发领导小组办公室"。1999年3月,县扶贫开发办有工作人员9名。同年4月,扶贫办主任高配为副县级,彭兴成任主任。

第二节　外资外援项目工作机构

1987年,县委、县政府成立花垣县粮援工程项目领导小组。1989年称花垣县"WFP3779"粮援项目指挥部。1991年12月5日,县政府常务会议决定设立县粮援项目办公室为常设机构,从农业局、水利局等部门抽调技术干部在县畜牧水产局办公。1996年6月,经县委、县政府批准,设立花垣县外资外援项目办公室(简称外援办),为全额拨款副科级事业单位,核定事业编8人。1997年2月,外援办升格为正科级全额拨款事业单位。2000年有干部职工9人。

第三节　其他扶贫机构

一、以工代赈办公室

1991年,国家实行工业品、粮食以工代赈。为用好这笔资金,县政府抽调有关专业局负责人或技术人员组成临时性以工代赈办,在县计委办公。1992年12月5日,县委、县政府正式行文成立花垣县以工代赈办公室为事业单位,定事业编制5人,设正副主任各1人,归口县计委。负责全县以工代赈项目统筹规划和申报,项目资金使用管理则由有关专业局负责。1993年后,国家实行中、低档工业品以工代赈,由计委下达计划资金拨至以工代赈办,安排到相关局组织实施,项目管理由以工代赈办牵头,实行项目负责制度,资金按项目进程直接拨到项目工程,资金管理除大工程有专门指挥部外,其余项目实行直接到以工代赈办报账制,并设立专账,实行专人管理。

二、建整扶贫办公室

1990年花垣县社会主义思想教育办公室成立,1995年更名为"花垣县农村建整扶贫领导小组办公室"。工作人员从县直有关单位抽调组成临时工作机构,工资福利由原单位发放,工作与原单位脱钩,常年保持7~8人,办公室主任由县委组织部分管农村党建工作的副部长兼任。内设综合组、宣传组、项目组、组织组、后勤组。活动经费纳入财政预算,每年20万元。

三、希望工程办公室

1992年花垣县希望工程领导小组成立,由分管党群的县委副书记任组长,县政府分管文教的副县长任副组长,领导小组办公室设在共青团花垣县委员会，团县委书记兼任办公室主任，配专干1人，负责处理希望工程的日常事务和资金管理。

四、光彩事业办公室

1995年10月10日，花垣县光彩事业推动委员会成立，由县政协副主席麻昌元任主任，县工商联主任任秘书长，负责处理光彩事业的日常事务。

第三章 扶贫方式

第一节 工作队（组）扶贫

一、农牧渔业部扶贫工作组

1986年10月，农牧渔业部信息处处长罗文聘带队员刘连贵、梁志杰、宋智奎、姜辉、张新民等6人扶贫工作组进驻花垣扶贫。1987年初，农牧渔业部物资司副处长宋典元带队员曹华（女）、徐桂芳（女）、张毅、王建成、顾冠军等6人第二批工作组接力扶贫。是年5月24日，部长何康到花垣视察扶贫工作。农牧渔业部畜牧司干部徐桂芳到花垣扶贫并兼任县畜牧水产局副局长，带队前往吉卫镇白岩村、如腊村办种草养畜示范场。农牧渔业部副处长陈建华带队员李昌健、张中军等第三批扶贫工作组1988年初到花垣继续扶贫。

国家扶贫工作组在花垣扶贫期间投入和引进大量资金，帮助实施“温饱工程”和完善农业技术推广体系。1986—1988年3年间投入扶贫贴息贷款870万元，实施扶贫开发项目48个。农牧渔业部和省、州有关部门，直接投入资金153万元，用于10个农业技术推广服务体系建设，健全农业技术推广服务体系。先后帮助建设水稻、玉米杂交制种基地、种子仓库和县农业技术推广中心、县畜牧技术推广中心、县农机服务中心、县鱼苗鱼种场、县良种种兔场、县畜牧良种配种站、吉卫农场、21个乡镇农技站、240个村级农业服务机构、2100户科技示范户及1所农民中等专业技术学校。

1989年农业部扶贫办、丰收计划办组织中国农科院、北京农业大学的专家教授15人进驻花垣帮助组织实施粮食“丰收计划”。工作组在全县范围内先后推广杂交水稻、杂交玉米、地膜玉米、玉米肥球育苗移栽、水稻“双两大”、旱育秧、测土配方施肥、规范化栽培、新农药、微量元素肥料等10多项农业实用技术，累计推广良种108个，推广面积13000公顷，促进了粮食稳定增产。帮助建设商品粮基地，提高粮食商品率。

1991年农牧渔业部帮助引进实施世界粮食计划署无偿援助的“3779”粮援工程和以工代赈工程，促进花垣粮食生产增产增收。粮援工程使雅桥、排吾、猫儿、龙潭和道二5个乡镇55个村4.6万农民受益。1995年起，花垣镇等12个商品粮基地乡镇连续2年实现乡乡增产，户户增收。

二、省扶贫工作组

省人大办公厅扶贫工作组 1986年，湖南省人大办公厅开始派遣工作组到花垣扶贫。1990年省人大常委会将花垣县定为扶贫联系点，并先后派出干部80多人次到花垣进行扶贫。主任刘夫生多次亲临花垣视察、指导扶贫攻坚工作。1994年，省委把湖南“八七”扶贫攻坚的主战场摆在湘西自治州的17号文件下发后，省人大办公厅进一步加大对花垣的扶贫力度。主任刘夫生、副主任吴运昌、秘书长郭俊秀、副秘书长傅学俭等领导亲自到花垣实地调查研究，开展支、帮、促活动，解决具体问题。是年，省人大办公厅工作组进驻花垣县茶洞镇。

1995年春节前夕，省人大常委会副秘书长傅学俭一行受机关委托前往花垣县补抽乡访贫问苦、慰问特困户,发放救济粮2300千克。1月16日,省人大办将15.3万元扶贫建房款送到花垣。4月,刘夫生主任一行考察扶贫联系村补抽乡夯尚村,得知该村一男孩患腮腺混合瘤家中无钱医治,刘主任当即捐助500元。回到省城长沙后又发动机关干部捐资3000元,使该小孩得到及时治疗。年后,刘主任又捐助500元供其读书。是年,省人大工作组投入6.8万元,为夯尚村架通2.5千米的高压线路,解决了全村8个组200多户村民的照明和加工用电问题。投资3万元维修夯尚片区完小校舍,修建一座8×1.5米的钢混土小桥,200米的进校道路,一个高标准篮球场和一个20立方米的蓄水池。为15户特贫户捐款3000元,捐衣物1339件。救助失学儿童5人,扶贫建房1栋,帮助劳务输出17人次。兴办养殖场一个,投入种猪85头。此后,省人大办与涟源钢铁厂和湖南医科大学等单位共同筹资49.5万元改建补抽乡中心完小,极大地改善了该乡的办学条件。

1996年,省人大办扶贫联系窝勺乡下寨河村,扶贫工作组积极为当地群众办实事。新年伊始就为贫困户捐赠棉被12床。当年组织发动群众投工,修通3500米的进村公路和1000米的机耕道。引导14户贫困户开发雪梨20公顷,户平增收上千元。工作组还投入2600元为16户贫困户启动春耕生产。扶持该村创办农民夜校,赠送书籍200册。省人大扶持下寨河村10万元兴办水泥预制场,年创利润3万元。3月,省人大办为花垣“水溶法提取精制花生油”高新技术筹集资金。傅学俭副秘书长先后两次上北京找到8个有关单位、9位副部长联系,落实了无偿扶贫资金200万元,并到银行落实项目贷款,直至组织实施试产成功。

1997—1999年,省人大常委会扶贫工作组进驻长乐乡卧岔那村扶贫。共为该村筹集资金202.4万元,扶持建村部、卫视地面接收站、村广播电视室和集贸市场3600平方米、沼气池207口,全村沼气普及率达100%。硬化乡村公路700米、村道3000米,修机耕道1500米。建立图书室1个、赠图书1000余册,兴办了农民夜校。整修水库一座、水井2口和2500立方米的蓄水池等。扶持改造冷浸低产田10公顷。开发水面4公顷,稻田养鱼200公顷,开发金秋梨2公顷。渠道防渗1500米、旱改水11公顷、改善灌面23公顷。油茶低产改造40公顷。2000年全村人均增收450元,扶贫建房15栋,赞助乡中小学硬化校园道路500多平方米,当地民众感激不已,立碑以作纪念。

省冶金集团总公司(原省冶金厅)扶贫工作组 1986—1999年,省冶金集团总公司及所属冶金系统的大、中型企业单位坚持扶贫花垣不断线。1986年12月10—12日,省冶金厅在花垣召开全省冶金系统对口扶贫联席会议并形成会议纪要,与会人员表示:“花垣不脱贫、扶贫不脱钩。”是年,省锰矿公司投入298万元,湘潭锰矿为花垣县锰矿无偿代培全套技术工人,建电解金属锰厂。1987年,株洲冶炼厂出资400万元,省有色金属公司出资10万元,省冶金矿山设计院、麻阳铜矿、湘钢、涟钢、衡阳钢管厂等企业派来专家和技术员,帮助花垣建设一座集采选为一体、日产200吨的铅锌矿山。1988年湘钢提供100万元的无息贷款,扶持县铁合金厂建2号炉。1990年夏天,小排吾水库总干渠老木山隧洞发生大塌方,麻阳铜矿闻讯后,及时派出专业技术人员和井下工人前来救灾。经过工程技术人员和当地民工日夜奋战,隧洞得以及时疏通,使水库灌区数千亩稻田免遭损失。1995年省冶金企业集团总公司派出工作组驻大龙洞乡大龙洞村,实施富民扶贫工程。

1996年初,总公司扶贫工作组干部刘红儒等3人进驻道二乡杠杠村扶贫。是年3月12日植树节时,公司总经理陈运兴、办公室主任霍文喜、人事部主任陈建中到该村现场办公,陈总还拿出400元送给吴老义等三户特贫户;驻村期间共投入1万元支持农民种植烤烟,投入10万元兴办村水泥制砖厂,救助失学儿童15名。4月初,小学三年级学生吴小芳(女)身患脑瘤,总公司把她送进省城动手术,公司干部职工共捐资2000多元,并提供食宿。是年夏,村境遭受洪涝灾害,副总经理李效伟到村慰问灾区群众并捐赠1万元，帮助受灾户恢复生产，重建家园。工作组克服语言不通的困难，抓农村基层组织建设整顿，增强基层党支部的凝聚力和战斗力，发动群众义务投工，修通一条4.1千米的村级公路；投入3万元扩建村办小学；投入1.2万元扶持农户种植椪柑和烤烟；投入10万元兴办村水泥砖厂；为贫困户捐赠现金1.44万元，捐赠棉被、床单、蚊帐、被套各50床，枕头100个，衣物200件，猪肉50千克，慰问困难户13户。

1996年，省冶金集团总公司所属的涟源钢铁厂以补抽乡为扶贫联系点，公司领导亲自到该乡开展了一系列的扶贫活动。投入资金50多万元，提供硫铵200吨，帮助补抽乡恢复、延伸明巴钢（地名）主渠道、米沟支渠、整修老卫城水库；恢复鱼龙电力排灌站，改造升压站，使全乡农田水利设施得到改善，增强了农业发展后劲；为补抽乡添置了广播、电视设备，使全乡村村通广播，乡政府所在地开通闭路电视。

1996年，省冶金集团总公司所属的湘潭钢铁厂以董马库乡为扶贫联系点，余金华、罗受新、吴伯祥等公司领导都曾前来考察扶贫工作。为该乡无偿提供水泥400吨、现金2万元，实施排达莲水库5000米引水渠道防渗工程，使该乡旱涝保收面积新增108公顷；投入5万元帮助解决7个村873户3810人的照明、加工用电问题；为特困户捐衣6000余件。湘钢教育中心教职员工前来花垣开展手拉手活动。第八中学与吉卫民族中学结成对子学校，并捐赠图书、教学设备、体育器材等。

1997年，省冶金企业集团公司扶贫工作组返回大龙洞乡大龙洞村继续扶贫，直至1999年结束。先后派出干部康宝信、袁为平、王先永、李明、吴泉、欧阳小成、张化铁、吴瑞祥、蒋星红等9人驻村扶贫。先后为大龙洞乡大龙洞村做了15件实事：投资11万元，投入水泥120吨，购置手推胶轮翻斗车1辆、抽水机1台、水轮泵5台、水泵3台、水管400米，疏理河道2000米，修复水渠11330米，修复田坎土坎2650米，新开稻田1公顷，恢复水毁农田10公顷，扩大旱涝保收面积17公顷。投资1.2万元，投入水泥8吨，完成人饮工程10余处，架设水管3900米，解决了全村173户777人的人畜饮水问题。投资5.2万元，购置水泥电杆48根，100千伏安变压器1台，电线10150米以及配套器材，改造输电线路3千米，解决了该村的加工及照明用电问题。投资2.2万元，购置微型车1辆、拖拉机1辆和自行车2辆，方便了大龙村广大村民的生产生活物资运输。投资3.18万元，资助该村修成便民桥一座。投资3万元，资助该村建设卫星电视地面接收站，使村民看上了闭路电视。投入10.8万元，建成268.8平方米集村小学、村部合一的“金龙楼”，使该村学校有了宽敞明亮的教室和新的课桌椅，村部有了村支两委办公室、党团活动室、图书室（藏书8000册）、卫生室和计划生育室等。投资0.4万元，资助一无房户建起了砖瓦房。投资10万元，资助大龙洞乡政府建成了办公楼及附属设施。投资17万元，资助大龙洞乡中心完小建成一栋三层楼的教学楼，改善了该中心完小的教学条件。组织群众开发椪柑3公顷，定植4000株。开发杉木种植基地46公顷，定植11万株；开发银杏13公顷，定植1.2万株，开发楠竹1公顷，定植300株；资助村里办起了水泥预制场、综合加工厂、电焊维修部、蜂窝煤厂、运输服务部、饮食服务部、电视监控服务部等村级企业。无偿为农户提供杂交稻种1500千克、肥料40吨、农膜800千克；向全村80%的农户推广了“水稻旱地育秧”“双两大”，60%的农户推广了“玉米肥球育苗”等先进栽培技术。资助农户新修猪栏90个，每栏补助40元，改变了大龙洞村养猪放敞的习惯；为该村引进种牛16头、种猪21头、种羊20只、种鸭2000羽、美蛙40对、鱼苗10万尾、扶持了16户养牛、21户养猪、5户养羊、4户养美蛙、5户养鱼，促进了养殖业的发展。扶持38户个体户从事打米、磨粉、磨浆、榨油、膨化食品等加工业，并扶持6户个体经商户，使全村基本实现各类农产品加工和购买日常生产用品足不出村。救助困难儿童36名，资助6名品学兼优的学生升入高级学校深造。

省农业厅扶贫工作组　1987—1988年底，省农业厅派莫胜元等3人到花垣县开展扶贫工作，莫胜元挂任县人民政府副县长。两年共投入资金45万元，其中农业技术推广中心果脯厂11万元，麻栗场镇农技站5万元，畜牧技术推广中心10万元，吉卫农场5万元，县粮食发展基金及粮援项目模拟实验10万元，种子补贴费及其他4万元。投入肥料829吨，其中帮助农业部门解决测土配方设备、玉米地膜覆盖等农业技术试验示范所需的氮肥630吨、钾肥119吨。为县委组织部、县科委、县妇联等单位干部下乡办点提供氮肥60吨，为雅酉镇提供氮肥20吨。为县农业部门调进化肥20吨，帮助联系调种20万千克。为县农校等单位订阅《湖南农业》杂志300份。为两河乡、县原种场进行杂交水稻、杂交玉米制种提供技术服务。在雅酉镇办了3亩玉米、红薯、烟草三熟间作试验示范点。2000年，省农业厅派出谢卫国(挂任县委副书记)等在麻栗场镇新桥村建整扶贫。工作组以开发中华大梨枣，培植种养专业户，推广玉米肥球育苗、旱育秧、软盘抛秧、超级杂交稻、大棚蔬菜、台湾红栗南瓜、优质黄瓜、苦瓜、稻田模式化养鱼、藕鱼共生等新技术进行扶贫，采取举办农业技术培训班的方式，使新桥村农民普遍掌握了2—3门农业实用技术。帮助该村修建蓄水池，安装自来水，实施电网改造，硬化村道，开通闭路电视节目，装程控电话，组织村民新开口粮田，为无房户和危房户扶贫建房，使该村旧貌变新颜。

省黄金工业总公司扶贫工作组 从1997—1999年底，省黄金工业总公司组建工作组进驻排吾乡董马村，先后派干部王自力、王满柏、喻凯、彭建刚、杨清满、袁燕德、宋选宝、黄玖旺、陈映昭等驻村扶贫。公司共投入资金80万元改善该村基础设施和生产生活条件。组织群众开荒造田2.6公顷，修水渠1200米，加固修整水渠300米，修塘坝2座、拦河坝1座。新增旱涝保收面积16公顷。投入15万元，修村级公路2000米，小桥一座。购置100千伏安变压器一台，安装动力电线1000杆程米，为村里办有线电视和广播站。投入10万元为村里修了村部、办了一个小茶场和村铁矿厂，年创纯收入3万多元。投入10万元发展养鸡、鸭、羊。2000年，全村产粮47.7万千克、人均437千克，比1996年增长25.8%，村民的温饱问题基本解决；人均纯收入达1300元，比1996年翻了两番；有线电视入户率达70%，广播收听率达100%。

长沙矿山研究院、长沙化学矿山设计研究院 1995—1996年底，两院以窝勺乡窝坝村为扶贫联系点(未派驻工作组)。长沙化学矿山设计研究院党委副书记帅培利、计划部部长彭伯孝、宣传部主任刘德田、副总工程师戚建、矿山研究院院长助理高晓弘、处长罗元安等都先后到该村进行实地考察，走访特贫户。为该村群众捐赠衣物3384件，救助失学儿童38名，为贫困学生捐资8500元。考察期间，专程赶往补抽看望其单位救助的儿童，并为花垣希望工程捐资1.5万元，为县化工厂撰写《20万吨/年采选及矿化结合工程项目可行性研究报告》，代培技术人员30人次。

省工商行政管理局扶贫工作组 1997—1999年底，省工商行政管理局在花垣县排吾乡小排吾村建整扶贫，先后派出周陵江、刘小成、邓建军、王选银、聂斌、喻文辉、程治炼、周爱桥、谭啸驻村，共投入扶贫资金100万元。其中投入0.8万元种植柿子树3公顷；投入32.8万元发展网箱养鱼100口；投入1万元修水渠3500米、新开田4公顷，使7公顷稻田旱涝保收；投入4.2万元购置双排座农用运输车1辆，村集体每年可收取车辆承包费2万元；投入6.5万元购置304头种猪、100只种羊、5400羽家禽及牛蛙给农户养殖；投入11万元修筑村组公路14千米；投入3万元购置交通用船1艘、渔船2艘；投入7.5万元修水池1座、架设水管6500米，解决了全村的人畜饮水问题；投入5万元安装了卫星电视地面接收器，使全村的村民看上了闭路电视；投入4万元修村部楼1栋，安装有线电话机1部，解决了小排吾村村级活动场所问题；投入1.03万元为小排吾村购置了150套《农业产业化致富丛书》和订阅《湖南科技报》《农村技术顾问》《农村百事通》等报纸杂志；三年累计发放慰问金1.4万元，捐赠衣物3000件，资助失学儿童9名。

省乡镇企业局扶贫工作组 1997—1999年，省乡镇企业局在花垣县大龙洞乡兴中村建整扶贫，先后派出赵世昌、范中立、陈湘安、吴毅龙、王熙、周道林、李球、张剑、莫开文等驻村，共投入资金213万元，实施项目30多个，使兴中村发生了巨大变化。投资72万元建成“湘西自治州兴中酒业有限公司”，年产“翰墨胆”酒160吨，年产品销售收入达400万元；投资150万元与吉首市楚霸酒厂联营办企业，兴中村每年可获收入2万元，并解决13名青年就业；投资24.6万元扶持种养、运输、加工92户；投资10万元建立村级互助合作基金会；投资0.4万元扶持农户种植杉木、椪柑、西瓜、烤烟7公顷；投资2.99万元推广玉米肥球育苗、水稻旱地育秧、双两大、规范化栽培技术；投资1万元建成年产15万张瓦的瓦厂一座；投资5.8万元购水泥30吨，组织群众修复河堤1100米、水渠2000余米，安装3台水轮泵、架设水管100余米，新开稻田3公顷，修复水毁农田4公顷，使10公顷稻田旱涝保收；投资7万元修建一座60米长的钢筋混凝土大桥，解决了村民行路难、过河难问题；投资8.3万元购置变压器、电线、电杆及其他配套物资，解决了村民生产生活用电问题；投资3万元架设了卫星电视地面接收站和广播，使村民看上了闭路电视；投资3万元建成一所140平方米建筑面积的村部，内设图书室，置图书1300余册；为村民捐资61650元，捐赠衣物1223件，捐赠粮食10余吨，慰问救济困难户90户，资助贫困大中小学生23名。

团省委、省农业银行扶贫工作组 2000年，共青团湖南省委、省农业银行联合派出工作组驻道二乡杠掰村进行建整扶贫。慰问救济困难群众117户，帮扶资金60万元。组织群众修水池1座，架设水管18500米，建成了自来水厂，解决了杠掰村212户942人的饮水难。资助修水渠8600米，新增旱涝保收田7.4公顷。投入7.2万元架设农村电网3.6千米，安装3台110千伏安变压器，解决全村加工用电难问题；投入10余万元修村组公路12千米，其中通组机耕道4千米、进户水泥路8千米，结束了杠掰村走泥巴路的历史。

三、州县扶贫工作队

湘西州扶贫工作队 1994—1999年，州委、州政府派出州委办、州民族宾馆、州保密局、州民政局、州残联、州荣复医院、州政法委、州交警支队、州石油公司、州电大、州公安局、州邮政局、州电信局、州电业局、州党校、吉首民师、州武警支队、州消防支队、解放军59969部队、州教育局、州国土资源局、州党史办、州档案局、州人寿保险公司、州老干局、州委政策研究室、州劳教所、州红十字会、州人大常委会、州委组织部、州直工委、州妇联等33个单位到花垣扶贫，分别进驻51个村。州委常委、州委组织部部长童名谦多次深入联系点长乐乡惹坝村现场办公，解决实际困难。州委办三次召开秘书长办公会议研究驻点扶贫工作，从车辆、资金上为工作队员大开绿灯。州委办驻排吾乡辽求村工作组发动群众大种烤烟，走种烟致富之路，全村贫困户完成烤烟种植9公顷，带领群众修渠1000多米，解决了山旱田的灌溉问题。还向贫困户捐送棉被30床，棉衣30件，现金6500元。州委党校、吉首民师驻窝勺乡卧坝村工作组扶持兴办了饲料加工厂、水泥预制场和养殖场三个村办经济实体，促进了全村经济的发展。州公安局驻长乐乡惹坝村工作组帮助落实资金10万元，修引水渠1000多米，使6.6公顷山旱田变成旱涝保收良田。州电业局驻大龙洞乡高岩村工作组投入5.3万元修村道、山塘，建村部。州民政局、州残联为排吾乡竹子村投入8.4万元用于有线电视建设和洋芋、生姜开发。州政法委为长乐乡打落坪村投入资金2.5万元，用于人畜饮水、拦河坝建设和特贫户救济。州扶贫工作队6年间先后共投入扶贫资金2280.35万元，兴修村级公路59.6千米，修桥26处；完成人畜饮水工程188处，架通管道24.26千米，解决了15677人的饮水困难；架通输电线路100多千米，解决了1691户贫困户照明用电问题，实现了12个村通播、通视、通电话。

县扶贫工作队 1986年，县委、县政府开始派出扶贫工作组驻吉卫等乡镇扶贫。1990年始在全县实施驻村扶贫,工作队人数达500多人。1994年,120个副科级以上单位派出工作组进行包村扶贫163个。1996年全县扶贫工作队的人数为240人。县委书记刘路平常到县委办驻点包扶的吉卫镇腊乙、排座村检查指导扶贫工作,为群众办实事办好事。县长刘昌刚深入到民乐镇上、下潮水两个村,组织群众修渠引水,为贫困户挑水担柴,为养殖专业户传授科学知识。县人大常委会主任石英伯、县政协主席向明喜分别深入到各自包扶的龙潭镇大坪村、麻栗场镇沿坝村指导扶贫工作。县直各单位负责人也深入各包扶村,既当指挥员又当战斗员。

县工作队采取多层次、多形式把国家对贫困地区的扶贫方针、政策、目标、任务和措施灌输到贫困农民中。号召百姓抓住扶贫机遇,艰苦奋斗,转变等靠要思想。工作组为包扶村落实计划,跑项目,找资金,办实事。1997—1999年,县委办、东方锰业集团包扶吉卫镇腊乙村,3年共投入扶贫物资和资金100余万元,为该村建村部,扩建了村小学,硬化进村寨公路2000米,实现了通水泥路、通广播电视、通电话、通自来水和通照明加工用电的"六通"目标。新建电排站一座,修水渠800米,新增灌溉面积45公顷,新增旱涝保收面积33公顷。开荒定植黄柏、杜仲、银杏130多公顷,优质雪梨60多公顷,开发烤烟23公顷,扶持兴办各类加工小企业23家,户平养鸭30羽。1999年,全村粮食产量由1996年的503吨增加到665吨,增长了30%;工农业总产值由1996年的110万元增加到250万元,年递增20%;农民人均纯收入由400元增加到1200元。县委组织部、县化工厂包扶长乐乡米迫村,协调资金3.76万元,捐资4300元,捐赠衣物65件,为贫困户解决"急、难、忧"问题。塔里电站为窝勺乡岩寨村购买400千克柴油帮助贫困户抽水练田,同时投资2万元为该村买回种羊50头,利用山地草场发展养羊。县人武部投资20万元用于茶洞镇南太村公益事业。县政府办投入9000元,县财政局投入2.5万元为上潮水村修路,修引水渠1200米,完善人饮工程2处,建水池2个,购水管1200米,解决30户126人的饮水问题。实现旱改水4公顷,新增旱涝保收面积2公顷,全村人均增粮60千克,增收120元。县水电局投入1.5万元为紫霞村硬化村道,为贫困户购买尿素。县科技局、县科协为麻栗场镇沙坪村设立了省农函大分校,向农民传授种植业、养殖业知识。县扶贫开发办投入10吨水泥、10吨碳氨给省包扶的补毫村和县包扶的让烈村,扶持基础设施建设和贫困户生产用肥。至2000年底,全县的包村扶贫工作仍在继续。

第二节　对口扶贫

一、衡阳市对口扶贫

1994年9月,中共湖南省委《把湖南"八七"扶贫攻坚的主战场摆在湘西自治州》的文件确定衡阳市对口扶持花垣县。衡阳市委、市政府认真执行省委、省政府决定,先后组织了4次支持花垣县扶贫攻坚的考察活动。市属七个县(市)区及市直单位也组织对口扶贫考察团到花垣考察。市委、市政府领导颜永盛、钟名智、陈林泉、陈新文、王秀文、刘云柱等和市直及七县(市)区的党政领导相继到花垣调查研究,访贫问苦,指导工作,制定扶贫方案,确定扶贫项目。市委副书记刘云柱多次主持召开市直有关单位负责人会议,研究如何搞好花垣的扶贫工作,听取花垣县的工作情况汇报。市委、市政府要求市直有关单位及市属七县(市)区挤出资金支持花垣建设,先后派出贺鹏程、汤正齐、谢根银、张森林等两批四人到花垣挂职扶贫。累计为花垣捐款1449万元,其中物资折价67.7万元,慰问金2.76万元。市委、市政府援建衡阳路485万元,其

7个县(市)区每年扶持20万元共840万元,部门扶持资金124万元。1995年4月,市科委派技术人员帮助县科技局建立实用技术信息网络。1996年,专门下发《关于支持湘西土家族苗族自治州花垣县实施“八七扶贫攻坚计划”的通知》。4月,祁东县4名技术设计人员到花垣镇帮助设计祁垣综合大楼。6月,市邮电局为花垣县邮电局免费培训微机人员4名,培训期15天。是月,衡阳中药实业有限公司与花垣县医药公司达成开发医药生产基地意向。7月,市委组织部接纳花垣县8名干部到衡阳市直和乡镇挂职锻炼。8月24日,市委副书记钟名智一行到花垣考察并将130万元扶贫款捐赠花垣。9月,市卫生学校免费为花垣培训卫生系统在职中级技术人员2人。10月,市政协、市卫生局组织医学专家咨询服务团到花垣开展为期4天的专家义诊和咨询活动。是月,衡阳古汉集团公司与花垣县医药公司结成对口贸易关系。

衡阳市在花垣扶贫期间,先后落实并实施扶贫项目28个,其中基础设施项目4个,经济开发项目16个,教育、通信等社会事业发展建设项目5个,其他项目3个。市委、市政府支持援建的“衡阳路”,全长5.2千米,总投资1900多万元,经谢根银、张森林多次赴省交通厅汇报后,被列入省交通厅和交通部国道改线计划,并落实资金800万元。同时争取省里支持花垣建设一个停车场和公路站站房,省厅立项支持80万元。谢根银为县计委、交通局争取省计划投资项目4个,无偿投资100万元。张森林为花垣县麻栗场路段改道工程项目争取解决缺口资金40万元,争取省科委把花垣开发龙须草项目列入全省三个重点“星火西进”项目之一。衡东县支持民乐镇40万元全部纳入镇扶贫福利基金会统一管理,有偿使用,滚动发展。共实施三个项目:采取有偿使用、利润分红的形式为镇锰矿投资10万元,新铺设一条矿山铁轨,年创产值120万元;以贷款形式给镇办企业衡民化工厂20万元改建年产8000吨锰粉和2000吨磷肥的生产线,年创产值280万元,实现利税27万元;投资10万元扶持100户贫困户购买100头母猪崽和1000只母羊,投放到户(每户1头母猪10只母羊)。衡阳县扶持猫儿乡60万元实施6个项目:开通50门程控电话,为乡锰矿添置机械设备,恢复水毁供电设施;开通6套闭路电视节目,覆盖乡直单位和团结村;修路3条长22.6千米;投入铅厂村8万元实施养殖业开发;投入1.5万元为乡政府安装传真设备,投入8万元修建国策楼。市郊区扶持龙潭镇45万元,援建镇集贸市场,管理费月收入1.5万元。耒阳市扶持道二乡30万元,实施6个项目:15万元兴办年产8000吨的锰粉加工厂;1万元帮助美惹村民建烤房;2万元帮助村民发展养殖业;6万元帮助村里建砂场;2.3万元用于村组修公路和加工用电线路;为乡锰粉厂增加4万元流动资金。衡山县扶持茶洞镇32万元实施两个项目:1995年用10万元投入镇锰粉加工厂,当年实现产值1200万元,上缴税收8万元,利润9万;修通火焰土矿山公路3千米。衡南县扶持团结镇60万元,帮助扩建集贸市场。祁东县扶持花垣镇30万元启动祁垣综合贸易大楼建设。

1997年春,按照中共湖南省委提出的把扶贫攻坚的重点放到特贫村和贫困户的要求,衡阳市七县(市)区把扶贫工作重点分别转移到民乐镇下潮水村、猫儿乡铅厂村、龙潭镇金溶村、道二乡美惹村、花垣镇大冲村、团结镇龙堡村、茶洞镇磨老村。这7个村均是湖南省定101个特贫村之一。共有511户2563人生活在贫困线下。是年春节前,衡东县领导亲临民乐上、下潮水两个村给12户贫困户送钱送物进行春节慰问。至1998年,衡阳市辖的7个县、市、区共帮助7个特贫村扶贫项目33个,其中基础设施建设12个,种植业7个,养殖业7个,村办集体企业7个。

二、湖南医科大学对口扶贫

1994—1995年,湖南医科大学及附属一、二、三医院领导和医学专家教授前来花垣开展医疗扶贫(未派驻工作组),两年间投入资金31万元,为花垣免费培训内科、外科、妇产科、儿科、骨科、五官科、检验科、胃镜、护理、理疗、病理等专门人才20

多人;先后派来四批医疗队,义务讲课18次,看门诊7153人次,义诊1673人次,抢救危重病人161人次,抢救成功率95%以上;做大手术28台次;开展业务新项目14项;帮助花垣人民医院实行达标管理,援助医疗器械20多台(件);捐资7.58万元,设立助学奖励基金;为贫困户捐衣物1.3万件;为花垣"希望工程"捐资3万元。

三、省国土局对口扶贫

1994年初,省国土局派机关党委书记颜学毛到花垣挂职扶贫(挂任中共花垣县委副书记),为花垣教育事业和城镇建设办了不少实事。颜学毛在挂职扶贫期间,多次向省局领导汇报,到各地(市)、州国土局协商,得到省局和各地(市)、州局的大力支持,举全省国土系统之力,筹资捐赠86万元为花垣镇二小新建一栋2000平方米的教学楼。教学楼落成时,省委书记王茂林亲笔为学校题写"花垣国土希望小学"校名,省长杨正午致电祝贺。颜学毛除自己为"希望工程基金"捐款、"一帮一"资助学生外,还通过宣传联络,在长沙为花垣建立了100多对"一帮一"联系户。

第三节　项目扶贫

一、农业扶贫项目

1986—1988年,农牧渔业部为花垣县投放扶贫专项贴息贷款870万元,共实施扶贫开发项目48个。其中:县办企业项目1个、乡镇企业项目12个、村办企业项目9个、联户办企业项目8个、种植业项目8个、林业项目3个、养殖业项目5个、庭院经济项目2个,共扶持了全县16710户贫困户;乡镇企业、村办及联户办企业项目累计新增产值469.7万元,新增利润128.6万元;粮食种植面积1707公顷;林业育苗87公顷,造林2333公顷;养牛33800头,山羊43200只;项目受益村农民年人均纯收入207元,比1986年增加38.2元。1989年起,农牧渔业部扶贫办、丰收计划办组织中国农业科学院、北京农业大学的专家教授谢光辉等专家组驻花垣,指导实施"十万亩玉米丰收计划",先后投资45万元推广"双杂"良种、地膜玉米、水稻"双两大"、旱育秧、测土配方施肥、规范化栽培、微量元素肥料、新式农药等10多项农业实用技术,面积达13万公顷,增产粮食10多万吨。农牧渔业部驻花垣扶贫工作组在花垣镇花桥村投资5万元建设种兔场,并引进美国加利福尼亚、新西兰种兔160只,进行种兔繁育。1990年,县委、县政府决定拨出扶贫贴息贷款25万元,引进塞北兔、新西兰兔、比利时兔和力克斯兔种,全县种兔基数迅速扩大。1996年农业部投入资金20万元、省农业厅投入资金6万元帮助修建种子仓库,建设旱粮种子生产基地。农业部及省、州共投入资金60万元帮助建设花生种子基地。到年底,扶持全县农业的以工代赈资金达3276.9万元。1999年县畜牧水产局得到中扶资金500万元修建种猪场。2000年县里用以工代赈等扶贫资金开发口粮田建设,新增粮食种植面积1640公顷,新增灌溉面积2467公顷;开发以椪柑、脐橙、金秋梨、萘李、茶叶、板栗、猕猴桃、药材等为主的经济作物种植业,累计开发面积12580公顷。

二、工业扶贫项目

1986年,省锰矿公司投资298万元,湘潭锰矿无偿培训全套技术工人,帮助县锰矿电解锰分厂进行技改扩产。省有色金属公司、省冶金矿山设计院、麻阳铜矿、东江铜矿、涟钢、湘钢、衡阳钢管厂、株洲冶炼厂等企业出资金、出技术,帮助花垣县在团结镇耐子堡一带建成集开采和精选为一体的县铅锌矿。1987年省冶金厅陈运兴、白天福、赵卯津等领导先后到濒临倒闭的花垣铁合金厂调研指导,帮助调整产品结构,建立技术管理体系,使该厂逐步走出低谷。是年,投入1200万以工代赈资金建成康华锰矿,年生产能力10万吨。1986—2000年

15年间，省冶金系统共为花垣确定48个扶持项目，直接投入和引进资金2000万元，派驻现场技术解难和加强企业管理专家500余人次，帮助解决技术难题，无偿代培管理技术骨干。工业扶贫项目的实施，为花垣由农业县向工业县迈进奠定了坚实的基础。

三、希望工程项目

1986—1994年，全县教育设施简陋，办学条件差。共有危房面积8379平方米，18所小学无校舍，51所学校无厕所，68所学校缺少课桌椅达2860套，教学实验仪器极为缺乏。1995年，县委、县政府号召全县各界对教育开展义捐活动。到2000年，全县累计接受义捐救助资金185万余元，救助贫困生9356人次。1995年，湖南"明天企业集团"杨源先生投资87万元援建花垣道二明天光彩学校，建成1000平方米教学楼一栋，1100平方米师生综合楼一栋，并捐款5万元救助石兴国等7名在校孤儿，同时设立5万元的"花垣明天教育奖励基金"，拉开了花垣县光彩事业序幕。是年，先后有港商陈振东、长沙南方华侨贸易公司董事长李静、湖南光彩基金会、明天集团共捐款132万元，援建4所中小学，建筑面积达3842.8平方米。2000年12月，以许海青为组长的香港苗圃行动小组一行3人首次到花垣考察，开启了香港同胞资助建校和救助贫困学生活动的大门。苗圃行动共捐资214.57万元，援建学校14所，建筑面积6757平方米。此外，国家还实施"扶贫教育"和"义教工程"，花垣受扶的中小学校达33所，扶助资金达714万元。至2000年底，全县共接受捐资1121.42万元，改建新建希望学校38所，建筑面积23376.43平方米。

四、粮援项目

1991年至1996年，世界粮食计划署实施无偿援助"中国3779粮援工程"，花垣受益小麦25819.755吨，罐头34.97吨，折合人民币2626.77万元，国内配套资金1670.65万元。项目包括：水利、农业、果茶、林业、道路工程和技术培训。项目覆盖龙潭、道二、雅桥、排吾、猫儿等乡镇的55个村11258户47411人。

第四节　资金扶贫

一、资金来源

国家用于扶贫的资金主要有：信贷资金（即中央扶贫专项贴息贷款和县办企业专项贷款）、以工代赈、中央财政扶贫等项目资金，集体、个人捐款等社会扶贫资金。

专项贴息贷款　专项贴息贷款是由中央财政贴息4.6‰，县农业银行放贷（利息2.4‰）的一种扶贫资金。项目由县扶贫开发办和县农业银行联合申报。主要用于种养和扶贫开发项目，贷款期限一般为1～3年，最长不超过5年。1986年开始使用这笔资金，至2000年底，全县累计投放2.1072亿元。在贷款的使用上，资金随着项目走，专款专用。

以工代赈资金　1986—2000年15年间，共投入花垣县以工代赈资金1.56亿元，安排以工代赈项目1788处。以水利建设为主的口粮田基础设施建设项目275处，投入资金2846.8万元，占总投资的31.78%；农村"六通"工程（通路、通水、通电、通广播、通电视、通电话）项目1457处，投入资金3613.1万元，占40.3%；异地脱贫试点2处，投入资金900多万元，占9.67%；低产田改造29处，投入资金798.9万元，占8.9%；生态建设项目17处，投入资金980万元，占10.9%；矿产开发2处，投入资金115万元，占1.12%；养殖业开发3处，投入资金90万元，占0.88%；商业网点项目2处，投入资金110万元，占1.07%。

县办企业专项贷款 1988年，人民银行、工商银行、建设银行开始发放“贫困地区县办企业专项贷款”(花垣县未设人民银行，其贷款业务由县工商银行代理)，至1993年结束，累计投放917万元。其中县工行投放老少边穷地区贷款125万元，扶持县兄弟河水电站、县耐磨材料厂、县民族冶炼厂等8个企业项目。

财政扶贫资金 中央财政扶贫资金为无偿资金，一般与以工代赈、民委、民政及有关部门资金本着“统一规划、统筹安排、渠道不乱、用途不变、集中重点使用、确保效益、多记其功”的原则，由县扶贫开发办安排使用。主要用于修建学校、人畜饮水、农田水利建设和农村“六通”(通水、通电、通路、通广播、通电视、通电话)等基础设施建设。至2000年底，全县累计投放8449万元，物资2101吨。

花垣县1997—2000年获得财扶资金、股票售表资金情况统计表

表13-3-47　　单位：万元

年　度	财扶资金	股票售表资金额
1997	340	500
1998	490	200
1999	934	
2000	901	
合计	2665	700

花垣县1987—1994年获得扶贫物资统计表

表13-3-48　　单位：吨、辆、箱

年　度	物资种类				
	钢　材	柴　油	化　肥	汽　车	叶面宝
1987	85				
1988	83	45			
1989	80	40	20	10	3
1990	85	40	625	4	
1991	85	28	505	6	
1992	65		25		
1993			200	3	
1994			30	4	
合计	483	153	1405	27	3

信贷资金 1986—2000年，花垣县农业银行净投放各项信贷资金37846万元。其中，常规信贷业务净投放14383万元，专项信贷业务净投放23464万元(1996—1998年5月划归农发行花垣县

支行管理），比1985年末增长17.8倍（农业贷款增长15.8倍，工业及商业贷款增长2.2倍，乡镇企业贷款增长67.2倍）。信贷资金主要投向：农业生产累计投入贷款5500万元，帮助农资部门调进种子、化肥、农药等，为全县农业的增产增收打下了基础；乡镇企业累计投放贷款2.8亿元，重点支持湖南振兴化工厂等20多家乡镇企业上规模、上档次，成为省、州、县创税、创汇大户；扶贫开发累计投放扶贫贷款3.2亿元；基础设施建设累计投放贷款1.1亿元；个人住房消费贷款共投放752万元。

信用合作社资金　1986—2000年全县农村信用社累计投放农业贷款1.58亿元，其中累放农户小额贷款7456万元。扶持种植烤烟800公顷，薄荷130公顷，百合300公顷，开发水果、育林、蔬菜基地2200余公顷；扶持规模养鸡、鸭、牛蛙、蛇、羊、猪、鱼等专业户624户；扶持加工、经商、运输等产、供、销"一条龙"经营户178户。至2000年底，全县信用社累计投放扶贫帮困贷款476万元，支持18个贫困村、176户贫困户种植烤烟、蔬菜、药材等经济作物300公顷，建预制场、加工厂、养殖场等184个。

社会资金　花垣扶贫事业得到社会各方面的大力支持。1997—2000年4年间，全县共获社会及个人扶贫捐资投入400多万元。港（香港）、澳（澳门）、台（台湾）同胞和海外侨胞在希望工程、苗圃行动和光彩事业等方面作出了积极贡献。

二、资金管理

1988年，花政发31号文件规定对扶贫专项资金实行经常性审计制度。1996年，扶贫资金管理实行单列，县财政局对全县扶贫资金实行"财政报账制管理"和"不定期检查"制度。项目由各业务主管部门逐级申报，审批后资金随项目专款专用。

1999年9月，财政部驻湖北专员办对花垣的财政扶贫资金管理使用情况进行检查，发现扶贫资金有被挪用现象。同年11月27日，中央电视台《焦点访谈》栏目以"黑洞吞食扶贫款"为题，披露花垣扶贫资金管理上存在的问题。12月初，湖南省审计厅对花垣扶贫资金进行审计，结果发现扶贫资金确有被挪用的现象。12月14日，中共湘西自治州委、州人民政府对花垣县挪用扶贫资金的错误进行通报批评，并责成"立即将挪用的股票售表扶贫资金归回原资金渠道"，责成时任的县委书记、县长"向州委州人民政府写出深刻检讨"。县委、县政府及时采取整改措施，出台《花垣县财政扶贫资金管理办法》，对扶贫项目的申报程序、资金调拨程序、报账程序、资金的管理和会计核算等作出了具体规定；对1999年以后的扶贫资金，一律实行规范的县级财政报账管理；在财政局设立扶贫资金管理股，确定5名责任心强、业务熟悉、坚持原则的同志从事扶贫资金管理工作；实行县扶贫领导小组组长"一支笔"签字报账制。

第四章　重要阶段扶贫及成效

第一节　"七五"扶贫

1986年，中共湘西州委书记杨正午把董马库乡定为扶贫联系点，农牧渔业部驻花垣工作组把吉卫片区（含吉卫、补抽、雅西、排吾四个乡镇）定为扶贫点，省冶金厅把花垣锰矿等单位作为扶贫点，开始实施花垣大规模扶贫工作。

"七五"扶贫重点突出技术性扶贫。在种植业上国家和省州工作组突出推广良种、"地膜育秧"和"双两大"栽培技术，增加粮食产量，从根本上解决农民的温饱问题。在养殖业上突出推广品种改良，推广牛“冷配”技术和杂交猪种，推广养兔和种桑养蚕等实用技术。在工业生产上则扶持锰锌两矿开采和深加工。1986年，省锰矿公司投入298万元，湘潭锰矿帮助县锰矿无偿培训全套技术工人，兴建电解锰厂。

1987年，省冶金厅帮助花垣建设一家融采选为一体的大型铅锌矿企业。由省冶金矿山设计院负责矿山规划设计，省有色金属总公司投入10多万元启动资金。麻阳铜矿、涟钢、湘钢等企业派技术人员，株洲冶炼厂提供400万元的生产设备。同年得到省冶金系统扶持的企业还有花垣铁合金厂和花垣锰矿。其中，湘钢扶持铁合金厂，省锰矿公司扶持花垣锰矿。1988年，由湘钢提供100万元的无息贷款，扶持县铁合金厂建成二号炉。是年，花垣锰矿电解金属锰年生产能力达到3000吨规模。

州委工作队驻点董马库乡，为该乡修建了农贸市场和乡政府办公大楼，并为乡政府购置汽车一辆。

第二节 “社教”扶贫

1990年，县委、县政府根据中共湖南省委有关文件精神，开展以社会主义思想教育(简称“社教”)为中心的扶贫工作。县里组建500多人社教工作团，乡镇和县直机关组建工作队，村和街道居委会以及厂矿单位派驻“社教”工作组或联络员。全县先后派出25个工作队，其中省工作队1个，州工作队3个，工业交通、财政贸易、学校和非公有制企业各派驻一个工作队，农村乡镇组队17个。至1992年，3年共派出工作队员1430人次，其中省队87人次，分别驻茶洞镇和工交企业；州队186人次，分别驻吉卫、补抽、雅酉3个乡镇；县队1157人次，分别驻余下的乡镇和单位。

三年的社教扶贫，全县共组织群众投资投劳210万个，整修水渠22.6万米，山塘31912口，水库44座，乡村公路395千米，其中新修252千米。修建学校4130平方米，整修水井437口、桥梁358座及龙潭、吉卫、补抽、雅酉、雅桥等墟场街道。兴修人畜饮水工程183处，解决126个村44792人的饮水问题。帮助修建电视差转台7座、高标准调频广播站2个，为2个乡镇安装有线电视，架设输电线路170千米，为19818户农户解决了照明问题。为114个村办起各种企业，扶贫帮困捐资82517元，衣物25771件，为全县最困难的窝勺乡、排吾乡和大河坪乡创办了乡镇企业。在董马库乡、排料乡开发万亩药材基地。这些举措，使团结镇老鸦塘、长兴村，龙潭镇李梅村，两河乡桐木村等集体经济收入超万元。此外，三年间全县山地开发面积2820公顷，涌现出排料、董马库万亩开发乡、花垣镇卡地千亩开发村和雅桥乡朋打村龙巴成百亩开发户。期间，省州工作队还为工矿企业和乡镇联系解决资金570万元，柴油、钢材等物资820吨。

第三节 “四·六”扶贫

1994年9月，县委、县政府出台“四六”扶贫攻坚计划，即从1994年开始，集中人、物、财力，动员全社会力量，力争用4年时间，基本解决全县农村6万贫困人口的温饱问题，然后用3年时间，实现全县稳定脱贫。

1995年4月，县委、县政府召开扶贫攻坚誓师大会，进行扶贫攻坚总动员。会上宣布成立花垣县扶贫攻坚领导小组，由县委书记龙爱东任组长，县委副书记、县长石邦庭等11位县级领导任副组长，34名县直单位一把手为成员，领导小组下设扶贫攻坚办公室，县委常委、县委办主任兼办公室主任；县直25个直接责任单位负责人和21个乡镇党委书记与县人民政府签订扶贫攻坚目标责任书，纳入考核、晋升和评比的重要依据。每个乡镇由一名县级领导、一个牵头单位和4～5个县直单位实行对口联系，形成合力抓扶贫攻坚工作。8月6—8日，在县城召开民族地区扶贫开发经济研讨会。出席会议有省、州有关领导、省冶金系统对口扶贫单位、衡阳市对口扶贫单位和全省少数民族贫困县撰写论文的领导和干部共250人。会议介绍了省冶金系统对口扶贫花垣的经验，观看了省冶金系统对口扶贫10年电视专题片和成果图片展览。这次会议，交流了扶贫开发工作经验，促进扶贫攻坚工作向更广、更深的层次发展。

1996年3月，中共湖南省委书记王茂林带领省直有关部门19位负责人，专程到花垣进行为期12天的调研，就如何把扶贫攻坚的重点放在特困村、放在千家万户特困户的脱贫上提出了明确要求。对口扶贫花垣的衡阳市以及省直、州直有关部门也加大了对花垣的扶持力度。在省扶贫办、省冶金有色金属总公司、省工商行、省建行等部门的支持下，以三立集团、东方锰业集团等为骨干的工业企业得到快速发展。

1996年，县委、县政府把101个贫困村的脱贫责任落实到35名县级领导和全县113个副科级以上单位的负责人身上，并逐年检查，对扶贫攻坚不力的单位领导亮“红牌”，并实行县直机关和骨干企业扶贫定到村，副科级以上干部党员联系到户的责任制。县、乡及县直单位负责人，副处级以上干部每人至少联系一户以上贫困户，不脱贫不脱钩。全县抽调240名机关干部组建建整扶贫工作团，结合农村村级组织建设开展扶贫工作。为加强领导，县委、县政府成立建整扶贫工作领导小组，调整充实县扶贫攻坚工作团领导成员，设立了专门的建整扶贫工作办事机构，每个乡镇由1～2名县级领导负责联系。各单位各乡镇也相应成立建整扶贫工作领导小组，并设立办公室，有专人办公。经过两年的努力，至1997年底，全县扶贫工作取得阶段性成果。

第四节　扶贫攻坚

1999年12月，省委、省政府决定继续把湘西作为全省扶贫攻坚主战场，并派出第三轮工作组进村扶贫，一定3年。

为解决群众的温饱问题，县委、县政府提出2000年全县农村人均旱涝保收基本农田要达到0.5亩；继续抓好农田水利、乡村公路、人畜饮水、通电通信、通播通视等基础设施和生态环境建设，努力改善贫困村的生产生活条件，多为特困村群众办好事、办实事。

参加花垣第三轮扶贫攻坚总体战役的省直单位有：省农业厅、省外经贸厅、中南工业大学、省招商局、省粮油进出口公司、省农业银行、共青团省委等。其中省农业厅驻麻栗场镇新桥村，团省委和省农行驻道二乡扛掰村。衡阳市的衡东县、衡阳县、市郊区、耒阳市、衡山县、衡南县、祁东县继续对口扶持民乐镇、猫儿乡、龙潭镇、道二乡、茶洞镇、团结镇、花垣镇。湘西州直13个单位共扶持8个村，县直105个单位扶持76个村。

省、州、县三级工作组进入对口扶贫村后，按照县委、县政府的统一部署，在调查研究的基础上，结合实际与村组干部群众一道制定三年建整扶贫规划，动员和组织社会各方面力量实施新一轮扶贫攻坚。省农业厅驻麻栗场镇新桥村工作组进村后协助村里组织开展口粮田建设，一个冬春开新田24.7公顷，并实现当年插秧当年受益。团省委、省农行为道二乡扛掰村投入20万元修建一栋占地200多平方米的村部和一条长12千米的通村水泥路。

2000年这一轮的扶贫攻坚工作中，全县新开农田110公顷；兴修人饮工程6处，解决饮水人口1.3万余人；通电6个村；通电视、通电话27个村；整修学校27所，建村部12栋；水果开发面积230公顷；种烤烟50公顷；新增山羊饲养量6891只。农民人均纯收入增加74元，全县共解决了5317人的温饱问题。

第五节　扶贫成效

花垣的扶贫攻坚工作在上级的支持和全县各族人民的共同努力下，取得了显著成效。围绕"解决温饱、稳定脱贫"的目标，按照抓水脱贫、抓电起步、抓矿振兴、抓山致富、抓教兴县的"五抓"思路苦干、实干，全县经济总量大幅度增长，人民群众的生活水平大幅度提高，贫困人口大幅度下降，基础设施建设大大加强，生产生活条件明显改善，农民的思想意识和精神面貌发生了根本性变化。2000年，全县国内生产总值达59598万元（当年不变价），与1986年比较增长6.37倍；工业总产值84231万元，农业总产值35393万元，分别增长35.3倍、6.8倍；粮食总产量99003吨，增长34.9%；农民人均产粮429千克，增长12.4%；财税总收入6160万元，增长17.5倍；固定资产投资总额24166万元，增长13.3倍；社会消费品零售总额22648万元，增长5.49倍；金融机构年末存款余额达到44486万元，增长22.4倍；全县旱涝保收农田面积847公顷，增长39.6%；全县贫困人口由13.6万人减少到3.5万人（不含低收入人口），共解决了8万多人的温饱问题，贫困面由65.3%下降到16.7%；农民人均纯收入1116元，增长4.15倍；农村大部分农户整修和新建了住房；全县通电、通路、通播、通视、通话村累计达295个、271个、300个、300个、146个；解决了151340人的饮用水问题；农村劳动力通过培训大多数掌握了1～2门农业实用技术；城乡医疗卫生事业进一步发展；教育办学条件大为改善，全县基本实现"最好的房子在学校"目标。

第十四篇 工 业

1986年，县经济委员会定编14人，实有13人。设办公室、政工人事股、经济运行股、市场贸易股(行业管理股)。直属厂矿有县水泥厂、县农业机械修制厂、县纸厂、县糖酒厂、县印刷厂、县锰矿，实有干部职工877人。2000年，设办公室、政工人事股、企业法规股、技术进步股、电力股，核定编制14人(其中行政编9人、事业编5人)。归口管理单位有医药总公司、东锰集团、三立集团、铁合金总厂、水泥厂、印刷厂；协调管理单位有电信公司、移动公司、邮政局。其主要职能为贯彻落实工业企业产业政策，抓好产业结构调整，指导县内企业改革改制。

20世纪70年代前，县域经济以农业为主，工业发展缓慢，虽先后出现一些轻工、食品、电力工业，但规模小，生产能力弱，占国民经济的比重小。

县境矿产资源丰富，其中锰、铅锌储量全省有名。20世纪80年代中期，县委、县政府依托资源优势，确立“抓矿振兴”“工业兴县”的发展思路，突出工业的主导地位。90年代初期，以锰、铅锌“两矿”为龙头的县域工业初具规模，先后建成以县锰矿、县铁合金厂、化工厂、铅锌矿为骨干的化工冶炼业，以水泥厂为骨干的建材业，以下寨河电站等为骨干的电业，以纸厂、印刷厂为骨干的轻工业，以糖酒厂为骨干的食品加工业。进入90年代中后期，工业生产迅速发展，建成振兴化工厂、湖南三立集团、东方锰业集团、太丰冶炼厂等一批骨干企业。至此，全县基本形成以这五大产业为支柱的县办工业体系，工业经济在国民经济中所占比例发生重大变化，全县工业总产值占工农业总产值的比重逐步上升，呈现由农业县向工业县发展的态势。

花垣县1991—2000年工业总产值情况统计表

表14-1-49

年　份	工农业总产值(90年不变价)(万元)	工业总产值(90年不变价)(万元)	占全县工农业总产值比(%)
1991	27307	13860	50.7
1992	28310	14021	49.5
1993	33825	18998	56.2
1994	38543	22456	58.3
1995	46191	28601	61.9

续表

年　　份	工农业总产值 (90年不变价)(万元)	工业总产值 (90年不变价)(万元)	占全县工农业总产值比 (%)
1996	55810	37283	66.8
1997	61251	41947	68.5
1998	70711	50963	72.1
1999	74430	54464	73.2
2000	84231	63328	75.2

第一章　经济成分

第一节　国有企业

1986—1987年,县内仅有县铅锌矿、县锰矿、县纸厂、县糖酒厂、大米厂、自来水厂、农机厂、塔里电站、供电公司、兄弟河电站、冶金化工厂、县印刷厂、县水泥厂、县机械厂等14家国有工业企业。1990年后,随着县内锰矿、铅锌矿的进一步开发,国有企业发生了质和量的变化。

20世纪90年代末,县政府作出决策,立足锰锌资源优势,突破行业、部门、所有制界限,大力发展矿业经济。1997年8月,县锰矿、县锰一厂(县劳动局下属集体企业)、县机械厂合并组建"湖南东方锰业集团",拥有固定资产2.12亿元。当年全县国有企业实现产值17022万元,占全县工业总产值的35.2%,比1996年增长2.5%;生产锰矿石4.6万吨,铅锌矿石5.6万吨,硅锰8325吨,电解金属锰8432吨,电解锌2357吨,分别比1996年增长32%、32%、37%、41%。1998年8月,花垣化工厂和县铅锌矿合并组建"湖南三立集团股份有限公司",拥有固定资产6.5亿元。是年,全县国有企业实现产值38483万元,占全县工业产值的62%,比1997年增长126%;生产锰矿石4.3万吨、铅锌矿石6.13万吨、电解金属锰9468吨、电解锌16676吨、硫酸31263吨、硅锰8725吨,分别比1997年增长-6.5%、8.9%、12.3%、6.7%、17.3%。1999年,全县国有工业企业实现总产值46304万元,占全县工业产值的67.7%,比1998年增长20.3%;生产锰矿石3.8万吨、铅锌矿石7.5万吨、电解金属锰8725吨,电解锌24699吨、硫酸42822吨,硅锰4538吨,分别比1998年增长-11.6%、22.9%、-7.8%、48%、36.9%、-45.38%。2000年11月,县供电公司、塔里电站、下寨河电站、兄弟河引水工程管理所组建"湖南金垣电力集团",拥有固定资产1.43亿元。当年,因多种因素影响,原锰一厂从东方锰业集团分出。

2000年,全县国有工业企业发展到16户,拥有固定资产77493万元,实现产值42259万元,占全县工业总产值的50.2%,比1999年增长11.6%;生产锰矿石5.33万吨、铅锌矿石8.83万吨、电解金属锰10254吨、电解锌24983吨、硫酸39883吨、硅锰5325吨,分别比1999年增长39.5%、17.3%、17.5%、1.1%、-6.7%、17.3%;"两税"入库4469万元。

花垣县1986—2000年国营企业固定资产、产值统计表

表14-1-50　（按1980年、1990年不变价计算）　单位:万元

年　份	企业个数	固定资产	总产值
1986	20	2829	1424.98
1987	20	3071	1873.52
1988	21	3451.6	2318.1
1989	22	4396.9	2639.18
1990	23	4742.9	2333.9
1991	25	6107	7219
1992	26	7612	7463
1993	26	11155	9983
1994	25	12687	9885
1995	26	19548	12987
1996	24	21580	14778
1997	21	25514	17022
1998	21	49945	38483
1999	18	57850	46304
2000	16	77493	42259

第二节　集体企业

1985年,县属集体企业有县五金厂、工艺美术厂、服装厂、皮鞋厂、床单厂、水泥制品厂等15家。1986年始,由于锰矿、铅锌矿的开发,一些乡镇和县直单位从不同渠道融资,引进资金和技术,创办集体企业。是年,县交通局创办县铁合金厂(1991年改为国有企业)和电石厂。20世纪90年代前期,集体企业发展进入高潮。民乐、两河、猫儿、龙潭、团结、雅桥等乡镇立足矿产资源优势,大办以矿业为重点的乡镇工业企业。民乐镇创办了锰粉厂、电解锰厂,两河乡创办了锰粉厂,猫儿乡创办了丰塘钼矿和铅锌矿及大土锰矿,雅桥乡办了滑石粉厂。1993年县劳动局创办县锰一厂,两河乡创办电解锰厂,团结镇创办氧化锌厂。1993年11月,龙潭镇企业办自筹资金224万元(其中设备123万、流动资金101万),在张匹马村建日处理50吨的铅锌浮选厂,1994年5月兴建,同年7月投产。1995年该厂产值3550万元,缴税192万元。到2000年底,全县共有集体企业37家,固定资产17885万元,年产值11868万元,占全县工业总产值的18.7%。

县内集体企业中,规模最大的为1994年饶德忠创办的湖南振兴化工股份有限责任公司。1993年5月,振兴化工厂接管花垣镇原二九电化厂,扩建1000吨/年电解金属锰生产线。同年10月投产,当年生产电解金属锰240吨,产值23.3万元,实现利税10万元。1994年,该公司兼并县裘皮厂,同时扩建3000吨/年、4000吨/年两条电解锰生产线,分别于1995年11月和1996年12月竣工投产。2000年该公司拥有固定资产1.8亿元,在职职工788人。年产电解金属锰1.5万吨,电解二

氧化锰600吨,年产值近2亿元(当年价),同比增长97.9%;销售收入9820.9万元,增长65%;上缴税收779万元,增长21%;赢利186万元,出口创汇1300万美元,增长132%,成为湖南省出口创汇骨干企业,县内纳税大户。

花垣县1995—2000年集体企业固定资产、产值统计表

表14-1-51　　　　单位:万元

年　份	企业个数	固定资产	总产值(90年不变价)
1995	58	10125	10923
1996	50	18522	16859
1997	50	20934	20588
1998	47	6224	8087
1999	32	6146	7840
2000	37	17885	11868

第三节　个体私营企业

20世纪80年代末,县内尚无个体私营工业企业。进入90年代后,私营工业企业加速发展,其中数量以锰粉加工厂、铅锌浮选厂为多,规模以电解金属锰、铅锌浮选厂、电解锌冶炼厂为大。1993年,民乐、两河、茶洞等乡镇兴办了13家锰粉加工厂。1994年后,全县兴起办铅锌浮选厂的热潮,其中最早的是团结镇肖荐椿、花垣镇彭顺武1994年分别兴办的吉宏浮选厂和狮子桥浮选厂等,规模最大的是团结镇邓意明1995年兴办的太丰冶炼厂。是年,太丰选厂投资130万元(其中固定资产97万,流动资金33万)在团结镇太平村漆树坳建50吨/日铅锌选厂,当年5月投资,次年实现利税101万元(税30.3万元,利70.7万)。1998年,县委、县政府出台《关于加快发展民营经济的若干意见》,以优惠宽松的政策促进个体私营经济发展,全县90%以上的乡镇企业走向了个体化。2000年8月,太丰选厂投资2800万元,建成年产2.5万吨的电解锌生产线。经几年的经营,该厂成为县内规模最大的个体私营企业。个体经济的发展,解决了1万多人的生存就业问题,上缴税费占全县财税总额的四分之一,为国家财税作出了积极贡献。到2000年底,全县个体私营工业企业发展到1825户,实现产值9201万元(90年不变价)。

花垣县1995—2000年私营企业产值统计表

表14-1-52　　　　单位:万元

年　份	年产值(90年不变价)	占全县工业产值%
1995	4691	16.40
1996	5646	15.14

续表

年　　份	年产值(90年不变价)	占全县工业产值%
1997	6813	16.24
1998	9128	17.91
1999	7722	14.18
2000	9201	14.53

第二章　产业门类

第一节　采　矿

20世纪80年代后期，县内采矿业迅速发展。主要开采锰矿、硫化锌矿、氧化锌矿、方解石矿等。

一、锰矿采选

1976年4月，民乐公社(今民乐镇)开办湘西州第一家锰矿，手工采选地表二氧化锰矿石。1978年，采用重选工艺，建一座50吨/日洗选厂，用擂蒙机加工锰粉，随后邻近的两河公社(今两河乡)也随之开采锰矿。民乐锰矿矿区经8年的开采，共采氧化锰矿石4.5万吨，地表氧化锰矿石开采殆尽。

1982年县锰矿成立，转向开采深部碳酸锰矿石，加工碳酸锰粉。1983年10月，冶金部支持县锰矿采选扩建，投资600万元，在矿区南段开发一座年采选矿石5万吨的矿山，进行小规模正规开采。1985年，从湘西金矿引进刘林森等8名专业技术人员开发锰矿资源。至1987年底，机械化选矿建成投产。1988年2月，县锰矿第一期扩建工程竣工，年开采能力50000吨，当年开采矿石24800吨，矿山采用平溜井开拓，空场法采矿；选矿采用破碎、分级、细粒湿式强磁选工艺流程。

1991年6月，县锰矿在矿区北段扩建3万吨采矿床，总投入95万元，使原矿石生产能力提高到8万吨。1996年4月，振兴化工厂建成排吾锰矿厂，在大猫、大土一带开采锰矿石。至2000年底，全县从事锰矿开采的主要企业有东方锰业集团、民乐镇锰矿、两河乡锰矿、湖南振兴化工股份有限公司等，年开采锰矿石达16.9万吨。

花垣县1991－2000年锰矿石成品矿产量统计表

表14－2－53　　　　单位:万吨

年　　份	产　　量
1991	7.3
1992	6.5
1993	8.3

续表

年份	产量
1994	9.2
1995	14.1
1996	11.2
1997	14.8
1998	13.2
1999	12.9
2000	16.9

二、铅锌矿采选

氧化锌 1984年10月，全县在团结镇耐子堡掀起开采氧化锌热潮，先采地表矿、后采深层矿，高潮时达5000余人从事开矿、运输和销售，多以原矿石销往湘西自治州外。经近10年的开采，矿源锐减。1995年后，氧化锌矿石开采量逐年减少。

硫化锌 1986—1994年，开始开采铅锌矿石，产量逐年稳步增长。1994年后，团结镇老王寨村和长兴村、龙潭镇各弄村、猫儿乡洞里村、龙潭镇土地村等地掀起开采硫化锌矿热潮。1996年9月，湖南省405地质勘探队在龙潭镇糯米冲投资100万元，开办了兴发实验铅锌矿。县内所有矿区人声鼎沸，特别在团结镇耐子堡矿区更是热闹非凡，机声隆隆，汽车修理、饮食服务、肉食蔬菜、五金、南杂百货、网吧等俱全。当时被人们称为“小香港”。矿洞主的身份也十分复杂，除了国家、集体企业外，还有大量的私营业主。矿洞遍布矿区各地，洞中有洞，最深洞达2000多米。全县硫化锌矿石开采主要企业有湖南三立集团、团结镇开发公司、龙潭化工冶炼厂、太丰矿业公司、康华铅锌矿等。1995年，全县铅锌矿石开采突破10万吨，达到14.14万吨，比1985年增长9倍；1998年达到19.1万吨；2000年，全县铅锌矿年产量达到26.6万吨。

花垣县1985—2000年铅锌矿石开采统计表

表14-2-54　　单位：万吨

年份	开采量
1985	1.41
1987	3.85
1990	6.35
1991	7.28
1992	6.49
1993	8.26

续表

年　份	开 采 量
1994	9.18
1995	14.14
1996	11.20
1997	14.80
1998	19.10
1999	17.32
2000	26.66

三、方解石、铁矿

方解石　主要产于排料、董马库等地，用于房屋外墙和地面装饰。20 世纪 80 年代起开始开采，1990 年进入开采高峰。1993 年后，因房屋外墙和地板装饰改为瓷砖，方解石开采量逐年减少。

铁矿　主要分布在排吾乡的大排吾、小排吾等地，1958 年“大跃进”时曾在小排吾开采铁矿。中断 40 年后，1998 年重新开采，因储量少，效益低，不久即中止。

第二节　冶炼化工

一、锰冶炼

湿法冶炼　1985 年，县锰矿投资 300 万元，将原动力机械厂改建成年产 1000 吨电解金属锰生产线，于翌年投产。1986 年，县锰一厂在兄弟河浮桥边兴建年产 500 吨电解金属锰生产线。1991 年，受国际因素影响，县内电解金属锰生产能力不断扩大。1992 年县电解锰厂生产能力扩至 30000 吨。1993 年县锰一厂投资 300 万元扩建年产 2000 吨电解金属锰生产线。是年，民乐镇政府投入 1000 多万元，在杉木园建成年产 1000 吨电解金属锰生产线，两河乡政府在土屯村建成年产 1000 吨电解金属锰生产线，振兴化工厂在花垣镇花桥村建成年产 1000 吨电解金属锰生产线。1995 年振兴化工厂扩建年产 3000 吨电解金属锰生产线并竣工投产，1996 年再次扩建年产 4000 吨电解金属锰生产线。1997 年 8 月，县锰一厂和县锰矿合并组建东方锰业集团，经过 3 年的技术攻关，于 2000 年 12 月利用原电解锰厂闲置的场地，投资 700 万元（自筹 600 万，省经贸委技改补助 100 万）实施了年产 3000 吨的无硒高纯电解锰技改工程。此条生产线的产品含锰高达 99.92％～99.95％，填补了国内空白。项目建成后，使集团年新增销售收入 3450 万元，缴税 593 万元，获利 828 万元。至 2000 年底，全县有电解金属锰厂 5 家，从业人员 3200 人，年生产能力达 32249 吨。

花垣县 1987—2000 年电解金属锰产量统计表

表 14-2-55　　单位:吨

年　份	产　量
1987	843
1988	888
1989	1685
1990	975
1991	1621
1992	1689
1993	4093
1994	5551
1995	9783
1996	13899
1997	19112
1998	23104
1999	20946
2000	32249

火法冶炼　1985 年 6 月,县交通局从广州引进资金 165 万元,在县城南郊王二桥兴建湘西自治州内第一家铁合金厂,周纯江任厂长。1986 年 11 月建成投产时有 1800 千伏安电炉 1 台,生产碳素锰铁。1987 年,该厂从广州、湘钢等地引进改造资金,扩建一台 1800 千伏安电炉。1987 年生产硅铁 31.4 吨、1988 年生产 1100 吨、1989 年生产 518 吨。因含磷高、销售难,1989 年转产硅锰合金。1991 年 8 月,该厂兼并县水泥厂的磨细石灰厂,成立国营铁合金总厂。1995 年 8 月,3600 千伏安电炉投产运行。为改变产品单一结构,增强企业市场竞争力,提高企业效益,1999 年该厂投资 986 万元(其中固定资产 866 万元,流动资金 120 万元),利用本厂富锰渣,采取电硅热法生产金属锰,设计能力为 5000 吨/年。至 1999 年,该厂共拥有 3600 千伏安电炉 3 台,1000 千伏安电弧炉 2 台。年生产力达到:中低碳素锰铁 5200 吨、金属锰 3200 吨、硅锰合金 1500 吨、富锰渣 1200 吨。

1988 年,县交通局原建在团结镇太平村的电石厂转产硅锰合金。1994 年,塔里电站在佳民兴建工业硅厂。1995 年,县民政局在佳民村兴建民政冶炼厂。1996 年,下寨河电站投资 294 万元(自筹 94 万,贷款 200 万)在窝勺乡窝坝村建 500 吨/年的高纯锰生产线,生产硅锰合金。至 1996 年,全县有 7 家硅锰合金生产厂家。1999 年后因国际市场影响,价格下跌,多数厂家停产。到 2000 年底,仅存县铁合金总厂维持生产。

花垣县 1988—2000 年硅锰产量统计表

表 14-2-56　　单位:吨

年　份	产　量
1988	888
1989	1676
1990	4494
1991	8272
1992	6582
1993	8929
1994	10112
1995	17425
1996	15800
1997	22343
1998	15344
1999	6862
2000	8236

焙烧　铁合金生产原料为焙烧后的锰砂矿石。20 世纪 90 年代,县内铁合金厂增至 7 家。为满足需要,民乐、龙潭、团结、猫儿等地相继兴建焙烧窑 20 余座。1999 年后,由于多数铁合金厂家停产,焙烧窑也随之熄灭。

二、铅锌冶炼

浮选　1992 年,县铅锌矿投资 1400 万元在团结老王寨村兴建 200 吨/日铅锌浮选厂,当年生产锌精矿 3320 吨,销往株洲冶炼厂,盈利 300 万元。1993 年,龙潭镇企业办在张匹马村兴建日处理矿石 50 吨的铅锌浮选厂。因办浮选厂利润大,1994—2000 年间,全县兴起办铅锌选厂热。龙潭镇角弄村糯米冲、团结镇半坡村、猫儿乡蜂塘村等地纷纷有私人办厂。其中最为集中的是糯米冲一带,在不到一平方千米内就有龙潭选厂、志珍选厂、李梅选厂、吉龙选厂等 8 家选厂。到 2000 年底,全县有铅锌浮选厂 34 家(其中国营 1 家,其余均为私营企业),设计日选矿石 4800 吨,但多家选厂超负荷生产,实际日选矿石 5500 吨左右。浮选工艺可选出锌、铅两种精矿,因铅含量低,所有选厂只选锌不选铅。

电解　1994 年前,县内生产锌精矿均为外销,而生产电解锰所需的硫酸又要外购。为实现资源增值,1992—1994 年,县化工厂累计投入资金 4500 万元,先后将原县床单厂和硫酸锌生产线分别改造为 5000 吨/年、6000 吨/年电解锌生产线。县内各铅锌浮选厂生产的锌精矿大多亦随之转为内销,以满足本县需要。生产电解锌之初,县内解决不了脱硫问题,需将锌精矿运到吉首州外贸化工厂脱硫,再运回花垣,几经周折,各种费用增加。为降低成本,同时解决工业用酸问题,县内开始建硫酸厂。1994 年,县锰一厂投资 1200 万元,在县城东郊建 20000 吨/年硫酸和 2000 吨/年氧化锌两条生产线。硫化锌精矿经高温沸腾和焙烧后,所生产的高浓度的二氧化硫烟气用来生产硫酸,焙烧锌精矿生产等级氧化锌。此项目因选址不宜与技术等原因,造成污染而最终终止。1996 年 11 月三立集团投入 3000 万元,新上一个 4 万吨/年的焙烧脱硫工程,1997年11月如期投产并一次点火成功。1998年7月,13000吨/年的电解锌扩建工程又顺利投产。至1998年,三立集团具备了年产25000吨电解锌、40000吨硫酸、2000吨金属锌粉的生产能力。1998年,三立集团扩建工程被国家经贸委列为重点工业产品扩大出口专项,为使项目尽快得以实施,形成规模效益,提高经济效益和抗风险能力,2000年2月,电解锌扩建工程开始动工。工程总投资11394.7万元,其中土建2300万元,烟气制酸工程3051万元,电解锌工程3107.2万元,回转窑1100万元,配套电器设备900万元,二期工程346万元,扩建防腐工程450.5万元,配套水电及安装150万元。至当年12月,各项土建工程完成98%。2000年团结镇村民邓意明投资1500万元在团结镇太丰村兴建了一条25000吨/年的电解锌生产线。当年全县生产电解锌24983吨,硫酸39883吨。

花垣县1991—2000年电解锌、硫酸产量统计表

表14-2-57　　单位:吨

年　份	电解锌	硫　酸
1991	222	
1992	259	
1993	661	
1994	4160	
1995	3982	
1996	4910	
1997	2357	
1998	16676	31263
1999	24699	42822
2000	24983	39883

焙烧　1991年,县内有龙潭镇冶炼厂、团结镇冶炼厂及县残联冶炼厂3家企业从事氧化锌焙烧,以氧化锌矿石为原料,焙烧后磨粉成产品。县化工厂、龙潭冶炼厂曾以焙烧后的氧化锌粉生产出一水硫酸锌、七水硫酸锌两种产品。1994年,国家下达关闭十五类小型污染企业的通知后,氧化锌焙烧即停业。

第三节　建　材

全县建材工业以水泥生产为主,建材产品由过去单纯的砖瓦石灰等发展到水泥、水泥预制件、涂料、玻璃纤维瓦、方解石等。从事建材生产的除国营水泥厂外,还有个体水泥预制场、砖瓦厂、砂岩场等。到2000年,城乡个体水泥预制场有27家,从业人员150人。

一、水泥生产与制品

水泥生产　1979年，县水泥厂在团结镇太平村建成投产，姚昌元任厂长，年生产能力4.4万吨。建厂初期，主要生产325＃、425＃水泥，供农田水利和工程建设使用。以后该厂逐年扩大生产规模，水泥标号和质量不断提高。1998年将立窑的立柱式卸料法改为盘式破碎卸料法，把立窑鼓风机由原来的消音器改为消音池。同年进行扩建，年生产能力8.8万吨，主要生产高标号的“边城牌”525＃火山石灰水泥，该产品在县内城乡和州内各县市场看好，供不应求。2000年，县水泥厂生产水泥5.26万吨，实现销售收入1126万元，进入全省水泥生产行业五十强之列。

花垣县1986—2000年水泥产量统计表

表14－2－58　　单位：万吨

年　份	产　量
1986	1.20
1987	1.07
1988	1.52
1989	1.13
1990	1.52
1991	1.32
1992	1.71
1993	1.35
1994	1.63
1995	2.03
1996	1.90
1997	2.56
1998	2.15
1999	2.74
2000	5.26

水泥制品　1984年，县水泥厂投资150万元，在花垣镇三角岩村柑子园兴建一个水泥预制场。该场采用搅拌机将水泥、砂石按一定的比例配制，搅拌、震动成型。主要产品19＃、15＃混泥小砌块（俗称“水泥砖”）和混凝土应力空心预制板（预制板布钢筋）。1990年后，城乡居民生活水平提高，工业、民用建筑增多，建筑材料需求量大，涌现了不少水泥制品生产企业。2000年已达27家，其中以花垣镇建材厂、花垣镇麻场村的私人预制场、龙潭镇龙门村水泥预制场和团结镇长兴村水泥制品建材厂较为有名。

二、砖瓦石灰砂石

砖瓦　1988年后，水泥砖取代了青红砖（俗称“火砖”）作墙体建筑材料，青红砖产量逐年减少。在农村，青瓦仍是主要的建筑材料。制瓦作坊各乡

(镇)均有,其中以茶洞镇桥头较为集中。原生产青瓦采用传统的方式,水牛踩炼瓦泥,人工制坯。后有的改用手扶拖拉机来回碾炼,还有专用机器代替人畜操作。原多用木柴烧窑,后因山林量少又不经济,改用煤炭。2000 年,县内有制瓦作坊 18 家,从业人员 85 人。

石灰 石灰是历来不可少的建筑材料。县内团结镇太平村岩石碳酸钙含量多,是烧制石灰的好原料,故团结镇石灰窑较多。2000 年,全县共有石灰窑 7 座,从业人员 38 人。

砂石 县内砂石主要是人工采掘自然河砂、山石。自然河砂采自花垣河。20 世纪 90 年代中后期,因兄弟河、花垣河边的锰一厂、三立集团和几个选厂的工业废渣排入河中,河砂含杂质多,故一般采自下游的保靖河段。山石分山砂、机砂和青石料岩。建房下脚料岩和机砂来自团结镇永丰、太平村,山砂采自城郊的凉水井、钟佛山等地。山石过度采掘,破坏了自然景观。凉水井村有一山头经 10 多年挖掘,已挖去近半。

三、装饰材料

1982 年,县财政局在原玻璃厂兴建湘西自治州第一家涂料厂,年产涂料 600 吨。后又开发生产石膏板,年产量 8000 平方米。20 世纪 80 年代末因销路不畅而转产。1993 年,县电石厂利用硅锰渣生产地板砖获得成功,次年因销路不广而停产。

第四节 轻纺 机械 食品

一、轻纺

服装 20 世纪 70 年代,县内有 2 家服装厂,属于集体企业。中共十一届三中全会后,个体服装业发展迅速,一批浙江、湖北等外地客商前来花垣投资兴办服装店。在激烈的竞争中,县服装厂于 1992 年倒闭,而个体服装业在竞争中得到发展。2000 年,全县有较大的个体服装店 18 家,从业人员 34 人。

皮革 20 世纪 80 年代,县内有一家皮革厂,生产皮箱、皮衣、枪套等产品,1985 年并入县五金厂。1986 年县供销联社投资 59 万元,在花垣镇花桥村建裘皮厂,主要加工毛皮,生产皮衣、皮毯等产品;1994 年该厂被振兴化工厂兼并。1995 年县以工代赈办在县城木育林地段兴建皮革厂,1997 年国家关闭十五类小型污染企业时,该厂被关闭。20 世纪 90 年代后期,有外地鞋匠到花垣办鞋店。在县城及团结、茶洞、龙潭等墟场租门面,用已加工好的牛皮做皮鞋。2000 年县内有鞋店 25 家,从业人员 76 人。

金属制品 境内金属制品主要有县五金厂生产的电讯钳。县五金厂为集体企业,厂长黄启生。该厂因生产"梅花牌"、"钻石牌"花色钳而名震一时,年产量逐年上升,从 1986 年的 62.7 万把上升到 1990 年的 106 万把。1986 年该厂被国家民委、轻工部评为"全国少数民族用品先进企业"。1998 年其产品"梅花牌""钻石牌"两种花色钳被轻工部授予"出口产品"铜牌。1994 年该厂投资 270 万元在县城柑子园处兴建金刚石厂,安装 4 台 4800 型压机,生产人造金刚石,年生产能力 60 万克拉,当年 7—12 月份生产 26 万克拉人造金刚石。1995 年拥有固定资产 502.4 万元,员工 312 人。是年,因受流动资金影响,生产了 10 万克拉金刚石后即停产。2000 年该厂因资不抵债宣布破产。县内的金属制品还有锄、刀、斧、铧口等,由民间铁匠打制。

纺织 县内城乡曾有长期使用木织机织土布(俗称"家织布")的历史。进入 20 世纪 80 年代,由于木机织布麻烦,质地粗糙,加之市场布匹品种繁多,民间木机织布极为少见,工艺濒临失传。20 世纪 80 年代中期,花垣镇建有民族床单厂,1989 年生产床单 4.56 万床,产值 36.55 万元。1992 年 7

月，床单厂被湖南三立集团兼并。此后，县内纺织工业空白。

造纸　县内曾有全州最大的纸厂——国营花垣纸厂，位于花垣镇花桥村，建于1980年8月，占地面积10万平方米。首任厂长吴光照，刘开国、麻正荣、龙梅生、杨再金、张儒林、黄启生、刘爱平先后继任。造纸原料主要是野生芭茅、山竹、麦秆，其中以麦秆为主，每年夏收购秀山、永顺等地麦秆为多。该厂拥有国内先进纸机1880长网机1台、1575纸机1台，787纸机2台，年生产能力4500吨。产品有有光纸、书写纸、包装纸、打字纸等机制纸。1988年生产纸1758.8吨，产值575万元，实现利税78万元，创历史最高水平。1989—1996年生产经营相对稳定。1997年后，由于市场、技术管理等多种原因，企业严重亏损。1997—2000年一直处于停产半停产状态，多数职工自谋职业，工厂资不抵债，成为县内濒临破产的特困企业。

花垣县1986—2000年纸厂产量统计表

表14-2-59　　　　单位：吨

年　份	产　量
1986	1593
1987	1615
1988	1760
1989	1679
1990	1391
1991	1569
1992	1263
1993	1432
1994	1063
1995	1278
1996	1476
1997	496
1998	312
1999	531
2000	(停产)

印刷　国营花垣印刷厂占地面积4286平方米。1986年产值50.66万元，产品销售收入47万元。1990年产值73.1万元，销售收入98.2万元。1995年产值106万元，销售收入111万元。2000年产值12万元，销售收入17万元。该厂拥有北大方正激光照排系统，树脂胶印刷机、商标及食品包装等印刷设备43台(套)，年生产能力8000万张。2000年下半年实行承包经营，有部分职工与单位脱钩另行择业。党的十一届三中全会后，县内印刷业有了较大发展，除县印刷厂外，还有一批私营印刷厂。私营印刷厂以茶洞镇杨乔兰所办最早，较为有名，县城内另有6家。

二、机械

花垣农业机械厂主要生产农用机械产品，该厂是县属国有企业，位于花垣镇坝塘村，厂区面积2.7万平方米，有机床、锻压等设备。先后生产过打稻机、玉米脱粒机、插秧机等农用机械。20世纪80年代初无定型产品，效益不佳。1987年生产15微型打浆机，企业走出低谷。1989年全厂职工174人，产值100万元，实现利税11万元。1992年6月并入花垣锰矿矿山机械厂，先生产球磨矿山设备，后生产金属包装桶、阳级板、二氧化硒、塑料编织袋等。由于该厂转产，失去生产农用机械功能，县内已无机械制造业。

三、食品

酿酒　县内酿酒业源远流长，国营酒厂有花垣酒厂，其前身是花垣糖厂，厂长代喻武。1985年转产白酒，当年生产酒精2500吨。1991年8月并入吉首湘泉酒总厂，改名为湘泉酒总厂花垣分公司，简称湘花公司。县内盛产包谷，老百姓爱喝自产的包谷酒，季节性个体酿酒作坊几乎各乡镇都有，市场看好，促进了个体酿酒作坊的发展。2000年，全县有常年生产的个体酒作坊16个，从业人员67人。

肉类加工　1977年10月成立花垣县肉食联合加工厂，简称肉联厂，是县属国有企业，厂址位于县城南郊白岩山，占地3公顷，当时只有2个生产车间。1992年县民贸一局在省、州财办和银行的扶持下贷款1000多万元，对原车间进行无菌扩建改造后全部符合国家标准。生产规模年屠宰牛、猪、羊由原来的2万多头增加到5.8万多头。1994年县肉联厂经国家商检局批准，产品获商检局免检出口权。1997年有职工149人，当年由于国家银根紧缩和受亚太经济危机的冲击，该厂基本停业。2000年该厂与北京加增工贸公司联营，一度重新恢复规模生产。

食品加工　1986年，县粮食局建成油脂厂，有固定资产5.3万元，年产桐油、菜油、茶油等共计41吨。1986—1993年，县内有副食品加工厂、冻肉厂、禽蛋加工厂、果脯厂等食品加工企业。县副食品加工厂生产的高粱饴、空心酥等产品，获全州优质产品奖。县禽蛋加工厂年产皮蛋400万枚，其“双龙牌”无铅松花皮蛋获首届中国食品博览会金奖。1995年后，这些企业先后解体，职工自谋职业，取而代之的是个体家庭食品加工作坊。1996年为开发花生产品，县里在省人大常委会办公厅、省开发银行的扶持下，采取财政投资、银行贷款和企业集资的办法，共投入1300万元(其中县财政投入200万元)，引进外地先进技术，将原县副食品加工厂改建成为发达食品总厂，鄢伯太任厂长，主要生产花生油和花生蛋白粉。设计年加工花生3000吨，生产国标一级花生油882吨，浓缩蛋白粉462吨，精饲料1176吨。1997年该厂与湖南九芝堂集团联营，组建牛牛保健品公司。6月份生产一个月，因气温过高停产，10月份恢复生产，至1998年2月，共生产花生油24吨，浓缩蛋白粉18.5吨，实现产值97万元，创利税12万元。“浓缩蛋白粉”获1997年中国食品博览会金奖。1998年由于市场因素，产品滞销。1999年2月，工厂附近居民以锅炉噪音、烟尘污染等原因阻止工厂生产，到2000年底，牛牛保健品公司一直处于停产状态，从业员工全部下岗待业。湖南九芝堂集团撤回全部行管人员，双方合作基本终止。2000年底，县内城乡共有各种食品加工作坊30家，从业人员200余人。主要产品有蛋糕、面包、广桃酥等。

第五节　医　药

县内医药工业主要为中草药加工。1970年县药材公司建立中草药加工厂，有厂房两间，面积百余平方米，建厂初期有员工5名，均为新中国成立前的老药工。当年加工中药25种，产量3400千克，此后药材加工品种及产量逐年增多。1978年加工中草药8350千克，品种增至138种，除满足本县需要外还销往四川、贵州等地。

1980年后，由于西药品种增多，逐渐居于药物的主导地位，中草药种植面积逐年下降，品种减少，加工的药材品种每年在80～100种之间徘徊，产量3000千克左右，加工量日渐萎缩。1995年中草药加工厂实行承包后逐步走出困境，每年加工品种保持到400多个、产量8000千克以上，销往三湘四水及周边省市。主要品种有当归、党参、白芍、黄柏、杜仲等。

1999年，县医药公司投资1340万元，在319国道旁佳民村兴建湘源植物生化有限公司，覃连成任经理。公司占地15000平方米，拥有专业性功能植物提取车间1800平方米，多功能提取罐、三效、单效真空浓缩器、喷雾干燥器等先进设备。主要产品为生姜提取物、红车轴草提取物、虎杖提取物、贯叶莲提取物。产品全部远销欧、美、日、澳及东南亚等国家和地区。2000年公司实现产值522万元，销售收入406万元，利润32万元。

第六节　电　力

县境内水资源丰富，为电力工业发展提供了良好的自然条件。

一、发电

1985年国家实行以工代赈及拨改贷，支持贫困地区进行基础设施和农村初级电气化建设，小水电建设实行“谁建、谁管、谁受益”和建管并举等一系列政策措施。1986年后，全县先后新建、扩容和更新改造小水电站11座，装机19台共14720千瓦，总投资4154万元。到2000年底全县共有小水电站25座，装机52台，共发电33045千瓦时，年均发电量8617万千瓦时左右，小水电建设投资总额8720万元。主要电站有下寨河电站、浮桥电站、张刀电站、牛头山电站、小龙洞电站。

下寨河电站　该电站属县级国有企业，位于下寨河公路桥上游400米处，系兄弟河水库坝后电站，为兄弟河水电梯级开发第二级工程，1984年4月动工修建。主要工程项目包括：开凿发电引水隧洞一条，长2302米，内径3米，设计引水流量17.3m^3/s；隧洞进口安装2.5米×1.5米平板钢闸门两道，建57米高闸门启闭室一座，安装400吨、600吨卷扬式闸门启闭机各一台；在距隧洞出口160米处建调压井一个，深51.5米，内径6.8米。建1100平方米发电厂房一栋，安装立式水轮发电机组2台，容量1万千瓦；升压站安装6300千伏安主变压器2台，35千伏出线3回，装有立式水轮发电机组2台，容量为1000千瓦。年发电量为4600万千瓦时，工程投资3068.26万元，1988年12月16日正式竣工运行。

浮桥电站　属县农委下属集体企业，位于县城浮桥上游500米处，为兄弟河梯级开发第四期工程。装立式水轮发电机组3台共1200千瓦，年均发电量767.48万千瓦，工程投资480万元，工程包括：长54米、高14米拦河拱坝一座；长40米、宽2米引水渠一条；258平方米发电厂房1栋；安装2米×2米平板钢闸门3扇，5吨启闭机3台；装立式水轮发电机组3台共1200千瓦。设计最高水头11.5米，最小水头10米，单机引用流量5立方米/秒，保证出力481.18千瓦，年均发电767.48万千瓦时；安装升压变压器1台1500千伏安，架设电站至城郊变电站10千伏输电线路1条1.5千米。工程总投资480万元，开挖土石方4875立方米，投入劳动工日19870个，1995年1月正式竣工运行。

小龙洞电站　该电站属排碧乡集体企业，位于排碧乡风景秀丽的小龙洞旅游景区内，发电水源为小龙洞水。该电站建于1971年3月,1975年5月1日竣工投产,装机3×200千瓦。为充分利用小龙洞水能资源,1988—1999年先后对该电站进行整改扩建,新增设2条长237米、内径500毫米的压力钢管,新装320千瓦和630千瓦水轮发电机组各一台。到2000年,电站总装机已达1550千瓦,年发电量达620万千瓦时。最后一台机组投产时间为2000年8月,整座电站累计投资达167万元。

张刀电站 该电站位于排碧乡张刀村境内,为引水径流高水头水力发电站。1985年5月1日动工,建有压力前池一个(长7米、宽6米),21米×9米的发电厂房一栋,安装冲击卧式水轮发电机组2台,采用内径460毫米、长383米焊接压力钢管引水发电,引水水头147米,设计引水流量0.5立方米/秒,装机容量500千瓦,年均发电87万千瓦时。架设一条3千米10千伏线路与小龙洞电站联网。工程总投资48.7万元,开挖土石方2387立方米,浆砌石103立方米,混凝土341立方米,钢筋混凝土79立方米,共投入劳动工日37242个。1987年6月1日竣工投产运行。

牛头山电站 该电站位于排吾乡董马村下游500米处兄弟河左岸,其上方为小排吾水库总干渠。电站系利用小排吾水库灌溉余水发电,尾水注入兄弟河。1995年12月破土动工,设计水头为46米,安排卧式水轮发电机组2台,总装机400千瓦。电站采用1条长36米、内径600毫米主管及长26米、内径600毫米支管2条引渠道水发电,架设总长为7千米的10千伏输电线路2条,分别向雅桥乡和吉卫变电站输电。工程总造价150万元,开挖土石方2108立方米,浇注混凝土及钢筋混凝土407立方米,共投入劳动工日3.19万个。1996年6月投产发电。

2000年,全县自发电量6637万千瓦时,外购电量44199万千瓦时,总供电量50836万千瓦时。

花垣县1986—2000年发电量统计表

表14-2-60　　　　单位:万千瓦时

年　份	发电量	年　份	发电量	年　份	发电量
1986	4225	1991	10643	1996	9792
1987	4941	1992	8879	1997	12349
1988	4970	1993	9260	1998	12418
1989	8633	1994	8780	1999	10233
1990	8534	1995	14729	2000	6637

二、供电用电

(一)供电 随着电力事业的发展,全县供电容量和供电范围不断扩大。到2000年底,县电网拥有城郊、龙潭、团结、宋二塘、民乐、吉卫、佳民7个变电站和塔里、下寨河、红卫、洞口、农委等18个骨干发电站。有供电变压器15台,供电容量160400千伏安;配电变压器114台,总容量76400千伏安。企业自备变压器114台,容量93860千伏安。有110千伏线路2条长89千米;35千伏线路14条长116.9千米,10千伏线路长878千米,0.4千伏线路长1271千米。全县村供电面达100%,户供电面92.4%。2000年,全县供电量18924万千瓦时(不含州网直供),上缴税金340万元。

花垣县1991—2000年供电量统计表

表14-2-61　　单位:万千瓦小时

年　份	供电量	年　份	供电量
1991	10643	1996	18929
1992	8879	1997	21107
1993	9260	1998	23232
1994	8780	1999	15335
1995	14729	2000	18924

(二)用电　用电主要有工业用电、农业用电、生活用电和乡镇企业用电。

工业用电　20世纪80年代后期,随着全县工业的迅猛发展,农村通电的扩大,特别是矿山开发和冶金、化工等产业的发展,出现了一批高能耗用户,用电量猛增。仅重点企业,1991年用量达6312万千瓦时,1992年6481万千瓦时,1993年16912万千瓦时,1994年11705万千瓦时,1995年19399万千瓦时,1996年20097万千瓦时,1997年33426万千瓦时,1998年33322万千瓦时,1999年30089万千瓦时,2000年38529万千瓦时。至2000年底,全县所有工业用电量达51600万千瓦时,其中州网直供电34600万千瓦时,县内自供电17000万千瓦时,是1986年的13倍。

农业用电　随着农村通电面逐年扩大及经济的发展,农村的各种电器设备不断增加,农副产品加工、生活照明、电力排灌等用电设备越来越多。至2000年底,全县农业用电量达2883万千瓦时,是1986年的12.6倍。

生活用电　20世纪80年代后期,各种家用电器大量进入百姓家庭,用电从过去的单纯照明开始转向日常生活的各个方面。电视机、电风扇、收录机、电冰箱逐步普及,电炊具也逐渐增加,特别是90年代中期后城镇空调的使用,全县城乡居民生活用电量大增。1986年全县通电村为226个,到2000年全县300个村实现村村通电,农户通电率由1986年的69.8%提高到2000年的92.4%,城乡居民生活用电量从1986年的603.7万千瓦时增加到2000年的2792万千瓦时,增长3.6倍。

乡镇企业用电　20世纪80年代后期,全县以矿产品加工为主的乡镇企业逐渐兴起,一批锰粉加工厂、硫化锌选矿厂、电解锰厂、电解锌厂纷纷建立,矿冶企业的发展使乡镇企业用电量大增。2000年,全县乡镇企业用电量达1080万千瓦时,是1986年144万千瓦时的7倍。

三、电网建设

花垣工业兴起后耗电量大,县内发电远远不能满足需求,缺电成为制约工业发展的瓶颈。为解决这一问题,20世纪90年代初,县委、县政府确立了“抓电起步”等经济发展思路,采取引进外电等措施,加大电网建设力度。

(一)电气化建设　1991年花垣县被列为全国第二批电气化县,从1991年到1994年全县开展了电气化建设,先后新建、扩容和更新改造了一批工程。兴建了35千伏变电站5座,装机7台共29350千伏安;35千伏线路7条总长73.6千米,新架10千伏线路30条总长128千米,低压干线总长108.5千米;新增10千伏配电变压器165台,总容量19790千伏安。电气化建设共投入资金2172万元,其中县里自筹1844万元。1994年经水利部、湖南省和湘西自治州水电部门组织专家验收，花垣县被评为“水电农村初级电气化县”。

初级电气化建设提高了全县的供电能力和供电质量，全县的工农业生产和人民生活水平等各个领域都有了新的改善。与1989年相比，1994年(电气化达标年)全县工农业总产值达38543万元，比1989的18852万元增长104.4%；县财政收入由1989年的994.8万元增加到2512万元，增长89.9%；农民人均纯收入由1989年的488元增加到560元，增长16%。

(二)农村电网改造 20世纪末，由于锰矿和铅锌矿开发速度的加快，电力供求矛盾极为突出。1999年全县供电量达3.42亿千瓦时(含州电网直供)，而全县电源装机仅为3.3万余千瓦，年发电量不足1亿千瓦时，许多厂矿因电力不足而停产。加之电网设备陈旧，供电半径大，线路不合格，供电质量差。老百姓形容说：“电视不能看，电灯如点蜡。”是年，全县农村电网损率高达45%，城镇电网损率为18.5%，均超过国家标准。农村电价达1.2元/千瓦时，部分农户用不起电，甚至弃电用油灯，且吉卫镇水洋村、白岩村，雅西乡朝岗村，猫儿乡杉木村尚未通电。

1998年11月初，全县普遍开展农村电网改造，进行农村电力管理体制改革，实行城乡同网同价。国家批复工程总投资9800万元，至2000年底共投入5810万元，完成了以下工程：

团结变电站 1998年2月动工，将35千伏扩容至110千伏，是花垣县引进西南电网电力的骨干工程。主变装机2×4000千伏安，架设秀山至团结变电站110千伏安输电线路42.95千米，总投资1438万元，2000年3月投入运行。

宋二塘变电站 该工程是团结变电站的配套项目，1998年4月动工，主变装机2×2000千伏安，新架团结至宋二塘35千伏输电线路11.2千米，工程总投资558.2万元。

龙潭变电站 1999年2月动工，是花垣县电网的联络变电站，主变装机3×3150千伏安，新架龙潭至团结35千伏输电线路8.6千米，龙潭至麻栗场35千伏输电线路12.3千米，总投资700万元，2000年12月竣工。

截至2000年底，全县农网配网工程已完成17个乡镇220个村的配电网改造，新架设10千伏配电线路237.55千米，改造10千伏配电线路253.41千米，新安装和改造10千伏变压器314个，安装电表36860块。农网改造覆盖率达60%，全县消除了无电村。农网改造完成的乡(镇)由新建立的供电营业所直接管理，改造后的农村居民电价降到0.6元/千瓦时，基本实现城乡同网同价。

第三章 工业企业管理

花垣工业企业多为20世纪80年代靠银行贷款创办，资产负债率高达80%以上。企业经营风险大，管理粗放，效益不佳。为加强管理，提高企业质量和效益，1986年县里举办为期一个月的企业管理学习班。当年，全县完成工业总产值3180万元，为年计划的101.5%，上缴所得税124.7万元，其中轻工产品73.3万元，重工业产品51.4万元。全县工业主要产品原料、煤耗、电耗都比1985年有所下降，其中水泥成本由1985年的84.5元/吨下降到79元/吨，综合耗电下降2千瓦时。进入90年代后，全县工业企业增多，电力供应不足，一些企业负债经营，包袱沉重，亏损面大。各企业为提高效益，狠抓内部管理。

第一节　生产管理

1986年，县委、县政府为搞活企业在县糖酒厂办点作样。车间实行承包制，车间领导有权自己组合，挑选精干人员。人员定岗后，由车间发放工资，级别工资为档案工资，实行全浮动工资加工龄工资。对厂内剩余的20多人，厂里每人每天发一元生活费在家待业。1992年，为强化内部生产管理，县经委组织开展了为期3个月的整顿现场生产管理活动，从治理“脏、乱、差”入手，对生产现场、劳动纪律、工艺纪律进行整顿，解决生产中“跑、冒、滴、漏”问题。1995年县内一些企业不景气，一直处于亏损状况，至8月份，全县企业累计亏损500余万元。县纸厂停产半年之久，80%职工离厂。为帮助企业走出低谷，县里派出工作队进驻纸厂，帮助组织恢复生产，扭亏增盈。6月初纸厂开始恢复正常生产，到11月底造纸1016吨，实现利税110万元。1999年受亚洲金融危机影响，企业流动资金严重不足，全县国有企业及年销售收入500万元以上的非国有企业中，除湖南三立集团比1998年增长93%以外，其他几家大的骨干企业都呈下降趋势。东锰集团下降14.8%，县铁合金总厂下降57.7%，振兴化工厂下降5.5%。年底，县属企业有6户停产，5户半停产，生产经营不正常，效益明显下降，900多名职工下岗，不稳定因素增多。县里组织工作组进驻东锰集团3个月，多方筹集资金40多万元，帮助企业启动生产。

第二节　供用电管理

20世纪80年代初，全县实行发电、供电一体化管理体制。80年代中期，县供电公司成立，负责全县的供电、电力调度、电网建设、管理和电力执法。各乡(镇)管理站负责本乡(镇)范围内的水电管理工作。1984年，县“三电办”成立，归口县经委管理。工作业务主要是计划用电、节约用电、安全用电。“三电办”会同县电力部门，对电能的分配进行规划，鼓励小水电发电、预测用电负荷，保证重点用户用电，减少限电拉闸次数，控制超负荷用电。

1991年前，塔里电站、下寨河电站、保靖电力调度室、州水电公司调度室、县供电公司调度室之间采取电力截波电话下达调度命令。1992年以后，改用邮电局市内电话下达调度命令。

1993年，县“三电办”推广节能灯、节能电焊器和节能开关。平时协助公安和电力部门查处窃电及打击破坏电力设备等犯罪行为。

第三节　质量管理

1986—1991年间，质量管理是全县企业的重点工作之一。1992年始，企业对质量管理提出了更高的要求，突出抓产品投入产出合格率、质量稳定提高率、质量等级品率和产品出厂合格率，不合格产品一律不交下一工序、不出厂、不计算产量、不计算耗费、不计算报酬，强化了质量保证体系的逐步建立和完善。4月，县纸厂出现37吨不合格产品，生产车间自觉承担15吨产品的质量责任。1997年为提高企业产品的市场信誉，全县工业战线开展“质量管理年”活动。各企业相继出台产品质量管理规章制度，把产品质量同奖金相挂钩，企业产品质量得到稳步提高。县化工厂锌锭一级品率达100%，产品供不应求。东方锰业集团电解金属锰由于产品质量过硬，每吨销售价格比同行业产品高出100150元，成为抢手货。县水泥厂425#水泥比州内各县同型号水泥吨价高出20元。5月，州、县经委和技术监督局在县水泥厂召开整顿质量管理现场会。在全州整顿质量管理验收过程中，县内企业全部达标。县化工厂、水泥厂成绩突出，受到验收组表彰。

第四节　成本管理

1986—1991年间，企业狠抓成本管理。1992年起各企业把物耗、能耗作为成本管理的重点来抓。当年，抓物耗、能耗指标各10个，稳定降低率均为80%。县纸厂、县铁合金厂实行"产量—成本工资制"，化工厂、东方锰业集团、振兴化工厂实行"实物核货计价制"，东方锰业集团、水泥厂实行"分块经营、统一管理"等成本管理模式，把节能降耗放在重要位置，其指标列入目标管理考核内容，按季考核，年度评奖，奖罚兑现。县铁合金总厂、东方锰业集团在生产中采用先进工艺技术，调整原料配方，安装负荷控制器，吨成本分别节电383千瓦时和246千瓦时。1992年全县工业企业万元产值综合能耗比1991年下降5.17%，社会节电量561.6万千瓦时。由于狠抓了成本管理，尽管这年能源及原材料价格上涨，产品市场价格猛跌，县内企业仍能基本维持正常的生产经营。1999年，全县企业实施以减员增效、提质降耗、成本控制为主要内容的成本管理。县铁合金厂清退临时工，上岗人员由1998年的398人减少到295人。在生产成本控制上，努力降低原材料采购价格，仅原矿石一项，每吨价格下降20元。东锰集团投入500万元进行技术革新，使生产成本大幅下降，吨产品成本由1998年的6489元下降到5635.3元。县水泥厂制定成本控制目标，吨产品成本由1998年的246元下降到219元。

第五节　营销管理

1986—1991年间，一些企业产品积压、货款难收、资金周转缓慢。为解决这些问题，1992年后企业强化营销管理，实行以销定产，实现产、供、销基本平衡。年初，所有的产品实行正常生产线、限产线、停产线"三线"管理。企业对照"三线"指标，自觉卸库、自觉限产。凡不按"三线"组织生产的，在信贷投入和供电上采取必要的约束手段。此举推动了企业抓销促产，以销定产。同时推行销售承包制。大部分企业采用"六定一包"(定人员、定销售地区、定销售量、定资金回笼、定费用标准、定责任，一切费用包干)、包管并重的承包形式，做到包管结合，宏观管住，微观放活，调动了推销人员的积极性。当年6月，全县工交企业回收货款764万元，占上半年销售收入的37%，在一定程度上缓解了资金紧张的矛盾。1993年到2000年间，随着企业改革的深入，各企业营销管理方式不断变化，有的企业在外地设办事处，采用灵活的促销方式。一些产品有一段时期供不应求，形成卖方市场。对于供大于求、市场滞销的产品，企业及时调整生产结构，停产或转产。

第六节　技术管理

1986年，新建的县铁合金厂和县电解锰厂从桃江、湘潭等地引进工程技术骨干20多人，帮助解决安装和试产中的问题。在缺电的情况下，仍生产锰铁合金40多吨、电解金属锰60吨。当年还有部分企业与天津、福州、株洲等省市的有关单位建立技术协作关系，分别生产出乳化沥青、中锰稀土磨球等多个产品。1988年县铁合金厂从湘潭钢铁公司引进100万元资金新建2号电炉，厂里派人到外地学习，同时请外地师傅到现场指导，转产硅锰合金（原生产硅铁合金），当年实现产值107.23万元，利税71.4万元。1994年全县实施技改项目9个，总投资2249.8万元，比1993年增长13.5%，开发了52克凸版纸、奇效穴位钉等三个新产品，完成新产品产值2241万元，比1993年增长293.2%。1997年全县工业企业大力推进技术改造和生产设施的填平补齐。8月，东方锰业集团4000吨/年电解金属锰技改生产线投产，全厂年生产能力达到8000吨，投产后运行正常，达产率100%，连创月产900吨以上新纪录，生产和效益均居全州同行业榜首。县铅锌矿通过技术改造，日采选300吨矿石生产线竣工投产。县化工厂4万吨锌精矿焙烧尾气制酸工程全面完成。通过技术改造，当年全县电解金属锌年生产能力增加到7000吨，铅锌矿采选能力增加到150吨/日。1999年，全县技术改造项目开工8个，共完成技改投入5715万元，同比增长32.9%，超过州分任务的42%，其中三立集团年产1.2万吨电解锌工程竣工投产，县水泥厂年产8.8万吨水泥生产线、县湘源植物生化有限公司植物提取生产线、县振兴化工厂年产4000吨电解锰生产线相继竣工投产。

第四章　企业选介

第一节　冶金化工

一、湖南东方锰业集团

湖南东方锰业集团由原花垣锰矿、县锰一厂于1997年8月组建而成，拥有固定资产1.988亿元，员工2093人。原县锰矿于1983年与民乐镇锰矿、两河乡锰矿合并（2年后两河乡锰矿分出）。当年仅有3名技术人员，开采锰矿石5000吨。1984年从湘西金矿引进8名技术人才。1985年合并原花垣动力机械厂，扩建3000吨电解金属锰生产线。1992年合并原县机械厂，生产规模不断扩大。到1999年已具有年产锰矿石15万吨、碳酸锰粉9万吨、电解金属锰1.5万吨、塑料编织袋300万条、金属包装桶12万个、阳极板1万块、二氧化硒100吨的生产能力，是集采、选、冶、科、工、贸为一体、拥有自营出口权的国家控股中型股份制企业。主要产品电解金属锰质量达国家GB3418—82标准，属出口免检商品，远销日本、美国、欧洲和东南亚10多个国家和地区。2000年，生产电解金属锰4405.8吨，完成工业产值5925.2万元，实现利税275.57万元。

二、湖南三立集团

湖南三立集团组建于1998年8月，其前身是花垣化工厂和花垣铅锌矿，总厂址位于县城东郊磨岩坡，设分厂于兄弟河汇入花垣河处上游50米两岸。

1992年8月，濒临倒闭的县建材厂和县民族床单厂联合组建为花垣化工厂，在苏宪益厂长的率领下，经过5年奋斗，历经三次大的技术改造，到1998年8月发展成集采、选、冶为一体的股份制集团公司。公司拥有资产4.01亿元，其中固定资产2.15亿元，流动资金1.48亿元，年产值1.9亿元，利税5000多万元。职工1800人，其中各类工程技术人员近100人。具有年采铅锌矿50万吨、选矿50万吨，年产电解锌2万吨的生产能力，取得出口经营权。1998年10月上升为国家中二型企业，1999年，企业通过了ISO 9000质量体系认证，主导产品“三立”牌锌锭被评为中国著名产品，畅销国内外。

1999年10月，三立集团抓住国家西部开发的有利时机向外扩张，在云南、四川两省建立选矿基地。2000年初，投入1.2亿元资金，对电解锌和硫酸生产线进行扩建，形成年产金属锌锭6万吨、硫酸12万吨的生产能力。

三、花垣铁合金总厂

花垣铁合金总厂于1986年5月兴建，是湘西自治州内第一家铁合金厂，占地面积7.48万平方米，其中建筑面积1.14万平方米，厂址在县城南郊，厂长周纯江。

2000年该厂拥有员工430人，其中专业技术人员38人，固定资产6900万元。主要生产设备有3600千伏安电炉2台，1800千伏安电炉1台，1000千伏安精炼炉2台，大型焙烧立窑5座。年生产能力为：硅锰合金1.5万吨，硅铁0.7万吨，中碳锰铁0.2万吨，工业硅1万吨，为湘西州中二型企业。1997年12月取得出口经营权，产品远销日本、美国、澳大利亚、韩国和东南亚地区。2000年生产硅锰合金6964吨，产值2399万元，实现利税100万元。

四、湖南振兴化工股份有限责任公司

湖南振兴化工股份有限责任公司由湖南花垣振兴化工总厂改制而成。前身是1986年2月建立的花垣二九电化厂，属乡镇集体企业。1993年5月县外贸公司经理饶德宗以县外贸公司的名义收购接管。同年10月，该厂年产1000吨金属电解锰生产线投产，企业改名为“振兴化工厂”。1994年10月，该厂兼并花垣裘皮厂，建年产3000吨电解金属锰生产线。1995年5月工程竣工，6月投产。同年，二期年产4000吨电解金属锰技改工程立项。1996年6月，县外贸公司与振兴化工总厂正式分家，振兴化工总厂独立核算，归口县乡镇企业局管理。1996年9月，经国家外经委批准，该厂获产品出口自主经营权。1997年被农业部授予“中二档乡镇企业”。1998年3月被湖南省委、省人民政府授予“湖南乡镇企业‘明星企业’”。同年10月，被农业部授予“全国乡镇企业创汇大户”。1999年饶德宗被农业部评为“全国优秀厂长(经理)”。

1999年11月，该厂改制工作由饶德宗联合田兴华、饶泽辉等43人共同发起，通过“两个买断”方式，改制为民营股份制企业，称“湖南振兴化工有限公司”。2000年，公司拥有固定资产1.8亿元，在册职工788人，退休1人。年产电解锰1.5万吨，电解二氧化锰6000吨，年产值近2亿元，完成国家税收530多万元，是湖南省出口创汇龙头骨干企业，花垣县创税大户。

五、湖南太丰(集团)公司

湖南太丰(集团)公司位于团结镇太平村，总资产5亿元，系湘西州第一家大型独资私营企业。

1995年8月，公司创始人邓意明在当地兴建一个日处理100吨矿石铅锌浮选厂，生产的锌精矿销往株洲冶炼厂。2000年选厂扩建，日处理矿石能力达到1000吨。为使产品增值，邓意明决定兴建电解锌厂。在州、县领导和有关部门的支持下，2000年8月，年产2.5万吨的电解锌生产线破土动工。由于该公司纳税多，贡献大，先后被授予“省百强私营企业”、州县“十强民营企业”。董事长邓意明被省、州、县授予“纳税状元”“优秀民营企业家”等称号，并被选为州政协委员、县工商联副会长、州工商联常委。

六、汇丰矿业公司

汇丰矿业公司拥有固定资产5100万元，员工800余人。下辖铅锌矿山、铅锌浮选厂、电解锰厂、运输车队等4个经营实体。矿山年采硫化锌矿石30余万吨，铅锌浮选厂日处理矿石600吨，年产锌精矿5000吨，铅精矿200吨，电解锰1万吨，是一家集铅锌矿和锰矿采、选、冶、销为一体的综合性民营企业，其产品“汇乐”牌电解金属锰获得商标注册登记权和自营出口权。

1997年，公司创始人石帮松（龙潭镇窝坨村人）投资80万元创办小型浮选厂。之后，随着政府鼓励民营经济发展一系列政策措施的出台，企业不断发展壮大。1999年起，公司先后投入资金1100多万元，购买龙潭糯米冲一大型车道矿洞，又在龙潭境内的干塘、角弄、李梅、土地等村和团结镇广子坳、猫儿乡洞里等地开掘8个硫化锌矿洞。

第二节 轻工建材

一、花垣酒厂

花垣酒厂始建于1956年，位于县城西郊319国道旁，1972—1984年因生产蔗糖、白酒而称糖酒厂。1985年因甘蔗产量下降，原料不足，转产以红薯、玉米为原料的白酒，产酒精2500吨。1989年生产饮料酒2782吨，产值265.68万元，占全县工业产值的4.6%，实现利税66.49万元。1991年8月，该厂并入吉首湘泉酒总厂，称湘泉酒总厂花垣分公司。并投资300万元扩建一条年生产能力500吨白酒的生产线。其上缴税费由州、县两级财政分成，县财政每年收税80万元，此后三年内以此为基数，以后每年增加10%。陶辉兆、代喻武、刘克用、宋清宏先后任厂长。

二、花垣纸厂

花垣纸厂系自治州内最大的国营纸厂，位于县城东郊花桥村，占地面积10万平方米。该厂拥有国内先进纸机1880长网机1台、1575纸机1台、787纸机2台，年生产能力4500吨，生产有光纸、书写纸、包装纸、打字纸等机制纸。1995年后由于管理不善等原因，企业严重亏损，至2000年，一直处于停产半停产状态，多数职工自谋职业，企业资不抵债，成为县内濒临破产的特困企业。吴光照、刘开国、麻正荣、龙梅生、杨再金、张儒林、吴龙辉、黄启生、刘爱平先后任厂长。

三、花垣水泥厂

花垣水泥厂建于1977年，1979年投产，位于团结镇太平村，系县内唯一水泥生产厂家。主要生产设备有锷式破碎机、锤式破碎机、可调式超高细破碎机、球磨机、鼓风机等。产品有325#、425#民用水泥，525#火山石灰水泥，设计能力8.8万吨/年，日产250吨，产品畅销县内外。该厂生产主机和各关键岗位实现电脑微机控制，产品质量逐年提高，企业跻身全省水泥生产行业质量五十强之列，多次被湘西州工商局授予“重合同守信誉企业”称号。2000年，有职工272人，生产水泥5.26万吨，销售收入1126万元，完成税金69.7万元，实现利润30.3万元。姚昌元、麻文权、杨再全先后任厂长。

私经济创造更为宽松的环境。是年，共登记发照个体工商业户4106户，注册资金808.1万元，年产值1260.6万元，营业额3088.5万元。私营企业发展到17户，从业人员308人，注册资金151.81万元，总产值297.4万元，年营业额64.77万元。当年，个体工商户和私营企业共上缴国家税收240万元，交纳工商管理费12万元。

1995年，个体私营经济发展呈上升趋势，全县共发展个体工商业户6846户，完成湘西自治州委、州人民政府分6700户任务的102%，从业人员12658人，完成州计划分配12500人任务的107%，注册资金2746.7万元，年总产值2243.7万元，营业额15097.9万元。发展私营企业54户，从业人员904人，注册资金1448.6万元，年营业额460万元。1996年，全县共登记发照的个体工商户为8025户、从业人员14200人，比1995年分别增长17.2%、12.2%，完成上级分配任务的100.3%、104.4%。注册资金3580万元，总产值3080万元，营业额28801万元，分别比1995年同期增长30%、37%、90%。私营企业发展到55户，从业人员1120人，注册资金1557万元，产值2273万元，营业额1439万元。全年上缴国家税金480万元，比1995年增长8%，占全县工商税收的29.8%，交纳工商管理费21万元。

1999—2000年，个体私营经济发展迅猛。到2000年底，全县共注册登记发照的个体工商业户达13661户，从业人员达27290人，注册资金8591万元，总产值7090万元，年营业额45359万元。私营企业106户，从业人员2331人，注册资金11452万元，营业额298万元。

第二章　商品经营

第一节　生活物资经营

一、食盐

1986年，盐业恢复专业经营，成立花垣县盐业支公司，业务隶属湘西自治州盐业公司。1987年，湘西自治州盐业公司接管县盐业支公司的人、财、物。1993年，盐业公司下设盐政管理办公室，整顿规范盐业经营市场。1994年5月，在全县范围内开展盐业大检查，共查出大小私、假盐贩子3个，私盐58吨，假盐5吨，捣毁3个售假大户。1993—2000年，共开展盐业法规宣传27场次，设立法规咨询宣传点1个，接待群众350人次，散发宣传资料2万份，核发食盐经营许可证218个。出动警力48人次，开展执法检查21次，查获涉盐违法案件3起，违法私盐58吨。1998年12月28日，县盐业公司加挂盐务局牌子，编制8人，下设办公室、财务室、仓库、经理室，一套人马两块牌子。由正股级升为正科级，人、财、物、食盐由湘西自治州盐务局管理，党务工作由县委领导。

(一)购销　1986—2000年，共购进各类盐22580吨，其中食盐20500吨，完成计划的102%。共销售各类盐23650吨，其中食盐19560吨，完成计划的103%，实现利润156万元。

(二)食盐批发　1986—1987年，花垣的盐业批发业务仍由国营商业独家经营，价格平稳。1988年，盐业批发业务改由县盐业支公司统一经营。为扩大网点，方便群众，盐业支公司委托全县18家基层供销社国营商店开展转批业务，并给予5.6%的转批手续费。此后，随着商业体制改革，市场开放，县城取消凭票供应，城乡经营食盐零售业务的个体户逐渐增多。2000年，花垣县经营食盐零售个体户共有218户。1986—2000年，县盐业公司(盐务局)共批发食盐22580吨，其中食用加碘盐19560吨。

(三)加碘盐推广　1986年，小包装加碘盐销售占食盐的97%。是年，花垣县控制“地甲病”基本达标。1986—2000年，花垣县共销售小包装加碘盐17050吨，占加碘食用盐销售的100%。

花垣县1991—1999年食用盐购销情况

表15-2-62　　　　单位：吨、元

年份	购进	销售	缴税	库存
1991	1523.882	1782.78	51939.85	1100.546
1993	3482.916	1982.167	43719	2163.768
1994	1269.624	1740.107	49392	1157.281
1995	1881.957	1902.488	56854	1128.75
1996	1655	1626.696	37823	540.054
1997	1850	1776.468	32952	614
1998	1707	1651.8825	41452	690.48
1999	2141.02	1801.675	87566	1094.085

二、蔬菜

1986年8月，花垣县成立蔬菜公司，有工作人员8人，隶属县民贸一局。主要工作是平抑市场菜价，从外地调运反季节蔬菜供应本县居民。随着市场经济的不断发展，蔬菜市场放开，蔬菜公司于1989年撤销。1995年5月，成立县蔬菜工作领导小组，由县人民政府常务副县长任组长，在县财办设蔬菜办，由县财办副主任兼县蔬菜办主任。

1996年3月，花垣县被湖南省人民政府定为全省14个蔬菜基地县之一。同年4月，县人民政府召开专门会议，研究决定实施“菜篮子”工程县长负责制。成立以常务副县长任组长的领导小组，负责调处蔬菜基地建设中的矛盾和问题。是年5月县蔬菜办更名为花垣县蔬菜局，为县人民政府正科级事业单位，经费由县财政列支，配正副局长各一名。下设蔬菜办、蔬菜生产技术股、蔬菜服务中心、蔬菜质量监测中心。自被省政府定为蔬菜基地县后，全县蔬菜生产快速发展，城镇专业菜地由1995年的34.7公顷扩大到1997年的82公顷。狮子桥、峨碧等村修建了20多个蔬菜大棚。1998年底，县人民政府安排10万元扶贫开发资金为蔬菜局发展蔬菜产业。1999年2月，县蔬菜局制定《百亩大棚蔬菜科技示范基地建设方案》，5月，大棚蔬菜基地在柑子园破土建园，修建大棚127个，2000年4月基地初步建成。占地总面积11.6公顷，其中大棚占地面积0.92公顷。是年6月开始播种蔬菜，7月定植，10月开始受益，其中首季反季西红柿销往广西，市场看好。

三、肉食水产与副食品

肉食水产　主要由肉食水产公司经营。1986年始，县肉食水产公司在20个乡镇设有基层网点肉食水产站、组，主要负责乡、村农户饲养生猪的收购、调运及城乡居民肉食水产品的供应。乡镇肉食水产站承担城乡居民肉食的部分供应。1996年国家实行物价放开后，各乡镇的肉食水产站自行注销。1986—1995年，肉联厂和肉食禽蛋加工厂生产的肉蛋类制品实行外贸配(备)额销售，远销美国、日本等国家和港澳地区。1996年随着国家物为自给有余的粮食生产县。1992—2000 年,全县粮食总产量达 835787 吨,粮食收购任务 38900 吨,实际收购 75698 吨。

二、粮油销售

1986—1991 年,县粮油供应政策以定量供应和计划供应为主,实际销售平价粮油 60987 吨、议销粮油 11689.4 吨。县内所购进的粮油总量不足 3 万吨,粮油购销缺口较大。为确保粮油供应,县粮食局先后从外县(市)调进粮食 45058 吨,以补充县计划供应的不足。

1992 年,粮油购销价格全面放开后,县内粮食产量也逐年递增。从 1994 年起,花垣县粮食总产量年均超过 9 万吨以上,粮食经营也相应转入市场经济。在物价上涨的 1993 年和 1994 年,县粮食部门销售粮食 3450 吨,平抑了县内市场粮价。1995—1999 年,粮食市场连续疲软,县内粮食库存积压严重。到 1999 年底,县内粮食积压库存量高达 21627 吨,占县库容总量的 71.32%,其中陈年粮就达 10321 吨。

花垣县 1986—1991 年议价粮油购销情况统计表

表 15-2-64　　单位:吨

项目 年度	议价粮油销售	议价购粮油	备注
1986	1710.3	632	从 1992 年 4 月起粮油购、销价格全面放开。
1987	1902.5	330	
1988	4502.6	619	
1989	480	527	
1990	2260	839	
1991	834	1801	
合计	11689.4	4748	

花垣县 1986—2000 年粮食产、购、销统计表

表 15-2-65　　单位:吨

项目 年度	产量	收购	销售
1986	76863	12118	14847
1987	73213	5331	8357
1988	54613	5119	11704
1989	58174	3920	14677
1990	76919	5539	11492
1991	80683	4301	10613

续表

年度＼项目	产　量	收　购	销　售
1992	83154	9186	8177
1993	77595	6057	9085
1994	89093	9892	18335
1995	92227	14717	13896
1996	96805	10118	13862
1997	102949	7996	6687
1998	102453	7929	3330
1999	92508	7688	1870
2000	99003	2115	4032
合计	1256252	104093	163607

花垣县 1986—2000 年粮食调入调出及库存情况表

表 15-2-66　　单位:吨

年度＼项目	调入量	调出量	库存量	备　注
1986	8027	677	14394	
1987	3533	2184	9409	
1988	8599	651	9343	
1989	9249	515	8566	
1990	7715	3289	13380	
1991	7935	1680	46547	
1992	4587		17002	
1993	3775		13389	
1994	6956		15884	
1995	3119		13869	
1996	6634		15120	
1997			15280	
1998			21662	
1999			21627	
2000			19683	
合计	70129	8996	255155	平均年库存量 14911 吨

三、粮油储运

(一)仓储设施建设

仓库建设　1986年后,花垣县对原建的岩、砖木结构仓库逐步进行改建。1986—1990年,先后对城郊、龙潭、雅桥、排料和董马库等站(点)的7栋仓库进行改建,面积2348平方米,容量5573吨。1991—1996年,先后对直属库、麻栗场、吉卫、城郊、茶洞、民乐等站改建仓库16栋,改建面积6796平方米,仓容10081吨。1986—2000年,全县累计仓库改建面积9144平方米,仓容15654吨,仓库改建23栋,投资280多万元。到2000年底,全县共有仓库57栋,仓容29895吨,油脂容量360吨。

粮店建设　为便于粮油供应,提高服务质量,满足人民生活需要,粮食部门对城乡基层粮店营业间进行了改造,同时改善了站(点)干部职工的办公、住宿条件。1986—1990年,分别新建吉卫站营业、办公住宅楼,花垣议购议销公司综合楼和局机关住宅楼,总建筑面积2543平方米。1991—1996年,分别新建民乐、茶洞、麻栗场和团结站的营业、住宿楼,建筑面积3830平方米。1986—2000年,全县累计投入资金300多万元,修建营业、办公和住宿楼8栋,建筑面积7530平方米。

其他仓储设施建设　随着粮食体制改革的不断深化,县粮食系统大力开展第三产业,积极参与市场竞争。1995年在吉卫墟场建成一个粮油交易市场,占地面积768平方米,投资64万多元。1997年开发一个占地3公顷的猕猴桃基地。1994—2000年,县粮食系统总投入基础设施建设900多万元。

(二)仓储调运

1986—1994年,从外县(市)总调入粮食62376吨,调出粮食8996吨。纯调入粮食53380吨,年均调入量5953吨。为合理布局县内各站(点)粮食库存,9年中通过相互调剂和指标粮划转、集并调运的粮食共38600吨,其中指标划转25740吨,现粮集屯并转12860吨,节约县内运费7万多元。

1995—1996年,由湖南省统一安排从长沙、茶陵、澧县和攸县先后调入稻谷9753吨,其中调入国储粮4124吨、省储粮1000吨,定购粮5634吨。由于当时已实行各地区购销总量包干,原"四统一"调运管理制度也逐步取消,但对调入的专储粮和湖南省储粮一律不实行增减价和水分、杂质检测制度,县内的国储粮和省储粮调运损耗达514吨。截至1996年底,花垣县粮食库存15120吨,油脂248吨。存粮性质有国储粮4048吨,省储粮2015吨,定购粮3996吨,市场粮5061吨。

1996年4月,花垣县成立国家粮食库存清查组,历时一个多月。通过账面核实和实际盘库,花垣县库存粮食亏库1476吨,其原因是:几年所调运粮食运输损耗514吨;1993年7月31日,花垣县遭受暴风雨袭击,仓库普遍漏雨,造成损失962吨。

1998年开始取消国储和省储代理制,实行专项储备归口管理。花垣县所有原代管代存专项储备粮油,到2000年全部取消。

四、粮油加工

1986年,县植物油厂建成,投资6.8万元,占地面积1800余平方米,新修厂房、仓库等600余平方米。1987年3月,修建年产3000吨配合饲料厂,投资68万多元,占地面积7800多平方米,其中新建车间、厂房和仓库及门市部、职工住宅楼面积900多平方米。1993年和1995年分别建成年产300吨的粉丝加工厂和年产8000吨的华利锰粉加工厂,投资98.6万元,占地面积约4000平方米,修建厂房、仓库365平方米。

1992年,湘西自治州粮食局将大米厂、饲料厂的管理权下划归县粮食局管理后,其机构属县粮食局所辖的工业企业独立核算单位。

1990—1993年,城郊、团结、吉卫、麻栗场、龙潭和民乐粮站先后从湘潭粮机厂购置组合米机6台。1994年9月,县大米厂进行面粉车间改造。至此,花垣县粮食系统基本初具粮食、油料和饲料加工为一体的附营加工规模。年产量从1985年的200多吨增加到1993年的3700多吨,年产值从70多万元增至300多万元。加工业、饲料企业年产量

5700多吨，产值240多万元。

1986—1995年，花垣县粮食系统分别对大米厂面条车间、面粉车间及酒厂进行改造，并兴建职工住宅，兴办养殖场和粮油新产品试制；直属库、城郊、茶洞、吉卫和麻栗场等基层站对加工厂房进行改建和维修。新购置面条、面粉和组合米机及榨油等加工设备。累计新修、改造和维修厂房面积2700多平方米，投资150多万元。全县粮食系统在厂房建设和设备改造中，总计投入资金335万元。

花垣县1986—1995年粮油加工产量产值盈亏情况表

表15-2-67　　　　单位：吨、万元

项目 年度	产量	产值	盈亏	备注
1986	405	62.08	9.03	表中1986—1991年系基层粮站加工数。
1987	586	149.77	15.74	
1988	905	249.72	16.24	
1989	1564	253.10	11.70	
1990	1989	183.81	13.86	
1991	1647	189.29	17.66	
1992	3129	319.27	46.54	
1993	3743	326.60	27.70	
1994	1507	199.20	-16.10	
1995	807	154.00	-2.57	
合计	16282	2086.84	140.31	

第四节　饮食服务

1986年，花垣县城的饮食服务行业不多，主要是县城街道的小餐馆和个体饮食摊。国营饮食店有县城汽车站的饮食服务公司饮食店和县人民政府招待所两家。个体餐馆较有名气的有窝勺乡个体户田晓兰开办的湘川酒家，不少过往车辆的司机和旅客都在此就餐。县城内有回味餐馆、百花餐馆和位于西门口的安子特色菜馆和彭老三特色菜馆等。

随着改革开放的进一步深入，城乡居民的生活水平不断提高，饮食服务业发展很快，全县城乡大小餐馆不断增多，从业人员迅速增加，到1991年仅县城内大小餐馆就有200家，从业人员达到2000多人，很多外地客商也纷纷前来花垣开办个体餐馆。由于个体饮食业的崛起，县饮食服务公司饭店的服务网点缩减。1992年县饮食服务公司的车站饭店由于服务质量和卫生条件差而关门停业，20

多名职工改行。西门口和又一村饮食店在激烈的竞争中关停并转,县饮食服务公司由原来经营旅馆、冷饮、餐饮业三项为主缩减到经营旅馆和冷饮二项主业,从业人员由原来的100多人减到50余人。到2000年底,花垣县从事饮食业服务的商家有250家。

第五节　石油及燃料经营

一、石油

1985年,湖南省石油销售行业从商业系统划出,移交湖南省石油公司。花垣石油销售业从县民贸局划出,成立"湖南省石油公司花垣支公司",内设办公室、业务股、财会股、油库,有职工24人。2000年,中国石油化工集团实行大集团经营,花垣石化属于湘西自治州石化支机构。

设备更替　1986年以前,花垣石油的零售方式简单,凡轻油、重油一律采用磅秤称,计量单位为千克。钟佛山油库、麻栗场油库采用200千克铁桶安装标有刻度的玻璃管计发汽油、柴油,单位为千克,重油仍用磅秤,储油容器均为200千克铁桶。1986年2月,花垣石油销售开始使用"流量表"发油。当时全县有流量表6台,其中中间溪4台,麻栗场2台。1988年,中间溪油库扩建,有50立方米储油容器13个,建桶装库一栋531平方米,总容量达到850立方米。1991年10月,茶洞加油站建成投产,增加25立方米储油罐2个,流量表2个。

1993年实行设备大更新,中间溪油库、茶洞加油站开始启用"长空牌""海狮牌"机械计量加油机(共4台)。是年,花垣石油支公司佳民加油站建成投产,安装30立方米油罐3个,"海狮牌"加油机3台。1997年浮桥加油站、凉水井加油站建成投产,使用直流式机械计量加油机6台。2000年,凉水井加油站扩建投产,城南站改建投产,安装当时最先进的刷卡式广州恒山电脑加油机12台。同年收购老鸭塘个体加油站并改建投产,安装恒山第二代多功能电脑加油机2台。年底,茶洞加油站改建投产,安装恒山第二代多功能电脑加油机4台。至此,全县共有加油机21台,金属油罐容量达560立方米。

油品购进与销售　20世纪80年代至90年代初,成品油的购进主要是靠国家分配。计划油由国家统一定价,自己采购的实行票价,计划油部分实行平价。农用柴油由县农机局统一管理,发行农用柴油票据,分配到各个乡镇供销社。分配原则按口粮加工、农副产品加工、机耕、排灌、抗旱、农业和资料运输、农田水利建设、发电生产用油、柴油汽车、船舶等项目进行定量分配。分季供应,跨季作废。汽油按县政府确定的必保、重点、一般的等次,对车属单位分类排队进行定量分配。一类:县属重点厂矿(如当时的电解锰厂、涂料厂等)每台车每年5~8吨(拖斗加1~1.5吨)。二类:一般厂矿、机关团体每台车每年3~5吨。三类必保单位:县四大家、公检法、邮电、医疗等单位原则上每台小车每年1.2~2.4吨。

煤油供应分为有电区、半有电区、无电区三种类型:无电区每户每年4~5千克;半有电区每户每年2~3千克;有电区每户每年1~2千克。此外,乡直机关干部、教师每人每年6千克,寄宿学生每人每年3千克,农村实行计划供应。供应办法为凭证(票)供应和控制供应。

1986年,中国石化销售公司鼓励下属各级销售单位直接到炼油厂进油,作为国家计划分配油料不足的补充。1987年县石油公司购进自采油285吨。由于当时自采油价格偏高,与平价差距大,每吨约500元左右,购者甚少,销售不畅。县石油公司采取高价搭配平价的办法，搭配比例从 1∶1 到 1∶0.5 不等，当年销售自采油 162 吨。

随着国家计划的逐年减少，自采油在油品销售中的比例越来越大。自采油购进数量大，但库容小，不能满足需求。1988 年县石油公司报请省石油公司批准，扩建中间溪油库，计划投资 40 万元，1989 年 11 月竣工，库容由原来的 120 立方米增加到 850 立方米，年吞吐量达 5000 吨。

1990—1993 年，国家对计划汽油、农用柴油相继取消，油品销售全部进入市场。花垣石油公司因经营不善连年亏损，丧失了市场竞争能力。2000 年，中国石油化工实行大集团化经营，大力收购社会加油站，增设网点。湘西自治州石化公司在花垣设立分支机构——花垣石化分公司，并于当年投资建成凉水井加油站，销售汽油 6000 吨，是原县石油公司年销量的 3.5 倍。

二、煤

1980 年，花垣县煤炭公司成立，隶属县民贸一局，共有人员 7 人，主要经营藕煤和炭。1990 年，县煤炭公司划归县经委管理，人员增至 10 人。

1980—1992 年，县城藕煤实行凭票供应，人平每月 70 坨。县财政按销量每年给予 2 万元的补贴，1992 年补贴取消。随着市场经济的发展，农村也开始有用煤户。1993 年起取消凭票供应政策，藕煤对外敞开销售，销售量不断增加，花垣县城乡年销量达 4000 吨左右。1994 年始，出现生产、经营藕煤的个体户，成为煤炭公司市场竞争对手。

1995 年，煤炭公司由于经营管理不善，失去藕煤市场竞争能力，停止生产、销售藕煤，重新经营石油液化气，并把花垣县煤炭公司改为花垣县燃气燃料总公司。

到 2000 年底，花垣县共有生产、经营藕煤个体户 5 户，年销量达 8000 多吨，基本满足花垣城乡 5.4 万户用煤户的需求。

三、石油液化气

1993 年始，县城居民生活燃料开始由煤向石油液化气过渡。1994 年，县燃料公司在佳民 319 国道旁修建液化气储备站，1995 年 6 月竣工，经建委、劳动、消防等部门验收合格投入使用。该站占地面积 8000 平方米，储气能力 175 立方米，年销售气 650 立方米。石油液化气方便、卫生、无污染，深受居民欢迎。至 2000 年，城镇基本普及使用石油液化气。

第六节　烟草经营

1986 年，花垣县烟草专卖局下设专卖股、计财股、业务股、办公室，编制 11 名，实有职工 38 人。1990 年，县烟草专卖局（公司）上划湘西自治州烟草专卖局（公司）统一管理。局（公司）下设行政办公室、档案室、打字室、专卖办公室、销售股、卷烟仓库、原烟股、原烟仓库、计财股。在县城和 11 个乡镇设有 11 个卷烟批发门市部和 10 个卷烟指导站。到 1990 年底止，有人员 35 人，另聘用临时工 12 人，其中烟叶技术员 8 人。2000 年后，卷烟逐步实行访销配送制度，县城和乡镇的卷烟批发门市部全部撤销。

一、原烟生产

1986 年后，县烟草专卖局（公司）积极引进烤烟和香料烟新品种，开拓发展烟叶生产。先后在茶洞、民乐、道二、雅酉四个乡（镇）设立原烟生产技术指导站，推行良种化、区域化栽培技术。后又增设长乐、麻栗场、吉卫、补抽、排料等烟站。1997 年，全县 21 个乡（镇）种烤烟 1100 公顷，收烟 29000 担，烤房达到 5000 栋，设收购站、点 11 个，属县域历史种烟最高峰。

组织领导 1987年，县委、县政府成立烟叶生产领导小组，下设办公室，全面贯彻执行扶持政策和组织协调烟叶生产的各项工作。县烟叶生产领导小组由县委书记或县长等主要领导担任组长，由县委副书记或副县长、相关部门负责人担任主抓副组长。1987—1993年，县“两烟”生产办公室主任先后由县烟草专卖局(公司)法人代表，县委县政府委派相关部门负责人担任。

技术服务 原烟生产按照“良种化、区域化、规范化”的栽培要求，采取县、乡(镇)、村各级培训的方式进行。县人民政府主要培训乡镇抓烟领导、驻村负责人及烟叶技术人员；乡镇举办烟农技术培训会；村里采取示范做样的方式现场培训烟农。原烟生产的每一阶段，技术人员均做样板，组织烟农现场观摩学习领会，对烟农提出的各种疑问，作详尽答复，进行流动检查指导，促进优质烟叶全面平衡发展。烟叶烘烤技术是培训中的重点内容，每年烟叶收购之前，县人民政府要先办收购人员培训班，统一眼光，把准级别标准，搞好优质服务，做到县和乡(镇)、烟草公司、烟农“三满意”。

政策扶持 花垣县烟叶生产优惠政策和奖励措施在湘西自治州最为突出，主要体现在让税于基层。1989年为烟叶特产税的40%；1995—1997年为烟叶农林特产税的30%；1998—1999年为烟叶农林特产税的60%；2000年为烟叶农林特产税的70%返回种烟乡镇用于扶持和奖励。1998—2000年，县政府对种烟农户修建烤房每栋投入200元。2000年投入烟叶生产发展基金5万元，用于烟叶生产阶段性奖励、基础设施、耕作机械化、技术培训等方面，并采取每交自产原烟50千克奖励乡镇政府3元以及对在烟叶生产中有突出贡献的人员和取得突出成效的种烟大户给予重奖等措施调动乡(镇)、村、烟农种烟积极性。

原烟品种 县内原烟品种有晒烟、香料烟、白肋烟、烤烟。最早种植的是晒烟，又称草烟。到1990年，全县晒烟总产量上升到246吨，仅吉卫、补抽、雅酉烟区种植面积就达97.1公顷。1986年县烟草公司从浙江新昌县引进“沙姆逊”香料烟种子，在茶洞、道二、雅桥、长乐试种成功。1989年在吉卫、雅酉、补抽试种白肋烟，面积约0.7公顷，国家收购烟叶近1000担。后因种植白肋烟不符合湘西自治州烟草专卖局(公司)发展烟叶生产规划布局，1990年后停止生产。1991年共种植“沙姆逊”香料烟12000公顷，国家收购烟叶14500担。后因产量低，停止了种植。

1986年后，县烟草专卖局(公司)推广了G140、NC89、春苗3号烤烟种子栽培；1988年起由湘西自治州烟草公司统一分配G80、G140、NC89、K326四个烤烟品种，其优点是叶大、质优、易燃、高产。按照湖南省烟草公司《优质烤烟技术方案》结合地区实际，推行烟叶生产“三化”即良种化、区域化、规范化栽培技术措施，组织烟农采用高垅单行栽培，育苗采用“营养袋”“稻草营养圈”假植新技术，烤烟亩产水平大大提高。1990年达1380千克/公顷，比1988年每公顷增收烟叶30～40千克，烟农得到实惠，积极性大有提高，全县烤烟种植面积和产量稳步增长。1990年种植烤烟100公顷，总产量2400担。1991年种植烤烟240公顷，预计收烟7000担。但在7月下旬以后，道二等5个乡镇爆发罕见的大面积烤烟蛙眼病，烟叶成丘成块枯死。全县病灾面积达134公顷，重灾602户，107公顷。其中无收52.5公顷，减收50%～80%的有56.7公顷(达80%的有32.2公顷)，造成烟叶减产2750担，经济损失74万元。其中225户烟农的52公顷旱土面积全部种上烟叶，受灾后不仅减收27万元，还造成粮食缺口23.4万千克。1991年9月24日，县人民政府特向湘西自治州人民政府写出“关于要求解决我县烟农救灾粮款的请示”，请求从救灾角度下拨给花垣县25万千克救灾粮和35万元救灾款，以解决受灾烟农的生产生活困难。1995—2000年，增加种植K326等烤烟品种。

花垣县1986—2000年烤烟销售情况统计表

表15-2-68

类别／数目／年份	烟技人员（人）	种植面积（公顷）	收购烟叶（担）	销售烟叶 合计（担）	销售烟叶 其中调入（担）	资金投入（万元）	特产税（万元）	收购站点（个）
1986	3	6.3	160	160				
1987	5	3.9	60	60				
1988	10	53.6	740	740				
1989	10	171.5	3080	3080		73.454		
1990	10	100	2400	2400		44.315		
1991	18	239.5	3620	3620		152.594	280	
1992	20	494.1	11140	11140		8.1105	610	
1993	23	697	14480	14480		189.761	500	7
1994	16	253.7	7480	19046	11566	57.709	100	6
1995	13	252	6400	5880	3928	186.802	520	18
1996	47	797.9	12740	16398	3658	2.147853	184	18
1997	72	1100	29000	48162	19162	2698.260	320	10
1998	30	664	18160	18618	458	361.783	290	9
1999	25	450	7520	14995	7475	449.295	1040	8
2000	23	660	15600	15600		210.00	867	7

花垣县1986—2000年烟叶生产情况统计表

表15-2-69 单位：公顷、担

品名／面积 产量／年份	晒烟 面积	晒烟 总产	烤烟 面积	烤烟 总产	香料烟 面积	香料烟 总产
1986	222	3742	4.5	120	1.66	4
1987	275	5694	1.5	41	2.3	33
1988	241	4491	41	570	10	169
1989	395	7127	145	2695	26.6	388
1990	314	4898	66.6	1840	36.6	560
1991			240	5994		
1992				14911		
1993				13690		
1994				3118		
1995				1952		

续表

年份 \ 品名 \ 面积 \ 产量	晒烟		烤烟		香料烟	
	面积	总产	面积	总产	面积	总产
1996				9009		
1997				37729		
1998				8966		
1999				4707		
2000				12500		

二、卷烟销售

1986年起，个体商户发展快速增多，卷烟零售市场全部开放，出现多渠道、多家经营竞争的局面，全县有日杂公司、信托公司、二轻公司、乡镇企业、居委会、饭店、旅馆、招待所、电影院、车站等批发部近千家。1988年县烟草公司总销售卷烟2300.8大箱，占全年总销量5250.4大箱的44%，品牌是"老司城""龙山"等丙丁级卷烟。1990年县烟草专卖局批准核发烟草专卖零售许可证的个体户高达1078户。县烟草公司销售卷烟主要靠县城公司批发门市部和西门、农贸市场、汽车站、三岔路、茶洞批发部以及部分乡镇代批店。

1990年销售卷烟9059大箱，销售额798万元。1997—2000年，县烟草公司在县城还采取用板车送货到零售经营户的销售方式，方便用户，增加销量。

三、烟草专卖管理

1986年，市场开放搞活，烟草制品多条渠道多家经营竞争激烈，购销价格和经营秩序一度混乱。县烟草专卖局根据国务院《烟草专卖条例》和国家烟草专卖局发布的《烟草专卖条例实施细则》，开始治理整顿烟草市场，规范各种经营行为，统一规范管理，调节消费，打击违法违规，保护合法经营，维护消费者利益。同年10月，县烟草专卖局经过审核批准核发烟草专卖零售许可证918个，其中国营27个，供销社88个，集体144个，个体648个，联营2个，其他9个。1987年，县烟草专卖局协同工商、税务、公安、交通等部门，组织力量，深入城乡，广泛宣传《烟草专卖条例》和《烟草专卖条例实施细则》及相关政策规定，印发文件1000余份，资料小手册1000余本，张贴标语500余幅，并开播花垣县有线广播20余次。1985—1990年，共查获违章案件94起，处理罚款52户，罚款金额4154.58元，没收卷烟1642.7条，假冒卷烟1070.2条，手工卷烟805条，烟叶、烟丝60袋。按照国务院和国家专卖局每5年换发一次烟草专卖许可证的规定，1988年9月11日，全县共换发烟草专卖许可证792个，其中批发点有：公司批发部1个，委批点8个，零售点783个，国营22个，集体105个，个体656个。

1991年6月29日，《中华人民共和国烟草专卖法》颁布，1992年1月1日起施行。1992年县烟草专卖局采取多种方式深入宣传，在广播电台发稿5篇，印发专卖资料1200余份，张贴宣传标语900幅，举办培训班7期，办专刊3期，出黑板报2期，并运用宣传车到城乡巡回宣传。

1991—2000年，烟草执法共联合检查935次，达2871人次，查处各类违法违规案件458起，没收走私卷烟3.26件和假冒卷烟2304.56件，查处烟叶、烟丝1299.6担，罚没款113.35万元，没收烟机12套，打击制假窝点4个，开展专卖执法宣传17次，开座谈会35次，印发各类宣传资料8400余份。

第十六篇 财税 金融

财税金融工作立足为工农业生产和人民群众生活服务，突出以工业为主体的财源建设，拓宽金融渠道，财税收入一年一个台阶快速增长，对推动社会各项事业的发展和提高人民群众生活水平作出了重要贡献。在财税工作中，突出壮大工业主体财源，把立足矿产资源开发加工、加快构建工业体系作为主攻方向，着力支持财源企业发展和锰、锌系列产品规模开发，培植一批达百万、上千万的税收大户。巩固农业基础财源，不断加大农业产业结构调整力度，通过土地流转、山地开发、培植种植业养殖业大户等多种手段，促进基础财源的稳步增长。广辟新兴财源，大力发展乡镇企业，放手发展私营经济，交通运输、金融保险、建筑安装、娱乐饮食服务等第三产业。积极挖掘替代财源，加强预算外资金管理和个人所得税、土地增值税、房产税、屠宰税等地方零散税源的征管。通过多种途径，财税工作得以蓬勃发展。1990 年花垣县财税收入 1123 万元，比 1985 年的 269 万元增加了 854 万元，增长 3.17 倍；1995 年 3555 万元，比 1990 年增加 2432 万元，增长2.16倍；2000 年 6160 万元，比 1995 年增加 2605 万元，比 1985 年增长 5891 万元。财税总收入由 1985 年湘西自治州 8 县(市)的倒数第 2 位跃居于 2000 年的湘西自治州第 3 位。随着财政实力的增强，财政支出也不断加大。1990 年花垣县财政支出 2628 万元，比 1985 年的 1261 万元增加 1367 万元；1995 年支出 5626 万元，比 1990 年增加 2998 万元；2000 年花垣县财政支出 10585 万元，比 1995 年增加 4959 万元，比 1985 年增加 9324 万元。与此同时，财税体制改革不断深入完善，逐步与社会主义市场经济体制相适应，银行、保险等金融部门围绕经济建设中心，大力筹措资金，适时发放贷款，重点支持水利、能源、交通、教育、冶金、轻工、建材、基础设施等工程项目建设，促进县域经济发展。

第一章 财 政

第一节 机 构

一、县财政局

1986 年，花垣县财政局下设办公室、企财股、农财股、行政财务股、会计函授站、综合股、监察股、国库券推销办公室、预算股、控制社会集团购买力领导小组办公室。1988 年增设“花垣会计事务管理站”。1991 年增设“国有资产管理办公室”“花垣县预算外资金管理办公室”。1994 年增设“花垣县收费管理站”与“综合计划股”。1995 年增设“花垣县财政局农税征收站”“花垣县财政局商业股”“花垣县财政局社会保障股”。1996 年 10 月，增设国有资产管理局。2000 年相继成立农业税收征收管理局、财政监督局。是年，花垣县财政系统共有干部职工 175 人(1985 年为 93 人)，其中大中专毕业生占 71%，设股、室、所、局、中心 42 个。

二、乡镇财政所

1986 年，花垣县 20 个乡镇均设财政所，归县财政局管理，负责所在乡镇财政收入及综合平衡工作。1992 年，新成立的大龙洞乡设立财政所。2000 年，全县 21 个乡镇均设财政所。

第二节　财政收入

1986—1988 年，花垣县财政累计收入 1432 万元，年均 477 万元。1988 年财政收入 614 万元(其中：工商各税收入 566.8 万元，占 92.3%；契税和耕地占用税 13.2 万元；企事业收入 1 万元；其他收入 33 万元)，比 1985 年的 269 万元增长 128%，年均增长 31.7%。1989—1993 年，随着工业主体财源的发展壮大，共实现财政收入 6688 万元，年均 1337.6 万元。1993 年财政收入 1890 万元(其中：工商各税收入 1546 万元，占 81.8%；农业税收 174 万元；企事业收入 3 万元；其他收入 167 万元)，比 1988 年增长 2 倍，年均增长 25.2%。1994 年实行“分税制”后，实现财税收入 2512 万元。1997 年上划中央增值税、消费税(以下简称“两税”)收入和地方财政收入分别为 1654 万元、2998 万元，比 1994 年的 1153 万元、1359 万元分别增长 43.5% 和 120.6%，年均分别增长 12.7% 和 30.2%。2000 年，工业主体财源趋于成熟，快速增长；个体私营经济等第三产业快速发展，全年实现财税收入 6160 万元(其中：工商各税收入 4272 万元，占 69.4%；农业税收 543 万元；企事业收入 676 万元；其他收入 669 万元)，比 1993 年增长 2.26 倍，年均增长 18.4%，比开始实行财政收支包干的 1985 年增长 21.9 倍，年均增长 23.21%。是年，上划中央“两税”收入和地方财政收入分别为 2352 万元和 3808 万元，比 1997 年分别增长 42.2% 和 27%，年均分别增长 12.5% 和 8.3%。1986—2000 年，累计实现财税收入 39577 万元。

一、农业税收

1986—1988 年，停征农业税。1987 年，开始征收契税和耕地占用税，当年征收契税 2 万元、耕地占用税 8.7 万元。1989 年，新开征农业特产税和恢复征收农业税，当年征收农业特产税 3.8 万元、农业税 118.7 万元。1989—2000 年，征收农业税 4165 万元，年均 347 万元。农业特产税变动主要取决于烟叶收购量及价格。1990 年，农业税总任务(实物)434 万千克，是年社会减免 22 万千克，民族减免 32 万千克，灾情减免 45 万千克，下达任务 380 万千克，实收 335 万千克，计税单价 0.442 元。2000 年，农业特产税中的 93% 为烟叶特产税(收烟叶 55.61 万千克，税收入库净额 93 万元)。农业税征收额的变动主要取决于计税价格。2000 年，征收农业特产税、耕地占用税、农业税共 543 万元(其中：农业特产税 100 万元，耕地占用税 45 万元，契税 75 万元，农业税 323 万元)，比 1989 年的 132 万元增长 3.11 倍，年均增长 13.7%。是年，社会减免和民族减免 54 万千克，下达任务 360 万千克，灾情减免 10 万千克，计税单价 1.06 元，歉收 45.3 万千克，征收农业税额 323 万元(折合实物 304.7 万千克)。

二、企事业收入

1986—1993 年，累计实现企事业收入 53 万元。1994—2000 年，累计实现企事业收入 1235 万元，年均176.4万元。2000年，企事业收入676万元，三立集团交纳弥补国有企业计划亏损58万元（主要用于商业管理部门退休人员工资和三类农副产品补贴）。

三、其他收入

1990年，开始征收教育费附加（当年入库14.8万元）和国家预算调节基金（当年入库11.6万元）。1993年，开始征收土地有偿使用费，当年入库2.4万元。1995年，停止征收国家预算调节基金，开始征收行政性收费收入费，当年入库25万元。2000年实现其他收入669万元，其中罚没收入318万元，专项收入140万元（含排污费38万元，教育费附加102万元），土地有偿使用收入56万元，其他155万元（含资源补偿费89万元，政府调控金58万元，国有资产“非转经”占用费8万元），比1985年的29万元增长22倍，年均增长23.3%。

1986—2000年，共实现其他收入5040万元，年均收入336万元。

四、上级补助

1986—2000年，上级财政给县财政累计补助48179万元（占同期财政总支出的62.4%）。其中：定额补助15568万元；专项追加补助11740万元；决算补助1744万元；1989年开始支出下放补助，至2000年共1436万元；1994年开始税收返还补助，至2000年共5646万元；1996年开始扶贫资金补助，至2000年共8472万元；1997年开始转移支付补助，至2000年共1796万元；1999年下半年开始工资补助，至2000年共1188万元（按1998年末的7749人新增工资80%补贴）；其他补助599万元。2000年，上级财政补助6677万元，占当年财政总支出的63%，比1985年989万元增长75倍，年均增长13.58%。

花垣县1986—2000年上级财政补助统计表

表16-1-70　　　　单位：万元

项目 / 年份	合计	扶贫资金	专项追加	定额补贴	支出下放	税收返还	工资补助	决算支付	移转支付	其他
1986	1134		537	527				18		52
1987	1217		600	554				40		23
1988	1233		596	580				48		9
1989	1379		551	580	69			164		15
1990	1331		470	677	1			180		3
1991	1637		717	710	1			205		4
1992	1905		761	956	38			110		40
1993	1726		534	1004	89			107		2
1994	2735		492	1054	93	865		140		91
1995	3332		578	1317	93	924		419		1
1996	4689	1155	985	1377	248	719		200		5
1997	5759	2174	876	1446	201	753			256	53
1998	6330	1996	1241	1518	201	782		48	500	44
1999	7095	1822	1650	1594	201	791	397	20	500	120
2000	6677	1325	1152	1674	201	812	791	45	540	137
合计	48179	8472	11740	15568	1436	5646	1188	1744	1796	599

花垣县 1986—2000 年财政收入统计表

表 16-1-71　　单位:万元

项目/年份	合计	税收		企事业收入	其他收入	上划"两税"		地方收入	
		小计	其中农业四税			合计	乡镇	合计	乡镇
1986	352	339		-37	50				
1987	466	443	11	-14	37				
1988	614	580	13	1	33				
1989	995	918	132	-12	89				
1990	1123	1016	157	-13	120				
1991	1289	1163	159	5	121				
1992	1391	1249	178	14	128				
1993	1890	1720	174	3	167				
1994	2512	2295	316	-9	226	1153	313	1359	780
1995	3555	3051	347	52	452	1545	512	2010	995
1996	3747	3128	449	31	588	1339	454	2408	1379
1997	4652	3868	582	73	711	1654	776	2998	1585
1998	5215	4362	566	74	779	1970	450	3245	1103
1999	5616	4408	562	338	870	2081	519	3535	1329
2000	6160	4815	543	676	669	2352	576	3808	1416
合计	39577	33355	4189	1182	5040	12094	3600	19363	8587

第三节　财政支出

1986—2000 年,财政累计支出 77260 万元(其中:上解上级支出 2498 万元,占 3.23%;经济建设支出 17560 万元,占 22.75%;文教卫生支出 27119 万元,占 35.1%;行政管理支出 15051 万元,占 19.48%;其他支出 15032 万元,占 19.43%)。2000 年,财政支出 10585 万元,比 1985 年的 1261 万元增长 7.4 倍,年均增长 15.24%。其中:1986—1993 年平均增长 14.6%;1994 年实行"分税制"后平均增长 16%。2000 年,财政支出百万元以上的科目有:教育事业费 2142 万元;支援不发达地区支出 1490 万元;重点财源建设项目 15000 万元;行政管理费 1360 万元;行政事业单位离退休经费 1022 万元;农林水利气象等部门事业费 545 万元;文体广播事业费 355 万元;卫生经费 596 万元;税务等部门事业费 391 万元;抚恤和社会福利救济费 275 万元;公检法司支出 532 万元;城市维护费 149 万元;政策性补贴支出 148 万元。是年财政供养人员(8337 人)平均支出 10180 元(剔除扶贫资金和上解支出),比 1985 年人均支出 2925 元增长 2.48 倍。1986—2000 年 15 年间,仅 1995 年和

1999年财政运行中分别结余55万元和144万元，其余年份均出赤字(1994年赤字高达1069万元)。2000年财政累计赤字3018万元。

1986—2000年花垣县财政支出统计表

表16-1-72　　单位:万元

项目 / 年份	合计	其中					当年结余	累计结余	供养人员(人)
		上解支出	经济建设	文教卫生	行政管理	其他			
1986	1513	11	284	618	244	356	-1	8	4679
1987	1695	12	336	701	352	294	-104	-96	4853
1988	1955	63	330	864	317	381	-183	-279	5003
1989	2413	79	512	860	362	600	-8	-287	5158
1990	2628	26	495	1051	539	517	-97	-384	5373
1991	2810	52	484	1143	570	561	-224	-608	5641
1992	3202	68	623	1272	611	628	-106	-714	5898
1993	3751	59	648	1556	762	726	-184	-898	6070
1994	5347	30	1064	2124	1137	992	-1069	-1967	6249
1995	5626	192	972	2191	1234	1037	55	-1912	6425
1996	7160	418	1709	2346	1447	1240	-686	-2598	6846
1997	8905	280	2605	2660	1741	1619	-377	-2975	7366
1998	9483	323	2670	2914	1749	1827	-88	-3063	7724
1999	10187	308	2739	3101	1812	2227	144	-2919	8072
2000	10585	577	2089	3718	2174	2027	-99	-3018	8337
合计	77260	2498	17560	27119	15051	15032			

第四节　财政管理

一、扶贫资金管理

1996年扶贫资金单列。1999年成立扶贫资金管理股，设立扶贫资金专账、专户，并对扶贫资金的使用实行了报账制管理和不定期的检查制度。至2000年，上级累计下达扶贫资金8472万元，扶贫资金管理办法从不完善到比较完善。

二、粮食财务管理

1994年以前，粮食系统累计政策性亏损挂账1737万元。1995年粮食管理权下放到县级，县财政局成立商业股对其进行管理。2000年累计政策性挂账2908万元。其中：中央和湖南省财政负责弥补1330万元(尚未补)；湖南省财政厅要求县级财政分5年弥补1578万元(尚未补)。亏损原因主要是粮食购销价格倒挂和人员包袱太重。

三、社会保障资金管理

1999年开始对社会保障基金实行财政专户管理。2000年企业职工养老保险基金专户收入769万元，支出614万元，滚存结余1309万元。是年

12月,实行企业退休人员退休金社会化发放;国有企业下岗职工生活保障和再就业专户收入61万元,支出14万元,滚存结余58万元;失业保障基金专户收入172万元,支出34万元,滚存结余148万元;职工医疗保险专户收入390万元,支出293万元,滚存结余97万元。

四、社会集团购买管理

1999年以前,对社会集团购买力管理主要是对集团购买控购物品的审批、控购调节基金的收取及对违反控购政策的处罚。1989—1999年,收取控购调节基金311万元(其中:1991年最少为1.31万元,1997年最多为63.7万元)。2000年停止征收控购调节基金。是年,组建政府采购中心,履行社会集团采购职责。

五、预算外资金管理

1986年,开始实行预算外资金收支“两条线”。1987年有25个单位将资金存入财政专户,计18.9万元。1997年存入专户和纳入预算管理的预算外资金分别为700万元和33万元。1998年起推行管理的预算外资金分别为700万元和33万元。是年,推行收费征管体制改革和综合财政预算改革,实行“财政统一票据,单位执收执罚,委托银行收款,资金缴入财政,综合预算分配,支出财政核拨”的管理办法。2000年预算外资金存入财政专户2727万元(其中行政性收费441万元,事业性收费2276万元,其他资金10万元),纳入预算管理147万元,比1997年分别增长2.9倍和3.45倍。

六、国有资产管理

1986年,花垣县国有资产由县财政局管理。1991年设立“花垣县国有资产办公室”,1996年更改为“花垣县国有资产管理局”,主要负责花垣县行政事业单位、国有企业和国有资产的监管、评估、登记、处置等工作。1996—2000年,收取非经营性国有资产转为经营性国有资产占用费63万元。2000年对124户行政事业单位产权进行年检,资产总额1.29亿元(其中国有资产0.95亿元);负债总额0.34亿元。年底,县级非金融企业43户(其中:国有独资企业41户,国有控股企业2户),资产总额14.19亿元(其中国有资产3.89亿元);负债总额9.85亿元,所有者权益总额4.34亿元。是年,开始实行资产处置资金专户储存,当年存入国资专户120万元。

七、工资管理

1999年财政设立工资专户。2000年4月,工资中心正式运行,建立人员工资档案并与专业银行联网,将工资直接划至个人账户。12月,纳入工资中心人数6983人,工资额404万元。是年,财政共拨出工资5280万元,占当年经常性支出(剔除上解支出、扶贫资金及其他专项资金)的72.2%。

八、会计管理与服务

1986年始,县财政局每年举办财会人员培训班学习《中华人民共和国会计法》。1987年成立中华会计函授学校花垣县函授站;1989年成立会计事务所,1998年撤销。10年间为81个单位提供会计查账服务和财务审计服务;为130个单位进行资金验证,验证资金6500万元。2000年有1195人获得会计证,累计有196名学员获得中专毕业证书。

九、农村教育费附加收入管理

1999年开始由县财政管理农村教育费附加收入,实行“乡(镇)政府收取、县级财政管理、县领导审批、乡村学校使用”的管理体制。1999年、2000年县财政集中农村教育附加费收入27.8万元和54.6万元,全部按程序拨到乡村学校。

十、国债管理

1986—1997年,发动集体和个人认购国债665.8万元(含国库券、特种债券和“两金”债券三种)。1991年开始由财政局兑付国债,2000年止共兑付国债本金339万元。

十一、财政监督

1986—1997年,财政监督主要是通过税收、财务、物价大检查进行,县政府在财政局设立“三查办”。每年抽调人力开展声势浩大的检查活动,13

年间累计查出违纪金额2084万元，缴入财政1510万元。1998年按照上级要求将“三查”活动改为开展经常性的财政监督。2000年财政监督局检查了26个单位，查出违纪金额52万元，缴入财政12万元。

第五节　乡镇财政收入与支出

一、乡镇财政收入

1986年乡镇财政收入开始实行“定收定支，超收分成，短收分担，超支不补，节余留用，一年一定”的办法，收入预算10万元以上的4个乡(镇)超收实行四六分成[县级40%，乡(镇)60%]；收入预算1.5万元～10万元的乡(镇)超收实行二八分成；收入预算1.5万元以下的5个乡(镇)超收全留。1986—1991年的收入分别为151万元、191万元、262万元、447万元、460万元和514万元。1991年开始实施“13581”工程，各乡(镇)为使财政收入分别跃上10万元、30万元、50万元、80万元和100万元的新台阶，实施了切合实际的财源建设计划，并取得成效。1993年9月，湘西自治州乡镇财源建设现场会议在花垣召开。1992—1993年，在原体制基础上将乡(镇)超收分成比例调整为75%～100%六个档次。两年实现收入分别为744万元和739万元。1994—1995年，采取“超收分成，短收抵支，超支不补，结余留用，一年一定”的办法，实现收入分别为1093万元和1507万元。1996—1997年，实行“划分收支范围，核定收支基数，收入增长分成，短收比例分担，补贴逐年减少，超支乡(镇)自负”的办法，实现收入分别为1833万元和2361万元。1997年花垣镇财税收入在全州乡镇级率先突破千万元大关。1998年后实行“核定收支基数，收入比例分享，补贴(上解)逐年递增，支出分次拨付，分级分灶吃饭”的体制。将地方财政收入列为县与乡(镇)“五五”分成的共享收入，收大于支的乡(镇)实行上解；收小于支的乡(镇)由县财政补贴。1999年对该体制的基数微调后明确一定4年不变。1998—2000年，实现收入分别为1553万元、1848万元和1992万元。2000年乡(镇)财税收入中：上划中央“两税”收入576万元，县与乡(镇)共享收入1416万元。1986—2000年，累计实现乡(镇)财政收入15695万元，年均1046万元。

二、乡镇财政支出

受乡(镇)直属机构管理权限变动的影响，各年份乡(镇)财政支出范围不统一，分为三个阶段：1986—1993年为第一阶段，1987年下降30万元，后6年稳步增长，8年分别实现支出409万元、379万元、463万元、528万元、619万元、659万元、808万元和925万元；1994—1997年，因下放机构少形成财政支出下降，各年分别是499万元、554万元、656万元和697万元。此外，乡(镇)教育及卫生支出在1994年、1996年和1997年有专门统计，分别为923万元、1099万元和1023万元。1997年下降是因为乡(镇)国土所等机构上收所致。1998—2000年分别支出901万元、843万元和855万元。1986—2000年，乡(镇)财政总支出9795万元(不含教育和卫生支出)，年均653万元。

第六节　财源建设

1986年，为发展财源，花垣县财政支出中始终保持20%左右的资金投向经济建设，同时给予税费照顾。1986—1988年,对部分企业的银行借款,经审批可以实行税前还贷的优惠政策,仅1987年税前还贷就达449万元。是年,对7户国营工业企业实行目标管理优惠税收213万元。1987—1989年,上级向花垣县提前拨补资金870万元(即1990—1991年的财政定额补贴款),财政向纸厂、兄弟河大坝等13户企业投放695万元(有597万元未收回)。1990—1995年,花垣县共投入1.5亿多元支持重点财源项目建设。先后新建和扩建、挖潜改造县锰矿、县铁合金厂、县铅锌矿、县化工厂、县锰一厂等矿业开发骨干企业,形成了年开采锰矿石13万吨,年产1.3万吨电解锰、2.5万吨硅锰合金、1.2万吨电解锌、4.4万吨水泥和日选硫化锌原矿500吨的生产能力,使从事"两矿"开采、冶金、化工企业交纳的税收占全县财政总收入的50%以上;1995年县锰矿、县铁合金厂、县化工厂、县锰一厂、县供电公司5户企业实现税收超过200万元,成为全县税收入库大户。1996—1997年,由财政承贷承还中扶贫资金贷款1945万元投放农村,主要用于烟叶生产(有1628万元未收回)。为确保经济发展环境的稳定,2000年承贷承还化解"两会一部"风险贷款721万元。2000年底,由财政承贷承还投放到三立集团、金垣电力集团等企业的财政周转金1545万元、财源建设借款762万元。另外,1998—2000年的城南开发和边贸、商业、物资三个市场建设共减免土地出让金和其他规费1300多万元。县财政对财源建设的投入不断加大,资金使用效益也非常明显。2000年花垣县财政总收入6160万元,比1985年的269万元增长21.9倍,年均增长23.2%。

第二章　税　务

第一节　国家税务

一、机构设置

1986年,县税务局增设税收管理股、监察股,年末局机关设有办公室、人教股、监察股、计会股、征收管理股、税征一股、税征二股、税征三股。基层税务所8个,即城关、城郊、团结、茶洞、民乐、龙潭、麻栗场、吉卫税务所。1998年成立县税务稽查队。1991年8月税征一、二、三股合并为税政股;撤销县税务稽查队,成立县税务稽查局。

1994年实行分税制。9月,县税务局分为县国家税务局(以下简称国税局)和县地方税务局(以下简称地税局)。县国税局机关设办公室、税政股、征管股、人教股、计财股、监察股和城关、团结、茶洞、民乐、龙潭、麻栗场、吉卫7个税务所。1996年3月撤所建分局,机关撤股(室)建科,分局及科升格为副科级单位。基层税务分局有5个,即城关、团结、龙潭、麻栗场、吉卫税务分局。

2000年县国税局有干部职工125人,其中离退休24人,在职101人。有29名女性,公务员96人,职工5人。大专以上文化占37.6%,中专、高中文化占49.5%。

二、税收

(一)开征税种　1986—1993年,县税务局负责征管的工商税有增值税、产品税、营业税、牲畜交易税、国营(集体)企业所得税、工商户所得税、个人收入调节税等20种。1994年实行分税制后,县国税局开征的税种有增值税、消费税、企业所得税、营业税、个人所得税5种,其余税种由地税局征收。

(二)税收收入　1986年县工商税收实现

381.9万元，完成年指令性计划的122.9%，比1985年增收113.2万元。其中征自工商企业的税收186万元中，矿产资源开发行业税收28.1万元，比1985年同期增收8.7万元；征自个体经济的税收94.8万元。1989年县工商税收实现866.5万元，完成年指令性计划的137.19%，比1986年翻了一番，其中征自工商企业的税收404万元，是1986年的2.2倍；征自矿产资源开发行业的税收207.9万元，是1986年的7.4倍；征自商业的税收174.9万元，比1986年增收43万元；征收个体经济的税收193.8万元，比1986年增收99万元。花垣镇工商税收收入113万元，比1986年翻了一番，是花垣县唯一的工商税收过百万元的乡镇。

1990年县铁合金厂交纳工商税108.6万元，占县工商税总收入的11.8%。1991年县工商税收收入首次突破千万元，达1076.7万元，完成年指令性计划的115%。1993年组织入库税收1146.47万元（不含国营企业所得税），占州分计划1140万元的100.57%，提前一个月完成年度税收任务。花垣镇工商税收收入228万元，是花垣县唯一工商税过200万元的乡（镇）。至1994年，县国税收入1540万元，完成年计划的115.2%。

1998年，全州国税系统只有花垣县国税局实现时间过半任务过半。全年实现国税收入2779万元，完成年计划的132.3%，比1997年同期增收390万元。1999年，县国税局对重点税源企业税收入库实行跟踪管理，按月通报税收入库情况，促进税收入库工作。县国税收入比1997年增收153万元。2000年县国税总收入达3327万元。

花垣县1986—1993年工商税务入库情况统计表

表16-2-73　　单位：万元

项目＼年度	1986	1987	1988	1989	1990	1991	1992	1993
计划数	313	382	481	624	900	936	1000	1165
完成数	339.0	432.6	567.2	786.4	859.4	1208	1179	1816
增值税	0.6	5	49.7	86.7	201.2	200	216	582
产品税	139.2	169.5	208.3	312.3	276.7	437	360	440
营业税	186.2	210.2	298.0	302.7	353.4	520	430	585
城建税	11.7	16.3	22.6	26.7	34	14	43	60
国营企业所得税	31.2	40.6	50.5	46.1	25.1	47.5	39.9	8.9
集体企业所得税	9.9	6.1	8.5	20.2	30.0	13	10	20
个体户所得税		1.8	8.3	14.6	9.4	16	22	14
奖金税	2	2.5	1.3	1.6	1	21		
国营企业工资调节税	2			0.4	0	0.1	2.3	2.1
个人收入调节税				1.2	0.2	0.11	2	2.1
房产税	2.8	10.4	14.6	16.1	19.4	3	30	32
车船使用税	0.4	2.4	3.5	3	3.6	3	4	4
印花税			2	5.8	4.7	3.2	5	3
牲畜交易税	0.8	0.5	0.7	0.4	0.6	0.6	1.2	2.2

续表

项目＼年度	1986	1987	1988	1989	1990	1991	1992	1993
屠宰税	6.8	5.2				1	2	25
建筑税	15.9	16.8	21.4	6.7	22		9	
固定资产投资方向调节税						24	26	30
城市土地使用税				17.1	17.2	18.41	17	13
资源税								0.1
滞纳罚金	0.9	1	0.9	1.4	1.8	1	3	5

花垣县1994—2000年国税税收入库情况统计表

表16-2-74　　单位:万元

年度	计划	完成	其中					
			增值税	消费税	营业税	企业所得税	代征地方税	
							个人所得税	城建税
1994	1250	1540	1576	7	317	5	34	71
1995	1620	2156	2118	14	347	21	87	112
1996	1799	1892	1777	15	413	110	159	131
1997	1990	2389	2228	1	474	133	205	150
1998	2100	2779	2645	1	735	145	230	152
1999	2887	2932	2790	1	787	362	131	168
2000	3060	3327	3175	1	929	738	183	181

(三)税收结构　支柱行业税收:县国税收入主要是增值税,征自矿产资源开发行业、电力行业和商业行业,其中矿产资源开发行业是主要税源。1999年,三立集团、东锰集团等35户国有、集体、私营工矿企业实现应纳增值税2684万元,入库2151万元(其中太丰等31户私营企业入库332万元)。入库数分别占当年县增值税入库数和县国税总收入的67.7%和64.7%。

支柱产品税收:电解金属锰和电解金属锌为花垣县国税收入的主要税收支柱产品。2000年,三立集团生产电解金属锌24985吨,销售24896吨,销售收入23884万元,实现应纳增值税1942万元,入库1100万元,其入库数占当年全县国税总收入的33%。县振兴股份有限公司、锰一厂、东锰集团、两河锰制品厂4户企业共生产电解金属锰32406吨,销售32395吨,销售收入23868万元,实现应纳增值税1333万元,入库1271万元,其入库数占当年全县国税总收入的38.2%。

支柱企业税收:三立集团、振兴化工股份有限公司、锰一厂、东锰集团、金垣电力集团是县国税收入的支柱企业,年税收都在200万元以上,其中三立集团年税收在千万元以上。2000年,上述5户企业共实现应纳增值税3451万元,已缴2311万元,占同年县国税收入总数的80.5%。

三、税收征管

税务检查　1986年始,花垣县每年都开展税收、物价、财务大检查(以下简称“三查”),税收大检查按“自查从宽、被查从严、处理适度”的原则进行。从当年9月开始,次年2月结束。1986—1993年,县税务系统参加税收大检查的税务干部达650人次,自查的工商企业和个体户达12567户次,其中有2043户自查补交税款37.1万元。税务检查企业及个体户达5024户次,查补工商税达393.45万元。1994—1998年,县国税局参加税收大检查的税务干部350人次,检查企业和个体户211户,查补税款入库852万元。1999年县国税局在全县范围内开展漏征漏管检查工作,促使40户漏管的纳税人到各自的主管征收机关申请补办税务登记及月征税额的核定,有20户纳税人自查补缴漏税款1.8万元。在税务检查阶段,清查出漏管个体户65户,补征税款5.3万元,并对清出的漏管户实行补办税务登记及月定税额核定,追缴入库50户个体户欠税1.74万元,另对欠税的18户下限期入库通知书;对违反发票管理规定的3户个体户作出罚款处理,对违反增值税专用发票管理规定的40户企业责令其限期改正。同时,对县医药行业进行漏征检查,结案14户,补征入库增值税2.47万元。

依法治税 1987年10月16日,县人民检察院税务检查室成立,在县税务局办公,办案经费由税务部门提供,县检察院派检察员主持工作,县税务局派3名税务干部参加税务检查室工作,由县检察院任命为助理检察员,着检察院制服,配备武器。税务检察工作的主要任务是:办理偷税、抗税犯罪案件;在办理偷税、抗税案件中涉及税务人员利用职务之便贪污、受贿的犯罪案件;人民检察院认为需要由税务检察室办理的其他刑事案件。1987—1993年,税务检察室共受理涉税案件123起,其中立案13起,免诉9起,起诉4起。税务检察室在受理涉税案件中,为国家挽回税收损失44.5万元。1988年10月19日,秀山县龙池区4名贩运烟叶个体户,持刀强行闯过县城三岔路税务检查站逃税。涉案人员被县公安局、税务检察室追捕归案后,对当事人作出补税1500元,罚款600元的处理,并责令铅印《告全县纳税单位和个人的公开信》1000份在城乡张贴。该案为首者被县人民法院判刑,另3人被治安拘留处罚。1993年3月,县公安局向县税务局派驻公安执勤室,在8个税务所设立公安执勤点,维护税收征管秩序(1994年初被撤销)。1988—2000年,税务检查室共受理涉税线索136起,立案侦查25起,全部侦查终结,为国家挽回税收损失409万元。

1993年3月11日,县人民法院税务法规执行室成立。在县税务局办公,由县人民法院派审判员主持工作,税务局派6名税务干部协助工作。是年,受理县税务局申请执行的税务行政案件15起,追回税款4.2万元,收回久借不还的税务促产周转金2.1万元。1994年初,县人民法院税务法规执行室被撤销。

1997年,根据湖南省国税局决定,对上半年税收收入执法情况进行检查。检查内容为欠税、税收收入入库纪律等。采取各级国税局自查和交叉检查方式进行。检查结果花垣县企业欠税达520万元,原因是不能及时领取购货增值税专用发票,企业资金回笼缓慢影响进项税额抵扣,形成虚欠税。通过对入库税款的逐笔审查,未发现收过头税、税款空转、转引税、属辖区外的税款等现象。当年全县共入库税款949万元,其中中央级699万元,市级以下250万元,不存在混库,未违反税收入库纪律。同年8月,对5个征收分局1996年1月—1997年7月专用发票代管监开执法情况进行自查,按照一票一税制共核对专用发票和税票1500套。自查结果:填票质量抽查10户企业,项目填写不齐的占4%;有10份专用发票应征增值税30325.03元未及时入库;有1份税票少征12.6元,两份税票多征税计224元,检查后及时办理退税和补征手续。

2000年,县国税局清查家电销售行业用白条商品调拨单充当发票的违法行为;查处8户企业用假发票和作废发票报账的违法行为,其中一家企业先后两次被处以罚金7000元;查处一个体户私自印制发票,并对其给予没收非法所得和罚款7000元的处罚。

第二节 地方税务

一、机构设置

1994年9月税收体制改革,国税、地税机构分设。当月26日"花垣县地方税务局"成立挂牌办公。1994年10月13日,继县地方税务局成立后,同时成立7个税务所,1个税收稽查局,即城关、团结、茶洞、民乐、龙潭、麻栗场、吉卫税务所,所长由州地方税务局任命。当月成立的税收稽查局,局长由州地税局任命,副局长由县地税局任命。

1997年9月22日机构更名,将6个税务所更名为征收分局,分局长和副分局长不变,税收的征管范围不变。

1998年4月8日撤销县地方税务局城关、团结、龙潭、吉卫、麻栗场、民乐等6个征收管理分局,设置县地方税务局第一征收分局,负责花垣镇、长乐乡、窝勺乡的地方税征收管理;第二分局负责团结镇、茶洞镇、大河坪乡的地方税征收管理;第三分局负责龙潭镇、民乐镇、道二乡、雅桥乡、排吾乡、猫儿乡、两河乡的地方税征收管理;第四分局负责麻栗场镇、吉卫镇、补抽乡、雅酉镇、排碧乡、董马库乡、排料乡、大龙洞乡的地方税征收管理。分局长由州地税局任命,副分局长均由县地税局任命。四个征收分局、一个稽查局均为副科级单位,办公室、监察股、人事教育股、税政管理股、征收管理股、计划会计股更名为科,级别不变。

地税机构分设时,国税、地税按4∶6比例分配原则,对原税务局154名税务人员进行分配,地方税务局在册62人。1995年5月地税局扩编,省地税局给指标8名,新招系统内干部子女8人,接收大中专生29人。是年,县地税局共有干部职工80人,其中共产党员53人,团员11人,其他16人。

二、税收

1994—2000年末,共征收工商营业税3569.45万元,企业所得税1557.12万元,资源税424.3万元,固定资产投资方向调节税511.9万元,个人所得税2830.1万元,城镇土地使用税926.7万元,屠宰税484.5万元等。7年间,完成省级税收1521万元,县级税收7617万元,地方各税征收入库9786.53万元。

分税制后,县地税局加大地方税零星税源征收管理力度,地方税有较大幅度增长。1996年末,税收首次突破千万元大关,达1083.71万元。2000年末,地方各税征收入库2314.66万元,较1994年增加1712.83万元,增长284.62%。

花垣县1994—2000年省、县级税收完成情况表

表16-2-75　　单位:万元

年　度	省级收入	县级收入	合　计
1994	76	657	733
1995	148	530	678
1996	128	289	417
1997	159	1014	1173
1998	288	1252	1540
1999	384	1430	1814
2000	338	1972	2310

花垣县1993—2000年地方税务主要税种完成情况表

表16－2－76 单位:元

税种 年度	营业税	企业所得税	投资方向调节税	个人所得税	资源税	城镇土地使用税	土地增值税	城市维护建设税	屠宰税	教育费附加
1993	5216072	202489	269079	77774	1425	125291	未开征	628456	199731	305109
1994	2819577	300283	703569	268566	173456	127845	未开征	694240	306829	66588
1995	3167822	105611	696699	362816	520418	323187	未开征	1024062	380440	89556
1996	4133308	301511 520319	716325	971522	606124	373377	105351	1215733	683516	376900
1997	4740565	303789 726814	853294	1609546	1609546	846448	60167	1333550	1247802	615289
1998	6104015	206475 1026290	863805	22224871	22224871	502624	100000	1506356	1329885	871031
1999	6680662	3994493	1263339	1304929	1304929	262301	80190	1680261	423148	940597
2000	8048640	7175615	21828	1558815	1558815	612641	120450	1812788	473583	1017524
合计	40910661	15773689	5387938	28378839	28378839	3203714	376158	9895446	5044934	4282594

三、税收征管

1994年9月后,按照分税制管理的原则,地方税务局负责征收管理营业税、企业所得税、个人所得税、固定资产投资方向调节税、资源税、城镇土地使用税、屠宰税,代征教育费附加和文化事业建设费。1995年3月,加强对资源税、个人所得税、车辆交通运输营业税的全面征收管理,制定了《花垣县铅锌矿资源开采销售个人所得税征管办法》《个人所得税附征办法》《车辆运输个人所得税征管办法》;还加强了对行政事业单位的税收征管,采取个人所得税由单位代扣、代征、代缴的办法,建立代扣代缴网点130个,聘任代征员24名,形成了代征网络队伍。矿产资源税的征管,由地矿局、地税局两家共同研究制定征管办法,建立团结、雅桥、道二、民乐、排吾5个矿管税卡,按吨征收车辆过关矿产资源税。1995年7月,县饮食服务业推行裁剪式发票。1996年为湖南省代征水利建设防洪保安资金,固定资产投资方向调节税、城镇土地使用税、资源税实行三税省县共享的政策,按50%的比例就地分别缴入省库和县国库。1996年初,省屠宰税票统一试样,使用新的定额税票,牛每头20元,小牛(100千克以上)每头14元,猪每头12元,羊每只10元。1997年7月,又改革推行定额发票,严格以票管税,堵塞税收漏洞,年增税款240余万元。屠宰税分家后执行使用原老版税票。

1998年7月,城关第一征收分局推行征管改革,投入资金16万余元建办税服务厅。配置电子计算机4台及其他办公设备。县城范围内厂矿企业单位、建筑安装户、个体工商纳税户一律进入办税服务厅申报纳税。是年,办税服务厅月征收税款8.75万元。1999年8月,团结二分局改造装修,设立办税服务厅,团结镇管辖范围内企业单位及个体工商户集中到办税服务厅缴税,月征收入库税款3.2万元。到2000年末,年征收矿产资源税94万余元,入库税款达19万余元。

四、税收执法

1994年11月,成立“花垣县公安局税收涉税案件税侦大队”,大队长由县公安局干警担任,在地税局办公。

1995年8月24日,麻栗场发生一起暴力抗税案件,张某拒缴理发服务营业税30元,麻栗场税务所副所长宋某某等人多次上门催缴无效,并两次下达限期缴纳税款通知书未果后,采取了强制执行措施,扣压了相当税额的物资。张不服,带3人冲到税务所门口,对税务人员进行辱骂,并持菜刀将宋砍成重伤。案发后,张逃离现场。9月11日,县地税局在县公安局公安干警的支持配合下,全力进行搜捕,深夜在该镇新科村张某一亲戚家将其抓获归案。1996年3月5日,县人民法院对张某违法行为进行审理,判处其有期徒刑三年。

五、税务稽查

1995年共检查59户企事业单位及个人,查补地方各税236万元,入库104.15万元。其中,营业税238726元,个人所得税79622元,城市维护建设税380365元,房产税264881元,土地使用税13614元,印花税17864元,车船使用税10088元,资源税84761元,企业所得税588686元,固定资产投资方向调节税658911元,罚款3000元,教育费附加19436元。1996年共稽查245户企事业单位和个人,查补地方各税、教育费附加、防洪保安资金、工农业生产发展资金、罚金等361万元,入库168万元。1997年共立案稽查49起,挽回流失税款420万余元。1998年共稽查企事业单位和个体工商户146户,查补地方各税(费)763.5万元,其中营业税24.9万元,城市维护建设税60万元,投资方向调节税85.6万元,资源税37.4万元,房产税58.8万元,土地使用税45.8万元,车船使用税7000元,印花税18.4万元,个人所得税53.3万元,企业所得税33.31万元,土地增值税5.3万元,教育费附加40.5万元,入库地方各税911.8万元。1999年共稽查38户纳税户,组织征收入库地方各税1835万元。2000年稽查企业事业单位及个体业主76户,清查偷漏税款990万元,入库765万元,完成州定任务的134%,比1999年同期增长14%。

六、税务登记

1994—1995年,除交通运输外,全县已办理税务登记证552户,其中国有经济53户,集体经济98户,私营经济6户,个体经济394户(包括个体运输228户),股份制经济1户。1996年全县办证1573户,其中国税、地税共管956户,直管617户(包括车辆办证166户)。1997年全县办证1548户。1998年6月底,全县纳税户共计1869户,其中企业177户,行政事业单位17户,直管个体纳税户517户,接管国税个体增值税代征户1158户。1999年全县共办证1746户,其中企业152户,行政事业单位19户,个体工商户1575户(共管户1131户,直管户444户)。2000年共统计纳税户2091户,其中国有企业47户,集体企业100户,有限责任公司3户,私营企业11户,股份企业9户,其他企业15户,个体1906户。

第三章　金　融

第一节　金融机构

一、工商银行

1986年,中国工商银行花垣县支行均沿用中国人民银行花垣县支行,内设办公室、信贷股、计划股、储蓄股、会计股、出纳股、人事股、保卫股。在县城内设有解放街储蓄所、建设路储蓄所两个储蓄网点。同时受上级工商银行和当地党委政府双重领导，业务、人事等隶属湘西自治州工商银行，党团组织隶属当地党委领导。

1986年、1993年，为适应业务发展需要，支行分别成立三岔路储蓄所、西门口储蓄所。1998年撤销解放街储蓄所。

二、农业银行

1986年县农业银行分别设立东门储蓄所、赶秋路桥头储蓄所。1988年成立解放街分理处，先后撤并雅桥营业所和东门口储蓄所。1992年成立龙潭营业所。1994年成立中心储蓄所。1995年成立吉卫营业所。1996年底，根据金融体制改革的需要，县农业银行分出19名员工成立中国农业发展银行花垣县支行，主要经营农业和农产品收购的政策性贷款。同时，县农村信用合作联社由人民银行委托县农业银行代管，划归中国人民银行吉首分行管理。1998年成立中兴储蓄所。2000年成立麻栗场营业所。2000年底，县农业银行内设机构9个，即办公室、计划信贷股、财务会计股、人事教育股、专项信贷股、零售业务股、安全保卫股、监察室、工会。下辖营业部1个、营业所4个、分理处1个、储蓄所1个，员工总数74人，其中中专生占77%，具有初级以上职称员工占58.1%。

三、建设银行

1986年，建设银行花垣县支行已经利用存款发放贷款。1988年机构逐步健全，先后设立办公室、投资管理股、会计股、筹资储蓄股、建经股、计划股、基本建设经济技术咨询服务部。4月，设立储蓄专柜；6月16日，成立房地售贷部；8月，设立建设路储蓄所；12月26日成立保卫股。1989年6月，设立三岔路储蓄所。

四、农业发展银行

1996年12月，县农业银行划出部分人员组建农业发展银行，设置办公室、信贷计划部和会计出纳部，全行19人，隶属湘西自治州分行领导。主要工作业务是办理由财政贴息的粮、棉、油等主要农副产品的国家专项储蓄贷款及粮、棉、油收购和调拨贷款，以及政府财政支农资金的代理拨付，业务范围内开户企事业单位的存款等。2000年，全行共有干部职工17人，内设机构为办公室、信贷股、营业部。

五、信用联社

1986年，县信用联社隶属县农业银行领导。1996年12月9日，湖南省农村信用社与农业银行脱离行政隶属关系，县联社随之与县农业银行脱钩，独立挂牌办公。花垣县21个乡(镇)除大龙洞乡外，每个乡(镇)都设信用社。

六、财险公司

1986年10月，中保财产保险有限公司花垣县支公司从中国人民保险公司中分离出来，设立运工科、城险科、计财科、综合科，有干部职工12人，退休人员1人。

1999年，中保财产保险公司再次更名为中国人民保险公司花垣县支公司，共有正式员工10人。分业经营3年后，花垣支公司的保费从湘西自治州8县(市)倒数第三名上升为前三名。2000年，县公司被州分公司授予“全州文明单位”荣誉称号。

七、寿险公司

1986年3月，人寿保险公司内设城市业务股、农村业务股、人身保险业务股，同时撤销业务股。11月，成立人事秘书股，时有干部13人，其中中共党员4人。1993年7月，中国人民保险公司花垣县支公司在团结、龙潭、民乐、麻栗场、吉卫镇设立5个代理站。不颁发许可证，业务范围按照人民银行有关规定办理。1996年10月，财、寿险分业经营，成立中国人寿保险有限公司花垣营业部，办公地址在建设中路14号(原服装厂)，下辖6个保险代理站，时有正式员工5人。1999年5月，更名为中国人寿保险公司花垣县营业部，时有正式员工8人，聘用人员8人，营销员122人。

第二节　存款业务

一、工商银行

储蓄存款　1986年始,县工商银行储蓄种类、储蓄网点、服务手段、经营管理等方面都得到很大的发展和提高。1986—1989年,先后增办定活两便、代发工资、消费性小额住房储蓄、可转让大额定期储蓄、教育储蓄、“银证通”业务、代扣保险、代收移动话费等业务。1990年4月,为35个单位2131人办理全额工资代发业务,为4个单位300多人办理部分工资代发业务,月工资额37万元,月末巩固率达31%,上半年储蓄存款余额比年初净增123万元(剔除邮政储蓄),提前半年超额完成全年任务。年末,存款余额达1127万元,比年初增加357万元,完成湘西自治州行考核任务的297.5%。2000年为96个单位11208人办理工资代发业务。同时,储蓄存款也逐年递增。是年,支行储蓄存款已达6820万元,比1995年增长6448万元。

对公存款　1990年上半年,县工业企业成品资金成倍增长,企业存款上不来。支行派员深入16家工业企业进行调查,应收款共达984万元。支行协助企业清理“三角债”,组织企业存款,平衡信贷收支,使企业存款得以大幅度回升。年末,企业存款达439万元,比1989年增长一倍多。1994年支行确定4名公存款专管员,同时在行外聘请了20名公存款协存员,动员10多户企业抽出50多人配合抓房改资金的吸存工作,花垣县85%的机关单位和企业的房改资金存入支行。年末公存款金额比1993年同期增长266万元,完成湘西自治州行考核任务的204.6%。全年共有256人次深入企业收款,金额达642万元。

1995年3月,支行设立存款股,指定专人抓社会保险、交通、运输、粮援、以工代赈、电力5大重点系统对公存款的稳定与扩存,全年吸存304万元。春秋两季组织人员上门收存学杂费,吸收存款508万元。1997年各项存款余额6569万元,比年初增加2071万元,增长146%。1998年各项存款余额8677万元,增加2106万元。1999年各项存款余额10527万元,增加1850万元。2000年各项存款余额13301万元,增加2774万元。

二、农业银行

1986年后,县农业银行不断拓宽优良客户群体的资金筹措办法,狠抓城乡居民储蓄存款等稳定性存款。同时,加大信息公关力度,抓大系统、大行业存款和外出经商务工人员的汇兑存款。1990年农业银行存款余额1882万元,比1986年增加882万元,增长88.%;1995年存款余额首次突破亿元大关,达13359万元,比1990年增加11477万元,增长6.1倍。1996年团结营业所由于团结奋进,成绩突出,被全国总工会授予“模范职工之家”荣誉称号。2000年底全行各项存款余额达14268万元,比1985年末增长36.6倍,其中企业存款7009万元,分别比1985年末增长28.7倍、49.7倍。由于成绩显著,县农行被湖南省农行授予2000年度“二类A级”县乡支行和会计基础化管理达标单位;被国家总行授予“2000年度专项信贷管理先进单位”。1986—2000年,县农业银行共组织务工人员存款1413万元,发行潇湘卡4035张,吸收存款1069万元,并先后开办企事业单位代发工资、代收法院诉讼费、代收移动话费、代收保险费等业务。

三、建设银行

1986年实行企业化管理向商业银行转轨后,县建行注重抓存款。1988年4月开办储蓄业务,广泛吸收社会闲散资金。存款项目增加待转自筹基建存款、专用基金存款、工业企业存款和储蓄存款四项,但受国家紧缩银根、抑制通货膨胀的影响,年末存款余额仅301万元,落到低谷。1999年,企业性存款10项1616万元,储蓄存款5434万元,财政委托贷款基金存款5万元,财政性存款37万元,共13种7029万元,比1986年增加6729万元,13

年增加18.51倍。2000年末，存款余额12种10163万元，比1999年增长44.1%。

五、信用联社

县信用联社1996年12月从农行脱钩挂牌后到1999年，各项存款余额1.13亿元，各项贷款余额8848万元。机构网点遍布全县各乡镇，主要办理储蓄、信贷、结算等金融业务。城区内各网点办理储蓄存款业务都实现电脑作业，团结、茶洞、龙潭、民乐、吉卫、麻栗场、排碧、雅桥也实现电脑单机作业。各项存款由行社脱钩时的4350万元上升到2000年的1.13亿元，增加6950万元，增长38.5%。

第三节 贷款业务

一、工商银行

1986年后，县工行按照各个时期的信贷政策原则，适时调整结构，强化管理，狠抓存款，精心营运，按照“区别对待、择优扶持”和“先重点、后一般”的原则，根据企业信用等级，开始向重点企业倾斜。

1989年县工行按照“紧缩信贷银根、控制总量、调整结构、保证重点、压缩一般、适时调节”的方针，对57家有贷企业进行分类排队，划出一类企业5家，二类企业29家，三类企业10家，四类企业9家。一类企业年末贷款余额1314万元，比1988年同期增加321.5万元，占贷款总额的40.25%；二类企业1780.7万元，较1988年同期增加总额207.8万元，占贷款总额的54.54%。三类企业84.15万元，占贷款总额的2.75%，比1988年同期减少7.95万元；四类企业18.1万元，占贷款总额的0.55%，较1988年同期减少13.3万元，出现“两增两减”的局面，调整了贷款结构，优化了投量。

1991年县工行对工商企业增加贷款801万元，增幅16.38%，其中增加技改贷款189万元，促进工商企业发展，使工商企业实现销售收入10541万元，增幅21.78%，实现利税537万元。1996年支行出现交税负债扩大。年末各项存款余额2114万元，较年初增长172万元；各项贷款余额9526万元，较年初增长2454万元，自身组织的存款占信贷总资产的29.7%，只得向人民银行借款和超占大量汇差资金发放贷款。年末，支行超占汇差资金高达3083万元，比年初增加1600万元。国营工交有贷户企业“三项资金”占用高达4605万元，比年初增加2043万元，其中成品资金占用比年初增加1027万元，发出商品及应收贷款达3578万元。“三角债”严重制约着企业的生产发展，企业流动资金周转较慢，明亏、暗亏金额高达300多万元，出现该收的收不回、该贷的还要贷，造成资金十分紧张，包袱重，抗风险能力弱。1997年贷款总额17969万元，增加8443万元；1998年贷款总额25877万元，增加7918万元；1999年贷款总额47398万元，增加21521万元；2000年贷款总额50754万元，增加3356万元。

二、农业银行

1986年，县农行各项贷款年末余额2250万元，其中农业贷款占19.9%、工商企业贷款占60.8%、乡镇企业贷款占3.4%、小水电贷款占14.1%、其他贷款占1.8%。1990年共投贷款5615万元，比1986年增加2427万元，增长76.1%；1995年共投贷款16693万元，比1990年增加11078万元，增长1.97倍；2000年共投贷款40096万元，比1995年增加23403万元，增长1.4倍。到2000年末，全行各项贷款余额达40096万元，其中农业贷款占17.7%、工业贷款占3.7%、商业贷款占3.4%、乡镇企业贷款占12.9%、私营及个体贷款占0.3%、个人住房贷款占1.9%、扶贫贷款占53.8%、其他贷款占6.3%。1986—2000年，县农业银行净投放各项信贷资金37846万元，其中常规信贷业务净投放14383万元，专项信贷业务净投放23463万元(1996—1998年5月划归农发行县支行管理),比1985年末增长17.8倍(农业贷款增长15.8倍,工业及商业贷款增长2.2倍,乡镇企业贷款增长67.2倍)。信贷资金主要投向农业生产,累计投入贷款5500万元。帮助农资部门调进种子、化肥、农药等,为全县农业增产增收打下了基础;为乡镇企业累计投放贷款2.8亿元;为扶贫开发累计投放扶贫贷款3.2亿元,其中投放种养业贷款2.6亿元,基础设施建设投放贷款1.1亿元,个人住房消费贷款投放752万元。

花垣县1986—2000年农业银行存贷款情况统计表

表16-3-77　　单位:万元

年　限	存　款	贷　款
1986	1000	3188
1987	1232	3992
1988	1264	4210
1989	1590	5277
1990	1882	5615
1991	2228	6567
1992	3024	7665
1993	3917	9743
1994	4688	7813
1995	5333	16693
1996	4558	20161
1997	5606	12196
1998	8459	27657
1999	10154	35663
2000	13718	40096

三、建设银行

1986年,县建行初步转入商业银行轨道。贷款业务中,信贷资金贷款份额小,贷款4种,年末余额213万元,仅占年末贷款余额总数659万元的32.32%。1999年信贷资金贷款10种,年末余额12169万元,占年末贷款余额总数12866万元的97.69%。2000年财政投资贷款和委托贷款10种,年末余额13342万元,比1999年增长9.72%,占年末贷款余额总数13588万元的98.19%。

四、农业发展银行

1997—1998年,累计发放中央扶贫专项贷款2857万元。扶植支柱产业,支持全县烟叶、猕猴桃、药材等项目的开发;支持骨干企业,发展农牧业和乡(镇)企业。其中:湖南振兴化工股份有限责任公司效益显著。1997—1998年,县农发行共给该公司贷款1647万元,使该公司累计创工业总产值

13647万元，向国家缴纳税金602万元。

1998年后，发放收购贷款2348万元，支持企业购进粮食1990万千克，油脂18万千克。发放建仓贷款110万元，支持粮食部门新建、维修粮仓11栋，新增3500多吨的仓容。

1997—2000年，所发贷款与新增库存比率、销售贷款回笼归行率、回笼贷款收贷率均达100%，收息率达98%。

五、信用联社

1997—2000年，花垣县农村信用社累放农业贷款1.58亿元，其中农户小额贷款7456万元，支持农民种植烤烟800公顷，薄荷133公顷，百合300公顷，建成水果、育林、蔬菜基地2284公顷，形成规模养鸡、鸭、牛蛙、蛇、羊、猪、鱼等大户624户，加工、经商、运输等专业户178户。至2000年底，县信用社累放扶贫帮困贷款476万元，支持18个贫困村176户贫困户种植烤烟、蔬菜、药材等经济作物303公顷，建预制场加工厂、养殖场等184个。

第四节　保险业务

一、财险

业务范围　机动车辆保险、财产保险、工程保险、意外健康保险、信用保险、责任保险、国家法律法规允许的资金运用业务、除寿险业务以外的一切财产险、责任险、短期人身险。

二、寿险

业务范围　人寿保险、医疗保险、养老金保险、人身意外伤害保险、人身保险再保险，人身保险咨询、代理业务、国家法律法规允许的资金运用业务。

寿险给付范围　人身保险死亡给付、失踪的死亡给付、人身保险残废给付、重大疾病责任保险给付、人身保险意外伤害给付、生存满期给付。如投保人在保险期内出现寿险范围内的事故，保险公司就得给投保人理赔。

第五节　金融管理与服务

一、工商银行

电子计算机在银行的应用，是商业银行走向现代化管理的标志。1992年7月，县工行办公室文印传文使用传真机、电脑打字。1992年8月，县工行顺利实现建设路中心储蓄所的微机上柜工作，三岔路储蓄所、解放街储蓄所也用电脑上机联网，率先实现全城储蓄联网通存通兑储蓄业务。9月，县工行开始把电子计算机应用于银行会计核算与管理。10月，县工行出纳实现微机电脑操作，解决柜面存、收款拥挤的问题，减轻劳动强度，提高办事效率。12月，信贷计划实现微机电脑操作。1993年10月，实现全州工商银行系统储蓄联网，通存通兑。1995年11月，开通省辖电子汇兑网络系统，准确、快捷地传递结算业务，为客户提供方便。

二、农业银行

1992年，县农行统计数据实现电脑操作，办公室使用电脑打字。1994年4月，县农行营业部储蓄专柜开办电脑储蓄业务。1996年5月，县农行营业部对外业务实现微机操作，开通省辖电子汇兑系统和全国电子汇兑系统。1997年底，城郊营业所、中心储蓄所开办电脑储蓄业务。1998年11月，县城内网点电脑储蓄业务实现联网。1999年1

月,县农行统计数据传送实现全州分行网络传输;7—9月,县农行除麻栗场营业所以处其余网电脑储蓄业务所实现了全省联网;8月,农行会计报表和核算运用微机管理。2000年6月,农行开通信贷登记咨询系统。

三、建设银行

1991年5月,县建行引进计算机从事储蓄事后监督。9月,再购进计算机用于营业部会计账务处理。1995年11月,该行4个营业网点全部配齐计算机,完成了业务电算化工程。1997年开通公款存款电子汇兑业务。3月,为与全国建设银行储蓄通存通兑的整体业务相适应,开始办理储蓄卡(龙卡)业务。4月,实现与本地区(湘西自治州)建行各网点之间凭存折、储蓄卡通存通兑,跨地区凭储蓄卡办理取款存款业务。5月,实现全省通存通兑。1998年3月29日晚,储蓄卡全国联网切换工作圆满完成。1998年10月,启动自动取款机取款业务。客户可凭县建行储蓄卡随时在自动取款机上提取现金。1999年开通个人存款电子汇兑业务。2000年实现"龙卡"全国通存通兑。

四、财险服务

1996年9月18日,县域遭受特大雷击、水灾侵袭,致使部分保险财产受到损失。其中:县铁合金厂3台变压器被雷击,赔付人民币45万元;振兴化工厂电解车间被雷击,赔付人民币12万元;塔里电站机房闸门被洪水冲垮等18个单位和70余户个人财产受到损失,共计赔付人民币100余万元,是恢复保险公司以来最大一次财产赔付。

花垣县1996—2000年财险保费收入和赔款支出情况表

表16-3-78　　　　单位:万元

年　　度	保费收入	赔款总支出	备　　注
1996	240	326	
1997	283	147	
1998	348	186	
1999	416	224	
2000	401	194	
合计	1688	1077	

五、寿险服务

1986年少儿险投保1555人,保费收入1.39万元;简身险投保1191人,保费收入1.36万元。到年底,投保总人数11732人,保费总收入228万元,赔付179人,赔付271万元。1997年投保人数23373人,保费总收入295万元;赔付317人,总赔款387万元;满期给付555万元,给付721人;解除合同911万元,给付619人。1997年7月30日,团结镇个体户杨昌因车祸不幸身亡,人寿保险公司及时给付保险金10万元,是县内人寿保险开展业务以来的最大给付。1998年投保31788人,保费总收入441万元;赔付617人,总赔款379万元;满期给付612人,给付789万元;解除合同512人,给付585万元。1999年投保37682人,保费收入658万元;赔付430人,总赔款520万元;满期给付759人,给付530万元;解除合同241人,给付234万元。2000年投保40861人,保费总收入712万元;赔付508人,累计赔款985万元;满期给付763人,给付143.7万元;解除合同421人,给付340万元。

花垣县 1996—2000 年人寿保险保费收入和赔付支出情况表

表 16－3－79　　　　单位:万元

年　度	保费总收入	期满、死、伤、残医等给付	备　注
1996	228	92	
1997	295	65	
1998	441	169	
1999	658	149	
2000	712	242	
合计	2334	717	

第十七篇 交通 邮电

第一章 交 通

花垣县交通局内设业务机构先后有民运股、工程股、车辆监理所、运输指挥部、安全股等。下辖单位先后有县车队、航运公司、搬运社、铁合金厂、县汽车修配厂、县电石厂。代管单位有县养路段、县车站。1987 年 1 月—1991 年 12 月,县车队、搬运公司先后解体、破产,县铁合金厂移交县经委管理。至 2000 年底,该局共有编制 13 人,其中行政编 12 人,后勤编 1 人,实有 13 人。

第一节 公路 桥梁

一、国道

境内有 319、209 两条国道穿过。209 国道从花垣镇狮子桥至排碧乡的排料帕,途经花垣镇、道二乡、窝勺乡、麻栗场镇、排碧乡 5 个乡(镇)、全长 45 千米;319 国道从排碧乡的排料帕至花垣镇三岔路口与 209 国道重合交叉后,向西穿过花垣镇经团结镇、大河坪乡、茶洞镇通往重庆市秀山县,过境全长 69.6 千米。

二、县乡公路

县内原有县道 3 条:即花(垣)—凤(凰)线,从麻栗场镇大坪场经吉卫镇、补抽乡至雅酉镇的板都拐,全长 37 千米;麻(栗场)—小(排吾)线,从麻栗场镇下子花至排吾乡,全长 16 千米;花(垣)—民(乐)线,从道二乡美惹村至民乐镇,经虎渡口通往贵州省松桃县,全长 37 千米。乡道 4 条:腊(尔铺)—长(乐)线,从花垣镇的望城村至腊尔铺到长乐乡,全长 14.5 千米;排(吾)—吉(卫)线,全长 8 千米;麻栗场—董马库全长 9 千米;排碧—排料全长 9 千米。

县内乡(镇)公路建设:1986—2000 年的 15 年间,国家用以工代赈、粮援方式扶助花垣,全县掀起了公路建设新高潮。先后修建了董马库—桃花坪、排碧—小龙洞、补抽—大龙洞、团结—龙潭、牛角屯—耐子堡、雅桥—猫儿、夯彩—大猫、茶洞—茶园坪、长乐—窝勺等 9 条县、乡公路,全长 75 千米,总投资 874 万元,群众投义务工 237 万个。

花垣县 1986—2000 年县乡(镇)公路建设情况投资表

表 17-1-80

序号	线路名称	起止地点	里程(千米)	技术等级	隶属类别	开工时间	竣工时间	投资(万元)
1	董桃路	董马库—桃花	6	四级	乡道	1985 年	1986 年	24.9
2	排小路	排碧—小龙洞	6.4	四级	乡道	1986 年	1987 年	34
3	补大路	补抽—大龙洞	12.1	四级	乡道	1986 年	1986 年	120
4	团龙路	团结—龙潭	9.2	四级	乡道	1987 年	1990 年	45.2
5	矿区路	牛角屯—耐子堡	5.2	四级	乡道	1991 年	1992 年	78
6	茶民路	茶洞—民乐	5	四级	乡道	1988 年	1990 年	293
7	猫雅路	猫儿—雅桥	7.1	四级	乡道	1993 年	1994 年	68
8	彩猫路	夯彩—大猫	8	四级	乡道	1992 年	1994 年	113
9	长窝路	长乐—窝勺	14	四级	乡道	1996 年	2000 年	98
	合 计		73	四级	乡道			874.1

三、通村公路

1986 年前，县内农村共建简易车道 110 条，全长 337.5 千米，全县 298 个村，有 206 个村通公路。村通公路率 68.67%，尚有 31.33% 的村未通公路。

1986 年后，全县通村公路建设力度加大。1987—1991 年，猫儿乡筹集资金 180 万元，修通了老虎冲—塘家、铅厂—团结村的公路，修通进村公路 7 条，共长 3.6 千米。1990—1992 年，龙潭镇修通了李梅、各弄等村的进村公路 4 条。1986—1991 年，麻栗场镇修通了各鱼、新科、沙科、立新 4 个村的进村公路。

1995 年后，通村公路建设力度加大。1996—1998 年，茶洞镇、民乐镇投入 150 万元，修通潮水、卡子、谷哨、下潮水、洞乍、毛号六个村的公路，茶洞镇修通了火焰土的进村公路；补抽乡修通了董哨、水桶、大卡、大坳、鱼龙、小卡、补抽、大本、夯尚、米沟 12 个村的进村公路；大龙洞乡整修了桃子、高岩的村道 3 千米，并在牛角河架 4 座便民桥，结束了沿河而居群众“鸡犬之声相闻，往来需要半天”的历史。

1998—2000 年，两河乡土屯村修通了 3 千米的村级公路，石花村修通了 5 千米的进村公路。吉卫镇投工 15000 个，修通了各屯、白岩两个村 4 千米长的村级公路。补抽乡修通进村公路 18 条，全长 32 千米。

至 2000 年底，省、州、县共投入资金 531 万元，群众义务投工 74.8 万个。新修通村公路 105 条，总长 293.9 千米，解决 81 个村的行路问题，方便了群众的生产生活，肩挑背驮的原始运输条件得到改善。全县通村公路率为 97.3%。

四、桥梁

钟佛山大桥 县城出口钟佛山路段坡陡弯急，经常发生交通事故。1993 年 1 月，经省政府批准，同意以“贷款修建，收费还贷，边收边建”的方式建造钟佛山大桥。是年，县政府成立钟佛山大桥工程建设指挥部，9 月正式破土动工，1996 年 1 月竣工通车。大桥长 214 米，宽 13 米，高 29 米。该桥的建成改善了县城进出口道路条件。

虎渡口大桥 全长 135 米，宽 8 米，高 16 米，由贵州省松桃县与花垣县联合投资修建，总投资 66 万元。其中花垣县出资 25 万元，松桃县出资 41 万元，于 1984 年 8 月动工修建，1986 年竣工通车。

峨河大桥 全长 145 米(两孔各 50 米)，宽 9 米、高 18 米，由四川省(今重庆市)秀山县与花垣县联合投资修建,总投资92万元。其中花垣县出资61万元,秀山县出资31万元,于1988年4月动工修建,1990年2月竣工通车。

夯彩大桥 全长70米,宽7米,高17米,系粮援工程建设项目,总投资70万元。始建于1992年10月,1993年9月竣工通车。

第二节 公路养护

公路养护部门原称公路养护段,为县交通局下属单位。1993年5月,县交通系统实行体制改革,花垣县公路养护段改称“花垣县公路管理局”,为正科级单位,下设工程股、项目股、财务室、办公室等二级机构。县公路局专司县境内169.9千米公路管护之责。原来每个乡镇均有养路道班,经改制合并,到2000年,全县共有下寨河、尖岩、腊尔铺、吉卫农场、董马库、大河坪、两河、茶洞等16个养路道班,共有职工56名。

一、国道养护

1995年,209、319国道重合路段的下寨河道班班长隆老留在油路施工时与技术人员一道,在兄弟河大桥两头衔接的4千米路面边缘因地制宜地添设25厘米宽白色标线,使公路面线型清晰,边沟整齐。这一因地制宜、具有湘西特色的尝试,在全州公路为首创,受到省、州交通部门专家的好评,州交通局组织各县市技术人员前来参观,并在全州国道线上推广。1996年隆老留荣获“全国五一劳动奖章”“交通部先进个人”“全国百佳养路工人”“省劳动模范”等荣誉称号。

1996—2000年,县公路局共投入资金1150万元,用于境内319、209国道的管护。1997年全年好路率达87.6%,其余年份都在80%左右,技术等级均为三级。

二、县、乡、村公路管护

1986年8月,地方工区改名为县乡公路管理站,有事业人员编制8人,主要负责全县县、乡公路管护。1990年开始征收拖拉机、农用车、摩托车养路费(1985—1989年由县交通规费征收代征)。1993年交通系统进行体制改革,县、乡公路管理站改名为花垣县地方道路管理站,与县交通局工程股实行一套人马两块牌子,其主要职能不变。到2000年底止,县地方道路管理站由6人增加到37人,年征收养路费由8万元增加到120余万元。

县、乡公路的养护,主要采取“民工建勤、民办公助”方式进行,由公路所在乡镇负责组织代表工,每个代表工管养2千米的路段,每年各乡镇对代表工给予补助原粮400千克。县地方道路管理站从征收的养路费中适当补助砂石费和少部分工资(每千米1000元左右),并负责技术指导。到2000年全县共有吉卫农场、吉卫鸡司、团龙(团结—龙潭)、龙雅(龙潭—雅桥)、排料、桃花、董马库、大河坪、猫儿、两河、团结矿山、茶民(茶洞—民乐)等12个工班,56名代表工,管养公路里程101.56千米。管护机具主要有汽车5辆,碎石机3台。县道平均好路率在80.76%,年末好路率达100%,乡道年均好路率达80.5%,年末好路率达84.3%。

1986年始,特别是进入1995年后,乡村道路建设得到空前的发展,乡村道路的管养问题,得到各级人民政府的关注。到2000年,全县有通村公路管养工班10个。因政府无专项养路资金,养路人员的劳动报酬得不到落实,故养护情况不尽统一。村委会干部有组织能力、且有工作队进驻的村,每年组织村民义务养护村道的30%,如茶洞长老坟、董马库敏腊等村;有的是突击性养护,春夏时节雨多,时常塌方,无法行走,村民自发组织养护的占50%;有的村道长年失修,车辆无法通行,一些车主为行车方便,拉来砂石自行养护的15%。这些养护情况,均无报酬。

第三节　公路运输

一、客运和客运量

1986年全县有汽车202辆(私有54辆),其中货车149辆,特种车33辆,大巴16辆,面的4辆。1989年新购进中巴车2辆,全县汽车总数216辆。随着改革的深化,私人营运业快速发展,1994年全县汽车增到309辆,其中货车195辆,特种车80辆,大巴16辆,中巴3辆,面的15辆。到2000年全县有汽车422辆(私有395),比1985年增长2.16倍,其中货车264辆,特种车110辆,大巴8辆,中巴6辆,面的34辆。

1986年全县客运量8.72万人次。以后随着改革政策的深入,私人客运车辆的不断增加,流动人口的增大,全县客运量逐年增多。1990年全县客运量达17.43万人次,1995年达64万人次,到2000年达88万人次。

二、货运

拖拉机　1985年全县有大小拖拉机398台。1993年拖拉机发展到730台。1994年后,随着行政村通路率的提高,拖拉机也快速增加。至2000年,全县拖拉机达920辆,比1985年增长2.3倍。

农用车　1986年全县只有3辆农用车。1992年由于矿业生产的发展,全县农用车增至110辆。1996年全县农用车220辆,2000年发展到480辆。

摩托车　1985年全县有摩托车10辆,1986年20辆,1987年40辆,1988年80辆,1989年180辆,其中三轮摩托车80辆。1990年260辆,其中三轮摩托车200辆。1995年500辆,1997年800辆。2000年增至1100辆。城内载客80%是三轮摩托车。大量的载客摩托车给大街小巷的群众带来了方便,但也造成经常性的堵车、频繁的交通事故和噪音尾气污染等问题,社会反映日益强烈。

三、货运量

1986年全县货运量157.85万吨,1990年112.7万吨,1995年155万吨,2000年227万吨。

花垣县1986—2000年货运、客运量统计表

表17-1-81　　单位:万人次、万吨

年份	客运	货运
1986	8.72	157.85
1987	10.65	192.52
1988	10.45	165.10
1989	11.07	144.65
1990	17.4	112.7
1991	23	125
1992	29	125
1993	39	128

续表

年　份	客　运	货　运
1994	48	150
1995	64	155
1996	68	160
1997	69	175
1998	73	178
1999	79	205
2000	88	227

第四节　水道　水运

县域内水道有花垣河、兄弟河两条。花垣河道分为三段，上游段由两河至民乐虎渡口电站，全长8千米，可航行10吨左右的木质船；第二段由民乐至茶洞红卫水库，全长14千米，可航行10～20吨木质船和机动船；第三段由花垣镇至保靖狮子桥电站，全长4千米，可航行10吨左右的木质船。1986—1990年间，境内有天然河道92千米，其中常年通航10千米，通机动船4千米。1998年兄弟河水库大坝建成后，库内水位提高，县内新增航道25千米，由雅桥经龙潭、道二达窝勺可航行15吨的木质船。主要码头有茶洞码头、虎渡口码头、磨老码头、花垣河码头等。

1986—1989年，全县水运比较繁荣。1986年全县水道货运量0.35万吨，1987年17万吨，1988年0.63万吨，1989年2.13万吨。1989年后随着公路的快速发展和水道的不畅，水道货运量逐渐减少。至1993年，负责全县水道航运的县航运公司解体，其85名员工自谋职业。到2000年，除几个码头有船渡人过河外，水道营运基本停业。

第五节　交通运输管理

一、运输管理

20世纪80年代初，花垣县交通运输管理站成立。1986年4月，更名为花垣县交通运输管理所(简称“县交管所”)，定编12人，为县交通局属事业单位。1998年4月，县交管所升格为副科级单位，定编18人，下设办公室、计财股、客货运输股、政策法规股等机构。县交管所是县级运输道路管理部门，负责全县交通运输经营管理。

1988年，县交管所下辖茶洞、麻栗场、龙潭三个交管站。1990年因下辖交管站人员少，管理难度大，驻站人员先后调回交管所工作。

1993年，针对全县客货运输和汽车维修市场存在的问题，县交管所进行了整顿，取缔了一批非法营运车辆。但对偏僻乡镇，至少批准一台客车运输，以解决群众出行难问题。

1996年后，全县微型车迅速增加。为控制微型车数量，保护原有中巴车车主的正当权益，搞好客运市场秩序的管理，根据原湘运花垣车站因场地局限，不能容纳全县客运车辆进站经营的实际，县交管所积极争取上级主管部门支持，在县城南开发区四方井大桥头，新建一个公用型客运汽车总站。

1997年，第十二届湘、鄂、川、黔四省边区运管协作会在花垣召开。就如何加强边区交通运输管理协作，深化交通运输管理工作的改革进行了研究，加强四省边区的横向联合，促进边区交通运输行业管理的协作配合。

2000年，县交管所积极鼓励和引导客运业主对运力结构进行调整，花垣至吉首更新8台新车。同时根据客运市场需求，湘运花垣分公司采取接纳融资的办法，购买10台快巴投入花垣至吉首线路，改善了旅客的乘车条件。

二、规费征稽

县交通规费征稽所前身是原县公路局征收站。其主要职能是维护征管秩序，征收公路养路费（含客运附加费、货运附加费、车辆购置附加费），向征收对象宣传征收法律法规等。

1993年3月，为贯彻实施《中华人民共和国公路法》，规范行政执法，按省政府规定，县交管所划出购置附加费和客运附加费及征收业务人员与公路局养路费征收站合并，组建交通规费征稽所，为副科级事业单位。下设办公室、征稽股、财务股、保卫股、购置附加费办公室。其中，购置附加费办公室属上级主管部门垂直管理。

1997年3月，国家实施税费改革方案，开征燃油税。此税种的开征，造成驾驶员对征收政策的误解和抵触，县征稽所干部职工上街开展税费征收的法律、法规知识宣传。出动宣传车103台次，人员510人次，悬挂横幅43条广为宣传，使全县城乡驾驶员明白了规费征收的重要性和必要性，消除了抵触情绪，积极主动到车籍所在地征收机构缴纳规费。当年底，为国家征稽规费近百万元。

2000年春，县征稽所积极配合交警部门，对全县小车、面的车、矿山大货车进行为期三个月的大稽查。县征稽所出动车辆300台次，稽查人员1560人次，查处违规车辆1748台，补征规费310万元。到年底，累计征收规费917万元。

第二章 邮 政

1979—1998年，县邮政电信机构称花垣县邮电局，实行省到县三级垂直管理。县邮电局内设邮政业务办公室，负责全县邮政业务调度、管理。1998年9月，根据国务院体制改革委员会文件，实行机构改革，邮政、电信分家，于9月21日成立花垣县邮政局，实行独立运营，自负盈亏。分营时，全局有员工108人，其中在职人员58人，离退休人员50人。另有其他人员46人，其中临时工15人，代办员31人。

第一节 邮政网络

一、邮路

全县共有自办、委办、农村投递、城市投递段四大邮路。

自办邮路 1995年开办花垣—团结—茶洞—洪安—龙潭—民乐—猫儿—雅桥—吉卫—花垣的

县内自办汽车邮路,路长158.5千米。2000年因实行独立经营,县内自办邮路停办。

委办邮路 1995年开办自办邮路前均为委办邮路,各类邮件委托汽车站发往全县各农村支局(所)。2000年停办自办邮路,改为县内花垣—团结、茶洞;花垣—龙潭、民乐;花垣—雅桥—吉卫三条委办邮路。

农村投递邮路 1986年确定全县村镇邮路57条,邮递员31人,邮路全长(单程)1820千米。1989年到1995年,实行体制改革,调整部分邮路,村镇投递全部由自办分邮员改为委办分邮员。到2000年,全县共有投递段道65个,其中农村投递段道57个。

城市投递段 1986年前城市投递段为两个段道,实行周六班。1990年改为三个段道,实行逐日班。1995年改为四段道,实行逐日班。1998年实行逐日二班,上午投送所有邮件,下午赶投当日特快邮件和人民日报、湖南日报、团结报三级党报。

二、网点建设

1999年10月,县邮政局投资456万元兴建一栋五层邮政综合大楼,建筑面积3300余平方米,集生产经营、办公、文化娱乐、食宿为一体,2000年12月竣工。1999年,投入24万余元购置复印机、传真机、财务计算机等21台(套)现代办公设备。2000年3月,投入8万余元安装了营业间等重要部位的电视监控系统。6月投入12万余元在县城繁华路段建成6个报刊零售亭。

第二节 邮政业务

开办邮政业务,原来只销售邮票、开办收寄正常函件、挂号函件、包裹业务。到2000年,增加了邮政储蓄、集邮、邮购、特快、商业信函、广告等10多种邮政业务。

函件业务 2000年收寄正常函件56.22万件,比1985年增长2.04倍,实现收入54.63万元,比1985年增长1.98倍。进口投递各类函件137.20万件,挂号函件5.57万件。

包件业务 2000年收寄包件业务11327件,实现收入17万元。开办直运业务,运输量达140吨,实现收入0.95万元。

速递礼仪业务 共有特快专递、鲜花礼仪两项业务。1997年下半年开办特快与专递业务。1999年收寄3942件;下半年开办同城特快业务,收寄232件。同年开办国际特快专递3843件,国际特快1件,国内异地专递1779件,实现收入23.33万元。1998年底,成立鲜花礼仪店并开展业务,1999年投送1048件,实现收入过万元。

集邮业务 1993年制作首届花垣苗族赶秋节邮册5000册。1998年开办集邮业务并成立县集邮协会,会员3000余人。2000年集邮销售达130.01万枚,实现收入121.87万元。

邮政储蓄业务 1986年恢复开办邮政储蓄业务。1993年6月,县邮政局首次购进并安装邮政储蓄事后监督微机,实现邮政储蓄微机化。1995年县城中心营业厅实现电子化营业处理储蓄业务,并在全县邮政储蓄通存通取。1998年开办县城西门口、三岔路和龙潭镇三个邮储微机点。1998年7月储蓄会计实行微机处理,实现全省储汇会计计算机联网管理。到2000年底,邮政系统共有各类计算机21台(套)。

2000年邮政储户达24244户,余额达3590万元,比1986年增长74倍。实现收入100万元,比1986年增长293倍。

邮政汇兑业务 2000年开发和汇总汇票483093张,其中开发汇票17902张,收汇金额109.37万元,兑付汇票30407张,兑付汇款2232.87万元,汇费收入78916元。

机要业务　2000年收寄和投递机要文件1502件，机要收入1061元。自1985年来，该业务一直处于亏损经营，但连续多年保持机要通信质量，每年都被省、州机要部门评为先进单位。

花垣县1996—2000年邮政储蓄及包裹业务统计表

表17-2-82

年　份	储蓄余额(万元)	收寄包裹数(件)	包裹收入(元)
1996	1980	16341	245115
1997	2019	14886	223290
1998	2870	13650	204750
1999	3018	12434	186510
2000	3590	11327	169905

报刊发行　报刊发行的基本方式有订阅、零售、批销、代发、寄售等多种方式，其中以订阅和零售为主要方式。

1986年全县订阅报刊期发数(种类)达41216份，其中报纸期发数20709份，杂志期发数20507份；报刊全年累计数31338份，其中报纸累计数209.6677万份，杂志27104份，报刊流转额达19.79万元。2000年订阅报刊期发数20000份，其中报纸14128份，杂志5952份；订阅报刊累计数220.07万份，其中报纸210.5403万份，杂志11.8534万份；报刊零售累计数21.5895万份，其中报纸19.2687万份，杂志2.3208万份，全年订销报刊流转额133.26万元。

第三章　通　讯

第一节　电　信

1998年9月，根据国务院体制改革委员会文件实行机构改革，邮政、电信分家，成立花垣县电信局，实行独立运营，自负盈亏。分家时，全局有员工136人，其中在职职工74人，离(退)休62人。

一、通信设施建设

20世纪80年代末，全县仅有市话470余部，平均每百人0.3部，有的乡(镇)还在使用手摇电话。当时，从花垣挂一个长途电话要几个小时才能接通，挂国际长途需两三天时间。

1991年，县电信局投资350万元修建县城通信大楼，占地1290平方米。1992年5月17日(世界电信日)全县开通2000门程控电话。8月份团结镇邮电支局也开通了程控电话。1993年2月市话扩容1000门。7月底开通光纤电话后，自动来、去电话均增加到8条线路，基本缓解了挂长途电话难的问题。年底用户发展到600多户。是年共放应急电缆900多米,完成主干电缆施工3000米,小型电缆5000米,管道施工放电缆2007米,市话出局线对5000对,电缆9.11千米。1994年6月26日,万门程控电话一期工程5000门程控电话开通。1995年初至7月上旬,完成全县集镇电缆工程及设备的安装。6个国营交换点共计容量为1430门的数字程控电话全部开通,同时完成DDN网设备的安装调试。1996年投入资金150多万元,其中县城改造100多万元,民乐至猫儿线路的改造及排吾的程控工程50多万元。8月份完成县城市话线路整治扩容工程。9月份完成综合电信、网管、计费微机系统的设备安装,12月8日开通排吾乡128门程控电话。

1997年市话再次扩容2048门,并成功地与县局EWSD程控交换机实现对接;完成团结—老鸦塘—杨家寨—岩坝塘—下瓦水电缆工程、花垣—下寨河—窝勺电缆工程、民乐—虎渡口电站电缆工程、茶洞—小寨电缆工程、团结—长兴电缆工程。同时将团结、龙潭、民乐、麻栗场、吉卫等5个支局由原来的独立局改为由县局统一集中维护、集中监控、集中计费。1998年上半年,花垣锰矿出资5万元,民乐锰矿出资3万元开通了民乐矿区50门程控电话。县局与民乐、龙潭、团结、麻栗场、吉卫支局SP30程控交换机割接开通,全县农话交换机容量达到2868门,在县城糖酒厂至浮桥铺设4千米16芯光缆,沿途布放11个光节点。

1999年新增两个光节点总容量为1216门,对县城主杆电缆扩容3600对,新增配线5440对。在县城繁华路段安装室外IC卡机30部,方便了市民。4月份开通了450兆无线接入,发展用户34户。

2000年新增交换机容量6640门,交换机总容量达27488门,新增中继50个2米接口,新建光接点18个,新架光缆81.5千米,新架电缆405.8千米,立杆5310根,投入一万余工时进行县城27个交接箱规范整治,对国道两旁用户线进行整治。全县实现了乡乡通电话,320个村(居)中有204个村(居)通了电话。全县市话10415部,农户6084部,电话普及率由1990年的0.3部/百人上升到2000年的6.3部/百人。

二、电信业务及收入

业务种类 县内电信业务有市话、长话、农话、电报、无线接入、电话卡、无线寻呼、移动通信等。1999年后,后两种业务分别由寻呼公司、移动公司经营。

业务收入 1986年中央邮电通信总量完成19.678万元。随着经济发展、邮电业务不断扩大,全县邮电业务收入也在逐年上升。1987年中央邮电通信总量完成201.211万元,农村电话考核四项完成三项,比1986年稳定提高61.545%。1988年中央邮电业务总量完成164819元,农村电话完成35694元;邮电业务收入中央邮电完成203511元,农村电话完成73670元;邮电通信质量中央邮电考核九项完成九项;农村电话考核四项完成三项。1989年中央邮电通信总量完成30.058万元,农村电话完成75078元;邮电通信质量中央邮电考核指标14项完成14项;农村电话考核四项完成四项。1990年,中央邮电通信总量完成463450元,农村电话完成95042元;邮电业务收入中央邮电完成698866.57元,农话完成215551.50元。1991年中央邮电业务总量完成91.0332万元,农村电话完成183837元;邮电业务收入中央邮电完成888026元,农村电话完成275623元;农村电话考核4项完成3项。1992年中央邮电业务总量完成123.978万元,中央邮电通信总量完成85.1082万元;邮电业务收入中央邮电完成11.19万元;农话考核4项完成3项。1993年中央邮电业务量完成219万元,业务收入完成221万元,农话考核4项完成4项。该年度还投资20万元,修建了民乐电信大楼,建筑面积860平方米。1994年中央邮电业务量完成399.18万元,业务收入完成378.84万元,农话考核4项完成4项。1995年完成业务总量522万元,净增158万元;业务收入512万元,其中邮政业务收入完成199.42万元,电信业务收入完成252.05万元。1996年中央邮电业务总量完成720

万元，其中中央邮电业务收入完成615万元，农话完成105万元；电信业务收入524万元，其中长话完成147.2万元，无线寻呼完成49.7万元，移动电话完成78.4万元。1997年完成业务总量1047.61万元，邮电业务收入中央邮电完成982.57万元，农话业务收入完成95.92万元。1998年全县完成业务收入1005万元，其中中央电信业务收入完成895万元，为年计划的97.925%，市话放号616户，期末用户达5462户，农户用户放号313户。1999年全县开展“百万电话大行动”，年完成业务收入720万元，其中中央电信完成600万元，市话放号15333户，期末用户达6415户，农话放号550户，期末用户达2052户，数据（因特网）用户新增54户，累计达到81户，125个村通了电话。2000年电信业务收入累计完成920万元，比1999年增长43.97%，主线放号7839户，比1999年增长92.58%，期末用户达16306户，市话用户达10224户，204个村通电话，农话用户达6082户。

第二节 移动通讯

1994年1月，县内开通移动通讯。1999年7月，移动通讯从县电信局分出独立运营，时有职工25人，其中离退休人员9人。2000年5月更名为湖南省移动通信有限公司花垣县分公司，为中央直属在县企业。负责县移动通讯网络的规划、建设、运行管理和经营服务。经营范围为移动电话业务、移动数据业务以及信息服务和移动终端配件的销售、维修等。至2000年底，建成移动电话基站18个，总载频数111个，共888个信道，使城郊信号覆盖率达100%，全县信号覆盖率达80%，全县移动电话用户发展到8200户，普及率达5%，高于全省平均水平。

县内移动通讯的发展经历了集群移动电话、模拟移动电话、数字移动电话三个阶段。

集群移动电话 集群移动电话，是移动电话的前身，能接收和发射无线信号，能与市话及国际长途并网，实现相互直接拨打。受话和发话要分别转换信号，不能同时接收和发射。

1993年10月，县邮电局向县计划委员会申请立项，上集群电话项目。当年12月，与株洲中南无线电厂签订合同，由该厂提供设备、技术负责建成开通。1994年1月8日，县内开通了集群移动电话，共4个信道，发射频率为450兆赫，总投资600万元。县邮电局举行集群移动电话现场演示，由厂家技术人员演示性能和操作方法，当场就售出话机10多部。是年，用户发展到38户，主要客户为湖南三立集团、县供电公司、县政府、县公安局、县检察院、县法院等单位。

模拟移动电话 随着形势的发展，集群移动电话已不能适应通讯的需要。为改变这一现状，1994年，省、州政府作出统一规划，要求在县级开通模拟电话（俗称“大哥大”）。1995年6月模拟电话开始预放号，当月预放号31户。7月20日零点，县内模拟移动电话正式开通，共8个信道，频率为900兆赫，覆盖半径5千米。基站建于县邮电局电信楼楼顶，整个工程投资800万元。当时模拟移动电话11000元/台，入网费6000元/户，话费及月租费都很高，拥有者均为企业老板或局级以上单位领导。从1995年7月开通到1996年底，全县仅有模拟移动电话480户，移动电话普及率较低。

数字移动电话 模拟移动电话内存容量小，机型大，通话质量及保密性能差，不能适应新时代发展要求。1996年5月，县邮电局开通了数字移动电话。工程总投资4000万元。数字移动电话容量为1个载频8个信道，频率为900兆赫，基站建于县邮电局电信楼楼顶。

数字移动电话内存容量大，机型小巧美观，型号多样，通话质量及保密性能好，功能齐全，话费、月租费与家用固定电话相当，购机费每部800～5000元不等，一般工薪阶层均有能力购买和使用。

1997—1998年，全县相继建成麻栗场、茶洞、民乐3个基站，移动电话覆盖范围由县城扩大至麻栗场、排碧、雅桥、道二等部分地区，团结、茶洞、民乐信号覆盖率达47%。1999—2000年，相继建成开通五老观图、西门口、花生油厂、法院、物资大楼、新民政局、建委、县医院、党校、移动大楼、佳民等11个县城基站和团结支局、枣子湾、吉卫、大河坪、万明山、龙潭、土地村、豆腐坡、猫儿、两河、踏砂等11个乡镇基站，以及长乐、虎渡口、太丰、三立集团四个直放站。城乡基站总容量达215个载频，县城移动信号覆盖率达100%，乡镇移动信号覆盖率达90%。全县形成一个四通八达、功能完善、服务优质的移动通讯网络。到2000年底，全县移动电话用户达6514户，街头巷尾，乃至农村集镇，腰挎手机者随处可见。

第三节　计算机网络

20世纪80年代中期以后，计算机技术在县内得到推广和运用，其发展过程分为两个时期：

1987年4月到1997年5月为起步时期。1987年4月，县统计局购进意大利生产的微机一台，为县内首台计算机。1990年全国开展第四次人口普查，统计数据全由微机处理，且快速、方便、简捷、准确。之后，县农业局、县林业局、县财政局、县税务局、银行、电信等部门相继购置了计算机。至1997年5月全县有计算机51台，主要用于记账和文秘工作。

1997年5月至2000年底为发展时期。1997年6月，县电信局开通因特网，先后引进和采用调制解调器和窄带综合业务数字网等数据处理新技术。9月，个体户李红一次购买电脑8台，第一个开办电脑网吧，以个人名义上因特网。截至2000年底，全县有计算机3874台，其中单位679台，占总数的17.5%；私人3195台，占总数的82.5%。单位计算机用于统计报表数据和文秘工作的有158台，用于财务管理的有185台，用于教学的有272台，用于生产管理、监控、调度的有94台。在县电信局注册上网用户有1450户，占全县上网总量2000户的70.25%，其中机关单位、企业、学校上网的只有153户，仅占上网户总数的10.9%，且绝大部分是上内部网，能实行信息互通的仅有64户。私人上网的有1252户，占上网总数的89.1%，占私人拥有总台数的39.19%。计算机技术发展速度虽快，但信息观念不强，技术力量不足，计算机作用尚未得到充分发挥。

为加强计算机技术的普及，全县有8个单位和个人先后举办计算机技术基础知识培训班85期，培训人员3094人，加上参加省、州培训的942人，共计4036人。

计算机网络管理　1999年9月28日，成立花垣县信息产业领导小组，下设信息产业中心，为县政府办公室事业机构。其主要职责是根据国家的相关法规、政策，研究和拟定全县信息产业发展战略、方针和总体规划。同时做好政府上网工作，协同各部门做好上网和资料审核工作，指导、协调、组织信息资源的开发利用，指导电子信息技术的推广应用和信息化普及教育，做好县政府网站管理和建设工作。

1999年10月1日，建立县政府网站——花垣边城网站，在互联网上发布信息，成为全省首家上网的县级政府网站。县政府网站隶属于县信息产业中心领导，配备4名专业技术人员，购置9台计算机和配套设施。工作任务主要是收集资料发布新闻，介绍县委、县政府重大决策及各部门职能及民族文化、人文景观，帮助企业建立网站、发布产品信息等。到2000年底,全县有8家企业建立了网站,33个政府部门在政府网站有了自己的主页。民乐镇政府先后购进10台电脑和有关设备,建立了全省第一个乡(镇)级政府网站。

计算机网络应用　1991年,建设银行花垣支行率先将计算机运用于营业部会计账务处理。1995年11月,四个营业网点全部配齐计算机,完成了业务电算化。1997年3月,开始办理储蓄卡业务。4月份实现了湘西自治州建行各网点之间凭存折、储蓄卡通存通兑,跨地区用储蓄卡办理取款存款业务,5月实现全省通存通兑。2000年3月起,实现全国通存通兑。随着形势的发展,农行花垣支行、工商行花垣支行等金融部门也先后运用电脑办理银行业务,使计算机网络技术得到广泛运用。

第十八篇　城乡建设　环境保护

第一章　县城建设

1986年5月机构调整，撤销花垣县城乡建设环境保护局，分设花垣县环境保护局和花垣县城乡建设委员会。县城乡建设委员会内设办公室、生产股、规划股，定编10人。归口管理自来水公司、建筑设计室、房产管理公司、征地拆迁办、工程质量监督站、建筑公司、砖瓦厂、水泥制品厂8个企事业单位。1987年12月，全系统共有干部职工292人，其中干部26人，工人266人。

中共十一届三中全会以后，县内城乡基本建设得到快速发展，城乡面貌发生了根本性变化。20世纪80年代后期，县政府累计投入180多万元，对县城老街路面和下水道进行了改造和维修。建设路街道实行人车分流，成为全县经济、政治、文化、信息中心。90年代末，县委、县政府实施城镇带动战略，投入大量资金，按照“拓展东西，开发南北”的总体思路，对旧城改造和新城拓展作出规划，城南、城北开发相继实施。同时陆续在县城内修建双龙潭、四方井、钟佛山、伍家坡4座大桥，为加速城南、城北建设提供了交通便利。

第一节　城市规划

1983年上半年，《花垣县县城总体规划》编制完毕。同年12月湖南省城乡建设环境保护厅下文，同意《花垣县城建设总体规划》，花垣县第一部城市总体规划正式出台。1990年成立花垣县城建规划管理办公室（以下简称县规划办）。1995年成立花垣县城乡建设规划测绘队，承担全县城乡规划测量工作。2000年，县规划办有干部职工18人，其中工程师2人，助理工程师6人，技术员6人。设备有经纬仪、水准仪、大平板仪各1台，能独立完成全县城乡各项规划任务和规划管理工作。

一、县城总体规划

1992年，县规划办对原县城总体规划进行修编，确定花垣县城向佳民方向发展，将县城的原东西走向逐渐向南北（以南为主）扩展，新修一条老城至佳民的城市主干道，在老城区与佳民区之间形成新的城市中心。把整个城市布局分为三个区：老城区包括双龙潭、老街及建设路一线；营盘坡以东新区为商业贸易、行政办公、生活居住中心；佳民为工业区。这种布局，较为科学地把排放废水、废渣较多的企业布在东北端，排放废气烟尘严重的企业布在西南端，危险品仓库安排在钟佛山西南地段。

二、市政设施规划

县城的市政设施规划主要是对现有道路加宽、取直、局部降坡，勾通新老城区。新建一些桥梁工程，其中坝塘溪2座，中间溪3座，兄弟河1座，佳民小溪2座，同时对现有小桥进行改造。五老观图一带进行绿化，建设成为县城主要公共绿地及综合性公园。扩大县城供水能力，使每日供水量增至2.5万吨。在工业区下游建1座污水处理厂，对整个工业区废水进行统一处理，加强对水资源的综合利用。

第二节　城市公用设施建设

一、道路

浮桥街　始建于清道光十年(1830)。复修原来石墩木梁的绥安桥为岩石五拱桥(浮桥)时，新辟一条从浮桥到榨子门的街道，长105米，宽3～4米。呈南北走向，北与东正街相连，南衔浮桥头，全街以青石岩板铺成。1985年保靖狮子桥水电站兴建，按设计的正常水位230米高程为基点，房屋按20年一遇的洪水线予以搬迁。经狮子桥电站和花垣县有关部门组成测量小组进行复查认可，潭门口地段属搬迁区域，该处住户共11户于1987年大部分搬迁。1999年当地住户为运煤乘车方便，自发用水泥填平8处石阶梯，形成坡度路面。浮桥街为花垣县城老区东端通向209国道的出口道路之一。

东正街　东起榨子门向西延伸到东门口，长300米，宽4～5米。始建于清嘉庆三年(1798)，原属砂石路。民国19年(1930)年，县长王秉承修街，全铺青石岩板，岩板规格一致，两旁直排，中间横排，排水阴沟在直排岩板两侧，街道平坦整齐，是花垣县老城区东西向主干道之一段。中华人民共和国建立后，此街仍保持原来式样。“文化大革命”期间，更名为东风街。1989年恢复东正街原名。1991年10月花垣县城乡建设委员会投入资金4万元整修此街，扩大排水沟。沟截面高1.2米，宽0.8米，把破碎岩板全部换新岩板，仍以边直中横式样，保持原貌风格。竣工后，群众在东门口竖一对石狮，并立碑纪念。

老正街　东起东门口，西至西门口，为花垣县老城区主干道之中段，长700米，宽6～10米。清嘉庆三年(1798)称城正街，民国19年(1930)铺成岩板街后称中正街。中华人民共和国成立后更名为解放街。1977年县财政拨款7.5万元，由花垣镇革命委员会负责全面整修。改岩板路为三合土路，后又浇铸混凝土。辕门口至东门口从街心新开一条下水道，用长方形稍带拱形的预制板盖面，西门口至辕门口从两边开下水沟，并对辕门口至西门进行扩街，将南侧临街房屋按划定红线后退，街道由4米扩至8～10米。1989年再次更名为老正街。

西长街　东起西门口，南至登高楼，此街是县城老街西端通向209国道(建设路)的主要通道，街长1000米，宽4～6米，是花垣县老城区主干道之上段。清嘉庆三年(1798)始建，原是砂石路。民国19年(1930)县长王秉承修街时，从西门口至西门外天主堂止，铺成岩板街。中华人民共和国成立后，仍维持原状。“文化大革命”时期，此街更名为工农兵街。1977年花垣镇革命委员会改岩板街为三合土路面，后浇铸成混凝土路面。1985年花垣镇再次对此街进行改造。从上至下视各段路的宽窄，分别开掘双管(从两旁)、单管(街心)高1.2米，宽0.8米的地下排水管道。1989年此街恢复西长街原名。1992年县建设委员会投入资金6万元，对进登高楼街口至县民政局(原址门前)以下50米进行维修，恢复成岩板路。

下十字街 此街是花垣县城老区一条南北走向的次干道路，南接老正街、北通小北门，街长200米、宽3米，为青石岩板路面。清嘉庆七年(1802)，永绥直隶厅署迁设花园(今花垣)，同知王廷英定址于城北(即此街)。民国期间将厅署改县政府，此街名为县正街。中华人民共和国成立后，仍以十字街为名。"文化大革命"期间更名为反封街，1989年恢复十字街名。1990年县建委和花垣镇政府修整此街，从街心掘一条下水道，截面高1.0米，宽0.6米，路面改为水泥路面。1997年更名为下十字街。

上十字街 此街在东正街北面，西与辕门口相接，东与东门口相连，与东正街平行为东西走向，全长385米，宽3～8米，为花垣县城老区次干道之一。始建于清道光十年(1830)，因此街曾设考棚(科举考试的地方)被称为文星街。此街穿过县正街形成十字，又称十字街。路面用青石岩板铺成，地形西高东低，设有岩石阶梯十处。民国期间，因国民党县党部设在此街又称党部街。中华人民共和国成立后即改名为民主街。1988年吴石泉先生从台湾回乡探亲时捐资6000元倡议整修此街。花垣镇因势利导号召居住在此街的有关单位和居民集资，1996年县财政拨款11万元重新浇铸混凝土，成为老城区环境最好的街道。1997年改名为上十字街。此街的修整，多次为集资筹款，开全城集资修街之先河，受到群众的称赞，故在此街立碑铭志。

环城路 从西门口起经县中医院(原址属南北走向)转成东西走向经小北门至瓦厂坪河码头，全长2千米，宽4.5米，沙石路面，始建于1958年。该路连通文庙坪街、大北门、上小北门、下小北门、下瓦厂坪和翠云山等街道及民区，是沟通坝塘、麻场两个村的要道。与保靖县清水乡隔河相望，靠渡船与清水乡通行，是保靖县清水乡往来花垣县城必经之道。

建设路 处于209国道城区路段，西从三角岩糖酒厂起，东至浮桥止，共分三段。糖酒厂至老汽车站(今边城广场)为建设西路，老车站至西门口为建设中路，西门口至浮桥为建设东路。全长3000米，街宽平均25米，车行道平均13米。县委、县人大、县政府、县政协、县人武部和各企事业单位，以及全县最大的集贸市场、商业门面、服务设施大多设在此街，是全县政治、经济、文化、信息中心，亦是县城东西向骨架主干道。

衡阳路 依据《花垣县城总体规划》向南北发展新建的一条县城主干道。该路位于县城南区，呈东西走向，西至佳民接319国道，东至望城坡与209国道连接。全长5千米，路宽30米，是209国道的改线工程(原国道线穿城而过)。该干道1994年11月由对口扶贫花垣的衡阳市资助255万元启动资金开工，故称衡阳路。

四方井路 1998年7月1日破土动工，该路全长1.72千米，宽30米，累计投入2030万元。北接建设路、南抵王二桥与衡阳路连接，是县城南北走向的主干道。

赶秋路 始建于1987年6月，1993年完工。南接四方井路，北至县体育广场外人事局门前止。全长650米，路宽30米，是花垣县城新建设的南北走向主干道，也是花垣县城总体规划向南北扩展的基础通道。

二、桥梁

花垣县城的桥梁多为跨越城郊南北两条溪河而修建，大小共9座。此外还有跨越街道的立交桥一座，属于涵洞类型的11座。

浮桥 又名五拱桥，位于县城东端，跨越兄弟河。该桥始建于清嘉庆二年(1797年)，原官名为绥安桥，为石木结构。清道光十年(1830年)木桥面被水冲塌，同知田永丰下令重建。砌石礅四座呈五拱，高2丈，桥面铺岩板，左右安装石拦，桥身长13丈(43米)，宽2丈2尺(6.6米)。桥身中部两侧各嵌上石雕龙头龙尾，组成一条朝上游守护的岩龙，形象逼真，栩栩如生。1963 年 7 月 7 日，被洪水淹没，左右石拦被冲毁，事后养路部门另砌条石加固护栏。

伍家坡桥　是一座跨越西长街的立交桥，赶秋路从桥上向北延伸。桥墩由县建筑公司承建，桥拱、桥面由涟源建筑公司承建。动工于 1987 年，1988 年 1 月竣工。桥高 8 米，长 10 米，宽 20 米，跨径 12 米。桥南头左右各建一转梯与老街连接。

双龙潭大桥　建于 1991 年 7 月，由湘西自治州交通规划设计院设计，涟源市第七建筑工程公司承建，桥长 126 米，桥面宽 20 米，高 17 米。净跨 60 米，荷载承受能力 120 吨，为县城最大的四肋全空式箱形钢筋混凝土拱桥。总造价 210 余万元，其中州建委投资 20 万元，县政府投资 130 余万元，全县干部职工、城镇居民和海内外仁人志士捐资 50 余万元。桥头两端各置一对石狮，石狮为县铁合金厂捐建，桥北东侧专建一座铭志捐资修桥者的碑塔。该桥于 1993 年 7 月建成投入使用。

四方井大桥　位于县城中心，跨越中间溪四方井处，是花垣县城总体规划向城南扩容的首期工程，桥北与县城建设路相接并与赶秋路构成南北走向主干道。该桥建于 1996 年 9 月，1998 年 9 月竣工。长 114 米，宽 22.5 米，高 33 米，主拱跨度 60 米，两端接线 256 米。结构为等截面石砌版肋拱。工程建设征地 7000 平方米，拆迁房屋 4000 平方米，保坎 2500 立方米，填、挖土石方 16000 立方米，消耗钢材 260 吨、水泥 1580 吨、木材 928 立方米、石料 18000 立方米，总投资为 560 万元。该桥建成通车后，加速了城南新区建设。

花垣县城桥梁一览表

表 18－1－83

桥　名	最后修建（改造）年月	长度（米）		宽度（米）	
		总　长	主　桥	总　计	车行道
浮桥（五拱桥）	1948	54	43	6.6	5.7
中间溪（公路桥）	1965	10	10	6	6
四方井（小桥）		10		3	步行
花垣溪（小桥）		8		24	
新桥	1958 改造	8	8	3	3
双龙潭（小桥）	1994	35	27	5.5	5.5
机械厂桥	1975	15		6.5	6.5
伍家坡桥	1988	12	12	20	18
坝塘溪小桥	1986	3		2.5	步行
上坝塘桥	清代	4		2.5	步行
水门洞桥	清代	3		3	步行
丰和桥	清代	4		3	步行
木育林小桥	清代	3		3	步行
双龙潭大桥	1993	126	126	20	18
四方井大桥	1998	114	60	22.5	20.5
钟佛山大桥	1995	214	150	13	11

三、路灯

1989年老车站至糖厂安装10盏大灯，老车站至浮桥及老街的白炽灯更换为250瓦的高压钠灯，除小街小巷外，全部安装钠灯。1991—1993年，赶秋路建成使用后，装钠灯24盏。1996年在县政府（建设路38号）至老车站安装镀铝钢杆40根，造型花灯200盏。1999—2000年，城市路灯移交县建委管理，建委投入70万元进行全面改造，立水泥电杆、镀铝钢杆共95根，装钠灯、花灯共235盏。各机关单位在房外上方装霓虹灯1000平方米，设广告灯箱15个。县城入夜后，灯光交相辉映。2000年，全城路灯线路长16.65千米，共有路灯796盏，县城道路照明率达85%以上。

四、供水

1981年9月，县财政拨款27万元在县冻库对面的九峰山上兴建一个日产5000立方米的自来水厂，1982年11月投产供水，年供水量35万立方米。1989年水厂投入30万元，在县大礼堂门口建一座800立方米的蓄水降压池，降低了大礼堂以下的水压，保证用户正常用水。1992年后，厂矿企业增加，用水量加大。自来水公司投资67万元，增建一条总长2540米、直径400毫米的水泥管道。同时扩建一个日处理能力达15000立方米的沉淀池和过滤池，日供水能力达2000立方米。1993年，安装体育场、花果山赶秋路供水管道4082米，新增供水户529户。1998年，湖南三立集团和东方锰业集团2家企业集资120万元，新铺设从降压站到望城长3400米、直径200毫米的管道。自来水公司投资30万元，新铺设从花垣宾馆向南北两头延伸长1200米、直径200毫米的管道。2000年自来水公司投资880万元，增铺一条2500米、直径600毫米的水泥管道进入水厂，增加进水量。同时新建日供水15000吨净水池一座，3000吨过滤池一座，1600吨清水池一座。增铺长3000米、直径400毫米的供水管一条，日供水能力达4000立方米以上。

五、排水

县城排水管道总长4320米，暗沟1940米。县城西高东低，排水呈东西走向，直排入兄弟河。排水主管线为：从糖酒厂起分南北两个方向，北侧一条明沟至三岔路进入暗沟，从县石油公司向北经二中顺西长街流经县建筑公司，横穿建设路进入集贸市场流入老城南郊，再穿过水门洞涵洞流入潭门口大河。南侧一条，以明沟到三岔路进入暗沟流入中间溪。南侧三岔路至老车站，经涵洞流入二中门前，注入西长街暗沟。1988年花垣镇采取集资办法，新修民主街下水道，用岩块浆砌两边沟墙，上盖水泥板。沟深0.8米，宽0.6米，长311米。1990年，县建委配合花垣镇修整二中至乡镇企业局（老街）下水道400米。1991年新修一条长600米、深1.6米、宽0.8米下水道。1998年集资150多万元，对三岔路到西门的下水道进行全面兴修，下水道两边墙体高1.6米，长2100米，宽1.5米，用水泥砖横砌灌空，沟底全面浇灌混凝土，上盖水泥预制板，沿途每隔30米设消水孔一个。1999年兴修西门口至辕门口外下水道500米，改造文庙坪街下水道400多米。2000年城南四方井路开通，两侧新修下水道3444米，全部用直径为1.5米的水泥管铺就。

第三节　城区开发

一、城南开发

城南开发区位于县城南部，总面积10平方千米，东临望城坡、洞溪坪村，南以兄弟河引水工程东干渠为界，西抵马其洛、凉水井村，北依四方井大桥与老城相接。1994年，县人民政府根据总体规划，下发文件对该区进行规划控制。1995年7月，花垣县规划办制定了《城南控制性详细规划》。

1998年3月，成立县城城南建设委员会，组建城南建设发展总公司，从县政府办、建委、国土局、财政局、交通局、花垣镇、公安局等相关单位抽调人员组建办公室，负责城南开发建设的征地、搬迁、规划、建设、管理、招商引资、项目审批等具体业务。

至2000年7月，城南建设总公司征地37.7公顷，拆迁安置居民32户，搬迁坟墓548座。所实施的衡阳路路基工程、桥涵工程及路面铺装工程全面竣工，并投入250万元硬化衡阳路4000多平方米。兴建安居园4栋96套商品适用房全部销售一空。出让土地109宗3.3公顷。修通了城南路下水道，实施了电灯、电话、电视、广播"四线"入地工程，投入440万元硬化四方井路面1.4千米。

二、城北开发

城北开发区西自凉水井、丰和，北至清水江(竹篙滩)，南抵建设路，东至赶秋路，面积5平方千米。1993年县规划部门编制了城北控制性详细规划，1999年县人民政府批准了城北改造项目，2000年4月成立城北通路工程建设协调领导小组。10月，成立花垣县城城北丰和路通路工程指挥部和县城城北开发建设总公司，从建委、国土、花垣镇、交通局、公安等单位抽调14人开始办公。截至年末，全面完成城北开发区的设计、规划、勘测、放线等前期任务。年底到位700万元，投入征地费300万元，征地28公顷；投入40万元，搬迁坟墓350座。

第四节 园林绿化

1986—1993年，城市园林绿化工作由县绿化委员会管理。1993年后，建县园林绿化管理站，隶属县建委。

一、街道绿化

建设路(209国道穿城路段)两旁，公路部门原植有两排苦楝树，株距5米。1974年建设路扩建，两旁改植法国梧桐600余株。1993年赶秋路两侧植樟木、广玉兰、桂花等树种。1995年县里组织临街单位投入资金6.8万元，植树19594株，栽花1100株，植草皮200平方米。1999年将建设路两旁的法国梧桐280株截枝，另植樟树810株。截枝后的法国梧桐于次年长出新枝。

二、公园绿化

花果山公园位于县城北面，原系荆棘丛生的荒山。1964年，县城机关干部、学校师生、城镇居民开展义务劳动，将此山劈成环形梯土，种植花果树木，故名"花果山"。山上山下松柏常青、林荫蔽日。1993年在此建茅屋山庄，每逢节假日，游人不断，站在山上瞭望，花垣县城尽收眼底。

三、陵园绿化

1985年，由县政协、党史办、文化局等单位发起，在钟佛山兴建花垣县抗美援朝纪念陵园，先后得到省民政厅、州民政局、县汽车队、县财政局等单位资助，募捐资金10.7万元。1985年在钟佛山顶建成观花亭一座，1986年建钟佛山纪念陵园牌坊大门，竖"万古流芳"石碑6块。1992年观花亭被大风刮倒。1993年刘仲席先生出资在钟佛山山腰建抗日烈士纪念亭1座。钟佛山经长期封山育林，松柏常青，满山葱绿。

四、庭院绿化

县城内机关单位开展庭院绿化，美化环境，取得明显成效。其中被评为省级园林式单位的有花垣镇建材厂、县人民武装部、城郊变电站、县自来水厂等单位,被评为州级园林式单位的有佳民液化气储备站、县国税局、东锰集团矿山机械厂等单位。

县人民武装部前后投入资金10万元,栽植各类绿化树木,设置盆景200多盆,树蔸盆景1000株。营区形成了以樟树、樱桃树、桂花、广玉兰、雪松、樱花为主的绿化区,以迎春花、红果、七里香、女真组成的绿化带,以菊花、玫瑰、杜鹃、月季为主形成花圃,整个环境花香鸟语,绿化面积达40%,覆盖率达47%。

第五节　环境卫生

一、环卫机构

中华人民共和国成立以前,花垣镇只有两人从事环境卫生工作。主要任务是把各家集中倾倒的垃圾挑到城郊烧灰出卖,业务由警察局管理。

中华人民共和国成立以后,随着环卫工作量的不断增加,环卫队伍不断壮大。县城和茶洞镇、团结镇相继建立环境卫生管理所(站),部分乡(镇)政府所在地墟场的环境卫生管埋所也陆续成立。

县环境卫生管理所　1979年花垣镇成立环境卫生管理站。业务由县爱国卫生运动委员会办公室(简称"爱卫办")指导,花垣镇配1名干部抓管理。1988年正式成立县环境卫生管理所,隶属县城乡建设委员会管理,属二级集体事业机构,定编21人。1989年县环卫所由原来的集体事业单位转体为全民事业单位,经费由财政列支。至2000年底,有职工72人,其中临时工28人,内设机构有办公室、环卫监察队、垃圾清运队、道路清扫队。

茶洞环境卫生管理站　茶洞镇建站以前,由镇政府安排1人扫街道,因茶洞每逢农历五、十日赶集,散集后垃圾遍地,扫街人将垃圾集中挑出城外,倾倒在溪河中,待涨水后冲走。1987年县政府下发〔1987〕8号文件成立茶洞环境卫生管理站,定编2人,隶属县环境卫生管理所,由茶洞镇政府管理,1988年正式建站。

团结环境卫生管理站　团结镇是全县较大的墟场之一,每逢农历四、九日赶集,散集后垃圾遍地,当地居委会组织2人清扫。1992年由县编委下文,正式成立团结镇环境卫生管理站,定编2人,隶属县环卫所,由团结镇政府管理。

二、环卫设备与设施

1985年,县环卫所工人人手1架木质人力车,购置1台旧嘎斯51型汽车和1台农用小四轮将垃圾运出城。1987年木质人力车全部换成铁质人力车,人手一台;同年购置东风牌自卸车1台。1988年购置盘式拖拉机一台。1995年添购盘式拖拉机一台,同年县电解锰厂送东风货车1台,改装成自卸车运垃圾。1998年添置盘式拖拉机3台,东风牌自卸车1台。2000年增加洒水车一台,农用自卸车1台。至此,环卫运输机械有盘式拖拉机4台、东风自卸车1台、农用自卸车1台。每日清运垃圾60~80吨,年清运垃圾2万吨以上。夏季日洒水3次,冬春季每日洒水2次。

1985年以前,县环卫所无办公场所,必要的集会在花垣镇大会堂或镇爱卫办举行,如遇会议时间矛盾,改在环卫工人居住地举行。无固定地点摆车,车辆只能停放在人武部停车场。1988年州建委给县环卫所拨款2万元,在坝塘村购一栋社屋,建三间砖木结构二层楼房,建筑面积120平方米。2000年1月,县环卫所宿舍楼竣工,环卫工人搬进新居。宿舍楼为7层14套,两室一厨一厕,建筑面积1000平方米,投入资金60万元。同年修建环卫办公楼4间两层,楼下建4个车库,楼上设办公室、财务室、会议室，建筑面积160平方米。环卫工人的住房、办公用房得到改善。

三、环境卫生管理

1982年以前，县城居民人口在1.5万人左右，人民生活水平不高，生活燃料多以木柴为主，垃圾日产量较少，环卫工人每晚只需清扫老街一次，垃圾由清洁工运出城集中处理。1985年以后，居民生活开始提高。随着燃料从木柴改成煤炭，垃圾日产量逐年上升。环卫工人每晚清扫一次西长街、老正街、东正街、车站至西门口，范围达5万多平方米，垃圾在9吨以上，由清运人员装车运到钟佛山倾倒在公路下方。后因影响环境和群众反对，1988年，县环卫所在建设中路修建20个水泥垃圾围，在西门口公路边修建1个垃圾中转围，并在望城村"一碗水"处征收荒山3.3公顷作垃圾场。至此，彻底解决全城生活垃圾倾倒问题。1989年，县环卫所与县城60多家单位签订垃圾清运合同。1993年，因县城扩容，环卫工人清扫范围从1988年的5万平方米增至8万平方米。1996年，县环卫所把县城主街道旁的垃圾围、垃圾箱全部拆除，投资2.5万元购进铸铁果皮箱200个，沿街安装。但不到一年，即被损坏。至2000年，随着城南、城北开发进程加快，县环卫所工人清扫范围增至28万平方米。

第六节　城区管理

一、规划管理

1984年县城建规划科改为城乡建设规划股，负责城乡建设规划管理。1990年8月，花垣县城乡建设规划办公室（简称规划办）正式成立，对县境内城乡的各项建设进行系统管理。1993年查处违章建筑4栋计1260平方米；1994年查处违章建筑6栋计1570平方米；1995年查处违章建筑9栋计2210平方米。1993～1995年3年内拆除违章建筑物4处，但仍有少数建筑违规建于规划道上，规划办拆除难以执行到位，迫使有的道路改道。县二中至登高楼柑子园文化路原规划为县城次干道，应控制12米街道，但在规划实施过程中，不少违章占道的房屋拆不动，留下的道路宽不足5米；原规划双龙潭沿河两旁建河堤，但均被私人建房所占。1996年查处违章建筑14栋，其中9栋不符合规划要求，5栋未办理手续，被强制拆除。1997年查处违章建筑17栋，其中7栋不符合规划要求，10栋未办理手续，拆除违章建筑5处。1998年查处违章建筑16栋，其中5栋不符合规划要求，9栋未办理手续，拆除违章建筑9处。1999年查处违章建筑18栋，其中7栋不符合规划要求，11栋未办理手续，拆除严重违章建筑13处。2000年查处违章建筑21栋，其中8栋不符合规划要求，13栋未办理手续。

二、市容管理

1986年以前，县城的市容环境由县卫生运动委员会管理。1987年6月，县环卫所自筹资金，招聘4名复员军人，组成专业市容监察队伍，上街执勤。1991年1月，正式成立花垣县城市建设管理监察队，定编7人，属县建委二级事业机构。主要负责对县城规划与县城建设、公用设施、园林绿化、环境卫生和市容、市貌的监察工作，强制性拆除违章建筑及其他违章设施，协同有关部门搞好城镇的社会秩序、交通秩序和城镇设施的维护。到2000年末，有干部职工20人，配有执勤车一辆。

第二章　村镇建设

第一节　村镇规划

中共十一届三中全会以后，农村经济蓬勃发展，农村出现建房热，农户乱占耕地建房的现象较为突出，村镇建设无规划。

1984 年，县人民政府召开全县村镇规划工作会议，布置各乡(镇)编制村镇规划。县建委在县城举办村镇规划培训班，并完成一个乡的总体规划，作为范例推广。1985 年 1 月再次举办村镇规划人员短训班，并先后完成大河坪、长乐、道二、龙潭、民乐、麻栗场等乡(镇)规划。同时相应完成小寨、跃马卡、排楼、龙门寨、下潮水等中心村规划，在质量上均按照湘建乡字〔1984〕第 325 号关于村镇规划编制(试行)办法执行，即每个方案有两图一书(规划图、现状图、规划文本)，并经乡、镇人民政府批准。1986 年全面完成 20 个乡(镇)的村镇规划任务。同年 8 月 16 日，县政府下发文件对全县村镇规划作了批复。

第二节　集镇建设

一、建制镇建设

茶洞镇　1986 年，工商部门在茶洞镇河坝猪行修建集贸市场，占地面积 6200 平方米，建筑面积 3850 平方米，建混凝土房屋 10 栋 58 间，设货棚 121 间，摊位 200 套。内分粮食行、禽蛋行、工业品行。集贸市场内可容纳 4000 多人交易，逢集时高达万人，当年成交额 285 万元。市场装饰有亭、阁，塑双龙抱柱，古色古香，具有鲜明的民族特色。同时还修建一条长 500 米、宽 4 米的河坝街于吊脚楼下。1987 年，县供销联社在茶洞镇投资 33 万元兴建工贸市场和农副产品收购部，房屋建筑为砖木混合结构，建筑面积 5846.7 平方米，使用面积5460.5 平方米，其中营业房 40 间。1999 年 3 月，为开发茶洞旅游资源，县政府投入 165 万元，从 319 国道入渝大桥头沿河至供销社新开一条 460 米沿河大道，至天王庙坡脚建隧道一处，隧道长 35 米，宽 8 米，高 4 米。2000 年 10 月建茶洞新街，东起烟草站经高上坡至西门供销社与沿河大道相接，全长 837.5 米，宽 12 米，车行道 9 米，街两侧各有人行道1.5 米。

吉卫镇　1987 年，由县工商局贷款 38.9 万元在吉卫集镇东部兴建农贸市场，1989 年竣工。该农贸市场用混凝土建成 14 道长短不同的双面行棚和 3 道单面行棚，占地面积 3000 多平方米，建筑面积 2000 多平方米。内设有铁器行、南百货行、小五金行、粮食行、柴炭行、禽蛋行、肉食行等，计有摊位 387 个。1990 年县公路养护段和县城乡建设委员会共投资 10 万元将主街浇铺成沥青路面，长 2 千米。随后又将老街改成三合土路面，长 500 米，宽 4 米。

民乐镇　民乐镇政府所在地是县境苗族大墟场之一。每场赶集人数达万人以上，年市场交易额平均达 700 多万元，商品零售额 250 万元，税收 12 万元左右。民乐镇原有主街一条，宽 3 米，长近百米，中华人民共和国成立后在场头设供销社，增扩了交易场所，并延伸了一段由供销社至老街道的交易路线。1968 年花(垣)—松(桃)公路建成后，形成了以公路为主街的状况，供销社也沿公路线改建砖房。1983 年镇政府筹资 3 万元将老街修成水泥街面，宽 7 米，长 1000 米，伸展至西北方出街。1986 年由镇政府出地皮，工商局投资 48 万元建成面积达 10000 多平方米的农贸市场。

龙潭镇　龙潭镇从清乾隆年间开辟墟场，有一条狭窄的街道，街尾的禽畜行较宽。1964 年修通美惹至龙潭公路后，即形成了公路新街。1988 年前后共有公私房屋 361 栋，建筑总面积 5.18 万平方米，其中住宅面积 3.08 万平方米，人平住房12.9 平方米。公共建筑占地面积 69342 平方米，生产建筑面积 5760 平方米。1966 年延修龙潭—民乐公路，1968 年修建龙潭—黄腊简易行车道，1970—1973 年先后修建龙潭—开支、龙潭—观音岩行车道，1984 年和 1988 年相继修建龙潭—雅桥、龙潭—团结四级公路。至 2000 年底，龙潭交通四通八达，十分方便。

1978 年前，区(乡)政府设在墟场西端。有木房 2 栋 10 间，计 450 平方米，造价 3.3 万元。20 世纪 70 年代增至 4 栋。1978 年迁址于马王塘边。1985 年新建砖木结构平房 2 栋 15 间，面积 480 平方米；二层楼房一栋 12 间，面积 480 平方米，造价共 10 万元。1988 年增建砖混结构房屋一栋 3 间，面积 500 平方米，造价 5 万元。1995 年投资 5600 万元，修建一个 5800 平方米的集贸市场，有摊位 780 个，肉摊 340 张。

麻栗场镇　1957 年修通麻(栗场)—吉(吉卫)公路后，其路头逐渐形成麻栗场街口，该街中段东侧有供销社和银行，形成一条长近 100 米，宽 8 米的三合土街。其主要街道是通过镇中心长 1.5 里、宽 8 米的 319 国道。另外，在公路外东侧背面有一条长近 200 米、宽 2～3 米与公路平行的步行小街。1988 年镇中心 319 国道铺成油路，并在路边砌了排水沟，环卫部门沿路设置 4 个水泥结构垃圾箱。是年，湘西州工商局、县民委、县养路总段投资 10 万元，在镭钵冲脚与车站背面辟地 11 亩修农贸市场，用水泥板建起空一层长 50 米的肉行棚。1990 年麻栗场镇投资 3000 元，将三合土街改成混凝土路面。

团结镇　吉场是团结镇政府所在地，集镇范围辖 3 个农业村，2 个居委会，727 户，3267 人，总面积 5.78 平方千米，人口密度每平方千米 565 人，其中镇区人口密度为每平方千米 4160 人。有公房、民房共 930 栋，建筑总面积 93300 平方米，其中住宅面积 53656 平方米，人均住房面积 16.42 平方米。中华人民共和国成立后，政府机关、供销社、粮店等单位都先后建在公路两旁，居民也纷纷在公路两侧建房，吉场街尾已冷冷清清。后来团结集市至云盘及太平长达 1 千米的公路街公私房相接，门前搭棚摆摊，汇集赶场人流，非常拥挤，来往车辆受阻难以通行。1997 年在衡南县的大力支持下，投资 170 万元修建占地 1.6 公顷的农贸市场，改变了以路为市的状况。1988 年县政府出资修街，并修建了团结—龙潭的公路。

二、乡集市建设

县域各乡集镇多数是墟场所在地，是历来定期赶场的地方，设固有的街道。长乐(卧岔拉)、雅桥(鸭堡寨)、猫儿、雅酉、排碧、排料等 6 个乡均属这种类型。个别乡集镇如董马库原有墟场设在远离村寨的山堡上，20 世纪 50 年代在村寨设供销社、粮店后，才逐渐移至村寨里。有的是设政权机关后才发展成市场，如道二(尖山)、两河等。还有补抽、排吾、窝勺、大河坪以及大龙洞等，乡集镇尚未设墟场。各乡集镇墟场都以供销社为中心形成，一般都设有饭店、信用社、邮电所或和政府机关、粮店，商店、卫生院等单位。20 世纪 80—90 年代，个体私营工商户和饮食修理服务行业的门面逐渐增多，乡集镇的市貌也随着这些单位、经营大户的房屋建设而变更。这些单位在新中国成立初至 60 年代前期多为木房，60 年代后期至 70 年代初改为"干打垒"房屋，建于公路两旁，70 年代后期至 80 年代初改、增修砖木结构楼房，屋前铺砍三合土成为平整干净的街道。20世纪80年代后期至90年代初,开始修建混合结构3~4层楼,安装自来水,并铺混凝土街面,木房被淘汰。全县13个乡与市貌相关的主要公有建房共444栋2702间,占地面积77040.3平方米,建筑面积95440.3平方米。

三、村寨建设

农房 中共十一届三中全会以后,实行家庭联产承包制,农村建房逐渐增多,新修了一些砖房,并安装玻璃窗。1985年全县农村共有房屋108620间,面积2535469平方米,价值4408.71万元。其中木房102740平方米,面积2466584平方米;土砖房56间,面积1254平方米;砖房3985间,面积55857平方米;其他房1839间,面积11774平方米。新建房屋4039间,面积128852平方米。1990年新建房1689间,面积50443平方米,价值372.60万元。其中木房681间,18784平方米,价值89.51万元;砖房1008间,31859平方米,价值283.09万元。年末实有房屋120316间,2882617平方米,价值6467.87万元。其中木房108244间,面积261741平方米,价值4557.11万元;土砖房83间,2004平方米,价值6.51万元;砖房10168间,227478平方米,价值1889.80万元;其他房屋1821间,11394平方米,价值14.45万元。2000年农村住户人均使用房屋面积20平方米。尤其是麻栗场镇老寨村全村三个村民小组75户408人,是苗族聚居的山寨。1982年该村党支部和村委会发动群众制订新农村规划,联合沙科和立新两个邻村组织群众投工修建一条长2.5千米的机耕道与公路干线相通,同时组织村民利用业余时间整修道路。1987年集资1000余元购水泥13吨铺村寨混凝土道路1100多米,为全县开创了村道水泥路面的先例。该村有3户村民80年代初仍住茅屋,1985年国家实行扶贫建房,给各户资助300元,村党支部发动村民义务帮工400多个,献木材100多根,为这3户村民修建了新砖房。1986年使用国家扶助解决人畜饮水的以工代赈资金,投工600多个,挖掘水井,并铺设自流化管道2000多米,将井水引入5个蓄水池,全村农户都能就近饮用清洁卫生水。1987年县水电部门出资1.5万元、村民集资4000元,自己动手架设线路,解决了全村的照明问题。是年,该村被评为全省文明村。

饮用水 县境各村均辟有水井供广大村民饮用。20世纪70年代初,全县还有257个自然寨7458户40333人吃水问题尚待解决。1975年开始,县卫生部门决定开展以改水为中心的卫生基本建设,将全县常用水井1691口改良了997口,主要是将敞口的水井用混凝土加以封闭,只留下小口径的出水口,确保了饮用水的洁净。1981年用国家投放的扶贫款将各村的水井进行了改良,缺水的村子用水管引进远方的泉水到新修的蓄水池,满足村民饮水。至1985年基本解决167个寨4700户27100人和16750头耕牛饮用水。排碧乡板栗村得到国家1.8万元投资,打通隧洞,铺2400米钢管引水进寨,修一个蓄水池蓄水供230户942人饮用。董马库乡丙池村全村10个组161户739人和105头牛缺水,1985年投入以工代赈资金2.255万元,把燕子山泉水引进村里。1986年按照州分配花垣县以工代赈扶贫任务,兴修了人蓄引水工程45处。偏僻的雅酉乡扪岱村于1987年由县水电局投资4.7万元,购口径10厘米的水管3000米,从邻村果溜溜引泉水进寨,并新修一座“碧波池”(包括1个大池3个小池)供100户村民日常饮用。麻家村于1988年得到县爱国卫生委员会投资和以工代赈水利款3000多元,修建一座龙井,铺设50米水管引来泉水,供130户人口饮用。1990—1992年,全县修建人饮工程483处,解决226个村144792人的饮水问题。期间,补抽乡大卡村、小卡村和牛角村3组先后用上了自来水。1995—2000年,全县结合水利工程建设,实施农村人饮工程,先后解决了19000余人的饮水难问题。

第三章　建筑业

第一节　建筑设计

20世纪70年代，县内建筑逐渐由木质结构、砖木结构向砖混结构发展，没有专门的设计机构，建筑施工质量无人抓，建筑形式简单，造型随意，使用功能不配套。街道、小区建设无规划，乱搭乱建，无设计图纸建筑，边建筑、边设计的情况甚多，不同程度地造成了各种经济损失。1978年后，建筑设计步入正轨。1984年6月成立花垣县建筑设计室，1999年10月更名为花垣县建筑设计院，由丁级升为丙级。建筑设计技术、设备、设计能力逐年提高。

一、设计基础资料

1985年，湘西自治州建设委员会行文，要求对生产厂房的主要车间及五层楼房以上的建筑，必须有地质勘探资料和土工试验，明确自1987年1月开始执行。花垣县汽车站主站房、花垣县建筑设计室办公宿舍楼(7～8层)，花垣县三角岩供销社、花垣民族商场、花垣县粮食局、金秋宾馆、供电调度大楼(12层)，畜牧局综合楼(9层)和花垣县铁合金厂办公宿舍楼等5层以上房屋建筑，均按花垣县总体规划的布局，进行设计和地质勘察。下基脚时钻大圆孔，浇注圆形钢筋混凝土。

二、设计计算理论

20世纪80年代，混合、框架结构建筑逐渐增多，建筑结构设计计算理论越来越复杂。部分设计人员在设计负荷中，不按理论数据细致计算，为保险起见，无根据地加大保险系数，在钢筋布局上增加纵筋或横筋，增大钢材型号，导致使用钢筋混凝土时增大水泥用量提高标号；挑悬梁板时，增加独立柱，造成不同程度的浪费。为解决这一问题，县建筑设计室逐年分期分批派员外出学习培训，使设计技术质量不断提高。同时增加微机设备，规范了建筑基本构件的计算理论，保证了框架结构、框混结构、混合结构建筑的安全，使布筋准确，水、电配套设计相吻合。

三、建筑新技术

县建筑设计院的设计结构，由20世纪70年代的木结构、砖木结构发展到80年代的砖混结构、框架混合结构。经过改革和发展，90年代采用了电子设计，使用了微机技术和空心小砌块以及空心预制建筑技术，普及率达100%。特别是空心小砌块，建筑设计层次从原来的5层到12层的框架混合结构，普及面占总建筑面积的95%。经过不断创新，在砌块建筑设计中总结、研究出一套设计规划和大样图，以适应社会发展要求和体现出建筑设计特点。这一技术的推广使用，节约了大量建设投资、减少能源消耗，是建筑业的一项重大改革。

第二节　建筑队伍

一、县施工队

1986年，县建筑公司通过资质审查，定为四级企业，有固定职工147人(生产工人137人，技术人员6人)，资产总额86万元，流动资金76.87万元，固定资产原值12.84万元,净值8.59万元(其中机械设备净值5.69万元)。当年承建8个工程,建筑面积4672平方米,其中竣工3个,面积1663平方米。1988年县建筑公司有职工109人(含技术人员),施工设备69台(件),其中龙门吊4台、混凝土搅拌机2台、砂浆搅拌机5台,自有设备价值10.5万元,机械完好率85%。当年承建县人民医院综合楼、县环保局办公楼、县畜牧局办公楼等工程。1989年建筑市场竞争激烈,只争得承建县纸厂"1880"工程。1990年承建花垣镇信用社综合楼、县铁合金厂厂房、城郊粮店仓库、烟草公司仓库等工程,由栋号承包变为栋号长个人承包方式。1993年因基建压缩,加上外来施工队冲击,公司仅争得县计委加油站造价为5.8万元的工程。1994年无任何工程承建。1995—2000年县建筑公司承建的工程获湘西州质量优良工程5个,安全优良工程1个,其中有中国财产保险公司花垣分公司综合楼,花垣县地税局宿舍和办公楼等工程。2000年4月通过审查,县建筑公司升为三级企业。

二、乡(镇)及县城其他建筑队

1986年前,茶洞、花垣镇、排吾、三角岩、龙潭、民乐、排料、吉卫、麻栗场10个乡(镇)有建筑队,共有职工543人,流动资金57万元,其中机械设备27万元。乡(镇)建筑队行政由乡(镇)人民政府管理,业务由县建委直接管理。1986年湘西自治州建委对全州农村建筑队进行全面考核。至1989年,全县有乡(镇)农村建筑队25个,职工1250人。此外,县内有县劳动服务公司建筑队和劳动建筑安装公司、教育局建筑公司3支建筑队,职工150人。1990—2000年,县内有茶洞、花垣镇、麻栗场、三角岩、排吾、龙潭、民乐、吉卫、排料8个农村工程队和3个县城工程队,职工最多达560人。

三、外来施工队

1980年开始引进外来施工队,至1988年有7个外县建筑队在花垣承建工程。1989年开始清理建筑队伍,当时县内有外地区建筑队伍12支,职工445人;县内建筑队13支,职工204人,总计全县有25支施工队伍,649名建筑工人。经清理整顿,清退外地区建筑队9支,只留下澧县余家台建筑队和涟源县山塘、常林建筑队,且每支建筑队只保留职工40人。1990—1993年,县内的外来施工队基本保持不变。1994年8月,《湖南省建筑市场管理条例》发布,明确规定建设单位可自由选择施工队伍承担建设工程。从此,外县、外地区施工队伍大量流入县境,再度造成建筑市场混乱,施工单位相互压级压价。1997年11月《中华人民共和国建筑法》颁布,县委、县政府加大宣传贯彻力度,同时取缔和注销了8支建筑队伍,促进了县内建筑市场健康发展。2000年5月,县建设委员会组建了花垣县建设市场交易中心。到2000年底,共有15支外来施工队伍通过县建设市场交易中心参加招投标,县内建筑市场基本被外来施工队伍垄断。

第三节　建筑施工

一、外墙装饰

20世纪80年代后,建房层次逐年增高,使用小砌块取代青砖砌筑,外墙面很少有清水墙,多数使用抹砂灰。墙两侧或后墙、前墙面有用水刷石、贴马赛克、瓷砖,大门柱多用大理石、墙面用240×60(厘米)瓷砖,后来发展到使用各种型号瓷砖。90年代除外墙贴各型号瓷砖外,外墙雨棚仿古,装饰成亭阁式大门,天沟棚盖,嵌琉璃瓦,门亭天沟装饰各异,外墙装饰古色古香。到2000年,房屋外墙装修变化不大。

二、内墙装饰

砖木结构、混合结构的内墙装饰因时而异。20世纪80年代以后,内墙装饰粉水泥砂浆,刷仿瓷涂料。有的客厅嵌有色大玻璃板。堂屋、室内贴

80—90厘米高木质墙裙或瓷砖墙裙，取代70年代和80年代用木质板包护墙角或水泥灰护墙(高80厘米、宽10厘米)。讲究内墙面平整、色调一致。个别户贴镜面内墙，内嵌空调设备。90年代起，有的人家房内装修安装各类壁灯，成为领潮时尚。

三、天棚装饰

木结构房屋的天棚有的直接用天楼板代替，有的在楼枕钉天花板。20世纪50年代砖木结构房屋的天棚使用毛条粉灰，刷白灰。有的搁天楼枕，钉天棚板，刮灰涂刷浅色油漆。到70年代，有的天棚用压制的石骨花板钉天棚。80年代后，多是搁水泥预制空心楼板或捣制钢筋混凝土楼板，天棚预制板上直接粉灰，或刷涂料，或刮仿瓷涂料。90年代流行在客厅或卧室安装吊顶，吊顶上装有各种吸顶灯、彩色霓虹灯，每逢喜庆日子则彩灯齐明，灯火辉煌。

四、地面

以前新建房屋后一般将室内泥土夯紧，条件好的人家则用砖渣、砂子、石灰拌和，砍三合土。20世纪70年代，开始使用水磨石机，民房堂屋、公房客厅地面用亮石(白云石)洗砂、水泥拌和捣制水磨石地面，并用玻璃条(0.25厘米宽)嵌成多姿多彩的图案。80年代后开始铺设地面瓷砖。90年代后条件好的家庭铺设大理石，卧室则铺设仿古木地板，室内装修从经济实用型向豪华舒适型转变。

五、民用建筑

县城民用建筑群主要分布在三角岩、伍家坡、朱家坡、坝塘、麻场村等。其中三角岩居民建筑群最初多是砖木结构，后来发展到混合、框架、平顶建筑和仿古建筑。伍家坡建筑群仿古建筑较多。建筑群楼层高的有6层，一般是2～3层。20世纪90年代后，民间建房颇为讲究，楼门多为焊铁板门，或铁拉门等，第一层窗加安铁条焊接护窗，正屋外多圈围墙。

花垣县建筑设计院重大工程设计一览表

表18-3-84

项目名称	设计年月	建筑面积(平方米)	造价(万元)	层次(层)	高度(米)	跨度(米)	备注
县财政局办公楼	1995.7	1880	132	5	19.1		州优良设计三等奖
县政府招待所	1992.6	3755.77	188	6	21.3		州优良设计三等奖
县粮食局大厦	1992.2	3170.93	159	7	26.7		州优良设计三等奖
县人民医院门诊部	1988.4	4049.46	191	5	23.4		州优良设计三等奖
县人民医院住院部	1982.10	4300	80	4	11		
县中医院	1983.5	3200	60	3	10.20		
县百货大楼	1986.5	2800	60	6	24.00		
县三角岩供销联社	1986.10	3400	75	5	20.50		
县铁合金厂	1988.9	1800	200	5	16.6		
县畜牧局综合楼	1988.6	2500	80	9	25.4		
县工商交易市场	1989	15	130	5			

第四节 质量管理

1985年成立花垣县工程质量监督站，1988年成立花垣县建筑材料检测室，1992年成立花垣县安全监理站，三块牌子一套人马，负责县内建筑工程质量的监督工作。

一、施工现场管理

20世纪90年代后，质监部门制定各种责任制，加大工程现场管理力度。外墙施工要求全部换上双排脚手架；内墙施工要求一律改用凳架，严禁在墙体上打眼留孔。临街施工现场一律砌上围墙，封闭式施工。1996年质监部门在实施现场管理时，发现在建的县印刷厂宿舍部分水泥预制板和小砌块的质量达不到质量标准要求，即责成施工单位停工整改。

二、工程质量管理

1987年，县建筑工程质监站根据〔1985〕湘建监字第293号文件精神，以湖南省质监条例实施细则为依据，结合花垣实际，制定了《花垣县建筑工程质量监督条例实施细则(试行)》，发到各有关单位。到年底，受监工程73个，面积60505平方米，造价807.896万元，完成年计划的52.3%，其中符合标准工程36个，面积30634.19平方米，占竣工面积的95.8%；不合格工程1个，面积1000平方米，占竣工面积的3.2%。

1988年对建材生产质量和管理提出严格要求。泸溪县达岚建筑队承建县皮革厂车间，经质监检查达不到质量要求，除令其返工外，另处以300元罚金。县质监站建立站长岗位责任制和质检员岗位责任制，县级施工单位花垣县建筑工程公司由一名副经理负责质监工作，下设的4个施工队各设1名兼职质监员。

1988年2月以前，县里没有建材检测单位和专门检测设备装置。凡进行基建工程的建设单位或施工单位，为进行钢材、砌块、混凝土取样检测，均要去吉首市或保靖县试拉试压检测。3月，县建筑工程质监站在已建的材料试压室安装了1台100吨的万能试压机，并投入使用。到年底，为47个工程进行检测试压，共试压砌块空心砖177组、钢材试拉172组。同时，全年共受理监督工程75个，面积59741平方米，造价973.3万元，竣工验收51个，面积39786平方米，占年计划的66.6%，其中合格工程7个、面积7465平方米，占年计划的19%，不符合标准工程34个，面积26759平方米，占竣工面积67%；自行使用工程10个，面积5561平方米，占竣工面积14%。

1989年建设工程实行监理制。当年新开工32个，竣工47个(含1988年工程)，合格8个，完成竣工面积32800平方米。同年，湘西自治州建委对全州建筑工程质量进行安全检查，对县境内施工队进行资质复查。截至2000年底，核定合格工程338个，建筑面积448800平方米，优良工程20859平方米，其中县财产保险公司综合楼被评为样板优良工程。

三、施工安全管理

20世纪80年代县建筑工程公司购置60吨钢管，改木质脚手架为钢管脚手架，对临街建设要求设安全网并挂显眼的安全生产标牌。工程开工前，对现场施工人员进行一次安全施工培训，学习“十准十不准”和安全施工条约等，并在县劳动局安全委员会管理下进行安全考核，实行安全生产资质审查，未获得资质证者，不予评定合格工程，不准接洽施工。1994年花垣推荐7人(其中县建筑工程公司3人)参加湖南省建设委员会在大庸市(现张家界市)举办的湖南第三次安全人员培训班学习，并对考评及格人员发放安全证及证书。当年州召开全州第十次安全会议时，发放“花垣县建筑工程公司四十年无施工死亡事故”专题会议学习资料150份。为加大施工现场整顿力度，县质监站专门印制搪瓷安全标牌20块和小型安全标志，搭设在施工的脚手架上，悬挂“百年大计、质量第一、安全第一”等巨幅横幅和标语牌。施工场地实行封闭式，砌筑正规围墙及大门，围墙外粉灰，墙面用红油漆书写“正在施工”的标语。施工人员执证上岗，佩戴符号牌。非施工人员不得进入施工现场，进入现场必须戴安全帽，严禁穿拖鞋、高跟鞋上跳架板。1996年开展安全年活动。1997—1999年，县建委采取定期、不定期现场督查等措施，进一步加强施工安全管理。2000年8月15日，湘西自治州建委转发省建设厅《关于在全省城建委系统开展安全月竞赛活动的通知》，县建委据此组织建委系统对建筑施工进行质量安全检查，对不安全因素及问题责令立即整改。

第四章　房地产管理

房地产管理机构1985年以前属县财政局内设的房产股。1985年5月成立县房产公司，属自收自支事业单位。1998年4月成立县房地产管理局，属副科级自收自支事业单位，隶属县建设局管理。

第一节　房地产权管理

1987年8月，根据建设部文件要求，花垣县设立县房屋换发所有权证领导小组，先后在7镇1乡、18个村、5个居委会发证。从1987年发证至1990年10月结束，历时3年零4个月。1991年始，房产公司主要从事两项管理业务，即负责国有公产房的出租、维修、管理、收取租金和私用宅基地的审批与发证。此后，办证从集中突击转入平常办理。截至2000年底，换发新证户总住房面积达1万多平方米。

第二节　房地产综合开发

房产公司从事房产开发始于1997年。公司投资46万元建商品住宅楼一栋，住房面积1200平方米。1999年邵东、怀化、宁乡、邵阳等外地房产开发商涌入花垣，投入4840万元，完成金三角市场、西门农贸市场的扩建，新建商业中心、边贸市场、物资建材市场。县工程公司自筹资金250万元建设工业品市场。至此，县城市场建筑面积达9.87万平方米，新增固定门面1404个，棚内摊位3040个，并在市场建成一批商用成品房。继而在建设路、赶秋路、四方井路、钟佛山路沿街陆续建起一大批商品房。这些商品房均由外地投资商、县内机关、企业、个人投资兴建，投资总额达1.32亿元，总建筑面积达23.3万平方米。至2000年，城南、城北开发建设总公司在两新区征用土地78公顷，作为县政府控制的土地一级市场。通过完善基础设施，提升土地价格，统一规划和出让，城南出让国有土地使用权3.6公顷，收入达1368万元。城北新区除了道路用地外，有28.7公顷土地可供出让。

第五章　环境保护

1986年以前,县环境保护机构与县城乡建设管理部门合为一体,称花垣县城乡建设环境保护局。1986年5月,花垣县城乡建设、环境保护机构分设,成立花垣县环境保护局(简称环保局),为县直属事业单位。1995年11月,县环境保护局从事业机构转为县人民政府工作机构,下设办公室、环境监测站、环境监理所、环境科学研究所等4个机构。

20世纪90年代,随着锰矿、铅锌矿开发规模不断扩大,环境污染问题逐渐突出,环境保护开始引起政府和群众的关注。1995年以后,全县在扩大工业生产规模的同时注重环境保护工作,对一些重污染企业进行了治理。环境保护这一基本国策得到进一步贯彻落实,局部环境恶化的趋势得到遏制,人们的环境意识逐步增强,环境保护队伍自身建设得到发展壮大。

第一节　环境污染

1986—1989年,环境污染不明显。1990年以后,随着锰、铅锌矿的采、选、冶规模迅速扩大,生产过程中产生的“三废”(废水、废气、废渣)大量增加,且多数未经处理即排入环境,造成局部环境污染严重。县域内污染源主要有废水、废渣、废气、噪声,其中以工业污染源的废水、废渣为甚,废气次之。

一、废水

废水污染主要来自县城东郊、南郊的县电解锰厂、县锰一厂、县纸厂、县酒厂和华联铅锌浮选厂及县中医院和县民族医院。1987年,县民族医院年排放废水20.75吨,其中细菌总数及大肠菌群均超标。纸厂年排放废水525.68吨,其中化学耗氧量和化学需氧量均超标。酒厂排放废水134.59吨,悬浮物、化学耗氧量超标。1989年全县工业废水排放量167.63万吨,水中含有六价铬、铅、锰、砷、镉、汞、悬浮物,分布在县城、民乐、猫儿等地。花垣河、兄弟河、水田溪、蜂塘受到不同程度的污染。这些未经处理的生产和生活废水分别经兄弟河下游、城南中间溪、县城瓦厂坪下水道直排入花垣河进入酉水沅江水系。1995年后,每年排入兄弟河、花垣河的工业废水达100万吨。兄弟河下游的白水河至浮桥段和城南中间溪水质变黑,鱼虾绝迹。废水中主要污染物因子是锰、化学耗氧量、悬浮物、镉、锌等。1998年花垣河浮桥段河水中的铅、镉、锰浓度分别为0.946毫克/升、25.31毫克/升、25.5毫克/升,分别超过国家标准39.5倍、225倍、51倍。铅、镉、锰的年排放量分别为0.23吨、0.18吨、6058吨。2000年全县工业废水排放量1142.6万吨,其中达标量1028.34万吨。

二、废渣

县内工业废渣主要是电解锰渣、电解锌渣、铅锌浮选厂的尾矿以及硅锰合金渣。其中电解锰渣主要来自县城东郊、南郊的东方锰业集团、锰一厂、振兴化工厂和民乐电解锰厂、两河电解锰厂;电解锌渣来自县城东北的三立集团;硅锰合金渣来自城南的县铁合金厂和民政冶炼厂。锰一厂、振兴化工厂、东方锰业集团是排污大户。1995—2000年间,这3家企业每年平均排入花垣河、兄弟河的废渣达20万吨,其污染负荷占整个花垣河、兄弟河流域的84%,致使浮桥段河床平均上升3米,河道变窄。

铅锌尾矿主要来自县城东郊、南郊7家选厂、龙潭镇李梅矿区、团结耐子保矿区及团结镇太平村、永丰村的19家选厂，其中团结镇铅锌矿渣量最大。1998年境内堆积各种工业废渣达22.33万吨，平均每平方千米达5000吨之多。废渣中的主要污染因子是铅、锌、锰等，经州环境监测站对排入河床的废渣底泥烘干后检测表明，铅、锌、镉、锰含量分别是511.56毫克/升、642.42毫克/升、66.45毫克/升、43997毫克/升。年排入河中的总铅、总锌、总锰量分别为11.22吨、9.95吨、47.87吨。2000年全县工业固体废物排放量12.51万吨，其中综合利用量4.31万吨。

三、废气烟尘

城区废气、烟尘主要来自城内的五金厂、电解锰厂、酒厂、锰一厂几家企业的生产锅炉和城内花垣宾馆等几家宾馆的生活锅炉。农村废气、烟尘主要来自团结镇太平村境内的县水泥厂立窑和石灰窑。民乐、茶洞等地锰粉加工厂也产生一定数量的粉尘。

四、噪声

噪声污染主要是交通噪声。1986—1990年间，城内车流量小，交通噪声不大，在60分贝左右。1995年城内白天交通噪声为65分贝。1997—2000年城区内车流量增多，机动车辆随意鸣号，白天交通噪声高达75分贝，超过国家标准。其次是建筑噪声。1999—2000年，城区内建房量大，间隙性的建筑噪声偶尔超标。再次是社会生活噪声，1995—1998年，城区室内外歌舞厅不少，有的通宵营业，普遍超标。此外还有工业生产噪声。五金厂锻压车间的噪声均值96.6分贝，超国家标准，电解锰厂锅炉房的噪声达78分贝，超过国家标准。

花垣县1991—2000年主要污染物排放情况

表18-5-85

项目 / 年份	工业废水排放量（万吨）	工业废水排放达标量（万吨）	工业固体废物综合利用量（万吨）	工业固体废物排放量（万吨）	工业粉尘排放量（吨）
1991年	137.35	9.59	1.69	0.72	315.56
1992年	161.70	9.28	1.84	0.32	315.86
1993年	195.78	8.99	0.82	1.95	664.00
1994年	199.55	16.28	2.73	1.89	803.11
1995年	286.06	27.00	1.73	2.81	894.24
1996年	504.23	60.50	1.77	2.85	1088.70
1997年	741.73	148.33	1.97	16.95	1291.95
1998年	850.93	428.47	2.42	16.4	1140.08
1999年	920.38	552.23	2.97	11.71	1055.12
2000年	1142.60	1028.34	4.31	12.51	666.36

五、污染事故

1986年6月22日上午8点23分，县电解锰厂卸氨时，输氨管断裂，当班人员未能及时关闭阀门，液氨外喷45分钟，泄氨3.6吨。处于下风向的三角岩乡政府、三岔路、柑子园、丰和等地遭氨雾污染，三岔路交通中断一个多小时。这次污染造成

14头猪中毒,8头死亡;鸡、鸭、鹅中毒90只,死亡2只;污染稻田91公顷,各种损失共计1.4万元。事故发生后,县公安局、劳动局、环保局等单位组成联合调查小组处理善后工作,当天下午2点恢复生产。县环保局对电解锰厂处以4000元罚款。

1989年夏,永顺县一辆货车与吉首市一辆货车在319国道窝勺当家村地段相撞,一车浓度为40%的石硫磷溢出,造成县城饮用水源上游污染,县城停止供水54小时。

1989年7月5日,地处县城小北门的花垣镇二九电化厂液氨泄露。当天下午5时50分,当班工人吴家元将液氨输进氨池中和时,发现胶管突然脱离,液氨喷出。吴无法关阀门,同班工人田应学见状与吴一道爬上水池,拟用池中水喷淡氨雾,因水池无法接管未果。再改用院内自来水,因水压力太小亦未成,后厂长与另两车间主任从墙外打洞,将电解车间胶管接通后才将氨雾冲淡,厂长即从墙外钻进将阀门关住,氨泄方止。外泄液氨约10千克,历时10分钟,所幸未造成严重后果,附近居民及现场人员仅有呼吸不适感。

1995年4月18日上午,县锰一厂硫酸车间试车投产,因机械配套不合理,硫铁矿反应炉的温度达不到要求,使二氧化硫从进口泄出,厂区周围农作物受到污染。4月20上午,再次试车时,因二氧化硫吸收塔电机未运转,导致二氧化硫泄出6小时,造成厂西南方向大面积农作物受到污染。5月21日凌晨,再次点火试产,又因环保设施不配套,产生大量二氧化硫弥漫四周,使附近人、畜、农作物受到污染。三次事故厂方共赔偿村民损失70多万元。由于选址不当,环保设施不全,此后一直未投产,造成投资1000多万元的硫酸厂闲置浪费。

1999年7月8日晚,县内遭受历史罕见的特大暴雨,降雨量最高点达256.6毫米。山洪暴发导致团结镇半坡选厂、太丰选厂的尾砂坝垮塌,大量废水、废渣进入农田、小溪,污染农田17公顷,其中2.7公顷被废渣覆盖无法垦复,造成损失90万元。

第二节　污染治理

1986—1990年间,县内环境污染尚不严重,治理任务也不大,易于推行。1986年,县床单厂投资1.1万元(其中县环保局从环保补助资金中为其贷款4000元),对该厂一台两吨卧式手烧锅炉进行改造。由于燃烧系统的改造,煤炭燃烧较完全,烟囱不再冒黑烟,减少了对大气的污染。

1988年,县环保局根据掌握的各排污单位排放污染物的种类、数量、浓度,对其提出不同的治理要求,以达到控制或减少污染物排放的目的。县电解锰厂在县环保局的具体指导下,对排污管道和沉淀池进行改造,投入药剂对废水进行处理。经处理后排出的废水,含锰量有所下降。民乐镇锰粉厂年外排粉尘559.19吨,因外排的粉尘又是产品,企业减少销售收入6万余元。6月,该厂安装2台布袋除尘设备,投入运行后,外排粉尘大大减少,每天可回收粉尘(产品)1.5～1.7吨,减轻了对环境的污染。当年县里发放环保贷款16.5万元,用于6项污染的治理。其中,给县锰矿贷款2.5万元,厂方自筹1.2万元,加高加固矿山尾砂坝。是年,县电解锰厂完成了清污分流的治理项目和锅炉房的噪音治理,噪音由78分贝降到63分贝。同年,县环保局在县城建烟尘控制区6个,计0.8平方千米,覆盖率44.64%;建噪声控制区8个,计1.3平方千米,覆盖率81.25%。

1994—1997年,受相关单位对建设项目一路“开绿灯”,先开工后办手续的影响,污染治理效果不好。多数企业的“三废”未经处理就直接排放,环境污染加剧,引起周边县市的反感,社会反映强烈,环境保护成为一个热点问题。

针对花垣“高能耗、重污染”的严峻形势,1998

年，湘西自治州人民政府决定编制《花垣河、兄弟河环境污染治理规划》（以下简称《规划》），并将其列为当年全州要办的10件大事之一。县环保局在州环保局和州环境监测站的指导下，调集州、县两级的技术力量，做了大量的现场调查和取样化验工作，经5个月6次修改，完成《规划》的编制。7月，湖南省环保局等单位对《规划》进行评审并予通过。认为该《规划》"内容全面、评价方法基本可行，评价标准切合实际，治理方法有较好的实用价值或参考价值，具有一定的科学性、先进性和可行性，在省内小流域环境规划中处于领先水平"。

1999—2000年间，县环保局根据《规划》的要求，结合国家规定的20世纪末工业污染源达标排放的统一部署，强有力地抓了县域内的环境污染治理。至2000年底，由省、州、县三级政府监控的县内10家企业共投入污染治理资金2095万元（其中废水治理260.48万元，废渣治理1661.52万元，废气治理173万元）。7月，县水泥厂和吉鸿公司通过验收合格，成为首批达标排放的企业。东锰集团所属的锰一厂在兄弟河浮桥上游200米处架一座长60米横跨两岸的悬空铁桥，在桥上铺设管道，用水泵将废水（渣）打入对岸的渣库内。经2年的污染治理，花垣河、兄弟河的环境状况有了改观，每年排入河中的废水减少1200万吨，废渣减少45万吨。削减的主要污染物有镉、铅、坤、化学耗氧量，削减量分别为0.83吨、8.8吨、0.51吨、6315.19吨。

第三节　污染纠纷调处

随着工业企业的发展，企业排放的"三废"污染环境在所难免，引发的纠纷时有发生，调处此类纠纷成为环保部门的一项重要工作。

1987年6月，家住县城小北门外的退休干部张振汉给县环保局寄信，反映花垣镇二九电化厂（生产电解金属锰）所排放的"三废"污染其居住环境。8月，又有52户居民联名寄信反映此事。县环保局派人与湘西州环境监测站进行监测，并与县人大财经委、花垣镇一道进行调查。认为该厂地处居民稠密区，严重影响周围环境，且因厂门前是公路，后是悬崖，无发展余地，"三废"不能处理，需迁址。1994年10月，该厂与振兴化工厂合并，因资金未落实，至2000年一直未搬迁，周围居民因此曾上书县、州、省乃至国家民委。

1988年5月，团结镇太平村2组舒坤金等12名村民联名向州、县环保部门和县人大反映县水泥厂粉尘污染一事。县环保局与县经委一道，多次前往进行调处。8月，县政府领导出面，问题得以合理解决。厂方与村民签订了赔偿协议，赔偿金额109276.6元，14户村民搬迁，搬迁费69691.9元。当年，县环保局受理群众来信来访15件，其中花垣镇三角岩村、南门村反映电解锰厂水污染、噪声污染的问题得到解决。

1990年11月，花垣镇三角岩村的县人大代表谭世德寄信，反映县糖酒厂排放的污水污染该村农田1.2亩，要求县环保局调处。1991年2月，县环保局与县经委、糖酒厂、驻村工作队、花垣镇、县农技中心等单位一道进行调处。采取水样4个，土样1个，分别送到湘西自治州环保局、湘西自治州土肥站检测。结果表明：污染系糖酒厂长期排放污水所致，造成水体富营养化。最后达成协议，对受到污染的农田分别按其产量的80%、70%、50%给予赔偿。

1995年6月16日，保靖县毛沟冶炼厂（生产电解锌和硫酸）因二氧化硫泄漏，对团结镇下瓦水、马道子两个村的玉米、烟叶等农作物造成污染。6月21日，花垣县环保局、保靖县环保局联合调查，达成由厂方负责赔偿的协议。但厂方否定，拒绝赔偿。7月21日,该厂又发生类似污染事件。由此引发了7月29日两村数百名村民到该厂索赔,同厂方职工护厂时严重对立的事件。为妥善处理,搞好两县关系,维护社会稳定和工厂正常的生产秩序,7月31日,湘西州人民政府委托州法制办主任龙承亮带州环保局、州烟草局及相关人员到花垣,配合花垣、保靖两县政府共同处理。保靖县委副书记石邦祥、花垣县政府副县长龙文高及两县法制办、环保局负责人出席联席会议。8月1日,形成会议纪要。会议认为:州环保局、州烟草局原来核实的3.1公顷污染面积属实,烟叶产量每亩125千克,5.3元/斤,按总收入的50%比例赔偿合理;6月21日两县环保部门达成的协议应维持。会议要求两县要各负其责,做好工作,教育好村民和工人,相互理解,实事求是。会议对两县在处理"7・29"事件中的工作给予肯定,认为处理得当,措施有力,配合密切,为正确处理农企纠纷积累了经验。

1998—2000年间,污染纠纷比往年增多,且因其中部分群众所提要求过分或厂方不予理睬而导致纠纷调解受挫。

1998年11月1日,三立集团硫酸厂二氧化硫泄漏,污染花垣镇望城村农田。县环保局为慎重起见,与县农业局技术员一道,于是月9日前往调解。经农技人员现场检测,认定实属污染面积1.88亩,赔偿金额6889元。对村民原来提出的一些不合理要求不予支持。

1999年6月28日,全县遭受特大暴雨,降雨量最高点达256.6毫米,花垣河、兄弟河流域山洪暴发。因原工业废渣直排下河,造成保靖县大妥乡、复兴镇沿河两岸53公顷耕地受到污染,两乡(镇)村民反映强烈,湘西州人民政府派出联合调查组并邀花垣、保靖派员参加调查。花垣县政府对调查结果有异议,给州政府陈述理由。称责任不能全由花垣企业承担,上游的保靖毛沟选厂等厂矿也有责任;受影响耕地面积过于夸大,赔偿数额过大,企业难以承受,应酌情考虑。9月6日,州长武吉海在花垣主持召开州长现场办公会议,专题研究处理,副州长王承荣、董继兴、田家贵出席,花垣、保靖两县党政主要领导参加。在听取两县政府领导及环保部门和州联合调查组的汇报后,进行协商,形成纪要。认定此污染是因先前工业废渣直排下河及"6・28"特大洪水所致。应以依法办事和企业的承受能力为原则,在州政府的职权范围内进行行政协调。花垣的7家企业(东锰集团、三立集团、振兴公司、华联选厂、团结第一选厂、华泰选厂、鸿鹄选厂)和保靖的2家企业(毛沟选厂、向阳选厂)共同承担总计85万元的赔偿。其中废渣清理费每亩350元,计30万元,其余55万元为农作物损失赔偿费。同时,责成州环保局牵头,会同花垣、保靖环保局对10家企业进行补偿性罚款(按农作物赔偿的30%),处罚后返回企业作污染治理资金。文件形成后,多数厂家兑了现,但少数厂家不予理睬,文件精神没有完全落实到位。

第四节　排污费征收

1980—1993年,各排污单位在月末向环保部门申报产品产量,环保部门据此算出应征排污费额,再委托银行代收。因企业排污量不大,排污费不多,故基本能足额征收。1993年后,排污量增大,排污费增多,客观上导致征收难度大,故采取协商征收办法,征收额均低于应缴数额。其中,电解锰行业排污费的征收,仅收其应缴的1.5%,且将征收排污费的70%返回企业用于污染治理,20%用于弥补环保部门自身经费不足,7%用于增添监测设备,3%用于环保科研。在实际操作中,1993—1994年,县环保局只征收应缴排污费的30%,70%未征收,实行空转。因企业未将污染治理资金单列，故污染治理只停留在口头上，未付诸实践。1995—2000 年，工业企业增加，排污费征收额亦随之扩大，最高年份的 1995 年征收排污费 122 万元。

花垣县 1990—2000 年排污费征收情况表

表 18－5－86　　单位：元

年　份	金　额
1990 年	130580.48
1991 年	193305.63
1992 年	270862.32
1993 年	303511.62
1994 年	561949.48
1995 年	1223951
1996 年	723465
1997 年	355878
1998 年	794846
1999 年	989578.60
2000 年	739835
合计	6287763.13

第五节　环境监测

1991 年县环保局仅有一个价值 700 元的测噪声声级计和一个价值 20 元的测烟尘黑度望远镜。1993 年建立监测站后，购买了一些药品、试剂，湘西自治州监测站赠送一批玻璃器皿等简单设备。1995 年衡阳市环保局送了一台旧分析天平等设备。1996 年从山东、长沙等地购置价值 6 万元的极谱仪、分光光度计、大气采样仪等设备。2000 年购置一台价值 4 万元的烟道采样器。至年底，县监测站拥有固定资产 16 万元。

1996 年县监测站能进行大气、水质、重金属的监测，但未取得论证资格，检测报告先后以州监测站、保靖县监测站的名义发出。1999 年技术人员、仪器设备逐步配齐，经省环境监测站、省技术监督局验收，取得质量论证资格。至此，县监测站能独立开展工作，检测的数据具有法律效力。

县环境监测站每季向州环境监测站报送一次数据，项目是地面水 COD（高锰酸盐指数）、SO_2（二氧化硫）、TSP（大气总悬浮微粒）。采样点固定，水样在花垣河川心城河段采集，大气样在县教育局和县公安局采集。此种监测属义务性，不收费。

如果某处突发污染事故，县环境监测站需及时进行采样监测，为正确处理提供有效数据。这种监测可向造成污染事故的当事人收取适当的成本费用。建设单位上项目前，需县环境监测站对该项目进行环境影响评价，对拟建厂周围环境的本底样进行监测。此种监测属服务性监测，监测站与建设单位进行协商，收取相应的费用。

第六节　环境管理

1986年县环保局从县建委分出，代表政府履行辖区内的环保监督管理职责。当年4—11月，县环保局根据上级业务部门的统一布置，对全县工业污染源进行全面调查，收集、整理各种数据11.7万多个，形成1.6万字的《花垣县工业污染源调查报告》，查清了全县主要工业污染源、污染物及污染区域，掌握了全县环境状况第一手材料。

1987—1990年间，由于经济过热，导致经济建设与环境保护不同步发展，形成旧账未还，又欠新账。1989年6月，全县环保工作会议召开，传达全国第三次环保会议精神。会议指出，在推进经济建设的同时，要把环境保护和合理利用各种自然资源结合起来。县人民政府同时下发《关于加强矿产资源管理的暂行规定》，成立以副县长宋新美为组长的整顿领导小组，用2个月时间，对全县的锰、铅、锌等矿实行停采的整顿措施，扭转了无证开采和越界开采的混乱局面。

1990年国务院下发《关于进一步加强环境保护工作的决定》(简称《决定》)，县环保局结合本县实际，把环保工作各项指标纳入县政府制定的国民经济第六个五年计划，把工业废水排放量、处理率、达标率、重金属污染物削减率等指标量化分解到28个县直企业和9个乡镇企业，使《决定》的落实做到量有规定，时有限制。当年，成立县环境保护委员会，负责环境保护执法过程中的组织协调工作。

20世纪90年代初期，伴随全国经济改革大潮，县里确定了“抓矿振兴”等经济发展思路，制定了抓农业求稳定，抓工业上台阶，逐步由农业县向工业县过渡的兴县方案，工业生产得到迅速发展。在一切服从经济建设这一思想指导下，对建设项目实行“先上车，后买票”的优惠政策，工业企业个数不断增加，一些选址不合理、有污染的项目不经环保部门选址和评价也趁机而上。由此造成先污染后治理，实则难治理的既成事实，为后来的环境保护留下了严重的后遗症。

1994年夏，部分群众在县城饮用水源上游的下寨河淘洗硅锰渣，引起人们的关注。县人大常委会主任石英伯按照县委的安排，在窝勺乡政府召集当地政府、县环保局和县铁合金厂负责人开会，决定由县环保局和窝勺乡政府派人到现场教育阻止群众，由铁合金厂出资雇请4人现场维护并将倒入河中的硅锰渣清出。

是年，县人大、县政协还正式介入环境管理和执法的监督工作，并按全国统一部署，组织代表、委员视察环保工作。5月下旬，由县政协主席向明喜、县人大常委会副主任石邦全带队，14名县人大代表、政协委员及相关单位28人对全县环保工作进行视察。环保工作引起相关部门的重视，得到各方配合，环保部门开始参与全县经济和社会发展的综合决策，独立开展工作局面有所改变。

1995年全县兴起大办铅锌浮选厂的热潮。据县环保局调查，业主有县直有关单位、乡(镇)企业办、个体私营者，也有国家机关工作人员。当年全县选厂猛增到21家，多数选厂选址不宜，未经过环保部门审批，污染隐患严重，且所有选厂只选锌，不选铅，既浪费资源，又污染环境。县环保局将调查情况及时向县委、县人大、县政府、县政协四家领导汇报，写出了《关于我县硫化锌选厂的基本情况及处理意见的报告》，引起了领导的重视。县政府先后两次召开了有四家领导和相关部门负责人参加的会议，研究对铅锌浮选厂的整顿问题。

1996年4月，县环保局针对县内违法建选厂导致污染环境的问题，向县政府写出专题报告，建议县政府关闭张匹马选厂、航运公司选厂、全发选厂、角弄选厂、吉化选厂、老王寨选厂、狮子桥选厂、城东选厂。5月，县政府下文对上述8家选厂予以关闭。12月，县政府根据国家和省政府关于关闭十八类小污染企业的通知，再次下文关闭了县以工代赈制革厂、龙潭镇氧化锌厂、台联冶炼厂、团结镇锌厂、木材公司选厂等5家企业。但因一些业主有一定的社会背景，第一次下文关闭的8家选厂仍有一些关而不死，继续生产。政府文件如一纸空文，有法难依、执法难严、违法难究的现象仍然存在。

20世纪90年代后期，随着环境污染的日趋严重、矛盾日益突出，人们的环保意识不断提高，环境管理也逐步走上正轨。

1998年4月，龙潭镇选厂尾砂坝因山洪暴发而垮塌，厂方不及时报告，县环保局对其处以罚款，并责令停产治理。

1999年，全县环境管理工作以实现工业污染源达标排放为重点，对花垣河、兄弟河流域的污染源进行治理。7月，县政府召开县长办公会议，听取环保工作汇报。8月下旬，县政府召开全县环保工作会议，县委常委两次听取环保工作汇报，并责成县环保局对龙潭镇角弄、团结镇耐子堡等4家擅自建厂的违法行为进行制止。同时，支持企业建设防治污染工程。是年，东锰一公司在修建尾砂库过程中，因涉及征地问题，当地村民聚众堵路，原材料不能进场，施工受阻一个多月。为确保企业防治污染工程顺利进行，县政府和县政法委领导出面，并通过法律程序，由县法院强制执行，平息了事态，使该工程得以顺利实施。

2000年底，是国家规定的污染源达标排放的最后期限。抓达标排放是当年环境管理的工作重点。为此，县里制定了工作方案。东锰集团、三立集团、湘花有限公司为省、州直接监控的企业，另有铁合金总厂、县水泥厂等为县里监控的企业。县里成立了工业污染源达标排放工作办公室，各企业成立了相应的机构，结合本企业实际，制定工作方案。工作总体要求是严格控制新污染，有污染的新建项目必须执行环境影响评价制度和“三同时”(治理污染设施必须与主体工程同时设计、同时施工、同时投入使用)制度，改建项目以新带老，将老污染一并治理。当年，县环保局对全县的新建、改建、扩建的项目，把好选址环评关和防治污染设施的验收关，实行分组负责，明确专人管理，严格控制污染源。在全县统一进行的矿业生产秩序整顿中，依法关闭4家难以治理的选厂，责令16家选厂限期治理，对3家经过环境评价但未审批的选厂责令补办手续，对不履行任何手续的7家选厂责令停建。

第十九篇 水利 气象

第一章 水 利

1986年花垣县水利电力局内设办公室、水利股、机电排灌股、防汛抗旱指挥部，共有干部职工44人，下设塔里电站供电公司、兄弟河引水工程管理所、水电工程队、水泥制管厂、红卫水轮泵站管理所、小排吾水库管理所、乡镇水电管理站，共有职工522人。1988年增设花垣县水利公安派出所、防汛抗旱办公室，1990年撤销水利公安派出所，设立水政资源股。1991年机构设置有办公室、工会、水政股、工程管理股、兄弟河流域管理调度室、职教股、计财股、审计股；下辖水利电力勘察设计室和各片区水利电力中心管理站。三角岩片区水利水电中心管理站辖花垣镇、团结镇、茶洞镇、大河坪乡、长乐乡、窝勺乡；龙潭片区水利水电中心管理站辖龙潭、道二、雅桥、排吾、民乐、猫儿、两河7个乡镇；麻栗场片区水利电力中心管理站辖麻栗场、排碧、排料、董马库、吉卫、补抽、雅酉7个乡镇。1992年下寨河电站与塔里电站分设。1993年增设计量办公室。1995年按机构改革的定职能任务、定机构、定编制的“三定”要求，局内设办公室（加挂防汛抗旱办公室牌子）、财务股、政工股（加挂纪检监察室牌子）、管理股、水政资源股。1996年增设移民安置办公室、工程质量监督站。1997年移民安置办公室分出单独成立县移民开发局；增设水政监察大队。1999年兄弟河水库管理所与下寨河电站合并。2000年底水电系统共有干部职工566人，其中局机关工作人员44人，下属单位干部职工522人。

第一节 水利建设

1986年开始，县委、县政府因地制宜积极推进水利建设，在防洪除涝、农田灌溉、城乡供水等方面取得了明显成效，水利条件逐年改善，灌溉面积年年增加，抵御旱涝灾害能力不断增强，管理队伍、管理体制和管理方法日益完善。水利建设大致经历三个阶段：1986—1990年，重点续建兄弟河水电工程、小排吾水库坝址区岩溶防渗堵漏、小型水库渠道防渗维修配套和病险库的治理，用以工代赈资金优先解决人畜饮水困难。1991—1997年，抓住实施粮援工程的机遇，进行水利综合开发，以小排吾水库为主要水源，配套完善小排吾灌区水系建设，设计灌面2853公顷，新增灌面2480.4公顷。1998—2000年，实施口粮田建设项目工程，围绕新开田2667公顷，新增旱涝保收面积2000公顷，农业人口人均实现旱涝保收面积0.6亩的目标，水利建设进行了合理规划，突出抓好吉卫排涝、广车水库配套完善、雅桥田塘西水东调、坝务水库群配套、红卫提引联合灌区配套等工程，形成全县第三次水利创业高潮。

2000年，全县有上型水库36座，其中中型2座，小(I)型9座，小(II)型25座；上型引水工程6处，其中中型1处，小(I)型2处，小(II)型3处；水轮泵站22处65台，其中中型1处3台；山塘328口，灌溉百亩以上溪坝60处；干、支渠142条，长600多千米；电力提灌站62处65台，总装机1123千瓦；灌溉泉井267眼，其他水利设施304处，人畜饮水工程178处。年平均蓄、引、提水量(不含水电)达1.3亿立方米，全县有效灌面9933.3公顷，旱涝保收面积8466.6公顷，农业人口人平旱涝保收面积0.54亩，共解决近7万人的饮水困难。

一、蓄水工程

全县蓄水工程建设在突出续建好兄弟河水库的同时，主要对原有水库进行整治配套、除险加固。

小排吾水库 小排吾水库是兄弟河开发第一梯级中型工程，以灌溉为主，兼有防洪、发电、养殖等综合效益的中型水库工程。设计坝高38.5米，总库容1175万立米。1987年水利部投资50万元安排35个项目，在实施帷幕灌浆的同时，对渠道工程进行加固配套。实施大坝右岸堵漏工程，灌浆21个孔，进尺2000米，投资26.45万元；实施新寨1、2号隧洞防渗工程，共126米，投资6.01万元；总干渠防渗工程4722米，投资14.16万元，基本预备费2.33万元，所下达项目工程当年全部完成。

1988年共下拨到位资金100万元，安排9个项目工程，当年施工，当年完成。其中水利部投资50万元，安排3个工程项目即大坝灌浆扫尾工程17个孔，进尺1080米，投资9.81万元；保楼明渠加固防渗工程3210米，投资8.5万元；总干渠加固防渗工程4193米，投资28.69万元。省水利厅投资50万元，安排6个工程项目，水库枢纽右岸灌浆及公路桥修建，投资14.99万元；董马渡槽110米投资14.16万元；老木山3号隧洞(与磨子寨交界处，又称磨子寨隧洞)110米，投资3万元；总干渠防渗工程4193米，投资10.14万元；基本预备费2.38万元；技术装备费5.33万元。6个工程项目中除董马渡槽地质条件不宜修建渡槽改为渠道加固防渗外，其余工程项目均严格按照下达的实施计划完成任务。

1989年共投资90万元，实施8个项目，其中水利部投资50万元，安排保楼明渠防渗3135米，资金18.66万元；夯坡倒虹吸管更新改建164米，投资5.18万元；水库枢纽灌浆追加补拔及材料差价共20万元。省水利厅投资40万元，安排大坝防护区征地2.3公顷；库区内两岸为群众通行修建两条便道长5000米，观测设施更新等枢纽部分的3个工程项目共投资9万元；安排渠系配套工程项目，总干渠防渗3506米，投资21万元；总干渠加固护坡，浆砌58处长1403米，投资10万元。

1999年7月15日，通过湖南省水利水电厅大坝安全鉴定专家组的鉴定，确定小排吾水库大坝安全类别为3级，属病险水库。12月，花垣县水利水电局委托湘西州水利水电勘测设计研究院对小排吾水库进行除险加固工程初步设计，2000年6月设计完成。经报省水利厅批复同意，7月27日上报水利部。2000年9月27日由水利部大坝安全管理中心核查认可。该工程主要存在以下问题：坝坡抗滑稳定安全系数未达到规范要求，其中上游坝坡最小抗滑稳定安全系数为0.906，下游坝坡最小抗滑稳定安全系数为0.983；坝体渗漏严重，近坝库区左岸岩溶塌陷时有发生，漏水仍较严重，坝后实测渗漏总量仍达1.7立方米/秒；溢洪道尚未完善，其进口、堰体及消力池未完善，陡坡段部分底板及导墙未衬砌，不能宣泄30年一遇洪水；涵卧管施工质量差,漏水严重,最大漏水达 0.4 立方米/秒。被列为全国重点中型病险水库除险加固项目,审定工程总投资 1635.23 万元,其中静态投资 1426.73 万元。大坝按设计洪水标准 100 年一遇,校核洪水标准 1000 年一遇设计,主要采取以下处理措施:对主坝坝体进行劈裂灌浆和坝基帷幕灌浆,对内坝坡进行培厚压脚加固处理,新建放水压力隧洞及其启闭设施,封堵原涵、卧管;对坝左夯彩泉地下暗河主要通道进行帷幕灌浆封堵;护砌改造、续建完善溢洪道;改造并完善大坝观测设施等。2000 年冬由水利部投入资金 100 万元,首先新建放水压力隧洞,启动小排吾水库全新改造。

兄弟河水库 兄弟河水库是兄弟河开发第二梯级中型工程,为花垣县最大的水库,以发电为主,兼有灌溉、航运、养鱼、旅游等综合效益。1998—2000 年,续建完成了弧形闸门启闭机房,并进行坝体左肩防渗灌浆处理,共耗资 42 万元,使大坝趋于完善。兄弟河水库的建成,为下游总装机达 2.6 万千瓦的下寨河、洞口、佳民、塔里、浮桥等电站调蓄可靠发电水源,为灌区 1333 公顷农田提供了灌溉保障,改善县城的工业、人饮用水条件。

莲花山水库 莲花山水库建在海拔 880 多米的吉卫镇螺蛳董高山谷口处。1986—1997 年水库运行正常。1998 年 11 月 3 日下午 4 时,库内右岸边坡溢洪道进口处发生严重塌陷,陷坑直径达 7.3 米,深达 6.7 米,形成管涌浊水至坝脚倒滤层外排出,漏水量达 0.04 立方米/秒,当时库水位为916.9 米,陷坑逐步扩大,情况十分危急。当晚,县委副书记、副县长、县水利水电局局长等赶赴现场指挥抢险,吉卫镇党委、政府组织螺蛳董、葫芦等村 200 多群众抢险,采取围堰将库水与陷坑隔开的办法,历时 4 个多小时方控制险情。同年 12 月 4 日,县水电局组织施工队,对大坝进行帷幕灌浆和坝体劈裂灌浆,于 1999 年 9 月底结束。该工程由国家投资 118.6 万元,群众投工 33.71 万个,完成土石方 15.23万立方米,钻孔进尺 2237 米。当年正常蓄水并溢洪,效果显著。

龙颈坳水库 龙颈坳水库位于道二乡排楼村,为小排吾水库灌区小(Ⅰ)型蓄水工程,坝高 18.29 米,总库容 205 万立方米。大坝于 1975 年冬修建。由于清基不彻底,蓄水后坝基渗漏严重。1988 年 8 月,湖南省水电科学研究所物探组对大坝坝基、坝肩进行探测,结论为:坝基主要渗漏在右段,左段存在股状渗漏,中部存在集中渗流。1995 年 3 至 11 月,县水利局组织工程队对坝基进行帷幕灌浆和劈裂灌浆防渗,同时改造了涵卧管,共耗资 60 万元,投工 0.49 万个,钻孔 103 个,进尺 2386 米,形成有效挡水面积 4600 平方米,大坝所有渗漏通道均被封堵,水库正常蓄水,灌面 345.86 公顷。

金新田水利开发片 金新田水利开发片是广车水库续修配套完善的第一期工程,位于县域中部的麻栗场镇和雅桥乡境内,海拔在 530～600 米之间,为小排吾水库、广车水库、金彩水库、五龙冲引水工程等 4 处水利工程灌溉区域,水源充足,灌溉面积大,设计灌面 566.6 公顷。麻栗场镇金牛、新科村,雅桥乡朋岩、朋打、田塘村共 5265 人受益,是花垣县开展口粮田建设的标志性工程。县委书记刘路平任指挥长,县人大常委会主任石英伯、县政协主席向明喜、副县长石登富任副指挥长。1998 年 7 月 1 日举行奠基仪式,工程正式启动。工程总投资 150 万元。投工 15.8 万个,完成高标准干、支、斗、农渠 70 条 28500 米,其中倒虹吸管 13 处 2170 米,5000 立方米分水灌溉池一个;完成土石方 6 万立方米,砌石 2.42 万立方米,砼 0.37 万立方米,改善灌面 333.3 公顷,土改田 233.3 公顷,灌溉面积达 566.6 公顷,其中旱涝保收面积 533.3 公顷,灌区人均旱涝保收面积由原来的 0.57 亩提高到 1.5 亩。

尖岩山水利开发片 尖岩山水利开发片位于麻栗场镇尖岩村、新桥村,属广车水库续建配套完善第二期工程。干渠绕尖岩山而过,灌溉麻栗场镇的尖岩、新桥、彭湖、各鱼 4 个村及窝勺乡新寨村。1999 年 9 月 5 日开工,同年 12 月底完工。共投资 340 万元,投工 14.5 万个,整修防渗干渠 10 千米,新建支渠 4.5 千米,新建斗农渠 54 条 7 千米,安装倒虹吸管 11 条 2000 米,渡槽 3 处 176 米,蓄水池 4

口，完成土石方3.93万立方米，砼及钢筋砼4500立方米。改善灌面386.6公顷，新增灌面253.3公顷，新开田100公顷，新增旱涝保收面积233.3公顷。解决了2500人饮水困难，灌区农业人口人均旱涝保收面积从0.37亩提高到近1亩。

坝务水库群灌区续修配套工程　坝务水库灌区位于民乐镇境内，以坝务水库为龙头，联合关龙水库、川洞水库、卡子水库、谷哨水库形成一片水库群灌区，设计灌面522.26公顷。工程分两期实施：第一期工程1998年9月23日动工，1999年3月18日完工。投资90万元，投工6.3万个，完成高标准干渠1条3400米，支渠6条9300米，倒虹吸管1处135米，完成土石方1.28万立方米，砼0.28万立方米，土改田92公顷，新增旱涝保收面积67.46公顷。第二期工程1999年11月5日动工，同年12月28日全面完成，共计防渗整修干渠4.8千米，支渠1.5千米，完成土石方0.25万立方米，砼878立方米，新开田56.66公顷，新增灌面86.66公顷，改善灌面93.33公顷，新增旱涝保收面积160公顷。

二、引水工程

夯彩泉竖井引水工程　夯彩泉位于小排吾水库大坝下游兄弟河左岸，距大坝300米。泉井地下水的来源相当复杂，不仅与小排吾水库库内渗漏水相关，且与库外水源联系密切，外来水源集雨面积达7.12平方千米。泉井年平均产水量2030万立方米，均排入兄弟河。为充分利用水资源，县水电局技术人员在泉井出口处修筑一圆桶形竖井式围堰，直径5米，高9.54米，将泉井水位提高至小排吾总干渠水位，然后再开筑一条长340米，断面1.2×1.2米的盘山渠道，将夯彩泉水全部引上小排吾总干渠加以利用。1994年3月开工，次年5月竣工。总投资17万元，年均引水量达1244.2万立方米。引用夯彩泉总水量的70%，为小排吾灌区新增旱涝保收面积533.33公顷。同时，利用小排吾水库的余水，在排吾乡牛头山修渠道电站一座，装机400千瓦，年均发电260万千瓦时。电站于1996年6月投产，按每千瓦综合上网价0.18元计算，每年发电收益可达41.8万元。

长乐惹坝引水工程　惹坝引水工程是州公安局驻惹坝村扶贫工作队实施的一项以灌溉为主、兼有人畜饮水等效益的综合性工程，位于长乐乡惹坝村境内。工程有引水坝一座，渠道三条，其中渡槽一处长32米，倒虹吸管一处长350米。水源取自村外2千米处一股泉水，流经3000米的盘山渠道从悬崖陡壁的半山腰穿过隧洞入村前田坝子。1997年2月开工，1998年10月竣工。总投资30万元，群众投工1.5万个，完成土石等工程量3020立方米。惹坝村6个村民小组104户484人的用水条件得到改善，可灌溉农田53.33公顷，土改田26.66公顷，全村人均旱涝保收面积由原来的0.38亩增加到1.5亩，群众称为“德政工程、民心工程”。1998年度被评为全州水利建设优质工程。

西水东调工程　雅桥乡田塘村有46.66公顷稻田长期干涸。1996年省委书记王茂林在该村调查期间指示，西水东调工程是田塘村脱贫致富工程，必须抓紧实施。工程于1997年底开工，1998年初竣工。水源取自西边的小排吾水库灌区保楼干渠，架设倒虹吸管，修渠引水。总投资61.26万元，农民投入义务工1.2万个，新修高标准渠道7280米，架设倒虹吸管7处104米，土渡槽68米，共完成土石方1300立方米，新增灌面100公顷，改土造田43.33公顷。

兄弟河引水西干渠防渗工程　兄弟河引水工程分东、西干渠，灌溉花垣镇、团结镇。因长年运行，年久失修，灌溉效益逐年衰减，实际灌面仅达800公顷。1999年11月10日起，对西干渠渠道进行整修、防渗，2000年3月18日竣工验收。共计整修防渗总干渠816米，全部为三面砼现浇防渗；新建渡槽一处长7米，完成土石方2565立方米，炸石1438立方米，砼1465立方米，钢筋砼30立方米，浆砌石2358立方米；投工3.2万个，投资92万元。通过西干渠整修防渗，改善了县城部分厂矿及渠道沿线5个村的用水困难，改善灌面300公顷，新增灌面193.33公顷，新增旱涝保收面积206.7

公顷。

三、提灌工程

全县提灌工程分布在湘川公路沿线及花垣河沿岸,其中排碧至茶洞公路沿线主要为电力提灌,花垣河沿岸主要为水轮泵提灌,大部分用于农田灌溉。1986 年全县机电排灌单机 55 千瓦以下的装机容量 82 处、97 台 1678 千瓦,灌溉面积 714.33 公顷。水轮泵保有量 27 处 71 台,灌溉面积814.87 公顷。1987 年后,由于柴油机械抽水灌溉使用方便,容易搬动,农民趋于使用柴油机械提水灌溉,而机电排灌逐年减少。2000 年装机容量减少到 62 处 65 台 1123 千瓦,能正常运行的只有 21 处 34 台,带病运行的 26 处 18 台,需要更新的 15 处 13 台,实际灌溉面积只有 35.2 公顷。水轮泵的使用存在因被洪水冲毁后得不到更新,带病运行的没有检修,致使提水灌溉逐年减少。2000 年水轮泵保存量减少到 24 处 61 台,能正常运行的只有 48 台,带病运行的 17 台,需要更新的 10 台,灌溉面积减到 312.4 公顷。

四、人饮供水工程

1986—1990 年,国家拨出大批粮、棉、布,采取以工代赈的方式帮助贫困地区解决人畜饮水困难,在全县 170 个村修建了饮水工程,占全县总村数的 56.67%。总投资 108.7 万元,大多采用集中水池供水。完成简易自来水 106 处,改造水井 6 处,解决饮水困难 69157 人。1991—1995 年全县共投资 171.2 万元,修建简易自来水工程 126 处,改造水井 12 处,解决饮水困难 64252 人。1996—2000 年共完成简易自来水工程 52 处,改造水井 3 处,使 53032 人用上了卫生水。后因管理不善,大多毁坏。

老龙海人饮工程 1987 年国家以工代赈资金拨款 19.9 万元,修建龙潭镇老龙海人饮工程。共铺设引水管道 7978 米,将老龙海水引至龙潭镇,解决 4 个村、两所学校、镇直共 16 个单位 4200 多人饮水困难。

团结镇自来水厂 1989 年共投资 30 万元修建团结镇自来水厂,其中团结镇政府及有关部门和群众集资 9.8 万元,1992 年初竣工。共修建抽水机房一栋,装两台套电力抽水机械共 22 千瓦,建蓄水池一口 400 立方米,铺设供水管道 35000 米,将团结苗寨弯洞泉水引至团结镇,解决 18 个镇直单位、两个厂、两所学校、5 个村共 7500 人、5000 多头大牲畜的饮水困难。运行以来,供水正常,效益较好,年收水费可达 4 万多元。

民乐镇人饮工程 1990 年 8 月,民乐镇人饮工程动工。该工程水源取自民乐村清水塘泉井水,提水扬程 43.8 米,铺设混凝土预制管 2809 米,镀锌管 5491 米,总投资 19.75 万元,其中自筹 4.68 万元,投工 1.13 万个,解决了民乐镇两个村及镇直单位共 6091 人的饮水困难。

佳民冲供水厂 佳民供水厂建于 1996 年 7 月。位于兄弟河引水隧洞出口的佳民冲,北距县城 5 千米。整个工程由引水倒虹吸管、净水池、供水压力管道三大部分组成。其中倒虹吸管一条长 240 米,直径 600 毫米,引水能力 0.351 立方米/秒;圆形净水池共 6 个(沉淀池 2 个,过滤池 2 个,清水池 2 个);供水主要管道 11 条,总长 23944 米,其中总管一条长 1101 米,干管 2 条长 13053 米,支管 7 条长 9790 米。厂区建化验楼一栋,建筑面积 385 平方米。日供水 1.92 万立方米,年供水 638.7 万立方米,工程总投资 1100 万元,主要通过银行贷款。供水人口 25687 人,供水范围包括花垣镇、团结镇的 19 个村及县城周边的厂矿企业。

大河坪将军山水轮泵工程 1997 年,大河坪乡党委、政府及扶贫工作队对 60 年代修建安装的将军山水轮泵工程进行改造,改建成人饮和农灌等综合利用工程。新装 4 台 40－10 型水轮泵,分两组串联,提水扬程 57.33 米,提水流量 0.05 立方米/秒;新修防渗渠道 4500 米,倒虹吸管 1 处 87 米,建人饮供水池一个 400 立方米,架设引水主管 1800 米(直径 150 毫米)、干管 2800 米、支管 3200 米,并整修了水轮泵进水渠。完成土方 1971 立方米,石方 1871 立方米,砼方 404 立方米,浆砌石 765 立方米。引水灌溉面积达 34.53 公顷,其中新开田17.86公顷。人饮供水改善了新街村、农科村、乡直单位及秀山县峨溶乡共5050人的饮水困难。

2000年国家新一轮人饮解困工程开始实施，花垣县被列为全国第一批实施县。按照“重质量、讲管理、抓效益”的思路，花垣镇龙洞一丰和片等人饮工程投入建设，解决饮水困难27144人。

第二节 防汛与抗旱

县域以山地和中低山原台地为主，山高坡陡，河谷深切，天然蓄水保水能力弱，致使遇大雨则山洪暴发，天干则大面积干旱，自古就是“水冲一条线，干旱一大片”。县内比较突出的干旱缺水区有：道二乡、大河坪乡、排料乡、董马库乡、排碧乡等。1986—2000年的15年间，共有10年发生了旱洪灾害。同时，由于一些山间盆地、大河边坪地的排水不畅，局部地区存在涝渍灾害，防洪和抗旱成为全县的大事。

一、防汛抗旱指挥机构

1986年县防汛抗旱指挥部由分管农业的副县长任指挥长，农委主任、水电局长任副指挥长，农办、水电、农业、气象、计划、交通、财政、粮食、供销、邮电、城建、民政及人武部等单位负责人为成员。指挥部办公室设在县水电局，水电局长兼办公室主任。1987年花政发《关于调整县防汛抗旱指挥部成员的通知》明确由农办主任任指挥长，水电局长任副指挥长。1990年7月，县防汛抗旱指挥部办公室成立，为二级常设机构，定事业编制3人，隶属水电局直接管理。1995年起，全县范围内征集防洪保安资金。

二、涝灾与旱灾

1988年出现春夏连旱，接着秋季又发生大洪灾。春夏连旱达90天之久，全县山塘、水库、水井大部分干枯，溪河多数断流，人民饮水困难，受旱耕地18000公顷，无收面积1533公顷。民乐镇的谷哨、卡子、民乐三村共106.66公顷玉米损失80%以上。9月7日晚10时到8日凌晨2时，暴雨袭击花垣全境，形成洪灾，造成2人死亡，1人下落不明，3人重伤，273栋民房被水淹，21栋倒塌，冲毁稻田73公顷，小排吾水库溢洪超过历年极值，达32立方米/秒。水利设施受损严重，花垣河沿岸水轮泵被毁坏。1989年7月和8月全县连续50多天干旱，13333.33公顷农作物受灾，失收、减产粮食2500万千克。1991年7月1日至16日，全县连降大雨，总降雨量达337毫米，冲垮水利设施811处，吉卫镇杉木冲水库消力井底因水位过高被击穿，50多万立方米蓄水全部漏掉，下游居民紧急撤离。

1992年7月20日至8月13日发生持续24天高温酷热天气，最高气温达摄氏40度，滴雨未下，全县9333公顷农作物受旱，局部绝收。1993年7月31日全县普遍遭受暴雨洪水袭击，人民生命财产和基础设施损失惨重，全县冲垮房屋51栋，冲走船211只，死亡3人，伤108人，冲走家畜670头，6家企业厂房被淹，15家企业停产，直接经济损失达6800多万元。茶洞红卫水轮泵站机房3号机组吊物孔盖被洪水掀开，当时河水流量达3400立方米/秒，水位高出机房6米，洪水涌进机房，卷走了大部分机房设备，3号机组报废，4号机组严重受损。当时正在抢救电站财产的杨乔碑等五名职工被洪水冲入河中，杨乔碑被洪水冲走23千米，与洪水搏斗3个小时后在保靖县毛沟镇杨坪村被该村彭延胜、彭延平兄弟冒死救起。杨乔碑被评为湖南省防汛抗洪先进工作者。

1996年7月1日至3日，全县平均降雨量达130毫米，最高达187.7毫米，山洪暴发，河水陡涨。红卫水轮泵站接近历史最高水位，茶洞街进水达2米多深，全县有2人被洪水淹死，1人下落不明，农作物大面积受灾，冲坏公路50多千米，13家企业被迫停产，灾害损失达5900万元。中共湖南省委常委、省委秘书长胡彪亲自到花垣查看灾情。7月13日晚至15日晨，全县又遭暴雨袭击，降雨超过140毫米，加上7月1日至3日的降水，致使吉卫镇白果片五村一场(白果、葫芦、古牛、水洋、凉帽村和吉卫农场)积涝成灾，273公顷稻田被淹，187公顷无收或半收。兄弟河水库溢洪达520立方米/秒，浮桥电站等几个厂矿被淹。

1998年5月8日、7月28日、8月2日全县三次普降暴雨，造成洪灾，花垣河、牛角河沿岸水利设施、农田毁坏严重，小排吾水库总干渠牛头山段塌陷，牛头山电站被淹。1999年6月29日、7月8日、7月16日三次大暴雨，全县出现严重洪涝灾害，直接经济损失达1.5亿元，农作物成灾9200公顷，31家企业停产，龙潭镇300公顷稻田、道二乡166.66公顷稻田被淹两昼夜，补抽乡排当村、吉卫镇凉帽村稻田被淹达1个月，319国道粑粑铺路段被淹1个多月，造成交通中断。团结镇矿区红卫选矿厂尾沙坝、太丰选矿厂尾沙坝被洪水冲垮，选矿尾沙填没下游河道、压坏农田，污染严重。兄弟河水库入库和出库流量达建库以来峰值，入库778.7立方米/秒，泄洪729立方米/秒。塔里电站机房被淹，停止发电。补抽乡大本村龙元和一家三口被倒塌房屋压死，排当村龙老花家房屋倒塌压伤2人，排吾乡大猫村麻老姐被山洪滑坡压死。全县浸坏粮食105万千克。

2000年，春季至夏季全县降水偏少，水库蓄水不足。入夏后，6月下旬至7月底，持续高温出现伏旱，水稻脱水近3333公顷，雅桥瓦乐、干木、沙坪、排乍等村稻田脱水206.66公顷，开裂113.33公顷；茶洞镇小寨村稻田脱水近千亩；龙潭河断流，龙潭镇板塘、金溶等五村稻田脱水200公顷，开裂133.33公顷。

三、防洪排涝

县域洪涝灾害频繁，为加强防洪除涝体系建设，1998—2000年先后完成了县城区、小排吾水库、兄弟河水库洪水风险图的编制和花垣兄弟河流域小排吾、兄弟河水库下游汛期特大暴雨山洪灾害紧急转移方案、茶洞镇防洪工程规划报告，分别对全县的洪水灾害进行了调查、计算和分析，提出了治理措施，完成了一些防洪排涝工程：

水田河防洪堤　1992年冬，两河乡12个村1200余人整修水田河河堤，完成单边长1000米。

吉卫白果排涝工程　1997年7月1日开工建设，到1998年8月8日完成第一期工程，共投资230万元，打通古牛村至明巴洞隧洞2280米，断面2米×2.2米。第二期工程1998年10月12日开工，1999年3月底完成。共投资220万元，上马劳力6500余人，完成上宽7米、下宽2米、深3.8米的进口明渠2500米，三面防渗、断面3.4米×2.7米的出口明渠210米，加固下游河堤2000米，彻底治理了白果片洪涝灾害。

猫儿渔塘排涝工程　1999年开工建设，仅完成隧洞进尺120米，因选矿尾沙污染问题而停工。

第三节　水利水电工程质量监督

1993年，湘西自治州水利建设工程质量监督站花垣分站成立，定编4人。质监站成立后，相继对排吾灌区龙潭南干渠板塘倒虹吸管和马桑塘渡槽以及洞口电站、牛头山电站进行工程质量监督。同时负责监督全县水利水电工程项目的设计，监理施工单位从事水利水电工程建设的质量工作，负责检查和监督建设、监理、设计、施工单位健全质量体系。

1997年以后，全县水利水电工程全部实行招标投标制。同年7月始，先后对吉卫排涝工程、金新田和尖岩山水利开发片、兄弟河引水工程西干渠整修、补抽乡排涝工程、佳民冲供水厂、龙洞和丰和片人饮工程等进行了全过程工程质量监督。

在1997年到2000年的水利水电工程招标投标活动中，县水利水电质量监督机构坚持公开、公正、平等竞争原则，择优选择承包单位。即由建设单位、业务主管部门、纪检监察机关、财政局、工商局、州招标办及工程技术人员共同确定标底，并严格保密；建设方和承包方签订廉政合同责任书，设立廉政告示牌，公布举报电话，监督查处违法违纪行为。

2000年底，总投资50万元以上的工程共有10处，总投资50万元以下的工程共7处。此外，还有大小渠道共30条长达50千米，按照招投标程序要求分别进行了邀请招标和邀请议标。

第四节　水土保持

一、水土流失

1986年后，全县水土流失比较严重，总面积达356平方千米，占全县总面积的31.9%。水土流失主要以面蚀为主，以坡耕地、疏幼林地、荒山荒坡、难利用地等流失较为严重，其中轻度流失面积185平方千米，中度流失面积73平方千米，强度流失面积97平方千米，极强度流失面积1平方千米，土壤侵蚀模数3352吨/(平方千米.年)，年侵蚀量119.32万吨。随着采矿业的发展，矿山水土流失逐步加剧，严重的区域有：龙潭镇、团结镇、猫儿乡、排吾乡、两河乡、民乐镇等矿区乡镇；因自然因素产生较重水土流失的区域有：牛角河流域(包括雅酉镇、补抽乡、大龙洞乡、排碧乡等)、排吾乡子腊河流域和雅桥乡的兄弟河流域等。

水土流失的主要成因是县境山高坡陡，植被覆盖率低，因而土壤侵蚀面积广、强度大。由降雨引起的山洪灾害严重，剧烈冲刷地表。县内砂页岩、板岩等成土面积广(约占全县总面积的15%)，极易风化，加剧了水土流失。随着人口的不断增长，改造自然的能力不断增强，而对水土保持重要性的思想认识不足，加之经济落后，导致人为掠夺性地开发利用自然资源却又疏于保护，加剧了水土流失。全县每年水土流失而形成的水库泥沙淤积量达10多万立方米，相当于每年淤满一座小(Ⅱ)型水库。由于水土流失，造成了渠道淤积甚至堵塞，灌溉能力下降，加剧了洪旱灾害。1993—1999年，县域遭受5次较大的洪水灾害，直接经济损失达6.2亿元。

二、水土流失治理

水土保持在20世纪末逐渐引起重视。从1997年开始在全县范围进行水土流失调查和水土保持规划设计，先后完成了两岔河、兄弟河、牛角河的水土保持综合治理实施规划。但因资金困难，这些规划均未付诸实施。1999年8月28日，县水土保持预防监督站与水政监察大队同时成立，两个机构实行两块牌子一套人员，随后结合口粮田建设治理水土流失面积2平方千米。

1999年12月8日，县物价局、财政局、水利水电局联合行文发布《花垣县水土保持设施补偿费、水土流失防治费征收管理试行办法》，计划在全县范围内征收上述两费，但一直没有具体实施。

2000年，县政府发布《关于划分水土流失重点防治区的通告》，对全县水土流失重点防治区进行划分：

重点预防保护区：长乐乡、窝勺乡、花垣镇、大河坪乡、吉卫镇、雅酉镇、道二乡、麻栗场镇、排碧乡、排料乡、董马库乡，总面积605.8平方千米，水土流失面积196平方千米，土壤侵蚀模数1500吨/平方千米·年。

重点治理区：大龙洞乡、补抽乡、雅桥乡、两河乡、排吾乡，总面积224.24平方千米，水土流失面积80平方千米，土壤侵蚀模数3750吨/平方千米·年。

重点监督区：团结镇、茶洞镇、龙潭镇、猫儿乡、民乐镇，总面积213.23平方千米，水土流失面积80平方千米，土壤侵蚀模数3850吨/平方千米·年。

第五节　水库移民安置

一、淹没搬迁

县境内移民主要是由于修水库淹没而形成。1966年修建小排吾水库和广车水库，1970年修建排达莲水库，1984年修建兄弟河水库，1989年保靖县在与花垣县交界处修建狮子桥电站，形成了一定数量的移民搬迁。到2000年止，全县共涉及10个乡镇30个村民委员会、98个村民小组、1541户8529人、139.8公顷稻田，185.2公顷旱土淹没补偿处理和328户1593人的搬迁安置。

水库蓄水后，为保持库区原有生活水平，县政府决定按原查田定产的淹没面积给予补偿。补偿原则是“谁受益，谁承担”。库区淹没所需的补偿资金及库区后期维护费和开发资金，由受益单位（主要是发、供电单位）负责解决。补偿标准以兄弟河水库淹没区为准，稻田每亩补偿原粮300千克，副产费15元；旱土每亩补偿原粮200千克，副产费12元。1997年全县淹没资金核算时，定为每年度175万元，需常年补偿的有28个村98个村民小组1541户8529人。年补偿原粮1082704千克，副产费5.7万元。狮子桥村每年由狮子桥电站补偿1万元。补偿资金由发供电单位从上网电度中每度提取0.01元作为移民补偿金，不足部分由省粮食差价补贴帮助解决（省粮食差价补贴最初为120万元）。

二、移民开发

1984年建设兄弟河水库时，兄弟河水电工程指挥部设立淹没搬迁办，负责兄弟河库区的移民安置工作。1991年县水利水电局设立移民办公室。1997年9月县成立移民开发局，为副科级单位，编制3人。1998年升格为正科级单位，增编至6人，属独立核算事业单位。县移民开发局负责行使县内库区管理、维护和开发，督促补偿到位，搞好库区脱贫致富，维护库区社会政治稳定。

1999年库区实现村村通公路、通广播电视。完成新修公路80千米，人行道60余千米；完善16个渡口，新建渡船6只，新修码头5处；新架输电线路5000多米；完成自来水工程4处。特别是“八七”扶贫攻坚和3779国际粮援工程的实施，狠抓库区口粮田建设，确保了库区移民人均达到0.5亩旱涝保收面积。重视调整库区产业结构，利用当地水土资源优势，靠山吃山、靠水吃水。2000年库区已有成片果林100公顷，小排吾水库、兄弟河水库开发移民网箱养鱼两处，近1公顷水域面积；龙潭镇、花垣镇为移民安排就业600余人；保靖县狮子桥电站库区淹没问题也得到了较好解决，共实施临河防洪保坎35户，移民搬迁6户，房屋就地垫高5户，新建自来水工程1处，整修街道300米。移民安居乐业，社会稳定。

第六节　水利管理

一、工程管理和保护

1986年起，全县水利工程按类别分层次进行专门管理和保护。其中中型水利工程设立有小排吾水库管理所、兄弟河水库管理所（处）、兄弟河引水工程管理所、红卫水轮泵站管理所，并组织专门队伍进行工程观测、调度、运行管理；小型水利工程设立乡（镇）水利水电管理站，负责管理和保护工作；有的灌区由管理所、乡（镇）、村联合组成管水委员会，各村确定管水员，负责灌溉用水管理、调度。全县的水利工程管理和维护由县水电局综合协调，组织实施。全县共有水利设施552处，上型设施工程56处，其他水利设施496处（水轮泵工程50处，电灌工程58处，山塘328处，溪坝60处）。工程管理和维修保护任务大，投资限额不足，重点放在小排吾水库库内塌坑处理和干渠塌陷维修、兄弟河引水工程进口闸门总干渠分水闸门及西干渠防渗堵漏维修、红卫水轮泵机械维修和加固改造等三大灌区工程维修管理，确保工程效益发挥。1986—1989年，国家投资240万元，实施小排吾水库帷幕灌浆扫尾，灌区渠系配套、加固防渗、保楼干渠加固防渗、夯坡倒虹吸管更新改造、总干渠加固防渗等52个工程项目。1993—1998年，实施对红卫水轮泵厂房、机电设备、大坝整形加固、坝冲坑回填、坝体灌浆、更新改造水轮泵和进水闸门等项工程。1998年7月1日，《花垣县水利工程管理暂行办法》正式实施，采取承包、租赁、拍卖、股份合作等多种形式进行经营或管理；强调水资源有偿使用及取水许可制度，不断深化水利改革。1999年对兄弟河引水工程进口闸门，总干渠分水闸门及西干渠进行整修防渗。

2000年全县水利管理总人数544人，其中县水利水电局45人，县移民局10人，各管理所449人。各乡（镇）站40人。文化层次有大专以上17人，中专183人；获中级以上职称14人，初级职称65人。

二、水毁工程修复

红卫水轮泵工程由于兴建时间早和修建时的条件限制，工程质量较差。1993年7月的大洪水使机电设备和厂房损坏严重，拦水坝溢流面中部凸出，坝体轴线上出现几道横向裂缝，存在明显渗漏，大坝脚底大面积冲空，最大坑深达3米以上，严重危及大坝安全。冬修期间，投入资金10多万元，全面维修厂房和机电设备。1999年上级拨款95万元，对长61.3米、高8.1米的大坝进行整形加固，坝脚冲坑回填砼580立方米，拆除原坝体320立方米并新浇砼650立方米，进行坝体固结灌浆及基础接融灌浆进尺300米，更新改造2台80－8型水轮泵和闸门。2000年4月底全部整治完成，解决了湘、川、黔三省边区结合部的5个乡镇，21个村150个村民小组的群众生产生活用水和照明加工用电问题，灌田874.33公顷。

小排吾水库总干渠桩号3＋500～5＋500段（董马村大弯段）地质条件复杂，多次发生塌坑塌陷、渠提倒塌，无法通水。1997年6月，牛头山段渠道发生长度为80米的塌坑塌陷，连续3个塌坑造成渠道墙板倒塌、底板下沉，县委、县政府要求15天内完成抢修任务，保证通水灌田。工程技术人员采用现浇钢筋砼渡槽的措施处理该段塌陷，在塌坑之间苦战15天，修了一座长80余米的渡槽，保证了下游2333.33公顷稻田的灌溉。

三、水政及水资源管理

1990年9月6日，县水利电力局成立水政水资源股，配备47名水政监察员管理全县水资源，实施取水许可制度，拟定节约用水规划，宣传贯彻水资源法律法规等。1995年起在全县实施取水许可制，日取地表水1000立方米以上、地下水500立方米以上的取水户必须得到县级水政主管部门的审查批准。同年取证40户，年许可取水量9993.8万立方米。2000年取证45户,年许可取水量为123150.1万立方米,其中地表水115790.5万立方米,地下水7359.6万立方米,人饮9户1987.7立方米,工业企业14户1714万立方米,发电21户78588.4万立方米,水轮泵1户40860万立方米。

1999年8月28日,花垣县水政监察大队正式挂牌成立,负责全县境内的水政执法、水资源管理、河道管理、水利规费征收等工作。先后查处了小排吾水库库区非法采矿案、花垣县自来水公司涂改取水许可证案、两河乡斗拱村两户村民建房占用河道案及排料乡排料村一起跨河建房案等违反水资源法律法规的涉水事案件,维护了正常的水事秩序。1991年对花垣河南侧进行了河道划界,增设界标3块,界碑40余块,明确了从两河乡石花村到花垣镇狮子桥村的河道管理范围,任何单位和个人均不得擅自侵占和破坏。

四、主要成果

1986年向清芳被水利电力部评为"先进工作者"。1990年姚波、杨永茂撰写的《从岩溶水文气象观测成果的分析试论小排吾水库的水文特征与岩溶水的关系》获湖南省水利水电厅二等奖,1992年姚波、杨永茂撰写的《小排吾水库岩溶防渗堵漏工程》获全州科学技术一等奖、湖南省科学技术四等奖。陈武元撰写的《花垣县兄弟河水电工程岩溶渗漏改变坝址地质勘探》获湖南省水利水电科学技术进步三等奖。1993年王力平、黄明慧撰写的《利用科技情报为水利水电建设服务》获全省科技情报成果三等奖,《硅粉砂浆在压力钢筋砼管修补工程中的应用》获湖南省水利水电科技进步三等奖。1994年杨乔碑被评为湖南省防汛抗洪先进工作者。1996年张应和、龙家和、简隆斌分别被水利部、国家计委评为电气化县建设先进工作者,刘贤元被农业部、林业部、水利部评为武陵山区综合开发先进工作者。1998年王力平、杨永茂、万明海撰写的《竖井式开发利用夯彩岩溶地下水工程》获湖南科学技术四等奖、获自治州科学技术三等奖。1999年张嗣顺被水利部评为全国水利系统水电先进工作者。

第二章 气 象

花垣县气象局始建于1956年1月,原名湖南省花垣县气象站。1984年8月,撤销花垣县气象站,成立花垣县气象局,实行上级气象部门领导为主,县人民政府领导为辅的双重领导体制,系局级事业单位。1986年气象局内设办公室、地面测报股、天气预报股,实有人数9人。2000年底内设机构不变,在职人数9人。

第一节 测报预报

一、测报

观测项目、仪器、质量 1986—2000年,按全国统一规定的方法和要求开展的观测项目主要有云状(3族、10属、29类)、云量(总云量、低云量)、能见度、各种天气现象(含降水量、雾、雷电等现象)、风向、风速、空气温度、空气湿度、相对湿度、相对温度、气压、降水、积雪深度、地面温度等。主要观测仪器有计量器、蒸发器、气温、地温的温度表和气压、温度、湿度、风向、风速自记等精密仪器,基本实现气象仪器国产化。测报质量每年均排列在全州前4名，其中1988、1992、1993年4次获得省气象局授予"连续百班无错情"优胜奖，1997—2000年连续4年未出现错情，其中1997年全局测报竞赛获得全州第三名。

气象记录报表电报编码　每年均按技术规定按时编制气象月(年)报表，月报表有气表—1，年报表有气表—21。每天08、14时向省、州拍发基本天气报，每旬、月向省、州拍发旬、月报，如出现冰冻、寒潮、大风、冰雹、暴雨等灾害性天气随时向省、州拍发电报，汛期间有3小时内达到25毫米、50毫米、100毫米、150毫米、200毫米等降水，均要向省、州和常德拍发电报。

二、预报

预报方法和技术改革　主要通过收音机收取大台天气信息，抄填湖北气象广播电台广播的区域地面小天气图，结合本地气象要素变化曲线图进行分析，观察动物活动及农谚作出短期预报。同时配备了传真机、微型电子计算机，利用这些先进技术装备，及时收集和处理气象数据。直接用传真机接收日本东京、北京和长沙等地的高空和地面天气预报分析图、数据预报图。以微型计算机作为先进工具开始引进应用模式输出统计法(MOS法)、完全预报法(PPM法)和物理量诊断分析预报法。

坚持预报工作制度化、程序化、规范化。1986年后，完善了预报工作的"值班、会商、服务、质量考核上报、交接班、技术总结"等六项制度。预报改革和会战10余次，总结短、中、长期天气预报方法20余个。

天气预报质量　县天气预报质量随着科学技术的发展和技术操作的不断改进而逐步提高。重要天气预报质量：1986—1996年平均33.1分，1997—2000年37.2分。48小时一般天气预报质量1986—1996年平均71.2分，1997—2000年平均74.1分。长期天气预报质量1986—2000年基本稳定在85～89分之间。

第二节　气象服务

县气象部门按照中央气象局提出的"准确、迅速、经济"六字方针用新的思想、新的方法开拓服务工作新局面，气象服务的社会经济效益逐年有所提高。1986—1990年气象服务的社会经济效益稳定在200万元以上，1991—1995年稳定在400万元以上，1996—2000年稳定在1500万元以上。

一、无偿服务

春播服务(3—4月)　春播期的天气预报是气象部门一年中为农业服务的重要时期，多年来一直作为气象服务的一项重要工作来抓。其主要服务内容有冷暖趋势、冷空气活动、低温阴雨天气过程、转晴回暖过程，稳定通过8度日期、稳定通过11度日期、倒春寒、五月低温春旱等。每年成立春播服务领导小组，将3月中旬到4月上旬定为春播服务期。服务期内组织人员下乡镇办点，并将春播冷空气活动过程、转晴回暖期的气象服务列入春播服务重点。为搞好春播服务工作，县气象部门每年从3月20日起实行昼夜值班，及时掌握天气变化，随时写出专题向政府、农委及有关领导、有关部门汇报。

1986年，县域出现罕见低温，4月26日开始受强冷空气袭击，日平均气温由23.5度降至11.2度，海拔800米以上地区降至3度以下，低温阴雨天气持续7天；海拔700米以上地区烂秧5%以上，低海拔地区烂秧30%左右。由于预报情况及时，适时补种育秧，确保了全县水稻栽插面积。1987年4月23日和26日两次雷雨、大风、冰雹的天气预报，1989年6月29日至8月18日的长期干旱天气预报，都提前予以预报。1990年5月13日冰雹天气预报排碧乡受灾，1991年3月7日冰雹天气预报花垣镇、团结、茶洞、大河坪、龙潭、道

二、长乐等乡镇受灾，1993年3月13日冰雹天气预报雅桥、排碧、麻栗场三个乡镇受灾等实情都提前作了准确预报。

汛期服务(3—9月) 前汛期主要时段为3—5月，气象服务的主要内容有：雨季开始日期，中到大雨以上降水过程，有无春旱、倒春寒等预报、资料服务。

1987年3—4月上旬出现严重春旱天气，气象部门及时预报了4月10日到13日有大到暴雨过程。县里及时改变了将部分旱田改种旱粮的决定，全县翻耕板田3333公顷，直接经济效益达30万元。

主汛期时段为6—9月，主要提供洪涝、干旱趋势、月季雨量、主要降水过程、雨季结束时段、干旱时段等长期天气预报服务。年度预报一般在上年底发出，季度报在上季度末发出，月报一般在上月末发出，短期预报服务在24～48小时前提供，主要是大到暴雨过程，暴雨的落区落点、量级以及连晴高温。在洪涝干旱时段内，提供雨量蒸发情报以及洪涝、连续干旱天气气候分析材料。预报资料打印报送县人民政府、县防汛抗旱指挥部及有关部门，重要灾害天气通过广播电视向社会公众发布。1991年7月1—6日连续大雨，19个乡镇遭受洪涝灾害，8月15日花垣镇受冰雹灾害袭击，8月23日至10月24日秋冬连旱等，都提前发布了天气预报。

下乡服务 气象科技人员为及时把气象科技信息传播到农村，直接服务于农业生产，除通过有线广播电视把天气信息告诉广大农民外，在每年春播汛期还专门组织科技人员下乡办好气象服务基点。2000年3月16日由县科技局牵头，农口战线各单位到麻栗场墟场开展气象科技宣传活动。气象局发放宣传《中华人民共和国气象法》、春播农事建议、全年气候总趋势预测、春播汛期天气预报、121气象咨询、农村防雷知识等宣传资料2000余份。

人工降雨 2000年，在排吾水库架设一门高炮，6月5日进入炮点，历时52天，共作业11次，发射炮弹200多发，降大到暴雨1次，大雨6次，中雨4次，降水总量291毫米，效益明显。仅排吾水库就由原水位556.58米增到571.18米，上升14.60米，库容蓄水由24.22万立方米增加到407.50万立方米，尽增383.28万立方米。群众说："大旱来了不要怕，高炮一响大雨下。"1986—2000年的15年中，县财政共投入资金20多万元，组织高炮20门，炮弹3000多发，作业300余次，增雨4亿多立方米，有效控制干旱蔓延，直接经济利益1.5亿元。

二、有偿服务

开展有偿专业气象服务是气象部门拓宽服务领域、提高服务质量、加强与用户经济联系的一项新业务。利用气象科技档案产品，为全县经济建设提供涉及农、林、水、农机、城建、厂矿、勘测、地质、交通、桥梁、环保等部门有关气象资料1000多万个数据，挽回直接经济损失5亿多元。为各用户提供有价值的科技档案产品28个，帮助用户利用气象科技指导生产实践取得较好的经济效益。同时开展综合经营，制作条幅、氢气球、拱门、广告宣传、安装避雷装置等创收项目，为繁荣城市、增加节日气氛提供服务。

第二十篇 教育 科技

第一章 教育

1986年3月,中共花垣县委、县政府召开全县教育工作会议,提出在“七五”期间全县实现校校无危房,班班有教室,学生人人有课桌椅“一无两有”目标,为普及九年义务教育打好基础。是月6日,县教育局下发《关于搞好“拼音学话,注音识字,提前读写”实验的意见》决定:“秋季除吉卫民小(三个班)继续开展实验外,新设花小(二个班)、民乐中心完小(一个班)两个实验点”。确定由“抓教研工作的副局长兼管这项工作,并把实验工作纳入全局的工作范围。教研室确定一名教研员协助学校抓好实验工作”。4月29日,县人民政府决定撤销县教育局和政府办职教组,设立县教育委员会(简称县教委)。下设办公室、人事股、普教股、计划财务股、招生办公室、成人教育办公室,县政府办职教组人员并入县教委成教办。10月31日,县教委制定了《花垣县贯彻落实〈全州中小学管理条例〉实施细则》。12月3日,县教委下发《关于骨干初中一、二年级期末考试采用全州统一命题的通知》,狠抓全县贯彻《全州中小学管理条例实施细则》的落实。是年,花垣有各类学校258所,其中小学245所,初中6所,高中3所,农民中专1所,教师进修学校1所,幼儿园2所;有教学班1259个,其中小学1017个,初中102个,高中24个,农民中专6个,教师进修4个,幼儿班106个;有在校生41429人,其中小学31411人,初中5266人,高中1393人,中专302人,进修221人,幼儿2836人。有专职教师1403人,其中小学教师1047人,初中教师257人,高中教师99人。

1987年3月20日,县教委决定将4月定为全县中小学开展教学“实验课”活动月。9月,第一批到花垣讲学的北京讲师团期满回京,第二批3人续到花垣讲学。是月24日,县教委决定将10月定为全县“教学改革活动月”。12月14日,县人民政府行文成立“普及初等教育验收领导小组”,由县委牵头,从相关职能部门抽出人员组成验收组,对民乐、茶洞、三角岩、团结、龙潭、长乐、花垣镇等7个乡镇的初等教育进行验收。1988年3月,全县小学教学专题实验扩大到道二、排碧、董马库、麻栗场、雅酉、龙潭、三角岩、花垣、团结等9个乡镇。中学教学专题实验确定在县民族中学、县第三中学、县职工学校、吉卫民族中学进行。5月,在全县小学推行口算、笔算、珠算“三算结合”教学实验。6月,吉卫民小的“注音识字,提前读写”实验经县教委鉴定认可,并受到国家文字改革委员会副主任王均的好评。1989年4月28日,湘、黔、川三省边区县民族教育研究会第三届年会在花垣县城举行。与会县在会上交流了教育教学经验,围绕边区民族教育发展方向进行讨论。国家教委民族教育司司长韦鹏飞等3人,国家民委教育处处长比布拉等2人,四川省秀山县、贵州省松桃县及湖南省湘西自治州各有关方面负责人共121人出席会议。

1990年1月,在县内12所学校创办社教试点。3月为"学雷锋活动月",县内各类学校33177名师生参加毛泽东主席发表《向雷锋同志学习》题词27周年纪念活动。5月,全县掀起突击扫盲活动,充实和调整扫盲专干12人。共办扫盲班284期,参加学习7614人,年底脱盲4989人,完成州下达脱盲任务的131.18%。9月,全县教育战线铺开社教工作,进行教师队伍的调整和整顿。共提拔学校负责人14人,免职14人,清退代课教师448人,择优安排大专毕业生116名,调减人员90人,教委减编30人,留职留编35人。经考核,全县1657名小学教师中胜任教学工作960人,占小教总数的57.95%;基本胜任644人,占38.87%;难以胜任47人,均采取培训措施加以提高。是年,全县普及初等教育。

1991年初,全县开展贯彻实施"一纲两法"即《中国教育改革和发展纲要》《中华人民共和国义务教育法》《中华人民共和国教师法》活动。县委书记龙爱东,县长石邦庭分别发表电视讲话,宣布县委常委每年年初对教育工作必议,学年招生工作必议、县教委出台新举措必议的"三必议"决定。要求教育主管部门把实施"五五四四"工程(即在教师中树立终生从教的献身精神、爱生如子的园丁精神、不甘人后的拼搏精神、不计得失的牺牲精神、认真执教的敬业精神"五种精神";在学生中开展忠心献给祖国、热心献给社会、孝心献给父母、爱心献给老师、诚心献给朋友的"五心"活动;做到学校要像学校样子、领导像领导样子、教师像教师样子、学生像学生样子的"四个样子";搞好环境净化、校园美化、道路硬化、教学优化的"四化"环境)同贯彻"三必议"结合起来。县教育主管部门相应出台坚持社会主义办学方向、加强学校政治思想工作;狠抓基础教育,改善办学条件,提高教学质量;大力发展技术教育和成人教育,拓宽素质教育新路子;加强自身建设,改进工作作风;加强教研教改,提高教学质量等措施加以落实。9月,印发《花垣县中小学教学常规》,规范中小学课堂教学,并将每年10月定为教研教改活动月。是月,县教委设立教育督导室,恢复实施普及初等教育督导制度。11月,经省、州督导组验收,花垣镇、民乐镇普及初等教育合格。1992年12月12日,省、州督导组普及六年制初等教育复检结束,宣布花垣县普及初等教育合格。是年,全县启动希望工程,对特困生实施救助政策。1993年实施九年制义务教育,改用新教材,向素质教育转轨。6月5日,县委、县政府颁发《关于加快普及九年义务教育的决定》,决定用9年时间,分4批使全县21个乡镇逐步实现九年义务教育。10月30日,出席全省民族教育工作会议的省、州党政领导杨正午、吴运昌、郑培民、石玉珍等和各县代表考察花垣县麻栗场中心小学、道二小学、龙潭小学和雅桥小学。是年,小学毕业生会考,花垣名列湘西州第一,初中毕业会考成绩和综合质量评估排名湘西州第二。

1995年,县教委获援建资金330万元,完成校舍建筑面积1731平方米,办学条件明显改善。是年,县教育主管部门根据有关规定调整学校布局,并对管理体制进行改革,合并片办完小5所,撤销规模过小的村小2所;清退代职代课教师153人,安排大中专毕业生88人,吸收委培技校毕业生28人,为249名在1986年以前参加工作的民办教师补办了转为公办教师的手续;校长负责制的学校由7所扩大到10所。由于优化了内部管理,教学质量发生很大变化。全州三级会考,学生成绩显著提高。小学会考获全州第一;大中专会考上录取线由1993年的全州第七、八位分别上升到第三位和第五位。

1996年5月16日,县委、县政府下发《关于普及九年义务教育和扫除青壮年文盲的决定》。是年,县人民政府召开全县议教会议,10名"重教功臣"在会上受到表彰,全县掀起普九和扫盲热潮。1997年,经国家教育主管部门组织验收,花垣扫除青壮年文盲工作达标。1998年后，教育主管部门全力投入全县的决战贫困活动。2000年，希望工程援建资金到位1121万元，各种配套资金909万元，建成希望学校38所，建筑面积23376平方米。其中香港苗圃行动扶贫建校4所，捐资214万余元，建筑面积6757平方米；湖南明天企业集团的光彩事业建校4所，援建资金132万元，建筑面积3852平方米。是年，全县共有各类学校232所，有专职教师2230人，在校学生44867人。与1985年比较，除学校因拆并而减少外，师生人数分别增长11.67%和5.17%。

1986—2000年的15年间，全县参加中、高考的高中毕业生4320人，被各级各类学校录取1289人。其中：本科201人、专科772人、中专174人、电大126人、入进修学校16人；组织参加各种培训3.24万人次，工人岗位培训5358人，企业干部岗位培训1720人。

第一节　学前教育

全县学前教育分为城镇幼儿园和农村学前班两大类。城镇幼儿园以招收3～5岁的幼儿为主；农村学前班附属于乡镇中心完小或一些规模较大的片区完小，以招收6岁左右的学龄前儿童为主，有预备教育的性质。1986年，全县有幼儿园2所，106个班，2836人。其中：县直部门办1所10个班515人；集体办1所96个班2321人。2000年秋，全县有幼儿园32所，151个班，3602人，幼儿教职工115人。

一、县城幼儿园

1957—1986年，全县只有一所机关幼儿园（后改名为县民族幼儿园）。1987年总工会在县城开办了第一所社会团体性质的幼儿园，接着“回春”、“群慧”等民办幼儿园相继开办，出现由单位或个人主办的民办幼儿园。到1998年，县城已有民办幼儿园7所，即总工会、回春、新星、群慧、新蕾、春晖、西门幼儿园。2000年县城有幼儿班28个，入园幼儿1052人，共有教师71人。

县民族幼儿园　县民族幼儿园建于1957年，占地面积3200平方米，建筑面积2240平方米，其中教学楼2栋990平方米，宿舍一栋1150平方米，厨房一栋100平方米。2000年秋，在园幼儿447人，其中小班2个67人，中班3个187人，大班3个193人。有教职工29人，其中中师毕业13人，幼师毕业13人，高中毕业2人，卫校毕业1人。获中级职称8人，小教一级15人，小教二级1人，无职称2人，高级工1人，中级工2人。园内有大中型玩具47件，价值8.8万元（不含班级小玩具）。

二、农村学前班

县内农村学前班始于1974年。1981年县教育局普教股增设幼儿专管机构，并对学前班进行调整。1986年全县有农村学前班85个，入班幼儿2097人，幼儿教师121名。1987年后，农村学前班改为部门或学校开办。从1991年起，农村学前班只在乡镇的中心完小开办，幼师逐步转为公办教师，至2000年，全县所有学前班幼师全部转为公办教师。

第二节　小学教育

1986年全县有初级小学245所，1259个班，在校学生31411人，教师1047人。1990年小学校发展到255所,1074个班,在校学生33172人,专职教师1259人。1992年小学增加3所,共258所。1996年实行教育改革,部分村小拆并,全县设小学227所。是年,全县普及了实验教学。2000年底,全县小学精简为220所931个班,在校学生31889人。校园占地686644.8平方米,校舍建筑面积169344平方米,其中教学用房125808.9平方米,教工宿舍31756平方米。有劳动教育基地2.5公顷。55所小学有60米直跑道,11所小学有100米直跑道,13所小学有150～200米环形跑道,有5所学校达到一级教学设备配备。达到卫生条件和仪器设备一级配备的学校分别有2所和11所。全县小学共有藏书213976册。

第三节　中学教育

1986年,县教育主管部门制定花垣县中等教育规划提出"改革中学教育,发展职业技术教育"。巩固现有的农业职业中学,改善办学条件、认真总结办学经验、扩大农民中专招生名额;在花垣二中开设职业高中班,根据城镇职业特点,开设适当专业,以满足经济发展需要;在有条件的职业中学或农民中专开设部分职业短期培训班,以培训职业技术人才;调整中学教育结构,初中基本不变,普通高中保持3所,职业高中增设2所。1987年6月5日,县教委转发湖南省教委《关于贯彻执行〈国家教委印发全日制普通中学劳动技术课教学大纲试行稿〉的意见》,明确全日制普通中学劳动技术课,按教学计划和大纲的要求列入课表开设。1988年3月23日,县教委确定花垣民族中学、吉卫民族中学、花垣第三中学和县职中开设教学实验项目,并明确专题实验项目的教师。1989年3月,花垣第三中学开展德育教育试点活动。吉卫民族中学为加强对学生进行爱国主义教育,恢复升旗制度,并设立"五好"学生奖,优秀干部奖、优秀团员奖、教师论文奖、教学质量奖、优秀教育工作者奖、优秀班主任奖、课外活动成果奖。在教学上抓好高中部的"中学生作文艺术会"和初中部"潮水溪文学社"的习作活动,帮助学生提高写作能力。是年12月14日,县政府办在三角岩职中召开现场办公会议,32位有关委、局、镇、厂、所的负责人参加,专题商讨职中的联合办学问题,与会者均表示从人力、物力、财力上给予支持。到1990年,县农民中专在校生达300多名,普通高中和职业高中在校生分别有1500名和600名。1991年至1993年,全县中学开展语文"三读"、数学"自学辅导法"实验和理化竞赛活动。1994年后,中学教育实行三级会考。1996年经湖南省教育厅、湘西州教育局验收,花垣县实现实验教学普及县。是年,全县有职业中学在校生1063人,县示范职业学校在校生431人。2000年全县共有完全中学2所,初级中学9所,附设中学9所(含9年制学校),职业中学2所,校园总面积369060平方米,总建筑面积51068平方米,其中教学用房31445平方米,教工宿舍19623平方米。全县共有劳动基地19.67公顷,校办企业固定资产95万元,年纯收入21万元;总藏书117830册;在校中学生12755人;教职工809人。

一、初中教育

1986年全县设初中6所,共102个班,在校生5266人,专职教师257名。是年10月31日,县教委制定《花垣县贯彻落实〈全州中小学管理条例〉实施细则》,明确初级中学建设标准。要求各所中学领导班子要懂得教育理论和教育规律,办学思想明确,能全面贯彻教育方针;正副校长、教导主任有大专以上文化程度,能胜任一门课程教学,熟悉各科教学大纲,每周任课四至五节;有管理学校和对教育进行探索的能力,善于做知识分子工作,能调动教职工的积极性;尊重教师,关心教师,作风民主,原则性强，不谋私利。专任教师有大专文化程度的占70%以上，所有教师基本胜任教学，懂得心理学、教育学，了解学生，严于治学；热爱学生，师德高尚，能为学生表率；有教学改革规划，有备课笔记，熟悉所任学科课程，了解邻近课程的教学大纲及对教材安排的意图和目标，了解各年级应达到的教学程度并相互衔接；能用科学态度积极探索教学中的新问题，不断改进教学方法，提高教学质量；教学上要严格执行部颁教学计划，有各科教学计划，教研实现制度化、经常化；各科及格率和体育达标率均在60%以上；管理上要有校长、教导主任、教职工岗位责任制度，有一支为教学服务好、思想作风过硬、熟悉业务的管理队伍和后勤工作队伍；合乎体育卫生两个暂行规定的标准，校内绿化美化整洁美观，环境优美；学生勤学习、有理想、爱集体、讲文明、懂礼貌、守纪律、讲卫生；学生年巩固率在95%以上，留级面不超过5%；教学设备方面无危房、有教室、有板凳，师生有食堂和照明条件；有仪器室两间以上，演示实验能开出95%以上；分组实验能开出50%以上。有图书阅览室，人平图书（不含连环画）达7册以上；有60米直线跑道，有条件的学校还要有200米环形跑道，体育设备基本保证教学够用，有成套广播设备。

《细则》还明确规定了初中和高中的师资配备，即重点初中每班教工4人（教师2.5人、职工1.5人）；骨干初中每班教工3.7人（教师2.5人，职工1.2人）；附设初中每班教工3.5人（教师2.5人，职工1人）。重点高中每班教工4.5人（教师3人，职工1.5人）；一般高中4人（教师2.8人，职工1.2人）。

1994年实行初中毕业会考。1996年全县初中毕业会考达600分以上有403人，同比增长33.74%。

1999年初中增至9所177个班，在校生9154人，教师551名。2000年因教育改革初中减为7所，教学班数为196个，在校生10873人，教师602人。

花垣县1986—2000年中考升学情况统计表

表20-1-87　　单位：人

年　份	初中毕业生	升入中专中师	升入高中数
1986	1516	81	419
1987	1339	100	449
1988	1333	124	448
1989	1675	129	429
1990	1573	138	550
1991	1321	129	447
1992	1021	234	450
1993	1392	239	204
1994	1625	241	220
1995	1793	247	245
1996	2069	243	324
1997	2423	339	294
1998	2304	359	380
1999	2733	341	466
2000	2974	336	486

二、高中教育

1986年全县有3所学校办高中班，共24个教学班，年末在校生1393人，有专职教师99人。1990年教育改革，办高中班学校降到2所26个教学班，年末在校生1322人，教师增至119人。1991年县委、县政府决定在花垣第一中学办“民族班”和“民族试点班”。是年，该校组织师生收集整理民族民间文化艺术，编写了大量乡士教材和补充教材。内容有苗歌、苗族古老话、苗族唢呐、苗族花带、剪纸、八人秋、苗族鼓舞、划龙船、舞狮、舞龙、跳方桌、苗族武术、苗族民间故事传说和工艺美术等。邱勇老师编写的《龙舟竞赛规则》，被湖南省少数民族运动会组织机构采用。青年教师李慧玲的《苗族鼓舞》在青年教师教学技术大赛中获湘西自治州、湖南省和中南五省组委会三次一等奖，《团结报》以《初出墙的红杏》为题予以报道。1992年县委、县政府决定给该校师生发放少数民族补助费、助学金和奖学金。县委、县政府把高中教育当作振兴花垣的一件大事来抓，连续选派3名年轻有为、责任心强、有一定教学和管理经验的教育局副局长出任县民族中学校长，在学校任职期间保留其副局长职务。县人大代表、县政协委员、县政府主管人员和县教育局有关领导多次深入该校进行调研、撰写调查报告，呼吁社会各界支持。教育主管部门组织高三的科任教师去外地观摩学习，引进省内外名校的复习、预考资料，鼓励和支持教师大胆、放手实验，努力改进教学辅导方法，找准突破口，提高教学质量，闯出一条提高花垣高中教学质量的新路。增设职业高中，有高中的学校增至3所28个班，在校生1269人，教师131人。1993年秋，吉卫民中停招高中新生，班数减为19个，在校生748人，教师114人。1994年全县毕业会考及格率为77.06%，居湖南湘西州第六位。共有261人参加高考，上线34人，实际录取60人，上线率和录取率居全州第六位。县民中文科应届毕业生的政治科目人平得分居全州第二位，理科语文居第六位。1998年花垣二中开始招收2个班的高中新生，全县高中班增至21个，在校生896人，专职教师79名。1999年秋，花垣三中停招高中新生，花垣二中扩招新生2个班，高中班数升为22个，在校生达1087人，教师为108人。2000年高中班扩至25个，在校生增至1249人，有专职教师99人。

花垣县1986—2000年高考升学统计表

表20-1-88　　单位：人

年份	人数		
	高中毕业生	升入本科	升入专科
1986	401	17	35
1987	457	9	42
1988	469	15	80
1989	395	23	26
1990	393	3	49
1991	259	10	22
1992	292	16	42
1993	289	8	42
1994	259	7	25
1995	184	17	36

续表

年 份	人 数		
	高中毕业生	升入本科	升入专科
1996	167	3	25
1997	150	8	41
1998	164	13	92
1999	218	15	106
2000	223	37	109

第四节 职业技术教育

花垣职业技术教育含中等职业技术教育和初等职业技术教育两类。中等职业技术教育有县农民中专、县技工学校、县卫生学校、县教师进修学校、花垣电大工作站、县党校函授班、农业广播学校花垣分校；初等职业技术教育有职业高中、职业初中等。2000年全县职业技术学校有在校生1070人，教职工133人，其中专职教师88人，专职教师中文化课教师41人，专业课教师35人。职高在校生357人，教师56人；卫生学校在校生121人，教师8人；技术学校在校生31人，教师16人；职业初中在校生561人，教师53人。

一、职业初中

1993年，县教育主管部门根据县人民政府决定在花垣镇凉水井村创办一所四年制职业初中，即学生在学完三年初中课程后加学一年职业技术课程，简称“三加一”职业中学。2000年有在校学生561人，教职工53人，其中中学一级教师和小学高级教师13人，中教二级和小教一级35人，中教三级和无职称5人；大学本科3人，大学专科37人，高中1人，中师9人，初中2人；专职教师36人，其中文化课教师17人，专业课教师5人。校园占地面积10800平方米，建筑面积3526平方米，其中教学用房1797平方米，教工宿舍1274平方米。有劳动基地0.67公顷，100米直跑道和150米环形跑道各一条。藏书1250册。学校除开设普通初中课程外，每周还开设种植和养殖课2节、实用技术课2节、活动课2节。是年秋，招收新生315人，当年有87人学成毕业。

二、职业高中

县职业高中创办于1983年，原为花垣县第四中学，校址位于龙潭镇集市中心。1992年恢复为花垣县第四中学。1996年，职业高中与县农民中等专业学校合并，校址在县城西5千米处的花垣镇卡地村，更名为职业中学，合并招生。该校有教职工76人，其中专任教师46人，文化课教师20人，专业课教师26人，另聘专业课教师4人。

1995年根据专业需要，学校与县锰矿、化工厂、供电公司、生资公司、锰一厂等单位建立横向联系，作为有关专业的实习基地，总面积达23公顷。内设工厂、农场、林场、养殖场和水产养殖场及商店等。

1996年，县交通局出资1万元，以工代赈办出资3万元，花垣镇组织义务工200个，整修了县城至县职业中学的公路。开发办出资3500元，帮助该校修建两个蔬菜大棚。县教育局拨款30万元修建1100平方米的教学大楼，8万元购置电脑20台、15万元作为维修及添置桌椅费。1997年拨款3万元修建猪场，当年创收14万元。

1997年,县职业中学开设乡镇企业管理、矿产、乡村医士、畜牧水产、电算会计、机电、家电维修、建筑、文艺、武术等10个专业。有三年制学历班和半年、三个月、一个星期的短训班、农村农业技术培训班等,有在校生620人。该校还创办养鱼、养猪、柑橘、稻田、蔬菜和苗木等生产基地。2000年开设幼师、文艺、家电、计算机、化工和乡村医士等六个专业,有在校生397人,教职工54人,专职教师30名。

三、县卫生学校

该校前身是花垣县卫生技术学校,建于1958年4月,校址位于麻栗场人民公社驻地内(今麻栗场镇政府),由县卫生局主办主管,旨在培训农村卫生人员,至1996年前,共办4个班,毕业150多人。1973年该校迁往道二公社驻地(今道二乡政府),校名改为花垣县卫生进修学校。重点培训公社和大队的卫生员。先后招生6个班共300人,学制为1、2、3年不等。1981年学校迁至县人民医院院内,开设3个班,在校生200人,有教职工20人。1986年县卫校被省教育厅、省卫生厅认定为中等职业卫生学校,更名为"花垣中等职业卫生学校",并扩大对外招生。从1997年秋开始,先后有湖北省来凤,四川省酉阳、秀山,贵州省松桃苗族自治县等地的学生到校就读。2000年因生源不足而停止招生。县卫校建校43年,共毕业学生1200人,996人被安置就业,就业率达83%,大部分就业人员成为全县乡镇卫生院的骨干。

四、县技工学校

该校最初为县劳动服务公司主办的劳动就业训练所,开办于1993年9月,校址在县城建设西路。主要任务是对就业岗前人员进行技术培训。首届招生200人,1994年后每年招生100～150人。有教职工16人,其中专职教师14人(含临时聘任)。1994—2000年共招生650人,毕业585人。

五、农广校花垣分校

1981年9月,湖南省农业广播电视学校花垣分校在县农业技术推广中心开办,简称农广校花垣分校。学制三年,配置专职工作人员2人,校长由县农村工作办公室一名副主任兼任。首届为农作班(后改为农学班),从全县初中毕业生中招收学员60名。1991年湖南省农广校花垣分校与县农办农业教育股合署办公,定编3人。采取固定式和流动式相结合方式办班,1993、1994年分别在吉卫镇、民乐镇办畜牧兽医班,学员80余人。1995年在龙潭镇、县水电局分别办农学班和机电班,学员130余人。是年9月该校改为学制三年的大专班。教学方式为自学、面授和录像教学相结合。授课教师从县内农、林、牧、水电系统中有中级以上职称的专业干部中聘请。学员完成学业后统一考试,合格者由省农广校颁发毕业证书,享受普通中等专业学校毕业生待遇。是年,该校被评为湖南省先进单位。

2000年8月,受湖南农业大学、湖南工业大学委托,县分校招收农业经济管理、畜牧兽医、林果和法律专业新生共100余名。从办学开始至2000年的20年间,湖南农广校花垣分校共招收并学成毕业大中专学员800余人。

第五节　成人教育

一、扫盲教育

1986—1989年,花垣县扫盲工作以抓县、乡(镇)、村农民文化技术学校建设为重点。1990—1997年,全县开展扫除青壮年文盲。县人民政府成立扫盲协调领导小组,由县长任组长,各乡(镇)设立扫盲协调领导小组办公室。1991年上半年,县委、县政府召开"全县农村教育工作会",下发《关于加强农村教育工作的决定》。县教育主管部门狠抓落实，加强对农村职业教育的领导，充实成教股以及五所职业中学的领导班子；以乡镇农技校为阵地，开办农业实用技术培训班；完善“示范乡农校”建设；从领导到群师层层签订扫盲工作责任书；对扫盲工作成绩突出的单位和个人以县委、县政府名义进行表彰。同时，县、乡（镇）、村签订了《三级双线承包责任制》，共签订《扫盲工作责任状》632份。至1997年11月，全县扫除15～41周岁的农村青壮年文盲18421人，非盲率由1990年第四次人口普查时的82.79％上升到99.29％。经省人民政府组团验收，全县基本扫除青壮年文盲工作达标。

1998—2000年，全县共扫除剩余青壮年文盲1326人。到2000年底，全县非盲率已达99.9％，脱盲巩固率达98.3％。

二、农民教育

1986年，全县有合格的乡镇示范农校两所，即民乐镇农校和团结镇农校，1987年后逐年发展增多，直至村里也办起了农校。县农民中专则为乡镇农校培训师资，乡镇农民文化技术学校为村农校进行科学技术服务。至2000年，全县21个乡镇农校和300个村农校共培训科技骨干43268人。

三、职工教育

1985年以前，职工教育由县政府文教办直接管理，职工业余教育以文化补课和技术补课简称“双补”为重点，对在岗未达到高中毕业的工人则进行文化补课，对缺乏技术的干部则进行技术补课。1986年县政府文教办撤销，人员调至县教委成教办，职工教育由成教办统抓。其职责以职工岗位培训为重点，突出厂长、经理和车间主任等管理人员的培训和职工的“双补”工作。

职工教育以战线、行业为主，采取条块结合的形式，开展多层次、多门类、多规格的人才培训。1988—1995年，县农行在本系统连续8年举办金融函授中专班，先后有80多名初、高中毕业生拿到了中专毕业证书。1995年，县锰矿举办了一期42人的爆破手培训班，并取得了合格证书。是年，县教育局举办一期校长、教导主任培训班，参训人员80人。1996年后，行业内停办函授班，改为短期培训。1998—2000年，县电大工作站举办各种形式的培训班，共培训中小学校长、教师2341人，厂长、经理、中小企业法人代表以及副科级以上管理干部70余名，行业技术骨干210名。

四、成人中专教育

成人中专教育，主要由县农民中专（后改为成人中专）、中华会计函授中专班、金融函授中专班承担。

花垣县成人中等专业学校　该校创办于1976年4月，时称“花垣县五七大学”，校址设在排吾乡的石栏杆。1982年该校迁至原湘潭大学湘西州分校旧址。校园占地23.3公顷，其中生产实习场地8.1公顷；校舍建筑面积6958平方米，体育场地4795平方米；有60米直跑道和200米的环形跑道和体育活动室。教学仪器配备属一类，卫生器材配备属二类，共有藏书12000册。教职工64人，专职教师42人，其中文化课教师20人，专业课教师22人。先后开设农学、林业、植保、农机、水电、畜牧兽医、家庭经营管理、家电维修、畜牧水产、园艺、会计等10余个专业和多种实用技术中短期培训班。毕业生遍布湘、鄂、黔、渝边区12县市。1984年5月经省人民政府批准学校定名为“花垣县农民中等专业学校”。1990年1月8日，该校与贵州大学、中国微量元素及食物链研究会，研制的30％“多虫净乳油”，经湖南、贵州两省12所大学、科研单位专家评审，通过了科技成果鉴定，确定为科研成果，属国内首创。1992年10月，经湖南省教委批准，更名为“花垣县成人中等专业学校”。至1994年，该校有978名毕业生被有关部门录用或聘用，占毕业生总数的90％以上。1995年有全日制在校生128人。校办企业固定资产3万元，年纯收入1万元。1996年该校与县职业高中合并。2000年该校开办家电、计算机、化工等6个专业，在校学生369人，教职工254人，其中文化课教师24人，专业课教师30人。

中华会计函授中专班 1987年,县财政局设立"中华会计函授学校"花垣工作站,并分派二名干部从事管理工作。培训对象主要是全县行政和事业单位的财务人员,学制二年。所授教材为中华会计函授学校统一编制。授教采取聘请局里有中级会计师以上职称的业务骨干进行面授和播放录像带相结合进行教学。学员完成学业后由湘西州函授工作站组织学员进行毕业考试,经考试合格者颁发中华会计函授学校毕业证书,享受普通中等专业学校毕业待遇。至2000年,全县共有196名学员毕业并取得由省教育部门认可的中等专业毕业证书。

金融函授中专班 金融函授中专班是20世纪80年代初由湘西州金融系统所办,校址设在吉首市,以县编班,学制二年。教材由中国农业银行湖南省分行湘潭职工专业学校提供,授课教师则由湘西州农业银行从吉首大学和湘西州财贸学校聘请。学员完成学业后,由湘潭职专颁发中专毕业证书。1988年9月,湘西州金融函授中专班开办第一期,花垣班有学员15人。1990年9月开办第二期,花垣班有学员15人。1991年9月开办第三期,花垣班有学员26人。1992年9月,该校招收第四期学员,花垣班有学员33人。1994年9月,函授中专班转为大专班,学制三年,县班停办。通过笔试录取第一期学员,花垣有8人被录取。

五、自学考试与成人高考

自学考试 始于1983年,考试在县城举行,由县教育局负责组织报名和考试。每年举行2次:上半年在4月的最后一个星期六、星期天进行;下半年于10月的最后一个星期六、星期天进行。至2000年,共进行34次考试,报考人数达6353人,其中147人获得学历证书。

成人高考 始于1985年,由县招生委员会办公室统一组织招生考试,每年3月1—15日报名,5月7—12日进行统一考试。至2000年,已开考16届,参考人数5905人次,被各类大专院校录取3120人。

六、县教师进修学校

花垣县教师进修学校建于1981年,校址在县城民主街原工人俱乐部内。该校占地面积2806.38平方米,建筑面积2073.4平方米,其中教学楼、职工宿舍楼各一栋,共1349.4平方米。1981—1984年共轮训小学教师151人,函授389人。从1984年开始,该校采取脱产与业余相结合,以业余函授学习为主,在全县设立4个教学辅导点,对教师进行学历培训。脱产学习每期学制为两年;业余学习则由辅导老师定期下点对学员进行辅导面授,寒暑假集中半个月进行辅导。1985年该校经省教委验收合格并报批备案。是年,县人民政府批准该校为科级事业单位,归口县教育局管理。1991年后,县教育主管部门在该校开始进行行政干部培训。是年4月,县教育主管部门在团结、大河坪两乡镇创办小学一级教师继续教育试点。1994年又在龙潭、道二、猫儿3乡镇创办试点。1996年教师继续教育试点在全县铺开。1998年该校与县电大工作站合并。是年秋,该校举办一年制中师补修班,对未获中师学历的小学在职教师进行学历教育。该校的"园丁楼"建筑面积为1909平方米,内设教室4间,办公室8间,阅览室、电教室、图书室、实验室、语音室各1间,建筑总面积增至2983平方米。学校有藏书1200本,报纸杂志20余种。2000年有教职员工28人,其中专职教学人员15人。教学人员中本科学历8人,专科7人;获高级职称2人,中级职称8人,初级职称5人。学校主要任务是对全县在职小学教师进行学历培训、继续教育和学校行政干部培训。

至2000年,该校共办中师、中函、中电10届12个班,学员达557人,毕业获证520人。共培训小学一、二、三级复式班和新教师1610人,结业1539人,结业率为96%。共办行政干部培训班8期,有231名中心小学、片办完小和村小的行政干部参加了培训,培训率达100%。共举办中小学教师继续教育、计算机培训、中小学校长培训、行政干部和中小学教师普通话培训,以及新教师上岗培训

10余期共1600余人次。

七、花垣电大工作站

1985年由县教委牵头，经县人民政府报请省、州电大工作站批准招生办班，1988年正式建站，站址设在县进修学校内。后迁往县委党校、县农科所和图书馆等处。1998年9月该站与县教师进修学校合并，校牌续挂。下设办公室、电教部、师范部、教务处、总务处。有在职人员63人，其中大学本科文化9人、专科31人、中师10人、高中以下13人；高级职称3人，中级32人，初级20人，勤杂人员8人。是年秋季招生160人。1999年开设汉语言文学、初等教育大专学历教育专业。至2000年，在校生达492人。

该校与吉首大学、湘西州民族教育学院实行横向联系，先后4次拓展办班和调整招生方式，把单一的成人招生拓展到自学视听生、普招生、注册视听生等。办学层次由大专下延到中专，专业设置17个。即：中文，教育行管，政史，文秘，会计管理，商业管理，行政管理，法律，乡镇企业管理，财务会计，电算会计，英语，现代企业管理，市场营销，小学师资教育，计算机应用，化工工艺等，在校生稳定在300名以上，成为全省最大的县级工作站。2000年，该校有三套音像设备、一套家庭影院、一个微机室、40余台电脑，音像教材600余盒、图书8000余册。

1985—2000年，电大工作站共招收大专生1323人，毕业511人；中专生298人，毕业193人，其中厂长、经理、中小企业法人代表以及副科级以上管理干部70余名，行业技术骨干210余名。举办专题培训40余期，1400余人通过培训获得了合格学历，为“三立”“东锰”两大集团培训了32名高级管理人才和82名中级技术人才。

八、县党校函授班

1986—1987年，中共花垣县委党校连续两年在原有基础上招收两期中专班，有90名干部通过脱产学习取得了中专毕业证书。1988年开始设立中共湖南省委党校函授学院花垣大专函授辅导站。至2000年，共有5期290人取得党校函授大专毕业证书，有61名干部在读函授本科。

第六节　教学改革

一、小学教学改革

小学语文教学改革　1986年“双语双文四步转换”教学实验在吉卫全镇推广，办班12个，参加实验学生285人。学区辅导员麻兴隆、教研室辅导员龙耀文、田彬先后参与授课。是年，花垣小学、花垣镇二小、茶洞小学、民乐小学相继开办了6个双语双文四步转换教学实验班。同年9月，排碧、道二两小学教师石香英、田彬在本校开设了“童话引路”试验课。经过努力，这些改革都取得了较好成效。花垣小学的2个双语双文四步转换教学实验班，经县教研室验收鉴定认为：“拼音学话，注音识字，提前读写实验在苗族聚居地区切实可行。”当年，全县“双语双文”实验班发展到21个，参与实验学生864人。同时，“童话引路”试验课也在全县得以推广，特别是吉卫镇的12个“双语双文”实验班，其课题由国家民委和州、县民委指导命题。实验期间，国家教委、国家语委的王均先生与罗安源教授多次到吉卫进行检查辅导；延边、西双版纳、宁夏、广西等少数民族地区的少数民族学者、教师以及日本、法国等外国朋友先后到吉卫进行考察。1988年，县教委在花垣小学进行情境作文教学实验示范观摩教学，即在观察情景的基础上指导学生写作。操作过程分为四步：创设情境；观察情境；审美体验；开拓思路。1990年吉卫镇“双语双文”实验班增加到24个，学生546人。情境作文进一步运用，且已成为全县中心小学特别是城镇重点小学作文教学的常规模式。是年,经国家民委、语委、教委领导和专家验收鉴定,一致肯定了实验成绩及其可行性。1991年初,州、县电教站在花垣小学进行电化听说训练教学实验。主要运用录音、投影、录像、电影、电视等音像手段进行听说训练,效果较好。是年,还在全县各中心小学进行片段作文与开篇成文实验,小学语文教师普遍参与。1992年第一轮验收结题。1993年,县教委在吉卫民小、花垣小学、茶洞小学、东风小学(现国土希望小学)等苗汉杂居地区进行"注音识字,提前读写"语文教改实验,每三年一轮换。1994年,"双语双文四步转换"教学实验获国家教委教改成果奖和省教委教改成果奖。1996年"注音识字,提前读写"实验模式在全县推广。2000年该实验在全县仍保持6个实验班。这些实验在文化素质偏低的花垣苗区农村小学深受师生欢迎,试验效果良好。

小学数学教学改革 1985年,花垣小学一年级率先创办心、脑、口三算结合教学实验试点。1986年,花垣镇小学也进行了类似的实验,1987年扩大到农村小学,1988年在全县22所中心小学和部分片小相继进行了实验。到1990年,全县已办实验班53个,参加实验教师48人,学生2079人。东风小学(现国土希望小学)还成立珠算兴趣小组24个,参加学生205人;珠脑算兴趣小组3个,参加学生27人。是年,县教研室三算教学实验小组被评为全国优秀实验小组,教师彭世芳被评为全国"三算"教学优秀教师和省优秀教师。1999年,尝试教学法成为花垣县小学数学教学的主要模式。从事该实验的花垣小学,被教育部确定为"尝试教学理论研究实验基地"。国土希望小学于1997年、1999年先后两次代表湖南省参加全国少数民族珠算比赛,分别荣获团体二等奖和一等奖。2000年该校被评为全国"三算"教学先进单位。

小学现代技术教学 1986年小学自然电化教学实验在花垣小学两个平行班中进行。一个班用电教引导法,另一个班用常规教学法。实验分三步进行:第一步进行对比实验,主要在课堂教学中进行;第二步进行总测试;第三步总结评价。实验结果表明,无论平均值还是标准差,电教引导法均优于传统教学法。电教引导法有效地减轻了学生的心理压力,降低了教学难度,缩小了优生与中下生的差距,促进了学生主动分析能力的形成和观察能力的提高,发挥了学生的智力。此后,花垣小学被定为州电化教学实验基地和示范学校。实验教师左廷海被评为优秀教师和有突出贡献的青年科技工作者,享受国家津贴补助。1996年,县教育局在花垣小学一至五年级开展音像阅读、提高学生素质与音像启蒙作文实验。该实验运用音像教材,对低年级学生进行句段训练,培养儿童听说读写能力。实验取得阶段性成果,经专家组鉴定、总课题组审核,于2000年9月9日颁发"结题证书"。是年10月23日,教育部电教办确定花垣小学为第二批"全国中小学现代教育技术实验学校"。

二、初中、农校教学尝试

数学自学训练实验 1988年6月,初中数学自学训练在花垣民族中学初中部的两个班进行,参加实验学生120人,詹前锋任实验教师。实验有专用教材,集学、练、教、辅于一体。充分体现学生主体、教师主导的原则,深受学生和家长欢迎。1989年,湘西州教科所在花垣民族中学召开了全州现场观摩培训会。这项实验先后进行了两轮,至1994年结束。

农科教相结合实验 1989年,县教委在民乐镇农校开展农科教相结合实验。为确保这项实验的顺利进行,该镇建立健全农科教三结合的领导班子,校长由分管教育的副镇长兼任。学校设教务、科技、经营三个处。项目分解到处,再由各处分解落实到班组及教职员工。同时建立镇农民教育网络,科学安排文化课和农业技术课的时间。建立教学、生产、科技推广、社会服务一体化的服务于农业的运行机制。通过实验,效益显著。湘西自治州教委曾在该校召开现场会议给予肯定，并号召在全州范围内推广。后因人事变动，无合适管理人才而停止。

第七节　教师队伍

1986年花垣县有各类教师1403人，其中小学1047人，初中257人，高中99人。1987年7月，首次在教师中评定专业技术职务，全县1366名教师取得了技术职务，其中小学高级教师334人，中学高级教师29人。1990年后新增的小学教师和1993年后新增的初中教师，经过培训学历合格率均为100%，其中高中教师104人，专职教师99人，学历合格率达100%。23名小学校长、19名初中校长全部参加岗位培训并获合格证书。1995年，县教育局根据上级指示精神，将200多名在1986年以前参加教育工作的代课教师全部转为民办教师。此后，通过考试升入普通师范和正常转正两种途径，将民办教师分批分期转为公办教师。1996年全县中小学教师、校长参加继续教育普通话和计算机等各种培训。至2000年，参训人员达2341人次，其中有263人参加中师函授培训并全部合格。小学在岗的1505名专职教师，学历合格率100%。初中的574名专职教师，学历合格540人，合格率94.1%。

2000年全县共有各类专职教师2230人，其中小学教师1529人，初中教师602人，高中教师99人。初中教师中大学本科毕业以上44人，大学专科毕业466人，中专毕业28人，高中毕业9人；高中专职教师中大学本科毕业以上42人，大学专科毕业32人。共评聘特级教师1人，高级教师职称54人，中级职称987人，初级职称1184人。全县教育系统有行政人员135人，工勤人员173人。

1986—2000年，县教师队伍中先后有蔡安家、麻应新、麻老正等当选县人民政府副县长；罗时芳（女）、刘翼、麻玉贤（女）当选为县人大常委会兼职副主任；田渊先后当选为县政协第一任主席、州人大常委会副主任、全国政协常委；危克中、何玉英、李训广、石珍秀、杨传蒂、刘汉文、龚清艳、彭世芳、邱勇等，先后分别被评为国家和省级先进教育工作者或模范教师。

一、中小学教师

公办教师　自新中国成立以来，公办教师是教师队伍的主体。1957年全县有公办教师613人。随着教育事业的发展，公办教师队伍不断壮大。1986年全县中小学共有公办教师1834人，占教师总数的83%；1990年全县公办教师1630人，占82.5%；1999年全县公办教师发展到2257人，占99.87%；2000年全县小学和初、高中以及其他公办全日制学校的公办教师达2261人。

民办教师　1957年，教育部在第三次全国教育会议提出“小学教育必须打破由国家包下来的思想，提倡厂矿企业办学和群众办学”。当年秋，花垣出现第一所民办初中——新生中学和第一批（共8名）民办教师。随着民办小学和民办农业初中的迅速发展，到1958年底全县共有小学民办教师144人，占小学教职工总数的22.2%。1964年，县教育主管部门根据中央的号召，开始提倡“兴办耕读小学”。农村耕读小学，民办（耕读）教师数量迅速增加。1965年全县小学民办教师达468人，占小学教师总数的49%。“文化大革命”期间，实行贫下中农和工人阶级管理学校，民办教师猛增。1978年全县1293名小学教师中有民办教师826人，占小学教师总数的64.7%；中学有民办教师30人。1979年国家开始对民办教师队伍进行整顿，至

1981 年全县共安置 214 人。1984 年,县教委对民办教师进行调整,小学留有民办教师 374 人,中学留有民办教师 2 人。1985 年,县政府为被解聘的民办教师按职务一次性发给工资补助,留任的民办教师颁发聘任证书。1988 年民办教师开始参与评定职称。

民办教师的报酬由两部分组成,即:公社(乡镇)或大队(村)筹集一部分,国家补贴一部分。筹集部分都以实物付给,即按同等劳动力记工分,年终参加大队或生产队的决算分配(1981 年实行"家庭联产承包"责任制时民办教师即参加所在生产队的田土分配);国家补贴部分每人每月发放津贴费 5~7 元。1985 年以后乡镇统筹,每人每月补助 30~40 元,年终一次性发放,国家补贴部分则按月发放。从 1991 年起,乡镇筹集改由县统一筹集,并按月发放。评定职称后,其工资仍由原筹集单位和国家共同分担。1992 年全县民办教师减至 192 人,至 2000 年,全县中小学民办教师全部转为公办教师。

代课教师　代课教师大多是回乡知识青年或城镇待业知识青年担任,1991 年全县共有小学代课教师 491 人,中学代课教师 139 人,分别占小学和中学教师总数的 41.5% 和 24.8%。1993 年小学(含附中)有代课教师 487 人,初中(含职业初中)有代课教师 72 人,共计 559 人。1995 年,县委、县政府将 1986 年以前任教的 249 名代课教师转为民办教师。2000 年全县代课教师 600 人。

代课教师报酬在 1980—1992 年,小学代课教师每月补助 39~41.5 元;中学代课教师每月补贴 40.5~42.5 元。1993 年以后小学代课教师增至每月 120 元,中学增至每月 150 元。2000 年小学和中学代课教师每月分别提高到 200~300 元。

二、幼儿教师

县内公办幼儿园教师为公办教师担任,社会团体或民办幼儿园教师为合同制教师。花垣小学、国土希望小学和花垣镇第一小学等校的学前班教师均为公办教师。1990 年以前各乡镇小学所办的学前班教师基本是民办教师,之后均改为公办教师。

公办幼儿教师的工资福利待遇和职称评聘与小学公办教师相同,民办幼儿教师的报酬与小学代课教师相同。合同制幼儿教师的报酬由办学单位发放。农村学前班幼师的代课工资由办班学校支付,政府不予补贴。凡"以班养班"的幼儿教师,其工资从办班费中支付。农村民办幼儿教师,一般由初中毕业以上的女青年担任。20 世纪 90 年代后,逐渐改由幼儿师范学校毕业生担任,且农村中心小学的学前班幼师亦分批分期转为公办教师,至 1998 年民办教师全部转为公办教师(城镇民办幼儿园教师不享受转正待遇)。到 2000 年底,全县有幼儿教师 271 人。

三、成教教师队伍

1986 年后,根据国务院批转国家教委《关于改革和发展成人教育的决定》的要求,县成教办(股)的人员配置长期稳定在 3~4 人,21 个乡镇配备成教专干 22 名,其中花垣镇配备 2 名。有 12 个乡镇的成教专干享受乡镇中心完小副校长待遇,未享受副校长级待遇的,可出席校务会议并参与研究学校(区)成教事务。至 2000 年,这一配置方案基本未变。

成人教育教师分为文化课教师、专业课教师、扫盲教师。教师队伍中既有专职,也有兼职。政治理论课、法制课和人口理论课教师一般由乡镇领导和县直有关部门干部兼任,文化课教师由全日制教师兼任,专业课教师由农业、畜牧、林果等技术人员兼任,扫盲教师由全日制老师和社会知识青年兼任。在 1990 年的国际扫盲年中,全县发动 2700 名教师参与扫盲工作。1996 年全县有成教专职教师 47 人,兼职教师 903 人(不含县农校)。1997 年全县实现基本扫除青壮年文盲后扫盲教师停聘。

第八节　教育设施

一、校园校舍

20世纪70年代以前，全县中小学校园校舍普遍不足。80年代中期后，县里不断加大中小学基本建设投资力度，对部分设置不合理的学校进行搬迁、改建、扩建和新建。至1992年，全县已有小学258所和12个教学点，共有校舍面积129201平方米，有教室1082间，危房率仅占2.79%，基本实现了“一无两有”(校校无危房，班班有教室，人人有课桌椅)。1995—2000年，全县新建校舍84栋65791平方米，扩建改建校舍63515平方米，其中新建希望小学、苗圃行动小学42所(中心小学16所，片小10所，村小16所)，建筑面积26708平方米；先后对董马库、民乐、猫儿、龙潭、长乐、茶洞、麻栗场等中心小学进行搬迁重建；扩建了排料、排碧、雅酉、补抽、排吾、雅桥、道二、大河坪等乡中心小学和民乐中学、长乐中学、吉卫民中、花垣二中、花垣小学、国土希望小学、吉卫民族小学等；大龙洞乡中心小学属新建。至2000年底，全县中小学校园总面积达123.51万平方米，校舍25.02万平方米，教职工宿舍5.38万平方米。

二、教学设施

1985年3月，县电教仪器管理站成立，为县教委二级机构，配站长1人，管理人员4人，各校均配专职电教仪器管理员1人，对学校的电教仪器进行造册登记管理。1992年全县23所中心小学有图书4.82万册，电教仪器1052件，其价值折合人民币24.23万元。1994年10月，县政府办发文批转县教委《关于在全县普及实验教学的意见》。1996年1月，县教育局发布《花垣实验教学普及县实施方案》，要求在全县实施普及实验教学工程。2000年经省、州验收，该项工程合格。是年底，全县中小学有实验室47间，面积2844平方米；附属用房63间2128平方米；实验桌椅1155套，仪器柜835个，演示准备桌113张。全县的教学仪器配备：一类19所，二类14所，三类50所，其中一类完全中学1所，初中6所，小学12所；二类完全中学1所，初中11所，小学2所；三类片办完小50所。120所村小均实现了数学、自然课有教具箱、地球仪和风琴。全县共配管理员37人，实验员67人。演示实验开出率达97.1%，分组实验开出率95.1%。

第九节　教育管理

一、管理机构

1986年县教育局改为县教育委员会，简称县教委。1986—1990年间，县教委主任由县政府分管副县长兼任。各学校实行党支部领导的校长负责制。1991年始，分管副县长不再兼任县教委主任。1996年县教育委员会改为县教育局，内设办公室、招生办、政工股、普教股、成人教育股、职教股、计财股、纪检监察股、职称股、保卫股、老干管理所、政策法规室、工会、督导室。直属单位有：电大工作站、教师进修学校、成人中专、职业高中、幼儿园、县直中学、县直小学；下辖乡镇中心小学、片区完全小学、村办小学和教学点。1993年后实行校长责任制，校长为学校法人代表，党支部书记专管党务和师生的思想政治工作。规模较大的学校设政教处、教务处和总务处。至2000年底，县教育局机关共有干部职工39人，其中局长1人，党委书记1人，副局长3人，具有中学高级职称30人。

二、校务管理

学籍管理 各学校均建有学生学籍卡。每个学期开学,教育主管部门把入学保生指标分配到各股室和学校。校长把任务分配到班,包干到人,并与年终评奖挂钩,做到“两册一卡”(户口册、学生花名册、学籍卡)对证,三率(入学率、巩固率、毕业率)定案。学生病退要有医院证明,转学要有转出、转入学校证明。

教学管理 1991年9月,县教育主管部门根据《湖南省中小学教学常规》和《湘西州中小学教学常规》,结合花垣实际编制印发《花垣县中小学教学常规》。该常规对教师备课、上课、作业批改、成绩考核到课外辅导等整个教学过程的各个环节做了具体、切实的规定。要求各中学、小学及各中心完小定出自己的实施办法。其中花垣小学、吉卫民族小学、茶洞小学所制订的办法,受到县里表扬。

学生管理 在贯彻落实中央颁发的中小学生守则和行为规范的同时,县教育局和各中小学都制订相应的制度。花垣小学制订的《小学生一日行为规范》,对学生从早晨入校到放学回家的行为,均提出具体的要求和规范。各校均拟定本校校训,对学生进行校风校训教育。花垣小学的校训是:“文明活跃、奋进创优”。边城希望小学的校训是:“健康文明,勤奋治校”。

教师管理 教师管理主要抓出勤、教育教学成绩和师德三个方面。许多学校制订实施出勤奖惩制度,按教师出勤、上课时数评定奖罚;教育教学成绩分等次评定,标准由教育局统一制定。标准制定分别对低、中年级教师进行界定。小学低年级教师得90分以上为优秀;60～89分为合格;60分以下为不合格;中年级则分别为85分以上为优秀,85分以下为合格,60分以下为不合格;学科学业成绩达优秀者奖,不合格者罚。师德则抓教师职业道德建设。1992年后,县教委号召教师学习和发扬终生从教的献身精神、认真执教的敬业精神、爱生如子的园丁精神、不甘人后的拼搏精神、不计得失的牺牲精神。

财务管理 县教育局计划财务股负责实施财务管理工作。1990年以后,县教育系统广泛开展了“财务公开”“政务公开”和“民主评议领导”活动。财务公开每季一次,民主评议领导干部每年一次,政务公开则不定期张榜公布。

三、教育经费管理

县内教育经费来源有国家拨款、自筹经费和收费三部分,以国家拨款为主体。国家拨款经费含省、州专项拨款、县财政正常拨款、城市建设维护费、农村教育费附加、城市教育费附加、少数民族补助费和省州追加拨款等。

国家拨款 1990年,花垣县按湘西州定标准开征教育费附加,产品增值税、营业税附加1%,农民人均纯收入在300元以下征1%,300元以上征1.5%。

1993年县委、县政府出台《关于加快普及九年义务教育的决定》。提出“九五”期间做到政府给教育拨款的增长比例要高于地方财政经常性收入的2%以上;地方机动财力每年应安排20%给教育;支援不发达地区资金和少数民族补助费安排教育经费不得少于30%;乡镇财政机动财力安排50%、城市建设维护费总额的20%用于教育;按上级规定的标准征收好农村教育费附加和城市教育费附加。2000年县人民政府办公室下发通知,要求全县各乡镇认真做好农村教育费附加的征收、管理和使用工作。年底,国拨教育经费达2542万元,比1986年增长5倍。

自筹经费 1986—1989年,自筹经费不多,主要依靠群众献料及学校勤工俭学创收等。1990—1992年实施普及六年初等教育工程之后,自筹教育经费力度加大。1992年全县自筹经费253万元,其中乡镇筹集54.3万元,干部、群众捐资186.5万元,学校自筹12.2万元。1995年在扫除青壮年文盲过程中,乡镇筹集28.32万元,群众捐资40.37万元,校办企业投入34.53万元,勤工俭学投入9.2万元。1996年在普及实验教学中自筹资金276.54万元。1997—2000年,在普及九年义务教育中,自筹基建资金共258.53万元，其中群众捐资26.7万元，献料291立方米，投工214万个。期间，还涌现一批自筹经费兴办学校的先进事迹：花垣镇花桥村自筹经费30万元，兴办花桥小学；狮子桥村自筹16万元兴办狮子桥小学；团结镇半坡村村民石志华、龙志兵等自筹经费6万元兴办半坡小学。

县内学校收费含征收部分和代收部分，征收部分为学费和杂费。1987年州物价及教育部门重新制定小学收费标准，县教育部门即按照新的标准统一收费。初级小学学杂费县城4元、农村3.5元；高级小学学杂费县城5元、农村4元；初中学杂费县城7元、农村6元；高中学费20元，杂费县城8元、农村7元。代收费部分(含讲义、仪器实验、文体卫生、水费和电费)每学期不分城乡，小学4元、初中6.5元、高中7.5元(寄宿生加收工友费1元、水电费3元)。

1988年2月，根据省里规定对收费标准进行调整，县城关镇学校按城镇标准执行，乡镇学校按农村标准执行。代收费由学校按标准收取并包干使用，不再为学生办理结算手续。其中课本、作业本费于每学期放假前按实结算，多退少补，注射费、体检费等一次性临时代收，一次性使用，按实际支出收取。

1990年，州教委组成调查组对县内部分中小学进行了抽样调查和督查，要求县教委在每学期入学前公布收费标准。1993年秋季始至2000年春季，全县实行收费卡制度，学校将收费标准制成卡片发送学生，学校按卡收费，学生按卡交费。

花垣县2000年春季义务教育收费标准表

表20－1－89　　单位:元/学期

项目	年级＼类别	农村 杂费	农村 代收费	农村 合计	城区 杂费	城区 代收费	城区 合计
小学	一年级	70.	53.75	123.75	90	60.95	150.95
	二年级	70	56.10	126.10	90	64.40	154.4
	三年级	70	64.75	134.75	90	75.45	165.45
	四年级	70	79.00	149.00	90	91.7	181.7
	五年级	70	78.15	148.15	90	89.45	179.45
	六年级	70	79.00	149.00	90	89.55	179.55
初中	一年级	90	101.90	191.90	110	103.9	213.9
	二年级	90	99.80	189.80	110	101.8	211.8
	三年级	90	104.75	194.75	110	106.75	216.75

花垣县2000年春季高中代收费标准构成表

表20－1－90　　单位:元/学期

年级	合计	课本	基础训练	音像教材	作业本	其他
一年级	119.9	37.60	28.3	10	25	19
二年级	109.65	31.25	24.4	10	25	19
三年级	83.35	19.45	4.9	10	25	24

花垣县2000年春季高中教育收费标准表

表20-1-91　　　　单位:元/学期

分　类	重点高中	一般高中	农村高中	一年级	二年级	三年级
学　费	800	650	450			
计划外招生	6000	4200				
住宿费	100	80	100			
代收费				119.90	109.65	83.35

第十节　学校选介

一、小学选介

花垣小学　该校位于原西门文庙坪。1986年初,全校有教学班23个,在校生1239人,教职员工78人,建筑面积5688平方米,其中教学用房2941平方米,生活用房2373平方米,其他用房374平方米,是湘西州重点小学之一。1986—1992年,学校更新了教学设备,开展教学实验。先后进行和推广了小学"知识归类,促进迁移"实验、小学语文"注音识字、提前读写"实验、"程序教学法""童话引路"和"兴趣作文""快乐作文"以及"听说训练""三算""电化教学"实验等,配有8台幻灯机。1993年建成一栋高五层、建筑面积为4100平方米的"育才楼"。1994年5月,经州教育督导组评估,该校被挂牌为"湘西土家族苗族自治州一级完全小学"。1996年有仪器123种2414件,3个仪器室计100平方米,实验室2间和附属用房3间计60平方米,仪器柜23个,同时配有实验桌凳48套、演示桌3张、准备桌3张,有专职实验人员2人。是年,该校环境美化、校园绿化、道路硬化、教学优化达标。1997—1999年,国家财政投入电教经费87万余元,配置172平方米的中心电教室一间及多媒体设备一套;有98平方米的学生用计算机教室一间,配置486型电脑一台、586型电脑一台;有21平方米的教师计算机工作室一间,配置486型电脑打印机、液体速印机各一台。教学新楼各教学班实现了多机一幕(电视机、放像机或VCD、录像和幻灯机及屏幕)进教室。另有摄像教材开发制作室一间,配有868型多媒体电脑、平板扫描仪、HP1200彩喷打印机各一台。设置了电视编导室、演播室、校园电视台。全面开通了电视网络,终端进入各个教室。有语音室一间,配备有与文字教材配套的各种影碟光盘。自制了《小学课表自动生成系统》和MIDI《老水牛》合唱曲一套,开发了一套《学生成绩管理系统》软件。2000年添置了486、586、686和奔腾型电脑设备60台,举办电脑培训班,有20名教师拿到了电脑操作初级合格证书,30名教师达到普通话省定标准。是年秋,该校开始在三、四年级开设英语课,开全县小学设外语课先河。是年,花垣小学共有校园面积15334平方米,校舍建筑总面积10123平方米,其中教学用房7855平方米,教工宿舍1564平方米。设有100米直跑道和200米环形跑道各1条,共有藏书12500册,学生人均5.6册。全校有37个教学班,在校学生2215人,学前班学生280人;有教职工124人,其中教师102人(大专毕业16人、中专毕业85人,获小教三级职称以上100人)。校办企业固定资产12万元,年纯收入10万元。1986—2000年15年间，该校在参加全国、省、州小学作文、书画大赛中，共有178人次获奖，其中23篇作文在省级以上刊物发表；56名苗族小学生参加在新加坡举办的国际少年儿童美术、书法、摄影赛，分别获得银牌、铜牌和优秀奖。

国土希望小学　原称花垣镇第二小学，位于县城东门外，始建于民国2年(1913)。1990年该校组建4个"三算"小组，共有80多名学生参加活动。1992年投资8万元，征地1000多平方米扩大校园。1995年4月，湖南省国土系统捐资85.5万元扶持修建教学大楼，建筑面积2036.9平方米，总造价116.38万元。工程于1996年8月竣工，学校更名为花垣国土希望小学，时任省委书记王茂林亲笔题写校名。1997年该校被定为湘西自治州珠脑算教学实验基地。是年，派出代表队参加湖南省第十一届少数民族珠算技术比赛，获1枚金牌，4枚银牌，3枚铜牌和团体二等奖。1998年学校全面进行小学数学"三算结合"教改实验。1999年代表湖南省参加株洲全国少数民族珠算技术比赛，夺得6枚金牌和团体一等奖。是年，国土希望小学被州人民政府定为州武术示范学校。2000年，该校共有16个教学班，在校学生808人，教师55人。是年7月，该校派出10人代表队赴长沙参加全省青少年武术比赛，11岁的土家族学生田敏和12岁的苗族学生石顺东分别获女子乙组和男子丙组剑术第六名，代表队获得团体基本功第四名。是年，该校被评为"湖南省卫生先进单位""自治州教学常规管理先进单位"和全国"三算"教学先进单位。1986—2000年，先后办实验班12个，参加实验学生达600余人，共获得5次全州小学生珠算比赛团体一等奖；3次参加湖南省少数民族珠算技术比赛，2次获得团体二等奖；1次获得总分第一名。

吉卫民族小学　位于吉卫镇卫城天王庙旧址，是全县寄宿制小学之一。1986年9月，吉卫民族小学开设3个苗汉双语双文四步转换教学实验班，与之配套的还有"小学数学三算结合"实验，"现代数学"和"素质引路"实验。是年底，该校被评为"全国教育系统先进集体"，并被湘西自治州人民政府定为全州民族重点小学；1987年被评为"湖南省教研教改先进集体"；1988年该校实验小组被评为"湖南省先进实验教研组"。1986—1989年间，先后有湖南省通道侗族自治县和云南省黔东南苗族自治县、文山州派代表团到吉卫民小实地考察；国家民委教育司、民族语言办公室、国家教委民族教学司、国家经委、中央民院民族语三系有关领导和专家学者，以及法国丁美群女士、日本小门典夫也先后到校考察"双语双文"实验教学情况。1990年获全州先进教研教改奖。1995年9月，中国科学院、中国社会科学院、国家语委、国家民委组团验收，评定结论为"实验积极性高、可行性强、完全适合苗区实际，具有推广价值"。是年，该校被评定为"国家双语双文教改先进实验点"。

茶洞小学　原校址在茶洞镇东方红街中心，占地面积3701.8平方米。1986年校舍首次扩建，建筑面积640平方米。生源主要来自湘、黔、川三省边区，共设13个教学班，在校学生550人。1995年，该校被列入全州百所希望小学之一，在镇政府和当地民众支持下，以3.5公顷的旱田斢换位于319国道旁的1560.8平方米农田做校园。8月，第一栋教学楼开工，1998年8月竣工。随即续修第二栋教学楼、学生宿舍和其他辅助设施。2000年6月28日，整个工程全部竣工并交付使用，实现整体搬迁。新校园共18个教室，建筑面积2081平方米；学生宿舍1栋，建筑面积500平方米；师生食堂1栋，建筑面积100平方米；校内场地和道路设施2216平方米；200米环形跑道和100米直跑道各1条；工程累计投资126.9万元，其中湖南省粮油进出口公司捐资15万元，省支教工作队捐资42.8万元，社会各界人士捐资1.8万元，县财政划拨"义教工程"款57.8万元、农村教育费附加9.5万元。是年底，全校共有教学班13个，在校学生656人，专任教师38人。

龙潭小学　始办于清嘉庆十二年(1807)九月，距今已超200年历史，时称苗义学。清光绪二十九年(1903)二月二十八日，改称永绥厅第四初等小学堂。民国时期扩建为中心小学，并从天王庙迁至龙潭集市内。新中国成立后,改建为龙潭乡中心完全小学。20世纪50年代初,群众捐款献料新建了一栋两层教学大楼。1958年开办附属初中班,之后校名相继为龙潭附中、龙潭中学、花垣县第四中学、花垣县农业职业中学。1986年迁至镇区西南郊。1988年引进语文教学"注音识字,提前读写""情境作文,片段作文"和"三算"实验。"九五"期间推行"五五四"工程建设取得明显成效。1995年建成花垣县第一栋希望小学教学楼——"贝尔育才楼"。1997年被评为湘西自治州"教学常规管理'学校样子建设'优秀学校"。2000年推广"小学语文自学辅导程序"实验取得了较好成绩,并继续推广数学尝试教学法和"三算"结合教学实验,自然教学向电化教学发展。是年,全校有教学班17个,在校学生946人,教职工41人,其中小学高级教师职称13人,大专学历2人,中师学历30人。校园总面积2.2公顷,建筑面积3882平方米,其中教学用房3407平方米,教师宿舍375平方米,运动场地3882平方米,设阶梯教室、仪器室、实验室、图书室、阅览室、广播室各1间,办公室3间,学生教室19间。图书室藏书5517册,教学仪器价值9万多元,其中普教仪器价值1.62万元,电教仪器价值5.07万元,电脑2.3万元。配置彩电6台,黑白电视机7台,放像机3台,电影机1套,摄像机1部,照相机1部,幻灯机18台。

民乐小学 校址位于"弥诺老云盘"。1986年底有教师28人,教学班13个,学生600余人,建筑总面积6500多平方米。是年,引进"拼音学话、注音识字、提前读写"教改实验取得成功。1987—1989年,该校学前幼儿教育连续被评为湘西州幼教先进单位。1990年以小学一年级过好汉语关、推广普通话教学为重点,推广片段作文,数学教学引进、推广"小学数学尝试教学法"和"三算"结合教学实验;自然教学着重培养学生的观察能力和动手能力。是年5月,学校组织学生乘船春游清水江,因船篷倒塌,造成数十名学生落水,2人死亡。事后,学校有关负责人受到处分。是年,经省、州政府组团验收,民乐镇率先普及六年制初等教育。1991年经省、州教育督导组评估,民乐中心小学成为湘西州首批初等教育合格单位。1992年,该校所在地民乐镇经省督导组评估,被评为湖南省一百个教育先进乡镇之一,荣获"一百颗星"的殊荣。是年,该校普及了语文、算数各项实验教学。2000年经省、州两级验收,该校成为湘西自治州第一所视导合格学校。是年,该校所在地民乐镇被评为湖南省"百个教育先进乡镇",受到省人民政府的表彰奖励。当年,该校有12个教学班,在校生600余人,有教师30余名。小学在校学生年辍学率为0.2%,小学生毕业率达99%以上。教师学历、职称和校长岗位培训合格率均达100%。

雅酉九年一贯制学校 清雍正十一年(1733),清政府在雅酉寨设义学一馆,光绪三十年(1904)在排达扣设立初等小学堂。民国时期,境内未设中心小学。新中国成立后,在乡政府所在地建雅酉中心小学。1958年开设附属初中班。1983年大调整时,该校因距县城遥远,交通不便,学生去外乡镇入学困难而得以保留。县人民政府曾先后五次拨款修建学生宿舍、食堂、教学楼、运动场。由于雅酉乡是苗族聚居的纯苗区,交往用语均为苗语,适龄儿童入学时不懂汉语。学校从实际出发,在语文、数学等各科教学时都采用"双语"教学,用苗语辅助汉语教学。学生到三年级时基本能听懂汉语并初步学会用汉语表达,五年级过汉语关后教师开始使用汉语普通话教学。1988年县教委确定在该校进行小学语文"拼音学话、注音识字、提前读写"和"三算"实验。1989年学校的语文阅读教学主要使用整体教学法。进行小学作文的"开篇成文"和"情境作文"实验。1990—1991年,湘西州教委将该校定为扶贫联系点。1992年被县人民政府定为农村寄宿制学校。1993年被定为湖南省第一批重点建设的"老、少、边、穷"地区寄宿制学校。1994年该校与花垣小学结成姊妹学校,接受花垣小学捐赠课桌椅102套,投影机10台(套),图书2000册。花垣小学定期邀请雅酉小学教师去校参加观摩教学活动,参与教研教改。语文教学使用花小的"读写结合”，数学教学使用“尝试教学法”，并实施电化教学，学生学习成绩普遍提高。1994 年 12 月 30 日，雅西九年一贯制学校授牌。是年，三级会考雅酉学校并列全县第一名。1995 年，雅酉小学生会考成绩仅次于花垣小学名列全县第二名；初中毕业会考学生成绩排在全县第四位。年底，经县教育主管部门督导评估总分获 97.25 分，该校所在乡被评为教育先进乡。1996—1998 年，该校所在的雅酉乡成为花垣县第一批实现两基合格达标乡镇之一。1999 年被湘西州定为九年一贯制学校，时有寄宿生 270 人。2000 年，学校占地面积达 15078 平方米，建筑面积 5024 平方米，运动场面积 5000 平方米。共有 14 个教学班，其中初中 4 个，小学 10 个（含学前班 1 个），在校学生 673 人（均为苗族）。有教职工 32 人，其中苗族 30 人，汉族 2 人；大专毕业 10 人，中师毕业 19 人；获小学高级教师职称 5 人（含中学一级教师），小学一级教师 9 人（含中学二级教师），小学二级教师 8 人。全校有仪器室 2 间，实验室一间，共 150 平方米；有仪器柜 18 个，教学仪器 5000 余件，价值 8 万元。1986—2000 年，雅酉学校共毕业学生 1000 余人，其中，考上重点大学的本科生5 人。

二、中学选介

花垣民族中学　位于崇山公园旧址，占地面积 33334 平方米。1986 年有建筑面积 9353 平方米，其中教学用房面积 2786 平方米，生活用房 4395 平方米，图书、仪器、体育用房 1202 平方米，体育场地 9850 平方米，其他用房 970 平方米，属全县重点中学之一。是年，办 26 个教学班，其中初中 14 个班，高中 12 个班，年末在校学生 1500 人，有教师 160 余人。1987 年上半年，中学生参加学科竞赛，吴宏庆获初等中学数学竞赛湘西自治州二等奖，吴世吉获高中化学竞赛湘西自治州二等奖，张志宇获三等奖，唐春文获高中生物竞赛湘西自治州二等奖。1993 年，该校的“数学自学辅导实验”获国家奖，实验教师詹前锋被评为全国实验教学先进工作者。1999 年 10 月，该校学生龙文君、杨秀明、龙慧等 6 人组成的珠脑算代表队代表湖南省赴海南参加全国少数民族珠算技术比赛，荣获个人全能一等奖、2 个二等奖和团体一等奖。在 2000 年的元旦文娱晚会上，学校外语组的《爱我中华》节目在县体育广场公演，被湖南卫视和州电视台转播。是年，在全国首届英语教学技能大赛中，英语教师麻昌全获一等奖，麻满元获二等奖。1986—2000 年，该校被各类大、中专学校录取的高中毕业生 1092 人，其中重点本科 20 人，本科 165 人，专科 618 人，电大 126 人，中专 147 人。至 2000 年底，该校共有教学班 33 个，在校学生 1597 人。有教师 198 名，从事教学的专职教师 180 余人。

花垣第二中学　坐落在县城伍家坡村境。该校创办于 1979 年 9 月，1998 年开始招收 2 个班的高中新生，成为完全中学。1999 年秋招收初高中新生 6 个班。2000 年 5 月，该校体育代表队在湘西州第九届运动会暨中小学田径运动会上获普通中学组全州第一名。是年底，校园占地面积 19314 平方米，建筑面积 6832 平方米，其中教学用房 4319 平方米，教职工住房面积 2123 平方米。校园内有百米跑道 6 道，200 米环形跑道 6 道。仪器、电教设备和体育器材一类配备，卫生机具二类配备。设教学班 25 个，在校学生 1423 人，其中初中 17 个班 1003 人，高中 8 个班 420 人。有教职工 114 人，其中本科毕业 24 人，专科毕业 81 人，中专毕业 9 人。有高级教师职称 4 人，中级教师职称 57 人，初级教师职称 41 人。有高级工 31 人，中级工 22 人，初级工 23 人。

花垣第三中学　校址位于茶洞镇。其前身为“湘西第二民族师范学校”，创办于民国 31 年（1942），时称国立茶洞师范。民国 35 年（1946）春，改称湖南省立茶洞师范学校。新中国成立初，改称湘西民族师范学校，1953 年更名为湘西第二民族师范学校。1962 年 8 月，湘西第二民族师范学校停办，所有教学设施、图书、仪器及师生随校转移，校园校舍建筑移交花垣县人民政府代管,湘西州教育局每年拨出一定资金给县教育局作为维修经费。是月,县政府决定将团结公社初中班迁往茶洞,并在民二师旧址创办花垣县第三中学。当年秋开设初中班 2 个,在校学生 100 人。1969 年秋招收高中新生 1 个班 37 人,学校扩办为完全中学。以后逐步增加招生人数,至 1998 年秋共招高中 30 届 85 个班 4111 人,升入大专院校 41 人,其中升入重点本科 3 人。1999 年夏停招高中新生。2000 年在校初中生 18 个班 916 人。

吉卫民族中学 花垣县吉卫民族中学始建于 1957 年,旧址在吉卫镇吉卫村内,称吉卫附设中学。1968 年迁到离吉卫镇镇政府 2 千米的扎高都。设有初中部、高中部,为花垣县第二中学。1986 年学校更名花垣县民族中学,1993 年秋停招高中新生,其高 56 班并入县城花垣民族中学。1995 年更名为吉卫民族中学。2000 年底,学校占地面积有 143289 平方米,建设面积 9830 平方米。有教师 76 人,教学班 23 个,学生 1300 多人,其中苗族学生占 98%,其他民族学生占 2%。1969 年春至 1992 年秋,该校共招收高中 24 届 56 个班 2800 人,毕业 2700 人,考取大专 10 人,中专 13 人(含委培生)。

第二章 科 技

1986 年,县科学技术委员会(简称"县科委")有行政编制 5 人,实有 6 人。次年,全县 21 个乡镇配备科技专职或兼职干部共 23 名,茶洞镇组建镇科委、镇科协,配置干部 2 名。

1987 年县科委在全县开展《中华人民共和国技术合同法》学习宣传活动。1988 年 7 月 18 日,县科委联合县开发办、县农业局、畜牧水产局、县乡镇企业局等单位在茶洞举行信息发布会。共展出信息板面 109 块,技术资料 74 份,致富信息 1100 条,展销农副产品 45 个,参观人数 200 多人次,技术咨询 1412 人次,产品销售额 134 万元。是年,县科委组织召开《中华人民共和国专利法》、《中华人民共和国技术合同法》座谈会共 1800 人次。1989 年花垣建成科技信息网络,并与县图书馆联合举办科技阅览活动,共收集各种信息 9000 余条,印发《科技信息》4 期 480 份。6 月 27—28 日,与县图书馆、县档案局、县民委联合举办"科技信息,书刊联展"活动。共展出书刊资料 588 种 3971 册,发布科技信息 1900 条,展出新产品 6 个,接待参观者 2500 人次,赠送技术资料 1600 份,进行技术咨询 480 人次。1990 年县政府举办《中华人民共和国专利法》、《中华人民共和国技术合同法》培训班,培训宣传骨干 51 人,学员 1171 人。年初,县科委为县内企业和乡镇提供科研院所新成果、新产品 55 项,其中为企业提供 22 项,采用 2 项。9 月,县政府就两法学习进行考核、考试。参加笔试的干部 1535 人,占应试人员的 92.8%。县人民政府对笔试成绩优秀者进行奖励,对成绩突出的单位进行表彰。1991 年,县委、县政府把科技工作的重点放在科技兴工上,提出花垣工业要走背靠大中型企业、背靠科研单位、背靠大专院校的"三背靠"路子,实行技术副厂长负责制,鼓励发展厂办科研。县电解锰厂在省、州、县科研部门帮助下,依靠厂办科研力量,抓技术攻关和技术改造,每吨电解二氧化锰的成本由原来的 9000 多元降到 6000 元以下。1992 年,县科技部门利用技术市场渠道为企业开展技术交流活动,组织一些企业和乡镇负责人参加国家和省、州有关部门举办的技术贸易活动。4 月,县委、县政府组织花垣镇镇企业办、县锰矿、县粮食局等单位参加全国新技术新产品博览会，参展项目1个，洽谈项目4个，搜集各类技术情报150余条。12月，县委、县政府组织全县各乡（镇）科技副乡（镇）长参加“92湖南省新技术新产品交易会”，并洽谈项目7项，揭榜技术难题三项和人才引进一项。1993年位于双龙潭大桥南桥头的县科技大楼建成并投入使用（建筑面积1000平方米，总投资71.36万元）。是年，县委、县政府组织县农业局、林业局、气象局、科委、种子公司等单位组成科技服务队下到各乡镇，利用集市机会，开展技术咨询服务。县科委为县工艺美术厂、县化工厂等企业牵线搭桥，使其加入了全国信息网络；协助7个乡镇建立信息联络交流中心并配备信息员。

1995年县科委改称花垣县科学技术局（简称县科技局），行政编制6人，事业编制7人，下设办公室、综合业务股、技术市场管理办公室、科技信息研究所等。是年始，县科技局对县内技术贸易机构进行整顿、年检；对全县技术合同进行认定和登记。至年底，共认定技术合同28份，金额达120多万元。1996年，县科技局与县文化部门、共青团花垣县委开展送科技书籍下乡活动，全县4万余人受到科普宣传教育。举办龙须草高产栽培示范，烟叶生产、玉米球肥育苗移栽技术培训班，参训人员达5000余人次。1997年围绕全县支柱产业开发，因地制宜，多层次、多形式地举办科普培训班60期，参训农民达5万余人次。1998年，县科技局会同县委宣传部、县环保局、县教育局等单位共同组织了“爱护我们的家园”青少年科普传播活动。7月，县委、县政府开展“五下乡”（文化服务下乡、科技服务下乡、医疗卫生服务下乡、法制服务下乡、计划生育服务下乡）活动月活动。县科技局组织百名科技人员进行技术咨询，并制作“法规、应用技术、科技信息”等展板进行巡回展示，共发放科技图书3000册；举办龙须草高产栽培、烟叶生产、玉米球肥育苗移栽、猕猴桃培管及生猪、山羊养殖技术等培训100期，参训1.2万人次，印发科技资料4000份；举办农业函授大学培训班2期，培训学员81名。1999年，县科技局举办农业实用种植、养殖、加工技术培训1850期，以讲课、指导和现场培训形式培训学员6.8万人次。通过培训，茶洞镇和团结镇龙须草种植面积从1998年的133.33公顷发展到236公顷，收割龙须草3240吨，生产及加工效益达544.87万元；团结镇峨碧村山鸡饲养发展到13000只，收益7.8万元；老鸦塘村13公顷椪柑总产量40万千克，亩产达2000千克，实现稳产高产目标。2000年初，县科技局会同县开发办、县农业局、县林业局、县畜牧水产局等单位，组织“十佳科技工作者”和部分专业大户130余人的服务队，在麻栗场镇开展“科技扶贫、科技下乡”活动。通过各行业科技专家与农民“面对面”交流，以及专业大户现身说法，激发了农民群众学科学、用科学的热情。服务队还利用赶场天接待咨询2500人次，为农作物和家畜家禽义诊150次，图片参观1万余人次，发放科技资料5000余份。6月，县科技局在县城为少年儿童举办了“弘扬科学精神，提高全民素质”的科学展览。8—9月县科技局在乡村和县城举办主题为“崇尚科学文明，反对迷信愚昧”的科普图片展，参观人数达5万多人。10月16—18日，县科技局与县委组织部、县扶贫办联合举办特贫村村主任实用技术培训班，参训的村主任、科技副乡（镇）长共107人。11月23日，县委、县政府在雅酉乡举办第二次“科技扶贫、科技下乡”活动。12月，县科技局会同县委组织部举办农村党员实用技术培训18期，参训党员达1200名。同年，县科技局对口扶持窝勺乡沙坪村改建村办小学，开发百合26.67公顷、烤烟16.33公顷、蜜桃1.33公顷，全村增收50万元；帮助改善人畜饮水条件，建蓄水池4个，维修水井4口，铺设自来水管道2500米，解决该村人畜饮水困难。

第一节 科技队伍

1986年全县科技人员609人,其中工程技术人员154人,农业技术人员129人,医卫技术人员326人。1990年,全民事业单位自然科学技术人员645人,其中工程技术人员188人,农业技术人员107人,科学研究人员7人,卫生技术人员343人。2000年全县科技人员943人,其中农林牧渔业专业技术人员为12人,制造业76人,电、水供应业309人,地质、水利业125人,交通、邮电业55人,医卫科技人员329人,科研、技术服务业37人。

1977年11月建立县林科所,至2000年,一直保留科研人员2人。1979年1月建立县漆科站,至2000年,科研人员保持4人未变。

1986年县农业技术推广中心成立,为副科级事业单位。设置土壤化验室、粮油、植保、土肥、经作、科教等站室,配置技术干部38人,其中高级农艺师3人,农艺师14人,负责全县的农业技术推广工作。花垣镇、龙潭镇、麻栗场镇、吉卫镇等设置片区农技中心站,配备技术干部29人,其中农艺师1人;其余17个乡镇均设置农技站,配备技术干部68人,其中农艺师4人。4月,县总工会成立花垣县职工技术服务队。是年夏季,县文化局在佳民租地组建花垣县特种水产研究所,主要从事甲鱼人工繁殖和饲养技术研究;县铁合金厂和县电解锰厂从湖南桃江、湘潭等地引进工程技术人员20余人,帮助解决安装和试产中出现的问题。1990年花垣县畜牧兽医技术服务中心成立,配备技术干部21名,其中畜牧兽医师2人,助理畜牧医师9人。

1999年,湖南三立集团股份有限公司由58名科技人员组建技术开发中心,其中高级职称15人,中级职称43人。2000年初,该中心设立科技开发基金,每年按企业销售收入的15%提取廾发基金,当年提取科技开发基金1400万元。

第二节 科技推广

一、农业技术推广

1986年,花垣县成为湖南省玉米种植区试点县,参试玉米品种20个。经相关部门验收,玉米七三单交每公顷产5.7吨、中单2号每公顷产6.3吨、中单306每公顷产6.45吨、雅玉2号每公顷产6.75吨、湘玉10号每公顷产7.05吨。

1987年,县人民政府在县城大礼堂举办科技信息发布会,参展单位57个,人员115名,信息牌197块,产品143种,发布信息18819条。团结镇的洞泉粉丝,排碧乡的香酸鱼,花垣镇坝塘村田茂成的黑米和黑米稀饭等,成为发布会的抢手货。是年,县农业局农艺师郭云钦晋升为高级农艺师,至2000年,其先后12次获农业部和省农业厅表彰奖励。

1988年,农牧渔业部、国家农科院、北京农业大学和省、州农业部门的专家教授帮助花垣县实施农业"丰收计划",普及推广玉米、水稻、油菜等综合高产栽培技术。实行领导、技术、农民三结合,采取办示范样板、培训基层干部和农户等措施,推广杂交水稻、杂交玉米和杂交油菜高产品种107个,推广面积12.3万公顷,其中玉米地膜覆盖栽培1万公顷,玉米间作1万公顷,配方施肥1.5万公顷,水稻旱育秧厢垅栽培、开沟排灌1.3万公顷,新农药防治病、虫、鼠、草5.8万公顷,实施微肥、激素1.1万公顷,宽窄行双株规范化栽培5.8万公顷,均取得丰硕成果。县农业局农艺师毛振凡因实施"丰收计划"成绩突出晋升为高级农艺师,1989年被中共湖南省委授予"优秀共产党员"称号,1990年被评为全国农技推广先进个人，1993年享受国务院有突出贡献特殊津贴。1996年，雅桥乡农技站农技员危盛华被国家农、林、水三部授予农业综合开发项目"优秀农民"称号；县农业局技术干部伍胜华获农业部"丰收奖"。至2000年，全县获部、省、州农业"丰收计划"和"高产竞赛项目奖"共101人次，其中获农业部丰收二等奖1个，三等奖2个；获湖南省丰收一等奖2个，二等奖1个，三等奖2个；获湘西州丰收奖5个，高产竞赛项目奖3个。当年，全县粮食总产9.9万吨，基本解决吃饭问题。

二、林业科技推广

漆树栽培试验　1986年，县雅西漆科站承担湖南林业厅省科研"漆树秋季脱脂湿沙催芽育苗技术""大木漆生理成熟种子育苗技术研究"和湘西州林业局科研课题"漆树'T'字形剥芽嫁接及萘乙酸应用"等课题，其中"大木漆生理成熟种子育苗技术研究"获湘西自治州科技进步三等奖。

1986—1990年，雅西乡共营造漆林174.3公顷，成为县域生漆主要产区，效益较好。1991年漆树科研工作结束，病虫防治不力，生漆产量下降，效益不佳。1995年雅西乡仅存漆树面积17公顷。1999年生漆价格上升到每千克8000元以上，该乡排腊等村开始恢复漆树栽培。至2000年，雅西全乡漆树面积达66.6公顷。

发展木本药材　黄柏、杜仲、厚朴，简称"三木"药材。1989年以前，县境"三木"药材为零星分布。1990年，县委、县政府组织在排料乡金龙村营造2.3公顷杜仲示范林。1991—1995年，全县"三木"药材面积迅速扩大。1995年底，全县黄柏、杜仲面积分别达557.93公顷、223.4公顷，其中排料乡面积最大，达362.2公顷。1993年，湖南省省长陈邦柱、中共湖南省委副书记孙文盛曾先后到该乡视察，分别作了"山上发展药材大有可为"和"造好管好上规模，育林护林争效益"的题词。1995年因市场制约，效益不佳，出现毁林改种现象。1996年全县"三木"药材总产量仅为10吨。2000年县境"三木"药材产值仅5万元。

三、水利科技推广

U型槽　该科研项目由县水电局刘贤元设计，1990年运用于小排吾灌区渠系配套工程。其优点是：生产工艺采用钢模一次浇注成型，有效发挥混凝土结构优势，加快成型时间，提高产品的整体性和成品质量，节省材料，便于施工。U型槽专门设计凹槽接口，增加产品之间的咬合度，且最佳的过水断面设计使流水性得到改善，确保接缝及砂浆抹平的平滑性，达到平面糙率小的要求，提高过水能力，使流速最大化，缩短放水时间，节约能耗。此项目由县水利局和湘西WFP3779粮援项目指挥部负责并组织实施。1996年9月刘贤元获得湘西土家族苗族自治州水利局颁发的"优良工程新技术推广应用奖"二等奖。

岩溶水文气象观测科研　1990年8月，县水电局科研人员杨永茂、姚波2人，发表《从岩溶水文气象观测成果的分析试论小排吾水库的水文特征与岩溶水的关系》论证报告，并运用于小排吾水库除险加固工程。该科研成果论证了小排吾水库真实的产水量，使地面可集雨面积达56.2平方千米，为小排吾水库灌区联合国粮援项目的立项实施打下了坚实的水源保证基础，成功地争得湖南省水利厅粮援项目配套款200多万元。是年，此项目获湖南省水利工程安全监测资料分析优秀成果二等奖。

小排吾水库岩溶防渗堵漏工程　该科研项目为县水电局杨永茂等人设计并运用于小排吾水库除险加固工程。小排吾水库修成后渗漏严重，漏水流量达到4.4立方米/秒，杨等人经过深入勘察，多次技术实践，使漏水流量下降到1.5立方米，减漏70%，灌溉面积上升至2133公顷。1992年该工程荣获"湘西土家族苗族自治州科学技术进步一等奖"和"湖南省科学技术进步科技成果四等奖"。

山区田间排灌工程优化设计研究　1990年，县水利水电勘测设计院和粮援办水利组根据WFP专辑组的要求，对龙潭片区田间工程进行了优化设计。首先对该片进行了大比例的地形测量及片水利水文计算，为设计提供了可靠资料，其应用系统工程按照地形条件和灌排要求,划分了设计和管理基本单元,为科学用水创造了条件。特别是根据灌排技术要求,设计了新的田间灌排系统,解决了串灌串排问题,为保水、保土、保肥,提高作物产量打下了良好基础。还根据山丘区地形特点,成功地设计出一条渠道,灌排两用的渠系灌排模式,这一大面积的田间工程设计在国内山丘地区尚属少见,且设计和图纸均符合国家粮农组织对田间工程设计的要求。此项成果对我国类似条件地区的粮援工程田间灌排系统的设计具有示范和指导作用,成果达到国内先进水平。1992 年 3 月,设计组的刘贤元、石远景、张树清获州科学技术评审委员会颁发的“科学技术进步奖”二等奖;8 月,获湖南省科学技术评审委员会颁发的“科学技术进步奖”三等奖。

竖井式开发利用夯彩岩溶地下水工程 该科研项目为县水电局杨永茂等人设计并运用于小排吾水库除险加固工程。小排吾水库岩溶多,漏水流量大,不能正常储水,未发挥应有效益。为解决这一问题,1993 年,县委、县政府拨款 22 万元用于小排吾水库除险加固工程,杨永茂等人采取竖井式方法成功地解决了漏水流量大的问题,使夯彩地下水利用水量达到 1000 万立方米。1998 年,该工程荣获“湖南省科学技术进步科技成果四等奖”和“湖南省水利水电科学技术进步二等奖”。

湘西 WFP3779 粮援项目水利工程研究与利用 该科研项目由刘贤元于 1994 年设计并运用于小排吾灌区渠系配套工程。项目资金 3000 多万元,属农业、林业、水利、交通综合性项目。此项目规划合理、设计技术先进、施工质量高,经济效益好,使小排吾灌区农作物产量显著的提高。2000 年 1 月,刘贤元获得湘西州科学技术进步奖评审委员会颁发的二等奖。

四、畜牧水产科技推广

种草养畜示范 1987 年 8 月,县畜牧局在农牧渔业部工作组帮助下,在吉卫镇白岩村一组和如腊村一组办种草养畜示范场,播种黑麦草及白三叶草 266.7 公顷,每公顷产鲜草 127.5 吨。种草农户 28 户共养牛 39 头、养羊 74 只、养猪 43 头。1990 年牛饲养量达 297 头,山羊饲养量 457 只,生猪饲养量 317 头,牧业收入 11.4 万元,户平 1357 元。是年,县畜牧主管部门还启动了退耕还牧、还草工程。2000 年全县退耕还草还牧 113.3 公顷,其中雅西乡朝岗村 33.3 公顷,补抽乡大卡村 66 公顷,董马库乡卧大召村 13.3 公顷。

生猪品种改良 1988 年,县畜牧局引进外地良种公猪设立配种站,推广人工采精,进行人工配种。2000 年推广生猪人工配种 1.17 万头,产仔 11.7 万头。

牛冷配品种改良 1987—1991 年,县畜牧局在民乐、董马库、长乐、排碧、龙潭、吉卫、排吾、补抽等乡镇推广牛冷冻颗粒精液人工输精配种技术(简称牛冷配技术),完成耕牛冷配 3607 头。1998 年引进西门达尔、安格斯、蒙贝利亚、利木赞等黄牛和摩拉水牛冷冻颗粒精液进行人工授精。2000 年完成牛冷配 3024 头,产仔 670 头。

山羊综合饲养“丰收计划” 1995 年,县畜牧局与湘西州畜牧水产局畜牧科共同实施省农业厅丰收计划指导委员会下达的“推广山羊综合饲养新技术丰收计划”项目,在排碧、长乐、麻栗场、董马库、排料、排吾、雅桥、大龙洞、补抽、吉卫、民乐、雅西、茶洞、猫儿 14 个乡镇实施。由 20 名技术骨干进村入户作技术指导,抓攻关作样板,推广氨化、微贮饲养羊与品种改良。1996 年项目区山羊饲养量达 17.48 万只,山羊出栏 6.35 万只。由于多种因素的制约,2000 年该项目未能持续实施,仅存少数 4 户养羊大户。

稻田养鱼工程 1999 年,花垣县被列为湖南省稻田工程化养鱼技术推广示范县。县畜牧水产局在湘西州畜牧水产局的帮助下,先后在团结、民乐、雅桥、麻栗场、排碧、窝勺、花垣、长乐、吉卫等 9 个乡镇 102 个村 9560 户农户实施 1333.4 公顷稻田工程化养鱼。全县共建设高标准鱼凼 1250 口,每公顷投放鲤鱼、草鱼苗 202.5 千克,年底经省水产局及怀化、张家界、自治州畜牧水产局和本县有关单位领导、专家验收,亩产鲜鱼 125 千克、稻谷

516千克，项目区内9560户农户户均增收1210元，人均增收450元。2000年初，新增稻田工程化养鱼30公顷。年底，经州畜牧水产局和县开发办检查验收，每公顷产鲜鱼1680千克，每公顷产稻谷7800千克，实现稻田养鱼农户每户增收1200元的目标。

五、教育科技推广

珠心算教学 县国土希望小学女教师彭世芳，从1988年起从事珠算教学。她运用"象数思维"原理，集口算、笔算、珠算"三算"为一体，钻研珠算式心算教学方法，人们称之为"珠心算"教学法。1997年，国土希望小学学生代表湖南省派队参加在株洲举行的全国少数民族珠算比赛获团体二等奖；1999年又代表湖南省派队参加全国珠算比赛获团体一等奖。1996—1998年，彭世芳连续3年被评为"湖南省珠算教学先进工作者"和"优秀珠算教师"。

双语双文四步转换教学 1984年县教育局在吉卫民族小学进行双语双文四步转换教学实验。1986年在吉卫全镇小学推广，1988年在全县小学推广。1994年该教学科研获"湖南省教育委员会教改成果奖"；1996年获"国家教育委员会教改成果奖"。

六、工业科技推广

1986年，县铁合金厂和县电解锰厂从桃江、湘潭等地引进工程技术骨干20多人，帮助安装并解决试产中的问题，使该厂在电力不足的情况下，生产锰铁合金40多吨、电解金属锰60吨。1988年，县铁合金厂从湘潭钢铁公司引进100万元资金新建2号电炉。厂里一边派人出去学习，一边请外地师傅到现场指导，完成了硅铁生产向硅锰合金转产，当年实现产值107.23万元，利税71.4万元。1994年，全县工业实施技改项目9个，总投资2249.8万元，比1993年增长13.5%，开发了52克凸版纸、奇效穴位钉等三个新产品，产值达2241万元，比1993年增长293.2%。1997年8月，东方锰业集团4000吨/年电解金属锰技改生产线投产，使该厂的年生产能力达到8000吨。县铅锌矿通过技术改造，日采选矿石达300吨，锌精矿焙烧尾气制酸工程生产量达4万吨。1999年，全县投入5715万元，用于8个技术改造项目。三立集团年产1.2万吨电解锌工程、县水泥厂年产8.8万吨水泥生产线、县湘源植物生化有限公司植物提取生产线、县振兴化工厂年产4000吨电解锰生产线相继竣工投产。

七、科技示范村、镇

1988年县委、县政府将团结镇定为科技示范镇。1990年增加麻栗场镇新科村为科技示范村。2000年底，经州、县科技主管部门组织验收，团结镇峨碧村、龙潭镇龙门村、排碧乡岩锣村、大河坪乡矮车坝村、长乐乡卧岔那村、雅酉镇油麻村、麻栗场镇尖岩村等7个科技示范村达标。大河坪乡矮车坝村开发优质脐橙76公顷，户平0.35公顷。该村51万千克的优质脐橙全部被客户收购，仅脐橙一项全村人均纯收入就达2000元。是年，县委、县政府对团结镇的科技示范工作进行测评验收，各项经济指标基本达标，全镇工农业总产值1.3亿元，其中工业总产值7200万元，农业总产值5800万元，人均纯收入2200元，名列全县前茅。

八、扶持科技示范户

1986年，省、州、县科技主管部门扶持科技示范户100户，1990年科技示范户增至486户，1995年科技示范户发展到1000户。1999年省级挂牌的科技示范户——茶洞镇水井湾村村民龙永林，用自家责任田换得荒坡地3.3公顷，投入3万元，建成一个畜禽养殖场并开发种植名、优、特水果，年收入4万元以上。2000年大河坪乡踏沙村科技示范户张水清，采取"包谷烤酒、酒槽喂猪、猪粪产沼气"的方式，走综合利用良性循环发展之路。当年出栏生猪120头，存栏114头，所产沼气解决了全家照明与煮饭问题。张还租用乡政府0.6公顷田土养黄鳝，栽香柚和金秋梨，当年收入12万元，全家人均2万元。在他的带动下，全村涌现出年出栏肥猪50头以上的大户10户，5～10头的50户。到2000年底，全县已有各类科技示范户3175户，其中省级挂牌6户，州、县级挂牌58户，县直部门确认84户，乡镇备案3027户。

第三节 科技管理

一、计划管理

1985年7月，县科委牵头组织专业干部10余人，经过近10个月的调查研究，编制了《花垣县1986—2000年科学技术发展规划》，提出花垣县15年的科技发展指导思想和战略目标，加强对科技人才的培养；农业重点抓好玉米、红薯、花生等农作物产品的深度加工增值，向"农、工、贸一条龙"服务方向发展；工业在锰矿和铅锌矿资源优势上做文章，开发出系列产品。1989年下半年，县科委根据县委、县政府要求，在原规划基础上制定了1991—2000年科技持续发展实施规划。1994年7月30日，县科委法人代表蒋明章签署了《花垣县科学技术九五(1996—2000)发展计划》。至2000年底，这一计划有的已经实施，有的因客观条件限制未能实施。

二、项目管理

1986年，根据花垣县经济和科技发展规划的要求，县科委在科学预测的基础上提出科技计划，组织有关厂矿、业务主管局和乡镇上报项目，提交项目可行性论证报告。计划管理人员和有关专家对项目的可行性论证材料进行分析评价和实地考察，召集上报项目单位商议，提出修改意见，按照择优支持的原则，编制计划项目草案。对其中有重大研究或开发价值的项目，则提前半年写出可行性论证报告报省、州科委立项。计划项目草案交计划会议讨论、修订通过后由县计委、县科委联合行文下达，项目承担单位按下达的计划组织实施。县科技主管部门每半年对计划执行情况进行一次督促检查，直至出成果并写出总结材料。

1988年国家科委实施"星火"计划后，县委、县政府积极组织申报"星火"项目，先后有"刺梨人工栽培及其系列产品开发""玉米地膜覆盖高产栽培技术""龙须草人工栽培及用以代替木浆造出高档纸技术"等项目被列入国家和省级"星火"计划。1990年花垣实施湖南省"星火"计划，即玉米地膜覆盖丰产栽培技术面积达3300余公顷。经农业和科技部门测产验收，亩增50千克以上，全县共增产玉米2500吨，农业产值增加300万元。

1997年，"龙须草人工速生栽培及造纸技术研究"被省科委列入"星火西进工程"重点项目，并委托湖南农业大学、花垣县科委联合攻关。县委、县政府成立了"星火西进工程"领导小组。8月，龙须草基地开发指挥部成立，县委副书记石昌明任指挥长，同时成立"花垣县龙须草开发责任有限公司"。生产经营模式为龙头企业＋公司＋基地＋农户。2000年，龙须草种植面积发展到667公顷，收割面积267公顷，为栽培农户创收共240万元。

三、成果管理

科技成果管理 1986年6月，县科委协助省科委对县水电局开发的"强岩溶地基防渗堵漏技术"进行鉴定。12月，县科委协助州科委对县农业局土肥站研发的"马肝泥改良利用技术"进行鉴定。该技术系农业局土肥站针对县域马肝泥水田、旱土分别占二者总面积的55.8%和65.8%的实际而开发的新技术。该技术实施前，全县马肝泥水田、旱土的常年平均产量每公顷分别为3500千克和2300千克。该技术实施后，全县马肝泥水田、旱土常年平均产量每公顷分别达4225千克和2750千克，提升科技对发展农业实用性。1987—1989年，县科委鉴定科技成果18项。1990年9月，县科委协助州科委对县农机局开发的“红薯粉丝制白工艺技术”进行鉴定。1991—1995年，县科委鉴定科技成果25项。至2000年，县科委鉴定和协助上级主管部门鉴定科技成果累计达72项。

专利管理　1986年，县科委郭瑞华参加湖南省第八期专利代理人培训班，经培训考试合格，获得专利代理人资格和证书，并具体负责全县的专利申报管理工作。5月5日，县农校田八老师发明的“专用服装裁剪尺”提出专利申请，7月7日获批后，该裁剪尺共销售958把，获利4261元。1987年3月27日，龙潭镇张兴初发明的“多能服装裁剪尺”提出专利申请，该多能尺解决了普通家庭裁衣难的问题，受到群众和裁剪师的高度评价，被誉为“万能尺”。4月7日，县工艺美术厂生产的“织花领带”提出专利申请。是年，县专利主管部门召开专利座谈会280人次，接待专利咨询92人次。在科普小报和团结报刊登专利知识和工作文章6篇。1988年5月31日，县工艺美术厂生产的织花领带专利权被国家专利局批准，并发专利号。6月23日，张兴初发明的多能服装裁剪尺专利权被批准，并发了专利号。1989年3月17日，刘盛业发明的“板式折叠凳”提出专利申请。7月14日，张兴初发明的“缝纫机两用边轮”提出专利申请。8月3日，县农校发明的30％多虫净提出专利申请。“多虫净”的研制成功，被湖南省专家认定为国内先进水平。11月24日，县民中宋长魁老师发明的“几何教学多用绘图仪”提出专利申请。1990年3月28日，刘盛业发明的“板式折叠凳”专利被批准，并发专利号；10月20日，宋长魁老师发明的几何教学多用绘图仪被批准，并发了专利号。1991年2月，张兴初发明的缝纫机两用边轮和县农校发明的30％多虫净的申请被批准，并发了专利号。11月15日，石玉章发明的“自动上色盖章机”被批准，并发了专利号。1993年6月4日，县广播局石成富发明的“电视信号分支分配器消避雷装置”提出专利申请。6月24日，县化工冶炼厂发明的“用电弧炉冶炼铸造生铁方法”提出专利申请。8月10日，宋邦国的“多用煤钳”被批准，并发了专利号。1995年2月16日，花垣镇球磨机械厂田洪发明的“直接内磁交流同步发电机”提出专利申请，7月17日被国家专利管理局批准，并颁发了专利号。1997年2月3日，县电石厂黄屏发明的“过流断电器”和“过流保护器”提出专利申请。3月27日，王发富发明的“不添加酸生产电解金属锰工艺”提出专利申请。7月15日，黄屏的“过流断电器”和“过流保护器”被国家专利管理局批准，并分别颁发了专利号。12月8日，张剑泓发明的“电解产品剥离机”提出专利申请。1999年3月19日，石玉章发明的“取暖炉”提出专利申请。2000年10月15日，湖南振兴化工股份有限公司发明的“无阳极框电解槽”提出专利申请。从1986年至2000年，花垣县共有20个个人项目申报专利，先后妥善处理了2起专利纠纷，保护了知识产权。

合同管理　随着经济的发展、科技的进步和技术市场的从无到有、由小到大，合同管理在经济建设中发挥越来越重要的作用。1988—1994年，花垣县水电局组织技术施工队利用强岩溶地基防渗堵漏技术先后到郴州地区宜章县、张家界地区桑植县、本州境内的吉首、保靖、龙山县等五县市进行技术服务，共收取技术费5万元。1989年和1994年，县锰矿电解厂工程师王发富先后两次受县锰矿的派遣，带队去永顺县和泸溪县按合同为两县兴建电解锰厂服务，共收取技术费4万元。1988—2000年，经县技术市场管理办公室认定登记的各类技术合同113份，合同金额达3383.65万元，技术交易额33万元。

四、经费管理

科研费　科研经费主要有省、州切块经费、争取项目经费和县财政投入。1985—2000年，科研经费累计达113万多元，其中切块经费12万元，项目经费34万元，县财政投入73.35万元，均按专款专用，一支笔审批进行管理。

事业费 县财政每年安排一定数量的事业费，主要用于科技事业单位人员的工资、办公等。1986—2000年15年间，县科委共获得事业费96.07万元。

基建费 1991年修建县科技大楼，总造价71.36万元，州科委支持4万元，省科委支持5万元，其余62.36万元为自筹和申请贷款解决。

花垣县1986—2000年科技经费统计表

表20-2-92　　单位：万元

年度	科技三项经费				科技事业经费	备注
	合计	其中				
		县财政拨款	向州科委争取	向省科委争取		
1986	0.63	0.5	0.03	0.1	3.35	1.各乡镇、各企业、个业务主管局资金安排的科技经费都统计在内。 2.1991年省科委拨款5万元基建款未包括在内。
1987	6.9		4.4	2.5	1.96	
1988	4.1	0.9	3.2		4.3	
1989	13.28	1.7	4.2	7.38	2.5	
1990	10.08	5.5	3.88	0.7	3.1	
1991	15.33	7	3.13	5.2	3.5	
1992	11.43	3.5	5.93	2	3.24	
1993	1.758	0.7	1.058		2	
1994	13.5	13.1	0.4		5.04	
1995	12.8	7.5	5.3		6	
1996	14.94	11	3.64	0.3	4.8	
1997	13.8	4.3	9.5		8.12	
1998	15.05	4.65	10.4		10.52	
1999	18.2	7	11.2		9.7	
2000	41.7	6	5.7	30	17.12	
合计	193.498	73.35	71.968	48.18	85.25	

第二十一篇 卫生 体育

第一章 卫 生

1986年，花垣县卫生局内设办公室、政工股、医政股、防保股、计财股、经检监察室等股室；归口管理医疗卫生机构28个，其中县直8个，乡镇20个。至2000年，全县医疗防保网络日益完善，建立了县、乡（镇）、村三级医疗防保网络，共有国营医疗机构33所，其中县直5所，编制床位529张，医务人员902人，在职833人。有“二甲”医院1所，“一甲”医院2所，合格卫生院11所，“一级甲等”妇幼保健所1所；“爱婴医院”4所，产科达标卫生院3所；282个村卫生室达“甲级”标准；全县90%的医疗机构实现了人员、设备、房屋“三配套”。全县卫生工作贯彻“防治结合、预防为主”工作方针，开展以除害防病为中心的爱国卫生运动，实现计划免疫三个85%达标，连续14年无小儿麻痹症、血丝虫病、疟疾病例发生；12年无百日咳、白喉病例发生；10年无破伤风、麻疹病例发生；近5年无出血热和钩端螺旋体病例发生。传染病发病率逐年下降，孕产妇住院分娩、新生儿接生、系统管理率逐年上升，孕产妇和婴幼儿死亡率逐年下降。

第一节 爱国卫生运动

1988年，花垣县爱国卫生运动委员会办公室成立，简称爱卫办，为县爱国卫生运动委员会常设行政办事机构，代表政府行使爱国卫生运动工作管理职能。1989年4月，县健康教育所成立，为县爱卫办下属机构，与县爱卫办合署办公。1998年5月，县爱卫办升格为副局级行政机构，定编6人，其中国家公务员2人，事业编4人。

一、文明卫生单位创建活动

20世纪80年代爱国卫生运动以创建文明卫生城市活动为主，90年代后则以创建卫生县城、文明卫生单位、文明卫生村镇活动为主。1993年县人民政府决定，每年4月为全民爱国卫生活动月，4月15日为全县爱国卫生活动日。

1998年秋，团结、麻栗场、排吾等乡（镇）急性肠道传染病暴发流行,为控制疫情,全县开展了一次以控制肠道传染病流行为主题的"98 卫生防疫大行动"。参加卫生防疫大行动的县处级干部 257 人次,科级干部 4819 人次,群众达 142 万人次。共清运各种垃圾 1048 吨,疏通阴阳沟 2.3 万米,拆除街边破旧垃圾围(箱)14 个、新建垃圾围 13 个,消毒厕所 60932 个、垃圾场 2 个、垃圾中转站 2 个、垃圾围 315 个。对 3 个自来水厂、2070 个农村饮用水井及 5318 户家庭水缸进行了消毒处理,预防服药 59937 人,消毒地面 6.8 万平方米。同时加强食品卫生监督管理,疫情得到控制。

1990 年,花垣县健康教育工作经省级卫生部门检查验收达标,授予《健康教育达标县》奖牌。在全州八县(市)爱卫竞赛活动中,花垣县分别于 1993 年、1999 年两次获得全州总分第一,1998—2000 年连续 3 年获得全州目标管理第二名。全县 21 个乡镇、214 所中小学均成立了健康教育领导小组,常年开设健康教育课。全县 300 个行政村及各中小学正式下文聘任了 1516 个健康教育(兼职)人员负责健康教育工作。1996—2000 年,全县创建达标挂牌的省级文明卫生单位 33 个,省级百佳文明卫生单位 1 个,州级十佳文明卫生村 2 个,州级文明卫生示范村 1 个,州级文明卫生酒家 1 个,州级文明卫生旅店 1 个。

二、农村改水改厕

1990 年,全县改建卫生井 77 口,受益人口 12701 人;修建简易自来水 257 处,受益人口 128322 人,饮用清洁卫生水的农村人口达 76.22%。后因洪水冲毁、水源枯竭、管理不善等原因,造成改水工程毁坏 67 处,报废 76 处,部分村民重新陷入饮水困境。1991—1995 年,全县新修简易自来水 119 处,受益人口 45167 人;整修卫生井 11 口,受益人口 2186 人,获得全州"八五"期间农村改水工作第三名。1996—2000 年,全县共兴建简易自来水 86 处(其中 27 处将原来的卫生水井改建成简易自来水),受益人口 21.2 万人,占农村人口总数的 94.92%,其中使用简易自来水 19.25 万人,占受益人数的 86.52%;简易自来水入户率达 62%。期间,全县还修建无害化沼气厕所 743 个,建卫生厕所 1.8 万个,农村卫生条件基本得到改善。2000 年,花垣县被省政府授予"九五"农村改水先进县。

三、消灭"四害"

以"灭鼠防病、灭鼠保粮"为主题的灭鼠活动每年开展两次。由县爱卫办提供灭鼠毒饵及宣传资料,发到各乡镇、村组,再以乡镇为单位将灭鼠情况总结上报县爱卫办。1991 年 3 月,全县统一组织开展了一次大规模的突击灭鼠活动,历时 22 天。全县出动 1200 名国家干部和 5 万多个劳力,投入资金 11 万元,使用"敌杀鼠"428 千克,配制大量毒饵,对城乡 55422 户住宅室内外、16000 公顷地膜玉米、水稻田及周围的保护性田、土、山地等统一投放鼠药,围歼鼠害,共毒杀老鼠 65.1 万余只,全县户均灭鼠11.75只,人均灭鼠 2.8 只。按国内外通常方法计算,此举全县可减少粮食损失 594.1 万千克。

灭蟑、灭蚊、灭蝇工作结合环境卫生进行。主要是疏通阴阳沟、排除积水、铲除杂草,以消灭蚊蝇的孳生场所。一般夏季每家每户都购有敌敌畏、枪手、灭害灵等杀虫剂。食品经营单位或个体户、单位食堂,都要求有防蚊蝇设施,如纱窗、纱罩等,以预防和减少蚊蝇危害,防止传染病发生。

第二节　卫生防疫

县卫生防疫事业在发展中逐步建立完善了县、乡(镇)、村三级卫生保健网络。1999 年,对农村乡镇预防保健体制进行重大改革,从原卫生院剥离出来建立预防保健所,人员、设备、经费及工作任务指标等相对独立，属于卫生局派出机构，承担辖区乡镇卫生防疫任务。

通过开展卫生防疫工作，全县消灭了天花、鼠疫、血丝虫病，基本消灭了疟疾、脊髓灰质炎，控制了地方病。其他重点防治疾病如麻疹、甲肝、乙肝、性病、痢疾、流行性脑膜炎等得到控制。同时还开展了儿童计划免疫活动、世界银行贷款免费治疗结核病项目和农民基金项目。各种传染病逐渐下降，食品卫生、学校卫生、劳动卫生、放射卫生、公共卫生五大卫生的监督监测都取得了很大成绩。

一、疾病防疫

疟疾　疟疾在县内流行时间久，流行区域广，患病人数多。20 世纪 80 年代，重点抓预防服药、灭蚊、流动人口管理，使发病率大幅度下降。1986 年县内疟疾发病率为 0.13/万，1987—2000 年连续十三年发病率在 1/万以下，其中 5 年无疟疾病例报告。1988 年通过州级考核验收，达到卫生部颁布的“基本消灭疟疾标准”。1994 年因大批人员外出海南、广东等高疟疾地区打工，致使 38 人发疟。在采取对现疟病人根治及对周围人群预防服药后，未发生二代病例。1999 年对发热病人镜检 838 人，检获 3 例阳性病例。2000 年未发现新病例。

结核　1994 年花垣被列入世界银行贷款结核病控制项目县。该年度全县共有结核病患者 3811 例。从 1994 年项目启动到 2000 年，共拨款 24 万元，配备专职防痨人员 6 人，防痨专干 28 人，实施免费检查，并对传染性的肺结核病人实施免费治疗及管理（享有公费劳保医疗的病人其检查、治疗费用全部由公费、劳保部门或单位支付）。全县共接诊可疑病人 4040 例，照片 3207 人，其中项目免费治疗 948 例，农民基金免费治疗 217 例，自费治疗 85 例。发现可疑结核病人 390 人，确诊肺结核 51 人。

碘缺乏病（地甲病）　1986 年县内发现克丁病 122 例，单纯性与中毒性耳聋 32 例，发病最高的是排碧乡岩锣村，发现克丁病 23 人，发病率2.83％。6 月，全州第一所克丁病育智班在花垣县排碧乡开学，先后收治 30 余人。经州验收控制地甲病达标。10 月，经省验收消灭碘缺乏病达标。1988 年排碧克丁病育智班因经费困难停办。1995 年 4 月，省政府决定向特困重度碘缺乏病区免费供应碘盐和碘油丸，供应时间 5 年。至 2000 年，免费供应 7 个乡、13 个村、7488 人碘盐和碘油丸。

脊髓灰质炎　1986 年开始筹建计划免疫冷链系统，1987 年完成全县冷链系统建设并实施双月运转。自 1988 年起，全县每年消灭脊髓灰质炎实施疫苗基础免疫接种率在 90％以上。1996 年分别实现了以县、乡（镇）为单位的儿童免疫接种率两个 85％的目标，共开展了 8 次 16 轮全县范围内的消灭脊髓灰质炎强化免疫活动，人群免疫力得到增强，形成了免疫屏障。为实现消灭脊髓灰质炎的目标，按照全国统一部署，每一轮糖丸投服，县四大家领导到各投服点为儿童喂服糖丸，保证每一个行政村有一名国家干部、数名医务人员实施糖丸投服，投服率在 99％以上。

血丝虫病　血丝虫病防治从 1986 年开始系统地开展了病原学、蚊媒和血清学监测。1986 年血清学（IFAT）监测 11580 人。1990 年省卫生厅组织对花垣县进行近期目标考核，血检 5 个乡 5 个村 4381 人均为阴性。至 1993 年，血检调查人数 831783 人次，微丝血症人数 26682 人次，微丝率 3.31％。微丝血症治疗人数 20576 人，海群生盐防治人数 20654 人。至 1996 年，横向病原学监测已达 11～16 年。监测资料收集齐全，数据可信，保存完好，现场考查结果与原始记录相符，血量充足，合格率达 98％以上。病原学监测覆盖率、蚊媒监测的数量及血清学监测的范围均达到卫生部《消灭丝虫病标准》的有关要求，实现了全县消灭丝虫病。

霍乱　新中国成立后霍乱病曾长期在县境绝迹。1994 年首次在麻栗场镇子华寨发现霍乱病人，发病率为 1.57/十万。随后又在麻栗场镇彭湖村、董马库乡敏腊村共发现病人 37 例，健康带菌 26 人。疫情发生后，全县紧急动员，各单位、部门联合行动封锁疫区，卫生防疫部门派出防治机动队进入疫区进行流行病学调查，及时采取了封锁、消毒、采样、预防性服药等措施。大部分病人治愈，死亡2人。

1998年霍乱再次暴发于雅酉、排料两乡。从8月12日发生首例病人到8月24日，流行时间12天，发现霍乱病人31例，发病率11.84/10万；病死两例，死亡率6.45%；健康带菌者71人，带菌率为27.12/万。102例霍乱感染病分布在雅酉乡下水村和排料乡补毫村，感染人群中最大年龄72岁，最小年龄5岁，以青壮年居多，其中男63人，女39人。

2000年团结镇漏那、长兴、云盘、吉场村发生霍乱，共发病5人，健康带菌17人。划定漏那、长兴、云盘三个疫区，检索范围扩大到人口流动性大的团结矿山。三个疫点共消毒85000平方米，其中内环境消毒34300平方米，家庭饮用水消毒1352户，内源检索1293人次，外源检索120样次，预防服药12075人，共投氯派酸8216板。由于防治及时，无死亡。

性病　从20世纪80年代开始，性病、艾滋病防治成为卫生防疫重点工作之一。1988年县卫生防疫站开设性病防治科。1995年县人民医院、县中医院开设性病防治科。县卫生防疫站作为全县性病监测、技术指导、重点人群监测中心，每年分季度统一上报报表，采血样。病人以淋病、尖锐湿疣为主，梅毒有几例，呈上升趋势。1997年性病防治实行许可制度，三年一核证，县卫生防疫站取得性病防治许可证。2000年性病防治有专门医务人员6名，均经过省级专门培训，有专门诊所、宣传室、病房及各种设备，年诊治1500人次左右。

炭疽病　1988年排吾乡竹子村7人感染炭疽病，死亡1人。1990年吉卫镇各屯村发病17人；1996年麻栗场镇溜斗村发病3人，皆无人死亡。

二、放射卫生

1986年开始对全县各医院X光机的防护情况进行调查摸底，逐步建立了放射人员身体档案、X光机防护档案。2000年，全县21个乡镇医院中使用X光机8家，县直5家；监督12家，监督率92%；监测10家，监测率76.9%；合格5家，合格率50%。

三、学校卫生

学校卫生重点抓建档工作，贯彻学校卫生管理条例。县教育部门每年均与县防疫站联系，开展健康教育宣传活动、卫生知识抢答赛和校医培训。20世纪80年代后期，县教委建立体检站和防疫站，两家共同开展沙眼、近视、脊髓弯曲、蛔虫、贫血、龋齿等疫病的预防与治疗。

四、环境卫生

环境卫生重点监测饮用水，特别是对县城饮用水源头牛角屯水库水质更为关注，每年进行一次自来水水质全面分析，定期对自来水厂抽查监测，发放卫生许可证，并对制水人员进行体检。1987年县政府任命5名公共场所卫生监督员，开展对幼儿园、商场、车站、宾馆、理发店、农贸市场、娱乐场所、化妆品市场和经营单位等公共场所卫生实行监督监测。

五、劳动卫生

20世纪80年代开始设立劳动卫生监督人员，负责全县劳动卫生监督监测，保护工矿企业工人身体健康。按照《湖南省工业企业劳动卫生管理条例》有关规定，配备有各种器械8件，价值3万多元，主要是为司机、招工招干人员进行身体健康检查。2000年全县各类冶金厂12家，应监护人数1240人，实监护85人，监护率为6.85%；检出职业病5人，检出率为5.88%；应监测510个点，实监测124个点，监测率为24.3%。随着形势的发展，大多国有企业改革改制，向民营企业过渡，该项工作开展难度较大。

第三节　妇幼卫生保健

1988年，花垣县妇幼保健站门诊11655人次，住院333人次，其中剖宫产22例。是年，各乡镇卫生院均配妇幼专干1—2人，村里有经过乡镇或县级培训的接生员。当年，花垣县妇幼保健站更名为花垣县妇幼保健所，1999年12月升格为副科级事业单位。1999年全县试行预防保健体制改革，把防疫、妇幼从乡镇卫生院剥离出来，成立防保所或防保组。茶洞、民乐、龙潭、麻栗场、吉卫和花垣镇成立6个防保所，其余15个乡镇成立防保组，成员由防疫、妇幼专业技术人员组成，人头经费列入卫生事业费开支。县妇保所除有自己的办公楼和宿舍楼外，还有200毫安X光机、B超机、半自动生化仪、早产婴儿培养箱、胎教仪、新生儿抢救台、婴儿复苏器、多功能乳腺治疗仪、心电图机、紫外线乳腺诊断仪、综合手术床等大小器械152台(件)，价值16万元。各乡镇卫生院配备有相应的医疗器械，村级接生员配备有产包。县妇保所设有婚姻保健、妇女保健、儿童保健、生殖保健、健康教育信息、妇产科、儿科等科室，设有20张产床和两个特殊康复室。至年底，该所共门诊14800人次，住院279人次，其中剖宫产73例。2000年门诊23494人次，住院359人次，其中剖宫产113例，业务收入74万元。年底，县妇幼保健所共有干部职工41人，其中主治主管医师1人，医师16人，检验师2人，士员级5人，护士5人，西药士1人，中药士1人，其他人员11人。乡镇卫生院有妇幼专干26人，村接生员313人。全县有17个乡镇卫生院能开展住院分娩，有8个乡镇卫生院能进行剖宫产。

一、妇女保健

1986年4月，县妇幼保健站举办接生员培训班，参训57人。6月，县民委、县卫生局组织召开从事新法接生20年以上的接生员表彰会。当年，接生员的误工补助以产家谢赠钱物为主，排碧、排吾、民乐、龙潭、吉卫、窝勺等乡镇每年给村医和接生员15～150元的误工补助，1995年后逐步取消。

孕产妇系统管理　对确诊孕妇实行登记建卡，并按要求定期进行产前检查，高危孕妇一律要求住院分娩。1988年全县分娩总数4875人，活产4805人，其中新法接生4205人，新法接生率为85.79%；孕产妇管理建卡2067人，管理率为42.7%；住院分娩1087人，住院分娩率为22.62%；孕产妇死亡3例，孕产妇死亡率为6.74/万。1999年全县共有产妇2913人，活产2912人；产前检查2591人，建卡率为88.95%；住院分娩1604例，住院分娩率为55.06%；新法接生2880人，新法接生率为98.86%。为降低孕产妇死亡率，2000年接生员职能由实行新法接生转为护送孕产妇住院分娩。至年底，共有产妇2915人，活产2916人，产前检查2602人，建卡率为89.26%；住院分娩1710例，分娩率58.66%；新法接生2849人，新法接生率为97.74%；孕产妇死亡3例，死亡率为10.29%。

妇科病查治　县妇保所门诊常年开展妇科病查治工作，随到随诊。女职工较多的单位一年组织一次妇科病查治。1988年在县城开展妇科病普查，共查567人，其中患有宫颈炎、附件炎、阴道炎等各种妇科疾病446人，患病率为78.6%；部分妇女同时患有几种妇科病。在普查中，县妇保所采取边检查，边治疗的措施为妇女服务。2000年在花垣镇开展妇科病查治，共检查538人，查出患各种妇科疾病256人，患病率为47.58%。其中宫颈糜烂14人，阴道真菌28人，阴道滴虫病25人，盆腔炎24人，阴道炎22人，卵巢囊肿10人，子宫肌瘤2人，外阴白斑2人，尖锐湿疣1人。对此，县妇保所及时发放药物给予治疗，对重症患者提出住院治疗的建议。

乳腺疾病查治　1996年始，县妇保所开展乳腺疾病查治工作，当年普查696人，其中患各种乳腺疾病311人，患病率为44.68%。采用多功能治疗乳腺疾病192人次。2000年查治538人，发现乳腺小叶增生67人。

二、儿童保健

1987年，县卫生局组织医务人员免费给排碧乡851名0～7岁儿童进行体格检查。身高体重检查，男组双合格率为15.7%；女组双合格率为18.5%；患各种疾病446例，患病率为52%。其中：缺铁性贫血236例，患病率为27.73%；佝偻病79例，患病率为23.72%；营养不良16例。对421例体弱儿童进行建卡管理，定期随访投药。经一年多治疗，体弱儿童全部康复。1988年县卫生局在花垣镇对699名儿童进行健康体检，其中智力异常7人；智力低下2人；身高体重双合格344人，双合格率为54.34%；患佝偻病100例，患病率为25.25%；缺铁性贫血120例，患病率为18.95%；患沙眼病247例，患病率为39%；患龋齿病52例，患病率为8.21%；中度营养不良1人；其他疾病40人。体检后对活动期佝偻病和中度营养不良进行了建卡管理，并定期检查治疗。

1995年6月开始实施《中华人民共和国母婴保健法》，对从事婚前医学检查、计划生育、家庭接生的医疗机构和技术人员由卫生局组织考核，发给相应的许可证或合格证书。新生儿出生，使用卫生部统一制发的新生儿出生医学证明。学校重点推广眼保健操，每天上、下午各做一次。

1998年始，县妇幼保健所对集居儿童进行管理。2000年对城镇幼儿园645名儿童进行健康检查，身高体重双合格214人，双合格率为33.07%；患沙眼病354人，患病率为54.97%；龋齿163人，患病率为25.31%；轻度贫血8人；乙肝表面抗原阳性6人。检查3岁以下儿童40人，患佝偻病10人，患病率为25%；腹股沟斜痛2人；斜视1人。

三、重点项目建设

1989年10月，美籍联合国人口基金顾问唐纳德明克勤教授、美籍联合国人口基金顾问马格特齐默曼女士、联合国儿童基金会中国官员贾和庚及卫生部妇幼司项目官员韩晓明、秦晓春一行来县考察，随后把花垣县列为《加强中国基层妇幼卫生、计划生育项目县》。项目周期从1990—1994年，重点是进一步加强农村妇幼卫生服务，提高妇女儿童健康水平。项目期间共培训村级保健队伍1318人次，获得受援设备3749台(件)，价值332783.2元。与1989年基础调查比较，孕产妇死亡率由19.79/万下降到9.68/万，下降51%；婴儿死亡率由70.11‰下降到42.64‰，下降39.1‰；新生儿破伤风发病率控制在1‰以下。1995年经省项目评审组终期评审项目达标。

2000年，卫生部、国务院妇女儿童工作委员会、财政部决定于2000年1月～2001年12月在全国12个省(市、区)实施降低孕产妇死亡率和消除新生儿破伤风项目，花垣县被列为项目县之一。

四、达标建设

创爱婴医院 1995年3月开始创建爱婴医院。县妇保所对全所人员进行母乳喂养知识培训，对住院产妇个对个指导。8月，经省级专家组评审达标。县人民医院于1997年达标。吉卫、民乐中心卫生院于1998年相继实现创爱婴医院达标。

创一级甲等妇幼保健所 1998年，县妇幼保健所开始创一级妇幼保健所达标建设，经州妇幼保健机构等级评审委员会严格评审，州卫生局以州卫发号文件确认花垣县妇幼保健所为一级甲等妇幼保健所。

产科达标建设 1999年，县卫生局在部分乡(镇)卫生院开展产科达标建设工作，年底经州卫生局一级医院评审委员会综合评审，麻栗场中心卫生院、民乐中心卫生院、排碧乡卫生院被确认为“产科建设”达标单位。

第四节 医 疗

一、中医

1990年8月，县编委发文确定县中医院为副科级事业单位。1991年经县人民政府同意，原花垣镇三角岩卫生院并入县中医院，成为县中医院三角岩分院。1993年新建一栋五层楼职工宿舍，建筑面积1400平方米。2000年6月，县中医院本部由坝塘南迁至三角岩分院(建设路61号)。原分院门诊大楼扩建，由三层增至五层，共有建筑面积1500平方米。院内设门诊部和住院部，另在城内设几个社区医疗点。医院科室设置中医、外科、儿科、妇产科、药剂、理疗、针灸推拿、放射、检验、体外震波碎石中心、皮肤性病等临床及专科，并设办公室、医务科、财务科、后勤科等职能管理科室。医院实行院长负责制下的院科两级管理，医疗点实行单独核算管理。医院医疗器械设备主要有：B超、尿液自动分析仪、颈颅彩色多普勒、多功能牵引床、综合手术床、体外震波碎石机、痔疮激光切割机、200毫安X光机、心电图机等共50台件，价值11万元。医院固定资产总值238.41万元。

中医院突出中医特色。主治医师谢国胜潜心探讨运用中草药(骨刺宁)离子导入治疗骨质增生及其引发的椎间盘突出、坐骨神经痛等疾病，成效显著。谢撰写的《对中草药(骨刺宁)离子导入治疗骨质增生的探讨》一文参加了1991年在黄山举办的《全国首届腰腿痛》研讨会，并在会上宣读。特别是以谢国胜为主治医师开设的骨质增生专科门诊，至2000年底，共诊治骨质增生患者1300余例，经临床观察，总有效率达92%。该项目被省卫生厅、省计委列入省级科研攻坚项目，省、州、县共拨出6万余元专款，用于骨刺宁的研究与开发。

中医院坚持以中医为主、中西结合，在治疗急慢性肝炎、急慢性肾炎、肺结核、胆囊疾患、小儿消化不良等疾病疗效显著。1993年，西医外科副主任医师余福星从县人民医院调入县中医院任院长，每年做大小手术100余台，并采取西医开刀、中医术后调理办法提高手术治愈率。县中医院较有名气的中医师还有向玉发、许家铭、汤永平、吴峰等。1995年起，衡阳市中医院对口扶贫县中医院，每年免费接收人员进修，并派专家教授连续5年来县讲学、坐诊。1996年，县中医院与广州白云山医疗仪器设备厂在互惠互利的原则下联营，共收治300余例结石患者，用体外震波碎石机碎石，经临床验证，有效率在90%以上。

2000年，县中医院共有职工144人，其中医技人员123人，占职工总数的86%。全年累计门诊33468人次，住院594人次，住院治疗有效率达91%，业务收入230万元，较1986年翻了5番。

二、西医

花垣县人民医院是一所集医疗、保健、科研、教学于一体，以西医为主的综合性“二甲”医院。占地5.1公顷，建筑面积19939平方米，其中医疗业务用房面积8611平方米，职工生活用房面积11328平方米。全院有病床220张，实际开放250张。科室设置有内科、儿科、传染科、中医老干科、妇产科、外科、骨科、五官科、放射科、CT室、检验科、内窥镜、理疗康复、高压氧室、药剂科、急诊科、门诊部等医技科室。设置财务、后勤、保卫等后勤保障系统和院办公室、医务科、政工科、护工科、护理部、工会、总务科等职能管理科室。医院实行院长负责制下的院科两级管理。医疗辐射本县及周边湘、渝、黔三省(市)五县(市)40多万人口。1986年医院诊疗110857人次，其中门诊110651人次，急诊9265人次，入院4623人次，出院4587人次，治愈率64.5%，好转率30.2%，病死率1.5%，业务收入327万元。

1994年县医院自筹资金购置了第一台日本进口B超，价值16万元。1998年县医院采取合资方式安装了美国MXZ型全身CT机，总造价115万元。1998—2000 年，医院采取多种形式，启动资金 500 万余元，购置了彩色 B 超、双人高压氧舱、多功能监护仪、德国狼牌电视腹腔镜、国产电脑程控 500 毫安 X 光机、国产 400 毫安 X 光机、颈颅多普勒、奥林巴斯胃镜、血液分析仪、血球数仪、半自动生化仪、全自动输液生产线等高科技医疗设备 50 多台件，以及临床各科成套常规医疗器械设备 300 余台，总价值 1000 多万元。这些现代设备的运用，使该院可进行各种急症病人的诊治抢救，可实施心肺复苏术、超声导向下肝穿刺术、T3T4 及游离 T(TSII)测定；外科可施行中上腹部手术、开放性颅脑外伤清创、颅内压增高、内外减压和分流术、心包部分切除、直肠癌根治、甲状腺次全切除、肾及肾上腺切除等大中型手术。

1994 年 5 月，县医院开始进行创二甲医院工作。历时 3 年，先后投入资金 380 万元，添置必备的医疗设备，组建 ICV、CCV 监护病室，新购置各种病床单元设施 600 多套，全面装修住院部，美化、绿化内外环境，先后编修各种规章制度、技术操作规程 388 条款。1996 年 1 月，创二甲医院通过州卫生局评审，同时获"爱婴医院"称号。1997 年 5 月，通过省医院分级管理委员会评审，县人民医院创二甲医院达标。

1994—1997 年 6 月，湖南省医科大及其附属医院先后派出五批医疗队 40 多位专家教授到县医院进行技术扶贫，看专家门诊 3000 多人次，带教手术 200 余台次，开展新技术、新项目、新术式 48 项，专题讲座 42 课时，并免费接收县医院 38 名医务人员进修培训，无偿赠送大小医疗器械设备数百台件，价值 10 余万元。

2000 年，县人民医院共有职工 309 人，其中退休职工 47 人，卫技人员 239 人，行政后勤人员 70 人。卫技人员中，副高职称 2 人，中级职称 65 人，初级职称 127 人。

全县还有农村中心卫生院 5 所，乡镇卫生院 15 所，村卫生室 277 所，个体诊所 22 个，各类卫生人员 531 人，其中主治医师 25 人，医师 38 人。1986—2000 年，全县共筹集资金 150 余万元，对 18 所(大龙乡除外)乡镇(中心)卫生院危房进行改造，新建房屋面积 20016.9 平方米，其中业务用房 10496.7 平方米，生活用房 9520.2 平方米，农村医疗条件基本得到改善。

三、苗医

苗医苗药素有"崇山一绝"之称，已有三四千年历史。苗医依照苗族生成哲学三本一体观及一分为三法创立诊病三大原则，即调整搜媚若(苗语，译为能量)、补充各薄港搜(苗语，译为物质)、改善玛汝务翠(苗语，译为结构)。根据这三大原则又创立治病 17 大法 49 套方术。17 大法归类于三大原则，即调整能量类有热疗法、冷疗法、止痛法、止泻法、提火法、健胃法、帮交环法、解危法；补充物质类有补体法；改善结构类有止塞法、退火法、表毒法、赶毒法、败毒法、退气法、复合法。在防疫保健方面苗医重视三者兼顾，重视能量的培护，提倡"以动制静"，激发生存兴趣；满足供生物质需要，注重防止"富贵病"及"病从口入"；改善生活条件及杜绝传染病等。

苗医还有许多异于其他民族医学的理论，如生灵学方面的光、气、水、土、石为生命基本物质及生命起于交合论，苗医学方面药物质论，生病学方面的无毒不生病和无乱不成疾论，疾病分类学方面的 17 病候论，人体学方面的脑灵说、脑动说、脑电说、八方心说、三血说、膀胱保本命说等。

为抢救和发展苗医，1987 年县卫生局将酷爱苗医的田兴秀医生调至猫儿乡卫生院任院长，并将该院更名为猫儿民族卫生院，旨在弘扬苗族医学。1988 年 5 月，州卫生局在猫儿民族卫生院组织召开了全州第一次民族医学现场会，推动了县域苗医发展。

猫儿乡涿鹿寨(今属新寨村)著名苗医龙万家、龙玉六，龙潭籍苗医石登望，崇山苗医门诊部医生吴言发等都是苗医苗药的传人。吴言发，1953 年 5 月出生，苗族，中专文化。1999 年取得民族行医主任医师资格证书，开办有崇山苗医门诊部，主治妇科疾病，对治疗疑难杂症亦颇有功效，在湘黔渝边区民族地区有一定影响。

苗医论著主要有田兴秀编写的《苗族医药学》《三本论》《苗医药》《苗族生成哲学与苗族医学的关系》等。其中《苗族生成哲学与苗族医学的关系》获1994年美国召开的首届“世界传统医药哲学与苗族医学会金杯”三等奖。《苗族医药学》汇聚苗医理论精华，并载锦方260个、苗药571种，尤以三本一体及一分为三的哲理性医学思维方式受人赞赏，荣获1997年在北京召开的首届国际民族医药科技研讨会一等奖。云南南方民族医药进修学院把此书作为教材，并聘请田兴秀为苗族医学客座教授，使古老的苗医焕发出新的光彩。

第五节　医政管理

1986—1988年，县卫生部门加强医疗质量管理，完善和严格执行各项规章制度，加强医德医风教育；逐步扩大服务范围，增加服务项目，开展有偿服务等创收项目；组织药检所按照药品管理要求，严格把好药品生产、经营单位考核发证关；查处伪劣药品，取缔非法经营的游医药贩，保障人民群众用药安全有效。

1989—1992年，县卫生部门加强对个体行医人员的管理，分批组织个体行医人员考试考核，提高业务水平。1993—1997年，随着卫生政策不断开放，个体诊所药店增多，相应管理制度不健全，导致无证无照行医猖獗。卫生部门加大治理整顿行医、药品市场力度，成立了医药市场清理整顿工作班子，并联合医药、工商、法院等部门开展医疗市场清理整顿活动，核实医药机构51家，取缔无证行医10个。

从1998年起，县卫生部门严格控制医药市场的准入。医政管理工作重点放在医药的清理整顿上，县卫生局与各医药机构签订了《医疗安全责任书》。

1999—2000年，卫生医药整顿对“钉子户”“重点户”坚决取缔，并现场录像曝光。整治前，全县有医疗机构106家，其中县城35家，乡镇71家。通过整治，自行停业37家，取缔5家，行政处罚3家，没收药品357种。全县有药品经营机构24家，其中县城19家，乡镇5家。通过整治，自行停业8家，取缔11家，没收药品493种；共查处假劣药品20家，立案38起。整治后全县有规范、合法经营的医药医疗机构93家，其中医疗机构77家，药品经营机构16家。

第六节　药政药检

一、药政管理

1986年2月，县卫生局药政股成立，定编2人。县人民医院、县中医院成立药事管理委员会，由单位主要领导任主任，配备质检小组或质检员负责药品计划、审批、采购、入库、保管、出库等环节把关工作。全县21个乡镇卫生院设置药政专干22人。1988年县人民政府批准35人为药品监督员，从事辖区内药品监督管理，逐步形成县、乡药品监督网。1994年对全县药品经营单位、医疗卫生单位、个体药店和集贸市场、城镇药品摊点开展查处活动，共查处假劣药品180种次，其中假劣中西成药52种，假劣中药材128种，货值金额7.164万元。抽样送检25个品种，不合格17个品种。同时根据药品管理法规定，开展五年一次药品经营企业换证工作。至年底，全县8家零售药店和县药材公司换证一次性验收合格。

县药政股对全县从药人员每年进行一次体格检查,合格者方能继续从事药品经营管理工作。1994年体检101人,合格99人,对不合格的2人不准再从事药品经营管理工作。为加强药品流通环节的监督管理,维护药品市场秩序和外埠药品生产、经营企业在县内的合法权益。县药政股根据上级有关文件精神作出规定:凡外埠药品经销企业在县内销售药品必须持有"药品销售许可证"和药品注册登记表,在核准的区域范围和品种范围内销售药品,不得超范围销售药品。同时加强麻醉、毒性等特殊药品的管理,对麻醉药品严格实行专人负责、专柜加锁、专用账册、专用处方、专册登记;对精神及毒性药品也严格实行专人负责、专柜加锁、专用账册管理,并加强年度检查。1995—2000年,在药政股督促指导下,除县域医院外,吉卫、龙潭、民乐、茶洞、麻栗场等乡镇中心卫生院亦相继装备了专用保险柜,使全县药政管理步入了正轨。

二、药品管理

1995年7月《中华人民共和国药品管理法》正式实施后,药政部门采取各种形式,大张旗鼓宣传《中华人民共和国药品管理法》,并以卫生医药部门为主体组成执法队伍,对医药市场开展专项整治。1996年县里成立整顿医药市场协调领导小组,开展全县整顿医药市场突击行动,共没收假冒伪劣药品581种,价值3118.36元;罚款9人,责令关闭无证行医个体户4户,现场查处伪劣药品76种次,货价10380元。通过逐年整顿,全县医药市场秩序逐渐好转。

2000年4月,县药品监督管理局成立,下设办公室、药政药检股、政工教育股、计划财务股,共有干部职工12人,履行药品监督管理职能。当年与县医药总公司联合组织"世纪风"药事法律法规、药品知识大奖赛,并对全县129家医疗机构和药品经营单位进行清理整治,责令停业药店5家,限期整改药店6家,取缔无证医疗诊所14个,查处无证批发药品个体户2个,查出过期药品235种,价值3万余元,立案查处假劣药品案件26起,累计罚没款2万余元。

三、药检

县卫生局药政股同时兼有药检职能,因受仅有显微镜一台、照相机一台等设备条件限制,药检工作停留于一般物理学检查和简单的显微镜形态检测。凡属可疑药品,均送往湘西自治州药品检验所检验,州药品检验所每年向县下达抽样检验药品任务,由县药检所抽样送检。

第二章 体 育

第一节 体育机构与设施

一、体育机构

县体委 1986年,县体育运动委员会(简称体委)有在职员工8人,其中体委3人,体校5人;内设办公室、花垣县青少年业余体校。1998—2000年,体委共有在职员工11人,其中体委3人,体校8人。1986年、1989年、1998年,花垣县三次被省政府评为民族体育先进单位;1991年,花垣县被国家民委、国家体委授予"全国民族体育先进县"荣誉称号。

体育协会 1983年,花垣县第一个体育协会——县武术协会成立。随后相继成立各类体育协会。1999年,为规范对全县体育协会的管理,县体委成立花垣县体育总会,实行两块牌子,一套人马。截至2000年,全县共有体育协会14个,会员3000多人,遍布城乡。各体育协会在县体育总会的指导下工作,每年都举办多次单项体育比赛或活动,其中篮球、门球、象棋、舞狮舞龙等协会开展的活动较多。

二、体育设施

人民广场 原县城中心的人民广场内设主席台、两个篮球场、两个排球场、一个300米跑道田径场,全县性大型活动在广场举行。1991年9月,县人民政府出面协调,把人民广场出让给县工商局开发县城农贸市场。1993年3月15日,县人民政府决定在城北花果山下动工新建体育广场,占地4.3公顷,内设主席台、足球场一个、羽毛球场两个、排球场两个、篮球场两个、400米环形跑道一条、沙坑一个,西、南两侧设台阶式露天看台,可容纳观众7000余人。由于资金短缺,整个工程当年未完工。同年8月8日,举办花垣县第一届苗族赶秋节和全省秋千单项比赛。此后,县城各种大型集会、文艺演出和其他群众性大型活动均在此广场举行。

看台球场 20世纪70年代,为承办湘、鄂、川、黔四省边区篮球运动会,县人民政府在人民医院出口西侧建看台球场。该球场四面设台阶式露天看台,可容纳观众3000余人。球场中央设两个标准灯光篮球场。全县篮球等级联赛在此举行。1993年10月,为弥补城北体育广场建设资金的不足,看台球场出让给县劳动局,县劳动局又出让给县粮援办,后在此建成果雄宾馆。

1990年始,体育场地设施进一步发展,县工行等不少县直单位和学校、乡(镇)、村均建有球场。至2000年,全县共有篮球、羽毛球场地392个(灯光球场13个)、小田径场14个,总面积达12万多平方米。

第二节 学校体育

一、体育教学

1986年,体育教学在全县各类学校开展。中小学每周设两节体育课,以田径、篮球、乒乓球、排球、武术等为主要教学内容。此外还开展早操、课间操、眼保健操及课外体育活动。全县各中学和中心完小均配备专职体育教师,片小村小则有兼职体育教师。是年,全县有专职体育教师37人,兼职体育教师47人;各中小学共有21800名学生参加全国体育锻炼标准测试,合格16200人,占学生总人数的71%。1999年在全县中小学推行系列广播操。2000年全县中小学生达到国家体育锻炼标准的有32000人,占学生总人数的85%,学生身体素质明显提高。体育教学开展较好的花垣小学、花垣民中、花垣二中,学生达标率均在90%以上,花垣民中、花垣小学被列为州属田径传统项目学校。

二、业余体校

1973年9月,建立县业余体育学校。1986年体校训练调整为田径、游泳、武术、举重四个班。有专职教练4人,兼职教练7人,学生87人。1999年设举重、游泳2个常设班。有专、兼职教练各5人,学生42人。2000年,湘西自治州在县国土希望小学设武术学校,有专职教练2人,学生17人。武术学校由县体委和县教育局双重领导,代表湘西自治州组队参赛。

1987年,学员李丹参加全省射弩邀请赛获得全能第一名。1991年,学员彭慧芳参加全国少数民族运动会获秋千比赛第4名。1993年,彭慧芳在全省少数民族运动会上获得秋千单人高度、单人触铃两项第1名。1996年,学员江艳在全国青年赛艇锦标赛上获得金牌,同年在亚洲第八届赛艇锦标赛上夺得金牌。1999年,学员石敏在省“三青”运动会上获标枪第1名。2000年,体校学员在湘西自治州第九届运动会上共获得游泳、举重等项目金牌30块、银牌27块、铜牌26块,并获团体总分第3名。1986—2000年,县业余体校共训练培养各类体育学员628人,为省、州体工队及体校输送队员34名,为各级体育院校输送学员48名。体校学生共获得各种竞赛奖牌728块。

三、学生运动会

1986年以后,全县学校经常组织开展学生运动会或体育竞赛活动,比赛项目有田径、篮球、乒乓球等。全县中小学生田径运动会每两年举办一届。1999年在县城举行全县中小学田径运动会,共有参赛队员720名,花垣一中获骨干组第一名,花垣二中获第二名,道二中学、猫儿中学分获普通组前两名,花垣小学获小学组第一名。2000年花垣二中组队参加全州第九届运动会,获初中组第一名。至年底,全县共举行中小学生田径、篮球、乒乓球等运动会11次,参赛队员达5000多人次。

第三节　群众体育

一、农民体育

实行联产承包责任制后,农村经济迅速发展,为农村体育事业的发展注入了新的活力,农民体育呈现新局面。各乡镇根据其特点,充分利用节假日和农闲时间,以乡镇、墟场、学校为中心组织开展田径、篮球、拔河、象棋、登山等各项体育竞赛活动。1986年,全县有各类农民体育队伍542支,经常参加体育活动7万多人。农村体育活动丰富多彩,被评为全省农村体育先进单位。董马库乡有各种农民体育队伍80多支,每月组织一次体育比赛,农民体育活动十分突出,被评为全省少数民族地区体育工作先进单位。1997年龙潭镇龙门村自筹资金建成两个28×15米正规灯光篮球场,举办全县农民篮球赛,有22支队伍、300多名球员参赛,历时5天,观众达1万多人次,当年底该镇被评为全省民族体育先进集体。1999年补抽乡举办湘、黔、渝三省十四村农民篮球赛,有17支队伍、200多名球员参赛,观众达6000多人次。2000年,全县21个乡镇都建立了文体领导小组,由一名乡镇副职专抓文体工作,经常参加体育活动的农民达9万多人,占农民总人口的43%。至年底,全县农村共举办体育比赛活动32次,参加比赛的农民达7000多人次。

二、职工体育

1986年职工体育广泛开展。县直机关、厂矿企业、学校共有职工篮球队25支,队员300多人,分甲乙两组参加全县职工篮球等级赛。各单位经常组织篮球、拔河、登山、象棋、田径等体育活动,县里每年均举办多次全县性职工运动会,参赛人数逐年增加。1991年职工体育更为活跃。县里多次组队参加全国、全省少数民族运动会,屡创佳绩。花垣舞狮队在全国少数民族运动会上获一等奖;花垣铁合金厂女子龙舟队参加全国龙舟比赛获得金牌;花垣跳鼓队刘刚崇、石云在全国少数民族运动会上获双人跳鼓比赛金牌。1986—1999年5月,县里共举办18届龙舟比赛。1999年花垣振兴化工(股份)有限公司男、女龙舟队在全国第六届少数民族运动会上夺得三块金牌。2000年湖南三立集团男子篮球队参加21届湘、黔、鄂、渝四省市边区篮球运动会获第一名。是年,全县80%以上职工参加了球赛、田径、拔河、登山、象棋等体育活动,以县举办的职工体育活动4次,参赛人数3000多人,观众达3万多人次。1986—2000年,以县举办的职工运动会和单项体育比赛共43次,参赛人数达1.5万多人次。

三、传统体育

花垣民间传统体育活动种类繁多，武术、跳鼓、舞狮、荡秋千、舞龙等在县域源远流长，其中荡秋千、舞龙最受人们青睐。荡秋千是苗族人民世代相传的体育项目，每逢八月"立秋"那天，苗族人民欢聚在各个乡场，参加赶秋活动，庆贺丰收。苗族青年男女身着节日盛装，登上"八人秋"，逐轮快速旋转秋千，秋千停稳后确定歌手对唱苗歌，气氛十分活跃。舞龙象征吉祥如意，每逢春节舞龙最甚。1997年为迎香港回归，茶洞镇老年协会设计边城巨龙，由县委、县政府筹资制作。巨龙全长199.7米（象征1997年香港回归），共分99节，取九九归一、祖国统一之意。因著名文学家沈从文曾以茶洞古镇为背景写就《边城》名著，巨龙因之以此命名。边城巨龙制作成功后，曾在省会长沙和花垣县迎香港回归庆祝大会、湘西自治州成立40周年庆典及1997年耒阳举行的全国舞龙精英赛上亮相，引起轰动。中央电视台、湖南电视台、上海东方电视台、广东电视台等多家媒体争相报道。1998年，边城巨龙以其独一无二的长度载入《上海大世界吉尼斯大全》。后值千禧龙年和澳门回归之际，巨龙增长0.2米达199.9米，由县委、县政府组织边城巨龙舞龙队晋京参加"喜迎新世纪迎接澳门回归舞龙大赛"，荣获大赛金奖、组织奖及大赛最高奖山花奖。舞龙队由一大二小3条龙组成，大龙由100名苗族姑娘表演，两条小龙则由20名苗家小伙任舞龙手。晋京参赛表演节目《边城龙韵》由民间老艺人张忠献（总教练）、彭昌兴（国家二级作曲）、刘定远参与策划、编导，国际级舞龙裁判黄益苏、教练周招弟参与指导。整套节目由具有浓郁民族特色的"接龙出海"、充满欢乐和喜气的"世纪曙光""莲花盛开"，庄严肃穆的"神圣版图"和象征民族团结、国家富强的"巨龙腾飞"五部分组成。

第四节　体育竞赛

1986—1993年，县里每年均组织开展篮球、龙舟、登山、长跑、拔河、象棋等体育比赛，并结合苗族赶秋节，举办富有民族特色的舞龙、舞狮、武术、高脚马（踩高跷）等各项赛事。

1994年，县里组织参加湖南省第三届少数民族体育运动会，获得团体总分第二名。刘勇、刘刚崇获得男子跳鼓比赛双人第一名，刘刚崇获得男子单人第三名，石香美获得女子单人第三名。是年，县里举办第十届农民体育节龙舟赛，共有13支男女队参赛。当年，花垣县被省体委评为"群众体育先进县"。

1995年，花垣县男女龙舟队代表湖南省参加全国少数民族传统体育运动会，女子龙舟队获800米直道竞速金牌、600米铜牌，男子龙舟队分获两个第五名。是年，县里还举办了全县中小学生中长跑比赛和第十届县直单位男女篮球等级赛。

1997年8月，县里组织举办第二届少数民族传统体育运动会，全县21个乡镇组队参赛。比赛项目有武术、高脚马和摔跤等。

1998年，县体委组队参加湖南省第四届少数民族传统体育运动会荣获"体育道德风尚奖"，彭军茂获得男子单蹴第一名，曾秀花获得女子单蹴第一名，彭军茂、吴永华获得男子双蹴第一名，团体总分排名第六位，共获金牌4枚、银牌2枚、铜牌4枚。是年7月，在县城举办首届大众体育运动会。

2000年，县体委组队参加湘西自治州第九届运动会，获得团体总分第六名，其中小学组获得第七名，重点中学组获得第三名；参加州第九届运动会篮球暨五四青年足球赛获得第三名；参加州第九届运动会门球比赛获得第一名。是年县里举办第八届苗族赶秋节暨首届"百狮大赛"，其中茶洞龙狮队、茶洞文化队获得一等奖，另有4个队获得二等奖、7个队获得三等奖。

第二十二篇　文　化

第一章　群众文化

1986年，花垣县文化局内设办公室、政工股2个股室，局机关有干部职工28人；下辖文化馆、图书馆、苗剧团、民族戏剧研究所、电影公司、民族影剧院6个企事业单位，共有干部职工133人。1995年，县文化局设办公室、政工股、文化市场法规股，局机关有干部职工29人，下辖单位增加文化市场管理站、文物管理所，共有干部职工128人。2000年底，机构设置和人员均未变动。

第一节　文化馆站设施

一、影剧院

1986年，花垣县民族影剧院院址位于原工农兵影剧院内。时有职工4人，放映厅1个，观众座位700个，有发电机房、保管室和宿舍各1栋，初时曾放电影，后来主要从事各文艺团体的接待、管理以及演出工作。是年，因文艺演出的兴旺发达和文化事业的蓬勃发展而重建占地面积820平方米的电影院，有观众座位844个。20世纪80年代末至90年代初，影剧院因业绩突出，荣获湖南省文化厅颁发的“文化管理先进单位”称号。20世纪90年代中期后，因电视、录像、电子游戏等新兴文化娱乐活动的兴起，国营影剧院的管理体制难以适应市场经济的竞争环境。至2000年底，影剧院基本处于萧条状态。

二、图书馆

1986年，花垣县图书馆设借书处、阅览室、科技阅览室、地方文献资料室、文库古籍室、文献信息咨询室等6个服务窗口，有馆员9人。是年，修建一栋两层楼200平方米的少年儿童阅览室，配专职工作人员2人，有阅览坐席60个。1990年，县图书馆先后组织举办全县中小学生诵读、故事演讲大赛和手抄报与“三诵”征文赛，以及书迷、书展、智力测验、百科知识问答等读书读报娱乐活动吸引读者。其中50多名中小学生参加征文和编报比赛，获湖南省征文比赛三等奖5个，手抄报1、2、3等奖各2个。县图书馆被评为湖南省、湘西自治州“红读”活动先进集体。1997年县图书馆加强县、乡级图书馆的研究和基层图书馆(室)辅导,以点带面,形成县、乡、村三级基层图书馆(室)网络。辖乡级万册馆1个,基层图书室84个,其中乡村38个,共有藏书25万册。1998年,在全国公共图书馆评估达标活动中,县图书馆被文化部授予“国家三级图书馆”。2000年底,县图书馆拥有固定资产近80万元,藏书5万册。拥有阅览坐席160个,书架总长1200米,各种信息报刊130种(册),地方民族文献资料5600余册,古籍线装书6920余册。至2000年底,县图书馆共接待读者8万余人次,发放借书证1070份,图书流通量达19万人次。

三、文化馆

县文化馆前身为县文化教育馆,馆址位于解放街。1986年设办公室、文学组、美术组、音乐组、舞蹈组、戏剧组、站室指导组。到2000年底,共有干部职工16人,平均年龄30岁。文化馆辖18个乡镇文化站,各站均配有1名文化专干。

1986年,文化馆开设文化夜市、滑冰、桌球、书画代销、舞会、录像、有奖游艺等20多个项目的“以文补文”文化活动项目。是年,参与筹备和主持举办花垣县有史以来最大的一次“四月八”(苗族椎牛祭祖)群众文化活动。1987年,县民间文学“三套集成”正式出书,文化馆干部简隆军被评为湖南省文化先进工作者。

1990年,县文化馆组织麻栗场镇文化站辅导员刘刚崇参加全国少数民族“跳鼓”比赛获金牌。是年12月,茶洞镇文化站被评为全国先进文化站。1991年,县文化馆组织傩戏《抱嫁卡》在国际傩文化学术研讨会上演出,受到与会各国专家的高度评价。1998年,县文化馆辅导县民族中学排练的苗族吹打乐《喜庆丰收》获湖南省中小学艺术节演出一等奖。1999年,文化馆参与组织边城巨龙赴京参加迎接澳门回归舞龙大赛获金奖。2000年,文化馆组织迎接新世纪篝火文艺晚会,中央电视台予以专题报道。

四、乡镇文化站

乡镇文化站利用元旦节、“三八”妇女节、“五一”劳动节、“五四”青年节、“七一”建党日、“十一”国庆节,传统的春节、元宵节、樱桃会、“四月八”、端午节、赶秋节、重阳节等节日在农村开展形式多样、内容独特的文化活动,活跃农村文化生活,配合党的中心工作,宣传新时期党的方针路线,歌颂花垣县各族人民在两个文明中创建的光辉业绩。1986年以前,乡(镇)文化站的辅导员大多是半脱产的农民,由于待遇低,文化站的工作处于瘫痪状态,有名无实。

1986年,花垣县有乡镇文化站11个。是年,县文化局集中力量抓文化站的工作,对不适宜文化站工作的辅导员予以辞聘。1989年后,县、乡镇文化站建设得到加强:乡镇有领导分管,每年集体研究文化宣传工作两次以上,有文艺宣传队伍,有活动场地或办公室,有活动设施5件以上,活动经费2000元以上。是年,茶洞镇文化站、两河乡文化站被评为湘西自治州先进文化站。1990年,茶洞镇文化站被授予全国“先进文化站”。

20世纪90年代初,农村乡镇文化站存在编制难、设施难和经费难的问题。1993年,有7个乡镇未建站,有8个半脱产的辅导员。县文化局为做好乡镇文化站辅导员的稳定工作,于1996年将8名半脱产辅导员聘为合同制工人。

2000年,文化局从编制、人员、报酬、设施上建立健全乡镇文化站的机构组织,并将乡镇文化站收归县文化局管理。乡镇文化专干的用工方式采取聘用合同制,文化专干的配备和异动由县文化局提出方案并征求当地党委、政府的意见定位,其工资关系由县文化馆统一管理,业务接受县文化馆的指导和辅导。至此,花垣县乡镇文化站走上了快速、正规、平稳的发展时期。2000年底,花垣县已建立健全乡镇文化站17个。

五、乡镇图书室

1986年,花垣县21个乡镇均设有图书室。1989年核定8个站21个编制。当时花垣县图书事业发展不平衡,边远山区乡镇发展缓慢,乡镇图书室大多藏书少,质量差,图书陈旧,开放不正常,人员不稳定,更换频繁,制度不全,管理混乱,图书流失严重。同时由于藏书不合理,政治书多,科技书少,仅在赶乡场天开放,常年关闭。

1990年长乐乡长潭村图书室被评为湘西自治州"文明图书室"。1991年后,随着改革开放的深化和商品大潮的冲击,乡镇逐渐出现个体图书室,活跃了乡村文化市场。1995年全县乡镇有个体图书室52个,藏书多的达3000多册,最少的在500册以上。个体户图书室为方便读者,便民利民,手续简便,服务热情而受到农村群众的青睐。麻栗场新科村图书户龙正秋一个月的读者就达600多人次;窝勺乡折腊村吴仁昌300余册图书无偿地借给群众阅览。个体户图书室的发展,对农村文化室起着重要的补充作用。1998年花垣县开展创建"文化先进县"活动和"百村书屋"工程活动,每个乡镇文化站设立一个图书室。图书室的图书由单一的政治资料调整充实农业、科技教育、文学等方面的书籍。长乐乡长潭村图书室宣传党的方针政策,为农民提供农副业生产信息和书刊资料,传授科技致富科学知识。提供内容健康、可读性强的政治读物和文学艺术作品。2000年猫儿乡建立万册图书馆1个。至2000年底,花垣县乡镇有5000册图书室3个,乡村有1000册以上的图书室213个,总藏书量达到20多万册。"百村书屋"工程使图书进村入户,为农民依靠科技种田、科技致富提供了平台门路。

第二节　文化活动

1986年5月16日(农历四月初八),花垣县苗族"四月八"文化活动在吉卫镇举行,参加群众5万多人。是年春节,县文化局在县城举办"迎春书法、对联即兴表演赛""斗鸡赛""有奖游艺赛""灯谜赛",还组织街头文艺表演队,表演舞蹈、采莲船、蚌壳灯等节目。1987年5月,由县委宣传部牵头组织开展"全县职工革命歌曲团体赛",共有18个代表队参加,演员500余人,观众达5000余人。8月8日,"花垣苗族赶秋节"在排碧乡举行,恢复增加了苗族原始"椎牛"传统节目,表演队伍500余人,吸引观众5万余人。10月,湘西自治州文艺调演在花垣举行,花垣县参加展演的15个代表队获优秀节目一等奖4个,二等奖5个,三等奖11个,优秀演员奖11人,4个代表队获献演奖。1988年麻栗场镇文化站举办"龙年苗山书画大奖赛"展出作品85件;民乐、龙潭、猫儿、茶洞文化站组织开展"龙灯赛会"活动。1990年"五四"青年节,两河乡文化站组织开展文艺演出,群众登台表演达300多人,演出3天3夜,节目尚未演完。是年,为创建农村文化年,农村群众文化活动成为重点。排碧乡举行赶秋节,上演"椎牛""上刀梯""都乐""八人秋"等节目,受到湖南省、湘西自治州领导、外省市参观团和美国及我国香港地区观众的好评。当年,为配合农村社会主义思想教育,花垣县举办花垣农村社会主义思想教育文艺汇演,21个乡镇文化站均参与活动,活动项目60多项,文艺节目400多个,参演人员1000多人,观众达150000人次。

1991年"七一"前后,县委组织部和宣传部牵头组织开展花垣县城乡庆祝建党70周年大型群众歌咏比赛,并举办"共产党人颂"征文活动,共征集稿件20件,被湘西自治州级刊物发表8件,湖南省级刊物发表2件。各乡镇文化站还发动各村以党支部为主体开展歌咏演唱活动,隆重庆祝中国共产党成立70周年。花垣镇、民乐镇将歌咏活动列入全年的目标管理任务,茶洞镇在"七一"与秀山县洪安区联合举办边区群众歌咏赛。是年5月端午节,县人民政府体育局在茶洞举办四川、湖南两省边区龙舟友谊赛。1992年4月,县苗族绝技团赴深圳演出,表演的上刀梯、摸油锅等绝技获得好评,《人民日报》海外版为此发表专题文章。

1993年8月8日，县委、县政府在体育广场举办“中国湖南花垣苗族赶秋节暨经贸洽谈会”活动。开幕式上，团体出场表演的“开山盾舞”“接龙舞”“绺巾司刀舞”“丰收鼓舞”4个场景气势恢宏。10月，县苗族绝技团晋京参加北京举办的“第三届中国民间艺术节”，表演的上刀梯、踩铧犁、咬铧口、摸油锅等苗家绝技获得观众好评。1994年8月，县委宣传部牵头组织举办“苗族赶秋艺术节”，开展荡秋千、踩高马、武术、摔跤等苗族传统节目比赛。

1995年春节，县文化局在县城组织开展“民族民俗一条街”活动，设有苗歌、山歌擂台、跳鼓、抬花轿、钓鱼、书法、对联等项目，活跃了群众文化生活。是年“五一”“五四”期间，全县各乡镇相继开展篮球、山歌、苗歌比赛。“六一”儿童节县教育局组织举行全县幼儿文艺汇演，表演节目20多个。8月8日，县委宣传部牵头组织“苗族赶秋艺术节”，举办大型篝火晚会。9月，县文化局组织民间文艺演员代表湘西自治州赴上海参加“’95上海桂花节”，表演的节目受到上海人民的高度赞赏。

1996年1月，县文化局组织举办“新春闹元宵义演”文艺联欢晚会，县电视台现场首次直播。晚会现场观众捐资2700元，救助2名失学儿童重返校园。2月，县总工会牵头组织举办县首届“企业之星”卡拉OK歌手大奖赛，拉开了文企联姻的序曲。“五一”国际劳动节，县总工会组织举行“咱们工人有力量”歌舞晚会。县苗剧团辅导县水电系统排练歌伴舞《古苗河》赴湘西自治州演出获二等奖。8月，按惯例举办赶秋节。9月，为纪念红军长征胜利60周年，县老年书法协会举办美术、书法作品展览。1996年举办纪念中国工农红军长征胜利六十周年群众歌咏竞赛，宣传老一辈无产阶级革命家的丰功伟绩和革命前辈艰苦奋斗、英勇顽强、坚忍不拔的革命精神。

1997年6月，县委宣传部组织在全县城乡开展“香港回归”形势报告会，举办“迎回归·颂中华”千人歌咏大奖赛。7月，县委宣传部、统战部组织“迎回归”系列活动。8月8日，按惯例开展“97第五届苗族赶秋节”活动。1997年香港回归，长乐乡举办迎回归万人大会，猫儿乡启动“五个一”文化工程活动，花垣镇举办各类文艺活动。

1998年2月，县文化局组织举办县首届“家家乐”卡拉OK大奖赛。1999年，县委宣传部、统战部组织迎澳门回归系列活动。是年，茶洞镇99节长龙表演被列入上海吉尼斯大全，边城巨龙晋京参加澳门回归中华舞龙大赛，一举夺得中国民间文艺最高奖“山花”奖，中华舞龙大赛“金奖”和最佳组织奖，轰动京城，名扬中外。2000年元旦，县委宣传部牵头在县城举办“迎新世纪篝火文艺晚会”，中央电视台对活动进行专题报道。8月7日，县委、县政府组织在县城举办规模宏大的“2000年湖南花垣第八届苗族赶秋节暨首届百狮大赛”，全县21个乡镇均派出代表队参赛，观众达5万多人。

第三节　民间文化艺术

一、苗歌

花垣苗歌称为“莎熊”(senxong)。传统苗歌的格式主要有倾述和格言两大类：倾述类一般每句七言，句数多少不限。格言类又有两种，一种是四句一组，每句五言或七言；一种是三句一组，每句七言。苗歌内容分为苦歌、劳动歌、仪式歌、时政歌、情歌、历史传说故事歌、儿歌、谜语歌等等。苗歌又分冷歌和热歌，冷歌是预先编就而流传下来；热歌又称“水口莎”，临场发挥即兴演唱。每首苗歌都有韵脚，而且要按两个不同的韵脚各唱一遍，这就是苗歌对某事某物的“双韵”或“两面”重复传颂。

苦歌控诉旧社会交租之苦(汉意，下同)：

官家过年把猪杀，苗家过年吃南瓜；
腊月三十无米饭，初一酸汤下蕨粑。

劳动歌：

三月里来是清明，农户家家忙耕耘；
岸边垂柳报春早，阳雀催春人更勤。

仪式歌如“接亲歌”：

做客来到我们村，缺酒少肉待你们；
招待不好请原谅，日子富了再赔情。

坦诚无畏的情歌：

小妹砍柴山中行，专砍青棡不怕硬；
哥要变根青棡树，让妹砍到月西沉。

婉转曲折的情歌：

不借簸箕不借筛，不借袜子不借鞋。
跟姐借根花带子，长情长义长往来。

风趣横生的情歌：

十八姑娘人人爱，好多后生来巴结。
好像园中扯笋子，得了上节想下节。
团团圆圆唱开怀，我夸阿妹好人才。
苗条身姿风摆柳，脸似鲜花枝头开。
衣服件件齐崭崭，银圈手镯手上戴。
项圈耳环白晃晃，头包丝帕插金钗。
谁人见了谁都爱，就像水獭见鱼来。
白天不见晚上梦，要得成亲才开怀。

二、苗绣

苗族刺绣俗称“绣花”。刺绣产品主要有：花衣、花裙、花被、花枕、花帐、花鞋、花帘、花带、花边、花巾、花包等等。以各色布料（丝、绒、绸、缎）做底料，画上各种花的图案，如桃花、石榴花、牡丹花、樱桃花、映山红、迎春花、荷花、睡莲、金银花、桂花、月月红、梅花等的花纹和龙、凤、鸟、兽、虫、鱼、几何图纹。这些产品及图案内容，注重以幻想的艺术风格和各图腾崇拜的特点，综合运用绣、插、捆、洒、点、挑、串、边八大类二十多种针脚技法，然后用多种彩色绣线相互配合，一针一针地刺绣。

花垣县民族民间工艺美术厂生产的“五溪牌”织锦领带和“土家风情”壁挂、“土家族织锦服装”在1991年4月第二届北京国际博览会上分别获银牌和铜奖。尤其是该厂生产的苗绣“湘西行”壁挂，1993年获全国工艺美术“百花奖”二等奖，并在“中国国际旅游纪念品评比会”上受到日本、意大利、科威特等38个与会国家的一致好评。该产品被作为民族民间工艺品珍藏在国家博物馆、中国工艺美术馆和北京人民大会堂。李鹏任国务院总理期间，曾把该产品赠给美国总统布什和国际奥委会主席安东尼奥·萨马兰奇。

挑花、串花是苗绣的一种依绣布经纬交叉网格规范制定纱数的规则绣品，简称“挑纱”或“数纱”。依针法论有十字针的挑花和回复针的串花。十字针就是在经纬线上数纱挑十字，再由千万个十字构成各式各样图案。十字形的大小，根据布料粗细而定。料细五纱、六纱；料粗最多挑四纱。回复针，即按图案纹路，每隔四线挑一针，某部位雏形挑出后即回针，由原针脚再复挑一次。方向与原相反，回线恰好盖压其空间。花极匀紧，内外两面均现同样花纹，无正反分别，故称两面花，正反可用。苗乡妇女的裤脚边口、枕巾、手巾、汗巾、手帕、手笼、褡裢、门帘多挑两面花。

三、织锦

织锦分宽幅锦面和窄条锦带。苗语称“裸本”或“裸谱”，汉译为“锦被”。锦带，苗语称“系鬃”，汉语俗称为“花带”。织锦是用丝线纺织而成。其锦带是织锦人在一个可收缩的双“×”型的木架上[苗语叫个综鞶(ghaobzongxnbanb)]，用若干颜色丝线做经线，然后用牛角（或牛肋骨）削制的织板“仡鞶”(joutnbanb)套线来回纺织而成。根据需要，可织出各种花、鸟、鱼、虫、龙凤呈祥或汉语字形等栩栩如生的图案。县内苗家妇女生产的壁挂、挎包、被面等织锦远销我国港、澳、台地区和东南亚国家。北京人民大会堂湖南厅内的沙发套、坐垫、壁挂等织锦均为花垣县工艺美术厂生产的产品。1989

年，花垣"五溪牌"苗绣围裙在全国少数民族用品评比会上，被评为"全国少数民族用品优质产品"。1990年，苗锦领带获北京国际博览会银奖。

四、剪纸

剪纸又称剪花。主要有"双龙抢宝""双凤朝阳""喜鹊跳梅""蝴蝶穿花""八哥闹秋""狮子滚球""石榴多子""牡丹""桃花""六耳节""万字花""荣华富贵""福禄寿禧"等字纹图案。剪纸图案结构大方，形象优美，富有生气，苗族女子多用作绣花边底样，或挂于门、窗。

剪纸所用的纸张，多为顶贡纸或花胚纸。每剪二三十张，齐订成帙。能手胸有成竹，随心剪出，初学者先用笔色画影形，或用花贴做胚子，一同贴于纸上。左手执纸帙右手执剪，沿影形或胚子边剪，剪成与花胚无异。

第二章　文学艺术

第一节　文艺团体

一、苗剧团

1987年1月，花垣县苗歌剧团改为花垣县苗剧团，属全民所有制事业单位。1987—1993年，县苗剧团人才辈出，演职人员综合素质较高，创作并演出了一批深受群众喜爱的苗剧。期间，苗剧团创作演出的大型苗剧《带血的百鸟图》荣获湖南省戏剧演出比赛一等奖，并被拍成电视剧在全国播出。1996年后，随着电视、录像等娱乐载体的兴起，文艺演出跌入低谷，但因苗剧是全国唯一少数民族剧种而得以保留。20世纪90年代末，苗剧团曾以开办舞厅维持生计，由于管理不善而陷入困境。2000年，苗剧团处于停业状态。

二、民族文学戏剧艺术研究所

1986年，花垣县民族戏剧创作研究所成立，隶属县文化局。1996年，改为花垣县民族文学戏剧艺术研究所，属全民所有制事业单位。1986—2000年，共创作发表戏剧作品218件，印刷出版戏剧专集5部，大小剧目115个，其中影响较大的戏剧专集有《古苗河》《小戏集锦》《迟到的布谷》。

三、诗词学会

1998年8月6日，湖南省花垣县诗词团体学会(简称花垣诗词学会)成立，共有会员50人，其中20人为湘西州诗词学会会员，3人为湖南省诗词学会会员。该学会成立后，不定期办有会刊《花垣诗词》。1998—2000年底，出版《花垣诗词》三期，共计3500册，有10名会员在全国和省以上刊物发表诗词作品20余首。龙昌美和管子英2位会员还分别编印个人诗词专集。

四、苗歌山歌协会

花垣县苗歌山歌协会成立于1996年11月，创始人麻胜超、简隆军、龙宁英、龙庭荣、吴天云。苗歌山歌协会成立初有会员60人，至2000年底，发展到120多人。会员多为全县21个乡镇的苗歌山歌歌师和歌谣爱好者，其主要活动是用业余时间从事民间歌谣演唱，配合县委、县政府中心工作编成一些政策性歌谣到民间演唱宣传。苗歌山歌协会办有《苗山歌报》会刊，1996—2000年底共出刊3期，搜集整理苗族传统歌谣1000多首。

五、边城戏剧创作堆

花垣县边城戏剧创作堆成立于1982年，创始人向金阶、张忠献、邓子玉。创作堆成员不定期举办活动，根据时事创作小戏、小品，并进行作品交流。1986—2000年,边城戏剧创作堆共与州群众艺术馆合力出版3册《戏剧集锦》,在湘西自治州戏剧界影响颇大,被誉为“边城第一堆”。2000年,成员发展到8人。

六、金秋艺术团

花垣县金秋艺术团成立于2000年7月12日,刘福荫任团长,邓子玉任常务副团长,共有团员37人,均由离退休人员组成。该团以艺术健身为主要目的,开展挖掘整理民族音乐舞蹈活动,还应邀到龙山、永顺、保靖、凤凰等县演出,并下到县内各乡镇巡回演出200多场次。

七、三立艺术团

花垣县三立集团企业文艺团体成立于1998年,共有演职员50多人。1999年,与湘西自治州歌舞团联合排演了大型歌舞《秋醉大苗山》,并应邀到湘西自治州参加《西部之歌》文艺晚会演出,该节目在湖南省电视台播出。

八、双龙文学社

花垣县双龙文学社于1987年6月18日在花垣县排碧中心小学成立,创始人石兴文、卜金星、吴刚,共有社员11人,后发展到58人。双龙文学社办有文学社刊《双龙》,是年印发20多期。1988年,举办花垣县诗歌大奖赛,特邀湘西自治州作家田雁担任主评。1989年,举办小说大奖赛,面向湘西自治州征稿,特聘湘西籍作家吴雪恼任主评。是年,面向花垣县开展对联征集活动。1992年,面向全县征稿,举办散文征文大奖赛。1997年,为庆祝文学社成立10周年,举办一次大型社员作品展。是年,文学社因经费问题暂停活动。1998—2000年,仅有部分社员举办一些小型作品交流活动。

第二节　文艺创作

一、戏剧

县内业余爱好戏剧创作者颇多,共创作40多个剧目在省级以上不同刊物发表,有的被搬上舞台。1986年9月,邓子玉创作的大型苗剧《逃犯审官》在《戏剧春秋》上发表。1987年7月,张忠献创作的《矿岭山下不老松》在北京参加全国矿产系统文艺调演获优秀节目奖。1988年,吴天清等人创作的《湘西新歌》在中央电视台《人口与计划生育》专栏播出,并获优秀节目二等奖。1989年3月,罗元明创作的大型苗歌歌舞剧《黛雅与那卡》荣获第四届全国电视剧三等奖。1990年6月,向金阶创作的《弱女泪》获湘西自治州文艺展演一等奖。1992年,吴天清主演的大型苗剧《逃犯审官》获湖南省纪念毛泽东《在延安文艺座谈会上的讲话》发表50周年选调剧目演出主演奖。1993年10月,邓子玉创作的广播剧《跳龙门》荣获湖南广播电视大赛优秀节目奖。1996年由邓子玉创作、吴天清主演的《推排球》获湖南省创作剧目三等奖。1998年由邓子玉创作、吴天清主演的小品《莫把老人当排球》获湖南省小戏小品创作优秀节目奖。1999—2000年,龙宁英创作的苗剧《格拉公主》荣获全国创作剧目二等奖。

二、诗歌小说散文

20世纪80年代末至90年代初,石兴文的诗歌《无题》在《中国校园文学》发表;龙树荣的诗歌《山茶花》《草药》在《湖南农村报》发表;宋咏梅的散文《与水情结》在《文艺生活》发表;龙炳文的散文《苗家菜豆腐》在《中国民族》发表;龙宁英的小说《女儿桥》在《湖南文学》发表;石邦雄的儿童文学《十五棵百合》在《少年文艺》发表。20世纪90年代末至2000年,龙野的诗歌《无题》在《文艺报》发表,并获三等奖;龙树荣的《花垣锰矿》《酒、其他》和吴军辉的诗歌《满地黄花》在《湖南日报》发表;石新征的散文《老墙下的风景》在《湖南日报》《人民日报》发表;宋永森的散文《女人是一道风景》在《散文天地》发表;龙宁英的散文《古苗河札记》《挑灰人》

在《民族文学》发表；石林晖的纪实文学《出水带出两脚泥》《被名利撕碎的乡情》等在《当代警察》发表；石邦雄的儿童文学《谷子谷子》在《少年文艺》发表，并荣获“陈伯吹儿童文学奖”。吴国恩的小说《祖孙森林》《寻找诗人夏天》分别在《海峡》《民族文学》发表。2000年底，花垣县共有文学爱好者213人，发表各种体裁文学作品1000多篇，有4人在正规出版社出版个人作品集。

花垣县1993—2000年个人作品集出版一览表

表22-2-93

作　者	书　名	体　裁	出版社名称	出版时间
麻其勇	《鬼土》	长篇小说	贵州文艺出版社	1993年
陈自焜	《山苍子》	长篇小说	中国文联出版社	1999年
龙宁英	《女儿桥》	中、短篇小说集	国际文化出版公司	2000年
吴军辉	《无悔的攀援》	诗集	中国文联出版社	2000年

三、美术书法摄影

县内有查德基、查德馨、简隆军等画家、书法家。查德基、简隆军为中国美术家协会会员，均擅长国画。1986年，简隆军的国画《思》参加湖南省首届群艺馆及文化报美展。1988年4月，简隆军创作的国画《金秋》《两个唢呐客》参加香港举办的“现代中国书画名家作品展”，被香港画苑收藏。1991年12月，简隆军有40件作品在北京艺术博物馆展出，其中《集归》被收藏。1998年，查德基的国画《山城丽》获1998年度新加坡新神州艺术院全国国画精品大奖赛“醒狮杯”金杯奖，其国画《边城》《古苗河》《中国南方长城》分别入刊大型书画集。1999—2000年，简隆军共有8件作品参加全国、湖南省级美展，有的获奖，其书法作品也多次参加全国、湖南省、湘西自治州展出，有的获奖。1986—2000年，县内美术工作者在湖南省级以上举办美展的还有查德基、石新征、李德繁、傅家成、向钊邦、刘尚成等人。石新征的摄影在县内颇有名气，1986—2000年，其摄影作品在省级以上报纸杂志发表50多件，其中《看外婆去》《丰收的喜悦》《黄金路》在《人民日报》等报刊上发表。

四、雕塑根雕

傅家成为县内颇有名气的雕塑家，曾在中央美术学院深造，主持过北京恭王府的修复，是中国美术馆高级画师。县城四方井大桥群雕《神鼓腾龙》系其所作；南桥头的《巨龙腾飞》云龙长12.88米，高5.66米；火龙长12.99米，高5.79米；北桥头的《欢庆鼓舞》体现了苗族鼓王们的豁达、淳朴与豪放；四座石礅刻画的五谷丰登、六畜兴旺、采桑织锦、挑花刺绣、舞龙、舞狮、接龙舞、盾牌舞独具民族特色；两边桥栏雕刻的《龙凤朝阳》图案古朴典雅。1993年根雕爱好者王正坤、刘国斌的作品《博》《鹤》参加中国艺术博览会根艺展，分别获得银奖、铜奖。1995年彭德干的根雕《鹿》参加全国根艺展，获二等奖。1997年彭浩的《武陵石》参加中国艺术博览会赏石展，获二等奖。

第三章 广播电视

1986年,花垣县广播局编制46人,在编45人,设民族广播站、电视差转台、音像管理发行站、广播电视器材服务部、广播电视外线队,下辖21个乡镇广播电视站。1989年建立有线电视台。1990年设民族广播站、有线电视台、音像报刊发行站、服务部、电视差转台、外线队、广播电视技术站,共有干部职工63人,乡镇机线员18人。1991年外线队并入技术站。1993年花垣县广播电视音像稽查队成立。1994年,县广播局由行政局转体为科级事业单位,归口县委宣传部管理。1997年,县民族广播站与县有线电视台合并为花垣县广播电视台,编制36人。1998年广播电视技术站改为农村网络建设管理站。1999年县民族广播站与县有线电视台合并成立花垣县广播电视局。2000年组建花垣县有线电视网络公司。

第一节 广 播

一、县民族广播站

1986年,花垣县民族广播站共有9名工作人员,管理县城至各乡镇广播专线151.42杆程千米,拥有250瓦扩大机2台,500瓦扩大机1台,录音机、收音机、电唱机各若干台,基本满足广播宣传需要。9月建立县广播调频台。1987年建成县调频广播发射台,年底试播,调频信号覆盖全县三分之二的乡镇。1988年架通县广播站与阎王坡电视差转台7杆程千米调频信号专线,并对厂家设备进行技术改造,发射功率在原有的基础上增加50%,调频广播信号覆盖全县21个乡镇,实现了县城至乡镇广播电视台信号传输从有线向无线的过渡。是年,县广播站在湘西自治州先代会上作典型发言,湘西自治州内各县纷纷前来参观学习。1994年,投资60多万元的豆腐坡(道二乡境内)广播电视差转台建成并投入运行,中央、湖南省、本县的广播节目信号通过调频发射覆盖全县21个乡镇。2000年,由于电视的迅速普及和电视网络(无线和有线)的迅速发展,广播逐步退出历史舞台。

二、乡镇广播

1986年广播事业大滑坡,大部分乡镇已不能维持原状,全县广播网络减少176.68杆程千米,近30%的村中断广播信号。1987年县内农村广播网络器材被盗现象严重。1988年3月及9月,遭受大冰冻和特大暴雨的袭击,全县174个村广播中断,造成经济损失201.9万元。是年底,县广播站分期分批建设标准农村广播网。1990年,第一个标准乡镇农村广播电视网排料乡广播网通过湘西自治州广播电视局验收。1996年初,县委、县政府决定实施"168"工程,即从1996—2000年,完成全县168个未通播村的通播任务,并成立领导班子。排料、董马库、民乐、两河等4个乡镇采用有线传输,其余17个乡镇采用调频与有线相结合的传输形式。有广播干线98.6杆程千米,广播喇叭1120只,喇叭入户率1.7%,覆盖农户26328户,覆盖率55%。1997年县民族广播站有播音机24台,总功率达9800瓦。全县21个乡镇300个村通播219个村,村通播率达73%,2030个组通播1288个,组通播率达63%。1998年底，中央扶持花垣214套有线电视台设备中的第一批84套到位。1999年8月，县广播电视局组建"村村通"工程专业技术队伍和村级通广播电视管理队伍，确立"以卫星收转，有线入户"为主，"卫星收转，集中收看"为辅的工作方针，高标准完成了214个广播电视"盲村"的通播通视任务，其中新通播48个村，恢复垮网51个村，村通播率达100%。1999—2000年，县广播电视局分别获得"全国广播电影电视系统先进集体""全国村村通广播电视先进单位""湖南省村村通广播电视先进单位"等荣誉称号。

三、广播节目

1987年县民族广播站开办苗语节目。1987—1988年，播出苗歌821首，40多位苗歌手上了广播。1988年，县民族广播站播出苗语新闻稿件近1000件，苗语科技稿件600余件，苗语故事连续广播50余篇28万多字，苗歌1000余首。1990—1998年，全天播音时间为4小时30分。期间的1997年，有4个乡镇聘请了专职播音员，19个乡镇有自办节目。1998年5个乡镇自办节目较有特色，尤以农业科技、致富信息深受农民喜爱。1999—2000年，由于设备老化、经费不足，加上城乡电视的普及，县民族广播站停办自办节目，广播宣传以转播上级台节目为主，苗语节目定期播出《苗语新闻》《苗语科技》《苗岭歌声》等，全天转播3小时。

2000年，由于设备经费等因素，各乡镇广播站除转播上级台站广播节目外，自办节目基本停止。

第二节 电 视

一、传输设施建设

电视差转台 1986年3月，民乐差转台建成，功率3瓦。1986—1987年，县里集中人力、物力、财力建设县级骨干差转台——长乐阎王坡差转台。建有3台150瓦电视差转机，传输中央电视1台和湖南电视台共2套电视节目，覆盖面积371.9平方千米，覆盖人口7.9448万人。到1990年底，全县21个乡镇中有9个乡镇建成了小型电视差转台，总功率32瓦，覆盖面积555.74平方千米，覆盖人口9.0582万人。1993年后，电视传输方式逐渐为卫星电视地面接收站替代。1994年完成县级骨干差转台从阎王坡向豆腐坡的搬迁工作。豆腐坡差转台的建成，解决全县60%的乡村直接收听收看广播电视的问题。到2000年底，全县各乡镇小型电视差转台均停止使用，仅县骨干差转台坚持正常传输。

接收站 1988年9月，花垣县建立有线电视台，10月13日调试成功，成为湖南省第一家县级有线电视台。年底，县城安装有线电视368户，并开始收取收视费，实现了以电视养电视的设想。1988年10月，开始建设县级卫星电视地面接收站，当月13日调试成功，正式收转中央电视台综合节目，节目信号达70个分贝。是年，县教委建成3米板卫星电视接收站，节目信号33个分贝，用于电化教育。1990年补抽乡大哨村率先建成小型卫星地面接收站。此后，全县小型卫星电视地面接收站如雨后春笋般涌现。1998年初，县有线电线台多方筹资共80多万元，对县城有线电视网络进行光纤升级改造。9月正式启动750HZ光纤传输网络，全城光纤干线、支线共8.4千米，光节点10个，开通35套电视节目。到2000年底，全县共有卫星电视地面接收站370座，县级中心站1座，乡镇20座，村级226座，家庭套站108座，学校、厂矿事业单位15座，实现了村村通电视的目标，且电视拥有量和有线电视用户猛增，全县共有电视机15300台，有线电视入户达13664户。

二、电视节目

1988年9月28日,县有线电视台正式以有线传输的方式向县城观众传输4套电视节目。1990年1月,县有线电视台购买F—10摄像机和带编辑功能的录放像机,开始创办自办电视节目,设有《花垣新闻》《农村天地》《观众来信》《文艺走廊》等栏目,其中《花垣新闻》每周定期开办两次,每次10~15分钟,星期三、六播出。1990—2000年,县广播电视台共组稿电视新闻1100多组、12300件,拍摄了《兄弟河之光》《春雨润苗乡》《走向辉煌》等各种电视专题片128件,上送中央、省、州电视台新闻稿件1480余件。同时,先后开办了《边城人家》《企业之星》《百姓人家》《警坛纵横》《党教天地》《山城人家》等一大批专栏节目。

1993年,县有线电视台成功地对"93中国湖南花垣苗族赶秋暨经贸洽谈会"开幕式进行现场直播,首开湘西自治州县级电视现场直播先河。至2000年,县广播电视台现场直播各种重大活动、晚会5次。

第四章　图书　文物

第一节　图　书

1986年花垣县新华书店成立,共有干部职工14人,负责花垣县图书、学生课本的发行。下设经理室、书记室、办公室、财务股、农村发行股、中心门市部、课本仓库、图书仓库、茶洞门市部。1988—1991年,除新华书店外还有个体图书经营户4户。1993年后,有规模较大、藏书较多的个体经营户9户。至2000年,经营时间较长的个体书店有县民中门口的龙门书社、花小门口的发智书社、老车站的百科书店、西门口的读友书社,另有固定书摊8个。

1986年,县内图书销售仍以中、小学课本为主,其他种类的书籍为辅。受旧体制的影响,图书销售额不大。随着图书销售流通体制改革的深化,县图书销售量不断增加,销售金额也不断提高。1987年和1988年,全县图书年销售量分别为135.05万册、159.51万册,销售金额分别达60.24万元、91.01万元,其中基层供销社图书专柜实现销售金额1.3万元。1989年全县图书销售量为165.84万册,销售金额首次突破百万元大关,达112.89万元,其中基层供销社图书专柜实现销售金额4.65万元。1991年,花垣发行《毛泽东选集》第二版雄居湘西自治州8县(市)首位,当年获湖南省新闻出版局《毛泽东选集》第二版宣传发行一等奖。1993年后,基层供销社图书专柜经营图书每况愈下,至1995年与县新华书店中断合作关系。

1995年全县图书销售金额288.17万元,1996年实现销售金额413.40万元,图书销售量突破两百万册。1999年县新华书店推行门市部承包试点工作,率先在湘西自治州内打破大锅饭旧体制,门市部销售图书量比往年增大,服务质量大为改善,图书年销售金额达638.78万元,销售量达193.79万册。后因执行国务院"学生减负、课本减量"的政策,销售量下滑。2000年销售金额578.11万元,销售量139.36万册,销售金额比1999年减少60.67万元,下降幅度为9.5%,销售量减少54.43万册,下降率达28%。

第二节　文　物

花垣县文物管理所的前身属花垣县文化馆。县文化馆与图书馆分开后，文物由文化馆珍藏。1986年文化馆文物管理员专门负责文物管理工作。1992年5月县政府行文成立"文物管理所"，为独立机构，隶属县文化局。1997年文物管理所正式与县文化馆分开，编制3人，办公场地设在文化馆，负责全县文物调查、征集、考古发掘、保护管理等工作。库房配有报警器、灭火器、散热排扇等设备，并配专人管理。

一、出土文物

1987年3月，龙潭镇金溶村出土窖藏铜器铜鍪二件，腹、口部残，其中一件底部残，口径29.4厘米，腹径51.5厘米，底径20.5厘米，腹部饰扁圆形双耳，底部内饰有"双鱼"图案及"宜侯王"三字。另一件为残片无文字。5月，猫儿乡老虎冲出土窖藏文物铜洗、釜，均残破。1988年7月8日，团结镇长兴村、浮桥坪出土窖藏錞于1件、铜钲1件，经专家鉴定，錞于、铜钲是春秋战国时期的军用乐器，錞于具有明显的巴式特点，净重6.25千克，整个器形呈椭圆形，内空，上盘顶部有虎纽、虎昂首翘尾，色泽铜绿，为紫铜浇铸。10月29日，团结镇水田村出土窖藏铜器9件，尚可辨识器物有汉代双耳釜3件，其他严重残损。1989年4月，茶洞文化遗址标本中发现距今8000年的彭头山文化遗址。1992年2月，道二乡古墓出土的文物暖帽、朝珠、补服、行袍、套裤、被盖、镯、扇、长筒鞋等，为清代五品官员遗物。3月，雅桥乡油麻村出土窖藏文物，铜盉、锥斗、铜盘3件，经湖南省文物鉴定小组鉴定有1件为国家三级文物。1994年2月，吉卫镇排达坝村出土器窖藏物铜簋、洗等共计5件，器物均残破。1997年6月，团结镇马道子村出土窖藏器物铜盆、铜洗及洗，大部分器物残破严重。2000年1月，湖南三立集团扩建厂房时发现磨岩坡的商、周遗址，面积150平方米，文化层厚达2米，共分四个层次，涵盖了商、周、宋、元、明、清7个历史朝代；出土商周时期贵族朝聘、祭祀、丧葬、征召的玉制礼器玉璜、弧形玉器，同时出土石斧、石纺轮、陶器片等。2月，茶洞发掘古文化遗址100平方米，旧石器45平方米，揭层中露13个文化层次单位，解剖两个厚生地层单位。一层至第六层为汉代到清代，涵盖汉、晋文化与商周时期文化堆积层，同时发掘房子5座，分属商、周、汉、晋、明、清各个时期，均属木结构建筑，正平面呈长方形状态，晋以前为红烧土地面，柱洞排列规整。明、清房址各1座，木结构建筑；汉窖址2座，发掘出土文物有骨针、古钱币、陶器、器形有釜、鬲、鉢、支座、碗等，出土旧石器时代文物有打制石器11件，石锤18件，器形有砍砸，尖状器，石核等。另有清代墓一座，出土文物有乾隆通宝，清花瓷杯等。4月开始挖掘，出土较完整的有青花瓷器、陶罐等器物，是湘西自治州首次发现的瓷窖。12月，对茶洞旧城遗址进行抢救性发掘，出土打制、磨制石器、砍砸器、骨针、兽骨牙、陶、瓷器及古人居住遗址、窑址等旧石器时代遗迹和遗物。此次考古发掘，揭示了旧器时代、商、周至明、清各个主要历史时期人类活动的发展史和文明史的脉络，将清水江流域人类活动史追溯到万年前，填补了清水江流域旧石器时代考古学的空白。

2000年底，县内收集、发掘、整理的馆藏文物由原来的680多件增至908件(套)，器物有铜器、瓷器、玉器、服饰、字画等。

二、文物保护管理

保护　1987年5月8日，根据省、州要求，县人民政府发出“关于开展全县文物普查”的通知，并成立县文物普查领导小组，拨专款2000元，湘西自治州文物普查办公室拨款2500元，邀集湘西自治州内技术力量，有组织、有计划地在县内开展了一次全面系统的文物普查工作。这次文物普查16人组队，分成5个普查小组，历时22天，普查乡镇19个，自然村119个，总行程2079华里，走访1045人次；发现新文物点64处，其中古文化遗址43处，古城址2处，古窖址5处，古墓群4处，古建筑2处，古碑刻8处。1989年、1990年经过复查，新发现古墓群3处，古遗址7处，均系商周至汉代文。同时，明确排吾乡“石栏杆”“兄弟河引水工程纪念碑”、雅西乡“黄瓜寨”石三保起义旧址、花垣“抗日革屯碑”两块、吉卫“烈士纪念塔”和“老卫城”为文物保护单位。1995年5月27日，对茶洞镇“古文化遗址”“中国边城碑村”“国立茶师旧址”“古镇民居”等15处保护点实行挂牌保护。2000年，完成雅西乡黄瓜寨乾嘉苗民起义遗址、吉卫镇烈士纪念塔和排吾乡石栏杆三处文物保护单位保护范围的划定工作，并与保护管理部门签订责任书。

管理　1986年，对县内新中国成立前后出土的400多件文物进行编号登记，分类入柜，并对湖南省文物鉴定小组鉴定为一、二、三级的69件文物分级入柜，专人负责保管。1995年对县内重点民族古建筑民居民宅民俗开展调查。1997年将文物普查结果编入《中国文物地图集湖南分册》。1998—1999年，对保存较好的排碧8栋、排吾27栋清代木质结构建筑进行登记、编号，请省文物鉴定小组鉴定，配合公安保卫股检查15人次。2000年，购买3千克药物对入柜文物进行防腐、防霉，通风排气9次，防火、防盗检查48人次，重点部位检查189人次。

第五章　电影　报刊

第一节　电　影

1986年，花垣县电影公司有工作人员35人，设办公室、宣传组、放映管理组、修理组、影片发行组、财务组等。下辖县城和乡镇20个电影院和1个投影厅。

1988—1989年，花垣县电影事业快速发展，电影放映达600场次，观众达9万人次。全县21个乡镇均有自办电影队，另有村办电影队75个，放映人员160多人。电影公司成立以来，共培养放映技术人员125人，其中放映技师5人，助理技师3人，技术员11人。乡镇办电影队配有兼职或专职宣传员，公司宣传组负责技术培训及资料供应，宣传指导。1990年配合开展社会主义教育活动举办幻灯调演，共有11个队11个节目参演。1991年，电影公司制作的幻灯节目《兄弟河欢歌》代表湘西自治州出席湖南省农村社会主义教育幻灯调演。1993年后，文化市场进一步开放搞活，新兴文化娱乐蓬勃兴起，各乡镇电影队业务逐渐减少。1997年，乡镇电影队全部消失。1998—2000年，电影公司推行内部改革，通过门面集资、建招待所、电影院租给文艺团队演出，县城电影仍有市场。

第二节　报　刊

一、《锰业报》

1995年3月，县锰一厂创办《锰业报》，为四开四版月刊，每期印发120份，有编辑4人，主要刊载锰业开发及生产经营动态。到1997年6月，该报出版23期共3240份。8月，锰一厂并入湖南东方锰业集团股份有限公司，《锰业报》改由东方锰业集团主办，为季刊，每期印发600份，刊载内容有所增加，主要用于企业内部信息交流，并赠送上级主管部门及湖南省、湘西自治州、县领导参阅。到2000年底止，该报又出版发行16期共9600份。

二、《朝阳报》

1999年11月1日，县民中团委、学生会和《晨露》文学社联合创办《朝阳报》，编辑、记者均由该校学生担任。为四开四版，主要面向县内教育系统师生员工发行。刊载校园新闻、学生文艺作品，稿源多来自学生。发行量由最初的20多份增至2000年底的1.5万余份，并由手抄报发展到电脑程序编排套红印刷。

三、《三立报》

2000年8月，湖南三立集团创办《三立报》，为四开四版，有编辑4人，专职记者2人，并配备摄像机一台、照相机三台。该报为旬刊，每期发行量为1万份，除本公司人员人手一份外，还以交流的形式为全国各地的有关读者寄发。主要刊载国内外时事和本企业的生产管理、经营信息，辟有文艺副刊。截至2000年底，共出刊120多期，发表稿件6万多件，其中有3件作品获湖南省新闻宣传奖励，5件获湘西自治州新闻宣传一等奖，20多件被《中国有色金属报》《中国化工报》《工人日报》《湖南工人报》《中国民俗》《团结报》《婚姻家庭》等报纸杂志转载。

第六章　文化行业管理

第一节　文化市场管理

1986—1988年，随着文化体制改革的不断深入，县内文化市场发展较快，录像厅、桌球、个体书摊、电子游戏、游艺场、业余剧团等文化娱乐载体应运而生，文化市场管理较为混乱。

1990年3月，成立文化市场管理站，隶属文化局，编制3人，负责全县文化市场的规划、检查、整治等工作。是年，制定娱乐场所管理制度14条，书刊市场管理制度9条，并定期检查制度落实情况，基本扭转了娱乐场所和书刊市场混乱局面。同时，重点抓文化市场经营场所的清理、整顿，对县内457家文化市场经营户予以登记造册，签订责任书400份，发放有关法律、法规资料2800份，制作张挂宣传横幅标语280幅(条)，宣传牌12块。1992年，结合实际制定规范化、系统化、科学化管理制度。由于管理成效显著，受到湘西自治州文化局和县领导的好评，全州文化市场管理现场会议在花垣召开。

1993—1995年，文化市场管理进一步规范化、法规化。每年10月定为文化法规宣传月，采取标语、电视讲话、苗歌、三棒鼓等多种形式进行宣传，并将苗歌、山歌演唱资料收录成集,在全县巡回播放宣传,收到了较好效果。全县城乡主动缴纳管理费的经营户达72户,收入1.1万元。期间,发展农村发行站一个,确定兼职稽查员4个。1997—1999年,大力宣传《湖南省文化市场管理条例》,每年举办一期经营户和执法人员培训班。2000年文化市场管理工作进一步规范化,规范办案、审批证照程序,完善了档案分类,实行稽查人员和从事文化经营人员一律挂牌上岗。

第二节　文化稽查

1986—1989年,文化管理站共有文化稽查人员5人,主要任务是打击淫秽录像的放映,遏制淫秽书刊的流行,3年共收缴淫秽录像带58盒、淫秽书刊708本。1990年后,文化稽查内容扩大到打击文化领域中的黄、非、赌、腐。1991年坚持"扫黄"整顿文化市场。县文化局与公安、工商等部门联合对文化市场开展5次综合大检查,查处传播淫秽录像案一件;取缔无证经营录像个体户一户;收缴非法出版图书180册、图片900张,禁售音带11盒;没收封建迷信宣传品627张。1994年成立县文化市场管理委员会,文化稽查员由5人增至8人,重点开展"扫黄打非"集中行动,全面检查整治文化市场,查出8个放映点放映淫秽录像,收缴淫秽带9盒,罚款13000元;清查书店3个,书摊6个,图书4.5万册,其中收缴非法出版图书180册。清理县城所有电子游戏室,收缴赌机15台。1995年,农村音像、卡拉OK厅空前发展,各乡镇文化辅导员纳入县文化稽查员行列,统一持县级文化市场稽查证上岗。1996年共清理电子游戏经营户48户,游戏机具291台,取缔无证电子游戏经营户4户,没收赌机21台,罚款4000元。在13个条件较好的乡镇建立文化市场稽查队,其业务由县文管站指导和管理。1997年,县文化局组织人员对全县娱乐场所进行全面稽查清理,查出非法出版物631盒,收缴非法经营彩电10台,放像机15部,盗版书110本,黄色书17本,封建迷信书2593册。1998—1999年,重点清理"黑网吧",共取缔"黑网吧"9家,罚款2800元。2000年,县文化局内成立文化稽查大队,共有执法人员40人,并集中开展4次大规模的"扫黄打非"活动,开展文化市场专项检查60次,清理21次,使文化市场逐步规范。

第三节　广电事业管理

一、舆论导向

20世纪80年代,广播宣传始终围绕党的工作中心,坚持正确的舆论导向,坚持正面报道,充分发挥党的喉舌作用。1986年,县民族广播站制定并付诸实施《广播宣传目标管理实施细则》,共播稿3368件,比1985年增加612件,其中省以上用稿28件。1987—1989年,以宣传深化改革为中心,加强舆论引导和监督,积极为治理经济环境和整顿经济秩序服务。1988年10月19日,县粮食局发出《关于城镇人口实行限购当月定量口粮的通知》后,一时议论纷纷,人心惶惶。县民族广播站抓住这一热点,组织稿件,采取多种形式,及时进行正确的舆论引导,为群众释疑解惑,平息了风波,稳住了局势。1989年,县广播站为使广大群众弄清北京发生的政治风波真相,先后播出稿件271件,其中苗语节目17件,苗歌40首次。1990年重点宣传农村社会主义思想教育，在广播电视新闻节目中增设《农村生活》和《社教阵地》两个专题节目，全年共播出社教专稿1550件，宣传各类典型30多个。1991年围绕“科技兴农”这条主线，加大对农业的宣传，开办《苗语科技》《我说双两大》两个专题节目，促进全县掀起栽插“双两大”、种植“地膜玉米”的高潮。当年共栽插“双两大”6626公顷，种植“地膜玉米”3000公顷，农业获得大丰收。1992年重点开展改革开放宣传，先后报道县纺织品公司、县纸厂、县劳动局、县粮食局、县农业局等单位的改革情况，引起县委县政府的高度重视和大力支持。1995—1999年，重点宣传扶贫攻坚，大力宣传101个村扶贫攻坚工作、脱贫致富典型，重点宣传湖南省、湘西自治州、衡阳市和各个部门扶贫工作。2000年宣传工作强化服务、导向、精品及管理意识，从领导把关、稿件审查到频道规范、播出准时，进行一系列制度化、标准化管理。全年共播发电视新闻1005件，系列报道40组，广播新闻380件，专栏137期，专题8个，录播晚会1个，直播晚会2个。在湘西自治州台上稿190件、湖南省台上稿64件、中央台上稿3件，其他新闻媒体上稿268件。至2000年底，在各级新闻媒体播出各类新闻稿件总计109314件。

二、音像行业管理

花垣县音像管理发行站属县广播电视局自负盈亏经济实体，主要负责录像放映和录像带的发行管理，禁放淫秽、禁映带。1986—1988年发行放映国内合法出版带418盒，对18盒有教育意义的录像带实行免费放映，组织城乡干部群众、学校师生观看和评论，共免费放映398场次，受教育群众19.86万人次。1988年全县放像队发展到46个(含内部放像队)，营业性放映3960场。

1990年，县文化市场管理站正式接管县广播局音像管理发行站工作，成立“县清理整顿书刊和音像市场领导小组”，并组织人员大力宣传《中华人民共和国著作权法》《湖南省文化市场管理条例》《音像制品管理条例》，运用这些法律法规规范、管理音像市场，整治淫秽、盗版、走私、翻录、复制的非法音像制品。同时，对录像带发行站、出租点、放映点和音带、卡拉OK录像零售点实行按年度换证及缴费管理。1990—1992年，共发放许可证103户，取缔无证经营户21户，停业整顿12户，配合工商部门吊销营业执照6户，收缴、没收淫秽、盗版音像制品489件。1996年重点规范音像发行渠道，放映点定点租片、出租点定点购片、年限量购新片200～300盒；实行音像经营人员持证上岗制度；对音像市场进行规范管理并定期检查。1997年，按照交证件、调查取证、裁决处理三级审证等办法清理整顿音像市场，对涉及立案处理的4户经营户按照三级审证的程序办结了案件。

1999年，县音像管理发行站认真贯彻执行《湖南省文化市场管理条例》及各级主管部门的有关精神，建立健全发行管理制度，严格执行物价等一系列有关政策法规，努力净化文化市场，杜绝了各种违章现象的发生。是年，从上级主管部门正规渠道新购内容健康、形式丰富多彩的录像带443本。

2000年，规范音像制品出租和歌碟零售行为，对录像放映采取填写日报表、夜市放映审批表的管理措施，共与音像经营户签订责任书400份，发放法律法规宣传资料2800份。通过对音像市场的规范管理，县内137家音像厅得以全面整治，音像市场朝着健康有序的方向发展。

第二十三篇 民 族

1986年，花垣县境有苗族等少数民族5个，人口179412人，占花垣县总人口81.88%。1990年第四次人口普查，有苗族等少数民族9个。2000年第五次人口普查，有苗族等少数民族14个，人口220039人，占全县总人口81.90%。

县境苗族自称“仡熊仡黐”(ghobxongbghobyix)，有自己的民族语言，属汉藏语系苗瑶语族苗语支。新中国成立前，苗族无文字。1956年，经中共中央、国务院批准，苗族东部次方言以花垣县吉卫苗族聚居区苗语为基础音、用拉丁字母拼设苗文，结束了当地苗族无文字的历史。1986年，花垣县有苗族人口168127人，占总人口76.72%。2000年，有苗族人口206495人，占总人口76.85%，分布于21个乡镇。苗族常用苗语，多数已通用汉文。

县境土家族多为迁来民族，主要分布在花垣镇、长乐乡、团结镇、茶洞镇、麻栗场镇和大河坪乡等。1986年，花垣县有土家族人口11208人，占总人口0.05%。2000年有18049人，占总人口0.07%，通用汉语汉文。县域内侗族住汉区的说汉语，住苗区的说苗语，2000年有人口557人，主要分布在团结、茶洞、民乐、花垣镇等乡镇。县境白族人操白族语，通用汉语汉文，2000年有人口22人，主要分布在花垣镇。回族，2000年有人口30人，主要分布在花垣镇、猫儿乡，通用汉语汉文。瑶族，2000年有人口10人，分布于团结、花垣镇，通用苗语、汉语。蒙古族，2000年有人口43人，主要分布在雅西、吉卫、龙潭、花垣镇等乡镇，通用汉语汉文。维吾尔族，2000年有人口43人，主要分布在茶洞、猫儿、长乐等乡镇，通用汉语汉文。壮族，2000年有人口26人，主要分布在大龙洞、长乐、花垣镇等乡镇，通用汉语汉文。藏族，2000年有人口35人，主要分布在麻栗场、窝勺、花垣镇等乡镇，通用汉语汉文。彝族，2000年有人口17人，主要分布在两河、吉卫、花垣镇等乡镇，通用汉语汉文。布依族，2000年有人口12人，主要分布在补抽、团结等乡镇，通用汉语汉文。朝鲜族，2000年有人口12人，主要分布在花垣镇，通用汉语汉文。满族，2000年有人口13人，主要分布在长乐乡、花垣镇，通用汉语汉文。

第一章　民族事务管理

第一节　机　构

1983年，县人民政府办公室民族事务组管理县域民族事务工作。1985年5月，县人民政府行文撤销民族事务组，成立花垣县民族事务委员会（简称县民委），为科级机构，定编4人。1988年，县民委内设办公室、文化教育组、财政经济组和古籍抢救整理办公室。1989年设政策法规工作组，工作人员由内部调剂配备。5月，成立县民族研究所，编制5人，专司民族文化挖掘研究工作，苗族傩戏开始恢复。1992年，县古籍办并入县民族研究所，归口县民委管理。2000年县民委定编8人。民族研究所定编4人，为副科级事业单位，配所长1人，归口县民委领导。

第二节　民族成分审核

1985年，根据国家有关规定，县民委开始进行民族成分的恢复和更改工作。1987年4月，根据州民委、州教委、州招生办联合下发《关于大中专院校招生严格审核考生户籍和民族成分的通知》精神，县民委决定在3～8月为考生进行民族成分的审核和更改。当年，共为420人办理更改民族成分手续。1988年底，县民委根据上级有关规定，停止更改民族成分工作，考生民族成分审核工作继续进行。到2000年，仍沿用1988年民族成分工作规定。

第三节　民族政策宣传实施

一、民族政策宣传

1986年7月14日《湘西土家族苗族自治州自治条例》颁布实施，县人民政府印发《民族团结学习资料稿编》进行宣传。1990年《湖南省实施〈中华人民共和国民族区域自治法〉的若干规定》公布施行，县人民政府印发《民族政策学习资料》和《民族知识百题问答》共400册广为宣传。1991年转发州民委主任龙廷光编写的《马克思主义民族理论与民族政策宣传提纲》500份。自此，县民族中学和花垣小学等均增设民族理论与民族政策教育课。9月，县民委举办县直机关、学校、厂矿企事业单位民族知识大奖赛，共有38个代表队124名队员参加比赛，观众达7000余人。1993年转发州民委副主任向世银编写的《民族理论与民族政策讲稿（提纲）》500份，供县委党校教学采用。2000年初，编辑印发《民族政策文件选编》3000册。1986—2000年15年间，共采编民族工作新闻稿件160件，墟场广播85场次，组织编写苗歌山歌500篇（首），宣传教育面达60％。县委党校利用长、短期培训班进行民族政策宣传，县领导讲课30场次，民族工作干部讲课15场次，全县受训干部达1500人次。

二、支持民族地区经济社会发展

1984年,省、州民委下拨花垣县发展民族经济资金68.5万元,扶持农、林、商、工业及加工、民族文化、教育共21个项目。1985年成立县民委,上级又下拨全县民族发展资金69万元,安排19个项目。1986年,花垣县首次被国务院确定为国家重点扶持的贫困县,此后各年都得到上级扶持一定数量的民族资金。

1984～1991年,省、州民委安排下拨给花垣县民族资金共372.8万元。其中支援经济不发达地区发展资金326.9万元,少数民族补助费39.4万元,民族基建补助费(1987年边疆建设费)6.5万元。项目注重全方位扶持,安排了工业企业25项53.35万元,农业15项23.98万元,林业45项24.43万元,畜牧、渔业38项46.93万元,水电28项36.3万元,交通9项19.1万元,教育63项34.7万元,文化广播14项13.55万元,卫生体育等项24项58.44万元。

1992年后,上级在扶持发展资金的同时,重点扶持具有产业开发的项目,实行集中投放,新增发展资金、温饱基金、企业贴息、低息贷款或贷款贴息扶持。其中1992～1993年获上级扶持的民族资金350万元,1997～1998年上报已批项目18个,投放本县资金443万元。1999上级审批县里上报项目22个,下达资金198万元。

1999—2000年,县委、县政府共投入民族发展资金358万元,重点扶持龙潭镇金溶村口粮田、提水灌溉及农业综合开发等项目建设,新修水渠2500米,新开口粮田8公顷,建成人饮工程一处,开发梨、桃、李基地面积43公顷;扶持龙潭镇修建兴隆大街;扶持雅酉镇扪岱村建成林果基地28公顷。

三、民族干部培养

1986—2000年,为培养少数民族干部,全县先后选派1800多名少数民族干部到大中专院校和各级党校学习、培训。2000年底,全县5259名干部中有少数民族干部4691人,占89.2%;在县委、县人大、县政府、县政协的41名副县级干部中有少数民族干部35人,占85.4%;在县直部、委、办、局和乡镇科局级干部中有少数民族干部908人,占89%;在全县3647名技术干部中有少数民族干部2976人,占81.6%。在花垣工作后被提拔重用为副省级的少数民族干部有石邦智、石玉珍、吴运昌等3人,为正副厅级干部的有石昌禄、龙爱东、石维斌、石邦庭4人。

四、文化扶持

20世纪50年代,国务院组织中国科学院、国家民委和省、州民委在花垣县进行实地考察后,在贵州省贵阳市召开苗族语言、文字问题学术讨论会。会议确定以花垣县吉卫镇腊乙村苗语为标准音,创立苗族东部语言文字方案。1983年州苗文办公室在吉卫镇鸡司村、腊乙村两所小学开办苗文试点,随后在吉卫、补抽、雅酉、麻栗场4个乡镇32个村小学开设苗文课程,参学儿童1315人。有关部门还运用苗文传授科学技术,用苗文翻译《冬季油菜管理》《谷种'三起三落'催芽技术》《柿子嫁接技术》等技术资料,用苗文编著《威优'六四'栽培技术》《天麻栽培技术》等科技书籍。教育部门在12所小学的17个班开设"双语双文"教学课程。1988年,召开全县第三次苗文工作会议,推荐203名农村知识青年到州苗文学校参加师资培训,培训结束后,将学员安排到县内苗区小学开设苗文课程。1989—2000年,县政府在组建县苗歌剧团的基础上,文化部门协助麻栗场镇老寨村、吉卫镇和葛藤村、茶洞镇隘门口村相继组建3个业余苗歌剧团和1个业余阳戏团。这些剧团每逢重大法定、传统节假日,则运用苗歌苗剧、快板、三棒鼓等形式,在湘、川、黔边区农村巡回演出,既弘扬民族文化,又增进民族团结。

五、财政税收照顾

自1986年花垣县被确定为国家重点扶持的贫困县之后,财政补贴逐年增加,税收返还率不断提高。1986－1988年,全县继续免征农业税。1990年,全县农业税社会减免原粮220吨,民族减免

320 吨，共计减免原粮 540 吨，折合税金 23.86 万元。1986－2000 年，国家财政补贴花垣县 48179 万元，其中扶贫资金（1996－2000 年）8472 万元，专项追加资金 11740 万元，定额补贴资金 15568 万元，支出下放资金 1426 万元（1989－2000 年），税收返还 5646 万元（1994－2000 年），工资补助 1188 万元（1999－2000 年），决算补助资金 1744 万元，转移支付资金 1796 万元（1997－2000 年），其他补助资金 599 万元。

六、贸易照顾

1986 年，国家为确保民族地区经济繁荣稳定，设立民族特需用品及劳保用品平价供应专柜。所供商品有：金银首饰、民族织锦、花带、劳保皮鞋等 4000 多种。1995－2000 年，国家财政每年拨给县供销联社收购农副产品补贴 25 万元。

七、升学照顾

县域少数民族学生毕业参加中、高考均享受以下优惠政策：在同等成绩条件下，优先录取少数民族学生或定额招收；少数民族高考考生考试总成绩另加 20 分；实行定向招生和定向分配。1986—2000 年，全县共被录取大、中专院校学生 4463 人，其中少数民族学生 3570 人，占录取总数的 80％。

第四节　民族文化研究

新中国成立至改革开放初，花垣就有不少文人志士自觉研究苗族文化，其中石成鉴、龙炳文、石仕贞、吴武生、石琅斋等在苗族民间故事方面涉足，并有论文在省内外和州县级刊物发表。在县直相关单位主持下，1982 年、1986 年分别整理编印《花垣民间文学资料》《中国民间故事集成湖南卷·花垣县资料本》。1984 年后，以龙炳文、张应和为代表的苗族文化研究，初步形成一支水准较高的队伍。主要包括石仕贞、石昌炽、石家齐、石邦本、田彬、伍乾良、刘善述、石英伯、王华祥、陈自琨、田兴秀、石寿贵、石邦明、简隆军、麻明进、吴心源、石兴文、杨再彪、麻荣富等，并将研究领域拓展到哲学、政治、历史、经济、文艺、医学、宗教等方面。编辑整理花垣苗族的资料有《夜郎风情录》《崇山文集》《花垣民族经济政策研究论文集》《花垣苗族》《竹王的故乡》等，并在各级书刊发表一大批高质量的研究论文。龙炳文所著"苗族族源"编入《湘西苗族》、"湘西苗族巫师的'坐尸竖葬'"入编《民俗》杂志出版，"别有风趣的苗族除夕夜"被翻译成八种外文发行；张应和写就多篇苗族研究论文在周边省及国家级书刊发表，并在州古籍办出版专著；石家齐、石邦本都发表了数十万字的论文，其中有关乾嘉起义"宏伟的胆略求实的战术""苗族传统道德观念剖析"分别入编《苗族史文集》和《苗族文化论丛》；田彬有上百万字论文发表，其中"离骚新解""古老的哲学，辩证的思想""湘楚苗族婚俗别议""老子与生命科学"分获国家级奖，被《新华文摘》《中国新时期社会科学成果荟萃》编载；1987 年 8 月，麻明进在湖南美术出版社出版发行《苗族装饰艺术》；1988 年，龙炳文、麻明进"充满幻想的苗族装饰艺术"等苗族服饰、刺绣论文在《装饰》（中央工艺美院）季刊刊用；1990 年，龙炳文在岳麓书社出版发行《古老话》，并于 1993 年与雷安平、田兴秀在湖南出版社出版发行《苗族生成哲学研究》；1995 年，田兴秀在云南民族出版社出版发行《苗族医学》，且其数十篇论文在省、国家级刊物发表；石仕贞、石兴文撰写的"苗族蚩尤拳"等数十篇论文在各地发表、交流；石英伯、王华祥、麻明进撰写的民族经济政策研究论文被州级评为优秀论文；石寿贵撰写的数百万字"巴代"资料有待出版。

一、苗族生成哲学

苗族生成哲学即"事物生成共源根"，是苗族先民创作且代代传承下来的哲学理论体系。由苗族大法师龙玉六口诵，龙炳文、田兴秀等共同整理注释的《苗族生成哲学》是苗族《古老话》后换篇中的第七章。1993年经湘潭大学教授雷安平任主编、龙炳文和田兴秀任副主编,由湖南出版社出版发行《苗族生成哲学研究》,成为湘西州乃至全国第一部苗族哲学专著。苗族生成哲学全章共3节49句,第1节19句,论述事物(宇宙)生成源根和人类进化历程;第2节16句,论述事物生成的基本要素、相互关系和结局;第3节14句,论述"生"和"成"的辩证关系,在中国传统哲学中独树一帜。

苗族生成哲学指出事物生成的三大要素(即能量、物质、结构),事物生成的三大关系(生成相资、生成相制、生成相需)和事物生成的三大结局(生成胜负、生成难全、生成增多变好)等内容。其思维基础是老子《道德经》"道生一、一生二、二生三、三生万物"的"三元论",即事物都是"一分为三"的和生成的"三位一体"。"真善美""假丑恶""上中下"等都是《苗族生成哲学》阐述的重要方面。

二、苗族古历

2000年,《湘西科技》杂志第五期发表了花垣苗族青年学者吴心源编写的《苗族古历》,首次将苗族世代相传的苗族古历披露于世。《苗族古历》宣称中国苗族古历体系属阴阳历,以太阳历为主。苗族古历以十二生肖计时、日、月、岁,一岁365.25日,阳历平岁365日,闰岁366日。每岁分为动月、偏月、1月、2月、3月、4月、5月、6月、7月、8月、9月、10月,其中1、3、5、7、9月为月长日,每月31日;动月、偏月、2、4、6、8、10月7个月为月短日,每月30日。以"冬至"为岁首、年首、节首、气首,属中国历法"子正人统"。一岁分"冬至"(阳旦)、"夏至"(阴旦)两个年节,"冬至"前一日为苗历大年。一岁分冷、温、热三季,分上半岁和下半岁,每半岁中冷季、温季各占两个月,岁中冷、温、热季各占4个月。上半岁由"冷渐热",下半岁由"热渐冷",岁岁循环往复。4岁1闰,附加值为1日,闰月31日。闰在动月,亦即岁首。苗历10月的最后一日("冬至"前一日)为除夕夜。

中国苗族古历与古埃及历同属太阳历,每岁365日,4年一闰。与古埃及历所不同的是:古埃及历闰年的附加日为6天,苗族古历闰岁的附加值仅为1日。苗族古历与太阳回归长度365.25日一致,天狗周期为1460岁,准确率极高。

苗历十二个月与二十四节气表

表23-1-94

个　那	月　份	生　肖	天　支	节　气	季　节
那动	动月	鼠	子	冬至、小寒	冷季
那若	偏月	牛	丑	大寒、立春	冷季
那阿	1月	虎	寅	雨水、惊蛰	温季
那欧	2月	兔	卯	春分、清明	温季
那步	3月	龙	辰	谷雨、立夏	热季
那背	4月	蛇	巳	小满、芒种	热季
那坝	5月	马	午	夏至、小暑	热季
那找	6月	羊	未	大暑、立秋	热季
那囧	7月	猴	申	处暑、白露	温季
那益	8月	鸡	酉	秋分、寒露	温季
那皎	9月	狗	戌	霜降、立冬	冷季
那谷	10月	猪	亥	小雪、大雪	冷季

三、古老话·礼词·理词

古老话　苗语称“度果度约”(dutgnot-dutrot),是一部讲究声韵、对仗的苗族史诗。20世纪60年代,龙炳文等将龙玉六大师口诵并流传于花垣境内的《古老话》整理兼汉译成书,1990年11月,由湖南省少数民族古籍办公室主编,岳麓书社出版第一版。

《古老话》对天地山川的形成,人类的诞生繁衍,历法的问世,武器的创制,婚姻状态及社会发展等一系列自然和社会历史,作了原始而质朴的解释。全书共3篇12章34万余字。第一部分为“开天立地篇”。该篇对宇宙之初作了描述:“古时天上灰蒙蒙,地下黑沉沉;天地相连,乾坤相近;水里无行船通筏的道,地上无走马走驴的路;天空无飞鸟,水里无游鱼。”“盘古开天,南火立地”。盘古开天和南火立地经历了:仡射、仡箭先射掉天空多余的日月,仅留一对,相继经天而行,然后,“日夜劳作,忙碌非凡”“移土补地”“炼石补天”,继而又“立山立岭,开冲开坪”。第二部分是前朝篇,反映苗族“远古期”的历史。第三部分是“后换篇”,是苗族“上古期”的历史见证。

礼词　是苗族在举行婚姻或丧葬等仪式中的吟诵之词。吟诵者被尊称为“礼郎”(苗语称为“江度”)。礼郎一般年纪较大,资格较老,故又有“礼老”之称。礼郎见多识广,机敏睿智,不仅能娴熟地将成套的礼词背诵出来,而且能随机应变、即兴成章,予礼词以新的补充。在众多礼词中,婚姻礼词最为流行。张应和、彭荣德整理诠释的《苗族婚姻礼词·联姻起始》(岳麓书社1987年12月第一版出版)中云(汉意,下同):

女儿大了不知出嫁,男儿大了不知娶亲;
女儿大了一屋挤啊,男儿大了一屋睡。
他们白天冥思,他们晚上苦想;
白天数草数芥,晚上望月望星。
一把铁夹啊,有阴阳两面,
一间房子啊,有男女同欢。
……
鸭要两只,才守得住门前的池塘;
鱼要一对,才守得住屋后的深潭;
黄鹂要有两只,才守得住丛林;
阳雀要有一对,才守得住深山。

理词　昔日,苗族地区普遍有“神判”习俗。即每遇到口角言语,田土纠纷,打架斗殴,夫妻不睦等,双方常去天王庙当着神面吃血赌咒,以判是非曲直。但也有民间调解,调解者被称为“理老”。“理老”评理及当事双方辩论的语言载体,便是“理词”。一方理老讲完后,另一方理老随后辩驳。

如:婚姻纠纷理词(汉意):

婆家:

请了聪明的长老,
请了成年的理郎,
请来南方的启明星,
请来北方的长明星,
请了管寨的长老,
请了地方的豪绅;
要喊山岭上的土地,
要喊土地边的大树;
你们像竹子高过了山,
象树子高过了岭;
拿裁缝剪刀来剪齐裙边衣角,
拿木匠斧头来削平木头竹尖;
你们要把弯的弄成直的,
要把大的砍成小的,
要把高的砍矮,
要把凹的填平;
莫让大锣大鼓乱敲啊,
不准乱说让人家知道;
他家这个姑娘(指媳妇)呀,
白天不做工夫,
晚上不肯为人;
割草跨过崇山,
拔笋越过峻岭,
上山去吹木叶,
下坡去打口哨;
到深山野外唱歌,

在山洞丛林讲话；
得罪了祖宗，
得罪了父老；
没有良心，
不成样子；
轻薄的道德，
厚厚的脸皮；
他家的姑娘挑水没满桶，
打柴没满背笼；
后生愿作被子，
姑娘不愿作垫席；
后生愿意做瓦，
姑娘不愿做椽皮；
在家鼓皮鼓眼，
在外搬弄是非；
今天住这家，
明天住那家；
赶场赶边边，
半夜三更去，
鸡叫的时候才到，
狗叫的时候才回；
得罪了祖宗，
得罪了父母；
他家的姑娘像老牛走过了正道，
像老马越过了路轨……
这样啊，我们来等大家评理。

理老：

你们两家花钱花米请我们来，
我们三位理老，
上凭青天，
下凭旁听大众。
来把公道讲几句：
你们吵闹，
你们打架，
你们身上的血多了，
你们的盐罐生蛆，
你们的身上长疱，
我们来帮你们放浓汁，
我们来替你们放浓血；
放了浓血才好病，
放了浓汁才好走地方；
你们拿银子来买理，
你们拿金子来买话；
要像木瓢翻天，
要像盘子翻底。
把道理讲出来，把根据摆出来。
有理就能站得稳，
无理就会倒下去……
两家总有一家赢，
两方总有一方输。
得羊头就吃羊头，
得羊尾就吃羊尾。
高低不会在一条线上，
输赢不会同落一家……
日落要结这桩事，
月落要了这场理。

娘家：

讲理给理老听，
说明给理老看。
来帮我们思量，
来帮我们讲理。
你们三位理老顶得一名官，
三个婆娘当得一个男人。
你们讲姑娘割草越过了崇山，
你们讲姑娘拔笋跨过了山岭，
试问：过得山有多远？
过得岭有多高？
笋不长在坡上，
问你长在什么地方？
草要是长在你家里，
笋要是长在你家的坑边，
她还要上山越岭？
她算输了哪条？输了哪款？
你们说姑娘上山吹木叶，
下坡打口哨，
是什么样的木叶？

什么样的口哨？
找个凭证，
拿个把柄。
让理老来看，
让五百大众来解。
你们说她挑水没有满桶，
打柴没有满背篼，
你家挑水只有她一个，
你家打柴只有她一人，
要是挑水不满你喝什么？
要是打柴不满你烧什么？
说我姑娘没有归笼，
说我姑娘没有归窝，
问你：
她归上归下，
归南归北？
你们要讲给大家听，
你们要给大家说。
你们说她赶边边场，
你们说她场边唱歌，
看见了你们为什么不理睬？
为什么不把她抓获？
拿贼要拿赃，
捉奸要捉双。
一个栏里的猪，
你们为什么不抓两头？
一个笼里的鸡，
你们为什么不捉一双？
要是我讲输了，
就像死牛任你割，
死马任你剥。
……

如此层层深入地开展辩论，最后由理老判断是非曲直。

第二章　民族习俗

第一节　苗族生活习俗

一、衣着习俗

男装　以前，苗族男装多为短装。对襟衣多，满襟衣少。为保暖起见，老年男子穿满襟衣，衣长袖也长；安钉5对布扣，领下1对，肩下1对，腋下3对；袖长齐手指尖，均为青布做成。中年男子着青色对襟衣，多为柳条布或花格布，袖长齐腕，安钉7对布扣。少数青年男子衣着多花，胸前、衣领和袖口处均绲边绣花、色彩鲜丽。少年男子衣着多为“狗爪”花布，安钉布扣5对。男装裤子短大宽松，无论大人小孩，均用苗绣青花带绚系。小孩的花带一概打死结，以防脱落。苗家男子一旦成年（16岁）后，除夏天外，春秋冬三季一概戴头帕，脚裹青布或花布，套穿布鞋或麻板鞋。老年男子戴的头帕一般无花，长度在5米以下，而中、青、少年男子戴的帕子，不仅有花且长度在7米以上。20世纪80年代后，苗族男子在日常生活中很少穿苗装。

女装　全为满襟式，有便装和盛装之分。便装的上衣为藏青色，盛装的上衣是花衣，用缎子面布料作里。女装无领，腰大而长，左右两侧开岔放摆，前后两面边缘刺绣和挖云钩，袖口大尺许，袖长齐手背。胸前、袖口绲边绣花，安钉布扣5对，系织制花带、扣刺绣围腰或花腰裙，也有系红、绿、黄色的绸绢帕，两端吊悬于右方。裤子长齐脚踝、裤脚稍大且绲绣花边或数绣纱边。礼裙长而宽，齐脚背，短裙则短而小，仅长0.4米左右。裙缝成折叠，下摆边沿绣满花纹，缀花瓣五颜六色，鲜艳美观。衣服外面套着“背褂”(bibguax),汉称“背心”。背褂胸前绲花镶边,且挖有云钩。

花垣苗族妇女所戴丝帕,折叠极多,长7米以上。老年妇女多戴青色布帕或丝帕。雅酉等乡(镇)苗族妇女多戴竖条形花帕;民乐镇、两河乡苗族妇女有部分戴格子花帕,内外两层,布色各异。两地花帕均挽得很高,中间空心,可以代筐放物。脚穿船底形蓝色或白色的边钩袜子,套绣花布鞋。

20世纪80年代后,除老年人外,为方便生产生活,大多数苗族男女平时衣着开始与汉人一样,过年、过节或外出赴宴时则穿本民族服装。

银衣 银饰是苗族妇女服饰习惯的一大特色,银饰佩钉于衣上,即为“银衣”。银饰包括:手镯、项圈、戒指、银扇、银梳、银花、银绳、包头银片、银羽、银雀、银铃、银泡、银瓜子等数十种。有的苗族妇女全身所佩戴的银饰,重达5~10公斤。佩戴银饰,要着盛装,盛装绣各种花边图案。腰带用丝织品,染成绿色或蓝色。上衣与花衣用藏青色的缎子作面,布作里,两袖和衣下摆绣有彩色的花纹图案。下摆用1寸宽的缎子做底,上绣彩色的花、鸟、虫等纹样。

二、首饰习俗

银帽 又称接龙帽,苗语叫“本信”(benxxib),全套需银30~50两。制造方法较复杂:先用花纹的木槽,浇铸九块银簿块,再用银链连接成梯形箭状,然后用银制的鱼、虾、鸟、兽、牡丹、菊、桂、花卉等吊系于银片下端。连缀成朵朵银花,满置于帽上;银皮上镀金着彩,美观悦目;帽顶上伞状颤动银花束,帽檐有二龙抢宝和其他花纹。银帽前边,吊以飞蝶花苞,用银泡子联成宽约四寸网状,吊齐眉额。帽后亦有鱼、虾、鸟、兽、花、藤等,层层连缀,长约二尺余,吊齐衣边。苗家举行接龙盛会时,引龙主妇须戴银帽。

轮圈 苗语称“杠公根”(knotnghongdgind)。有单独戴,亦有加戴的,是项圈主饰品。此圈制小的需银10余两,制大的需银20两以上。先制成一条中间是四方形,两端是圆或扁状毛坯,后加热绞成形状弯弯扭扭的圆圈。两端做公母套钩,戴时相互钩住。钩柄上用圈银丝缠绞20道银辫,点缀美观。

扁圈 苗语称“杠公扁”(knotnghongdnbanb)成扁形,共为5匝,是项圈之中层饰品。圈心制成一根筋脉状,花草铸于其间,绞银亦需10余两,两端亦做公母套钩。扁圈扣戴于胸前,两头大中间小,苗族称为哈勾(headgheud)。

盘圈 苗语称“杠公班”(khotnghongdband)有打5匝一盘和7匝一盘的。此为项圈中的第三层饰品。轻者用银数两,重者用银10余两,中间打一银花板横压,使之成一盘。又用银丝紧紧绞着,以免松散。形如罗盘,故称盘圈。套钩安在后面,戴时扣住。

耳环 耳部装饰有金、银等品种。制有鱼、虾、花卉相配。有单丝环、龙头环、桃环、花环等多种式样。

手镯 又称“臂环”,臂环有圆的、方的、实心的、空心的、扭丝的、扭辫花的等10余种。无论哪种打法,均需钻花于上。佩戴时,少则一只手戴一只,多则一只手戴几只,双手所戴数应相同。

指环 俗称“戒指”,是戴于手指中节上的金、银环。有钻细花、吊花藤,有五连环、九连环等20多种。少则佩1对,多则戴4对,均箍于各手指的中节上。

挂扣 是用金(银)编成的梅花形链子,故又称“梅花链”。其制法复杂,先用银薄片编成数十或百余朵梅花,再将一朵朵梅花连在链上。该链有四面梅和二面梅两种。四面梅即四面均用梅花,需梅花100余朵,银8两。二面梅即两面用梅花,另两面用银圈连缀,需梅花80朵,银圈100余个,银5两。链两端做梯形或半圆形花片,里安挂钩。佩戴时挂于扣上,悬于右襟上。梅花链有独链和花链两种。独链即独根梅花链子。花链,即在梅花链两端挂钩下方,加缀一两层花片花束以增美观。

银纽 其式样有珠形、盘形两种。普通扣衣安单纽,也有数纽扣为一束的。银纽上,多钻花纹,以增美。

银链子　苗族妇女重要装饰之一。一般作系围裙之用,故又称"围裙链子"。除花链子外,还有两三层麒麟、狮子、鱼虾、虫类、花片等点缀。两端有挂钩,以钩钩住裙。

牙芊　挂于胸前右方。上端安小银圈一个,以便套挂在胸扣上。中间制些鱼、虾、鸟、兽及藤草,连缀其间,下端吊以牙挖、牙芊、马刀等物。

后尾　苗语称"西都"(xidtud)。是用银子打些花草、藤叶边缀而成的饰品,宽 4 寸,长 2 尺 5 寸,吊于背后。

银花银蝶　属零星饰品,散钉于衣、裤、围裙上。其图案有八宝、花卉、麒麟、鱼、龙、蝴蝶等。主要用来作装饰,亦有祈求吉祥和辟邪之用。

银牌　属妇女饰品之一。其制法方圆不等,表面多凸形。上刻时新花样,以及麒麟、狮子、宝塔、飞蝶形状于其间。银牌两端安银链,下边吊些银筒、银珠。银牌式样,大如手掌,悬挂于胸前。

披肩　苗族妇女披罩在衣领肩围上的银饰品,需银 1 千克以上。一般用红缎作底、领口直径 6 寸、肩距 5 寸。先制成圆盘形坯模,后以花带镶边,中间嵌 3 道细花带作配衬,再以 8 块梯形银片分别依次等距地排列在底布上。每块银片,分别制有龙、凤、狮子、牡丹等花纹,然后在花纹边套上 7 个银圈,每圈再套两根银链,再以一个个小圆圈将四方的小银链套起,织成网状。此网长短不拘,少则 2 个,多则 4 个,互相衬成菱形银珠网,网下吊 2～3 寸长的银须,分两层、中间是小梅花,两边是小叶片。

20 世纪 80 年代后,国家实行改革开放,物畅其流。苗族的男女着装,除中老年人外,大部分均与汉族同化。20 世纪 90 年代,随着旅游业的不断发展,苗族部分青年男女又开始恢复穿着本民族的服装,苗装作为民族的物质文化遗产受到青睐。

三、饮食习俗

苗乡饮水,历来以山泉水或泉井水为主,多为生饮。因水新鲜,寒暑生饮均无病,且身体强壮。由于县域大部分属山原丘岗地,地下水位低,容易形成干旱,造成人畜饮水困难。1986—2000 年,国家实施"以工代赈"工程,扶持苗乡引水、改水,解决人畜饮用水难问题,50％的农户用上了自来水。

(一)主食。苗家饮食主要有:米饭、苞谷(玉米)饭、红薯饭、杂粮饭等。20 世纪 80 年代以前,由于经济条件较差,多数农户仍以"两裹饭"(大米与玉米或大米与红薯煮成的饭)或"三裹饭"(大米与玉米加豆类等煮成的饭为主)。20 世纪 90 年代后,随着生产的不断发展,经济条件逐渐好转,绝大多数苗族家庭以大米饭为主或以大米(含糯米)、玉米为主要原料加工成食品。

(二)肉类。苗家肉食,有猪、牛、羊、鸡、鸭、鹅肉和鱼、虾、蟹、鳝鲜肉及制品等。苗族历来有吃野生飞禽走兽肉的习惯。因野生的禽兽减少,1986 年后,苗族人吃野生禽兽肉的习惯逐步改变。

苗家腊肉　一般腊肉只能保存一年,第二年清明后,腊肉就"哈喉"(即不舒服之意)。而在花垣苗乡可吃到三年前的腊肉。这种腊肉色泽透明红亮,犹如玛瑙一般,人们称之为"玛瑙腊肉"。

腊肉制作较为简单,每年冬至过后,将本地黑猪杀好洗净,分边横切成块,每块 3～5 斤。用 3％的精盐、1％的花椒、0.4％的硝、0.5％的五香配成腌腊剂,在热锅中将肉逐块擦抹透,装入大缸或木桶中加盖压紧沤 7 天。届时起缸,用棕叶片穿好挂在通风处晾干盐水后,再挂吊在火坑上,用明火烤或用柏树桠熏。滴油后,转为小火烤。经过三次大火转小火的熏烤后,肉色变黄,皮上起了一层薄黑灰,即改用谷糠、茶壳熏 15 天,待肉块呈油光金黄色为止。第二年清明过后,将腊肉取出洗净晾干,放到烧老的茶油里浸泡,两三年后即成老腊肉。

酸肉　苗乡传统食品之一,苗语称"年效"(nieaxxaob)。将猪肉或牛、羊肉切成小块,用盐粉腌授,拌以米粉,装入坛中,将口密封,倒置于浅水盘内,使之与空气隔绝。半月后,即成酸肉。取出煎炒,佐以香葱、辣椒等,其味微酸,口感鲜嫩。

酸鱼　有香酸鱼和药酸鱼两种,是花垣苗乡独特的传统食品之一。将本地鲤鱼(半鱼或傺鱼)破肚去杂,晒干或烤干去湿,用盐与糯米粉或玉米粉拌匀填充鱼肚,装入罐中,泥封一月后即成香酸鱼。其传统吃法有油炸、汤煮、蒸炒、细煎、火烤、擂钵擂、葱溜、糖汁等,其中擂钵香酸鱼的烹饪较为独特。1986年,排碧香酸鱼曾获湘西州名、优、特、新食品龙凤奖和民族传统食品证书。药酸鱼加工程序与香酸鱼基本相同,只减少不晒干和烘干程序。

桃花虫 又名桃花虾。是一种生活在苗乡山区特定溪河中的小虫子,形似蛐蛐,长着6条细腿和双夹,一截细细的小尾巴左右摆动。桃花虾习惯栖息在浅滩岩石下或水草丛中,食水中浮游微生物,体态肥厚,乌光油亮。桃花虫含蛋白质多,营养丰富,味道鲜美可口,是苗家饮酒下饭的上等菜肴。

县境的大龙洞、小龙洞、高岩河流域盛产桃花虾。每年3月,正值桃花盛开的汛期,成熟的桃花虫肥嫩可人,沿河两岸的苗家妇女儿童成群结队下河捕捞。把捕捞的桃花虫带回家后倒进锅内,用微火焙至半干后倒入细筛,置于炕上烘干。需食时,先用清油炸脆,放上切好的干辣子、大蒜及适量的精盐、花椒等佐料后,起锅装盘即可食用。

(三)豆制品。苗家豆制品主要有苗家豆腐、菜豆腐、煎豆腐等。

苗家豆腐 豆腐,苗语称“坨伙素”(dodnotsud)或“搭伙素”(dadnotsud),是苗家春、夏、秋、冬四季常用菜。做豆腐时,先用清水将黄豆泡好,发胀后再用清水淘净豆皮,盛于盆中拌水上磨用人力推磨浆。磨浆,是做豆腐工序中颇费劲又需有耐心的重要一环,会影响豆腐的质量。改革开放后,人工石磨豆腐逐渐减少,大多改用机器打磨。豆浆磨成后,要及时上锅滤渣,滤毕便及时加火煮浆。煮浆时,苗家主妇寸步不离地守候在锅台前,两眼盯着锅内浆水,一发现开锅,便立即撤火、掺水降温和舀浆。煮好的豆浆舀入缸桶后要加盖,稍微冷后用竹筷将豆衣捞出,并用手工磨好的熟石膏水均匀地泼洒于豆浆中。洒石膏水时一要注意温度,二要注意分量。温度太热太冷或石膏配量过重过轻均影豆腐质量,必须恰到好处,否则会前功尽弃。当豆浆在石膏水的催化作用下变成豆腐脑时,即表示豆腐已经成熟。一般是用竹筷试,竹筷直落入浆中能立起不倒则表示成熟,便可上厢压水。苗家的豆腐厢有大、中、小三种,大厢5×5为25坨,中厢4×5为20坨,小厢4×4为16坨。苗家豆腐出厢时又白又嫩、筋丝好、韧性强,历来有“豆腐能打狗”的戏称。

苗家豆腐可鲜食,也可加工成腊豆腐或豆腐干。这两种豆腐都是用家织布包裹后,没于草木灰中将水分吸干。再晾晒至全干为干豆腐,用火熏烤则为腊豆腐。干豆腐为黄色,腊豆腐呈金黄色,均坚韧异常,可作雕刻之用,昔日苗乡图章多用豆腐干刻成。干豆腐、腊豆腐经煮熟后切块与腊肉拌炒,佐以葱蒜辣椒,是苗家待客的一道佳肴。苗家豆腐除可单独煎或煮食外,还可将豆腐煎炒鲜肉片、鱼煮豆腐、鸭煮豆腐等等。

菜豆腐 苗家称为“坨伙菜”(dodnotceab)或搭伙菜(dadnotcead)。它是用豆浆拌青菜、白菜、嫩萝卜或广菜煮成的,一般是用青菜最佳。

菜豆腐的制作,既简单又讲究。做时,锅里不放油,先将磨好的豆浆倒入锅中煮沸,然后将切好洗净的菜叶放入浆中拌和,待菜叶半熟时用菜酸汤来点化(酸汤越酸越好)。要边点边看,直到豆浆黏叶结块、汤清不浑为止。菜豆腐清汤后便可起锅盛入瓷器皿或砂钵中备用。食用时,将油放入锅内烧老,放上切好的干辣椒(粉),再倒进菜豆腐,佐以葱蒜。其色鲜嫩,青香可口、营养丰富。

煎豆腐 在热锅上放一定量的茶油或菜油,油烧老后,将豆腐切成薄块下锅,并均匀地顺铺于锅内,不能重叠,用小火慢慢地煎烤。煎时要不时地从锅边滴下油滴,待首面落锅豆腐焦黄后,用锅铲将其翻面。直到两面都膨香后撒上粉盐,着香葱佐料和油炸辣椒粉,起锅装盘。因金黄色豆腐块与煎炸而出的鲤鱼条相似、故又叫“鲤鱼豆腐”。

(四)蔬菜。蔬菜分为家菜、野菜两种。家菜有:萝卜,白菜,瓜类(南瓜、冬瓜、黄瓜、苦瓜、弧瓜、丝瓜、葫芦瓜等)韭菜,荠菜,豆芽菜,瓢儿菜,莴笋,胡萝卜,芹菜,芋头,甜菜,广菜,洋芋,红苕粉,蒿菜,大蒜和葱等。野菜有:椿木尖,蕨菜,竹笋,胡葱,鸭脚板,紫儿根等。豆类有:缸豆,刀把豆,豌豆,菜豌豆,绿豆,黄豆,豆腐,菜豆腐等。

(五)特色食品。苗家特色食品主要有酸菜、糍粑、米粉粑、蒿菜粑、灌肠粑、米豆腐、古谷豆腐等。特色食品酸菜,苗家一年四季都爱吃各种自制酸菜,如酸辣子、酸青菜、酸汤菜、酸萝卜、酸豆荚、酸胡葱、酸蒜、酸藠头等。其中酸汤是苗族地区饮食习惯中的一种汤菜,苗语称“务别”(ubbieas)。是用洗净的青菜或萝卜菜高温杀青后,装入肚大口小的砂罐内,倒入米汤或老酸汤,压紧密封,置于火坑旁受热,过48小时后即成。这是苗族千家万户必不可少的常菜,亦是“万能”佐料,故苗家有“三天不食酸,走路脚腿酸”的口头禅。

糍粑　是苗乡一种常用食品,也是祭祀的供品和社交的主要礼品。其做法是:将糯米淘渣洗净后用清水泡胀,后用大火蒸熟。将蒸熟的糯米饭趁热倒入粑槽内,由两名身强力壮的男子抡起丁字形大木捶或两头大中间小的冲捶使劲地捶打,直到打烂捶绒为止。粑打好后用水或油起槽,放在大簸箕或宽木板上。捏粑匠随后用熟油或米粉出粑。捏出的粑坨用重板踩压,滚圆的粑坨就变成扁圆的糍粑。糍粑的吃法有多种,可以蒸着吃,可以在火炕里烧着吃,可煮甜酒吃,可以用油煎后包着酸菜或白糖吃,可以和蔬菜一起煮着吃,也可以油炸后当菜当饭吃。

米粉粑　是由糯米、黏米按六比四掺和磨成粉后拌水揉成的粑,将分捏出的小粑坨贴在刷了油的锅壁上。待贴满后,在锅中间放点水做水汽,用中火慢慢地将其焖熟。熟透的米粉粑,白黄油亮,散发着浓浓的香味。

苗家米粉粑式样多,有包炒熟的黄豆粉拌糖,有纯包白糖,有包煮软的马豆、绿豆、花生仁等。

蒿菜粑　苗乡遍地皆是蒿菜,但适合做粑的只有白蒿菜。蒿菜采回家后,将蒿叶摘下洗净剁碎,反复用清水将蒿汁漂净沥干,伙同糯米粉一起拌揉,或放在石碓里舂。用手捏成一个一个的粑坨,包上芝麻豆粉、糖类或盐菜炒的肉粒馅子。将粑坨放于蒸笼用中火蒸熟。蒿菜粑热吃糯,冷吃绵,咬一口满屋香,别有风味。

灌肠粑　苗语亦称“灌强”(guanbnjangl)或“灌强粑”(guanbnjanglbad)。是苗家传统食品之一,多为冬季制作。制作时,将猪大肠洗净,一头用棕叶绚紧不漏,另一头用小竹圈张开肠口,将簸净的糯米适量倒入,灌上拌和好的花椒粉、姜米蒜粒、盐、新鲜猪血浆汤,容量达三分之二即可。按每截长1尺左右,用棕叶扎紧断开。移到用棕叶片铺垫底的大锅内并加满水,使其全没于水中,用小火慢煮,待灌肠熟透,香味溢出时停火。冷却后,起锅晾干即成灌肠粑。灌肠粑可直接食用,也可油煎食用。

米豆腐　米豆腐是大米豆腐、包谷(玉米)豆腐、小米豆腐和高粱豆腐等的统称,是苗乡妇女儿童最为喜爱的食品之一。做米豆腐时,将米或包谷米(玉米)用水泡胀兑水磨成浆,把浆倒入锅中熬煮至熟。趁热用竹筛抖漏,或竹筒挤压成蝌蚪形或长条状,余下的则起锅装入平底盆盘或簸箕中至冷,即成米豆腐。块状米豆腐用竹刀伐坨,将坨切成四方颗粒,泡于新鲜清凉的桶装井水中备用。食用时,用漏瓢捞起盛于碗盘,淋上备好的香汤佐料,十分爽口。

古谷豆腐　苗语称“古谷那卡”(ghubgublial-gheuua),汉称“斑鸠豆腐”,用古谷树的叶子做成。古谷树属灌木,苗乡随处可见。其枝很脆,叶呈深绿色,叶柄较长,手感柔软,揉碎的叶子散发出一种特殊气味。每到夏天,苗家妇女将青嫩的古谷叶采回洗净,按叶子量的多少配水,用细撮箕置于大木盘中使劲搓揉,搓到所有的叶汁都融入水中。此时水变成绿色并有一定的浓度,再用洗净的棕片过滤两次,盛于钵盘中兑上碱水(通常是用滤渣的草木灰水配兑),搅拌均匀后,用干净的布盖好。20分钟后,盘钵里的叶汁就凝固成绿色的豆腐。食用时用竹刀伐成坨并打成小方块,装上碗,佐以盐、醋、辣子粉、香葱之类香料。其色如翡翠、晶莹剔透,味道清凉,食进肚里使人倍感凉爽惬意,消暑止渴,有降低血压、解除疲乏的功能。

四、居住习俗

苗族村寨分为依山型、傍水型和平地型三种。依山型村寨,是依山麓或山堡的形态修建房屋,并排列成梯形状,一层一层地顺山走,屋檐上下重叠。这种村寨,苗语称为"高"(gheul)。傍水型村寨是沿溪河水流的曲折而建的村寨,苗语称为"穰"(rangb)。平地型的村寨,是房子修建在平地的一端或中部,苗语称为"董"(dongs)或"盘"(banx)。苗家房屋多为坐北朝南或坐南朝北。苗乡多以族为寨,一个姓氏一个村,如石家寨、龙家寨、麻家寨、吴家寨、田家村等等。苗家房子有五柱五挂单挑手或双挑手,也有五柱七挂坐一盘,或五柱八挂坐一盘和五柱九挂坐一盘。最大的是六柱十一挂坐一盘,多数是五柱七挂坐一盘。正屋间数均为奇数,即三间、五间、七间,多为三间,七间少见。凡建三间房屋的人家,屋两头另配偏房作灶房或猪圈厕所之用。五间房屋的人家,正屋的前面左右均建吊脚楼。楼的底层则做过道,堆放柴草房或做牛栏猪圈茅屋,上层为客房。有女婿走亲时,就安排在楼上夜宿。房子的前外壁装修,有全平式和内凹式两种。全平式的外壁成一字形,大门和两边壁头都装在前元柱上。内凹式则大门装在前二柱上,大门外两侧另装一小门。无论是哪种形式,大门都是六合的,故又称为"六合门"或"六扇门"。大门,苗语称"名株"(milzhux)。内凹式大门两边的小门分别为"株丛"(zhuxzongb)和"株地"(zhuxdeie)。大门的地脚,称"㮾龙枋"(kunblongsfangs),与屋梁和三脚一样,是主人的象征。除舅父和族人外,外姓人不许在上面踩踏。堂屋左右两间的前外壁中部上方,各开一个窗户,与大门的距离相等、对称。窗户的大小则根据房子的大小、高矮、宽窄而定,窗户用推板从内封住拴牢。故苗家人又将窗户叫"推门"(teiemeib)。窗户的框面可全空,也可装一定规则的格形花样,有的还在格条上雕龙凤及花草装饰。

苗家居室按老、中、少三个辈分排列,老辈居室在纪丛(jibzong)房,中辈居室在堂屋房,少辈居室在纪左(jibzoe)房。家中的孩童则无禁忌,可随便与任何一辈同床而眠。

改革开放后,随着生活水平的提高,不少苗民也建起了砖木结构和钢筋混凝土楼房。

第二节　苗族婚丧习俗

一、婚嫁习俗

花垣苗族男女青年之间的传统恋爱,多为通过赶场、赶秋、樱桃会等活动相识后,便开始苗家独特的以歌传情、以歌为媒的恋爱。男女青年约会一般以草标为记,草标打结的位置和摆放的方向等具有一般苗家人看得懂的密码,路人看到草标均自觉回避。

对歌时先唱《访名问姓》歌,如果知道是同姓则以兄妹相称,不再对歌。因为苗族同姓是不能通婚的。离别时要唱《约日限时》歌,以约定下次约会的时间和地点。

在劳作或其他场合,男女之间往往采取含蓄的"要东借西"的方式传情。如果男方见女方打猪菜,就向她讨要猪菜。女方会说:"一个男人要猪菜做什么?"男的则说:"你是不是怕屋里人骂?"这是含蓄地探问女方是否有丈夫或恋人。女方又反过来试探男方。通过双方讲俏皮话和打趣,便探明了各自的身份,有意便约定相会时间和地点等,有的一见钟情便互赠信物。

恋爱关系确定后,男女双方各自告诉自己的父母,征得同意,男方便请媒人(苗语称构手)去登门讨亲。媒人讲讨亲话时,一般比较含蓄。如:"我受托上门，有事登户，不是借钱，不是讨账，是来讨花秧，是来讨卉种的……”如女方家里答：“花秧我们有，卉种我们有，要等二月风吹，要等三月花开……”这是暗示亲事可以谈下去。如果说：“我们没有多余的花秧，也没有多余的卉种，你到别家去讨，你到别家去要……”则暗示这亲事无望。

凡经媒人介绍的婚事，女方要到男方去看家，主要是看男方的住房条件如何，水源柴草远近，家庭成员多少，有无经济来源等等。看家后，同意与否，由媒人转告男方确定关系。女方同意后，男方就可正式登门认亲。认亲的仪式苗语称为“转秋”或“转结巴”，这是告诉人们：这位姑娘已有主了。男方“转结巴”要挑上酒、肉、米、面、糖等到女家，猪肉腿要带尾巴，表示男方已杀了一头猪。女方要派人热情地到屋前院边去接担子，男方喜燃鞭炮表示亲事已订。男方一般在女方家住一晚，拜访女方叔伯兄弟，以示尊重和知礼。晚饭后，被订婚的姑娘要给男方挑担子的哥兄老弟端洗脚水以示慰劳，洗脚者则给姑娘开“洗脚钱”，以示回敬。

在正式娶亲的前一年，男方要给女方家拜一次大年，然后才请媒人到女方家讨“红庚”，即女方的生辰八字。“红庚”讨回后，要请算命先生或地理先生测定娶亲的良辰吉日。

苗家接亲的迎亲队伍吹吹打打，十分热闹。管亲郎挑着一副一头是鸡，一头是大肚的陶坛，人们称之为“盼子坛”。坛里装有酒，回来时，坛子留在女方家。待新娘生小孩后，娘家才将坛子装上自酿的糯米甜酒，邀亲朋好友去吃“祝米酒”，苗家称为“格代昂”（看婴儿）。

迎亲队伍行至女方家门口时，女方家人在院门后摆着大方桌拦门。主客双方讲“拦门词”，你来我往，斗智斗谋。若客人讲赢了，主人则打开院门让客人进；客人讲输了，“管亲郎”则要从门缝递上礼包，作为开门礼，请主人开恩。院门打开后，“管亲郎”还得从桌下钻过去。

当晚要举行“闹花脸”。新娘的姐妹们把锅底灰藏于手中，偷偷地往“管亲郎”和接亲人的脸上抹。若管亲郎和接亲人眼疾手快，可顺势抓住姑娘的手往她的脸或别的姑娘脸上抹，逗得满堂欢笑。

第二天凌晨，由巴代举行出嫁仪式，苗语称“哭修秋”（xoubqub），新娘哭着嫁，由兄长背出大门，直送轿中。管亲郎点火把引路，火把有两把，点着后，一把留娘家，一把带回婆家。火把快燃完时点上马灯，意为让新娘一路光明，把吉祥和幸福带给夫家。陪同新娘的队伍带上歌师“巴江沙”一起去吃“撵脚酒”。

新娘的嫁妆中要有两篼连根带叶的小竹子，送到男方家后，由新郎栽在房前屋后，预示如竹一般兴旺，儿孙满堂。

新娘快到新郎家时，管亲郎燃放鞭炮，男方家闻讯回避，俗称“躲新娘”，意为主人让客。新娘到新郎家时，在院坝落轿坐待进屋时辰。新娘进屋前，由巴代举行“档秋”（nteatqub）仪式。式毕，新娘从罩着竹筛上的灯跨过。巴代化的“安全水”要放在新娘的床下，过三个月后才能取出。

新娘经大门进屋后，在“纪丛夯不”（苗语，即火坑朝外的方位）坐下。坐下后椅子不能随便移动，以示对夫家的尊重。“引亲娘”给新娘敬一杯茶，然后去铺新床。舀两瓢水倒入新娘鼎罐，并在火堂加几根柴。巴代把所化之水放在床底，并盖上纸钱。新郎及家人回屋与新娘见面，并一起吃“团圆饭”。饭毕，新娘洗好碗筷后给家人打水洗“和气脸”。

晚上主家烧旺火，双方歌手赛歌。赛歌为男女对唱，若男方的歌手是男的，女方则要女歌手陪唱，反之，亦然。前半夜，双方唱些互相赞美的歌和古歌，下半夜后，多唱一些口水歌或情歌，歌词诙谐有趣，幽默滑稽，宾客睡意全无。对歌一般唱一天一夜，直到散客为止。

新婚之夜，新郎新娘不同床。新娘同送亲的姊妹们依依相偎，互诉衷肠。新郎则忙于给各路宾客递烟送茶，整夜不眠。

第二天早晨，“引亲娘”带着新娘去寨头村口的水井挑水。途中不能有半点泼出，也不能换肩。因此，新娘只是象征性地盛上几瓢水，苗语称“务农务介”（ubngongxubnggieb）即金水银水之意。

时至寅卯，主家堂屋摆上大方桌，上摆猪肝等佳肴和酒若干碗。双方长辈及红媒大人分两排就座,双方理老开始讲“讲巴讲玛”(jangtbadjangtmangd),内容有婚姻姓氏、民族迁徙等。采取一问一答的形式进行。客方问:“齐了五姓六亲,到了五宗六族,齐了五方亲朋,到了六角亲友,来做什么?来做哪样?”主方则答:“齐了这么多人,到了这么多众,坪中栽竹,坡中栽树,要讲公言婆语,要讲父言母语,讲完财发财旺,讲尽儿女满堂。”仪式结束后,主人设宴招待正客。饭后,主方以歌“关门”留客。如挽留不住,主方则唱“开门歌”和送客歌。双方边走边唱,直送到村口。三早以后,新郎随新娘“张导秋”(nzhangddeatqub)即转脚之意。在娘家,一般只住一晚即回。

二、丧葬习俗

苗族人讲究孝敬父母,老人病危,即使是天长路远,子女也要及时赶回。老人病危时,将其从房内搬出,头东脚西地睡“仁不”,汉语称“换铺”。家人在老人落气时,按各自的称呼大声呼唤老人。落气后,立即烧纸钱,称送“落气钱”。同时鸣地冲3炮3响,俗称放“起程炮”。听到报讣的炮声,寨邻和亲朋好友都自觉地来帮忙料理老人后事。

放起程炮后,将死者调头,并请一位不同姓的人去村前屋后的水井或水函边打水、采摘水菖蒲、乌泡叶和桃树枝叶。采回后一同放入罐内煮(有的地方不煮直接用)。煮时三脚要倒放,烧火要倒向。烧热后,倒入盆内给死者洗澡抹身。尸身上、下、左、右和前后各抹3下即打扮更衣。衣服的小衣襟要剪下一小块留作招魂时用。死者着装,所穿衣物为单数,一般是3、5、7件不等。亡人的裤带不用生前的,而要用青线、白线或花线按生辰八字计算,其死时多少岁就要用多少根纱做带,不能多也不能少。衣服穿好后,再戴头帕或帽子,帕子倒裹,从左向右盘。绑裾也是从左向右倒着打。而后,在堂屋中柱搭好柳床,将死者搬放仰卧于床上。亡人左手仰拎手巾,右手俯掌米包,双脚并拢,面盖纸钱。收拾停当后,鸣丧炮,号哀哭丧。主家派人给亲属报讣丧讯。报丧者只能在屋外喊,不能进屋去说。

丧家派人报丧后,即请风水先生择定入殓与出丧日期时辰,整理棺木,给亡者穿衣戴帽(或包帕子),口塞朱砂,然后盖棺,火炮连响,锣鼓齐鸣,道师封丧,请水、开光、做道场。

道场的场数根据风水先生择算或丧家经济条件而定。死者是男性,则打“莲花绕”“十方绕”。是女性,则打“血盆绕”。丧家停柩的最后一天要进行开吊、客祭和家祭。天亮前道场做完,丧事进入出丧、发丧点火把程序。发丧后众人抬着灵柩跟随舅方打的火把,沿着“钱路”直奔灵山而去,途中不停(雅西、补抽、吉卫等地途中有停柩闹烟酒习俗)。

到了坟地,一年长孝子将孝帕铺在地上,灵柩压在孝帕上,地理先生在坟坑内烧纸钱“热坑”。用米画上八卦,手执公鸡,口念咒语,放鸡啄米。鸡啄左方预示男子吉利,啄右方预示女子平安,啄中间预示儿女均好。接着点上朱砂酒,灵柩落坑。地理先生拿着米,站在棺尾撒富贵米,孝子跪在前方用孝帕接米。死者的儿子(一般是长子,无子则由侄儿或女婿)拿起挖锄单腿跪在棺盖上,在棺头上方之地挖三锄。边挖边用苗语喊“阿嗲(或阿妈),刚梦斗肖斗且”(即爸爸或妈妈,给您盖热土暖泥之意)。连挖三锄喊三声后,将锄转交族人继续挖土盖棺。地理先生拿着“招魂旗”引众孝子回家。凡是到灵山即踩了新坟土的人都要先到主人家“去邪”以后,才能回自己家或进别的家门。主人家先在门前院头摆半盆泡水饭和桃树枝,让每个从灵山回来的人用手指拈几粒边抛边吹,然后再进屋。

亡人上山的当天晚上,主家还要请巴代进行“细相突昂”(即祭祀家祖并将亡人交与家祖的仪式)。“突昂”以后,所借用的一切东西方可退还。3早后,请房族兄弟帮忙捶坟,有的还请巴代“围坟”。7早后,再请仙娘给亡人送饭。

死者若是巴代,丧俗与一般人不同。巴代咽气后,家人不能哭,要将亡人安坐在一把大木椅上,头用木棒支起,身着法衣,头戴凤冠(苗语称“光帕”),手执合抱绺巾,眼视前方。巴代停尸3天3夜,弟子们要为亡师搭天梯,即用竹块扎成12级云梯,从亡师脚边一直架到屋顶,屋顶揭开3块瓦,称为“开天窗”。意为让亡师灵魂便于自由出入天地间。随后弟子们要为其跳巴渝舞，苗语称为“拨坝架”。参舞者众多，雄伟壮观。

巴代出殡时五彩缤纷，锣鼓喧天，弟子们手执巴代旗和先锋棒，敲锣击鼓跳巴渝舞“打先锋”。据传巴代管阴兵阴将，在升天的路上要经五营十哨，沿途要有先锋开路。“打先锋”的手势多变，表达的内容丰富，有铲平地、砍刺、起高楼、架炮等，有些动作令人难解其意。

对自杀、难产及被刀枪致死者，苗民称为“打加”（即意外丧亡者）。其丧事极简，死者不能进屋，不举行悼念仪式。用白布裹尸，收拾停当就埋葬。死者家里以至整个家族都要将腌酸菜的坛坛罐罐，全部搬出屋外倒掉。也有将坛内的酸菜倒去，倒扣空坛于外，3早后搬回。

丧家孝期为3年，以包白帕子为标志。孝帕最初3个月不能洗，孝子3个月不剃头，不喝冷水，不吃盐，当年不办婚嫁喜事，过年过节不放鞭炮，且3年的春节，只能用绿色纸在大门两边贴上写有感恩或思念丧者内容的春联。

第三节　苗族祭祀习俗

一、椎牛

椎牛，苗语称为“哝业”（nongxniex），是苗族盛大的祭祀仪典之一，由巴代雄（苗老司）主持祭祀。相传，苗族在历史迁徙过程中遭到“加夹加狞”（妖魔鬼怪）的袭击。于是众志成城，歃血盟誓，最后战胜敌人，赢得了胜利。为祭祀在战斗中牺牲的先辈，庆祝团结灭妖的胜利，苗民用牛等举行盛大的“哝业”祭典。苗族敬宗祭祖志诚重仪，此种祭典广为成俗。主办“哝业”有家祭、寨祭两种。家祭是以一户人家为主，亲戚朋友协同操办。苗家有人病重或中年无子，即向祖先神灵许下椎牛大愿，若病情转危为安或求子既得，认为是祖宗护佑关顾所致，便如期举行椎牛还愿活动，以酬谢祖先神功。所用的水牯牛须有四个旋涡纹，耳、目、口、鼻、角、蹄均须端正完好。家中若无牛，须事前购买。祭典一般在秋收后择吉日举行，为期4天。祭前半月，派族人分头去舅姑亲戚家报信邀请。届时，舅辈亲邀集同族兄弟，带上金钱祭礼、乐师，一路敲锣打鼓，唢呐声声，列队而来。至祭主寨口，即鸣三连炮以示志贺，主家即派人接客，并以三连炮敬迎。

在“哝业”前，主家还要备好猪、酸鱼、甜酒、鞭炮、香纸等物。第一天是送水牯和敬祖先，用雄鸡一只附祭。主家门外摆大小桌子各一张，桌上摆酒碗，坪中扎摆四蔸花树。然后将牛牵出，喂食喂水，巴代诵述牛的功劳和与天公的友情，请雷公打开天门，好送牛上天。当夜五更时分，用簸箕摆上糍粑和五碗酒，置于“夯果”前祭祖。巴代敲竹篓诵咒，祭祀祖先。祭毕，刀师将粑粑切成小块，分与家族人等。第二天上客，主人接受亲朋贺礼。傍晚，主客双方的中青年男女进场打鼓、跳舞、唱歌，直至天明。老年人在屋内布置神座，巴代敲竹柝诵咒行法。第三天是椎牛。椎牛时由舅辈将牛系在桩上，主家刀师在牛前肢的心脏部位画上碗口大的红圈，巴代划出椎牛场地的范围。准备就绪后，主家向舅辈下跪，双手捧献红布一段，叩请舅爷入场椎牛，巴代则咒语连连。礼毕，舅父手执梭镖入场，准备椎牛。若舅父年迈，则将梭镖转交其年轻子弟。椎牛者身着武士服，威风凛凛。标手接标后，对主人行三拜鞠躬礼后跳跃上场。这时锣鼓喧天，喊声阵阵。水牛绕柱挣扎，标手紧随椎杀。若三次未能刺中红圈则须换人，直至将牛刺倒在地。椎牛，是视其倒向测主家吉凶。牛头倒向堂屋方向，主吉，向外为凶煞。牛倒地后，连皮带毛分肉。牛头及内脏归主家，第一腿（左后腿）带尾属母舅，第二腿（后右腿）属妻舅，第三（前左腿）、四腿（前右腿）分送亲家和姑爷，牛项带胸送巴代。第四天，收牛柱、敬牛头、送亲友。当天清晨,众亲族聚集,巴代行法事,主家与舅亲相互祝福。刀师将牛角连头骨砍下,绑在主家堂屋中柱上,以示纪念。仪式毕,主客聚餐欢饮,然后欢送舅辈等客回程。散客后,巴代将牛头、牛蹄摆于堂前,口念咒语,点火焚烧,默敬祖师,祝福主家世代昌盛。

二、椎猪

椎猪,苗语称“哝罢”(nongxnbeat),是苗族祭祀活动中的重要祭典之一,由“巴代雄”(苗老司)主持祭祀,为期四天,新老舅辈、亲戚参祭。事前备猪4头,牛肉若干斤。牛肉煮熟后切成片穿成串,7片一串需14串,9片一串需18串。

第一天晚上启场时,将一四方大木桌放在堂屋中间,上摆酒肉各五碗、酸汤一碗、牛杂一盘、木桶一个,桶上放枯禾一根。巴代正式举行法事时先放鞭炮,接着吹号、敲锣鼓。第二天祭祖宗和雷神,第三天举行椎猪祭祖仪式。当天清早,巴代站在门外,身背背篓,背中装衣裙鞋袜,手执木杖,吟诵椎猪祭词。另一巴代则身披花被面,右手执一长刀,左手执木叶和祭纸,站在供桌上,用煮熟的猪肉祭五谷神。中午,众人在坪坝里竖2根高3丈左右并涂上颜色的杉柱(称“五花树”),每根柱上栓一头猪,由舅辈亲手用木棍将猪杖打至死。第四天五更时分,一舅辈亲身背蓑衣,头戴草帽,左手拿牛角杯(牛角做的杯,后改用碗),右手拿着一把刀、一串猪肉去河边或井边,把杯中的酒倒掉,换上清水。回至半路把七片肉吃下,到主家门外学三声鸡叫后进屋坐下。少许,巴代将水倒入钵子里并击鼓念咒,取水者立即站起朝门外跑去,主人顺手用柴草灰撒在其身上。刀师将煮好的猪头肉切成小片块,分装成三盘,盘中置酒三杯,盘成倒品字形摆在“夯果”敬奉祖宗。巴代咒毕,吃猪仪式结束。

舅亲随即背猪腿回家,并一路高声吆喝:我们背某某姓家的忌肉来了!凡与之同姓者请回避!闻者知其意,便主动避让。

三、接龙

接龙,苗语称“然戎”(raxrongx),即请龙之意,也有叫“希戎”,即敬龙之意,规模仅次于椎牛祭祀和椎猪祭典。苗人若遇家道不旺、五谷不丰、家人病痛不断等,便认为龙神有宅迁之意,务须举办接龙仪典。若五谷丰登、六畜兴旺、人财两发、添福添寿,则认为是龙之神功,亦祭龙以酬谢。

然戎分两类:一类是接村龙,即全村接龙;另一类是接家龙,即一户人家接龙,仪式大体相同。所不同者:接村龙用白水牯,接家龙只用猪;接村龙,全村主妇都是主龙母,按辈分大小依次排队前往;接家龙,只需主家主妇一人当主龙母。

然戎多在农历9月后进行,为时一天。主要仪式:闹龙,在接龙前几晚,全寨男女老幼聚集接龙主家,年轻者击鼓、吹唢呐、唱歌,老人则说古道今,直至深夜欢饮甜酒而散。报亲,派人到舅姑亲友家报信邀请。设神座,神座设于主家堂屋,神座前铺晒席一张,上摆小方桌,正门外摆大方桌,主人从屋外向屋内抛铺白布,法师“巴代扎”一龙头接上白布插于大方桌上(俗称卧龙在堂)。桌上摆花红利米,酒碗5个、糯米粑5堆、晒席上铺5色花布、花布上放金银首饰和绣花衣裙等物。并放一筛子于堂屋中,筛子中间和4角摆上木盘,盘中摆龙形粑粑,中间木盘前摆5个青花碗,谓之“龙碗”;筛子两侧各摆若干粑丛,俗称“金柱银柱”。神座两旁摆专供龙公龙母用的包袱、雨伞,从里到外均插5彩小旗。敬祖先接龙的当天早晨,主家端酒肉各3碗,请“巴代”敬祖先。巴代念念有词,内容从开天辟地、民族迁徙,一直诵到主家祖公祖婆为止,以示祖孙欢聚一堂。敬龙神,早饭后,锣鼓齐鸣,“巴代”手摇金铃,诵祝祭龙辞,请5方龙神降临主家。接龙,宾主衣着全新,妇女穿礼服。由“巴代”先选出龙公龙母扮演者(男主人扮龙公,龙母则三至七人,主妇扮第一龙母),再由主家直系亲属中的妇女组成接龙队。

接龙时,事先被指定的少年执掌龙竿,手敲青花碗,走在最前,龙公龙母领队跟其前行,锣鼓队、火炮手紧随其后。所经路途随插五色小旗,直至井边。“巴代”诵念请龙词,咒毕,“龙公”“龙母”合力用罐舀取井水,象征龙已接回,接龙队打伞而归。

回到主家,沿神座从右至左绕行3周后合跳接龙舞。舞毕，“巴代”插龙头于堂屋后壁，主人分糍粑给众人，表示酬谢。接着，“巴代”诵念祭词，刀师宰杀花猪，五脏煮熟，祭祀家龙，献上烧酒，请五方神龙归位。

最后是安龙：“巴代”于堂屋正中挖一小坑，深尺左右，俗称“龙穴”。将一青花碗放于穴中，把所取“龙水”倒入碗中，主家男女老少结队跟随巴代绕坑3圈，盖上石板。“巴代”双手执白公鸡，面对龙穴，口诵咒语。念毕，“巴代”将鸡交予主人去关养，以示传宗接代，子孙繁衍。

四、还傩愿

还傩愿，又叫迎神会，苗语称“跷浓”（qaodnux），由“巴代扎”（汉老司）主持祭祀。傩愿分为求嗣愿、消灾愿、还子愿等。傩愿一般是先许后还。凡遇家人不安、五谷不丰、六畜不旺、财运不佳、口角纷争或出现怪异现象时。经仙娘卜知往事傩神后由巫师“找愿”（zhaotyanx）或“几排浓”（jidbeasnux），就要举行这种酬傩祭祀活动，以实现“一年还愿三年好，家上六年旺九春”的愿望。求嗣愿是祈求生儿育女许的愿，一旦如愿便举行“还愿”。消灾愿则是消灾免难的。一般傩愿用肥猪1头、羊1只、鸡1只、鱼1条、双月猪1头和若干糍粑、豆腐及利米等。“还大愿”则要双猪、双羊、1鸡和6条鱼，其余相同。

花垣苗乡还傩愿，大多是3天1夜为一堂。全堂傩戏分为36场及三个阶段进行：第一阶段为“剪纸扎楼”，苗语叫“枷刀”（hnhalndeud），包括剪表文，布置神坛，设神案，扎五彩楼。神坛设在堂屋后壁下方，左称玉皇殿，右称老君殿，中叫王母殿。案桌后边立傩公傩母雕塑像。坛前用彩纸竹条扎成五彩门楼，俗称“桃源洞”。门楼贴“黄金殿上魏文王，白玉堂前汤汤臣”；“视之不见求则应，听之无声叩则灵”；“遍地装成金世界，满堂化作玉乾坤”等对联。堂屋中间等距横系五块用彩纸缠的篾条，下吊剪纸，名为“满堂吊飞，满堂吊挂”。屋柱贴着“酒把礼门迎至驾，展开仪路接君王”条幅。门外用晒席扎成王庙，内挂总坛图像，桌上点灯一盏，泥坨两块，插着五猖小旗和香火。第二阶段为“削浓起鬼”（xeudnuxqibghunb）；法事有唱有跳，有戏有舞，有汉腔有苗词，并表演杂耍“咬铧口”“踩铧口”等等苗家绝技。第三阶段为果浓送浓（ghaodnuxSongtnux）。傩愿开坛时，香烟袅袅，师牌飘拂，锣鼓喧天，号角齐鸣，司刀闪闪，绺巾飞舞，三牲嚎叫。真是“牛角三声震天地，令牌一响鬼神惊”。还愿这天，主家的三亲六眷、七姑八姨、族人寨人都来贺喜，少的几百人，多则上千人。晚上，众人听傩歌、看傩戏直至天明。

五、太阳会

太阳会，是苗族大型的祭祀活动之一，源于苗族民间一个古老的神话故事，苗语称“许太许那”（xibhnebxibnlat），即祭天拜日之意。20世纪90年代中期，由排碧乡板栗村吴海深等人挖掘整理，并组织苗人进行演练。其歌其舞形式都具有苗族原生态特色。

相传在盘古开天、南火开元之际，天上既没有太阳，也没有月亮，四处一片昏暗。太极圣帝下诏，在南极的寒池找到了两位仙子。这两位仙子，一男一女，是天地灵光的化身，具有无穷无尽的光辉。他俩被圣帝诏诰去神龙星部作日做月。因长期不得相见，遂生思念之情。于是向太极圣母求情，去说服圣帝以恩准相会。圣帝生同情之心，拟准其三天假期到九天去相聚。俗话说天上一日，地上三年。这意味着人间要有9年时间见不着太阳月亮。消息传到凡间，引起极大恐慌。民间中有位名叫华天的老人，一生积德行善，闻讯后，独自跪地3天3夜，长呼上苍别放太阳月亮的假。老人因久跪体力不支，昏睡过去。在梦幻中，老人受观世音菩萨指点，去吕洞山请太极真人下凡择日祭天。苗民们听说要祭天求回日月两圣，高兴不已，纷纷准备供品。有的打粑、有的做豆腐，忙个不停。祭日这天，苗人们摆上供品，穿着棕衣，吹着牛角号，敲锣打鼓，舞棕叶绺巾。众人同拜，呼唤上苍，香烟缈缈，直冲九霄。人间真情，感动天上众神，震撼九星八宿。玉皇大帝急追问太极圣帝，圣帝自知疏忽，即刻收回成命,召回日月,使其重返人间。这一天正是苗族古历九月初九,苗族称为“朝阳”(jaolyangl)。县境大部分苗家,每逢此日,家家户户都要买肉打酒,做豆腐、打糍粑,热热闹闹加以祭祀。苗乡一句“朝阳不打粑,老虎夹你嗲(意为老虎吃你爹)”的谣谚,从古念到今。

第四节　苗族节庆活动

一、爬坡节

清乾隆六十年(1795)春,永绥厅(花垣县)雅西汛黄瓜寨寨主石三保“吊民伐罪”,率苗民举行反清起义,即著名的乾嘉苗民起义。为纪念农历正月22日“雅酉战役”的胜利,缅怀英雄石三保的丰功伟绩,黄瓜寨及周边县市的苗族同胞于每年农历正月至三月,择日爬寨后的黄瓜山举行隆重庆祝活动。久而久之,便形成了苗族的“爬坡节”。

二、四月八

苗族“四月八”节源于苗族祭祀活动,祭天地、祭祖先、祭英雄、祭神灵。随着时代的变迁,节日活动逐步加进了歌舞表演及人情交流,内容更加丰富多彩,是湘、鄂、渝、黔等省市苗族人民的大聚会。“四月八”这一天要举行傩戏、上刀梯、下火海、狮子舞、打花鼓、赛歌、吹唢呐、吹木叶、打秋千、请龙接龙、武术、舞龙灯等优秀的民族民间文艺表演。成千上万的苗族男女都要穿上节日盛装,从四面八方涌入歌场周围对唱苗歌。随着改革开放的深入发展,纪念活动又增加了经贸洽谈、艺术文化研讨、旅游观光等新内容。今天的苗族传统节日“四月八”已成为了苗族人民展现民族文化,加强民族团结,招商引资,促进经济发展,建设精神文明的综合性盛会。体现了苗族的宗教文化信仰特点,对研究苗族的历史、民俗具有重大的价值。清代乾嘉苗民起义失败后,统治者禁止湘西苗族人民举行这一活动,致使苗族人民失去了一个极其有意义的传统节日。新中国成立后,经国家民委批准,将“四月八”定为苗族统一的节日。

20世纪80年代中期,湖南省湘西自治州部分县市恢复纪念苗族传统节日“四月八”活动。1986年,该活动轮到花垣举办。5月16日(农历四月初八),县委、县政府在古城吉卫的“扎高都”举行“首届苗族传统节日‘四月八’庆祝活动”。中共中央顾问委员会委员曹里怀,中华人民共和国武装警察部队政委李振军,国家民委副主任吴向必,中共湖南省顾问委员会副主任陈郁发,省人大常委会副主任石邦智,中共湘西州委书记杨正午,州人民政府州长石玉珍等出席了大会开幕式。北京、湖北、贵州、四川、广东、广西等省(区)市代表和中央、省、州新闻媒体的记者以及湘、黔、川三省边区各族群众共5万余人参加盛会。花垣苗族艺人表演的“接龙舞”“独乐”“八人秋”“上刀梯”“双龙出洞”“百狮相会”“苗族鼓舞”“椎牛”等文艺节目给观众留下了深刻印象。

三、吃　新

苗族岁时祭祀活动之一,苗语称“哝现”(nongxxanb),即尝新谷新菜。从小暑后的巳日算起,再过十日逢卯日即是节期,故有称“过卯”。传说,古时的洪荒时期大地无谷种,是狗冒死渡河取回谷种,回到家时,正是农历的六月卯日。故苗家人以这天作为吃新谢狗的节日。这一天,家家户户除办鱼肉酒饭外,还将禾穗、苞谷、豆类、茄子、辣子、苦瓜、丝瓜等新谷新菜同饭蒸熟后,摆于神龛和当坊土地神祠前祭奉。吃饭前,要装一碗饭,将所有的菜肴各捡一点放在饭上,敬送家狗,以示酬谢。敬毕后,一家老小才正式吃饭。

四、赶秋节

赶秋是苗族隆重节庆之一,历史悠久。苗族人民为纪念秋公秋婆蚩尤夫妇重农耕、创五谷的丰功伟绩,每年立秋这天,都要举行秋祭活动。县内逢哪个地方的场(赶集),该地的场便是这一年的秋场。赶秋活动内容丰富,有敬谢酒、跳秋鼓、迎秋游、坐秋车、唱秋歌、舞龙舞狮、上刀梯等。

1993年8月,“’93中国湖南花垣苗族赶秋节暨经贸洽谈会”在县城城北广场举行,来自国家和省、州以及兄弟地、州、县的领导,来自美、日、法、韩等国的国际友好人士,来自全国各地的各族同胞欢聚花垣。此次赶秋,观众达10余万人,签订意向合同23个,成交金额2.38亿元。1994年8月,举办“’94苗族赶秋艺术节”。此次活动进行荡秋千、踩高脚马、武术、摔跤等苗族传统节目比赛。1995年的“湖南花垣苗族赶秋节”,举办了花垣扶贫攻坚成果及理论研讨会和大型篝火晚会。2000年8月7日,在城北广场举办了“2000湖南花垣苗族赶秋节暨首届百狮赛”。全县21个乡镇派队参加,共有42支狮子队参赛,参赛队员达800多人,晚上还举行了篝火晚会。大赛持续2天结束,观众达8万多人。中央电视台、湖南电视台前来采访并向全国播放。

1993—2000年,全县先后在县城、排碧乡、麻栗场镇、龙潭镇等地连续举办了八届规模较大的赶秋活动。县委、县政府以“文化搭台、经贸唱戏”为宗旨,使赶秋节呈现新时代的元素。

五、正月拜年

每逢农历的正月初一至十五,是儿女郎婿的团拜年期。新春路上,男女访亲、拜年往来如梭。新婚者,一般是1挑1背,有糍粑、糖烟酒、面粉条和1方1腿(带尾)腊肉。若娘家另有兄弟的,还要加份,男方请族内兄弟帮忙挑担,做到一家一份。入娘家为客,设席款待。女方族兄族弟,排家备酒席欢迎,坐宿数日。儿女郎婿启脚回程前,娘家要打发新衣布料,以示回盘致谢。

第五节　土家族习俗

散居深山老林、溪河沟谷的土家族,历来多以“火耕水耨、渔猎山伐”为业。经长期发展,形成了绚丽多彩的土家族文化和独有的风俗习惯。清改土归流后,土家族的一些风俗习惯因被列为陋规被强行革除而逐渐消失,县境土家族也因与苗汉杂居而坐乡随俗。

土家族主要从事农业、手工业生产。其手工刺绣编织精细,其中以土花被面(土家语叫西兰卡普)最为著名。土家服饰的特点是:女装为短衣大袖,左衽开襟,滚镶二三层花边,厚着几幅罗裙,后改穿镶边筒裤。男装为对襟短衫,下着长裤。房屋大多依山或临溪而建成虎坐形,也有不少吊脚楼。清代改土归流前,土家族婚姻恋爱比较自由,男女青年多以情歌为媒。新中国成立后,陋习被革除。土家族主要节日有“舍巴节”“四月八”“六月六”“赶年节”等。“赶年节”,是土家族最隆重的节日,即赶在汉族过年的前1天进行,大年为腊月二十九,小年为腊月二十八。

土家族歌舞主要有“葫芦歌”“摆手歌”“摆手舞”“跳马舞”和“茅古斯”等。葫芦歌,是土家族的创世史诗;摆手歌,土家人叫“舍巴歌”,是土家族巫师梯玛在摆手活动中所唱古歌的统称。摆手舞,是土家族在年节之后举行的盛大节日活动的一种舞蹈。茅古斯,是土家族的一种原始戏剧。每年正月初三祭祖时土家人用稻草装扮成毛人,表演先祖生产生活故事,故得名。

土家族崇拜的神灵是八部大神,俗称“八部大王”。分别是敖潮河舍、西梯佬、西呵佬、里都、苏都、那乌米、拢此也所也冲、接也会也那飞列也。据《梯玛神歌》记传,他们是土家族远古时期“封八蛮、偌八蛮、守斯土、抚斯土”并使八蛮疆地风调雨顺的八个部落酋长。

第三章 民族团结

第一节 贸易交往

集市的发展,使汉、苗、土家各族人民通过集市贸易,以物易物,扩展了经济交往。新中国成立后,民族贸易呈蒸蒸日上的发展势头。

1986年后,民族集市贸易进入一个新阶段。全县除补抽、排吾两乡外,其他乡镇都有定期墟场方便百姓商品交易。其中,花垣镇城关农贸市场为白日墟场。猫儿乡的鱼塘、董马库的排达连是全县典型的村寨墟场。乡村墟场按农历划场期,即分别赶一六、二七、三八、四九和五十,五天为一个场期。县内赶一六的有麻栗场、两河;赶二七的有雅桥、猫儿、董马库;赶三八的有吉卫、雅酉、道二、排碧、鱼塘;赶四九的有民乐、团结、长乐、排料;赶五十的有龙潭、茶洞。商品交换形式完全以货币形式体现,贸易自由,买卖公平。农村墟场主要交易农副产品、土特产品、日常生活用品,有苗族刺绣品、小农具、竹木制品、药材、烟草、采矿设备、家禽家畜及粮油果蔬等。日渐增多的汉族服装鞋袜和涉及生活各个方面的现代轻工产品和电器,使苗乡市场丰富多彩。1989年,经有关部门抽样调查,民乐墟场每场的交易额达501万元,吉卫墟场交易额达383万元,茶洞墟场交易额达420万元,团结墟场交易额达542万元。1990年以后,通过财政、民委和其他扶贫渠道投资新修和扩建雅酉、吉卫、团结、茶洞、民乐、龙潭兴隆、道二尖山市场等一批乡镇农贸市场,集市规模进一步扩大。特别是民乐、龙潭、团结3个墟场还增加工业用品和矿产品,民族贸易呈现繁荣上升势头。1995年后,国家财政每年拨款给供销联社25万元,用于补贴收购农副产品,促进民族地区经济的繁荣与稳定。1997年国务院确定花垣县为民族贸易县,县委、县政府出台《花垣县外商投资若干规定》等文件,对投资外商和本县新办企业主实行税收、用地优惠,优化外部环境,优先办理各种手续,保护外商合法权益等一系列优惠措施,民族贸易的范围日益扩大。

第二节 民族联姻

自清代以来,民族联姻为县境民族交往的重要途径,苗汉杂居地区的苗汉联姻逐渐增多,补抽乡的粮仓(后为大龙洞乡辖),就是典型的苗汉通婚村寨。

新中国成立后,国家颁布《中华人民共和国婚姻法》,实行男女平等,婚姻自由,不仅苗汉能自由联姻,而且各民族之间均能自由联姻。1953年第一次人口普查时,花垣只有汉族、苗族和土家族等三个民族。到2000年的第五次人口普查时,花垣县各民族达15个,其中大部分属婚姻关系而迁进。

1986年后,随着改革开放和经济发展,人们婚姻观念也随之转变,民族联姻出现新趋势。由于人们联姻思想解放,因而联姻范围扩大。男女婚配已不限于“父母之命,媒妁之言”,尤其是幼年订婚、指腹为婚现象已不复存在。年轻人可以族内结婚,也可以族外结婚,甚至可以和外国人结婚。联姻方式多样,联姻种类增多。年轻人谈恋爱的方式,有赶“边边场”的,有以歌为媒或以歌传情的;有同学、同事、同行、同乡、同志之间相爱配婚的;也有一见钟情或久经考验相配相许的。联姻行为现代化,价值取向随新潮。年轻人谈恋爱从过去“走排排路”、赶场时借物讨糖、“葱为媒”“借婚”等面对面的谈情说爱方式，向电话聊天、发短信息、网上谈情、茶楼聚会、宾馆见面、旅游定情、外出打工、外出留学相依相爱等多种方式发展。男女婚事只要自己认准、对路即可，不须考虑父母干预和兄弟姊妹及他人评说。

20世纪90年代后，青年外出打工、参军、求学的日益增多，联姻范围也不断扩大。跨县、跨州、跨省甚至跨国婚姻已成为现实。

第三节　边区联谊

1986—1990年，地处西南边陲的民乐镇、两河乡群众与毗邻的贵州省松桃苗族自治县两边边民经常发生山林、土地权属等纠纷。为增强边区民族团结，维护边区社会稳定，县长石昌禄带领县直有关部门负责人2次上门拜访松桃县委、县政府，介绍花垣县委、县政府处理纠纷的过程和原则，得到对方的理解与支持。后来县领导带领民乐镇、两河乡的负责人深入松桃县毗邻的乡镇和厂矿企业加强联谊，征求意见，受到对方的热情接待。县委、县政府还邀请贵州省松桃苗族自治县和四川省秀山县领导到花垣参观考察、交流工作经验，共商边区县的发展大计。经过多年交往，双方“定期走访、互通情报、加强联系”蔚成风气，每逢春节或重大节日、重大活动，花垣、松桃、秀山三县的“五大家”领导都要相互走访和交流经验。县委、县政府及有关部门每年还定期举行边区协作会和团拜会以互通情报、联络感情。

为加强边区民族团结，20世纪80年代中期，吉卫镇在湘黔边境兴建“湘黔友谊小学”，方便了贵州省松桃县盘石镇布妹村数十名苗族儿童就读。茶洞镇磨老小学，既有清水江对岸的贵州学生就读，还有贵州省松桃苗族自治县的老师执教。

湘川黔三省边区结合部的茶洞镇，在安装电视差转台时，将电视信号覆盖面扩大到河对岸四川省秀山县洪安乡（现属重庆市）。茶洞渡口的纤夫长期为两岸人民生产、生活需要而无偿摆渡，把茶洞、洪安两岸人民的心连在一起，两岸群众誉该船为“连心船”。

1994年1月28日，湖南省花垣县、四川省秀山县（现属重庆市）、贵州省松桃县相关领导以及花垣县茶洞镇、大河坪乡，四川省秀山县洪安区、洪安乡，贵州省松桃县迓迦镇等乡镇的党委、人大、政府和人武部负责人共计40余人，在地处湘、川、黔交界处的花垣县茶洞镇召开边区乡镇民族团结联谊会。会议修订了有关协议和实施方案。决定以后每年年初在茶洞镇或民乐镇召开一次专门会议，就如何做好边区的民族团结工作、促进民族地区经济发展进行商讨。1997年，为解决边区治安环境差的问题，三县积极开展边区治安联防工作。花垣县茶洞镇、秀山县洪安镇、松桃县迓迦镇分别组建边区社会治安联防队，实行联防联治，边区的社会治安有了明显好转，群众有了安全感。为进一步增强边区群众的团结意识，凡遇重大节日，边区乡镇都要举办一些文体联谊活动。1997年为迎接香港回归，在茶洞举办了边区庆祝香港回归联欢活动，同年国庆节举办了边区民族文艺晚会。1999年为庆祝国庆和迎接澳门回归，在茶洞举办了龙舟赛等联谊活动，观众达3万多人。20世纪90年代初，花垣县民乐镇与贵州省松桃县木树乡因处理群众械斗事件发生分歧曾中断交往，通过县委、县政府领导深入两乡镇作协调工作而恢复了正常关系。1997年民乐镇扶持木树乡发展乡镇企业，兴办矿粉加工厂，促进了木树乡的经济发展。《团结报》就此发表了《清水江畔悠悠情》给予铭记。1993—2000年，花垣县连续举办八届苗族赶秋节，周边省、市、县少数民族地区都派代表前来参与欢庆活动。频繁的交往,使民族关系更加融洽,边区各民族互谅互让和睦相处,共同发展。

第四节　民族团结先进典型

1987年下半年,县民委经广泛调查摸底,推介花垣县茶洞镇人民政府作为国务院表彰的民族团结先进集体,田茂忠作为先进个人向上级呈报。在1988年4月底—5月初召开的全国民族团结进步先进集体、先进个人表彰大会上,茶洞镇政府和田茂忠个人均受表彰。获奖代表从北京载誉归来时,受到湘西州党政领导及有关部门负责人的欢迎,湘西州团结报、州广播电视台进行了专题报道。

1991年,为迎接湖南省第二次民族团结进步表彰大会的召开,县里推荐上报雅酉乡政府、雅桥乡政府、茶洞镇政府、县民族中学为先进集体,龙爱东、杨传蒂为先进个人参加评选。是年,雅酉乡政府和龙爱东受到国家民委表彰;雅桥乡政府、茶洞镇政府、县民族中学和龙爱东、杨传蒂受到湖南省表彰。1993年,花垣县被评为湖南省民族团结先进单位。1994年,县民委推荐茶洞镇党委书记聂祥明参加全国民族团结先进个人评选,当年9—10月,第二次全国民族团结进步表彰大会在北京召开,聂祥明被授予全国民族团结进步先进个人荣誉称号。1999年,县民委推荐县长刘昌刚参加全国评选,同年9月国务院召开第三次全国民族团结进步表彰大会,刘昌刚被授予全国民族团结进步先进个人荣誉称号。1986—2000年,花垣县受湖南省表彰的先进集体有:共青团花垣县委,麻栗场镇老寨村苗歌剧团,县武警中队等。

第二十四篇　乡镇简况

一、建制镇简况

1.花垣镇

花垣镇地处县境北部，东与保靖县交界，南与长乐乡、窝勺乡接壤，西南与道二乡、团结镇相邻，北与保靖县清水乡隔河相望。总面积66.17平方千米，耕地面积1229公顷。1989年，原三角岩乡与之合并组成新花垣镇。是全县政治、经济、文化、信息中心。辖老正街、涧水坡、柑子园、西长街、朱家坡、东正街、车站、大竹山、登高楼、狮子桥、望城、洞溪坪、农科、花桥、南门、三角岩、伍家坡、蔬菜、卡地、新胜屯、龙洞、依溪、渔场、马其洛、坝塘、丰和、佳民、朝料、拐代、凉水井、大营盘、清水塘、卧龙榜、大冲、园艺场、麻场36个村(场、居委会)，191个村(居)民小组。至2000年底，全镇共有14789户，50716人。

镇域属丘陵地带，南部自东向西由马鞍山、白岩坡、巴立坡、豆腐坡连成一条山脉，地势南高东低。最高海拔648.3米(巴立坡)，最低212.9米(狮子桥河边)，镇内绝大部分土地分布在300多米的高度上。母岩主要是砂岩，风化成酸性黄土壤，PH值在6～6.5之间，土地黏性重易板结。北部有花垣河，南以兄弟河为界。年均气温16℃，最高气温37℃，最低零下5.1℃。年均无霜期269天，年均降水量1420.9毫米，日照1324.5小时，霜期短，日照长，四季明显，水源好。

粮食作物以稻谷、玉米为主。1997年引进经济效益高的特种养殖业，扶持特种养殖户24户，养殖团鱼、鸽子、蛇、牛蛙等。

1994年，镇建材厂兼并玛钢件厂。镇冶炼厂投入720万元进行技术改造，新上高锰炼钢项目。1997年对原有的8大镇办企业进行改造，组建了花垣镇集团有限公司。新上四氧化三锰生产线，引进资金建成望城金属镁厂，翠云山发电站增添发电机组一台，年发电量达126.72万千瓦。

镇内交通发达，319、209两条国道贯通境内，村村均通公路。有镇属中心完全小学两所及村小11所，镇属中心医院1家。

2000年全镇实现工农业生产总值54383万元，比1980年增长522%，粮食产量7395吨，比1999年增长33%，财政收入1350万元，比1986年增加88.9%。

1986—2000年历任镇党委书记:刘　洪、姚云江、刘仁发、麻菊珍、李仁孝、吴志良、石伏龙、麻宜志。

历任镇人大主席:龙秀松、龙廷辉、罗恩光、田茂武、石树林。

历任乡镇长:吴进刚、麻菊珍、杨月爱、邓明祥。

2. 团结镇

团结镇位于县城西部,东邻花垣镇,南与道二乡、龙潭镇交界,西部与大河坪乡、茶洞镇相接,北与保靖县毛沟镇隔河相望。总面积48.01平方千米,耕地面积910公顷(水田432公顷,旱地478公顷)。辖半坡、永丰、老王寨、长兴、漏那、桐木寨、吉场、中寨、水田溪、漾水坪、老鸦塘、峨碧、岩坝塘、龙堡、太平、杨家寨、下瓦水、马道子19个村和新路、老街2个居委会。至2000年底,全镇共有4779户,16822人。

镇域地势南高北低,大部分为丘陵地带,平均海拔336米,境内最高海拔829.5米(耐子堡后山),最低250米(作洛河边),大部分土地分布在380米海拔高度间。花垣河自西向东包绕北部边界,浮桥坪和瓦水两条小溪从南向北流入花垣河。岩层主要是砂岩,风化成酸性黄土壤,PH值在6~6.5之间,土质黏性重易板结,南部太阳山脚有石灰岩,土质疏松肥沃。年均气温16℃,最低气温零下5.1℃,最高气温37℃,年均无霜期269天,年均降水量1420.9毫米。境内矿产资源丰富,半坡、耐子堡一带是县内主要铅锌矿区。319国道贯穿境内,县级公路从团结通往龙潭,村村均通公路。

农业以水稻、玉米、红薯为主。工业依托铅锌矿资源发展迅速。到2000年,全镇有工业企业75家,其中铅锌选厂19家,实现工业总产值7500万元。

镇内有初中1所,村小7所,卫生院1家。建有墟场1个,逢农历四九赶集,该墟场历史悠久,市场繁荣,其中牛市远近闻名。

2000年全镇实现工农业总产值6239万元,比1986年增长678%,粮食总产量7274吨,比1999年增长22.4%。

1986—2000年历任镇党委书记:梁中金、田长伟、杨清泉、杨胜望。

历任镇人大主席:刘传书、张长安、胡建文、石邦平。

历任镇长:张贤杰、王武刚、石巴和、石玉章、杨胜望、姚厚文。

3. 茶洞镇

茶洞镇位于县城西部湘、黔、渝两省一市交界处,西与贵州省松桃县迓迦镇及重庆市秀山县洪安镇一水之隔。总面积57.75平方千米,耕地面积817公顷。是新中国建立以前湘西四大名镇之一,素有“小南京”之称。20世纪30年代,沈从文以此地为背景写成了《边城》名著。辖骑马坡、米粮、小寨、石牛溪、火焰土、白岩、板栗树、曲乐、隘门口、贵炭、水井湾、南太、长老坟、茶园坪、磨老15个村和小桥、河码头两个居委会。至2000年底,全镇共有3789户,15720人(农业人口14142人,非农业人口1578人)。

地势南高北低,南部地处太阳山台地,海拔在

500米到近1000米之间，境内最高海拔988.6米（大将山），最低288米（骑马坡村河边）。年均温度16℃，年无霜期269天，年降雨量1420毫米。

粮食作物以玉米、稻谷为主。境内火焰土、白岩一带有丰富的铅锌矿。319国道贯穿境内，村村通了公路，西部界河在红卫水库以下可通木帆船，以上可通机帆船到民乐镇下潮水。境内有县属第三中学1所，镇中心完小1所，村小6所，镇中心卫生院1家。

茶洞市场历史悠久。逢农历五十赶集，1989年新建了集贸市场，邻近的重庆秀山、贵州松桃不少客商来此经营农副产品。

2000年全镇工农业总产值2707万元，比1986年增长385%，粮食产量6235吨，比1986年增长46.1%。

1986—2000年历任镇党委书记：陶万森、李光盛、杨胜忠、欧安友、聂祥明、田茂友、梁正文。

历任镇人大主席：陶万森、田茂友、张家华、杨国良。

历任镇长：石登友、李耀明、田维军、樊天传、石银英。

4.龙潭镇

龙潭镇位于县城西南部，距县城20千米，东与道二乡交界，北与团结镇连接，南与雅桥乡、猫儿乡接壤，西与茶洞镇相邻，总面积59.69平方千米。辖土地、豆旺、龙门、窝坨、干塘、角弄、李梅、古老、龙潭、大坪、草坪、金溶、板塘、张匹马、黄腊16个村和1个居委会。至2000年底，全镇共有3386户，13212人，其中苗族人口占88%。

地势为半丘陵区，海拔500～900米，常年气温15.4℃，年均降雨量1420～1500毫米，年均无霜期260天。

耕地面积1003公顷，粮食作物以玉米、水稻为主。水利设施有民毫水库（小Ⅰ型，库容110万方），以及瓦窑湾、阿坨两个小Ⅱ型水库，排吾水库干渠贯通全镇。

境内铅锌矿储量丰富，依托丰富的矿产资源，全镇工业生产发展迅速。1993年，建氧化锌加工厂、七水硫酸锌厂及铅锌浮选厂。到2000年，全镇新办选厂7家。

花（垣）—民（乐）公路贯通境内东西，雅（桥）—团（结）公路在此交汇，全镇村村通村级公路。境内有县直初中1所、中心完小1所及村小10所，中心卫生院1家。有墟场1个，逢农历五十赶集，规模大，商品交易活跃。

2000年，实现工农业总产值4842万元，比1986年增长790%，粮食产量6557吨，比1986年增长26.8%。

1986—2000年历任镇党委书记：石征长、石玉群、石登友、宋清宏、石昌明、吴志良、龙老碧、龙天华。

历任镇人大主席：张声敏、石绍斌、田福贵。

历任镇长：吴仁富、邓守国、宋清宏、石昌明、吴志良、龙老碧、杨胜望、龙泽恩。

5.民乐镇

民乐镇位于县城西部，距县城37千米，东接排吾乡，南连两河乡，北与猫儿乡相邻，西与贵州省松桃县木树乡隔河相望，总面积 49.39 平方千米，其中耕地面积 826 公顷。辖响水、上水田、上潮水、下潮水、民乐、坝务、洞乍、毛号、新水、卡子、谷哨、田家 12 个村和云盘、中街 2 个居委会。至 2000 年底，全镇共有 3150 户，13158 人，其中苗族人口占 78.5%。

境域东南部位于摩天岭山脉尾部，山高谷深，最高海拔 850 米(上响水后山)。北部处于太阳山脚，大部分地域处于丘陵区，地势较平缓，一般海拔 500～600 米，最低 310 米(下潮水河边)。主要河流有清水江，北部有发源于太阳山的潮水溪，中部有坝务、民乐两条小溪，南部有发源于摩天岭的水田河，都汇入清水江。年均气温 13.9℃，最高气温 36.5℃。年均降水量 1400～1800 毫米，无霜期 241 天。

主要粮食作物有水稻、玉米。境内有关龙小Ⅰ型水库 1 座，库容 100 万立方米。

境内锰矿资源丰富，是县域主矿区。20 世纪 80 年代后期，镇里始办锰矿厂，1995 年建成年产 1200 吨的电解二氧化锰和年产 600 吨电解金属锰的生产线。2000 年，花垣汇丰 1 万吨电解金属锰和中发公司 2 万吨电解金属锰在镇内建成。花民公路贯通境内，全长 10.3 千米。镇政府所在地分别有通往县城和贵州松桃、本县两河乡的公路，全镇村村通公路。

境内有初中 1 所，完全中心小学 1 所，村小 9 所，镇中心卫生院 1 家。有墟场 1 个，场期逢农历五十。镇域墟场历史悠久，规模大，客户来自本县的民乐、猫儿、两河和贵州省木树乡等地，商品繁多，服务功能齐全，是县境大墟场之一。

2000 年，实现工农业总产值 3855 万元，比 1986 年增长 824%，粮食总产量 5030 吨，比 1986 年增长 26.8%。

1986—2000 年历任镇党委书记：吴周光、石森、麻昌庭、黄若武、龙子文、王小安。

历任镇人大主席：田维均、麻昌庭(兼)、麻胜登。

历任镇长：田乐玉、龙玉春、石宗金、石宗辉、王小安、麻忠义。

6. 麻栗场镇

麻栗场镇位于县城东南部，距县城 22 千米，东邻排碧乡和董马库乡，西与雅桥乡接壤，南接吉卫镇，北邻窝勺乡，总面积 53.54 平方千米。辖黄土坡、溜豆、沙坪、沿坝、广车、排达鲁、麻栗场、沙科、老寨、立新、彭湖、登高坪、望高坡、各鱼、新寨、尖岩、新科、金牛 18 个村和 1 个居委会。至 2000 年底，全镇共有 3381 户，14990 人，其中苗族人口占 88%。境内南半部是海拔 700～1000 米的山区，最高峰莲台山 1059.9 米，北半部是平缓的丘陵区，最低海拔 463.9 米(各鱼兄弟河畔)，南北两部气候差异明显，北部较温暖，南部冰冻期长，季节迟半个月以上。年均气温 13℃，年均降水量 1608 毫米，年均无霜期 250 天。

有耕地面积 1155 公顷，粮食作物以稻谷、玉米、豆类为主。境内有一小Ⅰ型水库(广车水库)，库容 200 方。1995 年，装机容量 160 千瓦的五龙冲水电站建成发电。

319 国道从境内通过，全长 12 千米。另有通往雅桥、吉卫公路，村村均通公路。有中心完小(含初中)一所，村小 10 所，镇中心卫生院 1 家。有墟场 1 个，逢农历一六赶集。该墟场历史久，规模大，是全县五大农村墟场之一。

2000 年实现工农业总产值 2860 万元，比 1986 年增长 714%，粮食总产量 7700 吨，比 1986 年增长 63.1%。

1986—2000 年，历任镇党委书记：龙治平、杨杰、时正冲、石东升、石邦兴、龙翠梅。

历任镇人大主席：龙进国、杨再松、吴书全、施金庆、满愿隆。

历任镇长：龙寿文、石志隆、林子尧、施金庆、杨治国、龙翠梅、吴进华。

7. 吉卫镇

吉卫镇位于县城南部，距县城39千米，东北临麻栗场镇、排碧乡，西南接贵州省松桃县，西为两河乡，北连排吾乡，总面积86.27平方千米，其中耕地面积1276公顷（旱地305公顷，水田1031公顷）。地处云贵高原尾部，是一个高山台地，中间由西南向东北形成大坪坝，长13千米，平均宽1.5千米，平坝两侧各有两条山脉，西部从贵州梳子山长出两条山脉，一条顺吉卫、两河边界向摩天岭延伸，在镇内长8千米；一条顺坪坝边缘从凉帽至排座向麻栗场镇的黄土坡延伸，在镇内长13千米，贯通全镇中部。东南部是莲花山脉，从莲花山至老卫城长8千米，海拔均在900米以上。主峰莲花山是全县最高峰，海拔1195.1米。境内仅东南部有两条小溪，属水源缺少的山区。气候高寒，年平均气温13.4℃，无霜期243天，冰冻期最长29天，年降水量1608.7毫米。辖吉卫、排座、排达坝、下水、新寨、腊乙、鸡司、老卫、大老排、如腊、夯来、白岩、古牛、水洋、白果、各屯、凉帽、过水、螺蛳董、葫芦20个村和梅花井、卫城2个居委会。至2000年底，全镇共有3450户，16230人，其中苗族人口占88%。

花垣至凤凰公路贯穿全境，还有通往贵州省松桃县的公路和通往本县排吾的公路2条，村村均通公路。有县属吉卫民中1所，镇中心完小1所和村小12所，并有中心卫生院及兰家坪医疗站。境内建墟场1个，场期农历三八，该墟场规模大，是本县农村大墟场之一。

盛产水稻，享有“花垣粮仓”美誉，优质的吉卫大米畅销县内外。2000年实现工农业生产总值2477万元，比1986年增长496%，粮食总产量7083吨，比1986年增长31.7%。

1986—2000年历任镇党委书记：龙长富、石远智、田乐玉、龙文高、龙成海、麻宜志、石宗辉。

历任镇人大主席：麻昌柏、龙志刚、龙志清。

历任镇长：田乐玉、龙卫星、吴永兴、麻建锋、吴绍成。

8. 雅酉镇

雅酉镇原为雅酉乡，2000年11月8日撤乡建镇。位于县城南部，距县城56千米，东部和南部与凤凰县柳薄、两林相邻，西部与贵州省松桃县世昌、巴茅接壤，北部与补抽乡交界，总面积51.45平方千米，其中耕地面积602公顷。辖下水、扪岱、坡脚、夯杜、麻家、五斗、排达扣、油麻、高务、冬尾、排腊、朝岗12个村和1个农场，32个自然寨。至2000年底，全镇共有1539户，7322人，其中苗族人口占99%以上。境域属高寒山区，地势西高东低，西部有与贵州省分界的黄瓜山脉长10千米，海拔850米以上，最高峰黄瓜坡1131.2米，东部地势平缓，海拔在700～800米之间，最低683.9米。境内从冬尾、油麻、坡脚三处流出三条溪流，自西北向东南汇入牛角河。溪流交汇处落差大，水能资源达2000千瓦。年均气温13.6℃，年均降水量1200～1300毫米，年均无霜期247天。

粮食作物主要是玉米、稻谷，经济作物以烟叶为主。境内有漆树，是花垣土漆主产地。

镇内办电站一座,装机容量450千瓦,民办电站一座,装机容量50千瓦。花垣至凤凰公路在境内通过11千米,各村均通公路。有中心完小1所(含初中)和村小8所,镇卫生院1家。有墟场1个,逢农历三八赶集,客户来自本地和补抽、凤凰县、贵州省松桃县等邻近乡镇。

2000年实现工农业总产值1154万元,比1986年增长574%,粮食总产量2276吨,比1986年增长8.3%。

1986—2000年历任镇(乡)党委书记:石容成、吴国权、龙凤鸣、杨胜文、石南滨、石绍成。

历任镇人大主席:龙昌文、吴显成、杨胜文、麻顺和。

历任镇长:吴德清、龙宗寿、石龙海、石南滨、石绍成、廖昭俊。

二、建制乡简况

1.长乐乡

长乐乡位于县城东北部,距县城19千米,北部与保靖县复兴、水田镇相邻,南部与窝勺乡交界,西部与花垣镇接壤。地势呈东高西低阶梯状,总面积82.6平方千米,其中耕地面积1201公顷(水田607公顷,旱地594公顷)。辖水平、黄连沟、米迫、团岩坪、打落坪、跃马卡、谷坡、桃花、那光、卧岔那、纳务车、黄鳝坪、鸭八溪、长潭、惹坝、雀儿庄、老后坪、泽落坪18个村。至2000年底,全乡共有3065户,13738人,其中苗族人口占71.36%。

境内四周被群山包围,海拔650~867米,中部有一条长7千米、宽1.5华里的平坝,海拔在610~650米之间。平坝两侧为两条山脉,西部山脉从泽落坪到水平,东部山脉到泽落坪五让,各长10千米。西部山脉中的小溪流入兄弟河,东部山脉中的小溪流入保靖水田河。年均气温13.9℃,最高气温36.5℃,年均降水量1825.7毫米。

境域有桃花小Ⅰ型水库1座,库容150万方,另有五让水库,库容37万立方米。县城公路直通乡政府所在地,村村通公路。全乡有初中及中心完小1所,村小13所,乡卫生院1家,墟场1个,逢农历五十赶集。

粮食作物以水稻、主米为主,经济作物重点发展烟叶产业。2000年全乡实现工农业总产值1974万元,比1986年增长665%,粮食产量5545吨,比1986年增长30.2%。

1986—2000年历任乡党委书记:龙长富、胡建文、欧治中、石成芳、龙吉香、谢朝旭。

历任乡人大主席:龙万春、施秀功、张正友、谢跃斌。

历任乡长:张家驹、吴书全、王武军、石清友、龙吉香、石晨曦、谢朝旭、杨勇。

2.大河坪乡

大河坪乡位于县城北部,距县城24千米,东与团结镇相邻,西南与茶洞镇交界,北与重庆市秀山县峨溶镇隔河相望，东北与保靖县毛沟镇一水相连，总面积19.3平方千米，其中耕地面积327公顷。辖矮车坝、大木树、凉风洞、通州、踏沙、搞和、大塘坪、农科、新街、猫儿塘10个村。至2000年底，全乡共有1793户，7113人，其中汉族人口占总人口的90%以上。

地处丘陵区，境内最高峰紫云山海拔510米，通州河为最低处，仅260米。年均气温16℃，降水量1420毫米，无霜期269天。

粮食作物以水稻、玉米为主，另有红薯等。矮车坝、猫儿塘、大木树、通州等村开发椪柑、无核蜜橘、橙、柚子等水果，规模大、产量高、质量好，在全县占有重要地位。

1995年，建有乡冶炼厂，红薯粉丝厂等企业。319国道从乡域南部通过，村村通机耕道。流经边界的花垣河可通木帆船。有乡中心完小1所，村小3所，乡卫生院1家。

2000年全乡工农业总产值1126万元，比1986年增长582%，粮食总产量2239吨，比1986年增长21.6%。

1986—2000年历任乡党委书记：石维林、敖立胜、全治安、李子军、石敦祥、吴万举、石成芳、吴樟。

历任乡人大主席：石维林、全治安、张家华、龙光海。

历任乡长：吴万举、陈德隆、吴正科、吴仕林。

3.窝勺乡

窝勺乡位于县城东南部，距县城11千米，东与长乐乡、保靖县水田河镇接壤，南与麻栗场镇、董马库乡比邻，西连道二乡，北与花垣镇交界。地势东南低、西北高。除兄弟河畔是丘陵外，其余是山区，最高海拔934.5米（巴仁峰），最低海拔434.8米（折腊河口）。总面积45.09平方千米，其中耕地面积627公顷。较大河流有兄弟河、窝坝河。年均温度13℃，最高温度36.5℃，年降雨量1825.7毫米。辖下寨河、当家、窝勺、折腊、沙坪、老天坪、岩寨、花香、卜如坪、略坝、苗新寨、塘茶、大冲、夯渡15个村。至2000年底，全乡共有2235户，9568人，其中苗族人口占98.15%。

粮食作物以水稻、玉米、红薯为主。有夯渡、新寨、彭头扎三座小型水库，库容72万方。1999年，牛角屯、折腊村村民在兄弟河库区进行网箱养鱼，当家村栽种金秋梨29公顷，猕猴桃15公顷，两种水果产量在县内占有重要地位。境内无墟场，乡政府所在地有几家经销店经营小百货及农资产品。

209、319国道在境内重合贯通10千米，村村通机耕道。全乡有乡中心完小1所，村小5所，乡卫生院1家。

2000年全乡实现工农业总产值1382万元，比1986年增长466%，粮食产量3344吨，比1986年增长2.8%。

1986—2000年历任乡党委书记：曾令广、石远明、石玉章。

历任乡人大主席：石元照、王正元、田太明、石昌其、石生德、石玉龙。

历任乡长：吴正忠、吴万举、麻顺武、吴远锋、龙仕初、龙永生、龙银珍。

4.道二乡

道二乡位于县城西南部，距县城10千米，东邻花垣镇，南邻兄弟河水库与窝勺乡隔水相望，西与龙潭镇、雅桥乡交界，北与团结镇接壤。总面积42平方千米，其中耕地929公顷(田246公顷，土683公顷)。地势四周高中间低，地处丘陵地带，最高峰豆腐坡海拔770.6米，最低海拔430米。辖扛掰、者仁、辽洞、紫霞、美惹、朱朝、道二、排楼、登高、杠杠、接溪11个村。至2000年底，全乡共有3415户，9447人，其中苗族人口占99.0%。

境域东部边界有兄弟河，但水位低，境内除从排楼、民毫水库流出的两条小溪沟外，无河流，全乡严重缺水。年均气温13.9℃，年降雨量1400毫米。

粮食作物以玉米、稻谷、红薯为主。20世纪90年代初，建成杠掰、辽洞、紫霞、杠杠4村6处电排，疏通民毫水库至龙颈坳5300米渠道，新开铜盆井到辽洞村300米渠道，新修山塘32口，实现旱涝保收面积208公顷。1995年，在接溪村建一鞭炮厂，1997年，在美惹村三岔路处建成锰粉加工厂。花(垣)—民(乐)公路贯通全乡，长5千米，11个村均通公路。

境内有墟场1个，逢农历三八赶集，商品交易以猪仔最为有名。全乡有乡中心完小(含初中)1所，村小7所，乡卫生院1家。

2000年实现工农业生产总值1970万元，比1986年增长392%，粮食产量5961吨，比1986年增长75.4%。

1986—2000年历任乡党委书记：黄忠义、王子顺、李志富、龙光海、李念军、吴永兴。

历任乡人大主席：石国辉、龙国美、龙治华、施金庆。

历任乡长：石绍光、杨再松、张正明、石邦兴、万永顺、石建国。

5.猫儿乡

猫儿乡位于县境西南部，距县城23千米。东邻雅桥乡，西接民乐镇，北与龙潭镇、茶洞镇交界，南与排吾乡相连，总面积69.07平方千米，其中耕地面积1174公顷。西北部是太阳山台地，海拔800米以上，最高峰海拔1041.9米(杉木江把)。台地上地势平坦，南部处于摩天岭山脉尾部，地势起伏较大，中部是丘陵区，海拔在500～600米之间。中部的猫儿河是兄弟河的三个主要支流之一。山上山下差异大，太阳山区和摩天岭山脉属高山气候，季节迟，其他地区属丘陵区气候。年平均气温13.9℃，最高36.5℃，年降水量1825.7毫米。境内矿产资源丰富，锰、铅锌、钼矿储量大，是县内主要矿产区。辖果合、团结、田湾、排儿、老虎冲、杉木、洞里、新寨、豆子、太阳山、排腊光、铅厂、蜂塘、果儿、塘家15个村。至2000年底，全乡共有3060户，12817人，其中苗族人口占90%以上。

主要粮食作物以玉米、稻谷、红薯为主。境内有塘南、大土、老虎冲、大塘共4座小II型水库，总库容100万立方米，小排吾水库干渠通过排儿、铅厂等村。所有水利设施灌面达526公顷，其中旱涝保收面积353公顷。

20世纪90年代后期，境内锰矿、铅锌矿、钼矿形成规模开采。蜂塘、铅厂有外地老板建铅锌浮选厂。花民公路通过乡境，经乡政府所在地直通民乐、雅桥。全乡有初中1所，中心完小1所，村小7所，乡卫生院1家。有墟场2个，一个在乡政府所在地团结，农历二七赶集，另一个在渔塘，农历三八赶集，是县内唯一拥有两个墟场的乡。

2000年实现工农业总产值2592万元，比1986年增长589%，粮食总产量6644吨，比1986年增长35.9%。

1986—2000年历任乡党委书记：龙通河、石生银、张声安、吴跃杰、麻顺钊、龙卫星。

历任乡人大主席：石仕敏、石东力、石金和、李志富。

历任乡长：石和先、张声安、石树林、麻顺钊、龙卫星、吴长青。

6.两河乡

两河乡位于县境西南部，地处湘、黔边境，距县城49千米。东邻吉卫镇，西、南接贵州省松桃县，北连民乐镇，总面积54.9平方千米，其中耕地面积552公顷。境域地形复杂，水田河自东北向西南把全乡分为东西两部分。东部属摩天岭山脉，从牛心九龙坡到桐木摩天岭，长11千米，地形起伏大，最高海拔1100多米（盐井梳子山腰），最低海拔仅327米（石花河口），夯绒河、毛岗河、盐井河以及其他小支流，把群山切成众多深谷。由于地势起伏，即使是同一个村民小组，山上和河谷的气候亦不大相同。年均汽温13.7℃，平均降水1400—1800毫米。辖路桥、斗拱、两河、土屯、水田、桐木、毛岗、麻拉、马岩、盐井、石花、牛心12个村，56个自然寨。至2000年底，全乡共有2414户，10655人，其中苗族人口占95%以上。

粮食作物以玉米红薯为主，水稻不多，且因田土分布在深谷和25度以上的山坡，故产量不高。

境内有丰富的锰矿资源，是县内主要的锰矿区。1994年建成年产1500吨电解金属锰厂。1999—2000年，生产能力扩大至3000吨。有通往民乐的公路1条，全长6.2千米。境内清水江河可通木帆船。全乡有初中1所，中心完小1所，村小10所，乡卫生院1家。

2000年实现工农业生产总值2040万元，比1976年增长605%，粮食总产量3548吨，比1986年增长42.8%。

1986—2000年历任乡党委书记：石茂清、石东升、胡建文、龙光海、龙乾疆、石树林、龙永生。

历任乡人大主席：麻昌宗、谭长文、龙军荣。

历任乡长：麻昌宗、龙求高、石金和、龙快荣、石树林、石兴文、石绍贤。

7.雅桥乡

雅桥乡位于县城西南部，距县城28千米，东邻麻栗场镇，南接排吾乡，北与龙潭镇、道二乡接壤。总面积39.25平方千米，其中耕地面积787公顷。辖瓦乐、沙坪、排乍、干木、猫儿坡、朋打、朋岩、田塘、油麻、大兴、岩科、保楼、三塘13个村。至2000年底，全乡共有1890户，8091人，其中苗族人口占87%。境域东、南、西三面被群山包围，中部是丘陵地带，最高海拔725.2米，最低450米。年均气温13.9℃，年均降水量1400～1800毫米。境内滑石矿储量较多。

粮食作物以水稻、玉米、豆类、红薯为主。养殖业发展快，其中岩科村宁学文养殖山羊形成一定规模，在县内有知名度。

水利设施有排吾水库灌溉渠道和董绕、金彩两座小II型水库，库容43万立方米。

20世纪90年代，乡办石灰厂和锰粉加工厂各1个。麻栗场至排吾公路从境内通过，长7千米，有从乡政府通往龙潭、团结镇的乡镇公路。村村均通公路。全乡有中心完小1所（含初中），村小4所，乡卫生院1家。境内有墟场1个，逢农历二七赶集。

2000年实现工农业总产值1572万元，比1986

年增长674%,粮食产量5703吨,比1986年增长94.4%。

1986—2000年历任乡党委书记:麻元友、张兴祥、吴成祥、吴老扬、隆秀章、石续发、石春刚。

历任乡人大主席:石昌其、龙正权、麻顺武。

历任乡长:田太明、石东力、石成芳、龙天华、石玉龙、麻忠义、石春刚、龙海鹰。

8.排吾乡

排吾乡位于县城西南部,距县城35千米,东接雅桥乡,南邻吉卫镇,西连两河乡、民乐镇,北接猫儿乡,总面积47.9平方千米,其中耕地面积452公顷。地势南北低、东西高。兄弟河及其支流子腊河、龙门河均发源于乡域西南部的摩天岭山脉,由南向北流去。全境被与溪河走向相同且海拔均在700米以上的四条山脉分割为三条狭长的谷底,最高峰1104.4米(古老坟)。年均气温13.9℃,年均降水量1400～1800毫米,无霜期250天。境内有丰富的锰矿、褐铁矿。辖大排吾、磨子、龙门、大猫、竹子、董马、辽求、牛皮、子腊、夯彩、小排吾11个村,36个自然寨。至2000年底,全乡共有2034户,9201人,其中苗族人口占90%以上。

主产稻谷、玉米、红薯。子腊所产大米清代时曾向朝廷进贡。所产"摩天云雾茶"远近闻名。排吾水库为全县第二大中型水库,库容1040万立方米。20世纪90年代中期后,境内锰矿资源得到开发。有雅桥至吉卫公路从境内通过,全长9.5千米。全乡村村通公路。有中心完小(含初中)1所,村小5所,乡卫生院1家。无墟场,仅有几家经销店经营农资、小百货等商品,商业不发达。

2000年实现工农业总产值9833元,比1986年增长359%,粮食总产量2025吨,比1986年减少10.9%。

1986—2000年历任乡党委书记:吴国权、麻胜登、麻显文、石治平、石家宽。

历任乡人大主席:吴志明、吴老杨、田福贵、杨治国。

历任乡长:龙乘飞、麻兴昌、麻胜武、麻立安、石正兴。

9.补抽乡

补抽乡位于县城南部,距县城44千米,北与大龙洞乡相邻,东与凤凰县柳薄乡交界,南与雅西镇接壤,西与贵州省接界,总面积60.26平方千米。辖补抽、大本、排当、米沟、渔龙、大坳、水桶、吉久、大哨、咚哨、夯尚、大卡、小卡、排龙14个村。至2000年底,全乡共有2164户,9762人,其中苗族人口占98%以上。境内地形复杂,最高海拔1015.5米,最低海拔300米。有一条15千米的河谷,两侧均为陡峭的山峰,西侧的群山形成台地,海拔在700米以上,五条小溪把台地切割成境内深而长的峡谷。年均气温13.4℃,年均无霜期243天,年均降水量1608.7毫米。1986—2000年15年间,冰冻期最长达29天。有耕地面积790公顷。粮食作物以水稻、玉米为主。有3座小型水库,总蓄水量68万立方米。花垣至凤凰公路途经境内7千米。有48千瓦的电站1座,720千瓦的电站1座。全乡有初中1所,中心完小1所,村小9所,乡卫生院1家。境内无墟场,是全县三个无墟场的乡之一。

2000年实现工农业总产值1538万元,比1986年增长404%,粮食总产量3460吨,比1986年减少 10.8%。

1986—2000 年历任乡党委书记：梁中金、石维祥、龙成海、王子安、廖永忠、麻建锋。

历任乡人大主席：龙玉忠、龙明礼、吴德清、龙仕初。

历任乡长：刘元顺、石玉龙、龙寿红、隆志强、吴正科。

10. 排碧乡

排碧乡位于县城东南部，距县城 34 千米，东北和东南与董马库乡和排料乡接壤，南部与吉首市矮寨镇和本县补抽乡相临，西部与吉卫镇、麻栗场镇交界，总面积 54.85 平方千米。境内地形复杂，西部是莲台山脉，山高谷深，最高峰（莲台山一侧）海拔 1059.9 米，最低海拔为小龙洞河边，仅 350 米。从莲台山南面“三十六湾”发源的溪流均汇入小龙洞，在高岩流入峒河。东部、北部山势略为平缓，岩锣河经新寨在矮寨汇入峒河。年均气温 14℃，年均降水量 1400 毫米，年均无霜期 250 天。辖排碧、岩锣、四新、板栗、小洞冲、茅坪、红英、马鞍、张刀、上半坡、下半坡、黄岩、飞虫、竹子 14 个村。至 2000 年底，全乡共有 2034 户，9201 人，其中苗族人口占 98%以上。

有耕地面积 668 公顷，粮食作物以水稻、玉米、豆类为主。有红英小 II 型水库 1 座，库容 11 万立方米，夯吉图小 I 型水库 1 座，库容 124 万立方米。有 3.5 万千伏变电站 1 座。209、319 国道重合在境内通过，全长 10 千米。有通往排料乡的公路，全乡村村通公路。有中心完小 1 所（含初中），村小 6 所，乡卫生院 1 所。有墟场 1 个，逢农历三八赶集。

2000 年实现工农业总产值 1638 万元，比 1986 年增长 534%，粮食总产量 3951 吨，比 1986 年增长 40.4%。

1986—2000 年历任乡党委书记：张兴祥、满维政、龙老书、刘元顺、龙文高、石伏龙、邓德猛、任达才、石建南。

历任乡人大主席：满维政、吴远锋、石伏龙、龙东文、吴记全。

历任乡长：石安吉、吴坤华、彭晓初、杨治国、邓德猛、任达才、石乾。

11. 排料乡

排料乡位于县城东南部，距县城 44 千米，东临保靖县夯沙乡，南接吉首矮寨镇，西南与排碧乡相邻，北与董马库乡接壤，总面积 48.21 平方千米。境域地处高山台地，最高海拔 1093.4 米（高原高久），发源于让烈的小溪流流入峡谷，从矮寨入峒河。年均气温13.2℃，年均降水量 1300 毫米，年均无霜期 240 天。辖芷耳、补毫、排料、龙孔、让烈、桃花、金龙 7 个村和 1 个村场。至 2000 年底，全乡共有 1416 户，6314 人，其中苗族人口占 90%以上。

耕地面积 674 公顷，粮食作物以水稻、玉米为主。1998 年开始种植烤烟，烟叶成为发展全乡经济的主要产业。境内有让烈小 I 型水库 1 座，库容 10 万立方米，另有绿豆坪、五木冲两座小 II 型水库，库容分别为 34 万立方米和 10 万立方米。有通往排碧乡的公路 1 条，长 6.5 千米。1998 年，乡里引进外资，建成方解石加工厂。全乡有中心完小（含初中）1 所，村小 4 所，乡卫生院 1 家。有墟场 1 个，逢农历四九赶集，但规模小，商品交易不多。

2000年实现工农业总产值1036万元，比1986年增长395%，粮食总产量2121吨，比1986年减少6.8%。

1986—2000年历任乡党委书记：龙文高、刘昌刚、施金庆、石寒峰、杨明隆、廖永忠、石维刚。

历任乡人大主席：石家兴、石生德、秧登清。

历任乡长：伍祖明、石寒峰、麻林森、龙银珍、龙丛华。

12. 董马库乡

董马库乡位于县城东南部，距县城33千米，东与保靖县水田、夯沙乡接界，南与排碧乡相连，西与麻栗场镇相交，北与保靖县水田河乡、中心乡、夯沙毗邻，总面积52.75平方千米。境内地处高山台地，最高海拔1077.6米(孟苟山)，最低530米(排比甩河边)。年均气温13℃，年均降水量1500毫米，年均无霜期240天。辖董马库、鸡坡岭、排当浯、雷公、卧大召、板栗、排达连、夯寨、补定、卧龙坪、丙池、黄土坪、敏纳、让乍、排腊、洞冲16个村。至2000年底，全乡共有2393户，10330人，其中苗族人口占98%以上。

有耕地960公顷，粮食作物以稻谷、玉米、豆类为主。是县内板栗主要产区。境内有排达连水库1座(小Ⅰ型)，库容370万立方米。有通往209、319国道的公路1条，村村均通公路。全乡有中心完小1所(含初中)，村小12所，乡卫生院1家。有墟场1个，逢农历二七赶集，规模不大。

2000年实现工农业总产值1442万元，比1986年增长339%，粮食总产量4107吨，比1986年增长6.3%。

1986—2000年历任乡党委书记：龙银富、石元照、施秀功、石远发、孙兴成、杨治国、王群。

历任乡人大主席：石安吉、石元照、杨明隆。

历任乡长：满维政、施秀功、杨明隆、孙兴成、石远耀、王群、隆志强、麻学隆。

13. 大龙洞乡

大龙洞乡位于县城南部，距县城71千米，北面与吉首矮寨镇相邻，东南与凤凰县米良、柳薄乡交界，西部与补抽乡接壤，是1992年从补抽乡划出的一个小乡，总面积22.1平方千米。辖牛角、大龙、兴中、桃花、高岩5个村。至2000年底，全乡共有763户，3077人，其中苗族人口占99.87%。境内林木茂密、峰石叠峰，瀑布众多，具有旅游开发前景。境内最高海拔795.4米(桃子村内)，最低海拔272.8米(高岩河边)。年均气温13.4℃，年均降水量1608.7毫米，年均无霜期243天。有耕地面积153公顷。粮食作物以玉米、水稻为主。境内建有大龙洞电站(州属)，有1条沿河公路通往矮寨镇与国道相连，村村均通公路。有完小1所，乡卫生院1家。境内无墟场。

2000年实现工农业总产值387万元，比1992年增长248%，粮食总产量805吨，比1992年增长43.6%。

1986—2000年历任乡党委书记：施秀功、麻建勋、龙志华、麻立安。

历任乡人大主席：施秀功、麻建勋、龙志华、满愿隆、石远兴。

历任乡长：彭晓初、隆金顺。

人　物

一、人 物 传

龙玉六

龙玉六(1905—1988),男,苗族,花垣县猫儿乡新寨人。少年时因家境贫寒未能入校读书,但因天资聪明,过耳不忘,人皆称当地奇才。5岁时即跟随祖父学苗医,13岁开始行医治病,认识草药1200多种,多次为百姓治疗疑难怪病,深受群众赞扬。新中国成立后,政府将其安排在民乐区兽医站工作,1954年加入中国共产党。1956年参加民乐联合诊所从事苗医诊疗,1958年创办猫儿人民公社苗族医院。1959年运用苗药蒸汽疗法,治疗因营养不足而导致多发性水肿病,先后治愈3000多名病人,且该疗法曾在全省范围内推广。1960年光荣地出席全国文教卫群英大会,受到刘少奇、周恩来、朱德等党和国家领导人的接见,被国务院授予全国劳动模范称号。1964年当选湘西土家族苗族自治州人大代表。1981年退休后,口述100多万字的苗族古老话、哲学和医药学资料,绘制10多幅苗医图谱,为后人整理出版《古老话》《苗族生成哲学》《苗族医药学》作出了积极贡献。

龙玉六系祖传第八代巴代和苗族医师。其巴代功底深厚,虽文化水平不高,但经过刻苦自学,不仅具备巴代写、画、雕、扎、剪、吹、打、舞、诵、唱等功底,还具备巴代大师的自然功和隐身、变幻和遁形等超自然功。其苗医苗药知识面广,特色鲜明,理论完整,实践有效。对人体的生理,他认为:人体的先天能量和物质基础是父母所给,人出生后,开始向外界摄取有关基本物质,再通过自身加工制造出新的物质基础来不断充养先天的能量,促使身体发育成长和生命的延续。

在病因学方面他提出:疾病的外因是基本物质的摄取量不足或质量不纯,以及光毒、水毒、气毒、土毒、石毒的直接入侵,内部又因人体“搜媚若”(能量)的衰化、亢奋,以及情感、信念、劳累、伤损等导致“搜媚若”(能量)功能异常,从而造成人体生成关系恶化,产生疾病。

在药理、药物、方剂方面他认为:药性是各种药物搜媚若(药物能量)和各薄港搜(物质基础)的特殊性质;药理是药性对人体搜媚若(能量)产生功能作用的机理,要通过事物生成的关系来实现。他把苗药的素质和性征归纳为酸、甜、苦、辣、麻、食、香、咬、皮、咸、热、冷、和、唊、臭、腥、臊、鲜、烟19种。他总结出“酸的止泻甜的补,苦的退火辣退气,麻的止痛饪的赶、咬的败毒香健胃,皮帮交环咸赶表,臭的攻毒唊止塞，冷治热病热治冷，不冷不热交环医”等基本理论运用于指导临床用药。并将不同药物对于人体各脏腑组织的亲和性能分别归纳为：“走脑架”“走心架”“走肝架”“走肚架”“走肺架”“走肾架”“走窟架”“走性架”“走身架”的各种关架类别，传授了独特的“药性走关学”。

在诊断学方面，他除了运用看、听、嗅、问、摸、触等常用诊断方法外，还用苗族“鹿马脉”诊法来帮助诊断。在行医过程中，他运用并传授了热闻法、冷闻法、退火法、提火法、止痛法、止泻法、止塞法、健胃法、帮交环法、补体法、表毒法、攻毒法、败毒法、赶毒法、退气法和改危法等16种治病大法。对常见的100多种疾病，在病因、病机、症状、诊断、鉴别、预防、治法、护理、禁忌等方面都形成了一套完整的理论和实践经验，积累了生药术、煎药术、药酒术、吸药术、凡散术、吹药术、灌滴术、涂药术、擦药术、敷药术、药洗术、挂药术、睡药术、薰烟术、蒸疗术、导气术、推抹术、刮痧术、吮吸术、拔罐术、放血术、麻醉术、开刀术、缝合术、包扎术、正骨术、灌气术、热熨术、烘烤术、滚蛋术、灰碗术、灯火术、烧艾术、火针术、发泡术、针刺术、针挑术、冷浸术、光照术、冷浴术、热浴术、操练术、戢毒术、化水术、冲喜术、治神术、食疗术等共47种实用疗法。

1988年12月21日，龙无疾而终。

何其安

何其安(1937—1991)，男，汉族，湖南省新晃县人。1957年7月毕业于中南矿冶学院，被分配到湘西金矿工作，任坑口通风爆破技术员。1983年8月主动要求完成拆除一座30多米高的废弃烟窗的爆破任务，并做到一次性爆破成功，被破格晋升为工程师。1984年9月，花垣县为引进锰矿开发技术人才，县委书记龙廷光带领县委组织部、劳动人事局、锰矿党委等有关单位领导到湘西金矿寻求人才支援，得到金矿党委的大力支持。何其安第一个被找谈话，他回答道：“去，带着家属子女一起去，去苗山扎根落户，大干一番。”金矿党委最后确定由副矿长刘林森带领何其安等7名专业技术人员投入花垣锰矿资源开发工作。1987年5月，已任副矿长的何其安与矿长刘林森合作，进行矿山技术改革，将斜井改为溜井，既提高了工效，又为矿山工程建设节约资金55万元，被县人民政府授予特等奖。接着又将矿山井口转运矿吊脚矿仓改为边坡矿仓，节约资金10万元，荣获县科技进步三等奖。

何其安在抓好矿山工作的同时，利用节假日和休息时间帮助当地农民寻找治穷脱贫门路。经锰矿党委研究决定将民乐镇民乐村扫把寨村民小组作为扶贫联系点，帮助筹建锰矿焙烧厂，由县锰矿提供铺底金5万元，该组投入劳力52个。经一个月努力，建成了四个窑子，架通了电源，安装了自来水管，建好了蓄水池，当年投产8个月收入14万元，除还清了铺底金5万元，投工户平均分得1000多元红利外，还办起了代销店。次年，扫把寨敬老院的费用和67个在校学生读书学杂费全部由寨集体包干。后又修建了两个大水池，不仅解决了焙烧用水，而且人畜饮水和山旱田灌溉问题均得以改善。为进一步搞好边区民族团结，县锰矿同意何与民乐镇政府领导一同去河对岸的贵州省松桃县木树乡走访，面对面交流经济发展情况。得知该乡有锰矿资源，何其安建议木树乡政府兴办一个锰矿焙烧厂，并主动提出帮助设计，负责完成设计图纸、论证报告及技术指导。通过技术辅导和交流，该乡领导也到县锰矿和民乐镇回访，还赠送了一面锦旗。通过走访，增强了边区民族团结。1987何其安被推荐为县政协委员，1989年3月晋升为高级工程师。1990年参加省科协举办的全省厂矿企业第三次科技研讨会，其4篇科研论文在国家级报纸杂志上发表。

1991年4月14日，何因突发脑溢血去世。当年，中共花垣县委根据何生前的要求和表现，追认其为中共党员。

张声荣

张声荣，又名张生荣(1916—1993)，男，苗族，农民，文盲，中共党员，花垣县茶洞镇白岩村人。曾任中共白岩乡党支部书记、农协主席、农业合作社社长。省、州、县人民代表大会代表，湘西苗族自治区人民委员会委员。

张从小失去父母，由姐姐张凤英抚养长大。民国25年至38年(1936—1949)先后任过国民党军第三十二军副班长、班长、排副、少尉排长和永绥县常备队茶洞分队副、白岩保副保长等职。

1949年11月初，永绥(今花垣)解放。翻身的张声荣拥护中国共产党，拥护人民政府，参加土改工作队并任副队长。1951年2月，张邀约张家耀、石维生、张明梭、张兴仲、石批发等5户贫苦农民率先组织全县第一个临时互助组。同年10月，又组织12户农民参加常年互助组，以竹牌工票计分和死分活评方式分配劳动成果，生产得以发展，互助组得到巩固和壮大。中共永绥县委、县政府号召全县学习张声荣，大办互助组，当年全县共办互助组857个。绝大多数互助组获得增产，张声荣互助组粮食产量比1950年增产52.4%，张被评为县甲等劳动模范。是年，张声荣互助组给毛泽东主席写信。1952年2月7日，张生荣互助组收到中共中央办公厅代表毛泽东主席发来的贺信。贺信说："去年你们给毛主席的信已由《团结报》转来，对你们被评为湖南省模范互助组特致以热烈的祝贺。希望更加团结一致，在人民政府领导下，为实现你们信中所提出的1953年生产计划而奋斗。"当晚，张召开组员大会宣读贺信。大家表示："党中央的贺信是对我们贫苦农民的鼓励和鞭策，我们要按照毛主席的教导，做新中国的模范农民。"是年10月25日，张声荣互助组在全县劳动模范大会上被评为甲等模范互助组，张被评为特等劳动模范并获奖励水牛一头。当年，张加入中国共产党，并被评为湖南省劳动模范。1953年，他的互助组发展到40户，张被评为湖南省特等劳动模范。1954年1月，中共花垣县委、县政府按照中共中央"积极领导，稳步前进"的办社方针，在卧龙榜乡蒋叔武常年互助组和白岩乡张声荣常年互助组的基础上，办初级农业生产合作社试点，张任白岩社社长。秋收决算时，合作社户户盈利。尤其是张在高寒山区的白岩试种棉花获得成功，解决了百姓穿衣问题。此后，张还从北方引进种牛、种羊发展畜牧业，引进水稻和玉米良种，实现亩产过千斤，突破了历史最高纪录。是年，张被推选为湘西苗族自治区人民代表和湖南省人民代表，被政务院总理周恩来任命为湘西苗族自治区人民委员会委员。1955年，张被评为湖南省模范民族工作者出席全国表彰会，受到了邓小平、邓子恢等党和国家领导人的接见并共进晚宴。国务院颁给他一块长1.2米，宽0.4米珍贵的大幅玻璃镜屏纪念品并奖励奶牛一头。

1956年初，县委、县政府在白岩乡开展"建社整社"。张因所谓的"历史问题"，于同年8月被戴上"历史反革命分子"帽子交群众监督劳动。1973年5月28日，花垣县革命委员会人民保卫组公检法军事管制小组摘掉其反革命分子帽子。1987年，省人民政府给张恢复省人民代表、湘西自治区人民委员会委员和省特等劳动模范称号。

1993年6月24日，张因病去世。

罗元明

罗元明(1933—1993)，男，汉族，初师文化，湖南省常德市人。1951年参加工作，1952年8月调入花垣县文化馆任副馆长，1957年1月任县剧团团长，1972年任县民族戏剧研究所所长，三级编剧。罗长期从事民族文艺研究工作，致力于苗族戏剧艺术的导演、剧本创作和研究，先后创作了《百兽王》《老爷爷观礼》《游春》《拿贼》《苗山魂》《逃犯审官》《黛雅和那卡》等近30部现代戏剧和苗歌剧，有的在省级戏剧杂志上发表，有的被县专业剧团上演，并参加拍摄电影故事片《边城》的活动。罗改编创作的《逃犯审官》在省级刊物《剧海》发表，后由县苗剧团上演，在省内外产生了一定影响。1989年，该剧在第二届全国少数民族戏剧剧本创作评比中荣获银奖。他根据苗族民间故事改编创作的苗歌剧《黛雅与那卡》，在北京有关专家的指导下，由县剧团组织上演，受到社会各界好评，由湘西电视台录制，在湖南省电视台播映。1989年，该剧获"第四届全国电视戏曲攀枝花奖"三等奖，罗受到湘西州人民政府记二等功一次，浮动工资一级的奖励。

此外,罗还著有《百花丛中新一枝——苗剧诞生的前前后后》等作品。

1993年,罗因病去世。

左廷海

左廷海(1952—1993),男,苗族,湖南省花垣县大河坪乡稿和村人,中共党员,大专文化。

1976年7月,左廷海于吉首民族师范学校毕业后,分配到花垣县茶洞公社小寨完小任教。1979年9月—1983年8月,在花垣三中(茶洞中学)任教,9月调至花垣小学任电化教学实验教师。1994年,花垣小学被定为湘西州电化教学实验点,由左廷海任实验辅导员。

为胜任工作,1990年10月,左廷海完成了省电视广播大学教育行政管理专业全部课程,获大专毕业证书。在实验教学实践过程中,他撰写了多篇论文、实验报告和经验文章,多次在州、省有关电教实验会议上进行交流并获奖。其《论小学自然电教实践》一文于1987年在《电化教育》杂志发表。1985年被湘西州人民政府授予优秀教师称号。1987年、1988年被湘西州人民政府记二等功和记大功各一次,1989年被州教委授予全州电化教育先进工作者。1987年,他撰写的《对两种教法教学效果的比较研究》获省电教成果一等奖,《运用电教手段,进行观察和实验教学研究》的实验报告获全州二期电化教学实验成果一等奖,1989年被省电教馆评为二等奖;1992年他主持《小学自然课电化教学程序》研究课题,在阶段实验成果评选中获省二等奖。他指导学生制作的"可变凸度晶状模拟仪""固体热胀冷缩演示仪",分别获州教科所和州"小学自然研究会"一等奖和三等奖。1992年4月,左廷海被列为县委、县政府重点管理的有突出贡献的专业技术人员。

1993年,左因积劳成疾而去世。

秧初兴

秧初兴(1918—1993),男,苗族,花垣县麻栗场镇各鱼村人,初小文化,农民。

秧从小酷爱绘画,1933年,15岁的他就正式向当时有名的苗画师傅秧初成大哥学画。1934年,他一边继续学画,一边将自己画的苗族花边、苗族图案纹样拿到市场去换钱。1935年,他拜湘西有名的苗画师傅王正文为师,学习苗画和做苗族服装。三年期满后,秧当起裁缝师傅,游遍苗乡,做上门功夫。由于秧有绘画功底,加之裁剪手艺好,因而请他上门做苗族服装的人家络绎不绝。秧能根据各地的特点、客人的喜好,在传统图案纹样的基础上,吸收各地优秀图案纹样进行大胆创新。在线条、色彩、工艺、装饰效果上精益求精,深受苗族群众的喜爱。至解放前夕,秧已成为周边苗乡赫赫有名的裁缝和苗画师傅。

新中国成立后,在民族政策光辉照耀下,秧的手艺进一步发扬光大。1956年花垣百货公司邀请他画苗族花边、门帘、帐赡、围裙、背裙、枕套等。1957年湘西自治州百货公司又邀请他去画苗族花边、图案纹样。在1959—1961年的三年困难时期,他画的花边、图案等,仍有苗族群众争相购买。

1978年9月,秧被省工艺美术公司湘绣研究所邀请去画苗画和苗族图案纹样。1979年,花垣县民族民间工艺厂又邀请他去画苗画,负责苗族图案纹样设计工作。由于工作成绩显著,他被推选出席"全省民间老艺人座谈会",受到省工艺美术家协会嘉奖。1980年他出席中国美术家协会举办的"全国民族民间老艺人座谈会"。同年,被县工艺厂评为先进生产者。1981年,秧出席"全州民族民间老艺人座谈会",所带的苗画作品参展后,被湖南省美术家协会和湖南省艺术馆收藏。湖南省美协副主席、省艺术馆馆长黄铁山对他的苗画给予了很高的评价。

秧为县工艺厂所绘制的苗画作品在湖南省轻工服务部、广州交易会、北京民族文化宫展销,受到好评,同时被湖南省博物馆、湖南省艺术馆收藏。产品远销欧、美、日本、东南亚和我国港澳台地区。

秧是政协湘西州第五、六届委员，湖南省湘西州工艺美术家协会会员。

1993年，秧因病去世。

庞兆清

庞兆清（1916—1994），男，汉族，原籍陕西延安，初小文化。庞兆清出身贫苦农民家庭，幼年父母病逝，随兄长大。民国24年（1935）10月参加刘志丹领导的陕北红军，在一次战斗中负重伤，住院治愈后，转入卫生部工作。民国26年（1937）8月加入中国共产党，民国34年（1945）随军到东北开辟新区，参加过辽沈、平津战役，1949年2月随47军139师南下入湘。后转业地方分配到花垣县茶洞贸易小组工作。1954年11月任新星火力发电厂厂长。因其对党忠诚，责任心强，作风民主，知人善任，团结干部职工艰苦创业，被评为乙等模范干部。后任花垣县机械厂副厂长。1969年调入县革委会后勤组任副组长，1970年调入县政府行政科。1981年离休，享受副师级待遇。庞兆清身为老红军，不图名利，扎实工作，一生光明磊落，作风正派，勤政廉洁，教子有方，深受群众称誉。

1994年，庞因病去世。

刘邦本

刘邦本（1923—1995），男，汉族，花垣县花垣镇人。出身贫寒，其父刘君竹早年入基督教，与教会外籍牧师交往较多。刘邦本亦潜移默化，为以后有较高的英语水平奠定了基础。抗日战争末期，刘就读于永绥（今花垣）国立第八中学高二部，在一次全校英语演讲比赛中荣获第一名，引起师生关注。

新中国成立初期，刘在保靖县大队（地方武装）入伍，任文化教员。1953年湖南大学毕业，先后到永顺一中、花垣一中任教。1957年被错划为“右派”，下放到长乐公社团岩坪大队当农民。期间，刘常在花垣至保靖一带行医。1978年落实政策时，恢复刘的教师职务。先后在麻栗场中学、花垣民中任教。在教学中精心制作生物标本，教学效果甚佳，受到省州教育部门好评。1982年退休后，被县公安局聘为看守所医务人员。刘把防重于治的方针落到实处，看守所的卫生条件大为改观。实现犯人无虱、无疥疮、无死亡，该所多年被评为湘西州先进看守所。县公安部门为表彰刘的高尚医德，赠予“一身学识深无底，从医术高人上人”锦旗。1985年7月，刘出席湖南省医政专业医师代表大会，受到省卫生厅嘉奖。

1988年，刘邦本在县城开办“便民诊所”，治愈病人上千。平时待人诚恳，患者有求必应，对贫寒病患者上门求医酌情减免费用，将“与人为善、治病救人”作为做人准则，受人称誉。刘邦本曾任过政协花垣县第二、三、四届委员、常委。他撰写的《湘西苗民革屯抗日军参谋张孟阶》《城乡战争中的野战医院》等回忆文章，为地方文史事业提供了宝贵史料。

1995年9月1日，刘因病去世。

傅洪胤

傅洪胤（1919—1995），男，汉族，出生于永绥县（今花垣县）城西门外七屯坎一户贫困家庭。12岁学经商，19岁独立经商并在永绥商界颇有名气。1952年参加工作，任花垣县工商联合会主任。他积极参与对私营工商业的社会主义改造，组织公私合营的合作商店。“文化大革命”期间曾在“五七”干校学习，1972年7月在县工商行政管理办公室负责财务管理。他坚持财务制度，严格管理票证，清理基层工商所账目，一丝不苟，成绩突出，1978年被评为先进工作者，受到县委、县革委会的表彰奖励。1979年县工商局成立后，先后任工商股副股长、工商局副局长、工商局协理员。

他为政清廉，忠于职守，作风过硬。外出工作时有车搭车，无车走路。平时爱护国家财产，从不浪费，连续7年被县工商局评为先进工作者，5次被县政府记功。1981年被州工商局评为先进工作者,1983年被省工商局评为先进工作者。1988年5月退休后,一直坚持早晚值班并义务打扫工商局门前的50米街道,深受群众赞扬,被《团结报》载稿誉为“城镇街道美容师”。1988年7月,古稀高龄的他加入了中国共产党。1981—1989年任县政协委员、常委,1990年被县委授予优秀共产党员称号。

1995年,傅因病去世。

麻兴汉

麻兴汉(1931—1996),男,苗族,花垣县猫儿乡排儿村人,初中文化,中共党员。1950年参加工作。历任中共民乐区委宣传委员、麻栗场区副区长、猫儿人民公社党委书记、民乐区副区长、区长、麻栗场人民公社社长、党委书记、凤凰县三江区委书记、花垣县农业委员会副主任、县经济委员会主任、县人民政府副县长、县政协主席、县委顾问等职。

1988年冬,中共花垣县委作出《五年消灭荒山,十年绿化花垣的决定》,县绿化领导小组由县委书记颜学根任组长。时任县政协主席的麻兴汉在县委、人大、政府、政协四家领导会上,主动请缨,出任副组长,挑起消灭荒山、绿化花垣的重担。旋即率领林业局局长等6名行政干部和林技干部,迎风冒雪,忍受痔疮之痛,踏遍县内太阳山、莲花山和摩天岭等数座海拔千米以上的山峰,进行实地考察。走访林区村寨,与农民座谈,宣传县委《决定》的意义,听取消灭荒山的意见,总结植树造林的经验。他按照县委的要求,制定绿化总体方案,坚持以封山育林为主,实行封、造、管、节并举的林业生产方针和具体实施方案,为县委、县政府实施“抓山致富”提供决策依据。同时总结了群众自发商议,适合民族习俗的“五个一”护林村规民约,对乱砍滥伐破坏森林者实行下列惩罚:一面锣自罚游村;一碗血酒发誓护林;一挂鞭炮赔礼谢罪;一场电影放映前公开检讨;一餐饭告诫全村。五个一护林办法的推行,使爱林护林转化为群众的自觉行动。

1990年国家启动长江中上游防护林工程,花垣县有10个乡镇被纳入营造长防林工程范围。麻兴汉抓住这一机遇,将营造长防林工程与落实县委《决定》有机结合起来,采取先办试点、以点带面的办法予以推进。1991年初,他选择荒山面积多、山地条件差、造林难度大的麻栗场镇彭湖村作长防林工程试点,率县、镇工作组驻村,发动全村劳动力,苦干3个月,高标准营造杉、松林木45.33公顷。

是年夏,麻兴汉与县委书记龙爱东研究确定,以两河乡桐木村为试点,采取农户以林地入股、林木收益按股分红、全村林地由林场统一经营管理的办法兴办集体林场,并组织村民有计划、有步骤地炼山、全垦,集中连片营造杉木林200公顷。

是年冬,为推广试点经验,麻兴汉在彭湖村组织召开全县林业生产现场会。通过组织与会人员参观炼山整地植树造林现场,要求与会人员按照技术规程栽好两株树苗等方法实行现场练兵,有效地推进了长防林工程实施。到年底,全县10个长防林工程重点乡全垦造林1800公顷,经州省林业部门验收,合格率达到97%以上,质量评为全州第一。进而点面结合,营造长防林12200公顷,其中尤以排料乡营造的1000公顷黄柏杜仲标准高、质量好。由于效果显著,1991、1992年,花垣县连续两年被林业部授予长防林建设一类县。

麻兴汉注重造林、管护同步进行。在考察林区时,他发现雅桥乡岩科村长期坚持护林制度,村寨山头郁郁葱葱,封山育林面积达266余公顷,木材蓄积量约5000立方米,即使大雨滂沱,山沟流水也较清。为推广这一经验,麻兴汉先后在岩科村召开两次全县封山育林和林业管理现场会,促进了管林护林工作,使全县封山育林面积达到17400公顷,占林业用地面积的28.4%。1992年,麻兴汉退休后,继续被县委聘为顾问并专抓林业工作。

麻兴汉坚持依靠群众育林,收到良好成效。到1994年,全县有林面积达到46920公顷(含长防林），比1989年增加48.4％；荒山由1989年22666公顷减至333公顷，减少率为98.5％；森林覆盖率由1988年的34.42％提高到47.3％。麻兴汉提前上交了“五年消灭荒山、十年绿化花垣”的合格答卷。由于成绩突出，麻兴汉1989年获湖南省绿化办公室颁发的“绿化三湘贡献奖”奖章和证书；1990年、1992两年被湘西州人民政府记大功；1994年6月获省林业厅颁发的长防林建设“先进工作者”证书；1995年2月获林业部授予的“长江中上游防护林体系一期工程建设先进工作者”称号。

1996年1月19日，麻兴汉因病去世。

许明鑑

许明鑑（1913—1997），男，苗族，花垣县团结镇吉场村人。从小聪明好学，10岁读私塾，16岁随父习医乡村，对病患者不论富贵贫贱、男女老幼、路程远近，都有求必应，经过诊治，多能见效。新中国成立后，他更加热爱中医事业，立志继承、挖掘光大家传秘方和祖国医学遗产，熟读深研《黄帝内经》《伤寒杂病论》《景岳全集》等古典医著，特别对《小儿推拿广意》《幼科推拿秘术》等专著的研究和实践很有造诣。1956年在团结镇创办了中、西医联合诊所，1960年4月调花垣县人民医院工作，任院委员会委员。他临床经验丰富，医术较为全面，尤其对内、外、儿、妇科及疑难杂症的治疗有独到之处，正骨、蛇伤、针灸、推拿都很擅长。行医数十年，在花垣颇有名望，曾多次应邀到怀化、吉首、铜仁、松桃、秀山、保靖等地治病和医术交流。1963年许被州人民政府授予模范医生并予以表彰。1973年在全州毒蛇咬伤献方会上获得州政府嘉奖，1978年其蛇伤治疗方法在全州科技会上荣获优秀成果奖。许曾担任过湘西州医药学会常务理事、政协花垣县第一届委员会委员。1985年省卫生厅为其颁发“行医50年荣誉证书”，并被载入《湖南省名医名人录》。

1997年12月9日，许因病去世。

刘定一

刘定一（1913—1999），男，汉族，花垣县花垣镇人。先后在永绥（今花垣）县立高小、上海市浦东中学、北平弘达学院就读。民国24年（1935）5月考入南京中央军校空军营第一期。毕业后，为杭州中央航空学校第六期飞行员，因血压高不能参加飞行训练，于民国25年（1936）12月回到永绥。

抗战时期，他投身于四川省秀山县驻军——国民党第八军八十二师二四五团第二营任营长。民国27年（1938）被派往岳阳、长沙一线抗击日军。民国29年（1940），部队奉命编入远征军序列开赴云南。民国33年（1944）秋，刘定一所在部队奉命进攻松山，打通滇缅公路。松山大捷后，刘由八十二师二四五团二营营长升为副团长。

民国34年（1945）9月日本投降，刘在广州、九龙参加日军受降工作。1949年任第八军第三师第七团团长，并随李弥兵团退入云南省境，同年12月，随田仲达师长在云南建水通电起义。参与组织师轻机枪、迫击炮火力阻击李弥残部溃退入缅。1950年随起义部队编入中国人民解放军第三十九师。同年2月至1951年，刘在军政大学云南分校学习。1952年9月，在中国人民解放军第十四师教导团任作战研究员，享受正团级待遇。1953年2月，转业回乡参加土改复查工作。同年3月，参加教师考试合格，被分配到大河坪乡施溪落小学任教。1958年反右扩大化，被错误处理交村管制劳动。1979年落实政策，恢复政治荣誉，时年67岁。他怀着对党的感恩之情，不肯退休，愿为人民的教育工作奉献残年余力，先后在龙潭四中、花垣二中任教。1980—1997年，先后当选为县第八、九届人大代表，政协花垣县第一、二、三、四届委员和州政协第四、五、六、七届委员。期间的1987年曾被评为湘西州优秀政协委员，获“四化建设中成绩显著”个人奖和辛勤工作30年荣誉证书。

1999年1月，刘因病去世。

二、人物简介

石邦智

石邦智,曾用名田老保,民国8年(1919)9月12日生,男,苗族,花垣县茶洞镇茶园坪村人。14岁参加红军,16岁参加二万五千里长征,民国25年(1936)9月加入共青团,同年12月加入中国共产党。红军时期,先后任红二方面军红六军团战士、通讯员、军直宣传队员。抗日战争时期,先后任八路军一二0师三五九旅七一七团三营副排长、排长、营长和团司令部侦察股长。在土地革命、抗日战争、解放战争和清匪反霸历程中,先后参加大小战斗150多次,荣立大小战功17次,是南泥湾大生产的劳动模范,大练兵运动中荣获贺龙神枪手称号。中共中央曾用小册子将其与另外3位劳模的先进事迹推介到抗日根据地,树立军民学习榜样。

新中国成立后,石邦智先后任永绥(花垣)县大队大队长、湖南军区独立二十二团和二十三团副团长、团长。1952年转业到地方工作,同年8月任湘西苗族自治区人民政府主席;1953年任中南行政委员会委员;1955年4月任湘西苗族自治州地委第二书记;1957年9月湘西土家族苗族自治州成立,当选为州人民政府州长;1973年5月任中共湘西自治州州委书记、州革委会主任。20世纪70年代末,先后任湖南省革委会农村办公室副主任、党组成员、省革委会副主任兼省民委主任、省人大常委会副主任、党组成员和中南行政委员会委员。是全国第一、二、三届人大代表,全国第一、二、三届民族委员会委员,全国第八、九、十、十一、十二届党代会代表,第七届全国政协委员。1988年和1993年,先后从湖南省人民代表大会常务委员会和全国政协领导岗位退下来。离休后,仍以饱满的热情参加贵州省、湖南省苗学会,湘鄂川黔革命根据地历史研究会,湖南省南泥湾精神研究会等学术研讨活动,并任贵州省苗学会顾问、湖南省苗学会荣誉会长,湘、鄂、川、黔革命历史研究会副会长,湖南省南泥湾精神研讨会名誉会长。

石元机

石元机,民国12年(1923)出生,男,苗族,花垣县排碧乡岩锣村人,初中文化,中共党员。

石于1949年11—12月在永绥县(今花垣县)干训班学习。1949年12月—1951年8月在永绥县第一区任财粮干事、副区长。1951年8月加入中国共产党。1951年8月—1952年7月任永绥县人民政府秘书。1952年8月任永绥县人民政府县长。1953年4月任永绥县人民政府县长兼县法院院长,并为中共永绥县委委员(当时未设常委)。1953年4月—1957年8月,任中共湘西自治州委秘书长。1957年9月—1966年12月,任湘西自治州副州长(其间,1960年3月—1965年5月为州委候补委员,1965年6月为委员)。1967—1973年9月,“文化大革命”中遭受错误批判和审查,后到州“五七”干校劳动。1973年9月—1978年1月任州革委会农村办副主任、党委副书记。1978年1月—1981年6月,任州革委会副主任(其间,1978年1月增补为州委委员,当选为州委常委)。1981年6月—1983年10月任州人民政府常务副州长。1983年10月—1988年1月,任州人大常委会主任。1989年12月退休。

查德基

查德基,民国15年(1926)9月3日生,男,汉族,花垣县花垣镇十字街人,中共党员。民国29年(1940)3月考入湖南省立乾城简乡村师范学校(后为吉首民师),民国33年(1944)夏毕业。是年3月,被聘到保靖私立英奇小学(后为花桥小学)任教。民国34年(1945)1月—7月在永绥县立模范小学任教。民国34年(1945)秋考入国立茶洞师范学校,民国37年(1948)7月毕业后在永绥县立初级中学任美术、历史教师。1949年10月参加永绥县教师讲习会学习,1950年春被分配在吉卫省立边区小学工作,任教导主任。1951年调龙潭小学任教导主任。1952年春调永绥县立中学任教,任语文和美术教师。后执教于花垣县第一中学(后为花垣民族中学)。系中国美术家协会湖南省分会会员、中国书画研究会会员,1986年退休。编辑《怎样消灭错别字》等学习资料,被湘西州教育局作辅导资料向全州推广;作有《英雄大战断龙山》《诊归》《欢乐苗家》《山城古韵》《边城》等书画作品。

邱　勇

邱勇,民国16年(1927)8月24日生,男,汉族,花垣县花垣镇人,中共党员,高级体育教师,曾任政协花垣县第一届委员,常委。民国36年(1947)8月—1949年7月在花垣县吉卫国立小学任教,先后任该校教导主任、校长职务。1949年8月—1950年7月参加县教师进修学习班学习。1950年8月—1951年7月任吉卫边区小学校长。1951年8月—1991年7月在花垣县第一中学任教。其从事体育教学40年,积累的体育教学资料、教学笔记、心得体会百万余字,自制改进体育器材60余件,组织培训男女排球运动队。从1973年后,多次带男排队代表湘西州出席湖南省运动会,进入前六名并被列为全省重点队。直接为地区培训运动员274人次;有24人进入高等体育院校深造(出体育博士1人,大学教授2人,副教授3人,湖南省举重教练1人),举重队连续获得地区少年举重比赛团体总分第一、二名。1979年邱勇被评为地区优秀业余教练员,出席省优秀业余教练员会议。1981年输送罗小兵到省举重队(罗于1984年参加全国运动会比赛荣获挺举第二名);1986年带6名运动员参加湖南省首届民间运动会获5项第一名、5项第二名。是年,邱被评为全国千名优秀体育教师。1987年训练的苗族跳鼓运动员刘刚崇、龙文青等5人参加湖南省首届少数民族运动会均取得第一名,其中刘刚崇被选拔出席全国第三届少数民族运动会荣获《集锦》表演奖。由于体育教学贡献突出,1988年被评为湘西州模范教师,并多次受到省、地、县的表彰,并记大功一次。1986年退休。著有《苗族跳鼓规则》被省民运会采用执行,《舞龙、舞狮规则》被省体育局审定上报,并入编《湘西体育风采》,1987年由人民体育出版社出版在全国发行。《中学体育教学改革初探》《体育教师不能忽视教师的主导作用》《提高苗族学生身体素质的尝试》《园丁颂》《富德于体》《跳鼓概论》等论文,先后在省报上发表,其优秀事迹收入《湘西体育群英》,1998年夏收编入《中国民间名人录》上卷。

张忠献

张忠献,民国20年(1931)生,男,汉族,花垣县茶洞镇人,初中文化,中共党员,茶洞镇老龄委副主任、镇老年协会主席。1955年参加工作,1957年被划为“右派分子”,1961年摘掉右派分子帽子,1964年处理回家,1979年落实政策收回卫生局工作。1982年,他先后组建县人民医院女子舞龙队和邮电局男子舞龙队,并一举夺得全县百龙大赛冠军。是年,男、女舞龙队一起参加在吉首举办的湖南省少数民族运动会表演赛,受到文化部专家的赞扬。1986年,张创作的“中国龙”三字造型刊登在《湖南省农村报》突出的版面上,轰动了三湘大地。

1997年,张创作长199.7米的“边城巨龙”,象征香港回归之年。长龙分为99节,寓意九九归一,祖国统一。该龙曾在省城长沙和县城花垣迎接香港回归庆祝大会上以及湘西州成立40周年庆典会上表演。是年,在耒阳举行的“全国舞龙精英赛”上,其长龙飞舞、栩栩如生的场面被中央电视台、湖南电视台、上海东方电视台和广东电视台等多家媒体相继报道。1998年边城巨龙载入“上海大世界吉尼斯大全”。

1999年12月20日,澳门回归祖国之际,湘西花垣边城巨龙代表团参加京华举行“嘉迎新世纪迎接澳门回归舞龙大赛”,一举夺得民间艺术表演最高奖——山花杯以及国安杯和金龙杯三项奖。

唐高华

唐高华,民国21年(1932)5月生,男,汉族,湖南省岳阳县昆山镇人,中共党员。1951年2月于岳阳县中学毕业后,分配到岳阳县辰新平原公所参加土地改革。1951年7月—1952年4月在岳阳辰新平原公所任文书,1952年5月—1953年7月在湖南省农学院干训班学习,1953年8月—1954年6月在湖南省水利局农田水利科工作,1954年7月—1955年4月在湘西自治州人民政府农林水利科工作,1955年4月—1956年6月在花垣县人民政府建设科工作,1956年7月—1984年1月先后在县水利局、农业局、水电局、农业委员会工作,1993年3月退休。

唐高华工作42年,其中从事水利水电工作37年,在花垣干了36年。期间,他跋山涉水,走村串寨,深入调查研究,形成了比较合理、完整的花垣灌网和电网构建思路。为搞好水利水电开发利用,他曾用一年时间,组织113人开展山水田林路全面规划,县境小型工程80%是其选点定规模,20%是其亲自组织施工完成。在主持水电局工作期间,参加建成水电设施200多处,其中较大工程有小排吾水库工程、下寨河引水工程、塔里电站工程、兄弟河水库及电站工程。

1984年3月,唐高华被任命为兄弟河水电工程指挥部副指挥长。面对一座坝高72米的调蓄水库、一条2300米的输水洞、54米深的调压井和装机2×5000千瓦的电站,时有两种汇总方案:一种主张由国家工程局来承包施工,保险系数大;另一种唐主张自己组织施工。理由是:工程局承包要价高,加之远道而来,设备搬运开支大,进场费、冬、雨季施工补助等多达10来种费用,是不必要的开支;自己组织施工,既可保质量、保工期,又可节约资金,培养锻炼人才。为做好这项工程,县委、县政府领导觉得唐的意见可行,便责成他带几位技术员再对每个环节、每一道工序、技术要点、资金需要作进一步的研究核算,然后由唐向湘西州有关领导和技术专家汇报,最终采纳了唐的方案,为工程节约资金320万元。1988年12月16日,工程顺利竣工开闸通水,开机发电。该工程培养锻炼了一批土生土长的工程技术骨干,其中5人后来被晋升为工程师。

唐高华为花垣的水利水电事业谱写了一曲曲凯歌,1986、1987、1993年先后三次获省、州记大功奖励,1988、1992年两次获州、县记二等功和三等功奖励。《竹王的故乡》和《中国水利》杂志中曾称其为“苗乡光明神”。

吴运昌

吴运昌,民国25年(1936)9月出生,男,苗族,花垣县龙潭镇人,大专文化,中共党员。1956年1月—1960年1月,先后在花垣县雅酉、龙潭等地任教。1961年5月任花垣县麻栗场区委秘书。1962年4月任中共花垣县委办干事。1964年7月任花垣县委宣传部副部长。1966年3月任中共花垣县委副书记。1968年3月任中共花垣县委常委、县革委副主任。1972年12月任中共花垣县委副书记、县革委会副主任。1973年6月—1975年1月任中共湘西州委副书记兼任花垣县委书记、县革委会主任。1975年1月—1978年11月任中共湘西州委副书记、州革委会副主任。1978年11月—1981年6月任湘西州委副书记、州革委会主任兼州政协主席。1981年6月—1988年1月任湘西州委副书记、州长。1988年1月—2000年任湖南省第七、八、九届人大常委会副主任。是第五、六届全国人大代表,第五届全国人大民族委员会副主任委员。

李健英

李健英,民国26年(1937)2月出生,女,苗族,花垣县团结镇人,中专文化,中共党员。1956年3月参加工作。20世纪70年代初,在团结人民公社工作,任公社妇联主任。1977年调任县计划生育办公室副主任。1983年任县计划生育委员会主任。因计生工作成效显著,1988年李被省人民政府授予全省计划生育先进工作者。1990年被国家计生委、国家人事部授予全国优秀计划生育工作者。1993年退休。1994年获首届“湖南人口奖”。

毛振凡

毛振凡，民国28年(1939)7月出生，男，汉族，湖南省新化县桑梓镇青峰村人，中共党员。1959年7月于湖南省安江农校毕业，分配到湘西自治州农业局工作，1962年10月调到花垣县农业局工作，曾历任农业局三角岩农技站副站长、粮作股副股长、土肥站站长。县政协第一、二、三届委员，州县党代会代表。在41年农业技术工作中，他长期深入基层，忠于职守，成绩显著。根据花垣县低产土壤面积大、单位面积产量低的实情，提出对马肝泥改良利用技术研究课题，1980年正式被列为县科委重点科研项目，1981年被列为州科委重点科研项目，1982—1984年被列为省科委重点科研项目。他列出3125组泥土方程，抽出来的产量预报方程的解，经过连续多年现场验收，吻合率99.38%。3125组泥土方程一组一组连接起来，达到13.34米长，解一组方程的草稿纸需要10张大白纸。为确保科研课题具有普遍意义，他在县境内选择不同海拔、不同酸度、不同肥力的地区进行试验，建立试验小区1186个，确定化验植株和化验土样1371处，推广配方施肥新技术，将科研成果推广运用于农业生产上，促进了粮食增产增收，累计示范面积30827公顷，增产粮食17932.1吨，油菜452.5吨，共增加收入580.8万元，是科研经费投入的316倍。

由于业绩突出，毛振凡先后获县级奖12次、州级奖10次、省级奖4次、国务院奖1次。1990年12月，被农业部授予“全国农业技术推广先进工作者”称号，1991年9月被确定为首批州管有突出贡献的专业技术人员。1993年10月获国务院颁发的特殊津贴证书。

邓守光

邓守光，曾用名邓守洸，男，土家族，民国30年(1941)3月3日出生，花垣县麻栗场镇登高村人，中共党员。1965年7月毕业于湖南师范大学中文系。

1965年9月至1966年2月，他在湖南省委四清工作队衡南县观音桥公社水口大队工作组副组长；1966年2月至1969年11月，湖南省委组织部办公室干事；1969年11月1970年2月，湖南省革委会政工组直工组干事；1970年2月至1974年7月，湘黔枝柳铁路会战湖南省指挥部政治部宣传组干事；1974年7月至1976年11月，湖南省测绘局政治处干事(其间1975年11月至1976年10月湖南省农业学大寨工作团临武县分团武水公社下峒大队工作组副组长)；1976年11月至1980年7月，湖南省测绘局内业队政工科长、党委委员、队团委书记；1980年7月至1983年12月，湖南省人民政府办公厅城市工作处正科级干事；1983年12月至1984年10月湖南省人民政府办公厅秘书一处副处长；1984年10月至1986年7月，湖南省人民政府办公厅人事处副处长；1986年7月至1991年3月湖南省人民政府办公厅机关党委书记兼办公厅系统分党委常务书记；1991年3月至1998年4月，湖南省人民政府办公厅副主任、厅党组成员(其间：1991年9月至1992年9月，省委农村社教耒阳工作队队长)；1998年4月至2001年4月，湖南省人民政府办公厅巡视员。

石昌禄

石昌禄，民国32年(1943)8月生，男，苗族，花垣县龙潭镇人，湖南省民族事务委员会主任，党组书记。

1962年9月—1964年7月在吉首民师学习，1964年8月—1969年6月在吉首民师附小任教，1969年6月—1972年12月在吉首县革委会教育组负责宣传工作。1969年11月加入中国共产党，1973年1月—1977年2月在吉首县委办工作，1977年3月—1980年7月在中共湘西州委办任秘书。1980年8月—1983年9月任中共花垣县委常委、县委办主任。1983年9月—1986年7月在中央党校研究生培训部学习,1986年8月—1987年任中共花垣县委副书记、代理县长。1987年3月—1989年11月任中共花垣县委副书记、县人民政府县长。1989年11月—1990年5月任中共花垣县委书记,县人武部党委第一书记。1990年5月—1992年12月任中共湘西州委常委、州政法委书记。1992年12月—1995年4月任中共湘西州委副书记、书记,吉首军分区党委第一书记。1995年4月调任湖南省民族事务委员会主任、党组书记。

石珍秀

石珍秀,民国32年(1943)10月生,女,苗族,雅西乡(后为雅酉镇)人,中共党员。

1976年参加教育教学工作,1998年退休。历任雅西乡高务村完小教师、校长;排达扣片小校长;花垣县第四、五届政协委员;中共花垣县第八届党员代表大会代表;湘西州第九届人大代表。1991年3月获全国教育系统劳动模范称号。

石玉珍

石玉珍,民国36年(1947)10月生,女,苗族,花垣县道二乡人,大专文化,中共党员。

1964年8月参加工作,同年8月—1965年8月在州委社教总团花垣分团参加吉首县矮寨公社社教试点工作,1965年9月—1966年8月在凤凰县大田公社参加社教并任组长,当年被评为优秀社教队员出席全州社教总团积代会。1966年9—12月在花垣县董马库公社任团委会干事,1967年1月—1969年12月在县委组织部任干事。1970年1月—1971年12月任雅酉公社妇女主任、公社团委副书记。1972年1月—1973年1月任花垣县革委会群工组副组长、团县委副书记。1973年2—4月任湘西自治州团委副书记。1973年5月—1978年11月任中共湖南省委常委、团省委副书记。1978年12月—1982年2月任湖南省委常委、团省委书记(其间先后在中央党校第四期、第五期学习)。1982年3月—1983年3月任中共湘西州委副书记。1983年3月—1985年2月在湖南师大培训部文史专业班学习。1985年3月—1988年1月任中共湘西州委副书记兼州教委主任。1988年2月—1992年12月任中共湘西州委副书记、州长。1990年10月出席省第二次党代会,当选省委委员。1993年1月—1995年任省政协副主席、省民委主任、党组书记。1995年5月—2000年任省政协副主席、党组副书记,省委统战部部长。2000年当选湖南省委常委,是第十四、十五、十六届中央候补委员,第七届全国人大代表。

隆老留

隆老留,1950年生,男,苗族,雅酉乡(后为雅酉镇)人,高小文化,中共党员。

1966年从农村进入雅酉工班修公路,1970年10月被吉首国家地质队招为地质勘探队员。连续7年被评为湘西州先进工作者,1977年出席全州劳模表彰会和团代会。1980年地质队改体后,安排到州政府工作,而其主动要求回雅酉工班养护公路。是年8月,被调回雅酉养路工班任班长。1983—1993年在雅酉工班工作连续9年被湘西州授予"全良路工班",湖南省公路局授予"双文明道班"、县授予"模范职工之家""五好家庭""双文明户"等荣誉称号。1992年获湘西州政府记大功两次,省交通厅授予"先进生产者"称号。1994年评为湘西州"十佳养路工人"。1996年被评为湖南省劳模,交通部"三学"先进个人,中华全国总工会授予"全国'五一'劳动奖章","湘西州十大新闻人物"。2000年荣获全国"百佳养路工人"称号。

吴瑞珍

吴瑞珍,1957年8月19日生,男,苗族,花垣县雅桥乡排乍村人,高中文化,中共党员。

1974年12月参军入伍后,连队根据其特长,交予办黑板报、墙报等任务。经过10年勤学苦练,逐渐形成了古朴凝重、险绝挺拔的独特书法风格,成为一名军旅书法家。1978年加入共产党。

1983年调沈阳军区空军司令部工作。是年,其隶书作品获沈阳市职工春联书法大赛一等奖。1991 年，其作品获首届青年宫杯全国书法大赛优等奖。1993 年至 1994 年在中国驻朝鲜民主共和国大使馆武官处工作（上校军衔）。是年 4 月 15 日，是朝鲜国家主席金日成诞辰纪念日，吴改变过去书写贺信祝寿的传统做法，另辟蹊径。亲手制作一份特殊礼物——用楷、草、隶、篆四种字体书写成由 1000 多个小寿字组成，长宽为 2 米的大“寿”字赠送，金日成由衷喜爱，将此“寿”字送到存放世界各国政要友人赠礼的妙香山中国馆珍藏。金日成主席对吴为朝中友谊所作出的贡献表示感谢，并将亲笔签名的礼品单和礼品赠给吴瑞珍。1997 年，其作品参加中华书画摄影艺术大展后被组委会收藏。1999 年，其作品入选庆祝中华人民共和国成立五十周年暨澳门回归华人艺术家书画精品展。

龙寿红

龙寿红，女，苗族，1962 年出生，大专文化，中共党员，雅西乡（后为雅西镇）人。

1981 年 5 月参加工作，任窝勺乡妇联主任，同年 11 月调任补抽乡妇联主任。1989 年 6 月任补抽乡政府秘书。1991 年 11 月任补抽党委副书记。因忠于职守，主抓社会治安、计划生育工作成绩显著，1992 年 2 月受到县委、县政府表彰，并记“三等功”一次。1992 年 12 月任补抽乡党委副书记、乡长。上任后，一心谋划科技兴农，在补抽乡推动种植烤烟 2600 亩，是花垣县种植烤烟最多的乡（镇），为当地农民找到了脱贫致富门路，再次受到县委、县政府表彰，并记“三等功”。1993 年 3 月当选为第八届全国人大代表，代表资格任期至 1998 年 3 月，成为新中国建立以来花垣县唯一一位苗族女性全国人大代表，且在任期内共参加了五次全国人民代表大会。1993 年 3 月 16 日，在参加第八届全国人民代表大会第一次会议的湖南团代表讨论会上，由于积极发言，引起了朱镕基总理的重视，朱总理问：“您是从哪里来的”，龙寿红回答：“我是从湘西自治州花垣县（即原永绥县）来的。”朱总理笑哈哈地说：“永绥县我知道，永绥县有个国立八中，我原来在那里读过书”。会议结束后，龙寿红及时向县委、县政府汇报了这一情况，县委、县政府高度重视，通过积极争取，迎来了朱镕基总理 2001 年 3 月到花垣视察工作。

附　　录

一、前志补遗

（一）基层政权沿革

民国元年（1912）至民国23年（1934）沿用清朝时的里寨（村）制，民国9年（1920）改里为乡，实行保甲制。民国24年（1935）建立区乡，县辖4个区、15个乡（镇）、146个保、1887个甲。第一区辖1镇3乡，区治设花垣镇；第二区辖1镇3乡，区治设铅厂；第三区辖3乡，区治设排碧；第四区辖4乡，区治设卫城。民国26年（1937）1月26日，县辖区制调整为2镇、11乡、113个保，甲数不变，沿用至1950年12月。各乡镇所辖保数如下：

一区：

花垣镇

一保：瓦厂坪、狮子桥、川心城、上下腊尔铺、麻家湾、望城坡；

二保：洞溪坪、河口汛、望马场、孟竹湾、浮桥街、匣子门；

三保：东正街；

四保：南门外、朱家坡、塔里、王二桥、洞水坡、白岩山；

五保：老正街、十字街；

六保：党部街、大仓、双水井、西门内、崇山公园街；

七保：西长街、坝塘、何家寨、王孔坡；

八保：贾明寨、马骑落、要把寨、拐代坡、伍家坡；

九保：天主堂以上、教场坪、王家坡、大竹山、登高楼、柑子园、三角岩一部分、烽火；

十保：三角岩一部分、坪凉、凉水井、风河场、老寨、龙家湾、黑岩塘、爆约场、新圣屯、大营盘、卧龙榜；

十一保：龙洞、大冲、卡地。

长潭乡

一保：下寨河、雀儿庄、当家寨、桐木寨、梯子寨、梁家寨；

二保：牛角屯、则腊寨、龙家寨、窝勺；

三保：窝坝、王必寨、竹子寨、新寨、沙坪寨；

四保：卜如坪、野猫寨；

五保：老天坪、谷坡寨、花香寨、岩寨；

六保：桃花坪、雀儿冲、后头塘、五让；

七保：卧岔那、雅八溪；

八保：长潭、打落坪、下八村；

九保：跃马卡、团岩坪、米迫；

十保：腊涪车；

十一保：周厂坪、王善坪、水坪、老河坪、黄连沟；

十二保：那光寨、灯笼坪、木沟寨。

二区：

茶洞镇

一保：隘门口；

二保：水井湾；

三保：硐董；

四保：贵炭、香炉山；

五保：南太、小白岩、桂花树、茶园坪、磨老、桂流溪、张老坟、猴儿坪、汪家坪、分水沟、田湾、阳雀坡；

六保：板栗树、上八排、下八排、桂岩沟、苞谷坨、雨花屯；

七保：骑马坡、龙家寨、缺落坪、潘家寨、平良寨、塘沟湾；

八保：木山沟、木山屯、石家喷、邱家沟、米良寨；

九保：小寨、米塘湾、石牛溪；

十保：白岩、雷打坳、半坡鸭、岩壳寨、火焰土、半坡。

吉峒乡

一保：老雅塘、清坪屯、上峨碧、下峨碧、肖家寨、鸡公田、上水、杨家寨、上底坪、下底坪；

二保：上瓦水、中瓦水、下瓦水、白岩塘、马道子、乌溪、风香坪、边树桐、着落、龙保一部分；

三保：桐木寨、坳江、龙保一部分、马落、拉招坪、向家湾、陆家洞；

四保：苗家寨、吉岗坪、路上、场上、朱家湾；

五保：半坡、耐子堡、大河屯、小河屯、永丰屯、坳上、营盘、上水；

六保：黑大塘、老寨、吴家寨、李家寨、肖家寨、柳家寨、上寨、中寨、弊老元；

七保：浮桥坪、老王寨、杨家寨、长庆屯、岩坳、上水寨、小溪屯、汤寨寨、老瓦黑；

八保：上踏沙、下踏沙、营盘、上稿壕、下稿壕、施溪落、大塘坪、水井湾、岩上坡；

九保：白岩塘、大木树、石板滩、洞上、通州、凉风洞、坝棚、鲤鱼塘；

十保：麻家寨、矮车坝、官菜塘、大河坪、将军山、歇起坳、毛毛塘、界溪坪、高岩山、苗路湾。

三区：

排达乡

一保：高岩河、粮仓、岩板寨、大密寨、鱼龙寨、红岩壁、大龙洞；

二保：木冲湾、岩破口、新坡口、米沟寨、麻阳寨、望高岭；

三保：岩孔寨、排九九、马嘴、剪刀寨、龙七寨、不抽、斗腊、板腊、浯达开、大哨；

四保：洞福贵、大本、排荡、排哨；

五保：夯尚、半坡、排厂泥、朝岗、岩板寨；

六保：大卡马、小卡马、牛角河、平坡、小哨；

七保：排达扣、懂尾寨、山陕满、排蜡树、鸭子塘、油麻坨；

八保：门代、高务、新寨、猪屎寨；

九保：黄瓜寨、坡脚寨、麻阳寨、雅酉寨、吴家寨、大寨；

十保：贺甲坝、下水、冬瓜寨、岩英寨、五斗、洗水塘。

卫城乡

一保：上排座、下排座、排达坝、雀儿塘、龙孔寨、下水寨、腊乙寨；

二保：湾洞、新寨、老卫城、龙家寨、田家寨、卫城、八月山、潮水溪；

三保：白岩坪、大塘、葫芦、白果树、古牛坡、小安寨、胡芦坪、卓水、水洋寨、上矮坡、下矮坡；

四保：螺丝懂、过水、岩灰寨、良帽、杉木冲、龙洞、葛藤、上作排、下作排、鸭子塘、豆子寨；

五保：大老排、懂瓦贺、夯来冲、鸡司、鸡多、白腊、大铁厂、小铁厂、岩孔寨、雀儿寨、上马岩、下马岩、不立、小盐井、龙家寨、黄土坡、牛心寨、野牛塘、毛岗、麻俩。

四区：

太平乡

一保：麻栗场、上紫化、下紫化、槐发坪、沙科寨、老寨；

二保：尖岩、乱桥、朋服、新寨；

三保：登高坡、角鱼、马后、科龙、夯渡；

四保：上丁牛、下丁牛、新科、下坝、大山、毛坪；

五保：务当、田家寨、溜斗、民洞；

六保：科许、广车、大坪寨。

卧龙乡

一保：排达鲁、豆子寨、雷公寨、大洞冲、小洞冲、狗肉寨；

二保：卧大召；

三保：丙志、董马库；

四保：上排碧、下排碧、排辽帕、黄岩寨、矮岗寨、耳朵寨、板栗寨；

五保：巴卡、大树坪、白羊寨、毛坪、马鞍山、排谷美、荡戎；

六保：张刀寨、梨子寨、竹子寨、上半坡、下半坡。

桃花乡

一保：岩锣、紫耳寨；

二保：排料；

三保：龙孔寨、雀儿寨、岩门寨、牛角寨、铜土寨；

四保：上补毫、下补毫、让里寨；

五保：桃花坪、排楼洞、清隆寨、排家、洞冲；

六保：敏腊寨、顶冠寨、等德让、排谷、黄土坪、侠坡寨。

五区：

清隆乡

一保：北极坪、东方坪、土地坪、杨家寨；

二保：开子铺、上窝坨、下窝坨、龙梅、干塘、鸡卡树、民河；

三保：龙潭街、上古老、中古老、下古老、河对门、广东坪、瓦窑湾、大坪、齐角坪；

四保：张匹马、黄蜡坪、矮塘、小七、新寨、叉拉浯、板塘、梨子塘、老寨、卜逼、德哥八；

五保：金溶、贵牛塘、天王堡、对门、王家、熊家；

六保：辽洞、拍壳、小台湾、紫霞、流洞、拉地、港桃、皇都；

七保：接溪、万塘、泥那；

八保：道二、杠杠、尖山；

九保：登高、后头坡、王家、右王家、过数；

十保：排楼、北民塘、吴用；

十一保：角弄、里梅界、巴茅、辣子冲；

十二保：排乍、下水、龙冲、猫儿坡、干木、瓦落、东北湾。

石兰乡

一保：塘口、沙子坡、三塘、流槽、排那、付家；

二保：朋岩、朋打、老寨；

三保：田塘、庙后头、下水、排九斗、打狗岩；

四保：雅桥、油麻、二娘寨、方不仰；

五保：董马、扎留、牛皮、牛鼻山、朱头山；

六保：上子腊、下子腊；

七保：竹子、火木冲；

八保：盐井、大猫、龙门；

九保：小排吾、夯采、董柳；

十保：大排吾、洞里。

六区：

民乐乡

一保：老营盘、民乐街、杉木园、飞山庙、湾里、杨家、鸭子塘；

二保：大坪、白果树、扫把、坝务、杨家屯、炭孔笼、清水塘、田家、桐木、凉水井；

三保：水田溪、土屯、正岗、夯戎、倒牛、垌那扎、龙家寨、雷打岩、大土、牛角寨；

四保：斗拱、夯浯、上排当、下排当、鸡公寨、老木山、两岔河、石花；

五保：谷哨坪、卡子、和尚岩、牛解、田家寨、牛秋龙、石家寨；

六保：唐家、果河、猪圈、大土、果尔、上椿木、下椿木、响水；

七保：上洞乍、中洞乍、下洞乍、果木河、人造、麻家；

八保：上潮水、中潮水、下潮水、铜锣、白岩、田湾、磨老。

铅藏乡

一保：猫儿、苗猫儿、大本、营盘、铜元、干溪、两叉河、老寨、盘然、岩坳；

二保：豆子、磨岩、老寨、岩坳、马鞍、大坡脚、果独；

三保：铅厂、保鸡、个汤、理八、个韦；

四保：太阳山、摆窟；

五保：渔塘、洞里；

六保：杉木坪、丰塘、盘妹、老虎塘、三角坪、马槽、大白岩、盘监；

七保：上新寨、下新寨、雷公寨、老虎冲、垌公哨、逐鹿、那麻、鼎罐寨。

1949 年 11 月花垣县(当时称永绥县)解放，建立了永绥县人民政府，将全县划为四个区，第一区辖花垣镇、长潭乡、清龙乡，区政府驻花垣镇；第二区辖茶洞镇、民乐乡、铅藏乡、吉峒乡，区政府驻茶洞镇；第三区辖卫城乡、排达乡，区政府驻卫城乡；第四区辖太平乡、卧龙乡、桃花乡、石栏乡，区政府驻太平乡。基层政权仍沿用保甲制至 1950 年底。

1951 年春废除保甲制，是年 4 月、9 月先后将 4 个区调整为 6 个区；即第一区辖花垣镇、长潭乡；第二区辖茶洞镇、吉峒乡；第三区辖卫城乡、排达乡；第四区辖太平乡、桃花乡、卧龙乡；第五区辖清龙乡、石栏乡；第六区辖民乐乡、铅(注音：yán)藏(注音：cáng)乡。是年，全县在原保基础上改保建村 114 个(即将原属卫城乡第五保所辖的马岩、盐井、麻俩、毛岗、野牛塘等划归民乐乡增设为第九村，其余不变)，并以村组织农民协会设主席 1 人、副主席 1～3 人管理村务。

1952 年 9 月，撤村建乡(仍保留村农民协会)，全县划为 2 镇 93 乡。11 月 23 日，永绥县第三次全县各界代表会议通过将 13 个乡镇划为 2 镇 93 乡，并建立乡人民政府。第一区 16 个乡镇：花垣镇、望城乡、花垣寨乡、佳民乡、卧龙榜乡、龙洞乡、当家乡、卧坝乡、略坝乡、谷坡乡、五让乡、长乐乡、跃马卡乡、五平乡、联平乡、那光乡；第二区 14 个乡镇：茶洞镇、清平乡、瓦水乡、团结乡、胜利乡、长兴乡、搞和乡、通州乡、大和乡、新民乡、板栗树乡、大河坪乡、新建乡、白岩乡；第三区 15 个乡：腊乙乡、卫城乡、水洋乡、葛藤乡、大老排乡、岩板乡、米沟乡、补抽乡、大本乡、夯尚乡、大卡马乡、排达扣乡、扪岱乡、雅西乡、下水乡；第四区 16 个乡：麻栗场乡、尖岩乡、望高坡乡、新科乡、溜豆乡、广车乡、排达鲁乡、卧大召乡、董马库乡、排碧乡、排谷美乡、张刀寨乡、补毫乡、排料乡、桃花坪乡、敏腊乡；第五区 18 个乡：北极乡、龙潭乡、张匹马乡、金溶乡、辽洞乡、排乍乡、接溪乡、道二乡、排楼乡、角弄乡、塘口乡、朋岩乡、田塘乡、雅桥乡、董马乡、子盐乡、竹子乡、排吾乡；第六区 16 个乡：民乐乡、大平乡、水田乡、斗拱乡、谷哨乡、唐家乡、洞乍乡、潮水乡、马岩乡、猫儿乡、铅藏乡、豆子乡、渔塘乡、杉木乡、新寨乡、两河乡。

1953 年 3 月将区人民政府改为区公所。1953 年 9 月经中央人民政府内务部批准，永绥县改为花垣县。1955 年 11 月各区均以地名称呼，第一区称花垣区，第二区称茶洞区，第三区称吉卫区，第四区称麻栗场区，第五区称龙潭区，第六区称民乐区。

1956 年 6 月撤区并乡，将 93 个乡并为 20 个乡，保留两个镇，全县共 22 个乡镇。即花垣镇、茶洞镇、三角岩乡(由原望城、花垣寨、佳民、卧龙榜、龙洞 5 个小乡和花垣镇郊区一部分组成)、窝勺乡(由原当家、卧坝、谷坡、略坝 4 个小乡和那光乡的一部分组成)、长乐乡(由原五壤、长乐、联平、五平、跃马卡 5 个小乡和那光乡的一部分组成)、板栗树乡(由原新民、白岩、大河坪、新建、板栗树 5 个小乡组成)、团结乡(由原团结、瓦水、胜利、长新、搞和、大河坪、通州、清平 8 个小乡组成)、吉卫乡(由原卫城、水洋、腊乙、大老排、葛藤 5 个小乡组成)、补抽乡(由原岩板、补抽、大本、米沟、夯尚 5 个小乡组成)、雅西乡(由原雅西、下水、扪岱、大卡马、排达扣 5 个小乡组成)、麻栗场乡(由原麻栗场、尖岩、新科、望高坡、广车、溜豆等 7 个小乡和排达鲁乡的一部分组成)、排碧乡(由原排碧、张刀寨、排谷美 3 个小乡和排达鲁乡一部分组成)、董马库乡(由原董马库、卧大召、敏腊 3 个小乡和排达鲁乡一部分组成)、排料乡(由原排料、补毫、桃花坪3个小乡组成)、道二乡(由原道二、接溪、排楼、辽洞4个小乡和角弄乡的一部分组成)、龙潭乡(由原龙潭、北极、金溶、张匹马4个小乡和角弄乡的一部分组成)、雅桥乡(由原雅桥、田塘、朋岩、塘口、排乍5个小乡组成)、子盐乡(由原子盐、竹子、董马、排吾4个小乡组成)、民乐乡(由原民乐、大坪、谷哨3个小乡和斗拱乡、水田乡的一部分组成)、两河乡(由原马岩、两河2个小乡和斗拱、水田2个小乡的一部分乡组成)、渔塘乡(由原潮水、杉木、渔塘、洞乍4个小乡和铅藏乡的太阳山村组成)、猫儿乡(由原豆子、新寨、唐家、猫儿、铅藏5个小乡组成)。

1958年9月23日,县委召开关于建立人民公社的干部扩大会,确定将全县原22个乡镇组建成16个人民公社:即花垣镇与三角岩乡合并成东风人民公社,长乐乡与窝勺乡合并组成上游人民公社,团结乡改称团结人民公社,茶洞镇与板栗树乡合并组成大河坪人民公社,吉卫乡改称红旗人民公社,补抽乡改称先锋人民公社,雅酉乡改称超英人民公社,麻栗场乡改称宇宙人民公社,排碧乡改称万能人民公社,排料乡改称火箭人民公社,董马库乡改称光辉人民公社,龙潭乡与道二乡合并组成幸福人民公社,子盐乡与雅桥乡合并组成钢铁人民公社,民乐乡改称民乐人民公社,猫儿乡与鱼塘乡合并组成跃进人民公社,两河乡改称卫星人民公社。

1959年3月,中共花垣县委根据中共湖南省委关于"人民公社一律以传统地名命名"的指示作出决定:撤销东风人民公社,恢复三角岩人民公社,将原并进来的花垣镇划出,另设花垣镇人民公社(1961年12月改称花垣镇人民政府);撤销上游人民公社,恢复长乐人民公社,将原窝勺乡行政区域划出单独成立窝勺人民公社;因"团结"之称从撤区并乡就已沿用,团结人民公社仍用原名,行政区域不变;大河坪人民公社改称茶洞人民公社;红旗人民公社改称吉卫人民公社;先锋人民公社改称补抽人民公社;超英人民公社改称雅酉人民公社;宇宙人民公社改称麻栗场人民公社;万能人民公社改称排碧人民公社;火箭人民公社改称排料人民公社;光辉人民公社改称董马库人民公社;幸福人民公社改称龙潭人民公社;钢铁人民公社改称雅桥人民公社;民乐人民公社仍用原名;跃进人民公社改称猫儿人民公社;卫星人民公社改称两河人民公社。1960年2月,民乐、两河人民公社合并称民河人民公社。1960年9月撤销民河人民公社,恢复民乐人民公社、两河人民公社。1961年3月将原排吾乡的行政区域从雅桥人民公社划出成立排吾人民公社。将原道二乡的行政区域从龙潭人民公社划出成立道二人民公社。

1962年3月将团结人民公社的一部分行政区域划出成立大河坪人民公社。至此全县共有20个人民公社、一个镇。8月恢复区建制,将原花垣区和茶洞区合并组建三角岩区,全县共设5个区,即三角岩区辖长乐、窝勺、三角岩、团结、大河坪、茶峒6个公社;吉卫区辖吉卫、补抽、雅酉3个公社;麻栗场区辖麻栗场、排碧、排料、董马库4个公社;龙潭区辖道二、龙潭、雅桥、排吾4个公社;民乐区辖民乐、两河、猫儿3个公社。

1984年12月根据中共中央、国务院关于实行政社分开建立乡政权的通知精神,花垣县以公社的规模不变建立19个乡1个镇(茶洞镇)。1985年3月团结、民乐、龙潭、吉卫4个乡撤乡建镇。1986年6月麻栗场乡撤乡建镇。至此,全县共有14个乡,7个镇。即花垣镇、茶洞镇、团结镇、龙潭镇、民乐镇、吉卫镇、麻栗场镇、三角岩乡、长乐乡、窝勺乡、大河坪乡、道二乡、猫儿乡、两河乡、雅桥乡、排吾乡、补抽乡、雅酉乡、排碧乡、排料乡、董马库乡。

(二)永绥中国青年党组织

1947年秋,中国青年党湖南省党部委派党员朱南岑到永绥(今花垣)建立中国青年党永绥县筹备委员会,宣传青年党的纲领,发展青年党党员,当时因县内忙于选举"国大代表",只在青年知识分子中吸收58人入党,建立2个党小组,1949年10月随着永绥的解放,青年党组织即告解散。

(三)捕鱼业的兴衰

县境花垣河水产资源丰富,捕捞历史悠久。茶洞骑马坡有一个由辰溪县曾家坪迁来的曾姓鸬鹚渔业捕捞专业队,以捕鱼为生,已沿有九代。解放前花垣河鱼类多,有青鱼、沙鱼、马口鱼、来鱼、黄颡鱼等。据老渔民反映,穿草鞋过河黄颡鱼都会挂满双鞋。该专业捕捞队捕捞范围上至民乐虎渡口、下至保靖县复兴镇这段河面,每户一只船,鸬鹚总量多时达160只。解放后,有的人上岸务农,有的参加了工作,有的搞大船承运,捕鱼人减少。1956年合作化时,成立捕捞专业队,共有25户25只船80多人口,100多只鸬鹚,6只水獭加入集体。1957年连续两年涨水,打不到鱼,鸬鹚吃不饱,待水退后鸬鹚猛吃,造成肠胃毛病而死亡不少。公社化以后,给捕捞专业队定的任务是30%上交,70%归集体,上交部分折成现金120元,其中60元上交给公社,60元交税务局。开始尚能完成任务,后来,由于鱼类越来越少,虽然打鱼范围下至龙头、王村、凤滩、沅陵等地,仍完不成任务。再后来,由于炸鱼毒鱼严重,鸬鹚、水獭中毒死亡的多,渔民生活处于困难状态。国家对这个专业捕捞队给予大量支持和援助,公社化时供应粮食,20世纪70—80年代供应定销粮,投资修房屋搞水陆定居,90年代渔转非。到2000年曾祥贵把一只船和6只鸬鹚出卖去南方打工后,这个鸬鹚专业捕鱼队只剩下3户7只船从事捕鱼,只用网具,没有鸬鹚和水獭。

(四)1949—1985年历届县委、县人大常委会、县政府领导任职表

中共花垣县委1949—1985年历届书记任职情况表

姓　名	性　别	民　族	籍　贯	职　务	任职时间	备　注
陈彦滨	男	汉	河北丰润县	县委书记	1950.3～1954.6	
裴文选	男	汉	河北大名县	县委书记	1954.7～1958.6	
杨培民	男	汉	山西五台县	县委第一书记	1957.11～1960.10	
郭　珍	男	汉	河北平谷县	县委书记	1959.6～1962.4	
郝瑞华	男	汉	山西平遥县	县委书记 县革委核心小组组长	1960.11～1968.2 1968.3～1969.10	
吉　星	男	汉	黑龙江巴彦	县革委核心小组组长	1969.11～1970.4	
阎德茂	男	汉	山西平遥县	县革委核心小组组长	1970.5～1970.12	
蒋德蛟	男	汉	湖南零陵县	县委书记	1970.12～1971.4	
周振岗	男	汉	湖南望城县	县委书记	1971.4～1973.5	
吴运昌	男	苗	湖南花垣县	县委书记	1973.6～1975.7	
刘　翼	男	汉	湖南新邵县	县委书记	1975.8～1978.12	
石国玺	男	苗	湖南花垣县	县委书记	1978.12～1982.3	
龙廷光	男	苗	湖南花垣县	县委书记	1982.3～1984.12	
颜学根	男	汉	湖南株洲	县委书记	1985.1～1985.12	

中共花垣县委1949—1985年历届副书记任职情况表

姓　名	性　别	民　族	籍　贯	职　务	任职时间	备　注
裴文选	男	汉	河北大名县	县委副书记	1953.6～1954.7	
林宝珍	男	汉	天津宁河县	县委副书记	1953.6～1969.9	
石昌平	男	苗	湖南花垣县	县委副书记	1956.11～1965.5	
贾守义	男	汉	河北丰润县	县委副书记	1956.5～1969.8	
胡泽高	男	汉	湖南保靖县	县委副书记	1965.8～1968.12	
吴运昌	男	苗	湖南花垣县	县委副书记	1966.3～1968.2	
吉　星	男	汉	黑龙江巴彦县	县革委核心小组副组长 县革委核心小组副组长	1968.3～1973.6 1968.3～1969.10	
阎德茂	男	汉	山西平遥县	县革委核心小组副组长	1969.11～1970.4	
田春林	男	汉	辽宁沈阳市	县革委核心小组副组长	1970.4～1973.6	
吴运昌	男	苗	湖南花垣县	县委副书记	1971.4～1973.6	
罗国兴	男	汉	湖南长沙	县委副书记	1974.1～1977.11	
石国玺	男	苗	湖南花垣县	县委副书记	1977.12～1978.12	
刘第连	男	汉	湖南泸溪县	县委副书记	1977.12～1980.12	
吴杨培	男	汉	湖南桑植县	县委副书记	1977.12～1982.9	
袁仕传	男	汉	湖南新化县	县委副书记	1979.5～1983.11	
石国兴	男	苗	湖南花垣县	县委副书记	1979.5～1983.11	
凌　云	男	苗	不详	县委副书记	1982.5～1985.1	
石昌凡	男	苗	湖南花垣县	县委副书记	1983.11～1985.12	
向锦富	男	土家族	湖南龙山县	县委副书记	1983.11～1984.9	
龙友芳	男	苗	湖南凤凰县	县委副书记	1985.1～1992.9	

花垣县1980—1985年历届人大常委会主任、副主任任职情况表

届别	姓名	性别	族别	政治面貌	籍贯	职务	任职时间	备注
八届	施仁恩	男	苗族	中共党员	花垣县	主任	1980.12～1983.12	
	张海山	男	汉族	中共党员	辽宁省法库	副主任	1980.12～1983.12	
	麻胜超	男	苗族	中共党员	花垣县	副主任	1980.12～1983.12	
	彭顺芝	女	土家族	中共党员	花垣县	副主任	1980.12～1983.12	
	田　渊	男	土家族	非党	花垣县	副主任	1980.12～1983.12	

花垣县政府1949—1985年历届县长任职情况表

姓名	性别	民族	籍贯	职务	任职时间	备注
张继武	男	汉族	不祥	代县长	1949.11～1949.11	任命后调走
牛福保	男	汉族	山西五台	县长	1949.11～1952.7	
石元机	男	苗族	湖南花垣县	县长	1952.8～1953.5	
石昌平	男	苗族	湖南花垣县	县长	1953.5～1956.10	
龙文生	男	苗族	湖南花垣县	县长	1956.11～1968.4	
郝瑞华	男	汉族	山西平遥县	县革委会主任	1968.5～1969.10	
吉　星	男	汉族	黑龙江巴彦县	县革委会主任	1969.11～1970.4	军代表
阎德茂	男	汉族	山西平遥县	县革委会主任	1970.5～1970.12	
蒋德蛟	男	汉族	湖南零陵县	县革委会主任	1970.12～1971.4	
周振岗	男	汉族	湖南望城县	县革委会主任	1971.4～1973.5	
吴运昌	男	苗族	湖南花垣县	县革委会主任	1973.6～1975.7	
刘　翼	男	汉族	湖南新邵县	县革委会主任	1975.8～1978.12	
石国玺	男	苗族	湖南花垣县	县革委会主任	1978.12～1980.11	
石国兴	男	苗族	湖南花垣县	县长	1980.12～1983.10	
石昌凡	男	苗族	湖南花垣县	县长	1983.11～1985.12	

花垣县政府1949—1985年历届副县长任职情况表

姓　名	性　别	民　族	籍　贯	职　务	任职时间	备　注
夏景田	男	汉族	河北蓟县	副县长	1952.8～1954.7	
贾守义	男	汉族	河北丰润县	副县长	1953.12～1956.12	
龙文雅	男	苗族	湖南花垣县	副县长	1956.5～1967.8	
黄殿凤	男	苗族	吉林通化县	副县长	1955.6～1966.5	
石庆云	男	苗族	湖南花垣县	副县长	1956.12～1966.5	
明　凯	男	汉族	湖南龙山县	副县长	1953.11～1966.5	
张运转	男	汉族	辽宁大连市	县革委副主任	1968.3～1968.11	军代表
林宝珍	男	汉族	天津宁河县	县革委副主任	1968.3～1968.11	
吴运昌	男	苗族	湖南花垣县	县革委副主任	1968.3～1979.4	
龙勤学	男	苗族	湖南花垣县	县革委副主任	1968.3～1979.9	农民代表
吉　星	男	汉族	黑龙江巴彦	县革委副主任	1968.3～1969.10	军代表
田春林	男	汉族	辽宁沈阳市	县革委副主任	1970.5～1970.11	军代表
薛勖农	男	汉族	湖南桃江县	县革委副主任	1969.11～1977.10	
阎德茂	男	汉族	山西平遥县	县革委副主任	1969.11～1970.4	
钟吉爱	男	汉族	湖南源陵县	县革委副主任	1969.9～1984.7	军代表
罗国兴	男	汉族	湖南长沙	县革委副主任	1974.1～1977.11	
石国玺	男	苗族	湖南花垣县	县革委副主任	1977～1978	
张海山	男	汉族	辽宁法库县	县革委副主任	1978.1～1980.12	
吴元生	男	苗族	湖南花垣县	县革委副主任	1976.10～1978.7	
周作楷	男	汉族	湖南湘潭	县革委副主任	1978.1～1980.12	军代表
刘弟连	男	汉族	湖南泸溪县	县革委副主任	1977.12～1980.12	
向明喜	男	苗族	湖南花垣县	副县长	1980.12～1987.10	
麻兴汉	男	苗族	湖南花垣县	副县长	1980.12～1987.3	
石邦生	男	苗族	湖南花垣县	副县长	1980.12～1983.11	
刘星三	男	汉族	湖南新化县	副县长	1981.11～1984.4	
颜学根	男	汉族	湖南株洲	副县长	1984.1～1985.1	
石邦庭	男	苗族	湖南花垣县	副县长	1985.2～1987.10	
刘伟民	男	汉族	湖南衡山县	副县长	1983.11～1990.8	
唐茂金	男	汉族	重庆市	副县长	1984.3～1986.3	
刘林森	男	汉族	湖南长沙	副县长	1984.11～1987.3	
蔡安家	男	汉族	湖南泸溪县	副县长	1985.2～1987.10	

（五）人物

杨　二

杨二，男，苗族，公元1358年生，私塾学堂毕业，属州卫泸溪县高岩寨（今花垣县补抽乡高岩村）人，明永乐二十年（1422）卒，享年64岁。

明初任六里渠首，洪武三十年（1397）任六里统管。明洪武二十八年至二十九年（1395—1396），率六里苗民修筑镇溪城即所里（今吉首市区老城）。因杨建城有功，深得泸溪县主簿孙应龙赏识将其亲生女儿孙玲许配给杨做三老婆，并生下杨热来、杨热谢二个儿子。明洪武三十年，属州卫指挥刘寅委任杨为六里苗地统管。是年，杨奉命进京朝圣皇帝朱元璋。杨向皇上呈曰：湘西山大坡陡，生产靠的是刀耕火种，收获极少，生活十分困难，山民常衣不蔽体，食不果腹，求请皇上减免税赋。当即得到皇上准奏，获每年减免税赋10万担。从此，六里苗民得以休养生息，生产得以发展，生活有所改善。

杨二统管六里之后，积极组织民众修桥筑路，将官道从镇溪所（即所里）修到卫城（今吉卫），全长百里。路修好后又带领民众疏通峒河和高岩河水道，使木船能从镇溪所直达粮仓寨。河道疏通后，杨又组织民众在高岩河两岸开田造地，并装上筒车提水灌溉，发展农业生产。

交通便利，生产发展，苗民生活大为改善。杨二当官为民办事，深得民众的拥戴和怀念，民谣："先立高岩杨二等，后立本所孙应龙"从古传到今，意思就是说：高岩寨和镇溪所的城是杨二承建的，主簿孙应龙只是策划而已。

（六）花垣方言

汉语方言

巴——热、烫、发烧
撮——刁唆、离间
郎——女婿
秋——爱打扮、扭妮
趟——诓、骗
蠢——往下按
嗲——父亲称谓
乡——落后，闭塞
宝——傻
亮——好胜，充狠
雀——滑稽
左——斢换
闷°——不爱讲话
躲°——繁、烦、厌
昂°（āng）——痴呆
劳°——动
揪°——抓
怀°（huài）——莽撞、粗鲁
哈°（hà）——傻
（疒牙）（liǎ）——无力
（挝）（zuǎ）——踢
（瞿阿）（quǎ）——手不听使唤
（肉阿）（rǎ）——揉
（爹衣昂）（diāng）——提
（预阿）（yà）——抓拢
抬扛——提反意见
毛包——糊涂
苕宝——不聪明
少保——很多
枉端——不讲信用
拐场——坏事了
洋盘——不认真
水子——不可靠
逗坝——挑唆
嚼精——不听使唤
廊场——地方
起劲——出风头
里手——内行
装苕——假装不知
歹毒——狠毒
大大——哥
饿讲——贪食
尼雀——滑稽
雀保——捉弄

派赖——不卫生
讲根——脖子
打裸——口齿不清
忘横——胆大妄为
命摸——不干脆
走火——变样
死火——没希望
块头——个身
煞黑——天黑了
浪篙——晒衣篙
茅廋——厕所
老外——外甥
赏朗——宽敞
索利——干净
抖阔——显富
稀赏——拒绝
胆壳——怕
不虚——不怕
梭陀——悄悄溜了
屙利——吃饭贬语、骂人语
向火——烤火
代哨——讲脏话
守节——寡妇
扛挡——阻拦
见鬼——不顺意、骂人语
梭边——回避
称抖——整齐
垮脸——不高兴、愁容
捲子——口吃
拐场——做错事
裸连——啰唆多话
解溲——大小便
饱斋——厌烦
脱弹(tán)——完蛋了
麻利——动作快
轻狂——好表现、出风头
暴燥——厌烦
臭虫——馋言鬼
抽条——瘦小,长高
发福——肥胖
千担——瘦高个儿
闪神——精力不集中
躰躰——姑母称谓
懒散——不积极、放荡
苟保——吝啬
呆保——傻
煞贴——清扫、打扮
好事——多事
过挡——错过机会
处人——反唇相欺
有着落——有地方,有结果
照捏——可怜
富态——帅、胖
叙毛——开玩笑
筛糠——发抖
老火——严重
在行——听话
悖时——不走运
作孽——做坏事
蠢宝——不聪明
卡壳——受阻
拗劲——对着干
了拐——坏了
乖巧——灵活
莱货——差、水子
好强——个性强拗
充吼°——好表现、充狠
荷嘿°——玩
咯°事——找事
搬翘——拒绝
扯皮——互闹意见
点子——主意
通皮——自觉
刀头——肉祭品
老屋——棺材
得神——得意
今儿天——今天
叫雀儿——嘴多

嘎婆——外婆称谓
胀颈根——真气人
热鲁鲁——热
扯寡淡——闲谈
冷秋秋——冷
仗古扛——打抱不平
充壳子——称能、好强
吝苛子——吝啬
败家子——乱花钱
臭狗屎——不值钱
不昌栽——没出息
亡家场——靠不住
区区事——小事
化信子——早亡儿
矮菠萝——矮子
拿横绊——强词夺理
要奶代——不守信用
贱骨头——下贱
扯糯壳——互有意见
热呵呵——温暖
伙头军——炊事员
窝把把——大便
打麻擦——傍晚
舅老倌——妻兄、妻弟
不信邪——不屈服
打摆子——疟疾
占古杠——主持正义
利巴子——骂不听话人
叫花子——乞丐
打闹窜——走不稳
敲竹杠——诈骗
不仅各——不小心
丑八怪——丑陋
肥鲁鲁——肥胖
炸油粑——爱便宜、敲诈
抢相英——占便宜
一港港——短时间、快
争赢头——不服输
光胴胴——棵体

肉乃乃——肉嫩、肥
玄飘飘——不牢固
牛脾气——犟性
冷稀稀——不热闹、冷
蒲利利——手摸惹笑
三不知——间或、也许
打摆手——两手空空
没名堂——没头脑
扯非伙——不守信用
打纸墩——矮
尖嘎子——吝啬
不合人——孤僻
猪脑壳——蠢
扯麻煞——扯谎
刷菠萝——忙碌
粑粑鬏——女人发结
孤奴子——游手好闲、扒手
下马威——威胁
一怕°蒲——很多
许背手——贿赂
大麻疯——不受欢迎、骂人
要光棍——孤独一人
出报应——不孝之人
讲枉话——不认账
打平伙——聚餐
把弟兄——哥儿们
槽口好——吃得狠、不挑食
马后炮——事后讲人
点血堂——攻击要害
呷钩子——走撵
扯朵子——扯谎
扯皮绊——闹矛盾
弄手脚——搞小动作
花脚猫——到处走
攒心劲——自私
保老壳——光头
流猫尿——哭
神蹦蹦儿——神气得很
仄哈哈——狭小

嘴牙司——蝉
屋里人——妻子
蚱蜢子——蚱蜢
打标枪——拉肚子
冷火秋烟——地方冷清
圆不流秋——圆滚滚
癞皮癞卡——不光滑
乌黢麻黑——黑得很
糯里糯壳——不守信用
瘦呷拉精——瘦得很
正一作二——认真
作乎攒劲——认真得很
吊儿郎当——不负责
要扬不紧——不着急
癫头狂脑——没头脑
乌一亡二——很不负责
黑麻打黢——黑、不卫生
涎皮寡脸——耍无赖
嚼牙八骨——无事生非
悖万年时——事事不称心
厌五台子——调皮鬼
凑二伙神——趁人多插嘴
一模二样——相同
清早八晨——早晨、天刚亮
灰不溜秋——灰、不干净
弄不弄卡——不整齐
神不拢董——神气十足
欺欺雀雀——背后议论
神里神气——神气
屙痢巴子——骂人吃饭
玩独猴子——不合群
心慌暴燥——心烦
一蒲搂收——全部
血糊铃铛——血糊糊的
懵里懵懂——神志不清
潮头潮脑——没头脑
正二八经——认真得很
格外矫筋——不合群
醒头醒脑——莽撞
悖时倒灶——倒霉透了
懒死屙利——懒汉、懒人
踩蛇尾巴——倒霉运
赶麻栗场——走得急
红呷拉扯——似红非红

注：

凡词中字的上方记有“°”的，皆为近音符。如“王°”即为“望”、“往”、“枉”，“杨°”即为“样”、“痒”、“央”。

苗语方言

花垣苗语属于汉藏语系苗瑶语族苗语分支湘西方言中的西部次方言，普遍以吉卫腊乙村方言为标准语区。全县语音大致分为四种方言：吉卫方言，包括民乐、猫儿、两河、龙潭、道二、雅桥、排吾等乡镇和麻栗场镇的大部分；排料方言，含排碧、排料、董马库等乡和麻栗场镇的少部分；长乐方言，含长乐乡和窝勺乡的一部分；雅酉方言，含雅酉镇和补抽乡一部分。这四种方言，吉卫腔和排料腔比较接近，雅酉方言、排料方言和吉卫方言是同言不同调，长乐方言和上几种方言比较是音和调不同。如老人的“老”字，吉卫方言读“ghot”(果)，排料方言读“ghongb”(共)，长乐方言则读“ghoub”(沟)，雅酉方言和吉卫方言的“老”字读音基本相同。“猪”字的苗语读音，吉卫方言为“nbeat”，排料话为“nbeab”(坝)，长乐话为“nbliei”(别)。即使是同一方言也有个别的词在不同乡镇也略有区别：如排料一带，挑担子的“挑”称为“nghengb”(共)，而麻栗场镇的沙科老寨一带称为“ngheb”(格)；“来”字的苗语读音，吉卫话读“lol”(罗)，排料话读“loagt”(拢)，长乐话读“lous”(楼)；“去”字的苗语读音，吉卫话读“moagd”(木)，排料话读“mox”(蒙)，长乐话读“mlot”(磨)等等。

(七)儿歌童谣

看斗箕

一螺穷，二螺富，三螺四螺开当铺，五螺六螺打红伞，七螺八螺卖罐罐，九螺十螺点状元。

王婆婆快开茶

王婆婆，快开茶，三个童儿到你家，后园里的三匹马，两个童儿到打架，桥底脚，有个伢儿，嗡阿嗡阿要吃苦荞粑。

烟子烟

烟子烟，莫烟我，烟到天上梅花朵，狗呷柴，猫烧火，老鼠子洗脸笑坏我。

打铁歌

张打铁，李打铁，打把剪刀送姐姐，姐姐留我歇，我不歇，我要回家学打铁。打铁难扯炉，我要学屠夫；屠夫难杀猪，我要学读书；读书难算数，我要学开铺；开铺难数钱，我要下桃源；桃源世界又不好，我要学扯草；扯草路又宽，我要学当官；当官难讲理，我要学讨米；讨米难讲话，我要学打架；打架难挨捶，我要一捶打死你。

排排坐

排排坐，吃果个，你一个，我一个，妹妹睡了留一个。

捉迷藏

抢羊头，头有油；抢羊二，二有兔；抢羊三，三个铜元买猪肝；抢羊四，一个铜元四个字；抢羊五，五月龙船打花鼓；抢羊六，六月枣子还没熟；抢羊七，七月枣子甜蜜蜜；抢羊八，八十婆婆纺棉花；抢羊九，九十公公打断手；抢羊十，十字街前卖梨子。

走上街

走上街，走下街，走到王婆婆那截街，不吃王婆婆一杯茶，要吃糖豆儿炒芝麻；芝麻芝麻你莫炸，向你幺妹说句话；说句什么话，说句幺妹打亲家。

讨个狗儿守后门

格里扛浪开个门，你是哪里人，我是岩板古路人，你来做什么，我要讨个狗儿守后门，狗儿还没开眼睛。

虫虫飞

虫虫虫虫飞，飞到老鸦溪，老鸦屙个蛋，阿猛一口干。

告告告

告告告，告到城隍庙，菩萨吃酒你吃尿，赏你一顶烂纱帽，戴烂又问老子要。

抬花轿

花花轿，四人抬，里头抬个狗崽崽。

龙头口伢伢

龙头口伢伢，进屋讨粑粑，粑粑还没熟，进屋讨蜡烛，蜡烛还没买，恭喜老板得个崽。

跛子跛

跛子跛，跛上街，捡得钱，买奶奶。

马儿嘟嘟行

马儿嘟嘟行，骑马进学堂，先生嫌我小，肚里有文章。

儿 歌

枇杷屙 吹牛角 牛角尖
吹上天 天又高 落把刀
刀又快 为切菜 菜又甜
好过年 年成好 接大嫂
大嫂不在行 卖到麻栗场
麻栗场不爱 送到毛沟寨
毛沟寨不好 她又到处跑
跑又没跑脱 三天被人捉
捉住不服气 挣断箩筐系
真是没办法 打倒地上爬
两眼射凶光 众人心发慌
请人来协调 道歉加红袍
从此获自由 任其四海游

童 谜

大哥大肚皮（南瓜），二哥一身灰（冬瓜）；
三哥干格闹（苦瓜），四哥垮垮帽（茄子）；
五哥埋地雷（萝卜），六哥浑身血（汗菜）；
七哥头常断（韭菜），八哥造子弹（辣子）；
九哥拉网线（丝瓜），唯有十哥劲头足，
腰捆皮带准备战（白菜）。

二、重要文献选录

中共花垣县委　花垣县人民政府
关于推进对外开放若干政策的规定

（一九九三年五月二十日）

一、投资及经营形式

不论国内外的单位、团体和个人均可按下列形式投资和经营：

1.兴办投资者拥有全部资本的企业；

2.兴办合资经营和合作经营的企业；

3.开展来料来样加工，来件装配和补偿贸易；

4.进行供电、交通、通讯、采矿等国家政策允许的综合开发；

5.承包、租赁、购买县属国有企业；

6.从事国家允许的土地开发和其他投资。

二、税、费优待

7.外来投资企业经营期在十年以上的，从获利之年起，五年内免征企业所得税，税后利润免征重点建设和预算外调节资金。减免期后的年度，经申报批准后，还可继续延长减免期。

若在县城城北开发区内申请新办企业，建设期间只收征地费，免征其他税费；建成投产后，工业企业免征四年税费；商业企业免征三年税费；“三资企业”和开发名、特、优产品的企业免征五年税费，期满后企业仍有困难，可继续申请减免。

8.外来投资企业的城市房地产税、车船使用牌照税、屠宰税、印花税一律免征十年。

9.外来投资者在土地上投资一切农、林、牧、渔产业，从投资之年起免征农业税、农林特产税五年。对于开办采矿、发电、修筑公路、铁路等开发性企业，从投产之年起免征五年产品税和营业税。

10.外来投资企业的通讯初装费，车辆养路费、水、电、气供应、工程设计、施工及商标、保险、医疗等项的服务收费享受县内国有企业同等待遇。

三、土地开发使用的优惠

11.外商来我县租赁土地、创办农、林、牧、渔场等农业企业，土地使用费给予优惠，租赁年限可达七十年。租赁期内，土地使用权可以转让。

12.外商投资企业土地使用应征收的税费前十年免征 80%，期满后若利润偏低，可报批减半征收。

四、科技、信息、咨询及其他方面的优惠

13.凡为我县提供科研成果、实用技术和创造发明投入生产并取得实际经济效益的，免征所得税五年。从投产第一年实现利润中提取 30% 作为一次性奖金，也可以采用其他奖励办法。

14.凡科研单位和科技人员开展技术咨询、技术服务，培训或转让技术专利和承包所获收入以及商标，参股所分得的利润免征个人收入调节税。

15. 外来投资参股或采用其他形式参与老企业生产经营，在合作期内的新增利润可实行先分利后纳税。凡到我县承包或领办亏损企业盈利后，前五年按纯利润的20%给予奖励。

16. 外来投资企业返销产品达50%～70%，获利按投资比例分成后，我方可让利10%；返销产品达70%以上我方可让利20%。

17. 对所有投资者一律简化办事程序，审批机关自收到全部材料之日起，三日内办完我县权限的审批手续，作出可与否的决定，需报县以上机关批准的我方积极协办。

18. 对外来投资企业优先提供能源、资源、场地、劳动，优先安排施工和提供交通运输、通讯等服务设施。

19. 除上述各项优惠外，如投资者仍有其他要求，在商谈过程中可面议，须报经上级政府批准的，我方积极协办争取。

20. 本规定从下文之日起执行，过去有关政策和规定有相抵触的按本规定执行。本规定解释权属县委办公室和县政府办公室。

中共花垣县委　花垣县人民政府
关于加快普及九年义务教育的决定

（一九九三年六月九日）

摘　录

一、提高认识，增强普及义务教育的责任感和紧迫感

到本世纪末，基本扫除青壮年文盲，基本实现九年制义务教育。各级领导要始终坚持教育的战略地位不变，优先发展教育的思想不动摇，真抓实干，大力推进九年义务教育的发展。全县九年制义务教育总体规划是：基本普及初等教育后，从1993年开始，用九年时间，对全县21个乡镇分四批实施普及九年义务教育。花垣镇、民乐、雅酉3个乡镇在1995年前实现普九目标；团结、茶洞、吉卫、龙潭、长乐、道二、雅桥、排吾八个乡镇在1997年前实现普九目标；麻栗场、猫儿、窝勺、排碧、排料、董马库、两河7个乡镇在1999年前实现普九目标；补抽、大龙洞、大河坪3个乡在2001年前实现普九目标。各乡镇根据总体规划要求，制定各自的普及九年义务教育实施细则和扫除青壮年文盲的实施规划。

二、深化教育教学改革，进一步完善办学体制和管理体制

分级办学、分级管理是教育教学改革成功体制，各乡镇按《国家义务教育法》的规定，结合本乡镇的实际情况，因地制宜，统筹安排好中心学校、片小、村小的合理布局，坚持分类指导，保证质量，正确处理好巩固小学与发展初中和加快速度与提高质量的关系，逐步建立以政府办学为主体、社会团体共同办学的体制。支持引导企业单位、社会团体、人民群众依法办学，并在办好普通小学、初中的同时，积极创办特殊教育学校和班级，扩大办学自主权，实行中、小学校长负责制。

三、坚持以国家财政拨款为主,多渠道增加对义务教育的投入

增加教育投资是落实教育战略地位的根本措施。国拨教育经费由教育行政部门统一管理计划使用,任何单位和个人不得随意挪用、截留或拖欠。

四、努力造就一支素质优良、结构合理、相对稳定的教师队伍

振兴民族的希望在教育,振兴教育的希望在教师。尊师重教,从政治、工作、生活等方面关心、爱护和支持教师,提高教师的社会地位,加强教师队伍思想建设,维护教师的合法权益,查处侮辱殴打教师、破坏教学设施的行为,稳定教师队伍。在抓好学历达标培训的同时,对学历达标的教师,以提高教育为主进行继续教育,办好电大等教育培训基地,抓好中、小学校长岗位培训,加强对青年教师培养使用,培养一支热爱教育事业、努力学习、安心从教、政治素质高、业务能力强的教书育人队伍。

五、贯彻落实党和国家的教育方针,全面提高义务教育质量

普及九年义务教育,把“应试教育”转向“素质教育”,坚持德育为主,把党的基本路线、爱国主义、集体主义、社会主义、民主法制、纪律、道德、劳动教育贯穿到各个学科和教学行为中,使学生德、智、体、美全面发展,建立和完善学校、社会、家庭三结合的教育网络,推进教育事业健康发展。

六、加强领导,把九年制义务教育纳入法制化轨道

全县从1993年起,各乡镇与县人民政府签订普及九年义务教育责任书,党政一把手为直接责任人,切实加强领导。教育行政部门加强业务指导和检查督促;计划、财政、税务、金融、工商等部门为学校建设、改善办学条件、筹集经费、勤工俭学等方面给予优惠和扶持;公安、司法、劳动、人事部门为普九教育保驾护航,确保以法治教、依法兴教的实施。

中共花垣县委　花垣县人民政府
关于印发《花垣县党政机关机构改革方案的实施意见》的
通　　知

花发〔1994〕19号

摘　要

一、改革的指导思想

以邓小平建设有中国特色社会主义理论为指导,适应建立社会主义市场经济体制的要求,按照政事、政企职责分开和精简统一效能的原则,切实做到转变职能、理顺关系、精兵简政、提高效率,逐步建立一个能够促进社会主义市场经济建设、功能齐全、结构合理、运转协调、灵活高效的行政管理体制,促进经济建设的发展。

二、转变职能、理顺关系的要求和措施

转变政府职能实行政事、政企分开。把属于事业单位的职能移交归位;把某些事业单位承担的政府行政的职能分离出来,归并到政府有关部门。同时认真贯彻落实《全民所有制工业企业法》和《全民所有制工业企业转换经营机制条例》的有关规定,把属企业的权力下放给企业,使企业的经营机制得到正常转换,真正成为自主经营、自负盈亏、自我发展、自我约束的商品生产者和经营者。

合理划分职责权限,理顺各种关系。在转换职能的基础上,明确各部门的职责权限,精力相近的职能归并到一个部门,实行综合管理;需由几个部门承担的职能,则明确工作程序、办事规则和协调办法,同时理顺县与乡镇及其他部门之间的关系,合理划分管理范围和职责权限。

强化政府宏观调控职能。通过撤、并、转专业经济管理部门,加强经济监督调节部门,减少中间层次和中间环节,使政府对经济活动的宏观调控职能进一步强化,保证国民经济健康发展。

三、县直党政机关机构改革

(一)机构设置的原则(略)

(二)党政机构调整变动情况

县委工作部门由原来的8个调整为6个。即保留了县委办、县纪委、组织部、统战部、宣传部、政法委;撤销直属机关党委,业务划归组织部;信访办并入县委办和政府办管理,以政府办管理为主;老干部工作局转为事业单位,归口组织部管理;编委划入县委工作机构,由县委、政府共同管理。

县纪委机关与县监察局合署办公,一个机构两块牌子。

通过机构改革,县政府工作部门调整为32个,保留县政府办、县经委、县计委、县建委、县监察局、县公安局、县司法局、县民政局、县财政局、县人事局、县劳动局、县农业局、县林业局、县水利电力局、县文化局、县卫生局、县审计局、县民委、县科委(更名为科技局)、县计生委、县教委(更名为教育局)、县交通局[以上22个委、局为政府组成局]、县乡镇企业局、县财贸委(更名为财贸办)、县农村工作办公室、县统计局、县工商局、县国土局、县粮食局、县环境保护局、县物价局、新设立地方税务局。

县农机局、档案局、体委、外经委、畜牧水产局、矿产资源管理局、广播电视局共7个行政局转为经济实体。

县技术监督局机构级别为正局级,由县经济委员会管理。

人大、政协、群团、检察院、法院以及乡镇的机构保持不变。

通过改革,县党、政、群机关编制由721名减少为545名,减少186名;人员由上年的553人减少到494人,精简59人;同时,还减少领导职数,由上年的179名减少到163名。

中共花垣县委 花垣县人民政府
关于加快民营经济发展的若干意见

(1998年7月17日)

摘 录

一、民营经济是人民群众在社会主义市场经济条件下,全面实施以民营经济为主体的县域经济发

展战略。各级领导干部,务必进一步解放思想,放手发动群众大力发展民营经济。

二、放宽市场准入条件,凭本人身份证即可直接申请办理工商执照。个体工商户、生产性私营企业的注册资金按申报数额核准。新开办或改建的私营企业,只需注册资本达到规定标准的30%以上,即可先行注册。拥有技术、商标等无形资产的,经资产评估,可抵减不超过35%的注册资本。新开办的个体工商户和私营企业,免交工本费以外的各项费用,一年后办理注册手续,办理证照和各项收费均优惠50%。

三、放宽经营范围和经营形式。除国家明令禁止生产经营的行业和商品外,均予放开。鼓励民营企业跨行业、跨地区经营和批零兼营。在当地工商所辖区内鼓励民营业主一照多摊(店、厂)经营。

四、积极推行"一票制"收费办法。在民营经济试验小区、专业批发市场、定点屠宰场和挂牌保护的民营企业中率先推进"多家费、一家收、分头结算"的办法,按定额,财政提供统一票据,工商统一收取,再与有关单位分头结算,其他任何部门和个人均不得再向民营业主直接收取费用。坚决制止对民营经济乱集资、乱摊派、乱收费、乱罚款。进一步落实"收费项目卡"和"收费登记卡"制度,凡未上卡的收费项目,任何单位不得违规收取。对违规收费、罚款,特别是白条收费、罚款的,一经查实,坚决处理。

五、充分发挥税收的调节作用。个体工商户、民营企业的营业额,由税务部门依法核定批准,民营经济投资方向调节税执行零税率;对新办从事非金属矿产业开发的民营企业,新办从事咨询、信息、技术等综合服务之独立核算的民营企业,新办从事公用事业、商业、物资业、服务业、餐饮业、教育、文化、卫生事业民营企业,以及民营企业对亏损企业进行承包、兼并、租赁等,免征企业所得税3年。对用于公益事业的捐赠以及按照政府规定定额缴纳的行政事业收费支出,允许税前列支。对年纳税在5万元以上的纳税户,宜"双定"征收的实行"双定"征收,宜查实征收的实行查实征收。

六、鼓励、扶持民营业主租赁、承包、兼并、购买国省(集体)工商企业和乡镇企业。企业的债务由原单位承担,对原企业下岗职工,只要求在同等条件下优先录用。民营企业主,按协议缴纳承包租赁费,由主管部门用于偿还银行债务、安排离退休人员工资和下岗职工生活费。民营企业安置下岗人员达到30%以上的,企业所得税免征3年,其他地方税收可给予适当优惠。

七、大力引进县外民营业主和外商来我县经商办企业。凡来我县兴办各类生产型、科技型、外向型企业的,3年内免征所得税,引进资金或在县内经营所获利润用于投资扩大再生产的,经批准可抵扣当年个人所得税。公安部门凭外来民营业主的身份证、计划生育证明办理暂住户口,教育部门凭暂住户口安排其子女入园入学。

八、鼓励机关、企事业单位干部职工领办、创办民营经济实体。行政机关,企事业单位的干部职工在不影响正常工作的前提下,在民营企业兼职或从事第二职业的,允许留职停薪从事民营经济,3年内由原单位发100%的基本工资,并按在职人员标准由原单位和本人交纳养老保险金,工龄连续计算,3年期满,回原单位工作;鼓励和支持行政事业单位干部职工辞职从事民营经济,有条件的单位可对辞职人员一次性发给相应的补助费,已参加行政事业单位养老保险的,个人养老保险账户继续保留。

九、加快农村农业基础设施民营化进程。鼓励集体、个人、干部、职工、农民购买、租赁、承包山塘、水库、河道、溪坝、荒山、荒地、公路、供电线路等农业基础设施,在不损害国家、集体利益的前提下,从事生产开发。对从事农业生产性开发的民营企业,5年内除由当地财政部门按优惠50%的比例征收特产税外,免交其他各项规费;对使用农村电网的民营企业,符合农业产业化要求兴办的龙头企业,在中扶资金上给予倾斜,国家商业银行、信用社等金融部门给予重点扶持。

十、有关管理服务部门、执法监督部门,都要制定为民营经济服务的承诺制度。公、检、法等部门要严厉查处侵害民营业主合法权益的案件，对民营业主起诉、上诉的治安、刑事、民事、经济纠纷和行政案件，一律实行"三优先"，即优先立案，优先审理，优先执行。

十一、政法部门办理涉及民营业主的经济纠纷各类案件，要坚持调解为主，公正执法，文明办案。对越权、违法办案或徇私枉法造成严重后果的，从严追究直接责任人的法纪责任。

十二、对外地过境车辆除无牌照的外，交警、交通等部门一律实行不检查、不罚款、不扣证、不扣车的"四不"制度。除公安部门执行追逃和易燃易爆物品安全检查、交通征稽部门追缴规费可上路检查外，任何部门不得上路设卡检查，更不得扣押货物。

十三、对餐饮、住宿、美容美发、文化娱乐等各种服务行业，实行治安管理业主责任制。公安部门与业主签订治安责任状后，不再进入店内检查。如遇特殊情况确需检查的，应先报请分管政法的县领导批准，由治安警察持警官证、治安检查证进行检查，其他人员不准进入检查。

十四、工商、技术监督、卫生防疫、城建、环保、文化、消防等执法监督部门要强化服务意识，提高服务水平。对个体工商户和民营企业开展执法检查，必须得到民营经济领导小组办公室批准后才能进行，严禁多头和重复检查、重复收费、重复罚款。

十五、加快城南及"一廊四镇"的开发步伐。城南民营经济异地脱贫基地试验小区及"一廊四镇"：花垣镇—茶洞镇"经济走廊"和民乐镇、龙潭镇、麻栗场镇、吉卫镇。民营经济开发区，是我县发展民营经济与小城镇建设相结合，与实施开放带动战略相结合的重大举措，除享受上述优惠政策外，还享受以下政策：

（一）凡来城南及"一廊四镇"投资办企业的实行"一个窗口对外，一条龙服务，一个会议解决问题"的联席办公会议制度，统一办理有关手续。

（二）凡到城南及"一廊四镇"投资、经商、办企业的，不论其所有制性质如何，除贩卖毒品和枪支弹药等非法经营外，从投产、开业之日起，3年之内实行轻税、无费、免检查的政策。

（三）凡在城南及"一廊四镇"投资经营办企业的可通过公开拍卖、招标、承租、合作经营、土地入股等方式取得土地使用权。城南土地允许转让，再进入市场。凡通过出让方式取得土地使用权，5年内未能完成建设的不收荒芜费，不收回土地使用权。

（四）城南及"一廊四镇"主要道路等基础设施的建设权可以拍卖，允许建设者采取收费的形式收回投资并取得效益。城南主要道路的车辆客运权可以拍卖，允许客运权购买者垄断城南主要道路和车辆客运权。

（五）继续执行花发[1997]9号文件，除县委、县政府安排的正常资金外，凡为城南及"一廊四镇"建设引进资金的中介有功人员，均享受下列奖励政策：无偿拨款或捐赠款项，从中提取20%予以奖励；有偿有息的款项视利息高低，使用期长短，从中提取5－10%予以奖励。

十六、切实加强对民营经济的领导和督促检查工作。县建立民营经济领导小组，由专管领导具体负责，下设民营办和权益保护委员会，实行两块牌子一套人马。对违反政策规定，欺压、刁难民营业主和搞"三乱"的，经查证落实通过有关组织程序，对直接责任人，第一次通报批评，第二次停岗检查，第三次办理辞退手续；对单位负责人，第一次通报批评，第二次黄牌警告，第三次免去实职。

十七、凡以前县、乡镇制定有关发展个体私营经济、乡镇企业，招商引资和国有企业改革等方面的优惠政策与本《意见》相抵触的，以本意见为准。

十八、本《意见》由县民营经济领导小组办公室负责解释。

中共花垣县委
关于培养跨世纪人才的决定

花发〔1999〕22号

(1999年10月18日中共花垣县委八届三次全体会议通过)

为培养造就一大批跨世纪人才,推进我县经济持续快速健康发展,中共花垣县委八届三次全体会议讨论了培养跨世纪人才问题,并作出如下决定:

一、大力培养跨世纪领导人才

(一)切实加强乡镇、科局级领导班子建设

第一,目标任务。一是切实抓好领导班子年龄结构的合理搭配。经过5年的努力,乡镇党政领导班子平均年龄控制在35岁左右,其中30岁左右的党政一把手达1/3以上,25岁左右的乡镇长至少配备2-3名,形成45岁左右、40岁左右、35岁左右、30岁左右、25岁左右的干部组成的年龄梯次结构,并以35岁左右的干部为主体;县直科局级单位领导班子平均年龄控制在40岁左右,其中35岁左右的正职领导力争达1/3,30岁以下的年轻干部至少配备3-5名,形成50岁左右、45岁左右、35岁左右、30岁左右的干部组成的年龄梯次结构,并以40岁左右的干部为主体。二是进一步完善领导班子知识、专业结构。今后5年,要逐步提高领导班子成员的学历层次,促进知识更新。各级领导班子中,既要熟悉宏观经济管理、意识形态、政法方面的人才,又要有外经贸、金融、高新科技、农村、环保等方面的人才,使领导班子成员专业互补、知识结构合理。三是切实抓好女干部的选配工作。到2003年,乡镇党政领导班子中至少各配备有1名女干部,有20%以上的乡镇配备女党委书记或女乡镇长;县直科局级单位争取有一半以上的领导班子选配1名女干部。四是切实抓好非中共党员干部的选配工作。到2003年,经过届中调整和换届,乡镇行政领导班子要基本上配有非中共党员领导干部,县直政府职能部门和司法机关要尽可能多配非中共党员领导干部。

第二,战略措施。一是严格按照年龄梯次结构要求配备领导班子。领导班子换届或届中个别调整时,县委组织部要严格按照年龄梯次配备的要求把关,对不符合年龄梯次配备要求的人事安排方案,县委不予审批。二是加强对乡镇和县直单位正职的培养选拔。对有发展潜力的正职后备人选,要有计划地进行关键岗位、艰苦环境和承担艰巨任务的锻炼;有计划地安排有发展潜力、比较年轻的副职担负常务工作,帮助其提高全面领导能力;对特别优秀的,可以破格提拔使用;对现任正职和正职后备人选,要有针对性进行培养教育,全面提高其素质。三是不断深化干部人事制度改革。首先,积极推行公开选拔科局级领导干部工作。坚持每2年安排一定数量的科局级领导职位实行公开选拔,使公开选拔工作进一步形成制度。其次,积极推行党政机关领导干部竞争上岗。紧紧抓住机构改革的契机,运用竞争上岗方式,搞好县直科局级单位副职领导干部和中层干部的选拔任用的人选,按照有关要求,通过新闻媒介或其他方式,在一定范围、一定期限内进行公示,广泛听取各方面意见,然后决定干部的任用。同时,对公开选拔、竞争上岗和新担任领导职务的委任制干部实行试用期制度。此外,积极推行干部能上能下制度。对科局级领导班子和领导干部普遍实行届中、届末考察考核,对多数群众不拥护的干部果断进行调整;对不胜任现

职的领导干部实行降职或免职；对科级干部男性年满55周岁，女性年满50周岁的，原则上退居二线，不再任职。

第三、组织保证。抓好跨世纪领导干部的培养选拔工作，是各级党组织尤其是各级领导干部义不容辞的政治责任。各级党组织必须统一思想，提高认识，把这项工作作为一项重要内容列入党组织的重要议事日程，党政一把手要亲自抓，分管领导要具体抓。组织部门直接承担着培养选拔跨世纪领导干部的重任，要切实负起责任，当好党委参谋，扎扎实实做好工作；宣传部门要切实加强干部理论教育，努力提高干部的理论素质和科学文化水平；纪检部门要抓好干部的党风党纪教育，使之成为政治坚定、作风深入、廉洁务实的有用人才。其他各部门都要切实负起责任，充分发挥各自优势，真正把我县各级领导班子建设成为坚决贯彻执行党的基本路线，全心全意为人民服务，结构合理，团结务实，充满生机与活力的坚强领导集体。

（二）切实加强国企领导班子建设

第一，加强企业领导班子的思想政治建设和业务建设。一方面，县委组织部要有计划地采取集中办班、分期轮训等办法，对小Ⅰ型以上国有企业领导班子成员进行培训，组织他们系统地学习党的路线、方针、政策和有关法律法规，进而提高政治思想素质和遵纪守法、廉洁自律的自觉性。另一方面，企业主管部门要着眼于跨世纪发展的需要，主动与有关大专院校、科研机构建立互惠互利关系，采取请进专家、学者办班授课，分期分批组织企业领导走出去考察学习等形式，更新企业领导知识体系，从而提高我县企业领导班子的科学管理水平。

第二，健全激励机制，充分调动企业经营管理者的工作积极性，反对平均主义，实行经营管理者收入与企业的经营业绩挂钩。把物质鼓励同精神鼓励结合起来，既要使经营管理者获得与其责任和贡献相符的报酬，又要提倡奉献精神，宣传和表彰有突出贡献者，保护经营管理者的合法权益，调动其积极性和创造性。

第三，完善约束机制，规范企业经营管理者行为。规范企业经营管理者的报酬，增加透明度。加强和完善监督机制，把外部监督和内部监督结合起来。健全法人治理结构，发挥党内监督和职工民主监督的作用，加强对企业及其经营管理者在资金运作、生产经营、收入分配、用人决策和廉洁自律等重大问题上的监督。建立企业经营业绩考核制度，实行企业领导人员任期经济责任审计。通过这些举措，形成保护改革者、打击违法者，确保企业经营管理者健康成长的氛围。

第四，稳定企业法人队伍。今后，对全县小Ⅰ型以上企业法人，只要没有重大问题，原则上不作调整，以保持企业班子的稳定性和企业发展的连续性。

（三）切实加强村级领导班子建设

第一，健全村级各类领导班子，巩固农村政权。要在加强村级“两委”班子建设的基础上，大力加强村级共青团、民兵、妇女、计生、调解、治保等各类领导班子建设，为巩固农村政权，带领农民脱贫致富奔小康打下牢固的组织基础。

第二，按照大稳定，小调整的原则，调整优化村级“两委”班子。对思想僵化，闹宗派，搞家长制，以权谋私，不能带领农民振兴经济的村级“两委”班子，尤其是“两委”班子的一把手，组织部和民政局要协助乡镇，在调查研究，核准事实的基础上，坚决予以调整，从而把全县村级“两委”班子建成坚强的战斗堡垒。

第三，严厉打击报复村级干部的不法分子，积极落实村级干部报酬，调动村级干部带领农民振兴经济的积极性。公安、司法等职能部门要协同作战，加大对不法分子报复村级干部案件的查处力度，做到发生一起，查处一起，为村干部开展工作创造良好的环境。同时，组织、民政等职能部门和乡镇要积极落实村级干部报酬政策，凡按政策应该给予村干发放的误工补贴，必须按年度足额发放到位。另外，要关心“退居二线”的村级主干的生产生活困难，在项目开发、子女入学、参军、进厂务工、劳务输出等方面给予倾斜，从而激励村干部的工作积极性。

二、大力培养跨世纪科技人才

第一，理顺科技人才管理体制。要进一步理顺各个领域的科技人才管理体系，用足用活科技人才的政治、经济待遇政策，在各级领导职位、技术职称评定、工资福利、家属子女就业安排等方面，都要一路为科技人才大开绿灯，确保科技人员安心本职工作。

第二，改革科技投入，将高新科技成果尽快转化为现实生产力。财政对科技投入方式由对科研机构和科研人员的一般支持变为以科研项目为主的重点支持，尤其是获得国家专利的工农业科技成果，县财政要优先解决科研成果转化经费，使之尽快产生效益。同时，对科研成果转化有突出贡献的人员，县里将给予重奖。

第三，鼓励科研成果商品化、市场化，以此解决"脑体倒挂"问题，进而提高各个领域科技人员的收益。不论是工业、农业，还是其他领域科技人员所研制的科技成果，都可以作为商品，进入市场，有偿转让、拍卖，取得合法利益。同时，鼓励科技人员承包、租赁、领办、联办农、工、商、环保、医疗等科技开发项目，按比例获得合法收入。

第四，联姻、嫁接高科技人才。利用10多年来扶贫攻坚与高等院校，国家、省、州有关科研机构建立的关系，积极引进人才，引进高科技项目，构架名牌、名品、名企桥梁，形成互惠互利，共同发展的市场科技机制。同时，通过联姻、嫁接的实践，培养一大批本民族高新技术人才。

第五，着力提高全民族科技素质。一方面，大力发展各类职业教育，夯实提高全民族科技素质的基础。另一方面，积极开展各类实用技术培训，通过2－3年的努力，使全县不同领域的劳动者都掌握1－2门实用技术，使科学技术真正转化为现实生产力，进而提高科技贡献率，推进全县经济发展。

三、大力培养跨世纪后备人才

第一，积极造就跨世纪领导人才。造就跨世纪领导人才要立足当前，着眼长远，按照各级领导干部正职1∶2，副职1∶1的原则确定后备干部数额，近、中、远期能进班子的后备干部要各占1/3左右。依照这个原则，县里将建立32名县级领导后备干部队伍，其中年龄在35岁以下的不少于20名，30岁左右的不少于5名；少数民族后备干部比例不低于80%，妇女后备干部不低于25%，并有一定数量的非党干部后备人选。到2003年，要动态保持这个常数。建立150名乡镇和县直科局级单位"一把手"后备干部队伍，以35岁以下干部为主体，其中少数民族和妇女后备干部的比例分别不低于80%和20%，熟悉经济工作的不少于1/3。到2003年，要动态保持这个常数。建立200名科局级后备干部队伍，以30岁左右的干部为主体，30岁以下的干部不少于1/3，少数民族干部比例不低于80%，妇女和非党后备干部的比例均不低于20%，熟悉经济工作的不少于1/3。到2003年，要动态保持这个常数。建立100名战略后备干部队伍，以25岁左右的干部为主体，少数民族干部不低于80%，妇女和非党干部均不低于20%。到2003年，要动态保持这个常数。在此基础上，要切实加大培养选拔年轻干部、妇女干部、非党干部的工作力度。首先，按照干部管理权限，认真抓好后备干部培养管理工作。对后备干部要实行定期考察，动态管理，有计划地把县级后备干部和科局级正职后备干部放在重要台阶和关键岗位上培养锻炼。对经过一段时间的培养，确属相形见绌的，要及时予以调整，并适时补充优秀人才，从而始终保持一支素质优良、数量充足、结构合理的后备干部队伍。其次，切实抓好年轻干部的培养交流和岗位轮换工作。干部提拔使用在讲究台阶的同时，特别要强调有基层第一线的工作经历。今后，凡新提拔县直部门主要领导干部，必须具有两年以上基层工作经历；凡经过多部门、多岗位锻炼，表现突出的干部，在同等条件下，要优先提拔使用。再次，加大年轻干部到艰苦环境创业的工作力度。今后，应届大中专毕业生一律不直接吸收进机关工作，只提供竞争机会，即采取公开考试的形式，每2年招考一批大中专毕业生到企业任厂长（经理）助理或到农村任党支部副书记、村委会副主任，然后，对在“急难险苦”的环境中事业心强，乐于吃苦，勇挑重担，政绩突出的，从政策上实行评奖优先，培训优先，提拔优先。同时，认真做好妇女干部、非党干部的培养选拔工作。根据妇女干部、非党干部的特点，采取举办专门培训班、送到学校深造、实践锻炼等措施，加大培养选拔工作力度，营造女干部、非党干部锻炼成长的环境。此外，切实加强村级后备干部队伍建设，有计划地将那些复员军人、回乡知青、有经济头脑，闯市场闯出路子的农村中、青年，选送到县农校进行系统培训，坚持每年培训一至两批，时间在三个月以上。今后，凡新提拔村党支部书记或村委会主任，必须经过县委党校或县农校的培训。

第二，积极造就跨世纪企业人才。要以建设一支跨世纪的职业企业家队伍为目标，在稳定企业领导班子的基础上，花大气力培养一批承先启后，跨世纪的企业后备人才。一是培养一批在企业中搞生产、闯市场、跑营销成绩突出的实践型企业人才。二是培养100名30岁左右具有大专以上学历，且专业对口，发展潜力大的知识型企业人才。三是每年有目的、有计划地选送10－20名企业中层干部到大专院校学习深造，着力培养能够振兴企业的骨干人才。与此同时，要完善优惠政策，为企业后备人才的成长创造条件，并鼓励热心奉献，具有一定发展后劲的中青年行政干部下到企业挑大梁。对现有企业人才，行政部门原则上不挖墙脚，使这些有志中青年在企业界大显身手，为振兴民族经济多作贡献。

第三，积极造就跨世纪科技人才。一是加强“普九”，办好高中和各类职业学校，夯实人才“摇篮”这个基础。二是解决好现有科技工作者的政治、经济待遇，特别是对有突出贡献的科技人员给予重奖，营造科技人才发展的良好氛围。三是选送有发展前途的青年科技人员到发达地区挂职锻炼，或到大专院校、科研机构跟班进行技术项目攻关，培养一批高科技后备人才。四是采取办班培训和深入实际现场指导等办法，大力开展技术创新和科技成果转化等科普活动，加快培训数以万计能够掌握一至二门实用技术工农群众的进程，进而形成科技兴县的新格局。

中共花垣县委
关于跨世纪国有企业改革和发展若干问题的决定

花发〔1999〕24号

（1999年10月18日中共花垣县委八届三次全体会议通过）

为实现县委八届会议提出的我县跨世纪奋斗目标，中共花垣县委八届三次全体会议讨论了关于国有企业改革和发展若干问题，并作出如下决定：

一、关于产权转让

（一）国有企业产权转让须在县国有企业改革

领导小组指导下进行。实行产权转让的国有企业，是指按出售、赠送、转让、抵贷返租、兼并等形式改制的国有企业，产权转让可以按协议转让、招标转让、拍卖转让、中介代理转让等方式进行。

(二)国有企业产权转让必须按照国务院关于《国有资产评估管理办法》的规定进行资产评估确认、产权界定、清理债权债务。

1.国有企业产权转让的出让人必须出示下列证件和资料：

(1)职代会意见；(2)产权转让申请书；(3)企业主管部门和同级人民政府同意转让的批文；(4)财产所有权证明，财产转让清单。

2.国有企业产权转让的受让人在受让过程中，必须出具下列证件和资料：

(1)购买申请书；(2)法人资格证明，自然人身份证明；(3)由中介机构验资的资信证明。

3.产权转让和程序：交易项目的价格由出让方(企业)与受让方直接洽谈。洽谈成功，报请同级人民政府批准后，到州产权交易中心签订《产权转让合同》，由州产权交易中心开出《产权交割证明书》。国土、房产、税务、财政、国资、工商等职能部门凭《产权转让合同》、《产权交割证明书》以及其他有关完善的资料，从接企业申报之日起，原则上在半个月内办妥各项过户或转让手续。

4.产权交易付款方式：由交易双方议定。一次付清的可优惠20%；数额较大，受让方一次付清确有困难的，经交易双方同意，在有担保资格的法人或自然人担保的前提下，可分期付款，但期限不得超过三年，首期付款不得少于40%，未付部分必须按银行同期得率利息，未付清价款前，资产不得过户。

(三)产权转让的企业，其土地使用权，属手续不齐全的，经县人民政府批准，按工本价交费补办有关手续后，该土地可以继续由受让方使用30至50年。

二、关于依法破产

(一)申请破产的国有企业必须同时具备严重资不抵债、长期亏损、扭亏无望三个实质条件。债务人经其上级主管部门同意后，可以根据《破产法》规定，申请宣告破产。债务人不能偿还到期债务，债权人也可根据《破产法》规定，申请宣告债务人破产。

(二)人民法院受理国有企业破产申请，企业必须有妥善可行的职工安置方案。

1、法院受理申请后，应立即做好破产企业资产保全工作。人民法院宣告企业破产的裁定自宣告之日起发生法律效力。破产企业自即日起应停止生产经营活动，但人民法院或清算组认为有必要继续生产经营的除外。在审理破产案件过程中，要将破产期间的职工生活费、清算费用、诉讼费用、企业设施设备维修费列入破产费用。破产财产抵拨付破产费用。破产财产不足以支付破产费用的，人民法院应当宣告破产程序终结，未偿债务不再清偿。

2、企业在破产前，要在充分与债权单位协商的基础上，经企业所在地人民政府批准，可以将企业效益的部分同企业分离，分立后的企业应当按照商定的比例承担原企业债务。企业破产终结后，注销其工商营业执照，取消法人资格，职工原与企业签订的劳动合同关系自行解除，不再保留国有企业职工身份。

3、企业属无偿划拨土地的，因破产而停止使用土地，政府可收回其划拨土地使用权，依法予以出让，出让所得首先用于安置职工。

(三)外地企业、个人购买破产企业，可将其本人及全家户口迁入当地，并免收各种费用。

三、关于股份制改造

(一)凡国有企业改组为股份有限公司、有限责任公司、股份合作制企业的，必须由企业本身提出申请，经职工代表大会通过，企业主管部门签署意见。属股份合作制企业、有限责任公司的，须经州体改委批准后，到当地工商行政管理部门办理登记注册手续；属改组为股份有限公司的，须经省体改委会同有关部门审批。

（二）国有企业改组为股份有限公司、有限责任公司、股份合作制企业的应当对其原有资产和债权债务进行清理核实。企业应委托具有评估资格的机构对企业资产进行评估，委托具有验资资格的机构对其资产进行验资。企业资产评估和产权界定的结果，应当向职工（代表）大会报告并获通过。其债务一并由新组建的企业承担。

（三）股东一般以货币入股，也可以用实物、知识产权、土地使用权等资产入股。股东以所持股份参与企业分红和享受“一股一票”的表决权。股东大会是企业的权力机构，董事会成员由全体股东直接选举产生。董事长可由全体股东直接选举产生，也可由董事会全体成员按《公司法》规定选举产生。董事长为企业法定代表人。

（四）以净资产设股。国有企业经资产评估和产权界定，国有净资产剔除土地使用权、非经营性资产后，60％可以分配给职工，量化到人，其余40％按一定比例标准提取，作为离退休职工养老金以及医疗、抚恤等费用，余额也可出售给职工。企业内部员工持股要打破平均股，鼓励董事会成员持大股。

（五）国有企业改组为股份有限公司、有限责任公司、股份合作制企业后，土地使用权经同级政府批准后，可向新改组的企业继续转让30到50年。非经营性资产，经县以上人民政府同意后，可一次性转让给新改组的股份制企业。

（六）国有企业改组为股份有限公司、有限责任公司、股份合作制企业，没有设置国有股的，该企业职工应与原企业解除国有企业职工身份。职工继续在企业工作的，须建立新的劳动合同关系。同时，改制后的企业不再隶属政府部门主管，企业领导班子也不再由政府任免。设置有国有股的，政府则按其占股份多少赋予企业相应权力和相应义务。同时，对国有股，经产权界定后，政府可委托企业主管部门、国有资产管理部门或其他股东代为管理，行使相应权力和承担相应义务。

（七）国有企业改组为股份有限公司、有限责任公司、股份合作制企业后，原企业净资产设置的股份可转让一部分给职工，如转让给职工个人部分已达到州定职工一次性安置补偿标准，职工则成为企业股东，不再保留国有企业职工身份，享受股东一切待遇，按劳付酬和按股分红。

（八）企业内部个人购买的股份可以继承，也可以在本企业内部转让、赠与和抵押。对外转让、赠与和抵押，要经股东大会讨论批准。

（九）改组后的企业，须向股东印发由企业法人签署、盖有企业印章、企业财务印章的股权证明书，作为享有企业资产证明和分红的依据。股权证明书，须写明企业名称、登记日期、注册资本、股东姓名及住所、股金数额、出资日期、编号、签发日期。

（十）企业每年税后利润，提取法定公积金不得低于10％，用于企业发展；提取法定公益金不得低于5－10％，用于企业职工集体福利。提留后的利润支付股东红利，按股东所拥有的股份进行分配。

四、关于租赁经营

（一）租赁经营是指在不改变企业的全民所有性质的前提下，实行所有权与经营权的分离，国家授权单位为出租方，将企业有期限地交给承租方经营，承租方向出租方交付租金，并按照合同规定对企业实行自主经营。实行租赁经营必须兼顾国家、企业、职工和承租方的利益。出租方和承租方必须执行国家的方针政策、法律法规，接受县人民政府有关部门的监督。县人民政府可委托部门为出租方，代表国家行使企业的出租权利。

（二）出租方在企业出租前必须会同有关部门对企业进行清产核资、清理债权债务、评估资产（包括有形资产和无形资产），根据行业和本企业资金利润率确定标的。租赁经营必须订立租赁经营合同，合同应具备下列条款：

1.标的；2.租赁经营合同的生效条件和有效期限；3.租赁期内经营总目标及年度经营目标；4.租金数额、交付期限及计算基金的分配比例；5.职工安置；6.企业租赁前债权债务及遗留亏损的处理；7.租赁双方的权利和义务；8.违约责任；9.租赁双方约定的其他条款。

(三)租赁经营企业,出租方和承租方要充分与债权单位以及税务等部门协商,妥善处理好租金的分配。

(四)凡实行租赁的企业,其税收处理原则为:依法计税、合理缴纳、允许挂欠。租赁期一般不得超过三年,最长不超过五年。承租方可以自主确定企业内部分配制度、形式和方法。

五、关于职工安置

(一)县内所属的国有企业进行改制的,企业在职职工和离退休职工必须得到妥善安置。国有企业改革改制需要裁员的,必须报企业主管部门审核,由劳动部门批准。职工安置渠道:一是在改制后企业就地安置;二是由企业实行一次性安置;三是鼓励职工自谋职业;四是按《劳动法》规定,解除劳动合同;五是实行企业内部退养;六是进入再就业服务中心;七是利用其他形式安置。

(二)职工安置的政策及标准:

1.一次性安置经济补偿的标准,按照湘政发〔1997〕21号文件规定,职工参加工作时间不超过10年(含10年)的,按每满一年工龄给一个半月工资,作为一次性补偿费;参加工作时间10年以上(不含10年)的,按每增加一年工龄付给二个月工资,作为一次性补偿费,但最多(10年前工龄和10年后工龄总和)不得超过36个月,其补偿费可从成本中列支。

2.对距法定退休年龄5年之内的职工,经本人申请、企业批准,可以实行内部退养;到达法定退休年龄,按规定办理退休手续。企业内部退养人员,由单位发放基本生活费并缴纳社会保险金。

3.产权变更的企业,离退休职工由原企业或企业主管部门负责管理,其安置应从企业出售、转让收入或破产变现收入中一次性留足离退休费、医疗费(在医疗保险制度改革政策未出台前,按该企业前三年离退休职工医疗费平均数计提)、丧葬费(按当地企业职工上年工资三个月之和计提)、抚恤费等,并划交社会保险机构管理发放。

4.企业给予一次性经济补偿,资金确有困难的,也可将职工一次性补偿应得的资金以资产形式入股,该职工与原企业解除劳动关系,以股东身份加入新的企业。

5.凡给予一次性安置费和补偿金的职工,必须依法同原企业解除劳动合同,并报县劳动部门备案。职工与原企业解除劳动关系后,其本人档案可由劳动部门开办的职业介绍机构负责代管。

(三)企业租赁、承包、剥离经营,要首先安置原企业职工。租赁、承包所得的费用,要优先交纳养老金和失业保险金。

(四)凡属新办社区服务企业安置下岗职工人数达60%以上的,自税务登记之日起,经税务部门逐年审查批准,三年内免征营业税、城市维护建设税和教育附加费;下岗职工从事社区居民服务业的,在税收上予以照顾:即从事个体经营的,自领取税务登记证之日起,从事独立劳务服务的,自持下岗证明在当地主管税务机关备案之日起,经税务部门逐年批准,3年内免征个人所得税和营业税。

(五)下岗职工组织起来就业或自谋职业的,各种必收的证照费、管理费、验资、评估、鉴定费等有关费用,按标准的50%收取,比较困难的下岗职工经同级就业办批准,按标准的10%收取。有关费用包括工商部门的开业登记费、营业执照工本费,交警部门的驾驶证费、非机动车牌证费,文化部门的文化市场经营许可证费,税务部门税务登记证费,卫生部门的卫生许可证费,新闻出版部门的书刊经营许可证费,交通部门的道路运输经营许可证费、公路运输营运证费以及下岗职工再就业过程中涉及的各种验资、评估、鉴定收费等。下岗职工从事饮食服务、加工、制造、印刷等职业,按规定收取超标准排污费,免收正常排污费。

六、关于债务处置

(一)债务处置应坚持债务不悬空、债务有着落、债随资产走的原则,企业在保全债权人合法权益的同时，可以对企业的债务作出适当处置。企业及企业主管部门应紧密配合（主要债权单位）共同处理好企业在改制过程中的债权债务清理、交接和过户等工作。

（二）债权单位应以积极的态度处置债务，特别要鼓励和倡导债权单位采用诸如“以资抵贷、返租经营”、“以债折股”等模式，盘活企业资产。破产企业的债务处置，原则上按照《破产法》的有关规定执行。在征得主要债权单位同意后，也可以实行剥离有效资产，承担相应债务，然后再进行破产，按有关程序偿还债务。

（三）产权转让企业的债务处置：资债相等的企业产权转让，可由买方承担债务；债务大于资产的企业出售，买方承担与资产相应债务，差额部分，经同级人民政府批准后，可由同级财政暂挂起来，今后从该企业实现税收（同级财政实得部分中）逐年偿还。企业转让所得收入按有关规定首先用于安置职工和清偿债务。

（四）被兼并企业的银行债务由兼并企业负责归还，被兼并企业所欠银行利息，兼并企业偿还确有困难的，可向银行申请，采取计息挂账处理。

（五）企业剥离有效资产组建新法人实体，可以实行有效资产承担相应债务的办法，在与债权人单位协商取得共识的情况下，债务与资产的比例应控制在适当的幅度内。

（六）对改制重组企业或部分生产线、部分产品有效益的，在银企双方协商情况下，可以实行“封闭贷款”、“银团贷款”或其他方式贷款。

（七）国家资产中，国家投资原“拨改贷”形成的债务，属于地方财政的，经同级人民政府批准后，实行“贷改投”，转为国家资本金。以前因改制需要，省、地、县三级财政借给部分企业周转的资金，经同级人民政府批准，也可改“借”为“投”转为国家资本金或转为无偿投入。

（八）各级人民政府和部门投入改制企业的工业发展基金、新产品开发费、新技术推广及国家投入各种技改资金（不含银行贷款），按审批权限报请各级人民政府批准后，可转作国家投入。

（九）改制企业所欠税收，经税务部门审核批准，地税可予以减免，国税可以暂缓征收。其他有关部门对企业的投入，报请同级人民政府和有关部门批准后，可转作股金或无偿投入。

七、关于整体推进

（一）各级各部门必须认真学习贯彻落实中共中央十五届四中全会《关于国有企业改革和发展若干重大问题的决定》和州发〔1999〕21 号文件精神，坚持以产权制度改革为核心，以盘活存量资产为主线，以发展生产、安置职工为目的，大力调整所有制结构，建立现代企业制度，走“抓大集团化、放小民营化、改制普遍化”企改强县之路，整体推进国有企业改革。总体目标是 1999 年内全县国有工业企业改制面要达到 60％，国合商业和乡镇企业改制面达到 70％。2000 年国有企业改革面要达到 100％，改制面要达到 80％以上。

（二）各级各部门必须抓住机遇，坚定信心，打破一切疑虑，消除一切顾虑，化解一切忧虑，按照“思维启动，政策引导，重点突破，整体推进”的工作思路，进一步加大宣传力度，营造改革氛围，认真总结好典型、好经验，指导和推进国有企业改革改制工作向纵深发展。要通过广泛宣传，使广大干部职工都从大局和长远出发，理解、拥护、支持、参与改革，从而整体推进全县国有企业改革改制工作。

（三）实行“县级领导挂点，责任单位办点，工作队员驻点”的工作责任制，每一户改制企业明确一名县级领导挂点，一个责任单位办点和一个工作小组驻点，具体负责指导协调该企业的改制工作。凡战线企业改革改制工作小组，都要牵头有关单位制定好本战线企业的改革、改制方案，报经县企改领导小组集体审议后组织实施。在年内，有企业的战线原则上要完成 2 户以上企业的改革改制工作任务。

（四）县委督查室、县政府督查室、县企改办要加大专项督查力度，对国企改革工作达不到县委、县政府要求的要通报批评，县委、县政府将按组织程序追究有关单位负责人和责任人的责任。对拒不执行州委、州人民政府企业改革有关政策或执行不力的职能部门，由县企改领导小组派出人员进行调查。出现第一次，对单位一把手、分管领导和主要责任人以书面形式给予提醒；出现第二次，对单位一把手、分管领导和主要责任人以书面形式给予告诫；出现第三次，按州发〔1998〕21号文件坚决给予“摘帽子、挪位子”处理。

（五）各有关职能部门尤其是银行、税务、财政等部门要积极参与国企改革的全过程，国土、房产等涉费部门要想方设法降低企业改制的各项费用负担。劳动部门要认真抓好职工再就业工程和社会保险制度改革。纪检、监察、公安、检察、法院对企业改革改制中出现的问题要客观分析，妥善处理，为改革营造宽松环境。组织人事部门要根据企业改革改制的新情况，加快企业组织人事制度的改革，加强企业领导和党的组织建设。县国资局要积极组织力量对改制企业进行资产全面评估，防止国有资产流失，为企业改革当好参谋。凡拍卖租赁企业，由县企改办牵头，公开对外发布拍卖出售的招商广告，确保全县国企改制任务的完成。

八、关于部门服务

国有企业改革关系到国民经济的发展，关系到社会的稳定。在国有企业改制及重组过程中，允许“先发展、后规范”，各有关职能部门一定要千方百计为企业营造宽松环境，切实搞好服务，支持企业改制和发展。凡经县企业改革领导小组批准的改制国有企业，在改制重组过程中，各职能部门应收的费用一律只收工本费。对一些主要职能部门工本费收取的具体标准明确如下；

（一）国土部门：

1.土地使用权可出让30－50年。2.土地证照齐全的企业进行产权交易，同级国土部门一次性收取换证费每证20元，其余税费由同级人民政府承担。3.土地证照不齐或尚未办理征地手续的，按下列情况办理：

①1987年以前通过圈定、画线转作国有集体企业用地的，不限面积大小，土地使用者出具有关资料，到国土局补办建设用地批准书和转让手续，按每证20元的标准一次性收取换证费，其余税费由同级人民政府承担。

②1987年以后企业用地尚未办征地手续的，根据中发〔1997〕11号文件规定补办征地手续，按每证20元标准收取建设用地批准工本费，出让方与受让方认为需要进行土地评估的，每宗用地收评估费600元，其余税费由同级人民政府承担。

③凡企业用地需要重新测图的，由国土局负责组织有证测量单位进行测图，测图费按标准的50％收取，其余费用由同级人民政府承担。

（二）资产评估部门：

资产评估：中型以上（含中型）企业，资产评估收费限在10000元以下；小型企业，资产评估收费限在5000元以下。其余费用由同级人民政府承担。

（三）房产部门：

1.房产权属清楚、证照齐全的企业办理交易手续，由同级房产部门按每证50元的标准一次性收取换证工本费，其余税费由同级人民政府承担。

2.房产权属不清，需补办或完善有关手续的，按每证50元的标准收取换证工本费；需要重新测图的，由房产部门按测图收费标准的50％收取。出让方和受让方认为需要评估的，每宗房产收取评估费600元，其余税费由同级人民政府承担。

3.按州发〔1998〕21号文件，部分企业利用闲置土地进行房产开发的，房屋销售、办证等税费按标准的10％收取，其余税费由同级人民政府承担。

（四）工商、税务等部门：

企业提交有关资料后，在核发营业执照、进行税务登记、审核纳税资格、验资和破产立案的过程中，工商、国税、地税分别收取工本费100元、40元、40元；诉讼费用，中型企业2万元以下，小型企业1万元以下；中介机构验资费，中型企业5000元以下，小型企业3000元以下。其他部分在办理各种证照时，比照上述标准只收取工本费，其余税费由同级人民政府承担。

(五)获得同级企改领导小组批准的改制企业，自申请之日起，手续齐全的，各职能部门原则上要在15天内办毕有关手续。

(六)乡镇集体企业可参照国有企业执行。

三、碑刻、题词选录

牛角屯清末修桥筑路碑文

迹著千秋

从来天地有难全，亦赖人功善补偏。
一带溪流波浪急，高山险阻路途悬。
方舟无处行堪悯，泳游莫由实可怜。
为善取人工既毕，而今无复虑深渊。
当年一望从心惊，此日功成享太平。
幸得诸人欣附和，狂澜永镇济苍生。
盈盈一水绕溪流，无恨波涛济渡忧。
一自修为成坦道，行人未病乐千秋。

桐山逸士(系作者吴士烈的笔名，牛角屯人，清末秀才)民国叁年(一九一四)菊月中浣　撰作

全州重点文物保护单位

乾嘉苗民起义旧址

湘西自治州人民政府一九七九年公布

黄瓜寨乾嘉苗民起义旧址位于花垣县城南57千米，雅西乡政府西南约5千米，是一个苗族聚居的山寨，清乾隆嘉庆年间一七九五至一八〇六年，爆发了以本寨苗民石三保等领导的乾嘉苗民起义。起义扩展到湘、川、黔三省边区，持续达十二年之久，期间该苗寨曾多次遭到清兵洗劫，仅存几户苗民。

此遗址保护范围以石三保旧址为中心，四向各延伸2000米，面积约16平方千米，建设控制地带以石三保旧址为中心四向各延伸100米。

花垣县人民政府
一九七九年立

青龙池碑

公元一九八五年，龙潭乡改镇。夏，镇党委、镇政府请上级给予解决人民饮水困难。同年，国家投资币十二万六千元。乃建“老龙海至草坪”工程。冬十一月十七日，主工程通水。历时一百九十七天，刻伏龙引凤图于池上，立此碑以记文。

“老—草”水系，源自万明山下的老龙海泉，终于草坪村锅巴寨，全长五千五百五十三米。该泉冬暖夏凉，供水四村八寨，镇直四百二十五户、二千六百五十人。相传该泉数百年不竭，有“龙妖与美女”的传说。

昔此水域的村民，饮污浊的河水，患多种地方病，乃湘血丝虫病区之一，民苦而叹复悲。及水通，除千秋病魔，享万代甘泉。党为民而忧，解民梦念，释民心悬，民众赞呼：“万岁”！

撰文　石征长
书录　彭国谦
公元一九八五年十二月三十日

虎渡口大桥碑记

虎渡口位于湖南花垣县民乐镇和贵州松桃县

木树乡交界处,纵贯松桃的松江河,横切群山,奔浮其间,两岸危峰兀立,绝壁千仞,山河壮丽,险遏川湘。这里历来是苗族集聚区,另外还有部分土家族和汉族聚居,历史上各民族共同开拓和建设这片地区,结成了唇齿相依休戚与共的兄弟关系。解放后,深入贯彻党的民族政策,使这种双边关系得到更进一步的巩固和发展,尤其自党的十一届三中全会以后,边界人民的交往愈加频繁。然则河分两岸,地隔东西,诸多不便。党和政府关怀边区人民各项事业发展,于1984年由湖南省民委、省交通厅和贵州省民委、省交通厅会商,共同拨款66万元,以修建虎渡口大桥,花垣县和松桃县积极筹备,当年破土动工,历时1年有半,工竣落成于1986年1月18日剪彩通车。至此,永远结束了饮烟两岸,鸡犬相闻而界至分焉的状况。虎渡口大桥的建成,对促进边区政治、经济、文化的交流,增加各族人民的团结和友谊,必将发挥重大作用。

湖南省花垣县人民政府
贵州省松桃苗族自治县人民政府
1986年1月18日

峨河桥建桥记

湘境河坪,川地峨溶,一河横亘,阻隔西东。戚友互访,物资交流,往来运载,难赖扁舟。若遇狂风咆哮,或是汛潮泛滥,虽航难渡,望河兴叹。伏波架桥,众望殷殷,两地政府,深体民情,湘川二省,拨款百万,技师能匠,测设定妥,客岁奠基,翌年竣工。从此行有步履之安,旅无覆舟之险,和睦民族情感,促进经济繁荣,富庶与岸,造福千秋。

结　　构:石砌版助拱桥,长一百三十九米,宽八点五米,礅高一十点七五米,全高一十八点六米。

设　　计:湘西自治州交通设计院

地质勘察:湖南省地矿局四零五队

施　　工:花垣县交通局

技术负责:龙超森工程师、董马库工程组

撰　　文:黄克成

湖南省湘西土家族苗族自治州花垣县人民政府
四川省涪陵地区秀山土家族苗族自治县人民政府
公元一九九零年二月立

龙潭片区粮援工程碑文

WFP 中国3779项目
花垣县龙潭片区工程简介

世界粮食计划署援助的武陵山区农村基础设施项目—山、水、田、林、路综合治理工程,旨在改善农业生产条件,提高粮食产量,促进经济发展。该署以2.7万吨小麦援助我县龙潭片区5个乡(镇)实施这一工程,竣工后,全片内将呈现:山环水绕、阡陌交通、林果满山、五谷丰登的壮丽景象。

一、项目筹备

项目申请:1987年2月于湖北武汉;项目评估:1989年4月23日于花垣;项目审批:1990年12月14日于罗马;项目协议:1991年10月于北京;项目开工:1991年11月15日于北京;开工典礼:1991年11月19日于大坳;执行时间:1991年11月15日—1997年11月14日。

二、项目活动

(一)水利配套

水库整修1处;提水坝7个;抽水机站1个;总干渠28.22千米;干渠69.984千米;支渠174.916千米;斗渠519.934千米;农毛渠550.485千米;排水渠532.607千米。

(二)土壤改变

旱地改水田915公顷;坡土改梯土913公顷;追施有机肥737公顷;加深耕作层1590公顷;种植绿肥901公顷。

(三)茶叶水果

茶叶20公顷;板栗40公顷;李子160公顷。

(四)植树造林

水保林900公顷;薪炭林800公顷;马桑树15公顷;育苗54公顷。

(五)乡村道路

乡村道路14千米;田间道路20.7千米。

三、项目效益

灌溉面积2853公顷,年增粮食14万吨;人均纯收入年增300元以上;受益人口4.2万;绿化荒山1700公顷;退耕还林77公顷。

四、勘测设计

县农业局、县林业局、县水电局、县交通局。

五、施工单位

龙潭镇、道二乡、雅桥乡、排吾乡、猫儿乡。

六、指挥实施

花垣县粮援工程指挥部

湖南省花垣县粮援工程指挥部
一九九一年十一月十九日

中华人民共和国农业部时任副部长陈耀邦在开工典礼会上题词:搞好农田基本建设造福子孙万代

钟佛山纪念陵园碑

花垣县抗日阵亡将士纪念亭铭文

洪涛春天　狐鬼夜呼
天柱之折　一手可扶
东夷逆搆　孰翼我宇
鼠奔者谁　不奋其武
百霆突击　乃有湘军
裂眦挥戈　戚家之伦
积血维堑　簇骨维成
驱彼豺虎　地泣天惊
河山再造　海宇清平
耿耿元精　百世长新
报功崇德　祭以大牲
刘公仲席　实建斯亭

湖南师范大学教授宋作胤　拜撰
战友黄埔军校十期生刘仲席敬立
公元一九九二年七月七日

双龙潭大桥碑记

双龙潭大桥,位于双龙潭坝上,南连建设路,北接新城区,贯通赶秋路,横跨坝塘溪,全长一百二十六米,高十八米,宽二十米,主拱净跨六十米,飞架南北,气若长虹。为我县城区最大之四肋全空式箱型钢筋混凝土双曲拱桥,技术精湛,造型美观。大桥建成,对加快我县城区建设,振兴民族经济,推动社会进步将起极大促进作用。

大桥始建于一九九一年七月,一九九三年七月竣工。系湘西自治州交通规划勘察设计院设计,涟源市第七建筑工程公司施工。历时三个春秋,总造价二百一十万元,其中州建委投资二十万元,县政府投资一百三十余万元,全县干部职工、城镇居民和海内外仁人志士解囊捐资六十余万元。此桥乃群众智慧之结晶、辛勤之硕果,亦为县委、县政府高瞻远瞩、励精图治为振兴花垣作出之贡献。特立此碑,铭志众心,以资纪念。

花垣县双龙潭大桥工程指挥部
公元一九九三年七月二十八日

缅怀抗美援朝英烈

一九五〇年,美帝入侵朝鲜,觊觎我国,友邦危急,边境告警。为了伸张正义,扶弱抑强,维护世界和平,我中华儿女纷纷响应中国共产党的号召,组成中国人民志愿军,雄赳赳气昂昂,跨过鸭绿江,援朝御侮,与朝鲜人民一道,同仇敌忾,在硝烟滚滚、血肉横飞、炮声震天、弹片盖地的战场上,以勇猛无畏、坚韧不拔的顽强精神,历尽艰险,前仆后继屡挫美帝计划,迫使其签字停战,完成了祖国赋予的庄严使命。然而当凯旋回国之时，却有许多英雄血染沙场，长眠异国，其中就有我县七十三位苗汉土家的优秀儿女。值此祖国百业俱兴，经济建设蒸蒸日上，人民安居乐业之际，抚今追昔，怎能忘念并肩先烈用鲜血浇成的幸福之花。现为教诲后世饮水思源，永志抗美援朝烈士的丰功伟绩，谨刻碑文，寄托哀思。

中国人民志愿军第四十七军
一四零师四一八团战友(士)
花垣县钟佛山纪念陵园主任彭本良
公元一九九三年三月廿五日立

钟佛山大桥题记

修桥铺路，方便行旅，优良传统，代代弘扬。时值改革开放，神州热气腾腾，经济建设勃起，交通尤应先行。花垣公路，别具特色，两条国道，交汇县城，沟通四省，湘、鄂、川、黔，整日车辆疾驰，行人川流不息。只缘三岔路口，直到钟佛山头，弯急坡陡，路窄难行，事故频发，险象时生。我局职责所在，追求安全畅通，避开险道，另辟蹊径，顺情修建大桥，具文层报上级，省府批复肯定，积极着手筑管。桥长二百一十四米，桥高二十九米，桥宽二十三米，人车分道而行。深体财政困难，经费全部自筹，银行贷款，收资偿还。九三年九月破土动工，九五年八月竣工。此桥之建，利在当代，益延千秋，著文泐碑，以志纪过。是为记。

花垣县交通局立
撰文：黄克成
书录：邱　勇
公元一九九五年八月

育苗楼

花垣二小，历史悠久，唯惜校舍，年久失修
湖南国土，扶贫助困，集资兴教，乃建斯楼
民族团结，情深義笃，育苗成樑，盛世悠悠

邓鸿璋撰并书
一九九五年四月十五日

注：育苗楼"是省地州市县区国土部门响应省委省政府号召，为发展民族教育，振兴湘西经济集资捌拾伍万伍千元修建的，建筑面积2036平方米。县委县政府决定将"花垣二小"改名为"花垣国土希望小学"，经省委书记王茂林题写校名。此乃民族团结，扶贫兴教之义举，特撰文刻碑以志纪念。

捐资单位

湖南省国土测绘管理局拾万元
长沙市国土系统壹拾伍万元
(含所属县市区下同)
衡阳市国土系统拾万元
岳阳市国土系统拾万元
张家界市国土系统壹万叁千元
郴州市国土系统叁万肆千元
零陵地区国土系统叁万元
湘西自治州国土系统叁万元
湖南省测绘一、二、三院壹万元
株洲市国土系统拾万元
湘潭市国土系统肆万元
邵阳市国土系统贰万元
常德市国土系统陆万元
益阳市国土系统贰万捌千元
娄底市国土系统贰万元
怀化市国土系统贰万元

花垣县人民政府
一九九五年十月

花垣县再造万亩口粮田碑记

国以农为本，民以食为天。稳农强本，国泰民安。惟我花垣，十年九旱。山多田少，民生维艰。省州部署，大造良田。组织民众，奋战三年。劈山引水，开田四万。强县壮举，富民鸿篇。党恩广泽，滋润苗山。脱贫致富，万众腾欢。千秋功业，泐铭于石。寓城后嗣，籍永誌焉。

中共花垣县委员会
花垣县人民政府　立
公元一九九八年七月一日
碑址：麻栗场镇金牛村工地

四方井大桥记

垣城乾嘉（嘉庆七年）始建，于近廿年扩兴。地势如西来蛰龙，欲飞待时。清水江北护以为县界，花园溪南卫状似城河。然脊条之地不容市人之居所，局促之境难酬伟业之宏发。是以构四方井桥，沟通南郊。

桥以地名，势雄气高。巍巍乎天龙横卧，妍妍然纤月初娇。跨若霓虹，拱类蟠桃。灯似明珠，栏如玉雕。北塑神鼓催征，南铸巨虬腾霄。信步俯仰，地远天高。极目四野，万山如潮。有阎君山曙色红日，巴里坡鸡鸣晨罩，钟佛山落霞梵唱，香火界黛隐云涛，唯五老峰神遗碧玉，独秀其中也。桥之势，尽收八方胜景，脉钟天地灵气。凭栏浴风，意气飏飏，不仅气吞河汉，直欲含宏万汇。

桥之为桥，行人渡车也。夫四方井桥连接南北，疏通东西，缩地移廓，扩南郊为城区，辟武陵移民致富之通衢，负苗乡经济振兴之大任，功莫大焉。

桥之建，蒙省府德泽，赖州县营筹，得以工代赈斥资投入。如此盛世德政，堪当青史彪炳也。是以为记。

黄克诚熊民藜傅家成陈文博吴廷容撰彭国谦书

桥长一百一十四米，宽二十二点五米，高三十三米，主跨六十米。

投资五百六十万元，公元一九九六年九月兴建，公元一九九八年九月竣工。

花垣县人民政府立
公元一九九八年九月

长乐集贸市场志

湘籍长乐乡古无集镇，保靖水田河水银一山相依，六一年始建乡制，街长仅捌拾米。道坎坷，路泥泞，终年脏乱差窄，本乡乡民和周边民众深受其苦。又行路，赶集难，经济发展慢。州县乡各级政府察民情恒民苦，顺民意，欲治之。得省人大常委会领导多次亲临视察，省人大常委会办公厅驻卧岔那工作队大力支持，历尽千辛万苦，东奔西走，上下求援，始得奠基。于一九九八年投资陆拾余万元，乡村干群协力同心，街民义工数百，拆除路障壹拾伍余处，拓宽硬化街道肆佰余米，建成集贸市场壹仟捌佰余平方米，设门面贰拾叁间，固定摊位贰佰余个，琉璃瓦顶大门一座，停车场壹仟伍佰平方米，当年十月三十日竣工，省人大常委会副主任罗海藩亲自题名。道宽路平，街换新貌，市呈方园，一派生机。景象繁荣，客商安居，万民乐道。特立此碑，铭志千古。

湖南省花垣县长乐乡人民政府立
公元一九九八年十一月十二日

功德千秋

欣逢盛世，科教兴国。教育意识，沁人心脾。
人民政府，牵头联谊。建我花小，众望所归。
社会各界，群策群力。慷慨捐资，数十万余。
建楼两栋，高大雄伟。平整操场，添置设备。
校舍设施，规划合理。校园文化，蕴涵深意。
绿树成荫，花开四季。儿童乐园，环境优美。
莘莘学子，成长基地。功德千秋，碑照日月。

花垣小学
公元一九九九年十一月十八日

Moux jex jangx wel wel jangs moux(苗文)

孟儿讲外外讲孟(谐音)

你不喜欢我我喜欢你(汉语)

田小俊 词曲

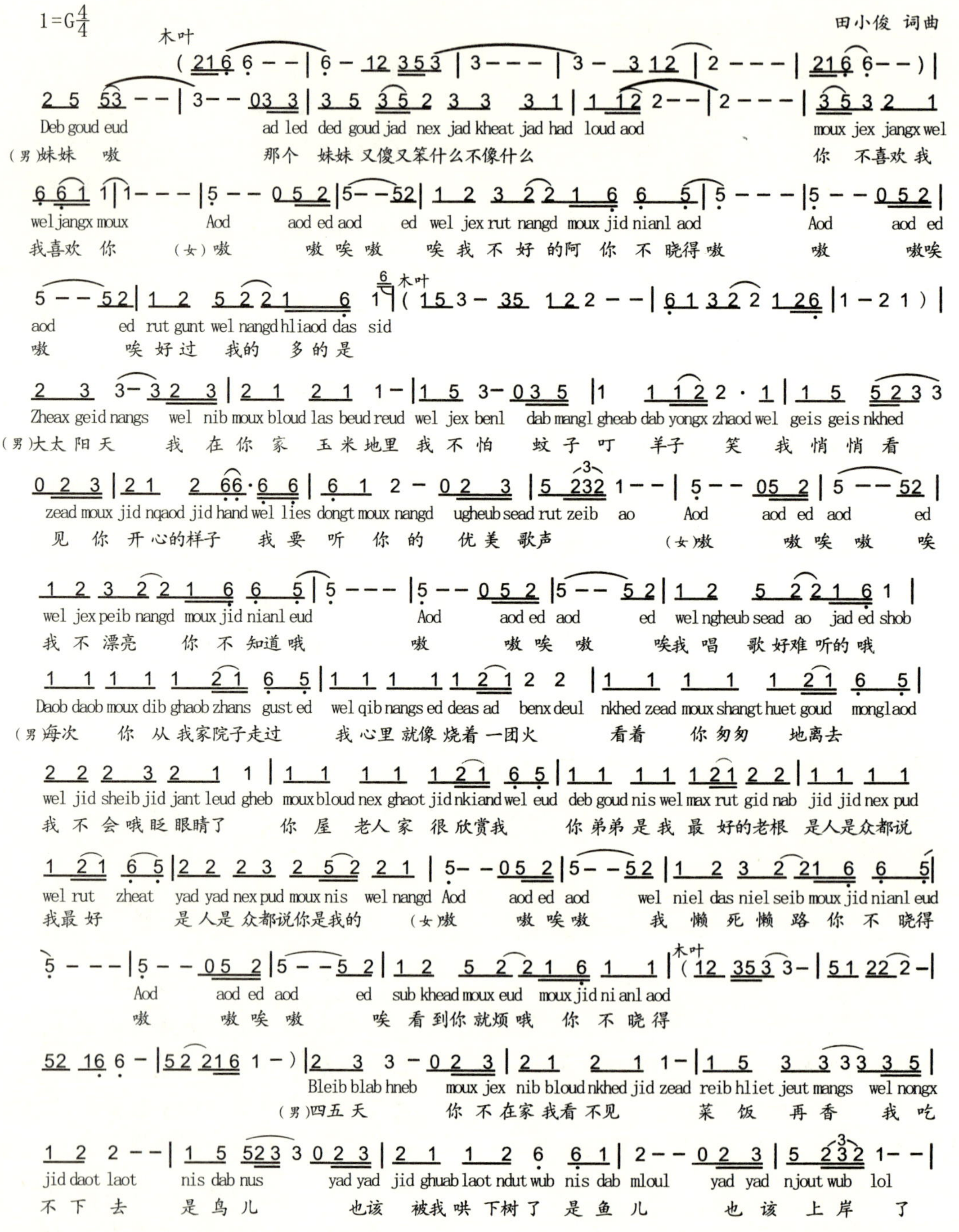

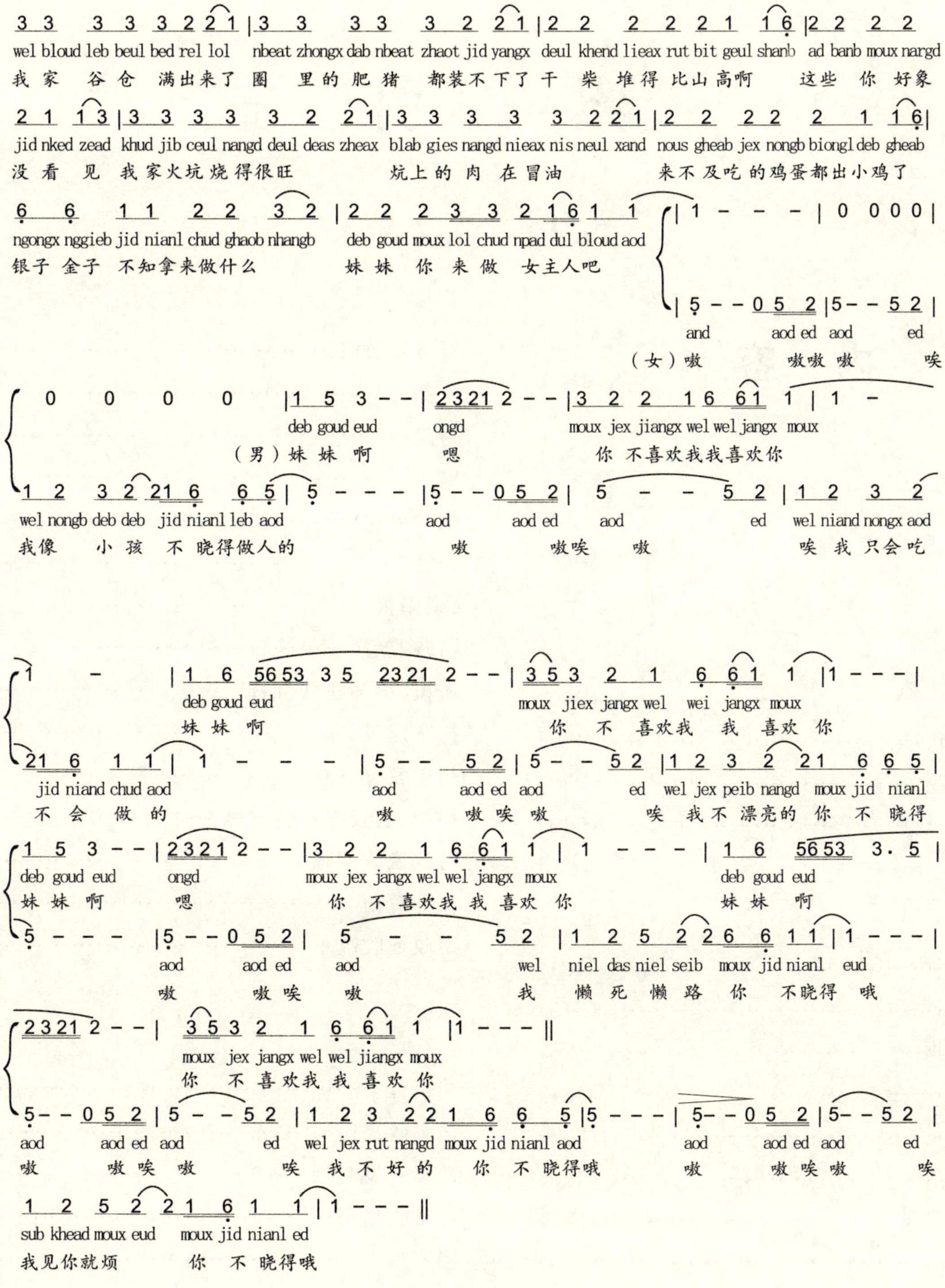
wel bloud leb beul bed rel lol nbeat zhongx dab nbeat zhaot jid yangx deul khend lieax rut bit geul shanb ad banb moux nargd
我家 谷仓 满出来了 圈 里的肥猪 都装不下了干 柴 堆得比山高啊 这些 你 好象
jid nked zead khud jib ceul nangd deul deas zheax blab gies nangd nieax nis neul xand nous gheab jex nongb biongl deb gheab
没看 见 我家火坑烧得很旺 炕上的肉 在冒油 来不及吃的鸡蛋都出小鸡了
ngongx nggieb jid nianl chud ghaob nhangb deb goud moux lol chud npad dul bloud aod
银子 金子 不知拿来做什么 妹妹 你 来 做 女主人吧
and aod ed aod ed
（女）嗷 嗷嗷 嗷 唉
deb goud eud ongd moux jex jiangx wel wel jangx moux
（男）妹妹 啊 嗯 你不喜欢我我喜欢你
wel nongb deb deb jid nianl leb aod aod aod ed aod ed wel niand nongx aod
我像 小孩 不晓得做人的 嗷 嗷唉 嗷 唉 我只会吃
deb goud eud moux jiex jangx wel wei jangx moux
妹妹 啊 你 不 喜欢我 我 喜欢 你
jid niand chud aod aod aod ed aod ed wel jex peib nangd moux jid nianl
不 会 做 的 嗷 嗷唉 嗷 唉 我不漂亮的 你 不 晓得
deb goud eud ongd moux jex jangx wel wel jangx moux deb goud eud
妹妹 啊 嗯 你 不 喜欢我 我 喜欢 你 妹 妹 啊
aod aod ed aod wel niel das niel seib moux jid nianl eud
嗷 嗷 唉 嗷 我 懒 死 懒 路 你 不晓得 哦
moux jex jangx wel wel jiangx moux
你 不 喜欢我 我 喜欢 你
aod aod ed aod ed wel jex rut nangd moux jid nianl aod aod aod ed aod ed
嗷 嗷 唉 嗷 唉 我不好的 你 不 晓得哦 嗷 嗷 唉 嗷 唉
sub khead moux eud moux jid nianl ed
我见你就烦 你 不 晓得哦

索　　引

内　容

A

B

C

D

E

F

G

H

J

K

L

M

N

P

Q

R

S

T

W

X

Y

Z

人　物

C

D

F

H

L

M

P

Q

S

T

W

X

Y

Z

表

后　记

2000年4月24日，县委召开常委会议，就续志有关问题作了安排部署，确定主管党群工作的县委副书记和县委常委、县政府常务副县长负责续志领导工作，并形成了《县委常委会议纪要》，县志续修工作全面启动。

4月26日，县委办、县政府办联合行文成立续修花垣县志编纂委员会，明确主管党群工作的县委副书记任主任，县委常委、县政府常务副县长，县委常委、县委办主任，县委常委、宣传部长，县政府副调研员兼县财政局局长任副主任，县委办、人大办、政府办、政协办、计委、农委、财委、经委、政法委、档案局、县志办主要领导为成员，县志办主任张顺清任总纂。5月初，从县直单位和学校借调4名同志充实县志编辑部，县直111个副科级以上单位相应成立了修志领导小组和编写小组。

2001年12月，原总纂退居二线，新任县志办主任龙为民担任总纂，狠抓续志史料搜集工作。到2002年5月，共搜集资料100余万字，各编辑按分工进行篇目分纂。但因县委、县政府换届，人事变动，5名编辑调往新单位，尤其是分管续志工作的县委、县政府领导先后调离花垣县，修志工作暂停。

2003年，县委、县政府领导先后于6月11日和12月4日两次研究续志工作，决定在原党群副书记和常务副县长主管修志工作基础上，进一步加强领导，确定县政府副县长王贵武具体抓，县人大常委会原主任、县委调研员石英伯任总纂，主持编辑部工作，另抽调2位同志充实编辑部，使编辑增至6人，续志工作重新启动。

续志工作重新启动后，编辑部制定了工作责任制。总纂石英伯负责从宏观上总揽全局，把握全书，核实史实，确保志书质量，同时负责总述和中共地方组织、人民代表大会、人民政府、人民政协、群众团体篇的编纂；县志办主任龙为民任常务副总纂，主持日常事务，协助总纂调整篇章结构，提出修改意见，负责全书的统稿和文字修改等工作，其他同志分别负责各篇编纂。

2005年，石英伯退休后，县委、县政府决定由县委副调研员谢远平担任总纂，县志办主任龙为民继续担任常务副总纂。4月县级送审稿出炉，报县评审领导小组成员审查的同时报州志办及对县情熟悉的离退休老同志审阅。随后，编辑部集中各方意见，于6月22日采取以会代训形式召开修志工作会议。各分纂编辑按照评审领导小组提出的修改意见，集中精力，反复修改，补充完善。2006年9月报州评审。2007年5月，州志办对书稿提出修改意见，个别篇章作出调整。编辑部据此意见及"时间服从质量"的指导思想精心打磨，2008年10月修改后又交州志办，并根据州志办意见再次修改。2011年12月召开湖南省《花垣县志(1986—2000)》志稿评审会议，通过省、州、县三级评审认可，经精心修改，终于得以付梓问世。

在修志工作中，得到湖南省地方志编纂委员会，湘西自治州人民政府地方志办公室领导及专家的悉心指导，县委、县政府领导的高度重视，县直各部门各乡镇的大力支持，离退休老领导、史志同仁和社会各界的热心帮助，以及全体修志工作者的艰辛劳动，尤其是麻明进认真协助了最后三次审校。在此，一并致以崇高敬意和衷心感谢！

由于编者水平有限，错误、疏漏在所难免，恳请广大读者批评指正。

编　者

2015年12月